Tratado da Propriedade Intelectual

Tomo II
2ª Edição | 3ª Tiragem

www.lumenjuris.com.br

Editor
João Luiz da Silva Almeida

Conselho Editorial Brasil

Abel Fernandes Gomes
Adriano Pilatti
Alexandre Bernardino Costa
Ana Alice De Carli
Anderson Soares Madeira
André Abreu Costa
Beatriz Souza Costa
Bleine Queiroz Caúla
Bruno Soeiro Vieira
Daniela Copetti Cravo
Daniele Maghelly Menezes Moreira
Diego Araujo Campos
Enzo Bello
Firly Nascimento Filho
Flávio Ahmed
Frederico Antonio Lima de Oliveira
Frederico Price Grechi
Geraldo L. M. Prado
Gina Vidal Marcilio Pompeu
Gisele Cittadino
Gustavo Noronha de Ávila
Gustavo Sénéchal de Goffredo
Jean Carlos Dias
Jean Carlos Fernandes
Jeferson Antônio Fernandes Bacelar
Jerson Carneiro Gonçalves Junior
João Marcelo de Lima Assafim
João Theotonio Mendes de Almeida Jr.
José Ricardo Ferreira Cunha
José Rubens Morato Leite
Josiane Rose Petry Veronese
Leonardo El-Amme Souza e Silva da Cunha
Lúcio Antônio Chamon Junior
Luigi Bonizzato
Luís Carlos Alcoforado
Luiz Henrique Sormani Barbugiani
Manoel Messias Peixinho
Marcelo Pinto Chaves
Marcelo Ribeiro Uchôa
Márcio Ricardo Staffen
Marco Aurélio Bezerra de Melo
Marcus Mauricius Holanda
Maria Celeste Simões Marques
Milton Delgado Soares
Murilo Siqueira Comério
Océlio de Jesus Carneiro de Morais
Ricardo Lodi Ribeiro
Salah Hassan Khaled Jr.
Sérgio André Rocha
Simone Alvarez Lima
Valter Moura do Carmos
Vicente Paulo Barreto
Victor Sales Pinheiro
Vinícius Borges Fortes

Conselho Editorial Internacional

António José Avelãs Nunes (Portugal)
Boaventura de Sousa Santos (Portugal)
Diogo Leite de Campos (Portugal)

Conselheiros Beneméritos

Denis Borges Barbosa (*in memoriam*) | Marcos Juruena Villela Souto (*in memoriam*)

Filiais

Sede: Rio de Janeiro
Rua Octávio de Faria, n° 81 – Sala 301
CEP: 22795-415
Recreio dos Bandeirantes
Rio de Janeiro – RJ
Tel. (21) 3933-4004 / (21) 3249-2898

Maceió
(Divulgação)
Cristiano Alfama Mabilia
cristiano@lumenjuris.com.br
Maceió – AL
Tel. (82) 9-9661-0421

São Paulo
(Distribuidor)
Rua Sousa Lima, 75
CEP: 01153-020
Barra Funda – São Paulo – SP
Telefax (11) 5908-0240

Denis Borges Barbosa

Tratado da
Propriedade
Intelectual

Tomo II
2ª Edição | 3ª Tiragem

Editora Lumen Juris
Rio de Janeiro
2022

Copyright © 2017 *by* Denis Borges Barbosa

Categoria: Propriedade Intelectual

PRODUÇÃO EDITORIAL
Livraria e Editora Lumen Juris Ltda.

A LIVRARIA E EDITORA LUMEN JURIS LTDA.
não se responsabiliza pelas opiniões
emitidas nesta obra por seu Autor.

É proibida a reprodução total ou parcial, por qualquer
meio ou processo, inclusive quanto às características
gráficas e/ou editoriais. A violação de direitos autorais
constitui crime (Código Penal, art. 184 e §§, e Lei nº 6.895,
de 17/12/1980), sujeitando-se a busca e apreensão e
indenizações diversas (Lei nº 9.610/98).

Todos os direitos desta edição reservados à
Livraria e Editora Lumen Juris Ltda.

Impresso no Brasil
Printed in Brazil

CIP-BRASIL. CATALOGAÇÃO-NA-FONTE

Barbosa, Denis Borges
    Tratado da Propriedade Intelectual: Tomo II.
/ Denis Borges Barbosa. - 2. ed. - Rio de Janeiro :
Lumen Juris, 2017.
    768 p. ; 23 cm.

    Bibliografia.

    ISBN: 978-85-519-0088-8

    1. Propriedade Intelectual. 2. Direito Comercial -
Direitos Autorais. I. Título. II. Séries.

CDD - 342.27

Capítulo VI
Patentes

Inventores alargavam a riqueza das raças... Ah! esses eram os verdadeiramente homens, os que viviam deliciosas plenitudes de vida, modelando com as suas mãos incansadas formas sempre mais belas ou mais justas da humanidade.
Eça de Queirós A ILUSTRE CASA DE RAMIRES

Seção [1] Índice
Seção [2] O que é uma patente
Seção [3] A noção de "invento industrial" na lei ordinária
Seção [4] Os pressupostos técnicos da patente de invenção
Seção [5] Novidade
Seção [6] Atividade Inventiva
Seção [7] Tipos de Patentes
Seção [8] Quem pode pedir patente
Seção [9] Quais inventos não são patenteáveis
Seção [10] Do pedido de patente
Seção [11] Da publicação
Seção [12] Procedimento Administrativo em Patentes
Seção [13] Concessão da patente
Seção [14] Conteúdo da exclusividade das patentes
Seção [15] Limites do direito de patente
Seção [16] Da doutrina dos Equivalentes em Direito de Patentes
Seção [17] Exaustão de Direitos de Patentes
Seção [18] Licenças voluntárias e cessão
Seção [19] Licenças Compulsórias
Seção [20] Manutenção e Extinção da Patente
Seção [21] Modelo de Utilidade
Seção [22] Registro sanitário e patentes
Seção [23] Patentes farmacêuticas
Seção [24] Patente: um instrumento de política industrial
Seção [25] O pipeline
Seção [26] Bibliografia Complementar: Patentes

[1] Índice

Seção [2] O que é uma patente 1099
  [2] § 1. O direito e o objeto do direito 1099
  [2] § 2. A patente e seu espelho: o segredo 1100
  [2] § 3. Patente: uma relação poligonal 1101
Seção [3] A noção de "invento industrial" na lei ordinária 1104
  [3] § 3.1. A noção legal de invento 1105
  [3] § 4. Art. 10 do CPI/96: o que não é invenção nem modelo de utilidade 1107
  [3] § 4.1. Natureza do artigo: hipótese de incidência do sistema de patentes 1107
  [3] § 4.2. Um presunção de fato 1108
  [3] § 4.3. Quando a presunção não é aplicável 1108
  [3] § 4.4. A lista legal 1109
  [3] § 4.5. As distintas categorias do que não é invento 1109
  [3] § 4.6. Um direito sobre um invento 1110
  [3] § 5. A noção de "técnico" 1111
  [3] § 5.1. O "caráter industrial" do invento 1111
  [3] § 5.2. Caráter industrial como "técnico" 1113
  [3] § 5.3. Caráter técnico e aplicabilidade técnica 1114
    [3] § 5.3. (A) A solução técnica de um problema específico 1115
  [3] § 5.4. Descobertas e inventos 1117
    [3] § 5.4. (A) Criações abstratas 1121
    [3] § 5.4. (B) Teorias científicas e métodos matemáticos. Concepções puramen-
      te abstratas 1121
    [3] § 5.4. (C) Apresentação de informações 1125
    [3] § 5.4. (D) Regras de jogo 1126
  [3] § 5.5. Resultado industrial 1127
    [3] § 5.5. (A) A patente não protege o resultado 1128
  [3] § 5.6. Falta de efeito industrial – causas lógicas ou insuficiência descritiva 1129
  [3] § 5.7. Tipos de efeito técnico: coisas e atividades 1130
  [3] § 5.8. Quais criações cujo efeito não é técnico 1131
    [3] § 5.8. (A) Esquemas e planos, princípios ou métodos comerciais, contábeis,
      financeiros, educativos, publicitários, de sorteio e de fiscalização .. 1131
    [3] § 5.8. (B) Então, como se protegem as idéias práticas, mas abstratas? 1132
    [3] § 5.8. (C) Criações estéticas 1138
  [3] § 5.9. Programas de computador 1140
  [3] § 5.10. Métodos diagnósticos, terapêuticos e cirúrgicos para o tratamento de
    seres humanos ou de animais 1140
    [3] § 5.10. (A) O todo ou parte de seres vivos 1141

[3] § 6. Utilidade Industrial 1142

[3] § 6.1. Aplicação industrial como repetibilidade 1143

[3] § 6.1. (A) Aplicabilidade industrial e atuação pelo consumidor.............. 1144

[3] § 6.1. (B) Aplicação a qual indústria? 1145

[3] § 6.1. (C) Graus de aplicabilidade e de resultado industrial 1146

[3] § 6.2. Jurisprudência: técnica e "técnicas" 1147

[3] § 7. Como se interpretar o art. 10 da Lei 9.279/96 1149

Seção [4] Os pressupostos técnicos da patente de invenção 1151

[4] § 0.1. Jurisprudência: satisfação de todos requisitos 1152

[4] § 1. Outros pressupostos técnicos do patente: inexistência 1153

[4] § 1.1. Ação humana 1153

[4] § 1.2. Possibilidade de Reprodução 1155

[4] § 1.3. Progresso técnico..................... 1156

[4] § 2. Pressupostos não técnicos para a concessão da patente 1156

[4] § 2.1. A suficiência descritiva não é um requisito técnico de patenteabilidade .. 1156

[4] § 2.2. Unidade da invenção..................... 1157

[4] § 2.3. Conceito inventivo 1157

Seção [5] Novidade 1157

[5] § 1. Tipos de novidade 1158

[5] § 2. Da questão da novidade..................... 1159

[5] § 2.1. Estado da técnica. Perda de novidade 1159

[5] § 2.1. (A) Anterioridade ficta 1160

[5] § 2.2. Qual a data relevante para determinar a anterioridade 1160

[5] § 2.3. Quais fontes..................... 1161

[5] § 2.4. Quais as provas admissíveis 1161

[5] § 2.5. Certeza quanto à existência e a data 1162

[5] § 2.5. (A) Do direito aplicável quanto à certeza da data da anterioridade 1163

[5] § 2.5. (B) Do dever do examinador em suscitar a prova adequada..................... 1164

[5] § 2.6. Suficiência da revelação da anterioridade 1164

[5] § 2.6. (A) Da imprestabilidade das provas sem definição mínima 1165

[5] § 2.7. Publicidade da anterioridade 1167

[5] § 2.7. (A) Jurisprudência: novidade 1167

[5] § 2.8. A regra de uma só fonte..................... 1168

[5] § 2.8. (A) Jurisprudência: uma só fonte 1169

[5] § 2.9. Jurisprudência: novidade essencial..................... 1169

[5] § 2.10. Fixação do momento de apuração do estado da técnica 1171

[5] § 2.11. Efeito do uso anterior sobre a anterioridade 1171

[5] § 2.11. (A) Uso é também a circulação de objeto com tecnologia não opaca ... 1175

[5] § 2.12. A anterioridade involuntária (inherent anticipation)..................... 1176

[5] § 2.12. (A) Não é só o que se reivindica que cai no estado da técnica 1177

[5] § 2.12. (B) Invento é um solução técnica para um problema técnico........... 1178

[5] § 3. O intuito de manter o segredo – a regra de Savigny 1181

[5] § 3.1. A diferença entre o segredo de empresa geral e o "segredo de invento" ... 1183

Tratado da Propriedade Intelectual

[5] § 3.2. Jurisprudência: não há segredo de justiça no caso de segredo de patente.. ... 1184
[5] § 4. As exceções à regra da novidade 1185
[5] § 4.1. Período de Graça 1185
[5] § 4.1. (A) Do período de graça no direito estrangeiro.................................... 1188
[5] § 4.1. (B) Nosso comentário anterior sobre o art. 12 do CPI/96 1190
[5] § 4.1. (C) Da leitura constitucional do período de graça............................... 1192
[5] § 4.1. (D) Da eficácia temporal do período de graça 1195
[5] § 4.1. (E) Da aplicação do Art. 12 no caso de publicação internacional 1199
[5] § 4.2. Prioridade 1202
[5] § 4.2. (A) Continuation in part.. 1203
[5] § 4.2. (B) A prioridade sob a perspectiva constitucional 1204
[5] § 4.3. Prioridade nacional 1205
[5] § 4.3. (A) Da constitucionalidade da prioridade nacional............................. 1206
[5] § 4.4. Jurisprudência: Período de graça... 1206
Seção [6] Atividade Inventiva 1207
[6] § 1. Da importância da questão 1207
[6] § 1.1. Bibliografia: Atividade Inventiva 1208
[6] § 1.2. Jurisprudência: Atividade Inventiva 1211
[6] § 2. A construção histórica do contributo mínimo... 1211
[6] § 2.1. Equivalência, construção e a casuística das "questões difíceis".............. 1211
[6] § 2.1. (A) A casuística das dificuldades 1212
[6] § 2.1. (B) Construção e invenção... 1213
[6] § 2.1. (C) A doutrina dos equivalentes 1214
[6] § 2.1. (D) Aporte mínimo, o demônio da casuística e as tentações da subjetividade 1216
[6] § 2.1. (E) A generalização do requisito do contributo mínimo 1217
[6] § 2.2. A construção legal do contributo mínimo na lei americana 1221
[6] § 2.2. (A) A universalização da solução americana 1223
[6] § 3. Atividade inventiva no Brasil 1225
[6] § 3.1. Do Código de 1945 até o de 1971... 1226
[6] § 3.1. (A) Jurisprudência: quid imprevisum 1228
[6] § 3.2. Quanto ao Código de 1971 1228
[6] § 3.3. A atividade inventiva no Código em vigor... 1229
[6] § 4. A metodologia para determinar a atividade inventiva 1230
[6] § 4.1. A escolha de um método de análise 1231
[6] § 4.2. Primeiro passo: determinação do estado da técnica............................... 1234
[6] § 4.2. (A) Exclusão da novidade construtiva 1236
[6] § 4.2. (B) O estado da técnica é o campo de apuração de atividade inventiva.. 1237
[6] § 4.2. (C) Momento de fixação do estado da técnica 1238
[6] § 4.2. (D) Extensão de Setores a serem incluídos no exame do estado da técnica .. 1238
[6] § 4.3. Segundo passo: definição do quid novum como invento 1239
[6] § 4.4. Terceiro passo: determinando as diferenças 1240
[6] § 4.4. (A) O homem que determina a existência de atividade inventiva 1241

[6] § 4.5. Quarto passo: determinando a não-obviedade 1248
[6] § 4.5. (A) Dos métodos diretos de apuração do óbvio 1250
[6] § 4.5. (B) Os métodos indiciais de primeiro nível 1253
[6] § 4.5. (C) O sucesso comercial e outros índices similares 1258
[6] § 4.6. Questões subsidiárias 1260
[6] § 4.6. (A) Da nulidade por falta de atividade inventiva................................ 1260
[6] § 4.6. (B) Da atividade inventiva em certos tipos de invento......................... 1261
[6] § 4.7. A sindicabilidade da análise 1262
Seção [7] Tipos de Patentes 1266
[7] § 1. A Lei limita os tipos possíveis de reivindicação? 1267
[7] § 2. Tipos de reivindicações e suas conseqüências..................................... 1268
[7] § 2.1. Solicitação indireta 1270
[7] § 3. Tipos de reivindicação quanto ao objeto 1270
[7] § 3.1. Reivindicações de processo 1271
[7] § 3.2. Reivindicações de produto 1272
[7] § 3.3. Reivindicações de nova aplicação 1272
[7] § 3.3. (A) A nova aplicação e a descoberta 1273
[7] § 3.3. (B) A novidade pertinente 1274
[7] § 3.3. (C) A atividade inventiva como requisito 1274
[7] § 3.3. (D) A questão do "uso" numa patente de uso 1274
[7] § 3.3. (E) A existência de patente de uso no Direito Brasileiro 1275
[7] § 3.3. (F) A questão do alcance prático das reivindicações de uso 1276
[7] § 3.3. (G) Conclusão quanto às reivindicações de uso 1278
[7] § 3.4. Reivindicações de seleção 1278
[7] § 3.4. (A) Para compreender o que é uma seleção 1279
[7] § 3.4. (B) Elementos fáticos para que uma seleção possa se presumir patenteável 1280
[7] § 3.4. (C) A presunção e o problema da novidade 1281
[7] § 3.4. (D) Novidade é uma só 1283
[7] § 3.4. (E) Prudência na concessão de patente de seleção 1283
[7] § 3.4. (F) Da questão da atividade inventiva nos inventos de seleção 1285
[7] § 3.5. Reivindicação de aparelho 1286
[7] § 3.6. Reivindicação de combinação 1287
[7] § 3.6. (A) Combinação: o que é 1287
[7] § 3.6. (B)Justaposição não é combinação 1288
[7] § 3.6. (C) A individualidade da invenção de combinação 1288
[7] § 3.6. (D) Combinação: processo, produto e "produto por processo" 1290
[7] § 3.6. (E) A presunção de que a combinação não é patenteável 1291
[7] § 3.6. (F) Alcance das patentes de combinação 1291
[7] § 3.6. (G) Combinação de elementos no estado da técnica......................... 1292
[7] § 3.6. (H) Efeitos de uma patente de combinação e efeitos de combinação de uma patente 1293
[7] § 3.6. (I) MU de combinação 1293

Tratado da Propriedade Intelectual

[7] § 3.6. (J) A exclusão de certas combinações na lei de 1971	1294
[7] § 3.7. Jurisprudência: reivindicação de combinação	1299
[7] § 4. Tipos de patentes quanto à finalidade	1299
[7] § 5. Certificado de Adição	1300
[7] § 5.1. Conversibilidade do Certificado em Patente	1300
[7] § 5.2. Destino do Certificado de Adição no caso de adjudicação da patente a qual acede	1301
Seção [8] Quem pode pedir patente	1302
[8] § 1. Um direito de autor	1303
[8] § 1.1. Direitos resultantes da autoria do invento	1304
[8] § 1.2. O Direito a pedir patente	1305
[8] § 1.3. O Direito ao segredo	1305
[8] § 1.4. O Direito de paternidade	1306
[8] § 1.5. O Direito de nominação	1307
[8] § 1.6. Direito moral e direito autoral	1308
[8] § 2. Inventor empregado ou prestador de serviços	1308
[8] § 2.1. O equilíbrio de interesses entre capital e trabalho	1309
[8] § 2.2. Uma nova categoria laboral: o trabalhador inovador	1310
[8] § 2.2. (A) Jurisprudência – singularidade do trabalhador inovador	1311
[8] § 2.3. O regime legal em vigor	1312
[8] § 2.4. Empregado contratado para inventar	1313
[8] § 2.4. (A) As invenções de estabelecimento	1314
[8] § 2.5. Condomínio entre empregador e empregado	1314
[8] § 2.5. (A) Natureza não trabalhista do condomínio	1314
[8] § 2.5. (B) A justa remuneração	1315
[8] § 2.5. (C) Outras relações em que o invento resulta em condomínio	1316
[8] § 2.6. Inventor que é servidor público federal 1316	
[8] § 2.7. Participação do empregado – cunho civil	1317
[8] § 2.8. Pactos de não concorrência com empregados	1317
[8] § 2.9. A noção de "justa remuneração"	1317
[8] § 2.10. Jurisprudência: Empregado que inventa coisa	1319
[8] § 2.11. Bibliografia específica: Inventos de empregados	1320
[8] § 2.12. Inventos de Estudantes e bolsistas	1323
[8] § 2.13. Bibliografia específica: alunos e professores	1324
[8] § 3. Da titularidade	1324
[8] § 3.1. Titularidade originária separada da autoria da invenção	1324
[8] § 3.1. (A) Das questões jurídicas a se discutir	1324
[8] § 3.1. (B) Desenvolvimento sob encomenda de soluções técnicas patenteáveis	1325
[8] § 3.1. (C) Aplicação do art. 92 à modalidade de apropriação exclusiva pelo titular	1328
[8] § 3.1. (D) Natureza da relação contratual	1329
[8] § 3.1. (E) Como a doutrina cuida da hipótese	1330
[8] § 3.1. (F) O elemento deflagrador da titularidade pelo contratante	1332

[8] § 3.1. (G) Da encomenda de criação intelectual 1333

[8] § 3.1. (H) A hipótese da encomenda tecnológica 1335

[8] § 3.1. (I) A promessa de contratar fundada no desenvolvimento do invento .. 1336

[8] § 3.1. (J) Emptio rei speratae 1337

[8] § 3.1. (K) Da aplicação da regra à obrigação resultante de contratos não escritos 1338

[8] § 3.1. (L) Do invento misto num contexto do art. 92 da Lei 9.279/96 1339

[8] § 3.1. (M) Do que é colaboração para a inovação 1340

[8] § 3.1. (N) Resumo do caso do invento misto 1342

[8] § 3.1. (O) Das conclusões desta seção 1342

[8] § 4. Direito de adjudicação – a reivindicação da titularidade 1343

[8] § 4.1. A hipótese da Ação de Sub-rogação ao Pedido de Patente 1343

[8] § 4.2. Bibliografia sobre adjudicação 1344

[8] § 5. Condomínio de patentes 1344

[8] § 5.0. (A) Condomínio e licenças 1345

[8] § 6. Pluralidade de autores independentes 1348

[8] § 7. Direito do usuário anterior 1349

[8] § 7.1. Natureza do direito do usuário anterior 1350

[8] § 7.2. Imutabilidade e intrasferibilidade do direito do usuário anterior........... 1351

[8] § 7.3. Bibliografia: direito do usuário anterior 1352

Seção [9] Quais inventos não são patenteáveis 1352

[9] § 0.1. Exclusões de patenteabilidade na lei anterior 1353

[9] § 0.2. Patenteabilidade de matéria biológica 1353

[9] § 0.3. Patentes de variedades de plantas 1353

[9] § 0.4. Enantiometros, polimorfos, metabolitos e prodrogas 1354

[9] § 0.5. O que são tais objetos 1354

[9] § 0.5. (A) Da norma aplicável 1355

[9] § 0.5. (B) Dos polimorfos 1357

[9] § 0.6. A leitura constitucional da aferição de atividade inventiva 1360

[9] § 1. Política legislativa no patenteamento de áreas específicas 1366

[9] § 1.1. Política legislativa e patentes químicas, farmacêuticas e alimentares 1367

[9] § 1.2. Política legislativa: a proteção do produto feito com o processo patenteado .. 1368

[9] § 1.3. Política legislativa: reversão do ônus da prova 1368

[9] § 1.4. Política legislativa e agente ativo 1369

[9] § 1.5. Política legislativa: a proteção dos genéricos 1370

[9] § 1.6. Política legislativa: novas formas de pesquisa 1370

[9] § 1.7. Política legislativa: não patenteamento de tecnologia única 1371

[9] § 1.8. Produtos químicos e a lei brasileira 1372

[9] § 1.9. Patentes de remédios e alimentos 1373

[9] § 1.10. Patentes de misturas 1374

[9] § 1.11. Segundo efeito terapêutico 1376

[9] § 1.12. Patentes Verdes e mudança de clima 1376

[9] § 1.13. Bibliografia específica: patentear o quê? 1377

Tratado da Propriedade Intelectual

Seção [10] Do pedido de patente 1378
  [10] § 0.1. Jurisprudência: efeitos do depósito da patente 1379
  [10] § 0.2. A regra procedimental da congruência 1379
    [10] § 0.2. (A) As mutações entre o reivindicado e o concedido 1381
    [10] § 0.2. (B) Estrito, não literal 1382
    [10] § 0.2. (C) Em todos os casos: proteção estrita ao reivindicado 1384
  [10] § 0.3. Desdobramento de pedidos 1385
  [10] § 0.4. Da possibilidade de ampliação das reivindicações 1386
  [10] § 1. Da construção das reivindicações 1388
    [10] § 1.1. Da divisão entre reivindicações principais e dependentes 1390
    [10] § 1.1. (A) Da noção de acessoriedade da reivindicação dependente 1393
    [10] § 1.1. (B) Como se sabe se uma reivindicação é dependente? 1396
    [10] § 1.1. (C) Da utilidade das reivindicações dependentes 1397
    [10] § 1.1. (D) Como se lê uma reivindicação dependente 1398
    [10] § 1.1. (E) Como se lê uma reivindicação independente com auxílio da dependente 1399
    [10] § 1.1. (F) Da possibilidade de subsistência de uma reivindicação dependente .. 1400
    [10] § 1.2. Da noção lógica de dependência das reivindicações 1401
    [10] § 1.2. (A) Da lógica da diferenciação de reivindicações 1401
    [10] § 1.2. (B) Da lógica das reivindicações dependentes 1402
  [10] § 1.3. A jurisprudência e a prática administrativa 1404
    [10] § 1.3. (A) Validade da reivindicação principal 1404
    [10] § 1.3. (B) Invalidade da reivindicação principal 1406
    [10] § 1.3. (C) Hipóteses indicadas pela casuísticas 1411
  [10] § 1.4. Da compatibilidade da solução com o direito positivo brasileiro 1414
  [10] § 1.5. Conclusão 1415
  [10] § 1.6. Jurisprudência: Leitura de reivindicações 1415
  [10] § 1.7. Bibliografia: Reivindicações 1416
Seção [11] Da publicação 1418
  [11] § 0.1. Período de sigilo 1418
  [11] § 0.2. Efeitos da publicação 1418
  [11] § 0.3. Inventos não publicáveis: defesa nacional 1419
  [11] § 1. O que se publica: o relatório descritivo 1419
    [11] § 1.1. Publicação e tecnologias autoduplicativas 1420
    [11] § 1.2. Invenções relativas a microorganismos 1421
Seção [12] Procedimento Administrativo em Patentes 1422
  [12] § 1. Do exame 1424
  [12] § 2. Do devido processo legal no procedimento de patentes 1424
    [12] § 2.1. Necessidade de um procedimento multilateral e dialogal, importando em participação de todos interessados 1424
    [12] § 2.2. Derivação constitucional do procedimento em patentes 1427
  [12] § 3. Procedimento de obtenção de patentes 1433
    [12] § 3.1. Resumo do procedimento de patentes 1433

1089

[12] § 3.2. Anuência prévia 1435

[12] § 3.3. Procedimento especial no caso de pedidos anteriores ao CPI/96.......... 1437

[12] § 4. Dos requisitos gerais do procedimento administrativo aplicáveis 1438

[12] § 4.0. (A) Do dever de motivar os atos do INPI 1438

[12] § 4.0. (B) Da necessidade de duplo grau de apreciação do feito 1438

[12] § 4.1. Procedimento e política de desenvolvimento 1445

[12] § 5. Modificação das reivindicações após o depósito do pedido.................... 1447

[12] § 5.1. Natureza das reivindicações.. 1447

[12] § 5.2. Quando a reivindicação se torna imutável 1448

[12] § 5.3. Da imutabilidade do reivindicado na lei de 1971 1451

[12] § 5.4. Da imutabilidade do reivindicado na lei de 1996 1453

[12] § 5.5. Modificações reivindicatórias e depósitos de PCT........................ 1454

[12] § 5.6. Modificações de Reivindicações e o devido processo legal 1455

[12] § 6. O papel da ANVISA na concessão de patentes 1456

[12] § 6.0. (A) Do que dissemos anteriormente 1456

[12] § 6.0. (B) Mas sem qualquer manifestação discricionária, a "anuência' é constitucional.. 1459

[12] § 6.0. (C) De como esse entedinmento tem eco nas decisões Judiciárias......... 1460

[12] § 6.0. (D) Não examinar pedidos de patentes farmacêuticas é que é inconstitucional... 1465

[12] § 6.0. (E) A ANVISA examina novidade de patentes desde 1882 1466

[12] § 6.0. (F) Da imprescindibilidade legal do exame da Anvisa.................... 1467

[12] § 6.0. (G) A invalidade das patentes sem anuência da ANVISA 1468

[12] § 6.0. (H) Da aplicabilidade da anuência aos pedidos pipeline................... 1470

[12] § 6.0. (I) O dever de conceder patentes pipeline não importa em dever de não
examinar 1471

[12] § 6.0. (J) Os requisitos da patente são de fundo constitucional e não podem ser
abolidos 1472

[12] § 6.0. (K) O exame da ANVISA é prescrito por lei e inevitável.................. 1478

[12] § 7. Da exigência de revelação da origem do material genético 1479

[12] § 7.0. (A) Crítica a instituição desse requisito na lei nacional.................... 1480

[12] § 7.0. (B) Natureza jurídica desse dever em face da PI 1481

[12] § 7.0. (C) Como a inovação brasileira sofre com o requisito 1482

Seção [13] Concessão da patente.. 1483

[13] § 0.1. Duplo patentemento e unicidade de privilégio......................... 1484

Seção [14] Conteúdo da exclusividade das patentes 1485

[14] § 1. Da leitura da patente.. 1485

[14] § 1.0. (A) A quem cabe determinar o sentido de uma patente................. 1485

[14] § 2. O conceito de propriedade em face das patentes 1489

[14] § 2.1. O crime de arrogar-se uma patente que não existe..................... 1490

[14] § 2.2. Jurisprudência: é crime dizer que tem patente sem ter 1491

[14] § 2.3. O conteúdo da exclusividade no CPI/96............................... 1492

[14] § 2.4. Vedação à exploração da patente 1492

Tratado de Propriedade Intelectual

[14] § 2.5. Interpretação dos poderes legais do titular da patente 1492

[14] § 2.6. Poderes do titular – a noção de "consentimento" 1493

[14] § 2.7. Vertente civil e penal 1494

[14] § 2.8. Análise dos tipos civis e penais – Produção 1496

[14] § 2.9. Uso de produto fabricado 1497

[14] § 2.10. Uso de meio ou processo 1498

[14] § 2.11. Importação 1499

[14] § 2.12. Venda, exposição à venda, ocultação e receptação 1500

[14] § 2.13. Exportação 1500

[14] § 2.14. Infração parcial de patentes 1500

[14] § 2.15. (A) A hipótese de eficácia parcial de reivindicação 1501

[14] § 2.15. (B) Inexistência de infração parcial em reivindicações de combinação .. 1502

[14] § 2.16. Jurisprudência: Infração parcial de patente 1504

[14] § 2.17. Os graus de cópia: gradus ad parnasum 1504

[14] § 2.18. Contributory Infringement 1505

[14] § 2.19. Jurisprudência: limites do direito exclusivo 1506

[14] § 2.20. Jurisprudência: indenização devida 1506

Seção [15] Limites do direito de patente 1506

[15] § 1. Limites quanto ao prazo 1507

[15] § 1.1. (A) Jurisprudência 1508

[15] § 1.2. Efeitos antes da concessão 1509

[15] § 1.2. (A) Efeitos econômicos anteriores à concessão 1510

[15] § 1.2. (B) Da eficácia da patente antes da concessão 1510

[15] § 1.2. (C) Caso em que a base do direito expirava antes da concessão 1513

[15] § 1.3. O que ocorre quando a patente acaba 1514

[15] § 1.4. Extinção de Direitos: questão intertemporal do Código 1515

[15] § 1.5. Aumento de prazo. Direito Intertemporal. Prorrogação 1517

[15] § 1.5. (A) Ações judiciais visando a prorrogação: efeitos perante concorrentes.. 1519

[15] § 1.5. (B) Interesse jurídico do concorrente do titular da patente contra a prorrogação 1522

[15] § 1.5. (C) O interesse difuso 1523

[15] § 1.5. (D) Da hipótese do direito adquirido 1524

[15] § 1.5. (E) Casos em que o titular da patente prorroganda moveu ação judicial 1536

[15] § 2. Limites quanto ao território 1539

[15] § 3. Limites quanto ao exercício dos direitos 1540

[15] § 4. Limites Legais Extrínsecos: Fair Usage 1540

[15] § 4.1. Limitações como ponderação em abstrato de interesses 1541

[15] § 4.2. Limitações e direito internacional 1543

[15] § 4.3. Limites extrínsecos: Atos sem fim comercial 1545

[15] § 4.4. Limites extrínsecos: Pesquisas e experimentos 1546

[15] § 4.5. Da limitação em favor dos clientes das farmácias de manipulação 1547

[15] § 4.5. (A) A limitação no direito comparado 1549

[15] § 4.5. (B) Os interesses e princípios contrastantes nessa limitação	1550
[15] § 4.5. (C) Do direito fundamental à saúde	1551
[15] § 4.6. Limitações à patente relativas à matéria viva...............................	1555
[15] § 4.7. Limitação à patente: obtenção de registro sanitário......................	1555
[15] § 4.8. (A) Exceção Bolar	1556
[15] § 4.9. Outros limites à patente: uso anterior e trânsito de veículos..............	1558
[15] § 4.10. Limites do Direito: Fair Usage. Esgotamento dos direitos...................	1559
[15] § 4.11. Abuso de direitos..	1559
[15] § 4.12. O problema dos padrões técnicos: a exceptio standardis...................	1559
[15] § 4.13. Bibliografia: limitações à patente	1560
Seção [16] Da doutrina dos Equivalentes em Direito de Patentes......................	1563
[16] § 0.1. Leitura substancial da exclusividade	1563
[16] § 1. Doutrina dos equivalentes	1567
[16] § 1.1. Literalidade e equivalência	1568
[16] § 1.2. A questão constitucional...	1569
[16] § 1.3. Um instituto de direito comum dos povos	1573
[16] § 1.4. A doutrina americana	1575
[16] § 1.5. A vertente japonesa..	1577
[16] § 1.6. A posição Européia..	1578
[16] § 1.7. A resolução 175 da AIPPI..	1580
[16] § 1.8. A doutrina dos equivalentes no Brasil	1581
[16] § 1.9. Tendências recente quanto à teoria	1583
[16] § 2. A análise da equivalência	1584
[16] § 2.1. O limite do estado da arte...	1584
[16] § 2.2. Quando se verifica a equivalência...	1584
[16] § 2.2. (A) A contrafação evolutiva...	1585
[16] § 2.3. O critério da comparação elemento-a-elemento...................................	1586
[16] § 2.4. O critério de substancialidade	1588
[16] § 2.4. (A) Substancialidade e foco de comparação..	1589
[16] § 2.5. O requisito da certeza jurídica	1589
[16] § 2.6. A questão dos subconjuntos e elementos..	1591
[16] § 2.7. Quando um aperfeiçoamento transcende a equivalência......................	1593
[16] § 2.8. A regra da extensão relativa ao pioneirismo	1594
[16] § 2.9. A questão da história de processamento do pedido	1596
[16] § 2.10. Equivalência e análise de atividade inventiva....................................	1597
[16] § 2.10. (A) Requisitos da atividade inventiva	1599
[16] § 2.10. (B) Equivalência no exame de patenteabilidade.................................	1600
[16] § 2.11. Casos particulares de patentes: combinações e patentes de uso..........	1602
[16] § 2.11. (A) A questão da diferença de estrutura de combinação	1602
[16] § 2.11. (B) Equivalência e reivindicações de uso	1606
[15] § 3. O procedimento de análise de equivalência..	1607
16] § 3.1. Jurisprudência: equivalência de fatores	1608
[15] § 4. Equivalência farmacêutica não é equivalência de patentes......................	1609

Tratado de Propriedade Intelectual

[16] § 4.1. Mais uma falácia quanto ao direito de patentes 1609

[16] § 4.2. Equivalência farmacêutica não é equivalência de patentes de invenção... 1610

   [16] § 4.2. (A) Equivalência Farmacêutica 1610

[16] § 4.3. Noção de equivalência farmacêutica 1610

[16] § 4.4. Diferenças entre o procedimento de patentes e o procedimento registral
sanitário 1611

[16] § 4.5. Outras espécies de analogia entre medicamentos 1611

[16] § 4.6. Similares e equivalência farmacêutica 1613

[16] § 4.7. Genéricos e equivalência terapêutica 1615

[16] § 5. Equivalência farmacêutica e patentes 1616

   [16] § 5.1. Bibliografia quanto à doutrina dos equivalentes 1617

Seção [17] Exaustão de Direitos de Patentes 1618

[17] § 0.1. (A) Uma análise econômica das importações paralelas 1622

[17] § 0.1. Territorialidade e exaustão de direitos 1620

[17] § 0.2. Esgotamento internacional e Intracomunitário 1623

[17] § 0.3. Importação de componentes e exaustão 1625

[17] § 0.4. Exaustão de Direitos e OMC 1625

[17] § 0.5. Jurisprudência – Esgotamento Internacional nos EUA 1625

[17] § 0.6. Jurisprudência: TRIPS é compatível com a exaustão de direitos 1626

[17] § 0.7. Jurisprudência: o comércio internacional exige exaustão de direitos........ 1627

[17] § 0.8. Esgotamento de direitos no direito brasileiro 1628

[17] § 0.9. Direito à importação paralela 1629

[17] § 0.10. Exaustão de direitos e tutela penal.. 1630

[17] § 0.11. Bibliografia sobre exaustão e importação paralela 1631

Seção [18] Licenças voluntárias e cessão 1632

[18] § 1. Oferta de licença 1632

Seção [19] Licenças Compulsórias 1633

[19] § 1. Modalidades de licença compulsória 1635

[19] § 1. Requisitos gerais para concessão de licenças compulsórias........................ 1635

   [19] § 1.1. Requisitos do acordo TRIPs 1635

   [19] § 1.2. Condições Gerais de todas licenças compulsórias no CPI/96 1636

   [19] § 1.3. Procedimento para pedido de licença compulsória de interesse privado.. 1636

[19] § 2. Licença compulsória por abuso de direitos ou de poder econômico 1637

   [19] § 2.1. Do direito internacional pertinente – da CUP 1638

   [19] § 2.2. O Direito Internacional Pertinente – Acordo TRIPs............................... 1639

   [19] § 2.3. Licenças compulsórias e TRIPS: requisitos especiais no caso de abuso . 1640

   [19] § 2.4. Licenças contra o abuso e a lei em vigor 1640

[19] § 3. Licença por abuso de direitos 1641

   [19] § 3.1. Noção geral de abuso de direitos 1641

   [19] § 3.2. Abuso por excesso de poder jurídico 1641

   [19] § 3.3. Abuso por desvio teleológico... 1642

   [19] § 3.4. Competência para a concessão de licença por abuso de direito 1642

   [19] § 3.5. Abuso e know how 1642

[19] § 4. Da licença por abuso do Poder econômico 1643

  [19] § 4.1. A licença compulsória como punição: art. 24 da Lei 8.484/94............... 1644

  [19] § 4.2. Modalidades de Práticas Anticoncorrenciais com patentes................... 1645

  [19] § 4.3. Processualística da Licença por Abuso de Poder Econômico............... 1647

  [19] § 4.4. Abuso de poder econômico na Lei 9.279/96...................................... 1650

  [19] § 4.5. Jurisprudência – Licenças Compulsórias por Abuso de Poder Econômico.. 1651

[19] § 5. Licença compulsória por falta de uso... 1652

  [19] § 5.1. O dever de usar o privilégio 1652

  [19] § 5.2. A licença por desuso na lei em vigor 1653

  [19] § 5.3. Licença por falta de uso e CUP 1654

  [19] § 5.4. Licença por falta de uso e TRIPs 1654

  [19] § 5.5. Legitimidade para licenciamento compulsório por desuso................... 1655

  [19] § 5.6. Finalidade da licença compulsória 1656

  [19] § 5.7. Prazo para licença compulsória... 1656

  [19] § 5.8. Defesa do titular 1656

  [19] § 5.9. Da noção de uso efetivo 1657

  [19] § 5.10. Fabricação completa de produto; falta de uso integral do processo..... 1659

[19] § 6. Licença de interesse público... 1660

  [19] § 6.1. Previsão no Acordo TRIPs... 1660

  [19] § 6.2. Licença por interesse público no direito comparado 1661

  [19] § 6.3. Natureza jurídica do instituto... 1665

  [19] § 6.4. "Emergência nacional ou interesse público" 1666

  [19] § 6.5. "declarados em ato do Poder Executivo Federal"................................. 1667

  [19] § 6.6. "desde que o titular da patente ou seu licenciado não atenda a essa necessidade"... 1668

  [19] § 6.7. "Poderá ser concedida, de oficio".. 1670

  [19] § 6.8. Contratação direta optativa 1671

  [19] § 6.9. Contratação Direta necessária 1673

  [19] § 6.10. Procedimento da outorga... 1675

  [19] § 6.11. Competência para a outorga 1675

  [19] § 6.12. "Licença compulsória (...) para a exploração da patente" 1676

  [19] § 6.13. "temporária e não exclusiva (...), sem prejuízo dos direitos do respectivo titular"... 1676

  [19] § 6.14. O Decreto Regulamentador da Licença de Interesse Público 1677

[19] § 7. Licença de dependência... 1679

  [19] § 7.1. Bibliografia específica: licenciamento compulsório............................... 1681

[19] § 8. Caducidade de Patentes na Lei. 9.279/96 1687

  [19] § 8.1. Jurisprudência: caducidade parcial de patente 1688

[19] § 9. Perecimento do ius persequendi por inação do titular................................. 1688

  [19] § 9.1. Direito pessoal 1688

  [19] § 9.2. Inação: Falta de uso e falta de proibição.. 1689

    [19] § 9.2. (A) Da presunção de consentimento ao dever de notificar 1690

    [19] § 9.2. (B) Em que consiste a publicação do pedido....................................... 1692

Tratado da Propriedade Intelectual

[19] § 9.2. (C) O magistério da Súmula 375 do STJ	1693
[19] § 9.2. (D) A autonomia do ius prohibendi em face da boa fé	1694
[19] § 9.2. (E) O caso do efeito retroativo	1696
[19] § 9.2. (F) Da complexidade técnica do conteúdo da publicação	1698
[19] § 9.3. Do comportamento incompatível com o ius prohibendi	1700
[19] § 9.3. (A) Da usucapião em matéria de patentes	1700
[19] § 9.3. (B) Jurisprudência contrária: não cabe usucapião em PI	1703
[19] § 9.3. (C) Exceção de renúncia aparente	1704
[19] § 9.3. (D) Da supressio e da surrectio	1706
[19] § 9.4. Das conclusões desta seção	1708
Seção [20] Manutenção e Extinção da Patente	1709
[20] § 1. Manutenção	1709
[20] § 1.1. Anotações	1709
[20] § 1.2. Anuidades e Restauração	1710
[20] § 2. Extinção	1710
[20] § 2.1. Renúncia	1710
[20] § 2.2. Caducidade por falta de exploração	1711
[20] § 2.3. Caducidade por falta de procurador	1711
[20] § 3. Nulidade da patente, modelo de utilidade ou certificado de adição	1712
[20] § 3.1. Da presunção de validade das patentes	1712
[20] § 3.2. Nulidade administrativa	1712
[20] § 3.3. Nulidade judicial	1714
[20] § 3.4. Jurisprudência – Posição processual do INPI	1714
[20] § 3.5. Bibliografia: nulidade da patente	1715
[20] § 4. Domínio Público	1715
Seção [21] Modelo de Utilidade	1716
[21] § 1. A diferença entre invenção e o invento que é só modelo de utilidade	1717
[21] § 2. Requisitos de proteção	1718
[21] § 2.1. Um invento de forma	1718
[21] § 2.2. Inventos não suscetíveis de proteção por MU	1719
[21] § 2.3. Melhoria funcional	1719
[21] § 2.4. Ato inventivo ou ato confusório?	1720
[21] § 2.4. (A) Jurisprudência: Ato Inventivo	1721
[21] § 2.5. Unidade de invenção em modelo de utilidade	1721
[21] § 3. Conteúdo da proteção	1721
[21] § 3.1. Gama Cerqueira e a Contrafação em Modelos de Utilidade	1721
[21] § 4. Modelo de utilidade e TRIPs	1722
[21] § 4.1. Jurisprudência: utilidade e forma artística	1722
[21] § 4.2. Jurisprudência: modelo de utilidade	1724
Seção [22] Registro sanitário e patentes	1724
[22] § 1. Patentes dão exclusividade, o registro examina a toxidade	1725
[22] § 2. Registro sem patente, patente sem registro	1725
[22] § 3. Quando a patente não vale: a tecnologia é outra	1726

[22] § 4. Produto igual para o registro não é produto igual para a patente 1726
[22] § 5. Quando a patente não vale: acabou seu prazo 1727
[22] § 6. Quando a patente não vale: os limites jurídicos do direito 1727
[22] § 7. Quando a patente não vale: usos permitidos 1728
[22] § 8. Da hipótese improcedente do linkage 1728
Seção [23] Patentes farmacêuticas 1730
[23] § 1. Do segundo uso farmacêutico 1730
[23] § 1.1. Um problema tipicamente francês 1731
[23] § 1.2. A vedação a métodos de tratamento em Direito Brasileiro 1733
[23] § 1.2. (A) Métodos de tratamento podem ou não ser inventos? 1734
[23] § 1.2. (B) A opção pela imprivilegiabilidade mesmo se fosse invento 1735
[23] § 1.2. (C) A interpretação do art 10, VIII, do CPI/96 1736
[23] § 1.2. (D) O produto usado em um método de tratamento 1738
[23] § 1.3. A reivindicação suíça e o Direito Brasileiro 1739
[23] § 1.4. A função e os limites das reivindicações no Direito Brasileiro 1739
[23] § 1.4. (A) Equivalência e reivindicações de uso 1741
[23] § 1.4. (B) A licitude de reivindicações de uso do tipo suíço no Direito Brasileiro 1743
[23] § 1.5. Conclusões sobre as patentes de uso farmacêutico 1743
[23] § 1.5. (A) Bibliografia: Patentes Farmacêuticas 1743
[23] § 2. A proibição, pela ANVISA, de reivindicações de uso farmacêutico 1746
[23] § 2.1. Constitucionalidade do poder discricionário de anuir em conessão de
patentes 1747
[23] § 2.2. De nosso pronunciamento prévio sobre a questão 1750
[23] § 2.3. O pedido de privilégio será sujeito a exame substantivo de seus requisitos 1751
[23] § 2.3. (A) Procedimento administrativo plenamente vinculado na conces-
são de patentes 1752
[23] § 2.3. (B) Procedimento de patentes e o devido processo legal 1753
[23] § 2.4. O resumo dos direitos constitucionais relativos a uma patente 1754
[23] § 2.5. A questão da anuência em face da Constituição 1755
[23] § 2.5. (A) O nosso argumento constitucional 1755
[23] § 2.5. (B) O argumento constitucional contrário 1756
[23] § 2.6. Conclusão quanto à constitucionalidade da anuência da ANVISA 1759
[23] § 2.6. (A) Da leitura compatível com a Constituição 1760
[23] § 2.6. (B) Os limites da apreciação de imprivilegiabilidadedo art. 18, I, do
CPI/96 1761
[23] § 2.6. (C) Em resumo 1763
[23] § 2.7. A questão da negativa genérica de patente de uso farmacêutico 1763
[23] § 2.8. Conclusão quanto à possibilidade de a ANVISA proibir patentes de uso.. 1764
Seção [24] Patente: um instrumento de política industrial 1765
[24] § 1. O valor social da patente 1768
[24] § 2. Patente como modelo de aperfeiçoamento em inovação 1775
[24] § 2.1. Risco como fundamento da proteção 1775

Tratado da Propriedade Intelectual

[24] § 2.1. (A) A distinção entre risco técnico e incerteza 1776

[24] § 2.2. A doutrina jurídica do aperfeiçoamento..................................... 1779

[24] § 2.3. Incerteza, risco e o modelo constitucional brasileiro 1781

[24] § 2.4. Bibliografia: inverteza, risco e inovação sequencial............................ 1782

Seção [25] O pipeline.. 1783

[25] § 1. O teor do pipeline 1786

[25] § 1.2. Objeto do benefício.. 1786

[25] § 1.3. Pressupostos e prazo do benefício.. 1787

[25] § 1.4. Conversão em pipeline.. 1787

[25] § 1.5. Pipeline nacional... 1787

[25] § 1.6. Imunidade do usuário anterior... 1788

[25] § 2. Pipeline e direito internacional 1788

[25] § 2.1. Pipeline não é uma exigência de TRIPs.................................... 1789

[25] § 2.2. A Pipeline não é compatível com a CUP................................. 1790

[25] § 2.2. (A) A Corte Suprema Argentina declara o pipeline proibido por TRIPs e a CUP... 1792

[25] § 2.3. O Pipeline não é compatível com o PCT.................................... 1793

[25] § 3. Como interpretar o art. 230 do CPI/96................................... 1793

[25] § 3.1. A interpretação das normas de propriedade intelectual...................... 1793

[25] § 3.2. A interpretação segundo os princípios...................................... 1794

[25] § 3.3. A interpretação das regras em si mesmas 1795

[25] § 3.4. A interpretação específica do pipeline...................................... 1797

[25] § 4. Categorias jurídicas pertinentes ao pipeline........................... 1798

[25] § 4.0. (A) Parâmetros de análise do Art. 230 1799

[25] § 4.1. Art. 230 como revalidação de patente estrangeira...................... 1799

[25] § 4.1. (A) Legitimidade ad adquirendum da patente pipeline 1799

[25] § 4.1. (B) Pertinência do primeiro depósito.. 1801

[25] § 4.1. (C) Local do primeiro depósito 1803

[25] § 4.1. (D) Revalidação de patente nacional estrangeira 1803

[25] § 4.1. (E) Efeito da patente do país de origem sobre a patente pipeline brasileira 1806

[25] § 4.1. (F) A duração da patente... 1806

[25] § 4.2. A questão de Direito Internacional Privado.............................. 1809

[25] § 4.2. (A) Técnicas de aplicação do direito estrangeiro em matéria de patentes... 1809

[25] § 4.2. (B) Limites de aplicação da lei estrangeira............................... 1814

[25] § 5. Da inconstitucionalidade do pipeline do art. 230 1815

[25] § 5.1. A proposta do art. 230... 1816

[25] § 5.2. A retórica de ponderação do art. 230....................................... 1818

[25] § 5.3. A novidade de mercado do art. 230 não é constitucional para as patentes de invenção 1818

[25] § 5.4. A hipótese de que o exame seja delegado à autoridade estrangeira....... 1820

[25] § 5.5. A desponderação inerente ao art. 230...................................... 1821

[25] § 5.5. (A) O pipeline como reparação de pecados 1822

[25] § 5.5. (B) As duas instâncias de novidade 1823

[25] § 5.6. O caráter inconstitucional do art. 230 do CPI/96 1824

[25] § 5.6. (A) Outras causas de desconformidade 1825

[25] § 6. Bibliografia: Pipeline... 1826

Seção [26] Bibliografia Complementar: Patentes... 1828

Seção [2] O que é uma patente

Uma patente, na sua formulação clássica, é um direito, conferido pelo Estado, que dá ao seu titular a exclusividade da exploração de uma tecnologia.[1] Como contrapartida pelo acesso do público ao conhecimento dos pontos essenciais do invento, a lei dá ao titular da patente um direito limitado no tempo, no pressuposto de que é socialmente mais produtiva em tais condições a troca da exclusividade de fato (a do segredo da tecnologia) pela exclusividade temporária de direito.[2]

[2] § 1. O direito e o objeto do direito

Claramente a patente – que é um direito imaterial de exclusiva – não se confunde com o produto material (ou processo) ao qual se refere. Diz a CUP:

Art. 4 quater
Não poderá ser recusada a concessão de uma patente e não poderá ser uma patente invalidada em virtude de estar a venda o produto patenteado ou obtido por um processo patenteado sujeito a restrições ou limitações resultantes da legislação nacional.

Quanto a este ponto, vide o Cap. I quanto à definição de *corpus mechanicum*.

---

1   BARROS, Carla Eugenia Caldas. O aperfeiçoamento, a dependência, a licença e a propriedade nas patentes. 2002. Tese (Doutorado em Direito) – Faculdade de Direito, Pontifícia Universidade de São Paulo, 2002, p. 37. "A patente de invenção é um título declarativo de exercício de propriedade outorgado pela autoridade pública, em certas condições, ao autor de uma invenção. Ela confere ao mesmo, durante um determinado tempo, um direito exclusivo e absoluto da exploração da invenção, em território delimitado, salvo as regras extraterritoriais. Devido a esse fato, ela constitui um direito que é de propriedade, porém, com particularidades específicas, como as descritas a seguir: a) a patente está limitada no tempo, como no caso brasileiro, a 20 anos, contados do depósito, ou 10 anos, contados da concessão da patente, após esse período cai no domínio público; b) ela é revogável não só pela justiça, como também por ato expropriatório; c) tem caráter preclusivo face ao não pagamento das taxas anuais e, por fim; d) limita o exercício, ou seja, interdita a um terceiro colocar no mercado invenção protegida por patente."

2   D. B. Barbosa, El Comercio de tecnología: aspectos jurídicos, trasferencia, licencia y "know how", in Revista de Derecho Industrial, vol. 30, (1988). Segundo os estudos clássicos sobre o sistema de patentes, foram quatro as teses que justificaram a criação do privilégio, sendo a mais antiga a do direito natural; mas a concepção dominante sempre foi a de que monopólio legal induz à divulgação do conhecimento. Vide Fritz Machlup, An Economic Review of the Patent System, Study No. 15, Subcommittee on Patents, Trademarks and Copyrights of the Committee on Judiciary, U.S. Senate 85th Cong., 2d Sess., 21, 44-45, 50-54, 79-80 (1958). Government Printing Office 1958. Esta perspectiva ainda é oficialmente adotada: "In return for temporary protection, the owner agrees to make public the intellectual property in question. It is this trade-off which creates a public interest in the enforcement of protected intellectual property rights", H.Rep. No. 40, 100t 0th Cong. 1s 1st. Sess., supra note 5, at 156 (1987) (relatório sobre o Omnibus Trade and Competitiveness Act of 1988). Mas, na prática, hoje em dia, como nota Carlos Maria Correa, *op. cit.*, p. 11, existe entre os países desenvolvidos uma forte tendência à recuperação da velha idéia de um direito natural à patente. A tendência se expressa na noção de que o simples fato de investir em pesquisas e por à disposição do público os resultados (não o conhecimento) justifica a patente. Tal noção está também implícita em certas decisões dos tribunais americanos, como em Patlex Corp. vs. Missinghoff, 758 F 2d 2d 594, 599, Fed. Circ. (1985).

[2] § 2. A patente e seu espelho: o segredo

A outra forma usual de proteção da tecnologia é a manutenção do segredo – o que é sempre socialmente desaconselhável, eis que dificulta o desenvolvimento tecnológico da sociedade. Além disto, conforme o caso, conservar o sigilo é arriscado do ponto de vista da empresa, senão de todo impossível.[3]

Tal se dá, por exemplo, na maioria das inovações do campo da mecânica, que é o campo clássico das invenções, e objeto da primeira patente na história.[4] O caso, porém, é especialmente grave quanto às tecnologias autoduplicativas, como as variedades de plantas, certos microorganismos e os programas de computador; em tais casos, à falta de proteção física natural[5] ou artificial, a eficácia do segredo torna-se inexistente a partir do momento em que o público tenha acesso ao espécime que corporifica a tecnologia. Nesses casos, não é necessário *conhecer* para *reproduzir*.

Na sua formulação clássica, assim, a patente presume a extinção do segredo, tornando o conhecimento da tecnologia acessível a todos. Como requisito para conceder a patente, o Estado exige a descrição exata da tecnologia de forma a que um técnico com formação média na área seja capaz de reproduzir a invenção.

---

3 Vide Fromer, Jeanne C.,Trade Secrecy in Willy Wonka's Chocolate Factory. THE LAW AND THEORY OF TRADE SECRECY: A HANDBOOK OF CONTEMPORARY RESEARCH, Rochelle C. Dreyfuss, Katherine J. Strandburg, eds., Edward Elgar Publishing, 2010; Fordham Law Legal Studies Research Paper No. 1430463. Available at SSRN: http://ssrn.com/abstract=1430463.

4 Em Veneza, no Sec. XV. "Since the creation of the first national patent system, in the XV Century, the idea of Intellectual Property is connected with the mechanical arts: a new machine, a more efficient tool, an improved lever are the easiest examples of a patentable invention. A new chemical compound is a more magical creation: its utility is probably understandable, but not so its structure; even so, also there the patent was an early acquisition. Industrial processes, on the other hand, are invisible elaborations; they are not things to touch and see, even though apparent through the disposition of apparata on a plant, or by means of a written procedure instructing how to combine some chemicals. The patent system was never worried about visibility or comprehensibility: processes, like products were almost instantly recognized as a proper patent object. The patent only wants reproducibility, and only needs to know how the invention can be put into practice. Patents were never intended to be scientific tools: they were created to substitute the older trade secret as a means to protect an economic value, particularly important face to the competitors. The Jacobean Statute of Monopolies of 1623, understandably in a time where the lack of alternate technologies granted extraordinary economic advantages to whomever knew how to do anything a new way, both considered the patent a monopolistic instrument and absolved it from such a sin for the novel industries it encouraged. (SELA, 1987). Autores existem, no entanto, que vislumbram proteção patentária às receitas gastronômicas das cidades gregas da Antiguidade.

5 Como já se disse das criações biológicas, mas também poder-se-ía dizer dos programas de computador: "this new object has an objective reproducibility beyond the knowledge: as a rule it is not required to have any information about a seed to obtain a crop. In other words, the ability to reproduce such biotechnological items has nothing to do with technology itself: as living objects they took the reproduction task on themselves". SELA (1987), op. cit. De um outro ponto de vista, mas absolutamente correto, diz Dennis S. Karjala, Intellectual Property Rights in Japan and the Protection of Computer Software, in Intellectual..., Westview (1990), *op. cit.*, p. 278: "The future of technological development, however, may lie largely in information that does not instruct, or merely instruct, how to make or use a product; rather, the instruction is itself the product".

Como disse a Suprema Corte dos Estados Unidos:

Once an inventor has decided to lift the veil of secrecy from his work, he must choose the protection of a federal patent or the dedication of his idea to the public at large. As Judge Learned Hand once put it: "[I]t is a condition upon the inventor's right to a patent that he shall not exploit his discovery competitively after it is ready for patenting; he must content himself with either secrecy or legal monopoly." Metallizing Engineering Co. v. Kenyon Bearing & Auto Parts Co., 153 F.2d 516, 520 (CA2), cert. denied, 328 U.S. 840 (1946).[6]

[2] § 3. Patente: uma relação poligonal

Um elemento essencial da noção da patente é da natureza poligonal da relação jurídica que se constrói em torno da exclusiva. Na propriedade clássica se estabelece *naturalmente* uma relação negativa perante todos (o efeito *erga omnes*) – a apropriação de um bem tangível por uma certa pessoa exclui, até mesmo mecanicamente, as demais pessoas de sua utilização.

Nada similar ocorre no tocante às informações tecnológicas (e de outra natureza). Tais bens têm características inteiramente diversas, como aponta a literatura jurídica de inspiração econômica:[7]

a) o que certos economistas chama de não-rivalidade. Ou seja, o uso ou consumo do bem por uma pessoa não impede o seu uso ou consumo por uma outra pessoa. O fato de alguém usar uma criação técnica ou expressiva não impossibilita outra pessoa de também fazê-lo, em toda extensão, e sem prejuízo da fruição da primeira.

b) O que esses mesmos autores se referem como não-exclusividade: o fato de que, salvo intervenção estatal ou outras medidas artificiais, ninguém pode ser impedido de usar o bem. Assim, é difícil coletar proveito econômico comercializando publicamente no mercado esse tipo da atividade criativa.

---

6   Bonito Boats, Inc. v. Thunder Craft Boats, Inc., 489 U.S. 141 (1989), O'Connor, J., Relator, decisão unânime da Corte.

7   Citamos aqui, J.H. Reichman, Charting the Collapse of the Patent-Copyright Dichotomy: Premises for a restructured International Intellectual Property System 13 Cardozo Arts & Ent. L.J. 475 (1995); Wendy J. Gordon, Fair Use as Market Failure: A Structural and Economic Analysis of the Betamax Case and Its Predecessors, 82 Colum. L. Rev. 1600 (1982); Michael G. Anderson & Paul F. Brown, The Economics Behind Copyright Fair Use: A Principled and Predictable Body of Law, 24 Loy. U. Chi. L. J. 143 (1993). Vide Wendy J.Gordon, Asymmetric Market Failure and Prisoner's Dilemma in Intellectual Property, 17 U.Dayton L.Rev. 853, 861-67 (1992); do mesmo autor, On Owning Information: Intellectual Property and the Restitutionary Impulse, 78 Va.L.Rev. 149, 222-58 (1992) e Assertive Modesty: An Economy of Intangibles, 94 Col.L.Rev. 8, 2587 (1994). Vide também Samuelson, Davis, Kapor e Reichmann, A Manifesto Concerning the Legal Protection of Computer Programs, 94 Col.L.Rev. 8, 2308, 2339 (1994). Ejan Machaay, Legal Hybrids: Beyond Property and Monopoly, 94 Col.L.Rev. 8, 2637 (1994).

Já no caso da patente, para que se tenha um efeito *erga omnes* torna-se necessária uma ação estatal *a priori*.[8] O Estado institui, concedendo uma patente, essa eficácia contra terceiros, mas sob certos motivos e determinadas condições; dessas condições – e especialmente da temporariedade a proteção – resulta que esses terceiros sejam sujeitos passivos na pretensão *imediata* de usar o privilégio, e sujeitos ativos na pretensão *futura* de usar o mesmo objeto privilegiado.

Assim, o Estado é originador do direito, e tutor de sua duração. O vínculo assume, sob certa ótica, a aparência de uma relação obrigacional de direito público. Como narram Robert A. Choate e William Francis:[9]

"A concessão do privilégio da patente pelo estado é um ato que tem uma tripla natureza. Por ser uma recompensa conferida ao inventor para sua invenção passada, é um ato de justiça. Como um incentivo aos esforços futuros, é um ato da órbita da política pública.

Como uma concessão da proteção temporária no uso exclusivo de uma invenção particular, sob condição de sua publicação imediata e eventual entrega ao público, é um acordo entre o inventor e o público no qual um cede algo ao outro para que receba aquilo que é concedido para ele.[10]

Ou, também enfatizando a natureza plúrima da relação constitutiva da patente, enfatiza Douglas Daniel Domingues:[11]

Tanto no sistema socialista quanto no capitalista encontramos o interesse do indivíduo, o inventor, de um lado e, do outro lado, o interesse geral de coletividade. São posições aparentemente antagônicas e contraditórias, porque em verdade o interesse de um completa o do outro, e, em matéria de invenção, a sociedade é a maior interessada, e quando protege o inventor não o faz com finalidade outra que estimular o progresso técnico, incrementar o desenvolvimento de

---

8   Ou seja, a ação estatal cria escassez, onde haveria abundância – a liberdade de acesso às informações e às tecnologias. Lembra Antonio Luiz Figueira Barbosa, em seu Patentes: Crítica à racionalidade, em busca da racionalidade, Cadernos de Estudos Avançados, Rio de Janeiro, 2005: " Plant sugere que, "considerando no geral a instituição da propriedade privada existir para a reservação de bens escassos, tendendo (como podemos falar com certa liberdade) a nos conduzir para o 'the make most of them', os direitos de propriedade nas patentes e 'copyrights' possibilitam a criação da escassez dos produtos apropriados (...)".

9   Choate e Francis, Patent Law, West Publishing, p. 77. Original: "The concession of the patent privilege by the state is an act having a threefold character. As a reward bestowed the inventor for his past invention, it is an act of justice. As an inducement to future efforts, it is an act of round public policy. As a grant of temporary protection in the exclusive use of a particular invention, on condition of its immediate publication and eventual surrender to the people, it is an act of compromise between the inventor and the public, wherein which concedes something to the other in return for that which is conceded to itself."

10   A teoria do contrato de direito público apenas uma dentre várias racionalizações do sistema de patentes, das quais o texto de Figueira Barbosa, acima citado, lista uma pluralidade.

11   DOMINGUES, Douglas Gabriel, A propriedade industrial na Constituição Federal de 1988, p. 69. Revista Forense – vol. 304 Doutrina.

sua economia e satisfazer a necessidade de seus membros. Esta conjunção entre a técnica e o Estado é de longa data, o mais importante fenômeno do ponto de vista político, social e humano da história.

A Constituição vigente, inciso XXIX do art. 5º, vincula expressamente o privilégio temporário ao interesse social do desenvolvimento tecnológico e econômico do país, o que não acontecia na Constituição anterior, § 2º, do art. 153. Tal fato não significa que, na Constituição revogada, a concessão do privilégio fosse orientada em sentido diverso do interesse social e desenvolvimento tecnológico e econômico do Brasil. A posição em ambas as Constituições e todas as anteriores se mantém inalterada: **concede-se o privilégio, visando não o interesse do indivíduo, mas sim o *interesse geral da sociedade, conceito* abrangente no qual se acham contidos o *interesse social e o desenvolvimento tecnológico e econômico do país.* No caso, o que sucede é que as Constituições anteriores, à semelhança do que sucede com as leis em geral, muito embora de *interesse geral*, o texto legal não consigna a expressão *interesse geral*, ou termos outros que lhe são assemelhados. Referida omissão é irrelevante, porque o *interesse geral, caráter geral* da lei, não resulta apenas da menção expressa no texto legal, mas também, e principalmente, do conteúdo de mencionado texto e de sua destinação. Se assim ocorre, é claro que tanto a Constituição Magna de 1967 e a Emenda de 1969 quanto a Constituição de 1988 buscam o *interesse geral (social, tecnológico e econômico) da sociedade.*

Note-se aqui que essa constituição de direitos exclusivos é diversa do da propriedade tradicional. Nesta, a relação se ancora até em estamentos pré-jurídicos, enfatiza a proteção dos interesses próprios do titular, apenas condicionados à *função social*; na propriedade intelectual, e especialmente nas patentes, a propriedade nasce não sob contenção, mas por inspiração e determinismo do interesse plúrimo.[12]

Em muitas facetas se mostra a relação poligonal que tem em seus vértices o titular, o Estado, e o público. A "propriedade" industrial é instituída como direito originário, e não por transmissão. Como ocorre – e a comparação é importante – no caso de um título imobiliário gerado por usucapião, todos os "confrontantes" são legitimados e mesmo conclamados a participar do procedimento de constituição da exclusividade legal.

É o que se reflete na natureza do procedimento administrativo de concessão: sabendo-se que a concessão de um monopólio implicará a restrição de liberdade de

---

12 No dizer da Suprema Corte Americana: "this court has consistently held that the primary purpose of our patent laws is not the creation of private fortunes for the owners of patents but is to promote the progress of science and useful arts (...)", Motion Picture Patents Co.v. Universal Film Mfg. Co., 243 U.S. 502, p. 511 (1917). Graham v John Deere Co 383 US 1 at 5-6 (1966): "The Congress in the exercise of the patent power may not overreach the restraints imposed by the stated constitutional purpose. Nor may it enlarge the patent monopoly without regard to the innovation, advancement or social benefit gained thereby."

iniciativa de terceiros, o procedimento administrativo obedece aos princípios de publicidade dos atos administrativos, de ampla defesa e do contraditório, todos contidos no princípio maior do devido processo legal.

Ele se materializa, por exemplo, na medida em que o depósito do pedido de privilégio é publicado em revista oficial, a fim de que terceiros interessados possam a ele se opor ou apresentar subsídios ao exame do invento. O mesmo ocorre quando, deferido o pedido, cabe pedido de anulação de qualquer terceiro. Não se exige, para a participação nesse procedimento, que se demonstre que um interesse especialíssimo, presente e efetivo esteja em jogo como elemento de legitimação. Toda a população pode insurgir-se, e toda participar.

Assim, instituída por ação do Estado, a patente constitui uma relação de exclusão presente e de inclusão futura em face do objeto patenteado, tendo como partes o titular do privilégio, e o público.

Mas – e isso é um elemento medular em nossa análise – o titular da patente e o terceiro interessado em usar livremente o objeto da patente *não* se encontram em relação dual e subordinada em face ao Estado. Em outras palavras, não se tem no caso uma situação estatutária, como está o servidor público em face de suas normas funcionais, ou o beneficiário do FGTS em face do aparelhamento legislativo que lhe faculta o benefício. A rede de interesse é poligonal e não binária.

Seção [3] A noção de "invento industrial" na lei ordinária

> **Vide a construção da noção de "invento" na Constituição em Cap. II [6] § 1.6. - Princípio da Proteção limitada aos inventos industriais.**

A lei ordinária em vigor – a Lei 9.279/96 – trata a questão do que é, constitucionalmente, definido como <u>invento industrial</u> em dois dispositivos diversos:

(a) No art. 10, a lei realiza pelo menos duas distinções. Primeiro, exclui do âmbito da patente tudo que não é solução de um problema útil – ao eliminar do privilégio as simples descobertas. Em segundo lugar distingue entre aquelas criações que resolvem um problema útil, as que se restringem ao campo da utilidade abstrata – como, num exemplo clássico, métodos de contabilidade.

Segundo o art. 10, serão inventos – e assim, aprovados no primeiro teste de patenteabilidade – as criações destinadas a resolver um problema útil, desde que não seja só de uma utilidade abstrata.

(b) No art. 15º, a Lei 9.279/96 exige ainda que essa solução de um problema útil e não abstrato tenha características tais que permitam implemento em escala industrial, ou seja, repetível em contexto controlável.

Assim, numa fórmula clássica francesa, para passar no vestibular da patenteabilidade, e ser posta à prova da novidade e atividade inventiva, a criação deve caráter industrial, aplicabilidade industrial e efeito industrial.

Vejamos a articulação desses dois dispositivos sob as categorias legais de "invento" e de "aplicabilidade industrial".

[3] § 3.1. A noção legal de invento

Invento é uma solução técnica para um problema técnico.[13]

Vale dizer, a proteção da patente se volta específica e exclusivamente para um determinado tipo de criação – uma ação humana, que importa em intervenção na Natureza –, sendo assim ao mesmo tempo útil[14] e de cunho concreto.

---

13 POLLAUD-DULIAN, Frédéric, La Brevetabilité des inventions- Étude comparative de jurisprudence France-OEB. Paris: Litec, 1997, p. 44.

14 Dizem as Guidelines de 2005 do USPTO sobre definição de invento (encontradas em http://www.uspto.gov/web/offices/pac/dapp/opla/preognotice/guidelines101_20051026.pdf): "The subject matter courts have found to be outside of, or exceptions to, the four statutory categories of invention is limited to abstract ideas, laws of nature and natural phenomena. While this is easily stated, determining whether an applicant is seeking to patent an abstract idea, a law of nature or a natural phenomenon has proven to be challenging. These three exclusions recognize that subject matter that is not a practical application or use of an idea, a law of nature or a natural phenomenon is not patentable. See, e.g., Rubber-Tip Pencil Co. v. Howard, 87 U.S. (20 Wall.) 498, 507 (1874) ("idea of itself is not patentable, but a new device by which it may be made practically useful is"); Mackay Radio & Telegraph Co. v. Radio Corp. of America, 306 U.S. 86, 94, 40 USPQ 199, 202 (1939) ("While a scientific truth, or the mathematical expression of it, is not patentable invention, a novel and useful structure created with the aid of knowledge of scientific truth may be."); Warmerdam, 33 F.3d at 1360, 31 USPQ2d at 1759 ("steps of 'locating' a medial axis, and 'creating' a bubble hierarchy . . . describe nothing more than the manipulation of basic mathematical constructs, the paradigmatic 'abstract idea'"). The courts have also held that a claim may not preempt ideas, laws of nature or natural phenomena. The concern over preemption was expressed as early as 1852. See Le Roy v. Tatham, 55 U.S. (14 How.) 156, 175 (1852) ("A principle, in the abstract, is a fundamental truth; an original cause; a motive; these cannot be patented, as no one can claim in either of them an exclusive right."); Funk Bros. Seed Co. v. Kalo Inoculant Co., 333 U.S. 127, 132, 76 USPQ 280, 282 (1948) (combination of six species of bacteria held to be nonstatutory subject matter). Accordingly, one may not patent every "substantial practical application" of an idea, law of nature or natural phenomena because such a patent "in practical effect be a patent on the [idea, law of nature or natural phenomena] itself." Gottschalk v. Benson, 409 U.S. 63, 71-72, 175 USPQ 673, 676 (1972). Traduzindo: "As matérias que a jurisprudência entende como exclusões às quatro categorias legais da invenção são limitadas às idéias abstratas, as leis da natureza e aos fenômenos naturais. Assim indicado a questão parece ser fácil, mas determinar se na prática o requerente está pretendo patentear uma lei da natureza, um fenômeno natural uma uma idéia abstrata é complicado. Estas três exclusões reconhecem que a matéria que não é uma aplicação prática ou uso de uma idéia, lei da natureza ou fenômeno natural não é patenteável. (...) Veja-se, por exemplo,, Rubber-Tip Pencil Co. v. Howard, 87 U.S. (20 Wall.) 498, 507 (1874) ('ideia por si só não é patenteável, mas um novo instrumento pelo qual possa ser tornada em utilidade prática pode ser"). (...)Warmerdam, 33 F.3d at 1360, 31 USPQ2d at 1759 ("os passos necessários para 'localizar' uma axis medial, e "criar" uma hierarquia de bolha... descrevem só a manipulação das construções matemáticas básicas, o paradigma da 'ideia abstrata'). A jurisprudência também entendeu que uma reivindicação não pode tentar monopolizar idéias, leis da natureza ou fenômenos naturais. Tal preocupação foi expressa já em 1852.) Veja-se Le Roy v. Tatham, 55 U.S. (14 How.) 156, 175 (1852) ("Um princípio, em abstrato, é uma verdade fundamental, uma causa original, um motivo, coisas que não podem ser patenteadas, e

Assim, a criação, para pretender à patente, gerará uma solução técnica para um problema técnico.[15] Essa é a noção que deriva do texto constitucional.

Invento e invenção – distinção

Invenção é a criação industrial maior, objeto da patente de invenção, à qual, tradicionalmente, se concede prazo maior e mais amplidão de proteção. Assim, invento é termo genérico, do qual invenção é específico.

O que se excluiu da noção de invento

Não têm proteção, mediante patentes, a simples descoberta de leis ou fenômenos naturais,[16] a criações estéticas, ou as criações abstratas (não técnicas), como planos de contabilidade, regras de jogo ou programas de computador em si.[17] Veremos, com detalhes, abaixo, cada uma dessas exclusões.

---

nem ninguém pode reivindicar quanto a eles um direito exclusivo. (...)Funk Bros. Seed Co. v. Kalo Inoculant Co., 333 U.S. 127, 132, 76 USPQ 280, 282 (1948) (a combinação de seis espécies de bactéria não pode ser patenteada) . Seguindo a mesma diretriz, não se pode patentear qualquer "aplicação prática substancial" de uma ideia, lei da natureza ou fenômeno porque esta patente em seus efeitos práticos será uma patente da própria idéia, lei da natureza ou fenômeno natural] em si mesmo. Gottschalk v. Benson, 409 U.S. 63, 71-72, 175 USPQ 673, 676 (1972).

15   O que é técnico, neste contexto? Vide a seção adiante. Dissemos, em http://denisbarbosa.blogspot.com: "Qual é essa tecnicidade da expressão "técnico", neste contexto? É expressar uma determinada equação de equilíbro constitucional de interesses. Cada país escolhe essa equação, mas, como numa economia de mercado os fatores relevantes são isotópicos, mas não iguais, as alternativas nacionais tendem a se reduzir. Temos dois arquétipos no momento: o parâmetro Rote Taube (do estilo Euro) e o parâmetro One-Click-System da Amazon". Após a decisão da Corte Americana no caso In Re Bilski, http://www.cafc.uscourts.gov/opinions/07-1130.pdf, "See Diehr, 450 U.S. at 184 (quoting Benson, 409 U.S. at 70) ("Transformation and reduction of an article 'to a different state or thing' is the clue to the patentability of a process claim that does not include particular machines."). Therefore, we believe our reliance on the Supreme Court's machine-or-transformation test as the applicable test for § 101 analyses of process claims is sound. (...) At present, however, and certainly for the present case, we see no need for such a departure and reaffirm that the machine-or-transformation test, properly applied, is the governing test for determining patent eligibility of a process under § 101" aparentemente a posição America aflui para uma uniformização com o resto dos sistemas jurídicos.

16   Mas, como nota a diretriz de exame C.IV.2.3 da EPO, o escritório europeu de Patentes: "Quiconque découvre une propriété nouvelle d'une matière ou d'un objet connu fait une simple découverte qui n'est pas brevetable. Si toutefois, cette personne utilise cette propriété à des fins pratiques, elle a fait une invention qui peut être brevetable". « Quem quer que descubra uma propriedade nova de uma matéria ou um objeto conhecido faz uma simples descoberta que não é patenteável. Se, entretanto, esta pessoa utiliza esta propriedade para fins práticos, foi feita uma invenção que pode ser patenteável".

17   Em alguns países, têm-se concedido extensamente patentes de programa de computador. Vide o nosso artigo "Programas de Computación y documentación técnica associada". (Revista de Derecho Industrial, no. 36, Buenos Aires, 1990) Vide também Hammes, Bruno Jorge, O software e sua proteção jurídica, Estudos Jurídicos, vol. 24 n 63 jan./abr. 1992; Kindermann, Manfred. O direito do autor internacional e a proteção do programa de computador. Histórico, situação e fatos novos. Estudos Jurídicos, vol. 22, n. 54, p. 65 a 126, jan./abr. 1989; Leite, Júlio César do Prado, Proteção legal para o software, Revista de Informação Legislativa, vol. 21, n. 83, p. 441 a 450, jul./set. 1984; e a bibliografia específica no capítulo próprio. Tinoco Soares, José Carlos, Patentes de Programas de Computador, Revista da ABPI 20 (1996).

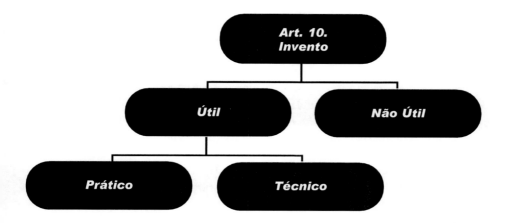

[3] § 4. Art. 10 do CPI/96: o que não é invenção nem modelo de utilidade

Muito acertadamente, o art. 10 da Lei 9.729/96 distingue entre o que não é invento e o que, sendo invento, não terá proteção nos termos da lei. Os Códigos brasileiros anteriores sempre confundiram, como se fossem improvilegiabilidades, as duas circunstâncias.

[3] § 4.1. Natureza do artigo: hipótese de incidência do sistema de patentes

É essencial entender a natureza do art. 10. Ele não prescreve proibições incondicionais à concessão de patentes, com base em escolhas de política pública, como o faz o art. 18. Assim, a natureza das normas não é proibitiva, mas *classificatória*.

Como se viu no Cap. II, [4] § 2. - Princípio da especificidade de proteções – cada exclusiva da Propriedade Intelectual tem um equilíbrio próprio de interesses, expresso em variáveis como tempo de proteção; natureza civil, penal ou também administrativa das sanções; calibre e complexidade das limitações, etc. O que define uma criação como suscetível de proteção através do sistema de patentes é a sua classificação como invento.

O art. 10 também não prescreve as condições de novidade, atividade inventiva e aplicabilidade industrial, as quais, de maneiras diversas, estarão presentes nas demais modalidades de proteção por exclusiva, ou pelo menos naquelas em que a proteção segue o sistema da Propriedade Intelectual.

Assim, erra quem toma as normas do art. 10 como proibições de patenteamento; elas apenas indicam o que é ou não suscetível de proteção como invento. Enfatize-se que ser ou não invento é uma questão de fato. Mesmo as descobertas, algoritmos, etc., que representarem uma solução técnica para um problema técnico passarão no crivo inicial de pertinência.

[3] § 4.2. Um presunção de fato

A listagem do art. 10 indica apenas uma presunção de fato: as figuras listadas, *em princípio*, não representam o invento caracterizado pelo texto constitucional como o fator determinante da atração do sistema de patentes.

Como se verá em cada um das figuras abaixo detalhadas, cada vez que uma das hipóteses, superando a presunção, efetivamente se constituir em uma solução técnica para um problema técnico, haverá *incidência do sistema de patentes*, para aplicar os requisitos próprios desse sistema (novidade de patentes, atividade inventiva e inexistência de proibição).

Curiosamente, essa observação, que resulta da leitura da Propriedade Intelectual através dos óculos da Constituição, não parece ter sido conscientizada pelo sistema jurídico até agora. Dominique Guellec,[18] por exemplo, nota que

Why is the field of patentability restricted? It is striking that patent laws give lists, but no theory. Why certain subject matters are excluded is not explained. The theory followed by the EPO case Law is based on the notion of "technicality: all technical matters, and only them, should be patented (provided that they fulfill other criteria)".

No entanto, sob a ótica escolhida o parâmetro acaba sendo claro: há uma construção constitucional de sistemas específicos de exclusivas, cada um deles estruturando um conjunto equilibrado de direitos e obrigações de jeito a otimizar os interesses *constitucionais* pertinentes. Uma discussão desta questão se encontra em Cap. II [4]§2 - Princípio da especificidade de proteções.

Assim, o Art. 10 define o que cai – em tese – no campo de aplicação do sistema patentário, em oposição ao que é objeto de outras exclusivas da Propriedade Intelectual, e ainda em oposição a tudo que não encontra proteção pelo sistema de exclusivas como um todo, ou é apenas objeto de proteção contextual através dos mecanismos da concorrência desleal.

[3] § 4.3. Quando a presunção não é aplicável

O dispositivo correspondente ao art. 10 da lei brasileira no sistema do Tratado Europeu de Patentes é o art. 52 (2). O Tratado explicita que todos os casos previstos nesse art. 52 (2) só excluem a criação do sistema de patentes enquanto as figuras listadas ocorrem nos pedidos de proteção *como tais*.[19]

Embora não haja essa explicitação no nosso texto legal, idêntico critério se aplica no Brasil. Enquanto uma "descoberta" for simplesmente uma aquisição de conhecimento sem representar uma proposta de uma solução técnica para um problema téc-

---

18   Patent Design, in Guellec, Dominique e Potterie, Bruno van Pottelsberghe de la, The Economics of the European Patent System, Oxford, 2007, p. 119.

19   A complexidade de aplicação deste art. 52(3) do Tratado não será objeto aqui de análise. No capítulo dedicado à proteção do software, no entanto, detalharemos alguns de tais critérios.

nico, não haverá a incidência do sistema de patentes. Esse seria o caso de uma descoberta "como tal".

Se – apesar de ser denominada "descoberta" – a figura resultar em solução para um problema prático e técnico tal "descoberta", não obstante o apodo que lhe foi dado, vem para o âmbito do sistema patentário e se torna sujeita dos filtros de novidade, etc.

Para esclarecer este ponto, retornamos ao texto já tantas vezes citado de Carvalho de Mendonça:

[estão fora do sistema de patentes as atuações] meramente teóricas ou científicas, isto é, sem resultado prático industrial. Não podem, portanto, ser objeto de patente as invenções e *descobertas* que não tiverem por escopo a produção de objetos materiais. A patente destina-se a tutelar alguma coisa de concreto, de positivo, e não a impedir ou criar obstáculos ao progresso da ciência e das indústrias.[20]

[3] § 4.4. A lista legal

Na lei em vigor, listam-se como não sendo inventos:

I - descobertas, teorias científicas e métodos matemáticos;
II - concepções puramente abstratas;
III - esquemas planos, princípios ou métodos comerciais, contábeis, financeiros, educativos, publicitários, de sorteio e de fiscalização;
IV - as obras literárias, arquitetônicas, artísticas e científicas ou qualquer criação estética;
V - programas de computador em si;
VI - apresentação de informações;
VII - regras de jogo;
VIII - técnicas e métodos operatórios ou cirúrgicos, bem como métodos terapêuticos ou de diagnóstico, para aplicação no corpo humano ou animal; e
IX - o todo ou parte de seres vivos naturais e materiais biológicos encontrados na natureza, ou ainda que dela isolados inclusive o genoma ou germoplasma de qualquer ser vivo natural e os processos biológicos naturais.

[3] § 4.5. As distintas categorias do que não é invento

Três distintas categorias estão listadas nesse artigo:
a)   O que não constitui uma solução útil (incisos I, II, IV e IX).
b)   O que pode constituir uma solução útil, mas que não é *concreta* (III, V, VI, VII).
c)   Uma hipótese de solução útil e concreta, mas a que a lei brasileira optou por não garantir patente (VIII).

---

20   MENDONÇA.Jose Xavier Carvalho de. Tratado de Direito Comercial Brasileiro – vol. III, Tomo I. Campinas: Russel, 2003, p. 153; 158.

Interessa-nos particularmente os casos mencionados em segundo lugar. São os das criações úteis, mas não concretas; práticas, mas não técnicas. Tais criações podem ser - eventualmente – dignas de proteção, mas não o são através da equação de direitos e interesses de fundo constitucional e infraconstitucional que define uma patente de invenção.

Ficam assim excluídas da proteção da Lei 9.729/96 as chamadas "criações industriais abstratas",[21] cuja previsão acha-se inscrita na segunda cláusula do art. 5º, XXIX, da Constituição de 1988.

Note-se, porém, que a aplicação prática de um conceito abstrato ou idéia comercial, que em sua realização, tenha um caráter técnico pode aceder à patenteabilidade.[22] Esse princípio vale – inclusive – para os programas de computador.

[3] § 4.6. Um direito sobre um invento

O direito de que trata o art. 6º da Lei 9.729/96 tem como objeto um invento. Um invento, em gênero, eis que as mesmas regras se aplicam à criação industrial suscetível de patente de invenção e de modelo industrial.[23]

Como é freqüente nas legislações nacionais,[24] a Lei 9.279/76 se abstém de definir o que seja invento, apenas detalhando, no art. 10, o que não é invento. O conceito de invento é induzido *a contrario sensu* da lista do dispositivo mencionado, completado pela elaboração doutrinária e jurisprudencial.[25]

Dizia Gama Cerqueira a respeito da – muito limitada – listagem correspondente do CPI/45:

65. Finalmente, o art. 8º, nº 6º, exclui da proteção legal "os sistemas de escrituração comercial, de cálculos ou de combinações de finanças ou de créditos, bem como os planos de sorteio, especulação ou propaganda".

---

21   Das quais o exemplo mais óbvio é o dos programas de computador.

22   A Corte de Apelações de Paris em uma decisão de 13 de dezembro de 1990 (PIBD nº 495 III-126) anulou uma decisão do diretor do INPI que havia rejeitado um pedido de patente sobre a implantação de uma fábrica. A decisão da Corte precisou que a reivindicação não visava a um método abstrato como tal, mas que dava o meio concreto para obter o resultado pesquisado.< http://www.aippi.org/reports/q158/gr-q158-France-f.htm>.

23   Jean Foyer, Michel Vivant, Le droit des brevets, Ed. Presses Universitaires de France – Paris, 1991, p. 111-130; André Bertrand. Marques et brevets dessins et modèles – La Propriété Intellectuelle – livre II, Ed Delmas – p. 186 – Paris, 1995 p. 9-104; Vanzetti e Cataldo, Manuale di Diritto Industriale, Giufrè, 1993., p. 285-292; Chisum e Jacobs, *op. cit.*, 2-19 a 2-50.

24   Carvalho, Nuno Tomaz Pires de, A aquisição e perda dos direitos de patente. Revista Jurídica Lemi, vol. 14, n. 159, fev. 1981, p. 256, lista, porém, uma série de leis nacionais que definem o termo.

25   Vide as observações de Singer, The European Patent Convention, Sweet & Maxwell, 1995, p. 111, e de Alois Troller, Précis du droit de la propriété immatérielle, Helbing & Lichtenhahn, 1978, p. 60. As observações a seguir quanto à noção de invenção devem-se extensamente à análise de Troller. Possivelmente a desnecessidade da definição positiva do que é invenção reflitisse uma questão procedimental: na prática do exame de patentes se indagava inicialmente a existência de novidade, sendo que a consideração da existência, ou não, de um invento era posterior. Tal política foi, no âmbito do EPO, modificada em 2004.

Nada disso constitui invenção, o que bastaria para impossibilitar a concessão da patente, sendo, pois, ociosa a proibição da lei. Trata-se, como já vimos (nº 69 do 1º volume), de inovações que resultam exclusivamente da atividade intelectual, sem o uso ou aplicação das forças da natureza e que se dirigem unicamente à inteligência. Embora possam ser úteis para a indústria, não visam à solução de nenhum problema técnico. Consideram-se como idéias técnicas abstratas e não constituem invenção. Encontram-se, nesse caso, além das enumeradas na lei, os métodos de escrita, de ginástica, de ensino, de dactilografia e estenografia, os planos e compilações de vocabulários, etc.

[3] § 5. A noção de "técnico"

Invento é uma solução técnica para um problema técnico. A primeira constatação é de que a simples cogitação filosófica, a obtenção ou utilização de conhecimento científico ou a ideação artística não são invento:

"Questa formula affida la linea di confine tra ciò è e ciò che non è in sè brevettabile alla contrapposizione tra scienza e tecnica, tra attività puramente conoscitiva e attività di trasformazione dell'esistente."[26]

A questão da natureza técnica do invento é central para a definição do termo, em seu sentido jurídico. Para precisar o alcance do pedido do privilégio, é necessário declinar o campo técnico no qual o invento se insere; para que a publicação seja eficaz como pressuposto da patente, é preciso assegurar que o problema técnico e sua solução sejam entendidos; as reivindicações descrevem as características técnicas do invento.[27]

[3] § 5.1. O "caráter industrial" do invento

Invento – vale sempre reiterar – é uma solução técnica para um problema técnico. Dizia Gama Cerqueira:[28]

"A invenção, pela sua origem, caracteriza-se como uma criação intelectual, como o resultado da atividade inventiva do espírito humano; pelo modo de sua realização, classifica-se como uma criação de ordem técnica; e, pelos seus fins, constitui um meio de satisfazer às exigências e necessidades práticas do homem. (...).

---

26   Vanzetti e Cataldo, *op. cit.*, p. 285.
27   Singer, op. cit., p. 111.
28   GAMA CERQUEIRA, João da; "Tratado da Propriedade Industrial", 2ª edição, São Paulo, Ed. RT, 1982, vol. I, p. 222.

A invenção, como dissemos, apresenta-se como a solução de um problema técnico, que visa à satisfação de fins determinados, de necessidades de ordem prática; a descoberta, ao contrário, não visa a fins práticos preestabelecidos e apenas aumenta a soma dos conhecimentos do homem sobre o mundo físico".

E, especificando que esse é o caráter industrial do invento:[29]

"(...) o caráter industrial da invenção vem a ser o conjunto de atributos próprios que a distinguem essencialmente das criações intelectuais de outro gênero, que não dizem respeito às indústrias ou que não se destinam à satisfação de necessidades de ordem prática ou técnica."

Precisando a construção de Gama Cerqueira, a noção de invento como uma solução técnica com efeito concreto é estrutural no nosso Direito; as criações intelectuais "de outro gênero", vale dizer, abstratas ou estéticas, estão excluídas da patente.

Já para Pouillet, a invenção possuiria caráter industrial quando exista um efeito útil, palpável, tangível; em resumo, a condição para que o invento fosse protegido era que o seu resultado fosse útil, efetivo, real.[30]

Assim, os requisitos desse caráter industrial é que o invento se destine à satisfação de necessidades utilitárias e não simplesmente estética ou de conhecimento – ele resolve um problema útil – mas essa utilidade deve ser de ordem técnica:[31]

Segreguemos essas duas noções: a solução do problema e a natureza técnica do problema.

---

29   Idem, eadem, p. 105.

30   POUILLET, Eugéne. Traité Theorie et Pratique des Brevets Dínvention et de la Contrafaçon. Paris: Marchal et Billard, 1899, p. 15-16.

31   A delegação brasileira à AIPPI, respondendo a chamada Questão 180 quanto ao requisito de industriabilidade, assim respondeu quanto ao que entendia aplicável ao Direito Brasileiro: i) feasibility - the invention should be executable by someone with knowledge in the related art, it should not be a fiction; ii) practical application - the application of an invention should provide a concrete result, it should present advantages that might justify rewarding its creator with a patent; iii) economic relevance - regardless of the field of an invention, law should not be concerned with bagatelles. Economic relevance would be a good measure of the contribution of an invention to the progress of applied sciences. Traduzindo: "i) Existência real – a invenção deveria ser executável por qualquer um com conhecimento na respectiva área, não deveria ser uma ficção; ii) aplicação prática – a aplicação de uma invenção deveria prover um resultado concreto, deveria trazer vantagens atuais que pudessem justificar a recompensa ao criador com uma patente; iii) relevância econômica – apesar do campo da invenção, a lei não deveria se preocupar com coisas irrelevantes". A Associação Internacional para a Proteção da Propriedade Intelectual é um órgão privado, e as delegações às suas reuniões apenas expressam a opinião da advocacia do setor, especialmente do segmento dedicado à representação de interesses externos. No caso, a delegação era constituída de José Antonio B.L. FARIA CORREA, Lélio SCHMIDT, Cláudio Roberto BARBOSA, Gustavo José F. BARBOSA e Maria Lavinia L. MAURELL.

[3] § 5.2. Caráter industrial como "técnico"

Neste ponto, vale lembrar que a noção de "técnico", como minudenciado adiante, tem especial relevância para a concepção de patente como prevalece nos países europeus. Como se vê, nos exemplos mencionados ao falarmos de patentes de *business methods* no regime da decisão State Street, a perspectiva americana durante 1998-2008 é de que não a solução protegida não exigia algum tipo de impacto relativo aos fenômenos naturais.

O que é, assim, técnico? Os tribunais alemães e americanos têm tratado extensamente da matéria. Para a Suprema Corte da Alemanha, tal seria o controle das forças da natureza para atingir um fim determinado[32] o Tribunal Federal de Patentes do mesmo país definiu como tal "o efeito de forças naturais sob o domínio humano e da utilização controlada de fenômenos naturais".[33] O elemento conceptual forças da natureza ou estados da natureza parece especialmente relevante quando se considera a rejeição das idéias abstratas e procedimentos mentais como sendo invenção.

Nos Guidelines do Escritório Europeu de Patentes, a interpretação do art. 52 da respectiva Convenção precisa que o invento deva ser concreto e técnico. Em outras palavras, não pode ser abstrato, nem não-técnico, entendidas nesta última expressão as criações estéticas e as simples apresentações de informações.

Não é "técnico", assim, o procedimento ou conceito abstrato, não ligado a uma forma *específica* de mudança nos estados da natureza.

Reivindicando, em abstrato, todos os meios concebíveis para se chegar ao resultado, Morse teria tentado patentear uma idéia abstrata, o que não é uma solução técnica.

Também não será *técnico* o procedimento que importe, para sua execução, na avaliação subjetiva (inclusive matemática[34]) ou estética do ser humano, na instância psicológica.[35] A objetivação de tal avaliação num meio *técnico* (como o computador)

---

32   Caso Rote Taube, 27/3/69, GRUR 69, p. 672.

33   Decisão de 15/1/65, BPatGE 6, 145 (147).

34   Guidelines EPO: "les méthodes purement abstraites ou théoriques ne sont pas brevetables. Par exemple, une méthode rapide de division ne serait pas brevetable, mais une machine calculatrice construite pour fonctionner selon cette méthode peut l'être. Une méthode mathématique permettant d'obtenir des filtres électriques n'est pas brevetable; néanmoins, les filtres obtenus d'après cette méthode ne seront pas exclus de la brevetabilité en vertu des dispositions de l'art. 52(2) et (3)".

35   In Re Abrahms, 188 F2d 2d. 165 (CCPA 1951). Note-se que o fato de se tratar de matéria estética – livro, ou quadro, não elimina a possibilidade de invento, desde que as reivindicações recaiam sobre um objeto que tenha tanto caráter técnico quanto aplicabilidade técnica. Dizem as Gudelines da EPO: "Par exemple, un livre revendiqué uniquement en des termes se rapportant à l'effet esthétique ou artistique de l'information qu'il contient, de sa mise en page ou de sa fonte ne serait pas brevetable, de même qu'une peinture définie par l'effet esthétique de son objet, par la disposition des couleurs ou encore par son style artistique (par exemple impressionniste). Néanmoins, si un effet esthétique est obtenu par une structure ou par un autre moyen technique, bien que l'effet esthétique lui-même ne soit pas brevetable, les moyens de l'obtenir peuvent l'être. Par exemple, l'aspect d'un tissu peut être rendu attrayant par une texture comportant un certain nombre de couches et qui n'avait pas encore été utilisée à cet effet; dans ce cas, un tissu

é necessária, mas não suficiente para assegurar a patenteabilidade da solução em que se constitui o invento.

Para um questionamento recente, e importante, do requisito de tecnicidade para se ter um invento, veja-se mais abaixo a questão das patentes de *business methods*.

[3] § 5.3. Caráter técnico e aplicabilidade técnica

Um invento deve ser técnica em seu *objeto*, em sua *aplicação* e em seu *resultado*.[36] Enquanto a primeira exigência deriva do chamado *caráter técnico* do invento, as duas se configuram no requisito da *utilidade industrial*, onde a noção de "industrial" presume que a área de aplicação seja uma das reconhecidas como sendo técnicas, e – mais ainda – que haja reprodutibilidade sem intervenção do homem.

A noção de "solução técnica"

Passemos agora à noção de "técnico", como referido em nossa análise constitucional: é técnica a solução que, para sua execução, importe em mutação nos estados da natureza. Assim se satisfaz o requisito de que o objeto do invento deve ser técnico.

Essa noção tem especial relevância para a concepção de patente como tem prevalecido nos países europeus,[37] que, não por acaso, é refletida na construção do art. 10 da Lei 9.279/96. Assim, não será técnico - como solução - o procedimento que importe, para sua execução, por exemplo, na mera atuação humana subjetiva (inclusive em elaboração matemática[38] ou estética do ser humano), quando se dê meramente na instância psicológica.[39]

---

présentant cette texture pourrait être brevetable. De la même manière, un livre défini par une particularité technique de la reliure ou de l'encollage du dos peut être brevetable, même s'il a également un effet esthétique; il en va de même d'une peinture définie par le type de la toile, par les pigments ou les liants utilisés.»

36   Chavanne e Burst, Droit de la Propriété Industrielle, Dalloz, 1990, n. 16 e seg. Poullaud Dullian, La Brevetabilité des Inventions, Litec, 1997, p. 41 e seg.

37   Note-se: nos países, e não no Escritório Europeu de Patentes (EPO). A EPO aparenta viver sob a ameaça corrente de um rebaixamento dos padrões de patenteabilidade, como expressa a recente Resolução do Parlamento Europeu de de 12 de Outubro de 2006, seguindo-se à sua rejeição da proposta de Diretiva de Patente de Software apresentada pelo Conselho de Ministros em 2005.

38   Guidelines EPO: "les méthodes purement abstraites ou théoriques ne sont pas brevetables. Par exemple, une méthode rapide de division ne serait pas brevetable, mais une machine calculatrice construite pour fonctionner selon cette méthode peut l'être. Une méthode mathématique permettant d'obtenir des filtres électriques n'est pas brevetable; néanmoins, les filtres obtenus d'après cette méthode ne seront pas exclus de la brevetabilité en vertu des dispositions de l'art. 52(2) et (3)". Ou seja: "os métodos puramente abstratos ou teóricos não são patenteáveis. Por exemplo, um método rápido de divisão não será patenteável, mas uma máquina calculadora construída para funcionar de acordo com tal método poderá sê-lo. Um método matemático permite obter filtros eletrônicos não é patenteável nem muito menos os filtros obtidos por tal método não serão excluídos da patenteabilidade em virtude das disposições do art. 52(2) e (3)."

39   In Re Abrahms, 188 F2d 2d. 165 (CCPA 1951). Note-se que o fato de se tratar de matéria estética – livro, ou quadro, não elimina a possibilidade de invento, desde que as reivindicações recaiam sobre um objeto que tenha tanto caráter técnico quanto aplicabilidade técnica. Dizem as Guidelines da EPO: "Par exemple, un livre revendiqué uniquement en des termes se rapportant à l'effet esthétique ou artistique de l'information qu'il contient, de sa mise en page ou de sa fonte ne serait pas brevetable, de même qu'une

O caráter industrial da criação implica que a solução não se dê, exclusivamente, pelos processos mentais do ser humano. Não seria invento, assim, um evento da kinestesia em que a mente deslocasse um objeto, implicasse em levitação, ou entortasse colheres à Uri Geller (não obstante o efeito técnico).

Assim, a solução técnica presume que o meio onde a solução se processa seja externo à elaboração psicológica – dele deve ser um meio extraído da teknè – da natureza objetiva.

[3] § 5.3. (A) A solução técnica de um problema específico

Não basta definir, dentro de um procedimento de pesquisa, um conjunto novo de objetos ou informações, resultantes de atividade humana. É preciso especificar qual o problema técnico a ser resolvido pela definição, sob pena de não ser patenteável.

O problema tem de ser específico – não o serão os problemas gerais da Humanidade. No exemplo já citado, Morse viu rejeitada pela Suprema Corte Americana[40] a oitava reivindicação de sua patente do telégrafo que dizia:

---

peinture définie par l'effet esthétique de son objet, par la disposition des couleurs ou encore par son style artistique (par exemple impressionniste). Néanmoins, si un effet esthétique est obtenu par une structure ou par un autre moyen technique, bien que l'effet esthétique lui-même ne soit pas brevetable, les moyens de l'obtenir peuvent l'être. Par exemple, l'aspect d'un tissu peut être rendu attrayant par une texture comportant un certain nombre de couches et qui n'avait pas encore été utilisée à cet effet; dans ce cas, un tissu présentant cette texture pourrait être brevetable. De la même manière, un livre défini par une particularité technique de la reliure ou de l'encollage du dos peut être brevetable, même s'il a également un effet esthétique; il en va de même d'une peinture définie par le type de la toile, par les pigments ou les liants utilisés». Ou seja: "Por exemplo, um livro reivindicado unicamente nos termos que se referem ao efeito estético ou artístico da informação que este contêm, seja pela forma de sua paginação ou pelo seu trabalho, não será patenteável, do mesmo modo que uma pintura definida pelo seu efeito estético, pela disposição das cores ou ainda por seu estilo artístico (por exemplo, impressionismo). No entanto, se um efeito estético é obtido por uma estrutura ou por meio técnico, embora o efeito estético em si não seja patenteável, os meios utilizados para tanto podem ser. Por exemplo, o aspecto de um tecido pode ter se tornado muito mais atraente por ter uma textura que comporte um certo número de camadas que nunca haviam sido utilizadas para esse efeito; neste caso um tecido que apresente esta nova textura pode ser patenteado. Da mesma maneira, um livro definido por uma particularidade técnica da encadernação ou colagem da capa pode ser patenteável, mesmo que o livro se tenha igualmente um efeito estético; o mesmo de uma pintura definida pelo tipo de tecido, pigmentos ou acessórios utilizados."

40   No caso O'Reilly v. Morse, 56, U.S. 1, 15 How. 62 (1854). A Corte, no entanto, afirmou a patenteabilidade das demais reivindicações, inclusive "'Fifth. I claim, as my invention, the system of signs, consisting of dots and spaces, and of dots, spaces, and horizontal lines, for numerals, letters, words, or sentences, substantially as herein set forth and illustrated, for telegraphic purposes.' Sixth. I also claim as my invention the system of signs, consisting of dots and spaces, and of dots, spaces, and horizontal lines, substantially as herein set forth and illustrated, in combination with machinery for recording them, as signals for telegraphic purposes." "Quinto. Eu reivindico como minha invenção o sistema de signos, consistente em pontos e espaços e de pontos, espaços, e linhas horizontais, por numerais, letras, palavras, ou frases, substancialmente como disposto neste documento aqui exposto e ilustrado, para fins telegráficos. Sexto. Eu também reivindico como minha invenção o sistema de signos, consistente em pontos e espaços, e de pontos, espaços, e linhas horizontais, substancialmente como disposto neste documento e ilustrado, em combinação como maquinário para gravá-los, como sinais para propósitos telegráficos."

Não proponho a me limitar a uma máquina específica ou partes de uma máquina descritas nas especificações e reivindicações anteriores; a essência de minha invenção é o uso do poder de movimento da corrente elétrica e galvânica(...) para fazer ou imprimir caracteres, letras ou signos suscetíveis de leitura, a qualquer distância (...).[41]

Reivindicando, em abstrato, todos os meios concebíveis para se chegar ao resultado, Morse teria tentado patentear uma idéia abstrata, o que não é uma solução técnica. Mais ainda, essa proposta de abranger numa só patente todas as expressões práticas que fossem concebíveis a partir de uma lei da natureza acumula um poder anti-social em favor de um único titular.[42]

Com efeito, o requisito de determinar a solução para o problema técnico surge em várias instâncias. Para precisar o alcance do pedido do privilégio, é necessário declinar o campo técnico no qual o invento se insere; para que a publicação seja eficaz como pressuposto da patente, é preciso assegurar que o problema técnico e sua solução sejam entendidos; as reivindicações descrevem as características técnicas do invento.[43]

Quais criações não oferecem solução útil

Analisaremos nesta subseção quais as hipóteses que não constituem invento, por não oferecerem uma solução para um problema utilitário.

Note-se que, no tocante ao tema, o art. 10 não *proíbe* que as criações descritas em seus incisos I, II, IV e IX sejam inventos; a norma declara que tais criações não apresentam, em princípio, uma solução para um problema utilitário. Se – a partir de tais criações ou descobertas – forem geradas soluções úteis, que sejam úteis na modalidade técnica, e não somente prática, sem ser técnica, poderá haver patente, satisfeitos os demais requisitos da lei, inclusive de novidade e atividade inventiva.

Note-se, de outro lado, que o efeito dessa declaração de fato tem relevante efeito jurídico. Só é objeto de direitos exclusivos, no campo tecnológico, aquilo que é suscetível de patente, segundo a cláusula primeira do art. 5º, XXIX, da Constituição, ou as criações industriais previstas na segunda cláusula do mesmo inciso. As descobertas e concepções abstratas são excluídas da patente, e não assimiladas por outro sistema de direitos exclusivos, estando total, incondicional e definitivamente livres para uso de todos. Qualquer forma de tentativa de apropriação dessas modalidades de atuação humana é antijurídica e odiosa.

---

41   O'Reilly v. Morse, 56, U.S. 1, 15 How. 62 (1854). "I do not propose to limit myself to specific machinery or parts of machinery described in the foregoing specification and claims; the essence of my invention being the use of the motive power of the electric or galvanic current (...) for making or printing intelligible characters, letters or signs at any distance (...)."

42   É uma segunda doutrina para negar pretensões ao privilégio industrial, que se soma à falta de utilidade, no que o direito americano denomina "preemption", ou esvaziamento das alternativas. Incidentalmente, isto suscita a reflexão sobre a possibilidade do patenteamento de fórmulas abertas no campo da química, como as reivindicações ao estilo Markush.

43   Singer, The European Patent Convention, Sweet & Maxwell, 1995, p. 111.

Quanto à hipótese de aplicação útil de uma criação (em princípio) sem utilidade, vide, em particular, a discussão dos algoritmos como uma modalidade das concepções abstratas.

[3] § 5.4. Descobertas e inventos

Como se vê, as descobertas, como simples ato de conhecimento, inclusive de material biológico encontrado na natureza, as criações estéticas, as técnicas operatórias e de diagnóstico,[44] assim como todas as formas de criação prática não industrial estão excluídas da proteção da Lei 9.279/76, como, aliás, das demais leis nacionais.

O patenteamento de descobertas, a que se refere alínea f) do art. 10 do CPI/96, é universalmente vedado no sistema de patentes; nenhum país concede privilégio por simples descobertas.[45] Isto se dá porque, pela concessão de patentes, tenta-se promover a solução de problemas técnicos – questões de ordem prática no universo físico. Para a promoção das atividades científicas puras, estéticas, ou de outras naturezas, há outros meios de estímulo, como o Prêmio Nobel e semelhantes.[46]

---

44 Estas, num engano seguido pela redação inicial da EPC, corrigido em 2000, certamente não são criações abstratas ou carecedoras de solução a um problema técnico. O que lhes falta é a industrialidade, no sentido de que o processo não é suscetível de repetibilidade automática, mas presume intervenção pessoal humana. Fazia mais sentido localizar a proibição no art. 18 do CPI/96. Vide Kane, Eileen, "Patent Ineligibility: Maintaining a Scientific Public Domain". St. John's Law Review, Vol. 80, p. 519, 2006 Available at SSRN: [http://ssrn.com/abstract=833564] e Sarnoff, Shaking the Foundations of Patentable Subject Matter, or Taking Exclusions for Science, Nature, and Ideas, Principles of Invention, and Parker v. Flook Seriously (unpublished draft). Holzapfel, Henrik and Sarnoff, Joshua D.,A Cross-Atlantic Dialog on Experimental Use and Research Tools(August 5, 2007). American University, WCL Research Paper No. 2008-13. Available at SSRN: http://ssrn.com/abstract=1005269.

45 CHAMAS, Claudia Inês, Proteção Intelectual de Invenções Biotecnológicas, Cadernos de Estudos Avançados, Rio de Janeiro, 2005, p. 47 e seg. "A única lei de patentes a fornecer proteção patentária para descobertas científicas foi a da Espanha, de 1948, cujo artigo 47 dava tratamento igual para invenções técnicas e descobertas científicas (Straus, 1994). Tal dispositivo foi considerado por Bercovitz (apud Beier, 1975) como de valor questionável e sem significância prática. Nos anos 50, alguns países membros da Organização Mundial da Propriedade Intelectual (OMPI)15 – União Soviética, Tcheco-Eslováquia, Albânia, Mongólia e Bulgária -, introduziram sistemas de proteção para descobertas científicas, permitindo o registro oficial do autor. No sistema soviético, aos pesquisadores eram concedidos diplomas ou certificado após o depósito e exame das descobertas pela comissão encarregada das invenções e descobertas. Era oferecida uma remuneração estatal e outros benefícios sociais e profissionais. Em 3 de março de 1978, foi finalizado o Geneva Treaty on the International Recording of Scientific Discoveries, resultado de discussões por mais de 100 anos, visando a uma solução alternativa para a questão das descobertas científicas (Neumeyer, 1973; Boguslawski, 1983; Serebrowski, 1961). Esse Tratado não logrou sucesso. Aos estados contratantes não era fixada nenhuma obrigação; o registro internacional tampouco produzia efeito jurídico. O modo de reconhecimento de autoria científica impunha-se diferentemente da tradição acadêmica: era proposta uma declaração da autoridade governamental. O período de dez anos para o registro das descobertas também contribuiu para configurar um sistema de informação ineficiente e obsoleto (Beier, 1975; Córdoba, 1996)".

46 FERREIRA, Waldemar. Tratado de Direito Comercial. Volume VI. São Paulo: Edição Saraiva, 1962. "(...) pode ocorrer que as fôrças da natureza sejam surpreendidas não somente em suas leis, mas dominadas a serviço de nosso bem-estar. A invenção condiz com o domínio do útil e, como tal, se contrapõe à descoberta, que se refere ao domínio da verdade, devendo traduzir-se em nova utilidade".

Nada de artificial nessa escolha legal e constitucional. Se a aquisição humana – de simples conhecimento – ainda não resolve nenhum problema do mundo real, seria despropositado garantir ao seu originador um retorno sobre os ganhos com o uso do conhecimento. Em nada atuaria a função de incentivo para que se voltam as patentes. De outro lado, permitir ao originador a exclusividade do pensamento invadiria todas as garantias constitucionais à liberdade.

Sempre retornando ao clássico J.X. Carvalho de Mendonça,[47] não se deve dar patente no caso de soluções:

meramente teóricas ou científicas, isto é, sem resultado prático industrial. Não podem, portanto, ser objeto de patente as invenções e descobertas que não tiverem por escopo a produção de objetos materiais. A patente destina-se a tutelar alguma coisa de concreto, de positivo, e não a impedir ou criar obstáculos ao progresso da ciência e das indústrias.

A descoberta abstrata de fenômenos e leis naturais, as invenções que tiverem fins meramente estéticos que poderiam ser privilegiadas. A Lei nº 3.129, de 14 de outubro de 1882, desde sua ementa anuncia que a concessão de patentes cabe aos autores de invenção ou descoberta industrial, e, no art. 1º, § 1º, ainda insiste nesse característico fundamental. O Decreto nº 8.820, de 30 de dezembro de 1882, no art. 2º, nº 4, afasta das invenções suscetíveis etc.[48]

Não basta, porém, que a invenção seja industrial; deve ela, ainda, produzir resultado industrial. Caracterizam também a invenção o fim que procura atingir, a necessidade que visa a satisfazer, o objeto dela, a sua utilidade econômica. Não se faz questão do mérito, da perfeição do invento, mas de que este produza resultado, utilidade. A máquina que não pudesse funcionar não constituiria invenção suscetível de ser privilegiada; representaria esforço impotente do inventor, cuja idéia se manifestaria ilusória ou impraticável.[49] da patente as meramente teóricas ou científicas. Não podem ser patenteados um sistema memotécnico ou de cálculo, um método de ensino, o preparo de um dicionário sob princípios novos.

Assim se entende em toda parte. Dizem, por exemplo, Chavane e Burst sobre o direito francês:

"Somente um produto industrial é patenteável. A descoberta de um produto natural não é passível de proteção por falta de uma intervenção pela mão do homem."[50]

---

47   MENDONÇA.Jose Xavier Carvalho de, Tratado de Direito Comercial Brasileiro – vol III Tomo I. Campinas: Russel, 2003, p. 153; 158.

48   Nota do Atualizador: A Lei nº 9.279, de 14 de maio de 1996, trata dos direitos e obrigações relativos à propriedade industrial (Código de Propriedade Industrial).

49   [Nota do original] Pandectes Françaises, verb. Propriété littéraire, artistique el industrielle, nº 2.823: "Accorder un brevet, dans une semblable hypothèse, ce serait permettre à celui qui conçoit une idée, sans parvenir à Ia réaliser, de confisquer' le monopole du développment et des applications, possibles de cette idée, ce serait aller contre la pensée et le texte de loi, qui prohibent l'appropriation des principes théoriques."

50   Droit de la Propriété Industrielle, Ed. Dalloz, nº 41. "Seul le produit industriel est brevetable. La découverte d'un produit naturel n'est donc pas protégeable à défaut d'une intervention de la main de l'homme."

Já no direito americano a situação é idêntica:

"Quando se toma a premissa de que o sistema de patentes é concebido para a promoção do progresso das artes utilitárias, a conclusão que cabe chegar é que ele não recompensa descobertas científicas básicas, exceto quando incorporadas a uma finalidade útil."[51]

E, falando da teoria geral do direito de patentes, ao mesmo tempo em que do direito suíço, diz Alois Troller:

"Os conhecimentos que nos permitem apreender a essência das forças da natureza, ou deja, que informam sobre as criações da natureza independentes da atividade do homem, são excluídas do círculo da proteção."[52]

Explicando porque não se dá proteção patentária às descobertas, mas tão somente às invenções, diz por sua vez Douglas Gabriel Domingues:

"A par de ser a descoberta simples revelação de algo já existente, a mesma resulta do espírito especulativo do homem, na investigação dos fenômenos e leis naturais. Assim, a descoberta apenas aumenta os conhecimentos do homem sobre o mundo físico, e não satisfaz nenhuma necessidade de ordem prática. Finalmente, a descoberta não soluciona nenhum problema de ordem técnica."[53]

No mesmo sentido, dizem os Guidelines da EPO:

"Se uma propriedade nova de uma matéria conhecida ou de um objeto conhecido é descoberto, tem-se uma simples descoberta que não é patenteável, pois a descoberta não tem efeito técnico e não é uma invenção no sentido do art. 52(1). Se, entretanto, tal propriedade é utilizada para fins práticos, ela constitui, então, uma invenção que pode ser patenteável. Assim é, por exemplo, que a descoberta da resistência ao choque mecânico de um material conhecido não é patenteável, mas que a passagem do caminho de ferro construído com tal material pode sê-lo."[54]

---

51 Choate e Francis, Patent Law, West Publishing, p. 471. "If we start with the premise that the patent system is to promote the progress of the useful arts, the conclusion may follow that it does not reward basic scientific discoveries except as incorporated in useful devices".

52 Précis du droit de la propriété immatérielle, Ed. Helbing & Lichtenhahn, p. 37. "Les connaissances donnant un aperçu de l'essence des forces de la nature, c'est à dire, qui renseignent sur les créations de la nature nées indépendamment de activité de l'homme, sont exclues du cercle de la protection."

53 Domingues, Douglas Gabriel, Direito Industrial - Patentes, Ed. Forense, p. 31.

54 "Si une propriété nouvelle d'une matière connue ou d'un objet connu est découverte, il s'agit d'une simple découverte qui n'est pas brevetable car la découverte en soi n'a aucun effet technique et n'est donc

Isolamento de material encontrado na natureza

A Lei 9.279/96, em seu art.10, XI, veda o patenteamento de material biológico e seres vivos encontrados na natureza – ainda que dela isolados. Tratar-se-ia – em tese – de presunção de caso de descoberta.[55]

Há que se notar certa tendência de eliminar, se não completamente, boa parte de tal restrição. Ver Doc. OMPI WO/INF/30-II, p. 9:

> "Un producto que no haya sido divulgado al publico en forma suficiente antes de la fecha de presentación o de prioridad de la solicitud de patente en que se reivindique, pero que forma parte no separada de algún material preexistente, no se considerará que constituye un descubrimiento o que carece de novedad sólo porque forme parte no separada del material preexistente."

Comenta Correa (1989:42), antecipando a proteção do patrimônio genético introduzido pela CBD de 1992:

> "El reconocimiento de tal solución en los países en desarrollo, puede tener, como se ha señalado, enormes implicaciones sobre las posibilidades de explotar económicamente sus propios recursos."

No Direito Americano, está já razoavelmente assente que a purificação, o isolamento ou a alteração de material biológico existente na natureza.[56]

Importante aspecto desse problema foi suscitado na Diretiva CE 44/98, sobre patentes biotecnológicas, como se vê na seção deste Capítulo que trata do tema.

Parece-nos que uma interpretação adequada com os propósitos constitucionais do sistema de patentes tomaria essa vedação como – mais uma vez – o índice de uma presunção de fato. Como ocorre em todo art. 10 da Lei 9.279/96, dever-se-ia interpretar a menção ao elemento isolado da natureza como um filtro de pertinência: enquanto tal isolamento não for útil e técnico, vale dizer, enquanto não resolver tecnicamente um problema técnico, não será patenteado. Aqui – no isolamento – recusa-se a exclusiva ao simples conhecimento, mas não à solução técnica.

---

pas une invention au sens de l'art. 52(1). Si, toutefois, cette propriété est utilisée à des fins pratiques, cela constitue alors une invention qui peut être brevetable. C'est ainsi, par exemple, que la découverte de la résistance au choc mécanique d'un matériau connu n'est pas brevetable, mais qu'une traverse de chemin de fer construite avec ce matériau peut l'être."

55 GIPSTEIN, Richard Seth, The Isolation and Purification Exception to the General Patentability of Products of Nature by 4 Colum. Sci. & Tech. L. Rev. 2 (2003) (Published January 15, 2003), encontrado em http://www.stlr.org/html/volume4/gipsteinintro.php, vistidao em 1/9/2009.

56 Vide Chisum e Jacobs (1992:2-23), e, numa análise do processo judicial envolvendo a Genetech e a Amgen num caso de material biológico purificado, Maher (1992:88). Vide Utility and Examination Guidelines, 66 Fed. Reg. 1092 (Jan. 5, 2001), disponíveis em http://www.uspto.gov/web/offices/com/sol/notices/utilexmguide.pdf.

[3] § 5.4. (A) Criações abstratas

Como se enfatizará ao discutir o requisito da utilidade industrial, só há invento patenteável se a criação é técnica em seu objeto, em sua aplicação e em seu resultado:

"Se se pretende dar um conteúdo à condição da invenção, é preciso dizer que invenção é a resposta técnica a um problema técnico e que uma criação que não tenha um caráter técnico não é uma invenção."[57]

Assim, não é invento a criação que não é técnica – se for abstrata, ainda que economicamente relevante, ou se for artística, não satisfará o requisito de ser invento. A listagem do art. 10 do CPI/96 apenas exemplifica esta regra básica.

Eugène Pouillet, já no século XIX, ensinava:

"As concepções meramente teóricas, por exemplo, métodos de ensino ou de controle, a estrutura de um livro (ou seja um método contabilístico por conseguinte um método econômico) não são susceptíveis de serem patenteados, porque estes tipos de descobertas estão exclusivamente no domínio da inteligência, muito distantes do domínio da indústria."[58]

[3] § 5.4. (B) Teorias científicas e métodos matemáticos.
Concepções puramente abstratas

Não há, necessariamente, solução técnica de qualquer problema técnico numa formulação de teoria científica, ou na construção de um método matemático. Não haverá, nestas criações intelectuais, caráter industrial. O mesmo se dirá de quaisquer outras concepções abstratas, enquanto o forem em estado puro, ou seja, insuscetíveis de resolverem um problema técnico.[59]

Mas, se tal teoria, aplicada na solução de um problema prático, tem aplicação industrial, poderá ser abrangida como núcleo de uma patente; e o mesmo ocorre com o método matemático.[60] Em nenhuma dessas hipóteses, a exclusividade retirará do uso comum a teoria ou a descoberta; o direito exclusivo recairá sobre a aplicação que se lhe faz.

---

57   Pollaud-Dulian, La Brevetabilité des Inventions, LITEC, Paris, 1997, p. 43. «Si l'on veut donner un contenu à la condition d'invention, il faut dire que l'invention est la réponse technique à un problème technique et qu'une création qui n'a pas de caractère technique n'est pas une invention».

58   "Les conceptions purement théoriques, par example d'enseignement ou une méthode de contrôle ou de tenue de livre (c'est-à-dire une méthode comptable donc une méthode économique) ne sont pas susceptibles d'être brevetées, car ce genre de découvertes est exclusivement du domaine de l'intelligence, point du tout de celui de l'industrie. Vide Martha Maria de Rezende Lemos, Introdução aos estudos da proteção das criações industriais abstratas, Anuário da Propriedade Industrial, Ed. Previdenciária, S. Paulo, 1977, p. 19.

59   Kane, Eileen, "Patent Ineligibility: Maintaining a Scientific Public Domain". St. John's Law Review, Vol. 80, p. 519, 2006 Available at SSRN: {http://ssrn.com/abstract=833564}.

Note-se mais uma vez que o art. 10 da Lei 9.279/96 distingue as concepções puramente abstratas das demais criações listadas. Uma concepção abstrata que tenha uma aplicação prática – ainda que não chegue a ser concreta e técnica – puramente abstrata não será. Tem-se, assim, a noção de "criação industrial abstrata" da doutrina francesa, abrigada, aliás, no texto do Art. 5º, XXIX, da Constituição de 1988.

Entre nós, ao abrigo da cláusula constitucional específica, é possível criar por lei uma proteção específica para esse tipo de criação prática, mas não técnica, desde que compatível com os interesses finalísticos desenhados no dispositivo constitucional. Essa proteção não é a da patente.

O problema do algoritmo

Precisando uma noção antes suscitada, um algoritmo, em si mesmo, é uma concepção puramente abstrata ou um método extraído do campo da matemática: uma receita de bolo em forma abstrata.[61]

Assim, no nosso Direito, o algoritmo não será jamais patenteado, pela declaração do art. 10 do CPI/96 quanto às concepções puramente abstratas.[62] Não há distinção

---

60   "Un phénomène naturel dont on a pu trouver une application industrielle peut faire l'objet d'un brevet valable pour cette application pratique» (TGI Paris, 21 de dezembro de 1974, PIBD 1975, no. 152, III, p. 274). Vide Pollaud-Dullian, «La brevetabilité... », p. 47. "Um fenômeno natural do qual se pode encontrar uma aplicação industrial pode ser objeto de uma patente válida para esta aplicação prática".

61   "In mathematics and computing, an algorithm is a procedure (a finite set of well-defined instructions) for accomplishing some task which, given an initial state, will terminate in a defined end-state. The computational complexity and efficient implementation of the algorithm are important in computing, and this depends on suitable data structures. Informally, the concept of an algorithm is often illustrated by the example of a recipe, although many algorithms are much more complex; algorithms often have steps that repeat (iterate) or require decisions (such as logic or comparison).". Traduzindo:"Em matemática e computação, um algoritmo é um processo (um conjunto finito e bem definido de instruções) para se realizar alguma tarefa que, dado um estado inicial, terminará num estado final definido. A complexidade computacional e a eficiente implementação de um algoritmo são importantes no cálculo, e isto depende das estruturas de dados adequadas. Informalmente, o conceito de algoritmo é normalmente ilustrado pelo exemplo de uma receita, apesar de muitos algoritmos serem muito mais complexos; algoritmos normalmente têm etapas que se repetem (repetição) ou requerem decisões (como lógica ou comparação)". Encontrado em http://en.wikipedia.org/wiki/Algorithm, visitado em 11/11/06.

62   Antonio Abrantes, To: pibrasil@yahoogrupos.com.br, Subject: PI_Brasil patentes de software, Date: 4/5/2005 "O exame de pedido de patente recente (PI9407646) sintetiza os argumentos para patenteabilidade de métodos matemáticos. O pedido trata de processo computadorizado para otimização de gastos e a taxa de crescimento em criaturas vivas tomando por base curvas de Gompertz que levam em conta múltiplos parâmetros (genéticos e não genéticos). O parecer conclui: `Uma invenção relativa a programa de computador cuja novidade está na utilização de um método matemático para solução de um problema será considerada invenção desde que a invenção como um todo traga a solução de um problema técnico, isto é, um problema que não seja puramente matemático. Um programa de computador que implemente um método matemático, tal como um método de solução de equações, por exemplo, não será considerado invenção pois se trata de um problema de matemática pura, isto é, o estudo das propriedades das grande

entre as hipóteses de algoritmos descobertos ou inventados – a questão aqui não é de ação do homem, mas da abstração da concepção.[63]

Aqui, como em todos os casos de concepção puramente abstrata ou descoberta, dá-se a aplicação do art. 10 não por política pública, mas como uma questão de fato: um algoritmo, como qualquer concepção abstrata, não pode ser patenteado *porque* não oferece uma solução útil; sendo, desta forma, excluída do campo de patenteabilidade. Indiretamente, por força dessa exclusão, também se entenderá que o algoritmo (descoberta, método matemático, etc.) sempre permanecerá livre, de uso público, em qualquer circunstância.

Mas – como o dispositivo legal é uma declaração de fato e não de política – todas as vezes que a aplicação de um algoritmo (como a de uma descoberta ou um método matemático, ou de qualquer ente que não proveja – em si – soluções úteis) tal aplicação eventualmente útil será avaliada separadamente do algoritmo.

O algoritmo permanece – sempre, e em todas as circunstâncias – livre para todos, mas a aplicação dele será apreciada segundo sua natureza. Imaginemos que a utilidade em questão seja meramente prática e não técnica. Por exemplo, para resolver uma questão de cálculo de retorno de investimento. Enquanto tais aplicações práticas, mas não técnicas, não forem protegidas por um sistema próprio (pois, no Brasil, não há patentes para aplicações práticas, sem efeito técnico), tanto o algoritmo, quanto a aplicação permanecem em domínio público.

Quanto aos algoritmos que informam e determinam programas de computador (como se verá mais adiante), têm-se, neles, uma aplicação que não é puramente abstrata; ela é uma aplicação útil, uma solução de problema. Enquanto – aqui também – o algoritmo permanece livre, sempre em domínio público, para uso de todos,[64] a sua aplicação como software pode ter duas conseqüências:

a)   o software é protegido pela lei própria, de cunho autoral (Lei 9.609/98). Este tipo de proteção se restringe à expressão das soluções úteis, tanto às

---

zas em abstrato. Para tal criação ser considerada invenção é necessário que tal algoritmo matemático seja aplicado em determinado campo da prática, isto é, fora do universo da matemática propriamente dito".

63   Entenda-se, abstrato, mas capaz de expressão prática. Diz Santos, Manoel Joaquim Pereira dos, *op. cit.*: "O direito comparado nos fornece excelentes subsídios para se tentar entender a distinção entre o algoritmo em si, claramente insuscetível de proteção autoral, e a chamada "expressão do algoritmo", para a qual se pretende cogitar da tutela legal. Nos Estados Unidos, o "Copyright Office" se pronunciou no sentido de que o algoritmo, enquanto método de operação, não pode ser protegido pelo Direito de Autor. Isso não impediria que a expressão do algoritmo fosse protegida, com base no princípio de Baker v. Selden, segundo o qual a expressão com que se descreve um sistema é protegida ainda que o sistema em si não seja. Da mesma forma, o direito patentário pode proteger a tecnologia associada ao desenvolvimento de algoritmo. Assim, embora em Gottschalk v. Benson o tribunal tenha negado proteção patentária a um algoritmo para a conversão de números decimais em código binário para numerais binários simples, em Diamond v. Diehr concedeu-se patente a um programa destinado a trabalhar com uma máquina de moldagem de borracha".

64   O mesmo autor, no entanto, suscita a hipótese de um algoritmo mono-aplicável: "Já John Borking discorda da necessidade de se estabelecer um regime especial para algoritmos. Para ele o algoritmo mono-aplicável, isto é, o algoritmo desenvolvido especificamente para a realização de determinadas atividades de um programa, é comparável ao enredo ("plot") de uma obra literária1. O enredo é suscetível de proteção

transliteradas em código (fonte ou não), como a certas manifestações de cunho não-literal; mas não chega seu alcance às soluções de efeito técnico.

b) o software está entre os que são capazes de produzir um efeito técnico (como se verá abaixo).[65] Se o meio que o software provê para conseguir o efeito técnico é novo e inventivo, poderá haver patente. A patente não abrangerá, porém, o objeto da proteção da Lei 9.609/98, mas tão somente os meios de obter o efeito técnico que transcenderem a esse objeto.

No nosso Direito, havendo patente, havendo direito de software, ou ambos, em todos os casos o algoritmo - abstratamente - permanece livre para o uso de todos. Apenas aquela aplicação prática ou técnica é apropriada exclusivamente, e com abstração do algoritmo. Qualquer outra aplicação do mesmo algoritmo, que não a protegida, poderá ser também livremente utilizada por todos ou, conforme o caso, apropriada singularmente por terceiros.[66]

Diz Roberto Chacon de Albuquerque:

Até o início da década passada, o Patent and Trademark Office - PTO (Instituto de Patentes e Marcas americano) realizava um teste em duas etapas, chamado Freeman-Walter-Abele, para detectar a existência de algoritmos matemáticos em invenções cujo núcleo fosse potencialmente um método de calcular. Para os

---

quando se apresenta expresso de forma concreta e assim deveria ser protegido o algoritmo.Ele reconhece, contudo, que há um paralelo muito próximo entre o algoritmo mono-aplicável e um processo patentável, ou seja, um modo de tratamento de certos materiais para produzir um determinado resultado, com a diferença que o algoritmo usa dados. Na medida, porém, em que um algoritmo mono-aplicável não impede o desenvolvimento científico, não haveria razão para negar-lhe um monopólio de exploração". O raciocínio seria exatamente o inverso: só se protegem em PI as alternativas livres, nunca as necessárias.

65 Desde a decisão da Suprema Corte Americana Diamond v. Diehr, de 1981, superou-se a posição anterior, de que – sendo o software simples manifestação de um algoritmo, e constituindo, em si, numa criação abstrata, seria, por essa razão, excluído incondicionalmente do patenteamento.

66 Qualquer outra aplicação, evidentemente, que não abranger material protegido pelo direito de software ou patente anterior. Quanto à patente, deve-se notar que a proteção se estende aos meios equivalentes àqueles patenteados. A equivalência, no entanto, não representará a apropriação do algoritmo, mas apenas das aplicações alternativas da protegida. A noção de equivalência como aplicação do algoritmo é inverídica. O algoritmo pode ser a idéia básica do programa, mas o programa como tal, no direito brasileiro, nunca será objeto da patente. Assim, o fulcro da equivalência nunca será o algoritmo em face ao programa, mas a abstração da solução técnica necessariamente destacável do programa. O que se exige é aplicação do teste tríplice: - o elemento acusado realiza substancialmente a mesma função que o elemento da reivindicação? -realiza a função substancialmente do mesmo modo que o elemento da reivindicação? - produz substancialmente o mesmo resultado que o elemento da reivindicação? A única hipótese teórica de assimilação do algoritmo ao núcleo da equivalência será a de que o programa do computador fosse a única manifestação possível do algoritmo, e a solução técnica fosse constituída integral e exclusivamente do programa, em dupla biunivocidade. Se assim fosse, caberia invalidar a patente segundo a doutrina da alternativa livre. Engana-se – felizmente – Hudson Lacerda em To: pibrasil@yahoogrupos.com.br Subject: Re: PI_Brasil patentes de software Date: 11/5/2005 "Qualquer implementação, codificação, definição ou conceituação de fatorial (a elas me refiro como formas de *representação*, não apenas código-fonte) poderá ser considerada uma *variante* do algoritmo para calcular o fatorial de um número. Assim, qualquer *representação* seria considerada *equivalente* ao conceito" Qualquer representação do algoritmo, como programa, seria impatenteável.

propósitos do teste, algoritmos matemáticos eram considerados como se referindo a métodos de cálculo, fórmulas matemáticas e procedimentos matemáticos em geral. Para que um processo envolvendo um algoritmo matemático fosse patenteável, o pedido de patente excluindo o algoritmo deveria ser enquanto tal passível de ser patenteado. Atividades triviais posteriores à solução do algoritmo matemático, como exibir um número qualquer numa tela de computador, não eram suficientes para que a invenção fosse patenteada.[67]

Como em nosso Direito permanece intacta a regra de que os programas de computador, em si, não são patenteáveis, os parâmetros indicados são absolutamente pertinentes ao nosso sistema.

[3] § 5.4. (C) Apresentação de informações

Aqui a lei dá mais um exemplo de concepção abstrata. Entenda-se: são vedadas as "simples" apresentações de informações – aquelas definidas *exclusivamente* pelas informações nela contidas.

Vide as *Guidelines* da EPO, versão de outubro de 2001:

"A maneira de apresentar uma informação, no que for distinto do conteúdo da informação, pode perfeitamente constituir uma característica técnica patenteável. Eis alguns exemplos nos quais é possível distinguir estas características técnicas: um telégrafo ou um sistema de comunicação utilizando um código particular para representar as característiscas, se este código apresenta determinadas vantagens técnicas (por exemplo, uma modulação por impulsos codificados); um instrumento de mensuração que permita obter uma forma gráfica particular que represente os dados mensurados".[68]

Assim, poderão certamente ser objeto de patente as técnicas e métodos de apresentações de informações dotados de aplicação industrial, que não sejam meras criações abstratas, assim como as tecnologias a elas relativas.

Vide, a propósito dessas apresentações de informações, o disposto na Lei Autoral: Art. 87. O titular do direito patrimonial sobre uma base de dados terá o direito exclusivo, a respeito da forma de expressão da estrutura da referida base (...).

---

67 Albuquerque, Roberto Chacon de, A proteção das invenções relacionadas a programas de computador nos Estados Unidos, Revista da ABPI – nº 57 1/3/2002.

68 «La façon de présenter une information, pour autant qu'elle soit distincte du contenu de l'information, peut parfaitement constituer une caractéristique technique brevetable. Voici quelques exemples dans lesquels il est possible de déceler de telles caractéristiques techniques: un télégraphe ou un système de communication utilisant un code particulier pour représenter les caractères, si ce code présente certains avantages techniques (par exemple, une modulation par impulsions codées); un instrument de mesure permettant d'obtenir une forme particulière de graphique représentant les données mesurées».

Assim, inversamente, terá proteção autoral como bases de dados a "forma de expressão" – não das informações constantes da base de dados – mas da estrutura da referida base.
E as informações, elas mesmas? Não se constituindo em obras intelectuais, só poderiam ser objeto (indireto) de uma proteção por concorrência desleal, ou, para quem o admita, por repressão ao parasitismo.

[3] § 5.4. (D) Regras de jogo

Uma vez mais, o que se recusa é a proteção às concepções abstratas. Veja-se o que acima se disse sobre a questão.
Jurisprudência – Regras de jogo

> Tribunal Regional Federal da 4a. região
Classe: AC - 173776 Processo: 9604611690 UF: RS Órgão Quarta Turma, 12/12/2000 Documento: TRF400079573 Fonte DJU de 07/02/2001, p. 249 Relator Juiz Hermes S Da Conceição Jr Decisão: A turma, por unanimidade, negou provimento ao recurso, nos termos do voto do relator.
Ementa - Administrativo. Direito Autoral. Lei 5.988/73. Projeto De Apostas Sucessivas. Indeferimento De Registro De Propriedade Industrial. Não há exclusividade sobre o sistema projetado pelo autor de apostas sucessivas, com fulcro na Lei 5.988/73, quanto aos ensinamentos nele ali contidos. Inexiste, também, o privilégio de exploração, com fulcro no art. 9, h, da Lei nº 5.772/71, comprovadamente nos autos. Apelação improvida.

A questão do "problema técnico"

Como se mencionou, um invento, para ser patenteável, será técnico em seu objeto, em sua aplicação e em seu resultado;[69] só então esse invento será então avaliado quanto à novidade, inventividade e legalidade.
A primeira exigência – criação técnica em seu objeto - é satisfeita com o caráter técnico do invento (como se viu acima). Ou seja, ele deve resolver um problema utilitário por um meio estranho à simples elaboração psicológica ou mental do ser huma-

---

[69] Pollaud Dullian, La Brevetabilité des Inventions, Litec, 1997, p. 41 e seg. Chavanne e Burst, Droit de la Propriété Industrielle, Dalloz, 1990, n. 16 e seg., p. 33-34: «Or l'invention pour être brevetable doit avoir un caractere industriel, dans son objet, son application et son resultat. l'énonciation des trois termes est cumulative. Cela étant, l'expression la plus importante est sans doute celle d'application. Car si l'invention est applicable industriellement, elle a generalement un objet et un resultat industriel».Traduzindo: «Ora, a invenção, para ser patenteável, deve ter um caráter industrial, em seu objeto, sua aplicação e seu resultado. A enunciação dos três termos é cumulativa. Tanto será, a expressão mais importante estará sem dúvida desta aplicação. Pois se a invenção é industrialmente aplicável, era geralmente terá um objeto e um resultado industrial».

no. A segunda exigência é de que o efeito da solução seja utilitário, mas não abstrato nem estético.

Os dois requisitos são construídos a partir do art. 10 do CPI/91.

[3] § 5.5. Resultado industrial

O *resultado industrial* de uma invenção são os efeitos produzidos pelos meios que a constituem. É o problema a ser resolvido. O efeito tem de ser técnico, ou seja, concreto, real e pressupondo alguma alteração nas forças da Natureza.

Assim, por exemplo, os métodos de otimização de uma campanha publicitária, através da ordem de disposição de *outdoors* numa estrada, ainda que a solução envolva meios técnicos, com utilização de equipamento físico, não têm resultado técnico (exemplo das diretrizes japonesas).[70]

Esse efeito primeiro deve ser de natureza técnica, vale dizer, concreta, afetando os estados da natureza, ainda que haja efeitos secundários de caráter estético, econômico, etc.[71] Por isso é que, como se verá abaixo, mesmo um invento relativo às artes pode ser patenteável se seu primeiro efeito for técnico (por exemplo, um novo teclado para um piano).

---

[70] Entenda-se: no exemplo o invento não estaria nos elementos físicos, mas na otimização da impressão que a publicidade causasse na percepção do público – efeito psicológico, mental, retórico, mas não importando em mutação dos estados da Natureza.

[71] CHAVANNE, Albert & BURST, Jean Jaques. Droit de la propriété industrielle. Paris: Dalloz, 1993, p. 32: «L'invention doit, enfin, être industrielle dans son résultat». Le résultat d'une invention s'entend des effets produits par les moyens qui la constituent. Cette affirmation doit retenir l'attention. Contrairement, en effet, à ce que l'on dit parfois, le résultat de l'invention n'est pas, dans l'invention de produit, le produit lui-même: Le résultat est l'effet technique qu'engendre le produit. C'est bien ce que decide la jurisprudence lorsqu'elle affirme que «le résultat industriel que doit procurer une invention est essentiellement constitué par l'effet technique que produit un moyen determine dans la fonction qui lui est assignée. Encore faut-il préciser que seul le résultat premier doit être de nature technique. Le ou les résultats seconds qui découlent du résultat premier peuvent être d'ordre technique, économique ou esthétique ; il s'agit des avantages que procure l'invention. Il faut bien observer que le résultat n'a pas à être nouveau; il n'est pas davantage nécessaire qu'il soit parfait. Le résultat n'a pas à être nouveau car il n'est pas brevetable. Toute autre personne que l'inventeur peut obtenir le même résultat à la condition d'y parvenir par d'autres moyens». Traduzindo: "A invenção deve, por último, ser industrial no seu resultado". Por resultado de uma invenção entenda-se os efeitos produzidos pelos meios que a constituem. Deve-se prestar atenção nesta afirmação. Contrariamente, efetivamente, do que diz-se às vezes, o resultado da invenção não é, no caso de uma invenção de produto, o produto em si mesmo. O resultado é o efeito técnico que gera o produto. Isto é efetivamente o que decide a jurisprudência quando ela afirma que "o resultado industrial que se deve procurar em uma invenção é constituído essencialmente pelo efeito técnico produzido por esta em um meio determino na função que lhe é atribuída". Ainda é necessário ressaltar que o principal resultado deve ser de natureza técnica. Os resultados seguintes que decorrem do primeiro resultado podem ser de ordem técnica, econômica ou estética; tratam-se das vantagens a que pretende a invenção. É necessário efetivamente observar que o resultado não tem de ser novo; não é mais necessário que seja perfeito. O resultado não tem a ser novo porque este não é patenteável. Qualquer outra pessoa pode obter o mesmo resultado se chegar a este por outros meios".

Note-se que é preciso distinguir o efeito técnico e o que dele resulta. Muitas vezes o resultado de uma invenção não é, por exemplo, no caso da invenção de produto, o produto em si. O resultado é o efeito técnico que vai resultar no produto.

Finalmente, cumpre sempre lembrar que o resultado industrial não será nunca abrangido pela patente, permanecendo sempre livre do monopólio;[72] além disso, o resultado não será necessariamente novo, ainda que o invento o seja.

[3] § 5.5. (A) A patente não protege o resultado

Diz Antonio Abrantes[73]

Segundo TJESP,[74] citando Gama Cerqueira: "o privilégio concedido para um novo meio de se obter um produto ou um resultado industrial assegura ao inventor o direito exclusivo de usá-lo e de impedir o seu emprego por outrem. A patente, porém, não abrange o produto ou resultado obtido, sendo lícito a qualquer pessoa fabricar o mesmo produto e obter o mesmo resultado, empregando meios diversos ou novos, no sentido legal, salvo se o produto também for privilegiado". Ainda segundo o TJSP em outra decisão: "assemelhando-se, embora, em seu aspecto externo, a produto congênere, já patenteado, não há que se falar em contrafação se o método de fabricação é diverso".[75]

A doutrina francesa, da mesma forma, entende que o resultado não pode ser protegido, inexistindo patente de resultado.[76] Segundo Paul Mathély, os meios constitutivos da invenção são os elementos técnicos que permitem a solução ao problema colocado. O meio pode assumir tanto a forma material (produto) como imaterial (processo). Ainda segundo Mathély o meio em si é inerte e estéril. O meio deve ser tomado em conjunto com sua aplicação, ou seja, com as condições em que se coloca em operação. Segundo Fernando Philipp o meio deve ser analisado na sua função. A inventidade está situação sobre esta função exercida pelo meio para se alcançar um resultado, produzindo efeitos técnicos. Desta forma, em relação ao resultado, o mesmo não é patenteável.[77]

---

72   Vander Haeghen, G., Brevets d´Invention, Marques et Modéles, Fernand Larcier, Ed., Bruxelles, 1928, nº 101.

73   ABRANTES, Antonio, mensagem ao grupo pibrasil@yahoogrupos.com.br, em 21 de novembro de 2008.

74   [Nota do original] Gama: TJSP, AC nº 66937-1, Itapira, de 03.12.85, in RJTJSP-103/207 apud Propriedade Industrial: política, jurisprudência, doutrina, Aurélio Wander Bastos, p. 94, apud Patentes de invenção: extensão da proteção e hipóteses de violação, Fernando Eid Philipp, São Paulo:Ed. Juarez de Oliveira, 2006, p. 18.

75   [Nota do original] TJSP, Apelação Cível n.131138 de 09/03/1964, Sociedade Nacional de Calçados e W. Ferralli & Cia. 4ª Câmara Cível, relator Des. Batalha de Camargo, apud Patentes de invenção: extensão da proteção e hipóteses de violação, Fernando Eid Philipp, São Paulo:Ed. Juarez de Oliveira, 2006, p. 140.

76   [Nota do original] Contrafação de patentes, Balmes Vega Garcia, São Paulo: LTR, 2004, p. 70.

77   [Nota do original] Patentes de invenção: extensão da proteção e hipóteses de violação, Fernando Eid Philipp, São Paulo: Ed. Juarez de Oliveira, 2006, p. 17.

Segundo Fernando Philipp:[78] "é passível de proteção o novo meio para obtenção de um produto ou de um resultado conhecido, assim como o meio empregado para a obtenção de um produto ou resultado novo. Nesse caso, o produto também poderá ser objeto de proteção, mas não o resultado visado pelo inventor, uma vez que os resultados não são jamais protegidos".

Segundo Denis Barbosa[79] "a patente de processo dá exclusividade do uso dos meios protegidos na produção do resultado assinalado – mas não dá, necessariamente, a exclusividade sobre o resultado, desde que ele possa ser gerado por outro processo" não equivalente ao processo patenteado. Ainda segundo Denis Barbosa: "quando a tecnologia consiste na utilização de certos meios para alcançar um resultado técnico através da ação sobre a natureza, tem-se no caso uma patente de processo. Assim, o conjunto de ações humanas ou procedimentos mecânicos ou químicos necessários para se obter um resultado (aquecer, acrescer um ácido, trazer o produto a zero absoluto) serão objeto desse tipo de patente".[80]

[3] § 5.6. Falta de efeito industrial – causas lógicas ou insuficiência descritiva

Entende-se como insuscetível de causar efeito industrial as pretensas soluções técnicas que afrontem as leis da natureza. São exemplos clássicos de falta de utilidade industrial o moto contínuo[81] ou outros inventos contrários à lei da física.[82]

---

78   [Nota do original] Fernando Philipp, *op. cit.*, p. 49.

79   [Nota do original] Uma Introdução à propriedade intelectual, Denis Borges Barbosa, Rio de Janeiro:Lumen Juris, p. 390.

80   [Nota do original] Usucapião de patentes e outros estudos de propriedade industrial, Denis Borges Barbosa. Rio de Janeiro: Ed. Lumen Juris, 2006, p. 594.

81   Christopher Wadlow, State of the Art, Patents for perpetual motion machines, Journal of Intellectual Property Law & Practice 2007 2(3):136-144; "By convention, there are two kinds of perpetual motion machines, corresponding respectively to the first and second laws of thermodynamics. Although neither kind is considered patentable, in terms of legal analysis there is a subtle and sometimes unrecognized difference between the two. Perpetual motion machines of the first kind not only run for ever, but they purport to generate useful work while doing so, without consuming any, or any corresponding amount of, energy or fuel. (...)Perpetual motion machines of the second kind are less ambitious: typically, they are simply intended to run forever, without purporting to generate energy, or do any work. As such, they cannot be accused of violating the first law of thermodynamics. The scientific objection to perpetual motion machines of this kind can be stated at the theoretical level in that they violate the second law of thermodynamics (that the entropy of a closed system tends to increase over time), or at the practical level in that they require the total elimination of friction and other forms of resistance". Para um caso de rejeição de um moto contínuo, vide David Rogers, Requirement of industrial application, exclusion of scientific theories from patentability, perpetual motion machines, Journal of Intellectual Property Law & Practice 2007 2(2):62-63.

82   Segundo Paulina Ben Ami, Manual de Propriedade Industrial, 1983, p. 45. Vide Christopher Wadlow Patents for perpetual motion machines, Journal of Intellectual Property Law & Practice 2007 2(3):136-144; doi:10.1093/jiplp/jpl242: "the UK Manual of Office Practice states 'Processes or articles alleged to operate in a manner which is clearly contrary to well-established physical laws, such as perpetual motion machines, are regarded as not having industrial application... . An alternative or additional objection may be that the specification is not complete enough to allow the invention to be performed under s.14(3). ...

O art. 24 da Lei 9.279/96 exige, como um requisito do relatório do pedido de patente, que ele determine a melhor forma de execução da solução técnica reivindicada. Assim, além do requisito da utilidade, a lei brasileira contempla – como exigência de suficiência descritiva – que a solução descrita seja efetivamente suscetível de realização industrial.[83]

[3] § 5.7. Tipos de efeito técnico: coisas e atividades

Pelo menos duas modalidades de efeito técnico podem se discernir:

"Pelo texto do art. 15, verifica-se que a aplicação industrial consiste em duas possibilidades: a utilização e a produção na indústria. As duas possibilidades são alternativas, logo, não são cumulativas. O legislador menciona ser necessário que a invenção possa ser utilizada ou produzida na indústria. É suficiente, portanto, que o objeto da invenção possa ser fabricado ou utilizado. O objeto pode ser fabricado caso revista-se da forma de um produto ou de um dispositivo; e poderá ser utilizado quando possuir as qualidades que possibilitem a obtenção de um efeito técnico."[84]

Em sentido paralelo, precisa Gama Cerqueira:[85]

52. "(...) a expressão utilização industrial só comporta um sentido, significando aquilo que pode ser objeto de exploração industrial ou que pode ser aplicado na indústria. Nesse sentido, a expressão aplica-se às diversas espécies de invenções privilegiá-

---

Objecting to insufficiency may be particularly appropriate if the claims do not refer to the intended function or purpose of the invention, for example if a 'flying gyroscope' is claimed merely as an article having a particular specified construction. If successful performance of the invention is inherently impossible because it would be contrary to well-established laws (eg where the alleged invention is a perpetual motion machine) objection may arise under s.14(3). If the claims are directed to its function and not merely its structure objection may also arise under s.4(1)" Vide também a decisão da EPO T 1538/05 of 28 August 2006-Einstein-Bohr.

83 ROBINSON, William. The Law of patents - v.I. Boston: Little, Brown & Co. 1890, clássico americano do séc. XIX, propugnava que falta utilidade em uma patente se ela for imoral ou perigosa para a sociedade Segundo ele, existiriam invenções que, apesar de possuírem um resultado prático, destroem os benefícios que deveriam ser dados à sociedade. Seriam essas invenções que proporcionam ao homem meios para facilitar ou realizar algo violento, de valor duvidável, que beneficiará o titular deste invento em detrimento de terceiros, da sociedade. Quando isto ocorrer, Robinson afirmava que os órgãos competentes que examinam e concedem patentes devem levar em conta o risco e prejuízo que estas criações causam à sociedade. Tal análise poderia se adequar à noção de ilegalidade por violação do que no CPI/96 está inscrita no art. 18, ou por uma análise de abuso do privilégio, ou seja, desvio de finalidade.

84 LABRUNIE, Jacques. Direito de patentes: condições legais de obtenção e nulidades. Barueri: Editora Manole, 2006, p. 70.

85 CERQUEIRA, João da Gama. Tratado da Propriedade Industrial. Volume II. Tomo I. Parte II. Rio de Janeiro: Revista Forense, 1952, p. 104.

Tratado da Propriedade Intelectual

veis, isto é, à invenção de novos produtos e à invenção de novos meios, inclusive os processos, e de novas aplicações e combinações de meios conhecidos para se obter um resultado industrial. A primeira classe compreende aquilo que pode ser objeto de fabricação ou exploração industrial: os produtos, que tanto podem ser destinados à venda como aplicados nas indústrias. A segunda abrange o que pode ser objeto de aplicação na operação industrial: todos os meios destinados a obter um produto ou resultado industrial.

Este conceito é exaustivo do conteúdo da expressão utilização industrial, compreendendo tôdas as invenções que podem ser objeto de exploração industrial ou que podem ser empregadas nessa exploração visando à obtenção de um produto ou resultado."[86]

[3] § 5.8. Quais criações cujo efeito não é técnico

Estudaremos nesta subseção as hipóteses em que, havendo uma solução para um problema útil, este problema é prático, mas não técnico. Ou seja, aquelas criações em que não há invento por carência de efeito técnico.

[3] § 5.8. (A) Esquemas e planos, princípios ou métodos comerciais, contábeis, financeiros, educativos, publicitários, de sorteio e de fiscalização

Todas essas criações são abstratas. Mas não puramente abstratas. Elas resolvem problemas na vida real. Têm elas efeitos práticos, úteis, mas não (como acontece no caso dos inventos) efeitos concretos e técnicos. Elas não são soluções técnicas para problemas técnicos, embora possam ser soluções práticas para problemas práticos.

Aplicar-se-iam a elas as observações acima, com a especial atenção para o fato de que o propósito ou efeito econômico não empresta, por si só, a tais criações a natureza de invento industrial – ou seja, criação técnica -, como o quer a lei de patentes. Vide o que se diz quanto ao efeito técnico[87] e, em particular, a seção sobre patentes de *business methods*.

---

86 Numa perspectiva econômica: MACEDO, Maria Fernanda Gonçalves; e BARBOSA, A. L. Figueira. Patentes, Pesquisa & Desenvolvimento: um manual de propriedade industrial. Rio de Janeiro: Fio Cruz, 2000. "A proteção patentária é destinada de forma única e exclusiva às criações essencialmente destinadas à fabricação de mercadorias tangíveis, por definição, as invenções. Esse simples princípio, todavia, nem sempre é suficientemente compreendido, daí a necessidade das legislações nacionais, em muitos casos, tornarem explícitas algumas matérias que não são objeto de patente." (p. 28); "A meta da Tecnologia é achar soluções para os problemas técnicos da produção de mercadorias, inclusive aperfeiçoamento de soluções existentes, e, para esse fim, usam do conhecimento das descobertas; os tecnólogos, incluindo os operários que também criam tais soluções, procuram saber 'como fazer' as coisas funcionarem e, quando conseguem, produzem invenções." (p. 18)

87 Vide Pollaud-Dullian, *op. cit.*, p. 50.

1131

Note-se que, diversamente do que ocorre na Convenção da Patente Européia, no Direito Brasileiro não se aplicam a tais criações práticas, mas não técnicas nem concretas, o qualificativo de "em si", ou "*as such*". Essas criações não são protegidas de nenhuma maneira, em si ou fora de si, desnudas ou revestidas de um véu diáfano de tecnicidade, como o *software*.

Assim, não haverá, para tais idéias abstratas, mas práticas, proteção por patentes. Poderia, como se já repetiu, engendrar, sob amparo constitucional, um outro sistema de proteção, distinto da equação de interesses típica das patentes industriais. Mas sob a Lei 9.279/96, não haverá patente em nenhum caso.

[3] § 5.8. (B) Então, como se protegem as idéias práticas, mas abstratas?

Esta questão tem interesse prático freqüente. Aparece alguém na empresa, com uma "idéia": um plano de marketing, um novo mercado a explorar, um esquema financeiro. Quase sempre, a "criação" é óbvia, ou já utilizada em mercados mais sofisticados. Mas o plano pode ser até interessante, se consideravelmente modificado e adaptado: da "idéia" até a realização, vão centenas de milhares de reais, milhares de horas de trabalho. Sem o investimento, a idéia era um nada.

Mas, uma vez implementada a tal idéia, o seu "autor" surge, com um registro na Biblioteca Nacional da "idéia", e quer todos os resultados do investimento – que não foi ele quem fez. Se, ao ouvir a idéia, a empresa subscreveu um pacto de sigilo, ela continua vinculada ao seu compromisso. Mas, não havendo compromisso anterior, o direito autoral realmente protege o "dono" da idéia?

Acontece que, mesmo no campo das obras estéticas, literárias ou científicas, o Direito Autoral não protege idéias, planos, conceitos, mas formas de expressão. Como disse, reiteradamente, a 1ª Câmara do Conselho Nacional de Direito Autoral:

Invenções, idéias, sistemas e métodos não constituem obras intelectuais protegidas pelo Direito Autoral, porquanto a criação do espírito objeto da proteção legal é aquela de alguma forma exteriorizada. Assim, obra intelectual protegível, o sentido que lhe dá o art. 5o. da Lei 5.988/73, é sempre a forma de expressão de uma criação intelectual e não as idéias, inventos, sistemas ou métodos. (grifos do original)[88]

---

[88] Deliberações no. 41/83, Processo 440/82 (Doc. anexo 63); 40/83, Processo 438/82 (Doc. anexo 64); 39/83, Processo 439/82 (Doc. anexo 65); 33/83, Proc. 690/81 (Doc. anexo 66), Relator Conselheiro Manoel Joaquim Pereira dos Santos. Deliberações do CNDA, MEC, Brasília,1984, p. 314, 317, 321, 298. No mesmo sentido: Del.21/83, Processo 516/79, p. 264 (Doc. anexo 67). Carlos A. Villalba, em seu artigo El problema de la protecíon de las ideas, in Propiedad Incorporal, Governo do Uruguai, 1985, p. 121, narra dois casos judiciais uruguaios em que se discutiu a proteção autoral da idéia de jogos de cassinos - em ambos os casos o tribunal de Montevidéu afirmou o princípio de que não cabia tal proteção. Nos Estados Unidos, o caso básico é Baker v. Selden, 101,U.S., 99 (1879), tratando exatamente da descrição de um plano de contabilidade, que levou à enfática redação da Lei americana, que exclui da proteção autoral "any idea, procedure, process, system, method of operation, principle, or discovery" ["qualquer idéia, procedimento, processo, sistema, método de operação, princípio, ou descoberta" não importando a forma na qual a idéia seja descrita, explicada, ilustrada ou incorporada na obra (Lei de 1976, § 102(b)). Vide Chisum e Jacobs, Understanding Intellectual Property Law, Matthew Bender, 1992, p. 4-23.

É um princípio de alcance mundial; di-lo Claude Colombet, ao examinar e comparar a os sistemas jurídicos:

> Com efeito, criando o Direito de Autor um monopólio em proveito do criador, direito este que é vigorosamente sancionado, tornar-se-ia paralisante tolerar que esta tutela recaísse sobre as idéias; as criações seriam entravadas pela necessidade de requerer a autorização dos pensadores: pode-se imaginar, por exemplo, que, no domínio científico, toda narração dos progressos seria difícil porque a elas lhe imporiam a concordância dos pensadores, dos quais as idéias seriam a base das descobertas. (...) Também esta exclusão das idéias do domínio do direito do autor é uma constante universal.[89]

A conseqüência deste princípio é que "embora um artigo de uma revista, ensinando como ajustar o motor de um automóvel, seja protegido pelo Direito Autoral, esta proteção se estende somente à expressão das idéias, fatos e procedimentos no artigo, não às idéias, fatos e procedimentos em si mesmos, não obstante quão criativos ou originais eles possam ser. Qualquer um pode usar as idéias, fatos e processos existentes no artigo para ajustar um motor de automóvel, ou para escrever outro artigo sobre a mesma matéria".[90]

Problema inteiramente diverso acontece quando a idéia é de caráter tecnológico – a solução nova de um problema técnico. Uma coisa são "criações" de planos de marketing, de contabilidade, idéias de serviços ou oportunidades comerciais, outra a invenção técnica. Estas têm sua proteção assegurada pelo sistema de patentes. Uma patente, se concedida, passou por exame substantivo, e merece sempre respeito.

No campo das idéias não tecnológicas, a proteção que existe é, em princípio, a contratual. O autor da idéia, para ter um mínimo de segurança, pode armar-se com um compromisso prévio, assinado por quem quer ouvir a sua criação - coisa difícil de obter, se não é um Washington Olivetto, ou um Donald Trump. Note-se, aliás, que a norma

---

89   Claude Colombet, Grands Principes du Droit d'Auteur et des Droits Voisins dans le Monde, 2ª ed. LITEC/UNESCO, 1992, p. 10: "En effet, le droit d'auteur créant un monopole au profit du créateur, droit qui est vigoureusement sanctionné, il serait paralysant de tolérer cette mise sous tutelle des idées; les créations seraient entravées par la nécessité de requérir l'autorisation des penseurs: on imagine, par exemple, que dans le domaine scientifique, toute narration des progrès serait difficile puisqu'elle imposerait l'accord des savants, dont les idées auraient été à la base de découvertes (...) Aussi cette exclusion des idées du domaine d'application du droit d'auteur este-elle une constante universelle". Tal norma foi incorporada no art. 9 do recente acordo TRIPs da Organização Mundial do Comércio (promulgado no Brasil pelo Dec. 1.355/94). Note-se que também o Direito da Propriedade Industrial também nega terminantemente a proteção às idéias e planos de comércio, de contabilidade, de negócios, etc., protegendo apenas as invenções de cunho tecnológico ou modelos industriais (Lei 5.772/71, art. 9, h). Vide também Colombet, Propriété Littéraire et artistique, Dalloz, 7ª ed., 1994, p. 21; Lucas e Lucas, Traité de la Propriété Littéraire et Artistique, LITEC, 1994, p. 37, e 223; A.Lucas, La Protection des créations industrielles abstraites, LITEC, 1975.

90   O exemplo foi traduzido e fielmente transcrito de Intellectual Property and the National Information Infaestructure, U.S. Patent and Trademark Office, Setembro de 1995, p. 32.

das empresas de publicidade (Dec. 57.690/66) protege as idéias publicitárias, mas exclusivamente na relação entre uma agência e outra, não em relação às demais empresas.

É também necessário ter cuidado para o fato de que, ao usar idéia alheia, pode-se eventualmente estar cometendo concorrência desleal. Para que se configure deslealdade na concorrência, o parâmetro não é legal nem contratual, mas fático.

É preciso que os atos de concorrência ditos desleais sejam contrários aos "usos honestos em matéria industrial ou comercial" (Convenção de Paris, art. 10-bis) ou às "práticas comerciais honestas" (art. 39 do Acordo TRIPs da Organização Mundial do Comércio) – sempre apurados segundo o contexto fático de cada mercado, em cada lugar, em cada tempo. Mas só comete concorrência desleal quem é concorrente – o dono da idéia é um competidor?

A emergência das patentes de business methods

Tem se tornado comum, na prática americana, patentes relativas à solução de problemas na área financeira ou de seguros, inclusive por uso de software específico.[91] Tal tendência se solidificou a partir da decisão no caso State Street,[92] que aceitou privilegiar um método de selecionar certos números para calcular base de cálculo de papéis do mercado financeiro para efeitos de imposto de renda.

O tribunal especializado decidiu em tal caso, em apelação, que o tradicional princípio de que só se aceitam como patentes processos que importem em transformações do estado da natureza devia ser abandonado em favor da aceitação de qualquer invento que resultasse em "qualquer transformação dos dados que produzem resultado útil, concretos e tangível",[93] mas interpretando que esse resultado deveria ser simplesmente prático, e não mais o que a doutrina européia denomina de técnico.

---

[91] United States Patent and Trademark Office, Interim Guidelines for Examination of Patent Applications for Patent Subject Matter Eligibility, OG Notices: 22 November 2005.

[92] State Street Bank & Trust Co. v. Signature Financial Group, Inc, 149 F.3d 1368 (Fed. Cir. 1998), cert. denied, 119 S.Ct. 851 (1999). Tal como descrita na decisão, assim seria o "invento" em questão: ""(...) the transformation of data, representing discrete dollar amounts, by a machine through a series of mathematical calculations into a final share price, constitutes a practical application of a mathematical algorithm, formula, or calculation, because it produces 'a useful, concrete and tangible result' — a final share price momentarily fixed for recording and reporting purposes and even accepted and relied upon by regulatory authorities and in subsequent trades." "(...) a transformação de informação, representando separação de valores, por uma máquina através de series de cálculos matemáticos até o compartilhamento de preços finais, constitui uma aplicação prática de um algoritmo matemático, formula, ou cálculo, porque isso produz um 'resultado útil, concreto e tangível' – o compartilhamento do preço final momentaneamente fixado com objetivo de gravação e comunicação e igualmente aceito e substituído pela autoridade reguladora e subseqüente troca".

[93] "Any transformation of data that produces a useful, concrete, and tangible result". O caso representa uma mudança na jurisprudência anterior: "The earliest known case on the unpatentability of business methods, often cited as establishing the so-called "business method exception" doctrine, is Hotel Security Checking Co. v. Lorraine Co., 160 F. 467 (2d Cir. 1908). There, the court held that systems of transacting business, such as a bookkeeping system to prevent embezzlement by waiters, were unpatentable. While many subsequent cases decided by the Federal Circuit have made references to the business method exceptions, they were all ultimately decided on other grounds. See, e.g., In re Howards, 394 F.2d 869, 872

Lógico que a fórmula "útil, concreta e tangível", para expressar o fato de que se pode dar patente em atenção a um efeito simplesmente *prático*, não corresponde à anterior, na qual a natureza do efeito pretendido seria claramente do domínio da química ou da física. Assim, tornar-se-ia invento a idéia de um supermercado, por oposição a uma venda às antigas.

Obviamente tal tendência criou profundas inquietações:

"Imagine-se como se poderia estruturar a indústria aeronáutica se a primeira companhia a oferecer milhagem tivesse obtido direitos exclusivos sobre esta prática ou como fusões e aquisições teriam sido financiadas (...) ou se o uso de 'junk bonds' tivesse sido protegido por patentes".[94]

(C.C.P.A. 1968). ("Our affirmance of this ground of rejection [based on lack of novelty] makes it unnecessary to consider the issue of whether a method of doing business is inherently unpatentable"); In re Schrader, 22 F.3d 290, 296 & n.14, 297-98 (Fed. Cir. 1994) (rejecting patentability on the basis of the mathematical algorithm exception, while making reference to the business method exception)"; "State Street has a significant effect on the law of eligible subject matter. First, State Street makes the utility requirement more lenient. Second, State Street puts an end to the business method exception. The utility requirement maintains that certain types of mathematical subject matter or algorithms, standing alone, represent nothing more than abstract ideas. Once this subject matter is reduced to some type of practical application, it becomes patentable. The standard for this practical application has been, and remains, the production of "a useful, concrete and tangible result. ". Alappat, 33 F.3d at 1544. The Federal Circuit in State Street holds that the production of "a final share price momentarily fixed for recording and reporting purposes and even accepted and relied upon by regulatory authorities and in subsequent trades, " State Street, 149 F.3d at 1373, is indeed the production of a useful, concrete and tangible result".Traduzindo: "O caso anterior mais conhecido quanto à falta de patenteabilidade dos métodos de negócios, comumente citados como estabelecendo a dita doutrina de "exceção de método de negócio" é Hotel Security Checking Co. v. Lorraine Co., 160 F. 467 (2d Cir. 1908). Nele, o tribunal entendeu que sistemas para conduzir negócio, como um sistema de contabilidade para evitar a apropriação indébita pelos garçons eram não patenteáveis. Enquanto vários casos subseqüentes decididos pelo âmbito federal fizeram referência às exceções de método de negócio, todos eles acabaram por decidir com base em outros motivos". Por exemplo: See, e.g., In re Howards, 394 F.2d 869, 872 (C.C.P.A. 1968). "Nossa confirmação deste motivo de rejeição [com base na falta de novidade] torna desnecessário considerar que a questão se o método de negócio é intrinsicamente não patenteável") "); In re Schrader, 22 F.3d 290, 296 & n.14, 297-98 (Fed. Cir. 1994) (rejeitando a patenteabilidade com base na exceção do algorítmo matemático, ao mesmo tempo em que mencionando a exceção do método de negócios)". "State Street tem um efeito significante na direito aplicável neste assunto. Primeiro, State Street torna a exigência de utilidade menos constritiva. Segundo, State street acaba com a exceção de método de negócio. A exigência de utilidade consiste em que determinados tipos de questões matemáticas ou algarítimos, sozinhos, só representam idéias abstratas. Uma vez que esta matéria é levada a algum tipo de aplicação prática, se torna patenteável. O padrão para esta aplicação prática tem sido, e se mantém, a produção de um resultado concreto, útil e tangível". Alappat, 33 F.3d at 1544. The Federal Circuit in State Street holds that the production of "a final share price momentarily fixed for recording and reporting purposes and even accepted and relied upon by regulatory authorities and in subsequent trades, " State Street, 149 F.3d at 1373, is indeed the production of a useful, concrete and tangible result", "O Circuito Federal em State Street entende que a produção de um `preço final de uma ação´ momentâneamente fixado para fins de registro e relatório e mesmo aceito e levado em conta pelas autoridades regulatórias nos negócios subsequentes". Comentário ao acórdão encontrado em http://www.law.cornell.edu/-patent/comments/96_1327.htm, visitado em 10/11/06.

94 Rochelle Cooper Dreyfuss, Are Business Method Patents Bad for Business?, Santa Clara Computer & High Technology Law Journal, Vol. 16(2). "Think how the airline industry might now be structured if the first company to offer frequent flyer miles had enjoyed the sole right to award them or how differently mer-

Aqui se trava igualmente a discussão sobre métodos de negócio como objeto de patente. No momento presente, os Estados Unidos estão concedendo irrestritamente patentes de métodos de negócios.[95]

Disse Robert P. Merges:[96]

Os advogados de patente, que são pagos para ampliar os limites do que é protegido por patente, têm atentado para a nova realidade tecnológica com extraordinária criatividade. No campo dos instrumentos financeiros e dos conceitos de negócios de internet como a Priceline.com, a onipresença da tecnologia de computadores permite aos inventores e a seus advogados caracterizar novos negócios como essencialmente uma nova combinação de um hardware e um software, e em alguns casos como novos pacotes de softwares por si mesmos. Uma vez que se abriu uma brecha no muro de Jerico que continha as arremetidas das patentes de software – e não há dúvida de que a brecha aconteceu – viabilizou-se o caminho para que os conceitos de negócio envolvendo programas de computador passassem a ser patenteados. Quando esses conceitos embutidos em software foram caracterizados como um novo programa de computador, passou a haver muito pouco separando eles de qualquer outro programa de computador. Os métodos de negócio passaram a ser patenteáveis, por esta razão, como qualquer outro software.

No caso brasileiro, nem o *"any other software"* (mas só algumas invenções relativas a programas de computador) merecerá proteção; com muito mais razão haverá, aqui, a proibição incondicional e sem exceções de se deferir patentes para métodos de negócio.

Mas a tendência não parou por ai:

"Considere-se, por exemplo, a patente tecnológica one-click (um click) da Amazon.com, que foi usada contra BarnesandNoble.com (Patente número 5,960,411). O sistema One-click é muito bom para compradores porque uma vez

---

gers and acquisitions would be financed (and how rich Michael Milken might have become) if the use of junk bonds had been protected by a patent".

95 AIPPI, 2001 Melbourne Meeting, Summary Report, Question Q 158.

96 As Many As Six Impossible Patents before Breakfast: Property Rights for Business Concepts and Patent System Reform, Berkeley Technology Law Journal, Vol. 14, p. 577-615, 1999. "Patent lawyers, paid to push the outer limits of what is protectable, have responded to the new technological realities with remarkable creativity. In the realm of financial instruments and Internet business concepts such as Priceline.com, the ubiquitous presence of computer technology permits inventors and their lawyers to characterize new businesses as essentially new combinations of hardware and software, and in some cases as new software packages per se. Once the Wall of Jericho holding back the forces of software patents was breached-and there can be no doubt anymore that the breach has occurred - the way was open for computer-related business concepts to be patented. When these software-embedded concepts are characterized as novel computer programs, there is little to separate them from any other computer program. They are therefore just as patentable as any other software".

que eles coloquem vários bits de informações de compras e de suas contas, eles podem comprar rapidamente usando essas informações nas visitas subseqüentes. Assim, se Amazon tem o direito exclusivo para one-click, pode-se esperar que muitos clientes passarão a preferir este site."[97]

O método de negócios, ainda que incorporado a um hardware, não é patenteável, por falta de efeito industrial. Como já se indicou, a patenteabilidade exige o elemento técnico no seu objeto (no caso, o hardware), e no seu efeito. Se o efeito estiver num método de leilão ou de venda em lojas de tecidos, não há tecnicidade de resultado.

Mais ainda, deve-se notar que o resultado nunca será objeto de direito exclusivo.[98] Assim, mesmo se implementado por *hardware* (que, novo e inventivo, pode ser patenteado) *o método em si não será jamais excluído da livre cópia por causa da patente.*

Aparentemente, persiste uma fundada restrição a tais patentes, em especial quando desvinculadas de um substrato propriamente tecnológico. Mesmo quando este exista – como realidade, como numa solução física de hardware –, a busca da novidade e atividade inventiva deve se centrar nesse substrato, e não no método de fazer negócios em si.

Este requisito, em particular no Brasil, onde existe proibição frontal de tais patentes, deve estar muito claro e intenso na cabeça dos examinadores do nosso INPI.

Tais objeções se centram nos seguintes aspectos: em primeiro lugar, a falta de correta avaliação de novidade e atividade inventiva, ao menos na fase inicial de concessão de tais patentes. Em segundo lugar, da eficácia prática de emitir títulos sem real substância tecnológica, suscetíveis de questionamento por qualquer interessado. Em terceiro lugar, o eminente risco de abuso de tais patentes, num contexto de concorrência desigual ou restrita.[99]

---

97   Rochelle Cooper Dreyfuss, *op. cit.,* "Consider, for example, Amazon.com's patented one-click technology, which has been enforced against BarnesandNoble.com (Patent number 5,960,411). One click is very nice for shoppers because once they have inputted various bits of shipping and billing information, they can check out quickly on subsequent visits. Accordingly, if Amazon has the exclusive right to one-click, we can expect that many customers will patronize its site".

98   Vander Haeghen, *op. cit.,* n. 101; "un résultat n´est pas brevetable en soi même». Note-se, com ênfase, as pretensas exceções a essa regra básica do direito de patentes, estudadas pelo autor no no. 131 de sua obra. Citando Pouillet, ele lembra: se um pesquisador chega a conseguir um alcance maior para um fuzil, esse alcance só será protegido em relação ao meio que levou a ele: mecânico ou de processo. Nunca o alcance maior. Pouillet, apud Vander Haeghen: "Le résultat, c´est le problème dont chacun a le droit de rechercher la solution; la solution seule appartient à celui qui l´a trouvée. Autant de solutions différents, autant d´inventions, autant de brevets». «um resultado não é patenteável por si mesmo» Ou seja: "O resultado é o problema do qual cada um tem o direito de procurar a solução; a solução única pertence à quem a encontrou. Tantas soluções diferentes, tantas invenções, tantas patentes".

99   Vide, quanto à questão, PARANAGUÁ MONIZ, Pedro de; Barbosa, Denis Borges, Patenteabilidade de Métodos de Fazer Negócio Implementados por Software. In: Denis Borges Barbosa. (Org.). Aspectos Polêmicos da Propriedade Intelectual. 1. ed. Rio de Janeiro: Lumen Juris, 2004.

Em fins de 2008, a Corte Federal Americana especializada em Propriedade Intelectual pôs de lado, para todos efeitos práticos, a decisão do caso State Street.[100] Assim, o status das patentes de métodos de negócio passou a ser severamente contestado, e o sistema americano se reaproximou da corrente central dos demais sistemas.[101] Tal mutação jurisprudencial responde a análises econômicas que apontam a séria lesão que tais patentes (assim como – em geral – o rebaixamento do nível do exame de patentes) estariam causando à competitividade da economia americana.[102]

[3] § 5.8. (C) Criações estéticas

Mais uma vez, aqui, a questão é a falta de efeito técnico, como definido pelas leis de patentes. Se não resolvem tecnicamente um problema técnico, tais criações não são inventos.

Em compensação, em princípio tais criações estarão tuteladas sob o direito de autor, cabendo apenas repetir o que acima se disse quanto à insuscetibilidade de proteção, neste campo, da idéias.[103] Mas tal proteção é fundamentalmente diversa da concedida pelas patentes. A questão fundamental do Direito de Autor é a proteção jurídica à *expressão das idéias*.

A doutrina que prevalece desde os primeiros dias da propriedade intelectual destina as leis de patentes ao proteger o conteúdo utilitário das invenções tecnológicas.

---

100   Uma história desse tip de patente pode ser encontrado em Beale, Linda M., "Tax Patents: At the Crossroads of Tax and Patent Law" . University of Illinois Journal of Law, Technology and Policy, Vol. 2008, No. 1 Available at SSRN: http://ssrn.com/abstract=1123990. vide igualmente McJohn, Stephen M.,Scary Patents(June 3, 2009). Northwestern Journal of Technology and Intellectual Property, Vol. 7, 2009; Suffolk University Law School Research Paper No. 09-29. Available at SSRN: http://ssrn.com/abstract=1413781.

101   "(…) the United States Court of Appeals for the Federal Circuit issued an en banc Order in the spring of 2008 that required the full Court to rehear the appeal of In Re Bernard L. Bilski and Rand A. Warsaw. (…) In Bilski, the United States Court of Appeals for the Federal Circuit held that the test for patentable subject matter articulated in State Street was insufficient. It is now no longer enough for a claimed process to produce a "useful, concrete, and tangible result." Instead, the majority of the Court articulated a "machine-or-transformation test," which would restrict patenting to inventions that are either tied to a particular machine or apparatus, or that transform a particular article into a different state or thing. Furthermore, "the involvement of the machine or transformation in the claimed process must not merely be insignificant extra-solution activity." In other words, use of the machine must play a meaningful role in the claimed method". Canada: Bilski Applied: The Start Of The Ripple Effect, 19 January 2009, encontrado em http://www.mondaq.com/article.asp?articleid=72890, visitado em 10/3/2009. É de se notar que o impacto da decisão não se resumiu às patentes de métodos de negócio, nem sequer às patentes de software, mas alcançou efeitos em vasto escopo, inclusive na área biotecnológica. No momento que se escreve, a Suprema Corte dos Estados Unidos aceitou rever a decisão do caso Bilski. Vide Beale, Linda M.,Is Bilski Likely the Final Word on Tax Strategy Patents? Coherence Matters(July 14, 2009). John Marshall Review of Intellectual Property Law, Forthcoming; Wayne State University Law School Research Paper No. 09-16. Available at SSRN: http://ssrn.com/abstract=1433871.

102   James Bessen e Michael J. Meurer, Patent Failure: How Judges, Bureaucrats, and Lawyers Put Innovators at Risk, Princeton University Press, 2008.

103   Vide Pollaud-Dulian, *op. cit.*, p. 49.

O copyright ou droit d'auteur iria voltar-se à forma e não ao conteúdo das respectivas criações – muito menos, ao conteúdo utilitário.

Desta maneira, a utilização industrial de qualquer tecnologia funcionalmente equivalente (vide, abaixo, a seção sobre Doutrina dos equivalentes) àquela que foi patenteada é restrita segundo a lei pertinente, ainda que os conhecimentos técnicos intrínsecos na patente possam ser livremente utilizados em qualquer propósito intelectual, seja científico ou não-industrial.

O copyright e os direitos de autor não podem ser utilizados para restringir quaisquer obras funcionalmente equivalentes: por definição, as obras literárias, artísticas ou científicas não têm qualquer funcionalidade além do seu objetivo de expressão. Tais criações são produzidas com a finalidade de expressar idéias, conceitos e sensações, todas elas com circulação livre de qualquer restrição jurídica.[104]

O conflito "de competência" entre as leis de patentes e as de direitos autorais não é, assim, meramente de forma. Os propósitos sociais e a tutela constitucional das duas modalidades são diversas, como são distintos os condicionantes sociais. Assim, há cuidados especiais nas leis autorais para excluir de seu âmbito as criações industriais, paralelas ao que se lê no inciso em análise.

No entanto, não é a existência por si só de conteúdo estético que impede o patenteamento. Se um objeto dotado de efeito estético tem, também, o dom de resolver um problema técnico de forma técnica, poderá haver patente.

Lembra Pollaud-Dulian:

Naturalmente, o fato de uma invenção técnica permitir também a obtenção de um efeito estético não a priva de patenteabilidade. É assim, por exemplo, que os processos e produtos cosméticos são patenteáveis. Uma patente francesa tratava de uma estrutura de cobertura, comportando uma base de apoio formada por uma matéria qualquer, em uma construção de cobertura inclinada a ser preenchida por uma matéria qualquer. Esta invenção tinha uso em plantações para proteger terrenos em declive, permitindo, por exemplo, que se cobrisse uma área inclinada com grama. Em uma ação de contrafação, o réu argüiu a nulidade desta

---

104 "The purpose of a product of mind is that people other than its author should understand it and make it the possession of their ideas, memory, thinking, etc. (...) Now to what extent does the new form which turn up when something is expressed again and again transform the available stock of knowledge and in particular the thoughts of others who still retain the external property in those intellectual production of theirs, into a private mental property of the individual reproducers? (...) Thus copyright legislation attains its end of securing the property rights of author and publisher only to a very restricted extent (...)" (Hegel, Philosophy of Right, Par. 69). Traduzindo: "O fim de um produto do intelecto é que pessoas que não seu autor devam entendê-lo e tomar posse de suas ideias, memórias, pensamentos, etc. (...) Agora, em que extensão esta nova forma se realize quando algo é novamente expressado reiteradamente transforma o estoque de conhecimento e, em particular os pensamentos dos outros que ainda retêm a propriedade externa na sua produção intelectual, em uma propriedade privada mental dos reprodutores individuais? (...) Logo a legislação autoral realiza seus fins de assegurar os direitos de propriedade de autor e editora somente numa extensão muito restrita (...)"

patente por ela ter uma finalidade estética. Em sua decisão, o Tribunal ponderou que "estava claro a invenção possuía um resultado estético, contudo este resultado não era o único. A invenção era suscetível de aplicação industrial destacada do caráter estético da obra realizada. A patente era, por conseguinte, válida. A invenção permitia tecnicamente construir superfícies em declive de um aspecto estético específico; o objeto da patente não era, em si, uma criação estética. Enfim, cabe-se recordar que, nos termos do artigo L. 511-3 tem 2 CPI, se o objeto pode ser considerado ao mesmo tempo como uma invenção patenteável e como um desenho ou modelo novo, a proteção somente pela patente é obrigatória quando "os elementos constitutivos da novidade do desenho ou modelo são inseparáveis aos da invenção".[105]

[3] § 5.9. Programas de computador

O art. 10 do CPI/96 indica que os "programas de computador *em si mesmo*" não estão no campo de incidência do sistema de patentes. No entanto, como veremos no Cap. VIII – Proteção do software – aplica-se aqui a mesma norma geral mencionada em Cap. V, [2] §2.3, qual seja, sempre que o programa de computador for hábil a se constituir uma solução técnica para um problema técnico, a criação entrará no âmbito de incidência do sistema de patentes.

[3] § 5.10. Métodos diagnósticos, terapêuticos e cirúrgicos para o tratamento de seres humanos ou de animais

> **Vide quanto à questão este Cap. V, [22] §1. 2. - A vedação a métodos de tratamento em Direito Brasileiro**

A questão aqui é de saber se se trata de uma solução técnica para um problema técnico, ou dizendo de outra maneira, se esses procedimentos têm uma *aplicabilidade indus-*

---

105   *Op. cit.*, p. 50. "Bien entendu, le fait qu'une invention technique permette d'obtenir aussi un effet esthétique ne la prive pas de brevetabilité. C'est ainsi, par exemple, que les procédés et produits cosmétiques sont brevetables. Un brevet français portait sur une structure de recouvrement, comportant une base de support pour une matière en vrac et une construction de couverture inclinée formant des logements à remplir de matière en vrac. Cette invention trouvait application pour la culture de végétaux et a protection de talus en pente, permettant par exemple de recouvrir une façade inclinée avec du gazon. Le défendeur à une action en contrefaçon invoquait la nullité du brevet en raison de sa finalité esthétique. Le tribunal lui répond «qu'il est indiqué que cette invention a un résultat esthétique que cependant le résultat n'est pas le seul [...] Que l'invention est susceptible d'une application industrielle détachée du caractère esthétique de l'oeuvre réalisée. Le brevet était donc valable. L'invention permettait techniquement de construire des surfaces en pente d'un aspect esthétique particulier; l'objet du brevet n'était pas, en soi, une création esthétique. Enfin, on se contentera de rappeler que, selon l'article L. 511-3 ai. 2 du CPI, si i'objet peut être considéré à la fois comme une invention brevetable et comme un dessin ou modèle nouveau, seule la protection par le brevet est admissible lorsque «les éléments constitutifs de la nouveauté du dessin ou modèle sont inséparables de ceux de l'invention.»

trial.[106] Para TRIPs, como se verá na seção abaixo sobre inventos não patenteáveis, é possível vedar o patenteamento de tais métodos *ainda que sejam inventos*. Mas a lei brasileira, não se aproveitando desse permissivo, optou por considerar que não existe invento.

E se existir?

Pollaud-Dulian assim fixa o problema:

> Le rattachement de cette exclusion au défaut d'application industrielle est contestable et contesté. On aurait pu poser une exclusion spéciale comme pour les races animales et les variétés végétales, ou se satisfaire de l'exclusion générale des méthodes (1). Comme la foi refuse la qualité d'invention à certaines réalisations, l'exigence d'application industrielle concerne sans doute celles qui ont franchi cette première sélection. Mais les méthodes de traitement chirurgical ou thérapeutique ou de diagnostic ne sont, nous semble-t-il, pas plus des inventions au sens de l'article L. 611-10-2 du CPI ou 52-2 de la CBE, que les méthodes dans l'exercice d'activités intellectuelles, en matière de jeu ou dans le domaine des activités économiques. Toutefois, dans la décision T116/85 12), une CRT a émis une opinion différente, à notre sons susceptible d'être discutée. Selon elle, les méthodes de traitement thérapeutique sont, en fait, des inventions susceptibles d'application industrielle et ce n'est que par une fiction juridique «qu'elles ne sont pas considérées comme telles par l'article 52-4 de la CBE».[107]

A complexidade da matéria merece alongado tratamento, como o que lhe reserva o autor francês, a cuja obra impõe-se remeter o leitor.

O certo é que se deveria excluir o patenteamento de tais procedimentos, ainda que sejam inventos, como uma questão de interesse público, ou por razões morais, como o permite o art. 27 de TRIPs. As conseqüências constrangedoras de patentes sobre métodos cirúrgicos ou de tratamento já se fizeram sentir mesmo nos EUA, onde existe plena liberdade de concessão de privilégios,[108] criando uma espécie de licença compulsória não remunerada nesses casos.

[3] § 5.10. (A) O todo ou parte de seres vivos

Veja-se, quanto ao tema, a seção deste trabalho dedicada às patentes relativas aos inventos biotecnológicos.

---

106   VENTOSE, Eddy D.: Patent Protection for Surgical Methods Under the European Patent Convention IIC 2008 Heft 1 51.

107   *Op. cit.*, p. 61.

108   Os Estados Unidos têm concedido tais patentes. Joseph M. Reisman, Physicians and surgeons as inventors: reconciling medical process patents and medical ethics, 10 Berkeley Technology Law Journal (1996), Silvy A. Miller, Should patenting of surgical procedures and other medical techniques by physicians be banned?, IDEA: The Journal of Law and Technology, 1996. A partir de setembro de 1996 uma alteração do 35 USC 287 fez com que uma patente relativa a um procedimento médico seja inoponível a um médico ou profissional de saúde, ou instituição médica.

[3] § 6. Utilidade Industrial

Como se mencionou, um invento, para ser patenteável, será técnico em seu objeto, em sua aplicação e em seu resultado;[109] só então esse invento será então avaliado quanto à novidade, inventividade e legalidade.

A primeira exigência – criação técnica em seu objeto - é satisfeita com o caráter técnico do invento (como se viu acima). Ou seja, ele deve resolver:

a) um problema utilitário, não abstrato e não estético e
b) por um meio estranho à simples elaboração psicológica ou mental do ser humano.

Vale repetir – esses são os dois requisitos construídos a partir do art. 10 do CPI/91.

A outra exigência de tecnicidade se configura no requisito da utilidade industrial – aplicabilidade industrial[110] –, onde a noção de "industrial" presume que a área de aplicação permita exploração em escala e forma industrial.[111] A utilidade é que o problema a ser resolvido deve ser resolvido *industrialmente*.

Assim, a utilidade industrial presume:

a) que haja um efeito *técnico* da aplicação dos meios técnicos da solução oferecida – não um efeito abstrato, nem estético. Ou seja, que haja um invento, definido pelo art. 10 do CPI/96; e
b) que esse efeito seja suscetível de aplicação objetiva, concreta, em escala e forma industrial (Art. 15 do CPI/96).

---

109   Pollaud Dullian, La Brevetabilité des Inventions, Litec, 1997, p. 41 e seg. Chavanne e Burst, Droit de la Propriété Industrielle, Dalloz, 1990, n. 16 e seg., p. 33-34: «Or l'invention pour être brevetable doit avoir un caractere industriel, dans son objet, son application et son resultat. l'énonciation des trois termes est cumulative. Cela étant, l'expression la plus importante est sans doute celle d'application. Car si l'invention est applicable industriellement, elle a generalement un objet et un resultat industriel.»"Ora a invenção para ser patenteável deve ter um caráter industrial, no seu objeto, na sua aplicação e no seu resultado, a enunciação dos três termos é cumulativa. A expressão mais importante é sem dúvida a de aplicação. Porque se a invenção é industrialmente aplicável, tem geralmente um objeto e um resultado industrial."

110   Autores há que distinguiam "utilidade industrial" e "aplicabilidade industrial", não obstante a unicidade da noção em TRIPs. Vide especialmente o excelente estudo de R. Srinivas em Carlos Correa, org., A Guide To Pharmaceutical Patents, Vol., South Center, Julho de 2008, encontrado em http://www.southcentre.org/index2.php?option=com_docman&task=doc_view&gid=931&Itemid=68, visitado em 4/2/2009.

111   Diretrizes de exame do INPI (outras áreas), encontrado em http://denisbarbosa.addr.com/diretrizes2.pdf. "1.5.3 Não suscetível de aplicação industrial O conceito de aplicação industrial deve ser analisado com a devida flexibilidade quanto a seu significado, sendo aplicável também às indústrias agrícolas e extrativas e a todos os produtos manufaturados ou naturais. O termo indústria deve ser compreendido, assim, como incluindo qualquer atividade física de caráter técnico, isto é, uma atividade que pertença ao campo prático e útil, distinto do campo artístico. A invenção deve pertencer ao domínio das realizações, ou seja, deve se reportar a uma concepção operável na indústria, e não a um princípio abstrato. Caso o examinador opine pela inexistência de aplicação industrial, emitirá parecer desfavorável".

[3] § 6.1. Aplicação industrial como repetibilidade

O invento, ainda que tenha *efeito técnico*, não será patenteável se insuscetível de *aplicabilidade industrial*.
Diz o CPI/96:

Art. 15. A invenção e o modelo de utilidade são considerados suscetíveis de aplicação industrial quando possam ser utilizados ou produzidos em qualquer tipo de indústria.

A qualificação de industrial, que terá em tal contexto, significa, assim, que a aplicação será dotada de *repetibilidade*, ou seja, a possibilidade da solução técnica ser repetida indefinidamente *sem a intervenção pessoal do homem*.[112] Careceriam de utilidade industrial os métodos de tingir cabelo, etc.[113]

---

112 MENDONÇA, José Xavier Carvalho de. Tratado de direito comercial brasileiro. Atualizado por Ricardo Rodrigues Gama. Campinas: Russell Editores, 2003 (p. 153) , "A invenção deve ser real, por outra, a possibilidade de realizar, de executar a idéia do inventor é condição essencial para o reconhecimento legal dela. Isso significa que a invenção deve ser apta a produzir, com os mesmos meios, resultados constantemente iguais; que deve ser suscetível de repetição, estabelecendo o seu autor a relação de causa e efeito entre os meios empregados e o resultado obtido e realizado na invenção. Assim, são excluídas da proteção legal as invenções charlatanescas, que visam a abusar da credulidade do público".

113 O exemplo é de Paulina Ben Ami, Manual de Propriedade Industrial, 1983, p. 45. POLLAUD-DULIAN, Frédéric. Droit de la propropriété industrielle. Paris: Montchrestien, 1999, p. 91, refuta o exemplo: «On pourrait dire aussi que c'est toute forme d'exploitation économique d'une technique. Par exemple, une méthode concernant l'utilisation d'un certain produit anorexigène sur des animaux ou des humains, pour améliorer l´esthétique du sujet par perte de poids est susceptible d'application industrielle, «puisque, aussi bien, l'invention en cause peut être utilisée par des entreprises dont l'objet consiste à embellir le corps humain ou animal. Des entreprises de ce genre dans le domaine des soins esthétiques, comme par exemple, les instituís de beauté, font partie de l'industrie au sens de l'article 57 CEE, puisque la notion même d'industrie implique lexercice ininterrompu et independam d'une activité avec un but lucratif». Do mesmo autor e obra, p. 81: «Application industrielle et caractere industriel. Par rapport à l'exigence antérieure de caractère industriel, l'application industrielle apparaît comme une condition plus restreinte et, somme toute, assez facile à remplir, ce qu'atteste la rareté des décisions de jurisprudence. L'article L. 611-15 CPI dispose qu' «une invention est considérée comme susceptible d'application industrielle si son objet peut être fabrique ou utilisé dans tout genre d'industrie, y compris l'agriculture.» L'article R. 612-12 precise, à propòs du contenu de la description, que celle-ci doit contenir l'indication du domaine technique auquel se rapporte l'invention et l'indication de la manière dont elle est susceptible d'application industrielle, si cette application ne resulte pas à l'évidence de la description ou de la nature de l'invention. L'épithète «industriel» revêt, en droit des brevets, un sens spécifique. Il designe le caractere technique et exploitable qui caractérisent l'invention. L'invention doit tendre à l'obtention d'un resultat industriel, c'est-à-dire être susceptible d'une utilisatíon industrielle. «En effet, comme l´écrit Roubier, le brevet consiste essentiellement en un monopole d'exploitation; Il faut donc, de toute necessite, que cette invention puisse faire l'objet d'une exploitation, c'est-à-dire quelle soit susceptible d'être le siège d'une industrie». Le terme «industrie» est pris au sens le plus large, qui correspond d'ailleurs à celui que revele l'étymologie. On donne donc traditionnellement à l'adjectif «industriel» un sens très large, de sorte que l'industrie recouvre aussi le commerce et l'agriculture. L'objet du droit de la propriété industrielle est très largement conçu, notamment dans la Convention d'Union de Paris de 1883.

Exemplifica-se com um excerto das Diretrizes de Exame do INPI:[114]

Métodos contraceptivos em seres humanos não são enquadrados como método terapêutico, uma vez que não curam nem previnem qualquer tipo de doença, no entanto, não são patenteáveis por serem considerados não suscetíveis de aplicação industrial, uma vez que são aplicados em caráter privado e pessoal. Devem ser encarados da mesma forma, ou seja, como não suscetíveis de aplicação industrial, os tratamentos cosméticos que só possam ser aplicados em caráter privado e individual.

As diretrizes de exame japonesas ainda indicam como exemplo: métodos de emprego estritamente pessoal, como um processo de fumar charuto, ou de caráter simplesmente científico ou experimental, como um determinado sistema de pesquisa científica (mas um kit de testes para escola será industrializável e, assim, patenteável).

[3] § 6.1. (A) Aplicabilidade industrial e atuação pelo consumidor

Como se enfatiza, a proteção por patente de uma solução técnica presume a aplicabilidade industrial. Ou seja, que o objeto da exclusiva seja suscetível de repetição em escala industrial, sem a intervenção pessoal do usuário.

Assim, se - na hipótese de uma reivindicação de patente relativa a produtos agroquímicos - a aplicação do processo descrito implica na intervenção pessoal do fazendeiro, *aplicados em caráter privado e pessoal*, caso a caso, verifica-se exatamente a falta de aplicabilidade industrial a que a lei veda.

Não há qualquer dúvida de que a propriedade industrial se aplica à agricultura; assim o diz a Convenção de Paris desde 1883. Mas não se fala aqui da destinação final da tecnologia, e sim a aplicabilidade industrial no setor agrícola, o que não ocorre. A aplicabilidade ocorreria (se a patente fosse válida), isso sim, no setor químico.

Além disso, a aplicação dessa restrição aos fazendeiros seria nula igualmente pelo princípio constante do art. 43, IV, da Lei 9.279/96 que ressalva a proibição constante no art. 42 da mesma lei, a saber:

Art. 43. O disposto no artigo anterior não se aplica:
IV - a produto fabricado de acordo com patente de processo ou de produto que tiver sido colocado no mercado interno diretamente pelo titular da patente ou com seu consentimento;

---

114 Diretrizes para o exame de pedidos de patente nas áreas de biotecnologia e farmacêutica depositados após 31/12/1994, encontradas em http://denisbarbosa.addr.com/diretrizes1.doc.

Vale igualmente notar o que se diz adiante em relação ao esgotamento de direitos de patente:

Esgotamento de direitos no direito brasileiro
O inciso IV do art. 43 do CPI/96 prevê tal esgotamento de direitos no tocante ao *mercado interno*, ou seja, consideram-se exauridos os poderes do titular da patente que coloque no mercado *interno* o produto patenteado, ou fabricado com o processo patenteado.[115]
Assim, o esgotamento ocorre com a colocação do produto no mercado a qualquer título: venda, locação, *leasing*, etc. Qualquer uso subsequente está fora do direito da propriedade intelectual; ao contrário do que ocorre em certas hipóteses no direito autoral (software, vídeo e fonograma) o titular da patente que loca seu produto tem com o locatário uma relação exclusiva de locação e não de licença. Relação de direito civil ou comercial ordinária, e não de propriedade intelectual

Ora, tentar fazer valer o processo contra o usuário final do objeto patenteado, após o esgotamento do direito, não só iria além do alcance da patente, como consistiria em abuso de direito. Assim, é de se entender que a reivindicação de processo que tenta coibir o fazendeiro de aplicar o produto adquirido é nula, no que excede os poderes possíveis da patente

[3] § 6.1. (B) Aplicação a qual indústria?

O guia de exames de patentes da EPO, com a revisão de 2005, entende que uma invenção deve ser considerada suscetível de aplicação industrial, quando ela pode ser utilizada em qualquer tipo de indústria, inclusive na agricultura. O termo «indústria» - em sua interpretação mais ampla – deve ser entendida como toda a atividade física de caráter técnico (a invenção deve ser "de caráter técnico" até o ponto em que deve abranger um campo técnico, esta deve ser concebida como um problema técnico e deve ter características técnicas nos termos de que a matéria para que a proteção é requerida pode ser definida na reivindicação).

Para o padrão EPO, terá aplicabilidade industrial uma atividade que pertença às artes úteis ou práticas, que se diferencie das artes estéticas; necessariamente não implica o uso de uma máquina ou a manufatura de um artigo. Poderia cobrir, por exemplo, um processo para dispersar a névoa ou um processo para converter energia de uma forma para outra.[116]

---

115 Vide Simeone H.C. Scholze, Fabricação Local, Licença Compulsória e Importação Paralela na Lei de Propriedade Industrial, Revista da ABPI, no. 54, set./out. 2001.

116 EPO GUIDELINES FOR EXAMINATIONS.- http://www.european-patent-office.org/legal/gui_lines/e/ c_iv_1.htm. Acesso em 03/11/2006. CHAPTER IV, INDUSTRIAL APLICATION. 4.1 Industrial Application: An invention shall be considered as susceptible of industrial application if it can be made or

[3] § 6.1. (C) Graus de aplicabilidade e de resultado industrial

Não se veja aqui, porém nenhuma exigência de que a invenção traga aperfeiçoamentos ou melhoras no estado da arte (como se exige para o modelo de utilidade); tal poderá ser eventualmente considerado para efeitos de avaliação de atividade inventiva. Tem utilidade industrial o que resolva um problema técnico, como acima definido, mesmo que sem qualquer ganho prático ou comercial sobre o que já se dispõe.

No dizer preciso de Pouillet,[117] tem utilidade industrial o invento que perfaz:

---

used in any kind of industry, including agriculture". "Industry" should be understood in its broad sense as including any physical activity of "technical character" (see IV, 1.2) The invention must be of "technical character" to the extent that it must elate to a technical field (Rule 27(1)(a)), must be concerned with a technical problem (Rule 27(1)(c)), and must have technical features in terms of which the matter for which protection is sought can be defined in the claim (Rule 29(1)) (see III, 2.1).), i.e. an activity which belongs to the useful or practical arts as distinct from the aesthetic arts; it does not necessarily imply the use of a machine or the manufacture of an article and could cover e.g. a process for dispersing fog or for converting energy from one form to another. Thus, Art. 57 excludes from patentability very few "inventions" which are not already excluded by the list in Art. 52(2) (see IV, 2.1). One further class of "invention" which would be excluded, however, would be articles or processes alleged to operate in a manner clearly contrary to well-established physical laws, e.g. a perpetual motion machine. Objection could arise under Art. 57 only insofar as the claim specifies the intended function or purpose of the invention, but if, say, a perpetual motion machine is claimed merely as an article having a particular specified construction then objection should be made under Art. 83 (see II, 4.11). Traduzindo: "Aplicação Industrial: uma invenção sera considerada como suscetível de aplicação industrial se puder ser realizada ou usada em qualaquer tipo de indústria, incluindo agricultura" "A noção de ´Indústria` deve ser tomada em seu sentido mais lato, de forma a incluir qualquer atividade no campo físico que tenha caráter técnico (veja IV, 1.2 A invenção deve ter um "caráter técnico" na proporção em que deva se relacionar com um campo técnico (Regra 27(1)(a)), deva ser relacionada com um problema técnico (Regra 27(1)(c)), e deva ter características técnicas em termos quantos aos quais a a proteção é buscada possa ser definida numa reivindicação (regra 29(1)) (veja-se III, 2.1).), ou seja, uma atividade que pertença às artes úteis ou práticas por distinção das artes estéticas; ela não necessariamente implica no uso de uma máquina ou manufatura de um artigo e pode compreender, por exemplo, um processo para dispersar nevoeiro ou converter uma forma de energia em outra. Assim, o art. 57 acaba excluindo da patente muito poucas invenções que já não fossem excluídas pela lista do Art. 52(2) (veja IV, 2.1). Uma classe a mais de "invenção" que poderia ser excluída, porém, seriam os artigos ou processos que se entende operar de uma maneira claramente contrária às leis da natureza bem conhecidas, por exemplo, um moto contínuo. Poder-se-ía suscitar uma objeção de acordo com o Art. 57 somente na proporção em que a reivindicação especifica a função pretendida; se, por exemplo, o moto contínuo é reivindicado meramente como um artigo tendo uma construção particular como especificada, então a objeção seria feita nos termos do Art. 83 (veja II, 4.11).

117 Pouillet, Traité de Brevet d'Invention, *op. cit.*, n. 15; ""um sérvice rendu a l'industrie si grand ou si petit qu'il puísse être". Num teor similar, vide MAGALHÃES, Descartes Drummond. Marcas de industria e de comércio e privilégios de invenção. São Paulo: Livraria Zenith, 1925, "(...) se uma descoberta, qualquer que ella seja, proporciona vantagem na produção ou operação industrial, relativamente à qualidade, quantidade ou economia de tempo e dinheiro, é incontestável que merece privilegiada, muito embora respeite, deste ou daquelle modo, a alguma coisa fora do commercio, pois a garantia legal se torna extensiva a todas as novas invenções ou descobertas e a todos os aperfeiçoamentos que produzam essa vantagem, relacionem-se, ou não, com objectos insusceptíveis de trafico". Também Gama Cerqueira, *op. cit.*, *loc. cit.*, p. 127: «66. (...) a lei protege as invenções qualquer que seja a indústria com que se relacionem, tomada a palavra indústria em seu sentido mais amplo, e que a importância, o valor intrínseco ou a perfeição do invento, como a maior ou menor utilidade que ofereça, não influem no direito à proteção legal que assiste ao inventor".

« um serviço à industria, seja grande ou pequeno».

Assim, há um requisito mínimo de distanciamento do estado da arte, expresso na categoria de atividade inventiva. Mas não um requisito mínimo de praticidade.

[3] § 6.2. Jurisprudência: técnica e "técnicas"

>Tribunal de Justiça de São Paulo
Apelação Cível n. 144.666-1 - São Paulo - Apelantes: Carlos Gabriel Videla Jauregui e MTB - Management Training do Brasil S.C. Ltda. e Projeto Consultoria e Informática Sociedade Civil Ltda. - Apeladas: Métodos de Administração Aplicada Ltda. e outras. (JTJ - Volume 135 - Página 164)
LITISCONSÓRCIO - Facultativo ativo - Indenização - Comunhão entre os autores e afinidade no objeto da pretensão contra os réus - Irrelevância da ausência de solidariedade, mesmo em eventual crédito - Cabimento do litisconsórcio - Nulidade inocorrente. LITISCONSÓRCIO - Facultativo passivo - Direito autoral - Proteção - Individualização das responsabilidades de cada sujeito - Falta - Circunstância que não impede o acolhimento do pedido cominatório, se advier a utilização indevida - Recurso provido para esse fim - Voto vencido.
ACÓRDÃO
O Doutor Juiz de Direito aponta terem as autoras fundado a ação em direito de proteção à propriedade intelectual no campo de consultoria e treinamento de pessoal, o que independe de registro, conhecimento técnico não patenteado, introdutoras no Brasil da respectiva tecnologia sem que os requeridos houvessem negado a utilização do material, demonstrado por meio de apreensão o uso indevido, identificados como tais os elementos apreendidos, por meio da perícia. Há enriquecimento ilícito e, em conseqüência, impõe-se o pagamento de importância a ser arbitrada. (...)
Direito autoral sobre método ou sistema não foi reconhecido pelo CNDA. (...)
Esse caráter de generalidade, num campo mais propício à assunção de obras criativas nem sempre existentes, que à prova da utilização de técnica absolutamente igual, contribui para a maior dificuldade do exame da lide. Outrora denominava-se a esta Consultoria de treinamento pessoal e de ajuste de técnicas para obtenção de maior eficácia na organização empresarial, fora ainda do mundo moderno da informática, de organização racional do trabalho. É claro que em cinqüenta anos, surgida a informática, houve um esmerilhamento da tecnologia que não nasceu do nada. Desenvolveu-se concomitantemente a Psicologia Social, a Psicologia aplicada ao trabalho tomou rumos mais científicos, saiu-se um tanto, talvez, do empirismo do "tailorismo" ou do "fordismo", mas a civilização técnica elaborou melhores estudos sobre a fadiga, sobre sua prevenção, sobre o ambiente mais adequado à eficácia, sobre a própria técnica profissional, de tal forma que

o que antes podia ser atribuído à imaginação do agente, hoje pode ser conquista-do, com menor imaginação e criação pessoal, de quem exerça a profissão, por meio de uma técnica mais repetitiva.

O nome agora vem mais pomposo: consultorias, tecnologia, tudo apoiado em informática, em números e em cifras mais facilmente verificáveis.

Salta aos olhos, porém, que a criação neste campo não se assemelha àquela de um poema, de um quadro, de uma escultura, de um edifício arquitetônico, de um filme projetado. Não se estará no campo da arte, mas no terreno da técnica para obten-ção de maior produtividade, e o empirismo não se faz, apesar de tudo, ausente.

E algo mais deve ser anotado. Como em todas as técnicas, algumas são incorpora-das. O arado sofre evolução. As passagens sucessivas de uma para outra técnica, não podem ser tidas como novos inventos. Assim também as criações neste interessan-te campo da Consultoria. Os homens ainda são "herdeiros", como dizia ORTEGA Y GASSET. Assim, a assunção da própria Tecnologia, como criador e autor, pode conduzir a certa margem de erro e de atribuição indébita a alguém que não possa ter o seu monopólio e, com excesso de publicação, é bem viável que, o que era atuação de uma empresa, venha a se generalizar sem que a divulgação e o empre-go múltiplo possam em nome da atribuição autoral impedir essa difusão.

Uma das respostas está ilustrada com farto material localizável em publicações e, portanto, em livrarias, a respeito dessas técnicas.

A verdade é que, no terreno empresarial, essa concorrência, a consideração de ter o melhor serviço, o mais adequado aparelhamento, a mais aprimorada tecno-logia, há campo fértil para as disputas. Ainda mais por se cuidar de trabalho rela-tivo ao trabalho em si, do desenvolvimento de um capital sobre aquele de outros empresários que o aumentaram, produzindo, criando riquezas, ou seja, uma téc-nica para ser aproveitada por quem já criou riqueza. É emergente também sob prisma não muito preciso, o caráter parasitário de semelhante trabalho. (...)

Pois bem, essas as dificuldades que sobrelevam dentro da temática que é objeto da lide.

Ante o exposto, dão provimento parcial.

O julgamento teve a participação dos Senhores Desembargadores José Osório (Presidente com voto vencedor) e Jorge Almeida, vencido, com declaração de voto.

São Paulo, 28 de agosto de 1991.

FONSECA TAVARES, Relator.

DECLARAÇÃO DE VOTO VENCIDO DO DES. JORGE ALMEIDA

(...) A ação cautelar de produção antecipada de prova, demonstrou a verdade fáti-ca afirmada, sobre estarem as rés se utilizando de material de criação intelectual das autoras, utilizando tecnologias suas voltadas ao ramo de consultoria de pro-dutividade, tudo no tato de concorrência desleal pela captação de sua freguesia.

O material componente da obra técnica apreendido é criação do espírito exteriorizada, pertencente às autoras.

A paternidade intelectual do material apreendido, dúvida não resta, pertence às autoras. Sendo um bem interior delas, delas é inseparável como direito, coibível sua transformação em objeto público, para uso por terceiro.

Não se trata de obra tornada acessível ao público, mas de manipulação restrita a campo específico com finalidade comercial. Abusivo, configurou-se assim, a sua utilização pelas rés, agravada pelo aspecto da concorrência desleal, tudo a configurar ato ilícito (artigo 159 do Código Civil).

Acertadamente foi concedida a indenização demandada, pela respeitável sentença recorrida. É meu voto, data venia da douta maioria, negando provimento ao apelo.

[3] § 7. Como se interpretar o art. 10 da Lei 9.279/96

Do meu *blog* em 11/3/2008:[118]

Em um trabalho relativamente recente[119] foi expressa a impressão de que, para as políticas públicas brasileiras, o setor de biotec nos obriga a uma interpretação expansiva e pró-patente.

A raiz constitucional dessa convicção é o do importantíssimo julgamento da corte constitucional italiana, que, por meio de simples interpretação constitucional, introduziu a patente de medicamentos naquele sistema jurídico, em 1978:

Na realidade, nos últimos anos a tomada de consciência da ausência superveniente de todo fundamento racional da exceção cresceu concomitantemente com a afirmação do valor da pesquisa técnico-científica e do dever da República para promovê-la; com a mais elevada capacidade da indústria farmacêutica italiana em organizar a pesquisa, também em relação às condições de competitividade com os outros países; e finalmente com as mais intensas relações com os mercados estrangeiros, particularmente no âmbito dos estados pertencentes à organização do Conselho da Europa e aqueles da Comunidade Econômica Européia (como resta provado pelas convenções estipuladas pelo governo italiano, todas orientadas a restringir ou a eliminar radicalmente a possibilidade de vedar a concessão da patente em setores específicos. (Corte Constitucional da Itália, 1978, Sentenza 20/1978)

---

118   http://denisbarbosa.blogspot.com/
119   Maria Ester Dal Poz e Denis Borges Barbosa, Incertezas e riscos no patenteamento de Biotecnologias: a situação brasileira corrente, Capítulo do livro Propriedade Intelectual e Biotecnologia, Vanessa Iacomini, org., ,Juruá Editora, 20/8/2007, encontrado em http://denisbarbosa.addr.com/esterdenis.pdf.

Ou seja, a leitura de acordo com a Constituição leva em conta exatamente o equilíbrio dos interesses nacionais em face do processo de patenteamento, e quando mudam os pressupostos, exigindo um reequilíbrio de interesses, tal deve ser expresso não só na política pública, mas na aplicação da norma. Como, neste caso, não há nenhuma necessidade de alteração normativa, mas de simples aplicação de norma, trago aqui minhas observações.

Numa conversa, vigorosa e sólida, com uma examinadora de patentes do INPI, da área biotec, confirmei o que intuía: a prática corrente é tratar o 10, X como se fosse uma proibição política - como se tratasse do art. 18. Tenho afirmado minha convicção[120] de que o art. 10, exigindo que haja "invento", expressa a necessidade constitucional de que haja - como pressuposto de patenteabilidade - uma solução técnica para um problema técnico.

Ou seja, trata-se de um requisito estrutural, e não incidental (como são as proibições do art. 18) do sistema patentário. Mas a leitura literal do art 10 não distingue entre o art. 10 e o 18; a prática é apenas preceder a aplicação do artigo de número menor. A doutrina e jurisprudência (vejam o tal artigo a que referi) apontam para a funcionalidade do disposto no nosso art. 10: não é um conjunto de proibições, mas de índices. Em princípio, um algoritmo (e sempre, se se descreve um algoritmo em si mesmo) não resolve um problema técnico com uma solução técnica. Mas qualquer solução técnica, que resolva um problema técnico (e não somente prático à maneira do julgado State Street, ora sob reexame) , importe ou não em uso de algoritmo, será invento. Ou, numa área em que sou "técnico", um conhecimento de natureza estética (como executar o estilo ornamental francês do séc. XVII, na pesquisa do Early Music Laboratory de Sol Babitz) não será invento, mas alguma coisa que me facilite fazer *apoggiatura* no f# da minha flauta de forma repetível e "industrial", será.

Argumenta-se com a idéia (onde está a fonte próxima disso? no Chakrabarty? ....leram sem atenção) de que no produto natural não há INTERVENÇÂO HUMANA. Intervenção humana não é requisito de invento, e sim de apropriação. Se há uma solução técnica para um problema técnico, mas não houve o ato de autoria da solução, simplesmente os efeitos patrimoniais da invenção não serão atribuíveis àquele que se arroga inventor. A falta de intervenção humana é uma questão de imputabilidade da solução a um determinado sujeito de direito. Invento é a capacidade de resolver uma questão técnica.

Assim, como já explicava o velho Waldemar Ferreira:

"(...) pode ocorrer que as fôrças da natureza sejam surpreendidas não somente em suas leis , mas dominadas a serviço de nosso bem-estar. A invenção condiz com o domínio do útil e, como tal, se contrapõe à descoberta, que se refere ao domínio da verdade, devendo traduzir-se em nova utilidade."[121]

---

120 BARBOSA, Denis Borges, Inventos Industriais: A Patente de Software no Brasil, revista da ABPI, Parte I (88): 17-38, maio-jun. 2007 e parte II (90): 9-29, set.-out. 2007.

121 FERREIRA, Waldemar. Tratado de Direito Comercial. Volume VI. São Paulo: Edição Saraiva, 1962.

Como a noção de "utilidade industrial" refere-se ao requisito da repetibilidade:

"A invenção deve ser real, por outra, a possibilidade de realizar, de executar a idéia do inventor é condição essencial para o reconhecimento legal dela. Isso significa que a invenção deve ser apta a produzir, com os mesmos meios, resultados constantemente iguais; que deve ser suscetível de repetição, estabelecendo o seu autor a relação de causa e efeito entre os meios empregados e o resultado obtido e realizado na invenção. Assim, são excluídas da proteção legal as invenções charlatanescas, que visam a abusar da credulidade do público."[122]

Há, no entanto, uma cláusula do art. 10, X, que entendo na verdade uma proibição política: a que, indicando que só há invento quando haja solução técnica, excepciona dessa regra o IX – o todo ou parte de seres vivos naturais e materiais biológicos encontrados na natureza, ou ainda que dela isolados inclusive o genoma ou germoplasma de qualquer ser vivo natural e os processos biológicos naturais". Carlos Correa já apontou que isso é pura política pública, e má política no tocante ao Brasil. Isso é matéria do art. 18, e deve assim ser tratado, salvo mudança normativa pelo Congresso.

Assim é que entendo necessária a alteração da prática do INPI em interpretar literalmente o art. 10, X. Não é a "todo ou parte de seres vivos naturais e materiais biológicos encontrados na natureza" que é vedado o patenteamento, mas àqueles elementos que não apresentem uma solução técnica para um problema técnico (com a exceção apontada).

Entendo também (e isso tenho expressado seguidamente a alguns integrantes do GIPI) que essa interpretação (ou qualquer outra, inclusive a discutida nos grupos de estudo em curso no INPI), como expressão de uma política pública (no caso, a literalidade é uma política pública, de caráter naïve e formulada no âmbito puramente técnico, o que é antidemocrático) deve ser expressa como decisão orgânica de estado. Uma diretriz. E quando necessário, a política deve ser submetida ao Poder Legislativo. Como a proibição de patentes de segundo uso, o que acho justíssimo, mas não por decisão do board da Anvisa. Aliás está sendo projeto de lei, sob os comentários de que seria "uma descoberta". O que – sendo solução técnica – não é. Pode até não ser de quem pede patente, mas não deixa nunca de ser invento.

Seção [4] Os pressupostos técnicos da patente de invenção

Como vimos na seção anterior, as patentes são concedidas para um tipo específico de criação industrial, aquilo que a Constituição em vigor denomina como *invento*

---

122 MENDONÇA, José Xavier Carvalho de. Tratado de direito comercial brasileiro. Atualizado por Ricardo Rodrigues Gama. Campinas: Russell Editores, 2003, p. 153.

industrial. Embora essa redação seja típica de nossa Constituição, ela reflete uma escolha quase que uniformemente seguida pelas leis nacionais ora vigentes.

Para conceder e assegurar o direito de exclusiva relativo à patente tradicional, as leis nacionais de regra exigem, sob várias formulações redacionais, que os inventos seja dotados dos seguintes pressupostos técnicos:[123]

- *Novidade* - que a tecnologia ainda não tenha sido tornada acessível ao público, de forma a que um técnico, dela tendo conhecimento, pudesse reproduzi-la.[124]
- *Atividade Inventiva* - que a inovação não decorra obviamente do estado da arte, ou seja, que um técnico do setor específico não pudesse produzi-la simplesmente com o uso dos conhecimentos já por ele acessíveis.[125]
- *Utilidade Industrial* - que esse efeito seja suscetível de aplicação objetiva, concreta, em escala e forma industrial de maneira que a solução técnica possa ser repetida indefinidamente *sem a intervenção pessoal do homem*.

Quanto ao terceiro requisito, revertemos neste estudo a ordem tradicional em que ele habitualmente é exposto nas leis nacionais, simplesmente para atender a formulação constitucional brasileira. Assim, tendo já exposto o que é a "utilidade industrial" no capítulo anterior, passamos a seguir a discutir, em seções separadas, a novidade, e a atividade inventiva.

Discutiremos em separado os requisitos do modelo de utilidade, naquilo que se distingue da patente de invenção no sistema jurídico brasileiro.

[4] § 0.1. Jurisprudência: satisfação de todos requisitos

TRF da 4ª Região
Acórdão Origem: TRIBUNAL - TERCEIRA REGIÃO Classe: AG - AGRAVO DE INSTRUMENTO - 180377 Processo: 200303000313220 UF: SP Órgão Julgador: SEGUNDA TURMA Data da decisão: 11/05/2004 Documento: TRF300082801 Fonte DJU DATA:02/07/2004 PÁGINA: 222 Relator(a) JUIZ NELTON DOS SAN-

---

123   Vide Pollaud-Dulian, La Brevetabilité des Inventions, LITEC, Paris, 1997.

124   A novidade pode ser nacional ou global, limitada a um tipo de informação, ou genérica. A definição acima presume a novidade global e genérica, adotada na lei brasileira.

125   Tal requisito é também definido, a partir da expressão inglesa correspondente, como "não-obviedade". Como informa T.G. Wiseman, "Biotechnology patent application examination", in Trends in Biotechnology and Chemical Patent Practice 1989, PLI, New York (1989):"The determination of non-obviousness is a mixed question of fact and law. The legal conclusion of obviousness or non-obviousness of a claimed invention is based on four factual inquiries: 1) scope and content of prior art; 2) differences between the prior art and claimed invention; 3) the level of skill in the art to which the inventions pertains; and 4) evidence of secondary considerations such as commercial success, unexpected results or long term needs". Vide Maria Thereza Wolff, Matéria óbvia e Suficiência Descritiva em Invenções de Biotecnologia, Revista da ABPI 26 (1997).

TOS Decisão: A Segunda Turma, por unanimidade, negou provimento ao agravo de instrumento e julgou prejudicado o agravo regimental. Ementa ADMINISTRATIVO. PROPRIEDADE INDUSTRIAL. DECISÃO QUE DEFERIU PEDIDO DE PRIVILÉGIO DE INVENÇÃO. VÍCIO DE MOTIVAÇÃO. SUSPENSÃO DOS EFEITOS. AGRAVO IMPROVIDO. 1. Detectado, em cognição judicial sumária, vício de fundamentação na decisão administrativa que deferiu pedido de privilégio de invenção, é caso de suspenderem-se seus efeitos. 2. O art. 8º da Lei n. 9.279/96 exige, para a patenteabilidade da invenção, os requisitos de novidade, atividade inventiva e aplicação industrial, de sorte que a decisão que defere o privilégio deve demonstrar, na fundamentação, o concurso dessas três figuras, não bastando referência a uma ou a duas delas. Data Publicação 02/07/2004.

[4] § 1. Outros pressupostos técnicos do patente: inexistência

Além de tais requisitos, consagrados pela tradição legislada, pode-se encontrar na prática dos órgãos patentários, da jurisprudência e nos autores a menção a outros:

a)   Ação humana
b)   Possibilidade de Reprodução
c)   Progresso técnico

Como veremos, a substância real de tais requisitos é tomada pelos outros pressupostos técnicos aqui discutidos, ou já foram abolidos do sistema legal.

[4] § 1.1. Ação humana

É a exigência de que haja *invento*, aqui entendida como ação *humana* sobre a natureza, e não somente uma descoberta de leis ou fenômenos naturais. Já discutimos essa questão ao analisarmos a noção de "invento".

Há muito este requisito é tratado como parte da exigência de que a criação seja um *invento industrial*. Diz, por exemplo, Chavane e Burst,[126] sobre o direito francês:

"Seul le produit industriel est brevetable. La découverte d'un produit naturel n'est donc pas protégeable à défaut d'une intervention de la main de l'homme."

Na verdade, a ação humana que se visa proteger é a atuação no mundo físico, na *teknè*, e não aquela outra ação humana, que é do processo de conhecimento:

---

126   Droit de la Propriété Industrielle, Ed. Dalloz, no. 41.

"If we start with the premise that the patent system is to promote the progress of the useful arts, the conclusion may follow that it does not reward basic scientific discoveries except as incorporated in useful devices".[127]

E, falando da teoria geral do direito de patentes ao mesmo tempo que do direito suíço, diz Troller:[128]

"Les connaissances donnant un aperçu de l'essence des forces de la nature, c'est à- dire qui renseignent sur les créations de la nature nées indépendamment de activité de l'homme, sont exclues du cercle de la protection".

Explicando porque não se dá proteção patentária às descobertas, mas tão somente às invenções, diz por sua vez Douglas Gabriel Domingues:[129]

"A par de ser a descoberta simples revelação de algo já existente, a mesma resulta do espírito especulativo do homem, na investigação dos fenômenos e leis naturais. Assim, a descoberta apenas aumenta os conhecimentos do homem sobre o mundo físico, e não satisfaz nenhuma necessidade de ordem prática. Finalmente, a descoberta não soluciona nenhum problema de ordem técnica."

Essa distinção tem, na verdade, fundamento constitucional:

A palavra "princípio" é usada por autores de textos elementares em matéria de patentes e às vezes em decisões judiciais, com uma falta de precisão em sua aplicação capaz de gerar confusão. É admitido que um princípio não seja patenteável. Um princípio, em abstrato, é uma verdade fundamental, uma causa original; um motivo; estes não podem ser patenteados, como ninguém pode pretender direito exclusivo a estes.

Nem um direito exclusivo pode existir para qualquer nova força natural, e nem mesmo para uma descoberta adicionalmente àquelas já conhecidas. Através de um equipamento, um novo motor a vapor pode ser gerado. Mas ninguém pode apropriar tal força motriz exclusivamente para si mesmo sob as leis patentárias. O mesmo pode ser dito sobre eletricidade e qualquer força da natureza, que é igualmente disponível para todos e pode ser aplicada para fins úteis para uso por maquinário.

Em todos esses casos, os processos utilizados para extrair, modificar e concentrar forças naturais constituem a invenção. Os elementos da força existem; a invenção não é de descobri-los, mas aplicá-la em objetos úteis. Seja nova a maneira de utilizar as máquinas ou uma nova combinação das partes conhecidas o direito do

---

127   Choate e Francis, Patent Law, West Publishing, p. 471.
128   Précis du droit de la propriété immatérielle, Ed. Helbing & Lichtenhahn, p. 37.
129   Direito Industrial – Patentes, Ed. Forense, p. 31.

inventor é assegurado contra todos que usam tal força mecânica ou uma que seja substancialmente a mesma.[130]

As técnicas biotecnológicas em particular trazem, no entanto, consideráveis problemas quanto à distinção entre descobertas e invenções; no caso da variedades de plantas no modelo UPOV, o requisito foi simplesmente abandonado (vide UPOV - Tratado; Industrial Property, Fev. 1979, Texto 14, p. 4). No sistema de patentes continua em vigor, mas a purificação de material natural tem sido algumas vezes considerada patenteável.[131]

[4] § 1.2. Possibilidade de Reprodução

Na verdade aqui seriam dois os requisitos.[132]

O primeiro deles é que a natureza da tecnologia sobre a qual recai o invento permita a reprodução do bem ou serviço tal como descrito (repetibilidade). Sobre esse ponto, tivemos oportunidade de dizer:

"As for the repeatability requirement, which might be stated as the ability of an invention to solve the technical problem to which it is applied each time it is so done, it is liable to be confounded with its subjective counterpart, the reproducibility condition. The stability requirement of the breeder's rights laws is a quite similar requirement."[133]

Como já vimos, esse é exatamente o requisito de utilidade industrial, tal como o definimos acima.

---

130 Le Roy v. Tatham, 55 U.S. 14 How. 156 156 (1852) "The word "principle" is used by elementary writers on patent subjects, and sometimes in adjudications of courts, with such a want of precision in its application as to mislead. It is admitted that a principle is not patentable. A principle, in the abstract, is a fundamental truth; an original cause; a motive; these cannot be patented, as no one can claim in either of them an exclusive right. Nor can an exclusive right exist to a new power, should one be discovered in addition to those already known. Through the agency of machinery, a new steam power may be said to have been generated. But no one can appropriate this power exclusively to himself under the patent laws. The same may be said of electricity and of any other power in nature, which is alike open to all and may be applied to useful purposes by the use of machinery. In all such cases, the processes used to extract, modify, and concentrate natural agencies constitute the invention. The elements of the power exist; the invention is not in discovering them, but in applying them to useful objects. Whether the machinery used be novel or consist of a new combination of parts known, the right of the inventor is secured against all who use the same mechanical power or one that shall be substantially the same."

131 Por exemplo, em In re Bergy, 201 USPQ 352 (CCPA 1979).

132 Estes dois requisitos não são geralmente explicitados nas leis de patentes assim como aqui mencionados. A reprodutibilidade é quase sempre traduzida na exigência de que a descrição do invento seja suficiente; a repetibilidade pode ser traduzida muitas vezes como uma exigência de utilidade industrial, mas aparece como uma questão de capital importância nas invenções de caráter biológico, especialmente na microbiologia.

133 SELA (1987), *op. cit.*

O segundo requisito é que a descrição permita que o técnico da arte possa repetir o invento (reprodutibilidade) requisito hoje encerrado no art. 24 do CPI/96, como exigência de validade da patente.[134]

[4] § 1.3. Progresso técnico

Uma noção freqüente na sensação do público e dos técnicos não afeitos ao sistema da Propriedade Intelectual é de que o objeto de uma patente teria de apresentar um progresso técnico em face das anterioridades. Afinal, para que uma patente de um invento que não é "melhor" do que o estado da arte?

Assim realmente foi, em certo sistema jurídico estrangeiro. Como veremos mais adiante, ao analisarmos a questão da atividade inventiva, na Alemanha, surge como uma construção doutrinária logo assimilada pelos tribunais, de que uma patente teria de ter, além da novidade e utilidade industrial, altura inventiva (Erfindungshöhe) e surpresa do efeito técnico (Ueberraschend Erfolg). A primeira noção partia do princípio de que para se ter patente era necessário um progresso técnico, uma melhora na tecnologia, e não só uma alternativa à tecnologia existente.

Mas o sistema ora adotado internacionalmente acolhe como patenteável qualquer solução técnica que – nova e dotada de utilidade industrial – apresente um grau que a inovação não decorra obviamente do estado da arte, ou seja, que um técnico do setor específico não pudesse produzi-la simplesmente com o uso dos conhecimentos já por ele acessíveis. Com ou sem "progresso técnico".

A explicação por essa escolha legal se encontra na conveniência de se incentivar soluções alternativas para um mesmo problema técnico, evitando assim que o monopólio meramente jurídico se transforme mais facilmente num monopólio econômico. Alternativas de solução, ainda que não "melhores" impedem que o titular de uma patente possa fruir de uma posição única e indisputada no mercado, abrindo-lhe a possibilidade de praticar preços monopolistas.

[4] § 2. Pressupostos não técnicos para a concessão da patente

[4] § 2.1. A suficiência descritiva não é um requisito técnico de patenteabilidade

O INPI vem sustentando que a suficiência descritiva é um requisito de patenteabilidade a mais. Não parece ser adequada a postura da autarquia. Conquanto seja social

---

134 Segundo a prática patentária americana, particularmente sensível ao ponto, a descrição tem de ser suficiente para um técnico com habilidade ordinária possa por a invenção em prática sem precisar fazer ensaios e experimentos indevidos; além disto, a profundidade da descrição tem de ser proporcional ao alcance das reivindicações; Wilkinson, *op. cit.,* p. 41.

e juridicamente indispensável à suficiência descritiva, e nula a patente que não satisfaça tal condição, descrever o invento de maneira clara e eficaz é um requisito legal de obtenção do título de proteção, mas não um pressuposto técnico. Poderá haver invento, sem suficiência descritiva; não poderá, porém, haver patente.

Assim, a suficiência descritiva, como o exercício do direito de pedir patente, como o cumprimento das formalidades processuais, impedem a expedição da patente. Mas não lhe invalidam os pressupostos substantivos de caráter técnico.

[4] § 2.2. Unidade da invenção

Não como um pressuposto técnico de patenteabilidade, mas como mais um requisito legal de concessão de uma parte, existe a importante questão da *unidade* do invento:[135] o pedido de patente de invenção terá de se referir a uma única invenção ou a um grupo de invenções inter-relacionadas de maneira a compreenderem um único conceito inventivo.

Já o pedido de patente de modelo de utilidade terá de se referir a um único modelo principal, que poderá incluir uma pluralidade de elementos distintos, adicionais ou variantes construtivas ou configurativas desde que mantida a unidade técnico-funcional e corporal do objeto (CPI/96, art. 22 e 23).

[4] § 2.3. Conceito inventivo

A noção de conceito inventivo, essencial para a aplicação do requisito de unidade de invento, não se acha definida na lei ou no normativo do INPI. Pode-se no entanto defini-la como *a resolução de um único problema técnico*. Assim, se para fabricar um novo produto específico, é necessário utilizar um novo aparelho, e utilizar um novo processo, a análise teleológica indica a existência de um só conceito inventivo.

Seção [5] Novidade

(...) et aries jam romanus in muros quondam suos auderet stupere illico Carthaginienses, ut novam extraneum ingenium. Tantum aevi longinqua valet mutare vetustas. (De maneira que o aríete, de que Cartago tinha sido a primeira inventora, parecia instrumento novo aos mesmos cartagineses, não por novo, senão por esquecido; não por novo, senão por muito antigo.) S. Jerônimo, Apologia, Contra Rufino, citado por Pe. Antonio Vieira.

---

135   Que, sendo um requisito procedimental, também é de validade da patente concedida. Vide o verbete pertinente em Aurélio Wander Bastos, Dicionário Brasileiro de Propriedade Industrial, Lumen Juris 1997. Vide Di Biasi, Garcia E Mendes, A Propriedade Industrial, Forense 1997, p. 66.

A novidade é a essência da protectibilidade da solução técnica. Protege-se o invento através da exclusiva porque o meio ou produto excluído da concorrência é novo – e na verdade nunca foi posto no domínio público. A restrição à concorrência imposta pela exclusiva, havendo novidade, atende ao balanceamento dos interesses constitucionais.

[5] § 1. Tipos de novidade

Pode-se classificar a novidade em pelo menos duas parelhas opostas:

- *Cognoscitiva*: a que se transformou no padrão geral das modernas leis de patentes - a exigência de que a tecnologia ainda não tenha sido tornada acessível ao público nos limites territoriais pertinentes, de forma que o técnico, dela tendo conhecimento, pudesse reproduzi-la; ou
- *Econômica*: trata-se da exigência de que o invento ainda não tenha sido posto em prática, ou seja, industrializado, nos limites territoriais pertinentes; o privilégio resultante é chamado patente de introdução. Outra hipótese é a novidade comercial prevista na legislação relativa ao direito intelectual sobre a as variedades de plantas: é novo o que ainda não foi posto no comércio;

A segunda classificação leva em conta o território ou conteúdo do conhecimento anterior:

- *Novidade absoluta*: a novidade sem limites espaciais ou temporais – a tecnologia não é nem foi conhecida ou utilizada em lugar algum; ou
- *Novidade relativa*: é a que se leva em conta apenas uma região geográfica, ou um prazo, ou a um meio determinado, restringindo-se, por exemplo, às tecnologias descritas e publicadas para conhecimento geral.[136]

A opção por um parâmetro ou outro implica prestigiar um setor ou outro da tecnologia; o inventor individual ou a empresa; a atividade industrial local ou importação, etc.

Assim, a lei nacional pode proteger apenas as tecnologias até então universalmente ignoradas, pode limitar-se a exigir que a inovação seja desconhecida só no seu país ou, ainda, pode fornecer patente (conhecida ou não a tecnologia) à pessoa que trouxer e instalar indústria nova e sem concorrentes no país.[137] Também pode forne-

---

136 No caso de conhecimentos tradicionais, a novidade poderia ser apurada em face de publicações ou outras divulgações que tivessem descrito funcionalmente o conhecimento, tornando-o disponível para a economia não-selvagem.

137 Para uma discussão interessante, ainda que sem precisão acadêmica, dessa questão, vide William, J. Flynn, Patents Since the Renaissance, Booklocker, 2006.

cer patente à tecnologia desenvolvida no limite de prazo especificado, ainda não tenha sido introduzida no sistema industrial interno.

O famoso Alvará de 28 de janeiro de 1809, que trouxe a patente como instrumento inicial de incentivo ao sistema industrial brasileiro, considerava privilegiável por catorze anos a indústria introduzida no país que atendesse aos princípios de novidade e utilidade industrial.[138] No caso, não se tratava de novidade cognitiva, mas de efetiva utilização do invento no território brasileiro.[139]

O sistema de novidade relativa parece ser justificável somente quando o sistema também incluir qualquer tipo de exclusão ou restrição às patentes estrangeiras (Hiance & Plasseraud, 1972:215). Certos autores, no entanto, sugerem a hipótese de sistemas especiais de indução à implantação de indústrias, à maneira do velho privilégio de D. João VI (Remiche, 1982:178).

No Brasil, hoje, vale o princípio da novidade absoluta em matéria de patente: se a tecnologia para a qual se pede proteção já entrou "no estado da técnica" em qualquer lugar, em qualquer tempo, não existe privilégio. No dizer do CPI/96, a invenção e o modelo de utilidade são considerados novos quando não compreendidos no estado da técnica.

[5] § 2. Da questão da novidade

Cabe, agora, recordarmos quais são os critérios *gerais* da lei e prática brasileiras para reconhecimento de novidade. Tal se mostra essencial, pois o conceito de novidade em patentes, reconhecidamente, é um dos menos entendidos pelos peritos judiciais sem formação e, além disto, experiência real, longa e específica em exame de patentes.

A novidade patentária não é a novidade intuitiva. O que o povo entende como novidade, o que o engenheiro em geral entende como novidade, dificilmente se ajusta ao critério legal.

[5] § 2.1. Estado da técnica. Perda de novidade

O *estado da técnica* compreende todas as informações tornadas acessíveis ao público antes da data de depósito do pedido de patente, por descrição escrita ou oral,

---

138 Segundo Debret (s.d.:20), a eficácia real deste instrumento era bastante pequena, devido à composição da Sociedade de Encorajamento à Indústria e à Mecânica, encarregada dos exames de pedidos de patentes: pessoas ligadas aos interesses industriais e comerciais já estabelecidos que não tinham maior interesse em aumentar o potencial de competição pela introdução de novas tecnologias. Era como confiar a guarda do galinheiro a raposas. Freqüentemente, as patentes eram rejeitadas sob a alegação de falta de utilidade industrial: a mão-de-obra local, principalmente a escrava, não estaria apta a utilizar a nova tecnologia. Tratava-se de um requisito de atividade inventiva às avessas. Uma discussão mais profunda dessa questão pode ser lida em Nuno Pires de Carvalho, 200 Anos do Sistema Brasileiro de Patentes: O Alvará de 28 de Abril de 1809 – Comércio, Técnica e Vida, Lumen Juris, 2009.

139 O inventor, strictu senso, era alvo de privilégio a par do introdutor. A legislação subseqüente, de 1830, reservou o privilégio aos inventores nacionais, não considerando a introdução como objeto de proteção.

por uso ou qualquer outro meio, no Brasil ou no exterior. Assim, perde-se a novidade não somente com a divulgação da tecnologia – publicando um *paper*, por exemplo – mas também pelo uso da tecnologia.[140]

Os itens constantes do *estado da técnica*, assim como o conteúdo dos depósitos feitos no Brasil e no exterior, ainda não publicados (vide imediatamente abaixo), consistem na *anterioridades*.

[5] § 2.1. (A) Anterioridade ficta

No dizer da lei, para fins de aferição da novidade, o conteúdo completo de pedido depositado no Brasil, e ainda não publicado, *também* será considerado estado da técnica a partir da data de depósito, ou da prioridade reivindicada, desde que venha a ser publicado, mesmo que subseqüentemente. Tal será aplicado ao pedido internacional de patente depositado segundo tratado ou convenção em vigor no Brasil, desde que haja processamento nacional.

Assim, levar-se-á em conta, para efeitos de apuração *de novidade*,[141] não só o que se tornou público, antes da data do depósito ou da prioridade, mas também o que se encontra em procedimento de análise, ainda não publicado. Se o pedido de patente A foi depositado em 2 de janeiro, e o pedido B em 2 de março, o primeiro, mesmo se não tenha ainda sido dado a público, será obstativo à concessão da segunda patente.

[5] § 2.2. Qual a data relevante para determinar a anterioridade

O perito ou examinador tem de determinar quais documentos, índices e informações capazes de expressar uma solução técnica para um problema técnico (isto é, um *invento)* existente anteriores à data em que o pedido do privilégio foi depositado no INPI. Esse conjunto de informações tem a denominação legal de *estado da técnica*.

Segundo o texto do CPI vigente, o estado da técnica inclui tudo aquilo que tenha sido tornado acessível ao público antes da data de depósito do pedido de patente, por descrição escrita ou oral, por uso ou qualquer outro meio, no Brasil ou no exterior.

Dizem as Diretrizes de Exame do INPI:

1.4.1 Verificação de data para determinação de novidade
Para os efeitos do exame, considera-se em princípio como data para a determinação de novidade a do depósito do pedido ou, onde couber, a da prioridade mais antiga reivindicada.

---

140   LABRUNIE, Jacques. Direito de Patentes: Condições legais de obtenção e nulidades. Barueri, SP: Manole, 2006, p. 61. ALDOUS, Sir William, Earlier Patent Applications as Part of the Prior Art, IIC 1990 Heft 4, 539.

141   Como veremos ao tratar da determinação de atividade inventiva, tal elemento não será considerado, para tal apuração, como parte do estado da técnica, desde ainda não seja publicado e que tenha permanecido efetivamente em sigilo na prática.

Diz a jurisprudência:
"os documentos com data posterior à patente não seriam admitidos como meios hábeis de prova do estado da técnica."[142]

[5] § 2.3. Quais fontes

As fontes capazes de provar uma anterioridade são, como diz a lei, "descrição escrita ou oral, por uso ou qualquer outro meio". Diz a jurisprudência quanto à natureza dos documentos:

"fls. 156/v. - Documento 10 - catálogo, em língua inglesa da SCHAEFER sobre a máquina HM-9 HOT MELT (...)Dentre os documentos apresentados pela autora destacamos como de relevância para o exame técnico:. Documento 10 – folheto da máquina SCHAEFER HM-9 – Hot-melt;. Documento 11 – Manual de operação da máquina HM-9."[143]

[5] § 2.4. Quais as provas admissíveis

Para se considerar os índices de estado da técnica como relevantes para seu laudo, o perito ou examinador tem de determinar a prestabilidade da fonte de informação que, em tese, constaria do estado da técnica.

A noção de novidade e estado da técnica é bastante uniforme no direito comparado, permitindo trazer à análise da lei brasileira o aporte doutrinário e jurisprudencial estrangeiro. Aproveitando-nos desta profusão de fontes doutrinárias, acompanharemos a Chavanne e Brust[144] na definição dos caracteres necessários da anterioridade. Dizem os autores que a anterioridade deve ser:

Certa, quanto à existência e à data. A anterioridade é constatada por qualquer meio de prova e pode resultar de um conjunto de presunções sérias, precisas e concordantes.
Suficiente: um homem do ofício deve ser capaz de produzir o invento com base nos dados já tornados públicos.
Total: a anterioridade, ou as anterioridades, devem conter todo o invento, sendo certo que, em alguns casos, a articulação de várias anterioridades para efeito novo constitui invenção autônoma.[145]

---

142 Tribunal Regional Federal da 2ª Região, 1ª Turma Especializada, AC 2000.51.01.005276-6, JC Márcia Helena Nunes, Decisão unânime publicada no DJ do dia 11.01.2008.
143 Tribunal Regional Federal da 2ª Região, 1ª Turma Especializada, AC 2002.51.01.514438-6, JC Márcia Helena Nunes, Decisão unânime publicada no DJ do dia 16.06.2008.
144 Droit de la propriété industrielle - Dalloz 1976, p. 15 e seg
145 Vide, a seguir, a chamada regra de um só documento.

<u>Pública</u>: a anterioridade deve ser suscetível de ser conhecida do público. O conhecimento por um terceiro da invenção, e até mesmo sua exploração, não destrói a novidade, se este conhecimento ou esta exploração permaneceu secreta.

São esses os pressupostos básicos do trabalho do perito ou examinador neste contexto.

[5] § 2.5. Certeza quanto à existência e a data

O perito ou examinador tem de selecionar quais os documentos e índices que sejam **certos** quanto à existência e data. Quaisquer elementos que não tenham força probante capaz de garantir sua *existência* e *data*, não podem ser considerados.

Dizem as Diretrizes de Exame do INPI:

1.5.4 Falta de novidade
Se documentos de uma petição de subsídios já permitem uma decisão inequívoca baseada em falta de novidade, então o examinador emite parecer desfavorável (vide item 1.11.3), emitindo relatório de busca no qual cita os documentos dos subsídios (AN 127/97,item 7.2). Para tanto, contudo, é necessário que toda a matéria do pedido seja claramente antecipada pelos documentos considerados **e que não haja dúvida quanto à validade destes documentos como anterioridades.**

Em análogo julgado[146] do Tribunal Regional Federal da 2ª Região, assim se concluiu:

"Ao contestar o pedido, o INPI deixa de examinar a documentação apresentada pela autora, sob diversos argumentos: os pareceres seriam documentos particulares, opiniões emitidas por profissionais especializados, mas sem atender ao estabelecido no § 1º, do art. 11, da Lei nº 9.279/96; os documentos relativos à Autora, privilégio 6001738 e PI 8008432, por se encontrarem no estado da técnica; o catálogo técnico da Autora por não apresentar data; as notificações trocadas, por serem matéria jurídica (...) **Deve ser acolhido o criterioso laudo pericial, que examinou cada uma das reivindicações da PI em discussão, confrontando-as com diversas anterioridades impeditivas, devidamente documentadas,** terminando por considerar inexistir novidade e atividade inventiva, por se encontrar o objeto do privilégio no estado da técnica, há décadas." (Grifos nossos)

---

146   Tribunal Regional Federal da 2ª Região, 1ª Turma Especializada, AC 2000.51.01.005276-6, JC Márcia Helena Nunes, Decisão unânime publicada no DJ do dia 11.01.2008.

Do resultado supra, podemos averiguar que as anterioridades devem atestar – indiscutivelmente – uma data certa, anterior, em documentos cuja autenticidade deve ser indiscutível.

Por sua vez, a doutrina corrobora com a produção pretoriana. José Carlos Tinoco[147] explana:

"o estado da técnica, the state of art ou unicamente prior art, é constituído por tudo. Esta palavra tudo é realmente de uma abrangência infinita e está em perfeita conformidade com o sentido de novidade absoluta, posto que muitas coisas são facilmente encontráveis e podem com muita objetividade denunciar a novidade de uma invenção. Outras poderão ser aproveitadas em razão da natureza do produto, objeto, meio ou outro que se quer ver colocado no domínio público.

E, exatamente, por compreender um sem número de provas não poderiam ser integralmente enunciadas, mas, para mera ilustração basta salientar que dentre muitas outras, as mais evidentes são aquelas que através de folhetos, catálogos, ilustrações, publicações de toda a natureza, desenhos técnicos, esquemas, fotografias, filmes, vídeos etc. possam demonstrar de maneira evidente que o objeto da patente já havia sido utilizado pelo próprio requerente do pedido ou por terceiros, antes da data de seu depósito e/ou antes da data da prioridade reivindicada. **Sim, denunciar a novidade desde que, realmente, haja uma data expressa ou ainda confirmada por documentos outros que possam chegar de forma ineludível a esse dies a quo**"

[5] § 2.5. (A) Do direito aplicável quanto à certeza da data da anterioridade

Há um conteúdo mínimo necessário quanto às características intrínsecas dos documentos para que eles possam ser aceitos como prova.

A aceitação de documentos cuja datação é incerta, quando a questão do momento da anterioridade é crucial – ou seja, quando as provas não se prestam a comprovar o que se alega –, viola o princípio do devido processo legal e, por conseqüência, os princípios da ampla defesa e do contraditório:

No que diz respeito ao processo administrativo, a ampla defesa dirige-se também ao prestígio do interesse público primário a ele vinculado: garantia do primor na obediência ao iter previsto em lei e da excelente prática do ato administrativo final, que assegure o exercício efetivo do direito discutido nos autos. A garantia processual não assegura o prestígio às pretensões materiais das partes envolvidas, mas sim a justiça e segurança jurídica da efetividade da decisão a ser proferida. O que resulta na consta-

---

147   SOARES, José Carlos Tinoco. Lei de patentes, marcas e direitos conexos. São Paulo: RT, 1997, p. 35 e 36.

tação de que talvez seja justamente a Administração a maior beneficiária pela perfeição na obediência ao princípio.[148]

Ademais, especificamente no que diz respeito à matéria de propriedade intelectual, os meios de provas admissíveis à comprovação de nulidade de direitos de patentes e DI devem seguir alguns requisitos apropriados à especificidade da matéria. O requisito de *certeza* da anterioridade importa em que só sejam utilizados os indícios que, sob a ótica da segurança jurídica, efetiva e ineludivelmente possam assegurar a *data* da anterioridade.[149]

[5] § 2.5. (B) Do dever do examinador em suscitar a prova adequada

Já dissemos, inúmeras vezes, que o monopólio deferido ao titular de um invento deve ser interpretado sempre contra ele, e em favor da sociedade e do Estado – na tradição da hermenêutica de Carlos Maximiniano. Isso traça um princípio de interpretação das patentes – e dos registros de DI – que reage à natureza excepcional dos direitos de exclusiva, sempre contrários às liberdades gerais do povo.

Tais parâmetros, no entanto, que se aplicam *às patentes concedidas* e – em particular – *ao alcance das reivindicações*, não resultam em que o exame das pretensões de um depositante ou titular de tenham de ser examinadas *com má vontade* ou sem atribuir ao requerente ou titular a mesma apreciação isonômica e impessoal que se deve a todos:

A Administração não pode comportar-se como se defendesse um interesse secundário, buscando suprimir as chances de êxito do administrado.[150]

[5] § 2.6. Suficiência da revelação da anterioridade

Segundo passo: o perito ou examinador tem de definir, com base nos documentos selecionados segundo o critério do parágrafo anterior, se tal fonte é capaz de reproduzir inteira e eficazmente a solução técnica individualizada, de forma que qualquer pessoa, conhecedora da tecnologia em questão, fosse capaz de realizá-la. Caso as informações não sejam suficientes para tal exato fim, a fonte não será levada em consideração.[151]

---

148 MOREIRA, Egon Bockmann. Processo Administrativo. São Paulo: Malheiros, 2007, p. 317.
149 Como diz o documento do USPTO encontrado em http://www.uspto.gov/web/offices/com/sol/foia/oed/regrades/R2001-294.pdf, p. 5, "The question of whether an internet document is a publication is not at issue, but rather the question of sufficient evidence to show that such a document predated, i.e. was prior to the date of the claimed invention".
150 MOREIRA, Egon Bockmann. *Op. cit.*, p. 303.
151 SENA, Giuseppe. I diritti sulle invenzioni e sui modelli industriali. In: Tratatto di Diritto Civile e Commerciale. Milano: Dott. A. Giuffrè, 1976, v. IX, t. 3, p. 99: "Non si ha quindi divulgazione se l´invenzione è fatta conoscere a persone incompetenti o in modo incompleto, ma si ha invece divulgazione se

Superados os dois passos anteriores, é preciso que o Perito ou examinador compare o que foi reivindicado na patente com a fonte selecionada. A informação deve ser pelo menos igual, ou mais completa, do que a constante da reivindicação da patente cuja nulidade é arguida. Se tal não acontecer, a fonte deve ser deixada de lado.

Dizem as Diretrizes de Exame do INPI:

1.5.4 Falta de novidade

Se documentos de uma petição de subsídios já permitem uma decisão inequívoca baseada em falta de novidade, então o examinador emite parecer desfavorável (vide item 1.11.3), emitindo relatório de busca no qual cita os documentos dos subsídios (AN 127/97, item 7.2). **Para tanto, contudo, é necessário que toda a matéria do pedido seja claramente antecipada pelos documentos considerados** e que não haja dúvida quanto à validade destes documentos como anterioridades.

[5] § 2.6. (A) Da imprestabilidade das provas sem definição mínima

Para se apontar a anterioridade, o requisito de *certeza* presume não só a existência da data certa e atribuível ao documento, mas que o documento seja preciso, compreensível e adequado a fixar a anterioridade. O requisito de certeza não é compatível com o "talvez", o "quem sabe?" ou o "parece que é".

Assim discutimos a questão da adequabilidade da prova, num contexto de processo civil, mas não menos aplicável ao contexto de que se fala:[152]

A verdade real em relação às provas apresentadas em um processo, seja na esfera civil ou penal ocorre quando o magistrado utilizando-se dos poderes a ele outorgados para apurar a verdade dos fatos utilizando-se do meio de prova e da prova mais adequados aos fatos narrados. Pois desta maneira ele estará buscando pelos meios mais seguros e indicados em cada caso a obtenção da verdade real dos fatos.

Não desprezamos aqui os outros meios de prova, tampouco ignoramos o princípio do artigo 332 do CPC, que defende a validade de todos os meios de provas

---

gli elementi rivelati sono sufficienti perché una persona esperta sia in grado diattuarla". Idem, p. 100: "L´invenzione è invece divulgata quando si è verificato un fatto che rende accessibile l´idea ad un numero indeterminato di persone, quando cioè chi lo desideri possa, quale che sia la difficoltà ed il costo della ricerca, giungere a conoscere l´invenzione in tutti i suoi elementi essenziali; divulgazione si verifica quindi, a titolo di esempio, quando l´invenzione è descritta in una pubblicazione scientifica, o risulti evidente da un dépliant pubblicitario, o venga rivelata durante una conferenza pubblica, oppure quando sia prodotto e posto in vendita l´oggetto nel quale l´invenzione si concreta e da quale sai dato desumere l´idea inventiva, o quando l´impianto o la macchina che la realizzano vengano esposti od usati in modo tale che um terzo interessato possa prenderne visione e desumerne la conoscenza della invenzione".

152 BARBOSA, Denis Borges; MACHADO, Ana Paula Buonomo, A Qualificação Necessária dos Peritos em ações de nulidade de Patente. Revista da ABPI – Edição Especial, Rio de Janeiro, p. 27-48, 01 ago. 2007.

admitidas em direito. Argumentamos, entretanto, que embasado no princípio da verdade real e do acesso a justiça, o juiz deve utilizar os seus poderes para perseguir a verdade dos fatos utilizando-se dos instrumentos mais adequados ao caso concreto, desde que esses instrumentos estejam disponíveis.

Caso não estejam, ele é livre para utilizar-se de todos os outros meios de provas e de todas as outras provas disponíveis, conforme os artigos 131 e 332 do CPC, mas a prioridade deve ser dada , quando possível, ao meio de prova e à prova mais adequada para a verificação da verdade dos fatos alegados no processo.

Neste sentido temos a lição de Barbosa Moreira:[153]

Sabemos que o princípio fundamental na valoração das provas é o da liberdade do juiz, é o da livre apreciação das provas consagrado no artigo 131 do CPC, mas liberdade de valoração não significa arbítrio. Todos sabemos que a liberdade que o juiz goza é sujeita a determinados limites e, sobretudo, sujeita à possibilidade de controle; do contrário ele se converte ou se subverte em arbítrio judicial, que é coisa detestável. Ninguém mais do que os juízes devem detestar o arbítrio, inclusive o judicial. Há uma série de regras lógicas que não podemos deixar de observar na apreciação das provas. Há leis da natureza que não podemos desconhecer, e há as máximas de experiência, às quais o Código mesmo faz referencia, em outro dispositivo.

Refiro-me aqui, à necessidade, – esta sim impostergável – de o juiz, em qualquer nível, por o maior empenho possível na fundamentação de sua decisão, sobre tudo no tocante à matéria de fato e, portanto, à valoração das provas.

Quando em uma demanda existirem vários meios de provas e várias provas para comprovar os fatos alegados, pelo princípio da verdade real, o juiz deve utilizar-se do meio mais adequado para apurar os fatos objeto da demanda, deve buscar, enfim, a prova mais adequada.

E entenda-se – a mais adequada para se obter a verdade dos fatos. Utilizar-se da prova menos custosa, ou de mais fácil produção, em detrimento daquela que melhor esclareça as questões discutidas no processo implica negar a parte uma decisão judicial justa, viola não só a verdade real, mas o próprio direito de acesso a justiça na sua acepção de conferir à parte a decisão judicial justa, conferir o direito àquele que o tem.

Para que um documento seja utilizável como prova de anterioridade, é preciso que tenha, pelo menos, o mínimo de informação que permita discernir os detalhes e características pertinentes.

---

153   MOREIRA, José Carlos Barbosa, Revista de Processo V. 76," Provas Atípicas". São Paulo: RT, 1994, p. 125-126.

[5] § 2.7. Publicidade da anterioridade

Passemos, agora, ao quarto passo. O Perito ou examinador deve determinar se a fonte estava disponível ao público em geral antes da data de depósito. Para o sistema de patentes, são irrelevantes as tecnologias constantes de documentos internos às empresas, as tecnologias sob segredo empresarial, ou, de qualquer forma, não geralmente acessíveis, ao público em geral.

[5] § 2.7. (A) Jurisprudência: novidade

*   Tribunal Regional Federal da 2ª Região
AC 199951010600080 1ª Turma Especializada em Propriedade Intelectual
DIREITO COMERCIAL. PROPRIEDADE INDUSTRIAL. PATENTE. MODELO DE UTILIDADE. REQUISITOS. LEI Nº 9.279/96, ARTS. 9º E 11, § 1º.
I - A hipótese consiste em Apelação interposta contra sentença que julgou improcedente os pedidos de declaração de nulidade das patentes de modelos de utilidade identificadas como MU 7300600-9 e MU 7300601-7 referentemente à "disposição no mecanismo deslocador de espelho retrovisor interno" e à, respectivamente. "melhoria em dispositivo de fixação para espelho retrovisor interno"
II - O art. 9º, da Lei nº 9.279/96 – também conhecida como Lei de Propriedade Industrial, considera patenteável como modelo de utilidade o objeto de uso prático, ou parte dele, suscetível de aplicação na indústria, que apresente nova forma ou disposição envolvendo ato inventivo, resultando melhoria funcional no seu uso ou na sua fabricação. E, em complementação a tal dispositivo, o art. 11, da LPI, prevê que o modelo de utilidade é considerado novo quando não compreendido no estado da técnica (§ 1º, do referido art. 11), ou seja, tudo que se tornou acessível ao público antes da data do depósito do pedido de patente, no Brasil ou no exterior.
III - Há elementos de prova, constantes dos autos, que dão conta da "anterioridade-publicidade" do mecanismo deslocador de espelho e do dispositivo de fixação com mola em relação aos pedidos de depósito de patente modelos de utilidade. Há notas de crédito da General Motors (GM) para a Alfred Engelmann S.A., datadas de 7 de maio de 1993, a evidenciar que tais modelos já eram públicos na data dos pedidos de depósito formulados pela Apelada METAGAL junto ao INPI. Os desenhos internos de fábrica de nº 90 389 019 e 90 287 137 foram publicizados antes da data do depósito no Brasil, eis que circularam fora da General Motors diante da fabricação dos objetos ter sido transferida para a sociedade Alfred Engelmann Metallwarenfabrik Gmbh. Assim, diversamente do que constou da sentença, não se tratou de mera afirmação feita por pessoa no sentido de que tais modelos já eram conhecidos antes do depósito, mas sim prova documental atestando a anterioridade e publicidade de tais modelos em relação aos para-

digmas brasileiros. Há, ainda, declaração da Adam Opel AG, subsidiária da General Motors, no sentido de que os espelhos retrovisores revelados nas patentes obtidas pela METAGAL, já se encontravam em uso na Europa em seus veículos à época dos depósitos das patentes brasileiras.

IV - A exigência, feita na sentença, acerca da necessidade de apresentação de um registro público nacional ou estrangeiro, ou ainda publicações datadas, para se alcançar a conclusão de que houve anterioridade-publicidade, se afigura medida mais rigorosa do que aquela existente no Direito brasileiro acerca da demonstração de que havia uso público dos espelhos retrovisores.

V – Sentença reformada para julgar procedentes os pedidos, declarando a nulidade das patentes de modelo de utilidade MU7300600-9 e MU7300601-7 e, assim, revigorando a antecipação de tutela, com a inversão do ônus da sucumbência.

VI – Apelação conhecida e provida.

ACÓRDÃO - Vistos, relatados e discutidos os autos, em que são partes as acima indicadas, decide a Primeira Turma do Tribunal Regional Federal da 2ª Região, por unanimidade, dar provimento à apelação, nos termos do voto do Relator.
Rio de Janeiro, 27/06/2007 (data do julgamento).

[5] § 2.8. A regra de uma só fonte

Vamos, a seguir, determinar o que o perito ou examinador teria de buscar.

Afirma-se que haverá novidade sempre que o invento não seja antecipado *de forma integral* por *um único documento* do estado da técnica.[154] Tal entendimento, que encontra guarida, por exemplo, nos Parâmetros de Exame do EPO (C-IV, 7.1), tem certas exceções – a mais relevante das quais a que permite combinar documentos quando estejam literalmente referenciados uns nos outros, de tal forma que o homem do ofício combinaria naturalmente as informações. No dizer corrente no procedimento europeu, o estado da técnica não pode ser lido como um mosaico de anterioridades.

Tal princípio se estende também aos outros elementos do estado da técnica – um só uso público, ou uma só citação; em certos casos, mesmo a combinação de elementos reivindicados separadamente *num só documento* (se a citação é naturalmente complexa, como longas listas, separadas, de elementos químicos) não consistiria anterioridade.

Dizem as Diretrizes de Exame do INPI:

---

154 Por exemplo, Dannemann, Siemsen, Biegler & Ipanema Moreira, Comentários à LPI, Renovar, 2001, p. 47.

1.5.4. Falta de novidade

(...) Como regra geral entende-se que há novidade sempre que a invenção ou modelo não é **antecipado de forma integral por um único documento do estado da técnica.** (...)

No caso de um documento (primeiro documento) referindo-se explicitamente a um outro documento que fornece informação mais detalhada sobre certas características, o ensinamento deste último documento deve ser considerado como incorporado ao primeiro documento que contém a referência.

Assim, o que o Perito ou examinador tem de fazer é indicar qual a fonte (documento ou outra fonte) que reproduz integralmente o contido na reivindicação da privilégio em questão. Uma única fonte.[155] O perito ou examinador não pode combinar fontes. Se não for possível determinar a integralidade da revelação nesta única e integral fonte, há novidade.

A novidade é só isso. Novidade para engenheiros pode ser outra coisa. No sistema de patentes é só isso.

[5] § 2.8. (A) Jurisprudência: uma só fonte

> Tribunal Regional Federal da 2ª Região

"Mesmo que a anterioridade encontrada seja parcial quanto à reivindicação principal, considero que a regra de um só documento, trazida pela 2ª Ré não se aplica no caso em tela. Como leciona Denis Borges em "Uma Introdução à Propriedade Intelectual" a regra de um só documento encontra exceções, sendo: "a mais relevante das quais a que permite combinar documentos quando estejam literalmente referenciados uns nos outros, de tal forma que o homem do ofício combinaria naturalmente as informações". Tribunal Regional Federal da 2ª Região, 1ª Turma Especializada, JC. Aluisio Mendes Gonçalves, AC 1994.51.01.010735-2, DJ 30.06.2008

[5] § 2.9. Jurisprudência: novidade essencial

> Supremo Tribunal Federal.

Recurso extraordinário 58535-SP. Relator: Ministro Evandro Lins. J.: 1966.12.05. Primeira turma. Publicações: DJ - data-12.04.67 Ementa: patente de invenção. Não pode ser concedida sem o requisito da novidade do invento. Nulidade da patente porque, ao tempo do registro, já era do domínio público ou comum, e,

---

155   Salvo, como indicado, essa única fonte se referir literalmente a outras fontes. Por exemplo: esta solução técnica é idêntica à constante do documento publicado na revista tal, número tal, página tal, com a diferença que ....

portanto insuscetível de constituir privilégio. Recurso extraordinário conhecido e provido.

> Tribunal Regional Federal da 3ª Região

Apelação cível n. 89.03.009524-3 – SP. Primeira Turma (DJU, 19.07.1994). JSTJ e TRF - Volume 65 - Página 511. Relatora: Exma. Sra. Juíza Salette Nascimento. Apelante: Pilão S/A. - Máquinas e Equipamentos. Apelado: Inox - Indústria e Comércio de Aço S/A.Advogados: Paulo Apolinário Grego e outro e José Barone de Felisberto Neto.

Ementa: - administrativo. Reexame dos atos discricionários pelo poder judiciário. Possibilidade à luz da lei. Propriedade industrial. Ausência do requisito da novidade. Insuscetibilidade de proteção pelo código de propriedade industrial. I - Os atos administrativos, ainda que discricionários, poderão ser examinados, à luz da lei, pelo Poder Judiciário. II - O objeto da segunda patente concedida à apelante está contido na primeira. Inexiste, portanto, o requisito da novidade suscetível de proteção pelo Código de Propriedade Industrial. III - Apelação improvida.

A EXMA. SRA. JUÍZA SALETTE NASCIMENTO (Relatora): - (...) O Código de Propriedade Industrial, vigente à época, concede privilégios aos autores de invenções. Mas a invenção por ele protegida deve conter o requisito da novidade, sem o qual não é, naturalmente, uma invenção. Da análise das duas patentes resulta a conclusão de que a de n. 88.035 está, de fato, contida naquela de n. 64.039. Não há nela, portanto, o requisito da novidade.

Quanto às mutações da peça industrial patenteada, que a apelante entende como novidade, seu argumento encontra óbice no art. 9º, letra e, da Lei n. 5.772/71, que dispõe:

"Art. 9º Não são privilegiáveis:

(...)

e) as justaposições de processos, meios, ou órgãos, a simples mudança de forma, proporções, dimensões ou de materiais, salvo se daí resultar, no conjunto um efeito técnico novo ou diferente, não compreendido nas proibições deste artigo (grifei).

Pois é a própria apelante que informa a ausência de novidade na segunda patente que lhe foi concedida, quando afirma que:

"- no Processo n. 88.035 o material nobre mais caro e mais durável, empregado somente para a confecção das facas, isto é, na superfície, diretamente interessada na execução do trabalho de refinação das fibras vegetais, sendo obtida considerável economia com o emprego de material inferior para a formação do corpo-suporte.

- Tal não ocorria no Processo n. 64.039 em que o mesmo material era empregado, visto que a recuperação era feita em relação aos discos de material fundido, em que o conjunto todo era do mesmo material" (fl. 72).

Do texto acima resulta, portanto, que a vantagem que a apelante entende como suscetível de proteção é, apenas, uma vantagem econômica, inexistindo, no conjunto, qualquer inovação técnico-industrial.

E se não bastasse os termos de sua contestação, a perícia técnica não deixa dúvidas de que a Patente de n. 88.035 é nula por ter seu objeto contido na de n. 64.039. Confira-se a conclusão do Sr. Perito:

"pelo exposto o perito considera que o objeto da Patente n. 88.035 acha-se compreendido no estado da técnica representado pela Patente n. 64-039 e não representa em geral nenhuma novidade técnica no campo desse ramo industrial, amplamente difundido no País e no estrangeiro".

Portanto, nenhuma razão tem a apelante. Pelo exposto, nego provimento ao recurso e mantenho a r. sentença de fls. 196/198, em seu inteiro teor.

[5] § 2.10. Fixação do momento de apuração do estado da técnica

Duas importantes características resultam da Lei 9.729/96, no tocante à fixação legal do momento em que se apura o estado da técnica: a determinação de que o conteúdo completo de pedido depositado no Brasil, e ainda não publicado, será considerado estado da técnica a partir da data de depósito, ou da prioridade reivindicada, desde que venha a ser publicado; e a concessão de um período durante o qual a divulgação do invento depositado no Brasil, nas condições mencionadas, não prejudica a aquisição da propriedade – o chamado período de graça.

A primeira proposta apenas confirma a construção prática e doutrinária, que fazia apurar a novidade na data do depósito, ainda que à época não tivesse havido a publicação; é um aperfeiçoamento técnico, que apenas legitima um procedimento já consagrado.

A segunda terá, possivelmente, sua origem nos exercícios de harmonização, realizados pela OMPI: é a exceção ao princípio da novidade, segundo o qual a divulgação promovida pelo inventor, para propósitos não comerciais, ou por terceiros sem sua autorização, não prejudica o direito à patente. Não obstante sua possível origem, o período de graça parece particularmente útil no estágio atual, em que muitas vezes o inventor brasileiro desconhece a regra férrea pela qual qualquer divulgação impede a patente.[156]

[5] § 2.11. Efeito do uso anterior sobre a anterioridade

Segundo o texto do CPI vigente, o estado da técnica inclui tudo aquilo que tenha sido tornado acessível ao público antes da data de depósito do pedido de patente, por descrição escrita ou oral, por uso ou qualquer outro meio, no Brasil ou no exterior.

---

156 A Garantia de Prioridade, instrumento previsto no CPI 1971 e na Convenção de Paris para atender tais propósitos mostrou-se não só ineficaz mas até daninha ao inventor nacional. O período de graça, que não será reconhecido como diferindo o estado da técnica nas demais legislações de outros países, pode no entanto ser igualmente daninho, se o inventor pretender proteção no exterior.

Redação similar tinha o CPI 1971 (Art. 6º Par. 3º), "o estado da técnica é constituído por tudo aquilo que foi tornado acessível ao público (...) por uso (...)".

Os textos anteriores não discordam do princípio:

O de 1945:
Art. 7º - Par. 1º. Considera-se nova a invenção:
Que até a data do depósito do pedido de patente não tenha sido no país, (...) usada publicamente (...) de modo que possa ser realizada".

O de 1967; com uma pequena variação:

Art. 5º - Par. 1º Considera-se nova (...) a invenção que, até a data do depósito do pedido não tenha sido (...) explorada no país.

O de 1969; repete, no ponto, o de 1967. Tem-se, desta forma, que desde o Dec. 7903/45 segue-se os mesmos princípios do Código vigente: o de que é o uso público que constitui anterioridade ou divulgação. Desta feita, a doutrina elaborada sobre o antigo Código é plenamente aplicável, neste ponto, ao CPI de 1996.

Para ampliar o embasamento teórico das conclusões que desenvolveremos a seguir, cumpre trazer à colação também os textos estrangeiros mais significativos, os quais, por sua vez, alimentam a doutrina pertinente. Dizia a lei francesa de 2 de janeiro de 1968:

«Art. 8º (...) L'état de la technique est constitué par tout ce qui a été rendu accessible au public par (...) un usage (...) avant le jour du dépôt de la demande de brevet ou d'une demande déposée a l'étranger et dont la priorité est valablement reivindiquée.»

Texto idêntico é o do Art. 52 da Convenção de Munique. (Patente Européia). Já a lei alemã entende que não é nova a invenção já utilizada na Alemanha, publicamente, de tal forma que um homem do ofício possa a reconstituir. A lei italiana também exige que, para ser privilegiável, a invenção não deva ser conhecida, de forma pública, em proporção suficiente para ser realizada. O requisito de publicidade do uso também é o da lei de Luxemburgo, Holanda, Inglaterra (salvo quanto à utilização secreta do próprio depositante), Japão e E.U.A.

Assim, quanto à questão, a doutrina destes países raciocina com base em legislação análoga à brasileira. Suas conclusões são, desta forma, aplicáveis ao caso.

Pois muitas vezes a novidade de invenções ou modelos de utilidade é questionada com base em documentos ou outras provas, que atestam o conhecimento privado ou o uso sigiloso por terceiros da criação patenteável antes do depósito do respectivo pedido no INPI. Um exemplo freqüente é o da empresa que, para evitar que um competidor consiga certa patente, alega anterioridade em relação à tecnologia pertinente exibindo documentos internos – plantas, especificações, memórias de cálculo e que tais – que descreviam o invento para o qual se pede o privilégio muito antes que o pedido fosse apresentado.

A questão de Direito a ser discutida, numa situação como esta, é, assim, a de quando o *uso* de um invento constitui anterioridade ou divulgação.

Quanto ao uso público, que nos interessa particularmente, continuam os autores:[157]

> "É preciso ter em conta a diferença que é feita entre uma comunicação de uma invenção a uma pessoa e a comunicação ao público. No primeiro caso, não haverá anterioridade senão quando for provado que a pessoa da qual se trata era competente para compreender a invenção. No segundo caso, basta provar que a publicidade foi de tal natureza que pessoas competentes para compreender a invenção, e não vinculados à obrigação de guardar segredo poderiam ter acesso àquela. A simples possibilidade é então suficiente para que haja anterioridade.

É preciso distinguir, ainda, a anterioridade que resulta da exploração pública por terceiros e a divulgação, decorrente de ato próprio do inventor que se apresenta como depositante. A comunicação da invenção a terceiros vinculados ao segredo, por parte do inventor, enquanto tais terceiros não violarem sua obrigação não constituirá anterioridade.[158] Vide, sobre a questão, a seção posterior sobre período de graça.

De qualquer forma, repise-se que a comunicação pessoal à pessoa não vinculada a segredo só consiste em anterioridade se o receptor da informação pode compreendê-la.

Tal doutrina é reafirmada pelos autores brasileiros, escrevendo sobre o código de 1945, mas em raciocínio plenamente válido perante o código vigente. Diz, por exemplo, Pontes de Miranda:

> "Não é nova a invenção, (...); b) que publicamente é usada;
> (...). Quando a b), não tira a novidade da invenção o uso secreto, (...)".[159]

E, igualmente, diz Gama Cerqueira: (Tratado de Direito da Propriedade Industrial, vol. 1, I, Forense, 1952, p. 77):

> "A lei não considera nova, em terceiro lugar, a invenção que, antes do depósito d pedido de patente, tenha sido usada publicamente no país, "de modo que possa ser realizada". Dizendo simplesmente usada, a disposição legal deve ser interpre-

---

157   Chavanne e Burst, *op. cit., loc. cit.*
158   Burst et Chavanne, *op. cit.*, p. 19.
159   Tratado de Direito Privado, vol. xvii, p. 289. Ed. Borzoi, 1971.

tada sem restrições: qualquer uso, desde que seja público e torne possível o conhecimento da invenção, prejudica a sua novidade. Não é necessário que a invenção se torne, realmente, conhecida; basta essa possibilidade. É o que quer dizer a lei, quando emprega as expressões de modo que possa ser realizada. Se o uso, embora público, não for de molde a revelar a invenção, a novidade não será afetada. Do mesmo modo, se a invenção for usada particularmente, a sua novidade não sofrerá prejuízo, pouco importando que a invenção tenha sido usada em experiências ou para os fins a que se destina.

Deve-se ter em vista, finalmente, que, referindo-se a lei à possibilidade de realização da invenção, isso não significa que a invenção possa ser realizada por qualquer pessoa, o que seria absurdo. Se assim fosse, nunca o uso público da invenção prejudicaria a sua novidade. A lei cogita da possibilidade de realização por técnicos ou pessoas competentes e peritas, como diz a lei alemã, entre outras.

Resta saber em que sentido se deve tomar a expressão publicamente empregada na lei. Significa, em nossa opinião, usar a invenção sem as cautelas necessárias para preservar o seu segredo e subtraí-la ao conhecimento de outras pessoas. Não significa, necessariamente, que a invenção seja usada em público ou perante o público, como em uma exibição, o que não acontece habitualmente. Assim, o uso da invenção em uma fábrica é suficiente para prejudicar a sua novidade. A expressão usada publicamente opõe-se a uso privado ou secreto".

Quanto às observações de Gama Cerqueira, atinentes à redação peculiar da lei de 1945, que exigia explicitamente que, para constituir anterioridade o uso devia ser público de forma a poder ser realizada, é de crer persistência do requisito, mesmo na lei vigente. A comparação da lei francesa de 1967 (que acompanhava o código brasileiro de 1971) com a doutrina, acima reproduzida, basta para confirmá-lo. É uma exigência natural, decorrente da estrutura do sistema.

Assim, pode-se concluir que o uso da invenção, para excluir a novidade do invento, deve ser público. Como o empregado (strictu senso) tem dever de guardar segredo de fábrica (CLT, Art. 481, g), assim como todas as pessoas que estão a serviço do detentor do segredo (Lei 9.279/96, art. 195), em princípio o simples uso do invento em indústria não perfaz anterioridade. Mas se o empregado, diretor, ou prestador de serviço, etc. o revela a terceiros, ou se o antigo empregado diretor, etc. pode compreendê-lo, então se desfaz a novidade. Ressalva-se, em qualquer caso (mesmo em relação àqueles não submetidos à regra art. 195 do CPI/96), a existência de um pacto de sigilo específico, enquanto não violado, ou enquanto em vigor.

O uso deve ser tal que se possa compreender o invento. Este, mesmo usado publicamente, estando oculto no interior de uma máquina, de forma a que ninguém a ele tenha acesso, não constitui anterioridade. Entender o contrário seria destruir o sistema de patentes.

Com efeito, se a existência de um segredo de fábrica pudesse destruir a novidade do invento, seria premiada a não revelação ao público das tecnologias úteis. A contrapartida do privilégio é a revelação; quem quiser ter os benefícios do monopólio (temporários), que cumpra a obrigação correspondente.

Suponhamos o entendimento contrário. O inventor guarda segredo: não comunica a invenção ao público. Uma vez que um terceiro resolve comunicar a aquisição tecnológica, o inventor sigiloso pode puni-lo com a imprivilegiabilidade, conservar a vantagem prática que já possui (pois já usa) e continuar tirando proveito de sua atitude inicial, contrária ao progresso tecnológico.

O teor da Constituição da República, em seu art. 5º, XXIX, e o da Lei 5.648/70, Art. 2º, proíbem que o INPI compactue com tal comportamento, contrário às funções tecnológicas e econômicas das leis de propriedade industrial.

De outro lado, a comprovação do uso público é difícil; exige, a mais das vezes, prova testemunhal e pericial, tudo incompatível com a natureza do procedimento administrativo. Será mais adequadamente comprovado através de ação declaratória própria, ou de justificação, se for o caso.

[5] § 2.11. (A) Uso é também a circulação de objeto com tecnologia não opaca

Neste item discutiremos um caso específico em que o uso anterior constitui anterioridade: a hipótese em que a presença do objeto físico na qual o invento se incorpora revela a nova tecnologia nele intrínseca. Ou seja, há perda de novidade pela revelação da tecnologia aparente, ou que se torna transparente pela própria circulação física do *corpus mechanicum*.[160]

Se o inventor passa suas informações para terceiros – por exemplo, para testes ou fabricação – sem exigir reserva ou segredo, faculta a tal terceiro o uso livre das informações. Este entendimento, de que o *uso público* da invenção entrega o invento ao domínio público é de entendimento geral. Disse a Suprema Corte dos Estados Unidos já em 1829:

A correta interpretação da lei patentária é que o primeiro inventor não poderá adquirir um direito a uma patente se ele aceitou que o objeto inventado viesse a uso público ou vendido publicamente para uso antes da solicitação de sua patente. Este ato voluntário, ou aquiescência na venda ou uso público, é um abandono de direito, ou, melhor dizendo, impede a satisfação dos termos e condições

---

160 "Definizione di tecnologia trasparente e tecnologia opaca. Esempi pratici. Il concetto di "trasparenza" può essere definito in questo modo: "Se si riesce a vedere come funziona la macchina, questa è trasparente"(Borrello, 2004 "Tout se tient" Blog).Tradotto in termini pratici, significa che una tecnologia è trasparente quando essa permette all'utente di vedere i componenti tecniche di una macchina e di capire i processi che stanno dietro a determinate operazioni", encontrado em http://www.iopensource.it/main/IRischiDelleTecnologieOpache, visitada em 23/5/2009.

1175

legais, segundo os quais somente o Secretário de Governo é autorizado a outorgar uma patente.[161]

No entanto, não há perda de novidade quando o *corpus mechanicum* circula em condições que asseguram um dever de confidencialidade. Desta feita, se a circulação do *corpus mechanicum* que revela a tecnologia, ou ainda da descrição da tecnologia por documento escrito, se faz *entre partes sujeitas a um contrato* no qual a confidencialidade é juridicamente imposta, não há perda de novidade. Mas, à falta desse requisito, ocorre revelação prejudicial, e perde-se a novidade.

Assim, a simples circulação de um bem, no qual se revela a tecnologia, prejudica a novidade, e impede a patente; tal não se dá, no entanto, se houver uma relação legal ou obrigacional de confidencialidade pela qual, garantindo-se eficazmente o intuito de reserva (a chamada "Regra de Savigny"), mantém-se o sigilo do invento.

O mesmo se dá quanto a quaisquer das fontes que prejudicam a novidade, inclusive a circulação de documentos hábeis a revelar o invento.

[5] § 2.12. A anterioridade involuntária *(inherent anticipation)*

Cumpre notar mais um aspecto essencial, que a doutrina clássica brasileira já aponta: a existência da anterioridade não exige consciência da solução técnica antecipada. Não é preciso que o autor da solução técnica anterior tenha consciência, ao momento em que expõe ou use publicamente seu invento, de que solucionou um problema técnico além daquele que reivindicou como seu.[162]

Dizia Gama Cerqueira, o mais celebrado doutrinador brasileiro de Propriedade Intelectual:[163]

44. Muitas questões podem surgir na pratica a respeito da novidade das invenções e de sua divulgação. Uma das que os autores estudam com particular interesse e a de saber se a divulgação involuntária do invento acarreta para seu autor a perda do direito ao privilegio. ALLART entende que essa divulgação prejudica a novidade e sua opinião se ajusta ao nosso direito: "Il importe peu, que cette divulgation soit faite volontairement avec l'intention manifeste d'abandonner l'invention à la société, ou bien qu' elle soit le resultat d'une imprudence. La loi, en effet, nous le

---

161   Pennock & Sellers v. Dialogue, 27 U.S. 2 Pet. 1 1 (1829) "The true construction of the patent law is that the first inventor cannot acquire a good title to a patent if he suffers the thing invented to go into public use or to be publicly sold for use before he makes application for a patent. This voluntary act, or acquiescence in the public sale or use, is an abandonment of his right, or rather creates a disability to comply with the terms and conditions of the law on which alone the Secretary of State is authorized to grant him a patent", Denis Borges Barbosa, Karin Grau-Kuntz e Ana Beatriz Nunes Barbosa, A Propriedade Intelectual na Construção dos Tribunais Constitucionais, Lumen Juris, 2009. No prelo.

162   MUELLER, Janice M. and CHISUM, Donald, Enabling Patent Law's Inherent Anticipation Doctrine(July 2008). Houston Law Review, Vol. 45, No. 4, 2008 Available at SSRN: http://ssrn.com/abstract=1153493.

163   CERQUEIRA, J da Gama. Tratado da Propriedade Industrial. Rio de Janeiro:Revista Forense, 1952, p. 88-90.

verrons plus loin, declare non brevetable toute invention qui, anterieurement au dépôt de) la demande du brevet, "aura reçu une publicité suffisante pour pouvoir être executée". Quel que soit l'auteur, quelle que soit la cause de cette publicité, la consequence est toujours la même: la nullité du brevet pris tardivement. Il est impossible de reprendre au domaine public ce dont il s'est une fois emparé."

CARVALHO DE MENDONÇA, comentando disposição da lei de 1882, escreveu: "Se anteriormente ao pedido de privilégio "é divulgada a invenção ou publicada pelo próprio autor, "sob qualquer forma ou modo, ou revelado em público o "segredo, por' quem quer que seja, ainda que com abuso de "confiança, não pode mais ser privilegiada. Obrasse o autor "com ânimo deliberado de publicá-la ou agisse com imprudência, nunca mais poderia obter a patente".

(...) Em nosso direito, podemos formular o princípio segundo o qual, sempre que por fato do próprio inventor, voluntário ou não, ou por fato de terceiro, a invenção fôr divulgada, de modo que possa ser realizada, a divulgação prejudica a novidade da invenção.

Em resumo, o impacto da anterioridade é objetivo, e independe de deliberação. Querendo ou não o autor da anterioridade, a divulgação dessa destrói a novidade subsequente.

A mesma objetividade da revelação é notada pelos doutrinadores em face da lei já de 1883:

Nova, no conceito legal, não é a invenção ou descoberta, se já publicada, por qualquer meio, a qualquer tempo e em qualquer logar, e se a publicidade, pelas condições em que se deu, veiu a tornar sufficientemente conhecido o invento ou o modo de empregal-o.

Pouco importa que a sua descripção, completa ou em resumo, tenha sido feita por meio de jornaes, revistas, folhetos, catálogos, etc., e em português ou em qualquer outro idioma. Também é indifferente que a sua divulgação ou publicidade haja resultado desta ou daquella circumstancia e seja devida ao próprio inventor ou a terceiro, de boa ou má fé.[164]

[5] § 2.12. (A) Não é só o que se reivindica que cai no estado da técnica

É intuitivo, mas vale enfatizar para os efeitos desta seção, que tudo que consta da patente, ainda que não reivindicado como monopólio, constitui anterioridade. Assim, se o depositante de pedido de patente revela mais do que aquilo para o que pede exclusividade, todo o revelado, e não só o reivindicado, constitui anterioridade.

---

164 MAGALHÃES, Descartes Drummond. Marcas de Industria e de Commercio e Privilegios de Invenção, v. I. São Paulo: Antonio F. de Moraes, 1925, p. 173-174.

[5] § 2.12. (B) Invento é um solução técnica para um problema técnico

Importante aqui entender o que é invenção. Disse, em A Propriedade Intelectual no Século XXI, Estudos de Direito, Lumen Juris 2009:

A noção legal de invento

Invento é uma solução técnica para um problema técnico.[165]

Vale dizer, a proteção da patente para um determinado tipo de criação, vale dizer uma ação humana, que importa em intervenção na Natureza, sendo assim ao mesmo tempo útil[166] e de cunho concreto. Ou seja, a criação, para pretender à patente, gerará uma solução técnica para um problema técnico.[167] (...)

---

165   POLLAUD-DULIAN, Frédéric, La Brevetabilité des inventions- Étude comparative de jurisprudence France-OEB. Paris: Litec, 1997, p. 44.

166   Mesmo num ambiente jurídico, como o americano, em que a noção de patenteabilidade passou a prescindir a noção do "técnico", o requisito de que a ação humana seja útil permanece. Dizem as Guidelines de 2005 do USPTO sobre definição de invento (encontradas em http://www.uspto.gov/web/offices/pac/dapp/opla/preog-notice/guidelines101_20051026.pdf): "The subject matter courts have found to be outside of, or exceptions to, the four statutory categories of invention is limited to abstract ideas, laws of nature and natural phenomena. While this is easily stated, determining whether an applicant is seeking to patent an abstract idea, a law of nature or a natural phenomenon has proven to be challenging. These three exclusions recognize that subject matter that is not a practical application or use of an idea, a law of nature or a natural phenomenon is not patentable. See, e.g., Rubber-Tip Pencil Co. v. Howard, 87 U.S. (20 Wall.) 498, 507 (1874) ("idea of itself is not patentable, but a new device by which it may be made practically useful is"); Mackay Radio & Telegraph Co. v. Radio Corp. of America, 306 U.S. 86, 94, 40 USPQ 199, 202 (1939) ("While a scientific truth, or the mathematical expression of it, is not patentable invention, a novel and useful structure created with the aid of knowledge of scientific truth may be."); Warmerdam, 33 F.3d at 1360, 31 USPQ2d at 1759 ("steps of 'locating' a medial axis, and 'creating' a bubble hierarchy . . . describe nothing more than the manipulation of basic mathematical constructs, the paradigmatic 'abstract idea'"). The courts have also held that a claim may not preempt ideas, laws of nature or natural phenomena. The concern over preemption was expressed as early as 1852. See Le Roy v. Tatham, 55 U.S. (14 How.) 156, 175 (1852) ("A principle, in the abstract, is a fundamental truth; an original cause; a motive; these cannot be patented, as no one can claim in either of them an exclusive right."); Funk Bros. Seed Co. v. Kalo Inoculant Co., 333 U.S. 127, 132, 76 USPQ 280, 282 (1948) (combination of six species of bacteria held to be nonstatutory subject matter). Accordingly, one may not patent every "substantial practical application" of an idea, law of nature or natural phenomena because such a patent "in practical effect be a patent on the [idea, law of nature or natural phenomena] itself." Gottschalk v. Benson, 409 U.S. 63, 71-72, 175 USPQ 673, 676 (1972). Traduzindo: "As matérias que a jurisprudência entende como exclusões às quatro categorias legais da invenção são limitadas às idéias abstratas, as leis da natureza e aos fenômenos naturais. Assim indicado a questão parece ser fácil, mas determinar se na prática o requerente está pretendo patentear uma lei da natureza, um fenômeno natural uma uma idéia abstrata é complicado. Estas três exclusões reconhecem que a matéria que não é uma aplicação prática ou uso de uma idéia, lei da natureza ou fenômeno natural não é patenteável. (...) Veja-se, por exemplo,, Rubber-Tip Pencil Co. v. Howard, 87 U.S. (20 Wall.) 498, 507 (1874) ('ideia por si só não é patenteável, mas um novo instrumento pelo qual possa ser tornada em utilidade prática pode ser"). (...)Warmerdam, 33 F.3d at 1360, 31 USPQ2d at 1759 ("os passos necessários para 'localizar'uma axis medial, e "criar" uma hierarquia de bolha... descrevem só a manipulação das construções matemáticas básicas, o paradigma da 'ideia abstrata'). A jurisprudência também entendeu que uma reivindicação não pode tentar monopolizar idéias, leis da natureza ou fenômenos naturais. Tal preocupação foi expressa já em 1852.) Veja-se Le Roy v. Tatham, 55 U.S. (14 How.) 156, 175 (1852) ("Um princípio, em abstrato, é uma verdade fundamental, uma causa original, um motivo, coisas que não podem ser patenteadas, e nem ninguém pode reivindicar quanto a eles um direito exclusivo. (...)Funk Bros. Seed Co. v. Kalo Inoculant Co., 333 U.S. 127, 132, 76 USPQ 280, 282 (1948) (a combinação de seis espécies de bactéria não pode ser patenteada) . Seguindo a mesma diretriz, não se pode patentear qualquer "aplicação prática substancial" de uma ideia, lei da natureza ou fenômeno porque esta patente `em seus efeitos práticos será uma patente da própria idéia, lei da natureza ou fenômeno natural] em si mesmo. Gottschalk v. Benson, 409 U.S. 63, 71-72, 175 USPQ 673, 676 (1972).

167   O que é técnico, neste contexto? Vide a seção adiante. Dissemos, em http://denisbarbosa.blogspot.com:

A solução de um problema

A primeira constatação é de que a simples cogitação filosófica, a obtenção ou utilização de conhecimento científico ou a ideação artística não são invento:

"Esta fórmula afirma a linha de limite entre o que é e o que não é patenteável, na contraposição entre ciência e técnica, entre a atividade puramente cognoscitiva e a atividade de transformação do existente."[168]

A questão da natureza técnica do invento é central – a transformação do existente - para a definição do termo, em seu sentido jurídico. Só existe invento quando se tem uma solução para um problema específico, recitado como tal no pedido. (...)

E, falando da teoria geral do direito de patentes, ao mesmo tempo em que do direito suíço, diz Alois Tröller:

"Os conhecimentos que nos permitem apreender a essência das forças da natureza, ou seja, que informam sobre as criações da natureza independentes da atividade do homem, são excluídas do círculo da proteção."[169]

Explicando porque não se dá proteção patentária às descobertas, mas tão somente às invenções, diz por sua vez Douglas Gabriel Domingues:

"A par de ser a descoberta simples revelação de algo já existente, a mesma resulta do espírito especulativo do homem, na investigação dos fenômenos e leis naturais. Assim, a descoberta apenas aumenta os conhecimentos do homem sobre o mundo físico, e não satisfaz nenhuma necessidade de ordem prática. Finalmente, a descoberta não soluciona nenhum problema de ordem técnica."[170]

No mesmo sentido, dizem os Guidelines da EPO:

"Se uma propriedade nova de uma matéria conhecida ou de um objeto conhecido é descoberta, tem-se uma simples descoberta que não é patenteável, pois a descoberta não tem efeito técnico e não é uma invenção no sentido do art. 52(1).

"Qual é essa tecnicidade da expressão "técnico", neste contexto? É expressar uma determinada equação de equilíbrio constitucional de interesses. Cada país escolhe essa equação, mas, como numa economia de mercado os fatores relevantes são isotópicos, mas não iguais, as alternativas nacionais tendem a se reduzir. Temos dois arquétipos no momento: o parâmetro Rote Taube (do estilo Euro) e o parâmetro One-Click-System da Amazon".

168   Vanzetti e Cataldo, *op. cit.*, p. 285. "Questa formula affida la linea di confine tra ciò è e ciò che non è in sè brevettabile alla contrapposizione tra scienza e tecnica, tra attività puramente conoscitiva e attività di trasformazione dell'esistente".

169   Précis du droit de la propriété immatérielle, Ed. Helbing & Lichtenhahn, p. 37. "Les connaissances donnant un aperçu de l'essence des forces de la nature, c'est à dire, qui renseignent sur les créations de la nature nées indépendamment de activité de l'homme, sont exclues du cercle de la protection.»

170   Domingues, Douglas Gabriel, Direito Industrial - Patentes, Ed. Forense, p. 31.

Se, entretanto, tal propriedade é utilizada para fins práticos, ela constitui, então, uma invenção que pode ser patenteável. Assim é, por exemplo, que a descoberta da resistência ao choque mecânico de um material conhecido não é patenteável, mas que a passagem do caminho de ferro construído com tal material pode sê-lo."[171]

O que isso nos importa no presente caso?

É que se patenteiam as soluções técnicas, não o conhecimento científico. **Mais, ainda: patenteiam-se soluções técnicas ainda que não se tenha qualquer noção das razões científicas pelas quais a solução funciona**. O que importa ao direito de patentes é a solução, não o conhecimento.

Falo já disso em meu artigo Atividade Inventiva: Objetividade do Exame. Revista Criação do IBPI, Rio de Janeiro, p. 123-209, 12 dez. 2008, citando mesmo, por antecipação deste estudo, o caso vertente:

As eventuais revelações que o relatório da patente faz, mesmo as estranhas à resolução do problema técnico, ainda que inconscientes como solução ao inventor anterior, entram no estado da técnica;[172] assim, não se vai buscar, para se verificar a atividade inventiva, necessariamente, como o mesmo problema técnico já foi resolvido.

O que constitui anterioridade é a solução técnica, não o conhecimento, que pode ou não existir, e se existir é irrelevante. Evidenciar, explicar porque a solução funciona não é invento. Dizia J. X. Carvalho de Mendonça:

---

171 "Si une propriété nouvelle d'une matière connue ou d'un objet connu est découverte, il s'agit d'une simple découverte qui n'est pas brevetable car la découverte en soi n'a aucun effet technique et n'est donc pas une invention au sens de l'art. 52(1). Si, toutefois, cette propriété est utilisée à des fins pratiques, cela constitue alors une invention qui peut être brevetable. C'est ainsi, par exemple, que la découverte de la résistance au choc mécanique d'un matériau connu n'est pas brevetable, mais qu'une traverse de chemin de fer construite avec ce matériau peut l'être."

172 Como é assente na jurisprudência americana. Vide Abbott Laboratories v. Baxter Pharmaceutical Products, Inc. (Fed. Cir. 2006), encontrado em http://bulk.resource.org/courts.gov/c/F3/471/471. F3d.1363.06-1034.06-1022.06-1021.html: "Our cases have consistently held that a reference may anticipate even when the relevant properties of the thing disclosed were not appreciated at the time. The classic case on this point is Titanium Metals Corp. v. Banner, 778 F.2d 775 (Fed. Cir. 1985). In Titanium Metals, the applicants sought patent protection on an alloy with previously unknown corrosion resistance and workability properties. Id. at 776. The prior art reference was an article by two Russian scientists that disclosed in a few data points on its graphs an alloy falling within the scope of the claims of the patent in suit. Id. at 776-77. There was no sign that the Russian authors or anyone else had understood the later-discovered features of the alloy thus described. Id. at 780-81. Despite the fact that "the applicants for patent had discovered or invented and disclosed knowledge which is not to be found in the reference," we held that the Russian article anticipated the asserted patent claims. Id. at 782. The Titanium Metals rule has been repeatedly confirmed and applied by this court. See, e.g., In re Crish, 393 F.3d 1253, 1258-59 (Fed. Cir. 2004) (citing cases; holding asserted claims covering a gene's nucleotide sequence anticipated where the gene, though not its particular sequence, was already known to the art)"

Mostrar as vantagens de um processo ou mecanismo conhecido, pô-las em evidência, não é obra de inventor.[173]

[5] § 3. O intuito de manter o segredo – a regra de Savigny

A questão aqui em análise é o da revelação do invento a terceiros – quando existe perda da novidade por abandono do teor econômico do sigilo. Com a introdução do período de graça, através do art. 12 do CPI/96, o que adiante se examina aplica-se ao que ocorre *além do período de um ano* deferido pela lei como proteção objetiva.

Estas ponderações também são pertinentes para a hipótese de apropriação do segredo, inclusive quando se reivindica um pedido de patente, ou o privilégio, em pleito de adjudicação, independentemente do período de graça.

Dois elementos devem ser levados em conta: a materialidade do segredo – que as informações pertinentes não sejam de domínio geral, ou pelo menos, do concorrente – e a manifestação de uma intenção de reserva delas em em face de sua utilização na concorrência. Assim, para se verificar se houve resguardo do segredo do invento, além do elemento fático, há que se apurar um elemento volitivo, ou propriamente jurídico.

Se há a intenção de reserva, mas as fontes da informação são livremente acessíveis, segredo não há.

Mas se a matéria não é acessível, a presença ou ausência da intenção manifestada de reserva é essencial. Em outras palavras, salvo a vontade manifesta (e não presumida pelo fato de ser empresa em concorrência) em meios e controles, não há tutela jurídica das informações

O art. 195 da Lei 9.279/96 tutela como crime de concorrência desleal o ato de quem divulga, explora ou utiliza-se, sem autorização, de conhecimentos, informações ou dados confidenciais, utilizáveis na indústria, comércio ou prestação de serviços, excluídos aqueles que sejam de conhecimento público ou que sejam evidentes para um técnico no assunto, *a que teve acesso mediante relação contratual ou empregatícia*, mesmo após o término do contrato; ou divulga, explora ou utiliza-se, sem autorização, dos mesmos conhecimentos ou informações, obtidos *por meios ilícitos* ou a que teve acesso *mediante fraude*.

Excluído assim o emprego de meios ilícitos, em particular a fraude, a tutela das informações sigilosas se resume às hipóteses em que haja uma relação de confidencialidade. Se o inventor passa suas informações para terceiros – por exemplo, para testes ou fabricação – sem exigir reserva ou segredo, faculta a tal terceiro o uso livre das informações.

A relação de confidencialidade, prévia à transferência ou constituição do segredo, é assim parte do requisito subjetivo de proteção: a intenção de manter o sigilo deve

---

[173] MENDONÇA, José Xavier Carvalho de. Tratado de Direito Comercial Brasileiro. Atualizado por GAMA, Ricardo Rodrigues 1ª ed.: Selo de Autenticidade Russel, 2003, p. 154-155.

ser exteriorizada numa relação entre as partes de caráter confidencial. Na relação de emprego, a confidencialidade é um pressuposto legal; em outros casos, ela tem de ser regulada obrigacionalmente.

Cabe repetir aqui o dizer da decisão seminal da Suprema Corte dos Estados Unidos em *E.I. Du Pont de Nemours Powder Co. v. Masland*, 244 U.S. 100 (1917), relator o Justice Holmes;

> "The word 'property' as applied to trademarks and trade secrets is an unanalyzed expression of certain secondary consequences of the primary fact that the law makes some rudimentary requirements of good faith. Whether the plaintiffs have any valuable secret or not the defendant know the facts, whatever they are, through a special confidence he accepted. The property can be denied, but the confidence cannot be."

Aplica-se aqui a noção da *intenção de apropriação* (ou *animus domini*, a que tão intensamente se referia Savigny), ainda que sem a tônica do direito de propriedade em face do fato da posse. Não é relevante, embora seja pertinente, a oposição de posse e propriedade em face de um invento apropriado por terceiros. A tensão maior no caso é entre o direito excepcional (e não natural) de apropriação de uma idéia, e o interesse geral da comunidade de ter os conhecimentos disponíveis para uso geral.

Para não repetirmos aqui o que longamente dissemos na seção referente à teoria do *market failure* e no capítulo sobre os fundamentos constitucionais da propriedade intelectual, basta lembrar que os direitos de patentes são *jus extraordinarium*, exceções à liberdade de concorrência e apropriações individuais de criações que fluem naturalmente para o domínio comum. Assim, é preciso, mais ainda do que no contexto da propriedade sobre bens materiais, uma clara e inequívoca expressão do *animus domini*.

No caso dos bens físicos, a propensão natural – especialmente numa economia de mercado – é o da apropriação individual. Se alguém abandona uma propriedade, é instantânea a ocupação por outra pessoa. No caso dos bens imateriais, o abandono da tutela da informação não tem outro resultado, mas ainda propende para a dispersão da informação no domínio público.

Assim, se não demonstrada, com base em lei ou num laço obrigacional específico, a confidencialidade, em seu aspecto objetivo e subjetivo, não há tutela jurídica da anterioridade perdida. Quem deixa o invento ser comunicado a terceiros, sem violação dos parâmetros da concorrência desleal, e sem a proteção da confidencialidade obrigacional ou legal, perde o direito de pedir patente. Isso se dá em exata obediência aos preceitos constitucionais, e em benefício da sociedade em geral.

Isso não quer dizer que o que se apropria passe a ter a pretensão a obter patente. O direito constitucional é apenas deferido ao autor, não a qualquer terceiro. Ainda que se aplique o princípio *first to file*,[174] o legitimado é apenas o primeiro a depositar o pedido *entre os que são autores independentes*. Mesmo se o autor inicial tenha decaído do direito de pedir a adjudicação, ele tem (e a lei o diz) a pretensão da nulidade contra aquele que, não sendo autor, requer a patente.

[5] § 3.1. A diferença entre o segredo de empresa geral e o "segredo de invento"

Nota Marissol Gomez Rodrigues:[175]

Existe na verdade uma gradação entre o segredo industrial e o segredo de invento, vez que este último se constitui no direito absoluto de PEDIR PATENTE. Não há que se confundir segredo industrial com segredo de invento, pois nem todo segredo industrial se trata de segredo de invento. "Os alemães, dentre os quais ULMER e REIMER, definem segredo industrial como *qualquer coisa que se encontra relacionada com uma empresa, a qual não foi divulgada e que, segundo a vontade do titular da empresa, deve manter-se secreta*; os franceses, entre eles PAUL ROUBIER, designando-o pelo termo *secret de fabrique*, definem-no *como um processo de fabricação oferecendo um interesse prático comercial, empregado por um industrial e mantido escondido de seus concorrentes, que não o conhecem*. A essa definição, ALBERT CHAVANNE e JEAN-JACQUES BURST acrescentam o elemento originalidade: para eles, o segredo industrial é um meio de fabricação de caráter industrial e secreto, provido de certa originalidade, interesse prático e comercial."[176]

Essa distinção entre segredo industrial e segredo de invento foi apontada por ASCARELLI que mencionou que "a tutela do segredo será válida, quando não haja um direito absoluto sobre a criação intelectual e poderá se tornar relevante, enquanto o sujeito não tiver recorrido ao procedimento necessário à constituição do direito absoluto, ou quando se tratar de uma criação intelectual (fora do âmbito da proteção patentária, como dados ou notícias), não suscetível de ser objeto de

---

174 A quem se dá a patente entre dois inventores originais da mesma solução técnica? Ao primeiro a inventar, ou ao primeiro a requerer patente? Os Estados Unidos têm mantido a regra first to invent; a lei brasileira, e com ela a maioria, adota o first to file. Quanto ao sistema americando, vide COHEN, Linda R. and ISHII, Jun, "Competition, Innovation and Racing for Priority at the U.S. Patent and Trademark Office" (September 2, 2005). USC CLEO Research Paper No. C05-13 Available at SSRN: http://ssrn.com/abstract=826504.

175 RODRIGES, Marissol Gómez, Da ação de adjudicação de patente como ferramenta reivindicatória do usurpado, Dissertação apresentada ao Instituto Nacional de Propriedade Industrial (INPI) para obtenção do título de Mestre em Propriedade Intelectual e Inovação, Orientador: Denis Borges Barbosa, 2009.

176 FEKETE, Elisabeth Edith G. Kasznar. Universidade de São Paulo Faculdade de Direito. Tese de Doutorado. "Perfil do Segredo de indústria e Comércio no Direito Brasileiro: Identificação e análise crítica." Orientador: Prof. Dr. Waldirio Bulgarelli. Junho de 1999, p. 39/40.

um direito absoluto. Então, na falta de um direito absoluto, o interessado recorrerá ao segredo, usando a tutela que tiver no limite da tutela do segredo e não poderá invocar um direito absoluto sobre a criação intelectual. A inexistência de um direito absoluto sobre a criação intelectual não exclui por outro lado, a possibilidade de comunicar tal segredo sob obrigação, de que ele não seja revelado a outras pessoas ou utilizado fora das condições pactuadas."[177] (tradução livre)

"Indubitavelmente a proteção outorgada, frente aos atos de exploração inconsentida do segredo, tem uma categoria inferior, àquela que se concede frente aos atos de exploração não autorizada de uma invenção patenteada. Todavia, ainda que a proteção dispensada ao segredo industrial seja mais fraca, que aquela conferida à invenção patenteada, ela não impede o argumento de que o titular de um segredo detém uma posição de conteúdo econômico análogo à posição que ocupa o titular da patente de invenção."[178] (tradução livre)

A despeito do conteúdo econômico de ambos os segredos, tanto o industrial quanto o de invenção, o que faz a diferença é o absolutismo do DIREITO DE PEDIR PATENTE. Haverá direito absoluto, sempre que, em face da informação não revelada, se enquadrem integralmente os requisitos de invento: novidade, atividade inventiva e aplicabilidade industrial. É esse direito absoluto que vai se impor e, em algumas hipóteses, remediar uma situação de risco, em que o segredo de invenção tenha vazado ou sido divulgado.

[5] § 3.2. Jurisprudência: não há segredo de justiça no caso de segredo de patente

>Tribunal de Justiça do RS
Agravo de instrumento nº 70003360567, décima quarta câmara cível, Tribunal de Justiça do RS, relator: Des. João Armando Bezerra Campos, julgado em 14/03/02.

---

177 ASCARELLI, TULLIO. Teoria della concorrenza e dei Beni immateriali. Terza edizione. Milano. Dott. A. Giuffrè Editore. 1960. p. 290 "A sua volta la tutela del segreto soccorrerà solo in quanto non soccorra un diritto assoluto sulla creazione intellettuale e potrà tornare ad essere rilevante vuoi in quanto il soggetto, come vedremo, non ricorra al procedimento necessario per la costituzione di detto diritto assoluto, vuoi in quanto si tratti di creazioni intellettuali (o, fuori dall`ambito di queste, di dati o notizie) non suscetibili di essere oggetto di un diritto assoluto. Sarà allora che, próprio data la mancanza di un diritto assoluto, l´interessato ricorrerà al segreto, essendo allora tutelato bensì, ma tutelato solo nei limiti della tutela del segreto e non potendo invece invocare un diritto assoluto sulla creazione intellettuale L´inesistenza di un diritto assoluto sulla creazione intellettuale non esclude d´altra parte che questa possa venir comunicata ad altri dal suo autore col vincolo di non comunicarla ulteriormente o di non utilizzarla che a determinare condizioni (...)".

178 FERNÁNDEZ-NÓVOA, Carlos. El enriquecimiento injustificado en el derecho industrial. Madrid: Ed. Marcial Pons, Ediciones Jurídicas y Sociales S. A., 1997, p. 101. "Es indudable que la protección otorgada frente a los actos de explotación inconsentida del secreto es de rango inferior a la que se concede frente a los actos de explotación no autorizada de la invención patentada" p. 102, "Ahora bien, aunque la proteción dispensada al secreto industrial es más débil que la conferida a la invención patentada, ello no impide sostener que el titular de un secreto detenta una posición de contenido económico análogo a la posición que ocupa el titular de la patente de invención".

EMENTA: Agravo de instrumento. Registro perante o INPI. Questão prejudicial. Suspensão do processo. Intimação para retificação de conduta. Segredo de justiça. Eventual concessão de carta de patente não constitui questão prejudicial a autorizar a suspensão do processo, ausente qualquer das hipóteses elencadas no art-265, IV, do Código de Processo Civil. Não obstante o sigilo industrial que se pretende resguardar, a matéria "sub judice" não se adequa as hipóteses previstas no ordenamento jurídico. Diante da inexistência da efetiva intimação pessoal do agravado para cumprimento de medida retificatória, merece provimento o agravo neste ponto. Agravo parcialmente provido.

[5] § 4. As exceções à regra da novidade

Como foi dito logo acima, a restrição à concorrência imposta pela exclusiva, havendo novidade, atende ao balanceamento dos interesses constitucionais. Conversamente, exceções ao princípio da novidade, imposto pela cláusula constitucional, sempre suscitam leitura cuidadosa, justificação precisa, e aplicação meticulosa da razoabilidade.[179]

Assim é que o direito brasileiro prevê, literalmente, todas as exceções à regra cogente da novidade. São elas:

a prioridade internacional
a prioridade nacional
o período de graça
o *pipeline* previsto no art. 229 e seguintes do CPI de 1996.

[5] § 4.1. Período de Graça

Dois problemas são recorrentes no Direito de Patentes:

a) a revelação inadvertente ou abusiva de uma tecnologia patenteável, antes de requerida a proteção;

b) a necessidade de testar ou expor o invento, antes de requerida a proteção;

---

[179] Lembrando aqui Mathely, "Affording a Period of Grace for Disclosure of an Invention by the Inventor Prior to Filing a Patent Application," 1982 Int. Prop. 285 ss. *apud* Joseph Straus, Joseph Straus, Expert Opinion on the Introduction of a Grace Period in the European Patent Law (2002), encontrado em http://www.european-patent-office.org/news/pressrel/pdf/galama.pdf, "Although the concept of absolute novelty was philosophically correct and its application to patentability was good both in law and practice, this did not mean that making a number of specific exceptions, where such exceptions were justified, was tantamount to contesting or destroying a rule. "The solution found in Article 55 of the European Patent Convention is not enough; Progress demands its further development."

Como a divulgação do invento, capaz de incorporá-lo ao estado da técnica, elimina a possibilidade de obter patente no sistema de novidade absoluta, sempre se tentou moderar o rigor desse regime nesses casos, no interesse da própria dinâmica inovadora.[180]

Uma modalidade do segundo problema causou a própria Convenção de Paris: a necessidade de expor o invento, por exemplo, em exibições internacionais, sem perder o direito à patente. Naturalmente, a versão de 1883 incorporou proteção específica para as exposições internacionais,[181] o que encontrou resposta imediata na nossa lei de 1882,[182] e, em sucessão contínua, até o CPI/71.[183] A esse instituto de fundo convencional[184] se deu o nome de *garantia de prioridade*, afirmando o mesmo mecanis-

---

180 ARNAUD, Antonio Maurício Pedras. A exploração de patentes e o período de graça no regime da lei atual. In: XX SEMINÁRIO DA PROPRIEDADE INTELECTUAL, 2000, São Paulo. Anais... São Paulo, 2000, p. 81.

181 "Art. 11º As altas partes contractantes obrigam-se a conceder protecção temporaria ás invenções que estiverem no caso de ser privillegiadas, aos desenhos ou modelos industriaes, assim como ás marcas de fabrica e de commercio, para os productos que figurarem nas exposições internacionaes officiaes ou officialmente reconhecidas." Vide, para uma longa e saudosa análise do instituto, José Carlos Tinoco Soares, Tratado da Propriedade Industrial, Jurídica Brasileira, 1998, p. 233.

182 Lei 3.129, de 14/10/1882, Art. 2º § 2º Ao inventor que, antes de obter patente, pretenda experimentar em publico as suas invenções, ou queira exibi-Ias em exposição oficial ou reconhecida oficialmente, se expedira urn titulo, garantindo-lhe provisoriamente a propriedade pelo prazo e com as formalidades exigidas."

183 Em sua versão de 1971, assim estava regulada tal garantia: "Art. 7º. - Antes de requerida a patente, a garantia de prioridade poderá ser ressalvada quando o autor pretenda fazer demonstração, comunicação a entidades científicas ou exibição do privilégio em exposições oficiais ou oficialmente reconhecidas. § 1 - Apresentado o pedido de garantia de prioridade, acompanhado de relatório descritivo circunstanciado, bem como desenhos, se for o caso, será lavrada a respectiva certidão de depósito, que vigorará por 1 (um) ano para os casos de invenção e por 6 (seis) meses para os de modelos ou desenhos. § 2 - Dentro desses prazos deverá ser apresentado o pedido de privilégio, nas condições e para os efeitos do disposto neste Código, prevalecendo a data do depósito a que se refere o parágrafo anterior. ART. 8 - Findos os prazos estabelecidos no § 1 do ART.7, sem ter sido requerido o privilégio, extinguir-se-á automaticamente a garantia de prioridade, considerando-se do domínio público a invenção, modelos ou desenhos.".

184 O período de graça não teve consagração pela CUP. Narra Straus, *op. cit.*; "Attempts to introduce a novelty "grace period," which would offer immunity to the inventor who publically discloses his/her invention before filing of a patent application, against such disclosures, into the PC as a new Article 4J had failed at the London (1934) and Lisbon (1958) Revision Conferences.3 In London two revision proposals were discussed: On the one hand, the Italian delegation proposed a grace period of twelve months for publications of the inventor in monographs and compilations of academies and scientific societies of a Member State; On the other hand, the Netherlands proposed a general grace period of six months. These ideas were met with strong sympathy by the US and UK delegations. France and Germany were also interested. Since the idea, however, did not meet with the interest of other delegations, the Conference, eventually, only recommended that Member States should consider the issue when a reform of the national law is intended. At the Lisbon Revision Conference, however, the attitude of delegations of Belgium, France, Luxembourg, Switzerland and, interestingly also Italy and the Netherlands, from the outset was a negative one. They basically argued that the existence of a grace period would mislead the inventor, and leave third parties in the dark as regards the relevant prior art. Thus, whether or not a "grace period" of any kind, which may exist in a Union member is to be calculated from the priority date, or date of subsequent filing, or any other date is a matter of the law of the Member where the subsequent application is filed, as to how to define the state of the art relevant in respect to the novelty, as well as inventive step requirement."

mo de deslocamento do momento de exame do estado da técnica que ocorre na prioridade *stricto sensu.*

O código de 1945 introduziu um instituto similar, de caráter geral, uma prioridade como a das Convenções internacionais, mas de fundo legal e proposta apenas para os não domiciliados no País.[185] Provavelmente pelo conteúdo discriminatório e provavelmente inconstitucional, não persistiu o dispositivo nos textos subsequentes.

Com a nova lei de 1996, uma nova estratégia surge. Ao invés de um depósito preventivo, antes da revelação pública do invento, traz-se dos exercícios de harmonização a idéia do *período de graça.*[186] Tal instituto se volta mais à primeira das duas razões apontadas para se antecipar o momento de apuração do estado da técnica.[187]

Escrevendo enquanto ainda em discussão o projeto que resultou no CPI/96, Geraldo Dannemann assim manifestava o propósito do novo modelo legal:

1º) Atender aos pesquisadores, notadamente os das universidades, que publicam os resultados de suas pesquisas antes da apresentação dos seus pedidos de patente, e,

2º) Beneficiar os inventores de uma maneira geral, domiciliados no Brasil, que à míngua de uma cultura acerca da existência de um sistema de patentes entre nós, divulgam ou exploram seus inventos antes do requerimento de suas patentes.[188]

---

185 Art. 7º - E privilegiável no sentido do presente Código toda invenção considerada nova e suscetível de utilização industrial. § 1º - Considera-se nova a invenção: (...) "b" - que ate uma ano antes do depósito do pedido da patente, no pais, não tenha sido patenteada no estrangeiro, nem descrita em publicações de modo que possa ser realizada. Segundo Gama Cerqueira, João da; "Tratado da Propriedade Industrial", Volume II, Tomo I, Parte II, edição Revista Forense 1952, p. 82, "C ...) O inventor domiciliado no estrangeiro, que tenha obtido patente em qualquer pais ou cuja invenção tenha sido descrita em publicações de modo a poder ser realizada, não ficará impedido de obter privilégio no Brasil, desde que esses fatos não se ten hajam verificado, como diz a lei, até um ano antes do depósito do pedido de patente no país ."

186 Comparemos com o que descreve Douglas Gabriel Domingues, "O período de graça pode ser conceituado como a salvaguarda temporária da novidade de uma invenção, de um modelo de utilidade ou de um desenho industrial, que permite ao titular do direito, antes mesmo de depositar seu pedido de privilégio, revelar as características básicas do produto, processo ou meio que os criou, bem como sua aplicação, sem prejudicar sua novidade". *Apud* Gabriel Di Blasi Júnior. A exploração de patentes e o período de graça no regime vigente. In: Revista da ABPI, São Paulo: Revista dos Tribunais, n. 50, jan/fev 2001, p. 22.

187 Vide, quanto à questão, Dannemann, Gert Egon: Do período de graça e do usuário anterior, dois novos princípios introduzidos no projeto do novo Código da Propriedade Industrial. Revista da ABPI, n. 13, p. 33 a 36 nov./dez. 1994. Gabriel Di Blasi Júnior, A Exploração de Patentes e o Período de Graça no Regime Vigente, Revista da ABPI, Nº 50 - Jan./Fev. de 2001, p. 2. Sobre o instituto em todos os países que o prevêem, vide Joseph Straus, Expert Opinion on the Introduction of a Grace Period in the European Patent Law (2002), encontrado em http://www.european-patent-office.org/news/pressrel/pdf/galama.pdf.

188 *Op. cit.*

[5] § 4.1. (A) Do período de graça no direito estrangeiro

Diz um recente documento europeu:[189]

Alguns países, como os Estados Unidos e o Japão, reconhecem tradicionalmente um período geral de graça com o propósito de remediar as conseqüências de uma publicação precipitada ou irresponsável. O período de graça oferece um período de tempo específico (seis ou doze meses) em que um pedido de patente pode ser depositado apesar da divulgação precedente da invenção pelo inventor/pretendente ou por seu sucessor no título. Em conseqüência, a novidade não é destruída e a patente pode ainda ser concedida, desde que se atendam todas as demais exigências de patenteabilidade (nenhuma exceção ao patentability, etapa inventive, aplicação industrial) e os formalities são cumpridos.

Em contraste aos Estados Unidos e aos sistemas japoneses da patente, a Convenção Européia de Patentes (EPC) e as leis de patentes dos estados membros não oferecem, por diversas razões, um período geral de graça. Entretanto, sua implantação no sistema europeu de patentes está sendo discutida atualmente.[190]

Para esse estudo, o propósito do instituto é, primeiramente, atender ao permanente conflito entre a produção científica, consagrada naturalmente à publicação, e a patente, para a qual a publicação antecipada é mortal. Em segundo lugar, para suprir as fragilidades do pequeno inventor e da pequena empresa, que não sabem, ou não tem meios, de atender às exigências do segredo do invento.

As regras regionais e nacionais da Europa, porém, tem um sistema *específico* de graça (não geral, como nos Estados Unidos e Japão), com fins bem determinados:

De acordo com estas regras, a não se perde a novidade por uma divulgação feita até seis meses antes do depósito de um pedido de patente européia:
(1) na proporção em que uma terceira pessoa divulgou a invenção de maneira abusiva que prejudicasse obviamente os interesses dos pretendentes, por exem-

---

189 Grace Period and Invention Law in Europe and Selected States, encontrado em www.ipr-help-desk.org/documentos/docsPublicacion/html_xml/8_GracePeriodinventionLaw%5B0000004514_00%5D.html.

190 Some countries, like the U.S. and Japan, do traditionally recognise a general so-called grace period which heals the consequences of a rash or inconsiderate publication. The grace period offers a specific period of time (six or twelve months) in which a patent application may be filed in spite of the previous disclosure of the invention by the inventor/applicant or his/her successor in title. As a result, novelty is not destroyed and a patent may still be granted, provided all other requirements of patentability (no exception to patentability, inventive step, industrial application) and formalities are fulfilled. In contrast to the U.S. and Japanese patent systems, the European Patent Convention (EPC) and the Member States' patent laws do not, for several reasons, offer a general grace period. However, its implementation into the European patent system is currently being discussed.

plo, por uma publicação por parte de uma terceira pessoa sem autorização do inventor ou de outra pessoa com poderes para tanto.

Este período de graça específico pode, especialmente, resolver o problema das publicações que foram feitas a despeito de um acordo de confidencialidade. A regra aplica-se também às divulgações por pesquisadores empregados em desrespeito ou sem autorização do empregado (por exemplo, pequenas empresas, universidades, organizações de pesquisa, etc.).

(2) na proporção em que o depositante expôs a invenção em um evento internacional oficial coberto pelo tratado pertinente.

Exemplo da modalidade deste período de graça é o Código da Propriedade Industrial português:

Artigo 57º
Divulgações não oponíveis
1 - Não prejudicam a novidade da invenção:
a) As divulgações perante sociedades científicas, associações técnicas profissionais, ou por motivo de concursos, exposições e feiras portuguesas ou internacionais, oficiais ou oficialmente reconhecidas, se o requerimento a pedir a respectiva patente for apresentado em Portugal dentro do prazo de 12 meses;
b) As divulgações resultantes de abuso evidente em relação ao inventor ou seu sucessor por qualquer título, ou de publicações feitas indevidamente pelo Instituto Nacional da Propriedade Industrial.

Peculiaridades do sistema americano

Concentremos nossa atenção, agora, no sistema americano, eis que ele terá papel crucial no deslinde deste estudo.

O sistema americano, mencionado acima, tem característica especialíssima, eis que ainda vigora, neste momento, como tradicionalmente, o princípio de que é o primeiro a inventar, e não o primeiro dentre os inventores autônomos a requerer, que faz jus à patente.[191] Embora, ao momento em que se escreve, corra projeto de lei no

---

191 Como nota Gabriel Di Blasi Júnior, *op. cit.*: "Nos Estados Unidos o periodo de graça é previsto na Seção 102 (b), Titulo 35, do Code of Federal Regulations Patents, Trademarks, and Copyrights, nestes precisos termos: "§ 1 02. Conditions for patentability; novelty and loss of right to patent. A person shall be entitled to a patent unless- (...) (b) the invention was patented or described in a printed publication in this or a foreign country or in public use or on sale in the USA, more than one year prior to the date of the application in the USA." De acordo com a lei norte-americana, portanto, ao inventor e conncedido o prazo de 12 meses para depositar o pedido de patente, contados a partir da data da publicação escrita dos dados referenntes ao objeto da invenção, "em qualquer parte do mundo", ou do início da comercialização (sale) ou utilização (use) do objeto da patente, "dentro dos Estados Unidos". Mas, para uma correta interpretação desta disposição legal, dever-se-á ter em mente, inicialmente, o sistema do first-to-invent adotado naquele pais. Nas palavras de Adelman, Martin j. [et al.]: "This provision therefore straightforwardly

Congresso Americano ajustando o sistema ao padrão dos demais países, esta peculiaridade singulariza o período de graça daquele país.

Mais ainda, o período de graça encontra um reforço ainda mais excepcional no mecanismo do *pedido provisório* previsto no § 111 (b) da Lei de Patentes dos Estados Unidos. Assim é descrito o instituto:

A possibilidade de um pedido provisório foi introduzida na lei de patentes dos Estados Unidos em 1995. Diferentemente do pedido definitivo, requer somente uma descrição da invenção e é mais menos cara. O pedido definitivo tem que ser submetido nos doze meses seguintes. A data da prioridade do pedido final posterior será a data do pedido provisório. Conseqüentemente, nenhuma publicação posterior atrasada - nem pelo inventor ele mesmo nem por alguma outra pessoa – terá nenhum efeito quanto à patenteabilidade da invenção. (...)

"Um pedido provisório" é um instrumento simples e rápido para assegurar os direitos de patente antes de tornar públicas as invenções. Permite uma oportunidade de verificar o valor econômico das invenções e de iniciar contato com potenciais licenciados. Diferentemente do período de graça geral, não resolve os casos onde uma invenção seja inadvertida ou abusivamente publicada, ou quando seu valor econômico só se tornou aparente após a publicação. De forma distinta, o pedido provisório garante um padrão mais elevado da certeza legal e é um instrumento capaz e adequado para complementar o período de graça geral.[192]

[5] § 4.1. (B) Nosso comentário anterior sobre o art. 12 do CPI/96

Tivemos ocasião de analisar a questão do chamado "período de graça" anteriormente, em nosso Uma Introdução à Propriedade Intelectual, 2ª edição, Lumen Juris, 2003. Em primeiro lugar, para fixar sua natureza e propósitos:

Duas importantes características resultam da Lei 9.729/96, no tocante à fixação legal do momento em que se apura o estado da técnica (...) a concessão de um período durante o qual a divulgação do invento depositado no Brasil, nas condições mencionadas, não prejudica a aquisição da propriedade – o chamado período de graça.

Em seguida, fixamos a questão do efeito, sobre a patentabilidade, da entrada de um invento no estado da técnica:

Quanto ao uso público, que nos interessa particularmente, continuam os autores:[193]

---

sets forth the "first to invent" system unique to the United States. When multiple persons claim the right to a patent on a given technology, this system allows inventors who were not the first to reach the Patent Office to establish their right to the patent by demonstrating inventive acts prior to those of their competitors. " (Cases and Materials on Patent Law, Minnesota, West Group, 1998, p. 204)".

192 Grace Period and Invention Law in Europe and Selected States, *op. cit.* Quanto ao instituto, vide igualmente Tinoco Soares, *op. cit.*, loc. cit.

193 Chavanne e Burst, *op. cit.*, loc. cit.

"É preciso ter em conta a diferença que é feita entre uma comunicação de uma invenção a uma pessoa e a comunicação ao público. No primeiro caso, não haverá anterioridade senão quando for provado que a pessoa da qual se trata era competente para compreender a invenção. No segundo caso, basta provar que a publicidade foi de tal natureza que pessoas competentes para compreender a invenção, e não vinculados à obrigação de guardar segredo poderiam ter acesso àquela. A simples possibilidade é então suficiente para que haja anterioridade.

É preciso distinguir, ainda, a anterioridade que resulta da exploração pública por terceiros e a divulgação, decorrente de ato próprio do inventor que se apresenta como depositante. A comunicação da invenção a terceiros vinculados ao segredo, por parte do inventor, enquanto tais terceiros não violarem sua obrigação não constituirá anterioridade.[194] Vide, sobre a questão, a seção posterior sobre período de graça.

Assim, claro está que – como as prioridades – o instituto jurídico em questão opera pelo deslocamento do momento de apuração do estado da técnica. Mas, como expus mais adiante na mesma obra, trata-se aqui não mais de um mecanismo de assegurar a lealdade concorrencial, em garantia do comércio internacional, mas com uma finalidade distinta e efeitos específicos:

A Lei 9.279/96, em seu art. 12,[195] numa interessante inovação sobre o sistema anterior, considera não ferir a novidade a divulgação do invento, quando ocorrida durante os doze meses que precederem a data de depósito ou a da prioridade do pedido de patente, se promovida pelo próprio inventor (o chamado *período de graça*), pelo INPI em publicação oficial do pedido de patente depositado (por outras pessoas, que não o inventor, obviamente) ou por terceiros, com base em informações obtidas direta ou indiretamente do inventor ou em decorrência de atos por este realizados.

Neste último caso, estará também a divulgação feita por outros entes públicos, nacionais ou não, inclusive a publicação por escritórios de patente estrangeiros, ou pelo titular do direito de pedir patente. O dizer da lei, "direta ou indiretamente", abrange toda e qualquer comunicação do teor do invento, deliberada ou não, obtida dolosa ou culposamente, ou ainda sem qualquer culpa. Só se exclui da

---

194   Burst et Chavanne, *op. cit.*, p. 19.
195   Art. 12. Não será considerada como estado da técnica a divulgação de invenção ou modelo de utilidade, quando ocorrida durante os 12 (doze) meses que precederem a data de depósito ou a da prioridade do pedido de patente, se promovida: I - pelo inventor; II - pelo Instituto Nacional da Propriedade Industrial - INPI, através de publicação oficial do pedido de patente depositado sem o consentimento do inventor, baseado em informações deste obtidas ou em decorrência de atos por ele realizados; ou III - por terceiros, com base em informações obtidas direta ou indiretamente do inventor ou em decorrência de atos por este realizados. Parágrafo único. O INPI poderá exigir do inventor declaração relativa à divulgação, acompanhada ou não de provas, nas condições estabelecidas em regulamento.

regra geral do art. 12 a divulgação de informações independentes, a de um invento autônomo.

Como já se indicou, o período de graça é objetivo, e sua proteção não é afetada pelo descuido ou falta aparente ou real de intento em proteger o valor econômico do invento. (...)

Importantíssimo, neste contexto, é a prova do momento do invento. Para satisfazer o requisito do prazo, convém aplicar os exatos parâmetros de verificação de anterioridade, acima expostos, ainda que com a ênfase oposta.

Notam vários autores do risco que é utilizar-se deste recurso da Lei. 9.279/96, eis que em muitos países não se concede o período de graça: quanto a eles, o exercício do direito assegurado pela lei nacional importaria, em seus sistemas jurídicos, em perda da novidade"

Em nosso entendimento, assim, a graça de nosso Direito não é condicional ou subjetiva, nela não cabendo perquirir voluntariedade ou abusividade. Suscitar tais elementos para viabilizar a aplicação do período de graça implicaria em minorar sua fruição para aqueles aos quais o instituto pretende atender: os pesquisadores acadêmicos e as pequenas e médias empresas.

Não se deve, porém, transformar o período de graça numa regra geral, uma aumento desrazoável das vantagens do investidor, em despeito da necessidade pública de acesso livre às tecnologias. O período de graça é uma *rede de segurança* e nunca um apoderamento que desequilibre o balanceamento de interesses entre o público e o investidor.[196]

Desta primeira transcrição se suprimiu, no entanto, o que dissemos quanto à *leitura do dispositivo de acordo com a Constituição*, o que será objeto de discussão logo a seguir. Visando necessariamente atender *o interesse social e o desenvolvimento econômico e tecnológico do País*, como o impõe o teto constitucional típico às patentes, o dispositivo não pode dispensar essa leitura.

[5] § 4.1. (C)   Da leitura constitucional do período de graça

Exposta a natureza do instituto e sua funcionalidade, cabe agora dele fazer uma leitura constitucional, enfatizando sua conformidade com a *cláusula finalística* que preside a regulação patrimonial dos inventos.

---

196   Straus, *op. cit.*, Item 10.3.2.5: "Despite all assumptions to the contrary, in a first-to-file system, with a general grace period, pre-filing disclosures have never been intentional and on purpose, except in circumstances, where, for instance, public testing of a machine, etc. was unavoidable. As repeatedly observed, grace period has alway been used as a safety net only and there is nothing which, in a system of first-to-file would support the assumption that this could change in the future." Grifo do original.

Nossa leitura anterior

No nosso estudo do período de graça, em 2003, a questão constitucional apareceu como relevante:

"(...) não obstante o intuito protecionista do instituto, voltado ao inventor individual ou pequena empresa que – historicamente – tendem a perder o direito de pedir patente por divulgarem o invento antes do depósito, o que se tem neste dispositivo é uma suspensão do período em que a tecnologia cai em domínio público. Assim, a interpretação de seu teor levará em conta a exigência constitucional de balanceamento entre interesses contrastantes, sem perder de vista à proteção ao mais fraco, que *pode* ser o inventor, mas também sem frustrar os interesses da comunidade, que é de ter a tecnologia de uso livre, ou logo publicada para *conhecimento* público.
Assim, nenhuma contemplação poderá haver no caso de invento de titularidade uma grande ou média empresa que descura de pretender proteção a seus inventos; *dormientibus non succurit jus*. Para estes, há que se aplicar o período de graça com o máximo de restrição."

Com efeito, nem as grandes e médias empresas internacionais estarão livres das publicações abusivas, não autorizadas, por terceiros. Nem mesmo os pequenos e inadvertentes estão livres da regra geral de que a comunidade tem interesse no acesso à tecnologia; mesmo eles estão proibidos do uso abusivo do período de graça.

Dizem as Anotações à Constituição Americana[197] exatamente sobre essa questão:

Underlying the constitutional tests and congressional conditions for patentability is the balancing of two interests-the interest of the public in being protected against monopolies and in having ready access to and use of new items versus the interest of the country, as a whole, in encouraging invention by rewarding creative persons for their innovations.

O direito de competir a que se refere o art. 1. da nossa Carta é o direito de livre cópia das criações técnicas e estéticas. A chave da propriedade intelectual é que *fora dos limites muito estritos da proteção concedida*, o público tem direito livre de copiar. Diz a decisão da Suprema Corte dos Estados Unidos em 1989, num acórdão unânime do caso Bonito Boats,[198] que enfatizou esse direito constitucional à livre cópia pelo público:

---

197 http://caselaw.lp.findlaw.com/data/constitution/article01/39.html.

198 BONITO BOATS, INC. V. THUNDER CRAFT BOATS, INC., 489 U.S. 141 (1989), O'CONNOR, J., Relator, decisão unânime da Corte. Vide também In re Morton-Norwich Prods., Inc., 671 F.2d 1332, 1336 (C.C.P.A. 1982) ("[T]here exists a fundamental right to compete through imitation of a competitor's product, which right can only be temporarily denied by the patent or copyright laws."). Do próprio acórdão

The efficient operation of the federal patent system depends upon substantially free trade in publicly known, unpatented design and utilitarian conceptions. (...) From their inception, the federal patent laws have embodied a careful balance between the need to promote innovation and the recognition that imitation and refinement through imitation are both necessary to invention itself and the very lifeblood of a competitive economy.

A mesma Corte põe claro que não só há um direito à cópia, mas que esse direito é de fundo constitucional:

"[t]o forbid copying would interfere with the federal policy, *found in Art. I, § 8, cl. 8 of the Constitution* and in the implementing federal statutes, of allowing free access to copy whatever the federal patent and copyright laws leave in the public domain." *Compco Corp. v. Day-Brite Lighting, Inc.*, 376 U.S. 234, 237 (1964)

Assim, sempre que o abuso do período de graça importar em frustração indevida do acesso do público à tecnologia, haverá inconstitucionalidade. Lê-se no voto condutor do Acórdão unânime na AC 2005.51.01.500712-8 da 2ª Turma especializada em Propriedade Industrial do TRF da 2ª Região, proferido em 28 de março de 2007:

"em relação aos inventos, o domínio público é a regra e a proteção, exceção, sempre condicionada a inúmeros fatores e por prazo sempre limitado."

Conclusão

Como foi extensamente construído, a novidade é princípio constitucional, e inafastável pela lei ordinária. A ponderação dos interesses constitucionais pela lei ordinária não pode ser efetuada de forma a eliminar esse princípio, mas apenas tornar razoável, no caso material, a relação entre os interesses do depositante e da sociedade em geral.

São eles o interesse secundário da sociedade – de propiciar o desenvolvimento econômico e tecnológico pelo estímulo ao investimento em novas criações, favorecendo assim o investidor em seu interesse primário; e o outro interesse puro da sociedade, que é de ter acesso mais imediato e completo possível aos frutos dessas novas criações, sem as desvantagens da exclusiva.

---

citado acima: "The defendant, on the other hand, may copy [the] plaintiff's goods slavishly down to the minutest detail: but he may not represent himself as the plaintiff in their sale." Bonito Boats, Inc. v. Thunder Craft Boats, Inc., 489 U.S. 141, 157 (1989) (quoting Crescent Tool Co. v. Kilborn & Bishop Co., 247 F. 299, 301 (2d Cir. 1917) (L. Hand, J.)). West Point Mfg. Co. v. Detroit Stamping Co., 222 F.2d 581, 589 (6th Cir. 1955) ("The identical imitation of the goods of another does not in itself constitute unfair competition.").

Assim, ainda que objetivo e incondicional, o período de graça não pode ser utilizado de forma a frustrar os propósitos do equilíbrio conseguido pela Lei 9.279/96. Ele é objetivo e incondicional exatamente para evitar que a pequena e média empresa, que têm regime especial segundo o art. 170 da Constituição, e a pesquisa pública, sob tutela especial do art. 218 da CF/88, sejam coarctados pela complexidade e ônus do sistema de patentes.

[5] § 4.1. (D) Da eficácia temporal do período de graça

A nova instituição passou a aplicar-se a partir de 14/5/1997. Aplicou-se imediatamente, criando um período de proteção *anterior à vigência da lei?*[199]

Por sua natureza subjetivamente benéfica, assim se poderia alvitrar. Há, no entanto, uma vedação de fundo constitucional que impediu essa aplicação retroativa.

Assim nos antecipamos sobre essa questão:

Princípio da Inderrogabilidade do Domínio Público
Tal é um princípio geral de legitimação constitucional dos direitos exclusivos sobre criações do espírito, expressivas, tecnológicas ou de imagem empresarial.
A vocação das criações humanas é para seu uso livre e por todos. Assim lembrava D. Pedro II, em suas instruções à Comissão do nosso primeiro código civil:
"O pensamento não pode ser objeto de propriedade, como as coisas corpóreas. Produto da inteligência, participa da natureza dela, é um *atributo da personalidade* garantido pela liberdade da manifestação, *direito pessoal.* Uma vez manifestado, ele entra na comunhão intelectual da humanidade, não é suscetível de apropriação exclusiva.O pensamento não se transfere, comunica-se... chamo a atenção da Comissão sobre a necessidade do harmonizar os direitos do autor com a sociedade..."[200]
No entanto, desde o séc. XVII tem-se instituído direitos de exclusiva para garantir retorno no investimento nas criações expressivas e tecnológicas. Por tornarem exclusiva a exploração econômica dessas criações, tais direitos têm sido tradicionalmente classificados como *monopólios* ou, na tradição lusitana a brasileira, *privilégios.*[201]

---

199 A resolução 71 da ABPI postula pela aplicação imediata do art. 12 às patentes: "Deve ser aplicada a disposição do artigo 12 da Lei nº 9.279/96 ao exame dos pedidos de patente depositados, ou cujo objeto foi publicado, na vigência da extinta Lei nº 5.772/71 e examinados na vigência da Lei nº 9.279/96, tendo em vista que a valoração dos fatos jurídicos anteriores atende a um comando direto do artigo 229 daquele diploma legal".

200 Ata sessões Comiss. Org. Proj. Cód. Civ. 1889 Rev. Inst. Hist., vol. 68, 1ª parte, 33. D. Pedro II (1889). Note-se que a posição de D. Pedro reflete com extrema fidelidade a de Thomas Jefferson, que é tema recorrente ainda hoje nos acórdãos da Suprema Corte Americana quanto a patentes: "Inventions then cannot, in nature, be a subject of property. Society may give an exclusive right to the profits arising from them, as an encouragement to men to pursue ideas which may produce utility, but this may or may not be done, according to the will and convenience of the society, without claim or complaint from anybody".

201 Para discussão dessas noções jurídicas, vide BARBOSA, Denis Borges. Nota Sobre as Noções de Exclusividade e Monopólio em Propriedade Intelectual. Revista de Direito Empresarial da UERJ, Rio de

O principal intérprete da primeira lei de Propriedade Intelectual ainda em vigor – o Estatuto Inglês dos Monopólios de 1621 –, Lorde Coke, escrevendo em 1644,[202] definiu o que era monopólio para os efeitos daquela lei:

"[o] monopólio é uma instituição ou benesse que o rei, por concessão, comissão ou ato de mesmo efeito, confere a qualquer pessoa ou pessoas, entes políticos ou corporativos, a exclusividade de compra, venda, elaboração, criação ou utilização de qualquer coisa, pelo qual qualquer pessoa ou pessoas, entes políticos ou corporativos, passam a ter cerceada uma liberdade que detinham antes, ou passam a ser impedidos no seu negócio legal." (tradução nossa)[203]

Ora, por definição, os direitos exclusivos <u>sobre novas criações</u> não retiram do público qualquer liberdade que havia anteriormente a sua constituição, eis que os elementos tornados exclusivos – técnicas, ou obras expressivas – nunca haviam sido integrados ao domínio comum. Novos, ou originais, são sempre *res nova*, bens ainda não inseridos na economia. Ainda que "monopólios", seriam de uma subespécie socialmente aceitável.[204]

A noção de "monopólio" de Lorde Coke, de outro lado, suscita um dos temas constitucionais mais importantes quanto aos direitos exclusivos sobre criações intelectuais – o conflito entre a restrição ao livre uso da informação, resultado da exclusividade, e liberdade de empreender, de informar, de ser informado e de usar da informação.[205]

A instituição de uma exclusiva – nada por acaso – exclui a sociedade da plena fruição das criações no presente, plenitude que ocorreria se não instituído o monopólio. Mas, ao fazê-lo, intenta consolidar a atividade criativa numa economia de mercado, tornando-a profissional e permanente.

Janeiro, p. 109-141, 2006, ou Borges Barbosa, Denis, "Why Intellectual Property May Create Competition Problems" (2007). Disponível em SSRN: http://ssrn.com/abstract=1006085.

202 Edward Coke, 3 Institutes of the Laws of England (London 1644).

203 "(a) monopoly is an institution or allowance by the king by his grant, commission, or otherwise to any person or persons, bodies politic or corporate, of or for the sole buying, selling, making, working, or using of any thing, whereby any person or persons, bodies politic or corporate, are sought to be restrained of any freedom that they had before, or hindered in their lawful trade."

204 Nota Edward C. Walterscheid, To Promote the Progress of Science and the Useful Arts: The Background and Origin of the Intellectual Property Clause of the United States Constitution, 2 J. Intell. Prop. L. 1, 37-38 (1994), falando dos autores da Constituição Americana: "They clearly viewed these limited-term grants as monopolies, albeit of a desirable and acceptable type".

205 The efficient operation of the federal patent system depends upon substantially free trade in publicly known, unpatented design and utilitarian conceptions. (...) From their inception, the federal patent laws have embodied a careful balance between the need to promote innovation and the recognition that imitation and refinement through imitation are both necessary to invention itself and the very lifeblood of a competitive economy. Bonito Boats, Inc. V. Thunder Craft Boats, Inc., 489 U.S. 141 (1989), O'Connor, J., Relator, decisão unânime da Corte.

Tratado da Propriedade Intelectual

A exclusiva, porém, só se justifica na presença do novo, da criação que acresça o conhecimento, a cultura ou as artes úteis das tecnologias, sob pena da instituição de um monopólio imitigado, de uma supressão irrazoável do que já esteja no domínio comum, como liberdade de todos.[206] A promessa de que o novo passe a ser uma nova liberdade, ainda que a prazo diferido, é o elemento justificador desta restrição.[207]

Assim, se há um fator de legitimação constitucional das exclusivas sobre criações do espírito, é que haja um novo em estado de liberdade. A liberdade presente, se coarctada, ofende o estatuto básico de direitos. A liberdade futura é robustecida por uma exclusão temporária, no que mais e mais criação possa ensejar.

Assim, a impossibilidade de apropriação singular do domínio comum é central em Direito da Propriedade Intelectual. Tivemos ocasião de perquirir tal noção em trabalho recente,[208] nos termos abaixo.

O ingresso no domínio público em cada sistema jurídico é incondicional, universal e definitivo; a criação passa a ser comum de todos, e todos têm o direito de mantê-la em comunhão, impedindo a apropriação singular. Não se trata de abandono da obra, *res nullius* ou *res derelicta*, suscetível de apropriação singular por simples ocupação.

Ao contrário, a obra sai do domínio privado e entra como valor positivo na comunhão de todos; em comum, todos são titulares do direito de usar e transformar, e, como todos o são, descabem as faculdades de fruir (alugar ou obter regalias) ou de dispor (ou seja, entregar à apropriação singular de terceiro). Mas subsiste a de perseguir a obra das mãos de quem a apropria singularmente, inclusive através de possessória.[209]

---

206   Statute of Monopolies, "6 (a). Provided also, that any declaration before mentioned shall not extend to any letters patents (b) and grants of privilege for the term of fourteen years or under, hereafter to be made, of the sole working or making of any manner of new manufactures within this realm (c) to the true and first inventor (d) and inventors of such manufactures, which others at the time of making such letters patents and grants shall not use (e), so as also they be not contrary to the law nor mischievous to the state by raising prices of commodities at home, or hurt of trade, or generally inconvenient (...)".

207   Stuart Mills, Principles of Political Economy: A condenação dos monopólios não deve estender-se às patentes, porque é permitido ao originator de um processo aperfeiçoado deter, por um período limitado, o privilégio exclusivo de usar sua própria melhoria. Isto não torna o produto mais caro só para seu benefício, mas meramente posterga uma parte da redução de custos, benefício esse que o público deve ao inventor, a fim compensá-lo e recompensar para o serviço. ... neste caso, assim como na questão análoga do copyright, haveria uma grande imoralidade na lei que permitisse a todos usar livremente o resultado do trabalho de alguém, sem seu consentimento, e sem dar-lhe uma compensação equivalente.

208   Domínio Público e patrimônio cultural, in Direito da Propriedade Intelectual, Estudos em Honra ao Padre Bruno Hammes, Ed. Juruá, 2006.

209   Apelação Cível 586000267 R. Athos Gusmão Carneiro - Ementa: Ação possessória sobre trecho de rua. Desafetação ao uso comum. Alienação, autorizada por lei municipal. O proprietário confrontante e legitimado para propor ação impugnando a desafetação de bem, do uso comum para o patrimônio dominial do município. Validade, todavia, da desafetação, no caso concreto. Possibilidade em tese, de ação possessória de particular contra particular, relativamente a bem do uso comum do povo, efetivamente utilizado pelo demandante. Improcedência, no caso em julgamento, da demanda possessória. Sentença confirmada.

Retirar um bem do domínio comum é expropriação ou desapossamento, sujeita ao estatuto constitucional pertinente; ou simples apropriação indébita. A lei ordinária e a pétrea constitucional o previnem.
Assim o indica o Acórdão na Apelação Cível 2005.51.01.500358-5, julgado da 2ª Turma Especializada em Propriedade Industrial do TRF da 2ª Região em 6 de setembro de 2006:

EMENTA
DIREITO COMERCIAL E DA PROPRIEDADE INDUSTRIAL. PRORROGA-ÇÃO DE PATENTE CONCEDIDA SOB A ÉGIDE DA LEI Nº 5.772-71. INAPLI-CABILIDADE DO ACORDO SOBRE ASPECTOS DA PROPRIEDADE INTE-LECTUAL RELACIONADOS AO COMÉRCIO (ADPIC), CONHECIDO NA VERSÃO ANGLÓFONA TRIPS.
I – Não tem o Poder Legislativo competência para editar leis que atribuam patentes para o que já se encontra no estado da técnica e no domínio público como res communis omnium.

E, de forma mais extensa e articulada:
Com efeito, quer no campo do direito privado quer no campo do direito públi-co, a questão da aplicação da lei nova aos facto pedentia se resolve com a verifi-cação da ocorrência, ou não, no caso, de direito adquirido, de ato jurídico perfei-to ou de coisa julgada."
Ora, quando da concessão da patente sub judice foi fixado, por lei, o prazo de 15 (quinze) anos, para que a mesma entrasse em domínio público. Portanto, tem-se estabelecido um termo pré-fixado, o que implica em reconhecer que uma norma posterior que lhe altere acarreta em violação de direito adquirido da coletivida-de e, portanto, indisponível.
Além disso, não tem o Poder Legislativo competência para editar leis que atri-buam patentes para o que já se encontra no estado da técnica e no domínio públi-co como res communis omnium. No presente caso, não podemos deixar de per-der o foco que a proteção conferida pela propriedade intelectual constitui em exceção e que a regra vem a ser o domínio público e, dessarte, a interpretação sustentada pela apelada vem em desfavor da coletividade, que se encontrará tolhida de ter acesso livre a esse conhecimento tecnológico.[210]

(Apelação Cível nº 586000267, Primeira Câmara Cível, Tribunal de Justiça do RS, Relator: Athos Gusmão Carneiro, Julgado em 10/03/1987). "Tanto a doutrina como a jurisprudência reconhecem a viabilidade do remédio possessório entre compossuidores, quando um pratica ato de violência contra o outro. Compete ação de manutenção de posse ao marido que, após retirar-se do lar, é obstado por sua mulher, de ter aces-so ao cofre no qual guardava documentos pessoais" (Ap. Cível nº 50.960 – 04-05-76, TJ/SP).

210 Voto Vencedor do Des. André Fontes, da 2º Turma Especializada em Propriedade Industrial do TRF da 2ª Região, em 27 de setembro de 2005, em Acórdão com a seguinte ementa: DIREITO COMERCIAL E DA

O entendimento por tal inderrogabilidade é arraigado na jurisprudência, como se lê no acórdão unânime do mesmo órgão julgador, de 26 de junho de 2007:

E M E N T A
PROPRIEDADE INDUSTRIAL. PATENTE PIPELINE. PRIMEIRO DEPÓSITO. PRORROGAÇÃO. PRAZO REMANESCENTE. DOMÍNIO PÚBLICO. PERDA DE OBJETO.
(...) 3. A titular do privilégio somente recorreu ao Poder Judiciário em 11/10/2004, quando já não mais seria possível revigorar os efeitos da patente, uma vez que seu objeto já se encontrava em domínio público, razão pela qual a pretensão autoral encontra-se despida de objeto.
4. Apelação improvida.

A jurisprudência igualmente aponta a *ratio juris* dessa inderrogabilidade, qual seja, a entrada no patrimônio comum de um valor socialmente relevante:

Não se pode, no caso, em termos de vigência de patentes e de domínio público sobre inventos, falar de lei mais benéfica, pois, em se tratando de patentes, estar-se-á diante de interesses contrapostos, ou seja, de um lado, os autores do invento protegido; do outro, os que pretendem se utilizar livremente do invento, após o decurso do prazo de patente.[211]

Assim, o Poder Legislativo carecia de poderes para – *fazendo retroagir o período de graça* – retirar do domínio público algo que já nele estava.

Vide ainda que este entendimento é acompanhado pela doutrina:

"... Contudo, pode haver aqui uma controvérsia, uma vez que, por outro lado, pode se considerar que, se um invento foi divulgado antes da entrada em vigor desta Lei, então ele passou a pertencer ao domínio público, não mais podendo ser apropriado por meio de uma patente."[212]

[5] § 4.1. (E) Da aplicação do Art. 12 no caso de publicação internacional

Pelo Parecer/INPI/PROC/CJCONS/Nº 02/09, manifestou-se o entendimento de que o art. 12, III:

PROPRIEDADE INDUSTRIAL. PRORROGAÇÃO DE PATENTE CONCEDIDA SOB A ÉGIDE DA LEI Nº 5.772-71. INAPLICABILIDADE DO ACORDO SOBRE ASPECTOS DA PROPRIEDADE INTELECTUAL RELACIONADOS AO COMÉRCIO (ADPIC), CONHECIDO NA VERSÃO ANGLÓFONA TRIPS. I – Não tem o Poder Legislativo competência para editar leis que atribuam patentes para o que já se encontra no estado da técnica e no domínio público como res communis omnium. (...)

211   Voto do Relator Juiz Fed. Conv. Aluisio Gonçalves De Castro Mendes em 27 de junho de 2007 no Acórdão do Proc. 199902010507 880, da Primeira Turma Especializada do Tribunal Regional Federal da 2a Região, decisão por unanimidade.

212   DANNEMANN. Comentários à Lei de Propriedade Industrial. São Paulo: Renovar, 2005, p. 31.

Art. 12. Não será considerada como estado da técnica a divulgação de invenção ou modelo de utilidade, quando ocorrida durante os 12 (doze) meses que precederem a data de depósito ou a da prioridade do pedido de patente, se promovida:

I – pelo inventor;

II – pelo Instituto Nacional da Propriedade Industrial – INPI, através de publicação oficial do pedido de patente depositado sem o consentimento do inventor, baseado em informações deste obtidas ou em decorrência de atos por ele realizados; ou

III – por terceiros, com base em informações obtidas direta ou indiretamente do inventor ou em decorrência de atos por este realizados.

A questão abordada no parecer é a alegação de que a publicação internacional, sob o PCT, constituiria o termo inicial do período de graça. A conclusão é de que o art. 12, III, não teria o condão de abrir esse benefício.

Esse tema surge particularmente no caso em que o depositante do PCT deixa de exercer a designação pelo Brasil (sobre isso vide no Cap. VI, [8] § 1.2. - O não exercício da faculdade de designação), ou, de qualquer outra forma, não faz valer seus direitos quanto ao Brasil.

Como fizemos extensa memória no Cap. V, o procedimento PCT não é outro senão o procedimento da lei brasileira; o PCT é tão lei brasileira quanto a Lei 9.279/96; o depositante tem sempre a faculdade, a todo tempo, de seguir qualquer um dos dois ritos – PCT ou da Lei 9.279/96. Como dispõe o art. 23 do PCT o procedimento da Lei 9.279/96 não se inicia na fase nacional, mas é deflagrado e *fica suspenso* até a entrada na fase nacional. O depositante tem a opção de cumprir suas obrigações perante o Direito Brasileiro em um ou outro rito – em *facultas solutionis*.

Mas o depósito nacional já ocorreu, por força do art. 11 do PCT. O abandono ou retirada não apagam o depósito anterior, mas simplesmente importam na perda substantiva do pedido já exercido, pelo efeito do art. 29 da lei interna.

Assim, o efeito do art. 12, que é de simples deslocamento do exame do estado da técnica, não alcança a hipótese em que a pretensão adjetiva foi exercida, e abandonada.

Ainda se aplicado o art. 12, o efeito não seria de curar o PI 9805026

Como exposto, pela intercessão dos art. 23 e 24 do PCT e do art. 29 da Lei 9.279/96, o depósito nacional ocorreu na data da prioridade em face do PCT. A essa data, expiraram os efeitos do art. 12 da Lei 9.279/96 em face *do objeto* da patente.

Como foi extensamente construído, a novidade é princípio constitucional, e inafastável pela lei ordinária. A ponderação dos interesses constitucionais pela lei ordinária não pode ser efetuada de forma a eliminar esse princípio, mas apenas tornar razoável, no caso material, a relação entre os interesses do depositante e da sociedade em geral.

São eles o interesse secundário da sociedade – de propiciar o desenvolvimento econômico e tecnológico pelo estímulo ao investimento em novas criações, favorecendo assim o investidor em seu interesse primário; e o outro interesse puro da sociedade, que é de ter acesso mais imediato e completo possível aos frutos dessas novas criações, sem as desvantagens da exclusiva.

Assim, ainda que objetivo e incondicional, o período de graça não pode ser utilizado de forma a frustrar os propósitos do equilíbrio conseguido pela Lei 9.279/96. Ele é objetivo e incondicional exatamente para evitar que a pequena e média empresa, que têm regime especial segundo o art. 170 da Constituição, e a pesquisa pública, sob tutela especial do art. 218 da CF/88, sejam coarctados pela complexidade e ônus do sistema de patentes.

A utilização do art. 12, porém, por uma mega empresa de projeção global, uma das mais experientes usuárias do sistema de patentes, subsidiada pelos maiores e melhores especialistas em Propriedade Intelectual, merece uma ótica mais matizada.

Não há, seguramente, uma proibição do uso do período de graça em favor de qualquer pessoa, por mais capacitada que seja, em casos em que a má fé, o erro funcional, ou outra situação objetiva exigissem a moderação da regra inexorável da novidade.

Para plenamente usufruir do período de maturação do invento, daquela fase em que o experimento público e a exposição a terceiros pode tornar-se inevitável, a depositante já fez uso do mecanismo do pedido provisório, prevista no sistema jurídico em que efetuou o depósito do objeto do pedido. Já esgotou, assim, um interesse substantivo que o art. 12 da Lei 9.279/96 visa assegurar.

Note-se que não temos, no pedido ao qual se argüiu a aplicação do período de graça em face da publicação internacional, outro objeto senão o do depósito inicial, aprimorado exatamente pelo mecanismo do pedido provisório; o que há de distinção entre o depósito provisório e o final resultará do efeito do benefício da lei de origem.

Mais ainda, foi o objeto do pedido beneficiado ainda com a prioridade, para efeitos do depósito nacional sob o PCT.

Utilizar-se do período de graça, neste contexto, excederia a função de *safety net* do período de graça, desnaturando o mecanismo de forma antagônica a seus propósitos constitucionais. Nesse contexto, afigura-se obviamente abusiva a moderação prevista no art. 12 da Lei 9.279/96, em detrimento do interesse da sociedade de usar a tecnologia – de fazê-la usar pelos concorrentes da depositante – sem o ônus do preço monopolista.

Note-se, neste exercício de aplicação *ad hoc* da razoabilidade dos princípios fundamentais, que a perda da eventual patente não retira o poder de mercado que a depositante dispõe; não é um *player* menor e ofegante do mercado, que necessita do manto deste monopólio em particular para exercer a plenitude de sua capacidade econômica.

Todas essas razões me fazem entender que, na aplicação estrita e isonômica do Direito Brasileiro, o art. 12 é inadmissível ao caso concreto.

Aplicá-lo, se fosse suscitado, criaria uma discriminação odiosa contra o interesse de todos de ter o produto em questão aos preços honestos de uma competição sadia no mercado brasileiro. Aplicá-lo em tais condições atentaria contra o investimento nacional e estrangeiro dos competidores que querem levar ao consumidor um produto a preço não-monopolista.

Aplicá-lo, enfim, violaria frontalmente o texto legal, introduzindo uma incerteza a mais quanto à solidez e aplicação dos parâmetros da Propriedade Intelectual.

Não cabe, para relevar a impossibilidade de converter em patente no Brasil o objeto de um pedido objeto de publicação internacional, a aplicação do art. 12. da Lei 9.279/96:

a) Não cabe tal aplicação, em qualquer hipóteses, quando o objeto do pedido foi abandonado em procedimento regular, impossibilitando tanto a renovação da instância administrativa quanto o exercício da pretensão substantiva;

b) O art. 12, no caso do objeto do pedido que faz uso do PCT, teria tido seus efeitos expirados na data do depósito pertinente ao pedido PCT, não podendo assim curar os efeitos da publicação internacional.

[5] § 4.2. Prioridade

Um dos mais antigos princípios internacionais relativos à propriedade industrial, o *direito de prioridade* é concedido aos titulares de um depósito estrangeiro, em oposição a qualquer depósito nacional subsequente. Pelo princípio da prioridade, um estrangeiro pode ter, em todos os demais países partícipes de um ato internacional, um prazo para requerer seus direitos, sem prejuízo da novidade e anterioridade.

No dizer da Lei 9.279/96, "ao pedido de patente depositado em pais que mantenha acordo com o Brasil, ou em organização internacional, que produza efeito de depósito nacional, será assegurado o direito de prioridade, nos prazos estabelecidos no acordo, não sendo o depósito invalidado nem prejudicado por fatos ocorridos nesses prazos".

O efeito previsto nos atos internacionais para esta prioridade é a de que os fatos intercorrentes (por exemplo: o depósito de terceiros de igual invento em outro país) não prejudicarão o direito do titular da prioridade de haver o seu privilégio, mesmo se o depósito no país onde a prioridade é argüida só se fizer em data posterior, mas dentro do período de proteção estabelecido. Tal período é de um ano para as PI e MU e de seis meses para as DI e MI e marcas, segundo a Convenção de Paris (outros atos prevêem prazos diferentes).

Importante notar que a prioridade não é um direito à patente nacional: constitui somente a faculdade de o pedido apresentado no Brasil ser considerado, para apuração de estado da técnica, à data do primeiro depósito no exterior. Apesar da prioridade, o pedido pode ser recusado, por razões específicas do procedimento brasileiro, ou até mesmo pela conclusão de que não há novidade. Como se viu ao tratarmos da

Convenção de Paris, aplica-se aqui o princípio convencional da *independência das patentes*.

Há um razoável consenso de que a prioridade é um *direito*, e não simplesmente uma ficção jurídica pela qual a novidade é apurada em data anterior ao depósito; disto decorre, entre outras conseqüências, a cessibilidade da prioridade, o que tem sido admitido.

A Lei 9.2779/96 estabelece minuciosos requisitos para o procedimento administrativo relativo à prioridade, aos quais remetemos o leitor.[213]

Atente-se, ainda, para o que prescreve a CUP:

Art. 4.

F. - Nenhum país da União poderá recusar prioridade ou pedido de patente em virtude de o requerente reivindicar prioridades múltiplas, mesmo provenientes de diferentes países, ou em virtude de um pedido reivindicando uma ou várias prioridades, conter um ou mais elementos que não estavam compreendidos no ou nos pedidos cuja prioridade se reivindica, com a condição de, nos dois casos, haver unidade de invenção, no sentido da lei do país.

No que se refere aos elementos não compreendidos no ou nos pedidos cuja prioridade se reivindica, a apresentação do pedido ulterior dá lugar a um direito de prioridade, nas condições usuais.

H. - A prioridade não pode ser recusada com o fundamento de que certos elementos da invenção para os quais se reivindica a prioridade não figuram entre as reivindicações formuladas no pedido apresentado no país de origem, contando que o conjunto dos documentos do pedido revele de maneira precisa aqueles elementos.

[5] § 4.2. (A) *Continuation in part*

Um caso específico de prioridade que merece cuidados especialíssimos é o que resulta de um pedido americano do qual se fez a chamada continuation in part (CIP). Uma continuação em parte no Direito Americano é um novo pedido repetindo em parte, ou o todo, de um pedido anterior, mas revelando material inventivo novo, ou outras adições e modificações.[214] Em seguida, o pedido inicial é habitualmente abandonado.

O objetivo normal de tal continuação é superar a rejeição do pedido por parte do Escritório Americano de Patentes.[215] Quando o pedido do qual se reivindica priorida-

---

213   A respeito das complexas questões relativas à prioridade, vide Singer, The European Patent Convention, Sweet & Maxwell, 1995, p. 382 e seguintes; quanto à natureza do instituto, se direito ou ficção jurídica, vide Pullaud-Dullian, Droit de la Propriété Industrielle, Montchrestien, 1999, p. 130 e seg.; vide também Cabanellas de las Cuevas, Derecho de las Patentes de invención, Heliasta, Buenos Aires, 2001, p. 196 e seguintes.

214   Em certos casos, o que seria, no sistema americano objeto de continuation in part poderá ser assimilado no sistema brasileiro como adição, objeto do respectivo certificado.

215   "A continuation-in-part is an application filed during the lifetime of an earlier nonprovisional application, repeating some substantial portion or all of the earlier nonprovisional application and adding mat-

de foi objeto de CIP, aconteceu, via de regra,[216] que o pedido a juízo do depositante, não tinha condições de prosseguimento como reivindicado. Assim, a prioridade brasileira resultou de um pedido que o próprio titular entendeu como sendo incapaz de obter a patente que desejava.

A nosso entender, há no caso pelo menos uma *presumptio juris tantum* de que o pedido brasileiro resultante dessa prioridade (no que aproveite desta) será insuficiente para atender os requisitos do patenteamento. Eminentes juristas brasileiros entendem que esta presunção seria *juris et de jure*. Este entendimento encontra respaldo no próprio direito americano,[217] que, embora enfatize uma presunção de validade das patentes, ao mesmo tempo presume que o depositante, ao solicitar uma CIP, *após uma rejeição pelo USPTO*, aceita que o pedido inicial é inviável.

Neste contexto, vale aliás lembrar que pelo art. 87.4 da Convenção da EPO, um pedido que foi depois abandonado e substituído não teria direito à prioridade na primeira data, mas só na segunda.

[5] § 4.2. (B) A prioridade sob a perspectiva constitucional

Cabe aqui entender a inter-relação entre a prioridade e o princípio constitucional de que só haja exclusividade sobre o novo. Não há, certamente, uma eliminação do requisito da novidade; o deslocamento do momento de apuração do estado da técnica para até um ano (CUP) antes do depósito brasileiro mantém a substância da exigência.

De outro lado, o deslocamento temporal corresponde a uma exigência razoável do comércio internacional. Explica-o já o Relatório do Ministério das Relações Exteriores relativo às negociações que precederam à Convenção de Paris, posta em vigor em 1883:

O art. IV tem por fim garantir, durante prazo determinado, os direitos de prioridade dos inventores ou dos indivíduos que registrarem regularmente dezenhos ou

---

ter not disclosed in the said earlier nonprovisional application. (In re Klein, 1930 C.D. 2, 393 O.G. 519 (Comm'r Pat. 1930))". Como se lê no parecer de Randall B. Bateman, Thorpe, North & Western, L.L.P., em http://www.dcs1.com/del/delpg5/inpart97.html (visitado em 29/8/02) "If, for example, an applicant is unable to obtain claims, or does not obtain claims with the desired breadth in the original or "parent" application, he or she may file a "continuation application" under the provisions of 35 U.S.C § 120". Outra fonte confirma o mesmo fato, Patent Law Basics: The Nature of an Invention, University of Utah's Technology Transfer Office (http://www.tto.utah.edu/ResearchersorInventors/patent5.htm), "7. Continuation-in-Part Application: The applicant may file a Continuation-in-Part, or "CIP", application. This is essentially a new application, giving the applicant an opportunity to restructure the application, to redefine the invention, to bring in new data or claims, and generally to make a fresh attempt to make an invention which would overcome the Examiner's rejections"."

216 Embora, para contrapor-se à presunção de invalidade do pedido brasileiro, o depositante pode sempre demonstrar que o CIP foi depositado no país de origem para contemplar aperfeiçoamentos (como no caso de nosso certificado de adição) ou para superar rejeições meramente formais. Mas, entendo, este ônus da prova cabe ao depositante.

217 Pennwalt Corp. v. Akzona Inc., 740 F.2d 1573, 1578-79 (Fed. Cir. 1984). Vide Chisum e Jacobs, *op. cit.*, § 2(D)[4][b].

modelos industriaes, marcas de fabrica ou de commercio em qualquer dos Estados da união.

Hoje em dia, quando um indivíduo obtem privilegio de invenção n'um paiz, ou quando registra marca ou desenho, resulta do facto da concessão da patente ou do registro da marca e do desenho uma publicidade de que outro individuo póde aproveitar-se indevidamente, dando-se pressa em adquirir a propriedade de patente idêntica, ou em registrar a mesma marca ou o mesmo desenho em outro paiz. O art. IV acaba com essa injustiça, e, além disso, dispensa os inventores da onerosa obrigação de registrar os seus pedidos de patente em todos os Estados afim de resalvar os proprios direitos.[218]

Vigente há mais de um século, torna-se uma categoria de direito como um *acquis* do Direito Internacional; sua razoabilidade afiançada pela permanência e generalidade, que resistiu sem desafio às constituições nacionais dos países e às mudanças de teor e de interpretação.

[5] § 4.3. Prioridade nacional

Como comentávamos em 1980, discutindo um desbalanceamento intrínseco ao sistema de prioridade convencional:

> Isso evidentemente leva a alguns efeitos contrários aos interesses dos países em desenvolvimento. Um deles, o mais apontado, é que todo estrangeiro vem a ter mais um ano de prazo de proteção, comparando-se com o nacional.[219]

Com efeito, como o depositante brasileiro, na Lei 5.772/71 e na maior parte das outras leis nacionais, não dispunha de tal prazo, o estrangeiro tinha uma proteção jurídica mais longa do que o nacional.

O CPI/96 de 1996 enfrenta tal problema, dispondo que "o pedido de patente de invenção ou de modelo de utilidade depositado originalmente no Brasil, sem reivindicação de prioridade e não publicado, assegurará o direito de prioridade ao pedido posterior sobre a mesma matéria depositado no Brasil pelo mesmo requerente ou sucessores, dentro do prazo de 1 (um) ano".[220] Assim, a nova Lei compensa a desigual-

---

218   Relatório do Visconde de Villeneuve ao Ministro da Agricultura de 30 de dezembro de 1880, encontrado em http://www.denisbarbosa.addr.com/relatorio.htm.

219   Denis Borges Barbosa, Atos Internacionais Relativos À Propriedade Industrial (1980) (Revista de Direito Nuclear, 1980)

220   "Art. 17. O pedido de patente de invenção ou de modelo de utilidade depositado originalmente no Brasil, sem reivindicação de prioridade e não publicado, assegurará o direito de prioridade ao pedido posterior sobre a mesma matéria depositado no Brasil pelo mesmo requerente ou sucessores, dentro do prazo de 1 (um) ano. § 1º A prioridade será admitida apenas para a matéria revelada no pedido anterior, não se estendendo a matéria nova introduzida. § 2º O pedido anterior ainda pendente será considerado definitivamente arquivado. § 3º O pedido de patente originário de divisão de pedido anterior não poderá servir de

dade: a prioridade nacional, agora admitida, o será apenas para aquilo que constar do pedido anterior, o qual será tido por arquivado.

Segundo o texto legal, a prioridade nacional será admitida apenas para a matéria revelada no pedido anterior, não se estendendo a matéria nova introduzida; o pedido anterior ainda pendente será considerado definitivamente arquivado; e o pedido de patente originário de divisão de pedido anterior não poderá servir de base à reivindicação de prioridade.

[5] § 4.3. (A) Da constitucionalidade da prioridade nacional

Postulada a constitucionalidade da prioridade internacional, essa novidade da lei brasileira de 1996 apenas reforça a razoabilidade do instituto. Agora, não só o estrangeiro se beneficia do deslocamento do momento da apuração do estado da técnica.[221] Tal explicitação encontra precedente no direito estrangeiro.[222]

[5] § 4.4. Jurisprudência: Período de graça

» Tribunal Regional Federal da 2ª Região
EMBARGOS DE DECLARAÇÃO EM AC 2004.51.01.513998-3, 2ª Turma Especializada
DIREITO DA PROPRIEDADE INDUSTRIAL E PROCESSUAL CIVIL. EMBARGOS DE DECLARAÇÃO INTERPOSTOS DE ACÓRDÃO QUE CONFIMOU SENTENÇA QUE JULGOU IMPROCEDENTE O PEDIDO DE INVALIDAÇÃO DE REGISTRO DE PATENTE PI 9703496-7, REFERENTE A "BROCA APER-

---

base a reivindicação de prioridade." Além disso, também observe-se o disposto no § 2º do art. 45, relativo ao usuário anterior, a saber: "O direito de que trata este artigo não será assegurado à pessoa que tenha tido conhecimento do objeto da patente através de divulgação na forma do art. 12, desde que o pedido tenha sido depositado no prazo de 1 (um) ano, contado da divulgação".

221 O art. 17 apenas esclarece e instrumentaliza o que, na verdade, se poderia construir sem explicação normativa, através do mecanismo de isonomia inscrito no art. 4º do CPI/96: Art. 4º As disposições dos tratados em vigor no Brasil são aplicáveis, em igualdade de condições, às pessoas físicas e jurídicas nacionais ou domiciliadas no País. Sobre a questão, dissemos no nosso Uma Introdução, *op. cit.*: "O que a norma prevê é que se dará aos brasileiros e residentes no País tratamento jurídico pelo menos tão favorável quanto os estrangeiros, beneficiários de tratados, como se estivessem sob amparo de um único e mesmo instrumento normativo. Se a situação de fato for a mesma, aplica-se aos brasileiros a norma internacional, ainda que ela não se dirija ao nacional; as condições a que se refere o dispositivo em análise são as de fato e, não, obviamente, as jurídicas. Ou seja, tomando-se o complexo das situações de fato, que gerariam efeitos sob a norma internacional em favor do sujeito beneficiário, fosse ele estrangeiro, o brasileiro auferirá os mesmos resultados, por efeito desta norma da lei local. Não haverá a incorporação ad hoc da lei internacional, através da norma de equiparação, porém, se os elementos do fato gerador não forem integralmente satisfeitos, exceto pela nacionalidade (ou, no caso dos estrangeiros aqui domiciliados, pelo domicílio)".

222 O exemplo é do art. L.612-3 do Código Francês de 1992, que desde 1990 introduziu a prioridade estrangeira no direito daquele país. Vide Bertrand, La Propriété Intelectuelle, vol. II, Ed. Delmas, 1995, p. 146; Foyer e Vivant, *op. cit.*, p. 137 e 269.

FEIÇOADA DE PERFURAÇÃO DO FURO DE GUSA DE ALTO FORNO SIDE-RÚRGICO", POR ESTAREM PREENCHIDOS OS REQUISITOS DA NOVIDA-DE E DA ATIVIDADE INVENTIVA.
[...] III – Está abrangida pelo período de graça previsto no artigo 12 da Lei nº 9.279-96, a comercialização da criação industrial feita pelo inventor individual se essa operação é realizada com o intuito de estimar a receptividade da invenção na sua área de aplicação e também avaliar a verdadeira efetividade da solução tecnológica nela apresentada.

Rio de Janeiro, 30 de setembro de 2008. (data do julgamento)

Seção [6] Atividade Inventiva

[6] § 1. Da importância da questão

Introduzido formalmente na legislação pátria pelo art. 8º do CPI/96 – Lei 9.279/96 – a atividade inventiva é um elemento crucial do sistema legal das patentes.[223]
Certos autores indicam mesmo que tal requisito constrói o núcleo de constitucionalidade do sistema de patentes; a história de sua latência antes da formulação em textos legais indica que tal hipótese tem verossimilhança:

> "Releva notar que a proteção constitucional de concessão do direito temporário de exclusividade ao titular de uma patente, inserta no inciso XXIX do art. 5o da Lei Maior, só se justifica para retribuir pesados investimentos relativos à novidade, à atividade inventiva, a par da utilização industrial, pelo que já não se pode sustentar uma concessão de tal natureza se a matéria já se encontrava no estado da técnica e qualquer técnico da área poderia ter chegado às mesmas conclusões de utilização dos componentes da mesma fórmula objeto de proteção de patentes anteriores" Tribunal Regional Federal da 2ª Região, 1ª Turma Especializada, JC. Márcia Helena Nunes, AC 2004.51.01.525105-9, DJ 30.09.2008.

Não obstante tal importância, a atividade inventiva é uma dos temas menos estudados na literatura jurídica brasileira; era certamente tempo de se empreender uma revisão do tema.
É o que se faz neste estudo. Mais do que em qualquer trabalho anterior, coube aqui fazer uma análise minuciosa da literatura, cobrindo os últimos 157 anos da evolução do tema, para entender por que surge esse requisito no sistema como o maior

---

223 SINGER, Romuald & SINGER Margarete, rev. LUNZER Raph. The European Patent Convention – A comentary. London: Sweet & Maxwell, 1995, p. 176; "The practitioner is confronted with the issue of obviousness or inventiveness more often than with any other single issue".

fator de temperamento judicial dos excessos do patenteamento, e de maior sensibilidade social e jurídica.

Já de início, atividade inventiva surge como uma questão substantivamente constitucional. A sua construção na lei ordinária pressupõe refinada ponderação de interesses, o que se torna especialmente sensível quando os elementos da inovação tocam às necessidades humanas fundamentais. A eficácia da ponderação realizada na lei ordinária exige extrema *objetividade* na avaliação em cada caso singular, excluída a discricionariedade e a subjetividade.

Em segundo lugar, a apuração da atividade inventiva presume um segundo elemento constitucional, que é a de que se faça dentro das exigências do devido processo legal. Cada caso em que se alega existência ou carência de tal atributo exige avaliação técnica cuidadosa e sindicabilidade das conclusões tanto pelos titulares dos direitos exclusivos quanto dos titulares das situações jurídicas de outra natureza, em equivalência de condições.

Não é aceitável, em nosso sistema, que é de direito estrito, que o exame do requisito se faça de maneira imotivada e insindicável, com manifestações de cunho subjetivo do técnico ou do perito judicial.

[6] § 1.1. Bibliografia: Atividade Inventiva

ASCARELLI, Tullio. Teoria Della Concorrenza e Dei Beni Immateriali- Instituzioni di Diritto Industriale. Milão: A. Giuffrè, 1960, p. 548-549.

AZÉMA, Jacques & GALLOUX, J. Christophe. Droit de la Propriété Industrielle. Paris: Dalloz, 2006, p. 169-184.

BARBOSA, A. L. Figueira. Sobre a Propriedade do Trabalho Intelectual. Rio de Janeiro, Editora UFRJ, 1999, p. 60-61.

BARBOSA, Gustavo José Ferreira, A introdução no nosso ordenamento jurídico do requisito da atividade inventiva como condição legal para a concessão de uma patente de invenção. Revista Forense – vol. 339, p. 85 e seg.

BARROS, Carla Eugênia Caldas, Manual de Direito da Propriedade Intelectual, Ed. Evocati, 2007.

BERTRAND, André. Marques et Brevets Dessins et Modèles. Paris: Delmas, 1995, p. 118-125.

BOSIO, Edoardo. Le Privative Industriali Nel Diritto Italiano. Torino: Unione Tipografico, 1891, p. 64.

CABANELLAS, Guillermo de las Cuevas, Tomo I. Derecho de las Patentes de Invención. Buenos Aires: Editora Heliasta, 2001, p. 735-776.

CATALDO, Vicenzo Di. Le Invenzione i modelli. Milão: Gieuferé, 1993, p. 46-52.

CERQUEIRA, João da Gama. Tratado da Propriedade Industrial. vol. I, Introdução, parte I. Rio de Janeiro: Revista Forense, 1946, p. 241-260.

CHAVANNE, Albert & BURST, J. Jacques. Droit de la Propriété Industrielle. Paris:Précis Dalloz, 1993, p. 51-61.

CHISUM, Donald S. & JACOBS, Michael A. Understanding Intelectual Property law. United States of America: Mathew Bender & Co., 1992, p. 56-82.

CHOATE, Robert & FRANCIS, William. Cases and materials on patent law. St. Paul: West Publishig CO, 1981, p. 304 e seg.

CLAVIER, J. Pierre. Les Catégories de la Propriété Intellectuelle à L'épreuve des Créations Génétiques. Paris: L'Harmattan, 1998, p. 87- 89, 91-93, 128-131, 139-141, 161-163, 214- 216.

CURTIS, G. Ticknor. A Treatise on the Law of Patents for Useful Inventions. Edição original -Boston: Little, Brown and Company, 1873. Quarta edição- New Jersey: The Lawbook Exchange, LTD, 2005, p. 298-302.

DANNEMANN, Siemsen Bigler & Ipanema Moreira. Comentários à Lei de Propriedade Industrial e Correlatos. Rio de Janeiro, São Paulo: Renovar, 2005, p. 33-36, GARCIA, Balmes Vega. Contrafação de Patentes, LTr, 2005, p. 28-41.

DEVANT, P. *et. alii.* Brevets D´invention. Paris: Dalloz, 1971, p. 67-71. DI FRANCO. Trattato della Proprietà Industriale. Milano: Società Editrice Librarie, 1933, p. 49-50.

DIAFÉRIA, Adriana, Patente de Genes Humanos e a Tutela dos Interesses Difusos – O Direito ao Progresso Econômico, Científico e Tecnológico, Lumen Juris, 2005;

DOMINGUES, Douglas Gabriel. Direito Industrial- Patentes. Rio de Janeiro: Forense, 1980, p. 24-50.

FERREIRA, Waldemar, Tratado de Direito Comercial. O estatuto do estabelecimento e a empresa Mercantil. Vol. 06. São Paulo: Saraiva, 1962, p. 462-466.

FOYER, Jean & MICHEL, Vivant. Le droits des brevets. Paris: Puf, 1991, p. 166-182.

GARCIA, Selemara B. Ferreira. A Proteção Jurídica das Cultivares no Brasil – Plantas Transgênicas e Patentes. Curitiba: Juruá, 2004, p. 97-98.

HAEGHEN, G. Vander. Brevets D'Invention Marques et Modèles. Bruxelles: Ferdinand Larcier, 1928, p. 67-96.

LABRUNIE, Jacques, Requisitos Básicos para a Proteção das Criações Industriais, In: Manoel J. Pereira dos Santos, Wilson Jabour. (Org.). Criações Industriais. São Paulo: Saraiva, 2006, v. 1, p. 116-119.

LABRUNIE, Jacques. Direito de Patentes- Condições Legais de Obtenção e Nulidades. São Paulo:Manole, 2006, p. 67-70.

LADAS, Stephen P. Patents, Trademarks, and Related Rights- National and International Protection. Massachusetts: Harvard University Press, 1975, p. 295-300.

LUZZATTO, Enrico, Trattato Generale delle Privative Industriali, Imprenta, Milano: Pilade Rocco, 1914.

MAIOR, Rodrigo de Azevedo Souto, As Possibilidades da Atividade Inventiva no Brasil: Uma Busca no Direito Comparado Pelos Modos de Aferição Objetiva do Critério de Patenteabilidade, Dissertação de Mestrado apresntado ao Programa de Direito Internacional da Faculdade de Direito da Univesriadade do Estado do Rio de Janeiro, Orientador: José Carlos Vaz e Dias, 2009.

MARINHO, Maria Edelvacy Pinto, O Regime De Propriedade Intelectual: a inserção das inovações biotecnológicas no sistema de patentes, Dissertação apresentada como requisito parcial para conclusão do Curso de Mestrado em Direito do Centro Universitário de Brasília, 2005 a.

MIRANDA, Pontes. Tratado de direito privado – Tomo XVI. Propriedade in electual. Propriedade industrial, São Paulo, RT, 4ª edição, 1983, p. 296-298.

MÜLLER, Ana Cristina Almeida. Patenteamento em Biotecnologia: Abrangência e Interpretação de Reivindicações. Tese submetida ao corpo docente do curso de tecnologia em processos químicos e bioquímicos da Escola de Química da Universidade Federal do Rio de Janeiro como parte dos requisitos necessários para a obtenção do grau de doutor em ciências em tecnologia de processos químicos e bioquímicos, abril de 2003.

OLIVEIRA, Maurício Lopes. Reflexão Sobre a Atividade Inventiva. Revista da ABPI. Rio de Janeiro: Editora da ABPI, 1999, p. 23-27. RPI nº 39, março-abril.

PHELIP Bruno. Droit et pratique des brevets d'invention – France Étranger – Brevet Européen. Paris: Delmas, 1977, p. C17-C24.

PHILIPP, Fernando Eid. Patente de Invenção. São Paulo: Juarez de Oliveira, 2006, p. 8-10;

POLLAUD-DULIAN, Frédéric, Droit de la Proprieté industrielle. Paris: Montchrestien, 1999, p. 132-142.

POLLAUD-DULIAN, Frédéric. La Brevetabilité Des Inventions – Étude comparative de jurisprudence France-OEB. Paris: Litec, 1997, p. 109-134.

POUILLET, Eugène, Traité Teorique et Pratique des Brevets d'Invention et de la Contrefaçon, 4 ème edition, Paris: Marchal et Billard, 1899.

RAMELLA, Agostino. Proprietà Industriale. Parte I. Torino: Editrice Torinense, 1927, p. 70-76.

RAPELA, M. Angel. Derechos de Propiedad Intelectual en Vegetales Superiores. Buenos Aires: Ciudad Argetina, 2000, p. 49-50.

RODRIGUES, Clóvis Costa. Concorrência Desleal. Rio de Janeiro: Peixoto, 1945, p. 235.

SCHMIDT-SZALEWSKI, Joanna & PIERRE, Jean-Luc Pierre. Droit de la Propriété Industrielle. Paris: Litec, 2001, p. 47-51.

SINGER, Romuald & SINGER Margarete, rev. LUNZER Raph. The European Patent Convention – A comentary. London: Sweet & Maxwell, 1995, p. 176-211.

SOARES, J. C. Tinoco. Lei de Patentes, Marcas e Direitos Conexos. São Paulo: Editora Revista dos Tribunais, 1997, p. 39-40.

STEFANIS, Pietro. Novitá Inventiva e Novitá Intuitiva. Firenze: Societá Editrice Toscana, 1932, p. 24-36.

TERRELL, Thomas & TERRELL, Courtney; rev. JONES, J Reginald. The Law and Practice relating to Letters Patent for Inventions. Londres: Sweet & Maxwell Ltd., 1934, p. 64-73.

WOLFF, M. Thereza. Matéria Óbvia e Suficiência Descritiva em Invenções de Biotecnologia. Revista da ABPI.São Paulo: Editora ABPI, 1997, p. 25-28. RPI no. 26, janeiro-fevereiro.

[6] § 1.2. Jurisprudência: Atividade Inventiva

> Tribunal Regional Federal da 2ª Região
EMBARGOS DE DECLARAÇÃO EM AC 2004.51.01.513998-3, Segunda Turma Especializada do Tribunal Regional Federal da 2ª Região
DIREITO DA PROPRIEDADE INDUSTRIAL E PROCESSUAL CIVIL. EMBARGOS DE DECLARAÇÃO INTERPOSTOS DE ACÓRDÃO QUE CONFIMOU SENTENÇA QUE JULGOU IMPROCEDENTE O PEDIDO DE INVALIDAÇÃO DE REGISTRO DE PATENTE PI 9703496-7, REFERENTE A "BROCA APERFEIÇOADA DE PERFURAÇÃO DO FURO DE GUSA DE ALTO FORNO SIDERÚRGICO", POR ESTAREM PREENCHIDOS OS REQUISITOS DA NOVIDADE E DA ATIVIDADE INVENTIVA.
[...] II – A atividade inventiva necessária ao deferimento do registro de patente é constatada se o avanço tecnológico apresentado pela invenção representa solução a problema técnico existente na área de sua destinação, bem como se essa solução é contrária às atividades normais na mesma área técnica, de modo que um especialista no assunto não a adotaria.
Rio de Janeiro, 30 de setembro de 2008. (data do julgamento)

[6] § 2. A construção histórica do contributo mínimo

Examinemos a construção do instrumento da atividade inventiva, numa perspectiva de história jurídica. Como o que se narra é um percurso bachelardiano de superação de barreiras ao conhecimento, ou de construção de eficácia de norma, essa inspeção é extremamente útil para que, na aplicação do instituto ao caso concreto dos dias de hoje, não se volte a incorrer nos problemas superados.

Em outras palavras, vejam-se abaixo as tentações e impasses que o examinador ou magistrados voltam a se defrontar a cada caso, tendo, porém, a oportunidade de aprender com a História.

[6] § 2.1. Equivalência, construção e a casuística das "questões difíceis"

Antes de o contributo mínimo surgir como um critério abstrato, a jurisprudência e doutrina européia defrontaram-se desde o séc. XIX com a necessidade de superar três problemas de sentido geral:

a) a necessidade de enfrentar os casos onde a invenção é de apuração difícil

b) a distinção entre "construção" e "invenção";
c) a aplicação da doutrina dos equivalentes

[6] § 2.1. (A) A casuística das dificuldades

Nesta série de categorias de soluções técnica, o examinador e o juiz partiriam de uma presunção de impatenteabilidade, a qual teria que defluir dos fatos específicos. Seriam tais casos, entre outros:[224]

a) novos usos de objetos existentes
b) combinações de objetos existentes
c) modificações de objetos existentes[225]

Em cada um desses casos, o examinador e o juiz tem, à sua frente, um objeto que não é novo; a invenção, se existir, é transcendente ao objeto, impalpável e abstrata.

Nasce, destes casos, a sistematização das noções de *meios*, efeitos técnicos, e de *resultados*. Os meios são os instrumentos da inovação: coisas ou atividades (por exemplo, produtos ou processos); os resultados são os fins do processo inovador, por definição excluídos de um *monopólio instrumental* como o é a patente.[226]

A noção que surge desse conjunto de problemas é que haverá invenção na proporção que se distingua um *efeito técnico* capaz de satisfazer os requisitos de patenteabilidade. Esse efeito técnico é a função entre a solução técnica e o resultado.[227]

---

224 Luzzato, Enrico, Trattato, *op. cit.*, § III. Studio Dell' Esistenza Dell' Originalità In Relazione All' Atto Tecnico Che Genera L'invenzione, 183. "Questi atti tecnici in cui si fa uso di elementi già noti usufruendoli in forma, modo e condizioni diverse dalle antecedenti possono dividersi in quattro categorie principali e cioè: a) Cambiamento di destinazione di enti esistenti. b) Combinazioni di varii enti in un tutto unico. c)Modificazioni apportate ad un ente già noto. d) Casi con caratteristiche speciali". CERQUEIRA, João da Gama. Tratado da Propriedade Industrial, vol. I, Introdição, Parte I, Rio de Janeiro: Revista Forense, 1946, p. 241-260, indica, citando Bonnet e Vander Haeghen, "a) as modificações de forma, de dimensões, dosagem e proporções; b) a substituição de materiais; c) a justaposição ou agregação de órgãos; d) a junção ou disjunção de elementos conhecidos; e) as inversões cinemáticas; f) a inversão da ordem de operações; g) o transporte de uma indústria para outra; h) o emprego novo de um elemento conhecido; i) a substituição de um elemento por outro equivalente."

225 Enrico Luzzato oferece exemplos dessa modalidade: inversão da ordem das operações, mudança de dose, mudança de forma, mudança de matéria, realização mais inteligente, efeitos de habilidade manual, emprego mais amplo de meio conhecido.

226 POUILLET, Eugène, Traité Teorique et Pratique des Brevets d'Invention et de la Contrefaçon, 4ème edition, Marchal et Billard, Paris, 1899. "On ne peut admettre que le premier auteur d'un résultat puisse en interdire aux autres la recherche; le résultat n'est donc pas brevetable en lui-même indépendamment du moyen qui le produit, ce qu'il faut bien se garder d'entendre en ce sens que le fait de découvrir du même coup un résultat et un moyen de l'obtenir, emporte un droit exclusif non seulement sur le moyen, mais encore, en ce cas, sur le résultat. Le résultat, c'est le problème dont chacun a le droit de rechercher la solution; la solution seule appartient à celui qui l'a trouvée. Autant de solutions différentes, autant d'inventions, autant de brevets."

227 HAEGHEN G. Vander, *op. cit.*: "Il y a effet technique justifiant la brevetabilité dès que par l'usage de l'innovation examinée - innovation comportant le support de l'invention et l'objet proprement dit de

Assim, no novo uso, o efeito técnico deve ser distinto do efeito técnico anteriormente proposto para o antigo objeto; o efeito técnico do conjunto deverá ser distinto do de suas partes; a modificação de objeto conhecido será sensível na medida em que propiciar um efeito técnico discernível.

Através dos "casos difíceis", destilou-se a noção de efeito técnico, como um elemento abstrato do processo de inovação. O próximo passo seria o de qualificar esse efeito técnico como contributo mínimo.[228]

[6] § 2.1. (B) Construção e invenção

A construção seria apenas um dos casos difíceis em que a invenção é, em princípio, duvidosa. Aqui, não se trata mais da *existência* de um efeito técnico, ou da *pertinência* desse efeito ao pretenso objeto da inovação. Nela, a questão é do *montante* de efeito técnico.

Nota Gama Cerqueira:[229]

> (...) para haver invenção é essencial que haja inovação, a recíproca nem sempre é verdadeira, porque nem toda inovação constitui invenção, havendo inovações de caráter meramente construtivo, que não dependem do exercício das faculdades inventivas, sendo produtos de simples habilidade técnica.
> (...)76. A distinção entre as noções de invenção e construção é de grande importância neste assunto, tanto mais que é nela que encontram fundamento os diversos critérios a que nos referimos.

A construção, segundo BONNET, pode dizer-se uma inovação de ordem inferior; é uma inovação do domínio da técnica, que responde, sem dúvida, a todas as condições essenciais de uma invenção, faltando-lhe, não obstante, qualquer coisa para ser, propriamente falando, uma invenção e para merecer a proteção da lei. A construção é, por definição, o testemunho do savoir-faire do técnico; é um produto da habilidade técnica, uma criação obtida com o auxílio dos meios que o estado da técnica, num momento dado, põe à disposição das pessoas do ofício.

O critério para superar o nível de construção seria, como nota Gama Cerqueira, o *efeito imprevisto*, pois em toda invenção haveria um dado surpreendente.[230]

---

l'invention - on obtient un résultat industriel dû à l'existence de cet objet d'invention." Para o autor, o «suporte» é o que se diria hoje estado da técnica; o objeto é a solução técnica alvitrada. Assim, o efeito técnico é a função entre a solução técnica e o resultado.

228 Note-se que no direito brasileiro, desde pelo menos o CPI/45, o efeito técnico era qualificado pelo imprevisto, o quid imprevistum.

229 CERQUEIRA, João da Gama, Tratado da Propriedade Industrial, vol. II, tomo I. Rio de Janeiro: Revista Forense, 1952, p. 140 e ss.

230 *Op. cit.*, "77. A distinção entre as invenções e as inovações de caráter construtivo mais se precisa aplicando-se o critério do imprevisto de que tratam alguns autores. Funda-se esse critério na idéia de que toda

[6] § 2.1. (C) A doutrina dos equivalentes

A questão, ainda uma das mais arcanas do direito das patentes, desafiou o pensamento jurídico desde o séc. XIX, sensibilizando-o para o contributo mínimo.[231]

O conteúdo da exclusividade se contém – nos sistemas jurídicos que as prevêem – nas reivindicações. Numa metáfora sempre repetida, exatamente por ser justa, as reivindicações são, para a patente, o que as delimitações topográficas de uma escritura são para o direito de propriedade imobiliária.

Mas o alcance da reivindicação, necessariamente, não é formal e literal[232]:

Os elementos característicos da invenção, porém, devem ser examinados e apreciados de acôrdo com a função que desempenham e não sob o seu aspecto material. Do contrário, ilusória seria a proteção legal, pois bastaria a simples modificação de um ou outro elemento, sem alteração substancial de sua função, ou a sua substituição por elemento equivalente, para isentar o infrator da responsabilidade pela infração. Este princípio aplica se a tôdas as espécies de invenção e é particularmente importante quando se trata de invenções de processos.[233]

Por isso mesmo, o pensamento jurídico foi-se afirmando no sentido de uma perquirição funcional. A que serve o invento? Os *meios* descritos visam a que fim?[234] Esses meios são função de que fins?

---

invenção encerra, necessariamente, um elemento de surpresa: "ce quelque chose d'ímprévu, de surprenant, par quoi l'invention se distingue, apparaît, en effet, comme un caractère qui lui est propre". Não basta, pois, para se reconhecer a existência de invenção, que a inovação realizada produza um efeito útil ou vantajoso; como explica VANDER HAEGHEN, "ce que l'on demande, c'est que l'emploi du moyen faisant partie de l'objet de l'invention donne, dans l'innovation examinée, un effet qu'il ne donne pas nécessairement, qu'il ne donne pas toujours. Nous pourrions ajouter qu'il ne donne pas par définition".

231 Para a análise desse complexo tema no direito pátrio, vide o nosso A doutrina dos Equivalentes. In: Manoel J. Pereira dos Santos, Wilson Jabour (Org.). Criações Industriais. São Paulo: Saraiva, 2006.

232 Graver Tank & Mfg. Co. v. Linde Air Products Co., 339 U.S. 605, 607 (1950). Vide Festo: Blessing To Patent Holders Or Thorn In Their Sides?, 2002 Duke L. & Tech. Rev. 0017: It recognizes that words may not always be able to aptly convey the basis of an invention. It also recognizes that "to permit imitation of a patented invention which does not copy every literal detail would be to convert the protection of the patent grant into a hollow and useless thing" . Note-se, porém, do que lembra SINGER, *op. cit.*, 69.02: In Germany, certain circumstances can arise in which a court, dealing with the issue of infringement, may nonetheless interpret claims exactly in accordance with their wording, rather than permitting any extension to cover equivalents. This can occur if, in the course of an infringement action, the patent is wholly, or in a divisible area, identical with the prior art, but the defendant has not brought any action for nullity before the German patents court.

233 CERQUEIRA. João da Gama. Tratado da Propriedade Industrial, vol. II tomo I, parte II, Rio de Janeiro: Revista Forense, 1952, p. 320.

234 Paul Roubier, Le Droit De La Propriété Industrielle, Sirey, 1950 'dans l'industrie contemporaine, ce sont beaucoup moins les facteurs techniques qui comptent que les fonctions techniques, une fonction donnée pouvant être remplie par de nombreux facteurs entre lesquels l'industrie a aujourd'hui un choix abondant. Ce qui compterait par-dessus tout, ce ne serait plus l'analyse structurale. du mécanisme imaginé par l'inventeur, mais bien plutôt son analyse fonctionnelle.». A análise de função e resultado continua clara na doutrina francesa por POLLAUD-DULIAN, Fréderic, Droit de La Propriété Industrielle, Paris: Montchrestien, 1999, p. 29: "690- Équivalents. Même si deux moyens présentent une différence de

O que importa é a função dos elementos que constituem a invenção, e não os elementos, razão por que, se alguém substitui o elemento a da invenção por outro elemento a', que é tecnicamente equivalente, porque pode ter a mesma função técnica, ofende o direito de quem fez a invenção com o elemento "a". Não se daria o mesmo se se tratasse de invenção de elemento b, que venha a ter a mesma função do elemento abcde. Em tudo isso fica evidente que o objeto do direito é o bem incorpóreo, não se podendo abstrair da equivalência dos elementos: o bem incorpóreo, o todo funcional, quer nas invenções de produtos, quer nas de processos, quer nas de combinações, quer nas de aplicações, é que determina o que é equivalente ou co-igual. Ainda devido a isso, cada elemento há de ser considerado conforme a função que exerce na invenção, e não em si mesmo: a função in concreto é que diz se a' é equivalente a a; portanto, pode dar-se que a' não equivalha, in concreto, a a, e, in concreto, b equivale a a, ou a b, ou a c, ou a d, ou a e.[235]

Vander Haeghen, escrevendo em 1936, mas traduzindo uma evolução de quase cem anos,[236] referia-se ao princípio da equivalência de fatores da seguinte forma:

"Como regra, não há invenção privilegiável na substituição de um fator técnico por outro, quando desta substituição não resultar um efeito técnico imprevisto".

Na verdade, as noções de equivalência e de atividade inventiva tiveram processos históricos entrelaçados, especialmente sob vigência da lei francesa de patentes de 1844.[237] O mesmo princípio que, num eixo temporal, diferencia um invento paten-

---

forme, ils sont équivalents lorsqu'ils remplissent la même fonction en vue du même résultat. Substituer un moyen équivalent à un moyen couvert par le brevet constitue une contrefaçon (Cass. com., 26 octobre 1993, PIBD, 1994, nº 558.111.21, Annales, 1993, p. 102; Cass. com., 13 février 1990, PIBD, 1990, nº 478.111.319 Cass. com., 16 janvier 1996, PIBD, 1996, nº 608.111.175; Paris, 23 novembre 1993, PIBD, 1994, nº 561.111.102; Paris, 16 décembre 1993, PIBD, 1994, nº 563.111.173; Paris, 10 janvier 1991, Annales, 1991, p. 57.)".

235 MIRANDA, Pontes. Tratado de Direito Privado, Parte Especial, Tomo XVI, 4ª ed. 2ª Tiragem, Editora Revista Dos Tribunais São Paulo – 1983, § 1.917. Bem incorpóreo e invenção.

236 HAEGHEN, G. Vander, Le Droit Intellectuel, vol. I, no. 223, Bruxelles: Maison Ferdinand Larcier, 1936, Brevets d'Invention.

237 FOYER, Jean e VIVANT, Michel, Le Droit des Brevets. Paris: Puf, 1991, p. 162: "C'est sous l'empire de la loi de 1844 que triomphait la théorie des équivalents. Doctrine et jurisprudence avaient élaboré, à partir de l'article 2 de la loi qui ne parlait pas de nouveauté en soi mais de produits ou de moyens nouveaux ou d'applications nouvelles, la notion de «nouveauté brevetable», nouveauté portant «sur l'élément inventif en tant qu'il est susceptible d'être breveté, c'est-à-dire dans la mesure où il est constitutif de l'une des inventions définies par la loi et dans la mesure où il procure un résultat industriel" (P. Mathély, p. 63), notion complexe donc qui mêlait plusieurs données. La considération du résultat y occupait une part majeure. Il était facile, dès lors, d'admettre que, si la technique connue offrait déjà le résultat qui était celui de l'invention pour laquelle un brevet était demandé, celle-ci n'avait pas le caractère de nouveauté attendu. Une invention n'était pas réputée nouvelle lorsqu'elle se trouvait dans une antériorité, même sous une forme différente, pourvu qu'elle fut équivalente, c'est-à-dire qu'elle remplit la même fonction en vue du même résultat (selon la formule consacrée). Voir notamment en ce sens Cass. com. 2 mai 1972, PIBD, 1972, 111, 233, RTD Coin 1972, 891, obs. Chavanne et Azéma; Cass. coin. 22 janvier 1973, API, 1973, 57; Com. 8 avril 1976, API, 1977, 170.(...) L'idée de base de la théorie des équivalents est, comme le relève Roubier, que «ce qui importe... ce n'est pas l'individualité des éléments ou des organes, mais leur fonction» (t. 2, p. 79).

teável – pois dotado de atividade inventiva – do estado da técnica, é aplicável no eixo da análise de infringência, para saber se uma variável é tão próxima que resulta em contrafação, ou distante o suficiente para constituir aperfeiçoamento – e assim tanto entende o direito francês,[238] como o italiano,[239] como a prática americana.

[6] § 2.1. (D) Aporte mínimo, o demônio da casuística e as tentações da subjetividade

As três ordens de problemas apontadas prepararam o terreno para a construção de uma noção genérica de *suficiência* de aporte para atingir o nível correlativo à dimensão do privilégio. Essa ponderação, resultante da solução de casos difíceis e da interpretação do alcance do privilégio, não se resumiria a essas aplicações.

Mas, para tal construção do conceito, duas barreiras necessitavam ser vencidas:

a)   a extrema diversidade dos casos concretos, o que dificultava a indução de uma norma geral.

b)   a tentação de retribuir não o aporte objetivo, mas o esforço, investimento ou genialidade do inventor.

A diversidade e multiplicidade casuística sempre foram, e continuam sendo, os maiores problemas da apuração do contributo mínimo. Bosio, escrevendo em 1891, vê nessa dificuldade uma virtude, e na prática propõe procedimento que, na verdade, resulta em aplicação de ponderação caso a caso, levando em conta os interesses em jogo.[240] Num sistema de direito estrito, como o nosso, essa ponderação não encontra amparo, sendo ademais proscrita pelo *standard* internacional vinculante.

---

238   SCHMIDT-SZALEWSKI, Joanna & PIERRE, Jean-Luc Pierre. Droit De La Propriété Industrielle, 2ª ed., Librarie de la Cour de Cassation «L'analyse de l'équivalence est ainsi reportée dans l'appréciation de l'activité inventive. Si un moyen structurellement différent exerce la même fonction que celui connu de l'état de la technique, ce moyen est nouveau, mais manque probablement d'activité inventive».

239   CATALDO Vincenzo Di. Le Invenzioni I Modelli, Seconda Edizione, Giuffrè Editore – 1993: "Il giudizio di equivalenza ha un nesso logico assai forte con il giudizio di non evidenza (si veda il § 6.10). Se, infatti, davanti ad un certo problema tecnico (che è comune alle due invenzioni), si considera la soluzione proposta dalla prima invenzione, e si valuta poi la originalità della soluzione proposta per seconda, si ha risposta sia al problema della non evidenza, sia a quello dell'equivalenza. Se la seconda soluzione è originale, essa è anche non equivalente alla prima, perché, costituendo oggetto di una autonoma invenzione, risulta estranea all'ambito di estensione del primo brevetto; se, viceversa, la seconda soluzione non è originale, essa e anche equivalente alla prima, e, rimanendo all'interno dell'ambito di estensione del primo brevetto, ne costituisce contraffazione (appunto, per equivalenti)".

240   BOSIO, Edoardo. Le Privative Industriali Nel Diritto Italiano. Torino: Unione Tipografico, 1891, p. 64. "Adunque, se da una parte deve essere tutelato il diritto dell'inventore, deve pur anche essere libero il campo al progressivo sviluppo dell'idea e del principio da cui essa muove. D'onde la necessità di norme, le quali, guarentendo i diritti di tutti gli inventori, non rendano però possibile che altri, sotto il pretesto d'invenzione nuova, altro non faccia che riprodurre sotto diverso aspetto, ciò che è già merito e proprietà d'un altro individuo, che è il vero inventore. Lo stabilire queste norme, e, soprattutto, segnare il con-

O segundo problema resulta, provavelmente, também da casuística, e leva esse desejo de equidade a uma pragmática de retribuição de empenho e esforços. Como, no campo das obras expressivas, se contempla a *originalidade*, no sentido da singularidade *subjetiva* do ato criativo, a solução fácil seria de procurar também na criação técnica o mesmo atributo.

Daí uma extensa bibliografia em que se analisam os passos do processo inventivo, a elaboração subjetiva para daí se extrair conseqüências de patenteabilidade;[241] mesmo Gama Cerqueira, analisando extensamente a literatura anterior, acaba por valer-se da "concepção original do inventor e da aplicação de suas faculdades inventivas".[242]

A busca pela objetividade de critério e de segurança jurídica, que leva ao critério da atividade inventiva, não supera os problemas apontados.[243] Cria, porém, um modelo suscetível de sindicabilidade, de aplicação de direito estrito em condições que se possa assegurar o devido processo legal.

[6] § 2.1. (E) A generalização do requisito do contributo mínimo

A noção do contributo mínimo como um requisito geral para a patente surge *quase* em toda parte; logo após a decisão americana inaugural de 1850, na jurisprudência inglesa, em 1868,[244] também como um atributo da noção geral de invenção.

---

fine nel quale si deve mantenere, ed oltre il quale deve cessare il diritto dell'autore d'una scoperta, è questione più che mai ardua. Qui veramente puossi dire che ex facto oritur jus, e, nella infinita varietà dei casi, nei quali può nascere conflitto fra due vantati diritti, è pressochè impossibile il segnare una linea netta di confine, che possa essere considerata come misura generale e costante".

241   ASCARELLI, Tullio. Teoria Della Concorrenza e Dei Beni Immateriali- Instituzioni di Diritto Industriale. Milão: A. Giuffrè, 1960, p. 548-549. "All'uopo sono correnti nella dottrina descrizioni psicologiche per seguire psicologicamente il processo inventivo, descrizioni tuttavia di scarso interesse pel giurista, pel quale è rilevante il risultato inventivo obbiettivamente raggiunto e non l'analisi del cammino psicologico. Chè, è indubbio, da un lato la tutela non è commisurata allo sforzo impiegato per raggiungerla (ed ovvie esigenze di certezza invero escluderebbero questo ricorso), dall'altro essa è concessa a chi abbia raggiunto il risultato e seppure compiendo un ultimo passo nei riguardi di idee pur da altri elaborate (ma non tutelate in quanto appunto ancora insufficienti ai fini della soluzione di quel problema tecnico col quale si coordina l'invenzione)".

242   CERQUEIRA, João da Gama. Tratado da Propriedade Industrial. vol. I, Introdução, parte I, Rio de Janeiro: Revista Forense, 1946, p. 241-260 "Não há, pois, regras absolutas para se determinar a existência de invenção, devendo a questão resolver-se, em cada caso, de acordo com as circunstâncias que deponham em favor da invenção e pela aplicação dos critérios positivos e negativos, já indicados, aos diversos atos técnicos de que resulta a inovação realizada. (...) Resumindo, finalmente, quanto ficou exposto sobre o requisito de invenção, podemos estabelecer, como regra, este princípio de ordem geral: há invenção sempre que a inovação realizada resulta de uma concepção original do inventor e da aplicação de suas faculdades inventivas e que essa concepção se traduz num resultado técnico peculiar, que excede à pratica normal".

243   PAGENBERG, Jochen, The Evaluation of the "Inventive Step" in the European Patent System - More Objective Standards Needed - Part Two, 9 IIC 121 (1978), "Since the initial use of quality requirements in patent law, whether in the middle of the nineteenth century in the United States or at the beginning of the twentieth century in Germany, the attempts to interpret "invention," "inventive level," "inventive height" or "non-obviousness" were efforts of trial and error, frustration, despair or lethargic fatalism..."

244   White v. Toms, 37 L. J. Ch. 204 (1868). Vide CABANELLAS, Guillermo de las CUEVAS. Derecho de las Patentes de Invención. Tomo I. Buenos Aires: Editora Heliasta, 2001, p. 735.

Na Europa continental, a partir da última década do séc. XIX, os sistemas jurídicos – com exceção do da França[245] – começaram a distinguir, além do requisito geral da novidade, a necessidade de um atributo complementar.[246] Poucas vezes incluída nas legislações, tal noção se caracteriza tanto por sua generalidade, quanto por sua imprecisão. Dizia Vander Haeghen, em 1928:[247]

Par contre, aucun juriste n'est, jusqu'à ce jour, parvenu à trouver une définition satisfaisante de ce que nous avons appelé l' originalité de ce *je ne sais quoi* qui caractérise l'invention brevetable, qui en est l'essence, dont on peut avoir l'intuition, mais qu'il ne semble pas actuellement possible de préciser.
(Contrariamente, nenhum jurista, até o presente dia, foi capaz de chegar a uma definição satisfatória do que nós denominamos originalidade daquilo que não sabemos definir que é caracterizado como invenção patenteável, que em sua essência, podemos intuir, mas que não se parece presentemente identificável.)

No mesmo sentido, Luzzatto, escrevendo em 1930:[248]

La questione se una determinata cosa costituisca alcunche di specifico ed originale che abbia il diritto alla protezione della legge, oppure costituisca, come

---

245 O caso francês, pelo impacto enorme de sua repercussão doutrinária em certos países, como o Brasil, é de extrema confusão entre os elementos subjetivos e objetivos do processo criador, provavelmente sob influência de uma visão da propriedade intelectual como maneira de consagrar os direitos humanos. Nota CABAELLAS, *op. cit.*: "En un tercer grupo de países, la tarea implícita en la determinación de la actividad inventiva se subsumió en la de establecer el carácter novedoso de la supuesta invención. Tal era el caso en Francia y -como reflejo de la recepción parcial del Derecho francés- en la Argentina. En esos países se consideraba que los requisitos de novedad y de aplicabilidad industrial eran suficientes para satisfacer las condiciones positivas de patentabilidad de la invención, sin que fuera correcto inferir de la figura de invención un requisito adicional consistente en la actividad inventiva. Como ello hubiera conducido - de darse al concepto de novedad el mismo sentido que tiene en los sistemas jurídicos actuales- a una expansión altamente costosa del patentamiento de tecnologías triviales, la jurisprudencia y la doctrina elevaron las exigencias en materia de patentamiento mediante una interpretación extensiva de los requisitos de novedad, al punto de que muchas de las exigencias hoy derivadas del requisito de actividad inventiva se subsumían en el pasado en la noción de novedad".

246 CABANELLAS, *op. cit.*; "Las legislaciones de patentes decimonónicas solían hacer explícitos los requisitos de novedad y de aplicabilidad industrial-o sus equivalentes en cada país-, pero no así el de nivel inventivo. En algunos países, la individualización de tal requisito fue efectuada desde antiguo por la jurisprudencia, en buena medida como inferencia del requisito legal de que existiera una invención. Se entendió allí que, para que existiera una creación patentable, no sólo se requería que esa creación fuera novedosa y con aplicación industrial, sino que constituyera una invención, para lo cual la creación debía suponer un elemento de diferenciación no trivial respecto del estado preexistente de la técnica. En los países que siguieron este camino, el nivel inventivo pasó entonces a ser, al menos en la jurisprudencia administrativa y judicial un requisito con características propias".

247 HAEGHEN, G. Vander. Brevets D'Invention Marques et Modèles. Bruxelles: Ferdinand Larcier, 1928, p. 67-96.

248 LUZZATTO, Enrico. La Proprietà Industriale Nelle Covenzioni Internazionali, Editore Ulrico Hoepli - Milano, 1930.

dicono i giureconsulti tedeschi, una semplice costruzione senza la scintilla inventiva, e questione capitale in materia di privativa industriale e forma oggetto della maggior parte delle contestazioni.

E la dottrina e ancora ben lontana dall 'essere riuscita a determinare questo punto, ad accertare in modo chiaro che cosa costituisca invenzione a termini delle leggi sulle privative.

Dato lo stato rudimentale della questione, non ben chiarita ancora in alcun paese, non puà dirsi che regnino sostanzialmente diverse opinioni nei vari paesi e differenti disposizioni legali.

(A questão se uma coisa determinada constitua algo de específico e original que tenha o direito da proteção da lei, ou constitua, como dizem os juristas alemães, uma simples construção sem centelha inventiva, é questão principal na matéria de privilégio industrial e forma o objeto da maior parte da contestação.

E a doutrina está ainda bem distante de chegar a uma definição de determinar este ponto, e definir de modo claro o que constitua invenção sob as leis que definem os privilégios.

Dado o estado rudimentar da questão, ainda não bem esclarecida até o momento em nenhum país, não se pode dizer que predominem substancialmente nos vários paises opiniões diversas e diferentes dispositivos legais.)

Difícil, imprecisa e complexa, a questão parecia, porém, inevitável. Na Alemanha, surge como uma construção doutrinária logo assimilada pelos tribunais, o da altura inventiva (Erfindungshöhe) e o da surpresa do efeito técnico (Ueberraschend Erfolg).[249] A primeira noção partia do princípio de que para se ter patente era necessário um *progresso técnico*, uma melhora na tecnologia, e não só uma alternativa à tecnologia existente.[250]

---

249 WIRTH, Das Mass der Erfindungshohe. Berlin, Heymann, 1906. Vide STEFANIS, Pietro. Novitá Inventiva e Novitá Intuitiva. Firenze: Societá Editrice Toscana, 1932, p. 24-36. Nota CABANELLAS, *op. cit.*: "En un segundo grupo de países, el desarrollo de una noción clara de actividad inventiva se vio obstaculizada por su confusión con criterios basados en la utilidad de la invención o en el avance de la técnica logrado por ésta. Tal fue el caso, en particular, de Alemania. Estos criterios presentaban la dificultad de confundir un estándar esencialmente tecnológico, como es el de la diferencia existente entre la técnica anterior y la aportada por el supuesto inventor, con estándares de tipo económico -la ventaja competitiva derivada de la invención-, finalista -la medida en que la invención satisface los propósitos para los que se la destina-, o cualitativos -el grado en que se pueden atribuir a una invención ventajas calificables como un "avance" y no meramente como una alternativa frente al estado preexistente de la técnica-. Tales dificultades condujeron a que la actividad inventiva -o conceptos similares- no alcanzaran una identidad suficiente hasta su reconocimiento explícito por la legislación". Note-se que a nossa lei prevê um requisito de Erfindungshöhe no sentido do progresso técnico do direito alemão antigo, para o caso de licenças compulsórias de dependência.

250 Como nota PAGENBERG, Jochen. The Evaluation of the "Inventive Step" in the European Patent System - More Objective Standards Needed - Part Two, 9 IIC 121 (1978), encontrado em http://www.bardehle.de/fileadmin/bardehle/sonstiges/Publikationen/Inventive_Step_II.pdf, falando do abandono desse requisito pela lei alemã,após a aplicação da regra da atividade inventiva da Convenção de Munique: 'With

Na Itália, com as noções doutrinárias de *originalidade* [251] ou *criatividade* [252] ou ainda *sensível progresso técnico*,[253] era medida positiva de utilidade. Também na Itália, recebeu consagração judicial a oposição entre *novidade extrínseca* (a apurada em face do estado da técnica) e a *novidade intrínseca* (que é habitualmente sinônima de *originalidade*).[254] A construção judicial a estabeleceu como um requisito a mais, além dos de novidade e aplicabilidade industrial, enunciados na lei então vigente.

---

the abolishment of technical progress as a prerequisite of patentability, to my mind the inventor under European law has the choice: the problem can either be to make something "better" (technical progress) or to make something "different" (alternative means without improvement)."

251 A "originalidade" tem variada conceituação em Direito da Propriedade Intelectual. No Direito Autoral, tende a se manifestar como a característica de ser oriunda do próprio criador, imputação ou novidade subjetiva; mas também se distinguem as noções de novidade objetiva, distinguibilidade, e de a da existência de um conteúdo mínimo de doação pessoal, que faça de um trabalho uma obra do espírito e não simplesmente o resultado do tempo e do suor despendido. Para aanálise da questão, vide o nosso A noção de Originalidade e os Títulos de Obra, em particular, de Software, encontrado em http://denisbarbosa.addr.com/originalidade.pdf.

252 STEFANIS atribui o uso da primeira expresssão em conexão com o sistema de patentes a Enrico Luzzatto (Per esser più precisi, In Italia essa è stata svolta unicamente dal LUZZATTO nel suo Trattato nè si conoscono, nella letteratura europea, trattazioni condotte con uguale niterio sistematico), mas adverte para o problema teminológico que ainda não se resolveu (Sta in fatto che la stessa parola «ORIGINALITÀ» e intesa in modo totalmente diverso dal Luzzatto e dal Ramella. Per il primo significa qualità speciale del pensiero per il secondo (v. RAMELLA, Trattato, VoI. l⁰, n. 42) equivale a novità soggettiva ossia: appartenenza dell'idea a colui che se ne dichiara autore). A expresssão criatividade seria devida a Ghiron.

253 Diz RAMELLA, A., Proprietà Industriale. Torino: Editrice Torinense, 1927, p. 70-76: "Altra condizione dell'invenzione è che essa realizzi un apprezzabile progresso della tecnica, un nuovo tecnico effetto o risultato il quale, giudicato in relazione allo stato della industria al tempo dell'invenzione, concreti in sè qualche speciale carattere diversificante dagli esistenti e noti mezzi di soddisfacimento dei bisogni umani, e quindi permetta soddisfare esigenze della vita fino allora non appagate o solo insufficientemente". Ramella aponta como fonte de autoridade para esse terceio requisito de patenteabilidade doutrinadores alemães e ingleses, decisões judiciais européias e textos legais, inclusive de Portugal: "MACOMBER, Patents, 1909, § 633; DAMME e LUTTER, pag. 181; KOHLER, Handbuch, p. 122 e Lehrb., p. 69; SCHANZE, Erfind. u. Muster, p. 143; ALLFELD, nota 3, b) su § 1; Trib. federale svizzero, 30 marzo 1900 (Gewerbl. Rechtsschutz, V, 260); legge portoghese, art. 8 (necessità che il prodotto o processo si distinga dai precedenti per elementi propri e nuovi, che gli conferiscano una qualità caratteristica); estona, art. 71, 5⁰ (non tali le invenzioni senza novità essenziale e piuttosto modificazione poco essenziale di invenzioni già conosciute); cilena del 1925, art. 3,i (superiorità sui mezzi similari già impiegati, con risultato migliore di quello che esiste). Já há em Ramella a categoria do técnico mediano como parâmetro de medida: "Posto che la posizione d'un problema non può costitùire invenzione se non quando l'idea che vi porta contiene qualche cosa di straordinario che non viene immediatamente allo spirito d'ogni uomo di mestiere…".

254 Quanto a essa distinção, e a jurisprudência consequente, vide Luzzatto, Enrico, Trattato Generale delle Privative Industriali, Imprenta, Milano: Pilade Rocco, 1914, vol. I. O outro Luzzatto, Ettore, *op. cit.*, assim descreve o fenômeno jurisprudencial: "9. Si introdusse nella giurisprudenza il requisito della "novità intrinseca" od "originalità" o anche "creatività" per distinguere i trovati nuovi brevettabili da quelli non brevettabili. Infatti e ovvio che molti trovati nuovi che vengono presentati come invenzioni non sono altro che norma li applicationi tecniche che non giustificano la concessione di un monopolio brevettuale. D'altra parte la legge pone come unico requisito per la brevettabilità di una invenzione la novità. Non vi e nel linguaggio della legge una frase che, letteralmente interpretata, consenta di sceverare le "novità inventive' dalle "novità non inventive": letteralmente invece la legge considera soltanto le "invenzioni nuove"rispetto alle "invenzioni non nuove". ln pratica la giurisprudenza ha sdoppiato il concetto di novità introducendo come requisito per la brevettabilità, accanto alla novità definita nell'art. 15 e che ora viene denominata comunemente"novità estrinseca ", un altro tipo di novità, la «novità intrinseca" che e

No direito belga, Vander Haeghen[255] propôs o seu próprio padrão de análise, sob a expressão – também – de *originalidade*;[256] mas como Bosio quase trinta anos antes, renunciava a estabelecer um critério geral e abstrato, inclinando-se à pluralidade fática de examinar um número de casos onde se configura tal originalidade.[257]

[6] § 2.2. A construção legal do contributo mínimo na lei americana

O confronto entre as tendências objetivas e subjetivas da apuração do contributo mínimo levou à primeira codificação do requisito, tal como concebido nas leis e tratados em curso.

Após quase 80 anos de imposição do critério do caso Hotchkiss v. Greenwood, uma série de decisões judiciais, em reflexo de decisão isolada da Suprema Corte,[258] começaram a afiliar-se à noção de que para se obter patente seria necessário demonstrar que, em cada invenção, havia espocado um gênio criador (*flash of creative genius*).

Em reação a esse desvio de tendência jurisprudencial, a Lei americana de patentes de 1952[259] construiu, pela primeira vez, o requisito de não-obviedade como uma exigência suplementar à novidade e à aplicabilidade industrial.[260] Tal dispositivo foi incluído no Código dos Estados Unidos, Título 35, § 103:

---

pai l'originalità (parola da preferirsi), che distingue i trovati nuovi ma che costituiscono semplice applicazione tecnica, dai trovati nuovi che comportano un distacco cosi netto dallo stato della tecnica da meritare la protezione del brevetto". A lei italiana vigente substitui a nomenclatura "originalidade", para expressar a atividade inventiva no art. 48 do Código da Propriedade Industrial de 10 de fevereiro de 2005.

255 Expresso particularmente em HAEGHEN, G. Vander. Brevets D'Invention Marques et Modèles. Bruxelles: Ferdinand Larcier, 1928, p. 67-96.

256 Como o define o autor: "Original dans le sens de: unique, non analogue, singulier, bizarre, excentrique, créé, fait en premier lieu, distinctif,non banal,individuel, qui a caractère propre, non commun".

257 O que lhe valeu a justa crítica de CERQUEIRA, João da Gama, Tratado da Propriedade Industrial, vol. I, Introdução, parte I, Rio de Janeiro: Revista Forense, 1946, p. 250-251: "Renunciando de antemão a definir a originalidade, VANDER HAEGHEN limita-se a reunir, sob esse vocábulo, os diversos critérios entre os quais, conforme as circunstâncias, se deve escolher aquele ou aqueles que melhor convenham para se decidir se uma invenção que satisfaça, aliás, às demais condições exigidas, é, ou não, privilegiável, de acordo com o seu aforisma. Esses critérios são os seguintes: a) efeito técnico; b) imprevisto; c) dificuldade; d) situação do problema; e) criação de nova entidade; F) ação recíproca. A par desses critérios positivos há a considerar os seguintes critérios negativos de originalidade: a) tour de main; b) construção; c) justaposição; d) emprego novo e) equivalência. Depois de estudar esses vários critérios, VANDER HAEGHEN passa a aplicá-las às diversas espécies de invenção, que classifica em 19 categorias, seguindo uma ordem arbitrária, a fim de verificar os casos em que existe originalidade, sendo, pois, privilegiável a invenção".

258 Cuno Engineering Corp. v. Automatic Devices Corp., 314 V.S. 84, 91, 62 S.Ct. 37, 40, 86 L.Ed. 58, 63, 51 VSPQ 272, 275; "That is to say the new device, however useful it may be, must reveal the flash of creative genius not merely the skill of the calling. If it fails, it has not established its right to a private grant on the public domain. Tested by that principle Mead's device was not patentable. We cannot conduce that his skill in making this contribution reached the level of inventive genius which the Constitution (Art. 1, Par. 8) authorizes Congress to reward".

259 July 19, 1952, ch. 950, 66 Stat. 798; Pub. L. 98-622, title I, Sec. 103.

260 RICH, Giles S., Laying the Ghost of the "Invention" Requirement,in Merges, Robert P. , Ginsburg, Jane C., Foundations of Intellectual Property, Foundation Press (September 2004) "On the point of Section 103 being "codification" it is interesting to consider the last sentence of the section which says "Patentability shall not be negatived by the manner in which the invention was made." The specific intent of that sen-

(a) A patent may not be obtained though the invention is not identically disclosed or described as set forth in section 102 of this title, if the differences between the subject matter sought to be patented and the prior art are such that the subject matter as a whole would have been obvious at the time the invention was made to a person having ordinary skill in the art to which said subject matter pertains. Patentability shall not be negatived by the manner in which the invention was made.

((a) Uma patente não será concedida quando, muito embora a invenção não seja idêntica ao que foi divulgado ou descrito, como estabelecido na seção 102 do presente título, se as diferenças entre o objeto que se pretende patentear e a arte anterior sejam de tal ordem que o objeto como um todo teria sido evidente no momento em que a invenção foi feito para uma pessoa que tenha habilidade ordinária na arte à qual tal objeto pertence. Não se denegará a patenteabilidade com base na maneira em que a invenção foi feita.).[261]

Como sintetizou o próprio redator do dispositivo, que veio a ser, por 45 anos, desembargador do tribunal federal especializado em propriedade industrial:

Portanto, a Seção 103 fala de uma condição de patenteabilidade, em vez de "invenção." A condição é a de não-obviedade, mas isso não é tudo. A não-obviedade é fixada em um determinado tempo e referência a um técnico – uma ficção legal – análoga ao do "bom pai de família" tão bem conhecido nos tribunais como um conceito jurídico.

Para proteger o inventor de uma análise retrospectiva do que é óbvio, o tempo é determinado como sendo o momento em que a invenção foi feita. Para evitar o emprego de um padrão muito alto, que iria excluir a classe inteira dos inventores e com isso neutralizar o sistema de patentes, a invenção deve ter sido evidente no momento considerado para "uma pessoa que tenha ordinária habilidade na arte à qual o objeto (i.e., a invenção) pertence." Mas o que deve ter sido óbvio é "o objeto como um todo." Isso, naturalmente, quer dizer a invenção como definida em cada reivindicação. Se, por exemplo, uma combinação é reivindicada, a

---

tence, which courts universally accepted without question, was to overrule the Cuno case dictum that a "flash of genius" was necessary."

261 As anotações oficiais a esse dispositivo assim dizem: "There is no provision corresponding to the first sentence explicitly stated in the present statutes, but the refusal of patents by the Patent Office, and the holding of patents invalid by the courts, on the ground of lack of invention or lack of patentable novelty has been followed since at least as early as 1850. This paragraph is added with the view that an explicit statement in the statute may have some stabilizing effect, and also to serve as a basis for the addition at a later time of some criteria which may be worked out. The second sentence states that patentability as to this requirement is not to be negatived by the manner in which the invention was made, that is, it is immaterial whether it resulted from long toil and experimentation or from a flash of genius."

Seção 103 exige que – para invalidar o pedido –, deva ser demonstrado que a combinação era evidente, não apenas os seus componentes.[262]

[6] § 2.2. (A) A universalização da solução americana

A mutação na lei americana, ainda que não original,[263] surtiu efeito geral.

Incluído o requisito no art. 1º da Convenção de Estrasburgo de 1963 e no art. 56 da Convenção Européia de Patentes;[264] tornou-se natural a sua recepção na Lei francesa de 1968, superando a arraigada resistência doutrinária e jurisprudencial contra a aplicação geral da análise do contributo mínimo, que ignorara mesmo a proposta refinada de Paul Roubier[265] (a quem, aliás, se deve a saborosa expressão latina *quid imprevisum*).[266] O direito francês, enfim, superara a singularidade de sua posição, para unificar-se a um requisito universal.

---

262 RICH,Giles S., *op. cit.*, "So Section 103 speaks of a condition of patentability instead of "invention." The condition is unobviousness, but that is not all. The unobviousness is as of a particular time and to a particular legally fictitious, technical person, analogous to the "ordinary reasonable man" so well known to courts as a legal concept. To protect the inventor from hindsight reasoning, the time is specified to be the time when the invention was made. To prevent the use of too high a standard which would exclude inventors as a class and defeat the whole patent system the invention must have been obvious at that time to "a person having ordinary skill in the art to which said subject matter (i.e., the invention) pertains." But what must have been obvious is "the subject matter as a whole." That, of course, is the invention as defined by each patent claim. If, for example, a combination is claimed, Section 103, requires that to invalidate the claim, it must be shown that the combination was obvious, not merely its components".

263 CABANELLAS. *Op. cit.,*: "Ya anteriormente, en 1932 y luego en la ley de 1949, la legislación británica [Art. 14, inc. (1) de la Ley de Patentes británica de 1949. Una causal de nulidad paralela se preveía en el art. 32, inc. (1) de la misma Ley] preveía la posibilidad de oponerse a una pretensión de patentamiento si la invención, según resultaba de las reivindi-caciones, era obvia y claramente no implicaba una actividad inventiva, teniendo en cuenta el estado de la técnica relevan-te publicada y usada en el Reino Unido en la fecha pertinente". Na verdade, como retrata TERRELL, Letters Patent for Inventions, 8ª ed., Sweet & Maxwell, 1934, p. 65-82, toda a construção jurídica da atividade inventiva em sua persepctiva atual, em praticamente todos seus detalhes, estava pronta no direito inglês da época.

264 ARTICLE 56 - Inventive Step - An invention shall be considered as involving an inventive step if, having regard to the state of the art, it is not obvious to a person skilled in the art. A análise da Convenção, que adiante se intentará, toma essencialmente por base SINGER, *op. cit.*, p. 176-211.

265 DEVANT, P, *et. alii*. Brevets D´invention. Paris: Dalloz, 1971, p. 67-71"De son côté, le Doyen Roubier, dans son Traité, avait essayé fort brillamment d'exposer des principes en matière de brevetabilité, basés sur l'exigence d'une idée inventive. Cette thèse avait été admise par le Tribunal de la Seine, dans deux décisions des 22 mars et 13 avril 1956 (Ann. 1956, pp. 277 et 304). Mais, peu de temps après, la Cour de Paris avait jugé, en appel, en sens contraire, en revenant aux principes antérieurs et en déclarant que le concept de hauteur d'invention était «contraire au principe posé par le législateur de 1844 au moins en tant qu'il semble subordonner la validité de l'invention à son importance sur le plan pratique ou industriel; qu'un tel critère apparaît dangereux en raison de son caractère subjectif» (20 nov. 1956, Ann. 1956, p. 287) et que l'on devait considérer l'invention comme «brevetable aux termes de l'article 2 de la loi de 1844 sans qu'il y ait lieu de considérer son mérite ni l'importance de l'effort inventif que la société a dû déployer pour parvenir à cette réalisation» (paris 31 mai 1957, Ann. 1957, p. 379). Ces deux arrêts rappelaient enfin que les notions bien connues de combinaison nouvelle et d'application nouvelle suffisaient pour déterminer si une invention était brevetable ou non. Ce principe a été maintenu par les Tribunaux français jusqu'en 1968".

266 ROUBIER, Paul, Le Droit De La Propriété Industrielle, Sirey, 1954 *op. cit.*, tome II, nº 141, p. 67. Narram DEVANT P., *et alii*: «Dans le premier cas, l'invention apparaît comme la réalisation matérielle d'une

Igualmente foi revogado o critério legal alemão do *Erfingungshöhe*, as noções da "novidade intrínseca" italiana e os demais critérios singulares das leis européias.[267] O requisito foi, também, incluído na Lei Modelo de Patentes para os Países em Desenvolvimento de 1965 da BIRPI, o órgão internacional que foi sucedido pela OMPI.[268]

A inclusão do requisito no PCT aumentou a generalidade da solução americana:

Artigo 33 – Exame preliminar internacional 3) Para fins do exame preliminar internacional, a invenção cuja proteção é solicitada é considerada como implicando uma atividade inventiva, desde que, levando-se em conta o estado da técnica tal como é definido no Regulamento de execução, ela não seja evidente, na data pertinente estabelecida, para um profissional do ramo.

Assim prescreve o Regulamento do PCT:

Regra 65 – Atividade inventiva ou não-evidência-
65.1 Relação com o estado da técnica Para os fins do artigo 33.3), o exame preliminar internacional deverá levar em consideração a relação existente entre uma determinada reivindicação e o estado da técnica em seu conjunto. Deverá levar em consideração não só a relação existente entre a reivindicação e os documentos individuais ou as partes de tais documentos considerados individualmente, mas igualmente a relação existente entre a reivindicação e as combinações de tais

---

idée originale, l'invention consistant plus dans l'idée que dans la réalisation (bien entendu pour que l'idée devienne brevetable, il faut que l'auteur de l'idée ait également mis au point une réalisation industrielle). Dans ce cas, l'activité inventive consiste essentiellement dans le fait d'avoir posé le problème technique et de l'avoir résolu, étant entendu toutefois que la solution a pu ne pas présenter de difficultés.(...) Le deuxième cas d'activité inventive envisagé par M. le Doyen Roubier est celui où l'on constate que l'inventeur a vaincu une difficulté pour réaliser l'invention: il y a un écart entre l'état antérieur de la technique et la solution du brevet, l'inventeur ayant vaincu des difficultés que la technique courante n'avait pas pu surmonter. (...) Le troisième cas est celui où l'invention apporte des avantages techniques ou économiques inattendus pour l'industrie, c'est-à-dire lorsque l'inventiona créé un bien nouveau ou a ajouté une une valeur nouvelle à exploiter par l'industrie.»

267   LADAS, Stephen P. Patents, Trademarks, and Related Rights- National and International Protection. Massachusetts: Harvard University Press, 1975, vol. I, p. 295-300: "It is rather this notion which has been incorporated in modern legislation such as the French Law of 1968, the German Act of 1967, and the uniform Scandinavian patent laws of 1966. It is interesting to note particularly that the Scandinavian laws have adopted the expression that the invention must present an "essential difference as compared with the known art." The interpretation accepted is that the difference must be of real significance for two reasons: (a) If solutions more or less obvious or in line with what can be ordinarily expected of a person skilled in the art can be patented, the patent monopoly will be a hindrance rather than an aid to technical development. (b) If the inventive step falls below a certain level, industry will be forced to file applications for any new advance, however routine, thus unnecessarily over-burdening the patent system".

268   An invention shall be considered as resulting from inventive activity if it does not obviously follow from the state of the art, either as to the method, the application, the combination of methods, or the product which it concerns, or as to the industrial result it produces.

1224

documentos ou partes de documentos, quando tais combinações forem evidentes para um técnico no assunto.

65.2 Data Pertinente – Para as fins do artigo 33.3), a data pertinente para o estudo da atividade inventiva (não-evidência) será a data prescrita na regra 64.1.[269]

Embora o PCT não obrigue nem prefigure a alteração das normas substantivas nacionais,[270] o texto internacional exerceu função indutora e didática essencial para a unificação do requisito, enfim tornado de inclusão obrigatória nas leis nacionais pelo disposto em TRIPs:

ARTIGO 27 – Matéria Patenteável 1 – Sem prejuízo do disposto nos parágrafos 2º e 3º abaixo, qualquer invenção, de produto ou de processo, em todos os setores tecnológicos, será patenteável, desde que seja nova, envolva um passo inventivo e seja passível de aplicação industrial. [Para os fins deste Artigo, os termos "passo inventivo" "passível de aplicação industrial" podem ser considerados por um Membro como sinônimos aos termos "não óbvio" e "utilizável"].

[6] § 3. Atividade inventiva no Brasil

Assim historia Gustavo de Freitas Barbosa[271]

A nossa doutrina, liderada por Pontes de Miranda e Gama Cerqueira, cujas posições serão expostas abaixo, já de longa data, vinha se manifestando no sentido da importância de se valorar a atividade inventiva.

O próprio INPI, órgão executor da política nacional nesta área, na minuta das "Diretrizes de Análise da Patentes" já incluía a atividade inventiva no rol dos requisitos para o patenteamento. Expressamente introduzido pela nova lei, o requisito já vinha sendo aplicado de forma mitigada e transversa pelos examina-

---

269   Regra 64 - Estado da técnica para efeito do exame preliminar internacional 64.1 Estado da técnica a) Para os fins do artigo 33.2) e 3), tudo quanto foi tornado acessível ao público em todos os recantos do mundo por divulgação escrita (inclusive desenhos e outras ilustrações), desde que esta locação à disposição do público haja ocorrido antes da data pertinente, será considerado como estado da técnica. b) Para os fins da alínea a), a data pertinente será: I) com ressalva da alínea a), a data do depósito internacional do pedido internacional que constituir o objeto do exame preliminar internacional.II) quando o pedido internacional que constituir o objeto do exame preliminar intenacional reivindicar de maneira hábil a prioridade de um pedido anterior, a data do depósito desse pedido anterior.

270   PCT, art. 33 5) Os critérios precedente não servem senão para fins do exame preliminar internacional. Qualquer Estado contratante poderá aplicar critérios adicionais ou diferentes a fim de decidir se, nesse Estado, a invenção pode ou não ser patenteada. Para uma análise da relação entre o PCT e a norma interna, vide BARBOSA, Denis Borges, Patentes e Problemas: cinco questões de Direito Patentário. (Revista de Direito Mercantil, dezembro de 1989) e, mais recentemente, Usucapião de Patentes e outros estudos de Propriedade Intelectual. 1ª ed. Rio de Janeiro: Lumen Juris, 2006, v. 1. 800 p. 539-580.

271   BARBOSA, Gustavo José Ferreira, A introdução no nosso ordenamento jurídico do requisito da atividade inventiva como condição legal para a concessão de uma patente de invenção, Revista Forense – vol. 339, p. 85 e seg.

dores de patentes do INPI que se escudavam no artigo 9º, letra e, do antigo Código para fazê-lo.

O critério da atividade inventiva jamais havia sido explicitamente exigido em nosso direito como condição legal de privilegiabilidade. Mas, já de há muito tempo, nossa doutrina reconhece que o que a lei protege é a invenção nova e suscetível de aplicação industrial.

[6] § 3.1. Do Código de 1945 até o de 1971

Quanto ao magistério de Gama Cerqueira já demos notícia. Pontes de Mirandaassim entendia, generalizando o requisito que, literalmente, a norma de 1945 apenas aplicava às justaposições:[272]

(e) Se não há criação, não há invenção. Há criação sempre que há plus em relação ao acêrvo industrial, intelectual, da época; aliás, do momento. Se há efeito técnico imprevisto, ainda que se trate de simples justaposição de objetos conhecidos, ou mudança de forma, ou de proporções, ou de dimensões, ou de materiais, há criação; e a invenção pode ser patenteada. Aliter, se não há tal efeito, ou se tal resultado para a produção, ou para o consumo, não ocorre; porque então incide o art. 8º, inciso 5º, do Decreto-lei n. 7.903. Efeito imprevisto, porque se qualquer técnico do ramo industrial poderia prever e obter o efeito (M. ROTONDI, Lezioni di Diritto industriale, 301 s.), não há invenção patenteável. Seria privar-se aos outros da exploração da res communis omnium. Certamente, na apreciação da questão de fato, o juiz terá tôda prudência, porque sempre parecem fáceis de solução os problemas técnicos já resolvidos e não é fora de prop6sito perguntar-se: "se era tão fácil, por que os outros não inventaram?".

Em, outro trecho:[273]

"O que importa é que a atividade inventiva ultrapasse o que o técnico da especialidade podia, tal como estava a técnica no momento, achar. O que todos os técnicos da especialidade, no momento, podiam achar não é invenção: não inventa o que diz ter inventado o que qualquer técnico da especialidade acharia. Porque tal achado estaria dentro da técnica do momento sem qualquer quid novum."

A verdade é que, fora do aporte doutrinário de Pontes de Miranda, o tratamento do tema no direito pátrio permanecia na tradição do direito francês, apenas aflo-

---

272   MIRANDA, Pontes. Tratado de Direito Privado, Parte Especial, 4ª ed., tomo 16, Editora Revista dos Tribunais, 1983, § 1.926.

273   *Op. cit.*, p. 273.

Tratado da Propriedade Intelectual

rando a matéria no tocante às inovações de conjunto, quanto às quais as leis anteriores ao CPI/96 indicavam a necessidade de um *quid imprevisum.*

Sobre o sistema do Código de 1945, doutrinou Clóvis Costa Rodrigues,[274] e, um pouco mais extensamente, o próprio Gama Cerqueira.[275] O autor é crítico da disposição que regulava apenas as inovações de agregação, sem generalizar o requisito para todos os "casos difíceis".[276] Mesmo assim, considerava a noção do *quid imprevisum,* sem as âncoras de objetivas que lhe foram adicionadas pelo sistema americano, demasiado dúctil e inseguro.[277]

Gama Cerqueira fustiga, finalmente, a noção do *quid imprevisum,* em si mesma, pois excluiria da patente uma série de inovações que, na doutrina tradicional, especialmente francesa, mereceria acolhida.[278]

---

274 RODRIGUES, Clóvis Costa. Concorrência Desleal. Rio de Janeiro: Peixoto, 1945, p. 235. "Nem tudo que é novo e de utilização industrial pode merecer a proteção legal. Há invenções que, apresentando embora tais requisltos, não podem, todavia, constituir objeto de privilégio. Está nesse caso a simples justaposição de órgãos conhecidos, sem produzir um efeito técnico. Não há nisso nada que justifique uma invenção no sentido exato da lei. São os chamados inventos de agregação, em que os órgãos, sem sofrerem modificações, justapostos funcionam com as suas próprias características individuais, dando resultados previstos. Teremos, entretanto, uma justaposição de órgãos conhecidos patenteável se a somados resultados obtidos pelo conjunto dos órgãos justapostos, for diferente dos resultados que cada órgão isoladamente produz. Obtém-se, assim, um efeito técnico de surpresa, ou melhor, imprevisto - que é o que justifica a patente. O que se verifica com a justaposição de órgãos, dá-se, por igual, com a mudança de forma, dimensões, proporções ou de materiais. A mudança, por si só, nada representa de privilegiável. Torna-se mister que dela resulte, um efeito técnico imprevisto".

275 CERQUEIRA, João da Gama. Tratado da Propriedade Industrial. vol. II, parte I. Rio de Janeiro: Revista Forense, 1952, p. 124-125. "Quando se diz que a simples justaposição de órgãos conhecidos e as modificações de forma, de dimensões, de proporções, de material, etc., não podem ser privilegiadas, tem-se em vista a invenção considerada em si, pois trata se de saber se essas inovações constituem, ou não, invenções em sentido técnico. O Cód. da Propriedade Industrial pretendeu solucionar essa difícil questão, estabelecendo critério fixo para todos os casos, qual o do efeito técnico imprevisto."

276 "Ora, parece-nos imprudente consignar-se na lei proibição formal como a que examinamos, pois não se pode prever o progresso da técnica e das indústrias, arriscando-se o legislador a criar entraves à privilegiabilidade de invenções de valor resultantes daquelas inovações. Por outro lado, a prever essas hipóteses, seria necessário enumerar todas as inovações do mesmo género, a fim de evitar que a exclusão das indicadas expressamente importe o reconhecimento da privilegiabilidade das que não foram enumeradas, como as modificações de dosagem, a junção ou disjunção de elementos conhecidos, as inversões cinemáticas, a inversão da ordem das operações, o transporte para indústria diferente, o emprego novo, etc. Do mesmo modo, referindo-se a lei à "justaposição de órgãos conhecidos", entende-se que só essa espécie cai sob a proibição, sendo permitida a concessão da patente quando a invenção resultar da justaposição de outros elementos que não se considerem órgãos".

277 "Outro defeito que se encontra na disposição em exame consiste em fazer depender a concessão da patente de conceitos doutrinários incertos e flutuantes, como as noções de efeito técnico e imprevisto, sobre as quais a doutrina diverge. Além disso, não é só no caso de produzir um efeito técnico imprevisto que essas inovações consideram-se invenções e podem ser privilegiadas".

278 "VANDER HAEGHEN, por exemplo, considera privilegiâvel a justaposição quando há ação recíproca imprevista; as modificações de forma quando produzem vantagens importantes; as modificações de dimensão quando são originais e produzem resultado imprevisto; as modificações de dosagem quando tornam as condições de fabricação mais vantajosas ou mais económicas; a substituição de material quando produz resultado que não se possa considerar simplesmente como com sequência lógica das propriedades características do novo material empregado. Já LUZZATTO diverge desse autor, estabelecendo, como regra geral, a privilegiabilidade das inovações em questão quando delas resulta um efeito técnico diverso,

[6] § 3.1. (A) Jurisprudência: *quid imprevisum*

Tribunal Federal de Recursos
- Pedido de patente relativo a "Aperfeiçoamento em Frascos" que se considera privilegiável por produzir efeito técnico imprevisível, que o diferencia do produto de patente francesa, considerado idéia-mãe do invento. - Interpretação do art. 8º, do Código de Propriedade Industrial (DI n. 1.005, de 1969). - Embargos rejeitados. Vasoflex S.A. - Produtos Plásticos a outros *versus* Otto Felts de La Rocca Embs. na ap. n. 34.808 – Relator: MIN. OTTO ROCHA ACÓRDÃO Vistos, relatados e discutidos estes autos em que são partes as acima indicadas: Decide o Plenário do Tribunal Federal de Recursos, por maioria, vencido o Sr. Min. AMARÍLIO BENJAMIN, rejeitar os embargos, na forma do relatório a notas taquigráficas precedentes, que fazem parte integrante do presente julgado. Tribunal Federal de Recursos, 19 de outubro de 1978 – Peçanha Martins, presidente; Otto Rocha, relator.

[6] § 3.2. Quanto ao Código de 1971

Embora não expressamente mencionado na Lei 5.772/71, a prática administrativa[279] e a jurisprudência vinham uniformemente admitindo o requisito no Direito Brasileiro.[280] A construção como requisito geral, refletindo a posição de Pontes de

---

o que é indício de originalidade, condição essencial da privilegiabilidade na doutrina desse escritor (nº 73 do 1º volume) . "7 Por outro lado, a lei exige que o efeito técnico imprevisto seja um efeito de conjunto. Em relação às inovações consistentes na justaposição de órgãos conhecidos, esse critério ê o que distingue a justaposição da invenção dita combinação, que é uma das formas de invenção consistente na nova aplicação de meios conhecidos: se o resultado obtido é um efeito de conjunto, há invenção privilegiável; no caso contrário, há simples justaposição não privilegiável (nº 31 supra). Entretanto, o Código não exige apenas o efeito de conjunto, mas também um efeito técnico imprevisto. Ora, um dos característicos da invenção, conhecida pelo nome de combinação, que se opõem à simples justaposição, é que, para haver combinação, não é necessário que haja um resultado novo (nº 31 supra), sendo, pois, indiferente o resultado obtido. O Código, porém, não se satisfaz com a simples obtenção de um resultado; exige um efeito técnico, que é coisa diferente de resultado, e, ainda, que esse efeito técnico seja imprevisto e, portanto, novo. Desse modo, o Código impossibilita indiretamente a privilegiabilidade das combinações de meios conhecidos, como são definidas pela doutrina. Em relação às modificações de forma, de dimensões, de proporções, etc., e à substituição de materiais, a exigência relativa ao efeito de conjunto não tem sentido, pois o resultado obtido por meio dessas inovações decorre da modificação ou substituição feita e não do conjunto, expressão que só tem sentido quando se trata da justaposição de elementos conhecidos."

279 Recorda-se aqui o dispositivo do Ato Normativo no. 17 de 11 de maio de 1976 item 1.1; "Considera-se invenção o resultado de atividade inventiva constituindo algo que: (...) b) para um técnico especializado no assunto, não seja uma decorrência evidente do estado da arte". Podia-se igualmente deduzir a exigência deste requisito no Art. 9, e) do CPI/71, que se referia a "um novo efeito técnico".

280 A expressão era somente usada na accepção de atividade laboral do inventor: Art. 40. Pertencerão exclusivamente ao empregador os inventos, bem como os aperfeiçoamentos, realizados durante a vigência de contrato expressamente destinado a pesquisa no Brasil, em que a atividade inventiva do assalariado ou do prestador de serviços seja prevista, ou ainda que decorra da própria natureza da atividade contratada.

Miranda e ecoando o treinamento dos técnicos do INPI pela OMPI,[281] partia exatamente do dispositivo que regulava as justaposições, na mesma forma comentada por Gama Cerqueira.

Um dos raros doutrinadores que escreveram sobre o CPI/71, Douglas Gabriel Domingues chegou a afirmar, contrário à pragmática do INPI, que a atividade inventiva não era considerada no Direito Brasileiro.[282] Tal uso, porem é documentado em outros autores.[283] Assim é que em todas as patentes em vigor, concedidas sob o código anterior, pressupõe-se a aplicabilidade do requisito como condição de validade.

[6] § 3.3. A atividade inventiva no Código em vigor

O art. 13 da Lei 9.279/96 o define:

> Art. 8º É patenteável a invenção que atenda aos requisitos de novidade, atividade inventiva e aplicação industrial.
> Art. 13. A invenção é dotada de atividade inventiva sempre que, para um técnico no assunto, não decorra de maneira evidente ou óbvia do estado da técnica.

Não mais existe, na lei brasileira, a enunciação dos "casos difíceis" – justaposições, etc.; também nela já não se lê o requisito de um *efeito técnico imprevisto*. Generalizando o requisito do contributo mínimo, além dos "casos difíceis", a nova

---

281 A política nacional, além disso, por vezes atrita com interesses internacionalizados, frequentemente corporificados nos programas de órgãos internacionais ou de cooperação. O treinamento dos técnicos do INPI na década de 70´ por especialistas estrangeiros, de outro lado, cumpriu papel desnacionalizante vigoroso, pelo qual o discurso do bom senso, presentificado como o dos países com maior experiência em Propriedade Intelectual, exercia tensão com as políticas públicas nacionais, nem sempre racionais em face dos interesses dos países desenvolvidos. Tal colonização seguramente teve aspecto positivo, como o comprova a incorporação, sem modificação legislativa real, da noção de atividade inventiva, inexistente no Código de 1971, mas aplicada como escrutínio técnico desde que os programas internacionais de treinamento técnico fizeram importar a categoria jurídica de direitos estrangeiros.

282 DOMINGUES, D. Gabriel. Direito Industrial- Patentes. Rio de Janeiro: Forense, 1980, p. 24-50. "A invenção resulta do labor intelectual de seu autor, e atividade inventiva é o exercício da capacidade de criação, da qual a invenção resulta. Portanto, trata-se de algo íntimo, pessoal, imaterial e personalíssimo do autor, que antecede ao invento, o produto acabado da invenção (...) Corrente doutrinária em que se inclui Doyen Roubier defende a tese de que, para concessão do privilégio, além da novidade do invento, deve ser perquirida a relevância da atividade inventiva ou sua complexidade particular, julgando-se objetivamente portanto o real mérito e importância da invenção: aquelas que fossem destituídas de importância ou carentes de real mérito não seriam consideradas invenção, sorte igual reservando-se às criações pouco complexas. Em que pesem os argumentos do ilustre mestre, a justiça francesa não o acolhe e não julga o mérito nem a importância da invenção, atendo-se à verificação da novidade e utilização industrial do invento, por julgar que a tese de Roubier contraria o espírito da lei de 1884, conforme dois arestas da Corte de Paris de 31 de maio de 1957, afirma Casalonga. A posição brasileira é análoga: a autoridade administrativa ou judiciária nacional limita-se a verificar a novidade e utilização industrial do invento, sem entrar no mérito da complexidade da invenção e sua importância".

283 No meu artigo de 1989, Patentes e Problemas: cinco questões de Direito Patentário. BEM AMI, Paulina, Manual de Propriedade Industrial, edição oficial do Estado de São Paulo, 1983, p. 41-44.

norma suprimiu o requisito da imprevisão, ou seja, daquilo que é geralmente inespe-rado – sem referência individualizada ao técnico no assunto.

As diretrizes de exame do INPI de 2002, item 1.9.2.2, assim expõem a forma pela qual o INPI deva proceder ao exame da atividade inventiva:

"Na aferição da existência da atividade inventiva deve-se considerar se um téc-nico no assunto, que conhecesse à época as citações do estado da técnica consideradas, teria sido motivado a realizar a combinação ou modificações necessárias para chegar à invenção em questão. Tal aferição só pode ser baseada em documentos publicados antes da data de depósito ou prioridade do pedido. Algumas situações onde há falta de atividade inventiva podem ser elencadas, sem no entanto serem exaustivas.

Nesses casos, em princípio, há falta de atividade inventiva **quando não há efeito técnico novo**: mera escolha ou troca de material cujas propriedades são conhecidas; mera mudança de forma e/ou proporção; mera justaposição de meios conhecidos

Alguns fatores podem ser considerados como indícios da existência da atividade inventiva:

- "dados comparativos em relação ao estado da técnica que mostram a supe-rioridade da invenção e são convincentes na demonstração da atividade inventiva;
- existência de problema técnico cuja solução era necessária e desejada há muitos anos e a invenção é a resposta a esta necessidade;
- a solução apresentada pela invenção é contrária às atividades normais na mesma área técnica e um técnico no assunto não pensaria em seguir o mesmo caminho;
- sucesso comercial, se vinculado ao caráter técnico da invenção, e não devi-do à publicidade."

Passemos a seguir a analisar o direito nacional relativo à atividade inventiva, levando em conta, mas sem emprestar-lhes conteúdo prescrito, as diretrizes de exame acima transcritas.[284]

[6] § 4. A metodologia para determinar a atividade inventiva

A lei brasileira, como se vê, lista a atividade inventiva como um dos cinco requi-sitos positivos de patenteabilidade:

---

284 Como ocorre com as diretrizes de exame em qualquer sistema de propriedade intelectual, não se encon-tra aí senão normas de comportamento interno ao escritório de patentes, prescritas sob o poder hierár-quico, que não vinculam terceiros. Se estiverem em conformidade com a norma legal pertinente, cum-prem a importante missão de transparecer a atuação administrativa no tocante ao exame de patentes, aumentando a certeza do administrado. Mas as diretrizes não representam sequer o exercício autoriza-do por lei de uma atividade regulamentar, o que, na prática da autarquia, é desempenhado pelos atos normativos e resoluções.

Tratado da Propriedade Intelectual

a) Existência de um invento (art. 10);[285]
b) Dotado de novidade (art. 11);[286]
c) Qualificada a novidade pela atividade inventiva (art. 13);
d) Suscetível de aplicação industrial (art. 15);[287]
e) Sendo que se verifica a *suficiência descritiva* de seu requerimento, de forma a permitir eficazmente a reprodução do invento na indústria e como insumo de pesquisa (art. 24).

Ultrapassados tais requisitos, a pretensão patentária apenas tem de demonstrar que não há proibição legal de patenteamento (o requisito *negativo*), por motivos de política pública (art. 18),[288] sendo então deferido o privilégio.[289]

[6] § 4.1. A escolha de um método de análise

Para apuração específica da atividade inventiva, no entanto, exige-se um método preciso de análise, explícito e sindicável. É essencial que o examinador ou perito explicite seu método de análise, que salvo no caso de Diretrizes formais que o prescrevam, será o mais adequado à complexidade do caso. Mas a explicitação é exigência de sindicabilidade.

Como se indicou, a norma legal exige que se responda, objetiva e inequivocamente, se há ou não atividade inventiva; não se tem, neste requisito, uma análise de preponderância ao gênero "é mais evidente do que não evidente".

Também a lei não admite a subjetividade ao gênero: "eu acho que é evidente". Como a lei coloca como parâmetro de análise um "técnico no assunto" fictício, cabe sempre explicitar as razões pelas quais esse técnico em abstrato chegaria às conclusões da sua análise: de quais livros didáticos teria tirado suas informações, etc.

O EPO, por exemplo, tem mantido uma estratégia de avaliação da atividade inventiva que se baseia no que denomina "critério objetivo", partindo do documento singular pertinente mais próximo da invenção alegada e daí conduzindo a pesquisa de salto inventivo:

---

285 Quanto a esse requisito, vide nossa extensa análise em BARBOSA, Denis Borges . Inventos Industriais: A Patente de Software no Brasil - II. Revista da ABPI, Rio de Janeiro, p. 09-29, 10 out. 2007 e I, p. 17-38, 30 jun. 2007.

286 Tal requisito recebeu também extensiva análise no capítulo próprio de nosso Uma Introdução à Propriedade Intelectual, 2ª ed., Lumen Juris, 2003.

287 Vide o nosso. Inventos Industriais: A Patente de Software no Brasil, cit.

288 Vide o capítulo próprio de nosso Uma Introdução à Propriedade Intelectual, *op. cit.* Sempre distinguimos aqui os requisitos do invento para que se conceda patente, e os requisitos substantivos do requerimento. Sem que se exponha o invento não se faz jus ao privilégio por carência de contrapartida social. Poderá haver invento, sem suficiência descritiva; não poderá, porém, haver patente.

289 Há, na verdade, uma série de outros requisitos assessórios, como os de unidade de invenção e de coerência interna do relatório descritivo. Mas isos não é central ao tema em discussão.

1231

a)   identificar a anterioridade mais próxima,
b)   verificar os resultados (ou efeitos) técnicos obtidos pelo invento reivindicado em comparação com a anterioridade mais próxima;
c)   definir qual o problema técnico a ser resolvido como sendo o objeto da invenção, apontado para alcançar tais resultados; e
d)   examinar se uma pessoa hábil no assunto, levando em conta o estado da arte como definido no art. 54(2), teria ou não sugerido o recurso técnico reivindicado como um meio de obter os resultados obtidos pelo invento reivindicado.[290]

A par da desse método direto, a jurisprudência da EPO minudencia uma série de índices indiretos para fixar a *obviedade*.

Examinando o direito argentino, diz Cabanellas:[291]

Metodologia para la determinación de la existência de actividad inventiva
15. El critério objetivo adoptado por la LP en materia de determinación de la actividad inventiva implica que la existência de tal actividad se localiza mediante la comparación del estado de la técnica con la pretendida invención y la evaluación respecto de si las diferencias entre uno y otra son evidentes para una persona normalmente versada en la materia técnica correspondiente. Esta metodología, impuesta por el artículo 4º de la LP, puede descomponerse en los siguientes pasos:
a) Determinación del contenido de la pretendida invención. Ello debe efectuarse a través de las reivindicaciones incluidas en la solicitud de patente o, si se trata de una patente ya otorgada, a través de las reivindicaciones incluidas en la patente concedida.
b) Determinación dei estado de la técnica relevante. La exigência de este paso surge dei texto dei inciso d) dei artículo 4º de Ia LP.
c) Determinación de la diferencia entre el contenido de la pretendida invención y el estado de la técnica preexistente. Según sea la naturaleza de esta diferencia superable o no mediante los conocimientos al alcance de una persona normalmente versada en la materia, habrá o no actividad inventiva.
d) Determinación de la capacidad técnica de una persona normalmente versada en la materia a la que corresponda la pretendida invención. Solo a la luz de tal determinación puede establecerse si el avance implícito en la pretendida invención tiene altura inventiva suficiente, por superar lo que está al alcance de los técnicos en la materia.

---

290   PATERSON, The European Patent System, Sweet & Maxwell 1992, p. 424. EPO Case Law of the Board of Appeal of the European Patent Office, 3 rd ed. 1998
291   CABANELLAS.Guillermo de las Cuevas. Derecho de las patentes de invención – Tomo I. Editorial Heliasta. Argentina, 2001, p. 751-760.

e) Evaluación de la diferencia entre el contenido de la pretendida invención y el estado de la técnica preexistente, a la luz de la capacidad técnica de una persona normalmente versada en la materia a la que corresponda la pretendida invención. Es el paso central del proceso de determinación de la existencia de actividad inventiva. A su concreción están dirigidos los restantes elementos de ese proceso.

f) Consideraciones secundarias. Son las que, aunque no inciden directamente en la evaluación descripta en e), crean presunciones u otros elementos de convicción respecto de la presencia o no de actividad inventiva.

g) Casos especiales. Se trata de situaciones en que se han desarrollado regias específicas de evaluación de la actividad inventiva, adicionales a las generales precedentemente enumeradas.

O sistema americano segue o critério proposto pela Suprema Corte em Graham v. John Deere, em 1966, cuja coatividade foi recém enfatizada.[292] O método inclui uma bateria de testes diretos, e um conjunto de indícios secundários para resolver o problema da obviedade:

a) Verificam-se o conteúdo e a extensão das anterioridades;
b) Identificam-se as diferenças entre as anterioridades e o invento reivindicado;
c) Determina-se qual é o nível ordinário de conhecimento técnico no setor pertinente;
d) Verificados os passos anteriores, estipula-se a existência ou não de obviedade;
e) Para determinar a questão da obviedade ou não, podem-se usar certos *indícios*, tais como sucesso comercial; a demanda para que o problema fosse resolvido, há muito sentida, mas nunca satisfeita; o fato de que outros houvessem tentado e falhado, etc.[293]

---

[292] "While the sequence of these questions might be reordered in any particular case, the factors continue to define the inquiry that controls. If a court, o patent examiner, conducts this analysis and concludes the claimed subject matter was obvious, the claim in invalid under § 103." KSR INTERNATIONAL CO., PETITIONER v. TELEFLEX INC. ET AL. Supreme Court of the United States, 2007 nº 04-1350, p. 2. Abandona-se, assim, o critério menos exigente anteriormente empregado, o "teaching, suggestion, or motivation (TSM) test" para identificação da atividade inventiva, em que o pedido de patente só é considerado óbvio se o estado da técnica, o problema da natureza ou o conhecimento da pessoa considerada como um técnico médio no assunto, revelasse alguma motivação ou sugestão para combinar os conhecimentos do estado da técnica. Assim, sob a regra TSM, só haveria obviedade se as anterioridades explícitamente apontasem para a solução reivindicada.

[293] Graham v. John Deere Co., 383 U.S. 1 (1966) "the scope and content of the prior art are to be determined; differences between the prior art and the claims at issue are to be ascertained; and the level of ordinary skill in the pertinent art resolved. Against this background, the obviousness or nonobviousness of the subject matter is determined. Such secondary considerations as commercial success, long felt but unsolved needs, failure of others, etc., might be utilized to give light to the circumstances surrounding the origin of the subject matter sought to be patented. As indicia of obviousness or nonobviousness, these inquiries may have relevancy".

As Diretrizes brasileiras, embora não sistematizem o método, podem assim ser descritas:

a) Excluir liminarmente as situações onde, na massa inventiva, não existe sequer *efeito técnico próprio* (as clássicas agregações, etc.);[294]

b) Superado o exame de novidade, determinar o estado da técnica suscetível de conhecimento por um técnico no assunto;[295]

c) a partir desse ponto, verificar se o técnico teria sido motivado a realizar a combinação ou modificações necessárias para chegar à invenção em questão.

Aqui, também, se citam índices secundários de obviedade, como nos demais métodos.

Levando em conta todos esses sistemas, passemos a seguir a extrair as considerações jurídicas pertinentes.

[6] § 4.2. Primeiro passo: determinação do estado da técnica

Como indicamos agora, o atributo da atividade inventiva vem a ser uma *qualificação da massa inovadora*. A qualificação do *quid novum* pelo *quid imprevisum*. A referência feita pelo art. 13 ao estado da técnica traz para esse passo a noção legal aplicável ao conceito de novidade, mas tomada aí como *base*, e não como *limite*, a partir da qual se apurará o *quantum* de não obviedade.

Isto se expressa de duas formas. Primeiro, que não se examinará a atividade inventiva sem determinar, antes, que há novidade na pretensão patentária.[296] Reconhecem-no as Diretrizes 1.9.2.2:

A existência de novidade é pré-requisito essencial para a existência de atividade inventiva.

E, no item 1.5.4:

O requisito de atividade inventiva depende, necessariamente, da preexistência de novidade. Em não havendo novidade, não há sequer como se questionar a existência de atividade inventiva.

---

294 "Algumas situações onde há falta de atividade inventiva podem ser elencadas, sem, no entanto, serem exaustivas. Nesses casos, em princípio, há falta de atividade inventiva quando não há efeito técnico novo: mera escolha ou troca de material cujas propriedades são conhecidas; mera mudança de forma e/ou proporção; mera justaposição de meios conhecidos."

295 "um técnico no assunto, que conhecesse à época as citações do estado da técnica consideradas".

296 Há uma exceção a essa regra, como nota SINGER, *op. cit.*, 56.3, comentando o sistema da EPO: "Usually, the question of inventiveness arises only if it is established that the alleged invention possesses novelty, the test in both cases being applied with respect to the state of the art. However, where the issue of novelty is difficult to decide, but there is a clear lack of inventiveness, it suffices to decide the latter issue only."

Segundo, que a atividade inventiva será examinada *no tocante ao quid novum*. E, mais, ao *todo* da invenção,[297] sem perquerir-lhe separadamente em cada elemento singular, ou em uma reivindicação isolada.[298] Dizem as Diretrizes, item 1.9.1.1:

Por outro lado, uma reivindicação dependente deve sempre ser lida em conjunto com a ou as reivindicações das quais depende, não gerando efeitos de proteção por si só. Por isso, uma reivindicação dependente pode definir características em si já conhecidas, pois é a sua combinação com as reivindicações de que depende que encerrará novidade e atividade inventiva.

E enfatiza acórdão da 2ª Turma Especializada em Propriedade Industrial do TRF da 2ª Região:

EMENTA
DIREITO PROCESSUAL CIVIL E DA PROPRIEDADE INDUSTRIAL. EMBARGOS DE DECLARAÇÃO. INVALIDAÇÃO DO ATO ADMINISTRATIVO QUE DEFERIU O REGISTRO DE PATENTE. VERIFICAÇÃO DOS REQUISITOS DA NOVIDADE E DA ATIVIDADE INVENTIVA.
I – O julgado embargado não ostenta a omissão e contradição apontadas, já que foi expresso em salientar que "a eventual ausência de novidade e atividade inventiva de patente registrada junto ao Instituto Nacional de Propriedade Industrial – INPI deve ser aferida por critérios técnicos que demonstrem a inexistência de inovação no estado da técnica e não verificada apenas pelo mero cotejo da configuração visual dos inventos".
II – O preenchimento dos requisitos da atividade inventiva e da novidade, exigidos para o deferimento da exclusividade do uso de determinado invento, devem ser apurados sob aspecto global daquela solução tecnológica e não sob a ótica dos elementos que a compõem, que poderão, isoladamente, estar abrangidos pelo estado da técnica.
III – Evidenciada a existência nos autos de dois laudos técnicos com conclusões antagônicas, o magistrado, pelo princípio do livre convencimento motivado que informa o sistema processual brasileiro, pode optar por qualquer um para proferir sua decisão, desde que de maneira fundamentada.
Embargos de declaração na AC 20015101536752-8, 28 de agosto de 2007

---

297   Diz a lei americana: "A patent may not be obtained, though the invention is not identically disclosed or described as set forth in Section 102 of this title, if the differences between the subject matter sought to be patented and the prior art are such that the subject matter as a whole would have been obvious at the time the invention was made to a person having ordinary skill in the art to which the subject matter pertains".

298   Quanto à complexa construção das reivindicações, e a forma de apuração dos requisitos de patenteabilidade nesse tecimento, vide o nosso Nulidade de reivindicações independentes. Efeitos sobre reivindicações que lhe são dependentes, encontrado em http://denisbarbosa.addr.com/reivindica.pdf. Dizem CHISUM, Donald S.; JACOBS, Michael A. Understanding Intelectual Property law. United States of America:Mathew Bender & Co., 1992, p. 56-82:"Third, it refers to the subject matter sought to be patented, that is, the claimed subject matter, "as a whole". This clearly means that a claimed invention should not be evaluated in parts".

[6] § 4.2. (A) Exclusão da novidade construtiva

Há, no entanto, uma restrição: a novidade pertinente para o exame da atividade inventiva é a *novidade real* e não a novidade construtiva. Essa última é a prevista no CPI/96

> Art. 11. (..) § 2º Para fins de aferição da novidade, o conteúdo completo de pedido depositado no Brasil, e ainda não publicado, será considerado estado da técnica a partir da data de depósito, ou da prioridade reivindicada, desde que venha a ser publicado, mesmo que subseqüentemente.
> § 3º O disposto no parágrafo anterior será aplicado ao pedido internacional de patente depositado segundo tratado ou convenção em vigor no Brasil, desde que haja processamento nacional.

Tal ocorre, pois o que se protege na novidade constitutiva não é o direito de todos ao domínio público, mas simplesmente os interesses procedimentais do primeiro depositante. O objeto da primeira pretensão não entrou objetivamente no estado da técnica, e apenas serve para aplicar a regra da anterioridade entre inventores independentes sobre a mesma invenção, prevista no Art. 7º:

> Se dois ou mais autores tiverem realizado a mesma invenção ou modelo de utilidade, de forma independente, o direito de obter patente será assegurado àquele que provar o depósito mais antigo, independentemente das datas de invenção ou criação.

Assim indicam as Diretrizes 1.4.1:

> A matéria de um pedido não publicado e depositado no INPI antes da data de depósito (ou prioridade) do pedido em exame deve ser considerada como estado da técnica unicamente em relação ao exame do requisito de novidade do pedido em exame; esta matéria não pode ser considerada para efeito de exame do requisito de atividade inventiva.

E, no item 1.5.4:

> A matéria de pedidos de patente brasileiros que ainda se encontravam em sigilo na data de depósito ou da prioridade, se reivindicada, de um pedido de patente posterior será considerada como pertencente ao estado da técnica apenas para fins de aferição de novidade. Portanto, não se pode combinar as informações contidas em um pedido que estava em sigilo com outras informações quaisquer, para fins de análise de atividade inventiva.

No entanto, será considerada a novidade construtiva para apuração da atividade inventiva no caso de dois pedidos do mesmo titular, de forma a evitar o duplo patenteamento.[299]

[6] § 4.2. (B) O estado da técnica é o campo de apuração de atividade inventiva

Encontrada a novidade, passa-se à análise da atividade inventiva. Mas o campo de apuração desta última excede necessariamente o simples alcance da *anterioridade mais próxima*.

Assim explicamos em nosso Uma Introdução, 2ª ed:

> Afirma-se que haverá novidade sempre que o invento não seja antecipado *de forma integral* por *um único documento* do estado da técnica.[300] Tal entendimento, que encontra guarida, por exemplo, nos Parâmetros de Exame do EPO (C-IV, 7.1), tem certas exceções – a mais relevante das quais a que permite combinar documentos quando estejam literalmente referenciados uns nos outros, de tal forma que o homem do ofício combinaria naturalmente as informações. No dizer corrente no procedimento europeu, o estado da técnica não pode ser lido como um mosaico de anterioridades.
>
> Tal princípio se estende também aos outros elementos do estado da técnica – um só uso público, ou uma só citação; em certos casos, mesmo a combinação de elementos reivindicados separadamente *num só documento* (se a citação é naturalmente complexa, como longas listas, separadas, de elementos químicos) não consistiria anterioridade.[301]
>
> Note-se que, para a apuração de *atividade inventiva*, não se aplica à regra de um só documento; muito pelo contrário, a combinação de várias anterioridades (desde que essa combinação já tenha sido assimilada pelo *conhecimento geral de um homem do ofício*) é esperada para se apurar a obviedade ou não da nova solução técnica.

---

299   LADAS, *op. cit.*: "The question of concurrent applications which create a problem with regard to novelty also gives rise to a problem in regard to "inventive activity." If the "whole contents" approach is used, it should follow that matter included in the description of an earlier application should be included in the art when considering obviousness".

300   Por exemplo, Danemann, Siemsen, Biegler & Ipanema Moreira, Comentários à LPI, Renovar, 2001, p. 47. Dizem as Diretrizes, 1.5.4: "Como regra geral entende-se que há novidade sempre que a invenção ou modelo não é antecipado de forma integral por um único documento do estado da técnica".

301   Diretrizes, 1.5.4: "No caso de um documento (primeiro documento) referindo-se explicitamente a um outro documento que fornece informação mais detalhada sobre certas características, o ensinamento deste último documento deve ser considerado como incorporado ao primeiro documento que contém a referência". Como se verá, no caso de avaliação de atividade inventiva, a pesquisa do estado da arte vai além dos documentos referenciados entre si, para abranger todo o campo de visão do hipotético técnico no assunto.

Em suma, a novidade é apurada em face de uma única anterioridade integral, numa relação essencialmente binária; se não existe essa prefiguração total, passa-se ao segundo estágio da análise.

[6] § 4.2. (C) Momento de fixação do estado da técnica

As normas (por exemplo, o PCT e a Diretriz da EPO C-IV-9.9) e os autores são unânimes: o momento no qual se apura o *quid imprevisum* é o da novidade real: o mesmo e exato instante em que se exerceu a pretensão de pedir patente, pelo depósito, prioridade, graça, etc.[302]

Como, necessariamente, a avaliação do *quid imprevisum* se fará em data posterior, frequentemente muito posterior, a doutrina e a jurisprudência reiteram estrenuamente que o examinador ou juiz não avaliará a atividade inventiva *a posteriori*. Uma vez conseguida a nova solução, tudo parece óbvio. A postura da análise seria sempre prospectiva a partir do documento mais próximo, e não retrospectiva, a partir da nova invenção.[303]

[6] § 4.2. (D) Extensão de Setores a serem incluídos no exame do estado da técnica

No terceiro passo deste método, voltaremos à delimitação do estado da técnica pertinente, agora levando em conta a escolha legal de que o *quid imprevisum* deve ser fixado do ponto de vista de um técnico mediano no assunto. O campo normal de visão deste técnico determinará quais segmentos do estado da técnica serão relevantes.

---

302   AZÉMA, Jacques & GALLOUX, J. Christophe. Droit de la Propriété Industrielle. Paris: Dalloz, 2006, p. 169-184. N. 286 "Le moment de l'appréciation C'est au jour du dépôt de la demande de brevet qu'il faut se placer pour apprécier l'activité inventive. Les documents apparus entre le jour de la conception ou de la réalisation de l'invention et le jour du dépôt de la demande sont donc de nature à détruire son caractère inventif. Au reste, c'est au même moment qu'il faut se placer pour apprécier la nouveauté".

303   Por exemplo, na decisão EPO t5/81, Schmid/Etching process, OJ 1987, 237: é inadmissível "a posteriori analysis, i.e. an interpretation of the prior document as influenced by the problem solved by the invention, while the problem was neither mentioned or suggested (by the prior art not known to) the person skilled in the art". Segundo POLLAUD-DULIAN, Fréderic, La Brevetabilite Des Inventions. Étude comparative de jurisprudence France – OEB. Paris: Litec, 1997, p. 109-134. "L'activité inventive s'apprécie à la date du dépôt, c'est dire qu'il ne faut tenir compte ni des autres connaissances apparues après le dépôt, ni des enseignements de l'invention revendiquée pour établir l'état de la technique et notamment le problème posé par un raisonnement a posteriori . Comme l'écrit M. Mousseron (Traité, *op. cit.*, nº 375, p. 390. P. Mathély, Le nouveau droit français des brevets d'invention, *op. cit.*, p. 97.), «il en est de l'invention comme des devinettes dont la solution paraît aller de soi (...) lorsqu'elle est connue mais pour laquelle on a précédemment donné sa langue au chat». Dizem as Diretrizes da EPO 2005: «9.10.2 "Ex post facto" analysis; surprising technical advantage - It should be remembered that an invention which at first sight appears obvious might in fact involve an inventive step. Once a new idea has been formulated it can often be shown theoretically how it might be arrived at, starting from something known, by a series of apparently easy steps».

[6] § 4.3. Segundo passo: definição do quid novum como invento

Para se discernir o que é a massa inventiva, antes de procurar a novidade, já se terá determinado o que é o *invento* para o qual se pretende o privilégio. Definida a pretensão essencialmente pelas reivindicações, vai-se encontrar qual o *invento* alegado, no entanto, em todo o conteúdo do pedido.

Diz o Ato Normativo 127/97 do INPI, definindo o conteúdo obrigatório do relatório descritivo:

15.1.2 Relatório Descritivo:
O relatório descritivo deverá: (...)
c) precisar o setor técnico a que se refere a invenção;
d) descrever o estado da técnica que possa ser considerado útil à compreensão, à busca e ao exame da invenção, citando, sempre que possível, os documentos que o reflitam, destacando os problemas técnicos existentes;
e) definir os objetivos da invenção e descrever, de forma clara, concisa e precisa, a solução proposta para o problema existente, bem como as vantagens da invenção em relação ao estado da técnica;
f) ressaltar, nitidamente, a novidade e evidenciar o efeito técnico alcançado; (...)

Como é canônico, invento é uma solução técnica para um problema técnico.[304] A noção é consagrada:[305]

A invenção, como dissemos, apresenta-se como a solução de um problema técnico, que visa à satisfação de fins determinados, de necessidades de ordem prática (...) "(...) o caráter industrial da invenção vem a ser o conjunto de atributos próprios que a distinguem essencialmente das criações intelectuais de outro gênero, que não dizem respeito às indústrias ou que não se destinam à satisfação de necessidades de ordem prática ou técnica."

---

[304] POLLAUD-DULIAN, Frédéric, La Brevetabilité des inventions- Étude comparative de jurisprudence France-OEB. Paris: Litec, 1997, p. 44. A questão é longamente discutica em nossos Inventos Industriais, *Op. cit.* A industrialidade, como requisito constitucional (A redação "a lei assegurará aos autores de inventos industriais") presume que haja em cada invento uma solução para um problema técnico. Não se veja aqui, porém nenhuma exigência de que a invenção traga aperfeiçoamentos ou melhoras no estado da arte (como se exige para o modelo de utilidade); tal poderá ser eventualmente considerado para efeitos de avaliação de atividade inventiva. Tem utilidade industrial o que resolva um problema técnico, como acima definido, mesmo que sem qualquer ganho prático ou comercial sobre o que já se dispõe. O art. 24 da Lei 9.279/96 exige, como um requisito do relatório do pedido de patente, que ele determine a melhor forma de execução da solução técnica reivindicada. Assim, além do requisito da utilidade técnica, a lei brasileira contempla – como exigência de suficiência descritiva – que a solução seja também prática.

[305] CERQUEIRA, João da Gama. Tratado da Propriedade Industrial, 2ª edição, São Paulo: Ed. RT, 1982, vol. I, p. 222.

Assim, é uma proposta de solução de um determinado *problema técnico* que se argüi a novidade. É, sem medo de repetir-se, uma *nova solução de um problema técnico*. A relação entre o *quid novum* e o problema a ser resolvido é exatamente aquele *efeito técnico*, cuja construção histórica já se deu conta acima.

As eventuais revelações que o relatório da patente faz, mesmo as estranhas à resolução do problema técnico, ainda que inconscientes como solução ao inventor anterior, entram no estado da técnica;[306] assim, não se vai buscar, para se verificar a atividade inventiva, necessariamente, como o mesmo problema técnico já foi resolvido.

Mas a apuração do *quid imprevisum* vai se verificar avaliando sempre *qual o problema técnico relevante* e *qual a solução técnica oferecida*. Esse teste pode ser, ou não, o determinante, mas sempre será considerado como elemento central na apuração da atividade inventiva. Voltaremos a essa questão mais adiante, no tocante ao chamado enfoque problema-solução.

[6] § 4.4. Terceiro passo: determinando as diferenças

Fixado qual o invento, vai-se determinar a diferença da solução oferecida com *os elementos relevantes do estado da técnica*, para verificar se nessa diferença existe o *quid imprevisum*. Ou seja, no dizer da lei brasileira, "não decorra de maneira evidente ou óbvia do estado da técnica".

A primeira pergunta a se fazer é: qual estado da arte? Aqui surge, pela primeira vez, o impacto do critério legal, segundo o qual o exame – este preciso exame de diferenças – seria o feito por "um técnico no assunto". O estado da arte relevante é diverso do pertinente ao exame da novidade, pois, neste, se busca todo o material disponível;[307] mas para a atividade inventiva, o estado da arte é limitado ao que o fictício técnico no assunto iria, naturalmente, buscar.

---

306 Como é assente na jurisprudência americana. Vide Abbott Laboratories v. Baxter Pharmaceutical Products, Inc. (Fed. Cir. 2006), encontrado em http://www.fedcir.gov/opinions/06-1021.pdf: "Our cases have consistently held that a reference may anticipate even when the relevant properties of the thing disclosed were not appreciated at the time. The classic case on this point is Titanium Metals Corp. v. Banner, 778 F.2d 775 (Fed. Cir. 1985). In Titanium Metals, the applicants sought patent protection on an alloy with previously unknown corrosion resistance and workability properties. Id. at 776. The prior art reference was an article by two Russian scientists that disclosed in a few data points on its graphs an alloy falling within the scope of the claims of the patent in suit. Id. at 776-77. There was no sign that the Russian authors or anyone else had understood the later-discovered features of the alloy thus described. Id. at 780-81. Despite the fact that "the applicants for patent had discovered or invented and disclosed knowledge which is not to be found in the reference," we held that the Russian article anticipated the asserted patent claims. Id. at 782. The Titanium Metals rule has been repeatedly confirmed and applied by this court. See, e.g., In re Crish, 393 F.3d 1253, 1258-59 (Fed. Cir. 2004) (citing cases; holding asserted claims covering a gene's nucleotide sequence anticipated where the gene, though not its particular sequence, was already known to the art)"

307 Notam os autores que há diferenças sensíveis na apuração do estado da arte para novidade e para atividade inventiva. Naquela, o estado da arte deve ser idêntico, e compreender também o que já foi objeto de depósito, mas não de publicação. Não assim no caso da atividade inventiva, para a apuração da qual se levam em consideração os conhecimentos agregados (não idênticos) e o que realmente estava à disposição

Cumpre, então, interromper a análise para uma mais precisa caracterização do que seria o nosso "técnico no assunto".

[6] § 4.4. (A) O homem que determina a existência de atividade inventiva

A noção de decorrer de maneira *evidente* do estado da técnica indica que o padrão de avaliação *é o homem especializado na matéria*, ainda que não o maior expoente mundial do setor.

Há um parâmetro usualmente utilizado para esta avaliação, que é do profissional graduado na especialidade, detentor dos conhecimentos acadêmicos comuns, e da experiência média de um engenheiro ou técnico, *operando no setor industrial perti-nente*. Decididamente, o parâmetro não é do cientista exponencial, laureado com o prêmio Nobel, mas o engenheiro *da especialidade pertinente*, com experiência real naquela parcela da tecnologia, ao que, lembrando-se das fases da antropologia física, bem se poderia denominar *Homus habilis*.

Assim, o parâmetro de avaliação é o do técnico na arte (definido como no parágra-fo anterior) provido dos *conhecimentos gerais do estado da técnica* e da experiência no ramo onde o invento se propõe solucionar o seu problema técnico. Desse compósito (conhecimentos gerais mais experiência específica) se apurará a obviedade ou não da invenção. Tem-se apontando como repositório do conhecimento geral do estado da téc-nica o constante dos manuais ou livros didáticos correntes para a formação do técnico.[308]

Assim precisa Cabanellas:[309]

Determinación de la capacidad de una persona normalmente versada en la mate-ria técnica correspondiente

19. Para que una tecnología implique actividad inventiva ha de ir más allá de lo que una persona versada en la materia correspondiente inferiría del estado de la

---

do público antes da data do depósito. BERTRAND, *op. cit.*, p. 122. Vide também OLIVEIRA, Maurício Lopes, Reflexão Sobre a Atividade Inventiva, Revista da ABPI, Nº 39 - Mar. /Abr. 1999.

308 SINGER, *Op. cit.*, p. 179. No entanto, prossegue o autor, 56.3, comentando o sistema da EPO: "What is meant by "common general knowledge" was considered in T 171/84, OJ EPO 1986,95* (Reasons point 5) and T 206/83, OJ EPO 1987, 5*, where it was said that common general knowledge is represented by basic handbooks and textbooks on the subject in question (Reasons point 5) and T 51/87, OJ EPO 1991, 177* (Reasons point 8). In T 766/9] (29.9.1993) it was described as being the knowledge that an experienced man in this field would be expected to have, or at least to be aware of to the extent that he could look it up in a handbook. It added that such information is not common general knowledge because it is publis-hed in a handbook, but rather, that it is so published because it has become common knowledge (Reasons point 8.2). T 537/90 (20.4.1993) held that the adoption of certain new technology had led to a mass of publications and technical meetings within a short period of time. In the circumstances, those disclosu-res amounted to common general knowledge in the art, notwithstanding the fact that many of the reports dealt with laboratory scale work, rather than production scale units".

309 CABANELLAS. Guillermo de las Cuevas. Derecho de las patentes de invención – Tomo I. Buenos Aires: Editorial Heliasta, 2001. 751-760.

técnica pertinente. Lo determinante para que exista invención patentable no es solamente la creación de algo nuevo, sino que ese algo no pueda alcanzarse mediante la simple aplicación de los conocimientos que ya integran la rama de la técnica a la que corresponde la pretendida invención.

La "persona normalmente versada en la materia técnica correspondiente", a que se refiere el artículo 4to., inciso d), de la LP, no es una persona física determinada, sino una construcción teórica formada mediante la identificación de ciertas capacidades tecnológicas. Salis incluye dentro de esas capacidades a los siguientes conocimientos: el estado de la técnica en el campo concreto; el conocimiento específico a través del cual una persona capacitada puede desarrollar ese campo técnico; el conocimiento general que cualquier técnico posee, y el estado de la técnica en campos relacionados y vecinos a aquel en que se sitúa la invención.

Visto desde otra perspectiva, el conocimiento que cabe atribuir a la persona con capacidad técnica relevante incluye a la tecnología propia del sector al que corresponda la pretendida invención, los conocimientos comunes que están al alcance de todo técnico, aunque no sea especialista en la materia a la que corresponda la invención y los conocimientos que se infieran de los elementos precedentes. Se determina así que es lo que ya sabe un técnico normalmente versado en la materia y cuál es la capacidad normal que tiene para inferir de esos conocimientos otros calificables como obvios o evidentes

Debe también determinarse el nivel del técnico relevante. La LP, como otras legislaciones contemporáneas, no exige que se trate de un técnico de primera línea, sino de una persona "normalmente versada en la materia". Debe así tratarse de una persona plenamente capacitada en la materia,[310] pero no con una capacidad excepcional.

A jurisprudência e a doutrina Francesa não pensam diferente. Dizem Chavanne e Burst:

O estado da técnica conhecido, a apreciação da não evidência, implica que seja determinada a pessoa em relação a quem a invenção não deve parecer evidente. A lei de 1968 no seu estado de origem dava nenhuma indicação a esse respeito. A jurisprudência, que inspira-se junto às soluções estrangeiras, devia afirmar que era necessário referir-se a um personagem abstrato, o homem do ofício ou ainda o homem da arte.

O artigo L. 611-14 afirma que o personagem de referência é o homem do ofício, o técnico no assunto.

---

310 [Nota do Autor]. No debería tratarse, por lo tanto, de un hipotético operario que trabaje en el sector productivo correspondiente, sino de un técnico con formación profesional y científica acorde con el área tecnológica especializada a la que corresponda la pretendida invención. Comp. A. Chavanne y J. J. Burst: ob. cit., p. 55 y 56.

A definição do homem do ofício é importante, porque é ela que comanda a noção de atividade inventiva. Se considerarmos o cientista como homem do ofício, é claro que a atividade inventiva será apreciada severamente. Pelo contrário se o homem do ofício é o que ignora muito da técnica em causa, a atividade inventiva será apreciada de maneira muito mais liberal, pois este não conhece a técnica e nada não lhe é evidente. Por conseguinte, o homem do ofício face ao qual deve apreciar-se a atividade inventiva é o que possui os conhecimentos normais e médios da técnica.[311]

O direito francês também, como a nossa lei, exige que a invenção não decorra de maneira evidente do estado da técnica, sendo que esta não-evidência aprecia-se em relação "ao homem do ofício". Também lá o *homus habilis* é um personagem de referência, teórico, a quem a lei não define as características.

Em matéria de patentes, o homem do ofício é um técnico médio do ramo, que tem acesso ao estado da técnica até o dia da apresentação do pedido de patente. É possível admitir que se trate de um técnico que tem conhecimentos normais da técnica em causa. A escolha deste personagem de referência justifica-se pela idéia segundo a qual a invenção que para um simples homem do ofício é evidente e decorre do conhecimento já existente, não lhe implica em nenhuma atividade inventiva.[312]

A legislação e jurisprudência americana seguem o mesmo parâmetro. O Título 35 do US Code, seção 103, determina que uma pessoa considerada com uma habilidade

---

311   CHAVANNE, Albert & BURST, Jean-Jacques. Droit de Lá Propriété Industrielle. Paris: Dalloz,1993, p. 53-55: «La chambre de Recours Technique de l'OEB (Ch. Rec Tech, 18, juillet, 1990) a déclaré que pour apprécier l'activité inventive, il s'agit de savoir s'il aurait été évident pour l'homme du métier, en partant de l'état de la technique le plus proche, de parvenir à l'invention exposée dans le brevet litigieux.... L'état de la technique étant connu, l'appréciation de la non-évidence implique que soit déterminée la personne par rapport à qui l'invention ne doit pas paraître évidente. La loi de 1968 dans son état d'origine ne donnait aucune indication à cet égard. La jurisprudence, s'inspirant des solutions étrangères, devait affirmer qu'il fallait se référer à un personnage abstrait, l'homme du métier ou encore l'homme de l'art. L'article L. 611-14 précise que le personnage de référence est l'homme du métier. La défnition de l'homme du métier est importante, car c'est elle qui commande la notion d'activité inventive. Si l'on retient le savant comme homme du métier, il est clair que l'activité inventive sera appréciée très sévèrement. A l'inverse si l'homme du métier est celui qui ignore tout de la technique en cause, l'activité inventive sera appréciée de façon beaucoup plus libérale puisque pour lui rien n'est évident. La jurisprudence choisit la voie moyenne dans la définition de l'homme du métier. Pour elle, il s'agit de l'homme du métier «normale-ment compétent dans le domaine en cause» (Paris, 28 novembre, 1977). ... Il est donc acquis, que l'homme du métier à l'égard duquel doit s'apprécier l'activité inventive est celui qui possède les connaissance normales et moyennes de la technique dont il s'agit. Doivent donc être condamnées les décisions qui ont pu affirmer que «l'activité inventive doit révéler au moins, une ingéniosité particulière ne découlant pas d'évidence de l'état de la technique», ou encore que l'activité inventive suppose une «certaine ingéniosité.»

312   SCHMIDT-SZALEWSKI, Joanna & PIERRE, Jean-Luc. Droit de la propropriété industrielle. Paris: Litec, deuxiéme édition, p. 50. "La loi exige que l'invention ne découle pas d'une manière evidente de l'état de la technique, cette non-évidence s'appréciant par rapport à «l'homme du métier». L'homme du métier est un personnage de référence théorique, dont la loi ne définit pas les caractéristiques (il s'agit d'une notion comparable à celle de «bon père de famille», ou de l'homme raisonnable, auxquels se réfèrent d'autres branches du droit). En matière de brevets, l'homme du métier est un technicien moyen de la branche considérée, ayant atrcès à l'état de la technique au jour du dépôt de la demande de brevet. Il est possible d'admettre qu'il s'agit d'un technicien ayant des connaissances normales de la technique en cause. Le

ordinária para apreciar a existência de atividade inventiva em uma patente é alguém que trabalha com esta tecnologia, não é nem um expert, nem um leigo.[313]

O artigo 56 da Convenção Européia de Patentes determina que uma invenção possui atividade inventiva, quando – levando em conta o estado da técnica -, esta invenção não é óbvia para um técnico no assunto. Para o Guia de exame do Escritório Europeu de Patentes – EPO (C-IV, 9.3), um técnico no assunto é um praticante habitual do ofício, ciente do que era de conhecimento geral na arte anteriormente à invenção.[314]

Técnico no assunto: indivíduo ou equipe?

A Convenção Européia de Patentes afirma que o nível de conhecimento tecnológico de uma pessoa que avalia a atividade inventiva de uma patente pode variar de uma indústria para outra, e, em determinadas circunstâncias, para se avaliar a inventividade de uma patente complexa é necessário uma equipe de pessoas com conhecimentos pertinentes em cada área da patente.[315]

A expressão coletiva do homem do ofício encontra, porém, fundada objeção da doutrina:[316]

---

choix de ce personnage de référence se justifie par l'idée selon laquelle l'invention qui relevait de la simple habileté de l'homme du métier était, pour lui, évidente et n'impliquait aucune activité inventive. Cette notion de personnage fictif doit être appliquée également au cas des inventions réalisées par un groupe de chercheurs."

313   CHISUM, Donald S. & JACOBS, Michael A. Understanding intellectual property Law – Legal text series.: Ed. Matthew Bender, United States, 1992, p. 2/56-2/57. "Sixth, it pinpoints a "person of ordinary skill" as the human actor to whom the invention must be obvious. The cases confirm what is perhaps obvious, to wit, that a person of ordinary skill is neither a highly sophisticated expert nor a layman without knowledge or skill of the technology. Finally, it selects the ordinarily-skilled person from "the art to which said subject matter pertains."

314   EPO Guidelines for Examinations. In http://www.european-patentoffice.org/legal/gui_lines/e/c_iv_9_3.htm. "The "person skilled in the art" should be presumed to be an ordinary practitioner aware of what was common general knowledge in the art at the relevant date. He should also be presumed to have had access to everything in the "state of the art", in particular the documents cited in the search report, and to have had at his disposal the normal means and capacity for routine work and experimentation. If the problem prompts the person skilled in the art to seek its solution in another technical field, the specialist in that field is the person qualified to solve the problem. The assessment of whether the solution involves an inventive step must therefore be based on that specialist's knowledge and ability (see T 32/81, OJ 6/1982, 225). There may be instances where it is more appropriate to think in terms of a group of persons, e.g. a research or production team, than a single person. This may apply, for example, in certain advanced technologies such as computers or telephone systems and in highly specialized processes such as the commercial production of integrated circuits or of complex chemical substances."

315   SINGER, Op. cit., p. 207-209. "The level of technical knowledge which is presumed to be possessed by the hypothetical skilled person when evaluating the issue of inventiveness is the same as the level to be ascribed to him when dealing with the issue of sufficiency of disclosure under Article 83 (T 60/89, OJ EPO 1992,268, and see under Art. 83.03 below). The level of knowledge to be expected must vary from one industry to another, particularly between low technology and high technology industries. In appropriate circumstances, the knowledge of a design team consisting of persons having different areas of expertise must be taken into account."

316   GARCIA Balmes Vega, Contrafação de Patentes, LTr, 2005, p. 28-41.

Surge aqui outra questão relativa ao caso de uma invenção complexa, envolvendo inúmeros assuntos ou técnicas. Nesse caso, importa determinar o técnico no assunto. O professor de Haas, consultor na área das invenções farmacêuticas, domínio onde o tema é particularmente importante pelo fato de a pesquisa envolver diversos profissionais como químicos, farmacêuticos, engenheiros, biólogos, bio-médicos e médicos, dentre outros, diverge da opinião do prof. Mathély, que entende deva o técnico no assunto, nestes casos, ser constituído por uma equipe de vários especialistas cooperando nas diversas técnicas da invenção, defenden-do que as conseqüências de tal interpretação seriam particularmente graves visto poderem conduzir a uma excessiva severidade na apreciação da atividade inven-tiva por parte dos examinadores.[317]

Acrescente-se que, no campo da invenção de medicamento, nele compreendida a invenção de aplicação de um produto, as dificuldades residem sobretudo na comunicação entre os diversos especialistas. Conseqüentemente, o técnico no assunto, neste caso constituído por uma equipe de especialistas detendo todos os conhecimentos de cada uma dessas técnicas, seria suscetível de conceber todas as invenções que lhes fossem submetidas, inviabilizando a atividade inventiva.

Também aqui aporta Cabanellas, loc. cit.:

Los pasos precedentes requieren a su vez determinar cuál es el sector de la téc-nica al que corresponde la pretendida invención. Ello es particularmente complejo cuando tal supuesta invención concierne a varias ramas técnicas. Se ha propuesto, en tal sentido, referirse a la disciplina a la que corresponde el problema técnico que resuelva la pretendida invención. La solución es en principio correcta, pero en cier-tos casos el problema técnico en cuestión puede involucrar a varias disciplinas. En tal supuesto no seria lícito elevar indirectamente el nivel inventivo exigido mediante la combinación de los conocimientos especializados de distintos técnicos.[318] El procedi-miento correcto en tales casos, es identificar un sector al que se acerca con mayor peso la pretendida invención, y determinar si un técnico de la disciplina correspondiente, con a ayuda de los conocimientos que ese técnico pueda tener de otras disciplinas,[319] puede tener por evidente la pretendida invención.

---

317 [Nota do original] De Haas, Michel, in "Brevet et Médicament en Droit Français et en Droit Européen", 1981, p. 195-196. Importante observação levantada pelo mestre de Haas, respeita ao fato de que este homem tem conhecimentos médios e é desprovido de imaginação, no sentido de ser capaz de executar todas as tarefas do ensinamento conhecido à data do depósito do pedido, não sendo, porém, normalmen-te, inclinado a ir além destes conhecimentos.

318 Examinaremos adiante a questão do "técnico"sendo uma equipe, e não um indivíduo.

319 [Nota do Autor] Estos conocimientos formarán parte de los conocimientos ajenos a los específicos de la materia técnica correspondiente, que siempre pueden ser imputables al hipotético técnico utilizado en el estándar del art. 4to., inc. d) de la LP; cfr. la n. 250, supra, y el texto a ella correspondiente. Serán cono-cimientos de menor nivel que los que tenga un técnico especializado en las disciplinas que resulten secun-darias en el con texto de la evaluación dela pretendida invención. Aunque: no es correcto construir una

Qual o ofício do homem de ofício?

O parâmetro para se medir a obviedade é um homem de um determinado ofício. Esse ofício é o do setor industrial em razão do qual se põe o problema resolvido pelo invento.[320] O técnico do setor de tapetes não é o mesmo do setor de perucas; um engenheiro mecânico não é o técnico de todos os assuntos mecânicos, mas o será daqueles segmentos industriais em que efetivamente emprega seus conhecimentos.

O técnico no assunto não é o comprador ou usuário de um bem, mas o que trabalha junto ao fabricante.[321] Seu campo de visão – o âmbito do estado da técnica do qual se presume seu conhecimento – se resume a essa área, incluindo, porém os setores vizinhos do qual naturalmente teria conhecimento; ainda que nos setores vizinhos sua familiaridade seja mais restrita. Assim, o técnico em cosmetologia terá conhecimento das inovações em dermatologia, mas não estará ciente da pesquisa mais avançada neste último setor.[322]

Qual o nível de formação desse técnico médio? Dependerá do setor industrial. Num setor mecânico tradicional, poderá ser o torneiro experiente; nos extremos da produção biotecnológica, poderá ser um Ph.D., ainda que não o expoente internacional.[323] A análise da função jurídica do instituto da atividade inventiva guiará tal definição.

O filtro constitucional do homem do ofício

Como indicado, o parâmetro constitucional de suficiência descritiva é de que só cabe a concessão de um direito de exclusiva sobre um conhecimento tecnológico quando, no relatório descritivo, o requerente exponha a sua solução técnica de tal

---

figura de un hipotético técnico capacitado en campos distintos entre si, si ese técnico no existe en la realidad, si seria lícito suponer que el técnico capacitado en la materia técnica más afín a la de la tecnología que se pretende patente podrá consultar con técnicos de otras materias vinculadas, a fin de interiorizarse da sus particularidades, sin convertirse por ello en un técnico en esas materias Vinculadas. Cfr. R. Singer y R. Lunzer: ob. cit., p. 207. Se ha considerado inclusive lícito, bajo la Convencion de la Patente Europea, suponer que en materias complejas actuarán equipos interdisciplinarios, computándose asi la capacidad técnica del equipo en su conjunto; íd., p. 208. La solución aparece como correcta a efectos de distinguir la actividad inventiva propiamente dicta de las creaciones puramente triviales caracterizadas solamente por la complejidad de los equipos que las desarrollan.

320 Azéma, et alii, op. cit., "277 L'homme du métier est celui de la discipline industrielle auquel se pose le problème technique que résout l'invention"

321 Idem, eadem: "C'est donc bien le fabricant qui doit être considéré comme l'homme du métier, non pas l'utilisateur mais le constructeurs».

322 Azéma, op. cit., "Mais le niveau de connaissances exigé dans le domaine voisin est toutefois moins élevé: l'homme du métier dans la cosmétologie peut méconnaître les dernières recherches dans le domaine voisin de la dermatologie".

323 Azéma, op. cit., «Tout dépend de la nature de l'invention. Si elle se situe dans un domaine technique relativement simple, l'homme du métier peut être le technicien moyen, tel qu'un contremaître. Si, au contraire, l'invention ressortit d'un domaine technique de pointe, l'homme du métier, est l'ingénieur qualifié, voire, un chercheur de haut niveau . Mais l'échelle ne conduit pas jusqu'au lauréat d'un prix Nobel, même dans les domaines de haute technologie».

forma que – ao fim ou nas limitações da proteção – a sociedade possa total e efetivamente copiar em sua integridade.

Como disse a Suprema Corte Americana:

(...)" quando a patente expira o monopólio criado por ela expira também, e o direito de fabricar o artigo – inclusive o direito a fazer precisamente na forma em que foi patenteada – passa ao público.[324]

O homem do ofício é a pessoa que realiza a verificação de que a tecnologia está descrita de forma que, quando extinto ou inaplicável o privilégio, a sociedade poderá efetivamente incorporar a tecnologia como conhecimento livre e útil. Vale dizer, é esse homem, que expressa a sociedade, que lerá a patente de forma a copiar e utilizar livremente a tecnologia: um homem mediano naquela técnica, mas capaz e experiente.[325]

Em suma, o "homem do ofício" é o parâmetro segundo o qual se pretende assegurar o cumprimento das missões constitucionais incumbidas à patente de forma que *a sociedade possa entender e colocar em prática a tecnologia precisamente na forma em que foi patenteada*. Cabe a ele julgar se *houve uma contribuição real à comunidade* (atividade inventiva) e, simultaneamente, que tal contribuição pode ser efetivamente aproveitada pelo sistema produtivo.

O homem da arte como perito judicial

O *técnico no assunto*, ou o *homem do ofício* da doutrina francesa, é um parâmetro legal de interpretação dos níveis de interpretação do estado da técnica, de suficiência descritiva e, em especial, da atividade inventiva.

Em primeiro lugar, esta noção legal representa o limiar mínimo de capacitação técnica de um analista de patentes, ou de um perito, para que possa *cumprir seu dever legal*.

---

324   Graham v. John Deere Co. of Kansas City, 383 U.S. 1, 6 (1966). Disponível em http://www.justia.us/us/383/1/case.html> acesso em 02.02.06.

325   O vínculo necessário entre o "técnico no assunto", para efeitos de apuração de atividade inventiva, e o mesmo homus habilis a quem é dstinado o ensnamento patente é particularmente acentuada num tratado americano do Séc XIX – o de CURTIS, G. Ticknor. A Treatise on the Law of Patents for Useful Inventions. Edição original – Boston: Little, Brown and Company, 1873. Quarta edição- New Jersey: The Lawbook Exchange, 2005, p. 298-302. "The statute allows the patentee to address himself to persons of competent skill in the art, and it requires him to use such full, clear, and exact terms as will enable that class of persons to reproduce the thing described from the description itself. It is, therefore, important to ascertain what the rules of construction are, which define what will constitute an ambiguity or uncertainty to artists and persons skilled in the subject. § 254. And, first, with regard to the persons whose judgment and apprehension are thus appealed to: they are not those who possess the highest degree of skill or knowledge in the particular art or science to which the subject-matter belongs, nor are they day-laborers; they are practical workmen, or persons of reasonably competent skill in the particular art, science, or branch of industry. If persons of the highest skill were those whom the law has in contemplation, the object of a specification which is to enable competent persons to reproduce the thing patented, without making experiments, inventions, or additions of their own, could not generally be answered".

Só aquela pessoa dotada dessas qualificações pode determinar a *novidade*, pois só ele saberá determinar o estado da técnica, ou seja, que a tecnologia revelada pelo inventor já não estava no domínio comum e que, assim, o privilégio concedido representa um *quid pro quo* constitucionalmente razoável.

Só ela poderá determinar qual a revelação adequada da nova tecnologia para que, ao fim do prazo de proteção ou quando esta for inaplicável, a sociedade civil possa usar inteira e livremente a solução patenteada. Ele é, por definição legal, o homem *tecnicamente capaz de se aproveitar da contrapartida social ao privilégio* que a Constituição assegurou ao titular.

Mas – especialmente – essa pessoa é eleita pela lei de todos os países como aquele parâmetro de relevância segundo o qual se determina que a tecnologia revelada tenha o *quantum* suficiente para justificar o privilégio. Para assegurar que há proporcionalidade entre a concessão do Estado de uma exclusividade no mercado e a real contribuição do inventor – que revela sua criação.

Neste último aspecto – o do passo inventivo ou atividade inventiva – o parâmetro é não só mínimo, mas também máximo. Quando Albert Einstein examinava patentes no INPI suíço, tinha ele que rebaixar sua genialidade ao parâmetro do técnico normal, mas experiente, no ramo da física. A Teoria da Relatividade em gestação no cérebro do gênio não seria filtro legal razoável para as contribuições, normalmente limitadas, para que a lei assegura patente.

Sempre é possível – pelo menos para os realmente dotados de conhecimento e equilíbrio – *reduzir seu nível crítico* para o parâmetro legal. Mas é inimaginável que um conhecimento insuficiente, uma limitada experiência, uma inaptidão medular, chegue ao padrão legal. Talvez o Paracelso, com sua língua de fogo, possa inspirar o perito judicial que não seja *o homem do ofício*, mas tratamos de Direito do Estado e não canônico; neste, o perito tem de atender o parâmetro legal sem ficções ou transcendências.

[6] § 4.5. Quarto passo: determinando a não-obviedade

Como já se precisou, para se avaliar a atividade inventiva de uma patente, é necessário que se verifique se – para um técnico no assunto – esta inovação não decorreu de maneira *evidente ou óbvia* do estado da técnica.

A invenção deve representar algo mais do que o resultado da simples aplicação de conhecimentos técnicos usuais.[326] A expressão latina *ob via* significa aquilo que

---

[326] DANNEMANN, Siemsen Bigler & Ipanema Moreira, Comentários à lei de propriedade industrial e correlatos, Rio de Janeiro, São Paulo, Ed. Renovar, 2005, p. 34. O "óbvio" recebe a seguinte definição nas Diretrizes da EPO C-I.V, 9.3: "The term 'obvious' means that which does not go beyond the normal progress of technology, but merely follows plainly or logically from the prior art; i.e. something which does not involve the exercise of any skill or ability beyond that to be expected of the person skilled in the art."

Tratado da Propriedade Intelectual

está precisamente no meio da estrada do conhecimento tecnológico, o que conota que assim será considerada a dinâmica natural, ou crescimento vegetativo, do estado da técnica.[327]

No entanto – aqui cabe uma importante ponderação -, há uma clara diferença entre o padrão legal brasileiro do não-óbvio e o estágio do surpreendente, qualificado pela expressão de Roubier de *quid imprevisum*.[328] O que se exige, apenas, é que para o *homus habilis* a proposta inovativa não seja óbvia, e não que o mundo se surpreenda.

O processo de apuração de obviedade é objetivo e hipotético. Não importa se o verdadeiro inventor tenha maior ou menor conhecimento do que o "técnico no assunto", se o invento resultou de investimentos colossais ou simplesmente de revelação enquanto o criador rezava.[329] A obviedade é apurada não em relação a ele, mas em face do fictício *homus habilis*.

A obviedade também tem um coeficiente *contextual*: o nível de complexidade do campo da técnica a qual pertence à invenção afeta.[330] Existe uma tendência em atri-

---

Vide a consonância da jurisprudência: "A atividade inventiva pressupõe que a inovação não decorra obviamente do estado de arte, ou seja, que o técnico não pudesse produzi-la simplesmente com o uso dos seus conhecimentos já acessíveis. A invenção deve representar algo mais do que o resultado da simples aplicação de conhecimentos técnicos usuais, resultando em um efeito novo ou diferente". Tribunal Regional Federal da 2ª Região, 1ª Turma Especializada, JC. Aluisio Gonçalves Mendes, AC 1994.51.01.010735-2, DJ 30.06.2008.

327 SINGER, *op. cit.*, 56.4 "The normal progress of technology" and "follows plainly and logically from the prior art" are general terms which embrace the following situations where inventiveness has been denied: mere improvements, including mere workshop improvements; the mere new use of a known material or device, including mere analogous use, replacement of one material by another, particularly when a new material becomes available and is clearly suited to a new use; mere optimising of conditions, or routine adaptation; the use of a known technique or apparatus in a situation where success can be reasonably expected; mere collocations of items lacking any new combined or synergistic effect; and the choice from known or obvious alternatives with no new or unexpected results".

328 In T 154/87 it was pointed out that the achievement of a surprising effect was no precondition for the existence of inventive step. All that was necessary was to ascertain that the respective subject-matter could not be derived by the skilled person in an obvious manner from the available prior art (T 426/92, T 164/94, T 960/95, T 524/97).

329 SINGER, *op. cit.*, 56.2: ".... the test can only be an objective one, i.e. it does not matter whether the invention is that of a professor with very extensive knowledge of the subject-matter, or whether it is that of a simple worker lacking in scientific education, but basing himself instead on years of practical experience or effort. Likewise, it does not matter whether invention is based on laborious research, or on a lucky chance, Or even on a revelation in the course of a dream. (See also per Maugham, 1. in Farbenindustrie's (I. G.) A. G's Patent (1930) 47 R. P.C. 289 at 321.) The decisive matter is the objectively assessed step taken by the invention when compared with the state of the art".

330 T.G. Wiseman, "Biotechnology patent application examination", in Trends in Biotechnology and Chemical Patent Practice 1989, PLI, New York (1989): "The determination of non-obviousness is a mixed question of fact and law. The legal conclusion of obviousness or non-obviousness of a claimed invention is based on four factual inquiries: 1) scope and content of prior art; 2) differences between the prior art and claimed invention; 3) the level of skill in the art to which the inventions pertains; and 4) evidence of secondary considerations such as commercial success, unexpected results or long term needs".Thereza Wolff, Matéria Óbvia e Suficiência Descritiva em Invenções de Biotecnologia, Revista da ABPI, Nº 26 - Jan. /Fev. 1997.

buir não-obviedade às contribuições ainda que reduzidas nos campos de tecnologia de fronteira.[331] Essa adaptação ao contexto, em especial no campo da biotecnologia, aliás, marca um prestígio à noção de atividade inventiva, eis que como reação a uma dificuldade da jurisprudência em manter-se a par da evolução da técnica,[332] já se chegara a discutir um parâmetro essencialmente econômico, e não informacional, para a avaliação do requisito.[333]

Indo além destas constatações metodológicas, porém, o terreno se torna pantanoso. Discernem-se aqui métodos diretos (são eles vários, em tese adequados a situações específicas) e critérios meramente indiciais.

[6] § 4.5. (A) Dos métodos diretos de apuração do óbvio

As diretrizes brasileiras, o teste TSM americano[334] e a prática da EPO[335] apontam para um primeiro método direto de apuração da obviedade, que é o da *motivação no estado da arte*. Há algo no campo de visão natural do *homus habilis* que o motivasse a formular a solução técnica *com uma razoável expectativa de sucesso*?

---

331   Lemley, Mark A. and Burk, Dan L., "Biotechnology's Uncertainty Principle". Case Western Reserve Law Review, Vol. 54, p. 691, 2004. Disponível em SSRN: http://ssrn.com/abstract=303619 or DOI: 10.2139/ssrn.303619 "In biotechnology cases, the Federal Circuit has repeatedly held that uncertainty in predicting the structural features of biotechnological inventions renders them nonobvious, even if the prior art demonstrates a clear plan for producing the invention. At the same time, the court claims that the uncertain nature of the technology requires imposition of stringent patent enablement and written description requirements that are not applied to patents in other disciplines. Thus, as a practical matter it appears that although patent law is technology- neutral in theory, it is technology-specific in application". Vide, quanto à singularidade do patenteamento no setor, DAL POZ, Maria Ester, e BARBOSA, Denis Borges, Incertezas e riscos no patenteamento de Biotecnologias: a situação brasileira corrente, in IACOMINI, V. Org, PROPRIEDADE INTELECTUAL E BIOTECNOLOGIA. CURITIBA: Juruá, 2007. 216 p.

332   REICHMAN, Jerome H., Legal Hybrids Between the Patent and Copyright Paradigms, 94 Columbia. L. Rev. 2432-2558 (1994). 2471): "In practice, the strict formal and substantive prerequisites of patent law have raised serious doubts about its ability to adequately protect biotechnological innovation in general, including biogenetic advances in plant breeding. Apart from well-known problems of deposit and enablement, for example, dissatisfaction with the emerging case law on nonobviousness stems in part from a judicial tendency to deny protection to costly biotechnological processes that yield major commercial and societal gains. These exclusionary effects may grow troublesome over time".

333   BOYD, Karen I., Nonobviousness and the biotechnology industry: a proposal for a doctrine of economic nonobviousness, 12 Berkeley Technology Law Journal (1997).

334   O TSM foi rejeitado como sendo o único e exclusivo teste pelo caso KSR, mas mantido como um dos possíveis, segundo as circunstâncias.

335   SINGER, *op. cit.*, 56.5: "In turn this leads to positive sub-tests for inventiveness, of which the main subdivisions are: (1) is there any hint or pointer in the state of the art which would lead the skilled person to the claimed invention? (2) would the skilled person, having regard to the choices available to him, address the particular problem under consideration and arrive at the claimed solution with a reasonable expectation of success? In practice the Boards of Appeal make frequent use of the first test. That is often the end of the matter, but where necessary they go on to consider the second test.

O teste direto da *motivação* é crucial neste contexto:

EMENTA – ADMINISTRATIVO. AÇÃO DE NULIDADE DE PRIVILÉGIO DE INVENÇÃO JULGADA IMPROCEDENTE. REJEIÇÃO DE PEDIDO ALTERNATIVO FORMULADO NO RECURSO POR DESATENDIMENTO AO ART. 264 DO CPC. RESTRIÇÃO AO ÂMBITO DA PATENTE DECORRENTE DO EXAME PELA PERÍCIA E PELO INPI. PRONUNCIAMENTO FINAL DO PERITO DE NÃO INFRING NCIA PELA AUTORA À PATENTE DA RÉ. APELAÇÃO PARCIALMENTE PROVIDA. (...)
- Pedido principal de nulidade da patente ora parcialmente provido em face da restrição ao âmbito da patente decorrente do exame apurado das provas dos autos, a partir de documento trazido aos autos pela Apelada, com sua contestação, examinado no laudo pericial e nos pronunciamentos do INPI, sobre a existência de patentes anteriores ampliando o âmbito do estado da técnica, sendo a solução o apostilamento do quadro reivindicatório na forma da reivindicação 2, já que o texto original da reivindicação 1 não apresenta novidade.
- Reconhecimento da patenteabilidade da invenção no que respeita à reivindicação 2, a ser transformada na reivindicação aprovada, pois prever rasgos e furos nas peças de montagem para permitir a aplicação de solda internamente, de maneira invisível, em substituição à aplicação usual de solda feita externamente é considerado invenção, por não se tratar de decorrência evidente ou óbvia do estado da técnica *porque isto não foi previsto ou sugerido anteriormente*, conforme parecer final da Diretoria de Patentes do INPI. (Grifamos)
15 de dezembro de 2006, PI 9503022-0, Relatora MARCIA HELENA NUNES[336]

O segundo método é o inverso. A solução se distancia imotivadamente daquela sugerida pelo estado da arte como o que seria seu crescimento vegetativo? Uma série de testes positivos dessa imotivação existe, dos quais a EPO distingue pelo menos 13 espécies, muitas das quais importando rejeição nos casos que a doutrina clássica já apontava como carecendo de *originalidade* ou *novidade intrínseca*, como as justaposições, reversões de passos processuais, trocas de materiais com as mesmas características, seleções arbitrárias entre alternativas evidentes, etc.[337]

---

[336] O julgado cita manifestação técnica do INPI que indica claramente o teste da motivação:"2. A aplicação de solda internamente, ou seja, de maneira invisível em substituição à aplicação usual feita externamente é considerada INVENÇÃO, porque vem acompanhada de modificações técnicas estruturais introduzidas nas peças de montagem e criadas com a finalidade de solucionar um problema técnico existente nas soldas externas usuais. Estas modificações estão previstas na reivindicação 2 original e compõem a parte caracterizante da reivindicação sugerida pelo INPI. Prever rasgos e furos nas peças de montagem para permitir a soldagem pelo interior da peça não se trata de decorrência evidente ou óbvia do estado da técnica porque isto não foi previsto ou sugerido anteriormente." (fls. 285)

[337] SINGER, *op. cit.*, 56.6: "The following sub-tests fall under the above pair of tests, and are often used in combination. They are expressed in terms of the positive end result, i.e. the situations in which non-

O enfoque problema-solução

Uma importante característica na apuração da atividade inventiva é o da análise do invento em si, como *solução técnica* para um determinado *problema técnico*. Em uma série de circunstâncias, a não-obviedade deverá ser buscada nesta relação entre o problema e a solução, e não na comparação entre o sintagma problema-solução e o estado da arte.[338]

O método padrão utilizado na EPO, e acima indicado, parte exatamente da análise problema-solução:

a) identificar a anterioridade mais próxima;[339]

b) verificar os resultados (ou efeitos) técnicos obtidos pelo invento reivindicado em comparação com a anterioridade mais próxima;

c) definir qual o problema técnico a ser resolvido como sendo o objeto da invenção, apontado para alcançar tais resultados; e

d) examinar se uma pessoa hábil no assunto, levando em conta o estado da arte como definido no art. 54(2), teria ou não sugerido o recurso técnico reivindicado como um meio de obter os resultados obtidos pelo invento reivindicado

Tal análise é especialmente importante quando *o problema jamais havia sido proposto*,[340] mas, em geral, a atividade inventiva se encontrará – ou não – no espaço

---

obviousness, or the existence of an inventive step, may be established: (1) use of something for an unexpected purpose: a different problem is addressed; (2) unexpected modifications are made, such as to the structure of a chemical molecule, or an unexpected modification is made to a known process; (3) an unexpected or surprising result or effect is achieved, or an effect which was hitherto unavailable; (4) the elements of the solution were unlikely to be found from the prior art, without making an unreasonable mosaic;(5) the skilled person would not normally have been sufficiently motivated to arrive at the solution, such as because there was no reasonable expectation of success, or it was not obvious to try; (6) difficulties, or a technical barrier or prejudice, had to be overcome; (7) there was a departure from conventional thinking or a general trend in the art; (8) the prior art leads away; (9) there was a return to superseded art with modifications; (10)simplicity of the solution; (11) a choice had to be made from many available options; (12) the elements of the invention, although known for other purposes, were not seen to be readily transferable to the problem at hand, or they required substantial modification; (13) multiple steps were needed to arrive at the solution".

338 Vide as Diretrizes C-IV, 9.5 e a Regra 27(1)c da EPO.

339 Como nota POLLAUD-DULLIAN, esse segmento do método EPO, de tomar como base apenas a anterioridade mais próxima, recebe crítica da jurisprudência francesa.

340 POLLAUD-DULIAN, Frédéric. La Brevetabilité Des Inventions - Étude comparative de jurisprudence France-OEB. Paris: Litec, 1997, p. 122 "139. - Il peut se faire que le problème n'ait jamais été posé. L'activité inventive est alors certaine: il n'y a pas d'évidence à résoudre un problème entièrement neuf. On peut donc parler d' «inventions de problème», même si c'est dans la solution apportée au problème inédit que réside l'inventivité. Selon M. Mathély, «dans ce cas, c'est l'énoncé du problème qui n'était pas évident; et c'est dans cet énoncé que réside l'activité inventive» La jurisprudence française juge en ce sens que, «le problème à résoudre n'ayant pas été posé dans l'art antérieur, l'homme du métier n'était pas à

entre o problema e sua solução. De outro lado, é critério indicial a constatação de que existe, no caso, a solução de um problema que há muito se buscava superar

[6] § 4.5. (B)   Os métodos indiciais de primeiro nível

Sempre foram utilizados, em apoio aos métodos diretos de apuração da atividade inventiva, os critérios indiciais de determinação de *obviedade*. Note-se sempre que, como enfatiza a jurisprudência, tais critérios são *subsidiários* e limitados apenas à verificação da não-obviedade.[341]

Por que utilizar-se de tais métodos?

a)   para escapar à tentação contínua de um raciocínio *a posteriori*,[342] mediante prova indireta ou por presunção;

b)   para superar o importantíssimo problema da submissão do juiz, na soberana apreciação da prova, à ditadura do dado técnico pelo examinador, o perito e os assistentes técnicos,[343]

---

     même, avec ses seules connaissances et sans faire œuvre inventive, d'appliquer pour résoudre ce problème des moyens différents et employés jusquelà à d'autres fins. L'évidence suppose en effet une connaissance claire et distincte du problème et des moyens de le résoudre». Les chambres de recours de l'OEB vont dans le même sens: selon la décision T 2/83 (7), par exemple, «la découverte d'un problème jusqu'ici méconnu peut constituer dans certains cas un objet brevetable, même si, en elle-même, la solution revendiquée apparaît rétrospectivement banale et évidente (inventions de problème)». Diz SINGER, sobre a questão: «56.10 PROBLEM INVENTIONS - A number of decisions have dealt with the question of whether "problem inventions" are patentable, i.e. where the solution to a problem, once posed, may be trivial or obvious to the skilled worker, but the idea of propounding the problem in itself may be both novel and inventive".

341   Idem, Les indices ne sont qu'un renfort pour conforter le raisonnement objectif fondé sur la comparaison de l'invention avec l'état de la technique et la démarche de l'homme du métier. Ils ne doivent jamais se substituer à l'analyse de la démarche de l'homme du métier. Ils ne peuvent que venir la confirmer. La valeur des indices est d'ailleurs variable. Certains sont presque toujours décisifs; d'autres se révèlent souvent insuffisants par euxmêmes. Le plus souvent, la non-évidence résultera de la conjonction de plusieurs indices.

342   Idem, 142: " Ceux-ci permettent, en rendant vraisemblable la non-évidence, d'échapper assez largement à la subjectivité et à l'analyse a posteriori, c'està-dire à une interprétation des antériorités influencée par la résolution du problème dans l'invention. Comme l'écrit M. Mousseron (2), «(…') il y a déplacement de l'objet de la preuve, du point essentiel de la démonstration qui ne peut être faite, à des éléments voisins dont l'établissement rend probable la situation en cause. La démarche est tout à fait classique en droit qui la dénomme preuve indirecte ou preuve par présomption».

343   É o que narra KITCH, Edmund W., Graham v. John Deere Co.: New Standards for Patents, in Merges, Robert P. e Ginsburg, Jane C., Foundations of Intellectual Property, Foundation Press (September 2004) "Cook Chemical CO. The Supreme Court held the patent invalid, answering that in this case factors such as commercial success and long-felt need did not "tip the scales of patentability." The Court added, however, that "such inquiries may lend a helping hand to the judiciary which, as Mr. Justice Frankfurter observed, is most ill-fitted to discharge the technological duties cast upon it by patent legislation. They may also serve to 'guard against slipping into hindsight,' ... and to resist the temptation to read into the prior art the teachings of the invention in issue."

As Diretrizes do INPI, vale repetir aqui, listam um número limitado de tais índices:

> Alguns fatores podem ser considerados como indícios da existência da atividade inventiva:
> - dados comparativos em relação ao estado da técnica que mostram a superioridade da invenção e são convincentes na demonstração da atividade inventiva;
> - existência de problema técnico cuja solução era necessária e desejada há muitos anos e a invenção é a resposta a esta necessidade;
> - a solução apresentada pela invenção é contrária às atividades normais na mesma área técnica e um técnico no assunto não pensaria em seguir o mesmo caminho;
> - sucesso comercial, se vinculado ao caráter técnico da invenção, e não devido à publicidade.

A doutrina e jurisprudência apontam na verdade dezenas de tais índices. Estudemos aqui, apenas, os mais relevantes.

Obvium desiderata

Perante um problema específico, grandes esforços têm sido despendidos na concorrência para se encontrar uma solução. Parece razoável que, num caso duvidoso, haverá o *quid imprevisum* se o requerente apresenta a solução buscada. Neste contexto, o tempo durante o qual se busca, sem sucesso, a solução, é elemento especialmente relevante.[344]

Logicamente, aqui também se inclui a superação de dificuldades técnicas que, longamente, impediram a solução de problemas sentidos como relevantes.[345]

O tempo, por si só, desde a *anterioridade mais recente*, não consiste evidência prestável, eis que mudanças econômicas e até jurídicas podem suscitar novos problemas da técnica. Vide, por exemplo, o que ocorre quando soluções menos daninhas ao

---

[344] POLLAUD-DULLIAN, *op. cit.*, 143. "[...) que l'activité inventive est établie par le fait que près d'une dizaine d'années se sont écoulées entre le moment où les dispositifs cités à titre d'antériorités ont été connus et la date à laquelle [le breveté) a trouvé la solution pour un dispositif à la fois simple et efficace» ; ou encore que huit années se sont écoulées entre le précédent brevet et le brevet litigieux, ce qui montre bien que l'invention ne découlait nullement à l'évi dence de l'état antérieur de la technique. Du côté de l'OEB, la décision T 22/82, par exemple, insiste aussi sur «"la longue période de neuf années qui s'est écoulée dans le domaine intensément étudié II. Dans la décision T 605/91, la CRT a déclaré qu'il ne suffisait pas qu'un seul homme du métier ait décelé un" besoin existant depuis longtemps.

[345] AZÉMA, *op. cit.*, 282, "La réalisation de l'invention s'est heurtée à d'importantes difficultés techniques: la difficulté vaincue est aussi un indice d'activité inventive. Cet indice prend plus de relief lorsque plusieurs inventeurs ou équipes étaient en compétition pour réaliser l'invention".

meio ambiente, que foram por muito tempo deixadas de lado por tornar mais oneroso um procedimento industrial, passam a ser oferecidas.

Progresso técnico relevante

O sistema de patentes não é, necessariamente, *progressista*, no sentido de que só
se protegeriam soluções *melhores* dos que as já existentes no estado da técnica:[346]

Não se veja aqui, porém nenhuma exigência de que a invenção traga aperfeiçoamentos ou melhoras no estado da arte (como se exige para o modelo de utilidade); tal poderá ser eventualmente considerado para efeitos de avaliação de atividade inventiva. Tem utilidade industrial o que resolva um problema técnico,
como acima definido, mesmo que sem qualquer ganho prático ou comercial
sobre o que já se dispõe.
No dizer preciso de Pouillet,[347] tem utilidade industrial o invento que perfaz:
« um serviço à industria, seja grande ou pequeno».
Assim, há um requisito mínimo de distanciamento do estado da arte, expresso na
categoria de atividade inventiva. Mas não um requisito mínimo de praticidade.

Na verdade, a própria natureza de *monopólio instrumental* das patentes aponta
a necessidade social de soluções alternativas para o mesmo problema técnico, mesmo
fora do eixo do progresso. Mesmo sob o critério da lei alemã anterior, onde o requisito do contributo mínimo tomava a forma de progresso técnico, sempre se previa a proteção de técnicas alternativas.[348]

---

346   Nosso artigo Inventos Industriais, *op. cit.*
347   [Nota do original] Pouillet, Traité de Brevet d'Invention, *op. cit.*, n. 15; ""um sérvice rendu a l'industrie
si grand ou si petit qu'il puïsse être". Num teor similar, vide MAGALHÃES, Descartes Drummond. Marcas
de industria e de comércio e privilégios de invenção. São Paulo: Livraria Zenith, 1925, "(...) se uma descoberta, qualquer que ella seja, proporciona vantagem na producção ou operação industrial, relativamente à qualidade, quantidade ou economia de tempo e dinheiro, é incontestável que merece privilegiada,
muito embora respeite, deste ou daquelle modo, a alguma coisa fora do commercio, pois a garantia legal
se torna extensiva a todas as novas invenções ou descobertas e a todos os aperfeiçoamentos que produzam
essa vantagem, relacionem-se, ou não, com objectos insusceptíveis de trafico". Também Gama Cerqueira,
op. cit., loc. cit., p. 127: «66. "(...) a lei protege as invenções qualquer que seja a indústria com que se relacionem, tomada a palavra indústria em seu sentido mais amplo, e que a importância, o valor intrínseco ou
a perfeição do invento, como a maior ou menor utilidade que ofereça, não influem no direito à proteção
legal que assiste ao inventor".
348   PAGENBERG, *op. cit.*, "If we start from the assumption that a patentable invention by definition need
neither be "better" nor "progressive," but that it must be non-obvious to a person skilled in the art, we
must inevitably conclude that merely different solutions, using different means or consisting of the substitution of material, are patentable if the use or substitution was non-obvious. Is this really so bad? In an
era where "recycling" has become a movement in the industrialized nations because of fear that raw
material is becoming scarce, every alternative to existing methods of production is a potential safeguard
of future progress. In principle, under German law, the so-called "second way" has always been regarded
as patentable, even if the result obtained by such an alternative method was no better than already existing methods, provided that such new way was non-obvious to an expert skilled in the art".

Mas o progresso técnico *relevante* parece ser um sinal seguro de não evidência.[349] Curiosamente, aqui a evidência *a posteriori* auxilia na avaliação, eis que se um número de outros pedidos na mesma área se segue, no mesmo eixo técnico, que antes era um caminho deserto, apresentando aperfeiçoamentos, pode-se razoavelmente concluir que a contribuição do invento sob exame não era óbvia.

O preconceito superado

Se no estado da técnica se encontram evidências de que o caminho seguido pela solução em análise era tido como inoperante para resolver o problema técnico, parece razoável entender que a solução não é óbvia. Aqui a solução não é motivada, mas sim desmotivada pelo estado da técnica.[350]

Sobre essa questão, diz a jurisprudência:

"A atividade inventiva necessária ao deferimento do registro de patente é constatada se o avanço tecnológico apresentado pela invenção representa solução a problema técnico existente na área de sua destinação, <u>bem como se essa solução é contrária às atividades normais na mesma área técnica, de modo que um especialista no assunto não a adotaria</u>". Tribunal Regional Federal da 2ª Região, 2ª Turma Especializada, Des. André Fontes, AC 2004.51.01.513998-3, DJ 02.07.2008.

Efeito surpreendente

Para uma doutrina que se define como *quid imprevisum*, parece curioso apontar como indícios de atividade inventiva a existência de um efeito imprevisto.[351] Na ver-

---

349   POLLAUD-DULLIAN, *op. cit.*, "144. - Si l'invention réalise un progrès technique important, on doit penser qu'elle aurait déjà été réalisée plus tôt, si elle était évidente. Le progrès apporté par l'invention constitue donc souvent l'indice que l'invention répond à l'exigence d'activité inventive. L'importance du progrès technique renforce l'indice - ou le caractère inattendu d'un progrès technique moins important, par rapport à l'effet des mesures techniques antérieures du même type. Une simple amélioration, en revanche, ne suffit pas, à elle seule, à établir la nonévidence".

350   POLLAUD-DULLIAN, *op. cit.*, "Le préjugé doit être assez général pour exercer un effet de dissuasion chez l'homme du métier. Pour l'homme de l'art, il était naturel de suivre le préjugé et pas évident de s'en détourner et de le surmonter. Il se peut aussi que l'état de la technique pertinent par rapport au problème posé ne dissuade, détourne ou éloigne l'homme du métier de la bonne voie; avoir choisi celle-ci malgré ces enseignements témoigne d'une activité inventive. C'est sans doute l'indice le plus décisif. On le retrouve aussi bien dans la jurisprudence française que dans les décisions de l'OEB».

351   É o que nota POLLAUD-DULLIAN, *op. cit.*, 146. "Il y a là probablement moins un indice que l'expression même d'une activité inventive. Déjà Roubier utilisait le quid imprevisum pour définir l'activité inventive elle-même: «(...] on aperçoit (...] l'élément de l'imprévu, le quid imprevisum qui caractérise l'activité inventive: il y a quelque chose d'inattendu, soit dans l'idée inventive qui a été découverte, soit -dans les moyens de réalisation qui ont été trouvés, soit dans les avantages économiques qui ont été apportés à l'industrie.» «Il y a invention à partir du moment où l'on a obtenu un effet de surprise par rapport à la technique de l'industrie, de l'une des manières que l'on a indiquées.»"

dade, o que se exige aqui é uma imprevisão *geral* e não individualizada na figura do *homus habilis*.[352]

Pelo contrário, quando há um efeito surpreendente em se perseguir um caminho óbvio, tal resultado é um *bonus* que pode até ser relevante, mas não confere atividade inventiva.[353]

Novidade do problema

Se nunca *o problema* tinha sido colocado, em face de um *resultado* desejado, há um indício de atividade inventiva. Por exemplo, estabelecer como *problema* a ser resolvido "como atuar sobre o subconjunto X` do conjunto X para conseguir o efeito Y", enquanto que, até então, o problema formulado era o de como atuar sobre o conjunto todo, há um *novo problema* colocado; distinguir-se-ia invento protegido mesmo se a solução for óbvia.[354]

Dispersão ou complexidade do estado da técnica

Como se viu, o *homo habilis* tem um campo natural de visão, que é o de seu campo industrial e – em menos profundidade – os campos vizinhos. Se para se obter a solução em análise é preciso a conjugação de uma séria complexa de anterioridades, ou se a solução é emprestada de área remota, haverá sinal de que o invento não decorre de maneira evidente ou óbvia do estado da arte.[355]

---

352 PAGENBERG, *op. cit.* "This circumstance should not be developed from the viewpoint of the inventor, but from other references of experts in the art, if such references are available. Therefore, the question is not whether the result obtained by the inventor would have been unexpected to experts, since an answer to this question would be as subjective as the answer to the question of nonobviousness. Instead, objective testimony from literature or oral comments on the invention expressed by experts in the art are facts of objective evidence.If, for example, in chemistry a certain compound was classified because of structural similarities under a certain general formula, it is expected that its characteristics are similar to, or identical with, those of the other compounds of the group. The fact that an inventor shows that this compound has a useful property which is totally different from the properties and characteristics of the other compounds must therefore be regarded as unexpected".

353 Diretrizes EPO 2005: "9.10.3 Unexpected technical effect; bonus effect - An unexpected technical effect may be regarded as an indication of inventive step. However, if, having regard to the state of the art, it would already have been obvious for a skilled person to arrive at something falling within the terms of a claim, for example due to a lack of alternatives thereby creating a "one-way street" situation, the unexpected effect is merely a bonus effect which does not confer inventiveness on the claimed subject-matter (see T 231/97, not published in OJ and T 192/82, OJ 9/1984, 415)".

354 POLLAUD-DULLIAN, *op. cit.*, 147. "L'inventivité découle nécessairement de ce que le problème technique résolu par l'invention n'avait pas été posé dans l'art antérieur. Il y a là sans doute davantage qu'un simple indice et la question a déjà été évoquée plus haut. Néanmoins, la plupart des auteurs abordent le caractère inédit du problème parmi les indices d'activité inventive. Ici encore, la jurisprudence française et les chambres de l'OEB convergent".

355 Azéma, *op. cit.*, 286: "- Il faut, pour réaliser l'invention, combiner un nombre important d'antériorités très dispersées dans l'état de la technique. - L'inventeur est allé chercher dans un domaine technique

[6] § 4.5. (C) O sucesso comercial e outros índices similares

A viabilidade de sucesso comercial do objeto de uma patente é irrelevante para concessão do privilégio. Na verdade, o que se examina, quanto aos resultados alegados de uma solução em exame é:

a) a viabilidade *lógica* do efeito técnico. Por exemplo, se entende como insuscetível de causar efeito industrial as pretensas soluções técnicas que afrontem as leis da natureza. São exemplos clássicos de falta de utilidade industrial o moto contínuo ou outros inventos contrários à lei da física;[356]

b) a existência de informação suficiente no relatório para *propiciar a utilização dos ensinamentos da patente*, segundo a melhor maneira que o requerente tiver realizado à data do depósito. O art. 24 da Lei 9.279/96 exige, como um requisito do relatório do pedido de patente, que ele determine a melhor forma de execução da solução técnica reivindicada. Assim, além do requisito da utilidade, a lei brasileira contempla – como exigência de suficiência descritiva – que a solução descrita seja efetivamente suscetível de realização industrial.

Não se exige, em nosso sistema, que o invento seja, efetivamente, levado à prática, de forma a demonstrar o efeito técnico pretendido.[357]

Assim, não há qualquer pertinência jurídica entre o efeito *econômico* do invento, e sua patenteabilidade. Por isso mesmo, tal critério tem recebido críticas tanto da análise econômica[358] quanto dos autores jurídicos.[359] O recente

---

étranger au sien des indications alors que l'homme du métier n'avait aucune raison de rechercher dans ce domaine. Ainsi, le fait de transférer la technologie des lampes à cathode froide du domaine de l'éclairage publicitaire où elle était connue depuis trente ans, à celui de la chimie moléculaire, domaine dans lequel elle n'avait jamais été utilisée, procède de l'activité inventive".

356 Segundo BEM AMI, Paulina. Manual de Propriedade Industrial, 1983, p. 45.

357 Mesmo no sistema americano, o chamado reduction to practice tem efeitos apenas quando dois inventores reivindicam prioridade da ação inventiva. Como o depósito do pedido é considerado como reduction to practice, na prática não há exisgência de que o invento efetivamente tenha um efeito técnico no mundo real.

358 LANDES, W. M. & POSNER, R. A. The Economic Strcuture of Intellecttual Property Law, *op. cit.*, p 306. "There is a growing tendency, fostered by the Federal Circuit (the court with exclusive jurisdiction over patent appeals-see Chapter 12), to use com mercial success as a proxy for nonobviousness. The theory is that if an inven tion is both obvious and lucrative, why wasn't it thought of earlier? The tendency has been criticized for failing to distinguish between invention itself and marketing, the latter involving inputs other than the invention that are not protected by intellectual property law. Courts cannot readily disentan gle the contribution of the invention to the commercial success that attends its marketing. It is odd, though, that use of commercial success as a proxy for nonobviousness should be encouraged by the Federal Circuit, since evidence of commercial success is the sort of evidence that courts with no technical knowledge feel comfortable with, and the Federal Circuit has that knowl edge, or at least to a greater extent than other U.S. courts do. It is a further indication that, as we shall see in the next chapter, the Federal Circuit has a bias in favor of patentability".

359 POLLAUD-DULLIAN, 149. - Cet indice peut être combattu par l'argument selon lequel le succès commercial n'est pas nécessairement dû aux qualités de l'invention, mais peut dépendre d'autres facteurs

caso KSR da Suprema Corte americana reiterou, no entanto, a validade do indício.[360]

Segundo a mais prudente análise, o sucesso comercial só terá relevância qualificada por outros índices, como – nota-o a EPO – após longa demanda pela solução, esta resulta em sucesso comercial. Ainda assim, exige-se demonstrar que o sucesso deve-se aos aspectos técnicos da solução, e não de outros fatores, como marca, publicidade, moda, etc.[361] Tal advertência consta das diretrizes do INPI.

Outros dois fatores comerciais que também têm sido indicados como índice de atividade inventiva:

a) o fato de a tecnologia em questão ser licenciada por competidores, indicando que novas alternativas são custosas ou improváveis;[362]

b) o fato de o competidor infringir a patente, ou, conversamente, ter negociado ou demandado a tecnologia indica, igualmente, caracteres de não-obviedade.[363]

(techniques de vente, publicité). La jurisprudence française y semble peu sensible. En revanche, suivant les directives, les chambres de recours de l'OEB lui sont plus accueillantes, La directive C.IV.9.9 indique: «Le succès commercial à lui seul ne doit pas être considéré comme constituant une preuve de l'existence d'une activité inventive. Toutefois, la preuve d'un succès commercial immédiat revêt une réelle signification, s'il est établi également qu'un besoin ressenti depuis longtemps a été satisfait, et que l'examinateur soit convaincu que ce succès tire son origine des caractéristiques techniques de l'invention et non d'autres facteurs.» Na verdade, as Diretrizes EPO 2005 têm a seguinte redação: «C.IV. 9.10.4 Commercial success alone is not to be regarded as indicative of inventive step, but evidence of immediate commercial success when coupled with evidence of a long-felt want is of relevance provided the examiner is satisfied that the success derives from the technical features of the invention and not from other influences (e.g. selling techniques or advertising)»

360 Vide Rodrigo de Azevedo Souto Maior, KSR International Co. V. Teleflex Inc. Et Al: Uma Análise da Evolução aa Atividade Inventiva Nos Eua Sob o Prisma Da Recente Decisão-Paradigma Da Suprema Corte, Trabalho apresentado no Programa de Pós-Graduação da Faculdade de Direito da Universidade do Estado do Rio de Janeiro, como requisito para a conclusão da disciplina Tópicos Especiais em Direito Internacional: Direito Internacional da Propriedade Intelectual e Concorrência em Perspectiva, do curso de Mestrado em Direito Internacional e da Integração Econômic, 2008.

361 CHISUM, Donald S.; JACOBS, Michael A. Understanding Intelectual Property law. United States of America: Mathew Bender & Co., 1992, p. 56-82 "Commercial Success. If a product that embodies the invention supplants prior art products and is a great commercial success, then it can be inferred that the invention was not obvious because otherwise persons lured by the prospect of success would have developed the invention sooner. Commercial success both in the United States and in other countries is relevant under this theory. There must be a nexus between the commercial success and the claimed invention to prove nonobviousness.The product success must flow from the functions and advantages disclosed or inherent in the patent specification.Success attributable to other features in the product, extensive advertising, or dominant market position is not persuasive".

362 CHISUM, op. cit., "Licensing and Acquiescence by Competitors. If major commercial competitors accept licenses under the patent, then it can be inferred that the invention was not obvious because otherwise those competitors would have challenged the patent's validity.Licensing is not as persuasive if the royalty rates are low; competitors may simply have accepted the license to avoid litigation expenses".

363 CHISUM, op. cit.: "Copying and Laudatory Statements by the Infringer. If the person challenging a patent's validity on grounds of obviousness deliberately copied the patented invention, then it can be inferred that the invention was not obvious because otherwise the challenger would have either inde-

[6] § 4.6. Questões subsidiárias

Ainda relevante para a análise do tema, cabe mencionar:

a) as peculiaridades da argüição de nulidade do privilégio com base em carência de atividade inventiva;

b) as peculiaridades da atividade inventiva segundo a natureza dos inventos.

[6] § 4.6. (A) Da nulidade por falta de atividade inventiva

Quando se pretende comprovar em juízo que uma patente é inválida, "a parte deverá provocar por parte do Juízo civil a realização de uma perícia técnica, sob o concurso de um perito judicial e os assistentes da parte, para chegar aos seus objetivos".[364]
Com efeito, a prova de inexistência de atividade inventiva, uma vez concedida a patente, cabe – como natural – àquele que a alega:[365]

Também en este caso la carga de la prueba pesa sobre quien reclama u opone la nulidad de la patente. La prueba no es de un hecho negativo, pues tiene lugar mediante dos elementos positivos: la demostración del estado de la técnica en el momento relevante aspecto en el que esta causal de nulidad se asemeja a la de falta de novedad – y la demostración de que la supuesta invención patentada podía ser deducida del estado de la técnica en forma evidente por una persona normalmente versada en la materia técnica correspondiente.

O mesmo autor enfatiza que a prova é perfeitamente *objetiva* e *factível*, não obstante as complexidades de direito e de fato pertinentes.

a) *Falta de actividad inventiva.* También esta causal de nulidad tiende a ser prevista en los regímenes que enumeran las causales concretas de nulidad de las patentes. Aunque la determinación de la existencia o no de actividad inventiva supone la aplicación de estándares relativamente imprecisos, que han sido expuestos en el Capítulo IX de esta obra, una vez aplicados esos estándares surge un resultado unívoco respecto de la configuración o no de

---

pendently developed a product or copied prior art products. Weight may also be given to the infringer's praise of the invention".

364 SOARES. J. C. Tinoco. Tratado da Propriedade Industrial. Patentes e seus sucedâneos. São Paulo: Jurídica Brasileira, 1998, p. 952.

365 CABANELLAS.Guillermo de las Cuevas. Derecho de las patentes de invención – Tomo I. Buenos Aires: Editorial Heliasta, 2001, p. 527. Vide igualmente AZÉMA, *op. cit.*: "287 Preuve de défaut d'activité inventive Il appartient à celui qui invoque ce défaut de le prouver par tout moyens. Cet argument ne peut être présenté pour la première fois en cause d'appel".

esta causal de nulidad; *o* bien existe actividad inventiva, y la causal de nulidad aquí considerada no es aplicable, o bien no existe esa actividad y la patente es nula en cuanto a las reivindicaciones afectadas por esa falencia. (...)

La prueba del estado de la técnica en el momento relevante puede lograrse mediante cualquier elemento de prueba procesalmente admisible; los elementos mencionados en el punto a), *supra,* respecto de la falta de novedad, son utilizables también respecto de la falta de actividad inventiva. Sin embargo, como no se trata de probar solamente anterioridades aisladas, sino el conjunto *de* los elementos que constituyen el estado de la técnica, este aspecto de la prueba de la falta de actividad inventiva ya es de por si más amplio que la prueba de la falta de novedad. La relación entre el estado de la técnica relevante y la invención cuya patentabilidad se impugna, a fin de determinar la existencia de actividad inventiva, requerirá normalmente pruebas préciales, sin prejuicio de las facultades de apreciación que necesariamente corresponden al juez. (Grifo nosso)

E quem é o técnico a quem cabe determinar *atividade inventiva* em casos de nulidade? O perito que, no seu exercício, se conforme exatamente ao *ângulo de visão* do técnico no assunto, como previsto na lei brasileira.[366]

[6] § 4.6. (B) Da atividade inventiva em certos tipos de invento

Patente de nova aplicação

Nos inventos que consistem de uma nova aplicação de um produto ou um processo (ou *patente de uso*), reconhece-se o invento como não-óbvio se existem os dois atributos do *efeito novo* e *surpreendente*.[367]

---

366   O juízo federal especializado em Propriedade Intelectual dos Estados Unidos, em 1986, proferiu decisão no caso Compare Custom Accessories v Jeffrey Allan Industries, Inc, determinando que a atividade inventiva, chamada nos Estados Unidos de obviouness, deve ser apreciada por uma pessoa que possua habilidades e conhecimentos razoáveis sobre a matéria objeto da patente, não pelo juiz, ou por um leigo, nem por alguém que possua poucos conhecimentos sobre o assunto ou por um especialista transcendental no assunto. CHISUM, Donald S. & JACOBS, Michael A.. Understanding intellectual property Law – Legal text series.: Ed. Matthew Bender, United States, 1992, p. 2/56-2/57: "Obviousness is determined by reference to a person of ordinary Skill in the art,"not de judge, or to a layman, or those skilled in remote arts or to geniuses in the art."

367   Diretrizes EPO 2005 CHAPTER IV – "Annex 1.2 Inventions involving the application of known measures in a non-obvious way and in respect of which an inventive step is therefore to be recognised: (i) a known working method or means when used for a different purpose involves a new, surprising effect; (ii) a new use of a known device or material involves overcoming technical difficulties not resolvable by routine techniques".

Patente de combinação

Trata-se aqui de um dos clássicos "casos difíceis", os dos inventos de agregação. Neste caso, vai-se buscar necessariamente um *efeito técnico próprio* dessa combinação e, além disso, que esse efeito seja dotado de não-obviedade, não sendo suficiente – como ocorria sob império das leis brasileiras anteriores – a existência de um efeito imprevisto.[368]

Invenção de seleção

Entre várias alternativas oferecidas pelo estado da técnica, uma, em particular, é eleita como a solução para a qual se pretende patente; a não obviedade dessa escolha resulta dos efeitos *inesperados* da alternativa escolhida.[369]

Certificado de Adição

Inovação absoluta no nosso sistema jurídico, o Certificado de Adição de invenção visa garantir a proteção de desenvolvimentos de uma mesma solução técnica, obtidos após o depósito do pedido, mas que não se constituam em invenção nova, por carência de atividade inventiva *em face da patente aditivada*.[370]

[6] § 4.7. A sindicabilidade da análise

Examinemos nessa seção quais os procedimentos indispensáveis para a manifestação de atividade inventiva, ou seja, aqueles que permitem a sindicabilidade e, consequentemente, a repetibilidade do teste de atividade inventiva.

---

368 Diretrizes EPO 2005 CHAPTER IV – Annex 2.2 The combined features mutually support each other in their effects to such an extent that a new technical result is achieved. It is irrelevant whether each individual feature is fully or partly known by itself. However, if the combination of features is a bonus effect, e.g. as the result of a "one-way street" situation, the combination might lack an inventive step. Example: A mixture of medicines consists of a painkiller (analgesic) and a tranquilliser (sedative). It was found that through the addition of the tranquilliser, which intrinsically appeared to have no painkilling effect, the analgesic effect of the painkiller was intensified in a way which could not have been predicted from the known properties of the active substances".

369 Diretrizes EPO 2005 CHAPTER IV – Annex 3.2 Not obvious and consequently inventive selection among a number of known possibilities: (i) the invention involves special selection in a process of particular operating conditions (e.g. temperature and pressure) within a known range, such selection producing unexpected effects in the operation of the process or the properties of the resulting product; (ii) the invention consists in selecting particular chemical compounds or compositions (including alloys) from a broad field, such compounds or compositions having unexpected advantages.

370 Vide AN INPI 127/97, item 9: "O aperfeiçoamento ou desenvolvimento introduzido em invenção reivindicada em pedido ou patente poderá ser objeto de um Certificado de Adição de Invenção, desde que apresente o mesmo conceito inventivo desta".

O requisito da atividade inventiva realiza uma das principais exigências constitucionais para um sistema de patentes: o de que, para se ter um *privilégio temporário*, o autor de um invento industrial deve reportar à sociedade uma *contribuição mínima* aos conhecimentos tecnológicos disponíveis, de direta utilidade industrial.

Abandonando as elaborações doutrinárias e jurisprudenciais anteriores a 1952, todos os sistemas jurídicos adotaram o critério da *atividade inventiva*, como o padrão geral universal e, depois do Acordo TRIPs, o padrão coativo para os países afiliados à Organização Mundial do Comércio. No sistema internacional vigente, assim como no sistema legal brasileiro, o requisito central desse sistema é de sua *objetividade*.

Para assegurar o máximo possível de *objetividade* de tal critério, o direito comum aos sistemas jurídicos adota a figura referencial do *técnico no assunto*, a quem o invento é imputado por ficção legal.

O examinador, perito e juiz, para realizar o mandado de direito estrito que decorre dos art. 8 e 13 do Código de Propriedade Industrial vigente, adotará o ponto de vista desse sujeito hipotético, para realizar as seguintes operações lógicas:

a) examinar o *estado da técnica* provido do *campo de visão* de um técnico mediano atuando efetivamente no *setor industrial pertinente*;

b) determinar *qual o problema técnico relevante*, ao qual o invento sob análise se propõe resolver;

c) determinar qual a diferença entre o estado da técnica e a solução oferecida;

d) determinar se, para tal técnico no assunto, a solução oferecida seria *evidente* ou *óbvia*, vale dizer, se a contribuição à técnica excede ao que seria intuitivo e natural ao sujeito que é o parâmetro legal, no momento e no contexto fixado pelo depósito do pedido.

A prática internacional também impõe um requisito adjetivo, que no Brasil tem um aspecto constitucional: o de que – sendo a avaliação da atividade inventiva de direito estrita e objetiva – tal juízo seja suscetível de sindicabilidade e repetibilidade.

Repetindo uma citação feita no corpo desse estudo, que é central na matéria em análise:

Disto resulta que qualquer pessoa deve ser capaz de reconstruir cada passo da decisão, uma vez que ela deve basear-se em elementos objetivos e não resultar de uma inspiração divina. Portanto, examinadores e juízes têm a obrigação de indicar as razões da sua decisão, não só para convencer as partes quanto à correção de sua análise e, assim, estabelecer a paz judiciária, mas também porque todos os órgãos judiciais têm sobre os ombros uma responsabilidade para com a comunidade e estão sujeitos ao controle público, este geralmente exercido por uma instância recursal superior.

Para assegurar a sindicabilidade e repetibilidade do juízo de atividade inventiva, os sistemas jurídicos propõem *métodos* de avaliação. O objetivo de tais métodos é, além de visar ao máximo de *certeza* possível, assegurar que a reiteração do exame, dentro dos exatos parâmetros postulados, levará a igual resultado. Retomando a citação recém feita:

A decisão sobre a não-obviedade requer um julgamento que se baseia em fatos e na sua avaliação, que devem servir como base para o que teoricamente será a única resposta "correta", uma resposta que, em teoria, deve ser a mesma independentemente da identidade da pessoa que avalia, desde que essa pessoa tenha a mesma informação e instruções. Não se pode deixar de enfatizar energicamente que a não- obviedade "não é uma questão que seja deixada ao critério de cada examinador ou juiz".

Nenhum método em especial é exigido na lei brasileira. A exigência decorrente do devido processo legal, no entanto, é que *haja um método* e que *este método seja explicitado* para possibilitar o direito de defesa dos legitimados a fazê-lo, e assegurar o interesse geral do público em que os privilégios satisfaçam os requisitos legais.

O método – qualquer que seja – deve ser constantemente seguido no exame, e o examinador, perito ou juiz deve explicitar como as operações lógicas indicadas imediatamente acima são satisfeitas, com precisão e transparência.

A avaliação inclui necessariamente juízo de direito e de fato. Por tal razão, os vários métodos legais e regulamentares vigentes em todos os sistemas incluem duas baterias de testes:

a) A avaliação direta, acima descrita

Tal incumbe primordialmente ao examinador ou perito técnico. Para realizá-la, existem *requisitos mínimos de habilitação*. Assim descrevemos em trabalho recente, já citado no corpo deste estudo:

Sempre é possível – pelo menos para os realmente dotados de conhecimento e equilíbrio – *reduzir seu nível crítico* para o parâmetro legal. Mas é inimaginável que um conhecimento insuficiente, uma limitada experiência, uma inaptidão medular, chegue ao padrão legal. Talvez o Paracelso, com sua língua de fogo, possa inspirar o perito judicial que não seja *o homem do ofício*, mas tratamos de Direito do Estado e não canônico; neste, o perito tem de atender o parâmetro legal sem ficções ou transcendências.

De outro lado, como recém indicado, é perfeitamente possível ao especialista máximo na questão, o professor nobelista, adequar-se ao critério legal:

Neste último aspecto – a do passo inventivo ou atividade inventiva – o parâmetro é não só mínimo, mas também máximo. Quando Albert Estein examinava patentes no INPI suíço, tinha ele que rebaixar sua genialidade ao parâmetro do técnico normal, mas experiente, no ramo da física. A Teoria da Relatividade em gestação no cérebro do gênio não seria filtro legal razoável para as contribuições, normalmente limitadas, para que a lei assegura patente.

Dentro da regra de exigências de sindicabilidade, porém, é necessário que o examinador ou perito *explicite* a operação que faz para adequar-se ao parâmetro legal. É preciso que indique, com precisão e transparência, porque *o técnico no assunto* – não o real examinador ou perito que oficia no feito – conseguiria ou não chegar intuitiva e naturalmente à solução técnica, só com apoio nos conhecimentos gerais de sua formação e o estado da técnica limitado ao seu ângulo particular de visão.

A simples afirmação, sem motivação, de que tal ocorre, evidentemente não atende ao devido processo legal.

b) A avaliação indicial

Como o elemento central da avaliação direta é a apuração da não-obviedade, *num momento específico*, sempre no passado, todos os sistemas jurídicos pertinentes admitem que a avaliação direta seja *confirmada* ou *questionada* por duas baterias separadas de testes indiciais. Note-se bem: em nenhum caso cabe *substituir* a avaliação direta pelos testes indiciais, mesmo porque estes últimos apenas se voltam ao aspecto *temporal* da *obviedade*.

Precisando: tais testes visam superar o problema central da atividade inventiva: a incerteza da visão retroativa da obviedade. O paradoxo inevitável do ovo de Colombo.

No corpo deste estudo, indicamos alguns dos testes indiciais possíveis. Como vários métodos de avaliação são possíveis, também outros testes, além dos apontados são razoáveis, ainda que os elencados acima sejam os mais canônicos, convalescentes, todos, de longa e reiterada elaboração judicial e administrativa.

Duas baterias de testes indiciais se listam: os que dizem respeito *ao campo técnico* e os que são atinentes *ao campo concorrencial*. O privilégio recai sobre um objeto técnico e se exerce na concorrência, como *monopólio instrumental*. Em tese, assim, os dois critérios podem ser válidos, se usados com a mesma precisão e transparência da avaliação direta.

Os testes indiciais têm, além disso, mais uma função capital no tocante aos processos judiciais. Nota a Suprema Corte americana, useira e vezeira em enfrentar o problema de atividade inventiva, como citado anteriormente neste estudo:

"Tais testes podem ajudar o poder judicial, que, como o Sr. Ministro Frankfurter observou, é muito mal equipado para a atender os deveres tecnológicos que lhe são impostos pela lei de patentes. Eles também servem para "evitar com que se escorregue na visão restrospectiva" ... e para resistir à tentação de ler nas anterioridades os ensinamentos da invenção em questão."

Com efeito, a grande virtude dos testes indiciais é que eles alimentam com maior segurança a *livre apreciação da prova* pelo juiz. Lembremos Barbosa Moreira:[371]

Sabemos que o princípio fundamental na valoração das provas é o da liberdade do juiz, é o da livre apreciação das provas consagrado no artigo 131 do CPC, mas liberdade de valoração não significa arbítrio. Todos sabemos que a liberdade que o juiz goza é sujeita a determinados limites e, sobretudo, sujeita à possibilidade de controle; do contrário ele se converte ou se subverte em arbítrio judicial, que é coisa detestável. Ninguém mais do que os juízes devem detestar o arbítrio, inclusive o judicial. Há uma série de regras lógicas que não podemos deixar de observar na apreciação das provas. Há leis da natureza que não podemos desconhecer, e há as máximas de experiência, às quais o Código mesmo faz referencia, em outro dispositivo.

A prudência aponta para a *subsidiariedade* da avaliação indicial. Já o dissemos, e nunca será demais repetir, os testes indiciais *criticam* para legitimar ou questionar a avaliação direta, mas jamais a substituem.

O peso de vários índices contrários à avaliação direta, cujo poder de convencimento sensibilizam ao juiz, pode questionar *uma* avaliação direta, para fazê-lo escolher outra, já que, como narra recente acórdão da 2ª Turma Especializada em Propriedade Industrial do TRF da 2ª Região, acima citado:

Evidenciada a existência nos autos de dois laudos técnicos com conclusões antagônicas, o magistrado, pelo princípio do livre convencimento motivado que informa o sistema processual brasileiro, pode optar por qualquer um para proferir sua decisão, desde que de maneira fundamentada

Ou simplesmente, levando em conta que não foi satisfeito o ônus da prova, pode o magistrado rejeitar, inclusive por preponderância das evidências, a alegação de não-obviedade.

Por tais razões, o perito ou examinador técnico deve apontar todos os testes indiciais pertinentes que legitimam sua avaliação direta. A decisão de atividade inventiva é sempre de fato e de direito, e os testes indiciais auxiliam o decisor final, que, na maior parte das vezes, carecerá de meios para repetir, ele mesmo, a integridade da avaliação direta.

Seção [7] Tipos de Patentes

As patentes podem tomar várias formas:

---

371   MOREIRA, José Carlos Barbosa, Revista de Processo V. 76," Provas Atípicas". São Paulo: RT, 1994, p. 125-126.

Quanto ao *objeto* podem ser de processo, ou de produto, etc., conforme a natureza da solução técnica aportada.

Quanto à *finalidade*, podem ser patentes de invenção, modelos de utilidade, certificado de invenção etc., ou – como lembra a CUP Art. 1º(4) –, patentes de importação,[372] patentes de aperfeiçoamento, patentes e certificados de adição, etc.

[7] § 1. A Lei limita os tipos possíveis de reivindicação?

A Lei 9.279/96 estabelece as hipóteses impessoais de concessão do privilégio; cada um dos pressupostos da patente tem radicação constitucional, seja do texto do art. 5º, XXIX, da Constituição, seja da tessitura complexa dos direitos e interesses constitucionalmente assegurados.

Os requisitos constitucionais para haver patente são;

- que a criação seja prática e técnica (resultante da expressão "invento");
- que seja *nova* (também derivada da expressão "invento");
- que a contribuição técnica seja proporcional ao privilégio concedido (ou seja, que tenha *atividade inventiva*, como um imperativo geral de proporcionalidade);
- que possa ser reproduzida industrialmente (da expressão "industrial"), e
- que em sua descrição haja informação suficiente para que o invento possa ser utilizado efetivamente em favor do desenvolvimento econômico (cláusula final).

Mas existe norma específica, na qual se excepciona, por interesse público, determinados inventos, mesmo satisfeitos os pressupostos constitucionais, de haver patente. A lei ordinária assim prevê:

Art. 18. Não são patenteáveis:

I – o que for contrário à moral, aos bons costumes e à segurança, à ordem e à saúde públicas;

II – as substâncias, matérias, misturas, elementos ou produtos de qualquer espécie, bem como a modificação de suas propriedades físico-químicas e os respectivos processos de obtenção ou modificação, quando resultantes de transformação do núcleo atômico; e

---

372 José Carlos Tinoco Soares, Tratado da Propriedade Industrial, Ed. Jurídica Brasileira, 1998: "segundo POUILLET, que sob a égide da Lei francesa de 7.1.1791, admitia-se as patentes de importação de uma forma absoluta, o que significava dizer que era possível obter a patente para as invenções já divulgadas ou concedidas no estrangeiro, mas ainda desconhecida na França. De um lado, favorecia a introdução, na França, de métodos e processos conhecidos no estrangeiro, e, de outro, premiava aqueles que buscavam esses conhecimentos fora do país para aproveitá-los na França e em detrimento do verdadeiro inventor."

III – o todo ou parte dos seres vivos, exceto os microorganismos transgênicos que atendam aos três requisitos de patenteabilidade – novidade, atividade inventiva e aplicação industrial – previstos no art. 8º e que não sejam mera descoberta.

Cumprindo o mandado constitucional, desta feita, a Lei 9.279/96 *escolheu e nominou quais os campos excluídos de patentes.* Assim, nesta escolha, procurou cumprir a cláusula finalística (sem esgotar o seu pleno alcance valorativo) e as demais exigências da Constituição.[373]

Fora desses campos, todos os inventos industriais, de qualquer gênero, recebem a proteção da lei, desde que, sem discriminações, sejam *inventos,* caracterizem-se como *novos* e *dotados do contributo mínimo da atividade inventiva,* sejam *industriais* em sua aplicabilidade, e seu pedido revele suficientemente a nova técnica que permita ser completa e eficazmente aplicadas pelos agentes econômicos da sociedade.[374]

Não há uma cláusula inclusiva, que diga quais os inventos são acolhidos; a lei não adota tal técnica. Não lista, por exemplo, os inventos de combinação, seja essa combinação de processos ou de produtos, os inventos de aparelhos, os inventos de processo ou de produto do campo elétrico ou os inventos (sempre de processo ou produto) de mecânica. Todos os inventos que passem nos filtros legais merecem patentes, se não proibidos pelo art. 18.[375]

[7] § 2. Tipos de reivindicações e suas conseqüências

A distinção entre tais tipos de patentes não é de forma alguma acadêmica. Cada gênero de patente recebe uma proteção de caráter diverso:

a)   A patente de processo dá a exclusividade do uso dos meios protegidos na produção do resultado assinalado – mas não dá, necessariamente, a exclusividade sobre o resultado, desde que ele possa ser gerado por outro processo.

---

373   Para uma revista do estado corrente das exclusões ao patenteamento, vide AIPPI Q178 em htt://www.aippi.org.

374   Quanto a inexistência de restrições no campo da nanotecnologia, vide SCHELLEKENS, Maurice H. M., Patenting Nanotechnology in Europe: Making a Good Start? An Analysis of Issues in Law and Regulation(May 30, 2008). Tilburg University Legal Studies Working Paper No. 008/2008, Available at SSRN: http://ssrn.com/abstract=1139080, KAMRA, Aakarsh, Patenting Nanotechnology: In Pursuit of a Proactive Approach(May 5, 2009). Available at SSRN: http://ssrn.com/abstract=1399332.

375   Improcede, assim, a tese daqueles que entendem não haver proteção de invento de seleção no direito brasileiro. Deveriam ser proscritos, pela inclusão no art. 18? No estudo de Helen Miranda Silva, Avaliação da análise dos pedidos de patentes farmacêuticas feita pela Anvisa no cumprimento do mandato legal da anuência prévia, Dissertação De Mestrado, Maio, 2008, Fundação Oswaldo Cruz, nota-se que o número de tais inventos na faixa-2001-2006, examinados pela Anvisa, corresponde a 1.57% desse total. Não há assim, relevância econômica sequer para promover mudança na lei só a esse título, especialmente sabendo que o exame dos requisitos constitucionais, só eles, já provavelmente bastará para coibir quaisquer ineficiências. Mas, como veremos, não há de outro lado NENHUMA obrigação internacional de garantir esse tipo de privilégio no Brasil, facultando assim sua inclusão no art. 18 da lei.

b) A proteção do produto (a chamada reividicação *per se*) garante ao titular a exclusividade do mesmo, quer como seja ele produzido.

c) A reivindicação de uso só garante exclusividade para o novo emprego dos meios ou produtos, e não para estes.

Importante aspecto das patentes de processo, à luz do art. 42, § 2, do CPI/96,[376] é a questão processual – mas de enormes conseqüências -, da *reversão do ônus da prova*: é o usuário de um processo, réu numa ação judicial, que tem o dever de provar que não está infringindo a patente, e não o autor da ação. Tal disposição resulta do art. 34 do TRIPs,[377] que, no entanto, é mais equilibrado e razoável do que a lei brasileira:

Art. 34 – 1 – Para os fins de processos cíveis relativos à infração dos direitos do titular referidos no parágrafo 1.b do Art. 28, se o objeto da patente é um processo para a obtenção de produto, as autoridades judiciais terão o poder de determinar que o réu prove que o processo para obter um produto idêntico é diferente do processo patenteado.

Conseqüentemente, os Membros disporão que qualquer produto idêntico, quando produzido sem o consentimento do titular, será considerado, na ausência de prova em contrário, como tendo sido obtido a partir do processo patenteado, pelo menos em uma das circunstâncias seguintes:

a) se o produto obtido pelo processo patenteado for novo;
b) se existir probabilidade significativa de o produto idêntico ter sido feito pelo processo e o titular da patente não tiver sido capaz, depois de empregar razoáveis esforços, de determinar o processo efetivamente utilizado.
2 – Qualquer Membro poderá estipular que o ônus da prova indicado no parágrafo 1 recairá sobre a pessoa a quem se imputa a infração apenas quando satisfeita a condição referida no subparágrafo "a" ou apenas quando satisfeita a condição referida no subparágrafo "b".
3 – Na adução da prova em contrário, os legítimos interesses dos réus na proteção de seus segredos de negócio e de fábrica serão levados em consideração.

Vale enfatizar que os critérios apontados pela redação do TRIPs têm legitimidade total para serem tomados como diretiva pelo juiz brasileiro.

---

376 Art. 42 (omissis) § 2º Ocorrerá violação de direito da patente de processo, a que se refere o inciso II, quando o possuidor ou proprietário não comprovar, mediante determinação judicial específica, que o seu produto foi obtido por processo de fabricação diverso daquele protegido pela patente..

377 Vide Carlos Correa, Acuerdo TRIPs, Ed. Ciudad Argentina, 1996, p. 154 e seguintes, cuja análise indica que o art. 42, § 2º, está desconforme, por excesso, com os parâmetros do TRIPs.

Quanto à patente de produto, vale observar com atenção o que lembra Gama Cerqueira:

"Vimos, anteriormente, que a patente concedida para a invenção de novo produto assegura ao inventor o direito exclusivo de fabricá-lo e de impedir que terceiros o fabriquem, por diverso que seja o processo ou meio empregado na sua fabricação. Não importa, portanto, que o processo seja diferente do empregado pelo concessionário da patente, nem que seja privilegiado: enquanto estiver em vigor o privilégio concedido para o produto, a fabricação deste, sem autorização do titular da patente, constitui delito.[378]

[7] § 2.1. Solicitação indireta

Algumas vezes, porém, o interesse do inventor ou as disposições legais pertinentes exigem que a patente seja solicitada indiretamente: por exemplo, um produto seja reivindicado através de um processo, na forma – "produto X, tal como resultante do processo "Y".[379] E conversamente: "processo X, para resultar no produto Y".[380] No caso, pode se dar que só o produto, ou só o processo, ou mesmo ambos sejam novos – mas, por exemplo, a lei pertinente não admita a patente do produto em questão, ressalvando a patenteabilidade do processo.[381]

[7] § 3. Tipos de reivindicação quanto ao objeto

Uma patente pode proteger um *processo* ou um *produto*, conforme seja um desses objetos a tecnologia nova.[382] Como se verá, pode-se falar, também, da existência de uma patente de combinação[383] e de nova aplicação de um elemento

---

378   João da Gama Cerqueira, in "Tratado da Propriedade Industrial", 2ª ed., vol. 1, "Revista dos Tribunais", p. 546-547.

379   TIAN, Yin Xin, Product-by-Process Claims IIC 1998 Heft 2 139.

380   Carlos Correa, Patentes y Biotecnología, 1989, p. 42: "la tendencia de los países industrializados, su reclamo a los países en desarrollo y las soluciones propuestas por la OMPI apuntan a extender en todos los casos la protección del procedimiento al producto obtenido con aquél. Si bien no idénticos, los efectos de tal extensión son comparables a los derivados de la tutela del producto mismo, con sus consecuencias restrictivas sobre la competencia, el acceso a los productos y la elevación de los precios cargados a los usuarios y consumidores."

381   Ainda que não se trate de distinção resultante do objeto da patente, mas sim tocante à novidade relativa do invento, cabe mencionar aqui o problema da patente de aperfeiçoamento, concedida quanto a uma nova solução para um mesmo problema técnico, quanto ao qual já existe privilégio em vigor. Na proporção em que a nova solução subentenda a utilização de técnicas do espaço anteriormente reivindicado, a patente é dependente da anterior e algumas legislações prevêem licenciamento forçado para a exploração seja de uma, seja de outra. A Lei 9.279/96 trata desta licença compulsória no art. 70.

382   Ao que se teria que acrescentar as patentes relativas a uma nova aplicação. Note-se que o INPI tem sustentado que o CPI/96 só prevê patentes de produto e de processo, o que é literalmente verdadeiro. Com efeito, os art. 42 e 183 apenas se referem a essas duas modalidades, assim como o art. 27.1 do TRIPs. Ocorre, porém, que a nova aplicação será produto ou processo.

383   Vide, também quanto à questão, o artigo de Gert Dannemann acima citado.

1270

conhecido.[384] No caso de patentes relativas à biotecnologia, por exemplo, ainda se notam patentes de *métodos de utilização*.

[7] § 3.1. Reivindicações de processo

Quando a tecnologia consiste na utilização de certos meios para alcançar um resultado técnico através da ação sobre a natureza, tem-se no caso uma patente de *processo*.[385] Assim, o conjunto de ações humanas ou procedimentos mecânicos ou químicos necessários para se obter um resultado (aquecer, acrescer um ácido, trazer o produto a zero absoluto) serão objeto desse tipo de patente.

Vide, quanto ponto, o disposto na CUP, em aplicação direta no Direito Interno:

Art. 5. quater
Quando um produto for introduzido num país da União no qual exista uma patente protegendo um processo de fabricação desse produto, o titular da paten-te terá, com referência ao produto introduzido, todos os direitos que a legislação do país de importação lhe conceder, em virtude da patente desse processo, com referência aos produtos fabricados no próprio país.

Note-se que, como se verá mais extensamente abaixo, no caso de patente de processo ocorre inversão de ônus de prova nos procedimentos de contrafação, como concessão ao fato de que é extremamente oneroso ao titular da patente provar qual o processo que está sendo usado pelo pretenso contrafator.

Além da questão de inversão de prova, a patente de processo ainda tem uma característica especial no processo penal, prevista no art. 201 do CPI/96, pela qual na diligência de busca e apreensão, em crime contra patente de processo, o oficial do juízo será acompanhado por perito, que verificará, preliminarmente, a existência do ilícito. Uma vez cumprido esse requisito, o juiz pode até mesmo ordenar a apreensão de produtos obtidos pelo contrafator com o emprego do processo patenteado.

---

384. A lei brasileira de 1882 era deliciosamente clara quanto a esses tipos de patentes: Lei n. 3.129, de 14 de outubro de 1882. Art. 1º - A lei garante pela concessão de uma patente ao autor de qualquer invenção ou descoberta a sua propriedade e uso exclusivo. § 1º - Constituem invenção ou descoberta para os efeitos desta lei: 1º - a invenção de novos produtos industriais;2º - a invenção de novos meios ou a aplicação nova de meios conhecidos para se obter um produto ou resultado industrial; 3º - o melhoramento de invenção já privilegiada, se tornar mais fácil o fabrico do produto ou uso do invento privilegiado, ou se lhe aumentar a utilidade.

385. Não existe até agora nas leis de patentes a proteção aos "processos mentais" como as equações, as técnicas de venda, etc. Segundo a doutrina clássica, é necessária a ação sobre a natureza - fisicamente - para se ter um objeto patenteável. Veja-se acima, a noção de utilidade industrial e, adiante, a noção das idéias em Direito Autoral. A noção de "processo" pode ser mais bem expressa pelo termo "meio": são os agentes órgãos e procedimentos que levam à obtenção seja de um produto, seja de um resultado. Vide Burst e Chavanne, Droit de La Propriété Industrielle, Ed. Dalloz., nr. 47.

[7] § 3.2. Reivindicações de produto

A tecnologia pode ser, de outro lado, relativa a um objeto físico determinado: uma máquina, um produto químico, a mistura de várias substâncias (por exemplo, pólvora) um microorganismo, um elemento de um equipamento, etc. A patente que protege tal tipo de tecnologia é chamada "patente de produto". Os modelos de utilidade, que não protegerão jamais processos, destinam-se a um tipo de produto, qual seja, o objeto de uso prático, ou parte deste.

[7] § 3.3. Reivindicações de nova aplicação

A par das patentes de produto e processo há que se distinguir a invenção que consiste de uma nova aplicação de um produto ou um processo (ou *patente de uso*). A nova aplicação é patenteável quando objeto já conhecido é usado para obter resultado novo, existente em qualquer tempo a atividade inventiva e o ato criador humano.

Trata-se pois de uma tecnologia cuja novidade consiste na "relação entre o meio e o resultado", ou seja, na função.[386] Assim, por exemplo, o uso de um corante já conhecido como inseticida – o DDT.

Note-se que esta modalidade de patente tem sido tradicionalmente aceita em Direito Brasileiro, como se nota da literatura clássica sobre o tema e pela previsão legislativa já no século XIX.[387] Comum no sistema americano, assim como Direito Francês e no Alemão, só foi tornado mais corrente no sistema europeu após a decisão do caso G 2/88 decidido pelas Câmaras Reunidas do escritório Europeu de Patentes.[388]

---

386 Burst e Chavanne, Droit de la Proprieté Industrielles, 4ª ed. Dalloz, 1993, nr. 60. Diz Gama Cerqueira, Tratado, vol. II, tomo I, Parte 2, p. 64, Forense, 1952: A nova aplicação de meios conhecidos define-se como o emprêgo de agentes, órgãos e processos conhecidos para se, obter um produto ou resultado diferente daquele para. cuja, obtenção tais meios são comumente empregados. "Appliquer d'une manière nouvelle", explica Pouillet, "c'est purement et simplement employer des moyens connus, tels qu'ils sont connus, sans même y rien changer, pour en tirer un résultat différent de celui qu'ils avaient produit jusque-là." De outra parte, define Pontes de Miranda Tratado de Direito Privado – Tomo XVI - parte especial Direito das Coisas: Propriedade mobiliária (bens incorpóreos). Propriedade intelectual. Propriedade industrial, São Paulo, RT, 4ª edição, 1983, p. 274-276. "Aplicações Novas. - Pode ser nova apenas a relação que se criou entre certo meio e certo resultado. A relação não era, antes, estabelecida; o inventor encontra a possibilidade de ligar meio e fim e aponta a aplicação como aplicação- em que nunca se pensara, na técnica".

387 Após a Lei 9.279/96, concede-se tal modalidade de reivindicação como uma das usualmente solicitadas na área farmacêutica: as de produto ou substância química; as de composição (formulação) farmacêutica definida tanto qualitativamente quanto quantitativamente; de processo para obtenção do produto, na qual se exige parâmetros e etapas procedimentais bem definidas; de intermediário, ou seja, do emprego de novos compostos intermediários para obtenção de determinada substância farmacêutica; e, finalmente, a de uso, no caso de produtos de ação terapêutica conhecida, para os quais se descobriu nova aplicação.

388 OJ EPO 1990, 93. Comentado em Singer, The European Patent Convention, Sweet & Maxwell, 1995, p. 170.

[7] § 3.3. (A) A nova aplicação e a descoberta

O primeiro aspecto da questão a ser examinado é o da natureza desse novo uso. Será ele *uma descoberta*?[389]

O patenteamento de descobertas, a que se refere alínea f) do art. 10 do CPI/96, é universalmente vedado no sistema de patentes; nenhum país concede privilégio por simples descobertas. Isto se dá porque, pela concessão de patentes, tenta-se promover a solução de problemas técnicos – questões de ordem prática no universo físico. Para a promoção da atividade científica pura, estéticas, ou de outra natureza, há outros meios de estímulo, como o Prêmio Nobel e semelhantes.

Ora, o que distingue uma descoberta de um invento *industrial* é exatamente que, naquela, inexiste a resolução de um problema técnico. O invento industrial é *uma solução técnica para um problema técnico*. Essa a noção que deriva do texto constitucional brasileiro relativo à propriedade industrial (art. 5º, inciso XXIX).

A proteção, assim, se volta à *ação humana*, de intervenção na Natureza, gerando uma solução técnica para um problema técnico. Não têm proteção, mediante patentes, a simples descoberta de leis ou fenômenos naturais, mas também outras ações humanas desprovidas de eficácia técnica, como as criações estéticas, ou as criações abstratas (não *técnicas*), como planos de contabilidade, regras de jogo ou programas de computador.

Neste sentido, diz o Manual de Exame do Escritório Europeu de Patentes:

"Se uma propriedade nova de uma matéria conhecida ou de um objeto conhecido é descoberta, trata-se de uma simples descoberta que não é patenteável, pois a descoberta em si mesma não tem nenhum efeito técnico e não é, pois, uma invenção no sentido do art. 52(1). No entanto, se essa propriedade é utilizada para fins práticos, isso constitui uma invenção que pode ser patenteada. Assim, por exemplo, a descoberta da resistência ao choque mecânico de um material conhecido não é patenteável, mas um dormente de estrada de ferro construído desse material pode sê-lo."[390]

---

389 A questão é topicamente relevante. Lê-se no Valor Econômico de 31/8/2004, sob o título "Anvisa quer impedir as patentes de segundo uso", "O segundo uso de uma patente farmacêutica é solicitado quando um laboratório descobre uma utilidade diferente do que a já conhecida de determinado remédio. Mas a gerente de regulamentação sanitária internacional da Anvisa, Ana Paula Jucá, diz que isso não é uma invenção, é apenas uma descoberta e, portanto, não preenche os requisitos da lei de patentes e dos acordos internacionais que prevêem que as novas descobertas precisam ter originalidade".

390 Si une propriété nouvelle d'une matière connue ou d'un objet connu est découverte, il s'agit d'une simple découverte qui n'est pas brevetable car la découverte en soi n'a aucun effet technique et n'est donc pas une invention au sens de l'art. 52(1). Si, toutefois, cette propriété est utilisée à des fins pratiques, cela constitue alors une invention qui peut être brevetable. C'est ainsi, par exemple, que la découverte de la résistance au choc mécanique d'un matériau connu n'est pas brevetable, mais qu'une traverse de chemin de fer construite avec ce matériau peut l'être.

Respondendo assim à questão inicial, a revelação de um *novo uso técnico* de um elemento já conhecido será qualquer coisa, mas certamente nunca uma descoberta. De outro lado, se se atinar com aspectos estéticos ou esotéricos de uma substância já conhecida, ter-se-á uma descoberta. Nesta hipótese, o leitor poderá economizar o percurso do restante deste estudo.

[7] § 3.3. (B) A novidade pertinente

O *quid novi* que garante a patenteabilidade é a "novidade da aplicação. Não é necessário que o produto ou resultado visado seja novo, bastando que seja diferente dos até então obtidos pelos meios empregados. A diferença do produto ou resultado visado é essencial, pois é o que distingue esta classe de invenções da modalidade conhecida como combinação".[391]

[7] § 3.3. (C) A atividade inventiva como requisito

O outro aspecto enfatizado é realmente da exigência – talvez um tanto agravada – da não-obviedade do novo uso – a existência de atividade inventiva.

O Guia de Exame do Escritório de Patentes dos Estados Unidos precisa que a simples *descoberta* de um novo uso, nova função ou propriedade nova de um elemento já conhecido não resulta necessariamente em privilégio, mas o uso novo e dotado de atividade inventiva de um elemento conhecido poderá ser patenteado. O Guia de Exame da EPO minudencia a questão do ponto de vista da atividade inventiva.

[7] § 3.3. (D) A questão do "uso" numa patente de uso

O "uso" numa reivindicação respectiva se confunde com a *utilidade* ou *aplicabilidade industrial*; não se reduz ao fato empírico de se utilizar o objeto da patente. Um novo "uso" (empírico) de um objeto de patente pode ser simplesmente um *emprego novo*, como pode ser uma aplicação sem nenhuma relevância jurídica, como ocorre quem põe um artefato patenteado para efetuar circuncisão como calço de porta. É um requisito jurídico, a ser preenchido, imposto por lei como forma de satisfazer o requisito constitucional de que, para as patentes, se exige uma aplicação *técnica*.[392]

---

391 Gama Cerqueira, *op. cit.*, *loc. cit.* Sobre patentes de combinação, veja o extenso tratamento da questão no meu Uma Introdução à Propriedade Intelectual, 2ª ed. 2003, Lumen Juris. Uma patente de combinação não se confunde com a de um novo uso, porque" Central no conceito de invenção de combinação é que ela consiste em uma solução técnica distinta dos elementos combinados, buscando-se nela, e não em seus componentes, os pressupostos de patenteabilidade (novidade, utilidade, atividade inventiva), assim como o parâmetro para avaliar a sua eventual violação".

392 A Carta de 1988 não exige a utilidade industrial como requisito da proteção da propriedade intelectual; essa exigência é específica da patente. A Constituição prevê a possibilidade de outras formas de proteção

A noção de utilidade ou aplicabilidade industrial tem pelo menos duas accepções. Embora em ambas se exija a existência de um efeito real no mundo prático, certos países se contentam em que essa aplicação seja *potencial*. Não se exige, em tais sistemas jurídicos, que se demonstre a efetividade de tal utilização, bastando que ela não seja impossível (como ocorre, por exemplo, com os chamados inventos de *moto contínuo*, que ofendem à segunda lei da termodinâmica).[393]

No sistema brasileiro, o entendimento do que seja aplicação industrial segue o critério mais genérico. Segundo as Diretrizes de Exame do INPI, "A invenção deve pertencer ao domínio das realizações, ou seja, deve se reportar a uma concepção operável na indústria, e não a um princípio abstrato".[394] No entendimento da autarquia, aplicabilidade industrial se identificaria com o conceito europeu de aplicação técnica (atividade física de caráter técnico) e não simplesmente aplicação prática. O parâmetro da utilidade industrial não implica, no Direito e na prática brasileira, na efetiva implementação prática do invento, mas apenas na viabilidade técnica (operabilidade) da solução.

[7] § 3.3. (E) A existência de patente de uso no Direito Brasileiro

Note-se que, à leitura estrita do que reza o art. 42 do CPI/96, há respeitáveis opiniões no sentido de que tal patente não seria possível no Direito Brasileiro vigente. Em tal dispositivo, há referência apenas a patentes (na verdade, reivindicações) de processo ou de produto.[395] Mas o mesmo ocorria há muito na legislação,[396] sem que se contestasse a possibilidade de tal tipo de reivindicação.

---

das criações intelectuais, por exemplo, idéias de negócios, mas através de outro sistema que não a das patentes; vide o nosso Uma Introdução à Propriedade Intelectual, quanto à noção de "criações industriais", distintas da patente, para as quais pode-se prever uma simples aplicação prática, que não seja "técnica".

393   www.aippi.org/reports/q180/q180_summary_e.pdf.

394   Diretrizes de exame do INPI. 1.5.3 Não suscetível de aplicação industrial. O conceito de aplicação industrial deve ser analisado com a devida flexibilidade quanto a seu significado, sendo aplicável também às indústrias agrícolas e extrativas e a todos os produtos manufaturados ou naturais. O termo indústria deve ser compreendido, assim, como incluindo qualquer atividade física de caráter técnico, isto é, uma atividade que pertença ao campo prático e útil, distinto do campo artístico. A invenção deve pertencer ao domínio das realizações, ou seja, deve se reportar a uma concepção operável na indústria, e não a um princípio abstrato. Caso o examinador opine pela inexistência de aplicação industrial, emitirá parecer desfavorável.

395   Art. 42. A patente confere ao seu titular o direito de impedir terceiro, sem o seu consentimento, de produzir, usar, colocar à venda, vender ou importar com estes propósitos: I - produto objeto de patente; II - processo ou produto obtido diretamente por processo patenteado.

396   A lei brasileira de 1882 era deliciosamente clara quanto a esses tipos de patentes: Lei n. 3.129, de 14 de outubro de 1882. Art. 1º - A lei garante pela concessão de uma patente ao autor de qualquer invenção ou descoberta a sua propriedade e uso exclusivo. § 1º - Constituem invenção ou descoberta para os efeitos desta lei:1º - a invenção de novos produtos industriais;2º - a invenção de novos meios ou a aplicação nova de meios conhecidos para se obter um produto ou resultado industrial; 3º - o melhoramento de invenção já privilegiada, se tornar mais fácil o fabrico do produto ou uso do invento privilegiado, ou se lhe aumentar a utilidade. O Regulamento a que se referia o Decreto N. 16.264 de 19 Dezembro de 1923 assim rezava: Art. 33. Constitue invenção ou descoberta suscetivel de utilidade industrial: 1º, a invenção de novo

Há razões mais poderosas para afirmar a existência de patentes de uso em nosso sistema legal. No Direito Brasileiro, a proteção de patentes pela lei ordinária é prefigurada pela Constituição; cabe à lei realizar o mandato constitucional, na complexidade dos vários interesses em jogo, que nem de longe se reduzem ao texto do art. 5º, XXIX. Mas deste dispositivo decorre um elemento normativo básico, que é "a lei assegurará aos autores de inventos industriais privilégio temporário para sua utilização".

Assim, salvo a realização de outros interesses gerais, protegidos constitucionalmente (como a vida, saúde, etc.), que podem ser objeto de exceções genéricas ao patenteamento, todos os inventos – com os atributos fixados pela Constituição – serão suscetíveis de proteção.[397] Em outras palavras, todas as invenções novas, suscetíveis de utilidade industrial e – conforme a modalidade – dotadas de atividade inventiva, serão dignas de patentes. A recusa de patenteamento exige menção legal específica, e mesmo assim sob crítica de constitucionalidade.

Neste sentido, pode-se afirmar a existência em nosso Direito de uma reivindicação de uso, como corporificação do direito constitucional, atribuído ao inventor, de conseguir patente para um invento industrial novo e dotado de atividade inventiva.[398] Voltaremos a esse ponto mais adiante, ao discorrermos sobre a natureza vinculada do procedimento de concessão de patentes.

Queremos crer, aliás, que qualquer patente de uso será da nova aplicação de um produto, ou de um processo, atendendo-se à literalidade da lei.

[7] § 3.3. (F)   A questão do alcance prático das reivindicações de uso

A patente concedida apenas compreenderá a exclusividade do elemento novo, sem impedir o livre uso da aplicação anteriormente conhecida.

Temos ai uma das mais relevantes questões quanto à patente de uso.[399] A dificuldade maior de tais reivindicações, levadas à implementação num caso prático, é que o

---

produto industrial; 2º, a invenção de novo meio ou processo ou aplicação nova de meios ou processos conhecidos para se obter um produto ou resultado prático industrial; Desde então, as leis subsequentes se calaram quanto a "aplicação nova de meios conhecidos", sem que jamais se suscitasse na doutrina a inexistência desse tipo de reivindicação.

397 Repetindo aqui, par ficar absolutamente claro, que a pressuposição constitucional em favor da concessão de uma patente não diminui em nada o dever do balanceamento de outros interesses protegidos pela Carta (levando em consideração valores como a saúde, a proteção do mercado como prevê o art. 219 da Carta, etc.), que pode levar à negativa genérica e impessoal, com estrita reserva legal, de categorias de privilégios.

398 Pontes de Miranda, nos seus Comentários à Constituição de 1967, enuncia a sede constitucional desse direito à patente de uso: "Inventor, no sentido da legislação sobre propriedade industrial, que é o mesmo do art. 153, § 24, da Constituição de 1967, é a pessoa que cria objeto, e. g., aparelho, ou processo, de que provenha produto novo, meio novo, ou nova aplicação".

399 É óbvia a dificuldade de implementar esse tipo de reivindicação em aplicações ao mesmo tempo razoáveis e práticas. "Note that such claims are infringed by practicing the claimed process, not by selling the composition, assuming the used composition or apparatus has other (old) uses. Enforcing such claims is difficult because it is the end customers who are likely to be the direct infringers. Suing each of them is

uso empírico do objeto patenteado se faz fora do contexto industrial. Num exemplo crucial, quem vai usar um medicamento, com um uso patenteado, e outro não, é o médico.

Diz Cabanellas de las Cuevas:

"...en estos casos no es patentable el producto de cuya nueva utilización se trata -pues tal producto carece de novedad-, no puede impedirse la fabricación y venta de tal producto. Entrando tal producto en el libre flujo del comercio, y patentada cierta función terapéutica del mismo, se hace prácticamente muy difícil impedir ese uso terapéutico.[400] Podría sostenerse que el uso puede impedirse efectivamente a nivel de los fabricantes del producto que lo comercializan de forma de que tome las funciones terapéuticas patentadas. Pero para impedir tal uso será preciso demostrar que la presentación del producto está destinada a la función terapéutica patentada, y en tal caso ello implicará normalmente la existencia de alguna combinación, mezcla o compuesto con efectos específicos propios y susceptible de ser patentada separadamente, sin recurrir al incierto camino del patentamiento de nuevas utilizaciones.

A questão, assim desse tipo de patente toca em uma série de aspectos singulares. O primeiro deles é a possibilidade jurídica de se formular uma reivindicação desse tipo, que resultaria numa patente claramente voltada para o uso, e não para o produto ou processo anterior, de forma que o público e os competidores não fossem confundidos pelo novo título. Os autores notam que, por exemplo, o sistema inglês era, até 1978, muito formal no sistema de reivindicações, por oposição ao sistema alemão, que enfatizava o relatório.

O interesse público claramente exige, nestes casos, que se faça claro que a nova patente não *continua* a antiga. Como já disse, não vejo impedimento, no sistema jurídico brasileiro, para que se façam tais reivindicações, respeitando-se os limites do interesse público. Vide o que mencionamos quanto ao problema descrito na doutrina como *evergreening*.

A segunda questão é a da eficácia dessa patente, em face de competidores que possam deter o privilégio anterior, ou que usufruem a tecnologia já em domínio público. Há que se construir um espaço específico na esfera de produção ou comercialização, capaz de ser objeto de exclusividade.

A terceira questão é a da conciliação entre a reivindicação de uso, aplicada na prática, e os interesses da sociedade. A lei brasileira, como muitas outras, sanciona

---

impractical, and who wants to sue a potential customer anyway?" WEB PATENT NEWS—July, 2001 by Robert M. Hunter, encontrada em http://www.webpatent.com/news/news7_01.htm#II, visitada em 13/9/204.

400 [Nota do original] Esta dificultad es apuntada por Correa (Acuerdo TRIPs, cit., p. 133), en relación con las patentes de métodos terapéuticos.

penalmente a falsa alegação de patente – alguém que se arroga privilégio sem o ter, ou tendo-o aquém do que diz ter.[401] De outro lado, há sanção igualmente para o abuso de patente, e por abuso de poder econômico relacionado com a exclusividade legal da patente.[402] O gravame suplementar que representa a patente de uso[403] merece assim atenção especial dos reguladores (inclusive do CADE) e dos titulares de legitimidade para exercer direitos difusos, para resguardar a sociedade de abusos na implementação desses direitos de exclusiva específicos.

Mas não se admite que, sem base em lei, recusem-se reivindicações de uso pelas dificuldades de implementá-las no procedimento judicial pertinente.

[7] § 3.3. (G) Conclusão quanto às reivindicações de uso

Aceitas no Direito Brasileiro há pelo menos 120 anos, as reivindicações de uso não foram recusadas pela legislação vigente. Embora submetidas a certos requisitos especiais quanto à novidade, atividade inventiva e, talvez, utilidade industrial, resultantes de sua natureza específica, são plenamente manejáveis no direito pátrio.

Não obstante tais conclusões, as reivindicações de uso merecem atenção especial do Direito, para assegurar que através delas se implemente o equilíbrio de interesses exigido pela Constituição, sem transformá-las em instrumento de extensão imerecida do privilégio, ou frustração dos interesses sociais no livre uso dos conhecimentos técnicos.

[7] § 3.4. Reivindicações de seleção

Diz Carlos Correa que seriam patentes (*rectior*, inventos) de seleção:[404]

sob a qual um único elemento ou um pequeno segmento dentro de um grupo mais abrangente conhecido é 'selecionado' e reivindicado independentemente, baseado numa característica particular não mencionada no grupo mais abrangente.

Uma outra definição seria a proposta por Grubb:[405]

---

401   Lei 9.279/96, art. 195. Note-se que até a legislação americana, que não considera violação de patente como crime, fixa como tipo penal a falsa alegação de patente.

402   Por exemplo, com a licença compulsória prevista no art. 68 da Lei 9.279/86.

403   A expressão é da Suprema Corte do Canadá no caso indicado acima; mas a Suprema Corte Americana, em Sears, Roebuck & Co. v. Stiffel Co., 376 U.S. 225, 229-30 (1964): usa termo similar para descrever a patente: "the heavy hand of tribute".

404   "A "selection patent" is a patent under which a single element or a small segment within a large known group is "selected" and independently claimed, based on a particular feature not mentioned in the large group". If the large group of elements is already Correa C. Integrating public health concerns into patent legislation in developing countries, encontrado em http://www.southcentre.org/index.php?option=com_docman&task=doc_download&gid=13&Itemid=, visitado em 2/2/2009.

405   GRUBB, P.W. Patents for Chemicals, Pharmaceuticals and Biotechnology. New York: Oxford, 2004.

"caracteriza-se quando um único elemento de uma vasta fórmula já conhecida é selecionado e reivindicado de modo independente sob o argumento que este apresenta uma característica especial não mencionada na patente original."

Como a bibliografia brasileira sobre esse tipo de patente é escassa,[406] vale demorar um pouco sobre o ponto.

[7] § 3.4. (A) Para compreender o que é uma seleção

Para usar exemplo bem prosaico: imaginemos que alguém – num tempo passado hipotético – chegue à solução técnica de se combinar massa e queijo, numa mistura de fim gastronômico. Localizando nosso exemplo na cidade grega de Sibaris, lá pelo ano 2000 AC, teríamos talvez aí uma patente gastronômica, que era então deferida pela lei local.[407]

Pois imaginemos que um segundo inventor determina que – não qualquer massa, nem qualquer queijo, como constante da primeira patente – mas a combinação específica da massa bavette e do queijo Grana Padano produzem melhor efeito gustativo, numa combinação sem precedente e *surpreendentemente* agradável ao palato.[408]

Massa e queijo são gêneros, bavette e Grana Padano espécies. Dentre o gênero anteriormente patenteado (em Sibaris...) se determinou uma espécie de combinação específica, que produza um efeito não descrito na patente anterior.

Para bordar nosso exemplo: imaginemos que a patente anterior use algum tipo de mensuração.....digamos, uma "estrela" do Guia Michelin para determinar o efeito gustativo alcançado pela solução massa combinada com queijo.

Mas o problema técnico visado pela segunda patente é outro: o segundo inventor pretende, com sua combinação, alcançar três estrelas no Guia Michelin. Assim,

---

406 Conta-se recentemente com a monografia de especialização do Eng. Fábio de Araújo Ottoni Ferreira, Patente de Seleção:Aspectos Farmacêuticos e Biotecnológicos de Proteção Na Área De Propriedade Industrial, apresentado à Pós-Graduação em Direito da Propriedade Intelectual da Pontifícia Universidade Católica - PUC/RJ em 2009, sob a orientação deste subscritor e, apenas de passagem, JAN-NUZZI, Anna Haydée Lanzillotti; VASCONCELLOS, Alexandre Guimarães; SOUZA, Cristina Gomes de. Especificidades do patenteamento no setor farmacêutico: modalidades e aspectos da proteção intelectual. Cad. Saúde Pública, Rio de Janeiro, v. 24, n. 6, June 2008 . Disponível em: <http://www.scielo.br/scie-lo.php?script=sci_arttext&pid=S0102-311X2008000600002&lng=en&nrm=iso>. Acesso em: 03 Feb. 2009. doi: 10.1590/S0102-311X2008000600002.

407 "Phylarcus, wrote the following about the Sybarites: "Phylarcus, I say, states that "The Sybarites, having given loose to their luxury, made a law that...if any confectioner or cook invented any peculiar and excellent dish, no other artist was allowed to make this for a year; but he alone who invented it was entitled to all the profits to be derived from the manufacture of it for that time; in order that others might be induced to labour at excelling in such pursuits".RICH, Giles S. The exclusive right since Aristotle. Circuit Judge. Court of Appeals for the Federal Circuit. Foundation for Creative America. Bicentennial Celebration, United States Patent and Copyright Laws. May 9, 1990. Vide Foyer e Vivant, Le Droit des Brevets, PUF, 1991 e M_F., Una legge sulle invenzioni del' 500 a.c., Rivista di diritto industriale, 1965, p. 155.

408 O exemplo é inteiramente didático, e atende somente ao gosto pessoal do subscritor. Talvez fosse mais perto do parâmetro real de patenteabilidade se a combinação fosse da obscura massa polonesa pieroski com um queijo do yak nepalês albino.

ainda que a combinação bavette e Grana Padano esteja, em teoria, coberta pela combinação massa e queijo, o *problema técnico* resolvido pela nova combinação é diverso, ou, pelo menos, o salto de uma para três estrelas pela simples alteração de ingredientes é um espanto.

[7] § 3.4. (B) Elementos fáticos para que uma seleção possa se presumir patenteável

A utilidade de se considerar a concessão da patente para bavette e Grana Padano depende, por puro bom senso, de alguns pressupostos. Primeiro, que o genérico "massa" não se resuma, como ocorria na experiência deste autor nos anos 50', a macarrão e espaguete, e os queijos a minas e prato. Não há um invento na seleção do esperado, do descrito, do que, enfim, qualquer cozinheira de forno-e-fogão prepararia, lendo a receita patenteada.

Assim, para que haja *invento* nestes casos, a *prática* aponta que os requisitos constitucionais só aparecem quando a seleção compreenda, quase que em regra geral, um número tão significativo de espécies no gênero indicado, que uma hipótese específica (a) resolva um problema técnico diverso do já resolvido e (b) de uma forma que não esteja descrita anteriormente (c) e, além disso, que o faça de uma maneira que... a cozinheira de forno e fogão, só com seu conhecimento e a receita, não chegasse naturalmente.

Essas condições práticas foram especificadas pelo Escritório Europeu de Patentes[409]

(i) a seleção deve representar uma pequena espécie em face do gênero já revelado;

(ii) a seleção não é antecipada por qualquer das características já apontadas nos documentos do estado da técnica, principalmente, nos exemplos dos pedidos de patentes; e

(iii) a seleção deve ter um efeito técnico distinto do conhecido, ou seja, *resolve um problema técnico distinto.*

Entenda-se: não há requisitos específicos para o invento de seleção. Não poderia haver, pois o processo de patenteabilidade é sempre de direito estrito, e não cabe à EPO, ao INPI, nem a mais ninguém, senão o poder legislativo de cada país, estabelecer requisitos a mais – ou a menos – para a patente.

---

[409] European Patent Office. International academy seminar on examination in the field of pharmaceuticals. Munich, 2000. Adaptamos a letra do texto da EPO ao sentido das nossas ponderações. Os requisitos correntes da EPO estão nos Guidelines for Examination in the European Patent Office (status December 2007), encontrado em http://documents.epo.org/projects/babylon/eponet.nsf/0/4C0AAA2182E5D2F2C 125736700567D71/$File/guidelines_2007_complete_en.pdf, visitado em 4/2/2009.

Assim, a seleção, como qualquer outro invento, será patenteável se atender aos requisitos constitucionais, e não estiver na lista do art. 18. Mas, *na prática*, o atendimento de tais requisitos legais e constitucionais, quando se trata de inventos de seleção, parece presumir a existência de condições fáticas como as descritas. Assim, verifica-se uma *presunção* de que a ausência destas situações de fato importe em não patenteabilidade das seleções.

Os requisitos apontados pela EPO constituem, assim, um *teste* e não a construção de requisito legal.

[7] § 3.4. (C) A presunção e o problema da novidade

Um muito citado julgamento inglês de 1930,[410] que vem ser ainda a principal fonte nos vários sistemas jurídicos, assim descreveu as condições fáticas pertinentes, que conduzem à presunção de que numa seleção possa haver patente:[411]

(1) deve haver alguma vantagem substancial a ser assegurada pelo uso dos elementos selecionados;

(2) todos os elementos selecionados devem possuir tal vantagem (embora raras exceções não invalidassem a patente); e

(3) a seleção deve ser em relação a uma propriedade, a qual pode ser justamente mencionada como sendo peculiar ao grupo selecionado.[412]

---

410 I. G. Farbenindustries Patents (1930) 47 RPC 239–289.

411 Na versão constante da Monografia de Fábio Ottoni, *op. cit.* A decisão original é assim descrita: TERRELL, Thomas & Courtney TERRELL. Letters Patent For Inventions, 8º Edition by J. Reginald Jones. Londres: Sweet & Maxwell Limeted, 1934, p.82: "The question is of importance in the case of chemical patents in which the invention often resides in the selection of a particular substance or group of substances for a particular purpose. The general principles governing the validity of such patents were discussed in I. G. Farbenindustrie A.G.'s Patents (47 R. P. C. 289, at p. 322) by Maugham, J., who pointed out that the 'following conditions must be fulfilled: (1) The selection must be based on securing some advantage (or avoiding some disadvantage) by the use of the selected members; (2) all the selected members must possess the required advantage; but a few exceptions here and there would not be sufficient to make the patent invalid; (3) the selection must be for "a quality of a special character" which is peculiar to the selected group, and this quality must not be one which would be obvious to an expert. The learned Judge then went on to say that it is necessary "for the patentee to define in clear terms the nature of the characteristic which he alleges to be possessed by the selection ... he must disclose an invention; he fails to do this in .the case of a selection for special characteristics, if he does not adequately define them".

412 Carlos Correa, org., A Guide To Pharmaceutical Patents, VolI., South Center, Julho de 2008, encontrado em http://www.southcentre.org/index.php?option=com_docman&task=doc_download&gid=932&Itemid, visitado em 4/2/2009, nota que haveria dúvidas quanto à persistência do terceiro requisito: "Although the first two would still be valid in present practice, there is doubt regarding the third rule". Não me parece, no entanto, descabido o requisito para a presunção: a solução técnica peculiar à seleção é exatamente onde se determina a atividade inventiva em face ao estado da técnica. È o que diz a cláusula final do julgado, referente a este item 3): "and this quality must not be one which would be obvious to an expert." O Manual de Exame britânico em vigor, mantendo a regra, reespecifica os fatores, exatamente examinando atividade inventiva: Examination Guidelines for Patent Applications relating to Biotechnological Inventions in the UK Patent Office (May 2005), Inventive step - Paragraphs 2464,

A prática européia corrente apurou o critério IGFarben – no que toca à apuração *da novidade* da seguinte forma:

1) A seleção deve compreender apenas uma parte pequena do gênero.
2) A seleção deve ser adequadamente distante daquilo que o estado da arte identificava como sendo a faixa onde melhor se daria a solução técnica (se possível, essa faixa seria definida nos *exemplos* constantes da patente anterior)
3) A seleção não pode resultar de uma escolha arbitrária dentre o gênero já no estado da técnica, nem pode simplesmente expressar aquilo que já fora anteriormente descrito, mas tem de levar a uma nova solução técnica (ou seja, é uma seleção com um propósito determinado).[413]

A mais recente versão do Guia de Exame do Escritório Europeu indica mais um critério de presunção: a seleção entre um gênero indicado por uma só variável não traduz novidade; mas talvez o haja se o estado da técnica presume a combinação mais de uma variável: como no nosso exemplo sibarita: queijo e massa.[414]

Tais parâmetros se mostram necessários, porque a reação ingênua e imediata perante um solução técnica de seleção é questionar sua novidade. Pois o invento anterior já não havia *contido* a solução selecionada? Tal questão, embora ingênua, fundamenta grande parte da crítica ao patenteamento dos inventos de seleção.

Na verdade, a resposta é "não necessariamente". Se a seleção apontar para uma *solução técnica nova* para um problema técnico existente, ou a solução para um *novo*

Section 3 of the Manual of Patent Practice, paragraph 3.2765 A "selection" invention should meet the criteria laid down in I G Farbenindustrie AG's Patent, 47 RPC 289 at pages 322-3, namely, (1) the selection must be based on some substantial advantage gained or some substantial disadvantage avoided, (2) substantially all the selected members must possess the advantage in question, and (3) the selection must be in respect of a quality of special character which can fairly be said to be peculiar to the selected group; this is not necessarily nullified if it transpires that some other members of the class from which the selection is made have this quality, but the claim may be invalid if it is found that the quality is common to many other members in addition to those selected.

413 Guide To Pharmaceutical Patents Southcenter 2008, op. cit., que menciona como fundamento T279/89 of 3.7.1991, ref. O.J. Supplement 6/1992 and discussed in B Hansen and F Hirsch Protecting Inventions in Chemistry: Commentary on Chemical Case Law under the European Patent Convention and the German Patent Law (Wiley-VCH Berlin 1998) pp. 127–128. O texto original da citação é: "1) The chosen subrange must be narrow. 2) It must be sufficiently distant from the preferred known range (as possibly defined by examples). 3) The chosen range may not be an arbitrarily chosen section of that which is known, and cannot be a simple embodiment of what has been previously described, but must lead to a new invention (purposive selection)". Os Guidelines 2007 da EPO, Cap. IV, 9.8, ii) também citam esse critério.

414 Giudelines EPO 2007, Cap. IV, 9.8 "In determining the novelty of a selection, it has to be decided, whether the selected elements are disclosed in an individualised (concrete) form in the prior art (see T 12/81, OJ 8/1982, 296). A selection from a single list of specifically disclosed elements does not confer novelty. However, if a selection from two or more lists of a certain length has to be made in order to arrive at a specific combination of features then the resulting combination of features, not specifically disclosed in the prior art, confers novelty (the "twolists principle")".

problema técnico, poderá haver novidade. A aplicação dos critérios apontados visa auxiliar nessa determinação.

Os critérios apontados nesta seção, como iniciamos dizendo, não criam requisitos específicos de patenteamento. Apenas indicam, com base na prgmática de exame, que, presentes tais requisitos, haverá uma presunção de novidade. Ou, talvez melhor dizendo, afasta-se a presunção de que, numa seleção dentre um gênero no estado da técnica, não há novidade.

[7] § 3.4. (D) Novidade é uma só

Alguns autores, comentando a *conveniência e oportunidade* de se conceder patentes de seleção, mencionam a existência de graus diversos de novidade, em propriedade industrial.[415] Como a seleção importaria em uma diferente novidade, não caberia dar proteção. A falta de precisão conceitual se explica, eis que se trata de artigos de análise de política pública.

Em direito estrito, não existe diferentes graus de novidade. Patente é matéria de direito estrito, não de concessão discricionária. Nenhum órgão pode decidir "dar ou não dar" patente em face de políticas públicas discricionárias. Nenhum órgão (no Brasil ou nos demais países onde existe Estado Democrático de Direito) pode decretar novidades maiores ou menores. Ou há a única novidade fixada na lei, ou não há novidade nenhuma.

Assim, a ninguém se justifica, pelo argumento de trata-se de seleção, não atender aos pressupostos da novidade. A novidade aplicável é igual a todo e qualquer invento. Os critérios construídos pela prática internacional são *testes* para se determinar a existência de uma só e única novidade: a que vale para inventos de mecânica, astronáutica ou biotecnologia.

Como a determinação fática da existência da mesma e única novidade varia de dificuldade, constroem-se os testes específicos para assegurar que é a <u>mesma e invariável novidade</u> que se verifica no caso em análise.

[7] § 3.4. (E) Prudência na concessão de patente de seleção

Na verdade, o abuso no patenteamento nessa variedade de criação, visando aumentar o prazo de proteção mesmo quando não exista real novidade, aconselha a mais rigorosa atenção do exame na apuração da novidade de qualquer invento que se pretenda existir numa seleção.

Os parâmetros irrazoavelmente permissivos de exame de certos países centrais quanto aos inventos de seleção, especialmente, mas não só, os Estados Unidos,[416] não

---

415   Em particular, Jannuzzi *et alii*, *op. cit.*

416   Quanto aos parâmetros americanos, que nos abstemos aqui de comentar devido exatamente à excessiva permissividade de critérios, vide Kaye Scholer LLp, Pharmaceutical and Biotech Patent Law, PLI New

devem dar pretexto, jamais, a um exame descuidado por parte do examinador brasileiro.[417] Mas, por descuido ou preguiça, isso ocorre, e mesmo a ANVISA incorre em tal falta de diligência.

Aliás, como alvitra certa doutrina, a proibição de inventos de seleção poderia mesmo ser incluída na lei nacional, sem maior risco de violação de TRIPs.[418] No entanto, como a exclusão desse tipo de patentes pode igualmente lesar interesses de desenvolvimento de solução nacionais singulares em patentes de gênero, vale ponderar a máxima *abusus not tollet usus*, e o dizer "não se verse o bebê junto com a água do banho".[419]

York #15140, 2008, § 7:2:3 e Landis on Mechanics of Patente Claim Drafting, 5th. Ed. PLI, New York, § 6:9. A crítica à leniencia americana se lê no Guide, Southcenter 2008, op. cit., que menciona PW Grubb Patents for Chemicals, Pharmaceuticals and Biotechnology, Fundamentals of Global Law Practice and Strategy (Clarendon Press Oxford 1999) p. 197. Como se sabe, subsistem crítica veementes ao que é percebido como níveis baixos de exame americano, que têm causado reações recentes da Suprema Corte, no caso da atividade inventiva, e do tribunal especializado, no caso da exigência do requisito de natureza técnica das soluções (In Re Bilski). Jacuzzi et alli notam: "Patentes de seleção têm sido uma das principais facetas da estratégia de perpetuação da proteção patentária pelas indústrias farmacêuticas que, ao obterem maior número de patentes em torno de uma invenção original, maximizam as oportunidades de comercialização de produtos com inovações incrementais. O INPI parece mostrar uma tendência de acompanhamento dos mecanismos de análise de pedidos de patentes empregados por outros países desenvolvidos, onde se denota o estabelecimento de escopos de proteção mais permissivos quanto à proteção deste tipo de invenções".

417 Guide, Southcenter, *op. cit.*: "By their very nature, selection inventions could allow patentees to extend the term of their patents beyond the mandated period since the selection patent might be selected from a large group of elements which are already covered under a patent (maybe when the existing patent/s are nearing expiry). The recent trend in developed countries is to allow selection inventions. This in effect means that even when certain claims are not novel, they are allowed to be patented. There are, however, exceptions as exemplified by the German approach". A atitude alemã é assim descrita: "In Germany, the Bundesgerichtshof has held that even in a relatively large generic group of compounds, disclosure of the group is, to the skilled chemist, fully equivalent to a disclosure of each compound within the group. Selection inventions in the normal sense of the word may, hence, be regarded as unpatentable in Germany)

418 Guide, Southcenter, *op. cit.*: "The TRIPS Agreement does not provide any guidance as to how selection inventions are to be treated or whether at all they are to be allowed or disallowed. As a result of this, WTO members can decide on such cases according to their municipal laws and being guided by their own policy objectives. If developing countries intend to exclude patent monopolies, where no genuine inventions are present, in order to allow, for instance, for a broader access to medicines, then developing countries may disallow selection inventions. This would be unobjectionable under the TRIPS Agreement". Este subscritor, no entanto, recomendaria prudência na conclusão o Guide, pelas razões expostas em seu artigo Denis Borges Barbosa, Minimum standards vs. harmonization in the TRIPs context (The nature of obligations under TRIPs and modes of implementation at the national level in monist and dualist systems), in Carlos Correa, org., Research Handbook on Intellectual Property Law and the WTO, Elgar Law, 2009 (no prelo).

419 Jacuzzi *et alii*, "Destaca-se que se por um lado as patentes de seleção podem servir como uma oportunidade tecnológica e comercial, por outro, a aceitação deste tipo de patente pode constituir uma ameaça a uma política de acesso a medicamentos. A reedição de patentes baseadas em um mesmo fármaco, como a concessão de polimorfos e enantiômeros puros, pode estender o tempo de monopólio sobre um determinado fármaco e retardar a entrada da versão genérica no mercado visto que, para que estes sejam comercializados, é necessário que as patentes às quais fazem referência estejam em domínio público.Por outro lado, o desenvolvimento de invenções de menor custo como a construção de me-toos, novas formas farmacêuticas, combinações de fármacos, pró-drogas e o 2º uso médico pode ser uma opção tática para países com capacidade tecnológica instalada como o Brasil. Sendo assim, conhecer os aspectos do patentea-

Boa ou má para o País, a proteção de inventos de seleção é ineludivelmente coberta pela lei em vigor. E a leitura *constitucional* deste tipo de patente impõe que se tenha a atenção mais estrita, a busca mais cuidadosa, o cuidado mais rebuscado, para se fugir a algo que é costumeiramente usado para práticas abusivas, e vem sendo objeto de práticas indevidamente descuidadas em jurisdições estrangeiras:

> Tribunal Regional Federal da 2ª Região
"Pretensão a estender a validade da patente de forma a que se prolongue por 36 anos ou mais, o que vai de encontro com a limitada garantia constitucional de temporariedade das patentes, com prevalência ao "interesse social e o desenvolvimento tecnológico e econômico do país". 1ª Turma Especializada, AI 2007.02.01.013465-9, JC Márcia Helena Nunes, DJ 02.04.2008."

[7] § 3.4. (F) Da questão da atividade inventiva nos inventos de seleção

Como se sabe, a novidade é apenas um dos requisitos constitucionais para a patente. O invento pode ser novo, pois nunca antes descrito daquela forma específica, mas ser tão naturalmente despreensível, que seria desproporcional conceder uma patente na extensão e amplitude prevista em lei. A hipótese da massa espaguete com queijo minas, no nosso exemplo casual, ilustra a questão: o cozinheiro de forno e fogão, tendo um mínimo de opções a sua escolha, teria naturalmente que chegar à 'nova' solução culinária.[420]

A pragmática também constrói uma série de testes para determinar a presunção de atividade inventiva.[421] Por exemplo, como ocorre em todos os campos da técnica, não haverá atividade inventiva se a espécie selecionada não demonstra nenhuma qualidade

---

mento no setor farmacêutico é fundamental para que o país alcance maior desempenho na proteção de invenções neste campo tecnológico".

420 Guidelines for examination in the European Patent Office (pre-2007), Part C, Chapter IV - Annex (Examples relating to the requirement of inventive step indicators), (3.1) Obvious and consequently non-inventive selection among a number of known possibilities. 3.1 Obvious and consequently non-inventive selection among a number of known possibilities: (iv)The invention consists merely in selecting particular chemical compounds or compositions (including alloys) from a broad field. Example: The prior art includes disclosure of a chemical compound characterized by a specified structure including a substituent group designated "R". This substituent "R" is defined so as to embrace entire ranges of broadly-defined radical groups such as all alkyl or aryl radicals either unsubstituted or substituted by halogen and/or hydroxy, although for practical reasons only a very small number of specific examples are given. The invention consists in the selection of a particular radical or particular group of radicals from amongst those referred to, as the substituent "R" (the selected radical or group of radicals not being specifically disclosed in the prior art document since the question would then be one of lack of novelty rather than obviousness). The resulting compounds (a) are not described as having, nor shown to possess, any advantageous properties not possessed by the prior art examples; or (b) are described as possessing advantageous properties compared with the compounds specifically referred to in the prior art but these properties are ones which the person skilled in the art would expect such compounds to possess, so that he is likely to be led to make this selection.

421 Vide Guidelines 2007, Cap. IV, 3. "Obvious Selections", onde se propõe vários testes de atividade inventiva.

não existente no estado da arte, ou – havendo tal qualidade – a pessoa com conhecimento normal da matéria chegaria naturalmente à seleção:[422] mais uma vez, o caso da nossa cozinheira de forno e fogão preparando macarrão com queijo de minas.[423]

Não se exige, de outro lado, que haja um *novo problema a ser resolvido*, mas simplesmente a resolução de uma forma inesperada – como no nosso exemplo do atingimento de um grau surpreendente de qualidade gastronômica, com mais duas estrelas no Michellin.[424]

O problema mais específico dos inventos de seleção, desta feita, é o reconhecimento da novidade, e não o elemento analítico subsequente da atividade inventiva. Parece pacífico, assim, que existem hipóteses em que cabe reconhecer a existência de atividade inventiva em seleções.[425]

Daí a recomendação de Carlos Correa aos formuladores de política pública dos países em desenvolvimento: como regra, se os elementos da espécie já foram descritos ou reivindicados, não se presuma novidade; mas havendo vantagens inesperadas na espécie, deve-se aplicar as regras gerais da lei pertinente para se concluir pela patenteabilidade.[426]

[7] § 3.5. Reivindicação de aparelho

Certos autores[427] referem-se ainda à patente de aparelho, que vem a ser na verdade uma patente de produto, cuja inclusão numa reivindicação não ofenderia o requisito da *unidade da patente*.

---

422 No local recem mencionado: "(iv) the invention consists merely in selecting particular chemical compounds or compositions (including alloys) from a broad field. Example: (…) The resulting compounds: (a) are neither described as having nor shown to possess any advantageous properties not possessed by the prior art examples; or (b) are described as possessing advantageous properties compared with the compounds specifically referred to in the prior art, but these properties are ones which the person skilled in the art would expect such compounds to possess, so that he is likely to be led to make this selection".

423 Incidentalmente: queijo de minas curado, como se usava na década de 50´. O queijo frescal dá um resultado anti-intuitivo e anti-gastronômico

424 Guidelines 2007, C. Cap. IV, "11.11 Selection inventions The subject-matter of selection inventions differs from the closest prior art in that it represents selected sub-sets or sub-ranges. If this selection is connected to a particular technical effect, and if no hints exist leading the skilled person to the selection, then an inventive step is accepted (this technical effect occurring within the selected range may also be the same effect as attained with the broader known range, but to an unexpected degree)".

425 Carlos Correa, Guidelines for the examination of pharmaceutical patents:developing a public health perspective, January 2007 l ICTSD — UNCTAD – WHO "If a previous patent contains, for instance, a Markush-type claim with a large number of possible compounds without a detailed disclosure, and the compounds claimed in a subsequent patent are not found by simple experiments and show an unexpected advantage, far enough away from the completely disclosed compounds in the previous patent, an issue of inventive step will essentially arise in considering the patentability of the selection."

426 Correa, Guidelines, 2007, "Recommendation: As a general rule, selection patents should not be granted if the selected components have already been disclosed or claimed and, hence, lack novelty. If unexpected advantages of existing products were deemed patentable under the applicable law, the patentability of a selection could be considered when an inventive step is present".

427 Por exemplo, Di Biasi, Garcia e Mendes, A Propriedade Industrial, Forense, 1997, p. 23.

Assim, é possível reivindicar simultaneamente um produto, e o aparelho para fabricá-lo.

[7] § 3.6. Reivindicação de combinação

Note-se que, embora os autores clássicos brasileiros classifiquem a patente de combinação como de *meio*, a rigor a combinação pode ser de processo ou de produto. Com efeito, a combinação não se encontra numa relação de alteridade radical em face ao que já existe; o produto ou o processo é conhecido, mas não sob a iluminação que o pôs o inventor. Este propõe um outro uso, um melhor uso, um uso num fim particular, e é em relação a esta nova *perspectiva de utilização* que a novidade e atividade inventiva deve ser apurada.[428]

[7] § 3.6. (A) Combinação: o que é

Não há, no Direito Brasileiro, definição legal do que seja patente de combinação. Nos dicionários jurídicos, porém, lê-se a preciosa definição do Black's Law Dictionary:

> "Combination Patent – Patents in which the claimed invention resides in a specific combination or arrangement of elements, rather than in the elements themselves. One in which none of the parts or components are new, and none are claimed as new, nor is any portion of combination less than whole claimed as new or stated to produce any given result.
> Em tal patente, pois, a invenção reivindicada está numa combinação de elementos, e não nos elementos singulares; nela, nenhum dos elementos será reivindicado como novo, nem qualquer combinação diversa do todo será tida como nova, nem será a esta imputada um resultado industrial específico.

A doutrina brasileira[429] e estrangeira[430] não parecem divergir da definição do dicionário legal americano. Assim é que se lê em um clássico tratado francês sobre patentes:

> "Cette forme d'invention porte en fait, comme on l'a vu, sur un moyen complexe. C'est ce moyen complexe, constitué par une combinaison de moyens élémen-

---

428 Foyer e Vivant, p. 165.
429 Gama Cerqueira, "Tratado de Propriedade Industrial", Ed. Forense, 1952, vol. II, Tomo I, p. 65. Douglas Daniel Domingues, "Direito Industrial - Patentes", Ed. Forense, 1980, p. 40. Paulina Ben Ami, "Manual de Propriedade Industrial", Promocet, 1983, p. 41 e seg.
430 Chavanne e Burst, "Droit de la Propriété Industrielle", Dalloz, 1976, p. 37 e seg. Ed. J. Delmas, "Droit et Pratique des Brevets d'Invention", p. C10-C16. Alain Casalonga, "Brevets d'Invention, Marques et Modèles", LGDJ, 1970, p. 13 e seg. Devant, Plasseraud, Gutmann, Jaquelin e Lemoine, "Les Brevets d'Invention", Dalloz, 1970, p. 60 e seg. Foyer e Vivant, "Le droit des brevets", PUF 1993, p. 165.

taires connus eux-mêmes, qui est seul protégé par le brevet, la protection étant d'ailleurs, en principe, limitée à la mise en oeuvre de cette combinaison en vue d'obtenir le résultat ou le produit industriel précisé au brevet. *Les moyens individuels ne sont pas protégés par un brevet de combinaison.*"[431] (Grifamos)

[7] § 3.6. (B)Justaposição não é combinação

Também é ponto assente em Direito Patentário que não constituem combinação dois elementos que apenas se justapõem num contexto; por exemplo, o aparato de teste e o objeto testado, o sensor e o objeto detectado, enfim o objeto passivo de uma atividade de leitura e o aparato ou processo leitor; simplesmente não há, neles a *atuação conjunta*, pressuposto da combinação:

> "Mais les moyens doivent concourir à un résultat commun; les moyens doivent coopérer en vue de un résultat commun."[432]

[7] § 3.6. (C) A individualidade da invenção de combinação

Central no conceito de invenção de combinação é que ela consiste em uma solução técnica *distinta dos elementos combinados*, buscando-se nela, e não em seus componentes, os pressupostos de patenteabilidade (novidade, utilidade, atividade inventiva), assim como o parâmetro para avaliar a sua eventual violação.

Tivemos, nós mesmos, de tratar da questão, no contexto do direito patentário brasileiro, ao examinar a questão de certas patentes do setor químico:

> "29. É de se perguntar, assim, por que só as misturas de tipo composição são patenteáveis.
> 30. A resposta parece ser simples: porque só nelas, onde existe um efeito próprio, intrínseco, pode se vislumbrar uma invenção. Em outras palavras, só nas misturas de tipo composição existe individualidade inventiva suficiente. Em misturas onde a novidade, a atividade inventiva ou a utilidade industrial estejam nos componentes, a patente, se possível, seria dada a esses e não à mistura.
> 31. Assim é que dizem Burst e Chavanne (Droit de la Propriété Industrielle, 1976, p. 28):
> "A simples reunião de dois produtos em um só, sem a cooperação de um com o outro para formar um resultado de conjunto não forma produto novo."

---

431   Devant, allii, p. 62. Note-se, porém, que em J.Delmas, Ed., p. C16, se admite, ainda que sem suporte jurisprudencial, a combinação em que algum elemento seja novo. Devant, *op. cit.,* loc. cit., sobre tal questão, lembra que, nestes casos, o inventor "devait préciser dans le texte du brevet que celui-ci portait à la fois sur le moyen nouveau et la combinaison nouvelle".

432   Chavanne e Burst, *op. cit.*, p. 37.

43. A novidade vai ser vista na mistura, em si, e não em seus componentes. Isto quer dizer que os componentes podem ser novos ou conhecidos; o que se vai ver é a propriedade adicional ou diferente, que há na mistura, e não há nos seus componentes somados.

44. Quando os componentes são conhecidos, aliás, cabe o preceito do Art. 9, e), de que as "justaposições" (termo aí impropriamente utilizado) só são patenteáveis se tiverem um efeito técnico novo ou diferente.

45. Quando algum, ou todos os componentes são novos, pareceria, à primeira vista, que a mistura seria nova. Não é o que ocorre, porém.

46. Em primeiro lugar isto não ocorre porque a invenção patenteável é a resolução de um problema técnico de uma forma que não esteja no estado da técnica, ou dele não decorra obviamente. Como se resolve o problema técnico? Se for pela ação dos componentes, ou da soma deles, a invenção está nos componentes, e não na mistura. O que há de novo na mistura não é invenção patenteável.

47. Em segundo lugar, porque também vige quanto às invenções de misturas o princípio da equivalência dos fatores. Tal princípio teve sua definição mais precisa na decisão da Suprema Corte dos Estados Unidos no caso Winam. V. Denmead, 56 US. (15 How) 330 (1853): "copiar o princípio ou modo de operação descrito é uma violação de patente, embora tal cópia seja diversa em forma ou em proporção". Em outras palavras, o que se patenteia é a função, e não os ingredientes.

48. A Suprema Corte havia já detalhado suas conclusões nesta matéria na decisão do caso Graver Tam & Mfg. Co. v. Linde Air Prodcts. Co. 339 U. S. 605, (1950).

"Equivalência, do direito patentário, não é o prisioneiro de uma fórmula e não é um absoluto que deva ser considerado no vácuo. Não se exige identidade completa para todo propósito e em todo caso. Ao determinar equivalentes, coisas que são iguais à mesma coisa podem não ser iguais entre si e, da mesma maneira, coisas que são diferentes para a maior parte dos objetivos, podem ser às vezes equivalentes. Tem-se que dar atenção ao propósito para o qual cada ingrediente é usado numa patente, às qualidades que tal ingrediente tem quando combinado com outros ingredientes, e a função que ele deve desempenhar".

49. Neste caso, chegou-se a conclusão de que uma mistura contendo silicato de manganês era equivalente a uma mistura contendo silicato de magnésio, apesar de magnésio e manganês terem propriedades diversas, porque a função desempenhada era a mesma à luz do estado-da-arte. (Rosemberg, *op. cit.,* p. 17-38).

50. VanderHaeghen, em seu Le Droit Intellectual, vol. 1, nº 223, 1936 define o princípio da equivalência de fatores da seguinte forma:

"Como regra, não há invenção privilegiável na substituição de um fator técnico por outro, quando desta substituição não resultar um efeito técnico imprevisto".

51. Como se vê, quer se faça a aplicação do princípio no que toca à violação de patentes, quer se o faça no que toca à apuração de patenteabilidade, o que se vai

levar em conta é a função, ou, em outras palavras, a resolução do problema técnico específico.

52. Ora, como no sistema brasileiro não se dá patente aos produtos químicos, a novidade que decorre de um novo ingrediente de mistura só aproveitará à patenteabilidade da mistura quando nesta exerça uma função nova. Em outras palavras, o fato de o inseticida ser produto novo não torna a mistura nova, para efeitos do direito patentário, senão quando faz com que a mistura resolva um problema diverso daquele resolvido pelo inseticida em si, e, além disso, quando faz com que esta resolução seja nova.

53. Melhor explicando: se todos os inseticidas conhecidos dão um efeito "X" ao serem misturados com o solvente "Y", e se um novo inseticida "Z" dá um efeito "X" ao ser misturado com todos os solventes conhecidos, mas ao ser misturado com o solvente "Y" dá um efeito "X + 1", então o efeito da mistura do solvente "Y" e do inseticida "Z" é novo, e não um simples resultado da equivalência de fatores.

54. O teste a ser aplicado, assim, é o seguinte: abstraída a novidade do novo ingrediente, há novidade na mistura? Ou, posto de outra forma: deve tratar-se, para efeitos de análise de novidade, a mistura que tenha um ingrediente novo como se fora a mistura de ingredientes conhecidos.[433]

55. Uma outra forma ainda de expressar o mesmo teste é: aplica-se, para apurar a novidade de uma mistura que inclua ingrediente novo, os parâmetros usualmente empregados para determinar a existência da atividade inventiva. Arriscando-nos a repetir em demasia, enfatiza-se que se vai apurar tal novidade quanto à mistura, e não quanto aos ingredientes."[434]

[7] § 3.6. (D) Combinação: processo, produto e "produto por processo"

Note-se que, embora os autores clássicos brasileiros classifiquem a patente de combinação como de *meio*, a rigor a combinação pode ser de processo ou de produto. Com efeito, a combinação não se encontra numa relação de alteridade radical em face ao que já existe; o produto ou o processo é conhecido, mas não sob a iluminação que o pôs o inventor. Este propõe um outro uso, um melhor uso, um uso num fim particular, e é em relação a esta nova *perspectiva de utilização* que a novidade e atividade inventiva deve ser apurada.[435]

---

433 Na única oportunidade, que nos foi dado conhecimento, em que a matéria sofreu análise jurisprudencial, no Brasil, na Apelação Cível TFR no. 58.206 - RJ (Sumitomo Chemical Company Limited, recorrente, INPI, recorrido), Anuário da Propriedade Industrial 1982, p. 116 e seg., consta do acórdão o seguinte: "Parece-nos, contudo, que tendo sido concessão de patente para uma 'Nova Composição Inseticida', o requisito da novidade deveria ser apreciado em relação à mistura reivindicada e não com referência apenas à substância ativa, que, produto químico, não poderia ser privilegiado".

434 "Patentes e Problemas - Cinco questões de direito patentário", *op. cit.*

435 Foyer e Vivant, p. 165.

[7] § 3.6. (E) A presunção de que a combinação não é patenteável

A isto só cabe acrescentar a advertência da Suprema Corte Americana:[436]

"Courts should scrutinize combination patent claims with a care proportioned to the difficulty and improbability of finding invention in an assembly of old elements."[437]

Com efeito, não há a presunção de que a combinação de elementos conhecidos resulte num efeito novo, patenteável; e, acrescentamos, nem a de que um elemento novo comunique sua novidade à combinação, para fazê-la uma invenção patenteável por si mesma.

Dizia Gama Cerqueira:[438]

Entre as inovações de caráter construtivo mais comuns, a que a técnica recorre frequentemente, enumeram-se: a) as modificações de forma, de dimensões, dosagem e proporções; b) a substituição de materiais; c) **a justaposição ou agregação de órgãos; d) a junção ou disjunção de elementos conhecidos**; e) as inversões cinemáticas; f) a inversão da ordem de operações; g) o transporte de uma indústria para outra; h) *o emprego novo de um elemento conhecido; i)* a substituição de um elemento por outro equivalente.

Nesses casos, em regra, não há invenção, não se podendo ver nessas inovações nenhuma criação, nenhuma originalidade de concepção, nem a manifestação do espírito inventivo, mas simples soluções práticas, que ocorrem a qualquer pessoa perita no ofício e são naturalmente indicadas pelas necessidades correntes ou pela rotina, sem nada apresentarem de peculiar ou inesperado.

[7] § 3.6. (F) Alcance das patentes de combinação

A jurisprudência e doutrina criaram importantes regras quanto ao alcance da patente de combinação, às quais é preciso voltar nossa atenção.[439]

---

436 Em Great A&P Tea Co. v. Supermarket Corp. em 340 US 147, 95 L Ed 162, 71 S Ct 127.

437 Este critério de avaliação das patentes de combinação foi confirmado em Anderson's Black Rock v. Pavement Salvage Co., 396 US 57, 24 L Ed 2d 2d 258, 90 S Ct 305 (1969) e Sakraida v. AG PRO, Inc. 425 US 273, 47 L Ed 784, 96 S Ct 1532 (1976). Em Raytheon Co. v. Roper Corp., 724 F.2d 2d 951 (1983), à p. 961, porém, o Tribunal Regional Federal especializado em Propriedade Intelectual recusou-se a aplicá-lo, citando a lei de 1952, posterior à primeira decisão - mas anterior a Anderson's Black e Sakraida, que confirmaram o critério de 1952.

438 *Op. cit., loc. cit.*

439 Burst e Chavanne, *op. cit.*, p. 117.

Suponhamos, primeiramente, a *acréscimo na combinação*. O invento consiste na combinação de A+B+C, e o parâmetro infrator seria A+B+C+D. Três hipóteses podem ocorrer:

a) D é uma variante neutra em face à reivindicação. Há, obviamente contrafação.

b) A junção de D à combinação constitui efeito novo, distinto de A+B+C. Não há contrafação.

c) D introduz um aperfeiçoamento a A+B+C. O invento novo, se patenteável, é dependente do anterior.

Vejamos agora o caso em que o meio usado é uma parcela da combinação: esta é A+B+C, e a fabricação é de A. A não ser que "A" haja sido reivindicada isoladamente, não há contrafação.

Se há, de outro lado, *modificação interna da combinação* – ao invés de A+B+C, utiliza-se A+C+B – duas hipóteses existem:

a) o efeito é o mesmo; há contrafação.

b) não há contrafação, caso satisfeitas cumulativamente as seguintes condições: se o efeito é diverso, se os elementos não foram reivindicados separadamente e se não se tratar de simples variante neutra em face à reivindicação.

Tais critérios apontam, mais uma vez, para a especificidade da combinação. É nela, e não em seus componentes, que se vai buscar o invento e, igualmente, a exclusividade.

[7] § 3.6. (G) Combinação de elementos no estado da técnica

Observações complementares são as de que, quando a combinação é de objetos conhecidos, a patente apenas protege a *estrutura da combinação*: verificar-se-á a equivalência, ou não, entre essa patente e outra pela comparação dessas estruturas e não dos ingredientes tomados isoladamente.[440] Se as duas estruturas têm substancialmen-

---

440   Chisum e Jacobs, Understanding Intellectual Property Law, Matthew Bender, 1992, § 2r], "Each function in a claim is part of a combination, not a separate invention. In cases . . . in which all functions are performed but multiple means are changed, the equivalency of each changed means is appropriately determined in light of the other structural changes in the combination. As in all cases involving assertions of equivalency, wherein the patentee seeks to apply its claims to structures not disclosed by the patentee, the court is required to exercise judgment. In cases of complex inventions, the judgment must take account of situations where the components of the claimed combination are of varying importance or are changed to varying degrees. This is done by viewing the components in combination." (846 F.2d at 1371, 6 U.S.P.Q.2d at 1888-89)

te a mesma função, haverá, talvez, equivalência, aplicando-se ao caso os mesmos parâmetros dos demais casos.[441]

[7] § 3.6. (H) Efeitos de uma patente de combinação e efeitos de combinação de uma patente

Não se pode confundir o invento de combinação com o efeito de combinação de uma patente, sendo esta relativa a invento unitário ou de combinação. Como já se viu, a patente de combinação presume um invento constante da junção de várias soluções técnicas conhecidas, resultando da conexão um efeito próprio, que deve ser novo, útil e (se invenção) dotado de atividade inventiva.

É certo que, em princípio, os limites técnicos do invento (a solução técnica descrita e circunscrita pelas reivindicações) correspondem ao efeito de exclusividade da patente.

Mas, quando se aplica o parâmetro dos limites técnicos da patente em conjunção com os seus limites jurídicos, podem ocorrer situações complexas e curiosas. Nada impede que uma invenção unitária (por exemplo, um emissor-receptor de sinais com atuação sobre a orientação de deslocamento de certos corpos no espaço) implique numa atuação em conjunto de equipamentos distintos, enfim, numa combinação. O invento de produto resulta numa exclusividade com o caráter de uma combinação.

De outro lado, uma invenção de combinação pode ser levada à prática num *corpus* unitário. A reunião de vários processos num só procedimento complexo e novo, implementado num só lugar e num só *iter*, é um claro exemplo. Assim também a reunião de vários componentes ou soluções técnicas num único equipamento singulariza em um só continente a polimorfia anterior. O invento de combinação resulta numa exclusividade unitária, de "produto" ou de "processo".

Assim, não há como se identificar invento de combinação e efeito de combinação de uma patente.

[7] § 3.6. (I) MU de combinação

É pacífico na doutrina e na prática brasileira que se têm patentes de combinação tanto de invenção quanto de modelo de utilidade; naquelas, necessária a satisfação do

---

441 Fréderic Poliaud Dulian, Droit de La Proprieté Industrielle, Domat Droit Privé, 690- II n'en va autrement que lorsque la fonction d'une combinaison de moyens étant connue, le brevet ne protège que la combinaison dans sa structure: la différence de structure de l'objet critiqué écarte le grief de contrefaçon. (Cass. com., 4 décembre 1990, Annales, 1990, p. 233, obs. P MATHÉLY (rejet du pourvoi c Paris, 1 «décembre 1988, Annales, 1988, p. 297).» No entanto, vide Joanna Schmidt-Szalewski, Jean-Luc Pierre, Droit De La Propriété Industrielle, 2ª ed., Libraire de la Cour de Cassation, "Le premier est celui de la contrefaçon par équivalence: la contrefaçon d'une invention de combinaison peut consister dans une combinaison équivalente, qui met en ouvre des moyens structurellement différents, mais assurant la même fonction technique".

requisito qualificador da atividade inventiva (ou, para reproduzir uma expressão do inglês, *não obviedade*); nestas, exigível apenas que a novidade e a utilidade específica – o invento, enfim –, esteja na combinação e não nos seus elementos.

Assim, caso entendamos que as patentes em questão, ou algumas delas, sejam *de combinação*, não resulta disso que reconheçamos, à análise jurídica, sejam elas classificáveis como *patentes de invenção*.

[7] § 3.6. (J) A exclusão de certas combinações na lei de 1971

Entenda-se que, na modalidade que tomou no Brasil, a representante da família de patentes pretendia atender às peculiaridades do sistema nacional vigente na época. Como se verá, o que era em outros países caracterizado como um invento de *material* aqui foi caracterizado como composição, ou seja, mistura.

Cabe aqui um importante esclarecimento histórico. Até o Acordo TRIPs, parte do Tratado de Marraqueche da Organização Mundial do Comércio, todos os países membros da Convenção de Paris estavam livres para dar, ou denegar, patentes para determinadas áreas da invenção, por motivos de política pública.[442]

Em exercício desse poder derivado da lei internacional,[443] os países exerciam efetivamente tal exclusão, em especial no tocante aos inventos químicos e, quase uni-

---

442   Tal poder continua, mas em esferas limitadas. O art. 27 de TRIPs determina que os Estados Membros concedam patentes para todas invenções, tanto de produto quanto de processo, e em todos os setores tecnológicos. Os requisitos da proteção são os clássicos: que seja nova, envolva um passo inventivo e seja passível de aplicação industrial. Deverá haver proteção e a patente deverá poder ser usada sem discriminação quanto ao local de invenção, quanto a seu setor tecnológico e quanto ao fato de os bens serem importados ou produzidos localmente. O Acordo TRIPS da OMC veda exclusões legais de qualquer área da tecnologia do campo da proteção – exceto em poucos casos específicos. À luz do Acordo os países membros apenas podem excluir patentes das invenções: a) contrárias à ordem pública ou a moralidade, inclusive para proteger a vida e saúde humana, animal ou vegetal, ou para evitar sério prejuízo ao meio ambiente. b) métodos de diagnóstico, de tratamento e de cirurgia, animal ou humana. c) animais que não sejam microorganismos; d) plantas que não sejam microorganismos, mas quanto às variedades de plantas deve haver um sistema de proteção específica; e) processos essencialmente biológicos para produção de animais e de plantas, exceto processos não biológicos ou microbiológicos.

443   A lei de Propriedade Intelectual em todos os países de constituição explícita está, como toda legislação ordinária, condicionada pelo espaço que a Constituição abre para a criação de exclusivas; este espaço abre ao legislador ordinário um campo à discricionariedade de soluções para o sistema de patentes, marcas, etc. Com a importância do sistema internacional para a Propriedade Intelectual (vide nosso Uma Introdução à Propriedade Intelectual, 2ª ed. Lumen Juris, 2003: "Se há um sistema de propriedade dos bens intelectuais, ele deve ser, necessariamente, internacional".) o quadrado ganha uma terceira dimensão: a do espaço correspondente, no qual o legislador pode discricionariamente construir a lei nacional, sem opor-se às obrigações internacionais do Estado Brasileiro. A intercessão não é necessariamente unívoca, eis que, pelo menos no nosso sistema, a Constituição prevalece sobre os Tratados, que, por sua vez, têm no campo da PI idêntica hierarquia às leis ordinárias. Assim, está o legislador no exercício da soberania nacional constrangido pelo espaço constitucional e induzido pelo espaço internacional. Esta metáfora certamente evoca a noção poligonal de Hans Kelsen ainda que num sentido diverso do que expresso em Teoria Pura do Direito. Trad. Coimbra: Arménio Amado, 1976, 4ª ed.

versalmente, os farmacêuticos. A lei aplicável ao caso em análise, a 5.772/71, excluía da patente os seguintes inventos, entre outros não pertinentes a este estudo:

b) as substâncias, matérias ou produtos obtidos por meios ou processos químicos, ressalvando-se, porém, a privilegiabilidade dos respectivos processos de obtenção ou modificação;

c) as substâncias, matérias, misturas ou produtos alimentícios, químico-farmacêuticos e medicamentos, de qualquer espécie, bem como os respectivos processos de obtenção ou modificação;

d) as misturas e ligas metálicas em geral, ressalvando-se, porém, as que, não compreendidas na alínea anterior, apresentarem qualidades intrínsecas específicas, precisamente caracterizadas pela sua composição qualitativa, definida quantitativamente, ou por tratamento especial a que tenham sido submetidas;

e) as justaposições de processos, meios ou órgãos conhecidos, a simples mudança de forma, proporções, dimensões ou de materiais, salvo se daí resultar, no conjunto, um efeito técnico novo ou diferente, não compreendido nas proibições deste artigo;

A alínea d) não pode ser analisada em separado. A exclusão de patentes relativas a produtos farmacêuticos, introduzida em 1945, foi sucessivamente acrescida dos *processos* que levam à obtenção desses produtos e, enfim, à vedação dos inventos relativos a produtos químicos em geral, e não só aos farmacêuticos.

Vejamos com detalhe esse fato de nossa história do Direito, por grande pertinência ao caso em tela.

Padrão de reivindicações de misturas sob o código de 1971

Convém começar nosso raciocínio perguntando-nos por que se vedava o patenteamento dos produtos químicos. A proibição, que data do Código de 1945, é explicada pelos comentadores da época:

"As invenções de novos produtos químicos, em tese, são privilegiáveis, como as de outros produtos, não havendo motivos de ordem jurídica ou de ordem técnica que justifiquem a sua exclusão da proteção legal. Motivos de ordem econômica, porém, desaconselham a concessão de privilégios para este gênero de invenções, os quais se consideram prejudiciais ao desenvolvimento das indústrias químicas, porque conferindo a patente ao seu concessionário o direito exclusivo de fabricar e vender o produto, ainda que este possa ser obtido por processo diferentes, impede o aperfeiçoamento dos processos existentes e a criação de novos processos mais úteis e vantajosos sob o ponto de vista da sua eficiência ou economia. De fato, sabendo que a fabricação do produto é exclusiva do titular do privilégio, outros inventores não terão interesse de melhorar os processos conhecidos e de inventar novos processos dos quais não poderiam utilizar-se; ou procurarão obter a patente do processo no estrangeiro, onde a fabricação do produto seja livro, o que também redunda em prejuízo para a indústria do próprio país. Comparando o grande desenvolvimento das indústrias de produtos químicos na Alemanha com o menor progresso dessa indústria na França, os autores consideram esses fatos, em grande parte, como conseqüência dos sistemas legislativos vigentes nesses países; pois, ao passo que na Alemanha a ausência de patentes para produtos químicos favorece o progresso da indústria, permitindo o constante aperfeiçoamento dos processos, na França os inventores encontram fechado o caminho para novas invenções. Os inconvenientes do sistema francês, aliás, foram previstos, quando se discutia a Lei de 1844, tendo Michel Chevalier advertido: "Si vous brévetez les produits chimiques, votre législation agira à la façon de l'édit de Nantes: elles obligera l'industrie nationale à s'expatrier".[444]

Se o propósito específico da vedação era de política industrial, e se caracterizava como a necessidade de proteger a indústria nacional, a interpretação do Código de 1971 como um todo não poderia fraudar tal propósito. Em particular, não se podia admitir que a política econômica implementada pela alínea b) do Art. 9 do CPI fosse comprometida esvaziada pela alínea d) do mesmo artigo.

Desta maneira, a interpretação do Art. 9, d) do CPI não pode ser tal que importe em violação do Art. 9, b).

No entanto, como notamos à época,[445] eram numerosíssimos os pedidos de patentes de composição de produtos químicos depositados no INPI. Uma parte considerável destes pedidos se caracterizava pela simples mistura de ingredientes ativos – por exemplo, um inseticida – com um componente de suporte: soluvente, fumígeno, etc.

Simplesmente, as representantes brasileiras das patentes de famílias que, no exterior, eram reivindicadas como produtos químicos aqui apareciam travestidas de patentes de composição, muitas vezes sem quaisquer atributos que justificassem a transposição. Solicitava-se proteção para misturas de um produto obtido por meios ou processos químicos com uma quantidade qualquer (ou: entre 0,5 e 99,5%) de jornal picado para fazer fumaça.

A peculiaridade da Lei 5.772/71

Patentes de combinação são uma constante dos sistemas de patentes; a lei brasileira em vigor, conquanto sem referir-se diretamente à modalidade, contempla-as como um das hipóteses possíveis de invento.

---

444 Gama Cerqueira, Tratado, 2ª ed., Vol. 1, p. 349. O seu contemporâneo RODRIGUES. Clóvis Costa.Concorrência Desleal. Rio de Janeiro: Editora Peixoto, 1945, p. 231-237, mais espontâneo e muito menos técnico, mas como um dos autores do projeto de código, nota: "A privilegiabilidade do produto é, por várias razões, condenável. Os países que a adotaram e adotam ainda, tiveram as suas indústrias químicas sacrificadas, sem grandes perspectivas de desenvolvimento".

445 No artigo já mencionado, publicado à época em que o autor era Procurador Geral do INPI, Patentes e Problemas, Revista de Direito Mercantil no. 76 em 1988.

O Dec. Lei 7903/45, o Código de 1945, assim dispunha nos pontos pertinentes:

"Art. 8º – Não são privilegiáveis ...
2º) as invenções que tiverem por objeto substância ou produtos alimentícios e medicamentos de qualquer gênero;
3º) as invenções que tiverem por objeto matérias ou substâncias obtidas por meio ou processos químicos; ...
Parágrafo único: Na proibição constante dos números 2º e 3º, deste artigo, não se incluem e em conseqüência podem ser privilegiados; (...)
e) as ligas metálicas e misturas com qualidade intrínsecas específicas, perfeitamente caracterizadas pela sua composição."
O Dec. Lei nº 254/67 prescrevia:
"Art. 6º – São ainda privilegiáveis: ...
c) as ligas metálicas e, bem assim, as misturas com qualidades específicas perfeitamente caracterizadas pelas suas composições qualitativas e quantitativas."
O Dec. Lei nº 1.005/69, numa redação reproduzida pelo Código em vigor, dispõe:
"Art. 8º – Não são privilegiáveis: ...
d) as misturas e ligas metálicas em geral, ressalvando-se, porém, as que, não compreendidas na alínea anterior, apresentarem qualidades intrínsecas, precisamente caracterizadas pela sua composição qualitativa, definida quantitativamente, ou por tratamento especial a que tenham sido submetidas."

Desta sucessão histórica, nota-se que a proibição do patenteamento de produtos químicos foi sempre mitigada pela aceitação da privilegiabilidade de certas misturas, desde que qualificadas por uma série de limitações. Da sucessão histórica também se comprova que o preceito equivalente ao Art. 9, d) da Lei 5.772/71 sempre abrangeu misturas, de um lado, e ligas metálicas, de outro, essas últimas obviamente como um exemplo especialíssimo de mistura.

Constante em tal evolução foi a exigência de "qualidades específicas", à qual se apunha, nos Códigos de 1945, 1969 e 1971, a de ter também "qualidade intrínseca".

A segunda série de exigências é quanto à caracterização de tais qualidades. O Código de 1945 dizia simplesmente que as qualidades das misturas deveriam ser caracterizadas "pela sua composição". O de 1967 (que não exigia a qualidade **intrínseca**) quis que as qualidades fossem "perfeitamente caracterizadas pelas composições qualitativas e quantitativas". As redações posteriores mencionam que as qualidades devem ser caracterizadas "pela composição qualitativa, definida quantitativamente" dando como opção que sejam caracterizadas por "tratamento especial a que tenham sido submetidas".

No momento em que a patente a que se refere este estudo foi solicitada e concedida, pois, não bastava que a mistura tivesse qualidades específicas intrínsecas, mas também devem ser tais qualidades evidenciadas por composição qualitativa, que fosse definida quantitativamente: é o caso da mistura em que as qualidades intrínsecas específicas derivam da interação de seus componentes. A lei também concebia a hipótese de que as famosas qualidades intrínsecas específicas fossem fruto não de seus componentes, mas de processo, o que o texto chama de "tratamento especial".

A perversão da clientela

Não obstante o espaço real dos inventos de combinação, ocorreu, na história brasileira do instituto, uma curiosa adulteração de seu uso. Veremos agora.

Como notou Nuno Tomas Pires de Carvalho,[446] há uma certa perversão na relação entre as repartições de propriedade industrial e os titulares de interesses que nelas procuram proteção, correlativa a sua posição de clientes do sistema. A política industrial expressa na legislação sofre erosão, muitas vezes de boa fé, pela presença constante dos interesses privados contrapostos, materializados em cada caso; a política, tipicamente representando interesses societários difusos, é ausente do cotidiano dos examinadores e dirigentes.

A política nacional, além disso, por vezes atrita com interesses internacionalizados, frequentemente corporificados nos programas de órgãos internacionais ou de cooperação. O treinamento dos técnicos do INPI na década de 70´ por especialistas estrangeiros, de outro lado, cumpriu papel desnacionalizante vigoroso, pelo qual o discurso do bom senso, presentificado como o dos países com maior experiência em Propriedade Intelectual, exercia tensão com as políticas públicas nacionais, nem sempre racionais em face dos interesses dos países desenvolvidos.

Tal colonização seguramente teve aspecto positivo, como o comprova a incorporação, sem modificação legislativa real, da noção de atividade inventiva, inexistente no Código de 1971, mas aplicada como escrutínio técnico desde que os programas internacionais de treinamento técnico fizeram importar a categoria jurídica de direitos estrangeiros. De outro lado, as decisões do Congresso Nacional em 1971, de manter a proscrição de patenteamento nas áreas acima indicadas, sofreram erosão veemente, na qual o bom senso e a boa fé friccionavam incessantemente com os objetivos nacionais.

Assim ocorreu, a partir dos primeiros anos do Código de 1971, uma efetiva prática *contra legem*, de conceder patentes a título de proteção de composição, a matéria que, em verdade, eram inventos de produtos químicos, e mesmo farmacêuticos. A pragmática e casuística demonstra-o sem quaisquer dúvidas, e esse parecerista o indicou em doutrina ao tempo.

Assim, a pragmática das invenções de composições alargou o permissivo legal a limites incomensuráveis. Sob a retórica de que haveria novidade e atividade inventiva nas reivindicações de composição, em grande número dos casos emprestava-se a paten-

---

446 Palestra no 1º Seminário Internacional "Patentes, Inovação e Desenvolvimento" – SIPID, reportada em http://www.abifina.org.br/factoNoticia.asp?cod=131.

teabilidade dos produtos (vedada por lei) a composições que em si, seriam incapazes de por si merecerem patentes. Homenageando a categoria permissível de invenções de composição, mas só nominalmente, fazia-se análise de patenteamento de produto.

Tem-se no caso vertente exato exemplo desse alargamento da categoria. Ainda que não se tratando de matéria vedada pelo art. 9 b) ou c) – tem-se no caso proteção de *material* sob a retórica de que haveria – segundo os critérios estritos da lei da época – uma invenção de composição. Mas sem aplicar com rigor as exigências legais da época. Os parâmetros viciados do alargamento da categoria de inventos de composição, para continuar a dar em substância patente de produto químico, foram aplicados no caso vertente.

[7] § 3.7. Jurisprudência: reivindicação de combinação

> Tribunal Regional Federal da 2ª Região
EMBARGOS DE DECLARAÇÃO EM AC 2004.51.01.513998-3, Segunda Turma Especializada do Tribunal Regional Federal da 2ª Região
DIREITO DA PROPRIEDADE INDUSTRIAL E PROCESSUAL CIVIL. EMBAR-GOS DE DECLARAÇÃO INTERPOSTOS DE ACÓRDÃO QUE CONFIMOU SENTENÇA QUE JULGOU IMPROCEDENTE O PEDIDO DE INVALIDAÇÃO DE REGISTRO DE PATENTE PI 9703496-7, REFERENTE A "BROCA APER-FEIÇOADA DE PERFURAÇÃO DO FURO DE GUSA DE ALTO FORNO SIDE-RÚRGICO", POR ESTAREM PREENCHIDOS OS REQUISITOS DA NOVIDA-DE E DA ATIVIDADE INVENTIVA.
I – O fato de a legislação brasileira ter consagrado o caráter absoluto da novida-de para fins de concessão do privilégio sobre um invento não afasta a possibili-dade de uma criação industrial reproduzir vários elementos abrangidos pelo esta-do da técnica, desde que essa mesma criação constitua uma conjugação inédita das soluções tecnológicas já conhecidas, resultando em um efeito técnico novo.
[...]
Rio de Janeiro, 30 de setembro de 2008. (data do julgamento)

[7] § 4. Tipos de patentes quanto à finalidade

As patentes industriais podem ter várias finalidades:
- Para proteger níveis diferentes de atividade inventiva, podem ser patentes de invenção, modelos de utilidade, ou outras formas de reconhecimento de inovações maiores e menores.
- Para proteger graus diferentes de novidade, podem-se ter patentes de intro-dução ou importação – como a prevista no nosso primeiro Alvará de 1809, reconhecendo novidade apenas nacional.

- Para propiciar o fluxo contínuo de pesquisa, sem prejudicar a iniciativa de depositar imediatamente o pedido de patente, pode ser uma patente de aperfeiçoamento ou certificado de adição.

[7] § 5. Certificado de Adição

Inovação no nosso sistema jurídico pela lei de 1996,[447] o Certificado de Adição de invenção visa garantir a proteção de desenvolvimentos de uma mesma solução técnica, obtidos após o depósito do pedido, mas que não se constituam em invenção nova, por carência de atividade inventiva *em face da patente aditivada*.[448] Tal Certificado só é previsto para a patente de invenção – não para o modelo de utilidade ou desenho industrial.

Assim, segundo o previsto no Art. 76 da Lei 9.279/96, a adição será reconhecida ao pedido, formulado até o deferimento ou indeferimento do pedido aditando, desde que paga retribuição específica e demonstrada a existência de um só *conceito inventivo*.

Quando tiver ocorrido a publicação do pedido principal, o pedido de certificado de adição será imediatamente publicado. O exame do pedido de certificado de adição é igual ao de patentes em geral, salvo pela publicação a que se referiu agora.

O pedido de certificado de adição será indeferido se o seu objeto não apresentar o mesmo conceito inventivo. Neste caso, o depositante poderá, no prazo do recurso, requerer a transformação do pedido de certificado de adição em pedido de patente, beneficiando-se da data de depósito do pedido de certificado, mediante pagamento das retribuições cabíveis.

A lei ainda nota que o certificado de adição é acessório da patente, e tem a mesma duração da principal.

[7] § 5.1. Conversibilidade do Certificado em Patente

Diz o art. 77 do CPI/96 que, no processo de nulidade, o titular poderá requerer que a matéria contida no certificado de adição seja analisada para se verificar a possibilidade de sua subsistência.

Parece razoável ainda depreender da lei que seria possível de pedir a transformação do certificado de adição em pedido de patente ainda na fase de exame, assim como a conversão de um pedido em relação ao qual o INPI determinou a falta de atividade inventiva em face de outro pedido anterior do mesmo titular, em certificado de adição daquela, ambas as hipóteses se respeitado o devido processo legal quanto à transparência e interesses de terceiros.[449]

---

447 A lei francesa de 1844 já os previa, segundo Allart, Henri, De La Propriété Des Brevets D'invention, Ed. Arthur Rousseau, Paris, 1887.

448 Vide AN INPI 127/97, item 9: "O aperfeiçoamento ou desenvolvimento introduzido em invenção reivindicada em pedido ou patente poderá ser objeto de um Certificado de Adição de Invenção, desde que apresente o mesmo conceito inventivo desta".

449 Parecer PROC/DICONS de 26.03.2002 Proc. INPI 864/2002.

[7] § 5.2. Destino do Certificado de Adição no caso de adjudicação da patente a qual acede

Diz Marissol Gómez Rodrigues:[450]

Vale questionar, ainda, no mérito da demanda, sobre a existência de eventuais certificados de adição feitos pelo usurpador, pois, muitas vezes, o usurpador que obteve, ilegalmente, a titularidade de uma patente, também deposita Certificado de Adição para proteger aperfeiçoamentos introduzidos no objeto da invenção, nos termos do art. 76 da LPI:
Pouillet comenta que pode acontecer de aquele que depositou a patente acrescentar melhoramentos e aperfeiçoamentos ao invento, e que, nesse caso, considerando-se a usurpação, os juízes deveriam atribuir as adições ao verdadeiro titular adjudicante, como uma punição pela "indelicadeza" cometida pelo usurpador.[451] Luzzatto também não se esquiva dessa abordagem e expõe que Pelletier e Defert sustentam que até mesmo os aperfeiçoamentos devem ser repassados ao verdadeiro inventor, juntamente com a patente, ressalvado ao juízo o direito de arbitrar um valor compensatório, em razão dos melhoramentos introduzidos pelo usurpador, ao quantificar os danos.[452] Mathély entende, em sentido contrário, que o Certificado de Adição, a despeito de ser dependente da patente principal, tem proteção autônoma.[453]
Na LPI (Lei n° 9.279/1996) vigente no Brasil, o art. 77 dispõe que *"O certificado de adição é acessório da patente, tem a data final de vigência desta e acompanha-a para todos os efeitos legais"*. Contudo, o parágrafo único confere certa autonomia ao Certificado de Adição de Invenção, admitindo que, *"No processo de nulidade, o titular poderá requerer que a matéria contida no certificado de adição seja analisada para se verificar a possibilidade de sua subsistência, sem prejuízo do prazo de vigência da patente"*. Concluindo-se pela pertinência da inclusão da matéria na Ação de Adjudicação de Patente.

---

450   RODRIGUES, Marissol Gómez, Da Ação de Adjudicação de Patente Como Ferramenta Reivindicatória do Usurpado, Dissertação de Mestrado, INPI, 2009.

451   [Nota do Original] POUILLET, Eugene. Traitè des Brevets d'Invention et de la Contrefaçon. Paris: Marchal et Billard, 1899, p. 590: "Que feront, en ce cas, les juges? Devront-ils rechercher ce qu'était l'invention, telle qu'elle a été usurpée, en definer les elements, et, tout en attribuant le brevet au veritable inventeur, en séparer les perfectionnements pour les reserve à leus auteur? Non; tant is pour celui qui est en faute. Pourquoi a-t-il tenté de commettre une fraude? Il est juste quíl porte la peine de son indélicatesse".

452   [Nota do Original] LUZZATTO, 1914, p. 551: "Molte volte chi há preso il brevetto illegalmente, vi ha aggiunto delle invenzioni o pretese invenzione sue. [...] Pelletier e Defert sostengono che anche i perfezionamenti passano al primo inventore insime col brevetto, salvo al Tribunale di tener conto del valore di questi nel decidere dei danni.".

453   [Nota do Original] MATHÉLY, 1974, p. 313: "En principe, il faut répondre à cette question par la négative: en effet, l'invention de perfectionnement, bien que dans la dependánce du brevet principal, reste distincte et protégeable en soi.".

Alguns certificados de adição podem se convolar em patente, nos termos do § 4º do art. 76 da LPI: "O depositante poderá, no prazo do recurso, requerer a transformação do pedido de certificado de adição em pedido de patente, beneficiando-se da data de depósito do pedido de certificado, mediante pagamento das retribuições cabíveis".

Caberia retenção da patente em decorrência da existência de Certificado de Adição indestacável à semelhança da retenção por benfeitoria? Ao que parece, no caso da existência de Certificado de Adição, excepcionalmente, importaria a boa ou má-fé do adjudicado. Talvez fosse o caso de o cedente, responsável pela evicção, tendo sido denunciado à lide, ter de pagar ao cessionário, em analogia ao art. 453 do CC. Afinal, é vedado o enriquecimento sem causa, nos termos do art. 884 do Código Civil, que estatui: *"Aquele que, sem justa causa, se enriquecer à custa de outrem, será obrigado a restituir o indevidamente auferido, feita a atualização dos valores monetários".*

Seção [8] Quem pode pedir patente

"Padre Bartolomeu Lourenço de Gusmão, inventor do aeróstato, morreu miseravelmente num convento, em Toledo, sem ter quem lhe velasse a agonia." {Olavo Bilac} As Viagens

Quem é legitimado a pedir patente é seu autor,[454] presumindo-se como tal (*juris tantum*) o requerente. Lembramos aqui o que já se disse quanto ao desenho constitucional do *direito autoral de personalidade do inventor.*

No caso de vários autores em conjunto do mesmo invento, a patente poderá ser requerida por todos ou qualquer deles, mediante nomeação e qualificação das demais, para ressalva dos respectivos direitos. Coisa diversa ocorre no caso de pluralidade de invenções independentes, como veremos.

---

454   Frank Fischer, Carlos Eduardo Eliziário de Lima, Paula Santos Silva, Critérios de nomeação de inventores e autores segundo a prática internacional e a legislação brasileira, Revista da ABPI, julho/agosto de 2008."Como premissa, portanto, para que um indivíduo seja nomeado e qualificado como inventor/autor, sua contribuição deve estar refletida no teor das reivindicações do pedido de patente ou registro de desenho industrial, tendo em vista que são elas que definem a extensão da proteção conferida por lei.Em termos práticos, tendo em vista a sistemática da proteção de patentes prevista na LPI e, também, a prática internacional sobre o assunto, para que um indivíduo seja nomeado como inventor/autor em um pedido de patente ou pedido de registro de desenho industrial, ele deverá:(i) ter contribuído para que algo novo tenha sido criado; (ii) ter contribuído efetivamente no processo inventivo; e (iii) não ter meramente seguido ordens de terceiros." Em Comentário à Lei de Inovação, assim afloro o mesmo tema: "Assim, pode-se entender que é autor aquele que exerce a liberdade de escolha entre alternativas de expressão. O exercício dessa liberdade não só configura a criação, mas indica seu originador. No contexto da Lei 10.973/2004, criador é aquele que exerce, singular ou coletivamente, a liberdade de pesquisa, a escolha entre caminhos alternativos para se chegar ao resultado. Através dessa escolha e de sua implementação, se origina a criação".

Quanto ao chamado direito autoral de nominação, o inventor será nomeado e qualificado, podendo requerer a não divulgação de seu nome.

[8] § 1. Um direito de autor

Posto pela doutrina clássica brasileira[455] como um direito de autor, a pretensão à patente nasce efetivamente do ato de criação: uma vez obtida a solução técnica nova para um problema de caráter industrial, nasce o direito de pedir patente. Como vimos, o texto constitucional em vigor assegura primariamente ao autor da invenção tal pretensão, e não a qualquer outro postulante (*erfinderprinzip*).

Assim, é ao autor, ou ao terceiro vinculado ao autor por norma de lei ou disposição de negócio jurídico, que cabe a titularidade de pedir patente.

Esta pretensão original não importa em aquisição imediata do direito de patente, ou seja, no direito exclusivo de utilizar sua invenção, de tirar-lhe os frutos e de alienar tal direito.Com efeito, muito pode obstar que da invenção resulte, efetivamente, um privilégio – o constante da patente. Para começar, a pretensão pode não ser exercida a tempo, permanecendo a solução técnica em segredo, até que a mesma recaia no domínio comum, por exemplo, por revelação lícita feita por terceiros.

A rigor, existem três direitos no tocante à patente de invenção: a pretensão ao exame estatal dos pressupostos da concessão do privilégio, que é o direito de pedir patente; o direito ao pedido de patente, uma vez exercida a primeira pretensão; e o direito exclusivo resultante da constituição do privilégio, após o exame estatal.[456] O direito constitucional de autoria se restringe ao primeiro de tais poderes, ao direito eventual, no dizer de Roubier, de obter o privilégio.[457]

O direito de autor compreende, assim, além dos direitos morais de ter reconhecida sua autoria, e de ter seu nome vinculado, como inventor, à patente (vide CUP, art. 4 ter):

a) a pretensão patrimonial de exigir a prestação estatal de exame,

b) a liberdade, aqui também de conteúdo econômico, de utilizar o invento,

c) o direito de ceder o invento, repassando a terceiros tanto a pretensão à patente quanto a possibilidade de explorar a solução técnica,

d) o poder jurídico de manter sua invenção em segredo, correlativamente ao direito de manter sua criação em inédito, do autor literário.

---

455   Gama Cerqueira, Tratado, vol. I, p. 206; Pontes de Miranda, Tratado de Direito Privado, vol. XVI, § 1.911.

456   Pontes de Miranda, Tratado, vol. XVI, § 1.911.

457   Paul Roubier, Le Droit de la Propriété Industrielle, Sirey, Paris, 1952, p. 108: "le droit se trouve encore dans un moment où il lui manque un élément légal, une condition juris, pour être un droit parfait: il est ce qu'on nomme, dans la langue juridique, un droit éventuel".

Em consonância com este direito a manter segredo, o CPI/96 prevê outras faculdades resultantes da criação tecnológica não patenteada:

a) a de manter-se na posse de sua solução técnica, caso terceiro, independentemente, chegue ao mesmo invento, e dele requeira patente (art. 45). Embora tal posse resulte do uso de boa fé, e não da invenção, a raiz da boa fé não pode distanciar-se do ato de criação tecnológica, do próprio usuário ou de terceiro, de quem este houve licitamente os dados e informações pertinentes.

b) a de não ter seu segredo utilizado ou comunicado a terceiros, sem consentimento (art. 195, XI e XII). Num sentido diverso, também o direito de utilização exclusiva de resultados de testes e outros dados não divulgados, a serem apresentados à autoridade pública para efeitos de comercialização (art. 195, XIII).

[8] § 1.1. Direitos resultantes da autoria do invento

Direito a quê? É devida a Pontes de Miranda a distinção acima mencionada entre três tipos de direitos relativos ao objeto da patente:

a) O direito de pedir patente. Segundo a Lei 9.279/96, em seu Art. 6º, § 2º, os herdeiros e sucessores do autor do invento, assim como os terceiros, titulares originários dos respectivos direitos, podem requerer patente. Tal legitimidade presume um direito adjetivo, de requerer a atuação do Estado para examinar, declarar a existência dos pressupostos da concessão, e constituir o direito.

b) O direito ao pedido de patente. Suscitada a atuação do Estado, constitui-se um processo administrativo, que incorpora a eventualidade de um direito *erga omnes*, objeto do pedido. A titularidade ao pedido representa um interesse econômico, reconhecido juridicamente, como se vê do Art. 69 da Lei 9.279/96.

c) O direito ao título já concedido.

Qual seu objeto? A doutrina[458] e a jurisprudência[459] têm reconhecido a existência de um *bem incorpóreo*, de natureza móvel, o invento, que consistiria no núcleo de deflagração das pretensões à patente.

---

458 Pontes, Tratado, § 1917; Roubier, *op. cit.*, p. 98-107.

459 "L'invention, alors que le brevet n'est pas encore demandé, est un bien incorporel qui a un valeur patrimonial" (Tribunal de apelação de Paris, acórdão de 30 de janeiro de 1991, *apud* Bertrand, *op. cit.*, p. 127).

O direito é exercido pelo *depósito do pedido* junto ao órgão de propriedade industrial, e terá como resultado, se verificados a existência dos pressupostos para a concessão do privilégio, a emissão da patente.[460]

Note-se que cada um dos direitos mencionados pode ser objeto de negócios jurídicos de transferência, cessão temporária, dação em garantia, etc. É corrente a cessão dos direitos de pedir patente; não menos freqüente é a transferência dos direitos a um pedido.

[8] § 1.2. O Direito a pedir patente

O direito de amparo constitucional que nasce do ato de criação industrial é, como já visto, um poder de exigir a prestação administrativa de exame e concessão do privilégio. Este poder é, em princípio, do inventor, mas pode ser constituído originalmente ou obtido por derivação, na forma da lei ou do ato jurídico.

Ao contrário do que ocorre nos países europeus e nos Estados Unidos, que limitam a autoria (daí, o direito de pedir patente) ao inventor, pessoa natural,[461] ou a sucessores deste, a Lei 9.279/96 parece admitir a titularidade originária por pessoas jurídicas. Com efeito, em redação diversa do CPI 1971, o CPI/96 defere a pretensão, além do autor e seus sucessores, "àquele a quem a lei ou o contrato de trabalho ou de prestação de serviços determinar que pertença a titularidade".

O direito de pedir patente pode ser objeto de cessão, como aliás é prática universal, de sucessão causa mortis, ou de outras formas de transferência de direitos. Direito a quê? A doutrina[462] e a jurisprudência[463] têm reconhecido a existência de um bem incorpóreo, a invenção, que consistiria no núcleo de deflagração das pretensões à patente; direito de caráter patrimonial puro, é suscetível de ser reivindicado (jus persequendi) de quem injustamente o alegue, como previsto no art. 49 da Lei 9.279/96.

O direito é exercido pelo depósito do pedido junto ao órgão de propriedade industrial, e terá como resultado, se verificados a existência dos pressupostos para a concessão do privilégio, a emissão da patente.

[8] § 1.3. O Direito ao segredo

Haverá, realmente, um direito ao segredo, equivalente ao direito à patente? Certamente, no sistema em vigor, não há um dever de manifestar a invenção, publi-

---

460   Carvalho, Nuno Tomaz Pires de, A aquisição e perda dos direitos de patente. Revista Juridica Lemi, vol. 14, n. 159, p. 3 a 30, fev. 1981.

461   Singer, *op. cit.*, p. 219: "In all Contracting States, it is recognized that invention is a creative act which is only capable of being performed by a natural person". Chisum e Jacobs, *op. cit.*, p. 2-171 notam que, segundo a lei federal, há hipótese em que uma pessoa jurídica pode requerer patente sem a autorização direta do inventor, desde que fique demonstrado a pertinência do título e a recusa ou omissão do autor da invenção.

462   Pontes, Tratado, § 1917; Roubier, *op. cit.*, p. 98-107.

463   "L'invention, alors que le brevet n'est pas encore demandé, est un bien incorporel qui a un valeur patrimonial" (Tribunal de apelação de Paris, acórdão de 30 de janeiro de 1991, *apud* Bertrand, *op. cit.*, p. 127).

cando-a em domínio comum. O privilégio, que tem como pressuposto a divulgação, é uma faculdade, não um dever.[464]

Gama Cerqueira lembra:

> "pois o inventor pode dar à sua invenção o destino que quiser. Pode conservá-la inédita, explorá-la como segredo de fábrica, cedê-la ou divulgá-la. É um direito que preexiste à concessão da patente."[465]

Mas não existe um direito exclusivo ao segredo, suscetível de impedir a utilização da invenção. Mesmo com a instituição do direito do usuário anterior do objeto de uma patente – direito de posse à invenção –, exercitável contra o titular da patente (art. 45 da Lei 9.279/96) não se configura um poder de excluir terceiros da exploração do invento. Na hipótese de tal "direito do usuário anterior", sobrepõe-se ao privilégio um poder de não ser excluído da invenção, tutela passiva, pois.

Como se verá mais adiante, esse mesmo dispositivo – que não cria nenhuma exclusividade ao segredo – retira a pecha de anti-social daquele que prefere manter o segredo a publicar sua tecnologia. Pela lei em vigor, não só não existe o dever de pedir patente como também aquele que opta por manter-se em reserva tem proteção contra o que prefere depositar seu pedido.

Nenhuma exclusividade também se distingue na proteção do segredo de indústria prevista no art. 195, XI da Lei 9.279/96. Colocada, como sempre o foi, no capítulo referente à concorrência desleal, conserva em sua nova configuração a característica de eficácia "erga omnes, mas não real", eficácia absoluta (erga omnes), mas não um poder de excluir terceiros com os mesmos direitos erga omnes, ou seja, não é um direito exclusivo – como notou Pontes de Miranda.

Assim, o direito ao segredo da invenção é simplesmente uma liberdade de não ser obrigado a publicar sua criação (ou experiência técnica, o que não é, a rigor, invenção), somada à proteção geral decorrente das normas de concorrência leal.

Há, por fim, um direito procedimental ao sigilo previsto no art. 43, § 1º, do CPI/96, que assegura efeitos civis ao lado do dever do sigilo administrativo pelo INPI. Esse, porém só favorece àquele que vier a postular patente.

[8] § 1.4. O Direito de paternidade

Elemento essencial da personalidade, o direito de ser reconhecido como autor da invenção, ou sua modalidade externa, de ser nominado como tal na patente, vem sendo reconhecido geralmente na legislação. Na verdade, a paternidade da invenção

---

464   Em minha dissertação de mestrado, escrita em 1982, me manifestei em sentido contrário: "São particularmente abusivas a proibição de exportar, imposta ao licenciado, e a prática do inventor, de não patentear o que poderia ser privilegiado".

465   Tratado da Propriedade Industrial", 2ª ed., atualizada por Rio Verde e Costa Neto, 1982, p. 417.

prescinde totalmente da patente[466] – como se vê do exemplo do inventor da penicilina, da qual nunca reivindicou a exclusividade. No caso dos cientistas, para os quais não cabe vincular seu nome a um privilégio, já por serem autores de conhecimentos sem utilidade industrial direta, o direito de paternidade é igualmente reconhecido, sendo mesmo objeto de convenção internacional própria, no âmbito da OMPI.[467]

A face reversa do direito é do anonimato, assegurado pelo § 4º do artigo em comento.[468] Tanto em sua face positiva, com na negativa, o direito de paternidade é inalienável, imprescritível e subsiste mesmo após a expiração do prazo dos direitos intelectuais pertinentes.[469]

[8] § 1.5. O Direito de nominação

O direito de ser nomeado como autor na patente é uma decorrência do direito de personalidade; este se exerce seja em relação ao direito de pedir patente, seja quanto ao direito ao segredo, seja quanto à liberdade de lançar o invento em domínio público.[470] A nominação é específica ao pedido de patente e à patente.

Diz a CUP:

Art. 4º Ter
O Inventor tem o direito de ser mencionado como tal na patente.

No entanto, salvo pelo direito de menção, o nominado que alienou o direito de pedir patente não mantém qualquer outro poder ou reivindicação sobre o privilégio propriamente dito. Não lhe cabe outra coisa senão o resultante do direito moral, sendo-lhe negada a pretensão de contrafação[471] ou de royalties.[472] Claramente, não lhe socorre o disposto no art. 49 da Lei 9.279/96, seja para anular a patente, seja para reivindicá-la para si; sua pretensão é, exclusivamente, de obter a nominação.

Como no caso do direito de personalidade genérico, a nominação é inalienável e imprescritível, e não se transmite sequer aos herdeiros, os quais podem, porém, res-

---

466 Vanzetti e Cataldo, Manuale di Diritto Industriale, Giufrè, 1993, p. 328: "Il diritto ad essere riconosciuto autore nasce con l'invenzione in capo all'inventore, e prescinde del tutto dal rilascio del brevetto".

467 Quanto à chamada "propriedade científica", vide Roubier, *op. cit.*, p. 54 e seg., e Pontes de Miranda, Tratado, § 1.919 (b).

468 O art. 5º, IV, da Constituição de 1988, ao vedar o anonimato, fê-lo exclusivamente em face da manifestação do pensamento, sem impedir o exercício, em outras circunstâncias, do direito de personalidade do anonimato, mesmo porque, como parte da tutela da intimidade e da vida privada, está ao resguardo do inciso X do mesmo artigo.

469 Vanzetti e Cataldo, *op. cit.*, p. 328. Pontes de Miranda, Tratado..., § 1.919.

470 Carlos Eduardo Eliziário de Lima e Paula Santos Silva., Critérios de Nomeação de Inventores e Autores segundo a Prática Internacional e a Legislação Brasileira, por Frank Fischer, Revista da ABPI (95): 47-50, jul.-ago. 2008.

471 Tribunal de Apelação de Paris, 4ª Câmara, ac. de 24/1/91, Dupont v. Nabona, (Ann. 1995, 45).

472 Tribunal de Apelação de Paris, 4ª Câmara, ac. de 4/12/85, Moritz v. Armanet, (Ann. 1986, 162)

guardar, sem alterar, a manifestação de vontade do autor da invenção – inclusive quanto ao anonimato.[473]

[8] § 1.6. Direito moral e direito autoral

Um importante aspecto a ser considerado é o da proximidade ou distinção entre os direitos morais do autor de invenção e os do autor de obra literária, artística e científica, regidos estes pela Lei 9.610/98. Tanto no aspecto da nominação, no do direito ao anonimato, quanto na questão do direito ao inédito, já se viu a proximidade dos dois regimes; mais adiante, teremos que tratar dos negócios jurídicos relativos à cessão de direito a pedir patente e os de cessão de invenção futura, onde o parâmetro do direito autoral é particularmente atraente.

Mas não se pode perder de vista a natureza essencialmente patrimonial dos direitos de propriedade industrial, para os quais a exclusividade econômica, e não a expressão criativa, é o fim principal da tutela jurídica.[474] O regramento constitucional de um e outro ramo dos direitos intelectuais é diverso, como já se viu nos comentários ao art. 2º da Lei 9.279/96 – os direitos de propriedade industrial estão sujeitos ao princípio teleológico de conformação ao desenvolvimento social, tecnológico e econômico do País, o que não se impõe ao exercício dos direitos autorais sobre obras artísticas.

Por tal razão, não cabe, com base na contiguidade dos direitos de propriedade intelectual – construção ainda meramente retórica – aplicar à outrance as normas relativas aos direitos morais, constantes da Lei 9.610/98, às patentes ou marcas. O eventual empréstimo sofrerá o filtro da regra constitucional e a adaptação a um outro sistema de direito, de propósitos inteiramente distintos.

[8] § 2. Inventor empregado ou prestador de serviços

O art. 88 e seguintes do CPI/96 regulam a invenção do empregado ou prestador de serviços. A questão é das mais importantes, eis que a apropriação dos frutos da produção laboral por parte do titular do capital é essencial para o funcionamento do sistema produtivo num regime capitalista.

Curiosamente, a lei aplica a mesma regra da relação de trabalho subordinado às relações contratuais de prestador de serviços autônomos – seja o prestador pessoa jurídica ou natural. Assim, desde que haja contrato comutativo de serviços, e não associativo (como o seria o consórcio de desenvolvimento tecnológico), são essas as regras aplicáveis.[475]

---

473   Pontes de Miranda, Tratado, § 1.919 (3).

474   Roubier, *op. cit.*, p. 86-92.

475   DOMINGUES, Douglas Gabriel. Comentários à Lei da Propriedade Industrial. Rio de Janeiro; Editora Forense, 2009, p. 292 e 293. "Gama Cerqueira comentando o primeiro Cód. Prop. Ind. doutrinava: a expressão inventor salariado 'Já consagrada na doutrina e na linguagem jurídica internacional, em seu sen-

[8] § 2.1. O equilíbrio de interesses entre capital e trabalho

Assim, vários aspectos práticos e constitucionais têm de ser considerados: a liberdade de trabalho, a proteção do trabalhador, o regime da livre iniciativa e a proteção do investimento são elementos do jogo, como são também a necessidade de incentivo à criação tecnológica e a dosagem do *preço* dessa criação, por natureza distinta da prestação laboral fungível e indiscriminada para a qual se reserva o pagamento do salário. Excesso em qualquer desses elementos da equação podem fazer da lei um texto inconstitucional, ou um texto inoperante na vida econômica.[476]

Assim, as legislações distinguem a criação contratada, ou mais precisamente, a prestação laboral (subordinada ou não, individual, ou coletiva) voltada *à criação tecnológica*. Para essa, a racionalidade econômica do capitalismo indica como regime geral o da apropriação total, remunerada por salário. Bônus, participações e incentivos podem resultar de um regime contratual, mas o regime *legal* é o da apropriação integral.

No caso do trabalhador cuja prestação não é voltada para a criação, o salário não cobre esse fruto incidental e excepcional da sua atividade; entre as opções lógicas que se apresentariam ao legislador se teriam: a) apropriação indiscriminada de todos frutos, normais ou excepcionais, com possível desestímulo à revelação e provável inconstitucionalidade; b) reconhecimento de que o fruto excepcional da prática laboral seria completamente do inventor, deixando de lado assim o aporte dos meios materiais, contexto e oportunidades resultantes do capital do investidor; c) estabelecimento de um *consortium* legal, que pode resultar um condomínio dos resultados.

Neste último caso, o equilíbrio de interesses, sob a benção constitucional, tem de levar em conta a desigualdade eventual das partes, mas também a importância crucial do uso e apropriação da tecnologia, não só para o capital, mas também para a sociedade. Assim, a lei deve criar protocolos mútuos de proteção.

Nunca é demais citar nesse contexto, Gama Cerqueira, aliás professor e autor de Direito do Trabalho:[477]

---

tido mais amplo, abrange não só os inventores propriamente ditos, que contrataram seus serviços para trabalharem em pesquisas relativas a novas invenções, como também os empregados de qualquer categoria que eventualmente se tomem autores de qualquer invenção, desde os empregados superiores que ocupam cargos de direção, como engenheiros, técnicos, cientistas, chefes de laboratório etc., até simples operários. O que importa, no caso, é a situação de dependência e subordinação que liga o autor da invenção ao empregador". 2 Deste modo, no conceito doutrinário de inventor salariado, acha-se contido tanto o empregado no sentido estrito da legislação obreira, CLT - art. 3º - quanto autônomos e prestadores de serviço que, sem vínculo empregatício, trabalhem para entes ou entidade, desde que exista a situação de dependência e subordinação referida pelo mestre".

476   Vide Fisk, Catherine L., "The Story of Ingersoll-Rand v. Ciavatta: Employee Inventors in Corporate Research & Development–Reconciling Innovation with Entrepreneurship". EMPLOYMENT LAW STORIES, Samuel Estreicher & Gillian Lester, eds., Foundation Press, 2006 Available at SSRN: http://ssrn.com/abstract=924783.

477   CERQUEIRA, João da Gama. Tratado da Propriedade Industrial. Rio de Janeiro: Edição Revista Forense, 1952, p. 16-47.

De acôrdo com o princípio fundamental da matéria, a invenção deveria, realmente, pertencer, sempre e exclusivamente, ao empregado, que é o seu autor. Mas, para realizá-la, o empregado utiliza-se, geralmente, dos meios materiais proporcionados ou postos à sua disposição pelo empregador, aproveitando-se, também, de trabalhos, idéias e experiências devidas a outros empregados, os quais constituem como que o capital intelectual da emprêsa. Outras vêzes, o empregado recebe instruções e orientação do empregador acêrca de suas incumbências ou é orientado por prepostos ou empregados superiores da emprêsa, quando não lhe incumbe, como missão especial, o encargo de fazer pesquisas e experiências relativas a determinadas invenções. Noutros casos, ainda, a invenção relaciona-se tão estreitamente com o trabalho normal do empregado que a invenção pode ser tida como o resultado dêsse conjunto de fatôres favoráveis à sua realização e até mesmo do próprio ambiente do trabalho. Conquanto êsses fatos em nada diminuam o mérito do trabalho do inventor, causa eficiente da invenção,[478] é natural que o empregador procure reivindicar a propriedade da invenção ou, pelo menos, uma parte dos direitos do inventor, invocando, ainda, o princípio segundo o qual o empregador tem direito ao resultado do trabalho do empregado.

[8] § 2.2. Uma nova categoria laboral: o trabalhador inovador

Diz Elaine Ribeiro do Prado:

Por fim, há uma outra categoria, reconhecida por nossa Constituição em art. 218, § 3º, daqueles que se ocupam das áreas de ciência, pesquisa e tecnologia, que se poderiam denominar Trabalhadores Inovadores.

Talvez propositalmente chamados de trabalhadores e não de empregados, eis que, como discutiremos em outros capítulos, há sérios questionamentos acerca da existência absoluta de todos os requisitos que vinculam o caráter empregatício da relação com essa espécie de trabalhador.

Desta forma, ainda que possamos listar outras especialidades de trabalho preponderantemente intelectual, que evidentemente podem assim se caracterizar em virtude da aplicação de conhecimentos inovadores para criação e aperfeiçoamento dos processos produtivos, seja através de leis que regulam direitos sobre seus resultados, seja pela

---

478   [Nota do original] GRECO (II Contratto di Lavoro, p. 266) observa que "anche ammesso che l'idea, in cui se concreta l'invenzione, abbia potuto sorgere nella mente dei prestatore d'opera solo per il fatto di essersi applicato al lavoro dovuto, e solo per effetto degli elementi, degli stimoli, delle facilitazioni che l'ambiente di lavoro gli abbia offerto, rimane tuttavia la circostanza innegabile che l'idea stessa costituisce sempre il frutto esclusivo dei suo ingegno, anche se determinata dagli oggetti su cui questo si sia concentrato e dall'osservazione rivolta ai medesimi, conforme dei resto al normale procedimento di ogni invenzione. Il gemo inventiva dei lavoratore rimane Ia causa efficiente dell'invenzione, causa di gran lunga prevalente sulle chanches che possano essergli state offerte sia dal particolare oggetto delia sua attività sia dalla organizzazione o dal funzionamento dell'azienda a cui egli sia addetto".

própria jurisprudência, não há ainda uma tutela trabalhista específica às categorias, que poderíamos ousar a denominar como dos agentes da inovação, os quais pretendemos identificar a partir das leis que definem propriamente o que seja INOVAÇÃO.

Pela mais recente Lei de Inovação, Lei 10.973/2004, a criação é considerada como qualquer desenvolvimento tecnológico que acarrete ou possa acarretar o surgimento de novo produto, processo ou aperfeiçoamento incremental.

Note-se, já de início, que em nenhuma de tais formas se aplica a regra de apropriação dos frutos do trabalho pelo empregador, como ocorre nas demais relações de emprego. O empregador industrial apropria-se da mais-valia do operário, dos agentes de colaboração e da circulação, apropria-se até dos frutos da produção intelectual (mas não inovadora) dos profissionistas, mas está adstrito a outras normas que apenas sob termos especiais lhe concedem a titularidade dos frutos da produção inovadora.

A propriedade sobre as criações encontra seus parâmetros definidos, conforme sua natureza jurídica, desde as que são somente expressivas, como previstas pela Lei de Direitos Autorais, como de aplicação industrial, previstas pela Lei da Propriedade Industrial e, entre outras, de cultivares, de programas de computador e, ainda, mais recentemente, como medida provisória, as que sejam sobre topografia de circuitos integrados.

Se a partir da Revolução Industrial criou-se a classe laboral operária, a partir da evolução tecnológica é possível dizer que há uma outra classe que não é propriamente a do trabalhador intelectual, como encontramos em nossa doutrina.

Uma vez que já em nossa Constituição estava o prenúncio para formação de recursos humanos, com o fim de solucionar os problemas nacionais e buscar o desenvolvimento do sistema produtivo nacional e regional, aponta-se uma nova categoria profissional – a se formar e a se aperfeiçoar sob o apoio do Estado.

A Lei de Inovação assim dispôs em seu artigo 2º:

"III – criador: pesquisador que seja inventor, obtentor ou autor de criação."

Desta forma, ao amparo constitucional, a definição trazida pela recente lei federal criada para promover o desenvolvimento tecnológico e, portanto, com demais regras que acarretam o aumento da competitividade empresarial nos mercados nacionais e internacionais, expõe uma realidade na qual o trabalhador voltado para a inovação pertence a uma nova categoria – a de pesquisador, cuja tutela prevista na norma consolidada precisará contemplá-la considerando sua peculiaridade, inobstante ao princípio isonômico entre trabalho intelectual, técnico e manual que no capítulo seguinte será exposto.

[8] § 2.2. (A) Jurisprudência – singularidade do trabalhador inovador

> 2ª Turma Especializada em Propriedade Industrial do 2º TRF

"... a invenção do réu é mais abrangente, possui a novidade, é fruto de capacidade inventiva (...). o réu possui condições de pesquisar e desenvolver..."

Servidos desta verdade apodíctica, podemos concluir que o Apelante, ao tempo em que prestou serviços à Apelada, já dispunha de fartos conhecimentos técnicos, sendo este o verdadeiro motivo do convite que lhe foi feito para colaborar com as atividades de pesquisas na BIO FILL.

Na verdade, o Recorrente não era, à época, um simples técnico, **competindo com os demais pela venda de conhecimento e/ou força de trabalho no respectivo mercado**". (APELAÇÃO CÍVEL nº 2000.02.01.048903-0)

[8] § 2.3. O regime legal em vigor

A lei de patentes distingue três hipóteses:[479]

[1] A invenção e o modelo de utilidade pertencem exclusivamente *ao empregador* quando decorrerem de contrato de trabalho cuja execução ocorra no Brasil e que tenha por objeto a pesquisa ou a atividade inventiva, ou resulte esta da natureza dos serviços para os quais foi o empregado contratado.
[2] Pertencerá exclusivamente *ao empregado* a invenção ou o modelo de utilidade por ele desenvolvido, desde que desvinculado do contrato de trabalho e não decorrente da utilização de recursos, meios, dados, materiais, instalações ou equipamentos do empregador.
[3] A propriedade de invenção ou de modelo de utilidade *será comum,* em partes iguais, quando resultar da contribuição pessoal do empregado e de recursos, dados, meios, materiais, instalações ou equipamentos do empregador, ressalvada expressa disposição contratual em contrário.[480]

---

[479] Quanto aos dois primeiros casos, vide CERQUEIRA, João da Gama. Tratado da Propriedade Industrial. Rio de Janeiro: Edição Revista Forense, 1952, p. 16-47: "De acôrdo com essa orientação e com as situações típicas. que mais comumente se apresentam, costuma-se classificar as invenções de empregados em três categorias principais: a) as invenções livres, que não se enquadram nas atividades do empregador ou da empresa, ou, pelo menos, nas funções normais do empregado e nos serviços para os quais foi contratado; b) as invenções de serviço, que são as realizadas pelo empregado, de acôrdo com a incumbência dada pelo empregador e com as instruções deste; c) as invenções de estabelecimento, assim consideradas aquelas para cuja realização haja a empresa concorrido de modo essencial, contribuindo com as suas instalações, experiências e meios de pesquisa, ao passo que a contribuição pessoal dos diversos empregados que tenham colaborado na sua realização não pode ser de terminada ou individualizada. No primeiro caso, a invenção pertencerá exclusivamente ao empregado, pertencendo ao empregador nas outras duas hipóteses. A êsses casos pode-se acrescentar o das invenções feitas em comum pelo empregador e o empregado, mas, nessa hipótese, trata-se de colaboração, que não se enquadra no âmbito da questão que nos ocupa".

[480] Vide o tratamento dado ao tema pela Lei do Software, Lei 9.609/98, em divergência no ponto com a Lei Autoral: Art. 4º. Salvo estipulação em contrário, pertencerão exclusivamente ao empregador, contratante de serviços ou órgão público, os direitos relativos ao programa de computador, desenvolvido e elaborado durante a vigência de contrato ou de vínculo estatutário, expressamente destinado à pesquisa e desenvol-

[8] § 2.4. Empregado contratado para inventar

É a chamada *invenção de serviço*.[481] Numa disposição francamente a favor do capital, a lei dispõe que salvo expressa disposição contratual em contrário, a retribuição pelo trabalho de criação técnica limita-se ao salário ajustado.[482] No entanto, a lei consigna o permissivo de que o empregador, titular da patente, *poderá* conceder ao empregado, autor de invento ou aperfeiçoamento, participação nos ganhos econômicos resultantes da exploração da patente, mediante negociação com o interessado ou conforme disposto em norma da empresa. Em importante nota, a norma diz que tal participação não se incorpora, a qualquer título, ao salário do empregado.

O que ocorre se o inventor desenvolve sua criação na empresa, com os meios dessa, e depois toma para si o invento? A lei diz que salvo prova em contrário, consideram-se desenvolvidos na vigência do contrato a invenção ou o modelo de utilidade, cuja patente seja requerida pelo empregado até um ano após a extinção do vínculo empregatício.

Idênticas regras, é bom sempre lembrar, aplicam-se quando o invento resulte de relação de estágio, de servidor público não empregado e de serviço autônomo, inclu-

---

vimento, ou em que a atividade do empregado, contratado de serviço ou servidor seja prevista, ou ainda, que decorra da própria natureza dos encargos concernentes a esses vínculos. § 1º Ressalvado ajuste em contrário, a compensação do trabalho ou serviço prestado limitar-se-á à remuneração ou ao salário convencionado. § 2º Pertencerão, com exclusividade, ao empregado, contratado de serviço ou servidor os direitos concernentes a programa de computador gerado sem relação com o contrato de trabalho, prestação de serviços ou vínculo estatutário, e sem a utilização de recursos, informações tecnológicas, segredos industriais e de negócios, materiais, instalações ou equipamentos do empregador, da empresa ou entidade com a qual o empregador mantenha contrato de serviços ou órgão público. § 3º. O tratamento previsto neste artigo será aplicado nos casos em que o programa de computador for desenvolvido por bolsistas, estagiários e assemelhados.

481   DOMINGUES, Douglas Gabriel. Comentários à Lei da Propriedade Industrial, *op. cit.*, *loc. cit.* "A invenção ocorrida na vigência do contrato de trabalho previsto no art. 88 do novo Código doutrinariamente classifica-se como invenção de serviço ou invenção de estabelecimento. Invenção de serviço é quando o invento resulta de trabalho onde a possibilidade de inventar é prevista, ou o empregado foi contratado especificamente para pesquisar e inventar. Invenção de estabelecimento, se o trabalho de pesquisa da empresa é desenvolvido não por um indivíduo, mas por uma equipe ou grupo, de forma tal que, quando ocorre o invento, sua autoria não pode ser individualizada."

482   CERQUEIRA, João da Gama. Tratado da Propriedade Industrial. Rio de Janeiro: Edição Revista Forense, 1952, p. 16-47, "Quando se trata, porém, de inventores salariados, isto é, quando o inventor se acha ligado por um contrato de trabalho ou de locação de serviço, ou quando se trata de invenções eventualmente realizadas pelo empregado, durante a vigência das relações de emprêgo, a questão reveste-se de maior complexidade, sobretudo se o contrato de trabalho não tiver por objeto principal a realização de pesquisas e invenções ou fôr omisso a respeito das invenções eventualmente feitas pelo empregado. Havendo contrato que disponha expressamente sôbre as obrigações do empregado e sôbre a propriedade das invenções para cuja realização tenha sido contratado, ou sôbre a propriedade das invenções eventualmente realizadas, quando o empregado não tiver essa missão especial, as dúvidas se desvanecem, executando-se o que o contrato dispõe. Na ausência de contrato ou de disposições explícitas sôbre as invenções, é que surgem as questões, tornando-se difícil, muitas vêzes, decidir a quem pertencem a invenção e o direito de obter a respectiva patente".

sive no caso em que o prestador seja pessoa jurídica, cuja atividade específica seja a criação tecnológica.

[8] § 2.4. (A)   As invenções de estabelecimento

Caso especial desta relação é a invenção que surge dentro de uma atividade centrada e organizada para a inovação, como, por exemplo, nos centros de pesquisa das empresas.[483] Nestes casos, ainda mais clara é a aplicação do princípio da apropriação dos resultados da empresa pelo seu titular.

[8] § 2.5. Condomínio entre empregador e empregado

O caso em que o empregado – sem que se aplique as regras da invenção de serviço ou de estabelecimento – utiliza os recursos do empregador leva, no Direito Brasileiro, à ocorrência de condomínio de patentes.

[8] § 2.5. (A) Natureza não trabalhista do condomínio

Quanto à noção do que sejam "recursos do empregador", vide a seção a seguir, no tocante à aquisição de titularidade do invento gerado por terceiro, em relação distinta da de emprego. Vide no primeiro capítulo deste livro a seção sobre condomínio de direitos de propriedade intelectual.

Fica clara a natureza não trabalhista dessa relação. Diz Mauricio Godinho Delgado:[484]

"Na verdade estão referindo-se a uma retribuição por título jurídico não trabalhista, isto é, um contrato paralelo ao contrato empregatício e a este acoplado. Isso fica claro ao se saber que o pagamento pelo invento seria feito mesmo que o inventor não fosse o empregado, mas mero prestador autônomo de serviços. Desse modo, o pagamento tem como causa o invento e não a prestação de serviços ou o conteúdo contratual trabalhista."

E, de novo Gama Cerqueira:[485]

O Código refere-se de modo geral à contribuição do empregado, o que autorizaria a sustentar que a simples execução material do serviço, sem o concurso inte-

---

[483]   La Propriété Industrielle, vol. 53, p. 97. Cf. BONNET, Étude de la Législation Allemande sur les Brevets d'Invention, nº 351. "Invention d'entreprise - toute invention qui se rattache si étroitement aux connaissances et aux secrets d'un établissement qu'elle ne peut-être le fait d'un collaborateur isolé".

[484]   DELGADO, Mauricio Godinho. Curso de direito do trabalho. São Paulo: LTr, 2009, p. 474.

[485]   *Op. cit., loc. cit.*

lectual do empregado, é suficiente para assegurar a êste a co-propriedade da invenção. Esta interpretação, entretanto, nos parece contrária ao espírito da lei. Verificadas aquelas condições, tôdas as invenções realizadas pelo empregado serão de propriedade comum, em partes iguais, como diz a lei, quer se relacionem com as atividades da emprêsa ou com o trabalho do empregado, quer lhes sejam estranhas. A lei não distingue, sujeitando tôdas as invenções à mesma regra da co-propriedade. Não distingue, também, o caso em que o empregador fornece as suas instalações e equipamentos para a realização de determinadas invenções e os casos em que se limita a pôr êsses meios à disposição do empregado, para que realize as pesquisas e invenções que entender. Ambas as hipóteses caem, assim, sob a mesma regra. Não importa indagar, do mesmo modo, se a concepção ou a idéia da invenção pertence ao empregador ou ao empregado, nem se êste seguiu em seu trabalho as instruções e orientação do empregador ou as próprias inspirações. A solução é sempre a mesma. Por outro lado, a redação do texto dá lugar a dúvidas quando se trata de saber se a disposição legal tem aplicação somente no caso em que o empregador fornece intencionalmente suas instalações e equipamentos para o fim explícito da realização de invenções, ou se abrange também a hipótese em que o empregado se aproveita dêsses meios e de outros elementos que lhe proporciona a sua situação no emprêgo para realizar invenções por sua própria conta. Neste ponto, tratando-se de disposição restritiva de direitos, parece-nos que o art. 65 só se aplica no primeiro caso, devendo-se interpretar literalmente o seu texto.

No caso em que os resultados do invento devam ser repartidos meio a meio entre a empresa e o inventor ou inventores, é garantido ao empregador o direito exclusivo de licença de exploração e assegurada ao empregado a justa remuneração. Ou seja – é o empregador o único explorador da patente, sob licença *legal* exclusiva do empregado, tanto para utilização direta do objeto do invento, seja para licenciamento ou sublicenciamento a terceiros. Não é o caso de *preferência* ou até mesmo da *exclusividade* da licença, se o empregado resolver licenciar; ao contrário, a licença *do empregado ao empregador* resulta da lei, e é automática.

[8] § 2.5. (B) A justa remuneração

A questão da adequabilidade da remuneração é um elemento importante, para o qual a lei não deu atenção adequada. Não seria impertinente suscitar aqui o procedimento do art. 73 do CPI/96, eis que a licença legal é uma licença compulsória.[486]

---

[486] Diz João de Lima Teixeira Filho (*apud* PINTO, José Augusto Rodrigues. Tratado de Direito Material do Trabalho. São Paulo, LTr, 2007, p. 325), num entendimento de que não podemos participar: a) "quando o

Não se imagine que essa licença legal importe em desbalanceamento de interesses entre patrão e empregado. Ao contrário, a própria lei estabelece sanções e conseqüências para o descaso ou mau uso da licença legal. A exploração do objeto da patente, na falta de acordo, deverá ser iniciada pelo empregador dentro do prazo de um ano, contado da data de sua concessão, sob pena de passar à exclusiva propriedade do empregado a titularidade da patente, ressalvadas as hipóteses de falta de exploração por razões legítimas.

Entendo que caiba aqui a aplicação, no pertinente, do previsto no art. 68 do CPI/96, em especial a regra do que seja escusa legítima para o empregador explorar a patente no prazo indicado.

[8] § 2.5. (C) Outras relações em que o invento resulta em condomínio

Nunca é demais lembrar que a mesma regra aplica-se quando o invento resulte de relação de estágio, de servidor público não empregado e de serviço autônomo, inclusive no caso em que o prestador seja pessoa jurídica. Em todas essas hipóteses, haverá condomínio e licença legal em favor do empregador, administração pública ou tomador de serviços.

De outro lado, o condomínio só será *em partes iguais* se algo diverso não for pactuado. No caso de diversos inventores, a parte destes também só será igual na falta de prévio ajuste (art. 91, § 1º).

[8] § 2.6. Inventor que é servidor público federal

Neste último caso, numa disposição de Direito Administrativo Federal – de nenhuma forma extensível às demais unidades políticas[487] – a lei determina que quando o invento se incorpore por inteiro ao órgão público, será assegurada ao inventor, na forma e condições previstas no estatuto ou regimento interno da entidade a que se refere este artigo, premiação de parcela no valor das vantagens auferidas com o pedido ou com a patente, a título de incentivo.

Tal dispositivo se acha regulado pelo Dec. Decreto 2.553, de 16 de abril de 1998, que preceitua que o servidor da Administração Pública direta, indireta e fundacional, que desenvolver invenção, aperfeiçoamento ou modelo de utilidade e desenho industrial, terá assegurada, a título de incentivo, durante toda a vigência da patente ou do registro, premiação de parcela do valor das vantagens auferidas pelo órgão ou entidade com a exploração da patente ou do registro. A premiação não poderá exceder a um

---

invento não é comercializado pelo empregador, mas utilizado apenas no seu próprio empreendimento, não há que se falar em meação do empregado, já que nenhuma renda está produzindo, mas apenas em participação pela sua utilização interna;"

487   A União é incompetente para preceituar normas de Direito Administrativo, em particular em matéria de pessoal, aos demais entes públicos. Para conferir o mesmo direito a seus servidores, a lei estadual ou local preceituará autonomamente.

terço do valor das vantagens auferidas pelo órgão ou entidade com a exploração da patente ou do registro, e não se incorpora, a qualquer título, aos salários dos empregados ou aos vencimentos dos servidores.

Com a emergência da Lei de Inovação, surge um novo estatuto de retribuição para os servidores federais sob sua égide,[488] a qual não muda em nada as relações de apropriação estabelecidas pela Lei 9.279/96 e demais normas da Propriedade Intelectual. Tal norma apenas cuida da remuneração (e não da propriedade) sobre as criações dos servidores públicos, com a singular hipótese da possibilidade de atribuição exclusiva a esse de certas criações para as quais a Administração Pública não se julgue em seu interesse de explorar.[489]

Certas leis locais de inovação podem dispor sobre o mesmo tema, sem, no entanto, mudarem jamais o estatuto de apropriação assegurado pelas leis de Propriedade Intelectual, inexoravelmente nacionais por força da distribuição constitucional de competências.

[8] § 2.7. Participação do empregado – cunho civil

Note-se que a Lei 9.279/96 – ao contrário da lei anterior – estabelece que a participação do empregado, autor mas não titular do invento, negociada entre as partes, não tem o caráter trabalhista, o que aliás se reflete na jurisprudência mais recente sobre invenções de empregados. Tal deve facilitar de muito a concessão de tais participações, sem a perspectiva de que passem a integrar o salário. Também fica clara na lei a relação entre empresas vinculadas por contrato de prestação de serviços, que ganham dispositivo específico, assim como a posição do estagiário.[490]

Pode a lei ordinária considerar relação não trabalhista o que se subsuma à noção constitucional de trabalho subordinado?

[8] § 2.8. Pactos de não concorrência com empregados

Vide o Cap. III, [3] § 2, desta obra.

[8] § 2.9. A noção de "justa remuneração"

Diz Elaine Ribeiro do Prado:[491]

---

488 Quanto aos detalhes dessa situação jurídica, vide BARBOSA, Denis Borges; BARBOSA, Ana Beatriz Nunes; TÁPIAS, Mariana Loja; SIQUEIRA, Marcelo Gustavo Silva; MACHADO, Ana Paula Buonomo. Direito da Inovação. Rio de Janeiro: Lumen Juris, 2006.

489 Vide Teixeira, Raphael Lobato Collet Janny, Os Impactos da Lei de Inovação sobre a titularidade da Propriedade Intelectual nas Parcerias com ICT's, Revista da ABPI, (92): 21-32, jan.-fev. 2008.

490 Note-se o tratamento mais abrangente da Lei de Software, em seu art. 4º, § 3º, citado acima.

491 Elaine Ribeiro do Prado, Dissertação apresentada no programa de Mestrado Profissional do Instituto Nacional da Propriedade Industrial, orientação de Denis Borges Barbosa, em elaboração, 2009.

- Princípios da Justa Remuneração (dos insumos)

O que se deve entender por justa remuneração? Como vimos nas decisões exemplificadas no subcapítulo sobre princípios da compensação razoável, a proporcionalidade e o não enriquecimento sem justa causa foram ali considerados como parâmetros para o arbitramento de um valor razoável.

Em relação a insumos criativos, a proporcionalidade (=justa remuneração) do que se remunerar pressupõe-se em face de outros insumos que tenham sido necessários para viabilizar, por exemplo, uma invenção ou inovação. Tais insumos imateriais e materiais funcionando em colaboração mútua e cada um numa proporção para viabilizar e efetivar uma vantagem competitiva, entendendo-se que esta vantagem parta de uma invenção ou inovação e até mesmo um segredo de negócio.

No caso de uma invenção, se esta tiver sido desenvolvida com insumos do empregado e empregador, de acordo com as Leis 9.279/96, em seu artigo 91 e Lei 9.456/97, artigo 39, a propriedade sobre a invenção será comum, em partes iguais. A propriedade será em partes iguais, caso não haja ressalvas ou disposição entre partes estabelecendo uma proporcionalidade sobre seus rendimentos, como assim considerou o seguinte acórdão:[492]

INVENTO PRODUZIDO PELO EMPREGADO – DIREITO À INDENIZAÇÃO – O invento produzido pelo empregado, com o uso de recurso e meios materiais da empresa, mas de forma espontânea, ou seja, não decorrente das atribuições inerentes ao seu contrato de trabalho, caracteriza invenção à qual a doutrina chama de casual e, assim, é de propriedade comum às partes, na ausência de disposição convencional em contrário, nos termos do art. 91 da Lei nº 9.279/96 (Lei de Propriedade Industrial).

Como bem explica Gama Cerqueira:[493]

"comunhão na propriedade do invento e (a) sociedade na sua exploração", concluindo que "não seria justa esta solução (repartição dos lucros da exploração em partes iguais) para o empregador, pois a exploração do invento exigiria capitais e acarretaria trabalho, despesas e outros ônus, que só ele teria de suportar, podendo, ainda, dar prejuízos de que não participaria o empregado".

Assim, prevendo-se a possibilidade de cada parte – empregado e empregador – ter um grau de contribuição para uma invenção, encontramos as seguintes disposições sobre exploração e remuneração:

---

492 [Nota do original] Acórdão/TRT da 3ª Região /RO/01602-2004-016-03-00-5.
493 [Nota do original] CERQUEIRA, João da Gama. Tratado da propriedade industrial. 2ª ed. rev. e atual. São Paulo: Revista dos Tribunais, 1982, 2 v., v. 1, p. 280-281.

§ 2º do art. 91 da Lei 9289/96:
É garantido ao empregador o direito exclusivo de licença de exploração e assegurada ao empregado a justa remuneração.
§ 1º do art. 39 da Lei 9456/97:
Para os fins deste artigo, fica assegurado ao empregador ou tomador dos serviços ou outra atividade laboral, o direito exclusivo de exploração da nova cultivar ou da cultivar essencialmente derivada e garantida ao empregado ou prestador de serviços ou outra atividade laboral a remuneração que for acordada entre as partes, sem prejuízo do pagamento do salário ou da remuneração ajustada.

Como exemplo quanto a essa noção de proporcionalidade de empenhos, transcrevemos o seguinte trecho do voto em julgado sobre a participação no invento:[494]

"Ora, o reclamante não foi o autor sozinho do invento, devendo a indenização considerar que o produto resultou de uma conjugação de esforços, devendo haver uma solução equânime neste caso a fim de que se evite o enriquecimento sem causa de ambas as partes, tanto do reclamante como a reclamada."

[8] § 2.10. Jurisprudência: Empregado que inventa coisa

> Tribunal Superior do Trabalho
"Ementa: Remuneração – Participação nos Lucros – Invenção Ou Aperfeiçoamento – Competência da Justiça do Trabalho".
A competência da Justiça do Trabalho para apreciar controvérsia em torno de invenção ou aperfeiçoamento, que não deixa de ser um trabalho inventivo, por parte do empregado, é determinada pela Lei nº 5.772/71, e artigo 454 da CLT, este abrangido pela referida lei e não revogado. A competência firma-se em decorrência do contrato de trabalho, sem o qual tal criação não teria ocorrido. Acórdão nº:0002502, decisão:27.09.1988, Reapreciação do Recurso de Revista, Processo nº:0001426, 1ª Turma, 5ª Região, publicado no DJ de 25.11.88, p.s:31160, relator Min. Sebastião Machado Filho.
> Tribunal de Justiça do Rio de Janeiro
Apelação Cível 2868/87, reg. 160688, cód. 87.001.02868 – Primeira Câmara Cível – Unânime
Des. Pedro Américo r. Gonçalves – Julg: 15/12/87
Patente de Invenção. Aperfeiçoamento introduzido em maquinas de fabricar frascos. Competência da Justiça Estadual para decidir sobre o uso da Patente. Invenção que decorreu de desempenho de ex-empregado durante a relação empregatócia. Aplicação dos artigos 40, par. 1., e 23, parágrafo único, do Código

---

494   [Nota do original] Tribunal Regional do Trabalho da 3ª Região - Processo: 01602-2004-016-03-00-5 RO, Data de Publicação: 27/09/2006, Órgão Julgador: Segunda Turma, Relator: Jorge Berg de Mendonça e Revisor: Emerson José Alves Lage.

de Propriedade Industrial. Deferimento de uma indenização mensal a partir do deposito da patente até a data da venda das máquinas, correspondente ao salário que o autor percebia quando se despediu do emprego, devidamente corrigido e com os juros legais. provimento parcial do recurso. Rev. direito do T.J.E.R.J., vol. 5, p. 195, ementário: 23/88, num. ementa: 99

> Superior Tribunal de Justiça

CC 16767/SP ; Conflito de Competência (1996/0018237-0). DJ 22/11/1999 p.143 DECTRAB 66 p.44 LEXSTJ v.128 p.28.Min. Aldir Passarinho Júnior – 27/10/1999 2ª. Seção

Processual Civil. Conflito Negativo. Método de Produção Gráfica Inventado por Empregado. Ação Indenizatória Movida Contra a Ex-Empregadora. Natureza Trabalhista Não Configurada. Justiça Estadual. Competência. I. Compete à Justiça Estadual julgar ação indenizatória movida por ex-empregado à antiga empregadora, pelo uso de método de produção gráfica por ele inventado. II. Conflito conhecido, para declarar competente o Juízo de Direito suscitado, da 2ª Vara Cível do Foro Regional da Lapa, São Paulo, SP.

[8] § 2.11. Bibliografia específica: Inventos de empregados

AOKI, Erica, Direitos Autorais do Empregador – Consequências da Não Previsão no Direito Autoral Brasileiro. (56): 43-47, jan.-fev. 2002.

BARBOSA, Denis Borges, BARBOSA, Ana Beatriz Nunes, MACHADO, Ana Paula et al. Direito da Inovação. Comentários à Lei Federal da Inovação e Incentivos Fiscais à Inovação da Lei do Bem, Rio de Janeiro: Lumen Juris, 2006.

BARBOSA, Denis Borges, Criação Tecnológica e Expressiva por Contratados, Servidores e Empregados, Revista Criação do IBPI, n. 1, Lumen Juris, 2008, p. 13 e seg.

BARROS, Alice Monteiro de.Curso de Direito do Trabalho. 2ª Ed. São Paulo: LTr., 2006.

BARROS, Carla Eugenia Caldas, Breve Reflexão sobre a Natureza e o Valor do Trabalho Intelectual, Revista Criação do IBPI, no.1, Lúmen Júris, 2008, p. 49 e seg.

BELTRAN, Ari Possidonio, Direito do Trabalho e direitos fundamentais, São Paulo: LTr, 2002.

BITTAR Carlos Alberto, Os Direitos da Personalidade, 7ª Ed/atualizada por Eduardo Carlos Bianca Bittar, Rio de Janeiro: Forense Universitária, 2006.

CALVO, Adriana Carrera. Os aspectos legais e a validade da cláusula de não-concorrência no Brasil . Jus Navigandi, Teresina, ano 9, n. 616, 16 mar. 2005. Disponível em: <http://jus2.uol.com.br/doutrina/texto.asp?id=6450>. Acesso em: 28 fev. 2009.

CARVALHO, Nuno T. P. Os inventos de empregados na nova lei de patente, Revista da ABPI nᵒˢ 22 e 23, 1996.

CHAVES, Antônio, Criador da Obra Intelectual, Ed. LTR, 1995.

CUEVAS, Guillermo Cabanellas de lãs. Regime jurídico de los conocimientos técnicos. Buenos Aires, Argentina: Editorial Heliasta S.R.L, 1985.

DAMASCENO, Fernando Américo Veiga. Igualdade de tratamento no trabalho: isonomia salarial: Manole, 2004.

DANNEMANN, Comentários à lei da Propriedade Industrial e Correlatos, Renovar, 2001.

DELGADO, Maurício Godinho, Curso de Direito do Trabalho. 5ª ed São Paulo: Ltr, 2006.

DRUMMOND, Victor G., O Correio Eletrônico no Ambiente Laboral e o Direito à Privacidade, Revista da ABPI, (57): 43-47, mar.-abr. 2002.

FABIANI, Ludmila Olszanski, Corrupção de empregado no âmbito da Lei de Propriedade Industrial (Lei nº 9.279/96). Revista da ABPI, (92): 33-43, jan.-fev. 2008.

FEKETE, Elisabeth Kasznar, As Invenções e Ações Reivindicatórias de Patente nas Sociedades Anônimas, Revista da ABPI, (100): 52-60, maio-jun. 2009.

FEKETE, Elisabeth Kasznar. O Regime Jurídico do Segredo de Indústria e Comércio no Direito Brasileiro. Rio de Janeiro: Editora Forense, 2003.

FIGUEIRA BARBOSA, Antônio Luis, Sobre a Propriedade do Trabalho Intelectual, UFRJ, 1999.

FISCHER, Frank, O Regime de Copropriedade em Patentes. Revista da ABPI, (76): 3-15, maio/jun. 2005.

GAMA CERQUEIRA, João da Tratado da Propriedade Industrial, Rev. Forense 1952

GHIROTTI, Enrico. Il Patto di Non Concorrenza Nei Contratti Commerciali. Milão: Ed. Giuffrè Editore, 2008.

GOMES, Orlando e GOTTSCHALK, Élson. Curso de Direito do Trabalho, 16ª ed, Rio de Janeiro: Forense, 2004.

GOMES, Orlando, Contratos. Rio de Janeiro: Forense, 2001.

GUGLIELMETTI, Giannantonio. Limiti Negoziali Della Concorrenza. Padova: Cedam, 1961.

JOÃO, Regiane Teresinha de Mello. Cláusula de não concorrência no contrato de trabalho. São Paulo: Editora Saraiva, 2003.

LESSA, Natália Maciel, A Admissibilidade do Direito Patrimonial e Moral na Criação de Programas de Computador no Âmbito da Jornada de Trabalho, Monografia submetida ao Colegiado do Curso de Direito da Universidade Federal de Sergipe, como requisito parcial para a obtenção do grau de Bacharel em Direito. Orientadora: Profª. Dra. Carla Eugenia Caldas Barros.

LOPES, Otavio Brito. A Questão da Discriminação no Trabalho. Disponível em <http://www.planalto.gov.br/ccivil_03/revista/Rev_17/Artigos/art_otavio.htm>. Acesso em: 07 jul. 2006.

MANSUR, Júlio Emílio Abranches, A Retribuição Econômica Devida ao Empregado pela Exploração de Invenção Mista. Revista da ABPI, (82): 12-24, maio-jun. 2006.

MARTIN, Jean-Paul, Droit des Inventions de Salariès, Litec 2ª ed. 2002.

MARTINS, Ildélio. O dever de subordinação e a remoção de empregado. Revista dos Tribunais, 1964.

MELHADO, Reginaldo. Poder e Sujeição:Os fundamentos da relação de poder entre capital e trabalho e o conceito de subordinação, São Paulo: LTr, 2003.

MELLO JOÃO, Regiane Terezinha de, Cláusula de Não Concorrência no Contrato de Trabalho, Ed. Saraiva, 2003.

MELLO, Celso Antônio Bandeira de. Conteúdo jurídico do princípio da igualdade, 3ª ed., 2ª tiragem – São Paulo: Malheiros, 1993.

MILGRIM, Roger M. Milgrim on trade secrets, chapter 5 – relationships in which trade secret protection is frequently sought, Matthew Bender, USA.

NETO, José Affonso Dallegrave (coord.). Direito do Trabalho Contemporâneo: Flexibilização e efetividade, São Paulo: LTr, 2003.

PEDROSO, Marcelo Batuíra da C. Losso. Liberdade e irrenunciabilidade no Direito do trabalho: do estudo dos princípios 'a Economic Analysys of law aplicados ao Direito do Trabalho', Porto Alegre: Sergio Antonio Fabris Ed., 2005.

PIMENTA, Eduardo, Princípios de Direitos Autorais, os Direitos Autorais do Trabalhador, Livro 2, Lumen Juris, 2005.

PIMENTEL, Luis Otavio, Propriedade Intelectual em Universidade, Fundação Boiteux, 2005.

PLAISANT, Robert, Le Droit dês Auteurs et dês Artistes Exécutant. Ed. Delmas, 1970

PRADO, Elaine Ribeiro do, Aplicação do Pacto de Não Concorrência Ao Trabalhador Inovador, Revista da ABPI n. 101 (2009).

PRADO, Elaine Ribeiro do, Da Legislação Trabalhista ao Trabalhador Inovador, Revista Criação do IBPI, n. 1, Lumen Juris, 2008.

ROBORTELLA, Luiz Carlos Amorim. O Moderno Direito do Trabalho, São Paulo:

RODRÍGUES, Luiz Teixeira. O empregado inventor. Curso de preparação à magistratura, trabalho monográfico da Emerj, Julho, 2000.

RODRIGUEZ, Américo Plá. Princípios de Direito do Trabalho, 3ª ed. atualizada, tradução de Wagner D. Giglio, São Paulo: LTr, 2000.

SANTOS, Lourival J. dos e Nascimento, Amauri Mascaro, O Direito Autoral do Jornalista e o Contrato de Trabalho, (62): 21-27, jan.-fev. 2003.

SILVA, Fernanda Duarte Lopes Lucas da. Princípio constitucional da igualdade, 2ª ed. Rio de Janeiro: Lumen Juris, 2003.

SILVA, Otavio Pinto e. Subordinação, autonomia e parassubordinação nas relações de trabalho, São Paulo: LTr, 2004.

STRUBEL, Xavier. La protection des oeuvres scientifiques crées par des salariés ou des fonctionnaires.

SUSSEKIND, Arnaldo. Direito Constitucional do Trabalho, Rio de Janeiro: Renovar, 1999.

[8] § 2.12. Inventos de Estudantes e bolsistas

Não obstante as inovações da Lei 9.279/96 em matéria de criações de empregados e prestadores de serviços, deixou de ser regulada a situação dos inventos produzidos na prática acadêmica das universidades e escolas técnicas. Com a maior divulgação do sistema da propriedade industrial, inclusive nas escolas técnicas e universidades, começam a surgir mais e mais problemas na proteção das invenções de estudantes – simples alunos, não bolsistas nem estagiários.

Não há, no Código da Propriedade Industrial, regras explícitas sobre o caso; as normas do Art. 88 e seguintes não se aplicam, já pelo fato de que, no contrato de ensino, é a escola que presta serviços e o aluno quem os toma.

No entanto, certas características aproximam o contrato de ensino e o de trabalho, e particularmente relevante para nosso raciocínio é a subordinação hierárquica que, numa escola de nível médio, como corpo discente, em sua maioria, menor de idade, existe sobre o aluno. No caso, é o tomador do serviço que se subordina, em reversão do que ocorre na relação de emprego.

Assim, mesmo sem haver tutela específica do aluno inventor, há que se proteger sua atividade dentro dos princípios gerais do Direito, em particular da regra sui cuique tribuere, nemine laedere.

Como tivemos ocasião de escrever anteriormente, parece-nos que a regra geral na hipótese é a do Art. 611 do Código Civil de 1916 (ou art. 1.269 do CC 2002), que diz que aquele que "trabalhando em matéria prima, obtiver espécie nova, desta será proprietário se a matéria era sua, ainda que só em parte (...)".

Ora, tal artigo, embora claramente voltado à criação de bens físicos usando matéria prima também física, representa o princípio de que, na especificação, predomina a atividade inventiva sobre os recursos materiais. Quem inventa, ainda que usando recursos alheios em parte, adquire propriedade sobre o que cria, ressalvado porém ao proprietário dos bens usados pelo criador o direito à indenização pelo desapossamento.

Como no caso os recursos utilizados pelo aluno são-lhes postos à disposição como parte do contrato de ensino, não nos parece, no entanto, caber indenização. Em outras palavras, o aluno adquire a propriedade de seus inventos.

Pode, porém, a escola alterar o contrato de ensino dentro das regras gerais de direito, para fazer com que lhe caiba a meação dos inventos. Convém chamar também a atenção para o fato de que, num contrato de adesão, o dever de boa fé e de equidade se acrescem, ao encargo da parte mais forte.

Com todo o exposto, parece necessário explicitar o regime de propriedade dos inventos que, a nosso entender, deriva do direito comum, de forma a melhor divulgar a produção tecnológica entre os estudantes brasileiros.

[8] § 2.13. Bibliografia específica: alunos e professores

Chaves, Antonio, Direitos de autor e patentes de invenção dos professores e dos estudantes universitários. Jurisprudência Brasileira, vol. 106, p. 13 a 19, 1986.

[8] § 3. Da titularidade

A titularidade das patentes resulta, constitucionalmente, da relação seja auctótene, seja derivada da autoria, e de sucessão *inter vivos* ou *causa mortis*. Manifestando direito patrimonial de caráter exclusivo, é suscetível de todos os negócios jurídicos translativos e outras operações de direito não negociais que importam na sua transferência, inclusive a desapropriação.

[8] § 3.1. Titularidade originária separada da autoria da invenção

Ao contrário do que ocorre nos países europeus e nos Estados Unidos, que limitam a autoria (daí, o direito de pedir patente) ao inventor, pessoa natural,[495] ou a sucessores deste, a Lei 9.279/96 parece admitir a titularidade originária por outras pessoas, inclusive jurídicas. Com efeito, em redação diversa do CPI 1971, o CPI/96 defere a pretensão, além do autor e seus sucessores, "àquele a quem a lei ou o contrato de trabalho ou de prestação de serviços determinar que pertença a titularidade".

O direito de pedir patente pode ser objeto de cessão, como aliás é prática universal, de sucessão *causa mortis*, ou de outras formas de transferência de direitos.

Isto evidentemente não ofende a proteção constitucional ao *autor* da invenção; o reconhecimento de uma titularidade originária, a par de consagrar o direito moral do inventor, presume que haja uma relação legal ou obrigacional entre o autor e o titular legitimando adequadamente o direito de postulação.

[8] § 3.1. (A) Das questões jurídicas a se discutir

Este segmento deste livro se voltará à discussão de duas questões jurídicas básicas:

a)   A apropriação pelo encomendante da titularidade de inventos, ou parte de inventos, desenvolvidos por terceiros por encomenda;

---

495   Singer, *op. cit.*, p. 219: "In all Contracting States, it is recognized that invention is a creative act which is only capable of being performed by a natural person". Chisum e Jacobs, *op. cit.*, p. 2-171 notam que, segundo a lei federal americana, há hipótese em que uma pessoa jurídica pode requerer patente sem a autorização direta do inventor, desde que fique demonstrado a pertinência do título e a recusa ou omissão do autor da invenção. Note-se que a Lei 9.610/98 eliminou as dubiedades existentes anteriormente no direito autoral, quanto à titularidade originária por pessoa jurídica: agora é certo que autor é sempre pessoa natural.

b)   Da apropriação parcial da titularidade de patentes havidas em relação subordinada, na qual o comitente prestou meios físicos e informacionais ao inventor;

[8] § 3.1. (B)   Desenvolvimento sob encomenda de soluções técnicas patenteáveis

No sistema brasileiro de patentes, ao contrário do que ocorre – no direito ora vigente – no campo dos direitos autorais, prevê-se uma *apropriação originária* dos direitos relativos a inventos por parte do empregador e do encomendante.

Assim dissemos em nossa 2ª Edição do "Uma Introdução à Propriedade Intelectual", Lumen Juris, 2003:[496]

> Posto pela doutrina clássica brasileira[497] como um direito de autor, a pretensão à patente nasce efetivamente do ato de criação: uma vez obtida à solução técnica nova para um problema de caráter industrial, nasce o direito de pedir patente. Como vimos, o texto constitucional em vigor assegura primariamente ao autor da invenção tal pretensão, e não a qualquer outro postulante (erfinderprinzip).
>
> Assim, é ao autor, ou ao terceiro vinculado ao autor por norma de lei ou disposição de negócio jurídico, que cabe a titularidade de pedir patente.
>
> Esta pretensão original não importa em aquisição imediata do direito de patente, ou seja, no direito exclusivo de utilizar sua invenção, de tirar-lhe os frutos e de alienar tal direito. Com efeito, muito pode obstar que da invenção resulte, efetivamente, um privilégio – o constante da patente. Para começar, a pretensão pode não ser exercida a tempo, permanecendo a solução técnica em segredo, até que a mesma recaia no domínio comum, por exemplo, por revelação lícita feita por terceiros.
>
> A rigor, existem três direitos no tocante à patente de invenção: a pretensão ao exame estatal dos pressupostos da concessão do privilégio, que é o direito de pedir patente; o direito ao pedido de patente, uma vez exercida a primeira pretensão; e o direito exclusivo resultante da constituição do privilégio, após o exame estatal.[498] O direito constitucional de autoria se restringe ao primeiro de tais poderes, ao direito eventual, no dizer de Roubier, de obter o privilégio.[499]

---

496   *Op. cit.*, p. 400.
497   [Nota do original] Gama Cerqueira, Tratado, vol. I, p. 206; Pontes de Miranda, Tratado de Direito Privado, Vol. XVI, § 1.911.
498   [Nota do original] Pontes de Miranda, Tratado, vol. XVI, § 1.911.
499   [Nota do original] Paul Roubier, Le Droit de la Propriété Industrielle, Sirey, Paris, 1952, p. 108: "le droit se trouve encore dans un moment où il lui manque un élément légal, une condition juris, pour être un droit parfait: il est ce qu'on nomme, dans la langue juridique, un droit éventuel".

Mais adiante, explicitando como essa titularidade dos direitos sobre o invento pode *nascer* originalmente em mãos diversas da do autor, assim descrevi:

O direito de amparo constitucional que nasce do ato de criação industrial é, como já visto, um poder de exigir a prestação administrativa de exame e concessão do privilégio. Este poder é, em princípio, do inventor, mas pode ser constituído originalmente ou obtido por derivação, na forma da lei ou do ato jurídico. Ao contrário do que ocorre em países europeus e nos Estados Unidos, que limitam a autoria (daí, o direito de pedir patente) ao inventor, pessoa natural,[500] ou a sucessores deste, a Lei 9.279/96 parece admitir a titularidade originária por pessoas jurídicas. Com efeito, em redação diversa do CPI 1971, o CPI/96 defere a pretensão, além do autor e seus sucessores, "àquele a quem a lei ou o contrato de trabalho ou de prestação de serviços determinar que pertença a titularidade".
O direito de pedir patente pode ser objeto de cessão, como aliás é prática universal, de sucessão causa mortis, ou de outras formas de transferência de direitos. Direito a quê? A doutrina[501] e a jurisprudência[502] têm reconhecido a existência de um bem incorpóreo, a invenção, que consistiria no núcleo de deflagração das pretensões à patente; direito de caráter patrimonial puro, é suscetível de ser reivindicado (jus persequendi) de quem injustamente o alegue, como previsto no art. 49 da Lei 9.279/96.
O direito é exercido pelo depósito do pedido junto ao órgão de propriedade industrial, e terá como resultado, se verificados a existência dos pressupostos para a concessão do privilégio, a emissão da patente.

O deslocamento da titularidade, como indicado, é construído através do disposto nos arts. 88-91 da Lei 9.279/96:

Art. 88. A invenção e o modelo de utilidade pertencem exclusivamente ao empregador quando decorrerem de contrato de trabalho cuja execução ocorra no Brasil e que tenha por objeto a pesquisa ou a atividade inventiva, ou resulte esta da natureza dos serviços para os quais foi o empregado contratado. (...)
§ 2º Salvo prova em contrário, consideram-se desenvolvidos na vigência do contrato a invenção ou o modelo de utilidade, cuja patente seja requerida pelo empregado até 1 (um) ano após a extinção do vínculo empregatício.

---

500   [Nota do original] Singer, *op. cit.*, p. 219: "In all Contracting States, it is recognized that invention is a creative act which is only capable of being performed by a natural person". Chisum e Jacobs, *op. cit.*, p. 2-171 notam que, segundo a lei federal, há hipótese em que uma pessoa jurídica pode requerer patente sem a autorização direta do inventor, desde que fiquem demonstradas a pertinência do título e a recusa ou omissão do autor da invenção.

501   [Nota do original] Pontes, Tratado, § 1917; Roubier, *op. cit.*, p. 98-107.

502   [Nota do original] "L'invention, alors que le brevet n'est pas encore demandé, est un bien incorporel qui a un valeur patrimonial" (Tribunal de apelação de Paris, acórdão de 30 de janeiro de 1991, apud Bertrand, *op. cit.*, p. 127).

Art. 90. Pertencerá exclusivamente ao empregado a invenção ou o modelo de utilidade por ele desenvolvido, desde que desvinculado do contrato de trabalho e não decorrente da utilização de recursos, meios, dados, materiais, instalações ou equipamentos do empregador. (...)

Art. 91. A propriedade de invenção ou de modelo de utilidade será comum, em partes iguais, quando resultar da contribuição pessoal do empregado e de recursos, dados, meios, materiais, instalações ou equipamentos do empregador, ressalvada expressa disposição contratual em contrário.

§ 1º Sendo mais de um empregado, a parte que lhes couber será dividida igualmente entre todos, salvo ajuste em contrário.

§ 2º É garantido ao empregador o direito exclusivo de licença de exploração e assegurada ao empregado a justa remuneração.

§ 3º A exploração do objeto da patente, na falta de acordo, deverá ser iniciada pelo empregador dentro do prazo de 1 (um) ano, contado da data de sua concessão, sob pena de passar à exclusiva propriedade do empregado a titularidade da patente, ressalvadas as hipóteses de falta de exploração por razões legítimas.

Assim, há três hipóteses claramente distintas:[503]

(tipo 1) Art. 88 – invento realizado por provocação e direção do promotor da inovação (empregador ou tomador de serviços[504]). Há Previsão contratual do que será desenvolvido, das condições, do prazo, da participação. Na tradição da Propriedade Intelectual, é o que é chamada de *criação de serviço*.[505]

---

[503] BARBOSA, Denis Borges, Criação Tecnológica e Expressiva por Contratados, Servidores e Empregados, revista Criação do IBPI, no. 1, dezembro de 2009, "A lei distingue três hipóteses: A invenção e o modelo de utilidade pertencem exclusivamente ao empregador quando decorrerem de contrato de trabalho cuja execução ocorra no Brasil e que tenha por objeto a pesquisa ou a atividade inventiva, ou resulte esta da natureza dos serviços para os quais foi o empregado contratado. Pertencerá exclusivamente ao empregado a invenção ou o modelo de utilidade por ele desenvolvido, desde que desvinculado do contrato de trabalho e não decorrente da utilização de recursos, meios, dados, materiais, instalações ou equipamentos do empregador.A propriedade de invenção ou de modelo de utilidade será comum, em partes iguais, quando resultar da contribuição pessoal do empregado e de recursos, dados, meios, materiais, instalações ou equipamentos do empregador, ressalvada expressa disposição contratual em contrário".

[504] Vale observar que o uso da expressão "tomador de serviços", como o de encomendante, não reduz a hipótese de titularidade (ou co-titularidade) dos direitos relativos ao invento a um contrato de serviços; a prestação inovativa pode ser subseqüente a um contrato de compra e venda de bens sob encomenda, de fornecimento de materiais, etc. A qualificação pertinente é da prestação inovativa num contrato não paritário.

[505] FERNANDES, *op. cit.*: "A invenção ocorrida na vigência do contrato de trabalho previsto no art. 88 do novo Código doutrinariamente classifica-se como invenção de serviço ou invenção de estabelecimento. Invenção de serviço é quando o invento resulta de trabalho onde a possibilidade de inventar é prevista, ou o empregado foi contratado especificamente para pesquisar e inventar. Invenção de estabelecimento, se o trabalho de pesquisa da empresa é desenvolvido não por um indivíduo, mas por uma equipe ou grupo, de forma tal que, quando ocorre o invento, sua autoria não pode ser individualizada".

(tipo 2) Art. 90. A inovação se faz sem promoção e direção do empregador ou tomador de serviços. Não há relação entre o trabalho contratado e o que foi desenvolvido. Não há utilização de recursos da empresa. A natureza da criação é *livre*. (tipo 3) Art. 91. Não há relação direta do trabalho contratado com o que foi desenvolvido. Mas há utilização de recursos da empresa. A natureza da criação é *mista*.

Sobre isso, comentamos na obra mencionada:

O art. 88 e seguintes do CPI/96 regulam a invenção do empregado ou prestador de serviços. A questão é das mais importantes, eis que a apropriação dos frutos da produção laboral por parte do titular do capital é essencial para o funcionamento do sistema produtivo num regime capitalista.

Curiosamente, a lei aplica a mesma regra da relação de trabalho subordinado às relações contratuais de prestador de serviços autônomos – seja o prestador pessoa jurídica ou natural. Assim, desde que haja contrato comutativo de serviços, e não associativo (como o seria o consórcio de desenvolvimento tecnológico), são essas as regras aplicáveis.[506]

Esse último fenômeno acontece pelo disposto no art. 92 do CPI/96:

Art. 92. O disposto nos artigos anteriores aplica-se, no que couber, às relações entre o trabalhador autônomo ou o estagiário e a empresa contratante e entre empresas contratantes e contratadas.

[8] § 3.1. (C) Aplicação do art. 92 à modalidade de apropriação exclusiva pelo titular

Tomamos, para o que nos interessa neste estudo, a aplicação das três fórmulas de apropriação acima descritas. Não temos uma relação subordinada de caráter empregatício, mas uma relação

entre empresas contratantes e contratadas.[507]

Assim, se excluiria de qualquer apropriação pelo contratante (substituindo-se no texto legal a equiparação efetuada pelo art. 92) o invento feito sem vinculação ao contrato:

---

506   *Op. cit.*, p. 411.
507   O texto legal, como já se descreveu logo antes, aplica "aplica a mesma regra da relação de trabalho subordinado às relações contratuais de prestador de serviços autônomos – seja o prestador pessoa jurídica ou natural".

Art. 90. Pertencerá exclusivamente ao <u>contratado</u> a invenção ou o modelo de utilidade por ele desenvolvido, desde que desvinculado do <u>contrato</u> e não decorrente da utilização de recursos, meios, dados, materiais, instalações ou equipamentos do <u>contratante</u>. (...)

De outro lado, trazendo o disposto no art. 92 para a modalidade de aplicação prevista no art. 88, teremos a seguinte transliteração:[508]

Art. 88. A invenção e o modelo de utilidade pertencem exclusivamente ao <u>tomador de serviços</u> quando decorrerem de contrato cuja execução ocorra no Brasil e que tenha por objeto a pesquisa ou a atividade inventiva, ou resulte esta da natureza dos serviços para os quais foi a empresa contratada. (...)
§ 2º Salvo prova em contrário, consideram-se desenvolvidos na vigência do contrato a invenção ou o modelo de utilidade, cuja patente seja requerida pelo <u>contratado</u> até 1 (um) ano após a extinção do <u>contrato</u>.

[8] § 3.1. (D) Natureza da relação contratual

O contrato de que fala o art. 92 deverá incluir obrigações, por parte do contratado, que tenham por objeto *a pesquisa ou a atividade inventiva*, ou resulte esta *da natureza dos serviços para os quais foi a empresa contratada*, ainda que não explicitada no contrato.[509]

Se tal acontecer, a titularidade total do invento será da empresa contratada (aplicação do art. 88 sob a ótica do art. 92).

Alternativamente, *caso o contrato não tenha entre seus objetos a pesquisa ou a atividade inventiva*, ou isso não resulte dos serviços, *mas* haja tanto a contribuição pessoal do contratado *quanto* recursos, dados, meios, materiais, instalações ou equipamentos do contratante (ressalvada expressa disposição contratual em contrário), a titularidade dos direitos sobre o invento é <u>dividida</u>, cabendo a administração dos direitos ao contratante (aplicação do art. 91 sob a ótica do art. 92).

Assim, a lei não precisa uma modalidade contratual específica, formalizada e precisa, mas requer a existência, na teia obrigacional entre as partes, de prestações direcionadas à atividade inovadora para se configurar a titularidade total pela contratante. De outro lado, dispensa mesmo essa direção obrigacional (ou seja, a obrigação direta de inovar ou, então, a obrigação incidental, mas conseqüente, de fazê-lo) se há

---

508   Excluímos do texto aqueles dispositivos que, como indica o art. 92, são só pertinentes à relação laboral.
509   Nota DOMINGUES, Douglas Gabriel. Comentários à Lei da Propriedade Industrial. Rio de Janeiro; Editora Forense, 2009, p. 292 e 293: " O contrato deve ter por objeto a pesquisa ou atividade inventiva, ou resultar a atividade inventiva da natureza dos serviços para os quais foi o empregado contratado. Deste modo, a pesquisa ou atividade inventiva pode ser expressa no objeto do contrato e atividade inventiva implícita, quando não expressa no contrato resulta da natureza dos serviços contratados".

factualmente uso de meios do contratante e atuação inovadora *de iniciativa* do contratado.

Desta feita, qualquer negócio jurídico, que inclua a direção obrigacional inovadora, e uma relação entre as partes que não seja de paridade ou associação, importará na titularidade exclusiva do contratante sobre os direitos ao invento. No mesmo sentido, não existindo tal direcionamento obrigacional, mas ocorrendo o fato da conjugação dos meios e da iniciativa das partes, haverá repartição de titularidade – mas sempre com o contratante ficando com a administração deste bem repartido.

[8] § 3.1. (E) Como a doutrina cuida da hipótese

Sobre a questão – especialmente no tocante ao famoso caso das urnas eletrônicas do Tribunal Superior Eleitoral – TSE, objeto de tamanha controvérsia, nota Newton Silveira:[510]

> João da Gama Cerqueira, em seu famoso Tratado da Propriedade Industrial (v. II, Tomo I, parte II, Ed. Revista Forense, Rio de Janeiro, 1952), inicia o texto desse volume com capítulo reservado ao sujeito de direito. Já à página 16, explica: "Assim, se uma pessoa concebe a criação de um novo produto ou processo privilegiável e, não dispondo de conhecimentos técnicos suficientes para a realização da idéia, incumbe um profissional dos trabalhos de pesquisas e experiências, nesse caso não há colaboração, mas simples locação de serviço."

> Tratando do tema de invenções de empregados, acrescenta o mestre Gama Cerqueira:

> "Entre os autores que procuram justificar esse direito, encontra-se ALLART, que atribui ao empregador a propriedade da invenção realizada pelo empregado de acordo com as ordens e instruções que houver recebido, porque, aceitando a missão que lhe foi confiada, o empregado teria renunciado a qualquer direito sobre o resultado de seu trabalho, agindo na qualidade de mandatário." (p. 22)

> Mais adiante, citando Borsi e Pergolesi, acrescenta:

> "A invenção é de propriedade de seu autor, mas, por força daquela obrigação, passa para a propriedade do empregador, como resultado do trabalho do empregado, a que ele tem direito." (p. 25)

---

510 SILVEIRA, Newton, Concorrência Pública e Conseqüente Cessão de Propriedade Intelectual, in Estudos e Pareceres, Lumen Juris, 2008.

E, mais adiante:

"Duas hipóteses mais simples são previstas pelos autores, que geralmente se inspiram na jurisprudência dos Tribunais: a das invenções feitas pelo empregado em execução de ordens recebidas do empregador e de acordo com a orientação e instruções deste; e a das invenções que o empregado realizar fora de seu trabalho normal. No primeiro caso, a invenção deve pertencer ao empregador, que a concebeu e a orientou o empregado em sua realização, considerando-se o empregado mero executor da missão de que foi incumbido." (p. 27)

Comentando o art. 65 do Código da Propriedade Industrial de 1945, explica o mestre:

"Do mesmo modo, se a invenção é realizada por incumbência do empregador, de acordo com suas idéias e concepções e com os meios por ele fornecidos ao empregado para esse fim, a propriedade deveria pertencer exclusivamente ao primeiro." (p. 41)

A fim de que não se queira restringir a regra a casos de trabalho assalariado, o mestre esclarece ainda:

"Não obstante referir-se o art. 65 a contrato de trabalho, deve-se entender essa expressão em sentido lato, abrangendo todas as relações de emprego e de locação de serviços e não, apenas, os casos em que há contrato escrito."
....
"As disposições do Código relativas às invenções de empregados aplicam-se às pessoas jurídicas de direito público e às autarquias administrativas em relação aos seus empregados e funcionários que exercerem suas funções em razão de nomeação ou de contrato." (p. 47)

Embora publicadas em 1952, quando da vigência do Código da Propriedade Industrial de 1945, promulgado pelo Decreto-Lei n. 7903, as observações do mestre permanecem válidas face à Lei vigente. Se não, vejamos;

Efetivamente, dispõe o art. 88 da vigente Lei n. 9279 de 1996:

"Art. 88. A invenção e o modelo de utilidade pertencem exclusivamente ao empregador quando decorrerem de contrato de trabalho cuja execução ocorra no Brasil e que tenha por objeto a pesquisa ou a atividade inventiva, ou resulte esta da natureza dos serviços para os quais foi o empregado contratado."

Ratificando a observação do mestre, no sentido de que a norma supra transcrita não se restringe ao trabalho assalariado, a Lei é expressa:

"Art. 92. O disposto nos artigos anteriores aplica-se, no que couber, às relações entre o trabalhador autônomo ou o estagiário e a empresa contratante e entre empresas contratantes e contratadas."

[8] § 3.1. (F)   O elemento deflagrador da titularidade pelo contratante

O que causa a titularidade exclusiva do contratante?
No magistério do Gama Cerqueira, seriam dois aspectos:

(a) A relação diretiva em face do realizador da inovação, por subordinação trabalhista ou não; e
(b) A enunciação de ordens recebidas do empregador e de acordo com a orientação e instruções deste (...). No primeiro caso, a invenção deve pertencer ao empregador, que a concebeu e a orientou o empregado em sua realização, considerando-se o empregado mero executor da missão de que foi incumbido.[511]

Quanto ao segundo requisito, nota Gama Cerqueira:

Da mesmo modo, se a invenção é realizada por incumbência do empregador, de acôrdo com suas idéias e concepções e com os meios por êle fornecidos ao empregado para êsse fim, a propriedade deveria pertencer exclusivamente ao primeiro.[512]

E sobre o tema nota Douglas Gabriel Fernandes, referindo-se ao magistério de Gama Cerqueira:

Deste modo, no conceito doutrinário de inventor salariado, acha-se contido tanto o empregado no sentido estrito da legislação obreira, CLT – art. 3º – quanto autônomos e prestadores de serviço que, sem vínculo empregatício, trabalhem para entes ou entidade, desde que exista a situação de dependência e subordinação referida pelo mestre.[513]

Assim, a vinculação não paritária e o direcionamento para o fim específico apontam para a denominada *encomenda de criação intelectual*.

---

511   CERQUEIRA, João da Gama, Tratado de Propriedade Industrial, vol. II, p. 27.
512   *Op. cit.,* p. 41.
513   DOMINGUES, Douglas Gabriel, *op. cit.,* p. 292.

[8] § 3.1. (G) Da encomenda de criação intelectual

Seguiremos neste trecho o estudo de Newton Silveira, já acima indicado.

Como indica Carlos Alberto Bittar,

prevalece hoje a orientação geral de que o encomendante adquire, a título derivado, direitos patrimoniais relativos à utilização da obra na forma específica avençada, permanecendo na esfera do autor os direitos morais...[514]

Tratando Bittar do direito autoral, cabe aqui precisar que no âmbito do sistema de patentes, a aquisição é originária e *ex lege*. Clóvis Bevilacqua[515] comentando a disposição do art. 1.347, afirma que quando a obra intelectual é feita segundo o plano do editor, existe locação de serviços. Carvalho Santos[516] também descreve esse contrato de locação de serviços. Sílvio Rodrigues[517] assinala que no contrato de a iniciativa é do encomendante, que contrata o autor para a realização da obra.

Voltemos agora a citar literalmente o estudo de Newton Silveira:

Fazendo menção ao texto já revogado do art. 36 da Lei n. 5.988 de 1973, escreve Bittar no item 6.1 de seu texto sob exame: "Sugere esse artigo que existem três formas de encomenda: a funcional, a de prestação de serviços e a decorrente de relação de emprego. Mas, em verdade, há também a encomenda pura e simples, ligada a contrato específico de encomenda, como a própria lei admite."

A diferenciar a encomenda pura e simples das outras figuras, Bittar assinala alguns característicos daquela:

"a) a iniciativa pertence sempre ao encomendante; (...)

c) na consecução da obra, pode existir plena liberdade do autor ou ingerência do comitente;

d) daí: encomendante apenas sugere a obra ... ou, então, nele trabalha ou colabora, não se limitando à simples solicitação ou indicação;

e) a remuneração é elemento necessário à encomenda em geral."

Ainda a respeito do tema, o também saudoso autor Eduardo Vieira Manso (in Contratos de Direito Autoral, Ed. Revista dos Tribunais, São Paulo, 1989, pp. 65 e segs.) (...)

---

514   BITTAR, Carlos Alberto, Contrato de Encomenda de Obra Intelectual, Enciclopédia Saraiva do Direito.

515   BEVILÁQUA, Clóvis, Código Civil comentado, 6ª edição, Ed. Freitas Bastos, v. 5, p. 78.

516   CARVALHO SANTO, Código Civil Brasileiro interpretado, 2ª edição, Rio de Janeiro, Ed. Freitas Bastos, 1938, v. 18, p. 429.

517   RODRIGUES, Sílvio, Direito Civil – Dos contratos e das declarações unilaterais de vontade, 3ª edição, São Paulo, Max Limonad, p. 342.

"Quando a obra intelectual não é realizada pela iniciativa de seu autor, fala-se de obra encomendada (oeuvre de commande, opera per commissione, etc.). Ao autor se pede a criação de uma obra segundo um tema dado, um fato apontado, um argumento a ser desenvolvido, uma história a ser contada, um motivo a ser elaborado etc."(...)

Incisivamente, acrescenta à página 78:

"De fato, se um autor realiza uma obra, sob encomenda (portanto, sob a iniciativa de outrem), é porque aceitou a utilização de sua obra pelo encomendante."

Comentando, também, o art. 36 da revogada Lei n. 5988 de 1973, Manso acrescenta:

"Já se viu que o contrato de encomenda não é um contrato de prestação de serviços, hipótese em que o prestador se empenha na realização de uma atividade, sem obrigar-se quanto aos resultados dessa atividade (obrigações de meio). É contrato pelo qual o autor se obriga a fazer determinadas obras (opus) para entregá-la ao encomendante, a quem cabe aprovar ou não o resultado obtido". (p. 84)

"o contrato de encomenda existe, por si só, independentemente da existência de um contrato de trabalho assalariado, ou de um dever funcional, ou de um contrato de prestação de serviços, sempre que as partes contratantes visarem, exclusivamente, à criação de uma obra intelectual, cuja iniciativa parte do encomendante que recomenda ao autor-encomendado o tema, o fato, a idéia, o conteúdo etc." (p. 86)

Enfaticamente, conclui o autor:

"Quando o encomendante é uma pessoa cuja atividade tem como objetivo a exploração de obras intelectuais da mesma espécie que a da obra encomendada, a encomenda cumprida induz à presunção de que os direitos patrimoniais para a utilização na forma regular da atividade do encomendante foram transferidos simultaneamente, eis que não teria outra finalidade tal encomenda". (p. 87)

Ou, mais adiante: "o princípio geral é de que a titularidade dos direitos patrimoniais passa ao comitente, na medida em que essa transferência se faz indispensável para que o contrato possa efetivamente ser útil." (p. 88)

O mesmo e exato raciocínio se aplica às criações tecnológicas. Assim, tivemos a oportunidade de esclarecer:

(...) No sistema jurídico brasileiro, por força das várias leis de Propriedade Intelectual em vigor, a criação tecnológica (ou seja, para esta Lei, a criação) produzida sob regime de encomenda pertence – exclusivamente – ao encomendante. (...)

Todo esse regime é suscetível de derrogação por acordo entre as partes. Mas é, no nosso sistema, expressão do princípio de que aquele que encomenda bem imaterial de caráter tecnológico terá, integralmente, a titularidade original dos resultados. Não há sequer um dever de cessão dos resultados; esses, por operação de lei, consolidam-se no instante da criação sob o controle jurídico patrimonial do encomendante. (...)

Não há, segundo a lei aplicável, sombra de pretensão do empreiteiro em apropriar-se da obra encomendada:[518]

[8] § 3.1. (H) A hipótese da encomenda tecnológica

Não havendo um contrato escrito entre as partes, configura-se, no entanto uma relação obrigacional; muito se poderia argüir quanto à existência de uma *encomenda tecnológica*, ainda que em obrigação tácita, o que implicaria na aquisição integral da titularidade do invento pela Consulente.

Desta natureza contratual dá notícia o Art. 20 da Lei de Inovação:

Art. 20. Os órgãos e entidades da administração pública, em matéria de interesse público, poderão contratar empresa, consórcio de empresas e entidades nacionais de direito privado sem fins lucrativos voltadas para atividades de pesquisa, de reconhecida capacitação tecnológica no setor, visando à realização de atividades de pesquisa e desenvolvimento, que envolvam risco tecnológico, para solução de problema técnico específico ou obtenção de produto ou processo inovador.

§ 1º Considerar-se-á desenvolvida na vigência do contrato a que se refere o caput deste artigo a criação intelectual pertinente ao seu objeto cuja proteção seja requerida pela empresa contratada até 2 (dois) anos após o seu término.

§ 2º Findo o contrato sem alcance integral ou com alcance parcial do resultado almejado, o órgão ou entidade contratante, a seu exclusivo critério, poderá, mediante auditoria técnica e financeira, prorrogar seu prazo de duração ou elaborar relatório final dando-o por encerrado.

§ 3º O pagamento decorrente da contratação prevista no caput deste artigo será efetuado proporcionalmente ao resultado obtido nas atividades de pesquisa e desenvolvimento pactuadas.

Sobre essa modalidade, dissemos:[519]

O objeto da atividade é a resolução de um problema técnico, vale dizer, um obstáculo da ordem do conhecimento, pertinente à área técnica. Tomando a noção do âmbito da Propriedade Intelectual, onde ela é particularmente desenvolvida como requisito de patenteabilidade, entende-se como tal a solução que seja *concreta* e técnica.[520] Concreta como oposto a uma solução abstrata, por exemplo,

---

518   BARBOSA, Denis Borges, *et alii*, Direito da Inovação. Rio de Janeiro: Lumen Juris, 2006, p. 79 e seguintes

519   Direito da Inovação, *op. cit.*

520   [Nota do Original] POLLAUD-DULIAN. La Brevetabilité des inventions- Etude comparative de jurisprudence France-OEB. Paris: Litec, 1997, p. 44.

de um problema matemático, ou de contabilidade. Técnico como oposto ao estético ou, geralmente, expressivo. Não se trata aqui de um problema científico, mesmo pela qualificação do risco da atividade: *tecnológico*.

A distinção entre o problema técnico e o *produto ou processo inovador* é relevante. A obtenção do produto ou processo é seguramente a resolução de um problema técnico. Mas estes últimos configuram uma *utilidade* ou um *meio* inovador, enquanto a superação de problema técnico percorre todo o contínuo da otimização, da melhora de produtividade, etc. Ou, como se mencionará, a criação de uma *fonte alternativa de fornecimento*.

Com a apropriação de tecnologias pelo setor privado em geral, a inexistência de fontes alternativas de tecnologias podem em muito impactar as políticas públicas, inclusive para o exercício efetivo das flexibilidades do sistema de propriedade industrial.

Nesse contexto, o dispositivo abrange, razoavelmente, a atividade de pesquisa e desenvolvimento tecnológico com o fim específico de produção inicial, ou, em limites prudentes, de produção em série, quando vinculados à criação de produto, processo, ou serviço novo ou de fonte alternativa de fornecimento.

Assim, esta hipótese menciona um contrato que foi tipificado por legislação que, no entanto, se aplica apenas ao campo dos contratos públicos.

Mas o conceito preexistia à tipificação. Em obra publicada em 1996 demos plena notícia e análise jurídica desta modalidade contratual:[521]

> Num contexto de contratos de desenvolvimento, tanto o Estado quanto os contratados tem presente o risco de não dar certo o objeto do contrato, seja em termos técnicos, seja comerciais. Embora a tendência do contratante estatal seja, como regra, repassar tal risco ao contratado (já que não é próprio do servidor, mesmo em empresas da Administração, a convivência com o risco[522]), muitas vezes o Estado acaba pagando um preço muito alto pela conveniência administrativa ou, então, muito mais provável, renunciando a fazer o desenvolvimento.

[8] § 3.1. (I) A promessa de contratar fundada no desenvolvimento do invento

Assim, há um elemento volitivo claramente explicitado, que é de contratar o fornecimento de produto certo, inexistente, que seja resultado de um desenvolvimento inovador específico.

---

521 Os Contratos de Desenvolvimento, in BARBOSA, Denis Borges. Licitações, Subsídios e Patentes. Rio de Janeiro: Lumen Juris, 1997, v. 1. Disponível ainda em denisbarbosa.addr.com/8.doc.

522 [Nota do Original] O fenômeno não é só brasileiro. Seguimos estritamente neste passo Keyes, *op. cit.*, p. 171 e seg., que indica idêntico padrão no contexto americano. A diferença deste, no caso, é a utilização corriqueira de métodos contratuais para a adequada repartição de riscos.

[8] § 3.1. (J) *Emptio rei speratae*

Lembra Pontes de Miranda:[523]

Se o bem ainda não existe, não é isso obstáculo a que seja comprado e vendido. O contrato de compra-e-venda é consensual (...). Tanto se pode prometer o que já existe como se pode prometer o que ainda não existe. Nada obsta, sequer, a que se acorde em que a propriedade e a posse se transferirão imediatamente após a existência do bem vendido. Não há a transferência da posse e da propriedade do que ainda não é *in rerum natura*. Porém nada obsta a que se prometa tal transferência e se acorde, desde logo, em que a propriedade e a posse se *transferido*. Prenhe a égua, nada impede que se venda e desde já se transfiram a propriedade futura e a futura posse do poldro que pode nascer (e é provável que nasça) (...) De qualquer modo, a compra-e-venda de bem futuro, como a de bem futuramente autônomo, já se perfaz com as declarações bilaterais de vontade; e nada obsta a que o próprio acordo de transmissão da propriedade e da posse se conclua para a eficácia no momento adequado, ou mesmo escolhido.
É êrro pensar-se em que o contrato de compra-e-venda de bem futuro seja contrato sob condição suspensiva, no que incorreram Luíci GASCÁ, *Trattato della Compravendita.*, 1, 2ª ed., 325, e outros, ou com a *condicio juris,* como A. SCULOJÁ, *Sa.ggi di vario diritto,* 1, 17, ou, ainda, compra-e-venda regácio jurídico antecipado, como DOMENICO RUBINO, *La Compra vendita,* 145 s., e *La Fattispecie e gil ef/etti giuridiei preilminari,* 87 s., 382 s. Tudo isso é artificial. A compra-e-venda conclui-se como qualquer outra. A diferença está em que a propriedade e a posse ainda não podem ser transferidas, porque ainda não existe o bem, ou ainda não existe autônomamente. O acôrdo de transmissão é que tem de marcar para mais tarde a transmissão da propriedade e da posse. (...)
A *emptio spei* vale e é eficaz. Uma vez que mais se prestou relevância à esperança do que à coisa (em vez da *emptio rei speratae,* tem-se a *emptio epei),* o comprador tem de pagar o preço mesmo se o bem não vem a existir, ou se nasce sem vida. O comprador levou em conta, para o preço, a probabilidade de êxito. Ás vêzes, tal compra-e-venda se incorpora em titulo, em bilhete, principalmente se há sorteio. Há, portanto, dois distintos contratos de compra-e-venda do bem futuro: a *emptio rei speratae,* em que o objeto mais importa e a esperança apenas concerne a êle; e a *emptio apei,* em que passa à primeira plana a esperança, por não ser grande a probabilidade de vir a existir.
Na emptio rei speratae, há vendita cum re (L. 8, pr, fl, de contratenda emptione et de partis inter emptorem et venditorem com positis et quae res venire non. possunt, 18, 1), de modo que, se não há a coisa, falha a vinculação

---

523   Pontes de Miranda, Tratado de Direito Privado, Tomo XXXIX, § 4.266.2.

[8] § 3.1. (K) Da aplicação da regra à obrigação resultante de contratos não escritos

Ainda que não haja contrato explícito, a mesma relação ocorreria em face de uma ação dirigida num contexto não-paritário, por obrigação contratual ainda que não escrita:[524]

> Para existência e validade de um contrato são necessários os seguintes elementos: capacidade das partes, idoneidade do objeto e legitimação para realizá-lo (elementos extrínsecos) e acordo e forma (intrínsecos). Examinando os últimos elementos verificamos que há necessidade de mútuo consentimento – que, segundo Orlando Gomes cristaliza-se com a integralização das vontades distintas – sendo necessária a comunicação das vontades, que pode ser verbal, escrita ou simbólica, direta ou indireta, expressa, tácita ou presumida. Apesar do direito brasileiro validar o contrato oral, não exigindo forma escrita para todos os contratos, esta última forma é preferida. (...)
>
> Deve-se notar que o silêncio de uma das partes somente significa consentimento quando a parte silenciosa tem o dever de falar, ou seja, quando há presunção legal ou por acordo anterior entre as partes em que o silencio seja considerado aceitação. O artigo 111 do Código Civil dispõe: "Art. 111. O silêncio importa anuência, quando as circunstâncias ou os usos o autorizarem, e não for necessária a declaração de vontade expressa." Ou seja, somente nestes casos será considerado aceito o objeto do contrato se não for devolvido em certo lapso de tempo. Entretanto, certos modos de comportamento que implicam atuação da vontade, levarão a ser considerada uma manifestação indireta.
>
> O ato da parte de, por exemplo, pagar às empresas prestadoras de serviço pode ser considerado prova de que um contrato existia entre elas, ainda que não se possa provar que os termos do acordo. A prova de que a parte tinha conhecimento do conteúdo de tais minutas e que anuiu com as mesmas poderá ser feita por outros meios, entretanto.

---

524 BARBOSA, Ana Beatriz Nunes, A importância do contrato verbal, encontrado em indexet.gazeta-mercantil.com.br/arquivo/2003/10/02/321/A-importancia-do-contrato-verbal.html e http://www.ucam-sc.com.br/open.php?id_ses=42&pk=25&fk=1. É de notar-se que a mesma situação não ocorreria se houvesse uma policitação, como a descrita no CC: "Art. 859. Nos concursos que se abrirem com promessa pública de recompensa, é condição essencial, para valerem, a fixação de um prazo, observadas também as disposições dos parágrafos seguintes. (...)Art. 860. As obras premiadas, nos concursos de que trata o artigo antecedente, só ficarão pertencendo ao promitente, se assim for estipulado na publicação da promessa." Neste caso, não se aplicaria a titulação ex lege, senão quando prevista no edital.

Assim, para se depreender a existência real e juridicamente efetiva da encomenda tecnológica pode-se depreender da atuação das partes no decorrer de sua interação subsequente.[525]

[8] § 3.1. (L) Do invento misto num contexto do art. 92 da Lei 9.279/96

A transliteração do art. 91 do CPI/96 por efeito do art. 92 do mesmo código assim se leria:

> Art. 91. A propriedade de invenção ou de modelo de utilidade será comum, em partes iguais, quando resultar da contribuição pessoal do <u>contratado</u> e de recursos, dados, meios, materiais, instalações ou equipamentos do <u>contratante</u>, ressalvada expressa disposição contratual em contrário.
>
> § 1º Sendo mais de um <u>contratado</u>, a parte que lhes couber será dividida igualmente entre todos, salvo ajuste em contrário.
>
> § 2º É garantido ao <u>contratante</u> o direito exclusivo de licença de exploração e assegurada ao <u>contratado</u> a justa remuneração.
>
> § 3º A exploração do objeto da patente, na falta de acordo, deverá ser iniciada pelo <u>contratante</u> dentro do prazo de 1 (um) ano, contado da data de sua concessão, sob pena de passar à exclusiva propriedade do <u>contratado</u> a titularidade da patente, ressalvadas as hipóteses de falta de exploração por razões legítimas.

Trata-se, no caso, de um processo de inovação colaborativa, ainda que de sentido não paritário. Os contratos de colaboração paritária seguem outro caminho, como notamos falando da modalidade de colaboração paritária denominada, em Direito Administrativo, de parceria de inovação:[526]

> O contrato é um instrumento em que uma pessoa toma de outra algo que lhe interesse e paga ou dá em contrapartida algo que interesse à outra parte.[527] Então, existe um *do ut des* – no dizer latino significa "eu dou para que você dê ou faça" – ou seja, existe uma situação em que as duas partes estão em relações em que cada uma tem o interesse na prestação da outra e em se satisfazer com isso. Já o convênio de cooperação[528] é uma figura associativa de outro caráter – é quando as partes (na verdade *partícipes*), sendo uma delas um ente ou vários

---

525 CC Art. 113. Os negócios jurídicos devem ser interpretados conforme a boa-fé e os usos do lugar de sua celebração.

526 Em Direito da Inovação, *op. cit.*

527 [Nota do original] Muito embora sejam igualmente contratos/ negócios jurídicos unilaterais, como a doação.

528 Distinguem-se tais convênios de cooperação da hipótese, também designada convênio, na qual uma parte se compromete a aplicar recursos públicos – por exemplo, subvenção - em fins determinados. Esta última tem a natureza unilateral.

da Administração Pública, têm objetivos comuns e se voltam para esses objetivos de uma forma concertada (...) desta forma em atuação assemelhada ao que ocorre num contrato de sociedade – sendo esse o acordo de vontades por via do qual duas ou mais pessoas se obrigam a combinar seus esforços ou recursos e conjugar suas aptidões, com a finalidade de lograr fins comuns.[529]

(...)Os interesses no convênio são paralelos e comuns, tendo como elemento fundamental a cooperação, e não o proveito procurado por celebrar contratos.

Assim, quando há colaboração para a inovação num contexto de obrigações não paritárias – como no paradigma do empregado que inventa com meios e recursos do empregador, mas sem ser obrigado a fazê-lo pelo contrato de trabalho, estamos no campo do art. 91.

[8] § 3.1. (M) Do que é colaboração para a inovação

Resume Gama Cerqueira:
observa-se a regra geral da co-propriedade sempre que ocorrerem as duas condições previstas na primeira parte dêsse artigo: a contribuição material do empregador, representada pelas instalações e equipamentos por êle fornecidos, e a contribuição pessoal do empregado, representada pela sua atividade inventiva. Não concorrendo essas duas circunstâncias, prevalece o princípio da propriedade do inventor.[530]

Na verdade, cabe reparar ao sempre preciso Gama Cerqueira com a observação que não só são os meios materiais, hoje em dia, que facultam ao empregador (ou tomador de serviços) a aquisição da co-propriedade. O acesso às informações de todo gênero, inclusive às experiências – o *know how* – empresariais, às bases de dados, enfim, a todo conjunto informacional detido ou à disposição do tomador de serviços pode ser o elemento decisivo para a atividade inovadora, e o que justifique o regime de titularidade comum.

Mas, além da conjunção dos meios materiais (ou informacionais) do empregador ou tomador de serviços e da atividade inovadora do empregado ou contratado – o que atrai *ex lege* a co-titularidade das partes em questão –, há hipóteses em que a colaboração é mais substantiva. Com efeito, o pressuposto dessa análise de Gama Cerqueira – que era professor de Direito do Trabalho – era o embate de um empregador que tem capital de risco, capital físico e iniciativa; e o inventor individual, dotado de capacidade pessoal.

Mesmo àquela altura, no entanto, Gama distinguia a hipótese em que a atividade não era individual, mas coletiva, organizada e dirigida como elemento orgânico da empresa. Para tal hipótese, o autor reserva uma classificação específica:

---

529 PEREIRA, Caio Mario da Silva, Instituições de Direito Civil III, Forense, 9ª ed., 1993.
530 *Op. cit.,* p. 42

as *invenções de estabelecimento*, assim consideradas aquelas para cuja realização haja a empresa concorrido de modo essencial, contribuindo com as suas instalações, experiências e meios de pesquisa, ao passo que a contribuição pessoal dos diversos empregados que tenham colaborado na sua realização não pode ser determinada ou individualizada.[531]

Extremamente relevantes neste ponto é a nota do original a esse trecho:

La Propriété Industrielle, vol. 53, pág. 97. Cf. BONNET, Étude de la Législation Allemande sur les Brevets d'Invention, nº 351. Na mesma revista encontram-se estas definições: "Invention d'entreprise – toute invention qui se rattache si étroitement aux connaissances et aux secrets d'un établissement qu'elle ne peut-être le fait d'un collaborateur isolé.[532]

No caso de aplicação do art. 92, então, é plenamente possível e frequente que o contratante – através de sua equipe de pesquisas ou de engenharia de produção – efetivamente colabore numa atuação inventiva conjunta. Cada parte – pessoa jurídica – é titular daquilo que seus empregados e contratados geram -, e no caso de relação não paritária o contratante haverá os benefícios da co-titularidade se forneceu os meios materiais e informacionais para o contratado dependente.

Sempre Gama Cerqueira:[533]

A colaboração pode revestir modalidades diversas. Ora é caracterizada pelo concurso intelectual dos colaboradores nas investigações, estudos e experiências, ora pelo concurso material de um deles, concorrendo com o auxílio de sua experiência e de seus conhecimentos para a realização da idéia ou concepção do outro. Outras vezes, cada colaborador encarrega-se de uma parte dos estudos e experiências ou trabalha independentemente nas mesmas pesquisas, tendo em vista o resultado a atingir. As circunstâncias de fato variam, sendo difícil indicar tôdas as formas que a colaboração pode assumir.

Ora, um elemento essencial da invenção é a *determinação do problema a ser resolvido*, o que importa em elevada contribuição inovadora.

Assim notamos em estudo recente, quando mencionamos a chamada *invenção de problema*:[534]

---

531 *Op. cit.*, p, 30.

532 BONNRT, La Propriété Industrielle, v. 38, p. 30, *apud* CERQUEIRA, João da Gama, Tratado de Propriedade Industrial, vol. II, p. 31.

533 *Op. cit.*

534 BARBOSA, Denis Borges, Atividade Inventiva: Objetividade do Exame. Revista Criação do IBPI, Rio de Janeiro, p. 123-209, 12 dez. 2008; também em A Propriedade Intelectual no Século XXI - Estudos de Direito. Rio de Janeiro: Lumen Juris, 2008.

Tal análise é especialmente importante quando *o problema jamais havia sido proposto,*[535] mas, em geral, a atividade inventiva se encontrará – ou não – no espaço entre o problema e sua solução.

[8] § 3.1. (N) Resumo do caso do invento misto

Assim, aplicando-se a regra do art. 92 do CPI/96 à hipótese do chamado invento misto, ter-se-á co-titularidade sempre que:

(a) Houver um contrato não paritário;

(b) A atividade inovadora não for objeto do contrato, nem resultar da *natureza* dos serviços contratados (o que seria o caso do art. 88); e

(c) O contratado utilizar-se de recursos materiais ou informacionais do contratante para inovar.

Neste caso, como preceitua o art. 91, a co-titularidade existe, mas a iniciativa e o poder de administração sobre o invento remanescem com o contratante.

[8] § 3.1. (O) Das conclusões desta seção

O sistema jurídico brasileiro prevê, em matéria de patentes, duas hipóteses de titularidade originária, independente de cessão ou qualquer ato de vontade do autor da invenção. Ambas presumem uma situação contratual em que o autor da invenção se ache juridicamente *subordinado* àquele ao qual a titularidade acorre.

No primeiro caso, há *capacidade de direção* do futuro titular quanto ao esforço inovador, e efetividade dessa direção; e, no caso de relação *subordinada* entre contratantes e contratados, uma prestação que tem natureza análoga da encomenda intelectual, na qual um objeto específico seja indicado como satisfação da encomenda.

---

535 [Nota do original] POLLAUD-DULIAN, Frédéric. La Brevetabilité Des Inventions - Étude comparative de jurisprudence France-OEB. Paris: Litec, 1997, p. 122 "139. - Il peut se faire que le problème n'ait jamais été posé. L'activité inventive est alors certaine: il n'y a pas d'évidence à résoudre un problème entièrement neuf. On peut donc parler d' «inventions de problème», même si c'est dans la solution apportée au problème inédit que réside l'inventivité. Selon M. Mathély, «dans ce cas, c'est l'énoncé du problème qui n'était pas évident; et c'est dans cet énoncé que réside l'activité inventive» La jurisprudence française juge en ce sens que, «le problème à résoudre n'ayant pas été posé dans l'art antérieur, l'homme du métier n'était pas à même, avec ses seules connaissances et sans faire œuvre inventive, d'appliquer pour résoudre ce problème des moyens différents et employés jusquelà à d'autres fins. L'évidence suppose en effet une connaissance claire et distincte du problème et des moyens de le résoudre». Les chambres de recours de l'OEB vont dans le même sens: selon la décision T 2/83 (7), par exemple, «la découverte d'un problème jusqu'ici méconnu peut constituer dans certains cas un objet brevetable, même si, en elle-même, la solution revendiquée apparaît rétrospectivement banale et évidente (inventions de problème)». Diz SINGER, sobre a questão: "56.10 PROBLEM INVENTIONS - A number of decisions have dealt with the question of whether "problem inventions" are patentable, i.e. where the solution to a problem, once posed, may be trivial or obvious to the skilled worker, but the idea of propounding the problem in itself may be both novel and inventive".

No segundo caso, como recém indicamos, não há o direcionamento para um fim específico, mas no contexto da relação subordinada há colaboração (sem prejuízo da subordinação) com suprimento dos meios materiais ou informacionais que dão origem ao invento pelo que será titular dos direitos. Neste caso – como repisamos enfaticamente – haverá a hipótese de titularidade conjunta.

No caso da *encomenda* há titularidade integral do encomendante; no caso da colaboração, haverá titularidade conjunta.

[8] § 4. Direito de adjudicação – a reivindicação da titularidade

Direito de caráter patrimonial puro, o direito de pedir patente (ou seus consectários – o direito ao pedido e o direito à patente) é suscetível de ser reivindicado (*jus persequendi*) de quem injustamente o alegue, como previsto no art. 49 da Lei 9.279/96. Por tal disposição o titular do direito, que tem seu invento apropriado injustamente por terceiros, pode pedir a adjudicação da patente, certificado de adição ou modelo de utilidade, ou suscitar a nulidade do título.[536]

Para os fundamentos substantivos de tal direito, veja-se a seção acima sobre novidade e a intenção de apropriação da invenção ainda em estado de sigilo.

Em rápido sumário, para que se peça a adjudicação, é preciso comprovar que o adjudicante era titular de *direito de pedir patente*; no curso da pretensão se apurará se o autor não teria perecido de tal direito, por abandono ou perempção ou outra razão de direito. Quem deixa sua invenção cair no domínio comum, ou a abandona de forma a permitir a ocupação lícita por terceiro, adjudicação não haverá. Poderá, certamente, ter o direito de anular o privilégio concedido a quem não for autor; perante o que *também* for autor, terá o direito do art. 45 da Lei 9.279/96.

[8] § 4.1. A hipótese da Ação de Sub-rogação ao Pedido de Patente

Nota Marissol Gómez Rodrigues:
Não caberá Ação de Adjudicação ou Reivindicatória se não existir privilégio concedido, pois a res só passa a existir com a expedição da carta-patente. Antes disso, o usurpado poderá se valer da Ação de Sub-rogação ao Pedido de Patente contra o usurpador, que exerceu ilegitimamente seu direito de pedir patente. "No caso de processo em andamento, patente ainda não concedida, a sub-rogação ocorrerá nos direitos decorrentes do pedido de patente que foi depositado por terceiro, e o processo continuará tramitando normalmente, até decisão final."[537]

---

536 Vide Gert Dannemann e Katia Braga de Magalhães, A Ação de Adjudição na Nova Lei de Propriedade Industrial (Lei nº 9.279/96), Revista da ABPI, nº 39 - Mar. /Abr. 1999.

537 DOMINGUES, Douglas Gabriel. Comentários à Lei da Propriedade Industrial. Rio de Janeiro: Forense, 2009, p. 177-179.

[8] § 4.2. Bibliografia sobre adjudicação

CREDIE, Ricardo Arcoverde. Adjudicação Compulsória. 9. ed. São Paulo: Malheiros, 2004.

CUNHA, Letícia Provedel da. A regra da retroatividade e os efeitos da declaração de nulidade das patentes nos contratos em vigor. 2008. Dissertação (Mestrado em Direito Econômico e Desenvolvimento) – Faculdade de Direito, Universidade Cândido Mendes, Rio de Janeiro, 2008.

DANNEMANN, Gert Egon e MAGALHÃES, Katia Braga de, A Ação de Adjudicação na Nova Lei de Propriedade Industrial (Lei nº 9.279/96), Revista da ABPI, (39): 3-8, mar.-abr. 1999.

DOMINGUES, Douglas Gabriel. Comentários à Lei da Propriedade Industrial. Rio de Janeiro: Forense, 2009, p. 177-179.

HAENDCHEN, Paulo Tadeu; LETTERIELLO, Remolo. Ação Reivindicatória. 2. ed. São Paulo: Saraiva, 1981

LEONARDOS, Gabriel Francisco e AMARAL, Rafael Lacaz, Prior Use in a First to File Jurisdiction, Revista da ABPI, (73): 60-68, nov./dez. 2004.

LUZZATTO, Enrico. Trattato Generale delle Privative Industriali. Milano: Pilade Rocco, 1914, v. I, p. 549 e seg.

MATHÉLY, Paul. Le droit français des brevets d'invention. Journal des notaires et des avocats, Paris, 1974, p. 310.

PARANCE, Béatrice. La possession des biens incorporels. Paris: Bibliothèque de L'institut André Tunc, L.G.D.J.T., 2008, t. XV, p. 49.

POUILLET, Eugene. Traitè des Brevets d´Invention et de la Contrefaçon. Paris: Marchal et Billard, 1899, p. 590 e seg.

RAMELLA. Tratatto della Proprietà Industriale: Volume Primo – Le Invenzioni Industriali. Torino: Unione Tipográfico – Editrice Torinese, 1927, p. 350 e seg.

RODRIGUES, Marissol Gómez, Da ação de adjudicação de patente como ferramenta reivindicatória do usurpado, Dissertação apresentada ao Instituto Nacional de Propriedade Industrial (INPI) para obtenção do título de Mestre em Propriedade Intelectual e Inovação, Orientador: Denis Borges Barbosa, 2009.

SCHMIDT, Lélio Denícoli, A Ação de Adjudicação e os Direitos de Preferência ao Registro de Marca, Revista da ABPI, (31): 3-20, nov.-dez. 1997.

[8] § 5. Condomínio de patentes

O Código da Propriedade Industrial vigente, em seu Art. 6º. refere-se à propriedade de invenção, modelo ou desenho, assegurado ao titular de patente; o art. 91, mencionando a situação do empregado e do empregador que inventa, define-a como "propriedade comum". Nos art. 94 e 109, a lei menciona a propriedade dos desenhos industriais. O Art. 129 do mesmo Código fala, igualmente, de propriedade e uso exclusivo das marcas.

Assim, com farta enunciação do direito industrial de patentes como "propriedade"[538] parece pacífica a co-propriedade de patentes, modelos de utilidade ou desenhos industriais, especialmente por não haver, quanto a estes títulos, qualquer vedação legal. Ao contrário, no art. 6º, § 3º, do CPI/96, é enunciado o direito de co-postulação do privilégio, dizendo-se "a patente poderá ser requerida por todas ou qualquer delas, mediante nomeação e qualificação das demais, para ressalva dos respectivos direitos".

Não se exigira que o condomínio seja em partes iguais; o ajuste prévio ou a deliberação *ad hoc* dos depositantes poderá conformar-se ao investimento ou à contribuição das partes, que podem ter papéis diversos na criação.[539]

Outras hipóteses de co-propriedade podem resultar da sucessão *causa mortis*, da dissolução de sociedade, etc. O condomínio pode ocorrer como resultado de um direito de co-postulação, como o previsto no art. 6º, § 3º, do CPI/96, do nascimento de uma pretensão múltipla no curso do pedido (pela morte do inventor, titular do pedido, por exemplo), ou, *a posteriori*, pela alienação a qualquer título do privilégio a titulares múltiplos.

É certo também que o autor de uma invenção tem seu direito personalíssimo de ver tutelada a autoria; mas tal tutela foge ao campo da propriedade industrial, e não se ajusta sequer à noção de propriedade.

[8] § 5.0. (A) Condomínio e licenças

Um dos problemas mais recorrentes em Direito Patentário é da situação jurídica da licença concedida por um dos titulares conjuntos de uma patente. A questão é objeto de elaboração doutrinária bastante rica, inclusive em Parecer de Clóvis Bevilacqua, aparentemente jamais publicado, constante de um velho processo existente nos arquivos do INPI; e continua sendo discutido correntemente.[540]

---

538 Vide acima, no primeiro capítulo deste volume, a seção específica sobre propriedade e monopólio.

539 Assim prescreve o 35 USC Section 116. Inventors - When an invention is made by two or more persons jointly, they shall apply for patent jointly and each make the required oath, except as otherwise provided in this title. Inventors may apply for a patent jointly even though (1) they did not physically work together or at the same time, (2) each did not make the same type or amount of contribution, or (3) each did not make a contribution to the subject matter of every claim of the patent. If a joint inventor refuses to join in an application for patent or cannot be found or reached after diligent effort, the application may be made by the other inventor on behalf of himself and the omitted inventor.

540 BARBOSA, Denis Borges. Patentes e Problemas - Cinco Questões de Direito Patentário. Revista de Direito Mercantil Industrial Econômico e Financeiro, São Paulo, p. 27 - 48, 30 dez. 1989.

Distingue Gama Cerqueira, citando o Decreto Lei nº 1945, a liberdade de uso de invenção, que todos os condôminos têm, da faculdade de utilização do privilégio (idem, nº 137):

"Explorar a patente é tirar proveito dela, cedendo-a ou concedendo licenças para exploração da invenção."
"Explorar a invenção é usá-la industrialmente, é fabricar e vender o produto privilegiado ou empregar o processo que faz objeto da patente."

Assim, entende o autor, teria o comunheiro, sob o Dec. Lei 7903/45, o direito de fabricar, sem ser impedido pelos demais titulares; não havia necessidade de recíproco consentimento.[541] Mas nada de semelhante ocorrência quanto ao poder de ceder o privilégio, ou de licenciá-lo; o comunheiro não o poderia, se aplicadas as regras do Art. 633 do Código Civil de 1916[542] (ou as do art. 1314 do Código de 2002). No entanto, a aplicação das regras do condomínio não deva se fazer automaticamente, no caso de patentes de invenção; assim, no nº 138 do Tratado, coerentemente, não cita o Art. 633 como membro do silogismo em que se baseia seu raciocínio, mas apenas como elemento de corroboração.

Diz ele que, quanto à faculdade de conceder licenças, deveria haver um tratamento distinto do da alienação da patente: dever-se-ia permitir aquela ao comunheiro. Mas, por vezes, a licença funciona como alienação, o que faria equivaler os dois casos.

Em segundo lugar, diz Gama Cerqueira, a concessão de licença afeta o direito dos demais consortes, a não ser que o comunheiro se obrigue a não explorá-lo. É este o elemento básico do seu raciocínio, o que se torna evidente pela citação extensa de Ramella que faz na oportunidade:

"Poiché il diritto del compartecipe investe idealmente tutta la privativa, colla sola limitazione, nell'esistenza sua, di dover sottostare ai concorrenti diritti degli altri interessati, segue che ogni lui atto d'esercizio e disposizione che non contrasti coi consimili diritti dei suoi compartecipi, ma sia con essi compatibile, debba considerare lecito, mentre gli atti giuridici che colpirebbero l'invenzione nella sua totalità (es. la rinuncia alla stessa) non potrebbero compiersi da uno

---

541 CC 1916 Art. 623 - Na propriedade em comum, compropriedade, ou condomínio, cada condômino ou consorte pode: I - usar livremente da coisa conforme seu destino, e sobre ela exercer todos os direitos compatíveis com a indivisão; II - reivindicá-la de terceiro; III - alhear a respectiva parte indivisa, ou gravá-la (art. 1.139). CC 2002 Art. 1.314. Cada condômino pode usar da coisa conforme sua destinação, sobre ela exercer todos os direitos compatíveis com a indivisão, reivindicá-la de terceiro, defender a sua posse e alhear a respectiva parte ideal, ou gravá-la. (...)
542 CC 1916 Art. 633 - Nenhum condômino pode, sem prévio consenso dos outros, dar posse, uso, ou gozo da propriedade a estranhos. CC 2002 Art. 1.314. (...) Parágrafo único. Nenhum dos condôminos pode alterar a destinação da coisa comum, nem dar posse, uso ou gozo dela a estranhos, sem o consenso dos outros.

solo senza il concorso degli altri aventi diritto e neppure dalla maggioranza loro, la quale non ha potere di pregiudicare il diritto della minoranza dissidente."

O raciocínio de Gama Cerqueira, moldado sobre o revogado Art. 43 do Dec. Lei 7903/45, poderia ser estendido ao regime vigente? O CPI de 1971 era, como o de 1996 é, de um mutismo total quanto à questão, a diferença da Lei de 1882, da de 1923, do Código de 1945 e do de 1967. O que regula, pois, a matéria?

Somente a análise do fenômeno do licenciamento de privilégios de invenção poderá dar a medida em que serão aplicáveis os preceitos que, no Código Civil, regem o condomínio. Se o bem tutelado pelo condomínio for atingido pelas eventuais práticas antijurídicas do comunheiro que licencia, então teremos identidade de natureza do direito (absoluto, exclusivo, patrimonial) e identidade de objeto; e justificar-se-á a aplicação.

Ora, o comunheiro, no direito brasileiro, tem a faculdade de explorar o invento, fabricando o produto ou usando o processo. Tal faculdade, que decorre da natureza especial do direito de propriedade industrial, existe, mesmo sem a previsão explícita da lei; e deriva da incidência do direito exclusivo *tote in toto et in quolibet parte* sobre um bem imaterial.

É certo que, por exemplo, a lei francesa de 1968 estabeleceu, quanto à comunhão no privilégio, que os frutos deveriam ser repartidos entre os titulares, impedindo explicitamente a licença dada por um só dos comunheiros sem o assentimento dos demais; note-se porém, que existe a previsão legal de um suprimento judicial do consenso, em caso de desacordo.

Quais os benefícios dos comunheiros, então? São os que derivam de uma posição de restrição à concorrência, sancionada por lei, na qual são titulares de um oligopólio: o monopólio repartido entre os co-partícipes do privilégio. Assim, a entrada de mais um concorrente no mercado restrito violaria o direito dos comunheiros, esmaecendo a vantagem que decorre da patente. É esta a razão de se vedar licenças em geral.

A razão de existência do antigo Art. 633 do Código de 1916, porém, é distinta. No relato de Clóvis Bevilacqua:

"Observação – As terras comuns, no interior do país, têm, muitas vezes, número extraordinário de condôminos, porque cada consorte se julgava no direito, não só de tomar para si uma parte do terreno, como de ceder direito igual a outros. Quem possuía uma décima parte de determinadas terras, nela estabelecia, segundo a qualidade do solo, uma fazenda de gado ou uma plantação de cereais, sem atender à proporção entre a sua cota e a extensão do terreno, o que aliás, não se poderia fazer, rigorosamente, senão pela divisão. Mas, não contente com isso, cedia da sua parte ideal fragmentos a outros, que procediam do mesmo modo. Foi para evitar esse mau uso do direito, que uma ranhava e complicava uma relação jurídica já de si tão sujeita a questões, que o Código estabeleceu a regra salutar de impedir a interferência de estranhos no condomínio, sem o acordo dos outros consortes" (Cód. Civil Comentado Art. 633).

Vê-se que o bem jurídico tutelado pelo antigo Art. 633 (repetido, no pertinente, pelo parágrafo único do art. 1314 do CC 2002) é a clareza das relações jurídicas, o direito, que cada um tem, de conservar líquido e distinto seus direitos patrimoniais. O destinatário principal da norma é o complexo fundiário, e sua *raison d'être* é enraizada na terra. É um preceito de direito agrário.

Nada mais distante das relações concorrenciais, tuteladas pelo privilégio de invenção.

A solução para um impasse é a alienação judicial do privilégio, citando-se o titular ausente por edital. Poder-se-ia, também, sugerir a constituição de um administrador, ou a proposição de ação própria para obter o consenso da licença, ou ainda a licitação. São soluções que residiam igualmente no texto do Código Civil de 1916 (e podem-se ler dos arts. 1.314 a 1.322 do CC 2002), e são plenamente aplicáveis. Qualquer das três hipóteses terá a vantagem da certeza jurídica, e trará ao comunheiro licenciante uma posição juridicamente sólida.

Porém, havendo cláusula de exclusividade de uso, em favor da licenciada, não há dano possível ao outro titular, que deveria tolerar, necessariamente, a atividade do seu comparte. Atividade esta que não é um direito personalíssimo; se o licenciado se substitui ao licenciador, sem criar nova concorrência (já que, ao menos potencialmente, poder de concorrer tinha ao licenciador) inalterado fica o espaço legal em questão.

[8] § 6. Pluralidade de autores independentes

O Art. 7º da Lei 9.279/96 regula a situação da pluralidade de autores independentes, dando ao primeiro *depositante* a propriedade do invento (o que no jargão se chama *first to file*).[543] Dá-se proteção a quem se submete à publicação e divulgação de sua criação industrial, e não àquele que mantém sua superioridade técnica através do

---

543 ROUBIER, Paul. Le Droit de la Propriété Industrielle. Paris: Librairie du Recueil Sirey, 1952, p. 124: "La situation est encore moins bonne dans le cas où un autre inventeur – également original – découvre après lui la même invention, et réclame alors un brevet. Quel sera le sort du premier inventeur, qui exploitait ainsi en secret cette invention, par rapport à ce dernier, lequel, comme nous l´avons dit, devient le légitime titulaire du monopole d´exploitation de l´invention, que lui confère son brevet? La jurisprudence lui a accordé en pareil cas ce qu´on appelle "un droit de possession antérieure et personnelle", qui lui permettra de poursuivre son exploitation dans les conditions antérieures, et le mettra ainsi à l´abri, grâce à une exception, de toute action en contrefaçon du breveté. C´est tout ce qu´il obtiendra désormais: il ne devient pas un contrefacteur, mais il doit se résigner à voir passer le droit de monopole en d´autres mains; ce sera le breveté qui sera titulaire de ce droit, c´est lui seul qui sera qualifié pour poursuivre les contrefacteurs, ou concéder des licences d´exploitation".

sigilo.[544] Os Estados Unidos, numa postura isolada nas legislações nacionais, persiste dando patente para o primeiro inventor, e não o primeiro depositante.

Tal dispositivo é complementado pelo Art. 45 da Lei 9.279/96, que garante ao prévio usuário de boa fé da tecnologia, que não requerer patente, um direito de inoponibilidade quanto ao privilégio enfim obtido por terceiros.

[8] § 7. Direito do usuário anterior

Diz o art. 45 da Lei 9.279/96 que "à pessoa de boa fé que, antes da data de depósito ou de prioridade de pedido de patente, explorava seu objeto no País, será assegurado o direito de continuar a exploração, sem ônus, na forma e condição anteriores".[545] Em outras palavras, o direito resultante da patente exerce-se *erga omnes*, menos para o usuário anterior.[546]

Inspirado no *droit de possession personelle* do Direito Francês, a lei garante a inoponibilidade do privilégio ao usuário anterior, desde que *pessoa de boa fé*.[547] A lei exige o requisito de boa fé, que se configurará na maior parte das vezes como o fato de ser inventor autônomo – autor de criação original, na acepção do direito autoral – ou sucessor a justo título deste. A boa fé é requisito subjetivo, ou seja, se traduz na falta da existência da consciência do ilícito, e não do fato do ilícito em si mesmo.

Quanto a este ponto, observe-se o disposto no § 2º do art. 45, a saber:

"O direito de que trata este artigo não será assegurado à pessoa que tenha tido conhecimento do objeto da patente através de divulgação na forma do art. 12, desde que o pedido tenha sido depositado no prazo de 1 (um) ano, contado da divulgação."

---

544   SCHMIDT-SZALEWSKI, Joanna; PIERRE, Jean-Luc. Droit de la Propriété Industrielle. 10. ed. Paris: LITEC, 2001, p. 28: "Le cas des inventions concomitantes. Si plusieurs personnes ont réalisé l´invention indépendamment l´une de l´autre, le droit au brevet appartient à celui qui justifie de la date de dépôt la plus ancienne (CPI, art. L. 611-6); on revient, dans ce cas, à la régle du premier déposant. Le premier inventeur ne pourra ni s´opposer à la délivrance, ni obtenir ni l´annulation du brevet, ni en réclamer la propriété par l´action en revendication, celle-ci n´étant pas destinée à sanctionner l´absence de la qualité d´auteur de l´invention".

545   Em edição anterior deste livro, expressei minha convicção de que o direito ao usuário anterior não era gratuito; facultar-se-ia a ele uma licença obrigatória, mas pagante. O impacto da expressão literal da lei ("sem ônus") e a natureza do instituto, porém, fazem-me alterar tal entendimento. Com efeito, não estamos na hipótese perante uma licença compulsória, como a de dependência (vide abaixo), que seria um limite ao exercício dos direitos do titular da patente, mas sim ante um direito anterior, de outra natureza, cuja preexistência gera inoponibilidade do direito subsequente.

546   Posição similar tem o beneficiário de nulidade incidental em procedimento judicial: a patente continua a valer erga omnes, salvo para a parte que conseguiu determinar a nulidade da patente como matéria de defesa.

547   CHAVANNE, Albert; BURST, Jean-Jacques. Droit de la propriété industrielle. 5. ed. Paris: Dalloz, 1998, p. 266: "Une personne a la possession personnelle antérieure d´une invention lorsque, sans l´avoir bre

Com efeito, o art. 12 trata de modos de divulgação do invento antes do depósito do pedido, que podem não constituir perda da novidade, se o inventor solicitar proteção no ano subsequente ao fato (período de graça). Assim, se a aquisição do conhecimento do invento se fez por uma dessas formas de divulgação, ela não será oponível à patente.[548]

Quanto ao objeto do direito, é beneficiário do direito a pessoa que já detiver o *mesmo* invento, ou invento contido no alcance das reivindicações de patente de terceiro, inclusive na hipótese de equivalência de fatores.

Note-se que só há direito de inoponibilidade em relação ao invento já explorado (e não o simplesmente pesquisado ou conhecido), antes do depósito da patente, e *no País*. A exploração no exterior não faculta a inoponibilidade.

[8] § 7.1. Natureza do direito do usuário anterior

Vale agora ponderar sobre a natureza da tecnologia detida pelo usuário anterior. Ela não pode ser utilizada de forma a constituir uma *anterioridade* (vide a seção específica sobre perda da novidade). Em outras palavras, será insuscetível de ser revelada pela exploração anterior, sendo opaca aos olhos do público. Se tal exploração (que, lembremos, é obrigatória para se garantir o direito em análise) decifrar a tecnologia, terá havido perda de novidade, e a patente seria nula.[549]

O sentido do dispositivo é enfatizar que o direito de pedir patente é uma faculdade do inventor, e não um dever. Ao inventor que preferir manter sua criação em sigilo, sem constituir anterioridade é facultado continuar a exploração, ainda que sem a exclusividade do titular da patente. Garante-se formalmente o direito ao sigilo, que é paralelo ao direito ao inédito da lei autoral,[550] com ser o direito de não tornar pública a sua criação.

---

vetée, elle la détient secrétement depuis une date antérieure au dépôt de la demande par un tiers portant sur la même invention. La possession personnelle antérieure naît dans les circonstances suivantes: Une personne réalise une invention. Elle ne dépose pas de demande de brevet. Plus tard, une autre personne fait la même invention qu'elle protége par un titre. Si le premier inventeur a exploité son invention, s'il l'a divulguée, le brevet obtenu par le second est nul. Si, au contraire, il l'a conservée secrétement, le brevet qui a été délivré est valable. En pareil cas, bien que valable, le brevet accordé au deuxième inventeur ne sera pas opposable au premier, parce qu'il abatí la possessión antérieure de l'invention. Tel est le sens de la possessión personnelle antérieure".

548 Note-se, como indica Tinoco Soares, Lei de Patentes, Marcas e Direitos Conexos, Ed. Revista dos Tribunais, 1997, p. 91, que a redação "desde que" do dispositivo é absurda, pois se o pedido não tiver depositado no prazo de 1 (um) ano, contado da divulgação, terá havido perda de novidade, e impossível será o exercício do direito do usuário anterior.

549 AHLERT, Ivan Bacellar. Delimitação do escopo da patente. In: JABUR, W. P.; SANTOS, M. J. P. (Org.). Propriedade intelectual: Criações industriais, segredos de negócio e concorrência desleal. São Paulo: Saraiva, 2007, p. 156. [...] se o uso anterior da invenção patenteada se deu de forma pública, então o usuário anterior pode requerer a invalidação da patente por falta de novidade. No entanto, se o uso é confidencial, então dificilmente o titular da patente tomará conhecimento das atividades do usuário anterior.

550 Lei 9.610/98 Art. 24. São direitos morais do autor: III - o de conservar a obra inédita;

O direito é pessoal, e intransferível; só poderá ser cedido juntamente com o negócio ou empresa, ou parte desta que tenha direta relação com a exploração do objeto da patente por alienação ou arrendamento.

[8] § 7.2. Imutabilidade e intrasferibilidade do direito do usuário anterior

O dispositivo legal fala no direito que tem o usuário anterior de continuar a explorar sua tecnologia *na forma e condições anteriores*. Não é de se ver necessariamente um limite quantitativo ou qualitativo à exploração,[551] mas apenas uma restrição *em face da patente*. O que ele não pode, como possuidor, é esbulhar por ampliação a patente do titular que a obteve. Lógico que o usuário anterior pode aperfeiçoar seu invento e usá-lo desde que sem violar o privilégio do outro, e até obter uma licença de dependência se o fizer.

Assim, um aumento de produtividade na utilização de um mesmo aparelho patenteado, ou alterações de processo no caso de um produto patenteado, ou modificações de produto sem alteração do processo patenteado, tudo é compatível com o texto legal, desde que não se use mais das reivindicações do que se usava antes do depósito ou prioridade do pedido. O que se tutela é a colisão dos dois direitos, evitando que a posse do usuário restrinja mais do que sempre restringiu (de fato, como convém à posse sob Jhering e nosso Código Civil de 1916) a posse do titular da patente.

Em suma, restringe-se o *direito imaterial* e não a posição de mercado do usuário anterior. Senão se entendesse assim, o direito em questão teria perante o usuário um certo caráter monopolizante; com efeito, o fundamento de legitimação da patente é o fato de não excluir uma atividade do mercado, mas acrescer à capacidade produtiva com uma tecnologia nova.

Imutável, o direito do usuário anterior também é restritivamente transferível. Diz o CPI/96 no seu art. 45:

§ 1º O direito conferido na forma deste artigo só poderá ser cedido juntamente com o negócio ou empresa, ou parte desta que tenha direta relação com a exploração do objeto da patente por alienação ou arrendamento.

A disposição atrela o conhecimento ao estabelecimento, como fazia a lei brasileira com as marcas antes do CPI/45. Aparentemente, se teria um direito *propter rem*; no entanto, ao falar de cessão (ou arrendamento de parte) do negócio a lei apenas faz uma mesura às tradições da propriedade industrial. O que se quer é exatamente evitar que a colisão dos direitos do usuário se amplie pela transferência.

---

551 Como acredita Keith M. Kupferschimidt, in Prior User Rights, apud Dannemann, *op. cit.*, p. 133.

[8] § 7.3. Bibliografia: direito do usuário anterior

Dannemann, Gert Egon: Do período de graça e do usuário anterior, dois novos princípios introduzidos no projeto do CPI/96 da Propriedade Industrial. Revista da ABPI, n. 13, p. 33 a 36, nov./dez 1994

Seção [9] Quais inventos não são patenteáveis

As leis nacionais têm, historicamente, excluído do patenteamento inventos que, não obstante satisfazerem os requisitos gerais de proteção (vide as seções anteriores) são considerados incompatíveis com a política industrial do país, ou atentam contra a moral,[552] a ordem pública, ou a segurança nacional.

O Acordo TRIPS da OMC veda exclusões legais de qualquer área da tecnologia do campo da proteção – exceto em poucos casos específicos. À luz do Acordo os países membros apenas podem excluir patentes das invenções:

a) contrárias à ordem pública ou à moralidade, inclusive para proteger a vida e saúde humana, animal ou vegetal, ou para evitar sério prejuízo ao meio ambiente.
b) métodos de diagnóstico, de tratamento e de cirurgia, animal ou humana.
c) animais que não sejam microorganismos;
d) plantas que não sejam microorganismos, mas quanto às variedades de plantas deve haver um sistema de proteção específica;[553]
e) processos essencialmente biológicos para produção de animais e de plantas, exceto processos não biológicos ou microbiológicos.

A Lei 9.279/96 lista como não patenteáveis, apenas:

• os inventos contrários à moral, à segurança e à saúde pública[554] vale dizer, os que sejam essencialmente voltados a esses objetivos anti-sociais. Veja-se que a lei em vigor já não se fala, como na interior, em inventos "de finalidade" imoral, etc. Na história da Propriedade Industrial brasileira, tais casos são virtualmente inexistentes.[555]

---

552 Vide Federal Patent Court (Bundespatentgericht): GERMANY IIC 2003 Heft 6, 668, Decision Federal Patent Court (Bundespatentgericht) March 15, 2002 - Case No. 5 W (pat) 3/01 („European Emblem" (Europaemblem)).

553 Gabriella Giovanna Lucarelli de Salvio, The Trips Agreement and Plant Protection in Brazil, Revista da ABPI, Nº 45 - Mar./Abr. de 2000.

554 O CPI 1971 ainda mencionava os cultos religiosos e sentimentos dignos de respeito e veneração.

555 Vale ainda lembrar a CUP: Art. 4º quater - Não poderá ser recusada a concessão de uma patente e não poderá ser uma patente invalidada em virtude de estar a venda o produto patenteado ou obtido por um processo patenteado sujeito a restrições ou limitações resultantes da legislação nacional.

Tratado da Propriedade Intelectual

- os produtos e processos relativos à transformação do núcleo atômico.[556]
- o todo ou parte dos seres vivos, exceto os microorganismos transgênicos[557] que não sejam mera descoberta.

Não estão abrangidas na última vedação as invenções de processos (não naturais) para a criação de tais seres, que permanecem plenamente patenteáveis.

A lei brasileira, assim, presume que apenas os microorganismos transgênicos atendam simultaneamente aos requisitos de *invenção* e de patenteabilidade. Enquanto tal for cientificamente verdadeiro, não há qualquer atentado ao art. 27 de TRIPs. Quando tal deixar de ser verdade, não é impossível suscitar a desconformidade entre a lei nacional e o texto de TRIPs, o que, no entanto, nunca possibilitará a concessão de patentes de microorganismos não transgênicos. TRIPs, não custa jamais repetir, não tem aplicação direta no Direito Interno, de forma a favorecer os titulares de inventos.

[9] § 0.1. Exclusões de patenteabilidade na lei anterior

A lei anterior, seguindo uma longa tradição de nosso direito, e conforme à Convenção de Paris, excluía também, por razões de interesse público, o patenteamento dos produtos químicos (mas não dos processos químicos) e dos processos e produtos alimentares e farmacêuticos. Tais exclusões se contrapõem ao texto do Acordo TRIPs de 1994.

Com a superveniência do novo regime do TRIPs, permitiu-se a concessão de patentes para invenções que já haveriam caído no domínio público por força da exclusão anterior. Vide as seções relativas ao Acordo TRIPs, à política legislativa em matéria de patentes e ao chamado *pipeline*. Por eminentes razões constitucionais, é impossível a extensão ao domínio das patentes àquilo que já havia se incrustado no domínio público.

[9] § 0.2. Patenteabilidade de matéria biológica

Vide, mais abaixo, a seção deste livro dedicada às patentes biotecnológicas.

[9] § 0.3. Patentes de variedades de plantas

Quanto às variedades de plantas,[558] veja-se a seção específica deste livro, quanto aos cultivares. A lei brasileira optou por conceder especificamente uma proteção sob

---

556   Esta vedação, embora não deva ser acolhida segundo os parâmetros do art. 27 de TRIPs, existe também na lei americana. Quero crer que seria admissível em face das regras gerais do GATT sobre segurança nacional, como apontado em nossa obra anterior Licitação, Subsídios e Patentes, Ed. Lumen Juris, 1996, p. 73 e seguintes.

557   Na definição legal, microorganismos transgênicos são organismos, exceto o todo ou parte de plantas ou de animais, que expressem, mediante intervenção humana direta em sua composição genética, uma característica normalmente não alcançável pela espécie em condições naturais

558   Vide, quanto ao tema, Edson Souza, A Proteção de Variedades Vegetais e os Direitos de Propriedade Intelectual, Revista da ABPI, Nº 40 - Maio /Jun. 1999.

1353

outros parâmetros, que não o de patentes, ao dizer, no art. 2º da Lei de Cultivares que "a proteção dos direitos relativos à propriedade intelectual referente a cultivar se efetua mediante a concessão de Certificado de Proteção de Cultivar, (...) única forma de proteção de cultivares e de direito que poderá obstar a livre utilização de plantas ou de suas partes de reprodução ou de multiplicação vegetativa, no País".

Outros países concedem patentes especiais, ou mesmo patentes ordinárias às invenções do gênero.

[9] § 0.4. Enantiometros, polimorfos, metabolitos e prodrogas

Muitas discussões têm sido entretidas quanto à patenteabilidade de tais invenções, como também ocorre quanto às reivindicações de segundo uso e de seleção (vide as seções sobre tais objetos neste capítulo).

[9] § 0.5. O que são tais objetos

Polimorfismo é a capacidade de um determinado sólido adotar duas ou mais conformações cristalinas:

> Polimorfismo é o fenômeno que os sólidos apresentam de cristaliza-se em mais de uma estrutura cristalina, ou seja, podem ser constituídos de uma mesma molécula e terem estruturas tridimensionais de empacotamento cristalino bastante distintas. Para se ter uma noção da abrangência dos polimorfos, moléculas com diferentes formas cristalinas, apresentam características físico-químicas bastante diferentes. Isso é particularmente importante no caso de fármacos polimórficos, que em termos mais específicos, constituem o mesmo princípio empacotado em diferentes formas de cristais As diferenças entre características fisico-químicas, se refletem sobretudo no padrão de desintegração/dissolução (Fase Farmacêutica) de um determinado fármaco em meio biológico. Entende-se portanto, que fármacos que apresentem cristais diferentes podem apresentar curvas de biodisponibilidade/bioequivalência bastante distintas. Isto é particularmente preocupante do ponto de vista farmacêutico, uma vez que constitui um fator preponderante na obtenção de matérias primas para fabricação de medicamentos em forma sólida. A administração de medicamentos por via oral em formulações sólidas é, em geral, a mais conveniente, segura e barata, e, portanto a mais comum. No entanto, sua eficácia terapêutica está diretamente relacionada às características do fármaco no estado sólido. Tanto a estrutura cristalina (polimorfismo) quanto o hábito cristalino (morfologia) e o tamanho de partícula possuem um tremendo impacto prático e comercial desde a pesquisa inicial até a manufatura do produto final.[559]

---

[559] Wikepia, http://pt.wikipedia.org/wiki/Polimorfismo_(química), visitada em 31/8/2009. Tal verbete está marcado como suscetível de discussão.

Enantiômetros são:[560]

moléculas que são imagens no espelho uma da outra e não são sobreponíveis, nem por rotação nem por translação. A mistura de enantiómeros numa solução denomina-se mistura racémica. Enantiómero é um de dois estereoisómeros de um composto quiral e pode ser a base do efeito terapêutico pretendido. A maioria das moléculas presentes na estrutura dos organismos vivos são quirais.[561]

Prodrogas são assim definidas:[562]

Os **pró-fármacos** são fármacos em sua forma inativa ou substancialmente menos ativas que quando administrados, sofrerão uma biotransformação *in vivo*, passando a produzir metabólitos ativos. Estes podem melhorar a absorção ou a ação.

[9] § 0.5. (A) Da norma aplicável

A norma legal brasileira é de que *todos* os objetos de patentes que – sendo inventos – obedeçam aos pressupostos técnicos serão dignos de patenteamento, salvo exclusão específica no art. 18. Como tanto enfatizamos neste capítulo, não cabem exclusões *ad hoc* de patenteabilidade quanto a quaisquer objetos, senão as que estejam configuradas em lei.

Não existe hipótese de que se impugnem tais objetos sob o argumento de que são "descobertas", eis que contra isso o art. 10 fornece defesa legal; mas não serão "descobertas" quaisquer soluções técnicas para problemas técnicos. Assim, resolvendo um problema técnico específico, quaisquer criações humanas, que superem assim a mera ação de *conhecimento* para chegar a pragmática de uma solução técnica, serão inventos.

---

560   Vide Patents and enantiomers: Generics v Lundbeck, Brian Whitehead, Stuart Jackson, and Richard Kempner, Journal of Intellectual Property Law & Practice, 2007, Vol. 2, N. 12.

561   http://pt.wikipedia.org/wiki/Enantiômero, visitada em 31/8/2009.

562   Draft Manual of Patent Practice and Procedure. Patent Office, India - 2005. Annexure - 1. ,5.4 META-BOLITES: Metabolites are the compounds that are formed inside a living body during metabolic reaction. The types of metabolites are- (i) Active metabolites formed from inactive precursors (e.g Dopa & Cyclophosphamide) (ii) Active metabolites formed from precursors that show mechanism of action that is different from that of parent compound (e.g Buspirone & 1-pyrimidyl piperzine Fenflouromine & nor-fenfleuromine) (iii) Active metabolites which contribute to the duration of action of the parent compound (e.g. Hexamethylmelamine & Clobazam) (iv) Active metabolites that show antagonistic effect on the activity of the parent compound (e.g Trezodone & m-chlorophenyl pierzine, Aspirin & salicylate) 5.4.1 A metabolite is unpatentable since giving the drug to a patient naturally and inevitably results in formation of that metabolite. 5.5 PRODRUGS: 5.5.1 Prodrugs are inactive compounds that can produce an active ingredient when metabolized in the body. Hence prodrugs and metabolites are interlinked. When metabolyzed in the body, inactive compounds(pro-drug) can produce a therapeutically active ingredient,. It must be determined whether the patent on the compound covers the prodrug and the extent to which claims relating to certain compounds should also be allowed to include their prodrugs. The inventive aspects of prodrug may be decided based on the merits of the case. 5.5.2 However, if there is a marked improvement over the primary drug, prodrugs may be patentable.

Só no art. 18 se terá uma exclusão incondicional de objetos de patentes. Como tivemos ocasião de lembrar ao Grupo Interministerial de Propriedade Intelectual:[563]

O artigo 10 é uma declaração DE FATO do que não é PRESUMIVELMENTE invento. A regra é que tudo que estiver no art. 10 e – contra a presunção – FOR INVENTO é patenteável. Por exemplo.... as descobertas que resolverem um problema técnico são patenteáveis, ainda que simplesmente ocasionais. O lugar sistematicamente correto de por essas exclusões é no art. 18 (exclusões incondicionais de patenteabilidade por decisão de política pública), quanto ao segundo uso, e como "não se presume haver novidade" em relação às seleções e enantiometros & polimorfos.Isso fará uma colossal diferença na prática judiciária imediata e, em geral, jurídica e pragmática,a longo prazo.

Do ponto de vista de política pública, assim entendo:[564]

No comentário do Mondaq sobre o caso Apotex, da Suprema Corte do Canadá, quanto a patentes de seleção (http://www.mondaq.com/article.asp?articleid=69414):
According to the evidence in the case, about eight out of every 10 pharmaceuticals currently on the market involve selection patents.
Tenha-se paciência, mas se é só para isso que se dá patentes, se é esse o empenho de pesquisa que se paga com patentes de vinte anos, tem-se sim que repensar o sistema. Assim como a Agência Nacional de Saúde Complementar deixa de cobrar o que o setor privado deve (o que, primariamente, é dizer que o setor privado é inadimplente), essas patentes de vinte anos estão sendo – como o dinheiro que o Obama deu para a AIG e a empresa distribuiu como bônus aos seus executivos – um recurso público esbanjado para um uso não produtivo.
Patente é um instrumento da economia de mercado, que deve ser modulado em razão de sua eficiência. Como disse a Suprema Corte dos Estados Unidos em Atlantic Works v. Brady, Supreme Court of United States, 1882, 107 U.S, 2 S.Ct. 255 L.Ed. 438 e, de novo, em Sears, Roebuck & Co. v. Stiffel Co., 376 U.S. 225, 229-30 (1964), esse tipo de patentes de menor importância
Cria uma classe de especuladores inescrupulosos que fazem de seu negócio ficar observando uma onda crescente de desenvolvimento e se aproveitar de sua espuma através de monopólios patentários, que os permitem impor uma tributação pesada sobre a indústria do país, sem nada contribuir para o real avanço das artes.
Pois é, 80% de patentes de seleção é um tributo a mais sobre a indústria do Brasil: já temos um governo que carrega demais a tributação, para ainda ter que supor-

---

563   Correspondência de 11/2/2009.
564   http://denisbarbosa.blogspot.com/

Tratado da Propriedade Intelectual

tar a tributação improdutiva do setor privado. O mercado e o capitalismo assim não aguentam.

Foi essa a perspectiva que presidiu a In Re Bilski, e vale aqui também para as patentes de polimorfos. No regime da liberdade de iniciativa, só a eficiência justifica. Como o livro Patent Failure mostra, num regime de ineficiência social do sistema de patentes so uma categoria lucra: a nossa.

A eventual inabilidade técnica em se fazer um exame adequado de novidade, atividade inventiva e de que há invento não justifica a criação de empecilhos à patenteabilidade. Mas qualquer manifestação de política pública é suscetível de análise constitucional e de inclusão no art. 18 da Lei 9.279/96, seja tal iniciativa compatível ou não com TRIPs ou outros instrumentos internacionais. Tal iniciativa presume sempre, e ineludivelmente, lei ordinária.

[9] § 0.5. (B) Dos polimorfos

Em especial os polimorfos tem sido objeto de ampla discussão, tendo o INPI emitido, para consulta pública, uma proposta de diretriz de exame.[565] Contrário à posição do INPI (a favor do patenteamento desses objetos), foi proposta legislação que a denega.[566]

A Associação Brasileira das Indústrias de Química Fina, Biotecnologia e seus Derivados submeteu a seguinte questão:

A proposta de diretrizes de exame de pedidos de patente referente a polimorfos que o INPI colocou em consulta pública no seu site nos deixa extremamente preocupados. Nos termos em que esta vazada ela é extremamente leniente ao apreciar a questão da atividade inventiva, posição exatamente oposta a que seria de se esperar. As diretrizes estão associando a existência de atividade inventiva ao fato da invenção solucionar um problema técnico. Transcrevo:

A atividade inventiva de uma forma polimórfica será aferida ao se constatar um efeito que solucione um problema do estado da técnica suficientemente diferenciador, como por exemplo: aumento na estabilidade, solubilidade aparente e processabilidade.

Este tipo de interpretação dará lugar à aprovação de uma grande quantidade de pedidos de patente de polimorfos que se encontram depositados no INPI e que, posteriormente, poderão dar lugar a estratégias de dilatação de prazos de exclusividade

---

565   http://www.direito2.com.br/acam/2008/jun/25/inpi-patente-de-polimorfos-favorece-inovacao-tecnologica; http://www.inpi.gov.br/menu-esquerdo/patente/discussoes-tecnicas/polimorfismo, visitados em 31/8/2009.

566   PL n. 2.511/2007 e seu apenso PL n. 3995/08, que busca proibir a concessão de patente aos polimorfos e aos segundo usos médicos.

1357

de mercado via mudanças no dossier toxicológico de registro de medicamentos com efeitos danosos à disponibilidade de produtos genéricos de menor preço. Toda invenção faz uso de conhecimentos existentes no estado da técnica. A existência de atividade inventiva é dada pela forma inovadora com que tais conhecimentos são usados para gerar uma nova invenção. Ora, pesquisar novas formas polimórficas de uma substância conhecida para solucionar problemas de solubilidade, estabilidade e processabilidade é hoje rotina em todo laboratório farmacêutico que se dedica a P&D. Em outras palavras, pesquisa de novos polimorfos para solucionar este tipo de problema é hoje parte do estado da técnica para um técnico no assunto e desta forma não possui atividade inventiva.

Receio que se ela for mantida, o País vai continuar dependendo da Anvisa para bloquear patentes fúteis relativas a medicamentos, o que seria uma pena.

Em atendimento a essa questão, este autor manifestou os comentários abaixo, com base em memorando de Rodrigo Souto Maior, mestrando da UERJ, cuja dissertação em curso se volta exatamente para o ponto em questão.[567]

Do panorama corrente

A atividade inventiva no tocante a polimorfos é um dos pontos mais sensíveis da Propriedade Intelectual no momento corrente:[568]

The Glivec battle in India
Novartis's ongoing stoush with the Madras High Court in India created quite a stir on the world stage late last year. It concerns the patentability of the Beta crystalline form of Imatinib, the active pharmaceutical ingredient in the blockbuster drug (Gleevec). (For those who are unaware, polymorphs are the various crystal forms of a material.)
The case derives from substantial changes to the Indian Patent Act made in 2005 and focuses on section 3(d) which bars from patentability certain types of patents which have traditionally been quite useful to innovator companies. The section reads:
'The following are not inventions within the meaning of this Act, ...
'the mere discovery of a new form of a known substance which does not result in the enhancement of the known efficacy of that substance or the mere disco-

---

[567] Rodrigo de Azevedo Souto Maior, As possibilidades da atividade inventiva no Brasil: uma busca no direito comparado pelos modos de aferição objetiva do critério de patenteabilidade, apresentada ao Programa de Mestrado em Direito Internacional da Faculdade de Direito da Universidade do Estado do Rio de Janeiro, orientador Prof. Dr. José Carlos Vaz e Dias, defendida em 31/8/2009.

[568] Duncan Bucknell, Worldwide: Pharmaceutical Polymorphs & Patent Strategy, 21 May 2008, encontrado em http://www.mondaq.com/article.asp?articleid=60884&email_access=on&print=1.

very of any new property or new use for a known substance or of the mere use of a known process, machine or apparatus unless such known process results in a new product or employs at least one new reactant.'
The case is currently mired in side issues about the constitutionality of the section and the proper composition of the Appeals Board which was to hear the appeal from the original patent office decision.
One of the allegations that has been made by Novartis is that India's section 3(d) does not comply with TRIPS. The contrary argument (much propounded by Shamnad Basheer over at SpicyIP) is that it does, as it is merely an obviousness standard that member states are free to define in a manner consistent with their national policy.
The controversy has become even more acute since a number of other Asian countries have apparently foreshadowed that they will enact provisions similar to India's 3(d). These include the Philippines, Maldives, Pakistan, Sri Lanka, Vietnam, Indonesia, Malaysia and Bangladesh.

Na verdade, o problema é que as decisões judiciais nos países centrais tem discernido falta de atividade inventiva no caso.[569] Nos Estados Unidos, *ainda não há* decisão judicial quanto ao ponto.[570]

A questão

A proposta de diretrizes para exame de patentes de novas formas polimórficas ("Proposta") prevê da seguinte forma o exame da atividade inventiva, espelhando a abordagem "problema/solução" (*problem and solution approach*) utilizada pelo Escritório Europeu de Patentes (EPO) na aferição deste requisito de patenteabilidade:

"A atividade inventiva de uma forma polimórfica será aferida ao se constatar um efeito que solucione um problema do Estado da Técnica suficientemente diferenciador, como por exemplo: aumento na estabilidade, solubilidade aparente e processabilidade.
Uma vez que não há nenhum conhecimento geral que torne possível a previsão das propriedades de um polimorfo, não seria óbvio produzir uma nova forma cristalina na expectativa de resolver um determinado problema técnico. Ainda que se

---

569 Vide a decisão britânica de 28/4/2008, encontrada em http://www.bailii.org/ew/cases/EWCA/Civ/2008/445.html

570 O USPTO tem concedido algumas patentes, por exemplo, US 20050131067, com a seguinte reivindicação: 1. A crystalline tolterodine tartrate form 1, characterized by an x-ray powder diffraction spectrum having peaks expressed as 2 theta at about 11.9, 13.6, 14.2, 15.9, 16.9, 18.4, 18.8, 20.4, 22.0, 23.9, 25.4, 26.3 and 29.8 degrees. Os analistas entendem que seja duvidosa a confirmação da patente no judiciário, em face do poadrão mais alto de atividade inventiva suscitado pela Suprema Corte em KSR v Teleflex, em 30 de Abril de 2007.

saiba que diferentes formas polimórficas possam apresentar características inesperadas, não há como prever, pelos conhecimentos comuns, quais serão os novos efeitos técnicos obtidos, pois isto somente será conhecido quando as formas polimórficas forem identificadas, caracterizadas e testadas para os efeitos desejados."

A previsão da proposta pode ser criticada a partir de três pontos básicos: *(i)* o exame de atividade inventiva deve respeitar os padrões constitucionais, promovendo o desenvolvimento; *(ii)* a abordagem problema/solução abrange passos sucessivos, predeterminados e objetivos; *(iii)* esta abordagem é apenas uma entre as possíveis para a aferição da presença da atividade inventiva.

[9] § 0.6. A leitura constitucional da aferição de atividade inventiva

A escolha de um sistema de direitos exclusivos como um dos meios possíveis para promover a inovação[571] traz, necessariamente, a necessidade de construir um mecanismo legal equilibrado e eficiente[572]

A opção, no caso, é de um instrumento de poder sobre o mercado, parte da liberdade geral de atuação econômica, que é apropriada e *delegada pelo Estado*, que o entrega à gestão privada, para se atingir fins públicos (a inovação) mediante incentivos privados (a apropriação dos respectivos resultados).

---

571 A análise jurídica do feixe de interesses envolvidos nesta construção já foi extensamente feita. Por exemplo, no capítulo sobre o problema constitucional do nosso Uma Introdução à Propriedade Intelectual, 2ª. Edição, Lumen Juris, 2003, como consideravelmente reestruturado em BARBOSA, Denis Borges. Bases Constitucionais. In: Manoel J. Pereira dos Santos, Wilson Jabour. (Org.). Criações Industriais. São Paulo: Saraiva, 2006, v. 1, p. 3 e ss.; BARBOSA, Denis Borges . Nota Sobre as Noções de Exclusividade e Monopólio em Propriedade Intelectual. Revista de Direito Empresarial da UERJ, Rio de Janeiro, p. 109-141, 2006. e em BARBOSA, Denis Borges, Inconstitucionalidade das Patentes Pipeline. Revista da ABPI, Rio de Janeiro, v. 83, p. 03-39, 30 jul. 2006, BARBOSA, Denis Borges. Inventos Industriais: A Patente de Software no Brasil - II. Revista da ABPI, Rio de Janeiro, p. 09-29, 10 out. 2007 e I, p. 17-38, 30 jun. 2007. Quanto ao tema, no tocate às marcas, vide BARBOSA, Denis Borges. Bases Constitucionais. In: Manoel J. Pereira dos Santos e Wilson Jabour (Org.). Signos Distintivos. São Paulo: Saraiva, 2006, v. 2, p. – e o capítulo pertinente no livro BARBOSA, Denis Borges, Proteção das Marcas - Uma Perspectiva a Semiológica. Rio de Janeiro: Lumen Juris, 2007. 456 p. No tocante ao direito autoral, BARBOSA, Denis Borges. Domínio Público e Patrimônio Cultural. In: Luiz Gonzaga Silva Adolfo e Marcos Wachowicz. (Org.). Direito da Propriedade Intelectual - Estudos em Homenagem ao Pe. Bruno Jorge Hammes. Curitiba: Juruá, 2005, v. , p. 117-165. No tocante aos cultivares, vide o capítulo da obra inicialmente citada; quanto à recente proteção de topografias de semicondutores, vide BARBOSA, Denis Borges, Breves comentários à Lei 11.484/2007, Revista dos Tribunais, 2007, no prelo.

572 Numa metáfora extraída do direito privado, mas que reflete a questão básica do equilíbrio público-privado dos interesses envolvidos nesta modalidade de incentivo à inovação, assim descreve em 1873 a obra clássica de Curtis, *op. cit.*: "The modern doctrine, in England, and undoubtedly the doctrine of our law, is, that in the grant of a patent right, a contract, or, as it has been said, a bargain, takes place between the public and the patentee. (...) But it should always be remembered that in the grant of a patent privilege, as now understood, a contract takes place between the public and patentee, to be supported upon the ground of mutual considerations, and to be construed, in all its essential features of a bargain, like other contracts to which there are two parties, each having rights and interests involved in its stipulation".

A novidade – o elemento contributivo da *inovação* – torna-se assim uma figura crucial para justificar *constitucionalmente* todos os sistemas de propriedade intelectual.[573] Como tantas vezes se repetiu, a concessão de *direitos exclusivos* como mecanismo de incentivo econômico de mercado presume uma criação tecnológica ou expressiva que contribua para o acervo disponível – algo *novo*.

Surge, imediatamente, porém, um problema de razoabilidade. As leis de patentes prevêem, até hoje, modelos fixos de proteção – em que o tempo, o alcance da exclusividade e os meios de implementação dos direitos são essencialmente padronizados em escala internacional, e de direito estrito, nos sistemas nacionais.

Para que se justificasse esse aparato de proteção, pareceu logo aos aplicadores das leis que um mínimo de densidade do novo – um mínimo de contribuição ao conhecimento comum – seria necessário.[574] É o que se denominaria *o contributo mínimo*.[575] Assim definimos tal requisito:

> O segundo critério é o da atividade inventiva. Este vai ainda mais fundo na questão do equilíbrio de interesses para que seja concedida uma patente. É preciso que não só haja novidade, mas também que a eficácia e a importância econômica dessa nova técnica seja discernível, de forma que se promova não apenas mínimos aumentos incrementais da tecnologia, e sim algo que seja tão grandioso que justifique a criação de um monopólio instrumental (...)
>
> Para justificar esse monopólio instrumental é preciso que haja um salto inventivo que, como nota em particular a jurisprudência da Suprema Corte dos Estados Unidos, é também um requisito constitucional, não só uma questão técnica.[576]

---

573   Tomando-se aqui a expressão como compreendendo apenas os direitos de exclusiva destinados a promover a inovação tecnológica e expressiva, muito embora, à luz da CUP estejam compreendidos direitos puramente concorrenciais (art. 10bis) ou não exclusivos (como os certificados de autor).

574   Outra solução seria adequar a proteção à contribuição, graduando o tempo e o alcance da proteção: uma inovação menor receberia meses ou poucos anos de tutela, ou direito à percepção do fructus, sem direito a exclusão de competidores. Vide quanto a isso o excelente estudo de J.H. Reichman e outros em 94 Colum.L.Rev.2308(1994). A fixação de prazo mínimo e alcance de proteção para as patentes de invenção por TRIPs enrijece o modelo, e torna a atividade inventiva um requisito crucial.

575   Até agora, temos postulado que tal atributo seja característico do sistema de patentes. Mas os requisitos de distinguibilidade dos cultivares e de originalidade autoral (num sentido objetivo) parecem compreender-se no mesmo plano: o de uma margem mínima de contribuição social além do simples investimento, dificuldade ou esforço.

576   BARBOSA, Denis Borges, O comércio internacional, o desenvolvimento econômico e social e seus reflexos na ordem internacional da propriedade intelectual. In: Patricia Luciane de Carvalho. (Org.). Propriedade Intelectual: estudos em honra à professora Maristela Basso. Curitiba: Juruá, 2005, p. 17-39. Vide Kitch, Edmund W., Graham v. John Deere Co.: New Standards for Patents, in Merges, Robert P.e Ginsburg, Jane C., Foundations of Intellectual Property, Foundation Press (September 2004), "The sufficiency of the invention," Phillips wrote in 1837, "depends not upon the labor, skill, study, or expense applied or bestowed upon it, but upon its being diverse and distinguishable from what is familiar and well known, and also substantially and materially, not slightly and trivially so. This requisite of an invention is sometimes expressed to be a difference in principle."

Desta forma, o artigo 13 da Lei 9.279/98[577] deve ser lido em conformidade com a Constituição, que, no seu artigo 5º, XXIX, estabelece como objetivo da propriedade industrial o interesse social e o desenvolvimento tecnológico e econômico do país. A correta aferição da atividade inventiva levará sempre ao atendimento deste mandato constitucional. Ou seja, vai garantir que um direito de exclusividade não seja concedido a um invento que decorreria de maneira natural e óbvia do Estado da Técnica, porquanto a sociedade não pode ser onerada por algo a que fatalmente teria acesso.[578]

O privilégio da patente deve ser reservado às invenções que, sem ele, não chegariam ao domínio público. A instituição de critérios demasiado simples ou excessivamente vagos para a aferição da atividade pode desrespeitar a cláusula constitucional e permitir patentes para invenções que nada agregam de fato ao Estado da Arte, ou rejeitar o privilégio para matéria efetivamente inventiva. Eis o porquê da necessidade de procedimentos claros e objetivos de aferição da atividade inventiva, como veremos a seguir.

O impacto econômico de uma fixação de análise condescedente de atividade inventiva

A atividade inventiva tem de ser, essencialmente, uma prática de conciliação economicamente *eficiente* de interesses contrastantes.[579]

---

577 Art. 13. A invenção é dotada de atividade inventiva sempre que, para um técnico no assunto, não decorra de maneira evidente ou óbvia do estado da técnica.

578 O EPO manifestou a submissão do exame de atividade inventiva a tal princípio em decisões como T_0939/92 ("it has for long been a generally accepted legal principle that the extent of the patent monopoly should correspond to and be justified by the technical contribution to the art [...]everything falling within a valid claim has to be inventive. If this is not the case, the claim must be amended so as to exclude obvious subject-matter in order to justify the monopoly"). A Suprema Corte dos EUA adotou semelhante posição em Graham v. John Deere Co. ("Congress may not authorize the issuance of patents whose effects are to remove existent knowledge from the public domain, or to restrict free access to materials already available. Innovation, advancement, and things which add to the sum of useful knowledge are inherent requisites in a patent system which by constitutional command must 'promote the Progress of ... useful Arts").

579 Vide, quanto à questão, LANDES, W. M. & POSNER, R. A. The Economic Strcuture of Intellecttual Property Law. Massachussets: Harvard University Press, 2003, p. 304-306. Correa, Carlos M., Managing the Provision of Knowledge: The Design of Intellectual Property Laws, in Providing Global Public Goods, Oxford Scholarship Online Monographs, February 2003, pp. 410-431(22). Durham, Alan L., "Patent Symmetry". Boston University Law Review, Vol. 87, December 2007 Disponível em SSRN: http://ssrn.com/abstract=982153. Meurer, Michael J., "Business Method Patents and Patent Floods". Washington University Journal of Law and Policy, Forthcoming Disponível em SSRN: http://ssrn.com/abstract=311087 or DOI: 10.2139/ssrn.311087. Burk, Dan L. and Lemley, Mark A., "Is Patent Law Technology-Specific?" . Berkeley Tech. Law Journal, Vol. 17, p. 1155, 2002 Disponível em SSRN: http://ssrn.com/abstract=349761 or DOI: 10.2139/ssrn.349761. Hunt, Robert M., "Economics and the Design of Patent Systems" (March 2007). FRB of Philadelphia Working Paper No. 07-6 Disponível em SSRN: http://ssrn.com/abstract=975483. Hunt, Robert M., "Patentability, Industry Structure, and Innovation" (August 2004). Federal Reserve Bank of Philadelphia Working Paper No. 01-13/R. Disponível em SSRN: http://ssrn.com/abstract=295664 or DOI: 10.2139/ssrn.295664. Hunt, Robert M.,

Landes e Posner apontam que o requisito direciona o sistema de monopólios instrumentais para um problema econômico específico: as inovações em que a *incerteza* do resultado desestimularia o investimento.[580] Como a incerteza, sem a patente, estimularia a concentração em inovações menores, haveria um custo social que resulta em desestímulo ao progresso técnico objetivo.[581]

De outro lado, a eficácia social do requisito depende da manutenção de que a atividade inventiva seja avaliada com procedimentos que garantam que só um nível relativamente elevado de contributo seja retribuído.

Exatamente por isso, as enormes críticas que se levantaram ao baixo nível de patentes nas Américas, especialmente nos setores de *software* e de serviços financeiros, ao abrigo de jurisprudência das cortes inferiores,[582] levaram recentemente a uma reação da Suprema Corte americana, de reiterar os parâmetros mais elevados estipulados, em 1966, em Grahan v. John Deere,[583] prestigiando o padrão constitucional.

"Nonobviousness and the Incentive to Innovate: An Economic Analysis of Intellectual Property Reform" (April 1999). Federal Reserve Bank of Philadelphia Working Paper 99-3. Disponível em SSRN: http://ssrn.com/abstract=160674 or DOI: 10.2139/ssrn.160674. Vide, também a tese de doutorado de Bengt Domeij, Patentes Farmacêuticas na Europa, encontrada em http://www.sipf.se/read/PharmaceuticalPatents.pdf., na qual o autor propõe o entendimento de que a atividade inventiva é um método de racionalizar a competição na atividade de pesquisa tecnológica.

580   LANDES, W. M. & POSNER, R. A. The Economic Structure of Intellecttual Property Law. Massachussets: Harvard University Press, 2003, p. 304-306: "Were "nonobviousness" interpreted literally, it would add little to the requirements of utility and novelty, since if an invention is both useful and obvious, why hasn't it been discovered already? Maybe because an unexpected shift in demand and supply has suddenly made it useful and someone has to be the first to grasp the fact; but that is a special case. A more illuminating approach ties non obviousness to uncertainty and cost. Invention is a matter of adding to the stock of useful knowledge and so of reducing uncertainty. What is already known is not something waiting to be invented. But sometimes an idea is unknown not because it would be costly to discover but because it has no value. If some exogenous shock gives it value, it will be discovered more or less simultaneously by a number of those who can exploit it; there is no need to give exclusive rights to the first discoverer. But if it is costly to dispel uncertainty, then since the cost is incurred before a product embodying the invention can be brought to market, competitors will be tempted unless blocked by patents to sit back and wait until the invention is made and then sell copies, thus free riding on the inventor's cost of invention. Uncertainty and cost interact, in other words, as we also noted in regard to expressive works in Chapter 2. Uncertainty implies the likelihood of failures en route to success. Those failures are costly, and since the costs are incurred before the successful invention can be patented and marketed, they are additional fixed costs that the inventor must recover in the revenues generated by his patent".

581   "Uncertainty has a further significance. In his classic article on the economics of invention, Kenneth Arrow pointed out that risk aversion would result in underinvestment, from a social standpoint, in risky undertakings, such as invention.This point balances Arnold Plant's argument that patentability draws resources from what might be socially more valuable productive activities that do not offer monopoly returns. Unfortunately, the weights of these two offsetting factors are unknown".

582   Quanto à justificação do rebaixamento do nível da atividade inventiva nos Estados Unidos, em eventual benefício da segurança jurídica e da facilidade de prova, vide Petherbridge, Lee and Wagner, R. Polk, "The Federal Circuit and Patentability: An Empirical Assessment of the Law of Obviousness" (August 9, 2006). Loyola-LA Legal Studies Paper No. 2006-21 Disponível em SSRN: http://ssrn.com/abstract=923309. Cotropia, Christopher Anthony, "Patent Law Viewed Through an Evidentiary Lens: The 'Suggestion Test' as a Rule of Evidence" (March 2006). Tulane Public Law Research Paper No. 06-03 Disponível em SSRN: http://ssrn.com/abstract=893965.

583   No caso, antes mencionado, KSR International Co. v. Teleflex Inc. Confirma-o Diner, Bryan C, Lee, Scott M.K. e Day, Christopher W., United States: Across The Pond - The Positions In The US And Europe,

Um terceiro ângulo merece igualmente ser indicado: a exigência de atividade inventiva, numa economia com menor dinâmica inovativa, leva a um número menor de patentes de inventores locais, quando comparado ao estoque de patentes de origem estrangeira. Isso certamente ocorre no caso brasileiro.[584]

A abordagem problema/solução

Tivemos, recentemente, a oportunidade de completar longo estudo sobre a questão das estratégias de avaliação de atividade inventiva (vide anexo).

Desenvolvida pela jurisprudência do EPO, abordagem problema/solução baseia-se no princípio pelo qual toda invenção representa uma solução técnica para um problema técnico. Esta forma de aferição da atividade inventiva foi criada para garantir um exame objetivo e impedir os vícios das análises *ex post facto*, prejudicadas pelo conhecimento posterior do reivindicado na patente.

Esta prática do EPO parece ter sido a inspiração da Proposta. Todavia, ao contrário da previsão desta, aquela se desenvolve com critérios mais estritos. As Diretrizes de Análise do EPO, *e.g.*, prevêem que a abordagem problema/solução deve ser realizada segundo três etapas básicas e sucessivas,[585] especificando, após, o modo como cada uma pode ser conduzida da maneira mais isenta possível. Assim, é explicitado como deve ser escolhida a anterioridade mais próxima, como deve ser aferido o problema técnico a ser resolvido e como determinar se algo no estado da arte levaria um

---

Patent World, Maio de 2007: "Many US patent practitioners expect that the Supreme Court ruling will effectively lower the threshold for determining the obviousness of an invention. Such a ruling will have a profound impact on patent owners, patent applicants, licensees, would-be infringers, and many others. But even before a decision has been issued, the US Patent and Trademark Office ("USPTO") has already made it more difficult to obtain a patent. In response to a wave of criticism over the grant of a number of specious patents in recent years, the USPTO has implemented various initiatives to improve patent quality, causing the patent allowance rate to drop from over 70% in 2000 to less than 55% in 2006. An expected lowering of the bar for determining obviousness will likely cause the allowance rate to further decline".

584 ALBUQUERQUE, E. Patentes de invenção de residentes no Brasil (1980-1995): uma investigação sobre a contribuição dos direitos de propriedade intelectual para a construção de um sistema nacional de inovação. Rio de Janeiro, UFRJ, 1998. Tese de Doutorado. Diz o autor em Patentes Domésticas, Avaliando Estatísticas Internacionais Para Localizar O Caso Brasileiro, Abril de 1999, encontrado em www.cedeplar.ufmg.br/pesquisas/td/TD%20126.doc, visitado em 8/11/2007: "Países desenvolvidos (com sistemas maduros) combinam inovações radicais com inovações incrementais próximas da fronteira tecnológica internacional. Inovações de primeira e de segunda geração têm lugar. As patentes de residentes desses países devem refletir essa qualidade. Mais atividades inovativas são passíveis de patenteação. Países em desenvolvimento (com sistemas imaturos) concentram as suas atividades tecnológicas na adaptação de tecnologias estrangeiras, na imitação, na cópia e em melhoramentos marginais, em outras palavras, em inovações de segunda e terceira geração.".

585 "In the problem-and-solution approach, there are three main stages: (i) determining the "closest prior art", (ii) establishing the "objective technical problem" to be solved, and (iii) considering whether or not the claimed invention, starting from the closest prior art and the objective technical problem, would have been obvious to the skilled person". (2007, Part C, IV-24)

técnico no assunto a alcançar o mesmo resultado que o inventor. São ainda apresentados elementos suplementares, como a existência de um problema técnico cuja solução era há muito desejada.

O que importa é que não basta a constatação de que há uma solução dada a um determinado problema. Essa solução deve ainda ser considerada inventiva em face dos conhecimentos de um técnico no assunto, num exame que deve se pautar em critérios objetivos, claros e predeterminados.

O artigo 13 da Lei 9.279/96 estabelece expressamente os parâmetros básicos da aferição da presença de atividade inventiva: a invenção, (a) para um técnico no assunto, (b) ao tempo do depósito do pedido ou da prioridade, (c) não deve decorrer de maneira óbvia do Estado da Técnica. Idealmente, as diretrizes de exame, optando por qualquer método de aferição, devem conter os procedimentos necessários para que cada um destes parâmetros seja atendido, preferencialmente de maneira clara e sistemática, de modo a conceder segurança sobre como a presença atividade inventiva será examinada.

Uma entre várias

A abordagem problema/solução é apenas uma entre as várias análises possíveis para aferir a atividade inventiva. Mesmo o EPO, onde o método se desenvolveu, já explicitou o fato em casos como T_0465/92,[586] em que a abordagem não foi aplicada. Nos EUA o método de aferição adotado é outro, feito a partir dos *Graham factors*: (a) aferir o Estado da Arte ao tempo da invenção; (b) traçar diferenças entre o reivindicado e o Estado da Arte; (c) determinar se um técnico no assunto teria tal diferença por óbvia; além das considerações secundárias, como o sucesso comercial ou prévias tentativas fracassadas.[587]

Percebe-se em ambos a busca por procedimentos objetivos para aferir o cumprimento do requisito legal mediante o exame de critérios fáticos. Os passos a serem cumpridos pelo examinador devem levá-lo à percepção de que um técnico no assunto seria fatalisticamente levado, pelo conhecimento e práticas disponíveis, a identificar a tecnologia em exame, ou, caso contrário, de que o objeto é inventivo.

---

586 Na decisão de T_0465/92, restou decidido que "The 'problem and solution approach' is no more than one possible route for the assessment of inventiveness. Accordingly, its use is not a sine qua non when deciding inventiveness under Article 56 EPC". Em diversas outras decisões, conquanto o método tenha sido aplicado pela sua importância para a objetividade e isenção do exame, seu caráter facultativo foi ressaltado (e.g., T_0795/93, T_730/96 e T_631/00).

587 A Jurisprudência recente da Suprema Corte [KSR v. Teleflex, 550 U.S. ____, 127 S. Ct. 1727 (2007)] remodelou os critérios de aferição, fazendo mais rígido o exame de atividade inventiva ao expandir o nível abstrato de criatividade do técnico no assunto. Manteve, todavia, dois pilares importantes, cujas tensões devem ser equalizadas: a necessidade de respeito à cláusula constitucional do contributo mínimo e a procura por meios objetivos de proteção contra as análises ex post facto viciadas.

Conclusões

Duas conclusões essenciais devem ser aduzidas:

a) A PROPOSTA AINDA ESTÁ TECNICAMENTE IMPERFEITA. Qualquer método que se use terá, necessariamente, que *(i)* respeitar a cláusula constitucional e (ii) evitar os vícios das análises *ex post facto*. Espera-se que as diretrizes de exame prevejam procedimentos objetivos para a condução de qualquer exame de atividade inventiva, incluindo o de polimorfos.

A atual redação da Proposta certamente não possui a clareza e o trato analítico desejáveis. Os critérios descritos poderiam prever, *e.g.*, os passos para se aferir se a nova forma polimórfica reivindicada possui propriedades inusitadas para um técnico no assunto, se a forma não seria fatalisticamente obtida pelo processo reivindicado na patente original, ou se práticas rotineiras na indústria seriam insuficientes para revelá-la.

Ou seja, passos para aferir se aquela nova forma polimórfica adviria dos avanços naturais e esperados da tecnologia ou se foi produto de verdadeira atividade inventiva. A previsão de um procedimento criterioso e objetivo de atividade inventiva evitaria a concessão de patentes despidas de inventividade e facilitaria o controle judicial daquelas que ainda assim fossem concedidas.

b) A MATÉRIA AINDA NÃO ESTÁ MADURA PARA APRECIAÇÃO. Como se reportou, o assunto está ainda fluido nos principais centros de patentes. É imprudente, apressado, e contrário ao interesse público estabelecer critérios quando não existe uma doutrina, ou doutrinas, sólidas quanto ao ponto, e vários países em desenvolvimento estão discutindo as mudanças *legislativas* necessárias para se alcançar um equilíbrio razoável quanto aos polimorfos.

[9] § 1. Política legislativa no patenteamento de áreas específicas

De todos os setores econômicos do Primeiro Mundo, o único que parece realmente precisar da proteção de patentes é a indústria farmacêutica: aparentemente, 65% dos produtos existentes no mercado não teriam sido nele introduzidos sem o amparo de um privilégio, atento porteiro da entrada da concorrência[588] A indústria química também aprecia bastante uma patentezinha: 30% de seus produtos só vieram a público graças ao incentivo da propriedade industrial.

Curiosamente, em tais áreas as vantagens e desvantagens do patenteamento sempre foram muito questionadas. A controvérsia chega inteira e obviamente aumentada a este momento: o texto do TRIPs (art. 27) é enfático em suas exigências de que essas tecnologias não mais sejam privadas de proteção por decisão da lei nacional, como era permitido pela Convenção de Paris.

---

[588] Edwin Mansfield, Patents and Innovation: an empirical Study, in 32 Management Science 2 (1986).

[9] § 1.1. Política legislativa e patentes químicas, farmacêuticas e alimentares

Foi com a Lei Alemã de 1877, promulgada às instâncias da indústria química daquele país, que começou a discussão da necessidade e da conveniência do pleno patenteamento dos produtos químicos, farmacêuticos ou alimentares, num contexto em que a indústria nacional pertinente não esteja plenamente desenvolvida.

O problema sentido pela indústria alemã da época não era a concessão da patente, mas sim o fato de que ela passava a restringir o acesso aos produtos químicos. Como já se sabe, a patente para produto oferece proteção absoluta – total e completa, impedindo que qualquer outra pessoa, por qualquer outro método, chegue ao mesmo resultado.[589] Ora, a patente que se transforma num monopólio de fato parece ter sido sempre mal assimilada pela sociedade de qualquer país.

O privilégio deve servir para estimular, não para paralisar a concorrência; pelo menos o processo inovador deve ganhar estímulo a partir do patenteamento. Mas a eficácia inovadora de um sistema de patentes de produto depende, aparentemente, da existência de algum método (por exemplo, a licença obrigatória) que permitisse a exploração de eventuais aperfeiçoamentos, sob pena de permitir ao que primeiro obtenha uma patente de um produto trancar o desenvolvimento naquele segmento da tecnologia.[590] Na sua inexistência, outras formas de moderação do excesso de poderes conferidos ao titular devem ser encontradas.

Tais preocupações obviamente ecoaram por todo o mundo, e acabaram se instalando na legislação de um sem número de países. Evidentemente tais dificuldades, ressentidas pela indústria alemã, são muito agravadas no tocante a um país em desenvolvimento.[591]

---

589 Seguiremos, neste passo, a admirável intervenção do professor espanhol Alberto Bercovitz, entitulada Las variaciones de los sistemas de patentamiento con sus méritos y ventajas no Seminario sobre la propiedad Industrial para la Industria y el Comercio, organizado por la Organización Mundial de la Propiedad Industrial, OMPI, con el auspicio del Ministerio de Economía, Fomento y Reconstrucción de Chile, Santiago de Chile, 23 al 25 de abril de 1986: "Esta solución está muy generalizada entre los países menos desarrollados y era también la tradicional de la derogada legislación de la República Federal Alemana. De hecho, las mejores defensas de este sistema, pueden de finales del siglo pasado y en las exposiciones realizadas en aquella época en el seno de la Asociación de la Industria Química Alemana".

590 Bercovitz, *op. cit.*, "La concesión de patentes para las invenciones de nuevas substancias, supone otorgar a éstas una protección absoluta. Nadie podrá fabricar ni comercializar la sustancia patentada, sin el consentimiento del titular de la patente y ello con independencia de cuál haya sido el procedimiento utilizado para la obtención de aquella. Esta solución es a la que se ha llegado en las leyes de patentes de los países más desarrollados. A su favor se argumenta que ésta es la única forma de asegurar al inventor la compensación a la que se ha hecho acreedor y que sólo asegurando esta protección absoluta se incentivan los gastos en investigación farmacéutica, que son especialmente costosos, pero fundamentales para el bienestar de la humanidad".

591 Tais preocupações estavam muito presentes nos redatores do Código Brasileiro da Propriedade Industrial de 1945, que pela primeira vez restringiu no país o patenteamento na área química e farmacêutica. A proi

O repúdio ao excesso de poder intrínseco à patente de produto levou o legislador alemão de 1877 a adotar outra solução. Ao invés do patenteamento pleno das substâncias químicas e farmacêuticas, assegurou-se a proteção dos processos de obtenção de tais substâncias. Com tal patente, somente o processo de obtenção viria a ter proteção, facultando-se o acesso ao mercado de processos alternativos

[9] § 1.2. Política legislativa: a proteção do produto feito com o processo patenteado

Surge, no entanto, o problema que desafiou a lei alemã de 1877: a importação. Se o processo é usado no estrangeiro, em particular em país em que não exista patente, o detentor do direito fica desprovido de proteção face ao competidor que faz importar o produto. Tal levou a jurisprudência alemã e de outros países a desenvolver a teoria da proteção indireta do produto: a patente de processo protege também o produto feito diretamente com ele.[592]

[9] § 1.3. Política legislativa: reversão do ônus da prova

Outro problema, extremamente relevante quando se trata de patente de processo, é a obtenção da prova: em geral. Não é muito fácil determinar se um processo está sendo utilizado em violação de privilégio. Nos casos, como no Brasil, em que se possa fazer busca e apreensão *inaudita altera pars* no local onde o processo se realize, tudo se resolve a contento; mas se tal procedimento não é possível, impõe-se a adoção de outros remédios processuais adequados.[593]

O caso mais flagrante em que a busca e apreensão não funciona, outra vez, é o do processo utilizado fora da jurisdição pertinente – quando o produto é impor-

---

      bição do Código de 1945 é explicada por Gama Cerqueira, Tratado da Propriedade Industrial, 2ª ed. Vol. 1, p. 349), como se lerá abaixo.

592   Tal hipótese está prevista na Convenção de Paris, Art. 5 quater após a Revisão de Londres de 1958, como uma faculdade atribuída ao legislador nacional para dispor sobre os direitos incidentes sobre o produto importado, que tenha sido fabricado com o processo reivindicado. Vide Bodenhausen, Guía de la Convención de Paris, 1968, p. 85.

593   Bercovitz, *op. cit.*, "existe una gradación de medidas en torno a la protección de las sustancias químicas y farmacéuticas, que van desde la protección absoluta que ofrece la patente del producto hasta la falta total de aquella, respecto a las invenciones de sustancias medicamentosas cuando se prohíbe totalmente su patentabilidad. En los estados intermedios están la patentabilidad simple de los procedimientos, la patentabilidad de los mismos con protección indirecta del producto reforzada por la inversión de la carga de la prueba. (...) En este caso una vez más hay que hacer notar que la opción de legislador debe situarse en un marco más amplio que el de la ley de patentes, puesto que la regulación de esta materia puede tener una incidencia decisiva en el desarrollo de la industria química y farmacéutica. Por tanto, para regular estos temas en la ley de patentes, el legislador tiene que tener ante todo una idea sobre la política que piensaseguir el desarrollo de esa industria, ya que las normas de patentes han de servir y ser coherentes con esa política.

tado –, circunstância em que a prova fica difícil de colher. Para obviar tal problema, a jurisprudência de vários países veio a elaborar a doutrina da reversão do ônus da prova.[594]

A questão não é de interesse exclusivo do advogado militante, eis que a proteção indireta somada à reversão do ônus de prova tornam a patente de processo tão forte que quase se equipara a uma de produto; e tal é a importância da figura que os documentos do TRIPs dedicam seção específica ao tema.

[9] § 1.4. Política legislativa e agente ativo

Também é relevante em matéria química (especialmente no campo dos defensivos agrícolas), farmacêutica e alimentar a distinção entre a patente do *agente ativo* e a da *formulação*; aquele é o elemento que efetivamente provoca a reação química, esta é o objeto da comercialização, com as combinações, justaposições e acréscimos necessários ao consumo.

É óbvio que a questão não se reduz a uma opção entre patente de produto ou de processo, ou entre ativo e formulação, nem numa dúvida quanto ao ônus da prova num processo de contrafação; estes são apenas instrumentos de uma política industrial – até, no caso de produtos farmacêuticos e alimentares, de uma política *social* – que tem de dar bom efeito.

---

594 Bercovitz, *op. cit.*: "Para evitar este grave inconveniente, se ha incluido en algunos ordenamientos una norma que aparecía ya en la legislación alemana de finales del siglo pasado. Se trata de la denominada "inversión de la carga de prueba", según la cual cuando una patente tenga por objeto la invención de procedimiento para la obtención de una nueva sustancia. Evidentemente que la razón en la que se fundamenta la norma radica en considerar que, siendo la sustancia nueva el, procedimiento patentado gracias al cual se obtiene, debe considerar que es el único existente mientras no se pruebe lo contrario. No cabe duda que la inversión de la carga de la prueba junto con la protección indirecta del producto, refuerzan notablemente la posición del titular de la patente. Ahora bien; si un tercero inventa un procedimiento distinto para la obtención de la misma sustancia. entonces nada le impedirá producirla, si su patente no es dependiente de la anterior y no tiene por qué serlo necesariamente". O TRIPs incorpora tal doutrina em seu art. 34: "1.For the purposes of civil proceedings in respect of the infringement of the rights of the owner referred to in paragraph 1(b) of Article 28, if the subject matter of a patent is a process for obtaining a product, the judicial authorities shall have the authority to order the defendant to prove that the process to obtain an identical product is different from the patented process. Therefore, Members shall provide, in at least one of the following circumstances, that any identical product when produced without the consent of the patent owner shall, in the absence of proof to the contrary, be deemed to have been obtained by the patented process: (a) if the product obtained by the patented process is new; (b) if there is a substantial likelihood that the identical product was made by the process and the owner of the patent has been unable through reasonable efforts to determine the process actually used. 2. Any Member shall be free to provide that the burden of proof indicated in paragraph 1 shall be on the alleged infringer only if the condition referred to in subparagraph (a) is fulfilled or only if the condition referred to in subparagraph (b) is fulfilled. 3. In the adduction of proof to the contrary, the legitimate interests of defendants in protecting their manufacturing and business secrets shall be taken into account."

[9] § 1.5. Política legislativa: a proteção dos genéricos

A indústria farmacêutica, em particular, passa por um momento crucial, o que não pode deixar de ser levado em conta na avaliação do papel da patente respectiva no processo inovador dos países em desenvolvimento. Segmento cuja produção continua concentrada quase que exclusivamente nos países desenvolvidos, onde cerca de 20 empresas controlam metade do mercado mundial, aparentemente sem grandes ganhos de economia de escala, a indústria farmacêutica se ancora nas patentes e também nas suas marcas.

Ocorre que, em 1996, cerca de 80% das especialidades farmacêuticas mais demandadas estavam com as patentes vencidas; o segmento de designação genérica, que utiliza as patentes caídas em domínio público, foi crescendo para patamares que asseguram sua importância no cenário mundial. Após uma negociação de interesses no mais alto nível, a grande indústria farmacêutica americana conseguiu a prorrogação de algumas patentes em troca de certas facilidades no registro sanitário dos produtos genéricos.

Este é um ponto de extremo interesse para os países em desenvolvimento. Um sistema que possibilite o aumento de competição no setor farmacêutico e alimentar, diminuindo as barreiras à entrada, inclusive no caso da indústria nacional de designação genérica, tudo isto dentro do sistema aceitável pelos padrões TRIPs, parece ser claramente favorável ao desenvolvimento tecnológico e social da América Latina.[595]

[9] § 1.6. Política legislativa: novas formas de pesquisa

As outras condicionantes também parecem extremamente significativas: o custo de pesquisa e desenvolvimento do setor químico-farmacêutico vem se tornando cada vez mais alto,[596] menos devido à pesquisa propriamente dita do que aos estudos clínicos e testes de toxicologia indispensáveis à aprovação sanitária do produto.[597] O siste-

---

595   Nicholas M. Cannella, Representing the Patentee in Litigation under the 1984 Drug Price Competition and Patent Term Restoration Act, in Trends in Biotechnology and Chemical Patent Practice 1989, p. 95: "The 1984 Act contained various provisions which modified the Food, Drug and Cosmetics Act to allow a generic company to file what is known as an Abbreviated New Drug Application ("ANDA"). In an ANDA, the generic company need not perform the time consuming, painstaking and costly clinical testing required of the pioneer drug seeking FDA approval in the first instance. Rather, the ANDA applicant can rely on the safety and efficacy testing previously performed by the brand name pharmaceutical company. The generic company, to obtain approval to market a generic copy of a previously approved drug, is required only to establish that its proposed generic version is stable and is bioequivalent to the brand name version.

596   Segundo a Pharmaceutical Manufacturers Association (Depoimento de Gerald J. Mossinghof, seu presidente, perante a Comissão especial do Senado Americano sobre os Idosos em 18 de julho de 1988), o lançamento de um novo produto farmacêutico custa em média 125 milhões de dólares.

597   Carlos Correa, Patentes, Indústria Farmacêutica Y Biotecnología, apresentação feita no Foro Latino Americano das Indústrias Farmacêuticas, na Guatemala, em 3 de abril de 1990 (doravante "abril 1990"). No restante desta seção seguiremos extensamente os ensinamentos de tal trabalho.

ma predominante de pesquisa, por sua vez, mudou significativamente: já não mais se adota o "mass screening", testando milhares de moléculas para ver em que cada uma poderia resultar.

O método agora utilizado, com o apoio das biotecnologias, é o do desenho racional dos fármacos, identificando a causa da enfermidade e procurando supri-la por reequilíbrio do estado natural. Não estamos mais no rigor das alopatias, mas em uma espécie de homeopatia científica. É, seguramente, um novo paradigma tecnológico.

Tal representa, em primeiro lugar, a transformação das empresas farmacêuticas de unidades químicas em centros biológicos, com a entrada de novos nomes no mercado; também representa o acréscimo significativo das pesquisas, que atingem níveis como 39% da receita bruta no caso da Genetech.[598]

Em segundo lugar, o novo espaço de criação tecnológica é qualitativamente diverso do anterior, com maior proximidade entre a ciência pura e o desenvolvimento industrial. Tal espaço tende à maior difusão de conhecimentos e implica em maior dificuldade de apropriação privada dos resultados. Apesar do acréscimo considerável das barreiras de difusão, o patenteamento surge como um instrumento importante para assegurar tal apropriação.

[9] § 1.7. Política legislativa: não patenteamento de tecnologia única

Em terceiro lugar, é também revolucionário o conceito de que, repondo a natureza no *status quo ante* (nos acidentes, nas instâncias degenerativas, etc.), o novo produto biotecnológico é único, insuscetível de alternativas; a exclusividade, se concedida no caso, torna-se total e absoluta. Nas tecnologias das gerações anteriores, quase sempre se encontravam métodos alternativos de resolver o mesmo problema técnico; era a prática do *patenting around* que atiçava a competição. Nesta geração, porém, quem tem a patente está no mercado, quem não tem, não está. Em certos casos, os tribunais têm relutado em aceitar tais exclusividades exageradas.

Quando é possível satisfazer aos propósitos terapêuticos com uma molécula modificada, de outro lado, torna-se menos rigoroso o efeito da exclusiva, mais fácil, possivelmente, de sustentar o direito perante os tribunais, mas acrescem os custos e incertezas do lançamento do produto, já que então é necessário submeter à criação aos testes toxicológicos do registro sanitário.

Parece, assim, sábio prever nas novas leis de patentes – como ocorre aliás nas leis de direito autoral – que a tecnologia única, necessária do ponto de vista técnica assim como necessária do ponto de vista humano ou social, tenha uma forma moderada de exclusividade: talvez um domínio público pagante, talvez uma licença de direito, talvez um controle de preços, talvez a proibição de ostentar marca específica. Possivelmente a existência de tais funções moderadoras aumentasse a receptividade

---

598   Correa, abril 1990, p. 6.

do direito exclusivo, monopólio de fato, com vantagens até mesmo para o titular da patente.

O padrão competitivo mais exacerbado em torno dos produtos das novas tecnologias também incentiva ao patenteamento. Em alguns casos, vinte empresas têm disputado a geração de um único produto (o tPA é um exemplo). Tal concorrência, no entanto, não tem sido mantida, a médio prazo, eis que as empresas de biotecnologia tem sido em regra absorvidas por grandes conglomerados ou têm passado a desempenhar, perante tais grupos, a função de prestadores de serviços.[599]

[9] § 1.8. Produtos químicos e a lei brasileira

Na Lei 5.772/71, era vedado o patenteamento de produtos químicos, embora facultado o de processos relativos a tais produtos. A proibição, que datava do Código de 1945, é explicada pelos comentadores da época:

"As invenções de novos produtos químicos, em tese, são privilegiáveis, como as de outros produtos, não havendo motivos de ordem jurídica ou de ordem técnica que justifiquem a sua exclusão da proteção legal. Motivos de ordem econômica, porém, desaconselham a concessão de privilégios para este gênero de invenções, os quais se consideram prejudiciais ao desenvolvimento das indústrias químicas, porque conferindo a patente ao seu concessionário o direito exclusivo de fabricar e vender o produto, ainda que este possa ser obtido por processo diferente, impede o aperfeiçoamento dos processos existentes e a criação de novos processos mais úteis e vantajosos sob o ponto de vista da sua eficiência ou economia. De fato, sabendo que a fabricação do produto é exclusiva do titular do privilégio, outros inventores não terão interesse de melhorar os processos conhecidos e de inventar novos processos dos quais não poderiam utilizar-se; ou procurarão obter a patente do processo no estrangeiro, onde a fabricação do produto seja livre, o que também redunda em prejuízo para a indústria do próprio país. Comparando o grande desenvolvimento das indústrias de produtos químicos na Alemanha com o menor progresso dessa indústria na França, os autores consideram esses fatos, em grande parte, como conseqüência dos sistemas legislativos vigentes nesses países; pois, ao passo que na Alemanha a ausência de patentes para produtos químicos favorece o progresso da indústria, permitindo o constante aperfeiçoamento dos processos, na França os inventores encontram fechado o caminho para novas invenções. Os inconvenientes do sistema francês, aliás, foram previstos, quando se discutia a Lei de 1844, tendo Michel Chevalier advertido: « Si vous brevetez les produits chimiques, votre législation agira à la façon de l'édit de Nantes: elles obligera l'industrie nationale à s'expatrier."[600]

---

599 Vide, a respeito deste fenômeno, o capítulo que analisa a proteção específica da indústria de sementes.
600 Gama Cerqueira, Tratado, 2ª ed. Vol. 1, p. 349.

Cumpre aqui seguir a evolução legislativa da proibição do patenteamento de produtos químicos no direito brasileiro. O Dec. Lei 7.903/45, o Código de 1945, assim dispunha nos pontos pertinentes:

Art. 8º – Não são privilegiáveis...

2) as invenções que tiverem por objeto substância ou produtos alimentícios e medicamentos de qualquer gênero;

3) as invenções que tiverem por objeto matérias ou substâncias obtidas por meio ou processos químicos; (...)

No momento em que escrevia Gama Cerqueira, na década de 40', podia-se dizer que a questão não era jurídica, ou mais precisamente, que não se incluía no âmbito do Direito da Propriedade Industrial.

À luz da nova Constituição, porém, passou a haver um requisito jurídico da mais alta hierarquia regendo a matéria. Não é mais possível utilizar o sistema de patentes para favorecer as relações internacionais do Brasil, ou beneficiar exclusivamente interesses estrangeiros; a patente brasileira tem, necessariamente, de atender o interesse **social** do País e contribuir para o nosso desenvolvimento econômico e tecnológico.

Assim, cumpre em primeiro lugar verificar se a situação de fato, mencionada por Gama Cerqueira, sofreu alguma modificação. Examinemos, assim, os argumentos de que as patentes devem ser concedidas para aumentar o volume de tecnologia disponível no País.

Ocorre que a tecnologia constante de cada patente – nacional ou estrangeira – passa a ser universalmente acessível pela publicação feita em qualquer nação, estando disponível a todos interessados através dos respectivos documentos remitidos ao Instituto Nacional da Propriedade Industrial brasileiro por seus congêneres de outros países e distribuídos pela autarquia federal à industria nacional. Assim, a concessão de patentes brasileiras não aumenta de forma alguma o conhecimento da tecnologia estrangeira pelas nossas indústrias.

A questão em discussão é, assim, a do interesse em conceder um monopólio de fabricação ao titular estrangeiro da patente, assegurando-lhe uma vantagem concorrencial sobre seus competidores, inclusive a indústria nacional.

Evidentemente, há um momento histórico adequado para passar a conceder patentes para produtos químicos: é quando a importância econômica das invenções químicas nacionais supera a vantagem que a indústria do país aproveita da falta de patentes. Todos os países centrais, inclusive, no caso citado por Gama Cerqueira, a Alemanha, passaram a conceder patentes químicas quando a tecnologia nacional passou a ser pelo menos tão importante para o desenvolvimento econômico quanto a tecnologia estrangeira.

[9] § 1.9. Patentes de remédios e alimentos

A Lei 9.279/96 eliminou também o dispositivo do Código da Propriedade Industrial de 1971 que proibia o patenteamento nas áreas de alimentos e remédios. Na nova lei,, tanto os produtos alimentícios quanto os medicamentos, assim como seus respectivos processos de fabricação, passaram a ser objeto de patente.[601]

Como já vimos anteriormente, sob a Constituição de 1988 a proteção patentária só pode ser deferida naqueles casos em que sejam atendidos os requisitos de *interesse social* e de atendimento aos objetivos do desenvolvimento *tecnológico e econômico*. Pelas mesmas razões já expostas no caso dos produtos químicos, não existem razões para acreditar que, no caso da indústria farmacêutica, a quantidade de tecnologia gerada no Brasil justifique a criação de monopólios privados em favor de quaisquer pessoas ou empresas.

Nem cabe argumentar que é precisamente a falta de patentes que impede o desenvolvimento tecnológico no País: com 85% do mercado em mãos de empresas de capital estrangeiro, que mantêm seus centros de pesquisa no exterior, o setor farmacêutico não se mostra particularmente propício à atividade tecnológica nacional. Ademais, como nos países do primeiro mundo já existe patente farmacêutica – após terem, cada um deles, assegurado a participação de suas empresas nacionais no respectivo mercado – a eventual invenção brasileira pode valer-se da proteção no exterior, onde o consumo de remédios de muito excede o nível brasileiro.

Estudos cuidadosos demonstram que, com a concessão de patentes farmacêuticas, o preço dos medicamentos tende a uma alta considerável, o que em países de baixa renda resulta em restringir o acesso da maioria da população a produtos essenciais para a saúde. Por esta razão, a maior parte dos países em estado comparável de desenvolvimento do Brasil restringe de alguma forma a concessão de tais privilégios, para evitar tais sobrepreços que, como demonstrou VAITSOS, chegam a 700% sobre a margem usual de retorno do setor industrial.

Convém aliás lembrar que a Constituição em vigor contém uma série de disposições (p. ex., Art. 227 e Art. 7, IX) que se mostram absolutamente incompatíveis com as restrições artificiais à produção de alimentos. Parece impossível exigir do Estado que a criança e o adolescente brasileiro passe a ter com absoluta prioridade o direito à alimentação e – ao mesmo tempo – permitir-se leis de patentes que concedam a quaisquer empresas a exclusividade de produzir um produto alimentar.

[9] § 1.10. Patentes de misturas

A Lei 9.279/96 também eliminou a vedação literal, que havia no CPI/71, de patenteamento às misturas não dotadas de efeito unitário – de um resultado novo e útil que derive da mistura mesmo e não de seus componentes. Para entendermos qual o efeito de tal mudança, é preciso ter em mente o que são misturas.

---

601 Sabina Nehmi de Oliveira, Cultura Patentária e Alimentos Transgênicos, Revista da ABPI, Nº 51 - Mar./Abr. de 2001, p. 19.

Quando se tomam duas substâncias e se as põem em condições de interagir efetivamente, duas coisas podem ocorrer: ou a mútua ação implica em modificação estrutural, ao nível atômico (e se tem uma reação química) ou a mútua ação implica em atuação física, sem modificação no nível atômico.

Claro está que se pode ter também a hipótese de os componentes não interagirem, permanecendo como mera justaposição de ingredientes. Colocando-se num mesmo invólucro canela em pó e açúcar, o resultante será algo doce, com o aroma e sabor do cinamomo; mas nenhuma interação houve. Cada componente guardou suas qualidades intrínsecas específicas, que se manifestam na mistura, mas a mistura, ela mesma, ainda que tendo qualidades específicas – o de ser doce, com aroma a canela – não tem qualidades intrínsecas.

A mistura de canela e açúcar carece das qualidades intrínsecas, delas mesma: fora das qualidades dos componentes (doçura e aroma), nada mais há. Haveria algo de próprio, algo de intrínseco, se além de doce e aromática a mistura ainda fosse, por exemplo, explosiva – não o sendo nem o açúcar a canela.

Assim é que nossa Lei de patentes de 1971 não proibia, em si mesma, a patente de misturas. Pelo contrário, inúmeros eram os casos de patentes em tais áreas. Conforme nosso Código da Propriedade Industrial de 1971, as misturas com qualidades intrínsecas e específicas eram patenteáveis.

A razão eminentemente técnica desta disposição legal é que só nelas, onde existe um efeito próprio, intrínseco, pode se vislumbrar uma invenção. Em outras palavras, só em tais misturas existe individualidade inventiva suficiente. Em misturas onde a novidade, a atividade inventiva ou a utilidade industrial estejam nos componentes, a patente, se possível, seria dada a esses e não à mistura.

Assim é que dizem Burst e Chavanne (Droit de la Propriété Industrielle, 1976, p. 28, tradução nossa):

"A simples reunião de dois produtos em um só, sem a cooperação de um com o outro para formar um resultado de conjunto não forma produto novo".

Eliminando as disposições que literalmente vedavam tal patenteamento (a alínea *d*) do art. 9º do Código de 1971), a nova lei aparentemente tornaria patenteáveis os dois tipos de misturas – as que representam realmente uma invenção e aquelas que nada tem que mereça o estímulo legal. Não é entretanto o que ocorre: os requisitos de *atividade inventiva* seguramente impedirão todas as hipóteses em que a simples justaposição de ingredientes vier a ser patenteado, sem que o efeito resultante implique em características *não óbvias a um técnico no assunto*.

Não havendo o efeito próprio, intrínseco da mistura, em face dos efeitos de seus componentes, meramente somados, permanece em direito a elevadíssima presunção de que a matéria seja não suscetível de patente. Somente a manifestação técnica convincente e segura poderá fazer convencer da existência dos requisitos de patenteabilidade em tais circunstâncias.

[9] § 1.11. Segundo efeito terapêutico

Imaginemos uma patente de produto, versando sobre um medicamento; a utilidade do invento é, assim, o efeito curativo indicado. Posteriormente, percebe-se que o produto é uma panacéia – como o velho e curioso Específico Pessoa -, pois cura mordida de cobra, espinhela caída, transtornos de comportamento, e até mesmo (lembrando-se da canção de Clément Jannequin, "Faute d'argent") falta de numerário.

Pois surge então o impasse de política legislativa: deve-se admitir ou não esta segunda ou terceira aplicação do mesmo produto?

A Convenção da Patente Européia, art. 54-5, veda esta segunda patente para o mesmo produto, em exceção ao princípio geral da patenteabilidade de novas aplicações. Tal decisão legislativa poderia ser explicada e justificada perante TRIPs, por exemplo, pela imprivilegiabilidade dos métodos terapêuticos.[602]

No entanto, desde o caso Pharmuka,[603] o órgão recursal da EPO tem admitido a patente deste segundo uso, por razões tidas de conveniência competitiva, ainda que contra texto de lei. Se o Japão concedia, por que não conceder também?

[9] § 1.12. Patentes Verdes e mudança de clima

Para numerosos doutrinadores, o sistema de patentes deveria se inclinar às conveniências de divulgar e mais rapidamente implementar as inovações tendentes ao melhor uso ou defesa do meio ambiente. Tal incluiria – segundo certas propostas – a previsão ao nível dos tratados de licenças compulsórias para as patentes com tais propósitos, como ocorreria, sob a Rodada de Doha, com as patentes para certos medicamentos de interesse público.

Nota Frederick Abbot:[604]

It looks at alternative energy resources (AERs) and climate change mitigation technologies (MTs), at the forms of intellectual property rights (IPRs) used to promote and protect innovation, and at the ways these IPRs may have different effects and implications for AERs/MTs as compared with pharmaceutical technologies. It is generally assumed that the originator pharmaceutical sector is highly dependent on strong patent protection, mainly because of the high cost involved in developing novel drug therapies and the low cost of reverse engineering these new drugs. Preliminary research suggests that most AERs/MTs industries may be less dependent on strong patent protection, and/or that patents are less likely to cause significant bottlenecks in the development and

---

602   Vide Pollaud-Dulian, La Brevetabilité des Inventions, Litec, 1997, p. 231 e seguintes.

603   Pharmuka, JO OEB 1985, p. 67.

604   Abbott, Frederick M.,Innovation and Technology Transfer to Address Climate Change: Lessons from the Global Debate on Intellectual Property and Public Health(July 13, 2009). ICTSD Programme on IPRs and Sustainable Development, Issue Paper No. 24. Available at SSRN: http://ssrn.com/abstract=1433579.

transfer of AERs/MTs. While it is premature to come to a definitive conclusion because researchers are only now focusing on the evidence, there is some basis for anticipating that IPRs will present fewer risks for developing countries in the context of climate change than for public health.

A preocupação com o uso – ou a retórica – adequada das tecnologias parece ser matéria de interesse crescente, como indica o quadro abaixo:

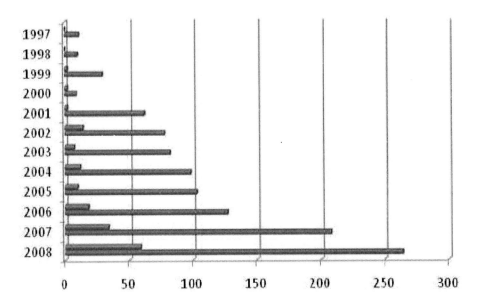

OMPI – 2009. PCT applications referring to the Kyoto protocol (series 1) or in more general terms to the protocol, to climate change or to greenhouse cases (by year of publication)*(2008 to end September only)*

[9] § 1.13. Bibliografia específica: patentear o quê?

A lei das patentes e a soberania nacional. Brasília, Câmara dos deputados, 1992.
Benjamin, Antonio Herman V., Proteção ao consumidor e patentes: o caso dos medicamentos. Revista de Direito do Consumidor, n. 10, p. 21 a 26, abr./jun. 1994.
Carvalho, João Luiz Homem de. Os riscos do patenteamento de seres vivos em face da frágil integração entre as instituições de C & T e o setor produtivo no Brasil, SINPAF, 1993.
Contribuição para um tratamento da biotecnologia moderna na nova lei da propriedade industrial. Rio de Janeiro, Associação Brasileira das Empresas de Biotecnologia, 1991.

Frota, Maria Stela Pompeu Brasil. Proteção de patentes de produtos farmacêuticos: o caso brasileiro, Brasília, IPRI, 1993.

Hammes, Bruno Jorge, Reflexões sobre a privilegiabilidade dos inventos de medicamentos e de gêneros alimentícios, Estudos Jurídicos, vol. 21, n. 53, p. 49 a 76, set./dez 1988.

Patentes contra a vida: artigos sobre o projeto de lei n. 824/91, apresentado pela deputada federal Jandira Feghali. Brasília, Câmara dos Deputados, 1993

Silva, Eduardo Maldonado Casinhas da. A indústria e as patentes farmacêuticas no Brasil. Revista da ABPI, n. 15, p. 36 a 37, mar./abr. 1995.

Picarelli, Márcia Flávia Santinia e Márcio Iorio Aranha, Política de Patentes em Saúde Humana Editora: Atlas S.A – 2001.

Seção [10] Do pedido de patente

O pedido de patente, através do qual se exerce o direito constitucional de solicitar a concessão do privilégio, presume a apresentação ao INPI de um requerimento; de relatório descritivo; de reivindicações; de desenhos, se a patente o comportar; do resumo; e do comprovante do pagamento da retribuição relativa ao depósito.

Quanto ao relatório descritivo, vide a seção imediatamente posterior. Nele se fixa o problema técnico cuja solução a o pedido pretende constituir, os limites do estado da arte, que o invento propõe-se a superar, e as razões pelas quais se entende haver atividade inventiva.

Ao teor da lei, o relatório deverá descrever clara e suficientemente o objeto, de modo a possibilitar sua realização por técnico no assunto *e indicar, quando for o caso, a melhor forma de execução*. Assim, o relatório tem de indicar com precisão qual a implementação prática mais eficaz do invento, consolidando um requisito além da simples utilidade industrial. Como se verá abaixo, o relatório que não o fizer pecará de insuficiência descritiva, sendo passível de nulidade.

O título, breve ementa da patente, tem por propósito facilitar o conhecimento da área técnica em que o pedido se situa, e, brevissimamente, a natureza do invento. A publicação do título do invento no órgão oficial traz sua atenção aos eventuais interessados em contestar o pedido de patente, e é assim importante elemento da satisfação do devido processo legal.

As reivindicações, que traçam o escopo jurídico da exclusividade, deverão ser fundamentadas no relatório descritivo, caracterizando as particularidades do pedido e definindo, de modo claro e preciso, a matéria objeto da proteção. Veja-se, além, o que se fala quanto ao alcance da exclusividade da patente.

Note-se que, por força do art. 75 § 2º, do CPI/96, haveria restrições ao exercício desse direito de pedir patente (ou de divulgar seu objeto), em resguardo à defesa nacional, quando suscitado por brasileiro em outro país.

[10] § 0.1. Jurisprudência: efeitos do depósito da patente

> Tribunal de Alçada Criminal de SP

QUEIXA-CRIME – Contrafação – Requisitos necessários para a propositura da ação penal – Inteligência do art. 170, I, do Dec. lei nº 7.903, de 1945 – Ordem concedida para trancar a ação. 155 (b) - Duas são as premissas básicas que a punição da reprodução de modelo reclama para a persecutio criminis: a proteção do modelo por patente expedida pelo INPI e a produção da queixa pela concessionária ou cessionária. Com a expedição da patente o interessado – inventor – goza de direito líquido e certo à proteção de seu modelo, enquanto, no simples depósito, que é a apresentação do pedido, possui mera expectativa de direito. RJDTACRIM VOLUME 1 P.: 166 JANEIRO/MARÇO 1989 RELATOR:- RIBEIRO DOS SANTOS.

[10] § 0.2. A regra procedimental da congruência

Pela natureza do procedimento (sendo um monopólio, ou seja, um *novo* objeto de direito, com oponibilidade *egra omnes*) que se precisam garantir os interesses juridicamente protegidos de terceiros. Com muito mais razão – em se tratando de um procedimento estatal no qual se tutelam interesses não só do requerente, mas de todos terceiros pertinentes – acorre aqui a norma da *congruência* dos pedidos.

No âmbito processual (judicial e administrativo) vige o princípio da correlação ou congruência, consagrado no CPC (arts. 128 e 460), que estipula a estrita observância pelo julgador do pedido efetuado pelas partes, sob pena de julgamento *extra petita* ou *ultra petita* conforme o caso.[605]

Ainda que se alegue a inexistência de caráter litigioso no procedimento inicialmente instaurado perante o INPI (se é que já não existe em face da autarquia), é inegável que o mesmo pode vir a ter tal natureza em face de terceiros, na medida em que estes podem se opor ao pedido inicialmente efetuado.

A consagração da regra de congruência no direito da Propriedade Intelectual

A regra é assente e incontroversa.

No magistério do clássico *par excellence*, Eugene Pouillet, o pedido fixa a extensão do direito; e o fixa de tal forma que não possa ser reivindicado além dos mesmos termos que se fez o depósito. Para o autor francês, o depósito do pedido constituiria a manifestação de vontade do depositante que, encontrando a declaração receptícia da

---

605 "I - É o autor que fixa, na petição inicial, os limites da lide, sendo que o julgador fica adstrito ao pedido, juntamente com a causa de pedir, sendo-lhe vedado decidir aquém (citra ou infra petita), fora (extra petita) ou além (ultra petita) do que foi pedido, nos termos do artigo 460 do CPC" (STJ, REsp 658715, Rel. Min. Francisco Falcão, DJ 06/12/04).

lei que prevê a proteção das marcas, fixa a extensão da exclusividade nos limites que ele mesmo – o depositante – pediu.[606]

Quase um século depois, Paul Roubier aponta não ter mudado a regra:

3º Le dépôt donne à la marque un caractère de fixité ou de certitude, qui élimine toutes les difficultés sur l'étendue du droit à la marque: en effet, le dépôt détermine l'étendue du droit de propriété. Cette conséquence du dépôt empêche, il est vrai, le déposant, comme on le verra, de rien revendiquer au-delà de ce qui a été déposé, c'est donc à lui à préciser exactement ce qu'il entend protéger par le dépôt de sa marque ; mais dans ces limites la protection légale lui sera accordée pour toute l'étendue précisée par le dépôt.[607]

Diz Pontes de Miranda, sobre o nosso direito:

4. EXTENSÃO DO DIREITO REAL DE PROPRIEDADE INDUSTRIAL.

- O depósito protege tudo que nêle se compreende enquanto não se decide desfavoràvelmente o pedido; se, afinal, se denega o registo a eficácia declaratória negativa da decisão administrativa afasta qualquer efeito que se atribuiu, no pretérito, ao depósito. O depósito só protege o que nêle se compreende. Qualquer indagação sobre extensão do direito real do requerente há de ser feita no depósito, e não" alhures, inclusive no que se discutir antes ou depois.

O depósito é que diz o que se considera a marca, quais os elementos característicos, quais os produtos ou artigos, á que a marca se destina, qual o gênero do negócio. A

---

606 Pouillet, Eugène.Traité des Marques de Fabrique et de la Concurrence Déloyale En Tous Genres. Paris: Imprimeurs-Éditeurs, 1892, p. 147-149: «112. Le dépôt fixe l'étendue du droit. – Le dépôt détermine le droit du propriétaire de la marque; il en fixe l'étendue, de telle sorte que rien ne peut être revendiqué au delà des termes mêmes dans lesquels a été fait le dépôt. La marque déposée constitue le contrat qui se forme entre le déposant et la société, entre le déposant qui fixe lui-même l'étendue de son domaine et la société qui lui en assure la jouissance dans les limites qu'il a luimême fixées. Lors donc qu'une action en contrefaçon est engagée, il est très important de consulter le dépôt et d'examiner non le procès-verbal de dépôt, ceuvre du greffier essentiellement sujette à contestation, mais la marque déposée elle-même, laquelle, on le verra (1), est à la disposition de tous, soit au greffe du Tribunal de Commerce, soit au Conservatoire des Arts et Métiers, où chacun peut s'en faire délivrer copie. Du dépôt, en effet, il peut résulter que le déposant a fait consister sa marque non dans tel élément pris isolément, par exemple dans une dénomination particulère, mais dans un ensemble de caractères divers, dont la réunion seule forme sa propriété. II s'ensuivra que le juge correctionnel pourra, devra même parfois, au regard de la marque déposée, renvoyer le prévenu de contrefaçon, encore que l'imitation qu'il aura faite de certains éléments puisse, devant une autre juridiction, constituer une véritable concurrence déloyale. Autre chose est la contrefaçon d'une marque, autre chose la concurrence déloyale, et la répression, dans les deux cas, est fort différente.
(1) V. Paris, 26 mars 1873, Peter Lawson, Pataille.73.83; Amiens, 21 juin 1873, Peter Lawson, Pataille.73.378 ;Rej. 21 mai 1874, même affaire, Pataille.74.153.
607 ROUBIER, Paul. LE DROIT DE LA PROPRIÈTÈ INDUSTRIELLE. 22, Rue |Soufflot, PARIS(5º): Éditions Du Recueil Sirey, 1954, p. 597-598.

marca destinada a rádios não é protegida se aplicada a aparelhos de televisão, nem a vitrolas.[608]

E não menos a jurisprudência:

PROPRIEDADE INDUSTRIAL – Tutela antecipada deferida – Proibição de uso de marca figurativa no formato boca/beijo – Liberação para reprodução da mesma figura sem, porém, repetição do mesmo desenho tridimensional, que não caracteriza revisão da ordem judicial anterior – Proteção restrita ao formato objeto de registro no INPI – Recolhimento dos produtos já distribuídos contendo a figura reconhecida como contrafeita – Necessidade – Providência que facilita a verificação do cumprimento da determinação judicial e impede sua eventual burla – Concessão, todavia, de prazo superior para a execução da medida ante a exigüidade daquele inicialmente deferido pelo juízo *a quo* – Agravo parcialmente provido. (grifos nossos) (TJ/SP, Relator: Galdino Toledo Júnior, Registrado em 12/09/2007)

[10] § 0.2. (A) As mutações entre o reivindicado e o concedido

Nos sistemas de Propriedade Intelectual cuja proteção depende de procedimento administrativo de concessão (patentes, marcas, variedades de plantas, desenho industrial, topografias de computador) ou regime ancilar de concessão (dados confidenciais, nome de empresa), desta feita, não se pode conceder mais do que foi originalmente postulado.

No entanto, uma das conseqüências inevitáveis do procedimento administrativo de concessão é que ele possa não acolher a totalidade do pretendido. Para adequar o pedido aos limites do que a lei autoriza conceder, a autoridade pode restringir, adequar, limitar, *apostilar*, enfim, introduzir tais restrições ao objeto do pedido quanto imponha o Direito, num rito plenamente vinculado.

Assim, muito já se escreveu sobre o poder da administração de restringir o inicialmente reivindicado pelo titular do pedido de patente,[609] e o pelo titular do pedido de marcas.[610]

Assim, não se terá a todo tempo aquilo que foi reivindicado, pois só será concedido aquilo a que o reivindicante tenha direito; mas – mesmo que houvesse pretensões do requerente além do pedido – só se defere o direito *até o limite do pedido*, e nunca além.

---

608 MIRANDA, Pontes de. Tratado de Direito Privado. São Paulo: Ed. Revista dos Tribunais, 1983, p. 77-78.

609 Vide, em nosso Uma Introdução à Propriedade Intelectual, 2ª ed., Lumen Juris, 2003, o extenso texto sobre a modificação de reivindinações, e os limites impostos pelo devido processo legal. Neste caso, o limite legal da mutação é o anteriormente descrito, mas as mutações quanto ao inicialmente reivindicado seguem necessariamente os requisitos do devido processo legal quanto ao interesse de terceiros.

610 Vide Apostilmento em Direito de Marcas em nosso BARBOSA, Denis Borges, A Propriedade Intelectual no Século XXI - Estudos de Direito. Rio de Janeiro: Lumen Juris, 2008, p. 199 e seg.

Os limites da concessão e o escopo do direito

A exclusiva concedida, por todas as razões já indicadas, deve ser interpretada estritamente; mas não literalmente:

Mas, enquanto se recompensa a invenção útil, os "direitos e o bem-estar da comunidade devem razoavelmente ser considerados e eficazmente guardados". Para esses fins, os pré-requisitos de obtenção da patente tem de ser observados estritamente, e quando a patente é concedida, **as limitações ao seu exercício devem ser aplicadas também estritamente**. (...) Uma vez a patente seja concedida:

deve-se interpretá-la estritamente [...]"611 (tradução livre; grifos nossos)

[10] § 0.2. (B) Estrito, não literal

Ocorre, no entanto, que em cada direito de exclusiva, a proteção se dá *ao bem imaterial circunstrito pelo ato concessivo,* mas não exatamente à literalidade do instrumento da concessão.

O caso dos direitos autorais

A proteção dos direitos autorais se dá sem qualquer intervenção da autoridade administrativa: a exclusiva eclode do simples ato de criação, sem pedido, exame ou concessão. Não obstante, o exemplo da proteção autoral é a mais fácil de se entender.

Protege-se a *forma*, não as idéias e conceitos ínsitos na obra, nem, de outro lado, as aplicações utilitárias da criação autoral.612 Mas a proteção da *forma* não se resume à literalidade superficial do texto: uma tradução não usará talvez nenhuma palavra ou construção gramatical do original, mas nem por isso deixará de ser colhida pela exclusividade.

Pois o elemento protegido é o *bem imaterial,* que transcende mesmo à forma protegida, sem dela exceder.

---

611 Sears, Roebuck & Co. V. Stiffel Co., 376 1964, tendo o Sr. Ministro Black como relator. Texto original: "The grant of a patent is the grant of a statutory monopoly; indeed, the grant of patents in England was an explicit exception to the statute of James I prohibiting monopolies. Patents are not given as favors, as was the case of monopolies given by the Tudor monarchs, but are meant to encourage invention by rewarding the inventor with the right, limited to a term of years fixed by the patent, to exclude others from the use of his invention. During that period of time no one may make, use, or sell the patented product without the patentee's authority. But in rewarding useful invention, the rights and welfare of the community must be fairly dealt with and effectually guarded. To that end the prerequisites to obtaining a patent are strictly observed, and when the patent has issued the limitations on its exercise are equally strictly enforced. To begin with, a genuine "invention" [...] must be demonstrated "lest in the constant demand for new appliances the heavy hand of tribute be laid on each slight technological advance in an art." Once the patent issues: [...] it is strictly construed [...]."

612 Lei 9.610/98, art. 8º.

O caso das patentes

No caso das patentes de invenção e modelo de utilidade, essa aplicação estrita mas não literal se dá através da chamada Doutrina da Equivalência:[613]

Mas o alcance da reivindicação, necessariamente, não é formal e literal:[614] Como em quase todos os campos do Direito de Patentes, é obrigatório iniciar com o magistério de Gama Cerqueira:

Os elementos característicos da invenção, porém, devem ser examinados e apreciados de acôrdo com a função que desempenham e não sob o seu aspecto material. Do contrário, ilusória seria a proteção legal, pois bastaria a simples modificação de um ou outro elemento, sem alteração substancial de sua função, ou a sua substituição por elemento equivalente, para isentar o infrator da responsabilidade pela infração. Este princípio aplica se a tôdas as espécies de invenção e é particularmente importante quando se trata de invenções de processos. (CERQUEIRA, 1952, p. 320)

Como o quer o autor, o fim precípuo do instituto é evitar que a literalidade de uma reivindicação impeça que a patente seja utilizada adequadamente, promovendo o inventimento em criação tecnológica. A introdução de variações irrelevantes ou cosméticas poderiam tornar a exclusividade inoperante, se não houvesse aplicação substantiva – não formal – do privilégio.[615]

E mais adiante, apontando como se apura o que é *equivalente*, mas não literal:

Teste tripartite de equivalência:

- o elemento acusado realiza substancialmente a mesma função que o elemento da reivindicação? (S) (+/-) (N)
- realiza a função substancialmente do mesmo modo que o elemento da reivindicação? (S) (+/-) (N)
- produz substancialmente o mesmo resultado que o elemento da reivindicação? (S) (+/-) (N)

---

613 BARBOSA, Denis Borges . Doutrina dos Equivalentes. In: Manoel J. Pereira dos Santos, Wilson Jabour. (Org.). Criações Industriais. São Paulo: Saraiva, 2006,

614 Graver Tank & Mfg. Co. v. Linde Air Products Co., 339 U.S. 605, 607 (1950). Vide Festo (2002): "It recognizes that words may not always be able to aptly convey the basis of an invention. It also recognizes that 'to permit imitation of a patented invention which does not copy every literal detail would be to convert the protection of the patent grant into a hollow and useless thing'." Note-se, porém, do que lembram Romuald Singer e Margarete Singer (1995, 69.02): "In Germany, certain circumstances can arise in which a court, dealing with the issue of infringement, may nonetheless interpret claims exactly in accordance with their wording, rather than permitting any extension to cover equivalents. This can occur if, in the course of an infringement action, the patent is wholly, or in a divisible area, identical with the prior art, but the defendant has not brought any action for nullity before the German patents court."

615 Graver Tank & Mfg. Co. v. Linde Air Products Co., 339 U.S. 605, 607 (1950): "One who seeks to pirate an invention, like one who seeks to pirate a copyrighted book or play, may be expected to introduce minor variations to conceal and shelter the piracy. Outright and forthright duplication is a dull and very rare type of infringement. To prohibit no other would place the inventor at the mercy of verbalism and would be subordinating substance to form. It would deprive him of the benefit of his invention and would foster concealment rather than disclosure of inventions, which is one of the primary purposes of the patent system."

O caso das marcas

O elemento figurativo, nominativo ou tridimensional protegido no certificado do registro, configura o núcleo da proteção da marca no seu segmento de mercado pertinente.

No entanto, sendo a função da marca a de distinção e assinalamento, também aqui se protege não a literalidade, mas essa função, nos limites da exclusiva como concedida.[616]

Assim, iniciemos a análise pela afirmação de que a extensão da proteção de um signo em face de outras marcas decorre:

Em primeiro lugar, da distintividade absoluta da marca-paradigma. Quanto mais distintiva em si mesma, mais amplo o espectro de proteção em face de terceiros. Esta distintividade resulta de dois fatores:

1)   O efeito da criação originária da marca
2)   O efeito do investimento publicitário

Em segundo lugar, da distância das marcas em comparação no tocante:

1)   Às atividade econômicas em relação às* quais a marca é utilizada (proximidade de mercados)
2)   Às relações simbólicas existentes entre as marcas em comparação

[10] § 0.2. (C) Em todos os casos: proteção estrita ao reivindicado

No entanto, o efeito da exclusiva não excederá jamais o *bem imaterial* protegido; nas hipóteses, como a de marca tridimensional, em que a constituição da exclusiva depende de atuação da autoridade estatal, o pedido fixa a extensão *máxima possível* que o direito eventual possa vir a ter..

Tomemos o exemplo de Pouillet:[617] depositou-se o pedido de uma marca constando de um pássaro aquático, combinado com uma coroa mural, letras iniciais entre-

---

616   Da nossa Nota sobre a metodologia de confrontação de marcas, em BARBOSA, Denis Borges, A Propriedade Intelectual no Século XXI - Estudos de Direito. Rio de Janeiro: Lumen Juris, 2008.

617   *Op. cit.*, loc. cit.' "Un exemple mettra cette marque en évidence et la fera bien comprendre: Un fabricant d'engrais avait déposé une marque composée d'un oiseau aquatique, combinée avec une couronne murale, des lettres initiales entrelacées, et une dénomination, celle de phospho-guano. Le dépôt revendiquait expressément l'ensemble de ces caractères, sans attacher la moindre importance à la dénomination, qui, d'après les termes du dépôt, semblait même être reconnue pour ne pas appartenir privativement au déposant . D'autres fabricants de produits similaires prirent à leur tour cette dénomination, mais en l'associant, à des éléments absolument différents, en remplaçant, par exemple, l'oiseau par des lions, et en supprimant d'ailleurs la couronne murale. Iis se virent néanmoins pourssuivis devant la juridiction correctionnelle à raison de l'emploi des mots phospho-guano; mais ils opposérent avec raison les termes du dépôt, et, s'appuyant d'une part sur ce que ce dépôt ne revendiquait pas la dénomination prise isolément, d'autre part,

Tratado da Propriedade Intelectual

laçadas e uma denominação... "phospho-guano". Mas o depósito reivindicava os elementos figurativos, não enunciando a denominação. Julgada posteriormente a infração da marca por concorrente que indicava seu produto como sendo phospho-guano, não se apurou qualquer violação.[618]

[10] § 0.3. Desdobramento de pedidos

Algumas vezes, os pedidos podem conter material que exceda a um só conceito inventivo ou modelo de utilidade, ou contem matéria relativa a mais de uma prioridade. Há, na verdade, mais de um invento.[619]

Tais pedidos podem ser divididos em dois ou mais *até o final do exame* seja a requerimento do depositante; seja em atendimento a exigência feita pelo INPI. Este último só poderá impor o desdobramento no caso de falta de unidade inventiva. O depositante poderá requerer sempre a divisão, salvo se a divisão implicar em mutilação ou dupla proteção da invenção ou modelo.

Assim prescreve a CUP:

Art. 4º
G. - (1) Se o exame revelar que um pedido de patente é complexo poderá o requerente dividir num certo número de pedidos divisionários, cada um dos

---

sur ce que l'ensemble des marques ne permettait aucune confusion, ils triomphèrent de la prévention. C'était justice (1). 112 bis. Jurisprudence. – II a été jugé en ce sens: 1º que l'emploi, par un fabricant rival, d'un emblème analogue à celui appliqué précédemment par un autre fabricant constitue, en pareille circonstance, une usurpation de marque, encore bien qu'il ne soit pas la reproduction exacte de l'autre ; mais, pour que cette usurpation puisse donner lieu à une action en justice, il faut que le plaignant ait préalablement effectué le dépôt de sa marque au siége du tribunal de commerce de son domicile (Trib. Corr.du Havre, 30 mars 1857, Rec. Du Havre. 57.1.59); 2º que la propriété d'une marque doit être restreint au type déposé (Bordeaux, 9 aount 1865, Deniset Monnier, Pataille.66.430); 3º que la formule, adoptée par le greffier dans le procès-verbal de dépôt qu'il a rédigé, ne peut prévaloir contre les termes de la légende joint au dépôt (Trib. Corr. Seine, 27 fév. 1873, Laterrière, Pataille.73.294); 4º que, lorsqu'il résulte d'un acte de dépôt de marque que le déposant a entendu faire porter son droit privatif, non sur la dénomination (dans l'espèce, phospho-guano) qui fait partie de la marque, mais sur l'ensemble seulement des signes qui la composent, c'est avec raison que les juges du fait refusent de condamner comme contrefacteur un commerçant qui, tout en employant la même dénomination, la fait entrer dans l'ensemble d'une marque absolument différente (Rej. 30 déc. 1874, Goubeau et Goudenove, Pataille. 75.314). V. Infrà, nº 121.

618 O Phospho-guano era um tipo de adubo, fabricado com guano do Peru e aditivos fosfatados. Não se encontram mais exemplos da marca de 1854 descrita por Pouillet, mas a usina em Poitou-Charentes, ostentando a denominação não protegida, é tombada pelo Patrimônio Cultural Francês. Vide http://www.flickr.com/-search/?q=phospho&w=37902992@N06.

619 Vide o AN INPI 127/97. Ivan Bacellar Ahlert, Divisão de Pedidos de Patente, Subsídios e Final do Exame, Revista da ABPI, (39): 28-31, mar.-abr. 1999. AIPPI Q193, Divisional, Continuation and Continuation in Part Patent Applications, encontrado em https://www.aippi.org/download/comitees/193/MIN193ExCo+Singapore+Plenary+Session+EnglishEnglish.pdf.

quais conservará a data do pedido inicial e, se for o caso, o benefício do direito de prioridade.

(2) O requerente poderá também, por sua própria iniciativa, dividir o pedido de patente conservando como data de cada pedido divisionário a data do pedido inicial e, se for o caso, o benefício do direito de prioridade. Cada país da União terá a faculdade de fixar as condições nas quais esta divisão será autorizada.

As exigências legais (art. 26 do CPI/96) são que o pedido dividido faça referência específica ao pedido original; e não exceda à matéria revelada constante do pedido original.[620] Não cabe acréscimo à matéria do pedido que se divide – vedada a chamada *continuation in part* do Direito americano; nada impede, porem que se solicite certificado de adição.

Os pedidos divididos terão a data de depósito do pedido original e o benefício de prioridade deste, se for o caso. Mas não se suscitará, a partir do pedido que se divide, a prioridade nacional a que se refere o art. 17, § 3º.

[10] § 0.4. Da possibilidade de ampliação das reivindicações

Diz Antonio Abrantes [621]

Segundo o MEMO/INPI/DIRPA n.072/08 de 25/04/2008 são aceitáveis correções como nas seguintes situações: O relatório descritivo refere-se a material de densidade de 0,916 g/cm^3 a 0,930 g/cm^3 (informação correta) enquanto a reivindicação refere-se a densidade de 0,916 g/cm^3 a 930 g/cm^3. Neste caso a reivindicação amplia indevidamente o escopo da proteção. Uma outra situação de correção aceita: relatório descritivo refere-se a densidade de 0,916g/cm^3 a 930g/cm^3 (informação correta) e a reivindicação trata de densidade de 0,916g/cm^3 a 0,930g/cm^3. Neste segundo caso, por erro ortográfico, a reivindicação torna-se indevidamente restrita, e a correção, mesmo ampliando o escopo da proteção, é aceita.

Com relação a inserção de elementos na reivindicação:

Em nenhum momento poderá o examinador em seu parecer propor que elementos presentes no relatório descritivo e não reivindicados originalmente sejam trazidos para o quadro reivindicatório, ampliando o escopo da reivindicação. Tampouco pode o requerente, aproveitar-se de um cumprimento de exigência para fazer esta inserção, ampliando o escopo da reivindicação. O escopo da proteção reivindicada quando da data de pedi-

---

620 Vide a seção relativa à modificação das reivindicações.

621 ABRANTES, Antonio, Emendas durante o exame de pedidos de patente, mensagem ao grupo: pibrasil@yahoogrupos.com.br, de 28 de maio de 2009.

do de exame não pode ser ampliado. Por exemplo, se o objeto reivindicado quando do pedido de exame se refere a uma tela de computador, pode-se inserir elementos que restrinjam seu escopo como a inserção de um elemento que se refira a telas de computador de LCD, no entanto, não se pode inserir elementos que modifiquem o objeto reivindicado, como a inserção de elemento que descreva uma base giratória para a tela de computador, por se referir a característica que não diz respeito à uma tela de computador, e, portanto aumento de escopo de proteção. Modificações nas reivindicações são, portanto, aceitas desde que não seja constatado que houve aumento do seu escopo, quando comparado com o que estava sendo reivindicado quando da data do pedido de exame.

Emendas ao quadro reivindicatório são aceitas no caso de erros óbvios ou desde que tragam algum detalhamento ou restrição ao seu escopo. Considere o caso de uma reivindicação que trata de roda caracterizada por material metálico, e na qual em nenhum momento, seja no quadro reivindicatório ou relatório descritivo, é dito que este material é o titânio. Não importa se tal omissão foi intencional ou não. A emenda do pedido para incluir esta informação não é aceita, por ser parte caracterizante e essencial da invenção, configurando, portanto, acréscimo de matéria.

Os acréscimos nas reivindicações serão aceitos desde que constituam elementos que venham a melhor definir e restringir o escopo da reivindicação. Caso o requerente apresente nova reivindicação independente onde a parte caracterizante é um elemento novo trazido do relatório descritivo, então também neste caso tal modificação é aceita, ainda que se trate da parte caracterizante da invenção, não entendida como algo acessório, porém, trata-se de uma restrição do escopo de proteção da reivindicação. Por exemplo, um pedido originalmente reivindica cadeira caracterizada por encosto. O examinador em seu primeiro parecer identifica uma anterioridade e emite ciência de parecer alegando falta de atividade inventiva da reivindicação. O depositante em cumprimento à ciência de parecer, envia nova reivindicação: cadeira dotada de encosto caracterizada por um braço. Neste caso, o escopo de proteção obviamente foi reduzido pois o universo de cadeiras incorporadas em seu escopo é um grupo menor de cadeiras. Tal modificação é aceita.

Com relação a retirada de elementos da reivindicação:

A retirada de um elemento da reivindicação independente tem como efeito torná-la mais ampla, no entanto, os direitos do titular desta nova redação somente se aplicam quando do conhecimento público desta modificação e não do depósito da patente segundo Luiz Guilherme de Loureiro:[622] "Assim, uma nova reivindicação mais ampla do que a anterior só é oponível a terceiro, se ele foi notificado desse novo teor. Em outras palavras, para a apreciação da existência e do valor do direito de indenização, no caso de exploração da invenção por terceiro anteriormente à concessão da patente, será considerada a reivindicação que foi publicada juntamente com o pedido

---

622 [Nota do Original] A Lei de propriedade industrial comentada, Luiz Guilherme de Loureiro, São Paulo: Lejus, p. 113.

e não eventualmente uma reivindicação posterior mais ampla somente levada ao conhecimento do público com a publicação da concessão da patente".

Elementos da reivindicação independente não poderão ser retirados, após esta data limite, com exceção de partes explicativas ou matéria indevidamente fora do escopo da reivindicação original, pois, da mesma forma, não se pode ampliar o escopo do requerido quando do pedido de exame. Neste caso, ao invés de propor a retirada de tal elemento da reivindicação, deverá ser feita uma exigência para que a expressão "caracterizado por" seja deslocada. A razão de não se permitir a ampliação do escopo da matéria reivindicada é a de não prejudicar terceiros. Imagine que é publicado o pedido de patente reivindicando o objeto X. O concorrente inicia a produção de Y, pois o pedido de patente embora tenha Y no relatório descritivo, não reivindica Y. Cinco anos após a publicação, é concedida a patente, reivindicando X e Y. Ora, o concorrente ficou por cinco anos fazendo contrafação da patente sem saber e teria de pagar indenização ao titular por esse período, o que seria injusto. O concorrente não poderia invocar para si direito de usuário anterior pois começou explorar Y após o depósito da patente.

O fato de se retirar um elemento qualquer da parte caracterizante de uma reivindicação implicará em aumento do escopo se este elemento for eliminado da reivindicação. Para se evitar esta situação, o que se exige é que o requerente passe para o preâmbulo este elemento que já faz parte do estado da técnica, deslocando-se a posição do "caracterizado por". Exemplo de reivindicação: Aparelho caracterizado por B + C + D + E + F; neste caso se, por exemplo, C e E não tiverem novidade, é errado uma exigência por parte do examinador para se retirar C e E da reivindicação, pois isto conduziria a uma definição incompleta da invenção na reivindicação, além de uma ampliação indevida de seu escopo. O correto é uma exigência de reformulação da reivindicação do tipo: Aparelho compreendendo C + E caracterizado por B + D + F. A reivindicação continua definindo o mesmo objeto porém foi reduzido o escopo da reivindicação. Somente se deve sugerir a retirada de elementos quando estes dizem respeito a características não técnicas ou meramente explicativas.

[10] § 1. Da construção das reivindicações

A construção das reivindicações segue uma arte e técnica das mais apuradas em engenharia de patentes e em direito da Propriedade Intelectual, para conseguir o melhor equilíbrio possível entre os interesses do titular e o disposto na lei. Um excesso no reivindicado leva à nulidade da reivindicação ou da patente como um todo; a insuficiência pode impedir que o titular proteja eficazmente seus interesses.[623]

---

623 CHIANG, Tun-Jen,Fixing Patent Boundaries(March 21, 2009). Michigan Law Review, Forthcoming; George Mason Law & Economics Research Paper No. 09-22. Available at SSRN: http://ssrn.com/abstract=1023829

No dizer de Ana MÜLLER:

A elaboração das reivindicações requer uma narração clara e concisa da invenção em um formato altamente estilizado. A primeira regra é que uma reivindicação deve ser elaborada em uma única sentença. Uma reivindicação, tipicamente, consiste de três partes: o preâmbulo, o elemento de transição e o corpo. O preâmbulo é uma frase introdutória que resume o tipo de invenção, por exemplo, Dispositivo ou Processo..., sua relação com o estado da técnica e seus usos pretendidos ou propriedades. O elemento de transição conecta o preâmbulo ao corpo da reivindicação e indica se a invenção pode incluir limitações, além daquelas citadas na reivindicação, para os casos de infração literal. O corpo da reivindicação consiste de elementos e limitações que definem as características da invenção e deixa claros os limites do monopólio conferido pela patente ao seu titular.

Assim, tanto durante o exame do pedido,[624] quanto nas ações de infringência e nulidade, o centro das discussões estará sempre nas reivindicações.
Como diz o inevitável Gama Cerqueira:

"porque fixam o objeto da invenção e constituem a medida do direito do inventor, tudo gira em torno delas. A investigação da novidade no exame prévio, as oposições aos pedidos de patente, as ações contra os infratores do privilégio, as questões relativas à validade da patente, tudo se concentra nos pontos característicos reivindicados pelo inventor. A interpretação do privilégio cifra-se nas reivindicações, tal como constam da patente, independentemente do que consta do processo, dos laudos técnicos e do despacho de concessão do privilégio. A descrição e os desenhos podem esclarecer as reivindicações, mas não suprem a sua deficiência, as suas falhas ou omissão. O que consta da descrição, se não constar das reivindicações, é como se não existisse. Ao contrário, porém, o que delas constar prevalece, embora não conste da descrição." (…) Em suma, como o mestre assevera, "o valor e a sorte do privilégio dependem das reivindicações, que um escritor considera como a alma da patente".[625]

Para tal construção, a prática levou ao hábito de dividir as reivindicações de tal forma que o conjunto delas proteja licitamente o invento; e cada uma delas possa resistir da melhor forma possível à rejeição dos examinadores e aos pleitos de nulidade, ao mesmo tempo em que garantindo o direito mais forte em face dos violadores do privilégio.

---

624 INPI, Diretrizes de Exame de Patentes, 1.4.2.1 Reivindicações É importante observar que, apesar de o relatório descritivo servir de base para a interpretação das reivindicações, são estas últimas que definem os direitos do depositante. Portanto, em qualquer fase do exame, é o teor das reivindicações aquele que será submetido à análise da existência dos requisitos de patenteabilidade.

625 Tratado da Propriedade Industrial, Forense, 1956, v. II, Tomo I, Parte II, p. 165.

Assim descreve ainda Ana MÜLLER:

As reivindicações são as especificidades da invenção para as quais a proteção é requerida, ou melhor, os aspectos particulares que os inventores consideram como novidade em relação ao estado da técnica existente até aquele momento. Enfim, as reivindicações são, de fato, a invenção. As reivindicações, de maneira geral, durante o processamento para a concessão da patente, sofrem alterações por parte da autoridade governamental competente, de modo a delimitar e precisar o escopo da matéria a ser protegida, enfim, a invenção. Desta maneira, elas delimitam e estabelecem os direitos do titular da patente sobre a matéria objeto da proteção; sendo somente aquelas matérias constantes das reivindicações aceitas pela autoridade governamental as protegidas pela patente após a concessão.

Certamente concordo com Miller,[626] que entende exigível, na construção das reivindicações, que se revele:

(a) the field of art to which the claimed invention pertains;
(b) all problems that the claimed invention helps solve;
(c) a lexicon of all claim terms to which the applicant gives a meaning other than its accustomed meaning to people having ordinary skill in the pertinent art (along with a supporting interpretive rule barring special meanings for any terms not in the lexicon); and
(d) a list of preferred objective reference sources, such as technical treatises and dictionaries (general or specialized), to which an interested reader should refer to learn about the ordinary meaning of the remaining claim terms to a person having ordinary skill in the art.

[10] § 1.1. Da divisão entre reivindicações principais e dependentes

O quadro reivindicatório pode se referir a diversos elementos individuais de um mesmo conceito inventivo – um produto, o processo para se fabricar tal produto, o aparelho para fazer processar tal método de fabricação, etc. – em várias reivindicações independentes entre si;[627] mas pode haver reivindicações que apenas particularizem

---

626 MILLER, Joseph Scott, "Enhancing Patent Disclosure for Faithful Claim Construction". Lewis & Clark Law Review, Vol. 9, March 2005 Available at SSRN: http://ssrn.com/abstract=636681.

627 Diz o Ato Normativo INPI 127: 15.1.3.2.1 Reivindicações independentes a) São aquelas que, mantida a unidade de invenção, visam a proteção de características técnicas essenciais e específicas da invenção em seu conceito integral, cabendo a cada categoria de reivindicação pelo menos uma reivindicação independente. b) Cada reivindicação independente deve corresponder a um determinado conjunto de características essenciais à realização da invenção, sendo que somente será admitida mais de uma reivindicação independente da mesma categoria se tais reivindicações definirem diferentes conjuntos de características alternativas e essenciais à realização da invenção, ligadas pelo mesmo conceito inventivo; c) as reivindicações inde-

ou aprofundem uma solução técnica já enunciada em uma outra reivindicação – da qual são dependentes.[628]

Diz Ana MÜLLER:[629]

Reivindicações Independentes. Definem todos os elementos essenciais da invenção dentro dos limites em que esta funciona. A reivindicação independente não pode ser tão ampla que abarque o estado da técnica, isto é, esteja neste contida; nem tão restrita que possa dar margem a terceiros produzirem o objeto da patente sem violá-la. Assim, nem deve ser requerida proteção para compostos que já sejam conhecidos e que estejam incluídos na definição de uma fórmula química geral (Markush fórmula) reivindicada, nem tal proteção deve ser requerida tão restritamente de forma a deixar de proteger todas as alternativas nas quais a invenção possa vir a ser repetida. Podem existir tantas reivindicações independentes quantas forem necessárias para proteger a invenção.

(ii) Reivindicações Dependentes. Têm por objetivo proteger detalhes específicos da invenção, os quais já devem estar mais amplamente abrangidos nas relativas reivindicações independentes.

---

pendentes de categorias diferentes, em que uma das categorias seja especialmente adaptada à outra, serão, de preferência, formuladas de modo a evidenciar sua interligação, empregando-se, na parte inicial da reivindicação, expressões, como por exemplo: "Aparelho para realização do processo definido na reivindicação...", "Processo para a obtenção do produto definido na reivindicação..." d) as reivindicações independentes devem, quando necessário, conter, entre a sua parte inicial e a expressão "caracterizado por", um preâmbulo explicitando as características essenciais à definição da matéria reivindicada e já compreendidas pelo estado da técnica; e) após a expressão "caracterizado por" devem ser definidas as características técnicas essenciais particulares que, em combinação com os aspectos explicitados no preâmbulo, se deseja proteger; f) as reivindicações independentes podem servir de base a uma ou mais reivindicações dependentes, devendo, preferencialmente, ser agrupadas na ordem correspondente ao título do pedido.

628 Diz o Ato Normativo INPI 127: 15.1.3.2.2 Reivindicações dependentes a) são aquelas que, mantida a unidade de invenção, incluem características de outra(s) indicação(ões) anterior(es) e definem detalhamentos dessas características e/ou características adicionais, contendo uma indicação de dependência a essa(s) reivindicação(ões) e, se necessário, a expressão "caracterizado por"; b) as reivindicações dependentes não devem exceder as limitações das características compreendidas na(s) reivindicação(ões) a que se referem; c) nas reivindicações dependentes devem ser definidas, precisa e compreensivelmente, as suas relações de dependência, não sendo admitidas formulações do tipo "de acordo com uma ou mais das reivindicações...", "de acordo com as reivindicações precedentes...", ou similares; d) qualquer reivindicação dependente que se referir a mais de uma reivindicação (reivindicação de dependência múltipla) deve se reportar a essas reivindicações na forma alternativa ou na forma cumulativa (formuladas aditivamente), sendo permitida somente uma das formulações, ou alternativa ou cumulativa, para todas as reivindicações de dependência múltipla; e) as reivindicações de dependência múltipla na forma alternativa podem servir de base a qualquer outra reivindicação de dependência múltipla, desde que as relações de dependência das reivindicações estejam estruturadas de maneira que permitam o imediato entendimento das possíveis combinações resultantes dessas dependências.

629 Patenteamento em Biotecnologia: Abrangência e Interpretação de Reivindicações, *op. cit.*

E, sobre o mesmo tema Ivan Ahlert:[630]

Uma patente terá, obrigatoriamente, ao menos uma reivindicação independente. Pode haver diversas reivindicações independentes, em especial para definir diferentes aspectos da invenção; por exemplo, uma ou mais reivindicações independentes para um processo e uma ou mais para uma máquina ou dispositivo capaz de realizar o processo. Conceitualmente falando, uma reivindicação independente define todas as características *essenciais*[631] de um invento ou modelo, de tal modo que, em princípio, para que se configure a infração de uma patente é necessário que o produto ou processo de um terceiro possua *todas* as características de ao menos uma das reivindicações independentes de uma patente. Em outras palavras, se uma dada característica é considerada essencial para que se configure a invenção – e por isso está definida na reivindicação independente – sua inexistência em um produto ou processo de terceiro *em tese* descaracteriza a infração.

Uma reivindicação independente pode ser subdividida em um preâmbulo, que define as características do invento que já pertencem ao estado da técnica, e uma parte caracterizante, que define as características genuínas do invento. Note-se que as características da parte caracterizante não são, *necessariamente*, novas em si, porém há novidade quando se associam essas características com aquelas que são definidas no preâmbulo da reivindicação ou quando essas características são associadas na forma específica em que definida na reivindicação.[632] Não obstante essa possível divisão de uma reivindicação independente, seu escopo ou abrangência de proteção é determinado pelo *conjunto* ou *somatório* de características do preâmbulo e da parte caracterizante,[633] de tal modo que a posição da expressão "caracterizado" pouca ou nenhuma influência tem

---

630 Interpretação de Reivindicações e Infração de Patentes na Lei Brasileira de Propriedade Industrial – Conceitos e Análise Comparativa (manuscrito)

631 [Nota do Original] Vide Ato Normativo 127/97: 15.1.3.2.1 Reivindicações independentes a) São aquelas que, mantida a unidade de invenção, visam a proteção de características técnicas essenciais e específicas da invenção em seu conceito integral, cabendo a cada categoria de reivindicação pelo menos uma reivindicação independente.

632 [Nota do original] A determinação daquilo que deve integrar o preâmbulo de uma reivindicação, quando cabível, está intimamente associada à correta noção do requisito de novidade. Assim como a novidade é determinada, basicamente, a partir de um único documento da técnica anterior, também o preâmbulo deve ser formulado dessa maneira. Portanto, definem-se no preâmbulo da reivindicação as características do invento que já são conhecidas do estado da técnica na forma em que combinadas. Após a expressão "caracterizado por" devem ser definidas as características efetivamente novas em si e/ou aquelas que, apesar de em si conhecidas, estejam associadas de maneira inédita com a combinação de características do preâmbulo.

633 [Nota do original] Comumente, afirma-se, de forma que induz em erro, que a reivindicação protege apenas as características definidas após a expressão caracterizante. Vide, por exemplo, decisão de primeira instância em ação ordinária de indenização, processo nº 319/96 movida por Joceli Pierossi e outros contra Indústria de Urnas Bignotto Ltda. e outras, Juízo de Direito do Foro Distrital de Cordeirópolis, Comarca de Limeira. Reproduzindo, parcialmente, parecer de técnico do INPI, a sentença afirma que "Com efeito, demonstrando aquele documento, de modo inequívoco, que a patente de Modelo de Utilidade concedida em favor dos autores ... restringe-se à '... parte caracterizante da reivindicação principal...'".

na determinação da abrangência da reivindicação. Aquela expressão tem por propósito unicamente auxiliar o examinador ou um leitor a compreender o que o inventor considera como o aspecto inovador de seu invento.

Na verdade, apesar da ênfase do autor, o elemento mais sensível das reivindicações é – efetivamente – a partícula que enuncia o que, nas patentes, é **exclusividade**, distinguindo dessa o que é simples informação tecnológica. Como preceitua a norma legal pertinente:

- as reivindicações independentes devem, quando necessário, conter, entre a sua parte inicial e a expressão "caracterizado por", um preâmbulo explicitando as características essenciais à definição da matéria reivindicada e já compreendidas pelo estado da técnica;
- após a expressão "caracterizado por" devem ser definidas as características técnicas essenciais e particulares que, em combinação com os aspectos explicitados no preâmbulo, se deseja proteger;

Certo é que, como indica Ahlert, não é o só o texto após o elemento caracterizador que deve ser lido; mas *dentro do contexto da reivindicação*, o elemento exclusivo será o caracterizado.

[10] § 1.1. (A) Da noção de acessoriedade da reivindicação dependente

O fato de que, tanto para economia de texto quanto por razão de lógica, a reivindicação dependente incorpora, em totalidade, o conjunto de limitações da reivindicação principal, induz a que se pode dizer que dependente é acessória desta; tive ocasião de afirmá-lo explicitamente em meu Uma Introdução à Propriedade Intelectual 2ª ed.:

"...pode haver reivindicações que apenas particularizem ou aprofundem uma solução técnica já enunciada em uma outra reivindicação – da qual são *dependentes*. Quanto a estas, pertinente a regra *accessorium sequitur principale*."[634]

Ahlert confirma essa acessoriedade lógica da dependente em face ao principal:

As reivindicações dependentes, cuja formulação é facultativa, são aquelas que contêm uma remissão, direta ou indireta, a uma reivindicação independente e que não subsistem por si só, mas apenas em conjunto com a ou as reivindicações às quais se subordinam. Em outras palavras, ao remeter a outra ou outras reivindicações, uma determinada reivindicação dependente incorpora, por referência, todo o teor daquela ou daquelas reivindicações.

---

634 A máxima latina acompanha os textos romanos clássicos Accessio cedat principali [Ulpiano, Digesta 34.2.19] e dos glosadores Accessorius sequit naturam sui principalis O acessório segue a natureza do seu principal 3 Co. Inst. 349. e Accessorium non ducit sed sequitur suum principale. O acessório não conduz, mas segue o seu principal. Co. Ltt 152.

A noção de bens principais e acessórios é tradicional em Direito; como nota Sílvio Rodrigues,[635] radica-se na idéia de *substância* de Descartes[636] e Spinoza,[637] e está expressa no texto do Código Civil:

Art. 92. Principal é o bem que existe sobre si, abstrata ou concretamente; acessório, aquele cuja existência supõe a do principal.

No entanto, o CPI/96 introduziu importante distinção teórica – que, não surpreendentemente, se reflete centralmente no assunto deste Parecer. Ao contrário do Código anterior, o presente distingue a *acessoriedade das partes integrantes* e a acessoriedade da simples pertinência.

Quanto às primeiras, há mais que subordinação, uma sobredeterminação inexorável. Diz Vicente Rao:

Qualificam-se como *partes integrantes* as coisas acessórias: *a)* que por sua natural conexão com a coisa principal com esta formam um só todo e são desprovidas de existência material própria; *b)* que à coisa principal por tal modo estão unidas que, dela separadas, esta ficaria incompleta. Compreendem-se entre as primeiras (letra *a)*, além de outras e salvas as restrições legais, os produtos orgânicos ou inorgânicos do solo; entre as segundas (letra *b)* se incluem certas partes de um organismo vivo, ou as coisas artificiais como os edifícios em relação ao solo.

Tanto os imóveis, quanto os móveis, podem ter partes integrantes: assim também se definem, de fato, a lã dos carneiros, as peças de um relógio, a encadernação de um livro. Ora, acrescentam os autores, máxima segundo a qual *acessorium sequitur principal, acessorium cedit principali,* só se aplica, em rigor, às coisas acessórias que fazem parte integrante das coisas principais.[638]

É assim apenas quanto à acessoriedade das partes integrantes que se aplica a noção filosófica de substância, ou a noção dos glosadores de dependência real do acessório ao principal.

Quanto à relação de simples pertinência, diz o art. 95 do Código:

Apesar de ainda não separados do bem principal, os frutos e produtos podem ser objeto do negócio jurídico.

Neste segundo caso, a acessoriedade existe apenas *como resultado de uma finalidade* econômica, ou técnica que se dá à coisa principal. Não é uma relação de substân-

---

635   Direito Civil, Vol. 1, Saraiva, 2005, p. 138 e seguintes.
636   "Quando concebemos a substância, concebemos algo que existe detal maneira que não necessite senão de si mesma para subsistir", Princípios, § 51.
637   "Por substância entendo o que existe em si e é concebido por si, isto é, aquilo cujo conceito não necessita do conceito de uma outra coisa do qual deva ser formado", Ética, Livro I, def. 3.
638   O direito e a vida dos direitos., v. 2, n. 195.

cia, mas de finalidade, que leva ao conjunto entre o principal e o acessório, apenas e exclusivamente para desempenhar determinado objetivo.

Uma vez mais, Rao:

Chamam-se *pertences* as coisas destinadas e emprestadas ao uso, ao serviço, ou ao ornamento duradouro de outra coisa, a qual, segundo a opinião comum, continuaria a ser considerada como completa, ainda que estes acessórios lhe faltassem: tais são as coisas imóveis por destino, os acessórios que servem ao uso das coisas móveis como o estojo das jóias, a bainha da espada etc. **Ora, para essa categoria de acessórios, a máxima citada acima não tem aplicação rigorosa e absoluta, comportando, ao contrário, as limitações prescritas pela lei, em atenção aos fins a que esses acessórios se destinam" (grifei)**

Ou seja, *enquanto desempenhar aquela função*, há uma acessoriedade; mas ela não é ontológica, mas circunstancial.

É a essa acessoriedade *finalística, tópica e contextual* que Ahlert se refere ao indicar que a reivindicação acessória *serve para* detalhar, particularizar, restringir uma proposição principal:

Uma reivindicação dependente define características *opcionais* do invento patenteado e, portanto, não limita a abrangência de proteção definida pela reivindicação independente. Uma reivindicação dependente serve ou para definir mais detalhadamente uma característica definida de modo mais genérico em uma reivindicação a que se subordina, ou para definir características que se somam àquelas das reivindicações que a precedem.

Havendo dúvidas quanto à infração de uma reivindicação independente, os termos mais específicos de uma reivindicação dependente podem auxiliar a comprovar a infração. A inexistência, porém, de reivindicações dependentes que definam precisamente os elementos do produto de um terceiro, não deve resultar, sem mais considerações, na conclusão de que não há infração da reivindicação independente. Por exemplo, se uma reivindicação independente define que um determinado elemento é feito de metal, uma reivindicação dependente pode definir que esse metal é o cobre. No mesmo exemplo de reivindicação independente, uma reivindicação dependente pode definir que o elemento de metal é revestido por uma guarnição de plástico.

Claramente a acessoriedade entre reivindicações, como indica Ahlert, é do segundo tipo. Mas com uma importantíssima característica: a prática de todos os países em exame de patentes, e importantíssima jurisprudência judicial indicam:

a) que a validade da reivindicação principal leva lógica e inexoravelmente à validade da dependente;

b) mas não necessariamente a invalidade da principal leva à invalidade da dependente.

É o que veremos a seguir.

[10] § 1.1. (B) Como se sabe se uma reivindicação é dependente?

Uma reivindicação é dependente se incluir todas as limitações da reivindicação principal.[639] Ou seja, se quem viola a reivindicação dependente estará violando necessariamente também a principal.[640]

Não haverá dependência se a segunda reivindicação incorporar algumas, mas não todas, limitações da primeira.[641] Nesse caso, a reivindicação terá de ser formulada como independente.

No entanto, incorporando literalmente ou, como normalmente acontece, por referência, todos os elementos da reivindicação principal, a dependente pode ir além desta:

a) acrescentando um elemento novo à reivindicação principal, sem modificar-lhe o escopo;

b) descrevendo mais detalhadamente os elementos da reivindicação principal;

c) estabelecendo uma limitação suplementar aos elementos da reivindicação principal;

d) reunindo todas essas características.[642]

Assim, gravitando sempre em torno da reivindicação principal, a dependente tem sempre um alcance menos extenso do que aquela, sem poder suprimir-lhe quaisquer dos elementos.[643]

---

639 O Manual de Exame do US Patent and Trademark Office assim dispõe: MPEP § 608.01 (n} The test as to whether a claim is a proper dependent claim is that it shall include every limitation of the claim from which it depends (35 U.S.C. 112, fourth paragraph) or in other words that ít shall not conceivably be infringed by anything which would not also infringe the basic claim. O Mesmo Manual, mas transcrevendo as regras para Depósito Internacional pelo Patent Cooperation Treaty (PCT) assim expressa: "1824 The Claims Article 6 The Claims 6.4. Dependent Claims (a) Any claim which includes all the features of one or more other claims (claim in dependent form, hereinafter referred to as "dependent claim") shall do so by a reference, if possible at the beginning, to the other claim or claims and shall then state the additional features claimed. (...) (b) Any dependent claim shall be construed as including all the limitations contained in the claim to which it refers or, if the dependent claim is a multiple dependent claim, all the limitations contained in the particular claim in relation to which it is considered."

640 Robert C. Faber, Landis on Mechanics of Patent Claim Drafting, 5ª ed., Practising Law Institute, 2005. "This is the "infringement test" to determine if a claim is dependent". Aparentemente, a idéia de que só se pode violar uma reivindicação principal foi questionada em obter dicta em Wilson Sporting Goods v. David Geoffrey & Assocs., 904 F.2d 677, 14 USPQ2d 1942.

641 Faber, *op. cit.*, § 2:29 "Omission from a purported dependent claim of any element that had been included in the preceding claim makes the additional claim not a dependent claim. Thus, if a preceding claim has features A, B, and C, and a subsequent claim replaces feature C with feature D, so that the subsequent claim has features A, B and D, then the latter claim could not be a dependent claim, but could only be written in the form of an independent claim. If the purported dependent claim could be written only as an independent claim, then the dependent claim would be unpatentable, or if in the patent, it would be invalid. For the fullest claim coverage of an invention, or if an invention includes several features whose inclusions are mutually exclusive (you can include one without having to include the other), it is preferable to add an independent claim, rather than try to somehow provide coverage through a dependent claim only. The latter claim could not refer to or incorporate the previous claims".

642 Farcer, *op. cit.*, § 2:29.

643 Id. Eadem, Hence, a dependent claim is narrower in scope than the claim upon which it is dependent. A dependent claim cannot subtract an element from a claim on which it is dependent. You cannot claim "The

[10] § 1.1. (C) Da utilidade das reivindicações dependentes

A acessoriedade das reivindicações dependentes facilita enormemente o exame dos pedidos de patente, o exame de nulidades e de violações.[644] Tal se dá porque, uma vez determinado que a reivindicação principal é válida, ou que, após a patente ter sido concedida, que está violada por um terceiro, também são válidas ou infringidas as dependentes.[645] Igualmente, não é preciso analisar falta de unidade de invenção numa reivindicação dependente.[646]

É o que nota Ahlert:

Dos comentários acima, deduz-se que não há a possibilidade de que uma patente seja infringida se características de um produto de terceiros coincidem *apenas*

---

device of claim 3, without the shaft connected between the motor and the gear/' To delete an element from one claim, a new claim is needed. That new claim may be an independent claim reciting all elements, but not reciting the element to be deleted. Alternatively, that new claim may be a dependent claim, not dependent upon the claim that had the element (shaft) which is to be deleted, but rather dependent upon an earlier claim which did not mention that deleted element, for example, one where no shaft had been mentioned. No Direito Brasileiro, notam Gabriel Di Biasi, Mario Sorensen Garcia e Paulo Parente M. Mendes, A Propriedade Industrial, Forense, 2000, p. 67, "se a invenção estiver formulada em mais de uma reivindicação independente, as dependentes não devem exceder as limitações da características nas reivindicações a que se referem". Do Manual de Exame Canadense: "Patent Rules Part III Applications Filed On Or After October 1, 1996 Claims 87. (3) Any dependent claim shall be understood as including all the limitations contained in the claim to which it refers or, if the dependent claim refers to more than one other claim, all the limitations contained in the particular claim or claims in relation to which it is considered."

644 I.Eadem, "The main advantage of dependent claims, of course, is that they require far less time to examine, and those using them should be given a financial incentive. Note that, when any claim is allowed, all dependent claims, which are dependent upon the allowed claim, can also be allowed, without further examination for novelty or obviousness, other than to make sure they are dependent claims and satisfy 35 U.S.C. § 112. In one case, Ex parte Ligh, 75 the Board of Appeals held that it was error to reject a dependent claim while al-lowing its parent."

645 Do Manual de Exame do Escitório Europeu de Patentes, 3.7: "Dependent claims should be interpreted as being restricted by all features of the claim(s) upon which they depend. Therefore, where the subject-matter of an independent claim is novel, that of its dependent claims will also be novel. When the patentability of the subject-matter of the independent claim is not questioned as a result of the search, there is no need to make a further search or cite documents in respect of the subject-matter of the dependent claims as such (see, however, II, 4.2(iii) and XII, 1.2). (…)If in an application dealing with a pharmaceutical composition for treating nail infections the patentability of the subject-matter of the independent claim relating to specific combinations of the active ingredients is not questioned as a result of the search, there is no need to continue the search for dependent claims dealing with the use of a specific volatile organic solvent as a carrier in the composition." Do Manual de Exame de Patentes Britânico: "17.63 If the novelty and inventiveness of the main claim cannot be impugned there is no point in making a special search for the subject matter of dependent claims. It is however as well to note any disclosure of the subject matter of a dependent claim which is found while searching the main claim, since this could become useful if material citable against the main claim were either found later on in the same search or came to light subsequently

646 Diretrizes do INPI, 1.5.6 Falta de unidade de invenção Verificado que o pedido carece de unidade de invenção, ou seja, contém duas ou mais invenções que não estão ligadas pelo mesmo conceito inventivo, o examinador deve emitir parecer dando ciência ao depositante, de modo que este possa contestar o parecer, dividir seu pedido em dois ou mais, ou abandonar a matéria que excede a unidade. A questão da unidade de invenção deve ser analisada apenas com base nas reivindicações independentes.

com características de uma reivindicação dependente tomadas isoladamente. Para que se configure infração de patente é necessário que ao menos uma de suas reivindicações independentes seja infringida.

No entanto, como veremos mais adiante, a acessoriedade entre reivindicações não importa em eliminar a reivindicação dependente se a principal for tida como insuficiente. A prática de exame dos pedidos de patente indica que, se o examinador entender que a reivindicação principal for válida, ele cessa o exame; mas se for inválida, o exame tem de continuar, pois a reivindicação dependente, em si ou por combinação com a principal que não se sustenta sozinha, pode ser válida.647

[10] § 1.1. (D) Como se lê uma reivindicação dependente

Como a reivindicação dependente inclui necessariamente o todo da reivindicação principal, tem-se que ler esta com as alterações introduzidas pela dependente. Assim é que as Diretrizes para a área química do INPI preceituam:

Desta forma, uma reivindicação dependente deve ser lida sempre em conjunto com a(s) reivindicação(ões) da(s) qual(ais) depende e o conjunto analisado como se fosse uma única reivindicação independente.648

Como concluiu uma decisão judicial canadense, uma reivindicação dependente inclui todos os elementos da reivindicação da qual é dependente *em acréscimo* a todos os elementos da reivindicação dependente.649 Mas não pode ser lida de forma contraditória à reivindicação principal.650

---

647 Manual de Exame Europeu, 3.8: "However, where the patentability of the subject-matter of the independent claim is questioned, it may be necessary for assessing whether the subject-matter of the dependent claim as such is novel and involves an inventive step to continue the search in other sections of the documentation, e.g. in one or more additional classification units. No such special search should be made for features that are trivial or generally known in the art. However, if a handbook or other document showing that a feature is generally known can be found rapidly, it should be cited (see C-IV, 9.9(iii)). When the dependent claim adds a further feature (rather than providing more detail of an element figuring already in the independent claim), the dependent claim is to be considered in combination with the features in the independent claim and should be dealt with accordingly (see C-III, 3.4)".

648 Assim dispõe o United States Code: 35 USC §112. Specification A claim may be written in independent or, if the nature of the case admits, in dependent or multiple dependent form.Subject to the following paragraph, a claim in dependent form shall contain a reference to a claim previously set forth and then specify a further limitation of the subject matter claimed. A claim in dependent form shall be construed to incorporate by reference all the limitations of the claim to which it refers. De forma análoga, o Código Regulamentar Federal Americano: 37 CFR 1.75 Claim(s). (c) One or more claims may be presented in dependent form, referring back to and further limiting another claim or claims in the same application. (...) Claims in dependent form shall be construed to include all the limitations of the claim incorporated by reference into the dependent claim.

649 "It is therefore clear that a dependent claim includes all of the elements of the claim from which it is dependent in addition to all of the elements in the dependent claim.", Heffco Inc. v. Dreco Energy Services Ltd. 1997 CanLII 4992 (F.C.), (1997), 73 C.P.R. (3d) 284, at page 298.

650 Outra decisão canadense: "It is clear from section 87 of the Patent Rules that a dependent claim includes all the features and limitations of the claim which it incorporates by reference. As a result, the indepen-

[10] § 1.1. (E) Como se lê uma reivindicação independente com auxílio da dependente

O princípio da diferenciação de reivindicações resulta da presunção de que duas reivindicações nunca serão iguais; que se se permite duas delas, uma será mais ampla ou mais restrita do que a outra.[651] Assim, pode-se iluminar às vezes o sentido de uma reivindicação principal através da sucessão de dependentes que, se válidas, não serão iguais àquela, mas representarão soma de elementos ou inclusão de funções.

A leitura *da reivindicação principal* sob a ótica da dependente tem duas conseqüências:

a)   As dependentes podem auxiliar no esclarecimento da principal;
b)   No entanto, não se pode restringir o alcance da principal, aplicando-lhe as restrições da dependente.

Quanto ao primeiro aspecto, leia-se Ahlert:

Apesar de não limitarem o escopo da patente, as reivindicações dependentes podem auxiliar na interpretação dos termos das reivindicações independentes às quais se subordinam, na medida em que, comumente, detalham mais claramente os termos definidos de forma mais abrangente nessas últimas. As reivindicações dependentes podem também facilitar a constatação de uma infração, i.e., após determinar-se que um produto ou processo infringe os termos mais amplos de uma reivindicação independente, pode-se verificar se a infração se estende tam-

---

dent claim cannot be given a construction which is inconsistent with the claims which are dependent upon it." Halford v. Seed Hawk Inc., 2004 FC 88 (CanLII).

651 Arnold B. Silverman, Claim Interpretation Under the Doctrine of Claim Differentiation, "One important rule of interpretation is the "doctrine of claim differentiation." This doctrine, in effect, assumes that two claims in the same patent will not have the identical scope, but instead, that there is likely an intended difference in scope between the two. (...) If one, in this oversimplified example, were to employ the process using a lime and a question of infringement of claim 1 were raised, the alleged infringer might argue that claim 1 must be interpreted as being limited to oranges and grapefruits. Limiting claim 1 to use with oranges and grapefruits would be a rewriting of the claim to incorporate disclosure from the specification in an impermissible manner. Applying the doctrine of claim differentiation, one looking at claims 2 and 3 would state that the express reference to a lemon in claim 2 makes it clear that claim 1 was intended to have a scope broader than merely oranges and grapefruits. More significantly, claim 3 would be rendered meaningless with its recital of the fruit being an orange or a grapefruit if claim 1 were interpreted as being limited to oranges and grapefruits. In effect, claim 3 would be redundant. The rule of construction regarding claim differentiation, therefore, would result in the conclusion that rather than assuming that both the inventor and the Patent and Trademark Office intended to grant a patent with two identical claims (claims 1 and 3), the more logical assumption is that the term "citrus fruit" was to have a broader meaning than oranges and grapefruit and would permit full application of the genus. This would result in claim 1 being interpreted as covering a method of making a fruit drink beverage employing the steps recited with any citrus fruit". ENcontrado em http://www.tms.org/pubs/journals/JOM/matters/matters-0102.html, visitado em 1/5/2006.

bém aos termos mais específicos de reivindicações dependentes, situação em que a infração torna-se mais evidente.

Esse procedimento é normalmente seguido pelos tribunais;[652] o tribunal federal americano especializado em patentes enunciou recentemente que a presença de uma reivindicação dependente que acrescenta uma limitação específica suscita a presunção de que tal limitação não esteja na principal.[653]

Quanto ao segundo aspecto, tem-se como uma das mais assentadas e estáveis regras de interpretação a de que não se pode inverter o sentido do sistema de diferenciação entre reivindicações dependentes e independentes, para fazer a independente, às inversas, depender da dependente.[654]

[10] § 1.1. (F) Da possibilidade de subsistência de uma reivindicação dependente

Do que já se falou sobre a relação entre reivindicações principais e dependentes, poder-se-ia depreender que, sendo essas acessórias, a nulidade da principal invalidaria inexoravelmente a acessória. Na verdade, não é o que ocorre, nem segundo a análise lógica, nem na prática administrativa e judicial.[655]

---

652 Também no Japão. Ames Gross, Japanese Patent Law: An Introduction for Medical Companies: "When a court cannot determine the technological scope of the claim from the independent claims in the specification alone, the court will often refer to dependent claims to assist in the determination. During this process, courts can, and often do, limit the scope of a claim."http://www.pacificbridgemedical.com/publications/html/JapanJanuary98.htm, visitado em 1/1/2006.

653 "the presence of a dependent claim that adds a particular limitation gives rise to a presumption that the limitation in question is not present in the independent claim.", July 12, 2005 en banc Ruling in Phillips v. AWH, U.S. Court of Appeals for the Federal Circuit.

654 É o que diz a jurisprudência americana, muito citada nos tribunais de outros países: "In its simplest form, claim differentiation simply requires that "limitations of one claim not be 'read into' a general claim". Wolens v. F. W. Woolworth Co., 703 F. 2d, 983 at p. 988. A more expansive comment on claim differentiation appears in D.M.I., Inc. v. Deere & Co., 755 F. 2d, 1570 at page 1574 (Fed. Cir. 1985): The district court said "As a general rule a limitation cannot be read into a claim to avoid infringement" citing Kalman v. Kimberly-Clark Corp. 713 F. 2d 760 ... Where, as here, the limitation sought to be "read into" a claim already appears in another claim, the rule is far more that "general". It is fixed. It is long and well established. It enjoys an immutable and universally applicable status comparatively rare among rules of Law. Without it, the entire statutory and regulatory structure governing the drafting, submission, examination, allowance and enforceability of claims would crumble. This court has confirmed the continuing life of the rule. Amstar Corp. v. Envirotech Corp., 730 F. 2d 1476 ... Raytheon Co. v. Roper Corp, supra ... Fromson v. Advance Offset Plate, Inc. 720 F. 2d 1565 ... Indeed, in Kalman, 713 F. 2d at 770, this court quoted with approval this clear statement of the rule found in Deere & Co. v. International Harvester Co. 658 F. 2d 1137 ...cert. denied 454 U.S. 969 ...:

655 POLLAND-DULIAN. La Brevetabilité des inventions- Etude comparative de jurisprudence France-OEB. Paris: Litec, 1997, p. 149-159. La question ne se pose guère, pratiquement, que pour l'activité inventive (1), la nouveauté ne posant pas de problème.

Como preceitua o Manual de Exame Americano:

2260.01 Dependent Claims
If a base patent claim has been rejected or canceled, any claim which is directly or indirectly dependent thereon should be allowed if it is otherwise allowable. The dependent claim should not be objected to or rejected merely because it depends on a rejected or canceled claim. No requirement should be made for rewriting the dependent claim in independent form.

[10] § 1.2. Da noção lógica de dependência das reivindicações

Examinaremos aqui dois problemas:

c) O porquê de se construir as patentes com múltiplas reivindicações
d) O porquê de se construir reivindicações dependentes

[10] § 1.2. (A) Da lógica da diferenciação de reivindicações

Segundo todas as regras de exame de pedidos de patentes, uma patente seria suscetível de proteção com uma só reivindicação. No entanto, há razões estratégicas para construção de diferentes reivindicações.

O interesse do depositante de um pedido é ter a proteção mais ampla possível para sua contribuição ao estado da técnica; na prática, essa pretensão é questionada no exame do pedido (nos países em que existe) e, a qualquer tempo, nas ações de contrafação e de nulidade (inclusive os incidentes de nulidade em ações de contrafação).

Assim, é prudente propor uma reivindicação mais ampla como os elementos essenciais do invento, e fornecer alternativas contendo o mesmo elemento essencial somado a outros, ou submetendo tal elemento essencial a uma função específica. Igualmente deve-se estabelecer uma reivindicação especifica para cada natureza de invento (produto, processo, aparelho, etc.).

Assim sendo, supondo uma sucessão de reivindicações, onde "α" for a reivindicação principal (supondo que α seja de produto e α' de processo), "β" outra reivindicação:

α (ou α') = A+B+C tenha *como alternativa*
β (ou β') = (A+B+C) +E

De tal forma que os elementos A, B, e C sejam sempre cumulativos e β alternativo a α.

Assim, se β não resistir ao exame ou à nulidade, como β é uma alternativa (mais ou menos restrita) poderá subsistir ao escrutino, e implementar os interesses do depositante. Como a alternativa válida mais extensa é a que será usada como teste em caso de contrafação, a subsistência de uma entre uma série de alternativas aumenta a chance de que em alguma hipótese o concorrente possa receber o impacto da patente.

Como exemplo: **α** seria formulado como "um conjunto contendo pelo menos um elemento z", **β** teria como redação "conjunto como em **α**, no qual há dois elementos z", a terceira reivindicação seria "conjunto como em **α**, no qual há apenas um elemento z". Se um único elemento z estivesse antecipado no estado da técnica, **β** sobreviveria. Mas "conjunto como em **α**, no qual de dois a n+1 elementos z" seria mais forte para enfrentar um concorrente, obviamente se houvesse atividade inventiva em *mais de um elemento z*.

Assim é que essa relação de acessoriedade é inteiramente finalística, tópica e contextual. Enquanto servir para detalhar e restringir a principal, a reivindicação dependente segue o caminho da principal.

Mas, como já vimos e veremos a seguir, se a principal perde a finalidade, por inválida, a acessoriedade desaparece, sem que necessariamente desapareça a reivindicação antes acessória. Não desaparecerá se puder ela, a antiga acessória, *desempenhar* o papel de principal. Refaz-se a função, com outros componentes.

[10] § 1.2. (B) Da lógica das reivindicações dependentes

Do que já se demonstrou, haverá dependência sempre que uma reivindicação *incorpora* o caracterizado em outra reivindicação; assim, a dependência pressupõe uma *relação de inclusão*.

Onde "**α**" for a reivindicação principal, "**β**"outra reivindicação, e o símbolo matemático —1expressar a relação de inclusão ou contenção,

Haverá uma reivindicação dependente sempre que

$$ \beta\ 1\alpha $$

Ou seja, que **α** seja inteiramente contido em **β**.

No entanto, não se deve entender que a relação de dependência, tal como definida em Propriedade Intelectual, seja necessariamente *subordinação hierárquica* perante os requisitos da Propriedade Intelectual. Essa noção é essencial para o objeto deste parecer.

Várias hipóteses ilustram esse fato:

[a] **β** pode simplesmente conter **α**, acrescentando elementos neutros quanto ao sistema de propriedade intelectual. **Exemplo**: **α** seja uma invenção de apontador de lápis a laser; **β** manifeste a intensidade ou calibre do raio em relação a um lápis mais grosso do que o padrão. Essa aplicação não apresenta novidade nem atividade inventiva, mais ilustra e esclarece certos limites que estão potenciais, mas não explicitados, em **α**.

[b] β restringe α. α estabelece uma hipótese genérica, e β particulariza a hipótese; não há só um acréscimo nem um decréscimo, mas uma *função* de β sobre α. **Exemplo**: O apontador de lápis a laser em β *para atuar* em ambientes sem gravidade, como numa cápsula espacial, e não em qualquer contexto. Este deslocamento da hipótese introduz, neste nosso exemplo, elementos significativos à Propriedade Intelectual, por exemplo, um efeito surpreendente da atuação do apontador em ambientes sem gravidade, que garantem *atividade inventiva* à Reivindicação β – mas como função de α, que nela é contida.[656]

[c] β restringe α, como na hipótese anterior, mas não há uma função de β sobre α. **Exemplo**: α menciona qualquer intensidade de laser, mas β particulariza teto e piso de intensidade. α como formulado, tinha escopo tão amplo que não atendia os requisitos de novidade e atividade inventiva; β é simplesmente α de uma forma que se torna patenteável.

[d] α é formulado como restrição, β levanta certos aspectos dessa restrição. **Exemplo**: a redação de α seria "apontador de lápis caracterizado pelo fato de que a erosão da madeira se faz por um raio de laser, e a grafite do lápis não seja negra". β teria como redação hipotética "apontador de lápis como na reivindicação anterior, em que o grafite seja negro com 20% até 45% de cinza".[657]

Nessas quatro hipóteses, meramente ilustrativas de outras mais, apesar de todas preverem a inclusão da matéria da reivindicação principal na segunda reivindicação (sendo essa última por isso, na nomenclatura aplicável, *dependente*) apenas na primeira se tem dependência como subordinação. O primeiro caso representa uma contribuição ilustrativa, como explicitação; contribuição neutra do ponto de vista da Propriedade Intelectual, embora útil para esclarecer os competidores dos limites do direito.

---

656 Se a atividade inventiva de B fosse desvinculada do fato de que A está contida em B, A já não seria dependente, e talvez teria de se expressar em outra patente, devido ao princípio da unidade de invenção. Quanto ao ponto, vide as Diretrizes de Exame Eurpéias: "7.8 Dendent claims No objection on account of lack of unity a priori is justified in respect of a dependent claim and the claim on which it depends, on the ground that the general concept they have in common is the subject-matter of the independent claim, which is also contained in the dependent claim. For example, suppose claim 1 claims a turbine rotor blade shaped in a specified manner, while claim 2 is for a "turbine rotor blade as claimed in claim 1 and produced from alloy Z". The common general concept linking the dependent with the independent claim is "turbine rotor blade shaped in a specified manner". If, however, the independent claim appears not to be patentable, then the question whether there is still an inventive link between all the claims dependent on that claim needs to be carefully considered (see III, 7.6, non-unity "a posteriori"). It may be that the "special technical features" of one claim dependent on this non-patentable independent claim are not present in the same or corresponding form in another claim dependent on that claim (see also VI, 3.4)".

657 Certas legislações poderiam objetar a esse tipo de reivindicação, sob o argumento de que ela ampliaria, e não restringiria, a patente principal (por exemplo, a lei canadense sob os Patent Rules seção 87); mas trata-se claramente de uma reivindicação dependente, no sentido que ela presume a incorporação de todos elementos da principal para poder negar a partícula negativa.

A reivindicação dependente nos casos b), c) e d), no entanto, não é neutra. Ela tem vida própria, como função da reivindicação principal, na hipótese b). Ela não tem vida própria em si, mas garante a eficácia jurídica da principal, no caso de c). Ela não tem vida própria, mas amplia a eficácia da principal, em d).

Assim, como já indicado, a relação de uma reivindicação principal e outra que lhe é dependente, conquanto sempre de acessoriedade, não representa subordinação. Como $\beta - 1\alpha$, β pode, em certas circunstâncias, subsistir quando α perecer por invalidade. Isso ocorre quando a dependência não importe em subordinação

[10] § 1.3. A jurisprudência e a prática administrativa

A jurisprudência européia e francesa tratam extensivamente da questão das relações entre reivindicações dependentes e independentes. Duas linhas de teses são seguidas:

a) A validade da reivindicação independente acarreta a validade da dependente
b) A invalidade da reivindicação independente não causa necessariamente a invalidade da reivindicação que lhe é dependente

[10] § 1.3. (A) Validade da reivindicação principal

Como notam Chavanne e Burst:[658]

O tribunal de apelação de Paris julgou muitas vezes que uma reivindicação dependente é necessariamente válida quando é válida a reivindicação principal, eis que a dependente retoma a principal, para somente acrescer um elemento complementar.[659]

Assim, a acessoriedade, ao que entende a jurisprudência francesa[660] ocorre *a bonis* em favor da patente.

Posição do Escritório Europeu

Igual posição se revela na jurisprudência administrativa do escritório europeu.

---

658 CHAVANNE, Albert & BURST, Jean Jacques, Droit de la Propriété Industrielle. Paris: Dalloz, 1993. p. 128 e 129. Também SCMIDT-SZALEWSKI, Joanna, Droit de la Propriété Industrielle, 2ª ed. LITEC 2001, p. 104.

659 CHAVANNE, Albert & BURST, Jean Jacques, *op. cit.*, *loc. cit.* La Cour d'appel de Paris a jugé, à plusieurs reprises, qu'une revendication dépendante est nécessairement valable, lorsque la revendication principale est valable, puisque la revendication dépendante reprend la revendication principale, pour y ajouter seulement un élément complémentaire. Os autores mencionam os seguintes julgados: Paris, 11 mars 1981, Ann. 1984.101, n. P. Mathely ; Paris, l" mars 1988, Dossiers Brevets 1988.V.2; Trib. Grand. Inst. Paris 12 février 1987, JCP, éd. E, 1988.15143, obs. J.J. Burst et J.M. Mousseron.

660 Aliás, como já visto, indicado pelo Manual de Exame da EPO.

A primeira decisão proferida neste sentido foi a T 6/81,[661] que afirma que "dado que a reivindicação 1 é reconhecida patenteável, as reivindicações dependentes 2 a 10, que visam desenvolvimentos específicos da invenção de acordo com a reivindicação 1, são igualmente admissíveis".

Numerosas outras decisões seguiram a mesma linha. As Câmaras de Recursos da EPO argumentam que a reivindicação principal reconhecida válida, faz com que as reivindicações dependentes que se "referem a modos específicos de realização de acordo com a reivindicação principal" sejam igualmente válidas. E ainda na medida em que a reivindicação dependente se refere a uma reivindicação principal esta se baseia no mesmo conceito inventivo que a principal e é, por conseguinte, admissível.

Há, porém, questionamentos isolados quanto a essa tese, tanto da jurisprudência quanto da doutrina.

As Posições divergentes

Num acórdão de 4 de Novembro de 1987,[662] o Tribunal de Cassação afirmou que deve ser anulado, para falta de base legal, "o acórdão que declara válidas as reivindicações dependentes, se limitando a enunciar que são válidas porque a reivindicação principal lá incluída é válida, sem examinar se as características adicionais das dependentes ou suas combinações com a reivindicação principal possuem também atividade inventiva." Outros acórdãos seguiram com a mesma posição.

Esta jurisprudência é aprovada por M. Mathély.[663] De acordo com este autor,

"a reivindicação dependente deve ser examinada na parte em que acrescenta. Por conseguinte, para reconhecer a validade da reivindicação dependente, é necessário verificar se a parte que caracteriza esta reivindicação dependente, tomada em combinação com o objeto da reivindicação principal, satisfaz as condições de patenteabilidade. Porque o objeto da reivindicação dependente não se confunde com o da reivindicação principal: o objeto da reivindicação dependente apenas introduz uma adição ou uma alteração com relação ao objeto descrito na reivindicação principal."

Pollaud-Dulian[664] afirma que esta opinião aparece isolada. A doutrina francesa considera majoritariamente que, se a reivindicação principal é válida, não é necessário examinar a existência de atividade inventiva na reivindicação dependente.

---

661 JO OEB 1982 P 183. DB 1982, III, nº T.9 apud POLLAUD-DULIAN. La Brevetabilité des inventions- ..., *op. cit.*, p. 150

662 Cass. com., 4 novembre 1987, Buli. cív. IV, n° 219, p. 164. apud POLLAUD-DULIAN. La Brevetabilité des inventions- ..., *op. cit.*, p. 151.

663 Le nouveau droit trançais dês brevets d'invention préc., p. 392 ; notes aux Annales 1988, nº 1.3, et 1995, nº2, p. 107 POLLAUD-DULIAN. La Brevetabilité..., *op. cit.*, p. 151.

664 POLLAUD-DULIAN. La Brevetabilité des inventions- ..., *op. cit.*, p. 152.

Neste sentido julga do "Tribunal de Grande Instance de Paris":

"São igualmente patenteáveis as reivindicações dependentes, tomadas em combinação com a reivindicação principal, supondo mesmo que os seus meios característicos tomados em si não o sejam patenteáveis, dado que o objeto de cada um destas reivindicações contribui para criar o meio geral patenteável e implica consequentemente uma atividade inventiva."[665]

[10] § 1.3. (B) Invalidade da reivindicação principal

Mas não haveria *necessariamente* igual acessoriedade quando se trata de invalidade da principal:

De outro lado, quando a reivindicação principal é nula, não será por isso que a dependente será necessariamente inválida; é o caso de se verificar se a dependente, em combinação com a principal, com a qual a dependente deve ser lida, tem por si mesma atividade inventiva.[666]

Polaud-Dullian[667] também entende que a solução na hipótese onde a reivindicação principal é anulada por ausência de novidade ou de atividade inventiva é inteiramente diversa do caso anterior.

Nesses casos a reivindicação dependente perde a sua dependência – dado que a reivindicação principal desaparece – e torna-se uma reivindicação independente. Este autor afirma que é preciso então apreciar a validade independentemente. A nulidade da reivindicação principal não provoca, por conseguinte, necessariamente a ausência de validade da reivindicação dependente, assim emancipada. Pode-se muito bem, combinar, de maneira nova e inventiva, ao elemento rejeitado no domínio público, uma característica adicional.

Polaud-Dullian postula que também que *uma das utilidades técnicas das reivindicações dependentes é permitir que se salve a invenção, ou certos aspectos da invenção, quando a reivindicação principal corre um grande risco de ser anulada.*[668]

A doutrina francesa é harmônica quanto a essa posição e considera que a anulação da reivindicação principal não implica na nulidade automática da reivindicação

---

665 TGI Paris, Sjanvier 1993, PIBD 1993, nº 544, III, p. 305 "Sont également brevetables les revendications dependentes, prises en combinaison avec la revendication principale, à suppo-ser même que leurs moyens caractéristiques pris en eux-mêmes ne lê soient pás, dês lors que l'objet de chacune d'elles contribue à créer lê moyen general brevetable et implique de cê fait une activité inventive." *Apud* POLLAUD-DULIAN. La Brevetabilité des inventions- ..., *op. cit.*, p. 153.

666 CHAVANNE, Albert & BURST, Jean Jacques, *op. cit.*, loc. cit.: «En revanche, lorsque la revendication principale est nulle, la revendication dépendante n'est pas nécessairement nulle pour autant; il s'agit alors de rechercher si la revendication dépendante, en combinaison avec la revendication principale, avec laquelle elle doit se lire, possède par elle-même une activité inventive. Os autores citam: Paris, 17décembre 1982, Ann. 1985.123 ; Paris, 24 octobre 1990, PIBD 1991.111.127.

667 POLLAUD-DULIAN. La Brevetabilité des inventions- ..., *op. cit.*, p. 155.

668 Ibidem.

Tratado da Propriedade Intelectual

dependente, mas que é conveniente proceder a um exame separado da sua patenteabilidade. A relação de dependência entre reivindicações não é uma relação de acessório à principal, a regra *accessorium sequitur principale* não é aplicável quando se trata de nulidade da principal.

As normas européias[669] afirmam que

quando a patenteabilidade da reivindicação principal é posta em risco, pode ser necessário, a fim de apreciar a atividade inventiva de uma reivindicação dependente, estabelecer se as características desta última são novas. Quando a reivindicação dependente acrescenta uma característica suplementar – em vez fornecer simplesmente detalhes suplementares sobre um elemento que figura já na reivindicação principal –, a reivindicação dependente deve ser considerada em combinação com as características da reivindicação principal e examinada como tal. A Divisão de investigação não se limita, por conseguinte a efetuar uma investigação documental quanto esta reivindicação à principal, quando percebe eventuais precedências em relação desta reivindicação principal, este departamento efetua então uma investigação documental sobre as reivindicações dependentes".

A norma australiana segue exatamente o mesmo princípio.[670]

---

669 O Guia de exame de patente da EPO assim se expressa no dispositivo 3.9 da parte III do Capítulo sobre características da pesquisa: "COMBINAISON D'ÉLÉMENTS DANS UNE REVENDICATION: Pour les revendications caractérisées par une combinaison d'éléments (par exemple A, B et C), la recherche doit porter sur cette combinaison. Cependant, en effectuant la recherche à cette fin dans certaines parties de la documentation, il y a lieu de faire simultanément des recherches sur les sous-combinaisons et sur chacun des éléments (par exemple sur A et B, A et C, B et C, et aussi sur A, B et C séparément). Une recherche dans des parties supplémentaires de la documentation, soit pour des sous-combinaisons, soit pour des éléments individuels de la combinaison, ne doit être effectuée que si cela est encore nécessaire pour établir la nouveauté de l'élément en vue d'apprécier l'activité inventive propre à la combinaison."

670 2.4.8.9 Dependent Claims - Independent Claim Fairly Based.Where an independent claim lacks novelty, the examiner will also have to consider the novelty of the dependent claims - as in all likelihood, the applicant will promote a feature in an dependent claim to the independent claim to avoid the citation. Where a dependent claim adds a trifling feature that does not affect the operation of the invention, it is unlikely that the feature will constitute an essential feature of the claim. Thus, in such situations an objection of lack of novelty taken against an independent claim should also be taken against such dependent claims. Where a dependent claim adds a feature which materially affects the working of the invention, it is likely that the feature is an essential feature of that claim; that is, if that feature is not in the citation, the claim will be novel, and the novelty objection should not be raised against that claim, or claims dependent thereon. Where the statement of claims involves a complex set of dependencies, it may be that: The novelty of a particular claim depends upon to which claim it is appended; and there may be more than one claim potentially containing a novelty-conferring feature to which that claim is appended.In such cases, the examiner should make a judicious assessment of which features of the claim are essential and assess novelty on that basis. 2.4.8.10 Dependent Claims - Independent Claim Not Fairly Based. Where an independent claim omits an essential feature of the invention (and is thus not fairly based), any novelty objection raised against that claim should also be raised against any dependent claims which are likewise not fairly based.The examiner should give full consideration to the first dependent claim which does include all the essential features of the invention. For claims dependent thereon, the procedure in 2.4.8.9 Dependent Claims - Independent Claim Fairly Based should then be followed. Encontrado em http://www.ipaustra-

1407

Inexistência de presunção de invalidade da dependente como conseqüência da da principal

O que não cabe é presumir a invalidade da dependente só pela invalidade da principal; a lei americana o diz com todas as letras:[671]

Dependent or multiple dependent claims shall be presumed valid even though dependent upon an invalid claim.[672]

A jurisprudência francesa

A jurisprudência francesa segue majoritariamente a doutrina para realizar um exame da patenteabilidade da reivindicação dependente, apesar de existirem algumas decisões que associam automaticamente a nulidade da reivindicação dependente à da reivindicação principal.

A jurisprudência julga no sentido de que quando a reivindicação principal é anulada, é necessário verificar se a reivindicação dependente, em combinação com a reivindicação anulada, possui por si própria caráter inventivo ou não.[673]

Pollaud-Dulian dá exemplos de decisões do Tribunal de Paris[674] que afirma que, quando a reivindicação principal é anulada por defeito de novidade ou de atividade inventiva, a reivindicação dependente desta deve ter sua validade apreciada. Em outra decisão se tem a posição de que se reivindicação principal for anulada, as reivindica-

---

lia.gov.au/pdfs/patentsmanual/WebHelp/mergedProjects/Patents%20National/Novelty/2.4.8.9_ Dependent_Claims_Independent_Claim_Fairly_Based.htm, visitado em 1/5/2006.

671 Vide CHISUM, Donald S. & JACOBS, Michael A.. Understanding intellectual property Law – Legal text series.: Ed. Matthew Bender, United States, 1992, pg. 2-171: A person challenging a patent's claim validity must submit evidence supporting an invalidity must submit evidence supporting na invalidity conclusion as to each challenged claim. Shelcore, inc v, Durham Indus., Inc. 745 F.2d 621, 624, 223 U.S.P.Q 584, 586 (Fed Circ. 1984). Compare NV AKZO v. E.I. Dupont de Nemours & Co., 810 F. 2d 1148, 1 U.S.P.Q. 2d. 1704 (Fed Cir. 1987) The district court did not err in failing to address each claim separately; because each claim contained a 5% limitation found to be insufficient to distinguish the prior art, the basis for rejecting the broadest claim applied to all claims.

672 35 U.S.C. 282 Presumption of validity; defenses. O texto integral é o seguinte: "A patent shall be presumed valid. Each claim of a patent (whether in independent, dependent, or multiple dependent form) shall be presumed valid independently of the validity of other claims; dependent or multiple dependent claims shall be presumed valid even though dependent upon an invalid claim. Notwithstanding the preceding sentence, if a claim to a composition of matter is held invalid and that claim was the basis of a determination of nonobviousness under section 103(b)(1), the process shall no longer be considered nonobvious solely on the basis of section 103(b)(1). The burden of establishing invalidity of a patent or any claim thereof shall rest on the party asserting such invalidity".

673 POLLAUD-DULIAN. La Brevetabilité des inventions- ..., *op. cit.,* p. 156.

674 CA Paris, 25 mai 1989, PIBD 1989, nº 462, III, p. 466, RTD Com. janvier-mars 1992, p. 179, obs. J. Azéma; CA Paris, 23 mars 1989, Annales 1990, nº 2, p. 100; CA Paris, 17décembre 1992, PIBD 1993, nº 543, Ml, p. 285; CA Paris, 27 mai 1993, préc.

ções dependentes devem ser tidas como independentes, e a sua validade deve ser apreciada separadamente como tal.

Fica claro, que para a jurisprudência francesa, as reivindicações dependentes, embora dependentes de reivindicações principais desprovidas de novidade, podem subsistir e ter validade pelas características que acrescentam.

Em outra decisão o Tribunal Francês afirma que é conveniente fazer a um exame concreto, individualmente, reivindicação por reivindicação, para poder se verificar a patenteabilidade de cada reivindicação ou a sua anulação por ausência de novidade ou de atividade inventiva.

Existem casos em que quando a reivindicação principal é nula a reivindicação dependente também é anulada, visto que esta última carece de atividade inventiva ou novidade. É nula, julga o Tribunal de grande instância de Paris,[675] "uma reivindicação que depende de uma reivindicação própria nula, dado que cobre um dispositivo que revela para um técnico no assunto simples operações de execução e decorrendo incontestavelmente do estado da técnica".

Depreende-se da decisão acima que é importante examinar cada reivindicação e não pré-julgar a validade ou invalidade das reivindicações dependentes de acordo com a validade ou nulidade da principal.

A jurisprudência francesa entende que a nulidade da reivindicação principal provocará, por conseguinte, a nulidade da reivindicação dependente quando se verificar que esta traz apenas uma descrição mais detalhada que não pode ser suficiente estabelecer uma atividade inventiva.[676]

Da assimetria da validade e da invalidade da principal quanto ao efeito sobres a dependentes

Sobre este assunto Poullaud-Dulian comenta:

Une première possibilité consisterait à considérer la revendication dépendante comme l'accessoire de la revendication principale et à lui faire subir le même sort qu'à cette dernière dans tous les cas. Cette solution n'est pas satisfaisante, car

---

675 TGI Paris, 9 novembre 1994, P/6D1995, n° 583, III, p. 111 ; 5 novembre 1993, PIBD 1994, n° 560, III, p. 78; 20 mai 1992, PIBD 1992, n° 532, III, p. 579. *apud* POLLAUD-DULIAN. La Brevetabilité des inventions- ..., *op. cit.*, p. 156.

676 É assim que o Tribunal de Cassação, num acórdão de 22 de janeiro de 1991, afirmou que " Pour les revendications 2 et 4 du brevet, la Cour d'Appel a retenu, par une appréciation souveraine concrètement motivée, qu'elles ne constituaient que des explicitations de la revendication 1 et qu'elles ne fournissaient que des détails supplémentaires sur la position du tambour figurant déjà dans cette revendication ; en l'état de ces constatations rendant sans objet une appréciation de ces revendications en elles-mêmes sous l'aspect de l'activité inventive. la Cour d'appel a retenu qu'elles ne pouvaient que suivre le sort de la revendication 1 [annulée]." Cass. com. 22 janvier 1991, PIBD 1991, n° 499, III, p. 259 (rejet). Apud POLLAUD-DULIAN. La Brevetabilité des inventions- ..., *op. cit.*, p. 157.

il n'y a pas de symétrie entre le cas ou la revendication principale est valable et celui ou elle ne l'est pas.

Este autor finaliza seu pensamento afirmando que quando a reivindicação principal é válida, a validade da reivindicação dependente é clara, visto que é uma modalidade específica e que contêm necessariamente todas as características de novidade e de aplicação industrial tirada da reivindicação principal. Da mesma forma que a principal, a reivindicação dependente goza, de acordo com o entendimento deste autor, de atividade inventiva, e esta é a solução preconizada pela OEB e pela doutrina majoritária que merece ser seguida.

Em contrapartida, quando a reivindicação principal é anulada, nada obsta examinar também se existe igualmente defeito na reivindicação dependente, visto que esta comporta características adicionais. A combinação destas características com os elementos não protegidos, ou suas próprias características, podem gozar de novidade e inventividade. As duas situações não são, por conseguinte, simétricas.[677]

Posição do Escritório Europeu

A posição OEB está em sentido contrário ao da jurisprudência francesa. Os CRT da OEB inferem do defeito de patenteabilidade da reivindicação principal a nulidade das reivindicações que dela dependem. De acordo com Mousseron e Vigand,[678] a Câmara de recursos Técnicos recusa a dar validade às reivindicações dependentes se estas se referirem expressamente a uma reivindicação principal rejeitada.

Para estes autores, o sistema europeu, funcionando em bases *tudo ou nada*, baseia-se apenas no princípio enunciado pelo artigo 97-2, que reserva a decisão de emissão da patente somente no caso de o requerente estar acordo sobre o texto no qual a divisão de exame tenciona emitir a patente européia. Trata-se de proibir a OEB que refaça o pedido, prerrogativa que pertence apenas ao depositante.[679]

O mesmo não se dá quando, apreciando-se as mesmíssimas patentes, o sistema judicial perfaz a o exame devolutivo integral de substância. Os tribunais nacionais não estão vinculados à regra procedimental administrativa a OEB. E, como indicado, dão

---

677 Ibidem

678 MOUSSERON & VIGAND. Factivité inventive selon lês chambres de recours de l'OEB., p. 8. "en vérité, la Chambre de recours technique refuse d'accorder des revendications pour la seule raison qu'elles se réfèrent expressément à une revendication principale qu'elle a rejetée et qu'elle implique, par conséquent. la volonté du demandeur de maintenir celle-ci."

679 Ibidem "Or le système européen est le système du tout ou rien. Il repose sur le principe énoncé par l'article 97-2 réservant la décision de délivrance au cas où il est établi que le demandeur est d'accord sur le texte dans lequel la division d'examen envisage de délivrer le Il s'agit d'interdire à l'OEB de refaire la demande, prérogative qui n'appartient qu'au déposant" brevet européen. Il s'agit d'interdire à l'OEB de refaire la demande, prérogative qui n'appartient qu'au déposant".

Tratado da Propriedade Intelectual

pela subsistência da acessória na falência da principal sempre que a acessória tiver, por si (incluindo-se, nela, as limitações da principal) condições de patenteabilidade.

[10] § 1.3. (C) Hipóteses indicadas pela casuísticas

Primeiro caso: autonomia dos requisitos da dependente

A hipótese aqui, então, é de autonomia da dependente em termos de satisfação dos requisitos de patenteabilidade *especialmente a atividade inventiva*. Como se dá isso? A dependência consiste em que a dependente tenha como pressuposto o teor da principal; mas o elemento a mais que tiver pode, em si mesmo, ter autonomia perante os requisitos, *desde que em combinação com a principal*.

Imaginemos que α seja a principal e β a dependente:

a) Sendo α contida em β ($\beta - \overline{\alpha}$)
b) Sendo $\beta - \alpha$ insuficiente para proteção autônoma;
c) Sendo α Inválida sozinha
d) Mas $\beta + \alpha$ (em estado de combinação) é dotada de requisitos

Neste caso, β (na verdade, $\beta - \overline{\alpha}$, ou seja, β com α nela contida) subsistiria.

Se, no entanto, β tivesse por si só tais requisitos, sem considerar o conteúdo, nela, de α, não poderia ser adequadamente configurada como dependente; e, provavelmente, suscitaria um problema de unidade de invenção.[680]

Por isso, pode Alehrt dizer:

A matéria definida em uma reivindicação dependente pode evitar a declaração de nulidade total de uma patente, caso tal matéria, associada com aquela da ou das reivindicações da qual depende,[681] seja considerada como suficiente para que a patente subsista, porém com escopo mais limitado.

Outros eminentes autores repetem a mesma constatação:[682]

Quando a reivindicação principal é nula, não é certo que a dependente o seja, caso, pelo menos, as características adicionais que são reivindicadas são patenteá-

---

680 É o que nota POLLAUD-DULIAN, Frédéric. Droit de la propropriété industrielle. Paris: Montchrestien, 1999, p. 176-179: " Fausse dépendance. Il n'en vá autrement que dans l'hypothèse ou la revendication présentée comme dépandante est en réalité indépendante et doit être traitée comme telle. En ce cas, il faudra vérifier que chaque revendication indûment présentée comme dépandante presente, par elle-même, les critères de la brevetabilité et, en particulier, la nouveauté et l'activité inventive». Vide, além disso, a decisão européia W 11/99: "Unity of invention between product claims and process claims for making the product.The Board also pointed out that the mere fact that the independent process claim is alleged to lack novelty does not mean that claims dependent therefrom lack unity with the product claims. This is the case where the dependent claims define a process capable of manufacturing all the claimed products". Veja em http://www.albihns.se/pdf/epctoday/EPC-Today_11-2000.pdf, visitado em 1/1/2006.

681 [Nota do original] Novamente, atente-se para o fato de que uma reivindicação dependente incorpora, por referência, toda a matéria da ou das reivindicações das quais depende.

682 POLLAUD-DULIAN, *op. cit., loc. cit.*

1411

veis por si mesmas. Desta feita, se a reivindicação principal é anulada, convém considerar as demais reivindicações como se fossem independentes e apreciar sua validade separadamente. Em outras palavras, deve-se pesquisar, em cada reivindicação dependente, se ela tem atividade inventiva.[683] O fato de que a reivindicação principal seja anulada por falta de atividade inventiva ao implica necessariamente que seu conteúdo deva ser considerado como pertencente ao estado da técnica para apreciar a validade da reivindicação dependente.[684]

É importante perceber que o caso descrito é uma hipótese real e plausível, mas não sempre ocorre. Há casos –como já verificamos acima – em que a dependente acresce material completamente desprovido de requisitos, que lhe poderiam dar autonomia.[685]

Segundo caso: reivindicações restritivas

A prática e a doutrina apontam outros casos em que a subsistência da dependente ocorre apesar do perecimento da principal. Por exemplo, quando a principal é restrita progressivamente em seu âmbito pelas dependentes; essas não acrescem detalhes, mas limitações.

Por exemplo:

$\alpha > \beta > \gamma$, onde α é a principal e β e γ são dependentes.

Ora, a invalidade de α pode ocorre por excesso de escopo; β pode ainda ser excessiva; mas γ estará com ambições justas, e pode ser salva.

É o que diz o ilustre jurista argentino Cabanellas:[686]

---

683 O autor indica os julgados onde se chegou a essa conclusão: Cass. com., 22janvier 1991, PIBD, 1991, nº III.259; Paris, 29 novembre 1995, PIBD, 1996, nº 111-89; Paris, 25 mai 1989, PIBD, 1989.III.467; RTD com., 1992, p. 179, obs. J. AZÉMA; Paris, 22 mars 1989, Annales, 1990, p. 100; TGI Paris, 9 novembre 1994, PIBD, 1995, nº III.

684 Lorsque la revendication principale est nulle, il n 'est pas certain que la revendication dépendante soit nulle, si, du moins, les caractéristiques additionnelles qui y sont revendiquées sont brevetables en elles-mêmes. Des lors, si la revendication principale est annulée, il convient de considérer les autres revendications comme indépendantes et d'apprécier leur validité séparément. Autrement dit, on recherchera, dans chaque revendication dépendante, s'il y a ou non activité inventive 139. Le fait que la revendication principale soit annulée pour défaut d'activité inventive n'implique pas forcément que son objet doive être considère comme appartenant à l'état de la technique pour apprécier la validité de la revendication dépendante» O autor comenta: «o objeto pode ser novo mas deprovido de atividade inventiva». E cita os julgados que o dizem: Paris, LÓJUIN 1995, PIBD, 1995, nº 596.III.447; J.-M. Mousseron et F. Hagel, JCP E, 1996.11.844.

685 PULLAUD-DULLIAN, *op. cit.:* "Dans certains cas, prises en elles-mêmes, les caractéristiques additionnelles que contiennent les revendications dépendantes sont banales ou ne témoignent, en elles-mêmes, que d'une activité inventive faible ou inexistante."

686 Guillermo Cabanellas de las Cuevas, Derecho de las patentes de invención – Tomo II. Argentina: Editorial Heliasta, 2001, p. 192-193.

La redacción de las reivindicaciones implica un difícil equilibrio entre los riesgos y beneficios que puede suponer para el solicitante la extensión de las mismas. Un marco amplio para las reivindicaciones beneficia, en principio, al solicitante, pues resulta en derechos exclusivos -derivados de la patente- respecto de la aplicación de conocimientos técnicos definidos a través de ese marco, y consiguientemente extensos. Pero el marco amplio crea el riesgo creciente de que los conocimientos técnicos objeto de reivindicación sean afectados por una anticipación, y que por lo tanto la solicitud sea rechazada o, - de ser aceptada – de que la reivindicación sea nula. El sistema de las reivindicaciones subordinadas es, en parte, usado para enfrentar este riesgo, incluyendo en una misma solicitud una reivindicación principal amplia, y luego reivindicaciones subsidiarias de amplitud decreciente, que podrán permanecer en pie si se ataca la reivindicación principal, debido a su amplitud, sea durante el tramite de patentamiento, sea en el contexto de la impugnación de la validez de una patente ya otorgada; deberá cumplirse, sin embargo, con lo dispuesto por el artículo 6º de la LP, en materia de nulidades parciales de patentes.

O manual de exame europeu também documenta esta pirâmide inversa de reivindicações como um objeto favorito de construção através de reivindicações dependentes:

2.53 The series of claims drafted by the patent agent generally commences with a broad main claim followed by a number of claims of narrower scope. The broad claim is drafted so as to just avoid the prior art known at the time of preparing the application. The patent agent drafts the succeeding claims more narrowly, and hopefully this results in stronger claims which could withstand any anticipation by more relevant prior art which might be produced by a Patent Office during examination, or by third parties during any opposition or invalidation proceeding. It should be emphasized that there must be some element of additional invention in each succeeding claim in order for it to be stronger.
2.54 The narrower claims following the broad main claim usually refer back to one or more of the preceding claims. They are therefore usually called dependent claims. The features introduced in each of the dependent claims must find some basis in the description. There it is usually explained that these are preferred features which produce a better technical form of the invention.

A característica de cada reivindicação dependente incluir *um elemento de invenção adicional* não significa que cada uma de per si tenha a plena satisfação dos requisitos básicos (novidade, atividade inventiva e utilidade industrial).[687] O que se

---

687 Singer: The European Patent Convention, Sweet & Maxwell, p. 367. Nota "So long as a dependent claim is patentable by virtue of including the features of foregoing claims, it does not matter whether the features

recomenda *para se ter reivindicações progressivamente mais fortes* (ou seja, uma regra de qualidade e não uma exigência de qualificação) é que cada uma tenha pretensões mais sólidas à proteção à custa de menor escopo.

Terceiro caso: moderação de limitações contidas na principal

Um terceiro caso plausível seria o da reivindicação principal formulada através de um elemento de transição híbrido do tipo "apontador de lápis caracterizado por incluir necessariamente um elemento X, um elemento Y e um elemento Z". Uma reivindicação dependente que inclua um elemento W poderia subsistir no caso de falecimento da principal, no seguinte caso:

a) Quando **α** (= A+B+C) é nulo
b) Mas **β** {ou seja [α (= A+B+C)] +D} passe a ser patenteável

Ao prever um elemento de transição híbrido (A+B+C são indispensáveis, mas pode haver outros elementos não especificados) cria-se espaço a uma dependente que inclua todo **α** e – sem contrariar **α** – acresça elementos a mais. Mesmo se **α** sozinho não é patenteável, **β** [lendo-se **(β 1α)** como uma única reivindicação independente] poderá sê-lo.

Outra hipótese para o mesmo efeito seria a formulação de **α** com uma exclusão intrínseca, como a do exemplo d) acima, onde se excluísse grafite negra em geral, e a dependente fosse uma particularização de um tipo de grafite negro com elementos de moderação que não negassem a principal (negro ainda – e assim incluindo todo **α** (**β** 1 **α)** - mas menos negro do que o negro absoluto). Nesse caso, ainda que fosse inválida a reivindicação **α,** subsistiria **β** caso **(β** 1**α)** fosse patenteável.

[10] § 1.4. Da compatibilidade da solução com o direito positivo brasileiro

O direito vigente no Brasil responde totalmente à construção doutrinária, à jurisprudência administrativa e judicial indicada, naquilo que garante sobrevivência à reivindicação dependente, apesar da falência da principal, *quando a dependente tiver, por si só condições de patenteabilidade:*

---

which it adds are inventive or not.". Assim, parece despropositado exportar a conclusão de Cabanellas quanto ao Direito Argentino, *op. cit.* Nota 209, segundo o qual "No es así aceptable bajo el Derecho vigente, en consecuencia, lo afirmado por Korsky (Ob. cif., p. 332), en el sentido que las reivindicaciones secundarias "tomadas aisladamente no necesitan representar invenciones independientes", y que las reivindicaciones subsidiarias "no contienen materia inventiva". Sobre o direito brasileiro anterior, falava Paula Ben-Ami, Manual de Propriedade Industrial, Governo de São Paulo, 1983: "As características adicionais definidas em reivindicações dependentes podem sem\r bem conhecidas ou convencionais, contanto que a invenção como um todo, contida na reivindicação independente junto com a dependente, seja privilegiável".

Art. 47. A nulidade poderá não incidir sobre todas as reivindicações, sendo condição para a nulidade parcial **o fato de as reivindicações subsistentes constituírem matéria patenteável por si mesmas. (grifei)**

[10] § 1.5. Conclusão

Como demonstra a análise da jurisprudência e da prática administrativa, **a invalidade da reivindicação principal não importa, necessariamente, na nulidade da reivindicação que lhe é dependente.**

"Dependente", nesse contexto, significa apenas que a reivindicação principal está toda contida na reivindicação dependente, sem qualquer presunção que disso resulte sempre subordinação ou sujeição.

A doutrina, prática dos escritórios de patentes e jurisprudência de vários países apontam que, em geral, se a reivindicação principal é válida, também o será sua dependente. A acessoriedade é plena quando beneficie a patente.

Mas quando a principal é inválida, não necessariamente o será a dependente. Há casos de contaminação bem claros: por exemplo, haverá invalidade na principal, levando à da dependente, se essa apenas ilustrar hipóteses traçadas pela principal, ou de outra forma se mostrar neutra perante os parâmetros da Propriedade Intelectual.

Mas, em número considerável de casos, a reivindicação dependente acresce ou restringe a principal, e essa operação cria valor positivo. Como em cada dependente há que se ler a totalidade da principal, este valor acrescido pode salvar a dependente, que se torna principal, muitas vezes (conforme o país) sendo republicada com a nova redação.

Desta feita, a validade da principal torna válida a dependente; mas a nulidade da principal não necessariamente torna inválida a dependente. A melhor prática indica a necessidade de, ao descartar por nula a principal, deve-se perquirir cada dependente para verificar se nela, estarão presente os requisitos de patenteabilidade.

Caso se apurar que a reivindicação dependente retém patenteabilidade como patente de invenção, ou, ainda, como Modelo de Utilidade, declara-se a nulidade parcial, com aproveitamento da parcela válida. Neste caso, se a nulidade foi apurada após a concessão da patente, a melhor prática seria de determinar judicialmente ao INPI que re-emita a patente em sua nova forma.

[10] § 1.6. Jurisprudência: Leitura de reivindicações

» Tribunal de Justiça do Rio de Janeiro
Agravo de Instrumento nº 5.456/03 em que é agravante Pfizer Limited e agravada Eli Lilly and Company Limited. 18ª Câmara Cível do Tribunal de Justiça do Estado do Rio de Janeiro, 12 de agosto de 2003
De fato, há vários pareceres, emanados de órgãos respeitados, anexados pela agravada, atestando que o princípio ativo – tadalafil –, substância ativa do medica-

mento da agravada, não está descrito, direta ou indiretamente, no relatório da patente da agravante, isto porque os compostos descritos naquele apresentam estruturas químicas com núcleos fundamentais totalmente diferentes do tadalafil. Sustenta a agravante, embasada em parecer apresentado por ilustre engenheira química, que a proteção abrange o uso de qualquer composto químico, que tenha a propriedade de inibir, seletivamente, a enzima PDE5, valioso participante do processo de ereção (vide fs. 1.322-1.353).

Contudo, de acordo com outros pareceres adunados pela agravada, às fs. 1.432-1.465, a utilização de inibidores de fosfodiesterase na disfunção erétil não era inédita, quando inventado o sildenafil, de propriedade da agravante, já que desde 1980 a tese era de domínio público.

Assim, a proteção da patente se restringe ao inibidor, produzido no Viagra, sildenafil. A propósito, a própria literalidade da descrição da patente conspira contra a agravante:

"10 – Uso de um inibidor da cGPM PDE, ou seu sal farmacêutico contendo qualquer uma dessas entidades, caracterizado pelo fato de ser para a produção de um medicamento para o tratamento curativo ou profilático da disfunção erétil em um animal macho, incluindo o homem.

11 – Uso de acordo com a reivindicação 10, caracterizado pelo fato de o inibidor ser um inibidor de cGPM PDEv" (vide f. 213).

Ora, de acordo com os arts. 24, 25 e 41, da Lei n° 9.279/96, as particularidades do pedido é que demarcam os direitos do inventor, os estabelecendo e delimitando o âmbito de incidência do pedido de patente, o qual se resume na proteção do inibidor, sildenafil.

Na lição de Gabriel di Blasi, Mario S. Garcia e Paulo Parente Mendes, "as reivindicações diferenciam as técnicas que se consideram como novidade das que se encontram abrangidas pelo domínio público. Caracterizam a essência da invenção e os contornos do espectro tecnológico a ser protegido pela patente. Devem ser claras e concisas, redigidas sem interrupção por pontos, não dando margem a indeterminações ou generalizações" (A Propriedade Industrial, Forense, 1998, p. 65).

A última frase cai como luva para a hipótese dos autos, pois o agravante pretende ampliar o que, a princípio, não sugere a reivindicação.

TUTELA ANTECIPADA – SEU CABIMENTO EM AÇÃO DECLARATÓRIA SOMENTE QUANTO AOS EFEITOS PRÁTICOS, Pág. 307 REVISTA FORENSE – VOL. 373 JURISPRUDÊNCIA CIVIL

[10] § 1.7. Bibliografia: Reivindicações

ARMITAGE, Edward, Drafting and Interpretation of Claims Under New European Patent Laws: A Review of the Benescience Conference in May 1981 IIC 1981 Heft 5 627.

BRENNAN, David J., "The Evolution of English Patent Claims as Property Definers". Intellectual Property Quarterly, Vol. 4, p. 361-399, 2005 Available at SSRN: http://ssrn.com/abstract=938634.

BURK, Dan L. and LEMLEY, Mark A., Fence Posts or Sign Posts: Rethinking Patent Claim Construction (March 12, 2009). UC Irvine School of Law Research Paper No. 2009-10. Available at SSRN: http://ssrn.com/abstract=1358460.

CASEY, Kelly A., "Patent Hermeneutics: Form and Substance in Claim Construction". Florida Law Review, Vol. 59, Nº 2, pp. 333-381, April 2007 Available at SSRN: http://ssrn.com/abstract=979297.

CHIANG, Tun-Jen, Fixing Patent Boundaries (March 21, 2009). Michigan Law Review, Forthcoming; George Mason Law & Economics Research Paper No. 09-22. Available at SSRN: http://ssrn.com/abstract=1023829.

FABER, Robert C., Landis On Mechanics Of Patent Claim, Practising Law Institute, 2006.

FROMER, Jeanne C., Claiming Intellectual Property. University of Chicago Law Review, Vol. 76, 2009, Available at SSRN: http://ssrn.com/abstract=1273449.

GAMA JUNIOR, Lauro e BINENBOJM, Gustavo, O Direito À Proteção Patentária Como Direito Fundamental: Interpretações Sistemática, Teleológica, Constitucional E Internacional. Da possibilidade de alteração do quadro reivindicatório do pedido de patente após o requerimento do exame técnico no direito brasileiro.Revista da Ajufe – v. 23 n. 79 jan./ jun. 2005, p. 141-179.

MILLER, Joseph Scott, "Enhancing Patent Disclosure for Faithful Claim Construction". Lewis & Clark Law Review, Vol. 9, March 2005 Available at SSRN: http://ssrn.com/abstract=636681.

MÜLLER, Ana Cristina Almeida, Pereira Jr., Nei e ANTUNES, Adelaide Maria de Souza, Escopo das Reivindicações e sua Interpretação, encontrado em www.cbsg.com.br/pdf_publicacoes/ escopo_reivindicacoes.pdf, visitado em 2/8/05.

MÜLLER, Ana Cristina Almeida. Patenteamento em Biotecnologia: Abrangência e Interpretação de Reivindicações. Tese submetida ao corpo docente do curso de tecnologia em processos químicos e bioquímicos da Escola de Química da Universidade Federal do Rio de Janeiro como parte dos requisitos necessários para a obtenção do grau de doutor em ciências em tecnologia de processos químicos e bioquímicos, abril de 2003.

RICH, Giles S. Rich, Extent of Protection and Interpretation of Claims – American Perspectives IIC 1990 Heft 4 497.

SCHWARTZ, Dave, Practice Makes Perfect? An Empirical Study of Claim Construction Reversal Rates in Patent Cases (2008). Michigan Law Review, Vol. 107, 2008, Available at SSRN: http://ssrn.com/abstract=1012949.

TIAN, Yin Xin, Product-by-Process Claims IIC 1998 Heft 2 139.

Seção [11] Da publicação

Conforme a lei brasileira e de muitos países, com a publicação do pedido de patente, o conteúdo do invento cai em conhecimento público: a tecnologia, ainda que restrita pela proteção jurídica, passa a ser acessível a todos, satisfazendo um dos requisitos da função social da propriedade intelectual. Outros países diferem a publicação para o momento da concessão do pedido, após o exame.

Como esclarece o art. 30, § 2º, do CPI/96, a publicação na RPI constará de dados identificadores do pedido de patente, ficando cópia do relatório descritivo, das reivindicações do resumo e dos desenhos à disposição do público no INPI. Assim, a publicação consiste de uma notificação no órgão oficial da disponibilidade das cópias do pedido à análise do publico em geral; mas estas permanecem no INPI. No caso de patentes relativas a microorganismos, o material biológico tornar-se-á acessível ao público com a publicação mencionada.

[11] § 0.1. Período de sigilo

Em atenção ao interesse do inventor de manter o sigilo de sua criação por um prazo limitado, o pedido de patente será mantido em sigilo durante dezoito meses contados da data de depósito ou da prioridade mais antiga, quando houver, após o que será publicado, salvo no caso de patente de interesse da defesa nacional. Como nota o art. 44, § 1, do CPI/96 tal sigilo não só é protegido administrativamente, mas tem sanção civil.

Note-se que este período de sigilo é uma faculdade do requerente, pois a publicação do pedido poderá ser antecipada a seu requerimento.

[11] § 0.2. Efeitos da publicação

Da publicação resultam importantes efeitos: inicia-se a fase multilateral do procedimento contencioso administrativo, com participação potencial de todos terceiros interessados. Começa a correr, igualmente, o prazo durante o qual o titular, após a concessão da patente, pode retroativamente haver perdas e danos pela violação de seu direito (com as exceções previstas no §§ do art. 44).

Após a publicação, também, inicia-se o prazo para deflagrar o exame técnico do pedido. O pedido de patente retirado ou abandonado será obrigatoriamente publicado (art. 29 do CPI/96).[688]

Conforme o entendimento do Parecer/INPI/PROC/CJCONS/Nº 01/09, no entanto, a publicação seria do pedido, e não de seu conteúdo. Não vejo com – apesar da má redação desse dispositivo – concordar com tal interpretação. Como lembra Carlos

---

[688] Os §§ do art. 29 são incoerentes com o *caput*, e simplesmente não têm aplicação em direito.

Maximiliano, a interpretação do sistema de patentes deverá – em caso de dúvida – sempre fazer prosperar o interesse do público que, lembra Gama Cerqueira,

> A coletividade, por sua vez, está interessada não na prorrogação do privilégio, mas na sua extinção e na vulgarização das invenções, para que o uso e a exploração destas se tornem livres (Constituição, art. 141, § 17).

[11] § 0.3. Inventos não publicáveis: defesa nacional

Como uma exceção ao princípio da publicação obrigatória, o art. 75 da Lei 9.279/96 prevê que o pedido de patente cujo objeto interesse à defesa nacional será processado em caráter sigiloso. Com isso, torna também vedada a divulgação ou o depósito no exterior de pedido de patente cujo objeto tenha sido considerado de interesse da defesa nacional, condicionando ainda a exploração e a cessão do pedido ou da patente à prévia autorização do órgão competente. Como contrapartida às restrições, a lei prevê indenização ao titular do invento.

> Na Lei 5.772/71, à referência era à Segurança Nacional, expressão desuetuda, e previa um exame de interesse do Estado sem prazo para resposta. Também nova é a disposição que proíbe o depósito de pedido de proteção no exterior ou a divulgação para o invento considerado de interesse do Estado no Brasil.
> Nenhum reparo a fazer quanto ao tema, a não ser observar que a inexistência de sanção na lei sob análise torna a eficácia do dispositivo dependente da legislação penal que – no momento – não prevê disposição específica.
> A matéria está regulada pelo Decreto 2.553, de 16 de abril de 1998, que designava a Secretaria de Assuntos Estratégicos da Presidência da República como órgão competente do Poder Executivo para manifestar-se, por iniciativa própria ou a pedido do Instituto Nacional da Propriedade Industrial – INPI, sobre o caráter sigiloso dos processos de pedido de patente originários do Brasil, cujo objeto seja de interesse da defesa nacional.

[11] § 1. O que se publica: o relatório descritivo

Elemento crucial da funcionalidade do sistema de patentes, o relatório descritivo tem por finalidade expor a solução do problema técnico em que consiste o invento. Normalmente, o relatório inclui a descrição do problema, o estado da arte, ou seja, as soluções até então conhecidas para resolvê-lo, e a nova forma de solução – indicando em que esta altera o estado da arte.

Os limites técnicos da patente, circunscritos pelas reivindicações, são os existentes no relatório descritivo. Assim, a propriedade intelectual pertinente está necessariamente contida no relatório, embora não tenha que ser tão ampla quanto este. O primeiro objetivo do relatório é, desta forma, a definição do espaço reivindicável.

A exigência de novidade faz com que seja necessária ampla divulgação dos inventos patenteados, geralmente impedindo a concessão de outras patentes sobre o mesmo objeto. A publicação do relatório descritivo satisfaz a este propósito, ao incorporar a informação ao estado da arte.

O relatório ainda preenche a finalidade de difusão tecnológica que justifica o sistema de patentes, dando acesso público ao conhecimento da tecnologia. Com a publicação, os documentos relativos ao invento tornam-se de livre acesso, possibilitando aos oponentes do pedido os meios de contestarem o privilégio ou a utilização dos conhecimentos em questão. Além disso, findo o prazo de proteção, o relatório deve servir para a exploração industrial do invento.

Já mencionamos que a lei 9.279/96, enfatizando um requisito indispensável para o uso social da patente, exige que o relatório deverá descrever clara e suficientemente o objeto, de modo a possibilitar sua realização por técnico no assunto, e *indicar, precisamente, a melhor forma de execução*.

O outro aspecto que deve ser levado em conta no procedimento de concessão é o dever da revelação completa do estado da arte do objeto citado no pedido. O dever de fixar o estado da arte, citando por exemplo as patentes que o circunscrevem, tomado como pressuposto até da validade do privilégio, é a forma de evitar que as patentes permaneçam opacas aos interessados que não se constituem em verdadeiros competidores tecnológicos, reparando assim pelo menos em parte uma das maiores objeções que se fazem à funcionalidade do sistema de patentes num país em desenvolvimento.[689]

[11] § 1.1. Publicação e tecnologias autoduplicativas

No caso das tecnologias autoduplicáveis, no entanto, a simples descrição da solução técnica nem sempre é suficiente. O relatório pode ser inútil para demarcar o direito, afetar o estado da arte ou propiciar o acesso ao conhecimento[690] Nestes casos, há, fre-

---

[689] Dando vazão a um protesto muito comum entre os industriais brasileiros, o Prof. Kurt Politzer notou, durante o Seminário sobre Propriedade Intelectual realizado no Instituto de Estudos Avançados da Universidade de São Paulo (USP), em 26/9/90, que "a patente pouco informa, e a prova é que quando se contrata a respectiva tecnologia, para cada página do relatório o fornecedor envia duzentas páginas de manual de operações". Ocorre que uma patente, como um capítulo de novela, é uma conta numa fieira, e só pode ser entendida através de uma série de outras patentes, muitas vezes antiquíssimas, além de experiências e conhecimentos de domínio geral. A patente realmente difunde o conhecimento, mas só o faz em nível operacional para aqueles que já têm ciência de todo o enredo tecnológico e noção dos procedimentos novelescos. Vale dizer, é o concorrente tecnológico que se beneficia com a patente, mas não o industrial que não pesquisa, ou sequer se mantém a par da evolução das técnicas. A idéia de que a patente aumenta a concorrência é possivelmente verdadeira, mas simultaneamente cria barreiras à entrada.

[690] "In biotechnological inventions sometimes a product can be copied (or repeated, to employ the more adequate term) without any intellectual apprehension of how the result was attained; the state of the industry may be expanded therewith without affecting the state of art. Before the new developments of biology, the essentially biological processes could never be described in the required detail to allow for the creation of a model of the process at stake; the state of art remained untouched by the novel process and in many cases

Tratado da Propriedade Intelectual

qüentemente, a alternativa do depósito do próprio objeto protegido numa instituição adequada – que terá provavelmente os mecanismos necessários de proteção biológica.

As características deste tipo de tecnologia fazem com que o acesso às inovações possa estar segregado do conhecimento da tecnologia. Como se disse, a mutação na capacidade técnica da indústria não corresponde necessariamente a uma mudança no estado da arte. O acesso à tecnologia implica repetibilidade da solução técnica, mas não da capacidade intelectual de reprodução dos passos de tal solução.[691]

[11] § 1.2. Invenções relativas a microorganismos

Muitas vezes, as invenções da biotecnologia não são passíveis de descrição de forma a permitir que um técnico na arte possa reproduzi-las – como se exige para o patenteamento das outras formas de invenção. Tal dificuldade, no caso de microorganismos, fica em parte solucionada pela possibilidade de depositar os novos produtos em instituições que, tal como os escritórios de patentes, podem, dentro dos limites da lei pertinente, "publicar" a tecnologia,[692] oferecendo algum tipo de acesso ao público.[693]

Esta forma de publicação tem causado, no entanto, grandes problemas. Exige-se, em geral, que a nova tecnologia torne-se conhecida com a publicação e não somente acessível. A incorporação da tecnologia no estado da arte se faz pela possibilidade de copiar o produto e pela disponibilidade de dados que permitam a reprodução intelectual do invento.[694]

---

not even the repetition of the same effect was achieved with manageable certainty. Except for the very few cases where a full and complete report may be written, those biological processes stay immune from patenting under the regular patent system. Similar reasons would prevent the patenting of biological products as for example, microorganisms. Under the law of a growing number of countries it became acceptable that the deposit of the microorganisms in an institution can be effected in lieu of a description of a living matter, which in the circumstances would be no more than sheer poetry. Repeatability alone seemed enough in those frontiers of technical knowledge" Denis Borges Barbosa, SELA, 1987.

691 Domingues, Douglas Gabriel. Repetibilidade: descrição e deposito nos pedidos de privilégios de inventos microbiológicos. Revista Forense, vol. 82, n. 294, p. 37 a 50, abr./jun. 1986.

692 A Dirección Nacional de Propriedade industrial da Argentina, já em 1974, expediu diretriz (Disposición 27 de 1974) prevendo o depósito de microorganismos ou cepas necessárias para caracterizar a novidade de um invento; mas, em 1988, complementou a norma, exigindo que, para ser válido no tocante a um procedimento biológico, o depósito teria de estar à disposição do público (Disposición 42 de 1988).

693 Ver Doc. OMPI BIOT/CE-I/3, p. 7, nr. 25. Para tal propósito, estabeleceu-se, em 1977, o Tratado de Budapeste sobre depósito de microorganismos, sob administração da OMPI. Em 1987, já havia 600 microorganismos depositados nos 13 centros reconhecidos sob o Tratado; em 1988, o número dos centros subiu a 18 - nenhum na América Latina (SELA, 1988:cap. 21, p. 44). Em 1991, eram 22 os países vinculados ao tratado de Budapeste, também sem qualquer participação latino-americana. A questão é bastante complexa, já que há não só aspectos de acessibilidade para efeito da legislação de propriedade intelectual, mas também o problema da segurança biológica. Ver Karny (1986). No caso do Brasil, o problema do depositário se constituiu num dos maiores empecilhos para a concessão de patentes de microorganismos.

694 O acesso ao material depositado não se faz da mesma maneira do que o relativamente livre acesso às fontes documentárias. Em primeiro lugar, quem procura acesso a material depositado tem, como regra, de comprometer-se a só usar o material para fins de pesquisa, o que elimina o princípio de territorialidade das patentes; ver Bercovitz (1989). Outro problema é o da correspondência entre material depositado e paten-

1421

Esta noção é expressa pela diferença entre *reprodutibilidade*, isto é, a capacidade intelectual de reproduzir a idéia inventiva, por sua aplicação material, e a *repetibilidade*, ou seja, a possibilidade material de obter exemplares do objeto inventado.[695] O sistema de patentes industriais clássico exige a reprodução – que expande o estado da arte – e não a simples repetição – que expande a produção industrial (Daus, s.d.:196).

Ocorre que, freqüentemente, no caso de tecnologia do campo da biologia, a capacidade de reproduzir-se a si mesma é inerente ao objeto da tecnologia: uma nova variedade de planta perpetua-se e multiplica-se independentemente da atividade intelectual do homem.[696]

Até o advento da engenharia genética, o conhecimento e o controle dos processos de reprodução eram bastante tênues, o que impedia àquele que obtinha a nova variedade não só assegurar a terceiros a capacidade intelectual de reproduzir a idéia inventiva (que nem mesmo ele possuía) como, em muitos casos, o controle efetivo sobre a reprodução material da variedade.[697]

A Lei 9.279/96 prevê medidas para o depósito de microorganismos em instituições especializadas, assegurando o acesso ao novo ente, como equivalente à publicação (art. 24, parágrafo único):

"No caso de material biológico essencial à realização prática do objeto do pedido, que não possa ser descrito na forma deste artigo e que não estiver acessível ao público, o relatório será suplementado por depósito do material em instituição autorizada pelo INPI ou indicada em acordo internacional."

Seção [12] Procedimento Administrativo em Patentes

O procedimento administrativo em patentes não é uma simples praxística, sucessão burocrática de atividades. Pelo contrário, é um sistema de atuação estatal onde se

---

teado: não há qualquer exame de fundo quanto ao depósito e já existem casos em que depositantes foram, posteriormente, condenados pela fraude (caso do antibiótico aureomycin, julgado pela Federal Trade Commission). Note-se que na regra 28 da Convenção da Patente Européia, o acesso ao depósito é reservado exclusivamente a perito independente, vinculado a obrigações perante o depositante; tal princípio, que poderá vir a ser adotado de forma geral, acaba de vez com o princípio do livre acesso à tecnologia patenteada.

695 Ver Doc. OMPI BIOT/CE-I/2, p. 31, e Doc. OMPI BIOT/CE-I/3, Par. 42-45. Tal diferença está-se obliterando, como se vê no acórdão da Suprema Corte alemã no caso do vírus da raiva (Tollwitvirns), em 1987: "a única coisa importante no caso de invenções que se refiram a novos microorganismos é que a invenção tal como resulta do pedido junto com o depósito seja repitível, sem que importe se tal repetibilidade se consiga por meio da multiplicação biológica do material depositado ou pela descrição do procedimento que serviu para obter pela primeira vez o microorganismo. Desta feita, a repetibilidade pela multiplicação biológica equivale à descrição suficiente do ponto de vista do Direito Patentário" (Correa, 1989:11).

696 Doc. OMPI BIOT/CE-I/2; Doc. UPOV (A)/XIII/3, Par. 31. Nesse caso, a dificuldade está não só em reproduzir o novo objeto, como até em repetir a sua criação.

697 No mais importante marco judicial para evolução da proteção das criações biotecnológicas, o caso Rote Taube, Bundesgerichtshof, 27/3/69, publicado em IIC (1970), p. 136, foi discutido exatamente o conceito de reprodutibilidade objetiva.

nota o rigor do devido processo legal, num contexto de *relação poligonal* (vide neste Capítulo a seção [1] § 3).[698] Lê-se no Capítulo II desta obra:

Procedimento vinculado das patentes
O direito à obtenção da patente nasce, no sistema constitucional brasileiro, em sede constitucional, e cada um de seus requisitos se ancora na entretela da Constituição de 1988. A lei de patentes – 9.279/96 – configura o modelo constitucional, devendo realizar o balanceamento dos interesses constitucionalmente protegidos.
O procedimento administrativo de concessão do privilégio essencialmente declara a existência dos pressupostos desenhados na Constituição e corporificados na legislação ordinária. Como tal, o procedimento é necessariamente vinculado, e nele não cabe qualquer medida de discricionariedade.
Não pode o órgão público competente dar patentes onde – em sede constitucional – se veda tal concessão, como, por exemplo, no caso de criações abstratas, inclusive a de programas de computador em si mesmos, nem pode aplicar critérios de conveniência e oportunidade.
Se há direito subjetivo constitucional, cabe ao ente público:
- Examinar a existência dos pressupostos;
- Declarar-lhes a existência;
- Constituir o direito de exclusiva.
Reversamente, na inexistência dos pressupostos de concessão, especialmente a falta de novidade e atividade inventiva, cabe inexoravelmente ao INPI recusar o pedido.
Em um sem número de aspectos, o procedimento de exame de patentes se acha jungido às regras do procedural due process of law inserido no art. 5, LIV da Constituição de 1988, que impõe pleno direito de defesa. Pertinente, assim, o dispositivo da Lei do Processo Administrativo Federal (Lei nº 9.784, 29 de janeiro de 1999):
Art. 2º A Administração Pública obedecerá dentre outros, aos princípios da legalidade, finalidade, motivação, razoabilidade, proporcionalidade, moralidade, ampla defesa, contraditório, segurança jurídica, interesse público e eficiência.
Parágrafo único. Nos processos administrativos serão observados, entre outros, os critérios de: (...)
VIII – observância das formalidades essenciais à garantia dos direitos dos administrados;
Cabe também neste passo a citação acima de Robert A. Choate e William Francis. Sabendo-se que a concessão de um monopólio implicará a restrição de

---

698 O mesmo se dá em outros sistemas jurídicos. Vide BENJAMIN, Stuart Minor and RAI, Arti K., "Who's Afraid of the APA? What the Patent System Can Learn from Administrative Law". Georgetown Law Journal, Vol. 95 Available at SSRN: http://ssrn.com/abstract=897307.

liberdade de iniciativa de terceiros, o procedimento administrativo deverá obedecer aos princípios de publicidade dos atos administrativos, de ampla defesa e do contraditório, todos contidos no princípio maior do devido processo legal.

Ele se materializa, por exemplo, na medida em que o depósito do pedido de privilégio é publicado em revista oficial, a fim de que terceiros interessados possam a ele se opor ou apresentar subsídios ao exame do invento. Afinal, nos termos do art. 5º, LV, da Constituição Federal, "a tutela jurídica do direito à defesa é dever do Estado, qualquer que seja a função que esteja desempenhando".[699]

Aliás, não se pode olvidar que o princípio da publicidade tem guarida constitucional, tanto em matéria processual, quanto administrativa, haja vista o teor dos artigos 93, IX, e art. 137 *caput* da Constituição Federal.

[12] § 1. Do exame

O exame técnico do pedido, realizado pelo INPI, procurará avaliar a satisfação dos requisitos legais para a concessão da patente. O procedimento é multilateral e dialogal, importando em participação de todos interessados, e cooperação recíproca entre o órgão público e o depositante.[700] Findo o exame, após os eventuais manifestações e recursos, a patente é enfim deferida ou recusada.

Da concessão da patente, nasce o direito exclusivo.[701]

[12] § 2. Do devido processo legal no procedimento de patentes

[12] § 2.1. Necessidade de um procedimento multilateral e dialogal, importando em participação de todos interessados

Como já insistimos, uma patente ou outro direito exclusivo não serão posições jurídicas individualizadas de cunho plenamente privado, em que se defrontam apenas o Estado e o indivíduo. Pelo contrário:

1. exclusivas como as descritas serão propriedades no sentido constitucional, e vinculadas ao ditamem do *uso social*, em sua modalidade de interesse difuso.[702]

699　Jessé Torres Pereira Jr., in O Direito de Defesa na Constituição de 1988, *apud* José dos Santos Carvalho Filho, Manual de Direito Administrativo, Ed. Lumen Juris, 4ª ed., p. 630

700　Vide Noveck, Beth Simone, "Peer to Patent: Collective Intelligence and Intellectual Property Reform" (April 25, 2006). NYLS Legal Studies Research Paper No. 05/06-18 Available at SSRN: http://ssrn.com/abstract=898840.

701　Para uma análise do procedimento de patentes sob a lei anterior, vide Donald G. Daus, Patent Prosecution in Brazil IIC 1977 Heft 5 407.

702　Veja, nesse teor, a importante tese doutoral da Prof. Adriana Diaféria, A problemática das invenções envolvendo genes humanos e sua relação com os interesses difusos no âmbito da propriedade industrial, Ano de Obtenção: 2003, publicada pela Ed. Lumen Juris, 2006.

Tratado da Propriedade Intelectual

2. mais ainda, sob a tutela constitucional que lhes é deferida, tais exclusivas são sujeitas a uma vinculação específica ao *interesse social, e ao desenvolvimento tecnológico e econômico do Brasil*.[703]

3. tais propriedades, não obstante serem assim classificadas, são simultaneamente *concorrenciais*, simultaneidade que aponta no *leading case* do STF sobre a natureza dos direitos de Propriedade Intelectual;[704] e que denota a clara existência de interesses juridicamente protegidos de concorrentes;

4. no que se constituem em *exclusões concorrenciais*, suscitam relevantes interesses no âmbito do direito anti-monopólico;[705]

5. no que representam diferimento do domínio público, e restrições ao livre acesso à produção expressiva e técnica, entram em tensão com tal direito humano fundamental, reconhecido pelo art. 27, 1 da Declaração Universal de 1948;[706]

6. constituindo-se em uma restrição a esse direito humano, em prol da evolução tecnológica e do desenvolvimento, cria um quadro em que há *direito adquirido* ao público acesso, ao fim do prazo e fora dos estritos limites da concessão;[707]

---

703 Constituição, Art. 5º (...) XXIX - a lei assegurará aos autores de inventos industriais privilégio temporário para sua utilização, bem como proteção às criações industriais, à propriedade das marcas, aos nomes de empresas e a outros signos distintivos, tendo em vista o interesse social e o desenvolvimento tecnológico e econômico do País. Vide o nosso Direito ao desenvolvimento, inovação e a apropriação das tecnologias. Revista Juridica do Palácio do Planalto, Brasilia, p. 01-87, 31 mar. 2007.

704 Data do julgamento: 1988.05.11 Publicações: DJ - data-10.06.88 pg-14401 Ementário do STF - vol-01505.01 pg-00069 RTJ - vol-00125.03 pg-00969. EMENTA: - Bolsas e sacolas fornecidas a clientela por supermercados. O parágrafo 24 do artigo 153 da Constituição assegura a disciplina do direito concorrencial, pois, a proteção a propriedade das marcas de indústria e comércio e a exclusividade do nome comercial, na qual se incluem as insígnias e os sinais de propaganda, compreende a garantia do seu uso. Lei estadual que, a pretexto de regular o consumo, limita o exercício daquele direito, e ainda cria condições para praticas de concorrência desleal, malfere a norma constitucional. Representação julgada procedente para declarar inconstitucional o artigo 2 e seus parágrafos da Lei n. 1.111, de 05 de janeiro de 1987, do estado do Rio de Janeiro. Observação: votação: unânime. Resultado: procedente.

705 Luis Roberto Barroso, Relações de direito intertemporal entre tratado internacional e legislação interna. Interpretação constitucional adequada do TRIPS. Ilegitimidade da prorrogação do prazo de proteção patentária concedida anteriormente à sua entrada em vigor, Revista Forense – Vol. 368, p. 245 "33. Em atenção a outros interesses e valores que considerou relevantes, a mesma Constituição de 1988 conferiu ao Estado atuação monopolística em determinados setores da economia. Trata-se naturalmente de uma exceção radical ao regime da livre iniciativa, e por isso mesmo a doutrina entende que apenas o poder constituinte pode criar monopólios estatais, não sendo possível instituir novos monopólios por ato infraconstitucional. A lógica no caso do privilégio patentário é a mesma. Em atenção a outros interesses considerados importantes, a Constituição previu a patente, uma espécie de monopólio temporário, como um direito a ser outorgado aos autores de inventos industriais (CF, art. 5º, XXIX)".

706 Artigo 27 I) Todo o homem tem o direito de participar livremente da vida cultural da comunidade, de fruir as artes e de participar do progresso científico e de fruir de seus benefícios

707 "Por outro lado, não pode ser desconsiderado que os direitos patentários constituem uma restrição à concorrência e a liberdade de iniciativa, que vêm a ser os fundamentos da Ordem Econômica insculpidos na Constituição da República vigente e a sua concessão deve ser encarada como uma exceção. A prorrogação de uma patente iria constituir em violação de ato jurídico perfeito e direito adquirido da sociedade em ter o privilégio em domínio público". Acordão na AC 200102010304216, 2ª Turma Especializada em Propriedade Industrial do TRF da 2ª Região, 27 de setembro de 2005, Relator para o Acórdão Des. André Fontes.

7. em particular, no tocante à área de saúde e alimentação, exatamente onde os direitos exclusivos de comercialização seriam aplicáveis, há inegável e frequentemente avassalador interesse público,[708] como se lê em recentíssimo AI da 2ª Turma Especializada em Propriedade Industrial do TRF da 2ª Região:

> Há que se ressaltar que a Constituição Federal assegura ao inventor de patentes monopólio temporário para a sua utilização, tendo em vista o interesse social e o desenvolvimento tecnológico e econômico do País (artigo 5º, XXIX), mas a mesma Lei Magna também determina que a propriedade deve atender à sua função social (artigo 5º, inciso XXIII). Ocorre que o direito ao acesso à saúde, constitucionalmente garantido, nos termos do artigo 196 – já que se trata de direito social, previsto no artigo 6º da Carta Magna -, deve ser igualmente observado no presente caso. Considerando que o medicamento que, por meio da ação originária, se pretende impedir seja patenteado, destina-se ao tratamento do câncer, a alegada errônea concessão da patente pode vir a causar graves danos à saúde e à economia pública, especialmente pelo fato de que o monopólio de sua fabricação possibilitaria o aumento abusivo de seus preços, com o que se encontra presente o interesse público, de suma relevância, a justificar o ingresso do Ministério Público Federal na lide, na condição de litisconsorte ativo ulterior.

Incidentalmente, noticie-se que o Ministério Público Federal ajuizou Ação Civil Pública contra o INPI, em relação exatamente a um aspecto do procedimento administrativo ao qual falecia o caráter multilateral e dialogal, o qual se encerrou com a submissão da autarquia às razões ministeriais.[709] Por tais características, se assegura sempre que as exclusivas tecnológicas sejam deferidas apenas após *procedimento administrativo de caráter especial.*[710]

---

708 AI 200602010084342, decidido em 27 de junho de 2007, Relatora Marcia Helena Nunes, Juíza Federal Convocada

709 ACP 200351015135845, 1ª Turma Especializada Tribunal Regional Federal - 2ª região. A questão é aflorada em em http://www.abpi.org.br/semianteriores/boletins/Bol5724.pdf e em BINENBOJM, Gustavo; GAMA JUNIOR, Lauro. O Direito à proteção patentária como Direito Fundamental: Interpretações sistemática, teleológica, constitucional e internacional. Disponível na internet em http://mundojuridico.adv.br/cgi-bin/upload/texto820.rtf, acessada em 1/10/2007.

710 NETO, Diogo de Figueiredo Moreira. CURSO DE DIREITO ADMINISTRATIVO. Rio de Janeiro, 2002, p. 454-455, pareceria ter uma perspectiva mais restritiva do alcance do direito administrativo em face da propriedade industrial: "Em sede de Direito Administrativo, interessa o exame das relações do titular da propriedade intelectual com o Estado, em caráter de subordinação, relativamente ao sistema administrativo de garantias, e, eventualmente, à intervenção econômica a que estão sujeitas". No entanto, logo em seguida, falando do sistema de licenças compulsórias, o autor revela sua convicção quanto ao potencial interesse público envolvido no instituto: "Em ambos os casos, como se observa, é manifesta a prevalência do interesse público específico sobre o privado, o que justifica a imposição do regime especial sobre a riqueza econômica representada pela invenção patenteada. Todavia, se o interesse público a tanto o exigir, o ordenamento poderá assumir a forma radical de intervenção dominial, procedendo-se à desapropriação do privilégio pela União (art. 39)".

[12] § 2.2. Derivação constitucional do procedimento em patentes

Repetindo aqui o que já se apontou no Cap. II desta obra:[711]

O direito à obtenção da patente nasce, no sistema constitucional brasileiro, em sede constitucional, e cada um de seus requisitos se ancora na entretela da Carta de 1988. A lei de patentes – 9.279/96 – configura o modelo constitucional, devendo realizar o balanceamento dos interesses constitucionalmente protegidos.

O procedimento administrativo de concessão do privilégio essencialmente declara a existência dos pressupostos desenhados na Constituição e corporificados na legislação ordinária. Como tal, o procedimento é necessariamente vinculado, e nele não cabe qualquer medida de discricionariedade.

Não pode o órgão público competente dar patentes onde – em sede constitucional – se veda tal concessão, como, por exemplo, no caso de criações abstratas, inclusive a de programas de computador em si mesmos, nem pode aplicar critérios de conveniência e oportunidade.

Se há direito subjetivo constitucional, cabe ao ente público:
- Examinar a existência dos pressupostos;
- Declarar-lhes a existência;
- Constituir o direito de exclusiva.

Reversamente, na inexistência dos pressupostos de concessão, especialmente a falta de novidade e atividade inventiva, cabe inexoravelmente ao INPI recusar o pedido.

Em um sem número de aspectos, o procedimento de exame de patentes se acha jungido às regras do *procedural due process of law* inserido no art. 5, LIV, da Carta de 1988, que impõe pleno direito de defesa. Pertinente, assim, o dispositivo da Lei do Processo Administrativo Federal (Lei nº 9.784, 29 de janeiro de 1999):

Art. 2º A Administração Pública obedecerá dentre outros, aos princípios da legalidade, finalidade, motivação, razoabilidade, proporcionalidade, moralidade, ampla defesa, contraditório, segurança jurídica, interesse público e eficiência.

Parágrafo único. Nos processos administrativos serão observados, entre outros, os critérios de: (...)

VIII – observância das formalidades essenciais à garantia dos direitos dos administrados;

---

711 Publicada em parte em BARBOSA, Denis Borges . (1) Bases Constitucionais. In: Manoel J. Pereira dos Santos, Wilson Jabour. (Org.). Criações Industriais. São Paulo: Saraiva, 2006, v. 1, p. –, em parte em BARBOSA, Denis Borges . Bases Constitucionais. In: Manoel J. Pereira dos Santos e Wilson Jabour. (Org.). Signos Distintivos. São Paulo: Saraiva, 2006, v. 2, p. e ainda em Direito ao desenvolvimento, inovação e a apropriação das tecnologias. Revista Jurídica do Palácio do Planalto, Brasília, p. 01-87, 31 mar. 2007.

Cabe também neste passo a citação acima de Robert A. Choate e William Francis. Sabendo-se que a concessão de um monopólio implicará a restrição de liberdade de iniciativa de terceiros, o procedimento administrativo deverá obedecer aos princípios de publicidade dos atos administrativos, de ampla defesa e do contraditório, todos contidos no princípio maior do devido processo legal.

Ele se materializa, por exemplo, na medida em que o depósito do pedido de privilégio é publicado em revista oficial, a fim de que terceiros interessados possam a ele se opor ou apresentar subsídios ao exame do invento. Afinal, nos termos do art. 5º, LV, da Constituição Federal, "a tutela jurídica do direito à defesa é dever do Estado, qualquer que seja a função que esteja desempenhando".[712]

Aliás, não se pode olvidar que o princípio da publicidade tem guarida constitucional, tanto em matéria processual, quanto administrativa, haja vista o teor dos artigos 93, IX e art. 137 caput da Constituição Federal.

Tal exame é de caráter obrigatório e preciso, como tive ocasião de enfatizar:[713]

Conceder um monopólio nos termos do sistema da Lei 9.279/96 sem determinar os pressupostos legais e constitucionais de sua existência ofende a lei e o interesse dos competidores, de forma irremediável.

O STF, na decisão já ementada acima, do Recurso extraordinário 58535-SP. Relator: Ministro Evandro Lins. J.: 1966, assim enunciou a questão:

O parecer que serviu de base para a concessão da patente que está em discussão, diz apenas o seguinte como se vê de fls. 15, do vol. 1, em apenso:

"O pedido está, a meu ver, bem definido e delimitado em suas reivindicações. Como não tenha encontrado qualquer anterioridade que possa afetar a sua novidade, opino pelo deferimento de presente pedido.

Estou em que, nesse passo, assisto inteira razão ao ilustre Ministro Oscar Saraiva, que acentuou que o parecer é um mero "nada consta", não tendo afirmado positivamente que havia novidade no processo para o qual era pedida a patente. Na verdade, o perito afirmou, apenas, que da conhecia em matéria de anterioridade.

Assim, a patente, ao ser expedida, apoiou-se apenas numa ficção legal de um ato formal, e não na seriedade de um exame técnico fundado (fls. 777).

À Justiça compete verificar se a patente foi concedida legalmente, podendo a sua validade ser atacada por meio de ação própria.

No caso, não houve exame técnico feito pelo próprio Departamento Nacional de Produção Industrial, que se limitou a um sucinto e inconvincente parecer, que não se fundou em qualquer elementos, por ocasião da patente.

---

712 Jessé Torres Pereira Jr., in O Direito de Defesa na Constituição de 1988, *apud* José dos Santos Carvalho Filho, Manual de Direito Administrativo. Ed. Lumen Juris, 4ª ed., p. 630

713 BARBOSA, Denis Borges, Inconstitucionalidade das Patentes Pipeline. Revista da ABPI, Rio de Janeiro, v. 83, p. 03-39, 30 jul. 2006.

Penso que, neste ponto, harmonizam-se com a lei os votos vencidos dos ilustres ministros Oscar Saraiva, Amarilio Benjamim e Armando Rollemberg. Ao conceder a patente de invenção, o departamento Nacional de Propriedade Industrial deixou de observar, na sua letra e no seu espírito, o art. 23 do Decreto-Lei nº 7.903, de 27/08/45, e o art. 18 nºˢ I e II, do Decreto, do Decreto 20.536, de 20.01.46

Mantendo a validade da patente, obtida em os requisitos legais, a decisão recorrida feriu as disposições citadas.

Assim, sem exame, ou com exame que não se aprofunde em novidade, a patente é nula. Assim entendem os clássicos. Gama Cerqueira,[714] falando do Código de 1945:

193. Nulidade por preterição de formalidades legais. Além das causas específicas de nulidade estudadas nos parágrafos anteriores, as quais afetam diretamente a patente, há outras causas que podem viciar o ato da concessão do privilégio, o qual, como ato administrativo, está sujeito aos mesmos princípios relativos à validade dos atos administrativos – em geral. Assim, por exemplo, a concessão do privilégio emanada de autoridade incompetente é nula.

Entre os fatos de ordem administrativa que podem dar lugar à anulação do ato de concessão da patente destaca-se, pela sua importância, a inobservância das formalidades processuais prescritas na lei. A concessão das patentes subordina-se a uma série de atos e formalidades que constituem o procedimento administrativo por meio do qual a autoridade competente verifica a conformidade do pedido com a lei, a fim de conceder ou negar o privilégio. Esses atos, a que se denomina processo administrativo e que abrangem desde o pedido do interessado até a decisão final, constituem um ato complexo, sujeito a normas prescritas no Cód. da Propriedade Industrial, distinguindo-se, desde logo, os atos que devem ser praticados pelo interessado, como a apresentação do pedido, o cumprimento das exigências formuladas para a regularização do processo, a interposição de recursos, etc., e os que ficam a cargo da própria administração. Distinguem-se, também, as formalidades que a lei prescreve para assegurar aos interessados os seus direitos e afastar o arbítrio das autoridades, que estão obrigadas a observá-las, e as que se destinam a manter a boa ordem do serviço público, permitindo às autoridades o exato desempenho de suas atribuições. Embora sujeito a um formalismo menos rígido que o processo judicial, o processo de concessão das patentes comporta certas formalidades essenciais, cuja transgressão pode afetar a garantia assegurada aos interessados e que, por isso, vicia o ato e o invalida. Estão nesse caso a publicação dos pontos característicos da invenção, os prazos para oposi-

---

714 CERQUEIRA, João da Gama, Tratado da Propriedade Industrial – volume II, tomo I, parte II – Dos privilégios de invenção, dos modelos de utilidade e dos desenhos industriais Rio de Janeiro, Editora Forense, 1952, p. 295 e 296.

ções e recursos, o exame técnico da invenção e a publicação do despacho de concessão. A omissão de qualquer dessas formalidades anula o ato da concessão do privilégio (Cód. Civil, art. 145, III) e, por conseqüência, a patente que houver sido expedida, sem prejudicar, entretanto, o direito do inventor, porque a nulidade só afeta o processo a partir do ponto em que ela se verificou, sem alcançar os atos válidos anteriormente praticados, inclusive o depósito do pedido. Assim, anulada a patente, pode o interessado prosseguir no processo, aproveitando os atos úteis nele praticados.

Quanto às formalidades do pedido, que o requerente do privilégio deve preencher, de acordo com o art. 17 do Código, a sua omissão não prejudica a patente, nem o ato da concessão, salvo nos casos previstos no art. 83, ns. 3. e 4., do Código, em que se verifica a nulidade do privilégio.

Não menos veemente é Pontes de Miranda:[715]

2 FORMALIDADES DO PROCESSO ADMINISTRATIVO. - A relação jurídica processual administrativa é à semelhança da relação jurídica processual, na justiça. Há atos processuais e formalidades processuais. Se não houve pedido, ou se não foi depositado o pedido, acompanhado do relatório descritivo, não houve estabelecimento da relação jurídica processual administrativa. Qualquer decisão que então se profira favorável à patenteação cai no vácuo; não existe como decisão sobre patente de invenção e a patente de invenção é nenhuma, podendo ser declarada a inexistência dela, ainda incidentemente. Idem, se houve pedido sem qualquer relatório.

São causas de nulidade:

(...) b) se não houve o exame formal (aliter se somente foi defeituoso por omissão), ou o exame técnico (arts. 22 e 23).

c) se não houve a publicação dos pontos característicos, para conhecimento público e apresentação de oposição no prazo legal (art. 26), que se conta da data da publicação (procedimento edital);

d) se, tendo havido impugnação pelo requerente ou oposição por parte de terceiro, não a apreciou o funcionário administrativo, nem admitiu recurso, ou a apreciou e não admitiu recurso (art. 27);

---

715 MIRANDA. Pontes de. Tratado de Direito Privado – Tomo XVI - parte especial Direito das Coisas: Propriedade mobiliária (bens incorpóreos). Propriedade intelectual. Propriedade industrial, São Paulo, RT, 4ª edição, 1983, § 1935, p. 329 e 330. É de notar-se, porém, que, ao contrário do que ocorre no direito vigente, Pontes entendia que no Código de 1945 as nulidades procedimentais não mais eram suscitáveis após a transitar em julgado a decisão administrativa", que ocorreria ao fim do período do então cancelamento administrativo. A esse propósito, argumenta Sérgio d'Andrea Ferreira, As duas espécies de ações de nulidade de registro marcário, p. 143 Revista Forense – Vol. 346 Doutrina "3. Dentro de cada um dos quadros legais apontados, o certo é que, esgotado o prazo pertinente, ou decidida a ação administrativa, dá-se a preclusão processual na instância executiva. 3.1. Essa preclusão não atinge, no entanto, interesse ou direito de terceiro, que poderia ter sido oposto, nem funciona como renúncia às outras formas subseqüentes de impugnação do ato administrativo de registro, que operam, ainda na instância administrativa, ou já na judicial.".

e) se os atos definitivos (art. 28) foram expedidos antes de esgotado o prazo de recurso.

Os atos úteis não atingidos pela decretação de nulidade processual podem ser aproveitados pelo requerente.

Igualmente os tratadistas contemporâneos apontam a nulidade:

"Tanto em face das leis anteriores como na atual o processo segue durante toda a sua tramitação uma série de eventos que devem ser rigorosamente cumpridos, os quais na realidade dizem respeito: Exame Formal, Exame Prévio e Exame Técnico, publicação da invenção, abertura de prazo para apresentação 'de oposição, deferimento ou indeferimento, recurso. Se eventualmente for constatado que o processo não tramitou regularmente ou o próprio INPI deixou de publicar os seus respectivos despachos no órgão oficial, é certo que será motivo não só para o próprio INPI como também para terceiros prejudicados promover a sua nulidade".[716]

"Este inciso permite questionamento, por englobar casos de vícios de tramitação que não são de responsabilidade do titular. Por exemplo, incidiria nesta previsão a patente em que o próprio INPI omitiu uma formalidade essencial, como a publicação correta do nome do requerente ou titular.

Em tais casos, caberia a anulação da concessão para sanar o vício, voltando o processo à etapa em que ocorrida a omissão. Sanada a falha, pode a patente ser correta e validamente concedida".[717]

E, em sua límpida tese doutoral, Jacques Labrunie:[718]

"Se, a despeito do acurado exame do técnico e da possibilidade de manifestações de terceiros, o INPI ignorar que a invenção já estava revelada, compreendida, assim, no estado da técnica, e conceder a patente, tal título será nulo. O mestre Pouillet (90, p. 456) afirmava, peremptoriamente, que a falta de novidade da invenção é uma causa de nulidade da patente: 'se a primeira condição de uma invenção, para ser patenteável, é ser nova, por uma conseqüência lógica, a falta de novidade da invenção é uma causa de nulidade da patente. Essa segunda disposição é a sanção natural da primeira'."[719]

"A patente também será nula se concedida ao arrepio das disposições legais referentes ao processamento e exame do pedido, isto é, se for desrespeitado o due process of law (art. 30 e seguintes), que também integra o rol das condições de forma. (...) Se não for requerido o exame, e o INPI, de oficio, proceder ao exame do pedido, a patente concedida será nula por aplicação dos arts. 46 e 33. Nesse

---

716 SOARES, José Carlos Tinoco. Código da Propriedade Industrial - Comentários à Lei n. 5.772, de 21-12-1971 e ao Decreto-lei n. 7.903, de 27-08-1945, São Paulo Editora Resenha Tributária Ltda., 1974, p. 104-107.

717 DANNEMAN.Comentários à Lei de Propriedade Industrial e correlatos, Rio de Janeiro, São Paulo, Ed. Renovar, 2001, p. 135-139.

718 Direito de Patentes:
Condições Legais de Obtenção e Nulidades. Barueri: SP. Manole, 2006.

719 *Op. cit.*, p. 74.

sentido, o extinto Tribunal Federal de Recursos, no julgamento da Apelação Cível n. 36.005-SP, decretou a nulidade de patente de invenção, a qual, entre outras irregularidades, em seu processo de obtenção, desrespeitou o due process of law, pois o pedido de patente foi deferido antes do decurso do prazo de recurso (RFE, 2ª T., rel. Min. Jarbas Nobre, DJU 30.09.1975, p. 7.003)."[720]

Os autores estão bem cientes a respeito de que nulidades procedimentais sejam determinantes para a nulidade da patente; como indica Cabanella de las Cuevas, o mais cintilante especialista argentino:

"Em primeiro lugar, não é qualquer violação da legislação de patentes que é suficiente para declarar a nulidade de uma patente já concedida. Os requisitos substantivos e adjetivos da outorga de patentes são de tal variedade e complexidade que muitos deles têm muito escassa incidência em relação à satisfação dos fins a que se dirige o Direito das patentes. Como foi exposto anteriormente era este apartado, deve ser aqui aplicado o princípio "de minimis non curat lex". Ele é particularmente importante em relação aos vícios que afetem o procedimento de concessão da patente. Uma demora insignificante no cumprimento de alguns dos prazos estabelecidos pela LP ou uma omissão menor nas publicações exigidas pela Lei não devem originar a nulidade da patente afetada.[721] ...O procedimento tem uma função instrumental relativa à determinação dos extremos substantivos da outorga das patentes, e por outro lado, como exposto no parágrafo anterior, a relevância dos vícios na matéria de procedimento deve ser apreciada sob a luz do impacto que tais vícios tenham em relação aos aspectos substantivos das patentes." (tradução nossa)[722]

"Também serão nulas as patentes em relação às quais não se tenha realizado o exame que exige a legislação aplicável".[723]

---

720 *Op. cit.*, p. 95.

721 Guillermo Cabanellas de las Cuevas, Derecho de las Patentes de Invención, Editorial Heliasta, 2001, p. 537.

722 "En primer lugar, no cualquier violación de la legislación de patentes es suficiente para declarar la nulidad de una patente ya concedida. Los requisitos sustantivos y adjetivos del otorgamiento de patentes son de tal variedad y complejidad que muchos de ellos tienen muy escasa incidencia respecto de la satisfacción de los fines a los que se dirige el Derecho de patentes. Como se expuso precedentemente era este apartado, debe ser aquí de aplicación el principio "de minimis non curat lex". Ello es particularmente importante respecto de los vicios que afecten al procedimiento de concesión de la patente. Una demora insignificante era el cumplimiento de alguno de los plazos establecidos por la LP o una omisión menor era las publicaciones exigidas por esa Ley no debe originar la nulidad de la patente afectada. (...)El procedimiento tiene una función instrumental respecto de la determinación de los extremos sustantivos del otorgamiento de patentes, y por lo tanto, según se expuso en el párrafo anterior, la relevancia de los vicios en materia de procedimiento debe apreciarse a la luz del impacto que tales vicios tengan en relación con los aspectos sustantivos de las patentes.

723 Cabanellas, p. 539. "También serán nulas las patentes respecto de las cuales no se haya realizado el examen que exige la legislación aplicable"

Note-se que nem em TRIPs, e muito menos na lei nacional, se preceitua que o procedimento de licença de comercialização e o de *exclusivização* de tais direitos seja o mesmo, e muito menos que deva correr, um e outro, no mesmo órgão ou entidade pública.

O que decorre do nosso sistema constitucional, é que haja um procedimento administrativo especial de declaração ou constituição desses direitos.

[12] § 3. Procedimento de obtenção de patentes

[12] § 3.1. Resumo do procedimento de patentes[724]

Apresentado o pedido, será ele submetido a exame formal preliminar e, se devidamente instruído, será protocolizado. Caso o pedido não atender formalmente ao disposto na lei, mas contiver dados relativos ao objeto, ao depositante e ao inventor, poderá ser entregue, mediante recibo datado, ao INPI, que estabelecerá as exigências a serem cumpridas, no prazo de 30 dias, sob pena de devolução ou arquivamento da documentação. Se cumpridas as exigências, o depósito será considerado como efetuado na data do recibo.

Quanto à publicação, já vimos acima. O exame do pedido de patente deverá ser requerido seja pelo depositante, seja por qualquer interessado, no prazo de 36 meses contados da data do depósito (o prazo não se conta da publicação, como no CPI/71), sob pena do arquivamento do pedido. Se isso ocorre, ainda assim o pedido poderá ser desarquivado, se o depositante assim o requerer, dentro de 60 sessenta) dias contados do arquivamento, mediante pagamento de uma retribuição específica. Após tal prazo, o arquivamento será definitivo e sem recurso.

Publicado o pedido de patente e até o final do exame, será facultada a apresentação, pelos interessados (depositante ou terceiros), de documentos e informações para subsidiarem o exame, o qual não será iniciado antes de decorridos 60 dias da publicação do pedido.

Tais manifestações não consistem em *oposições*, como no CPI/71, ou seja, já não são um elemento formal do procedimento, mas podem ser apresentadas até a publicação do deferimento ou indeferimento da patente. Assim, não há um direito procedimental subjetivo à consideração das manifestações, suscitável, por exemplo, em mandado de segurança. No entanto, a não consideração por parte do examinador de tais subsídios, se pertinentes e apresentados dentro do prazo, importa em responsabilidade funcional do examinador, e em responsabilidade civil do INPI (e do examinador) perante qualquer parte prejudicada.

---

724 Para um fluxograma do procedimento de patentes, vide a página do INPI em http://www.inpi.gov.br.

Quanto ao ponto, vide o teor da Lei nº 9.784, 29 de janeiro de 1999, que se aplica a todo procedimento administrativo da União:

Art. 38. O interessado poderá, na fase instrutória e antes da tomada da decisão, juntar documentos e pareceres, requerer diligências e perícias, bem como aduzir alegações referentes à matéria objeto do processo.

§ 1º Os elementos probatórios deverão ser considerados na motivação do relatório e da decisão.

§ 2º Somente poderão ser recusadas, mediante decisão fundamentada, as provas propostas pelos interessados quando sejam ilícitas, impertinentes, desnecessárias ou protelatórias.

Para melhor esclarecer ou definir o pedido de patente, o depositante poderá efetuar alterações até o requerimento do exame, *desde que estas se limitem à matéria inicialmente revelada no pedido*. Sobre este ponto específico, vide a seção em que se analisa a possibilidade de modificação das reivindicações. Poderá também efetuar alterações após, para atendimento de exigências (art. 35, III e IV) ou em resposta a parecer (art. 36), tendo o INPI o dever de aproveitar ao máximo, dentro dos limites legais, os atos das partes (art. 220).

Requerido o exame (por qualquer interessado), deverão ser apresentados pelo depositante no prazo de 60 dias, sempre que solicitado, sob pena de arquivamento do pedido as objeções, buscas de anterioridade e resultados de exame para concessão de pedido correspondente em outros países, isso quando houver reivindicação de prioridade; os documentos eventualmente ainda necessários à regularização do processo e exame do pedido; e a tradução simples dos documentos quando pertinente. (Vide TRIPs art. 29.2)

Por ocasião do exame técnico, será elaborado pelo INPI o relatório de busca e parecer relativo a patenteabilidade do pedido, ou, ainda, serão feitas pelo examinador exigências técnicas. Em seguida, caberá ao depositante a adaptação do pedido à natureza reivindicada, se assim indicar o parecer; ainda em resposta ao parecer, haverá a reformulação do pedido ou divisão; ou ainda serão atendidas as exigências técnicas.

Quanto a essas últimas, no que importarem em modificações nas reivindicações, vide a seção abaixo quanto ao tema.

Se o parecer do INPI for pela não patenteabilidade ou pelo não enquadramento do pedido na natureza reivindicada ou formular qualquer exigência, o depositante será intimado para manifestar-se no prazo de 90 dias. Neste passo, podem ocorrer duas coisas: se não for *respondida* a exigência, o pedido será definitivamente arquivado. Não cabe recurso desta decisão.

Se for respondida a exigência, ainda que não cumprida, ou contestada sua formulação, e havendo ou não manifestação sobre a patenteabilidade ou o enquadramento, dar-se-á prosseguimento ao exame.

Concluído o exame, será proferida decisão, deferindo ou indeferindo o pedido de patente. Desta decisão – que *indefere* mas não da que defere[725] – cabe recurso, no prazo de 60 dias.

Pode-se porém questionar a vigência do dispositivo que nega ao terceiro interessado o direito de recorrer em caso de deferimento, em face do que preceitua a Lei Geral do Procedimento Administrativo da União (Lei nº 9.784, 29 de janeiro de 1999):

Art. 44. Encerrada a instrução, o interessado terá o direito de manifestar-se no prazo máximo de dez dias, salvo se outro prazo for legalmente fixado.

De qualquer forma o recurso previsto no CPI/96 (contra o indeferimento) será recebidos nos efeitos suspensivo e devolutivo pleno, aplicando-se todos os dispositivos pertinentes ao exame de primeira instância, no que couber. Os recursos serão decididos pelo Presidente do INPI, encerrando-se a instância administrativa. Os interessados serão intimados para, no prazo de 60 (sessenta) dias, oferecerem contra-razões ao recurso.

Para possibilitar a efetiva *concessão da patente*, depois de deferido o pedido, deverá ser comprovado o pagamento da retribuição correspondente, no prazo de 60 (sessenta) dias contados do deferimento. Considera-se concedida a patente na data de publicação do respectivo ato de expedição da carta-patente (art. 38 § 3.).

O que garante ao procedimento de outorga de registro ou privilégio perante o INPI – como aliás a outros procedimentos comparáveis, como os de licença em matéria de urbanismo – um caráter especial, profundamente sintonizado com as mais modernas tendências do Direito, é sua natureza aberta à participação, o seu reconhecimento dos interesses difusos. Qualquer um do povo, sem que se suscite a legitimidade à feição do Processo Civil pode manifestar-se, opor-se, recorrer, representar, participando assim de um processo de interesse geral.

[12] § 3.2. Anuência prévia

O art. 229-C do CPI/96, introduzido pela Lei 10.196/01, assim como o disposto na norma legal sobre proteção aos conhecimentos tradicionais,[726] estabelecem instâncias de anuência prévia ou intervenção da União para expedição de patentes.

Assim reza o primeiro desses dispositivos:

Art. 229-C. A concessão de patentes para produtos e processos farmacêuticos dependerá da prévia anuência da Agência Nacional de Vigilância Sanitária – ANVISA.

---

725 A inspiração para tal medida veio do Tratado de Harmonização da OMPI.
726 No momento em que se escreve, a Medida Provisória nº 2.186-16, de 23 de Agosto de 2001.

Como vimos, o direito de pedir patente (e de obtê-la, uma vez verificados os requisitos legais) tem fundamento constitucional; ele não pode ser afetado por qualquer norma que condicione a concessão do direito ao assentimento da União. O procedimento de concessão de patentes é vinculado, e não dá ensejo à manifestação volitiva da ANVISA ou de qualquer ente público. Verificada a existência de novidade, atividade inventiva e utilidade industrial, atendidos os demais requisitos da lei, cumprido o procedimento nela previsto, e existe direito subjetivo constitucional na concessão.

No parâmetro brasileiro, o processo administrativo de outorga de licenças de construção, de autorização para prospecção minerária e de registro de marcas e concessão de patentes é plenamente vinculado: a autoridade, reconhecendo a existência dos requisitos fixados em lei, não tem liberdade para julgar se o pedido é conveniente ou oportuno; tem de fazer a outorga, seja favorável ou catastrófica a concessão face aos interesses governamentais do momento.[727]

Se a ANVISA não anuísse, seria absolutamente cabível o remédio constitucional do mandado de segurança para haver a patente. Se o INPI condicionasse a concessão à anuência, retardando ou denegando·o ato concessivo, igualmente caberia a afirmação dos direitos do depositante.[728]

Diz o segundo texto:

Art. 31. A concessão de direito de propriedade industrial pelos órgãos competentes, sobre processo ou produto obtido a partir de amostra de componente do patrimônio genético, fica condicionada à observância desta Medida Provisória, devendo o requerente informar a origem do material genético e do conhecimento tradicional associado, quando for o caso.

Remetendo-nos à análise da seção específica sobre proteção aos conhecimentos tradicionais e ao patrimônio genético, cabe lembrar que a norma em questão, em seu art. 8º, § 4º, assim dispõe:

A proteção ora instituída não afetará, prejudicará ou limitará direitos relativos à propriedade intelectual.

A proteção ao patrimônio genético, inclusive aos conhecimentos tradicionais, não afetará diretamente os direitos de patente em si mesmos. Assim, o que se levará em conta na expedição da patente são, basicamente, os termos dos Contratos de Utilização do Patrimônio Genético e de Repartição de Benefícios previstos na norma,

---

727 A lei peruana de 1959 prevê a recusa de patentes que não atenderem ao interesse social. Diz Remiche (1982:179) que tal faculdade nunca foi utilizada.

728 INPI é acusado de concessão ilegal. Gazeta Mercantil - p. A6 - 18/4. (...) A assessoria de Imprensa da Anvisa informa que, entre 1999 e 2001 a agência se manifestou em 154 casos nos quais o INPI solicitou anuência. Destes, 79 tiveram a anuência concedida, 3 foram negadas, 1 foi devolvida e outras 71 ainda estão sob análise.

que podem ter dispositivos a respeito de co-propriedade ou outras limitações convencionais à patente.

[12] § 3.3. Procedimento especial no caso de pedidos anteriores ao CPI/96

Como resultado da aplicação intertemporal do CPI/96 e das alegações de aplicação interna do TRIPs, estabeleceram-se alguns parâmetros procedimentais especiais, através das Disposições Transitórias do Código e da Lei 10.196, de 14 de fevereiro de 2001, resultante da conversão da Medida Provisória 2.105.

Na redação inicial, prescrevia-se a aplicação imediata da nova lei aos pedidos em andamento, *exceto* quanto à patenteabilidade das substâncias, matérias ou produtos obtidos por meios ou processos químicos e as substâncias, matérias, misturas ou produtos alimentícios, químico-farmacêuticos e medicamentos de qualquer espécie, bem como os respectivos processos de obtenção ou modificação, que só seriam privilegiáveis sob as regras do *pipe line*.

A nova lei modificou tal regra, para excetuar da aplicação imediata da lei a patenteabilidade dos mesmos pedidos mas só se depositados até 31 de dezembro de 1994, e só no caso em que os depositantes não se tivessem valido do *pipe* line. Estes pedidos não sujeitos ao CPI/96 seriam "considerados indeferidos", para todos os efeitos, devendo o INPI publicar a comunicação dos aludidos indeferimentos.

A nova lei entendeu ainda que se aplicava o CPI/96 aos pedidos relativos *a produtos farmacêuticos e produtos químicos para a agricultura* (ou seja, só algum, e não todos, os produtos que eram imprivilegiáveis segundo o CPI/71), depositados entre 1º de janeiro de 1995 e 14 de maio de 1997. A aplicação seria retroativa quanto aos critérios de patenteabilidade do CPI/96, remontando os mesmos à data efetiva do depósito do pedido no Brasil ou da prioridade, se houver. Para tais casos, a proteção existiria a partir da data da concessão da patente, pelo prazo remanescente a contar do dia do depósito no Brasil, limitado aos prazos normais das patentes (20 anos).

A Lei de 2001 manda ter-se como indeferidos os pedidos de *patentes de processo* relativos às substâncias, matérias, misturas ou produtos alimentícios, químico-farmacêuticos e medicamentos, de qualquer espécie apresentados entre 1º de janeiro de 1995 e 14 de maio de 1997.

De outro lado, aplica-se o CPI/96 aos pedidos de *patentes de produto* relativos às substâncias, matérias ou produtos obtidos por meios ou processos químicos, assim como às substâncias, matérias, misturas ou produtos alimentícios, químico-farmacêuticos e medicamentos, de qualquer espécie, apresentados entre 1º de janeiro de 1995 e 14 de maio de 1997. Se o produto em questão se enquadrar nesta hipótese, e se os interessados não tiverem suscitado o *pipe line* para seus inventos, o INPI terá de decidir até 31 de dezembro de 2004 pela concessão ou não, aplicando-se a lei de 1996.

[12] § 4. Dos requisitos gerais do procedimento administrativo aplicáveis

[12] § 4.0. (A) Do dever de motivar os atos do INPI

Motivar um ato administrativo é – essencialmente – provê-lo de constestabilidade:

Na medida em que a ampla defesa não pode ser compreendida como singela garantia formal ou abstrata, mas como um dos aspectos da participação efetiva do interessado no aclaramento e formação da decisão da Administração, faz-se necessário o pleno conhecimento das razões dos atos administrativos, pois somente assim poderá manifestar-se a respeito deles.[729]

Devem ser mencionadas para a prática de qualquer ato administrativo as razões de fato e de direito que levaram a Administração a proceder daquele modo. A motivação deve ser prévia ou contemporânea à prática do ato.[730]

Tendo em vista que a motivação se respalda na necessidade de se verificar a conformidade da atuação administrativa com os ditames legais, não é demasiado afirmar que este princípio também afigura como verdadeiro corolário do princípio da legalidade, sendo exigência do Estado Democrático de Direito.[731]

O princípio da motivação exige a Administração Pública indique os fundamentos de fato e de direito e suas decisões. Ele está consagrado pela doutrina e pela jurisprudência, não havendo mais espaço para as velhas doutrinas que discutiam se a sua obrigatoriedade alcançava só os atos vinculados ou só os atos discricionários, ou se estava presente em ambas as categorias. A sua obrigatoriedade se justifica em qualquer tipo de ato, porque se trata de formalidade necessária para permitir o controle de legalidade dos atos administrativos.[732]

O Poder Público deve enunciar expressamente as razões de fato e de direito que fundamentam a prática dos atos administrativos, vinculando-se às mesmas. Consequentemente, o princípio da motivação, entendido como corolário do princípio do devido processo legal, abrange as decisões administrativas no âmbito de quaisquer Poderes.[733]

[12] § 4.0. (B) Da necessidade de duplo grau de apreciação do feito

Trata-se aqui da observância do devido processo legal na utilização pelo INPI dos mesmos examinadores dos pedidos anulados, como examinadores dos recursos ou procedimentos de nulidade dos mesmos títulos.

---

729 MOREIRA, Egon Bockmann. *Op. cit.*, p. 353.
730 GASPARINI, Diógenes. *Op. cit.*, p. 21.
731 FIGUEIREDO, Lúcia Valle. *Op. cit.*, p. 26.
732 DI PETRO, Maria Sylvia Zanella. Regime Jurídico Administrativo. São Paulo: Atlas, 2002, p. 82.
733 MOTA, Carlos Pinto Coelho. Direito Administrativo. Belo Horizonte: Del Rey, 2004, p. 15.

Carência de alteridade e impessoalidade vicia o procedimento

Esta inexistência de *alteridade* do examinador e do revisor em recurso traz importante problema para a objetividade do exame, e compromete a garantia do devido processo legal da *impessoalidade*:

O administrador público é apenas o instrumento por meio do qual se manifesta a vontade do Poder Público. A atuação do administrador deve se pautar pela ausência de tendências ou preferências subjetivas, em benefício próprio ou de terceiros.[734]

A decisão da Administração, e em especial, em grau de recurso, tem de ser uma decisão objetiva, impessoal e *institucional*. O fato de que o órgão da administração conte com poucos servidores, ou com pouca infraestrutura, não elimina ou minora a imperatividade deste princípio.

Igualmente não satisfaz o requisito da alteridade o fato de autoridade hierarquicamente superior *decidir* o pleito, se o parecer técnico for proferido pelo mesmo examinador, ou com sua manifestação. Salvo se a autoridade superior detiver suficiência técnica autônoma na matéria a ser decidida, e utilizar efetivamente tal qualificação em sua decisão, o recurso neste caso não atenta, *materialmente*, ao princípio da alteridade.

Com efeito, a Administração não pode alegar sua ineficiência ou falta de planejamento para justificar uma violação das garantias básicas do administrado. Não pode, quando a Administração seja sustentada no tocante à prestação pertinente pelos fundos gerais do Estado, e muito menos quando é o administrado, através de retribuições específicas e divisíveis, provê os recursos para a prestação administrativa.

Por muito tempo, o DNPI manteve um Conselho de Recursos gerais – como o faz a EPO e o USPTO. Há assim meios de se resolver razoavelmente o requerimento da alteridade e impessoalidade, sem aumento de ônus para o Estado.

Da necessidade de revisão por terceiros

A utilização dos mesmos examinadores para examinar em primeira instância e em grau de recurso fere os princípios do devido processo legal, da ampla defesa e do contraditório.

A Desembargadora Márcia Helena Nunes, da Primeira Turma do TRF2 proferiu voto na Apelação Cível de nº 2000.51.01.005276-6, acerca desse tema:

Foi pela posição adotada pelo citado depoente, como examinador da hipótese pelo INPI, Réu- apelado, que a Autora-apelante alegou sua parcialidade, **o que é**

---

734 MOTTA, Carlos Pinto Coelho. *Op. cit.*, p. 18.

admissível, sem restrições à capacidade técnica da testemunha, por ser natural que sustente o que já colocou anteriormente. Além disso, representa o ente público a cujo quadro de pessoal pertence.

Assim, *em decisão unânime*, o Tribunal Regional Federal da 2ª. Região expressou o entendimento (em *obter dicta*) que – em princípio – o reexame pelo próprio servidor que originalmente fez o exame macula o procedimento de tintura de parcialidade.

O procedimento seguido, assim, em determinados casos abrangidos por essa petição, viola a garantia do art. 2º da Lei 9.784/96, no que foge à regra de impessoalidade imposta – aliás – pelo *caput* do art. 37 da Constituição.

Do princípio do duplo grau de apreciação

O chamado princípio do duplo grau de jurisdição estabelece que as lides ajuizadas devem submeter-se a exames sucessivos, como garantia da boa solução. Esse princípio estabelece a possibilidade de a sentença definitiva ser reapreciada por órgão de jurisdição, normalmente, de hierarquia superior à daquele que a proferiu.[735]

Sustenta-se que no Brasil o direito ao duplo grau de jurisdição seria garantido através da combinação de alguns artigos constitucionais.[736] São eles: 5º, LIV,[737] 5º, LV, 5º, XXXIV, 102, II, e 102, III.[738]

Segundo Barbosa Moreira,[739] é dado de experiência comum que uma segunda reflexão acerca de qualquer problema, freqüentemente conduz à melhor conclusão, já pela luz que projeta sobre ângulos até então ignorados, já pela oportunidade que abre para a reavaliação de argumentos a que no primeiro momento talvez não tenha se atribuído justo peso.

Em regra, o duplo grau de jurisdição é de competência de juízes mais experientes, de hierarquia superior e em regime de colegiado, diminuindo a chance de passarem despercebidos aspectos relevantes para a correta apreciação da lide.[740] O duplo grau de jurisdição decorre da necessidade de permiti-se nova apreciação da causa, por

---

735 NERY JUNIOR, Nelson. Teoria Geral dos Recursos. São Paulo: RT, 2004, p. 44.

736 Esse entendimento não é pacífico, há autores que defendem que o duplo grau de jurisdição não se encontra implicitamente previsto na Constituição Federal, isto porque, para esses autores a previsão da possibilidade de interposição de recursos aos tribunais superiores estabelece competência, o que não pode ser confundido com instituir um princípio. Vide, por exemplo, GUIMARÃES, Danyllo Luiz. O duplo grau de jurisdição é ou não uma garantia constitucional? http://www.r2learning.com.br/_site/artigos/curso_oab_concurso_artigo_429_O_duplo_grau_de_jurisdicao_e_ou_nao_uma_garantia_c. Acesso em 10/04/09.

737 GRINOVER, Ada Pellegrini. Os princípios constitucionais e o código de processo civil. São Paulo, 1973, p. 143.

738 Nery Junior. *Op. cit.*, p. 41.

739 MOREIRA, José Carlos Barbosa. Comentários ao código de processo civil, v. V. Rio de Janeiro: Forense, 2001, p. 237.

740 Barbosa Moreira, *op. cit.*, p. 237; Nery Junior, *op. cit.*, p. 37.; CÂMARA, Alexandre Freitas. Lições de direito Processual Civil. Rio de Janeiro: Lumens Juris, 2003, p. 6; SANTOS, Moacyr Amaral. Primeiras linhas de Direito Processual Civil. São Paulo: Saraiva, 1993, p. 84.

órgão situado em nível superior na hierarquia judiciária, mediante a interposição de recurso ou expediente análogo.[741]

Marinoni[742] defende que

> "a finalidade do duplo grau não é a de permitir o controle da atividade do juiz, mas sim a de propiciar ao vencido a revisão do julgado."

Esse segundo exame deve ser exercido por um órgão *hierarquicamente superior* em face do primeiro prolator da decisão. Machado Guimarães e Moacyr Amaral dos Santos[743] defendem que o recurso deve ser sempre julgado por órgão hierarquicamente superior. Djanira Maria Radamés de Sá[744] defende o reexame da sentença definitiva proferida em determinada causa, por outro órgão de jurisdição que não o prolator da decisão, *normalmente* de hierarquia superior.

Do Duplo Grau de Jurisdição na Via Administrativa

Que o duplo grau de jurisdição é aplicável à justiça e aos processos judiciais, não existe discussão. Examina-se agora se o direito ao duplo grau de jurisdição é estendido ao administrado contra as decisões proferidas nos processos administrativos.

Através de acórdãos proferidos nos recursos extraordinários nºs 389383/SP e 390513/SP, o STF firmou posicionamento de que o direito ao duplo grau de jurisdição se aplica às decisões proferidas na via administrativa, também entendeu que os princípios do devido processo legal e o da ampla defesa, aplicáveis integralmente aos processos administrativos, por força da disposição expressa do inciso LV do artigo 5º da Constituição de 1988.

Voto do Ministro Joaquim Barbosa
"As relações entre Estado e administrados devem desenvolver-se legitimamente não apenas no âmbito judicial, mas também no âmbito da própria

---

741 BARBOSA MOREIRA. *Op. cit.*, p. 338-239
742 MARINONI, Luiz Guilherme: Novas linhas do processo civil. 3. ed. São Paulo: Malheiros. 1999.
743 GUIMARÃES, Machado. Limites objetivos do recurso de apelação. Rio de Janeiro, 1961p. 31 "Propondo seja a apelação sempre julgada por órgão hierarquicamente superior"; SANTOS, Moacyr Amaral. Primeiras linhas de Direito Processual Civil. São Paulo: Saraiva, 1993, p. 83. "O princípio do duplo grau de jurisdição consiste em admitir-se, como regra, o conhecimento e decisão da causa por dois órgãos jurisdicionais sucessivamente, o segundo hierárquico superior ao primeiro."
744 SÁ, Djanira Maria Radamés de. Duplo grau de jurisdição: Conteúdo e Alcance Constitucional. São Paulo: Saraiva, 1999, p. 88 *apud* LOPES, Alexandre Bedo. Princípio do Duplo Grau de Jurisdição: aspectos gerais e as contradições inerentes a sua natureza jurídica. Em http://www.direitonet.com.br/artigos/exibir/2724/Principio-do-Duplo-Grau-de-Jurisdicao-aspectos-gerais-e-as-contradicoes-inerentes-a-sua-natureza-juridica. Acesso em 10/04/09 " o duplo grau de jurisdição consiste na "[...] possibilidade de reexame, de reapreciação da sentença definitiva proferida em determinada causa, por outro órgão de jurisdição que não o prolator da decisão, normalmente de hierarquia superior".

Administração, que está vinculada ao dever de realizar as diversas normas constitucionais e, especialmente, as normas constitucionais administrativas (...). Impossibilitar ou invalidar o recurso na via administrativa equivale a impedir que a própria Administração Pública revise um ato administrativo porventura ilícito. A realização do procedimento administrativo como concretização do princípio democrático e do princípio da legalidade fica tolhida, dada a natural dificuldade da Administração em revistar os próprios atos".

(...) "da necessidade de proporcionar um procedimento administrativo adequado, surge o imperativo de se consagrar a possibilidade de se recorrer no curso do próprio procedimento. O direito ao recurso em procedimento administrativo é tanto um princípio geral de direito como um direito fundamental.

A consagração do direito ao recurso administrativo como componente essencial do direito de petição torna acessório o debate acerca do direito do duplo grau de jurisdição. O cidadão que recorre na via administrativa exerce, antes de tudo, direito de petição em face da autoridade administrativa. A imposição do depósito prévio já pressupõe suposta "segunda instância administrativa". Não se discute, portanto, a existência dessa "segunda instância", mas o acesso a ela.

Exigir que o administrado deposite determinada quantia como requisito ao exercício do direito de recorrer equivale, na prática, à supressão desse direito. Justamente aí se encontra a afronta à essência do direito de recorrer na via administrativa".

Voto Ministro Carlos Ayres Brito
"Isso me leva a rememorar estudos antigos que eu fazia do chamado princípio da revisibilidade, ou seja, do ângulo da Administração Pública, um dos seus princípios estruturantes é facultar ao administrado o direito de esgotar as instâncias administrativas assim hierarquicamente escalonadas ou superpostas (...). Entre as prerrogativas materiais da Administração, sempre comparecia, e penso que comparece ainda, o chamado "poder de revisão" ou "poder revisional", que é a prerrogativa de que dispõe a Administração Pública para avocar processos de escalões hierárquicos inferiores, ou seja, do ângulo do administrado, existe o direito de esgotar as instâncias da Administração o Pública, manejando recursos hierárquicos. Do ângulo da Administração, existe o poder da administração no autêntico exercício do chamado "poder avocatório".

Essa interpretação mais larga, mais à solta leva-me a entender que direito de petição se dê em todas as instâncias administrativas, ganhando, portanto, uma conotação de petição recursal, se necessário".

Voto Ministro Cezar Peluzo
"Ao dever de revisão dos atos da administração pública corresponde a necessidade de ampliação dos meios de acesso do contribuinte aos recursos hierárquicos. Uma vez franqueada ao contribuinte, pela legislação subalterna, via de acesso a instância recursal administrativa, não faz sentido impor-lhe exigências despro-

porcionais que terminem por inviabilizar o manejo do próprio remédio recursal. Institui-se direito subjetivo, e ao mesmo tempo frustra-se-lhe, na prática, o exercício! Nisso, a efetividade da norma constitucional que prevê o direito e petição é aviltada pela exigência do depósito recursal prévio.

Embora se possa aderir à tese de que a Constituição da República não contemplaria, pelo menos de modo direto, o duplo grau administrativo, como parece tampouco fazê-lo, pelo menos sob disciplina genérica, quanto à jurisdição mesma, sua concreta previsão na legislação inferior deve acomodar-se aos princípios constitucionais, a cuja luz não fora demasia filiar-lhe a obrigatoriedade na amplitude de a Constituição da República confere e assegura, também no processo administrativo, à defesa do litigante, "com os meios e recursos a ela inerentes" (art. 5º, inc. LV). Suposto a Constituição não obrigue à instituição de instâncias recursais na esfera administrativa, já se caracteriza nítida a lesão ao princípio do devido processo legal (due processo of Law) e ao direito de petição, quando, com instituí-las, a lei subordine o uso dos recursos à satisfação de exigência que repugne a outros preceitos constitucionais".

Fabrício Admiral Souza,[745] em artigo que discorre sobre o novo posicionamento do STF, assim resume os novos preceitos criados pela decisão da Suprema Corte:

Os fundamentos do novo entendimento podem ser assim arrolados: a) a Constituição de 1988 estendeu a garantia do devido processo legal aos procedimentos administrativos; b) a ampla defesa é exigência do princípio do *due processos of law*; c) é inerente ao princípio da ampla defesa a plena utilização dos recursos; d) os recursos, portanto, são cabíveis também no processo administrativo; e) recurso é garantia que, na forma como a tradição jurídica o concebe – reexame por autoridade hierarquicamente superior–, consagra a existência do princípio do "duplo grau de jurisdição administrativa";

Oreste Souza Laspro[746] defende que para cada demanda deve existir a possibilidade de duas decisões válidas e completas no mesmo processo, emanadas por juízes diferentes, prevalecendo sempre a segunda em relação à primeira.

Di Pietro[747] leciona que os recursos administrativos possuem duplo fundamento constitucional, baseados nos artigos 5º, XXXIV e LV. A Eminente doutrinadora defen-

---

745 SOUZA, Fabrício Admiral. A Revisão da jurisprudência do STF - O duplo grau administrativo e a exigência de depósito recursal em processo administrativo tributário. Em http://jus2.uol.com.br/doutrina/texto.asp?id=10712&p=2. Acesso em: 10/05/09.

746 LASPRO, Oreste Nestor de Souza. Duplo grau de jurisdição no direito processual civil. São Paulo: Revista dos Tribunais, 1995, p. 27 *apud* LOPES, Alexandre Bedo. Princípio do Duplo Grau de Jurisdição: aspectos gerais e as contradições inerentes a sua natureza jurídica. Em http://www.direitonet.com.br/artigos/exibir/2724/Principio-do-Duplo-Grau-de-Jurisdicao-aspectos-gerais-e-as-contradicoes-inerentes-a-sua-natureza-juridica. Acesso em 10/04/09.

747 DI PIETRO. Maria Sylvia Zanella. Direito Administrativo. São Paulo: Atlas, 2002, p. 602.

de "a garantia do devido processo legal, do contraditório e da ampla defesa, com os meios e recursos a ela inerentes e do direito de petição aos Poderes Públicos em defesa de direitos e contra a ilegalidade ou abuso de poder".[748]

Nessa mesma esteira temos os entendimentos de Diogo de Figueiredo,[749] Coelho Motta[750] e Bruno de Souza Vichi.[751]

Egon Moreira[752] vai mais além e defende que "os recursos são um desdobramento das garantias processuais detidas pelos particulares e (ampla defesa, devido processo legal, etc.) e não podem ser menosprezados pelo Hermeneuta". Este autor continua sua defesa à garantia ao duplo grau de jurisdição e aos recursos e cita Moniz de Aragão[753] que pondera: " não se olvide que um dos princípios assentados pela Revolução Francesa, como elemento de defesa contra o absolutismo dominante, foi a obrigatoriedade do duplo grau de jurisdição".

José dos Santos Carvalho Filho[754] esclarece que os recursos administrativos têm suporte em três fundamentos básicos: 1) Sistema de Hierarquia Orgânica; 2) O exercício do direito de petição; e 3)a garantia do contraditório e da ampla defesa.

Carvalho Filho expõe, ainda, que cabe, como regra, ao agente hierarquicamente superior o poder revisional sobre a conduta de seus subordinados. Segundo esse autor, essa forma de conduta interessa não só ao recorrente, que deseja ver alterado um ato administrativo, como a própria administração pública, que deve ter interesse em averiguar todas as razões trazidas pelo recorrente, impugnando a atuação administrativa.[755]

Nesse sentido, Celso Antônio Bandeira de Mello[756] argumenta que – pelo princípio da revisibilidade, que consiste no direito de o administrado recorrer da decisão que lhe seja desfavorável –, a única hipótese que permite que um processo administrativo não tenha um duplo grau de exame é quando o processo for iniciado por autoridade do mais alto escalão administrativo ou se for proposto perante ela. Neste caso, o administrado não poderá senão buscar as vias judiciais

O que dispõe a Lei Federal de Processo Administrativo

A discussão acima suscitada, mesmo que pendesse para o entendimento contrário à garantia do duplo grau de jurisdição no processo administrativo, já foi

---

748 Ibidem.
749 MOREIRA NETO, Diogo de Figueiredo. Curso de Direito Administrativo. Rio de Janeiro: Forense, 2002, p. 557-558.
750 MOTTA, Carlos Pinto Coelho. Curso Prático de Direito Administrativo. Belo Horizonte: Del Rey, 2004, p. 571.
751 VICHI, Bruno de Souza in FIGUEIREDO, Lúcia Valle (coord.). Comentários à Lei Federal de Processo Administrativo (Lei nº 9784/99). Belo Horizonte: Fórum, 2004, p. 238-239.
752 MOREIRA, Egon Bockmann Moreira. Processo Administrativo. São Paulo: Malheiros, 2007, p. 313.
753 ARAGÃO, Moniz. Embargos de Nulidade e Infringentes do Julgado, p. 81, apud MOREIRA, Egon Bockmann Moreira. Processo Administrativo. São Paulo: Malheiros, 2007, p. 313, nota de rodapé nº 282.
754 CARVALHO FILHO. Controle da administração pública. Rio de Janeiro: Lumens Juris, 2002, p. 754-755.
755 Ibidem.
756 BANDEIRA DE MELLO. Celso Antônio. Curso de Direito Administrativo. São Paulo: Malheiros, 2004, p. 462.

superada com a entrada em vigor da Lei 9.784/1999, a Lei Federal de Processo Administrativo.

Essa lei consagra a garantia ao duplo grau de jurisdição em seu artigo 56:

"ART. 56: Das decisões administrativas cabe recurso, em face das razões de legalidade e de mérito.

§ 1º O recurso será dirigido a autoridade que proferiu a decisão, a qual, se não a reconsiderar no prazo de 5 (cinco dias), o encaminhará à autoridade Superior.

§ 2º Salvo exigência legal, a interposição de recurso administrativo independe de caução."

O artigo acima transcrito determina que – obrigatoriamente – uma autoridade superior deverá fazer a revisão da decisão ou do ato administrativo proferido primariamente, caso a decisão recorrida seja mantida.

Bruno Vichi[757] pondera que – com a vigência do parágrafo primeiro do artigo acima mencionado –, tanto a autoridade recorrida, quanto a hierarquicamente superior não podem se olvidar do dever de assegurar que *todos os recursos sujeitem-se, ao menos, à análise de duas esferas administrativas*. A obrigatoriedade de revisão da decisão proferida em sede administrativa por autoridade superior, salvo se a decisão não for reconsiderada, conforme estipula a lei específica, é prestigiada por autorizados doutrinadores da matéria.[758]

[12] § 4.1. Procedimento e política de desenvolvimento

O procedimento de concessão da patente merece ser considerado segundo quatro pontos de vista distintos: a natureza do procedimento – se vinculado ou discricionário; a existência de exame técnico preliminar à concessão ou de simples exame formal; a participação de terceiros no procedimento administrativo; e a exigência de descrição de todos os elementos da tecnologia privilegiável (*full disclosure*).

Acabamos de discutir, na seção anterior, a natureza do procedimento brasileiro.

No sistema japonês prevalente durante todo o pós-guerra, especial estímulo era dado ao depósito de pedidos de empresas nacionais, limítrofes aos de alguns campos tecnológicos de interesse público. Embora atendendo aos critérios formais do procedimento vinculado, o Ministry of International Trade and Industry (MITI), ao qual se vincula o Escritório Japonês de Patentes, sensibilizava o sistema produtivo para tais patentes de importância especial, induzindo o depósito de pedidos limítrofes.[759] Outra característica do sistema japonês é o caráter interlocutório do processo de exame téc-

---

757 *Op. cit.*, p. 243.

758 DIPIETRO, *Op. cit.*, p. 606; Ergon Moreira, BANDEIRA DE MELLO. Celso Antônio. Curso de Direito Administrativo. São Paulo: Malheiros, 2004, p. 479.

759 Borrus, 1990:266-267.

nico, no qual novas informações e documentos vão sendo solicitados, com ampla oportunidade de oposição e estímulo à solução de controvérsias entre depositantes adversários através de colicenciamento e titularidade conjunta.

Outro aspecto a ser considerado é a necessidade do exame prévio à concessão do privilégio. Há países que dispensam tal exame ou o reservam às tecnologias em que têm condições de desenvolvimento tecnológico interno.[760] Tal ocorreu na Lei 9.279/96 quanto aos registros de desenhos industriais, ainda que sem a mesmo motivação de política industrial. Parece evidente que um sistema de exame prévio resulta numa patente de caráter mais substantivo. Com a opção de questionar a patente já concedida em juízo, a dificuldade dos eventuais terceiros interessados aumenta na proporção em que lhes caberá, em princípio, provar que a patente não é válida. Já no exame prévio, cabe ao demandante do privilégio dar provas de que os requisitos da lei estão satisfeitos.

A integração dos sistemas nacionais no Patent Cooperation Treaty (PCT) deverá minorar os problemas resultantes da falta de capacitação técnica para o exame prévio.[761] Mas há defensores sérios de que a concessão da patente mediante exame formal permite, imediatamente, exigir-lhe o uso através da exploração no país.

O momento de participação dos terceiros interessados no procedimento administrativo é outro ponto de extremo interesse. Há países (EUA, por exemplo) que, não obstante o exame preliminar à concessão do privilégio, não admitem a participação dos terceiros interessados na discussão das condições de privilegiabilidade. Assim, a patente só se torna alvo de contestação judicial de terceiros após ser concedida, com muito mais custos e problemas.

Tal participação implica normalmente maior duração do procedimento – e, possivelmente, do privilégio. Mas, pelo menos em relação aos concorrentes tecnológicos do depositante, favorece o melhor conhecimento da tecnologia em questão e evita a reversão do ônus de prova, que ocorre após a concessão da patente.

---

760 Hiance & Plasseraud, 1972:221 Segundo Zorraquim, apud Remiche (1982:192), o exame dá valor efetivo à patente, permite evitar patentes que não satisfaçam os requisitos legais e obriga melhor descrição da tecnologia no relatório.

761 Com a conclusão do Tratado de Cooperação em matéria de Patentes, em 1970, um novo modelo de internacionalização do Sistema Internacional de Patentes entrou em experiência. Nem o velho método de compatibilizar legislações nacionais através do princípio de tratamento nacional, nem a uniformização total das regras substantivas, o PCT propõe-se um sistema de compatibilização procedimental, pelo qual o início do procedimento administrativo de obtenção de patentes seria uniforme em todos os países contratantes. (...) 148. Isto ocorre porque o PCT regula basicamente o processo de concessão de patentes, e, assim mesmo, só determinados estágios deste. O Tratado não dispõe sobre as condições objetivas de patenteabilidade, por exemplo, nem cobre as fases de concessão, recurso, outorga, etc. O que faz é unificar o depósito e a publicação, para evitar a repetição de tais etapas em cada país membro, e criar uma busca internacional e um exame preliminar igualmente internacional, ambos sem vincular a decisão das INPIs nacionais. 149. Uma vez feito o depósito, a publicação, a busca e, em certos casos, o exame preliminar, os efeitos do Tratado cessam (salvo em certos pontos específicos que quando, interessar ao raciocínio, serão mencionados adiante. Além deste ponto, funciona a legislação nacional" (Barbosa, 1989, item Patentes e Problemas).

Tratado da Propriedade Intelectual

O outro aspecto que deve ser levado em conta no procedimento de concessão é o dever da revelação completa do estado da arte, imposto ao depositante do pedido. Tal dever é imposto ao depositante de patentes no Brasil, mas não com a ênfase e as conseqüências a serem comentadas. Nos sistemas, como o americano, em que não existe participação de terceiros, tende a ocorrer imposição de um *full disclosure* procedimental, que se distingue do dever de expor a tecnologia no relatório. Legislação americana recente criou tal dever de veracidade procedimental, com sérias sanções aos inventores, seus agentes e advogados, que deixam de expor ao Patent Office (PTO) tudo o que sabem, favorável ou não ao pleito.

A imposição do dever de fixar o estado da arte (com a citação das patentes que a circunscrevem), tomada como pressuposto da validade do privilégio, poderia ser uma forma de evitar que as patentes permaneçam opacas aos interessados que não sejam verdadeiros concorrentes tecnológicos, reparando pelo menos em parte uma das maiores objeções que se fazem à funcionalidade do sistema de patentes.[762]

[12] § 5. Modificação das reivindicações após o depósito do pedido

[12] § 5.1. Natureza das reivindicações

São as reivindicações que definem o invento, determinando o alcance da proteção que lhe será outorgada. Em nosso país, tanto no CPI/71 quanto na Lei 9279/96, as reivindicações constituem o elemento de definição do direito do titular da patente.[763]

No Código de 1971, tinha-se que "as reivindicações, sempre fundamentadas no relatório descritivo, caracterizarão as particularidades do invento, estabelecendo e delimitando os direitos do inventor".[764]

Na lei atualmente em vigor, a norma permanece, dispondo o art. 41, mais claramente, que "a extensão da proteção conferida pela patente será determinada pelo teor das reivindicações".

---

762 Restaria, ainda, o montante do know-how não-patenteado, cuja importância no caso é enfatizada por Hiance & Plasseraud (1972:318) e Remiche (1982:193). A lei de patentes brasileira já chegou a enfrentar a questão, embora do lado errado. O Decreto 16164, de 19/12/23 (lei de patentes que regeu a industrialização dos anos 30) previa em seu Art. 41 que "o depositante de um privilégio de invenção deveria submeter à Diretoria Geral da Propriedade Industrial um relatório que descreva com precisão e clareza a invenção (...) de maneira que qualquer pessoa competente na matéria possa obter o produto ou o resultado, empregar o meio, fazer a aplicação ou usar o melhoramento de que se tratar". No Art. 72, no entanto, versando sobre as violações de privilégio de invenção, considerava-se agravante da infração "associar-se o infrator com o empregado ou operário do concessionário ou cessionário, para ter conhecimento do modo prático de se obter ou se empregar a invenção". Reconhecia a norma legal, assim que, a par da invenção - uma figura suplementar, existia o "modo prático", ao qual se concedia tutela jurídica por via de agravante à infração de violação de privilégio. O padrão abstrato da "pessoa competente na matéria" que, por imposição, estaria apta a realizar o invento, não se aplicava necessariamente ao concorrente material, carente do auxílio dos empregados ou operários para empregá-la de um "modo prático".

763 Essa seção contou com a pesquisa e co-autoria de Cristina Moreira de Hollanda.

764 Art. 14, § 2º, da Lei 5772/71.

1447

Na verdade, trata-se de entendimento adotado na legislação de quase todos os países europeus e consagrado no artigo 69 do Convênio de Munique. Na Argentina,[765] Chile, México e Uruguai[766] a mesma regra é aplicada.

Nos Estados Unidos, desde 1891, a Suprema Corte[767] fixara a função das reivindicações, em julgado que, por ser bastante ilustrativo, nos permitiremos transcrever:

Nothing is better settled in the law of patents than the patentee may claim the whole or only a part of his invention, and that if he only describe and claim a part, he is presumed to have abandoned the residue to the public. The object of the patent law in requiring the patentee to particularly point out and distinctly claim the part, improvement or combination which he claims as his invention or discovery, is not only to secure to him all to which he is entitled, but to apprise the public of what is still open to them. The claim is the measure of his right to relief, and while the specification may be referred to limit the claim, it can never be made available to expand it".

[12] § 5.2. Quando a reivindicação se torna imutável

O que se altera de um sistema jurídico para outro é o *momento* e os *limites* a partir dos quais a reivindicação se torna imutável. Duas condicionantes existem para tal definição:

- o fato de que o pedido de patente como depositado sofre alterações sensíveis durante o processamento até sua concessão: o requerente tem de adequá-lo às exigências da repartição de propriedade industrial, conforme os requisitos legais e (conforme o sistema jurídico) o aporte de todos os interessados; e
- o fato de que antes, durante e depois da concessão da patente, o direito do depositante do pedido afeta a posição concorrencial de terceiros.

Conciliando tais propósitos, as várias legislações escolhem o momento de inalterabilidade. No Uruguai, a redação do art. 30 da Lei 17.164 publicada em 20 de setembro de 1999 determina que:

---

765 Artículo 22, Ley 24, 481 de setiembre de 1996 – las reivindicaciones definirán el objeto para el que se solicita la protección...

766 Artículo 35, Ley 17, 164 de 15 de setiembre de 1999 - El alcance de la protección conferida por una patente estará determinado por sus reivindicaciones, las que se interpretarán de conformidad con la descripción y los dibujos.

767 1894 Commissioner´s Decisions 43. U. McClain v. Ortmayer, 141 U.S. 419, 424, 12 S.Ct 76, 35 L. Ed. 800, 802, citado por ROBERT A. CHOATE and WILLIAM FRANCIS, Cases and Materials on Patent Law, 2ª ed., American casebook Series, St. Paul, Minn, West Publishing Co., 1981, p. 433.

"Artículo 30.- La solicitud de patente no podrá ser modificada salvo en los seguintes casos:

Para corregir errores en los datos, en el texto o en la expresión gráfica.

Para aclarar, precisar, limitar o restringir su objeto.

Cuando se entienda pertinente por los técnicos a cargo del examen. No se admitirá ninguna modificación, corrección o aclaración cuando ellas supongan una ampliación de la información contenida en la solicitud inicial."

(grifos da transcrição)

Assim, no sistema uruguaio, não se podem fazer modificações após o depósito, salvo se os examinadores o permitirem – e nunca se a modificação exigir mais elementos no relatório descritivo. O *dies ad quem* da alteração voluntária é a data do depósito, e os limites são o do anteriormente descrito.

Na Argentina o artigo 19 da Lei 24.481/96 alterada pela Lei 24.572 assim dispõe:

Artículo 19. Desde la fecha de presentación de la solicitud de patente y hasta noventa días posteriores a esa fecha, solicitante podrá aportar complementos, correcciones y modificaciones, siempre que ello no implique una extensión de su objeto. Con posteridad a ese plazo, sólo será autorizada la supresión de defectos puestos en evidencia por el examinador. Los nuevos ejemplos de realización que se agreguen deben ser complementarios para un mejor entendimiento del invento. Ningún derecho podrá deducirse de sus complementos, correcciones y modificaciones que impliquen una extensión de la solicitud originaria".

(grifos da transcrição)

Neste sistema, do então art. 19 da lei de 1996, há um prazo de 90 dias para a modificação do pedido, inclusive das reivindicações. Desse momento em diante, nenhuma alteração voluntária seria aceita, e mesmo as solicitadas pelas autoridades implicariam um aumento do reivindicado.

A legislação francesa dispõe, no Livro IV do atual Código Francês de Propriedade Intelectual:

Art. L612-6 Les revendications définissent l'objet de la protection demandée.

Art. L612-13. Du jour du dépôt de la demande et jusqu'au jour où la recherche documentaire préalable au rapport prévu au § 1º de l'Art. L612-14 a été commencée, le demandeur peut déposer de nouvelles revendications. La faculté de déposer de nouvelles revendications est ouverte au demandeur d'un certificat d'utilité jusqu'au jour de la délivrance de ce titre. Du jour de la publication de la demande de brevet en application du 1º de l'article L. 612-21 et dans un délai fixé par voie réglementaire, tout tiers peut adresser à l'Institut national de la propriété industrielle des observations écrites sur la brevetabilité, au sens des articles L. 611-11 et L. 611-14, de l'invention objet de ladite demande. L'Institut national de la propriété industrielle notifie ces observations au demandeur qui, dans un délai fixé par voie réglementaire, peut présenter des observations en réponse et déposer de nouvelles revendications.

Assim, também no direito francês a mudança voluntária de reivindicações cessa antes do exame documental de novidade; só após o exame e oposições caberia então emenda das reivindicações, sempre para restringir, nunca para aumentar o quadro reivindicatório, repita-se.

A lei alemã assim prescreve, em tradução oficial para o inglês:
Article 38
Up to the time of the decision to grant a patent, the contents of the application may be amended on condition that the scope of the subject matter of the application is not extended; however, until a request for examination is filed (Section 44), only the correction of obvious mistakes, the remedying of defects pointed out by the Examining Section or amendments to claims shall be permissible. No rights may be derived from amendments which broaden the scope of the subject matter of the application.

O direito alemão prevê, assim, o poder de alteração *até a data da concessão*; mas o limite das alterações é o inicialmente reivindicado.
A Convenção Européia assim regula a questão:

Art. 123 – Amendments
(1) The conditions under which a European patent application or a European patent may be amended in proceedings before the European Patent Office are laid down in the Implementing Regulations. In any case, an applicant shall be allowed at least one opportunity of amending the description, claims and drawings of his own volition.
(2) A European patent application or a European patent may not be amended in such a way that it contains subject-matter which extends beyond the content of the application as filed.
(3) The claims of the European patent may not be amended during opposition proceedings in such a way as to extend the protection conferred.

Não obstante o amplo permissivo da Convenção, de maneira alguma se frustra o direito de terceiros, que poderiam ser prejudicados pela alteração das reivindicações sem base na discrição inicialmente apresentada. O seguinte julgado ilustra essa tutela ao direito de terceiros:

Following G 1/93, the board pointed out that the underlying idea of Art. 123(2) was clearly that an applicant should not be allowed to improve his position by adding subject-matter not disclosed in the application as filed, which would give him an unwarranted advantage and could be damaging to the legal security of third parties relying on the content of the original application.[768]

O julgador recusou assim a modificação "que daria ao requerente uma vantagem sem fundamento e que poderia ser contrária à segurança jurídica de terceiros que tivessem confiado no pedido original".

[12] § 5.3. Da imutabilidade do reivindicado na lei de 1971

Assim, como visto, as leis nacionais e da comunidade variam o momento a partir do qual se prescreve a imutabilidade das reivindicações. No entanto, todas as indicadas estabelecem como elemento insuperável *o que foi inicialmente descrito*. Não foi esta a escolha da lei brasileira de 1971.

Numa escolha possível entre os exemplos apontados, o nosso Código de 1971, através do parágrafo 3º do art. 18 proibia que as reivindicações fossem modificadas após o depósito do pedido. As exceções a essa regra referiam-se a vícios de forma, redação ou datilografia verificados no documento original.

Tal regra baseava-se em que, publicado o pedido de privilégio, terceiros interessados poderiam apresentar suas oposições à concessão da patente. E mais: como a proteção do invento encontra-se delimitada pelas reivindicações, sua publicação fixaria os limites do potencial contraditório administrativo.

ART. 18 - (...)
§ 3 – O relatório descritivo, as reivindicações, os desenhos e o resumo não poderão ser modificados, exceto
a) para retificar erros de impressão ou datilográficos;
b) se imprescindível, para esclarecer, precisar ou restringir o pedido e somente até a data do pedido de exame;
c) no caso do ART. 19, § 3.
ART. 19 - (...)
§ 3 – Por ocasião do exame, serão formuladas as exigências julgadas necessárias, inclusive no que se refere à apresentação de novo relatório descritivo, reivindicações, desenhos e resumo, desde que dentro dos limites do que foi inicialmente requerido.
§ 4 – No cumprimento das exigências, deverão ser observados os limites do que foi inicialmente requerido. (...)

---

768 http://www.european-patent-office.org/case_law/english/III_A_3-1.htm.

Sobre a questão, diz Tinoco Soares:[769]

A alínea "c" do parágrafo terceiro do artigo em questão assinala que o relatório descritivo, as reivindicações, os desenhos e o resumo não poderão ser modificadas exceto se, por ocasião do pedido de exame, forem formuladas exigências nesse sentido, observando-se naturalmente os limites do pedido inicialmente requerido. Neste particular não há nada a considerar já que será examinado a seguir.

E, por sua, vez, a examinadora principal do Escritório de Patentes de Israel, Paulina Ben-Ami, versando sobre a lei brasileira na sua qualidade de consultora da Organização Mundial da Propriedade Intelectual:

"6.10 Modificações do Pedido de Privilégio (Artigo 18, 3º do CPI)".
O código permite modificar ou corrigir o relatório descritivo as reivindicações, os desenhos e o resumo, antes e após o pedido de exame.
Modificação Antes do Pedido de Exame
Só pode ser feita nos seguintes casos:
Para retificar erros de impressão ou datilográficos; se imprescindível, para esclarecer, precisar ou restringir o pedido.
A modificação é apresentada com a Petição ou Requerimento – Modelo V, do NA nº 018, e é anexada ao pedido sem qualquer notificação do INPI quanto à sua aceitação oficial, o que será decidido pelo examinador quando do exame técnico. Se o examinador é de opinião que a modificação vem corrigir, esclarecer, precisar ou restringir o pedido, ela será aceita e é esta versão que será examinada. Se o examinador é, porém de opinião que a modificação descreve uma invenção diferente ou mais ampla que a inicial, a modificação será recusada e o pedido será examinado em sua versão original."

Assim, pelo art. 18 do CPI de 1971, inexoravelmente, uma vez feito o pedido, tornava-se imutável a reivindicação, a não ser, "se imprescindível, para esclarecer, precisar ou *restringir o pedido*" e – aqui veja a importância do texto legal - "somente até a data do pedido de exame". Aqui terminava a modificação voluntária das reivindicações. Na data do pedido de exame. E, mesmo até então, *só para restringir o pedido.*

Mas é o art. 19 que põe uma pá de cal definitiva na idéia de que o pedido pudesse ser ampliado – por exemplo – até os limites do que fora anteriormente descrito. Mesmo quando solicitadas ou permitidas pelo INPI, as modificações não poderiam exceder o limite do que fora inicialmente requerido.

Note-se bem: a lei não dizia "os limites do que foi inicialmente *descrito*" ou "revelado". Os limites do que tinha sido requerido – ou seja – reivindicado.

---

769 Soares, José Carlos Tinoco – Código da propriedade Industrial, Ed. Resenha Tributária, São Paulo, 1974.

Outras leis estrangeiras ou comunitárias estabelecem e estabeleciam como limite da mutação o inicialmente descrito. Até onde fora o relatório, até aí poderia ir a reivindicação. A nova lei de 1996 poderia até parecer dizê-lo, ainda que não o faça. Mas – inequivocamente – a lei de 1971 não adotou tal critério. Adotou o da imutabilidade do que foi inicialmente requerido.[770]

[12] § 5.4. Da imutabilidade do reivindicado na lei de 1996

Com o advento da Lei 9279/96, não mais há regra expressa a respeito da possibilidade ou impossibilidade de alteração do quadro reivindicatório após o pedido de exame do privilégio. Quanto aos limites da alteração, o artigo 32 da nova lei refere-se como fronteira do possível "a matéria inicialmente revelada no pedido".[771]

Já o art. 50, III do CPI/96 dá pela nulidade da patente que exceda "o conteúdo do pedido originalmente depositado". Ora o conteúdo *informacional* da patente é a "matéria revelada"; mas o conteúdo *jurídico* da patente são as reivindicações.

Parece razoável postular que seja inadmissível qualquer alteração voluntária do quadro reivindicatório após o pedido de exame. Com efeito, um dos cernes da questão proposta consiste em demonstrar que não houve na espécie uma interpretação da lei consoante a busca de uma solução para o equilíbrio entre forças constitucionais aparentemente antagônicas.

Como já visto, o sistema adotado pela Constituição Brasileira de 1988 é o sistema da livre concorrência, onde o direito a um privilégio de invenção representa a exceção àquele princípio.

Ora, no confronto aparente de normas ambas constitucionais, na hipótese concreta, entre a liberdade de concorrência e a livre iniciativa face ao monopólio temporário ou propriedade temporária resolúvel conferida pela proteção à criação intelectual, cabe ao intérprete da lei não ultrapassar os rigorosos limites estabelecidos pelos princípios cardeais do sistema jurídico do país.

Uma vez que o próprio texto constitucional não traz em seu bojo qualquer solução pré-determinada, e vez que a doutrina afirma inexistir qualquer hierarquia entre as normas previstas no texto constitucional, cumpre ao intérprete o dever de harmonizar preceitos aparentemente conflitantes. Isso se faz pelos métodos indica-

---

770 Danemann, etc., Comentários (...) p. 35 informa que, mesmo antes do CPI/96, os examinadores do INPI passaram a aceitar acréscimos nas reivindicações em excesso ao que originalmente havia sido reivindicado.

771 O mesmo critério se aplica aos pedidos divididos. Art. 26 - O pedido de patente poderá ser dividido em dois ou mais, de ofício ou a requerimento do depositante, até o final do exame, desde que o pedido dividido: I - faça referência específica ao pedido original; e II - não exceda à matéria revelada constante do pedido original. Quanto à interpretação do art. 32, vide Soares, José Carlos Tinoco – Lei de Patentes, Marcas e Direitos Conexos – Ed. Revista dos Tribunais, 1997 p. 32; Loureiro, Luiz Guilherme de A. V. - A Lei da Propriedade Industrial Comentada – Ed. Lejus, 1999 p. 90; Blasi, Gabriel Di – Garcia, Mario Soerensen – Mendes, Paulo Parente M. - A Propriedade Industrial, 1ª ed – Ed. Forense, 1997 – P. 66.

dos no capítulo desta obra relativo aos fundamentos constitucionais da propriedade intelectual.

Como visto, tais critérios, ainda que dando o devido resguardo aos interesses jurídicos dos autores e titulares de inventos, reconhecem a excepcionalidade dos direitos de exclusiva, os quais devem ser interpretados restritivamente.

Assim, na hipótese concreta, sendo exceção a concessão de um monopólio e, estando o privilégio consubstanciado e expresso por meio das reivindicações, não pode o intérprete entender a omissão do texto legal como um benefício ao excepcional. Se assim fosse, estar-se-ia restringindo ainda mais a liberdade de terceiros em face do direito individual do titular do invento de excluí-los da comercialização.

[12] § 5.5. Modificações reivindicatórias e depósitos de PCT

E o que ocorre quando os depósitos fossem resultantes da indicação do Brasil como repartição designada no contexto do PCT?

O Tratado de Cooperação de Patentes, introduzido em nossa legislação através do Decreto 81.742/78, prevê, em seu artigo 28 e regra 52, que os estados-partes devem a estabelecer em suas legislações um prazo para modificação das reivindicações. Estipula, no entanto, na alínea 2 desse artigo que *as modificações não deverão ir além da exposição da invenção que consta do pedido inicial tal como foi depositado, a menos que a legislação nacional do Estado designado o faculte expressamente.*

Vale, aqui, lembrar o que já dissemos do PCT e sua eficácia:

Em nossa legislação, portanto, a possibilidade de modificação no quadro reivindicatório existe, apenas para os casos de pedido de patente depositado segundo as normas daquele tratado, o que é regulamentado no Ato Normativo 128, do INPI, como transcrito:

10. A faculdade de emenda prevista no art. 28 do PCT e regra 52 de seu regulamento poderá ser exercida:
a) dentro de 60 (sessenta) dias do prazo estipulado no art. 22.1 do PCT.
b) se a comunicação que prevê o art. 20 do PCT não for feita ao INPI pelo Escritório Internacional até a expiração do prazo do art. 20.1 do PCT, dentro de 4 meses deste prazo; ou
c) em qualquer hipótese, até o pedido de exame.

Veja-se, no entanto, que, como já ostensivamente demonstrado acima, onde a lei não previu direitos, não caberá ao INPI criá-los. Ou seja, essas modificações, quando admitidas, servirão apenas a restringir o escopo de proteção, nunca aumentá-las. Se assim fosse, por seu caráter de exceção, deveria estar prevista expressamente na legislação tal possibilidade.

[12] § 5.6. Modificações de Reivindicações e o devido processo legal

Como a extensão das reivindicações bem como respectiva redação têm o condão de delimitar o âmbito de atuação de terceiros no mercado, o princípio constitucional do devido processo legal adquire, portanto, relevância ainda maior.

Como bem retratam Robert A. Choate e William Francis,[772]

"The concession of the patent privilege by the state is an act having a threefold character. As a reward bestowed the inventor for his past invention, it is an act of justice. As an inducement to future efforts, it is an act of round public policy.

As a grant of temporary protection in the exclusive use of a particular invention, on condition of its immediate publication and eventual surrender to the people, it is an act of compromise between the inventor and the public, wherein which concedes something to the other in return for that which is conceded to itself."

Portanto, sabendo-se que a concessão de um monopólio implicará a restrição de liberdade de iniciativa de terceiros, o procedimento administrativo deverá obedecer aos princípios de publicidade dos atos administrativos, de ampla defesa e do contraditório, todos contidos no princípio maior do devido processo legal.

Ele se materializa, na prática, na medida em que o depósito do pedido de privilégio é publicado em revista oficial, a fim de que terceiros interessados possam a ele se opor ou apresentar subsídios ao exame do invento.

Tendo permitido a alteração de quadro reivindicatório resultante na ampliação do escopo de proteção do invento, ato por si só ensejador de anulabilidade do ato administrativo, tal anulabilidade poderá sempre ser sanada pelo respeito ao *due process of law*.

Em outras palavras, através do respeito ao contraditório, deverá a autarquia federal reabrir oportunidade para manifestações, através de nova publicação indicando a existência de modificações ocorridas no pedido. Afinal, nos termos do art. 5º, LV, da Constituição Federal, "*a tutela jurídica do direito à defesa é dever do Estado, qualquer que seja a função que esteja desempenhando*".[773]

Nos países em que admitida a modificação de quadro reivindicatório após a manifestação de terceiros, existem regras rígidas quanto à forma da publicação da patente.

No Código Francês, por exemplo, o artigo L612-21 dispõe que

L'Institut national de la propriété industrielle assure la publication, dans les conditions définies par décret en Conseil d'Etat, par mention au Bulletin officiel de

---

772 in ob. cit., p. 77.
773 JESSÉ TORRES PEREIRA JR., in O Direito de Defesa na Constituição de 1988, *apud* JOSÉ DOS SANTOS CARVALHO FILHO, Manual de Direito Administrativo, Ed. Lumen Juris, 4ª ed., p. 630.

la propriété industrielle, par mise à la disposition du public du texte intégral ou par diffusion grâce à une banque de données ou à la distribution du support informatique du dossier de toute délivrance d'un brevet.

Albert Chavanne e Jean-Jacques Burst,[774] baseando-se no princípio do *due process of law*, afirmam que, havendo extensão do quadro reivindicatório após a manifestação de terceiros, as novas reivindicações só são oponíveis a terceiros quando da publicação do deferimento da patente com a publicização da modificação havida.

Ou seja, em caso de contrafação, as eventuais perdas e danos só poderiam retroagir à data da publicação das reivindicações modificadas, senão, vejamos:

"Les revendications extensives ne sont opposables aux tiers, pour la période de temps entre le dépôt de la demande et la délivrance, que si elles sont postérieures à la publication de celle-ci ou si elles ont fait l'objet d'une notification.
La modification extensive non publiée étant inopposable aux tiers, la masse contrefaisante, en cas de contrefaçon, ne pourra porter que sur les produits fabriqués ou offerts à la vente après la publication des revendications modifiées." (grifos da transcrição)

Aliás, não se pode olvidar que o princípio da publicidade tem guarida constitucional, tanto em matéria processual, quanto administrativa, haja vista o teor dos artigos 93, IX, e art. 137, *caput,* da Constituição Federal.

[12] § 6. O papel da ANVISA na concessão de patentes

Ao ser criada a Anvisa em 1999, emendou-se a Lei 9.279/96 para incluir no processo de exame de patentes do uma intervenção específica, a da nova Autarquia.

Esta hipótese nova trouxe uma *nova oportunidade de se suscitar nulidade de patentes,* não presente na legislação anterior.

[12] § 6.0. (A) Do que dissemos anteriormente

Muito se escreveu sobre o papel da ANVISA, prefigurado pelo art. 229-c da Lei 9.279/96. Tivemos ocasião de fazer o mesmo.[775] No nosso Uma Introdução, 2ª ed., Lumen Juris 2003, assim dissemos:

---

774 CHAVANNE, e BURST, Jean-Jacques, Droit de La Propriété industrielle, Précis Dalloz, 4ª édition, 1993, p. 130

775 GUIMARÃES, Eduardo Ribas De Biase, Direito à Saúde e Propriedade Intelectual de Medicamentos no Brasil. A Anuência Prévia da Agência Nacional de Vigilância Sanitária, Dissertação apresentada como requisito parcial para obtenção do grau de Mestre em Saúde Coletiva, Curso de Pós-graduação em Saúde Coletiva – área de concentração em Ciências Humanas e Saúde do Instituto de Medicina Social da Universi-

Anuência prévia

O art.229-C do CPI/96, introduzido pela Lei 10.196/01, assim como o disposto na norma legal sobre proteção aos conhecimentos tradicionais,[776] estabelecem instâncias de anuência prévia ou intervenção da União para expedição de patentes. Assim reza o primeiro desses dispositivos:

Art. 229-C. A concessão de patentes para produtos e processos farmacêuticos dependerá da prévia anuência da Agência Nacional de Vigilância Sanitária – ANVISA.

Como vimos, o direito de pedir patente (e de obtê-la, uma vez verificados os requisitos legais) tem fundamento constitucional; ele não pode ser afetado por qualquer norma que condicione a concessão do direito ao assentimento da União. O procedimento de concessão de patentes é vinculado, e não dá ensejo à manifestação volitiva da ANVISA ou de qualquer ente público. Verificada a existência de novidade, atividade inventiva e utilidade industrial, atendidos os demais requisitos da lei, cumprido o procedimento nela previsto, e existe direito subjetivo constitucional na concessão.

No parâmetro brasileiro, o processo administrativo de outorga de licenças de construção, de autorização para prospecção minerária e de registro de marcas e concessão de patentes é plenamente vinculado: a autoridade, reconhecendo a existência dos requisitos fixados em lei, não tem liberdade para julgar se o pedido é conveniente ou oportuno; tem de fazer a outorga, seja favorável ou catastrófica a concessão face aos interesses governamentais do momento.[777]

Assim é que, em ocasiões posteriores, apenas reiteramos nossa posição:[778]

Não se pode interpretar o art. 229-C da Lei 9.279/96, com a redação introduzida pela Lei 10.196, de 14.2.2001, como dando à ANVISA um poder discricionário de negar ou admitir patentes com base no juízo de conveniência e oportunidade da Administração; isso seria é incompatível com o teor do art. 5º., XXIX da Constituição de 1988, o qual cria direito subjetivo constitucional ao exame dos pressupostos legais de patenteabilidade, em procedimento vinculado.

---

dade do Estado do Rio de Janeiro.Orientador: Marilena Cordeiro Dias Villela Corrêa, 2008. SILVA, Helen Miranda, Avaliação da análise dos pedidos de patentes farmacêuticas feita pela Anvisa no cumprimento do mandato legal da anuência prévia, Dissertação de Mestrado, Fundação Oswaldo Cruz, Orientadora: Maria Auxiliadora Oliveira, Maio, 2008.

776 [Citação no Original] No momento em que se escreve, a Medida Provisória nº 2.186-16, de 23 de Agosto de 2001.

777 [Citação no Original] A lei peruana de 1959 prevê a recusa de patentes que não atenderem ao interesse social. Diz Remiche (1982:179) que tal faculdade nunca foi utilizada.

778 [Citação no Original] BARBOSA, Denis Borges, A proibição, pela ANVISA, de reivindicações de uso farmacêutico (2004), em Usucapião de Patentes e Outros Estudos de Propriedade Industrial, Ed. Lumen Juris, 2006.

É compatível com a Constituição de 1988, e prestigia os dispositivos relativos à tutela da vida e da saúde, a interpretação do mesmo dispositivo que comete à ANVISA o poder-dever de pronunciar-se sobre a concessão de patentes para produtos e processos farmacêuticos, tanto no tocante aos pressupostos de patenteabilidade, quanto às condições pertinentes de imprivilegiabilidade, especialmente a ofensa à saúde pública.

Não pode a ANVISA denegar, em geral, patentes de uso farmacêutico. A vedação de patentes só pode ser feita em lei, pela reserva que faz o art. 5º, XXIX, da Constituição de 1988; e a lei ordinária, que poderia fazer tal exceção, não o faz. Assim, todos os interessados têm o poder de manifestar-se perante um procedimento de patentes; mas a ANVISA, no tocante aos pedidos de patentes das áreas de sua competência, tem o *dever legal* de fazê-lo. E o INPI tem o *dever legal* de ouvir todos interessados, inclusive a ANVISA, para decidir sobre tais pedidos. E vai fazê-lo no exercício pleno de sua competência vinculada, decidindo ou recusando o pedido, sem outros condicionantes senão o respeito intelectual à opiniões exaradas no processo, pelos interessados em geral, e, isonomicamente, pela ANVISA.

Nunca suscitamos a impropriedade de a ANVISA manifestar-se nos pleitos relativos à concessão de patentes para produtos e processos farmacêuticos. Apenas entendemos – e continuamos energicamente sustentando – que não há espaço nenhum para manifestação discricionária da Administração Pública em caso de patentes.

Sobre isso, explicamos no mesmo trabalho:

O nosso argumento constitucional
Como vimos, de nossa análise e com os inestimáveis aportes de Pontes de Miranda, no inventor goza de um direito subjetivo de fundo constitucional, que é o de pedir o exame dos pressupostos legais de concessão do privilégio e, uma vez declarados, obter o privilégio.

Tais pressupostos têm, todos, derivação constitucional, mas se corporificam na lei ordinária. Esta, no caso a Lei 9.279/96, estabelece as hipóteses impessoais de concessão do privilégio; cada um dos pressupostos da patente tem radicação constitucional, seja do texto do art. 5º, XXIX, da Constituição, seja da tessitura complexa dos direitos e interesses constitucionalmente assegurados. É possível que a lei ordinária efetue equações diversas de direitos e obrigações; mas, em qualquer das formulações, ela corporifica ("...a lei assegurará...) os elementos essenciais definidos da Constituição.

Assim, a Constituição ampara como incondicionado e assegurado o privilégio desenhado pelo texto fundamental, e especificado pela lei ordinária.

Repita-se: a situação jurídica do inventor nasce como um direito subjetivo constitucional. Não é compatível com a natureza desses direitos uma decisão discricionária da Administração, a qual, levando em conta seus interesses, e a conveniência e oportunidade do ente público, venha a conceder ou não, caso a caso, aquele privilégio que, no dizer de Pontes de Miranda, a Constituição prometeu. Pode a lei – ancorando-se na presença de interesses constitucionais relevantes – denegar a todos, isonomicamente, certas categorias de privilégios industriais. Mas não há espaço para, integrando-se o direito subjetivo constitucional com a lei ordinária que o assegura, assegurar a uns e denegar a outros, por razões de momento ou de oportunidade, a promessa constitucional.

Assim, o sistema constitucional brasileiro em vigor, pelo menos desde a Constituição de 1967, não acolhe a manifestação discricionária da Administração, no procedimento de concessão de patentes.

[12] § 6.0. (B) Mas sem qualquer manifestação discricionária, a "anuência' é constitucional

Nunca entendemos ser inconstitucional a anuência em si mesma. Estamos, neste ponto específico, em completa sintonia com Maristela Basso:[779]

---

779 Maristela Basso, Intervention of health authorities in patent examination: the Brazilian practice of the prior consent, Int. J. Intellectual Property Management, Vol. 1, Nos. 1/2, 2006. Incidentalmente, a veio a expressar, mencionando esse parecerista, que "According to the author, therefore, the intellectual property rights, once enshrined in the Federal Constitution, acquire the feature of absolute rights, opinion with which we do not agree". Em nota pessoal, escrevi àquela ilustre autora: "Nunca me ocorreu que patente seja um direito absoluto; ao contrário, venho, nesses 29 anos que trato do tema, sempre dizendo o exato oposto; creio que não se encontraria nenhum elemento no que - pelo menos - pensei, que levasse ainda que remotamente a essa idéia. O que disse nos pareceres é que o procedimento administrativo de patentes é vinculado; não cabe apreciação discricionária de um pedido de patentes. Uma vez configurado o estatuto legal (não constitucional) da patente, pela conciliação ponderada dos interesses constitucionais em jogo (e se isso ocorrer), não cabe juízo de conveniência e oportunidade da Administração. Direitos absolutos e procedimento administrativo vinculado são coisas - acredito - bem distantes. A concessão patente está sujeita a todos condicionantes de sua função social. Aliás, pessoalmente escrevi, como então Procurador Geral do INPI, na proposta de redação do art. 5º, XXIX, da Constituição, que foi integral e minuciosamente incluída no texto em vigor, a cláusula de submissão da Propriedade Industrial àquela sua função social. Como literalmente afirmo nos pareceres, acredito no processo democrático, acredito em quase tudo que a Anvisa acredita, subscrevo e faço campanha pública a favor, mas .... é preciso lei! Diz o estudo aqui mencionado "Entenda-se bem que minha objeção se dirige precipuamente à ação discricionária da administração, caso a caso. Neste tipo de atuação, não só se enfrenta, em nome do interesse público, a propriedade, mas também a isonomia. Dois objetos de intensa tutela no nosso sistema constitucional. Repita-se: o Direito Constitucional Brasileiro não se opõe à proteção de nenhum campo tecnológico, nem a obriga. A Carta de 1988 não limita os campos da técnica onde se deve conceder patente pela norma ordinária, nem impõe que a proteção abranja todos os campos. Assim, é na Lei 9.279/96, e não na esfera constitucional, que se vai discutir a possibilidade e conveniência de patentear cada setor da tecnologia, obedecido sempre o balanceamento constitucional de interesses. Quando se nega, geralmente, a patente, deixa-se de prestigiar completamente um campo de criação tecnológica, em favor de um interesse público. Mas se o faz em estrito respeito à isonomia. Não assim, o proposto – contra a Carta de 1988 – pelo artigo 229-C da Lei 9.279/96. A lei brasileira, aplicada em sua plenitude, é a única forma de prestigiar os valores da saúde pública, ou quaisquer outros do nosso povo. Sobral Pinto, e não Antonio Virgulino, é o parâmetro da brasilidade. Para aplicar-se com segurança jurídica os mecanismos legais, como os da licença compulsória por interesse público, com a deferência internacional devida aos países de estrita legalidade, é essencial que não se ignore a Carta da República na mesma matéria". (sic)

In the Brazilian Federal Constitution of 1988 there are no provisions appointing INPI as the only legitimate body to analyse patent claims. Thus, as long as inventors' interests are duly safeguarded – observing the limits imposed by the fundamental human rights – there will be no illegality in sharing the competence between INPI and ANVISA.

Nuno Pires de Carvalho also affirms that:

"A WTO Member may also attribute the authority to carry out the substantive examination of inventions to different agencies in accordance with their expertise. The Paris Convention refers to a central office for the purposes of communicating the patents to the public, not of examining them." (Nuno Pires de Carvalho, 2002)

[12] § 6.0. (C) De como esse entendimento tem eco nas decisões Judiciárias

A noção que acima adiantamos encontra exata expressão em decisões judiciais recentes:

Trigésima Quinta Vara Federal Ação Ordinária – Processo nº 2004.51.01.517054-0 Parte Autora: NOVARTIS INTERNATIONAL PHARMA-CEUTICAL Réu: INPI – INSTITUTO NACIONAL DE PROPRIEDADE INDUS-TRIAL E OUTRA Juíza Federal: DANIELA PEREIRA MADEIRA

Uma interpretação correta do artigo 229-C nos leva a conclusão de que a anuência da ANVISA para a concessão de uma patente no âmbito farmacêutico, deve corresponder a análise dos requisitos da patente, eis que a verificação de ser ou não o produto e /ou processo de patente nocivo a saúde já se encontravam previstas pela lei criadora da ANVISA. Entender ao contrário é tornar morta a letra da lei.[780]

---

[780] [Citação no Original] Assim se resume a ação, no dizer de Pedro Marcos Nunes Barbosa: "2004.51.01.517054-0 (Sentença que, perante a PI 9507494-5 julgou o feito extinto sem o julgamento de mérito, tendo em vista a perda superveniente do interesse de agir, uma vez que o INPI reformou seu entendimento, pugnando - ora - pelo indeferimento da patente. Dessa forma o INPI atendeu ao dever-poder da Administração Pública de rever seus próprios atos, na forma da súmula 473 do STF. Com relação a PI 1100076-7, julgou improcedente o pedido, entendeu que "o alcance do artigo 229-C da Lei 9.276/96, sendo claro e preciso, o que demonstra ser o referido dispositivo auto-aplicável". A d. decisão explanou que trata-se "de uma atuação coordenada entre esta e o INPI, em virtude da complexidade técnica das formulações farmacêuticas e químicas, conferindo uma redobrada atenção em tais análises". Ao tratar do pedido pipeline, asseverou a magistrada: "Contudo, tal fato não impede que o legislador venha posteriormente modificar o texto da lei para restringir de algum modo o procedimento em questão, criando novas regras a serem estabelecidas, conforme ocorreu com a inserção do art. 229-C, que incluiu a necessidade da interveniência da ANVISA na concessão de produtos e processos farmacêuticos". Por fim destacou: "Uma interpretação cor-

Por conseguinte, com o advento do art. 229 C da LPI, o ato que concede ou nega a patente passou a emanar de procedimento instaurado junto ao INPI, dependente da prévia anuência da ANVISA, ou seja, trata-se de um ato administrativo complexo, por resultar da conjugação de vontade entre órgãos diferentes, segundo lição de Bandeira de Mello (in Curso de Direito Administrativo, 5ª edição, Malheiros). Tem-se, na verdade, de uma atuação coordenada entre esta e o INPI, de modo a se garantir melhores padrões técnicos no processo de decisão de patentes farmacêuticas, dado o grau de importância dos medicamentos para a súde pública.

Outrossim, diante das finalidades atribuídas à ANVISA, entendo privilégio de invenção de produtos e processos farmacêuticos, autorizou-o a analisar os requisitos legais de patenteabilidade em atuação coordenada com o INPI inclusive no caso das patentes pipeline que, como se sabe, são aquelas relativas a substâncias, matérias ou produtos obtidos por processos químicos e misturas ou produtos para fins farmacêuticos e alimentares ou medicamentos de qualquer espécie, que eram insuscetíveis de ser patenteados sob a égide do extinto Código de Propriedade Industrial (Lei nº 5.772/91). Sua regulamentação nas Disposições Transitórias da Lei 9.279/96 (LPI), em seu art. 230 (LPI).

A patente pipeline, também chamada de patente de revalidação, é uma exceção ao princípio da novidade absoluta que vigora no direito brasileiro, já que o legislador adotou como termo inicial a data do primeiro depósito da patente no exterior, assegurando no Brasil o período de proteção remanescente no país de origem, sem examinar os três requisitos necessários à patenteabilidade.

Deste modo, nada obsta que o legislador que concedeu o benefício do pipeline na redação original da LPI venha restringir de algum modo o procedimento em questão, criando novas regras a serem obedecidas, como ocorreu com a inserção do art. 229-C, que, conforme já referido anteriormente, dispôs acerca da necessidade de interveniência da ANVISA na concessão de produtos e processos farmacêuticos.

Mandado de Segurança Nº 2004.5101530033-2, Autor: Smithkline e French Laboratories Limited, Autoridade Coatora: Diretor da Anvisa Juíza Federal: Flávia Heine Peixoto

O TRF2 tem prestigiado o entendimento que acima expressamos:

AGRAVO INTERNO – SUSPENSÃO DOS EFEITOS DE TUTELA ANTECIPADA CONCEDIDA EM SENTENÇA – DEFERIMENTO DE PATENTE DE MEDICAMENTO NA PEND NCIA DE DISCUSSÃO QUANTO À PARTICIPAÇÃO DA ANVISA NO PROCESSO DE CONCESSÃO – IMPOSSIBILIDADE – LESÃO AO INTERESSE PÚBLICO COMPROVADA – IMPROVIMENTO.

---

reta do artigo 229-C nos leva a conclusão de que a anuência da ANVISA para a concessão de uma patente no âmbito farmacêutico, deve corresponder à análise dos requisitos de patente, eis que a verificação de ser ou não produto e/ou processo de patente nocivo a saúde já se encontram previstas pela lei criadora da ANVISA. Entender ao contrário é tornar morta a letra da lei".

I – Não se afigura razoável a concessão de patente de uma composição químico-farmacêutica em sentença, enquanto pendente discussão quanto à participação da ANVISA no respectivo processo de concessão, ainda mais quando a autarquia, em seu parecer, alega que o medicamento não atende ao requisito legal de novidade, sobrepondo-se, portanto, a proteção cautelar do interesse público (economia e saúde públicas) ao interesse particular e imediato das autoras na concessão da patente.

II – Restando demonstrada, de forma inequívoca, a potencial e iminente lesão ao interesse público, decorrente da eficácia da tutela antecipada concedida em sentença, impõe-se a manutenção da decisão desta Presidência, que deferiu o pedido de suspensão.

III– Agravo interno improvido, mantendo-se a decisão agravada, até o julgamento da apelação pela Turma.

A C Ó R D Ã O Vistos, relatados e discutidos estes autos em que são partes as acima indicadas.

Decide o Plenário do Tribunal Regional Federal da Segunda Região, por unanimidade, negar provimento ao agravo interno, mantendo-se a decisão agravada, até o julgamento da apelação pela Turma, nos termos do relatório e voto constantes dos autos, que ficam fazendo parte integrante do presente julgado.

Rio de Janeiro, 04 de dezembro de 2008 (data do julgamento). Desembargador Federal CASTRO AGUIAR Relator

Ressalte-se a seguinte suspensão de medida tutelar:

XIII – PETIÇÃO (PRESIDÊNCIA) 1740 2008.02.01.000467-7

(...) Como demonstrado, a matéria trazida aos autos é complexa e exige, por isso mesmo, análise mais cautelosa, não sendo razoável a concessão de patente de uma composição químico-farmacêutica, enquanto pendente discussão quanto à participação da ANVISA no respectivo processo de concessão.

Restando, portanto, comprovado que o imediato cumprimento da tutela deferida poderá acarretar sérios riscos à saúde e à economia públicas, bem como à ordem jurídica, e levando-se em conta a prevalência do interesse público sobre o particular, impõe-se a concessão da medida postulada.

Isto posto, suspendo os efeitos da tutela antecipada concedida nos autos da ação ordinária nº 2005.51.01.500427-9, até o trânsito em julgado da sentença.

Intimem-se. Oficie-se. Rio de Janeiro, 25 de abril de 2008. JOAQUIM ANTÔNIO CASTRO AGUIAR Presidente

Também aqui se manifesta a validez da intervenção da ANVISA, desde que em exame de requisitos legais de natureza vinculada:

PROPRIEDADE INDUSTRIAL. MANDADO DE SEGURANÇA. PEDIDO DE ANULAÇÃO DE PARECER CONTRÁRIO DA ANVISA À CONCESSÃO DE PATENTE DEPOSITADA. IRREGULARIDADES ENUMERADAS NO PARECER IMPEDINDO A ANUÊNCIA DE PARTE DA ANVISA. CONSEQÜENTE ALTERAÇÃO DO PARECER DO INPI, VINDO A INDEFERIR A PATENTE. ALEGAÇÃO DA IMPETRANTE DE PERDA DE INTERESSE PROCESSUAL. SENTENÇA QUE ENFRENTA O MÉRITO E JULGA IMPROCEDENTE A AÇÃO MANDAMENTAL. PARECER DA ANVISA MANTIDO, A DEMONSTRAR A PERSISTÊNCIA DO INTERESSE DA IMPETRANTE. SEGUNDO PEDIDO EM FACE DO INPI, INDEPENDENTE DO PRIMEIRO. MANUTENÇÃO DA SENTENÇA. APELAÇÃO IMPROVIDA. REVOGAÇÃO DO SEGREDO DE JUSTIÇA.

- Trata-se de Mandado de Segurança impetrado em face do Diretor da ANVISA, para anular parecer contrário à anuência de concessão de patente – sob alegação de ilegalidade e de abuso de autoridade – e, em conseqüência, para que o Presidente do INPI, então, venha a conceder a pretendida patente de nº 9508789-3, depositada em 1997.

- Informações da ANVISA, confirmando o teor do parecer impugnado, de se tratar de patente requerida em 08.01.97 alusiva a <u>processo</u> de obtenção do trihidrato de docetaxel, limitando a alusão à novidade, atividade inventiva e aplicação industrial ao <u>processo</u> do qual se obtém o derivado tri-hidratado, quando já existe patente anterior do produto na modalidade anidro, e só posteriormente (já em 14.08.2002), de forma espontânea, ou seja, sem estar a atender exigência, fora extemporaneamente <u>requerida a transformação do pedido em patente de produto</u> ("formulação farmacêutica estável melhorada"), mesmo sem que o novo quadro reivindicatório estivesse contido no relatório descritivo (desatendendo aos arts. 24 e 25, da LPI), além de apresentado muito tempo após o pedido de exame, caracterizando-se como <u>adição de matéria</u>, não podendo ser aceita, como determina o artigo 32, da LPI, havendo uma sucessão de irregularidades que impediam a concessão da patente.

- Devolvido o processo administrativo ao INPI, foi posteriormente confirmado que a atividade inventiva do pedido de patente em tela recaia no <u>processo</u> de obtenção do produto farmacêutico indicado, na modalidade de trihidrato, e não no próprio produto, o que lhe retirava a patenteabilidade, consoante o teor do art. 229-A da LPI, introduzido pela Lei nº 10.196, de 13/02/2001, sendo caso de arquivamento.

- Petição da Impetrante alegando perda do interesse processual, em face do ato superveniente do INPI, o que foi rejeitado pelos impetrados e pela Juíza de primeiro grau, que julgou improcedente a ação mandamental.

- Atribuição legal da ANVISA de examinar a patenteabilidade dos produtos e processos farmacêuticos, por determinação legal – art. 229-C, da LPI – o que não se confunde com a atribuição relativa ao exame para o registro de remédios, fundada no artigo 12 da Lei nº 6.360/76, cujo exame é quanto às repercussões para a saúde pública, tratando-se de instrumentos jurídicos distintos, com finalidades distintas, que não podem ser confundidos.

- Sentença confirmada, por persistir o interesse da Impetrante em face do parecer da ANVISA, que se mantém íntegro administrativamente, tratando-se de exames autônomos dos dois órgãos – INPI e ANVISA – mesmo que coordenados, sendo que o requerimento da Impetrante em face do INPI independente do primeiro, e a ser, conforme o pedido inicial, analisado em seqüência, apenas se acolhido o pedido quanto ao ato praticado pela ANVISA.

- Opção da Impetrante em alegar perda de interesse e não desistência do *"writ"*, de forma que se justifica o exame de mérito efetuado pela sentença, que julgou improcedente o pedido e julgou o processo extinto com julgamento do mérito.

- Apelação improvida. Revogação do Segredo de Justiça.

ACÓRDÃO Vistos, relatados e discutidos os autos, em que são partes as acima indicadas, decide a Primeira Turma Especializada do Tribunal Regional Federal da 2ª Região, por unanimidade, negar provimento ao recurso, nos termos do voto da Relatora. Rio de Janeiro, 15 de julho de 2008 (data do julgamento). MARCIA HELENA NUNES Juíza Federal Convocada – Relatora.

Também a justiça estadual chegou a idênticas conclusões:

Nunca é demais dizer que a própria Lei nº 9.279, de 14.5.1996, com a modificação trazida pela Lei nº 10.196/01, em seu art. 229-C, outorgou competência à ANVISA para previamente analisar os requisitos legais e anuir na patenteabilidade de produtos e processos farmacêuticos, o que não pode ser diferente no caso dos autos. Assim, não se pode pretender retirar desse órgão a competência que lhe foi atribuída por lei. Quinta Câmara de Direito Privado o Tribunal de Justiça do Estado de São Paulo, Agravo Regimental e de Instrumento nº 453.213-4/8-01 e 453.213-4/6-00, da Comarca de São Paulo, em que é agravante Quiral Quimica do Brasil S.A. sendo agravados Aventis Pharma S.A. (e outra), São Paulo, 12 de julho de 2006.

Esgota-se, desta forma, a análise da questão até o momento em que se escreve.[781]

---

781 Vide, de outro lado, em sentido divergente [1] "É importante observar, nessa altura, que, na hipótese prevista no art. 229, *caput*, da Lei nº 9.279/96, somente poderá haver prévia manifestação da ANVISA (com as ressalvas dessa fundamentação) se a patente não foi concedida no país de origem e o depósito no Brasil tenha ocorrido antes de 1/1/1995. Caso contrário, concedida lá a patente, incide o disposto no § 5º do art. 230, que equivale a uma presunção de que a repartição estrangeira examinou e decidiu pela concessão. Naturalmente que esse país deverá ser membro do TRIPs, conforme a exigência do caput do art. 230. Nesse caso então, a manifestação da ANVISA, em controle posterior à concessão, limita-se ao previsto nas Leis nº 6.360/76 e nº 9.782/99, não se aplicando a regra do art. 229-C (com as ressalvas acima). 35ª Vara Federal, Ação Ordinária,

[12] § 6.0. (D) Não examinar pedidos de patentes farmacêuticas é que é inconstitucional

Nossa história aponta que sempre se assegurou – em sintonia com a Constituição – um regime especial de exame para as patentes farmacêuticas.

Em nossa Lei nº 3.129, de 14 de outubro de 1882, assim se dispunha:

Art. 3º - (..) § 2º – Se parecer que a matéria da invenção envolve infração do § 2º do art. 1º, ou tem por objeto produtos alimentares, químicos ou farmacêuticos, o Governo ordenará o exame prévio e secreto de um dos exemplares, de conformidade com os Regulamentos que expedir: e a vista do resultado concederá ou não a patente.

Da decisão negativa haverá recurso para o conselho de Estado.

§ 3º – Excetuados somente os casos mencionados no parágrafo antecedente, a patente será expedida sem prévio exame. (..)

Art. 4º – Expedida a patente e dentro do prazo de 30 dias proceder-se-á com as formalidades que os Regulamentos marcarem à abertura dos invólucros depositados.

O relatório será imediatamente publicado no Diário Oficial, e um dos exemplares dos desenhos, plantas, modelos ou amostras exposto à inspeção do público e ao estudo dos interessados, permitindo-se tirar cópias.

Parágrafo único – No caso de não ter havido o exame prévio, de que trata o § 2º do art. 3º, o Governo, publicado o relatório, ordenará a verificação, por meio de experiências, dos requisitos e das condições que a Lei exige para a validade do privilégio, procedendo-se pelo modo estabelecido para aquele exame.

Processo nº 2005.51.01.500427-9, Autoras: Max-Planck-Gesellschaft Zur Foederung Der Wissens-Chaften E. V. E Zentaris AG., Réus: Instituto Nacional de Propriedade Industrial INPI e Agência de Vigilância Sanitária – ANVISA, Juiz Federal: Guilherme Bollorini Pereira [2] a sentença no processo 2004.51.01.506840-0, da 37ª Vara Federal do RJ. No resumo de Pedro Marcos Nunes Barbosa: A sentença de ofício e em caráter incidental, julgou inconstitucionais as interpretações da ANVISA no sentido de que a norma estatuída no art. 229-C da Lei nº 9.279/96, com a redação dada pela Lei nº 10.196/2001, lhe confere poderes para o exame dos requisitos de "atividade inventiva", "novidade" e "aplicação industrial" de pedidos de patentes de medicamentos, conforme prevê o art. 8º da referida lei, face à falta de expressa previsão legal e mais a sua própria confissão com a evidente comprovação de sua incompetência técnica para se pronunciar a respeito. Julgou procedente o pedido, decretando a nulidade do parecer da ANVISA no processo administrativo de pedido de patente nº PI9503468-4, determinando ao INPI que dê prosseguimento ao processamento do mesmo, deferindo-o, para os fins de pagamento das taxas finais e expedição da carta patente. Deferiu o requerimento de antecipação dos efeitos da tutela, até o trânsito em julgado da sentença, devendo o INPI publicar o dispositivo da sentença na Revista da Propriedade Industrial. Condenou a ANVISA no reembolso das custas e no pagamento de honorários advocatícios de 20% (vinte por cento) sobre o valor corrigido da causa). Tal decisão foi revista, sob fundamentos processuais, na instância superior.

Assim, mesmo quando não se examinavam as patentes, examinavam-se as patentes ora submetidas à ANVISA. Essa disposição teve análise minuciosa pelo Conselho de Estado do Império[782] (parecer da Seção dos Negócios do Império de 11 de outubro de 1886[783]).

Mais importante do que isso, na votação do projeto o Poder Legislativo entendeu que era *inconstitucional* deixar de examinar essas patentes:[784]

"A Comissão entendeu que quando se trata de produtos farmacêuticos, químicos ou alimentares, esse exame é indispensável, julgando inconstitucional a exceção feita de tais produtos na proposta da Câmara (...)

Para que esses produtos sejam colocados em venda, eles são sujeitos a um exame prévio pela Comissão Central de Higiene; mas esse exame não dá o privilégio. Nem o inventor tem direito de ação contra os falsificadores do produto.

O direito do Inventor é assim tomado em consideração, enquanto antes não havia garantia; e da mesma forma, o interesse público"

[12] § 6.0. (E) A ANVISA examina novidade de patentes desde 1882

Desta interessante discussão se percebe que – já à época – o exame *sanitário* era procedido pelo antecessor da ANVISA. Mas desse exame não nascia a patente. O exame *de novidade*, etc., era outro. Mas, já na altura, o antecessor da ANVISA podia ser chamado *também* a examinar patentes.[785]

Assim é que, na prudência de se examinar *duplamente* o conteúdo das supostas invenções farmacêuticas não se labora em inconstitucionalidade. Muito ao contrário.

No regime posterior ao da Lei de 1882, (o do Regulamento de 1923), passou-se a examinar todas patentes, e não só as farmacêuticas, químicas e alimentares. Neste tempo, outro antecessor da ANVISA, o Departamento Geral da Saúde Pública, *também* examinava não só a nocividade do produto, como sua *novidade*.[786]

---

782 Constituição de 1824: "Art. 142. Os Conselheiros serão ouvidos em todos os negócios graves, e medidas gerais da publica Administração; principalmente sobre a declaração da Guerra, ajustes de paz, negociações com as Nações Estrangeiras, assim como em todas as ocasiões, em que o Imperador se proponha exercer qualquer das atribuições próprias do Poder Moderador, indicadas no Art. 101, á excepção da VI."

783 Vide o texto completo em BAILLY, G.A, Protection dês Inventions au Brésil, Paris, 1915, p. 274 e seg. CARVALHO DE MENDONÇA, J.X., Tratado de Direito Comercial Brasileiro, vol. III, Tomo I, reeditado por Russel, Campinas, 2003, no. 110, 134 e 136.

784 BAILLY, p. 97, reportando o voto do Senador Diogo Velho. Note-se que o projeto da câmara simplesmente negava patentes a essas invenções. O Senado, mais conservador, assegurou tais patentes, mas submetendo-as a um exame prévio. Sobre isso, vide o discurso do deputado Cândido de Oliveira, BAILLY, p. 122 e seg.

785 BAILLY, p. 93. Segundo a discussão parlamentar, a Faculdade de Medicina e a Escola Politécnica também poderiam fazê-lo.

786 Regulamento 16.264 de 1923, art. 44 1º. Art. 44. Estando regular o pedido, serão publicados no Diário Oficial os pontos característicos da invenção, dos quais o público também poderá ter conhecido em local

Daí em diante, a partir do Dec. Lei 7.943/45, seguindo enfim a proposta da Câmara de 1882, se cessou de dar patentes farmacêuticas.

Vale dizer, no Brasil, sempre que houve patente farmacêutica, a ANVISA da época *também* examinou os respectivos pedidos.

[12] § 6.0. (F) Da imprescindibilidade legal do exame da Anvisa

Assim é que, repetindo o padrão legal que sempre prevaleceu no sistema brasileiro, a medida provisória nº 2.006, de 1999, introduziu o exame duplicado dos pedidos de patentes de produtos e processos farmacêuticos.

Muito se alvitrou quando à natureza do exame a ser procedido pela ANVISA, em especial quanto à carência de uma regra de competência para permitir que esta autarquia reiterasse o exame do INPI. Em recente ato normativo, no entanto, a entidade indicou o que reputa ser de sua competência:

RESOLUÇÃO DA DIRETORIA COLEGIADA – RDC Nº 45, DE 23 DE JUNHO DE 2008.

Art. 4º Após recebimento dos pedidos de patente encaminhados pelo INPI, a Anvisa realizará sua análise quanto à anuência aferindo o cumprimento dos requisitos de patenteabilidade e demais critérios estabelecidos pela legislação vigente,[787] mediante decisão consubstanciada em parecer técnico emitido pela unidade organizacional competente no âmbito da Agência.

§1º Durante o exame, o requerente deverá apresentar à Anvisa, sempre que solicitado, por meio de exigência:

I – documentos necessários à regularização do processo e exame do pedido;

II – objeções, buscas de anterioridades e resultados de exame para a concessão de pedido correspondente em outros países, quando houver reivindicação de prioridade; e

III – outros documentos necessários para esclarecer dúvidas surgidas durante o exame

---

apropriado da Diretoria Geral da Propriedade Industrial. § 1º. Se parecer que a invenção é nociva à saúde pública, será logo encaminhada a Segunda via do relatório, acompanhada de desenhos e amostras, se houver, ao Departamento Nacional da Saúde Pública, que, dentro de 60 dias, deverá emitir o seu parecer sobre a nocividade do produto, e bem assim, sobre a sua novidade, sempre que dispuser de elementos para tal fim. Vide BRAGA, Benjamim do Carmo, Patente de Invenção, 1941, p. 70 e seg. e DRUMMOND DE MAGALHÃES, Descartes, Marcas de Indústria e Comércio e Privilégios de Invenção, Ed. Zenith, 1928, p 182.

787 Não obstante a expressão "e demais critérios estabelecidos pela legislação vigente" pareça atribuir competência além dos requisitos de patenteabilidade, "cumprir .... critérios" não enseja espaço a que a ANVISA manifeste decisões de conveniência e oportunidade em face à política de saúde ou qualquer outra.

Grande número dos comentários *favoráveis* relativos à chamada "anuência" da ANVISA tentam explicar sua funcionalidade por atribuir ao segundo exame uma finalidade diversa do primeiro, já realizado pelo INPI.

Temos, no entanto, sustentado que dentre os *objetivos da saúde pública* está o de minorar o número de patentes mal examinadas, através de um sistema de *validação*[788] da análise inicial do INPI por outra entidade – como sempre se fez no Brasil.[789] Como ocorre no setor espacial e nuclear – quando se exige especial cuidado de avaliação de procedimentos – aplicar-se-ia ao caso o *princípio da redundância*,[790] que não induz à ineficiência, mas, pelo contrário, assegura validação.

[12] § 6.0. (G) A invalidade das patentes sem anuência da ANVISA

Assim é que no texto anteriormente citado e recitado, tive ocasião de dizer:[791]

.... deve-se sempre o máximo respeito ao instrumento legislativo votado pelo Poder Legislativo da União, especialmente numa proposta gerada pelo Poder Executivo. As intenções de aperfeiçoar o processo de análise de patentes pelo aporte técnico da ANVISA só podem ser prestigiadas – em nada desfavorece a Constituição da República, e em tudo a prestigia, a manifestação do juízo técnico de uma importante entidade pública, cujos técnicos são reconhecidamente do mais alto preparo, e da mais elogiável diligência.

Pois se distinguem cintilantemente o aporte técnico da ANVISA, precioso e irrenunciável, e manifestação discricionária da mesma entidade. Pode certamente a lei, sem descrédito da Constituição, e antes com avanço de seus princípios, vincular a concessão da patente farmacêutica ao pronunciamento da ANVISA. **Entendo mesmo que a lei possa erigir em critério de validade da patente tal pronunciamento**

---

788 Para e exigência de validação no setor farmacêutico – embora não de patentes farmacêuticas – vide Valentini SR, Sommer WA, Matioli G. Validação de métodos analíticos. Arq Mudi. 2007;11(2):26-31, http://www.pec.uem.br/pec_uem/revistas/arqmudi/volume_11/numero_02/VALIDACAO-DE-METO-DOS.pdf.

789 Maristela Basso igualmente parece conceder a minoração do risco de uma patente mal concedida como o fundamento da anuência. Vide BASSO, Maristela, *op. cit.*: "It is important to bear in mind, in this study, that ANVISA's competence is limited to the points contemplated in article 6 of Law 9782/99,35 whose article 7 determines: "It is up to the Agency to proceed with the implementation and fulfillment of what is established by Sections II a VII of article 2 of this Law (...)". Article 2 provides for: "It is up to the Union, within the scope of the National System of Sanitary Supervision: VII – operating in special circumstances of health hazard." The analysis of pharmaceutical patent claims, owing to the health hazards, which may originate from the improper granting of patents on medicaments, should be examined, in our point of view, within the scope of article 7 of Law 9.782/99".

790 "O princípio da redundância dita a necessidade de empregar mais deuma forma de protecção para o mesmo fim, de modo a impedir que a protecção de um bem seja comprometida por uma única falha (ponto único de falha)", encontrado em http://www.centroatl.pt/titulos/si/imagens/excerto-ca-seguranca-si.pdf.

791 Da inconstitucionalidade ..., *op. cit.*

Como afirmou decisão da 1ª Turma do TRF2, coonestando a pretensão da Anvisa de fazer considerada sua contribuição:

8. Caso realmente seja verificada a ausência de algum dos requisitos da patenteabilidade, notadamente em segmento tão sensível como é o de medicamentos para tratamento de doenças graves, haveria violação dos princípios constitucionais relacionados ao interesse social e ao desenvolvimento tecnológico e econômico do país em matéria de propriedade industrial. Como bem apontou a apelante, a patente imerecida reduz o campo de desenvolvimento da indústria farmacêutica nacional, incluindo a pesquisa científica e a fabricação. A patente irregular estanca o desenvolvimento científico nacional, impedindo uma maior eficácia social da política pública de medicamentos genéricos e restringindo o acesso da população a remédios mais baratos.

O requerimento da ANVISA, no sentido da produção e prova pericial, guarda completa pertinência para o deslinde da questão litigiosa e, por isso, não poderia ter sido indeferido. A perícia, no caso em tela, se revela imprescindível e, por isso, deve ser reconhecida a nulidade da sentença, eis que houve precipitado julgamento antecipado da lide.

APELAÇÃO CÍVEL 2004.51.01.506840-0, Primeira Turma do Tribunal Regional Federal da 2ª Região, por unanimidade, Rio de Janeiro, 11 de dezembro de 2007

Assim, entendo que a *oitiva* da ANVISA seja condição de validade da patente. Ao expressar tal entendimento, no entanto, esse parecerista não empresta à audiência da ANVISA nenhum poder de sanção ou veto ao INPI, mas apenas de oitiva necessária, como se atribui ao Ministério Público nos casos de sua intervenção obrigatória. Como sempre afirmamos, a Anvisa tem de ser ouvida, mas a lei não dá competência àquela autarquia para conceder ou denegar patentes.[792]

Em suma, a lei passou a exigir, a partir de 28 de dezembro de 1999, a oitiva da ANVISA como condição de concessão da patente. Nem literal, nem sistematicamente, a lei excepcionou, quanto ao dever dessa oitiva, as patentes *pipeline*.

---

792 Este parecerista igualmente não admite que o INPI, num impasse administrativo, opte por não denegar patantes quando há conflito entre as duas autarquias. Este procedimento é incompatível com o dever de dilgência da Administração: MS 24167 / RJ - RIO DE JANEIRO MANDADO DE SEGURANÇA-Relator(a): Min. JOAQUIM BARBOSA, Julgamento: 05/10/2006 Órgão Julgador: Tribunal Pleno Publicação DJ 02-02-2007 PP-00075 EMENT VOL-02262-03 PP-00502 LEXSTF v. 29, n. 339, 2007, p. 221-226 - Parte(s) IMPTE.: ESTADO DE MINAS GERAIS ADVDOS: PGE-MG - CÁRMEN LÚCIA ANTUNES ROCHA E OUTROS IMPDO.: SECRETÁRIO DE ESTADO DA FAZENDA E CONTROLE GERAL DO RIO DE JANEIRO - EMENTA: MANDADO DE SEGURANÇA. RECURSO ADMINISTRA-TIVO. INÉRCIA DA AUTORIDADE COATORA. AUS NCIA DE JUSTIFICATIVA RAZOÁVEL. OMIS-SÃO. SEGURANÇA CONCEDIDA - A inércia da autoridade coatora em apreciar recurso administrativo regularmente apresentado, sem justificativa razoável, configura omissão impugnável pela via do mandado de segurança. Ordem parcialmente concedida, para que seja fixado o prazo de 30 dias para a apreciação do recurso administrativo.

[12] § 6.0. (H) Da aplicabilidade da anuência aos pedidos pipeline

No entanto, o INPI inicialmente entendeu que a nova anuência não se estenderia aos casos de *pipeline*. Como nada haveria a examinar quanto às condições de patenteabilidade, segundo a autarquia patentária lia da lei anteriormente em vigor, de nada serviria o ato de validar o exame.[793]

Tal entendimento vigorou por prazo relativamente breve; mas neste prazo foi emitida a patente em análise:[794]

No entanto, como aponta a AC 2004.51.01.525105-9,

O reconhecimento da patente pipeline não tem o condão de conferir direito de propriedade intelectual àquilo que não é invenção por falta de requisito material, pois a Constituição somente prevê o privilégio de uso temporário exclusivo de invenção, e não daquilo que não o é, como se tem afirmado desde o início.

A interpretação conforme à Constituição do art. 230, § 6º, da LPI, é aquela que possibilita ao poder público a análise dos requisitos materiais de patenteabilidade nos outros momentos previstos pela Lei, sob pena de haver desequilíbrio na proteção dos valores constitucionais contrapostos, concedendo indevidamente direito de propriedade industrial àquele não merece usá-lo em detrimento do interesse social, do desenvolvimento nacional e da proteção do consumidor. A proteção da propriedade por aquele que não merece detê-la contrariaria a ordem constitucional brasileira.

O que ocorre, assim, é que com a introdução de um quinto momento de atuação estatal, além dos citados na decisão: (1) na apreciação administrativa do pedido de patente (art. 19); 2) mediante processo administrativo de nulidade instaurado de ofício ou mediante requerimento, no prazo de seis meses contados da concessão da patente (art. 51); 3) mediante ação judicial de nulidade de patente, enquanto viger a patente (art. 56); e 4) como matéria de defesa incidental], na verdade a lei em vigor

---

793 Diz parecer do Prof. Diogo Figueiredo: "Com o advento desse dispositivo, durante período em que diversos pedidos de patente aguardavam decisão do INPI, surgiu questionamento quanto à sua extensão de apenas aos pedidos regulares de patente ou alcançaria, também, os pedidos pipeline (transitórios). A CONSULENTE informa que tal questionamento motivou consulta perante o INPI, objeto do Parecer nº 003/00, que opinou pela não aplicabilidade do art. 229-C aos pedidos pipeline, uma vez que estes não seriam regidos pelos arts. 6º e 19 da Lei de Propriedade Industrial. Em seqüência, em 9 de março de 2001, o Presidente do INPI atribuiu efeitos normativos à interpretação esposada no referido Parecer. Posteriormente, essa interpretação sofreu questionamentos que ensejaram a revogação de seu caráter normativo, com a interrupção da concessão de patentes em regime pipeline em 8 de agosto de 2000".

794 Idem, eadem: "Dessa feita, no período compreendido entre 28 de dezembro de 1999 e 8 de agosto de 2000 o INPI não encaminhou à ANVISA os pedidos de patente depositados nos termos do art. 230 da Lei de Propriedade Industrial, em razão do já referido Parecer de sua Procuradoria Geral, de modo que nesse interregno foram concedidas cerca de 218 patentes pipeline de produtos e processos farmacêuticos sem a anuência prévia da ANVISA, dentre as quais a correspondente ao Lopinavir (nº 1100397-9)".

após a alteração de 1999 permite mais um momento em que a conformidade da pretensão à lei passe a ser avaliada.

A razão de criar essa nova instância, como redundância de validação, a lei se inclinou à extrema importância, secularmente configurada em nosso direito, quanto às patentes farmacêuticas.

[12] § 6.0. (I) O dever de conceder patentes pipeline não importa em dever de não examinar

Em nenhum dispositivo relativo ao *pipeline* se exime o INPI ou a ANVISA de fazer o exame substantivo:

> [Art. 230] § 3º Respeitados os arts. 10[795] e 18[796] desta Lei, e uma vez atendidas as condições estabelecidas neste artigo e comprovada a concessão da patente no país onde foi depositado o primeiro pedido, **será concedida a patente no Brasil, tal como concedida no país de origem.**

À luz da leitura constitucional adotada na jurisprudência, a concessão *necessária*, dados os pressupostos legais, não proíbe que o INPI de suscitar imediatamente processo administrativo de nulidade, ou entre com ação de nulidade, o que lhe é facultado pela Lei 9.279/96. O que a lei implantou foi um presunção de que na concessão no exterior se tivesse resolvido o exame substantivo, não que a novidade, atividade inventiva e a aplicabilidade industrial estivesse abolida como requisito legal.

Ao deixar de examinar os pedidos *pipeline*, o INPI implementou uma *política*, não o teor da lei. Como se passava por um momento em que os ajustes políticos com

---

795 Art. 10. Não se considera invenção nem modelo de utilidade: I - descobertas, teorias científicas e métodos matemáticos; II - concepções puramente abstratas; III - esquemas planos, princípios ou métodos comerciais, contábeis, financeiros, educativos, publicitários, de sorteio e de fiscalização; V - as obras literárias, arquitetônicas, artísticas e científicas ou qualquer criação estética; V - programas de computador em si;VI - apresentação de informações; VII - regras de jogo; VIII - técnicas e métodos operatórios ou cirúrgicos, bem como métodos terapêuticos ou de diagnóstico, para aplicação no corpo humano ou animal; e IX - o todo ou parte de seres vivos naturais e materiais biológicos encontrados na natureza, ou ainda que dela isolados inclusive o genoma ou germoplasma de qualquer ser vivo natural e os processos biológicos naturais.

796 Art. 18. Não são patenteáveis: I - o que for contrário à moral, aos bons costumes e à segurança, à ordem e à saúde públicas; II - as substâncias, matérias, misturas, elementos ou produtos de qualquer espécie, bem como a modificação de suas propriedades físico-químicas e os respectivos processos de obtenção ou modificação, quando resultantes de transformação do núcleo atômico; e III - o todo ou parte dos seres vivos, exceto os microorganismos transgênicos que atendam aos três requisitos de patenteabilidade - novidade, atividade inventiva e aplicação industrial - previstos no art. 8º e que não sejam mera descoberta. Parágrafo único. Para os fins desta Lei, microorganismos transgênicos são organismos, exceto o todo ou parte de plantas ou de animais, que expressem, mediante intervenção humana direta em sua composição genética, uma característica normalmente não alcançável pela espécie em condições naturais.

os Estados Unidos favoreciam a assimilação acelerada das patentes farmacêuticas, químicas e alimentares na economia. Sua leitura foi casuística e pontual.[797]

A criação da nova instância de exame – pela ANVISA – supera essa visão tópica. Os interesses da saúde brasileira – que sempre obrigaram ao exame das patentes farmacêuticas – vieram a se impor sob prevalência do interesse público sobre o interesse relacional manifestado incidental e episodicamente.

Mesmo sob o regime da Lei de 1882, quando se admitia patentes de revalidação,[798] jamais se permitiu que as patentes de produtos farmacêuticos fugissem ao exame substantivo, mesmo depois da concessão.

Assim o esclarece o parecer da Seção dos Negócios do Império do Conselho de Estado de 11 de outubro de 1886,[799] indicando que ao momento da importação da patente publicar-se-ía o relatório descritivo e, logo, havendo ou não sido examinada a patente no exterior, se faria o exame no Brasil:

> [Art. 4º.] Parágrafo único – No caso de não ter havido o exame prévio, de que trata o § 2º do art. 3º, o Governo, publicado o relatório, ordenará a verificação, por meio de experiências, dos requisitos e das condições que a Lei exige para a validade do privilégio, procedendo-se pelo modo estabelecido para aquele exame.

[12] § 6.0. (J) Os requisitos da patente são de fundo constitucional e não podem ser abolidos

Ocorre que, como notou a AC 2004.51.01.525105-9, os requisitos substantivos de uma patente são de ordem constitucional, e não poderiam ser eliminados pela lei ordinária. Pode-se apenas prescrever o momento de seu exame.

Cabe aqui transcrever com certa amplidão o que dissemos em nossa submissão à ADIN 4.234:

---

797 Em parecer submetido à ação julgada sob a AC 2004.51.01.525105-9, assim propus a interpretação possível do dispositivo em questão: "O art. 230 do CPI/96 determina que o INPI não deve fazer exame de novidade e atividade inventiva e utilidade industrial; como tanto já insistimos no passado, a autarquia está adstrita à sua competência legal, dela não podendo exceder. Entretanto, se no caso não houver o atendimento das exigências constitucionais e incorporadas no art. 8º do CPI/96 ou se considerará o referido dispositivo inconstitucional, como acima alvitramos, ou se lerá o artigo como se segue: O INPI fica dispensado de analisar tais requisitos, mas qualquer parte poderá buscar o judiciário para que o faça. Note-se que tal interpretação vai de encontro ao que já é praticado por diversos países Europeus (como a França, Bélgica, Suíça, etc.). A interpretação acima disposta garante que os requisitos constitucionais serão atendidos, cumpre com o disposto pelo princípio de que nada escapará ao escrutínio judicial, e que o sistema legal (aplicação do art. 8º do CPI/97) não será destorcido".

798 Art. 2º - Os inventores privilegiados em outras nações poderão obter a confirmação de seus direitos no Império, contanto que preencham as formalidades e condições desta Lei e observem as mais disposições em vigor aplicáveis ao caso. A confirmação dará os mesmos direitos que a patente concedida no Império.

799 BAILLY, *op. cit.*, p. 276.

A obrigatoriedade do exame de anterioridades

Definidos os requisitos cuja existência tem de ser especificada no exame técnico, vejamos a questão da cogência de se fazer esse exame segundo o regime geral da Lei 9.279/96:

Art. 35. Por ocasião do exame técnico, será elaborado o relatório de busca e parecer relativo a:

I – patenteabilidade do pedido;

II – adaptação do pedido à natureza reivindicada;

III – reformulação do pedido ou divisão; ou

IV – exigências técnicas.

Mais adiante, preceitua a mesma lei:

Art. 46. É nula a patente concedida contrariando as disposições desta Lei.

A lei prossegue determinando quais são os fundamentos da nulidade administrativa:

Art. 50. A nulidade da patente será declarada administrativamente quando:

I – não tiver sido atendido qualquer dos requisitos legais; (...)

IV – no seu processamento, tiver sido omitida qualquer das formalidades essenciais indispensáveis à concessão.

No caso da nulidade judicial, cabe examinar se, além das hipóteses listadas para o exame administrativo de nulidade, quaisquer outras causas.

A análise das causas de nulidade deve levar em conta antes de tudo a função social da patente – está ou não servindo à comunidade sem lesar os concorrentes?

Mas a falta de exame de anterioridades do objeto do pedido, no Direito Brasileiro, é causa essencial de nulidade, e insuprível. Conceder um monopólio nos termos do sistema da Lei 9.279/96 sem determinar os pressupostos legais e constitucionais de sua existência ofende a lei e o interesse dos competidores, de forma irremediável.

O STF, na decisão já ementada acima, do Recurso extraordinário 58535-SP. Relator: Ministro Evandro Lins. J.: 1966. assim enunciou a questão:

O parecer que serviu que serviu de base para a concessão da patente que está em discussão, diz apenas o seguinte como se vê de fls. 15, do vol.1. em apenso:

"O pedido está, a meu ver, bem definido e delimitado em suas reivindicações. Como não tenha encontrado qualquer anterioridade que possa afetar a sua novidade, opino pelo deferimento de presente pedido.

Estou em que, nesse passo, assisto inteira razão ao ilustre Ministro Oscar Saraiva, que acentuou que o parecer é um mero "nada consta", não tendo afirmado positivamente que havia novidade no processo para o qual era pedida a patente. Na verdade, o perito afirmou, apenas, que da conhecia em matéria de anterioridade. Assim, a patente, ao ser expedida, apoiou-se apenas numa ficção legal de um ato formal, e não na seriedade de um exame técnico fundado (fls. 777).

À Justiça compete verificar se a patente foi concedida legalmente, podendo a sua validade ser atacada por meio de ação própria.

No caso, não houve exame técnico feito pelo próprio Departamento Nacional de Produção Industrial, que se limitou a um sucinto e inconvincente parecer, que não se fundou em qualquer elementos, por ocasião da patente.

Penso que, neste ponto, harmonizam-se com a lei os votos vencidos dos ilustres ministros Oscar Saraiva, Amarilio Benjamim e Armando Rollemberg. Ao conceder a patente de invenção, o departamento Nacional de Propriedade Industrial deixou de observar, na sua letra e no seu espírito, o art. 23 do Decreto-Lei nº 7.903, de 27/08/45, e o art. 18 nºs I e II, do Decreto, do Decreto 20.536, de 20.01.46.

Mantendo a validade da patente, obtida em os requisitos legais, a decisão recorrida feriu as disposições citadas.

Assim, sem exame, ou com exame que não se aprofunde em novidade, a patente é nula. Assim entendem os clássicos. Gama Cerqueira,[800] falando do Código de 1945:

193. Nulidade por preterição de formalidades legais. Além das causas específicas de nulidade estudadas nos parágrafos anteriores, as quais afetam diretamente a patente, há outras causas que podem viciar o ato da concessão do privilégio, o qual, como ato administrativo, está sujeito aos mesmos princípios relativos à validade dos atos administrativos – em geral. Assim, por exemplo, a concessão do privilégio emanada de autoridade incompetente é nula.

Entre os fatos de ordem administrativa que podem dai lugar à anulação do ato de concessão da patente destaca-se, pela sua importância, a inobservância das formalidades processuais prescritos na lei. A concessão das patentes subordina-se a uma série de atos e formalidades que constituem o procedimento administrativo por meio do qual a autoridade competente verifica a conformidade do pedido com a lei, a fim de conceder ou negar o privilégio. Esses atos, a que se denomina processo administrativo e que abrangem desde o pedido do interessado até a decisão final, constituem um ato complexo, sujeito a normas prescritas no Cód. da Propriedade Industrial, distinguindo-se, desde logo, os atos que devem ser praticados pelo interessado, como a apresentação do pedido, o cumprimento das exigências formuladas para a regularização do processo, a interposição de recursos, etc., e os que ficam a cargo da própria administração. Distinguem-se, também, as formalidades que a lei prescreve para assegurar aos interessados os seus direitos e afastar o arbítrio das autoridades, que estão obrigadas a observá-las, e as que se destinam a manter a boa ordem do serviço público, permitindo às autoridades o exato desempenho de suas atribuições. Embora sujeito a um formalis-

---

800 [Citação no Original] CERQUEIRA, João da Gama, Tratado da Propriedade Industrial – volume II, tomo I, parte II – Dos privilégios de invenção, dos modelos de utilidade e dos desenhos industriais Rio de Janeiro, Editora Forense, 1952, p. 295 e 296.

mo menos rígido que o processo judicial, o processo de concessão das patentes comporta certas formalidades essenciais, cuja transgressão pode afetar a garantia assegurada aos interessados e que, por isso, vicia o ato e o invalida. Estão nesse caso a publicação dos pontos característicos da invenção, os prazos para oposições e recursos, o exame técnico da invenção e a publicação do despacho de concessão. A omissão de qualquer dessas formalidades anula o ato da concessão do privilégio (Cód. Civil, art. 145, III) e, por conseqüência, a patente que houver sido expedida, sem prejudicar, entretanto, o direito do inventor, porque a nulidade só afeta o processo a partir do ponto em que ela se verificou, sem alcançar os atos válidos anteriormente praticados, inclusive o depósito do pedido. Assim, anulada a patente, pode o interessado prosseguir no processo, aproveitando os atos úteis nele praticados.

Quanto às formalidades do pedido, que o requerente do privilégio deve preencher, de acordo com o art. 17 do Código, a sua omissão não prejudica a patente, nem o ato da concessão, salvo nos casos previstos no art. 83, ns. 3º, e 4º, do Código, em que se verifica a nulidade do privilégio.

Não menos veemente é Pontes de Miranda:[801]

2 FORMALIDADES DO PROCESSO ADMINISTRATIVO. - A relação jurídica processual administrativa é à semelhança da relação jurídica processual, na justiça. Há atos processuais e formalidades processuais. Se não houve pedido, ou se não foi depositado o pedido, acompanhado do relatório descritivo, não houve estabelecimento da relação jurídica processual administrativa. Qualquer decisão que então se profira favorável à patenteação cai no vácuo; não existe como decisão sobre patente de invenção e a patente de invenção é nenhuma, podendo ser declarada a inexistência dela, ainda incidentemente. Idem, se houve pedido sem qualquer relatório.

São causas de nulidade:

(...) b) se não houve o exame formal (aliter se somente foi defeituoso por omissão), ou o exame técnico (arts. 22 e 23)

---

801 [Citação no Original] MIRANDA. Pontes de. Tratado de Direito Privado – Tomo XVI - parte especial Direito das Coisas: Propriedade mobiliária (bens incorpóreos). Propriedade intelectual. Propriedade industrial, São Paulo, RT, 4ª edição, 1983, § 1935, p. 329 e 330. É de notar-se, porém, que, ao contrário do que ocorre no direito vigente, Pontes entendia que no Código de 1945 as nulidades procedimentais não mais eram suscitáveis após a transitar em julgado a decisão administrativa", que ocorreria ao fim do período do então cancelamento administrativo. A esse propósito, argumenta Sérgio d'Andrea Ferreira, As duas espécies de ações de nulidade de registro marcário, p. 143 Revista Forense – Vol. 346 Doutrina "3. Dentro de cada um dos quadros legais apontados, o certo é que, esgotado o prazo pertinente, ou decidida a ação administrativa, dá-se a preclusão processual na instância executiva. 3.1. Essa preclusão não atinge, no entanto, interesse ou direito de terceiro, que poderia ter sido oposto, nem funciona como renúncia às outras formas subseqüentes de impugnação do ato administrativo de registro, que operam, ainda na instância administrativa, ou já na judicial".

c) se não houve a publicação dos pontos característicos, para conhecimento público e apresentação de oposição no prazo legal (art. 26), que se conta da data da publicação (procedimento edital);

d) se, tendo havido impugnação pelo requerente ou oposição por parte de terceiro, não a apreciou o funcionário administrativo, nem admitiu recurso, ou a apreciou e não admitiu recurso (art. 27);

e) se os atos definitivos (art. 28) foram expedidos antes de esgotado o prazo de recurso.

Os atos úteis não atingidos pela decretação de nulidade processual podem ser aproveitados pelo requerente.

Igualmente os tratadistas contemporâneos apontam a nulidade:

"Tanto em face das leis anteriores como na atual o processo segue durante toda a sua tramitação uma série de eventos que devem ser rigorosamente cumpridos, os quais na realidade dizem respeito:- Exame Formal, Exame Prévio e Exame Técnico, publicação da invenção, abertura de prazo para apresentação 'de oposição, deferimento ou indeferimento, recurso. Se eventualmente for constatado que o processo não tramitou regularmente ou o próprio INPI deixou de publicar os seus respectivos despachos no órgão oficial, é certo que será motivo não só para o próprio INPI como também para terceiros prejudicados promover a sua nulidade".802

"Este inciso permite questionamento, por englobar casos de vícios de tramitação que não são de responsabilidade do titular. Por exemplo, incidiria nesta previsão a patente em que o próprio INPI omitiu uma formalidade essencial, como a publicação correta do nome do requerente ou titular.

Em tais casos, caberia a anulação da concessão para sanar o vício, voltando o processo à etapa em que ocorrida a omissão. Sanada a falha, pode a patente ser correta e validamente concedida".803

E, em sua límpida tese doutoral, Jacques Labrunie:804

"Se, a despeito do acurado exame do técnico e da possibilidade de manifestações de terceiros, o INPI ignorar que a invenção já estava revelada, compreendida, assim, no estado da técnica, e conceder a patente, tal título será nulo. O mestre Pouillet (90, p. 456) afirmava, peremptoriamente, que a falta de novidade da invenção é uma causa de nulidade da patente: 'se a primeira condição de uma invenção, para ser patenteável, é ser nova, por uma conseqüência lógica, a falta

---

802 [Citação no Original] SOARES, José Carlos Tinoco. Código da Propriedade Industrial - Comentários à Lei n. 5.772, de 21-12-1971 e ao Decreto-lei n. 7.903, de 27-08-1945, São Paulo Editora Resenha Tributária Ltda.,1974, p: 104-107.

803 [Citação no Original] DANNEMAN.Comentários à Lei de Propriedade Industrial e correlatos, Rio de Janeiro, São Paulo, Ed. Renovar, 2001, p. 135-139.

804 [Citação no Original] Direito de Patentes: Condições Legais de Obtenção e Nulidades. Barueri: SP. Manole, 2006.

de novidade da invenção é uma causa de nulidade da patente. Essa segunda disposição é a sanção natural da primeira'."[805]

"A patente também será nula se concedida ao arrepio das disposições legais referentes ao processamento e exame do pedido, isto é, se for desrespeitado o due process of law (art. 30 e seguintes), que também integra o rol das condições de forma. (...) Se não for requerido o exame, e o INPI, de ofício, proceder ao exame do pedido, a patente concedida será nula por aplicação dos arts. 46 e 33. Nesse sentido, o extinto Tribunal Federal de Recursos, no julgamento da Apelação Cível n. 36.005-SP, decretou a nulidade de patente de invenção, a qual, entre outras irregularidades, em seu processo de obtenção, desrespeitou o due process of law, pois o pedido de patente foi deferido antes do decurso do prazo de recurso (RFE, 2ª T., rel. Min. Jarbas Nobre, DJU 30.09.1975, p. 7.003)."[806]

Os autores estão bem cientes a respeito de que nulidades procedimentais sejam determinantes para a nulidade da patente; como indica Cabanella de las Cuevas, o mais cintilante especialista argentino:

"Em primeiro lugar, não é qualquer violação da legislação de patentes que é suficiente para declarar a nulidade de uma patente já concedida. Os requisitos substantivos e adjetivos da outorga de patentes são de tal variedade e complexidade que muitos deles têm muito escassa incidência em relação à satisfação dos fins a que se dirige o Direito das patentes. Como foi exposto anteriormente era este apartado, deve ser aqui aplicado o princípio "de minimis non curat lex". Ele é particularmente importante em relação aos vícios que afetem o procedimento de concessão da patente. Uma demora insignificante era o cumprimento de alguns dos prazos estabelecidos pela LP ou uma omissão menor eram as publicações exigidas pela Lei não devem originar a nulidade da patente afetada.[807] ...O procedimento tem uma função instrumental relativa à determinação dos extremos substantivos da outorga das patentes, e por outro lado, como exposto no parágrafo anterior, a relevância dos vícios na matéria de procedimento deve ser apreciada sob a luz do impacto que tais vícios tenham em relação aos aspectos substantivos das patentes." (tradução nossa)[808]

---

805 [Citação no Original] *Op. cit.*, p. 74

806 [Citação no Original] *Op. cit.*, p. 95.

807 [Citação no Original] Guillermo Cabanellas de las Cuevas, Derecho de las Patentes de Invención, Editorial Heliasta, 2001, p. 537.

808 [Citação no Original] "En primer lugar, no cualquier violación de la legislación de patentes es suficiente para declarar la nulidad de una patente ya concedida. Los requisitos sustantivos y adjetivos del otorgamiento de patentes son de tal variedad y complejidad que muchos de ellos tienen muy escasa incidencia respecto de la satisfacción de los fines a los que se dirige el Derecho de patentes. Como se expuso precedentemente era este apartado, debe ser aquí de aplicación el principio "de minimis non curat lex". Ello es particularmente importante respecto de los vicios que afecten al procedimiento de concesión de la patente. Una demora insignificante era el cumplimiento de alguno de los plazos establecidos por la LP o una omisión menor era las publicaciones exigidas por esa Ley no debe originar la nulidad de la patente afectada. (...)El procedimiento tiene una función instrumental respecto de la determinación de los extremos sustantivos del otorgamiento de patentes, y por lo tanto, según se expuso en el párrafo anterior, la relevancia de los vicios

"Também serão nulas as patentes em relação às quais não se tenha realizado o exame que exige a legislação aplicável"[809]

Há nulidade na concessão de patente no caso em que tenha havido a falta de busca de anterioridades, denotada no procedimento constante dos autos do processo pertinente. Essa nulidade é insanável, e conhecida de ofício.

A busca e exame são necessários para garantir a existência dos pressupostos substanciais da patente, que lhe garantem a viabilidade constitucional. A falta de exame de anterioridades do objeto do pedido, no Direito Brasileiro, é causa essencial de nulidade, e insuprível. Conceder um monopólio sem determinar os pressupostos legais e constitucionais de sua existência ofende a lei e o interesse dos competidores, de forma irremediável.

A questão é quando proceder tal exame. Como nota um eminente jurista francês sobre o sistema vigente naquele país:

Exame completo ou outorga automática? O papel atribuído à Administração no processo de concessão de patentes pode variar entre dois extremos. Podemos conceber um exame puramente formal com a concessão automática, ou, contrariamente, uma concessão após o exame de forma e mérito completo permitindo a verificação da patenteabilidade do objeto do depósito. O direito francês há muito optou por uma concessão de patentes sem o exame necessário do mérito, a patente constitui uma pretensão, a verificação da patenteabilidade da invenção será efetuada no judiciário. Este sistema se considera muito liberal, muito rápido e extremamente simples. Mas é questionado por conceder patentes pouco sólidas e pouco críveis.[810]

[12] § 6.0. (K) O exame da ANVISA é prescrito por lei e inevitável

Assim, a partir da criação da intervenção da ANVISA, em dezembro de 1999, o exame prévio à concessão das patentes – sem que disso se excluíssem os pedidos *pipeline* -, passou a ser obrigatório que aquela autarquia examinasse os requisitos patentários.

---

en materia de procedimiento debe apreciarse a la luz del impacto que tales vicios tengan en relación con los aspectos sustantivos de las patentes.

809 [Citação no Original] Cabanellas, p. 539. "También serán nulas las patentes respecto de las cuales no se haya realizado el examen que exige la legislación aplicable"

810 [Citação no Original] Frédéric Poullaud-Dulian, L´Obtention du Titre de Propriété Industrielle, p. 189 "Examen complet ou délivrance automatique? Le rôle attribué à l'Administration dans le processus de délivrance des brevets peut varier entre deux pôles. On peut concevoir un examen de pure forme avec délivrance automatique ou, à l'inverse, une délivrance après un examen de forme et de fond complet permettant de vérifie la brevetabilité de l'objet de la demande. Le droit français a longtemps a opté pour un brevet délivré sans examen préalable suir le fond, le brevet constatant une prétention, la vérification de la brevetabilité de l'invention revenant aux tribunaux. Ce système avait, pour lui, d'être très libéral, très rapide et fort simple. On lui reprochat cependant de délivrer des brevets peu solides et peu credible.(...)

Tal propósito, aliás, se configurava até mais pertinente no tocante a tais pedidos, em vista da interpretação política – não jurídica – do INPI, segundo a qual mais valeria atender aos interesses conjunturais da indústria farmacêutica do que o dever constitucional de assegurar a novidade, atividade inventiva e aplicabilidade industrial dos pedidos, examinado mesmo os pedidos de *pipeline*.

Este parecerista não confronta o entendimento de que o art. 230, § 2º, compila o INPI a conceder a patente, mesmo quando o exame aponte sua insuficiência. Nada o impede, porém, e tudo o obriga, de imediatamente deflagrar o procedimento administrativo de nulidade, ou de suscitar na via judicial.

De qualquer forma, a lei passou a requerer a oitiva da ANVISA, como requisito para a concessão de patentes farmacêuticas. Requisito prévio e indeclinável.

[12] § 7. Da exigência de revelação da origem do material genético

A Convenção da Biodiversidade (art. 15 e 16) suscitou – pela primeira vez na escala normativa internacional – o eventual conflito entre a titularidade dos recursos genéticos, que a Convenção atribui ao Estado em que são obtidos, e a titularidade das patentes ou *cultivares* nascidos da elaboração sobre tais recursos.

A Medida Provisória 2.186-16[811] assim dispõe:

> Art. 31. A concessão de direito de propriedade industrial pelos órgãos competentes, sobre processo ou produto obtido a partir de amostra de componente do patrimônio genético, fica condicionada à observância desta Medida Provisória, devendo o requerente informar a origem do material genético e do conhecimento tradicional associado, quando for o caso.

A questão é discutida no capítulo deste livro que se volta à biodiversidade, conhecimentos técnicos tradicionais e expressões culturais tradicionais.

Em suma, partir da noção de que o *direito ao acesso* a recursos genéticos seja um elemento do patrimônio nacional, tem-se um espaço em que o resultado das pesquisas possa ser convencionalmente vinculado ao titular dos recursos naturais.

---

811 Medida Provisória nº 2.186-16, de 23 de agosto de 2001, "Regulamenta o inciso II do § 1º e o § 4º do art. 225 da Constituição, os arts. 1º, 8º, alínea "j", 10, alínea "c", 15 e 16, alíneas 3 e 4 da Convenção sobre Diversidade Biológica, dispõe sobre o acesso ao patrimônio genético, a proteção e o acesso ao conhecimento tradicional associado, a repartição de benefícios e o acesso à tecnologia e transferência de tecnologia para sua conservação e utilização, e dá outras providências". Vide também, quanto aos valores devidos à União como consequência da utilização de ercursos genéticos atribuídos a ela, o decreto nº 6.915, de 29 de julho de 2009, que Regulamenta o art. 33 da Medida Provisória nº 2.186-16, de 23 de agosto de 2001. O dispositivo a que se refere decreto assim reza: Art. 33. A parcela dos lucros e dos royalties devidos à União, resultantes da exploração econômica de processo ou produto desenvolvido a partir de amostra de componente do patrimônio genético, bem como o valor das multas e indenizações de que trata esta Medida Provisória serão destinados ao Fundo Nacional do Meio Ambiente, criado pela Lei nº 7.797, de 10 de julho de 1989, ao Fundo Naval, criado pelo Decreto nº 20.923, de 8 de janeiro de 1932, e ao Fundo Nacional de Desenvolvimento Científico e Tecnológico, criado pelo Decreto-Lei nº 719, de 31 de julho de 1969, e restabelecido pela Lei nº 8.172, de 18 de janeiro de 1991, na forma do regulamento.

A norma brasileira em vigor (art. 31 da Medida Provisória nº 2.186-16, de 23 de agosto de 2001, originária da Medida Provisória nº 2.052, de 29 de junho de 2000) contempla duas formas de controle sobre o patrimônio genético (e aos conhecimentos tradicionais) – o direito de acesso (inclusive por exportação) à informação genética; e o direito aos frutos dos conhecimentos que resultarem de tais informações.

Assim é que, por norma administrativa que se pretende derivar do texto legal citado, o procedimento administrativo de patentes passou a incorporar um requisito de *informação* quanto à eventual origem do material genético e do conhecimento tradicional associado, quando for o caso, bem como o número da autorização legal de uso do material genético correspondente.[812]

O resultado do dever de revelação é a atribuição ao titular do direito de acesso (que não é só a União, mas, conforme o caso, comunidades específicas) de um direito a alguma parcela dos resultados obtidos pela patente ou outro direito de propriedade industrial resultante.

[12] § 7.0. (A) Crítica a instituição desse requisito na lei nacional

Edith Penrose ensinou, para quem não havia ainda percebido na década de 50': um país que garante uma modalidade de PI que os outros estados, seus competidores na economia global, não concedem, lesa o interesse público nacional duas vezes: por-

---

812 RESOLUÇÃO Nº- 207, DE 24 DE ABRIL DE 2009 Normaliza os procedimentos relativos ao requerimento de pedidos de patentes de invenção cujo objeto tenha sido obtido em decorrência de um acesso a amostra de componente do patrimônio genético nacional revoga a Resolução 134, de 13 de dezembro de 2006. O VICE-PRE-SIDENTE DO INPI, no exercício da Presidência, e o DIRETOR DE PATENTES, no uso das suas atribuições, tendo em vista o disposto no art. 31 da Medida Provisória nº 2.186-16, de 23 de agosto de 2001, originária da Medida Provisória nº 2.052, de 29 de junho de 2000, e, ainda, o disposto na Resolução nº 34, de 12 de fevereiro de 2009, do Conselho de Gestão do Patrimônio Genético - CGEN, resolvem: Art. 1º Esta Resolução normaliza os procedimentos relativos aos pedidos de patente de invenção cujo objeto tenha sido obtido em decorrência de acesso a amostra de componente do patrimônio genético nacional. Art. 2º O requerente de pedido de patente de invenção cujo objeto tenha sido obtido em decorrência de acesso a amostra de componente do patrimônio genético nacional, realizado a partir de 30 de junho de 2000, deverá informar ao INPI, em formulário específico, instituído por este ato, na forma do seu Anexo I, isento do pagamento de retribuição, a origem do material genético e do conhecimento tradicional associado, quando for o caso, bem como o número da Autorização de Acesso correspondente. Art. 3º Por ocasião do exame do pedido de patente, o INPI poderá formular a exigência necessária a sua regularização, com vistas ao cumprimento do disposto no art. 2º, que deverá ser atendida no prazo de sessenta dias, sob pena de arquivamento do pedido de patente, nos termos do art. 34, inciso II, da Lei nº 9.279, de 14 de maio de 1996. § 1º Por ocasião do cumprimento da exigência de que trata o artigo anterior, o requerente de pedido de patente cujo objeto tenha sido obtido em decorrência de acesso a amostra de componente do patrimônio genético nacional, realizado a partir de 30 de junho de 2000, deverá informar a origem do material genético e do conhecimento tradicional associado, quando for o caso, bem como o número da Autorização de Acesso correspondente, em formulário específico, instituído por este ato, na forma do seu Anexo I, isento do pagamento de retribuição. § 2º Em se tratando de pedido de patente cujo objeto não tenha sido obtido em decorrência de acesso a amostra de componente do patrimônio genético nacional, realizado a partir de 30 de junho de 2000, deverá informar essa condição em formulário específica, instituída por este ato, na forma do seu Anexo II, isento do pagamento de retribuição. Art. 4º Fica revogada a Resolução nº 134, de 13 de dezembro de 2006. Art. 5º Esta Resolução entra em vigor em 30 de abril de 2009.

que aumenta absolutamente os custos da economia interna, e porque acaba aumentando a competitividade internacional relativa dos países que não concedem o tipo específico de PI.

Em suma, até que se globalize a proteção dos conhecimentos dos povos não integrantes da economia de mercado, os requerentes locais de patentes que incluam ou – o que é pior – pareçam incluir em seu objeto utilização de material genético e do conhecimento tradicional associado passam a estar sujeitos a um requisito complementar, não imposto nos demais sistemas jurídicos. Tal imposição aumenta os custos da inovação pela incerteza da disponibilidade da tecnologia.

Fique claro que nada se vota contra a proteção aos conhecimentos tradicionais e à biodiversidade, uma vez universalizada e atuando como um padrão jurídico global.

[12] § 7.0. (B) Natureza jurídica desse dever em face da PI

Como notamos no primeiro capítulo, em [5] § 1.11, há uma cesura lógica entre a fonte da tecnologia que dá origem a solução do problema técnico, cuja resolução é o objeto de uma patente, e o bem intelectual protegido. Um sistema jurídico – que é o da Propriedade Intelectual – visa promover uma atividade específica, que é a criação intelectual, e a lógica desse sistema expele de sua causalidade interna outras considerações, tais como a propriedade dos imóveis em que o esforço criativo é realizado, como também expele a regulação jurídica das relações familiares dos criadores, por mais relevantes que sejam tais considerações sobre o processo criativo.

A concepção oriunda da Convenção da Biodiversidade é que os elementos précriativos – recursos genéticos e conhecimentos tradicionais – *também* merecem valoração econômica em pé semelhante ao da criação intelectual. Como um reconhecimento da contribuição de elementos estranhos ao sistema da Propriedade Intelectual, introduziu-se a noção do controle dos titulares (Estados ou comunidades) sobre os recursos genéticos ou conhecimentos tradicionais. Nada se pode argüir, quanto à sistemática dos direitos, do reconhecimento de tais valores.

Mas este novo estamento de direitos não deixa impune o sistema de Propriedade Intelectual. Os instrumentos que o Direito teceu, nos últimos quatrocentos anos, para promover a inovação presumem que se tomem insumos do domínio comum, acreçase algo que é novo, proteja-se este segmento com uma exclusividade temporária em favor de pessoa determinada, e que ao fim dessa proteção, a novidade aceda ao estamento em domínio comum.

O novo tratamento dos recursos genéticos prevê que a informação genética preexistente (que é distinta da informação no estado da técnica, com ser de natureza nãosimbólica) seja sujeita a um regime de autorização de uso, e de contribuição econômica, sempre que seja insumo para o processo inovador. Conhecimentos tradicionais também são tratados como insumos, mas aqui – em grande parte – a informação-insumo é da mesma natureza simbólica do estado da técnica.

O reequilíbrio do sistema da Propriedade Intelectual com a adição desses dois elementos não pode se resumir, assim, a um aumento de custos para o consumidor final, ou uma diminuição da margem de retorno do inovador. Com a extração desses dois elementos do que antes era uma fonte de uso potencialmente livre (pois há elementos que, estando no estado da técnica, não são livres, como o conteúdo de patentes ainda em vigor), é necessário reequilibrar todo o sistema.

Quando uma patente anterior impede o livre uso de elementos de tecnologia a serem aperfeiçoados, o Direito Brasileiro (e muitos outros direitos) prevê a licença de dependência, sempre que haja um interesse mais lato além do simples interesse privado no aperfeiçoamento da tecnologia; e também há liberdade no uso de uma tecnologia pré-existente para efeitos de pesquisa. Isto se dá sem qualquer autorização prévia ou (no caso do uso livre para pesquisa) comunicação formal. Isso não se dá, no momento, no sistema americano, mas é uma exceção em favor do patrimonialismo.

É razoável (no sentido de que toca ao senso comum) que se trate o controle da informação-insumo da mesma forma, sendo apropriada por um direito de Propriedade Intelectual ou pelo regime da Convenção de Diversidade. Não parece, no entanto, funcional que se imponha quanto ao regime dos recursos genéticos ou conhecimentos tradicionais tratamento diverso, impedindo a licença de dependência ou sujeitando a pesquisa tecnológica a uma autorização.

A comunidade humana muito teve de se insurgir contra os excessos da Propriedade Intelectual nesses quatrocentos anos para se alcançar alguma medida de equilíbrio de interesses. Não é sábio aplicar ao regime matizado que temos, em particular no sistema brasileiro, um regime de extremado patrimonialismo, ainda que sob o argumento de que é necessário reequilibrar os regimes históricos de apropriação internacional e intercultural. Ninguém chegou a propor que, para compensar os regimes de apropriação original dos barões-ladrões, fosse legitimado o império do proletário-ladrão.

[12] § 7.0. (C) Como a inovação brasileira sofre com o requisito

> Tribunal de Contas da União,
Publicação: 13/06/2008, Data de Julgamento: 11/06/2008, Relator: Marcos Bemquerer Costa, Processo: 019.720/2007-3
(...) 7.52 Segundo informado pelos dirigentes do Instituto Nacional de Pesquisas da Amazônia, o INPI não aceita mais solicitação de registro de produtos para patente, se não houver autorização do CGEN para acesso ao patrimônio genético. Apesar das disposições da MP n. 2.186-16, de 2001, várias pesquisas vinham sendo realizadas pelos Inpa sem essa autorização, dentre essas as que resultaram em produtos comercializáveis.
7.53 Ante a impossibilidade de proteger esses produtos no Brasil, o Inpa efetuou o depósito, em 28/12/2007, no exterior, com base no Tratado de Cooperação em Matéria de Patentes (PCT). Ocorre que pedido internacional, junto com o rela-

tório internacional da busca, é publicado após o prazo de dezoito meses contados a partir da data de depósito internacional ou da prioridade, se houver.

7.54 Transcorrido esse prazo, a composição química dos produtos será divulgada e a proteção só valerá nos EUA, Japão e União Européia. Não haverá qualquer impedimento para que os produtos sejam produzidos e comercializados no Brasil sem que o Inpa receba os royalties decorrentes de sua pesquisa.

7.55 Em contato eletrônico com a Coordenação de Patrimônio Genético do CGEN, constatou-se que, dentre os projetos em questão, há solicitação do Inpa com vistas à obtenção de autorização para acesso a patrimônio genético para bioprospecção e desenvolvimento tecnológico para o "Estudo e Desenvolvimento de fitoterápicos de uso odontológico com propriedade removedora de biofilme a partir de espécies vegetais da Amazônia" (Processo 0200.000022/2008-61). Todavia o processo foi autuado em 8 de janeiro deste ano, ou seja, após a realização da pesquisa, o que provocou a sua paralisação.

Seção [13] Concessão da patente

Uma vez concedida a patente na data e através de publicação do respectivo ato de expedição da carta-patente (art. 38, § 3.), uma série de efeitos se produz:

- *para o titular*, nasce o direito exclusivo: a partir de então pode restringir terceiros a deixar de fazer as atividades que lhe são privativas, sob sanção civil e penal (arts. 42 e 183), com as limitações pertinentes;
- *para o titular*, nasce o poder de haver indenização pelas violações de seu interesse jurídico protegido anteriormente à concessão, na forma do art. 44.
- *para o titular*, nascem as obrigações pertinentes ao bom uso do privilégio, como a de orientar a exclusiva para o bem comum, e dela não abusar (arts. 43, 68 a 71, etc.).
- *Para o terceiro em geral*, nascem as pretensões relativas à nulidade da concessão (arts. 46 a 57).
- *Para o terceiro em geral*, nasce o direito à importação paralela (art. 68 § 2.) se houver importação pelo titular ou seu autorizado.
- *Para o terceiro em geral*, nasce como direito adquirido a pretensão de exercer as atividades privativas resultante da patente ao fim da concessão então outorgada, nos termos e prazos da outorga (CF88, art. 1º c/c art. 5º, XXIX).
- *Para o usuário anterior*, nasce o direito de não oponibilidade, mantido o *status quo* anterior ao depósito do pedido ou à prioridade (art. 45).

Marco zero da vida da patente, a concessão é precedida no entanto de obrigações (como a de pagar a anuidade) e de direitos (como o previsto no art. 44, § 1º) do titular. Dá-se então a satisfação do *direito de pedir patente* – que precede à concessão – através da outorga da patente.

[13] § 0.1. Duplo patentemento e unicidade de privilégio

O sistema jurídico brasileiro não admite o duplo patenteamento, definido como (a) a existência de duas ou mais patentes com as mesmas reivindicações e as mesmas datas de prioridade; ou, ainda, (b) a emissão para o mesmo invento (em favor do mesmo autor ou titular) de outra patente sobre o mesmo objeto.[813]

Quanto à primeira hipótese, tenta-se evitar o problema através do mecanismo segundo o qual se considera anterioridade ficta mesmo o conteúdo do depósito de patentes por terceiros ainda em sigilo, ou seja, que não entrou no estado da técnica.

Quanto à segunda alternativa, segue-se a regra de que uma vez que uma patente (ou outro documento) já descreva uma determinada solução técnica, nenhuma patente subsequente protegerá a mesma solução técnica, mas apenas outros problemas técnicos diversos, ou outras maneiras (novas e dotadas de atividade inventiva) de se resolver o mesmo problema técnico.

A razão de política pública que impede o duplo patenteamento da mesma matéria, nas condições acima indicadas, é que não cabe extensão do prazo de proteção para o mesmo invento, pelo artifício de se conceder mais de uma exclusiva sob o mesmo e idêntico fundamento de fato.[814] O duplo patenteamento, que não encontra guarida na lei brasileira, seria rejeitado pela aplicação direta do art. 5º, XXIX, da Constituição, naquilo que faz conforma a norma ordinária de patentes ao interesse público e ao desenvolvimento.

A prática judiciária e administrativa nos Estados Unidos e no sistema da Convenção Européia de Patentes aponta para as hipóteses de desdobramento de patentes como os mais freqüentes exemplos de risco de duplo patenteamento. Veja-se também quanto ao ponto as discussões quanto às reivindicações de seleção e ao exame de atividade inventiva.

---

813 Decisão da EPO T 307/03, Reasons 2.3: „....two or more identical patents with the same claims and the same priority dates....“; Reasons 2.1: „... a further patent to the inventor (or his successor in title) for the subject-matter for which he has already been granted a patent", conforme D. Harrison (GB)1 and T. Bremi, „It is a truth universally acknowledged ..." or Double patenting and the EPC, Information EPI de julho de 2009, encontrado em http://216.92.57.242/patentepi/data/epi_02_2009.pdf, visitado em 27/8/2009, visitado em 27/8/2009. Quanto à proibição no direito Americano, vide o 35 U.S.C. 121.

814 The public should . . . be able to act on the assumption that upon the expiration of the patent it will be free to use not only the invention claimed in the patent but also modifications or variants which would have been obvious to those of ordinary skill in the art at the time the invention was made, taking into account the skill in the art and prior art other than the invention claimed in the issued patent". In re Zickendraht, 319 F.2d 225, 232, 138 USPQ 22, 27 (CCPA 1963) (Rich, J., concurring). "Double patenting results when the right to exclude granted by a first patent is unjustly extended by the grant of a later issued patent or patents". In re Van Ornum, 686 F.2d 937, 214 USPQ 761 (CCPA 1982).

Assim, no direito nacional, a vedação do duplo patenteamento constitui uma diretriz sistemática, ainda que sem expressão direta na lei; o mesmo ocorre no sistema europeu.

Seção [14] Conteúdo da exclusividade das patentes

[14] § 1. Da leitura da patente

[14] § 1.0. (A) A quem cabe determinar o sentido de uma patente

Instrumento de profunda tessitura técnica, toda patente é um instrumento jurídico. O conteúdo dos direitos que dela é objeto de exegese jurídica, só jurídica, e não além de jurídica. É tarefa indeclinável do jurista.[815]

Muitos autores apontam para similitude entre as reivindicações de uma patente e as mensurações de uma escritura imobiliária:[816] o fato de que o conteúdo das medições é do domínio do agrimensor não exclui o dever do jurista – advogado ou juiz – de extrair as conclusões jurídicas de tal documento, de determinar se a venda é *ad corpus* ou *ad mensuram*, e assim por diante.

Certo é que a tarefa do agrimensor é dele exclusiva, como temos enfatizado abundantemente, e daquele que tiver exata competência técnica:[817]

O parâmetro de substantividade do exame, que indica o Supremo, certamente se aplica tanto à esfera administrativa quanto, e – por ainda mais razão -, ao exercício de formação pericial de prova. A patente, não só pelo interesse das partes no

---

815 Diz a Suprema Corte dos Estados Unidos em Markman v. Westview Instruments, Inc., 517 U.S. 370 (1996): "The construction of a patent, including terms of art within its claim, is exclusively within the province of the court". MacQueen, Hector; Waelde, Charlotte; Laurie, Graeme Contemporary Intellectual Property, Oxford, 2008, p. 368 aponta para a contínua uniformização nos parâmetros de interpretação de patentes entre os vários países.

816 Dan L. Burk and Mark A. Lemley, Fence Posts or Sign Posts: Rethinking Patent Claim Construction, 157 University of Pennsylvania Law Review 1541 (June 2009) / Stanford Public Law Working Paper, No. 1358460. "According to this view, known as the peripheral claiming approach, words of a claim form a sort of conceptual "fence" that marks the edge of the patentee's rights". Não adotamos, aqui, o sistema alemão de interpretação ao estilo expansivo (central claim), como o descrito, no direito alemão, por Toshiko Takenaka, Interpreting Patent Claims: The United States, Germany and Japan, in IIC Studies, Vol. 17, Studies in Industrial Property and Copyright Law 6-9 (1995). Burk e Lemley assim desenham esse sistema expansivo: "Under a central claiming approach, the patentee does not delineate the outer reach of what it claims. Rather, the patentee discloses the central features of the invention—what sets it apart from the prior art—and the courts determine how much protection the patent is entitled to by looking at the prior art that cabins the invention, how important the patentee's invention was, and how different the accused device is".

817 BARBOSA, Denis Borges e MACHADO, Ana Paula Buonomo. A Qualificação Necessária dos Peritos em Ações de Nulidade de Patente. Revista Associação Brasileira da Propriedade Intelectual, nº 89. Rio de Janeiro: ABPI, jul.-ago. 2007, p. 47-48.

processo, mas em face do interesse público na concessão de direitos *erga omnes*, cujo potencial de exclusão afeta toda a sociedade, exige substantividade e exatidão. No caso vertente, a perícia – se realizada por um só engenheiro, seja qual for sua especialidade – já deixa de satisfazer o padrão de substantividade que a lei brasileira e a jurisprudência apontam como impositiva. Quando a perícia é realizada por um engenheiro sem formação em qualquer das especialidades que são versadas na patente, ofende-se claramente àquilo que o mestre Cândido Dinamarco classifica como *direito público ou cívico* à prova adequada.

Esta ofensa é, no nosso entender, não só uma simples impropriedade processual, mas, devido ao empenho constitucional em que um monopólio só seja emitido quando presentes *substantivamente* os requisitos legais, um atentado ao devido processo legal. Há interesse público coletivo em que uma patente nula seja assim determinada segundo a melhor prova possível.

Assim, instruído pelo perito sobre a matéria técnica, cabe ao jurista – nunca, nunca, nunca ao perito – interpretar a patente. Educado pelo perito onde está no Caso específico a novidade, atividade inventiva, etc., o tribunal se põe na posição de um intérprete hábil a realizar a tarefa, sem delegação do seu dever de *ler a patente*.[818]

Nessa análise, a tradição (ou *acquis*) da Propriedade Intelectual como um corpo de direito amplamente comum nos diversos sistemas jurídicos muito ajuda, pois os instrumentos deduzidos pela experiência dos tribunais e dos doutrinadores nacionais e estrangeiros fertilizam-se mutuamente.

Assim é que entendemos adequado aplicar aqui, e em geral, à análise das reivindicações de patentes um conjunto de regras bastante elaboradas e precisas.

Como se lê uma patente? Vale seguir a lição constante de um acórdão judicial clássico sobre a questão[819]

---

818 Africa do Sul, Supreme Court of Appeal, Sappi Fine Papers (Pty) Ltd. v ICI Canada Incorporated (519/89) [1992] ZASCA 58; 1992 (3) SA 306 (AD); (30 March 1992) "Accordingly, in order to enable the Court to construe the specification properly it must be instructed by expert evidence as to the state of the art in the field to which the invention relates, as it was at the relevant date (Gentiruco AG v Firestone SA (Pty) Ltd 1972 (1) SA 589 (A), 614 E-F) . In this way the Court is placed, as far as possible, in the position of the skilled addressee. In this connection, too, the Court should bear in mind that the skilled addressee is someone who is expected to bring reasonable intelligence to bear upon the language of the specification and who, while not required to struggle unduly with it, is to make the best of it and not to adopt an attitude of studied obtuseness (see Holmes JA in Letraset Ltd v Helios Ltd 1972 (3) SA 245 (A), 251 A, quoting Colman J in the Court a quo)".

819 Acórdão do caso canadense American Cyanamid Company v. Berk Pharmaceuticals relatado a p. 31 RPC 1976. O texto original é: "The first task in any patent action is to decide exactly what monopoly the patentee has been granted. Today all patents end with claims. The function of the claims is to define the monopoly. The patent, if valid, enables the patentee to stop other people making anything covered by, or using any process covered by, his claims during the life of the patent. One of the important features of the claims is to make it clear to other people what they are not entitled to do during the life of the patent, and the Patents Act expressly provides that the claims must be clear and succinct and must be fairly based upon the matter disclosed in the specification. Before ever you get to the claims of the patent you should find a com

A primeira tarefa em toda a ação relativa a patentes é decidir-se exatamente qual é o monopólio que o titular da patente detém. Hoje em dia, todas as patentes incluem reivindicações. A função das reivindicações é definir o monopólio. A patente, se válida, permite o titular da patente proibir qualquer pessoa de fazer qualquer ato coberto pelas reivindicações, ou de usar qualquer processo descrito nelas, durante toda a vida da patente. Uma das características importantes das reivindicações é de fazer claro aos terceiros o que eles não tem permissão de fazer durante a vigência da patente, e o Lei de Patentes obriga expressamente que as reivindicações devem ser claras, sucintas, desobstruídas e devem razoavelmente ser baseadas na que foi descrito no relatório da patente.

Assim, antes de ler as reivindicações da patente, deve-se ir ao relatório, que é uma descrição completa da invenção, e do que está sendo reivindicado. O relatório deve ser uma descrição completa que permita a qualquer um, depois que a patente expirar, de levar a invenção à prática. Patentes são monopólios, concedidos para incentivar que as pessoas criem invenções, e também divulgar o conteúdo dessas invenções, e a menos que seja fornecida uma descrição completa e adequada da patente, esta não será tida como válida.

Assim também, quando se lêem as reivindicações, é necessário que se possa saber o que é lícito e o que não é permitido, e se as reivindicações forem incompreensíveis ou ambíguas, ou se elas não tenham relação com a invenção como efetivamente descrita no relatório, a patente também será inválida.

Não se deve esperar que cada patente seja compreensível a qualquer um, porque as patentes são dirigidas às pessoas que têm conhecimento nos campos tecnoló-

---

plete description of the invention, a description of what is going to be claimed. It should be a complete description which will enable anybody, after the patent has expired, to put the invention into practice. These monopolies are granted to encourage people to make inventions and to make the nature and working of them known, and unless a full and fair description is given the patent ought not to be held valid. In the same way, when you get to the claims you ought to be able to know what you may do and what you may not do, and if the claims are incomprehensible or ambiguous, or do not really relate to the invention which has been disclosed in the body of the patent specification, the patent again should not stand valid. It is not to be expected that every patent will be comprehensible to anybody who happens to pick it up, for patents are directed to persons who have skills in the particular fields with which each patent is concerned - the so-called men skilled in the art. The description of the invention has only to be a description sufficient to enable the notional skilled man to put it into practice. Only those familiar in the field in question can be expected to make anything of the claims. An understanding of the claims, a determination as to their scope -what lawyers call the construction of the claims - is necessarily the first task to be undertaken, and it must be done dispassionately. The claims should be considered without reference to the effect that the giving of any particular meaning may have on any issue of infringement, without reference to the result and effect so far as the attack on validity is concerned. The language used in each claim is in the end determinative, but each claim must be considered against the background of, in the context of, the specification as a whole. The specification itself has to be considered in the context of the general field to which the invention is applicable. It is directed to skilled men in the particular field and they will read it against their knowledge of the prevailing conditions in the field at the time that the patent is granted, and against their knowledge of earlier work which may have been done in this same field."

gicos em que cada patente é concedida – ou seja, são destinadas aos conhecedores da tecnologia em questão. A descrição da invenção tem o propósito de permitir esse homem, o conhecedor da tecnologia, de por a nova criação em prática. Somente daquele que é familiar no campo da tecnologia na pergunta pode esperar-se que as reivindicações sejam úteis.

A compreensão das reivindicações, a determinação de seu escopo – o que os advogados chama de interpretação das reivindicações – é necessariamente a primeira tarefa ser empreendida, e tal trabalho deve ser feito desapaixonadamente; a leitura deve ser realizada sem levar em conta o efeito que a interpretação venha a ter sobre a conclusão de se a patente está sendo ou não violada, nem levar em conta se o resultado da interpretação possa resultar na nulidade da patente.

O texto de cada reivindicação é, no fim das contas, o elemento conclusivo, mas cada reivindicação deve ser considerada dentro da perspectiva, e no contexto, do que se lê no relatório, como um todo. O relatório, ele mesmo, tem que ser considerado no contexto do campo geral em que a invenção é aplicável. O relatório se dirige às pessoas que detém conhecimento no campo particular, e estas lê-lo-ão sob a ótica de seu conhecimento das condições prevalecendo no campo no tempo em que a patente foi concedida, e do conhecimento da tecnologia anterior a essa época.

Colocados esses parâmetros gerais de orientação, precisamos quais são os cânones específicos de interpretação que nos devem guiar:[820]

[a] a interpretação deve atentar para a natureza complexa das reivindicações e sua relação com o relatório descritivo.

[b] não se leva em conta a intenção do titular da patente ao formular as reivindicações, mas a mesma objetividade de exame que se aplica (no nosso sistema) aos textos legais, levando em conta o *propósito a que a patente se des-*

---

820 Seguimos aqui o que sugere a Supreme Court Of Appeal Of South Africa, em Gentiruco AG v Firestone (SA) (Pty) Ltd 1972 (1) SA 589 (A) 614A - 616D: (a) a specification should be construed like any other document subject to the interpreter being mindful of the objects of a specification and its several parts; (b) the rule of interpretation is to ascertain, not what the inventor or patentee may have had in mind, but what the language used in the specification means, i e, what the intention was as conveyed by the specification, properly construed; (c) to ascertain that meaning the words used must be read grammatically and in their ordinary sense; (d) technical words of the art or science involved in the invention must also be given their ordinary meaning, i e, as they are ordinarily understood in the particular art or science; (e) if it appears that a word or expression is used, not in its ordinary sense, but with some special connotation, it must be given that meaning since the specification may occasionally define a particular word or expression with the intention that it should bear that meaning in its body or claims, thereby providing its own dictionary for its interpretation; (f) if a word or expression is susceptible of some flexibility in its ordinary connotation, it should be interpreted so as to conform with and not to be inconsistent with or repugnant to the rest of the specification; and (g) if it appears from reading the specification as a whole that certain words or expressions in the claims are affected or defined by what is said in the body of the specification, the language of the claims must then be construed accordingly".

tina (obter a exclusividade de uma determinada solução técnica para um problema técnico[821])

[c]   tanto para as palavras e expressões técnicas e não técnicas, adotar-se-ão em princípio as acepções correntes, dicionarizadas, seja no trâmite normal da língua, seja (no caso de enunciados técnicos) nos repositórios técnicos.[822]

[d]   no entanto, se no relatório descritivo constar glossário específico, a acepção desse glossário deve ser utilizada.

[e]   na hipótese de haver mais de um sentido dentre os indicados nos itens anteriores, a acepção escolhida deve ser a que seja mais consistente com o relatório descritivo, sendo certo que as especificações serão sempre lidas à luz do relatório descritivo:[823]

[14] § 2. O conceito de propriedade em face das patentes

De acordo com o art. 6º da Lei 9.279/96, o autor de invenção tem o direito à patente, que lhe garanta a sua *propriedade*. Assim, o *privilégio* do texto constitucional se traduz em *propriedade*.

Segundo João da Gama Cerqueira[824] a propriedade, em seu aspecto positivo, assegura a faculdade de usar, gozar e dispor da invenção, e que, negativamente, importa a exclusão de qualquer pessoa, característica *erga omnes* essencial de direito sobre a coisa. Todavia atenta o mesmo autor para o fato de que as leis de patentes põem em relevo o conteúdo negativo do direito do inventor, declarando garantir – não por subsídio da lei civil, mas por expressa determinação da lei especial -, o uso exclusivo da invenção.

Assim, elenca o autor as faculdades elementares ou fracionárias do direito do inventor, quais sejam:

---

821   Africa do Sul, Supreme Court of Appeal, Sappi Fine Papers (Pty) Ltd. v ICI Canada Incorporated (519/89) [1992] ZASCA 58; 1992 (3) SA 306 (AD); (30 March 1992), ""A patent specification should be given a purposive construction rather than a purely literal one derived from applying to it the kind of meticulous verbal analysis in which lawyers are too often tempted by their training to indulge." This "purposive" approach to the interpretation of patents was further elaborated and explained by the Court of Appeal in England in the case of Codex Corporation v Racal-Milgo Ltd [1983] RPC 369 (CA), May LJ stating (at 381 line 52 - 382 line 3), with reference to the question of infringement: "The question to be asked is one of construction, but of purposive or realistic construction through the eyes and with the learning of a person skilled in the art, rather than with the meticulous verbal analysis of the lawyer alone".

822   Chef America, Inc. v. Lamb-Weston, Inc., 358 F.3d 1371, 1372, 69 USPQ2d 1857 (Fed. Cir. 2004) (Ordinary, simple English words whose meaning is clear and unquestionable, absent any indication that their use in a particular context changes their meaning, are construed to mean exactly what they say. Thus, "heating the resulting batter-coated dough to a temperature in the range of about 400oF to 850oF" required heating the dough, rather than the air inside an oven, to the specified temperature.)".

823   O art. 41 da Lei 9.279/96 estabelece que os privilégios são circunscritos objetivamente pela tecnologia exposta no relatório, tal como reivindicada: "A extensão da proteção conferida pela patente será determinada pelo teor das reivindicações interpretado com base no relatório descritivo e nos desenhos.

824   "Tratado da Propriedade Industrial", Ed. 1952, vol. II, tomo I, parte II, p. 197.

- *usus* da propriedade clássica: explorar o invento em benefício próprio, auferindo-lhe todos os proveitos econômicos (o que compreende a fabricação do objeto patenteado, a sua venda e exposição à venda ou o seu uso industrial);
- *fructus* e o *abusus* da propriedade clássica: explorar, em benefício próprio, os direitos de exclusiva decorrentes da patente o que compreende a faculdade de disposição, como a de cedê-la ou licenciá-la;
- *ius persequendi* da propriedade clássica: a de impedir que terceiros explorem a invenção patenteada (o que compreende o direito de ação contra os infratores do privilégio).

Douglas Gabriel Domingues, porém, precisa que o *usus* é sempre acrescido do atributo da exclusividade:

"o direito não é em absoluto, aquele de fabricar a coisa que ele inventou, pois, pelo direito natural, este direito pertence ao inventor independentemente da concessão do privilégio e patente. A este conteúdo primeiro, a patente vem e acrescenta outro, que vai além do direito comum: o dever por parte de terceiros de se absterem de refazer a coisa que eles compraram ou receberam em decorrência de um título jurídico, permanecendo o titular da patente gozando da maneira a mais própria os objetos referidos. Assim, conforme exista ou não patente, uma faculdade é ou não subtraída: aquela de gozar a multiplicação ou reprodução da coisa."[825]

[14] § 2.1. O crime de arrogar-se uma patente que não existe

Importante como é o privilégio, exclusividade que incide diretamente sobre o mercado, torna-se crucial evitar que pessoas, que não detenham a patente, arroguem-se o direito. Tal ilícito, que é infinitamente mais freqüente do que se imagina, comete quem *ainda* não tem patente, quem *já* não a tem, e mesmo quem alega vigência além do prazo ou fora das lindes da patente.

O texto em vigor é o seguinte:

"Lei 9.279/96 – Art. 195. Comete crime de concorrência desleal quem:
XIII – vende, expõe ou oferece à venda produto, declarando ser objeto de patente depositada, ou concedida, ou de desenho industrial registrado, que não o seja, ou menciona-o, em anúncio ou papel comercial, como depositado ou patenteado, ou registrado, sem o ser;"

---

825 Direito Industrial - Patentes, Forense, 1980, p. 58.

Sobre a questão, disse Gama Cerqueira:

"O delito previsto no art. 173 do Código abrange a falsa indicação ou usurpação da qualidade de privilegiado, que o Dec. 16.264/23, no art. 73, 1, assim definia: "Os que se inculcarem possuidores de patentes, usando emblemas marcas, letreiros ou rótulos indicativos de privilégio sobre produtos ou objetos preparados para o comércio, ou expostos à venda, como privilegiados".
"A falsa, como a imprecisa indicação da qualidade de privilegiado, pode causar prejuízos aos concorrentes e aos consumidores, como facilmente se compreende. Por isso a lei as reprime. Inculcando-se possuidora de privilégio para certo produto, a pessoa que recorre a esse artifício tolhe a liberdade de seus concorrentes, infundindo-lhes o receio de infringir o suposto privilégio; ilude os consumidores levando-os a crer na imaginária superioridade do produto; e desvia a clientela alheia induzindo-a a pensar que o produto não pode ser vendido por outros comerciantes.
"A escusa de boa-fé, nesses delitos, exclui a responsabilidade do infrator. Dificilmente, porém, pode prová-la quem se inculca possuidor de privilégio inexistente, ou menciona, de modo equívoco, o que realmente possui."[826]

E mais adiante:

"Para verificar-se a infração consistente na falsa indicação de privilegiado, basta o uso de qualquer menção que faça supor a existência de patente relativa ao produto exposto à venda ou anunciado, não sendo essencial o emprego das expressões patenteado ou privilegiado...
"O fato de possuir patente para certo produto ou processo não autoriza o concessionário a indicar essa qualidade, indiscriminadamente, em qualquer produto de sua fabricação. É necessário indicar precisamente o objeto do privilégio.
"Do mesmo modo, se o comerciante ou industrial anunciar vários produtos, fazendo menção da patente que possui, sem indicar precisamente qual o produto privilegiado, inculca-se falsamente, em relação aos demais produtos, possuidor de privilégio inexistente."[827]

[14] § 2.2. Jurisprudência: é crime dizer que tem patente sem ter

> Tribunal de Justiça do RS
Recurso: 594146482. Relator: Carlos Alberto Bencke, Quarta Câmara Cível, Julgado em 31/05/95)

---

826 João da Gama Cerqueira. Tratado da Propriedade Industrial, 1952, v. 2, t. I, Parte II, p. 343.
827 *Op. cit.*, p. 344-5.

Concorrência desleal. A propaganda veiculada em revista que circula entre os possíveis clientes da empresa prejudicada, sem especificar que se trata de deposito de patente perante o INPI, o que gera apenas uma expectativa de direito, mas já exprimindo uma idéia de posse da carta patente, é concorrência desleal, por propiciar o desvio de clientela por expediente não recomendável. Fixação da indenização.

[14] § 2.3. O conteúdo da exclusividade no CPI/96

A patente confere ao seu titular o direito de impedir terceiro, sem seu consentimento, de produzir, usar, colocar a venda, vender ou importar [828] com estes propósitos, tanto o **produto** objeto de patente, quanto o **processo,** e até mesmo o produto obtido diretamente por processo patenteado (CPI/96, art. 42).[829]

Assim, é o conteúdo negativo, e não o positivo, do direito de exclusiva que é pormenorizado na lei atual, em contraste do que acontecia na lei anterior.

[14] § 2.4. Vedação à exploração da patente

Pelo art. 75, § 3º, do CPI/96, é vedada a exploração ou a cessão de patente ou pedido de patente de interesse da defesa nacional, sem autorização do órgão competente para resguardo de tais interesses públicos. Assim, estabelece-se uma restrição ao próprio *direito de uso*, que não é próprio da propriedade intelectual à luz do CPI/96 (o que seria pertinente a este diploma em vigor é o direito *exclusivo)*. A União deverá indenizar o prejudicado, caso impeça a exploração econômica do invento.

[14] § 2.5. Interpretação dos poderes legais do titular da patente

Pelo desenho constitucional da patente – como parte da Propriedade Industrial – os poderes legais do titular da patente são estritamente delimitados ao enunciado legal, não cabendo qualquer extensão ou interpretação que dilate os termos estritos do art. 42 da lei. Os vínculos do Direito Internacional pertinente, aliás, não se opõem a essa interpretação constitucionalmente inescapável do Direito Brasileiro.[830]

---

828 Note-se que tal exclusividade é relativa, em face do que dispõe o art. 68, § 4º, do CPI/96: "No caso de importação para exploração de patente e no caso da importação prevista no parágrafo anterior, será igualmente admitida a importação por terceiros de produto fabricado de acordo com patente de processo ou de produto, desde que tenha sido colocado no mercado diretamente pelo titular ou com o seu consentimento". Assim, nos casos em que o titular opte por importar, sem produção nacional, terceiros podem igualmente fazê-lo, num procedimento de importação paralela autorizado.

829 Quanto à infração parcial da patente, vide Ahlert, Ivan B. Infração parcial ou subcombinações. Revista da ABPI, nº 14, p. 24 a 29, jan./fev. 1995.

830 TRIPS ART.28 1 - Uma patente conferirá a seu titular os seguintes direitos exclusivos: a) quando o objeto da patente for um produto, o de evitar que terceiros sem seu consentimento produzam, usem, coloquem à

Assim, *por exemplo*, não havendo na listagem da lei, seja na vertente civil seja na penal, um direito exclusivo ao registro sanitário do produto patenteado, qualquer pretensão a impedir que terceiros façam o registro é abuso de patente – por excesso de poderes – e provavelmente abuso de poder econômico, sem mencionar a prática do crime previsto no art. 195, XIII, do CPI/96.

[14] § 2.6. Poderes do titular – a noção de "consentimento"

Crucial, em todo contexto do conteúdo da exclusividade dos direitos da propriedade industrial, é a noção de *consentimento* do titular. Muito embora esteja claro o intuito de se exigir uma *autorização* do titular, cabe aqui a aplicação precisa dos critérios de interpretação impostos necessariamente pelo modelo constitucional brasileiro, remetendo-se o leitor para o segundo capítulo deste livro, na seção pertinente à interpretação das normas de propriedade intelectual.

Tais parâmetros, em brevidade perfurante, são os de Carlos Maximiliano:

"o monopólio deve ser plenamente provado, não se presume; e nos casos duvidosos, quando aplicados os processo de Hermenêutica, a verdade não ressalta nítida, interpreta-se o instrumento de outorga oficial contra o beneficiado e a favor do Governo e do público."[831]

A patente e exercício de seus direitos – o consentimento – se interpreta sempre a favor do público, e não do titular.

Consentimento será tanto o expresso, quanto o tácito, valendo claramente o dito *qui tacet videtur consentire si loqui debuisset ac potuisset*. No caso, existe o dever de expressar a vedação, por todos os meios possíveis, não se aplicando quanto aos produtos colocados correntemente em circulação uma presunção de que eles possam estar sob restrição de patente. O que a lei e as convenções internacionais precisam é que não existe requisito *formal* de indicação de patente para se exercer o direito – mas isso não cria para o consumidor ou empresário em geral o dever de consultar no INPI a vigência e aplicabilidade de todos direitos de patentes aplicáveis às mínimas engrenagens do seu relógio de pulso.

---

venda, vendam, ou importem (6) com esses propósitos aqueles bens; (6) Esse direito, como todos os demais direitos conferidos por esse Acordo relativos ao uso, venda, importação e outra distribuição de bens, está sujeito ao disposto no ART.6. b) quando o objeto da patente for um processo, o de evitar que terceiros sem seu consentimento usem o processo e usem, coloquem à venda, vendam, ou importem com esses propósitos pelo menos o produto obtido diretamente por aquele processo. 2 - Os titulares de patente terão também o direito de cedê-la ou transferi-la por sucessão e o de efetuar contratos de licença. Vide Dannemann, Gert Egon. Da Proteção Conferida pela Patente, Revista da ABPI, Nº 46 - Maio/Jun. de 2000, p. 3.

831 Ob. cit., p. 232.

Assim, *objetivamente*, há que se supor que o titular sempre consente na utilização econômica do invento, pois tal utilização é conforme com os fins naturais da produção para o mercado. Em suma, se o titular optar por não expressar sua negativa de consentimento de forma ostensiva e eficaz – não ficará privado do seu direito, nem do exercício de seu direito, mas não poderá exercê-lo contra quem não tinha dever legal de presumir falta de consentimento no contexto fático e constitucional onde o livre fluxo de bens e serviços é presumido – em particular sob as regras da OMC.

De outro lado, do ponto de vista *subjetivo*, não se há que presumir que cada terceiro tenha agido em culpa ao utilizar-se economicamente do invento. Se o titular, ou terceiros que por ele agem – inclusive licenciados -, deixou de tomar todas as precauções para expressar a negativa de consentimento, é natural que cada um presuma o livre fluxo de bens e serviços na economia. Se todo o contexto justifica mesmo a aparência de consentimento – como a aquisição de licenciado que não poderia vender – não cabe ao terceiro adquirente o dever de inspecionar o teor exato da licença e os livros de registro de fabricação que indiquem o eventual excesso no número dos produtos permitidos na licença.

O segundo aspecto a considerar é que só exige consentimento onde o consentimento é legalmente exigível; quando o produto é fabricado, ou o processo é usado, sem que a lei imponha o consentimento do titular – por exemplo, quando sob licença compulsória, ou ao abrigo de uma das limitações do *fair usage*, ou quando a patente expirou ou não existe no país *a quo*. O núcleo do consentimento é o poder de negá-lo, e a lei não exigirá consentimento onde esse poder não exista.

[14] § 2.7. Vertente civil e penal

A proteção das patentes tem vertente civil e penal, previstas no CPI/96.[832] O conteúdo da exclusividade é assim complementado pelas disposições penais da Lei 9.279/96, em extensão relevante, merecendo cuidadosa comparação entre o que é civilmente vedado e o que é penalmente punível.[833]

---

832 Quanto ao direito anterior, vide, além dos tratados gerais, Perini, Maria Aparecida Fleury, Dos crimes contra o privilegio de invenção, os modelos de utilidades e os desenhos ou modelos industriais, Revista da Faculdade de Direito da UFG, vol. 4, n. 1, p. 77-89, jan./jun. 1980; Nogueira, Paulo Lúcio, Leis especiais: aspectos penais, LEUD, 1992.

833 Art. 183. Comete crime contra patente de invenção ou de modelo de utilidade quem: I - fabrica produto que seja objeto de patente de invenção ou de modelo de utilidade, sem autorização do titular; ou II - usa meio ou processo que seja objeto de patente de invenção, sem autorização do titular. Pena - detenção, de 3 (três) meses a 1 (um) ano, ou multa. Art. 184. Comete crime contra patente de invenção ou de modelo de utilidade quem: I - exporta, vende, expõe ou oferece à venda, tem em estoque, oculta ou recebe, para utilização com fins econômicos, produto fabricado com violação de patente de invenção ou de modelo de utilidade, ou obtido por meio ou processo patenteado; ou II - importa produto que seja objeto de patente de invenção ou de modelo de utilidade ou obtido por meio ou processo patenteado no País, para os fins previstos no inciso anterior, e que não tenha sido colocado no mercado externo diretamente pelo titular da patente ou com seu consentimento. Pena - detenção, de 1 (um) a 3 (três) meses, ou multa. Art. 185. Forne-

Cabe lembrar que, embora o que esteja previsto apenas na lista civil não tenha amparo por procedimento criminal, em princípio o que constitua fato punível na lista criminal tem repercussões no direito civil, embora só nas mesmas condições de voluntariedade – ou seja, como resultante de dolo.

Teor civil	Teor penal
"produzir objeto de patente ou produto obtido *diretamente* por processo patenteado"	"fabricar"
usar Processo	"usar meio ou processo"
"usar produto objeto de patente ou produto obtido *diretamente* por processo patenteado"	
	"exportar"
"Vender objeto de patente ou produto obtido *diretamente* por processo patenteado"	"vender"
"colocar à venda objeto de patente ou produto obtido *diretamente* por processo patenteado"	"expor a venda"
	"ter em estoque"
	"ocultar para utilização com fins econômicos"
	"receber para utilização com fins econômicos"
"importar com o propósito de produzir, usar, colocar à venda, ou de vender objeto de patente ou produto obtido *diretamente* por processo patenteado"	"importa produto para utilização com fins econômicos que não tenha sido colocado no mercado externo diretamente pelo titular da patente ou com seu consentimento"
"impedir que terceiros contribuam para que outros pratiquem os atos referidos neste artigo".	"Fornecer componente de um produto patenteado, ou material ou equipamento para realizar um processo patenteado, desde que a aplicação final do componente material ou equipamento induza, necessariamente, à exploração do objeto da patente".
	"ainda que a violação não atinja todas as reivindicações da patente"
	"utilização de meios equivalentes ao objeto da patente."

---

cer componente de um produto patenteado, ou material ou equipamento para realizar um processo patenteado, desde que a aplicação final do componente material ou equipamento induza, necessariamente, à exploração do objeto da patente. Pena - detenção, de 1 (um) a 3 (três) meses, ou multa. Art. 186. Os crimes deste Capítulo caracterizam-se ainda que a violação não atinja todas as reivindicações da patente ou se restrinja à utilização de meios equivalentes ao objeto da patente.

[14] § 2.8. Análise dos tipos civis e penais – Produção

Os doutrinadores clássicos brasileiros, inspirados em doutrina francesa de uma época em que as patentes daquele país não continham reivindicações,[834] deixaram de conceituar o que seja fabricação – que encontra guarida agora na expressão "produção do objeto de patente ou de produto obtido diretamente por processo patenteado" do art. 42,[835] ou da noção de fabricar do art. 184.

Acreditamos, porém, que a noção legal de produção possa ser tomada da legislação em vigor, particularmente a do Imposto sobre Produtos Industrializados, com o bisturi fino das reivindicações no tocante à definição da exclusiva.

Assim, se o objeto total das reivindicações é fabricado (como definido na legislação do IPI) em uma instância de industrialização,[836] os passos subsequentes de fabricação são neutros em face da patente.

Sem dúvida, outras patentes podem abranger uma etapa subsequente de processamento; mas tal fato não atua sobre o alcance da patente anterior, eis que se aplica o princípio da independência técnica de cada privilégio, consentâneo aliás com o princípio da *unidade de invenção*.

Dizem Chavanne e Burst:

"Le breveté n'est pas admis à joindre plusieurs brevets dont il serait le titulaire pour se plaindre de l'existence d'actes de contrefaçon. Il n'est pas autorisé à combiner plusieurs titres – brevets ou certificats d'addition – pour démontrer la contrefaçon. La jurisprudence est formelle sur ce point: "chacun des brevets invoqués doit être examiné séparément, tant du point de vue de sa validité que de sa contrefaçon.""[837]

Resumindo, o fato tipo da produção (delituoso ou lícito), em face da lei de patentes, ocorre quando se perfaz a industrialização do produto, tal como definido na legislação, realizando a solução técnica reivindicada.

Note-se que cabe imaginar a reprodução natural de matéria viva resultante de produto fabricado *diretamente* com processo patenteado.

---

834 Sob a lei francesa de 1844, vigente até 1968, as patentes não eram reivindicadas, mas somente descritas, o que implica em muito menor precisão técnica do objeto do direito.

835 Nas palavras de João da Gama Cerqueira (*op. cit.*, p. 333), toda a questão, e não apenas relativamente a este tipo penal, girava em torno do ponto de se saber se a idéia essencial da invenção foi usurpada. A idéia, consubstanciada como bem imaterial, é, em última análise, o objeto da invenção, não sendo portanto necessária para a caracterização da contrafação a caracterização do processo de fabricação. Pontes de Miranda (*op. cit.*, p. 231) enfatiza que não é o produto in concreto que se patenteia; o objeto da propriedade industrial é bem incorpóreo, e o resultado da fabricação é o que importa, bastando que seja este expresso em termos característicos, natureza e fim, aproximadamente ao conceito privilegiado.

836 Porém Foyer e Vivant, *op. cit.*, p. 293, citando jurisprudência: "le fait de mettre un produit sous emballage ne constitue pas un acte de fabrication".

837 *Op. cit.*, p. 116.

[14] § 2.9. Uso de produto fabricado

O direito passou a incluir entre os atos privativos do titular o *uso de produto* licitamente fabricado. A nossa doutrina dominante anterior não considerava o uso de terceiros delito em face da lei brasileira.[838] Na lei em vigor, porém, distingue-se como elemento próprio do conteúdo civil do direito o *uso* do produto fabricado.

O teor penal da patente – como em vigor – fala porém de uso de meio ou processo, e não uso *de produto*.

O uso de um produto objeto de patente ou produto obtido *diretamente* por processo patenteado só é suscetível de restrição pelo titular até o momento que o mesmo tenha sido posto no mercado pelo titular ou com seu consentimento; uma vez que isso tenha se dado, esgota-se o direito, e não cabe mais exercer qualquer direito de exclusiva. Não pode o titular da patente, por exemplo, impedir a revenda do produto, ou cobrar *royalties* pelo uso, ou condicionar o uso a qualquer propósito específico. Se o comprador de um equipamento eletrônico patenteado de alta complexidade quiser utilizá-lo para peso de papéis ou para fazer pelotica, de nada mais pode se valer o titular da patente para impedir tal utilização.

Fazê-lo, aliás, seria abuso de direito ou abuso de poder econômico, como aliás decidiu a Suprema Corte dos Estados Unidos no caso Hollerith nos primeiros anos do séc. XX.

Como se lerá na seção deste capítulo dedicada ao esgotamento de direitos, o inciso IV do art. 43 do CPI/96 prevê que titular da patente que coloque no mercado *interno* o produto patenteado, ou fabricado com o processo patenteado, exauriu seus direitos e nada mais pode suscitar. O mesmo ocorre no caso em que o esgotamento internacional de direitos é reconhecido, como, por exemplo, quando o titular importe o produto do exterior sem fabricá-lo no país, e qualquer um do povo possa também importar, a teor do art. 68, § 4º ,do CPI/96.

Como se verá posteriormente, o esgotamento ocorre com a colocação do produto no mercado a qualquer título: venda, locação, *leasing*, etc. Qualquer uso subsequente está fora do direito da propriedade intelectual; ao contrário do que ocorre em certas hipóteses no direito autoral (software, vídeo e fonograma) o titular da patente que loca seu produto tem com o locatário uma relação exclusiva de locação e não de licença. Relação de direito civil ou comercial ordinária, e não de propriedade intelectual.

---

838 Gama Cerqueira, todavia, em seu Tratado - p. 334, nota 11- faz alusão à doutrina e jurisprudência francesas, favoráveis à inclusão do uso de terceiros no rol dos delitos, com base na interpretação extensiva da palavra moyens, amplificada para abranger o objeto da patente, qualquer que ele seja, incluindo os produtos. Os autores franceses teriam sido forçados a distinguir entre o uso industrial e comercial, porventura ilícito, e o uso meramente particular ou privado, este justificável. Tal doutrina, no entanto - diz o nosso autor- não se coaduna com a restrita definição do delito da lei brasileira. Quanto à controvérsia na discussão do tema, mesmo no âmbito do direito francês, vide Roubier, *op. cit.*, p. 371.

[14] § 2.10. Uso de meio ou processo

O emprego de meios ou processos reivindicados para obterem-se resultados industriais determinados também se inclui claramente no conteúdo clássico da patente. Ocorre, porém, que nesta expressão compreendem-se não só os *procedimentos* quanto *produtos-meios*. No caso dos produtos-meios, o uso na legislação vigente é lícito, e a contrafação caracteriza-se através da fabricação, como no caso dos produtos.[839]

Coisa diversa é a proteção conferida aos produtos fabricados com processos patenteados; a estes, se dará a tutela equivalente ao dos produtos patenteados só enquanto provenham efetivamente do processo reivindicado. O art. 42 exige: "produto obtido *diretamente* por processo patenteado"

O 35 USC 271 assim esclarece o que não é "diretamente obtido" por processo patenteado:

A product which is made by a patented process will, for purposes of this title, not be considered to be so made after - (1) it is materially changed by subsequent processes; or (2) it becomes a trivial and nonessential component of another product.

No caso dos processos, basta para configurar o ilícito o emprego do procedimento reivindicado. Citando uma vez mais Magalhães Noronha:

Já não se trata de *produto*, porém, de meio ou processo, que é objeto de privilégio de invenção. POUILLET define-os: Entendem-se por *meios* os agentes, os órgãos e os processos que levam à obtenção seja de um resultado, seja de um produto... Os agentes são especialmente os meios químicos; os órgãos são especialmente os meios mecânicos; os processos são os modos diversos de por em execução e combinar os meios, sejam químicos, sejam mecânicos.

O *meio* (em sentido amplo) objetiva a obtenção de um *produto* ou *resultado*. O que seja produto, dissemos linhas atrás; resultado é a conseqüência do meio empregado, consistindo ou na qualidade do produto ou em uma vantagem da produção.

O privilégio concedido ao novo meio confere ao concessionário o direito exclusivo de empregá-lo, não podendo outrem usá-lo ainda que para fins diversos. Assim, v. g., um novo processo de coloração de couros não pode ser usado por outrem em tecidos.

Consuma-se o crime com o uso real ou efetivo do meio ou processo. Não é mister existir reprodução fiel deles, bastando que sejam análogos ou equivalentes, que estejam virtualmente contidos na concepção do inventor.[840]

Atente-se que pela expressão "meios e processos" compreendem igualmente as novas aplicações de meios conhecidos, bem como as combinações; quanto a estas, vide a seção própria neste capítulo.

---

839 Gama Cerqueira, *op. cit.*, p. 335 e 336. Pontes de Miranda, *op. cit.*, p. 232 e 233.
840 *Op. cit., loc. cit.*

[14] § 2.11. Importação

Veda-se, na esfera civil "importar com o propósito de produzir, usar, colocar à venda, ou de vender objeto de patente ou produto obtido *diretamente* por processo patenteado". Veja-se que não é só a importação o que se veda, mas a importação pre-terintencional. Para se conseguir restringir o ingresso do produto importado, é preciso provar qual a intenção do importador, e mais, que ele não está agindo em legítimo exercício do direito previsto no art. 68, § 4:

No caso de importação para exploração de patente (...) será (...) admitida a importação por terceiros de produto fabricado de acordo com patente de processo ou de produto, desde que tenha sido colocado no mercado diretamente pelo titular ou com o seu consentimento.

Com efeito, se o titular da patente não produz no País, e apenas importa para explorar sua própria patente, por equidade todos demais também podem importar o produto, desde que adquirido no exterior do titular ou com seu consentimento. Consequentemente, quem tem que comprovar a fabricação local – efetiva e lícita – é o titular. Como não se pode exigir do titular que *não* deu seu consentimento para a aquisição no exterior, a prova incumbe ao importador – que poderá, optativamente, mostrar que tal consentimento era legalmente inexigível. Por exemplo, porque o produto foi fabricado licitamente no país de onde foi importado – pela expiração ou inexistência de patente que restringisse a livre fabricação.

A importação, segundo a doutrina dominante no Direito anterior, consiste na mera introdução no país de produto privilegiado, para utilização com fins econômicos.[841] Com uma importantíssima ressalva:

"Trata-se de importar, isto é introduzir no País produto fabricado com violação de privilégio de invenção".[842]
"Introduzir no Brasil produto que no Brasil foi patenteado, sendo fabricado, contra direito, no estrangeiro ou no Brasil (...) é crime, segundo o art. 169, III, 1ª parte."[843] (Grifamos ambos)

Assim, não é ilícita – para efeitos penais – a importação de produto que foi fabricado no exterior conforme direito: pelo próprio titular ou por terceiro autorizado. A legislação em vigor confirma tal entendimento ao isentar do crime a importação de

---

841 Pontes de Miranda *op. cit.,* p. 233 e 234 pormenoriza que pode ser ela a introdução no país de produto patenteado, sendo fabricado contra direito no estrangeiro ou mesmo no país, retornando por vias transversas, como simulação.

842 Magalhães Noronha, *op. cit., loc. cit.* José Carlos Tinoco Soares *op. cit.,* p. 36, confirma tal doutrina: para ele, se a fabricação no exterior se fizer sem lesão a direito, e tal puder ser devidamente comprovado, desde ainda que não contrarie outros dispositivos legais que visam a contribuir para o desenvolvimento nacional, a importação é lícita.

843 Pontes de Miranda, *op. cit.,* p. 233.

produto que não tenha sido colocado no mercado externo diretamente pelo titular da patente ou com seu consentimento, mesmo sem o requisito do art. 68, § 4º (o de que o titular também só esteja importando), que só é exigível para fins cíveis e não penais. Com muito mais razão se aplicará aqui a regra de que não há crime se a importação se faz licitamente – quando o consentimento do titular era inexigível por ter expirado, ou inexistir, vedação de fabricação no país de onde se importa.

Vide, quanto ao ponto, a seção desta obra dedicada ao esgotamento de direitos.

[14] § 2.12. Venda, exposição à venda, ocultação e receptação

É entendimento tradicional no nosso Direito o de que as demais figuras (venda, exposição, etc.) como acessórias da violação principal; não havendo fabricação ou uso de processo contra direito, não haverá lesão da patente.

[14] § 2.13. Exportação

Esta figura penal é curiosa. Não se encontra precedente histórico nem razoabilidade na vedação. Mas, prevista como um ilícito penal, faz ocorrer também o ilícito civil correspondente – se bem que só na vertente dolosa.

[14] § 2.14. Infração parcial de patentes

Diz o art. 184 que a infração dos direitos se dará "ainda que a violação não atinja todas as reivindicações da patente". Como vimos, uma patente pode ter várias reivindicações, dependentes ou independentes; se *qualquer* uma delas estiver sendo afetada pelo ato em análise haverá crime, mesmo que a reivindicação seja a mais remota dentre as dependentes.

Na verdade, isso é uma hipótese da infração total de uma reivindicação. Pode haver, no entanto, violação de uma parcela do reivindicado. Magalhães Noronha precisa o ilícito:

"Consuma-se o delito com a fabricação, ainda que não terminada, desde que realizada a parte essencial."[844]

De outro lado, uma vez fabricada a parte essencial (entenda-se: não essencial para a função do objeto fabricado, mas essencial *para o invento reivindicado*), os acréscimos eventuais seriam neutros em face da contrafação já realizada.[845]

[14] § 2. 15. A infração se dá quanto à reivindicação como um todo

---

844 Direito Penal, Saraiva 1969, § 716. Em idêntica posição, Paul Roubier, "Le droit de la Proprieté Industrielle", Sirey 1952, p. 367.

845 José Carlos Tinoco Soares, "Crimes Contra a Propriedade Industrial e de Concorrência Desleal", p. 31 e ss.

Como diz Ana MÜLLER, em sua importante tese de doutoramento:[846]

"...como princípio geral, uma reivindicação é considerada como infringida apenas **quando para todos os elementos da reivindicação são encontrados elementos correspondentes no produto ou processo infrator**, seja de forma direta, seja por equivalência."

E explica a autora:

Ou seja, conforme menciona Gustavo Morais (Morais e Beaklini, 1998) se o produto ou processo alegadamente infrator deixar de incluir um dos elementos da reivindicação, não haverá infração sequer por equivalência, como decidiu a Suprema Corte norte-americana no caso *Warner Jenkinson Co. Inc. v. Hilton Davis Chemical Co.*

Com efeito, o que diz a Corte nessa decisão (que trata da doutrina dos equivalentes) é o seguinte:

Cada elemento contido em uma reivindicação da patente é essencial para definir o espaço da invenção patenteada, e assim a doutrina dos equivalentes deve ser aplicada aos elementos individuais da reivindicação, não à invenção ao todo. É importante assegurar-se de que a aplicação da doutrina, mesmo a respeito de um elemento individual, não seja estendido de tal forma que elimine esse elemento em sua totalidade.[847]

Mas, em jurisprudência anterior, já se precisava que "... cada elemento de uma reivindicação é importante e essencial e ... para que um tribunal possa decidir pela contrafação o titular terá que demonstrar a presença de todos elementos ou seu equivalente substancial no aparato acusado.[848]

[14] § 2.15. (A) A hipótese de eficácia parcial de reivindicação

É de se entender que, em casos muito limitados, alguns autores entendem possível a fragmentação de uma reivindicação para efeitos de violação de patentes:

---

846 Patenteamento em Biotecnologia: Abrangência e Interpretação de Reivindicações, Tese submetida ao corpo docente do Curso De Tecnologia em Processos Químicos e Bioquímicos da Escola de Química da Universidade Federal do Rio de Janeiro como parte dos requisitos necessários para a obtenção do grau em doutor em ciências em tecnologia de processos químicos e bioquímicos, abril de 2003.

847 Warner Jenkinson Co., Inc. V. Hilton Davis Chemical Co., certiorari to the United States Court Of Appeals For The Federal Circuit No. 95-728. Argued October 15, 1996, Decided March 3, 1997, encontrado em http://caselaw.lp.findlaw.com/scripts/getcase.pl?court=us&vol=000&invol=95-728.

848 CHISUM, Donald S. & JACOBS, Michael A.. Understanding intellectual property Law – Legal text series.: Matthew Bender, United States, 1992, p. 2-252, nota 93: E.g., Lemelson v. United States, 752 F.2d 1538, 551, 224 U.S.P.Q. 526,533 (Fed. Cir. 1985). "... each element of a claim is material and essential, and... in order for a court to find infringement, the patent owner must show the presence of every element or its substantial equivalent in the accused device".

1501

Em uma reivindicação complexa, por outro lado, cada elemento ou conjunto de elementos executa uma função individual, e não necessariamente age de forma sinérgica como nas reivindicações de combinação. Assim, os **elementos de uma reivindicação complexa podem, em princípio, ser dissociados, elementos dissociados estes os quais ainda realizarão novas funções ou ainda podem ser considerados novos e inventivos quando comparados com o estado da técnic**a. Mathély expressou opinião de que infração por subcombinação ou infração parcial deveria apenas ser aplicada a reivindicações complexas.[849]

Os requisitos para esse caso excepcional seriam:

1. que a reivindicação fosse *complexa*
2. cada elemento dessa reivindicação fosse dotado de *novas funções*
3. alternativamente, que cada elemento fosse *novo e inventivo*

Na verdade, é de se perquiria se tal complexidade numa só reivindicação satisfaria os requisitos regulamentares, eis que o AN 127/97, 15.1.3.2.1 precisa que *cada reivindicação independente deve corresponder a um determinado conjunto de características essenciais à realização da invenção*.

Mesmo se aceitável, como nota Ivan Ahlert, essa hipótese seria uma exceção, e deveria ser aplicada com a devida reserva e discernimento para evitar que a patente "não seja sempre envolta numa aura de incerteza". Como enfatizamos no nosso parecer que ora se adita, a certeza quanto à extensão do privilégio é um valor tutelado constitucionalmente. A doutrina estrangeira enfatiza esse risco enorme de uma fragmentação da reivindicação.[850]

No entanto, há consenso de que *jamais tal exceção se estende a uma reivindicação de combinação*.

[14] § 2.15. (B) Inexistência de infração parcial em reivindicações de combinação

Uma composição é um agrupamento de ingredientes com um determinado propósito.[851] Como já definimos em nosso Uma Introdução à Propriedade Intelectual, 2ª ed., Lumen Juris, 2003:

---

849 Ivan Ahlert, Infração Parcial ou Subccombinações, Revista da ABPI nº 14, Jan./Fev. de 1995, p. 26.
850 Frédéric Pollaud-Dulian. Droit de la propriété industrielle. Paris: Montchrestien, 1999, p. 290-291. «La question a été âprement débattue en doctrine et en jurisprudence. A partir du moment où c'est la revendication qui définit l'objet et l'étendue du monopole et qui assure la sécurité des tiers (article 613-2), le breveté ne peut prétende protéger que ce qu'il a revendiqué, tel qu'il l'a revendiqué. Admettre la contrefaçon partielle de façon générale reviendrait à méconnaître le rôle des revendications et, si l'on veut, à revenir au système de la loi de 1844. Si le brevet a seulement revendique une combinaison de moyens, il saurait poursuivre en contrefaçon celui qui n'a pas reproduit la combinaison mais seulement un de ses moyens, que le breveté n'a pas renvindiqué isolément, ni celui qui a combine différemment les mêmes moyens (sauf s'il ne s'agit que d'une variante d'exécution)».

Em tal patente, pois, a invenção reivindicada está numa combinação de elementos, e não nos elementos singulares; nela, nenhum dos elementos será reivindicado como novo, nem qualquer combinação diversa do todo será tida como nova, nem será a esta imputada um resultado industrial específico.

(...) Central no conceito de invenção de combinação é que ela consiste em uma solução técnica *distinta dos elementos combinados*, buscando-se nela, e não em seus componentes, os pressupostos de patenteabilidade (novidade, utilidade, atividade inventiva), assim como o parâmetro para avaliar a sua eventual violação.

Ora, diz a Resolução da Associação Internacional para a Proteção da Propriedade Intelectual, na resposta a sua Questão 60:

Uma reivindicação não comporta proteção independente para os integrantes isolados da combinação.[852]

É assim que Ivan Ahlert, um dos nossos melhores autores sobre técnica de patentes, entende:

Em uma reivindicação de combinação, os elementos definidos são usualmente conhecidos entre si, o resultado geral alcançado pela invenção dependendo predominantemente da combinação específica de tais elementos. os quais, combinados na maneira pleiteada na reivindicação, alcançam o novo efeito técnico desejado. Em reivindicações de combinação há um efeito sinérgico, que supostamente apenas é obtido por tais elementos quando combinados em uma forma específica, de tal modo que a combinação como um todo, e não cada elemento isolado, deve ser considerada como a invenção em si.[853]

Em particular, numa reivindicação de composição, um elemento que não é patenteável (por exemplo, por estar no estado da técnica) só pode constar como parte de um todo, que lhe dê – ao todo – uma nova função. Explica o Manual de Exame do INPI:

2.6.1 Uma reivindicação de composição cuja única característica seja a presença de um determinado produto confere proteção também para este produto em si. Desta forma, uma reivindicação de composição caracterizada tão-somente por conter um produto não patenteável (p. ex. um extrato natural), não pode ser concedida, uma vez que viria a proteger o próprio produto não patenteável.

---

851 Manual de exame de patentes do INPI, 2.5.1, encontrado em http://denisbarbosa.addr.com/diretrizes1.doc.
852 Apud Ivan Ahlert, Infração Parcial ou Subccombinações, Revista da ABPI no. 14, Jan./Fev. de 1995, p. 26.
853 *Op. cit., loc. cit.*

De outro lado, observa o Manual da EPO:

4.3 a (...) Objection should likewise be raised, in the case where the claims are directed to a combination of features, to any statement which seems to imply that protection is nevertheless sought not only for the combination as a whole but also for individual features or sub-combinations thereof.

[14] § 2.16. Jurisprudência: Infração parcial de patente

Ementa: privilégio de invenção. Infração. Constitui contrafação, no sentido de que infringe o privilegio, a fabricação de produto com aproveitamento da idéia inventiva básica protegida, ainda que sem completa e absoluta correspondência com a descrição patenteada, mercê de acréscimos e alterações que, àqueles estranhos, todavia não a desfiguram. (...) Sentença confirmada. (apc nº 588003582, sexta cível, TJRS, relator: des. Adroaldo Furtado Fabrício, julgado em 17/05/1988)

[14] § 2.17. Os graus de cópia: gradus ad parnasum

"At the start of the spectrum, *rote copying* results from applying a single set of identified routines to a work. For example, to copy a text literally, with the same wording, we might change fonts, using as many routines as there are printing symbols, plus some others to reformat the text. Or, to copy an image closely, we might trace it out on transparent paper, or we might photocopy it, laying it into the photocopy machine, setting the desired number of copies and other parameters, and pressing the button. Either way, a given set of identified routines suffices to obtain a copy.

There are many different processes in the middle of the spectrum. The rubric of *knowledgeable reworking* seems to cover most of them. Such processes use routines that are generally known, but not necessarily all identifiable. Nor need the set of such routines used in a given case fully suffice to determine the entire work generated in that case. Consider translating a French cookbook into English: it is necessary to rely on lexical and syntactic routines known, sometimes only implicitly, by bilingual speakers. For example, while French usage regularly places adverbs between verbs and direct objects, English-speakers most often relocate the adverbs, usually to the beginning or end of clauses. In any event, a straightforward cookbook, if not almost every work-a-day text, is susceptible of only a slightly variable set of translations likely to be acceptable to bilingual speakers. As other examples of mid-range processes, consider selecting and organizing facts into a compilation, or excerpts into an anthology, or recontextualizing a work, as in appropriation art.

At the far end of the spectrum, there is *innovative recasting*. Here, no known set of routines suffices for moving from one work to another or even to comparable works. Consider the enterprise of translating James Joyce's *Ulysses* into French: at hundreds of thousands of points, the translators had to make choices that linguistic rules alone could not have dictated. The saxophonist Charlie Parker provides another example: starting from the chords of the tune *Cherokee*, which an accompanying guitarist had inverted just "to keep a beat going," he moved into an entirely new mode of jazz improvisation. (*Quoted in* Ira Gitler, *Swing to Bop: An Oral History of the Transition in Jazz in the 1940s*, Oxford University Press)"[854]

[14] § 2.18. Contributory Infringement

Ao titular da patente é assegurado ainda o direito de impedir que terceiros contribuam para que outros pratiquem os atos estipulados como sendo vedados (*contributory infringement*).[855]

Entendo que tal se dê – pelo princípio interpretativo acima exposto – exclusivamente no teor do tipo penal. Ou seja, pode ser coibido o fornecimento de componente de um produto patenteado, ou material ou equipamento para realizar um processo patenteado, desde que a aplicação final do componente material ou equipamento induza, *necessariamente*, à exploração do objeto da patente.

Diz, quanto ao ponto específico, o 35 USC § 271:

Whoever offers to sell or sells within the United States or imports into the United States a component of a patented machine, manufacture, combination or composition, or a material or apparatus for use in practicing a patented process, constituting a material part of the invention, *knowing the same to be especially made or especially adapted for use in an infringement of such patent*, and not a staple article or commodity of commerce suitable for substantial noninfringing use, shall be liable as a contributory infringer.

Assim, não há ilícito, civil ou penal, se alguém fornece produtos e insumos de consumo geral para um infrator da patente, e o mesmo se o faz, mesmo com um componente específico, sem culpa (que, na instância criminal, será a modalidade "dolo") específica de sabê-lo feito *especificamente para a violação da patente*.

Mas a responsabilidade quanto a terceiros não irá, na esfera civil ou penal, nunca além do prescrito em tal cláusula.

---

854 Paul Edward Geller, Hiroshige vs. Van Gogh: Resolving the Dilemma of Copyright Scope in Remedying Infringement, Journal of the Copyright Society of the U.S.A. (1998), vol. 46, at p. 39 (Fall 1998).

855 Christina Moeckel, Civil Enforcement of Intellectual Property Rights in Germany, France and Italy, Revista da ABPI. (28): 3-20, mai.-jun. 1997 e por Raul Hey, Indução à Infração de Patentes Revista da ABPI (7): 19-20, 1993. Hey, Raul, Indução à Infração de Patentes. Revista da ABPI, (7): 19-20, 1993.

[14] § 2.19. Jurisprudência: limites do direito exclusivo

> Tribunal de Justiça do DF.
Recurso em sentido estrito 119, j. 01.03.71 Primeira turma cível. Desembargador Juscelino José Ribeiro. Publicação: 08.07.71 página: 3.408- Ementa: queixa-crime. Recurso em sentido estrito. Propriedade industrial. Patente de invenção. O que lei penal pune é o uso arbitrário de meios ou processos de realização da idéia com o fim de obter produtos ou resultados industriais e não o uso de coisa fabricada. Mantida a sentença que rejeitou a queixa.

[14] § 2.20. Jurisprudência: indenização devida

> Tribunal de Justiça de SP
Propriedade Industrial – Contrafação – Ocorrência – Indenização – "Restitutio in integrum", independentemente da existência de gravame efetivo – Presunção de que o titular da patente teria fabricado e vendido todos os produtos postos no comércio pelo infrator – Recurso não provido. A restitutio in integrum deve alcançar, independentemente da existência de gravame efetivo, toda vantagem econômica lograda pelo contrafator, em decorrência do ilícito, porque se deve presumir que o titular da patente, em virtude do seu privilégio, teria fabricado e vendido todos os produtos postos no comércio pelo infrator, e que cada unidade vendida por este corresponde a uma unidade que o titular do privilégio deixou de vender. (Apelação Cível n. 213.795-1 – São Paulo – Relator: Cezar Peluso

Seção [15] Limites do direito de patente

O que caracteriza a patente como uma forma de *uso social da propriedade* é o fato de que é um direito limitado por sua função: ele existe enquanto socialmente útil. O elemento crucial do equilíbrio de interesses[856] que justifica a patente clássica é a temporariedade do direito. Não só a tecnologia se torna *conhecida* pela publicação da patente, como também seu uso passa a ser acessível por todos, após certo prazo legal.

A par dos limites temporais do direito de exclusiva, é preciso também considerar:

---

856 Pode-se descrever, como de fato certos autores o fazem, a patente como uma negociação entre a sociedade e o inventor: este dá o segredo, aquela dá a exclusividade. O ponto justo de equilíbrio deve ser alcançado, eis que, como nota Richard Levin, A new look at the patent system, in American Economic Review, maio de 1987, p. 787, não se deve acreditar que um nível maior de proteção da tecnologia seja necessariamente melhor, que resulte em mais inovação técnica, maior desempenho econômico, vantagens para o nível de vida da população, níveis mais elevados de competitividade, etc. Ao contrário, o aumento excessivo de pro-

- **a extensão técnica da exclusividade** – objetivamente, o privilégio é limitado pelas reivindicações que integram o pedido: a exclusividade de uso da tecnologia circunscrita, e de nenhuma outra.
- **a extensão geográfica da exclusividade** – quanto ao território, a patente é limitada, em regra, ao país que a concede.
- **a extensão jurídica da exclusividade** – quanto ao *exercício dos direitos*, o privilégio cobre algumas fases do processo de produção ou da circulação das mercadorias – a fabricação, a venda, etc. –, fazendo que só o titular a elas tenha acesso. Mas não há qualquer direito a manter a exclusividade naquelas etapas do processo produtivo não cobertas pela patente.
- **os limites extrínsecos** – estabelecidos como um rol de atos de terceiros, contra os quais o titular da patente não pode se opor.
- **a exigência do *uso adequado do privilégio*** – como um mecanismo de restrição à liberdade de concorrência, a patente deve ser usada de acordo com sua finalidade. O uso da exclusiva em desacordo com tal finalidade é contra direito.

[15] § 1. Limites quanto ao prazo

A duração jurídica do privilégio inclui tão somente o período em relação ao qual pode se exercer o direito de exclusiva; usualmente, a partir da concessão até um termo, contado da própria concessão ou da data de depósito.[857] Algumas legislações, no entanto, inclusive o Código brasileiro em vigor, dão proteção limitada *antes da concessão*, o que consideravelmente aumenta o período efetivo de proteção.[858] Segundo a lei em vigor, o prazo é de 20 anos para patentes de invenção, e 15 para MU.

[15] § 1.1. A prorrogação prevista em lei

Note-se que a lei prevê que o prazo de vigência não será inferior a dez anos para a patente de invenção e a 7 sete anos para a patente de modelo de utilidade, *a contar da data*

---

teção pode incentivar a investimentos repetidos, que são anticompetitivos; pode elevar preços além da taxa adequada de retorno; pode desacelerar o processo de geração e difusão da tecnologia.

857 A contagem do prazo de exclusiva a partir da concessão tende, em tese a acelerar o prazo do exame, em face do maior interesse do depositante em terminar o exame.

858 Lei 9.279/96, Art. 44. A proteção se limita à esfera civil e começa a partir da publicação do pedido, dando acesso geral ao conhecimento da nova tecnologia. Mas o exercício retroativo do direito na esfera civil, assim como a pretensão penal, esperará a concessão - o que não impede o depositante do pedido de notificar o eventual infrator do futuro privilégio, num mecanismo de dissuasão que pode ser muito eficiente caso os investimentos para a exploração do invento sejam significativos. Note-se além disso que o art. 44, § 1º, prevê que o efeito pré-concessão pode ir mesmo antes da publicação se o violador teve acesso ao conteúdo da patente, ou seja, ainda que preservando o inventor independente, punindo o que infringe o direito ao sigilo.

de concessão, ressalvada a hipótese de o INPI estar impedido de proceder ao exame de mérito do pedido, por pendência judicial comprovada ou por motivo de força maior.[859]

Assim, aplica-se a extensão de prazo sempre que o INPI retardar seu procedimento, sem que lhe tolhesse vedação judicial. A força maior, no caso, será a externa, eis que as carências de meios e de pessoal não serão excusa para a demora no procedimento. No entanto, péssima é a política pública subjacente a essa prorrogação. Douglas Gabriel Domingues[860] nota que

> "Por iniciativa dos próprios requerentes, os pleitos arrastavam-se pacorrentamente por décadas, atravessando gerações, o que levou Thomaz Leonardos a afirmar pitorescamente que a concessão do privilégio brasileiro constituía gestação de elefante ou disnossauro."

Com efeito, seria adequado responsabilizar civilmente o INPI[861] pelo retardo indevido, mas nunca a sociedade, que tem retardado a satisfação do seu interesse em haver a patente em domínio público o mais adequadamente possível. Por isso mesmo, sugere-se aqui a provável inconstitucionalidade do dispositivo, que – tentando equilibrar os interesses do requerente com o descaso da Administração – faz com que a sociedade e não o Estado pague a conta.

Tal prorrogação consta da carta patente, e, por isso, não incide nos reparos que se fazem abaixo quanto à impossibilidade de se estender o prazo da patente após sua concessão.

[15] § 1.1. (A) Jurisprudência

> Tribunal Regional Federal da 2ª Região
"o prazo de validade de uma patente é um prazo decadencial, que se inicia na data do respectivo depósito e que se encerra ao final de sua previsão legal, não podendo ser objeto de interrupção ou suspensão". 1ª Turma Especializada, AMS 2006.51.01.524783-1, JC. Márcia Helena Nunes, DJ 12.12.2008.
> Tribunal Regional Federal da 2ª Região

---

859 Vide José Carlos Tinoco Soares, Lei de Patentes, Marcas e Conexos, Ed. Revista dos Tribunais, 1997, p. 83. A ressalva, tal como expressa na lei, é inteiramente dúbia: pode-se presumir que o intuito dos legisladores fosse de que o prazo poderia ser ainda estendido por período ainda maior do que os sete ou dez anos, no caso de força maior ou impedimento judicial, mas não é isso o que resulta do texto legal. Como está expresso, não se aplica à extensão, nestes casos. Quanto ao instituto comparável americano, vide Scott E. Kamholz, Maximizing patent term in the USA, Journal of Intellectual Property Law & Practice 2007 2(9):593-598: "The statutory Patent Term Adjustment (PTA) scheme automatically extends the term of a patent by the number of days of delay in prosecution attributable to the United States Patent and Trademark Office (USPTO), minus the number of days of delay attributable to the applicant".

860 Douglas Gabriel Domingues, Comentários a Lei da Propriedade Industrial, Forense, 1ª edição, 2009, p. 154.

861 E melhor ainda, os examinadores que retardam o exame, que – não obstante o dever objetivo do Estado - sempre podem ser trazidos a responder, sem o benefício do precatório.

"Aliás, comente-se aqui que tal garantia de prazo mínimo a partir da concessão da patente é dispositivo especial na nossa legislação, não encontrando correlato em vários países do mundo. É dizer, nossa legislação, nesse passo, é muito mais generosa do que qualquer outra. A generosidade, entretanto, encontra limites na demora da concessão por motivos alheios à ingerência da autarquia federal". 1ª Turma Especializada, AMS 2005.51.01.507058-6, JC Márcia Helena Nunes, DJ 12.12.2008.

> Tribunal Regional Federal da 2ª Região

"Nossa legislação – o antigo CPI e a atual LPI – confere efeitos retroativos à data do depósito de patente, ou seja, uma vez concedida a patente, ela gera efeitos desde a data do seu depósito como deve ser no caso da patente PI 8103484-9. A regra prevista no parágrafo único (sem a ressalva) do artigo 40 da LPI é uma exceção, como já exposto, cabível somente para os casos em que ocorre uma demora excessiva na concessão da patente e que é atribuída exclusivamente ao INPI, fato que não se verifica no presente caso. Por outro lado, não se perca de vista também, que ao se conceder o prazo de 10 (dez) anos à patente da impetrante a partir da data da concessão, como ela pretende, e sem causa legal, na realidade se estará dando vigência de um prazo superior a 30 (trinta) anos, o que certamente ultrapassa o prazo de vigência previsto no antigo CPI e da atual LPI"., 1ª Turma Especializada, AMS 2005.51.01.507058-6, voto vista do Des. Abel Gomes, DJ 12.12.2008.

[15] § 1.2. Efeitos antes da concessão

Os efeitos potenciais do privilégio, em especial os econômicos, têm, no entanto, duração bem maior. Em primeiro lugar, contam-se *do primeiro depósito* do pedido, ainda que efetuado no exterior, pois o eventual concorrente levará em consideração a hipótese futura da concessão da exclusiva.

Quando, como ocorre no caso brasileiro, há direito à indenização *mesmo antes da concessão*, este efeito *de facto* torna-se muito mais aparente. De outro lado, nos casos em que a exploração industrial da nova tecnologia presuma autorização de órgãos públicos – como no caso de produtos farmacêuticos – o exercício efetivo do privilégio ainda dura todo o tempo do procedimento autorizatório em favor dos concorrentes.[862]

---

862 Vide, porém o novo inciso VII do art. 43, que diminui esse efeito perverso.

[15] § 1.2. (A) Efeitos econômicos anteriores à concessão

Os efeitos potenciais do privilégio, em especial os econômicos, têm, no entanto, duração bem maior. Tal se dá tanto no tocante ao *poder efetivo de excluir concorrentes* quanto ao *poder de livremente usar o privilégio antes da concessão*

Em primeiro lugar, os efeitos reais de exclusão contam-se *do primeiro depósito* do pedido, ainda que efetuado no exterior, pois o eventual concorrente levará em consideração a hipótese futura da concessão da exclusiva.

Quando, como ocorre no caso brasileiro, há direito à indenização *mesmo antes da concessão*, este efeito *de facto* torna-se muito mais aparente. De outro lado, nos casos em que a exploração industrial da nova tecnologia presuma autorização de órgãos públicos – como no caso de produtos farmacêuticos – o exercício efetivo do privilégio ainda dura todo o tempo do procedimento autorizatório em favor dos concorrentes.[863]

Quanto ao poder de usar o invento antes da concessão, observa Gama Cerqueira;[864]

> "contando-se o longo tempo necessário para obter a patente, o inventor, na verdade goza de prazo muito maior para explorar a invenção, pois poderá usá-la e explorá-la sem prejuízo de sua novidade, desde o momento do depósito do pedido."

As invenções objeto de pedido de patente, antes mesmos destes pedidos serm concedidos, já são comercialmente exploradas pelos seus titulares. O titular de um pedido de patente já se beneficia economicamente da patente desde o depósito até a expiração da vigência da patente.

Mais ainda, está livre o titular da patente, independentemente da concessão, de postular e obter os registros administrativos eventualmente exigidos, para imediata exploração de seu invento.

[15] § 1.2. (B) Da eficácia da patente antes da concessão

Como já se afirmou, a eficácia econômica de uma patente não se limita ao prazo de vigência da patente. Com efeito, o poder dissuasório de uma patente, em face de seus concorrentes, nasce do momento em que o titular do pedido de patente exerce seu direito de fazer o *primeiro depósito no mundo*.

A partir desse depósito, nasce para o titular o poder de requerer o monopólio em todo e qualquer país onde se reconheça o direito de prioridade ou direito de requerimento ao estrangeiro. Em cada um desses Estados cria-se uma expectativa de direito que desaconselha o investidor prudente de exercer a concorrência com o uso da solução técnica para a qual se pede a exclusiva.

---

863 Vide, porém o novo inciso VII do art. 43, que diminui esse efeito perverso.
864 CERQUEIRA, João da Gama. Tratado da Propriedade Industrial, v. II tomo I, parte II. Rio de Janeiro: Forense, 1952, p. 249.

A ciência da existência desse pedido se dará, na maior parte dos casos, após o período de sigilo que é – em regra – de dezoito meses. Interesses estratégicos podem fazer com que o titular torne público a descrição ou referência do teor do pedido para – exatamente – desincentivar a competição *mesmo pelos competidores que têm tecnologias competitivas* que possam colidir, ainda que em parte com o objeto do pedido.

A regra, aliás, é que, na manifestação de simples intenção de produzir, um concorrente potencial receba a notificação de *cease and desist*, como se chama internacionalmente o aviso do titular da patente para retirar a presunção de boa fé do competidor. Assim faz o parecerista em seus coturnos de advogado, e fazem todos seus colegas no mundo inteiro.

O art. 44 da lei atual, aliás, consagra esse procedimento como matéria legal:

§ 1º Se o infrator obteve, por qualquer meio, conhecimento do conteúdo do pedido depositado, anteriormente à publicação, contar-se-á o período da exploração indevida para efeito da indenização a partir da data de início da exploração.

Descreve Ivan Alehrt o procedimento em seu magistral, e infelizmente inédito livro sobre interpretação de patentes:[865]

Em vista, ainda, do § 1º, se o depositante pretende que uma eventual indenização, após a concessão da patente, alcance também o uso não autorizado de terceiros realizado durante o período de sigilo de seu pedido de patente,[866] cabe a ele notificar ao infrator, fornecendo ao último uma cópia do pedido e/ou informando de seu teor. Uma alternativa adequada reside no envio de notificação extrajudicial, via Cartório de Títulos e Documentos, com o que se proporciona uma prova inquestionável de que o infrator obteve, de fato, conhecimento sobre a invenção reivindicada na data em que recebida a notificação. Se não se objetiva qualquer pessoa ou empresa especificamente e se o depositante ainda deseja estabelecer a data mais cedo possível para o efeito de futuras ações indenizatórias contra possíveis infratores, pode ele requerer ao INPI a publicação antecipada de seu pedido.[867]

Assim é que só confrontam o titular *do pedido* os contrafatores de má fé ou os competidores com poder econômico e desfaçatez que lhes permitam afrontar a força

---

865 Interpretação de Reivindicações e Infração de Patentes, na Lei Brasileira de Propriedade Industrial - Conceitos e Análise Comparativa

866 [Nota do original]Art. 30 - O pedido de patente será mantido em sigilo durante 18 (dezoito) meses contados da data de depósito ou da prioridade mais antiga, quando houver, após o que será publicado, à exceção do caso previsto no art. 75.

867 [Nota do Original] Art. 30 - [...] § 1º - A publicação do pedido poderá ser antecipada a requerimento do depositante.

econômica do titular do pedido. Para os demais, o investimento em montar fábricas, efetuar treinamento de pessoal, tentar obter mercado, para depois se ter todo o proveito econômico, e mais ainda, canalizado para o titular que – eventualmente – vier a obter o privilégio, **não compensa o risco**. Ou seja, a patente efetivamente vale *como um instrumento de mercado* antes da sua concessão. O efeito econômico precede a plenitude do efeito jurídico.

Nos países, como o Brasil, em que há real previsão de efeito retroativo da concessão da patente – mesmo se a concessão se dá depois do prazo de vigência do privilégio – o risco é ainda mais veemente. O risco aumenta agora, à luz do art. 210 da nova lei, que prescreve:

> Art. 210. Os lucros cessantes serão determinados pelo critério mais favorável ao prejudicado, dentre os seguintes:
>
> I – os benefícios que o prejudicado teria auferido se a violação não tivesse ocorrido, ou
>
> II – os benefícios que foram auferidos pelo autor da violação do direito; ou
>
> III – a remuneração que o autor da violação teria pago ao titular do direito violado pela concessão de uma licença que lhe permitisse legalmente explorar o bem.

No seu brilhante manuscrito, Ivan Alehrt esclarece sobre esse ponto:

> Não obstante este artigo, em diversas decisões judiciais em ações de infração não houve condenação ao pagamento de indenização, apesar de a violação ter sido reconhecida e o réu condenado a suspendê-la. Esta aparente contradição resultou do entendimento de alguns juízes de que o titular não logrou comprovar efetivamente as perdas sofridas em conseqüência dos atos de infração. Como será comentado em relação à nova lei, esta dificuldade deve deixar de existir em virtude da previsão de critérios claros para o cálculo do prejuízo sofrido pelo titular.

Num país em desenvolvimento, em que o competidor nacional dá maior deferência ao poder econômico das empresas de porte internacional, a expectativa de direito ainda se traduz em maior eficácia real de dissuasão da patente.

Alehrt, ainda, indica a diferença de tratamento que ocorre, sob este ponto, no sistema americano, onde se dá maior atenção ao *poder real de mercado* de uma patente:

> Algumas decisões judiciais nos EUA estabelecem que o titular não tem direito de ser indenizado pelo uso não autorizado que ocorreu antes da expedição da patente,[868] não obstante ele poder efetivamente impedir a continuação desse uso após

---

868 "[Nota do original] In Columbia @ N.R.R. Co. *et. al* v. Chandler, 241 F. 261 (9th Cir. 1917), the court was faced with a situation involving trucks built before a patent was granted but then found that the patentee

a expedição. Observe-se que nos EUA o pedido é mantido em sigilo até que a patente seja expedida, de tal modo que o uso não autorizado antes da expedição da patente ocorre não apenas em um período em que o titular não tem mais do que uma expectativa de direito mas também em que a matéria do pedido não é de conhecimento do infrator.

[15] § 1.2. (C) Caso em que a base do direito expirava antes da concessão

Quando a concessão se dá depois de falecido o direito exclusivo, a extensão temporal da *base do direito* se limita ao espaço entre o depósito e o fim do privilégio, e não (obviamente) até a concessão.

No entanto, a faculdade de exercício do direito de haver indenização quanto a qualquer violação ocorrida durante o prazo do privilégio se prolonga até o fim do prazo prescricional das ações pertinentes. Assim, justificava-se a concessão *ex post.*

Efeitos de uma concessão após o prazo da patente

A eventual concessão de uma patente em data posterior à expiração do prazo ocorre corriqueiramente. No caso do Brasil, a lei de 1971 – exatamente como a de 1996 – dá *certos* efeitos retroativos à concessão. Olhemos com cuidado o contraste das normas pertinentes na lei antiga e na lei nova.

---

was authorized to recover from the user for the use of the trucks. [...] The court noted that in Gayler v. Wilder, 13 L. Ed. 504, Chief Justice Taney said: "The inventor of a new and useful improvement certainly has no exclusive right to it, until he obtains a paten t. This right is created by the patent, and no suit can be maintained by the inventor against any one for using it before the patent is issued.' This was followed by a cite to Marsh v. Nichols, Shepard & Co., 128 U.S. 605 where the court found that: 'Until the patent is issued there is no property right in it; that is, no such right thst the inventor can enforce. Until then there is no power over its use, which is one of the elements of a right of property in anything capable of ownership.' The Chandler court continued with its analysis, looking to Lyon v. Donaldson, 34 Fed. 789 where it had been held that '[a] defendant cannot be said to have been a trespasser upon plaintiff's property before his (plaintiff's) patent was obtained.' Finally, the court cited Brill v. St. Louis Car Co., 80 Fed. 909 where it was noted that: '[t]here can be no invasion of the patentee's rights by any manufacture or use of the device, the subject matter of the expected patent, prior to the date of the patent.' Following this look back, the court concluded that the plaintiff was not entitled to any claim of damage for manufacturing of the product before the issuance of the patents." - Steven J. Grossman - "Experimental Use or Fair Use as a Defense to Patent Infringement"- IDEA - The Journal of Law and Technology - vol. 30 - no. 3 - 1990.

De 15/12/1971 a 14/5/1997	De 15/5/1997 em diante
Art. 23. **A exploração da invenção por terceiro não autorizado, entre a data do depósito e a da concessão do privilégio, permitirá ao titular obter, após a expedição da respectiva patente, a indenização que for fixada judicialmente.** Parágrafo único. A fixação da indenização considerará, inclusive, a exploração feita no período a que se refere este artigo.	Art. 44. Ao titular da patente é assegurado o direito de obter indenização pela exploração indevida de seu objeto, **inclusive em relação à exploração ocorrida entre a data da publicação do pedido e a da concessão da patente.**
	§ 1º Se o infrator obteve, por qualquer meio, conhecimento do conteúdo do pedido depositado, anteriormente à publicação, contar-se-á o período da exploração indevida para efeito da indenização a partir da data de início da exploração. § 2º Quando o objeto do pedido de patente se referir a material biológico, depositado na forma do parágrafo único do art. 24, o direito à indenização será somente conferido quando o material biológico se tiver tornado acessível ao público. § 3º O direito de obter indenização por exploração indevida, inclusive com relação ao período anterior à concessão da patente, está limitado ao conteúdo do seu objeto, na forma do art. 41.

[15] § 1.3. O que ocorre quando a patente acaba

Relembrando a decisão da Suprema Corte Americana, antes citada:

" quando a patente expira o monopólio criado por ela expira também, e o direito de fabricar o artigo – inclusive o direito a fazer precisamente na forma em que foi patenteada – passa ao público."[869]

Com efeito, uma conclusão inescapável, seja utilizando os instrumentos de análise da concorrência, seja os da propriedade, é que – uma vez extinto o seu prazo -, a patente recai no domínio comum. Ou seja, todos podem fazer uso da tecnologia, no pleno exercício da livre iniciativa constitucional. Disse Gama Cerqueira, o mais clássico dos doutrinadores brasileiros em propriedade industrial:

"As invenções, modelos de utilidade, desenhos e modelos industriais não patenteados não podem ser protegidos com base nos princípios da repressão da concorrência desleal, por pertencerem ao domínio público".[870]

---

869 Sears, Roebuck & Co. V. Stiffel Co., 376 U.S. 225 (1964).
870 João da Gama Cerqueira, Tratado de propriedade industrial, v. 2, t. 2, parte 3, p. 379.

Repete-o Ponte de Miranda:

Sempre que se extingue direito patrimonial de invenção cai a invenção no domínio comum. Não é a propriedade que se extingue, o que se extingue é o direito exclusivo de inventor ou de seu sucessor, ou da pessoa que tem por força do art. 65 do Decreto-lei nº 7.903.[871]
É o direito de propriedade que se resolve, ao termo, quanto ao titular, passando a outrem, a todos a titularidade. O direito mesmo, objetivamente, não cessa ao expirar o prazo de duração. Não se trata de ineficacização; nem se trata de inexistência: o direito não cessa; o inventor é que perde a exclusividade, e para sempre. Diz o art., 39 do Decreto – Lei nº 7.903: "O privilégio de invenção vigorará pelo prazo de 15 anos contados da data da expedição da patente, findo o qual o invento cairá em domínio público".O direito de propriedade industrial cai no "domínio público", isto é, a invenção torna-se *res communis omnium*.[872]

E assim indicou o STJ:

> Superior Tribunal de Justiça
Resp 70015/sp (1995/0035061-0). DJ:18/08/1997 p:37859. RSTJ vol.97 p.195. Relator Min. Eduardo Ribeiro. Data da decisão: 03/06/1997. Terceira turma. Ementa – Modelo industrial não patenteado. Concorrência desleal. O criador de modelo industrial, não protegido por patente, não pode opor-se a seu uso por terceiro. A concorrência desleal supõe o objetivo e a potencialidade de criar-se confusão quanto a origem do produto, desviando-se clientela.

[15] § 1.4. Extinção de Direitos: questão intertemporal do Código

Não existem dúvidas, no direito brasileiro corrente, da impossibilidade de aplicação de uma lei que inicia sua eficácia substantiva em 15 de maio de 1997 a um fato extintivo de direito ocorrido em data anterior.

Afigura-se o entendimento tranqüilo dos autores e da jurisprudência que se aplica no Brasil – quanto à eficácia das leis no tempo – a doutrina de Gabba.[873]

Assim é que, nos termos desta dogmática, a aplicação imediata e geral da lei não implica em retroação para alcançar os fatos anteriores à sua vigência. Na formulação consagrada, a lei nova se aplica aos feitos posteriores à sua vigência e aos efeitos decorrentes destes fatos, que são os fatos futuros; já a lei antiga se aplica aos fatos ocorridos sob a sua vigência cujos efeitos já se produziram. É a questão do *direito consumado.*

---

871 MIRANDA, Pontes de. Tratado de Direito Privado. Parte Especial. Tomo XVI. São Paulo: RT, 1983, p. 393.
872 MIRANDA, Pontes de. Tratado de Direito Privado. Parte Especial. Tomo XVI. São Paulo: RT, 1983, p. 333.
873 GABBA, Teoria della retroativitá della legge. Itália, 3ª ed., v. I, p. 191 Apud Batalha, Wilson de Souza Campos. Direito Intertemporal.Rio de Janeiro: Forense, 1980, p. 106-108.

Nada mais consumado que um direito cujo prazo fatal expirou antes da lei nova.

Mas o ponto de maior discussão do direito intertemporal é a aplicação do direito aos fatos ocorridos sob a vigência da lei antiga, cujos efeitos se produziram na vigência da lei nova. Quando tal ocorre, é indispensável.

Como se viu, no CPI de 1971 não existia nenhuma regra equivalente ao artigo 40 parágrafo único da LPI atua – nenhum *tempo mínimo* de vigência da patente após a concessão mesma.

Da aplicação da Lei 9.279/96

Apesar de o artigo 244[874] da mesma lei afirmar que a Lei 5.772/71, CPI anterior, estava revogada, está claro, com base no artigo 243[875] da LPI atual que a revogação completa da lei 5.772/71 só ocorreu em 15 de maio de 1997, com a entrada em vigor da Lei 9.279/96, pois, o artigo 243 é claro ao determinar que a Lei 9.279/96, LPI atual, entraria em vigor somente um ano após a sua publicação, que ocorreu em 15 de maio de 1997, com exceção dos artigos 230, 231, 232 e 239, que entraram em vigor na data de publicação.

Por esta razão, enquanto esta lei nova não entrasse em vigor, todos os direitos e obrigações com relação aos direitos de propriedade industrial ainda eram regidos pela Lei 5.772/71, com exceção aos direitos regidos pelos artigos já mencionados, que entraram em vigor imediatamente.

Com isto claro, podemos afirmar que o artigo 40 da LPI atual só entrou em vigor em 15 de maio de 1997. Isto significa que o prazo das patentes só passou a ser de 20 anos nesta e os prazos de prorrogação previstos no parágrafo único deste artigo também só valeriam para pedidos de patentes ainda vigentes nesta data. As patentes cujos prazos expiraram **antes de 15 de maio de 1997**, não fizeram nem fazem jus ao benefício do parágrafo único do artigo 40 da Lei 9.279/96, pois este dispositivo legal inexistia na legislação nacional até a entrada em vigor da nova LPI.

Assim doutrina Dannemann,[876] ao comentar o artigo 40 da LPI atual:

"Este artigo encerra um aspecto controverso quanto à sua aplicação às patentes concedidas na vigência do precedente Código da Propriedade Industrial. Parecer de 1997 do Ministério da Indústria, do Comércio e do Turismo concluiu pela inaplicação dos prazos do presente art. 40 às patentes concedidas na vigência da

---

874 Art. 244. Revogam-se a Lei nº 5.772, de 21 de dezembro de 1971, a Lei nº 6.348, de 7 de julho de 1976, os arts. 187 a 196 do Decreto-Lei nº 2.848, de 7 de dezembro de 1940, os arts. 169 a 189 do Decreto-Lei nº 7.903, de 27 de agosto de 1945, e as demais disposições em contrário.

875 Art. 243. Esta Lei entra em vigor na data de sua publicação quanto às matérias disciplinadas nos arts. 230, 231, 232 e 239, e 1 (um) ano após sua publicação quanto aos demais artigos.

876 DANNEMAN, Siemens Bigler & Ipanema Moreira. Comentários à lei de propriedade industrial e correlatos. Rio de Janeiro, São Paulo:Renovar, 2005, p. 76-77.

Tratado da Propriedade Intelectual

legislação precedente, parecer esse com base no qual o INPI emitiu algumas decisões contrárias a requerimentos de extensão do prazo de patentes que se encontravam em vigor em 15.05.1997. Em síntese, tal opinião fundamentou-se na premissa de que o art. 229 da Lei de Propriedade Industrial apontaria para a aplicação das novas disposições apenas aos pedidos pendentes, enquanto o art. 235 dessa mesma Lei determinou que se asseguram os prazos em curso concedidos na vigência da Lei precedente.

Algumas considerações revelam improcedentes os fundamentos daquele parecer, na medida em que o art. 229 trata da situação específica dos pedidos pendentes, em particular daqueles relativos a matérias não patenteáveis à luz da Lei n° *5.772171*, o que, por si só, não exclui a aplicação da nova Lei às patentes concedidas anteriormente **e que ainda se encontravam em vigor em 15.05.1997.** ...

A jurisprudência também, mesmo quando se põe à favor da extensão do prazo de patentes, é clara ao afirmar que esta extensão só cabe às patentes ainda em vigência em 15 de maio de 1997. Notou a Juíza da 21ª. Vara da Justiça Federal, Dra. Liliane do Espírito Santo Roriz de Almeida, atual Desembargadora da Segunda Turma Especializada do TRF2, no caso *Novelprint Sistemas de Etiquetagem Ltda. v. Instituto Nacional da Propriedade Industrial – INPI*.[877]

> **"Ocorre que, com a entrada em vigor da Lei nº 9.279, de 14/5/96, vigente a partir de 15/5/97**, que revogou integralmente o antigo CP1, o prazo de validade das patentes de modelo de utilidade passou a ser de quinze anos, e não mais de dez anos, na forma de seu art. 40." Grifo nosso

O mesmo raciocínio se aplica para o artigo 40 parágrafo único, que inexistia antes de 15 de maio de 1997. Portanto, todas as patentes extintas antes desta data não usufruem do parágrafo único deste artigo.

[15] § 1.5. Aumento de prazo. Direito Intertemporal. Prorrogação

Importante questão surge a aplicação do novo prazo das patentes e modelos de utilidade, em face das patentes já em vigor. Muito se discorreu sobre o tema no campo doutrinário e jurisprudencial, inclusive em consideração à aplicação direta do art. 33

---

877 Decisão proferida pela, então Exma. Juíza da 21ª Vara da Justiça Federal, Dra. Liliane do Espírito Santo Roriz de Almeida, atual Desembargadora da Segunda Turma especializada do TRF2, no caso Novelprint Sistemas de Etiquetagem Ltda. v. Instituto Nacional da Propriedade Industrial - INPI. *Apud* DANNEMAN, Siemensen Bigler & Ipanema Moreira. Comentários à lei de propriedade industrial e correlatos. Rio de Janeiro, São Paulo:Renovar, 2005, p. 76-77.

de TRIPs.[878] Não obstante o elevado teor das discussões, cumpre apenas lembrar duas considerações capitais:

Nem o art. 33, nem nenhum outro dispositivo de TRIPs, têm aplicação direta no direito interno brasileiro; vide, quanto a este ponto, a seção pertinente do terceiro capítulo deste livro.

O sistema constitucional brasileiro simplesmente refuga a modificação de um direito adquirido com prazo certo de exercício, como são os direitos de terceiros em face da expiração da patente. Vide, quanto ao ponto, o comentário pertinente no segundo capítulo deste volume.

Com efeito, a *expectativa de direito* que cada concorrente tinha, a *termo certo*, consolidou imediatamente no seu patrimônio o direito de concorrer com o uso da tecnologia antes patenteada. Assim diz o Código Civil:

Art. 131 (123 no CPI/96). O termo inicial suspende o exercício, mas não a aquisição do direito.

Poder-se-ia argüir que o exercício de uma liberdade de concorrência não configura *direito subjetivo*. Para tanto, seria necessária a existência de interesse concreto, **subjetivado**, e, como tal, *juridicamente protegido*, o que – em tese –, seria distinto do gozo de uma liberdade não subjetivada.

Mas certas pessoas não têm simplesmente o *status* genérico de um beneficiário de liberdades difusas. São elas concorrentes do titular da patente prorroganda no seu âmbito exato, no momento do depósito da patente, no momento da concessão, e continuaram o sendo por todo o tempo da vigência. Seu interesse econômico de usar a tecnologia no exercício de sua liberdade de concorrência existia a todo tempo, e, no momento que o INPI concedeu a patente, consolidou-se em seu patrimônio um direito, como o concorrente que era, de competir usando a tecnologia na data indicada.

Para ele, indubitavelmente, "o termo inicial suspende o exercício, mas não a aquisição do direito".

Assim, *ainda que terceiros pudessem não ter adquirido o mesmo direito*, por carência de subjetivação, o concorrente do titular da patente prorroganda o adquiriu desde o momento da concessão da patente do titular da patente prorroganda.

Por quê? Porque o concorrente do titular da patente prorroganda somava, a todo tempo em que a patente aparentava vigorar (pois era, como é, irremediavelmente nula) todas as condições subjetivas e objetivas de um titular do direito de concorrer com a tecnologia patenteada. Este direito (já adquirido) tornou-se suscetível de exercício pleno ao fim do período de exclusividade inicialmente fixado na lei; ou seja, a partir deste momento inicia o prazo em que o concorrente do titular da patente prorroganda pode usar livremente da tecnologia da patente.

---

878 Vide, por exemplo, os longos comentários em Danemann, Siemens, Biegler, Ipanema Moreira, Comentários à LPI, Renovar, 2001, p. 96 e seg.

[15] § 1.5. (A) Ações judiciais visando a prorrogação: efeitos perante concorrentes

Por que terceiros poderiam ser impedidos de usar livremente da tecnologia da patente, mesmo após o prazo estipulado na Lei 5.772/71?

Porque certos titulares de patentes prorrogandas, sustentam em ação própria, que tiveram prorrogada sua patente, por força de um ato internacional, o Acordo TRIPs. Ou porque a Lei 9.279/96 passou a conferir às patentes concedidas sob sua vigência um prazo maio, muito embora não tivesse prorrogado as que já estavam em vigor (como o fez a Lei de Direitos Autorais, Lei 9.610/98).

Em muitos casos, a patente prorranganda teria sido mantida, – temporariamente, até que se resolva a lide – por decisões judiciais. A concessão precaucional tem ocorrido freqüentemente em ação movida pelo titular da patente prorroganda contra o INPI, que declara na hipótese que a patente estava em domínio público ao fim do prazo legal.

Desta feita, nestes casos, a patente ainda não caiu em *domínio público*, tornando-se livre para uso de qualquer um. Em respeito a tais decisões, poder-se-ia argumentar que *em face de terceiros que não tivessem direito adquirido*, o privilégio continuaria em vigor provisória e temporariamente. Quem não teria ainda adquirido o direito ao uso livre da tecnologia, quando foi concedida a liminar? Por exemplo, indústrias que nunca tivessem concorrido com os titulares da patente nula.

Lógico que tal não se aplica ao concorrente do titular da patente prorroganda. Temporária ou definitivamente, qualquer prorrogação obtida pelo titular da patente prorroganda em outro pleito é *inoponível* ao concorrente do titular da patente prorroganda. Tal não se dá só por não estar ele vinculado à eventual *res judicata* em sua eficácia processual, como por ser impossível afrontar o direito adquirido, que o concorrente do titular da patente prorroganda, como concorrente, adquiriu já na data de concessão da patente.

Tentemos tornar ainda mais claro: não se pode prorrogar uma patente contra um direito já adquirido em substância, e cujo *termo de exercício* já se achava fixado desde o início. O direito foi adquirido quanto à substância e quanto ao prazo.

A ação judicial de que se fala, se concluir pela prorrogação do prazo da patente do titular da patente prorroganda, simplesmente será irrelevante perante o concorrente do titular da patente prorroganda. Mesmo se a decisão concluir pela prorrogação, esta prorrogação não afeta o concorrente do titular da patente prorroganda.

Nenhuma lei poderia afrontar o direito que o concorrente do titular da patente prorroganda tinha desde que a patente foi concedida. Certamente não o poderia fazer uma emenda constitucional. E, cristalinamente, não o poderia fazer um tratado internacional. Mesmo porque, se o fizesse, estaria afrontando outro texto internacional, que é a declaração universal dos direitos do homem.

Efeitos do aumento de prazo no direito nacional e estrangeiro

Note-se que é instituto corrente na Propriedade Industrial que uma patente deixe de se aplicar a certas pessoas, pela pré-existência de direitos adquiridos, mesmo quando se aplica a todas as outras.

Diz o art. 45 da Lei 9.279/96 que "à pessoa de boa fé que, antes da data de depósito ou de prioridade de pedido de patente, explorava seu objeto no País, será assegurado o direito de continuar a exploração, sem ônus, na forma e condição anteriores". Em outras palavras, o direito resultante da patente exerce-se *erga omnes*, menos para o usuário anterior.[879]

Inspirado no *droit de possession personelle* do Direito Francês, a lei garante a inoponibilidade do privilégio ao usuário anterior.

Mesmo se se admitir a prorrogação da patente do titular da patente prorroganda, o que seria inconstitucional, e sem base em TRIPS, ainda assim o concorrente do titular da patente prorroganda teria direito de explorar a tecnologia, pois, como ocorre no caso do art. 45, o direito subjetivado e precedente tornaria o privilégio *inoponível* a ele.

Finalmente,

- ainda que se imaginasse que TRIPS fosse aplicável internamente,
- ainda que se imaginasse que a Lei 9.279/96 não tivesse revogado TRIPs, e
- ainda que se imaginasse que não houvesse direito constitucional insuperável que garantisse ao concorrente do titular da patente prorroganda, como competidor, o poder de fabricar o produto com a tecnologia patenteada,
- ainda assim, o direito garantiria ao concorrente do titular da patente prorroganda uma situação jurídica privilegiada, pela qual – por motivos de equidade – lhe fosse permitido continuar a fabricar.

Foi o que reconheceu a lei interna americana que, após TRIPs, mandou aplicar uma prorrogação de dezessete para vinte anos. Esta lei, embora estendendo a todos o novo prazo, deixou de fazê-lo no tocante aos concorrentes efetivos do titular da patente prorrogada. Tal lei garantiu o status especial dos concorrentes, cujo interesse jurídico não poderia deixar de ser respeitado.[880]

---

879 Posição similar tem o beneficiário de nulidade incidental em procedimento judicial: a patente continua a valer erga omnes, salvo para a parte que conseguiu determinar a nulidade da patente como matéria de defesa.

880 A Seção 154(c) do Título 35 do Código dos Estados Unidos, alterado pela Lei de Aplicação dos Acordos da OMC (URAA), assim dispõe: (c) CONTINUATION. — (1) DETERMINATION. — The term of a patent that is in force on or that results from an application filed before [June 8, 1995] shall be the greater of the 20-year term as provided in subsection (a), or 17 years from grant, subject to any terminal disclaimers.(2) REMEDIES. — The remedies of sections 283 [damages], 284 [injunction], and 285 [attorneys fees] of this title shall not apply to Acts which — (A) were commenced or for which substantial investment was made before [June 8, 1995]; and (B) became infringing by reason of paragraph (1). (3) REMUNERATION. — The acts referred to in paragraph (2) may be continued only upon the payment of an equitable remuneration to the patentee that is determined in an action brought under chapter 28 and chapter 29 (other than those provisions excluded by paragraph (2)) of this title.1.

Assim é que *mesmo no caso em que a prorrogação foi determinada pela lei interna* (o que não aconteceu no Brasil), garantiu-se ao competidor imunidade contra todas constrições que o titular pudesse usar contra seus competidores reais e efetivos com base na prorrogação. O competidor do titular ganhou pela lei:

- imunidade contra qualquer liminar que viesse proibir sua fabricação,
- imunidade à sucumbência, e
- imunidade à indenização por perdas e danos.

Cabe somente ao titular apenas o direito a royalties razoáveis, determinados inclusive por intervenção do poder público.

Seria inaudito que a patente americana do titular da patente prorroganda desse mais direitos

Aliás imunidade similar, mas mais extensa, foi garantida no Brasil pela Lei 9.279/96, no caso do *pipeline.*

O *pipeline* é um dispositivo, de constitucionalidade questionável, que permitiu aos titulares de certos tipos de patentes, antes proibidos no Brasil mas concedidos no exterior, de fazer valer seus interesses no País a partir da vigência da lei nova de 1996.

Nos termos do art. 232 do CPU/96, a produção ou utilização por terceiros, nos termos da legislação anterior (ou seja, sem restrição), dos inventos sujeitos ao *pipeline* poderão continuar, nas mesmas condições anteriores à aprovação da norma de 1996. A lei enfatizava que não seria admitida qualquer cobrança retroativa ou futura, de qualquer valor, a qualquer título, relativa a produtos produzidos ou processos utilizados no Brasil em conformidade com a imunidade em questão. O mesmo se daria caso, no período anterior à entrada em vigência desta Lei, tenham sido realizados investimentos significativos para a exploração do invento em *pipeline.*

Assim, tanto na lei americana quanto na brasileira se reconheceu o status especial do competidor, que não poderiam ter seus interesses jurídicos violados pela prorrogação ou pela concessão de uma exclusividade que antes não existia.

Nos dois casos, se configurou uma *inoponibilidade* do direito de patentes.

É o que beneficia igualmente o concorrente do titular da patente prorroganda, com base no seu direito adquirido e subjetivado, por ser não só destinatário da liberdade geral de competir, mas *competidor real e efetivo do titular*

Da prorrogação de patentes e a visão de Gama Cerqueira

A extensão do prazo das patentes, além do prazo legal de retorno do investimento, resultante dos atos nulos do INPI, tem sua condenação desde sempre no direito brasileiro. O mestre indisputado da Propriedade Industrial no Brasil, João da Gama Cerqueira,[881] assim entedia:

> A prorrogação do prazo de duração do privilégio é medida que não encontra nenhuma justificativa e que só poderá dar lugar a abusos e injustiças. (...) Por outro lado, falar em prorrogação do prazo dos privilégios de invenção por interesse nacional é verdadeiro contra-senso.
>
> O interesse nacional, que constitui fundamento para a desapropriação da patente (Código, art. 64), não pode servir de fundamento para prorrogar o prazo do privilégio em benefício do seu concessionário, cujos interesses particulares se contrapõem aos nacionais. A coletividade, por sua vez, está interessada não na prorrogação do privilégio, mas na sua extinção e na vulgarização das invenções, para que o uso e a exploração destas se tornem livres (Constituição, art. 141, § 17). Portanto, se por *interesses nacionais* se entenderem os interesses da coletividade, o contra-senso da lei ainda é maior.
>
> Não receamos errar afirmando que os interesses nacionais e os interesses da coletividade não se conciliam nunca com a prorrogação do prazo dos privilégios, exigindo, ao contrário, a sua extinção no prazo normal. De fato, como pode a Nação ou a coletividade ter interesse na permanência de um privilégio que cerceia a liberdade de todos e cuja exploração exclusiva só ao seu concessionário traz benefício?

[15] § 1.5. (B) Interesse jurídico do concorrente do titular da patente contra a prorrogação

Explicando como o conflito constitucional entre direitos de propriedade intelectual e a liberdade de competição se resolve no tocante ao *prazo das patentes*, disse eu ainda:

Como parte do vínculo que a patente tem com "o interesse social e o desenvolvimento tecnológico e econômico do País", o concorrente do titular da patente prorroganda do invento tem uma exclusiva temporária – e todos terceiros têm, em sede constitucional, um direito sujeito a termo inicial de realização livre do invento ao fim do prazo assinalado em lei.

Tais princípios têm conseqüências interessantes, por exemplo, quanto à possibilidade de prorrogação das patentes. Ao conceder, sob o CPI/71, uma patente por quinze anos, a União ao mesmo tempo constituiu um direito a tal prazo no patrimônio do dono da patente, e garantiu à sociedade em geral, e aos competidores do dono da patente, de que em quinze anos, a tecnologia estaria em domínio público.

Que exista tal interesse, não há dúvidas. Disse-o uma série de decisões judiciais:

Acórdão da 2ª. Turma do TRF2 na apelação em mandado de segurança no. 24516, Processo: 9902027032/RJ; decisão de 13/03/2002. Documento: TRF200084185 Relator

---

881 CERQUEIRA, João da Gama. Tratado da Propriedade Industrial, v. II tomo I, parte II. Rio de Janeiro: Forense, 1952, p. 249-251.

Guilherme Couto Ementa PROPRIEDADE INDUSTRIAL –PATENTE -PRORRO-GAÇÃO DO PRIVILÉGIO – Carece de fundamento o pedido de ampliação do prazo de vigência de patente, deferida com validade de quinze anos, para estendê-la por mais cinco anos, sob o argumento que a lei atual confere privilégios maiores, com duração de vinte anos. Nada existe no "Acordo sobre aspectos dos direitos de propriedade intelectual relacionados ao comércio", vulgarmente conhecido como TRIPS, que autorize a ampliação. **Pedido que abala as expectativas empresariais legítimas, de explorar invento ou modelo que cairá em domínio público.** Impossível ampliar a exclusividade, que apenas pode ser concedida com base em lei. O artigo 70.2 do TRIPS não tem o alcance que se lhe quer conferir. Apelo desprovido.

Assim também o acórdão na apelação em mandado de segurança – 23926, Processo: 9802458287RJ, segunda turma, data da decisão: 19/11/2002, relator Guilherme Couto; tal decisão foi citada como plausível, embora ressaltando a matéria controversa, na medida cautelar 2004.02.01.008937-9, relator Sergio Schwaitzer.

Mas q*ual a natureza de tal interesse?*

Três hipóteses se nos antepõem:

1. A de um simples interesse econômico
2. A de um interesse difuso
3. A de um direito adquirido, resultante, ou não, de um ato jurídico perfeito.

Deixemos de lado a primeira alternativa, já por ser intuitiva, já por não nos conduzir à solução da questão a que nos propusemos.

[15] § 1.5. (C) O interesse difuso

A idéia de que a posição dos competidores e do público em geral, perante o fim do prazo de uma patente, é um interesse difuso, surge das ponderações de Luigi Carlo Ubertazzi,[882] perseguidas em nosso direito, por recente tese de doutorado de Adriana Diaféria.[883]

Segundo a autora, há os seguintes interesses, no pertinente à nossa indagação:

b) interesses da categoria de *concorrentes* Na mesma linha do jurista italiano dentre os interesses da categoria de concorrentes, ao menos três interesses difusos são imediatamente identificados: (i) o interesse no conhecimento

---

882 Luigi Carlo Ubertazzi, Invenzione e inovazione, Milano, Giufrè, 1978.

883 A Problemática das Invenções Envolvendo Genes Humanos e sua Relação com os Interesses Difusos no Âmbito da Propriedade Industrial - O Direito Ao Progresso Econômico, Científico e Tecnológico. Tese apresentada à Banca Examinadora da Pontifícia Universidade Católica de São Paulo, como exigência parcial para a obtenção do título de Doutorado em Direito (Direito das Relações Sociais), sob a orientação do Professor Doutor Nelson Nery Junior. PONTIFÍCIA UNIVERSIDADE CATÓLICA DE SÃO PAULO SÃO PAULO – 2003, não publicada.

dos resultados das outras pesquisas industriais, de acordo com as normas que regulam a divulgação das invenções e o sistema de informação, ou melhor, o estado da técnica pertinente no próprio sistema de propriedade industrial; (ii) **interesse na "imitação" ou mais genericamente, na utilização das outras invenções, dentro dos limites previstos no sistema de propriedade industrial; (...)**

É precisamente o que indica a decisão da Suprema Corte Americana no caso Bonito Boats, acima citado:

A operação eficiente do sistema federal de patentes depende da existência de um comércio substancialmente livre de desenhos e invenções industriais de conhecimento público e sem serem restritas por patentes. (...) Desde seu início, as leis federais sobre patentes incorporaram um cuidadoso equilíbrio entre a necessidade de promover a inovação, de um lado, e o reconhecimento de que a imitação e o refinamento através da imitação são – ambos – necessários à invenção ela mesma, e se constituem no elemento vital de uma economia concorrencial.[884]

Esse interesse difuso, de usar os conhecimentos livremente *nos limites previstos no sistema de propriedade industrial*, vem a corporificar exatamente a posição de um concorrente perante o fim do prazo da patente. Mas, ao que entendemos, não se limita a essa patamar.

[15] § 1.5. (D) Da hipótese do direito adquirido

A posição deste parecerista, anteriormente expressa, é a de que ao conceder uma patente por quinze anos, a União ao mesmo tempo constituiu um direito a tal prazo no patrimônio do dono da patente, e garantiu à sociedade em geral, e aos competidores do dono da patente, de que em quinze anos, a tecnologia estaria em domínio público.

Assim é que precisamos:

Os competidores das titulares de patente tinham um *direito adquirido* a exercer sua liberdade de iniciativa, em face da patente, *ao fim dos quinze anos do seu prazo*. Se a lei aumentasse o prazo da patente, estaria invadindo o patrimônio do competidor, agredindo uma situação jurídica constituída que esta tinha, de vir a investir livremente no mercado.

O monopólio de 15 anos constituiu-se contra todos, e pereceu a seu termo em favor de todos, especialmente dos concorrentes. A liberdade de iniciativa foi limitada

---

884 Bonito Boats, Inc. V. Thunder Craft Boats, Inc., 489 U.S. 141 (1989), O'connor, J., Relator, decisão unânime da Corte.

por quinze anos, em favor do titular, e foi reconquistada, ao fim do prazo, pelos seus concorrentes.

Nossa posição não somente se expressa em análise constitucional. Dissemos, perquirindo os limites da lei ordinária, em nosso Uma Introdução à Propriedade Intelectual, 2ª ed., Lumen Juris, 2003:

> "Uma vez concedida a patente na data e através de publicação do respectivo ato de expedição da carta-patente (art. 38 § 3.), uma série de efeitos se produz:
>
> *para o titular*, nasce o direito exclusivo: a partir de então pode restringir terceiros a deixar de fazer as atividades que lhe são privativas, sob sanção civil e penal (art. 42 e 183), com as limitações pertinentes;
>
> *para o titular*, nasce o poder de haver indenização pelas violações de seu interesse jurídico protegido anteriormente à concessão, na forma do art. 44.
>
> *para o titular*, nascem as obrigações pertinentes ao bom uso do privilégio, como a de orientar a exclusiva para o bem comum, e dela não abusar (art. 43, 68 a 71, etc.).
>
> *Para o terceiro em geral*, nascem as pretensões relativas à nulidade da concessão (arts. 46 a 57).
>
> *Para o terceiro em geral*, nasce o direito à importação paralela (art. 68, § 2º.) se houver importação pelo titular ou seu autorizado.
>
> *Para o terceiro em geral,* nasce como direito adquirido a pretensão de exercer as atividades privativas resultante da patente ao fim da concessão então outorgada, nos termos e prazos da outorga (CF/88, art. 1º c/c art. 5º, XXIX).
>
> *Para o usuário anterior*, nasce o direito de não oponibilidade, mantido o *status quo* anterior ao depósito do pedido ou à prioridade (art. 45)."

A noção de direito adquirido na Constituição de 1988

Assim, o ponto chave do nosso parecer é o seguinte: pode, no sistema constitucional brasileiro, uma lei prorrogar o prazo de patentes já concedidas?

A questão se remete diretamente à noção constitucional de direito adquirido. Diz Luiz Roberto Barroso, cuja reflexão nos guiará neste segmento deste parecer:[885]

> Duas constatações podem ser extraídas dessas anotações iniciais sobre o tema: (i) ao contrário de outros países do mundo, o direito adquirido no Brasil tem proteção constitucional; (ii) como consequência, somente o constituinte originário pode validamente suprimi-lo. Além disso, como se verá logo a seguir, a teoria que prevalece no Brasil acerca do conteúdo e alcance do direito adquirido é a que outorga maior proteção.

---

885 Luis Roberto Barroso, Temas de Direito Constitucional - Tomo III, Renovar, 2005.

A primeira constatação é a de que soluções possíveis em outros países, pela revogabilidade ou afastabilidade do direito adquirido, não são transportáveis para o caso brasileiro. Para não se distanciar de nosso tema, o fato de que, em outros países, se possa ter admitido prorrogação de patentes, não prefigura que o mesmo possa ocorrer aqui.

Pois Barroso fere exatamente a questão aqui discutida:

A controvérsia na matéria surge a propósito de uma outra situação: a do tratamento jurídico a ser dado aos efeitos de um ato praticado sob a vigência da lei anterior, que só venham a se produzir após a edição da lei nova. Foi precisamente em torno dessa questão que se dividiu a doutrina, contrapondo dois dos principais autores que se dedicaram a,o tema: o italiano Gabba e o francês Paul Roubier.[886] Para Roubier, a lei nova aplicava-se desde logo a esses efeitos, circunstância que denominou de *eficácia imediata* da lei, e não retroatividade. Gabba, por sua vez, defendia tese oposta: a de que os efeitos futuros deveriam continuar a ser regidos pela lei que disciplinou sua causa, isto é, a lei velha. Esta foi a linha de entendimento que prevaleceu no direito brasileiro e que tem chancela da jurisprudência do Supremo Tribunal Federal
(…) Como já se assinalou, é a posição de Gabba que, de longa data, baliza o tema no direito brasileiro, apontando como características do direito adquirido: 1) ter sido consequência de um fato idóneo para a sua produção; 2) ter-se incorporado definitivamente ao património do titular.[887] O conhecimento corrente é o de que havendo o fato necessário à aquisição de um direito ocorrido integralmente sob a vigência de uma determinada lei, mesmo que seus efeitos somente se

---

886 [Nota do original] . V. Gabba, Teoria delia retroattività delle leggi, 1868; e Paul Roubier, Lê droit transitoire (conflits dês lois dans lê temps), 1960. Caio Mário sintetiza com precisão a disputa: "Na solução do problema [do conflito intertemporal de leis], duas escolas se defrontam. Uma, 'subjetivista', representada precipuamente por Gabba, afirma que a lei nova não pode violar direitos precedentemente adquiridos, que ele define como consequências de um fato idóneo a produzi-lo em virtude da lei vigente ao tempo em que se efetuou, embora o seu exercício venha se apresentar sob o império da lei nova (Gabba, 'Teoria delia retroattività delle leggi', vol. I, p. 182 e ss.). O que predomina é a distinção entre o 'direito adquirido' e a 'expectativa de direito'. Outra, 'objetivista', que eu considero representada por Paul Roubier, para o qual a solução dos problemas está na distinção entre 'efeito imediato' e 'efeito retroativo'. Se a lei nova pretende aplicar-se a fatos já ocorridos (facta praeterita) é retroativa; se se refere aos fatos futuros (jacta futura) não o é. A teoria se diz objetiva, porque abandona a ideia de direito adquirido, para ter em vista as situações jurídicas, proclamando que a lei que governa os efeitos de uma situação jurídica não pode, sem retroatividade, atingir os efeitos já produzidos sob a lei anterior (Paul Roubier, ob. cit., vol. I, n. 41 e segs.)". (Caio Mário da Silva Pereira, Direito constitucional intertemporaj, RF, 304:29, 1988, p. 31).

887 [Nota do original] V. Gabba, Teoria delia retroattività delle leggi, 1868, p. 191: "É adquirido todo direito que: a) é consequência de um fato idóneo a produzi-lo, em virtude da lei do tempo no qual o fato se realizou, embora a ocasião de fazê-lo valer não se tenha apresentado antes da atuação de uma lei nova a respeito do mesmo, e que b) nos termos da lei sob o império da qual se verificou o fato de onde se origina, passou imediatamente a fazer parte do património de quem o adquiriu". V., também, Carlyle Popp, A retroatividade das normas constitucionais e os efeitos da Constituição sobre os direitos adquiridos, 36:13, 1991.

devam produzir em um momento futuro, terão de ser respeitados na hipótese de sobrevir uma lei nova.[888]

E,. completando o que entendo como essencial às nossas cogitações:

A *expectativa de direito* identifica a situação em que o fato aquisitivo do direito ainda não se completou quando sobrevêm uma nova norma alterando o tratamento jurídico da matéria. Neste caso, não se produz o efeito previsto na norma, pois seu fato gerador não se aperfeiçoou. Entende-se, sem maior discrepância, que a proteção constitucional não alcança esta hipótese, embora outros princípios, no desenvolvimento doutrinário mais recente (como o da boa-fé e o da confiança), venham oferecendo algum tipo de proteção também ao titular da expectativa de direito. E possível cogitar, nessa ordem de ideias, de direito a uma transição razoável.

Na sequência dos eventos, *direito adquirido* traduz a situação em que o fato aquisitivo aconteceu por inteiro, mas por qualquer razão ainda não se operaram os efeitos dele resultantes. Nesta hipótese, a Constituição assegura a regular produção de seus efeitos, tal como previsto na norma que regeu sua formação, nada obstante a existência da lei nova. Por fim, o *direito consumado* descreve a última das situações possíveis – quando não se vislumbra mais qualquer conflito de leis no tempo – que é aquela na qual tanto o fato aquisitivo quanto os efeitos já se produziram normalmente. Nesta hipótese, não é possível cogitar de retroação alguma.

De modo esquemático, é possível retratar a exposição desenvolvida na síntese abaixo:

a) *Expectativa de direito:* o fato aquisitivo teve início, mas não se completou;
b) *Direito adquirido:* o fato aquisitivo já se completou, mas o efeito previsto na norma ainda não se produziu;
c) *Direito consumado:* o fato aquisitivo já se completou e o efeito previsto na norma já se produziu integralmente.

Assim, se distinguirmos na situação em que o prazo de vigência de patentes simultaneamente constitui termo final da exclusividade e termo inicial do livre uso por terceiros da mesma tecnologia, teremos a completa aquisição do direito no momento em que a patente foi concedida.[889]

---

888 [Nota do original] Reynaldo Porchat, Da retroactividade das leis civis, 1909, p. 32: "Direitos adquiridos são consequências de factos jurídicos passados, mas consequências ainda não realisadas, que ainda não se tornaram de todo effectivas. Direito adquirido é, pois, todo o direito fundado sobre um facto juridico que já succedeu; mas que ainda não foi feito valer" (ipsis litteris].

889 Supondo, sem dvida, de que esse direito tenha-se subjetivado e integrado num patrimônio. Mas esse aspecto será analisado depois.

Note-se que tal entendimento não impede, absolutamente, que a nova Lei 9.279/96 aumentasse o prazo das patentes ainda não concedidas.[890] O bloqueio constitucional opera-se apenas em relação àquelas patentes para as quais houve um ato completo e inatacável de concessão, que constituísse um direito de livre acesso à tecnologia patenteada.

A questão da subjetivação do direito

Como antes prometido, vejamos se o interesse sob termo inicial, protegido na concessão da patente, *entra no patrimônio dos terceiros*, de forma a constituir direito adquirido.

Poder-se-ia argüir que o exercício de uma liberdade de concorrência não configura *direito subjetivo*. Para tanto, seria necessário a existência de interesse concreto, **subjetivado**, e, como tal, *juridicamente protegido*, o que – em tese –, seria distinto do gozo de uma liberdade não subjetivada.

Mas certas pessoas não tem simplesmente o *status* genérico de um beneficiário de liberdades difusas. São elas concorrentes do titular da patente prorroganda no seu âmbito exato, no momento do depósito da patente, no momento da concessão, e continuaram o sendo por todo o tempo da vigência. Seu interesse econômico de usar a tecnologia no exercício de sua liberdade de concorrência existia a todo tempo, e, no momento que o INPI concedeu a patente, consolidou-se em seu patrimônio um direito, como o concorrente que era, de competir usando a tecnologia na data indicada.

Para ele, indubitavelmente, "o termo inicial suspende o exercício, mas não a aquisição do direito".

Assim, *ainda que terceiros pudessem não ter adquirido o mesmo direito*, por carência de subjetivação, o concorrente do titular da patente prorroganda o adquiriu desde o momento da concessão da patente do titular da patente prorroganda.

Por quê? Porque o concorrente do titular da patente prorroganda somava, a todo tempo em que a patente vigorava, todas as condições subjetivas e objetivas de um titular do direito de concorrer com a tecnologia patenteada. Este direito (já adquirido) tornou-se suscetível de exercício pleno ao fim do período de exclusividade inicialmente fixado na lei; ou seja, a partir deste momento inicia o prazo em que o concorrente do titular da patente prorroganda pode usar livremente da tecnologia da patente.

---

890 Citando, uma vez mais Barroso, *op. cit., loc. cit.:* "Cumpre fazer uma nota final sobre o que se convencionou deno minar de regime jurídico. Nessa locução se traduz a ideia de que não há direito adquirido à permanência indefinida de uma mesma disciplina legal sobre determinada matéria. Por exemplo: ninguém poderá defender-se em uma ação de divórcio alegando que se casou em uma época em que o casamento era indissolúvel, pretendendo ter direito adquirido à permanência daquele regime jurídico. No direito constitucional e administrativo, o exemplo mais típico é o da relação entre o servidor e a entidade estatal à qual se vincula. O fato de haver ingressado no serviço público sob a vigência de determinadas regras não assegura ao servidor o direito à sua imutabilidade".

Um direito de terceiros

A tese de que a prorrogação de uma patente afronta interesses *jurídicos* e não apenas interesses não qualificados encontrou acolhida judicial. Por exemplo:

Acórdão da quinta turma do TRF2, na apelação cível – 179150, Processo: 9802338869RJ, decidido em 04/09/2002, relatado pela desembargadora NIZETE RODRIGUES Ementa ADMINISTRATIVO. PATENTES. ACORDO SOBRE ASPECTOS DO DIREITO DE PROPRIEDADE INTELECTUAL RELACIONA-DOS AO COMÉRCIO. LEI Nº 9.279/96.IRRETROATIVIDADE. PRAZO DE TRANSIÇÃO.- As patentes constituem privilégios de exclusividade concedidos àqueles que desenvolveram criação utilitária, e têm a sua duração definida pela lei em vigor à época de sua concessão. O Acordo ADPICS (Aspectos do Direito de Propriedade Intelectual Relacionados ao Comércio), ou TRIPs, e a Lei nº 9.279/96, que aumentaram os prazos de exclusividade, não se aplicam aos privilégios anteriormente concedidos, à ausência de disposição expressa nesse sentido. **Inteligência do art. 5º, XXXVI**, da Constituição Federal e do art. 70.1 do Acordo. - Para o Brasil e para todos os países em desenvolvimento que não renunciaram expressamente ao benefício, o prazo de transição para o novo regime de proteção findou-se em 1o de janeiro de 2000. - Apelação improvida. Data Publicação 29/05/2003
AGRAVO DE INSTRUMENTO 122263/RJ, 2004.02.01.000246-8, decisão de 28 de setembro de 2004, relator ANTÔNIO CRUZ NETTO
"É certo que expirado o prazo de vigência, a patente cai em domínio público e o inventor perde o direito de exclusividade de sua exploração e de fruição dos proveitos econômicos que dela possam advir.
Por outro lado, em linha de princípio, não se admite a prorrogação de prazo de direito material, instituído em lei, quando a medida, inclusive, afeta direito subjetivo material de terceira pessoa, no caso, o fato da patente cair em domínio público."

A tese de simples expectativa

No entanto, outros julgados discerniram apenas uma expectativa de direito:

No caso concreto, a posição de eventual interessado em explorar a criação, objeto da patente, sem ter de negociar com o seu titular, na espera de vê-la em domínio público, é a posição de expectativa de direito. Nessa ótica, a lei nova pode retroagir, e ampliar o prazo de privilégio já definido, antes menor, beneficiando ao seu titular. [891]

---

[891] Apelação em Mandado de Seguranca 99.02.02703-2. Relator: Juiz Federal Convocado Guilherme Couto, 13 de março 2002.

Citando inclusive a visão de Labrunie:[892]

"Vale mencionar ainda que o INPI levanta a tese de que a coletividade teria o direito adquirido de ver cair em domínio público as patentes concedidas sob a égide da Lei nº 5.772/71, ao completarem o seu 15º aniversário – o que é de todo descabido. É certo que o direito de patentes confere ao titular o direito de exploração exclusiva da invenção, limitado no tempo, beneficiando-se toda a coletividade com a queda em domínio público da invenção, findo o prazo legal. Este princípio ou fundamento da própria existência do sistema de patentes, porém, não pode ser interpretado como um direito adquirido da coletividade. Inexiste expectativa de direito adquirido (*sic*), o direito adquirido por parte da coletividade adquire-se num momento certo – no dia do vencimento da patente. Se a lei é modificada, este dia passa a ser outro. Só com o advento do termo é que dar-se-á o direito adquirido."

Entendimento doutrinário similar existe, de Patrice Lyard:[893]

A aplicabilidade do instituto do direito adquirido encontra-se de igual sorte elidida, uma vez que, como já vimos, o ato concessivo da patente confere somente ao seu titular um direito, o de usar exclusivamente o invento, que se prolonga no tempo até o seu termo.

Diante do instituto do direito adquirido surgiu a tese de que a aplicação imediata do art. 33 do TRIPS afetaria "direito adquirido da sociedade" em usufruir do benefício da patente que cairia em domínio público ao término de sua vigência. Ora, não há que se falar em direito adquirido da sociedade, mas sim em mera expectativa de direito da sociedade em usufruir do invento após o termo da patente, uma vez que a sua concessão outorga ao titular direito de uso exclusivo do invento, que se prolonga no tempo e só se exaure com o seu termo. Ademais, como sabemos, a simples expectativa de direito não é tutelada em nosso ordenamento jurídico, não restando, portanto, qualquer óbice à aplicação da lei mais benéfica ao titular da patente.

Vale, então, refletir sobre essa questão. O prazo da patente cria um termo certo, *certus an et certus quando*, que é o momento inicial em que cada um pode exercer a atividade privilegiada, sem peias e sem limites.

---

892   Jacques Labrunie, Ainda os Prazos de Vigência das Patentes – TRIPS e a Nova Lei de Propriedade Intelectual, publicado no volume nº 36 da Revista da ABPI.

893   Patrice Gilles Paim Lyard, A controvérsia do prazo de extensão das patentes com a entrada em vigor do TRIPS, p. 385 Revista Forense – Vol. 367 Estudos e Comentários; vide também Arnoldo Wald, Parecer solicitado pelo Escritório Dannemann Siemsen Bigler & Ipanema Moreira: A Vigência do TRIPS e seus efeitos. São Paulo/SP, 14.09.1999.

Com efeito, em relação a esse momento, certo porém diferido, a concessão da patente consolidou imediatamente no patrimônio do beneficiário o direito de concorrer com o uso da tecnologia antes patenteada. Assim diz o Código Civil:

Art. 123 – O termo inicial suspende o exercício, mas não a aquisição do direito.

Diz, sobre esta questão, Newton Silveira:

"As regras da LICC, concernentes ao Direito Intertemporal, se encontram no art. 6º, parágrafo 1º. 'Reputa-se ato jurídico perfeito o já consumado segundo a lei vigente ai tempo em que se efetuou'.
Daí concluiu Limongi que 'inexiste incompatibilidade entre a idéia do efeito imediato e do direito adquirido' (ob. cit., p. 223).
Em conclusão, não há que se confundir expectativa de direito com direito a termo.
São direitos adquiridos não só os que já se podem exercer, como 'aqueles cujo começo tenha termo prefixo' (p.245). Em nota à mesma página, o autor, diz que o termo pode ser estabelecido em lei, em ato administrativo, em preceito estatutário, ou ainda em ato jurisdicional. Além disso, o art. 123 do CC estabelece que o dies a quo 'suspende o exercício, mas não a aquisição de direito.'
À p. 251, o Autor cita Bevilacqua: "(...) o direito condicional já é um bem jurídico, tem valor econômico e social, constitui elemento do patrimônio do titular'.
A conclusão de Limongi França é: "(...) no silêncio da Lei, a regra é a irretroatividade.' (p. 282)
'O direito adquirido abrange os direitos a termo, seja final (dies ad quem), seja inicial (dies a quo).'
Ora, o ato administrativo de concessão da patente, pelo prazo de 15 anos na vigência da lei anterior, criou Direito adquirido para os concorrentes do titular da patente de passarem a explorar seu objeto a partir do término do prazo, não podendo ser prorrogado.
Essa é a conclusão que se impõe".

A visão de que a patente só extrai benefícios para seu detentor, sem a correspondente doação à sociedade, é simplesmente inconstitucional. O balanceamento de interesses cuja tessitura já se desenhou acima impede que um elemento central do equilíbrio seja abandonado: o publico, e o competidor em particular, não tem simples esperança, mas a segurança de um termo certo, que suspende o início, mas não a aquisição, do acesso ao uso da tecnologia.

Em suma, mais uma vez aqui, a tese da simples expectativa reflete uma concepção dualista, e não poligonal, do que seja uma patente.

A questão da retroação a *bonis*

Outra tese largamente discutida é a de que a retroatividade existiria, mas seria benéfica e, assim, justificada. Lê-se tal entendimento em decisão da Desembargadora Tania Heine:

Quanto à aplicação desse prazo dilatado às patentes cujo prazo de validade estavam em curso quando da entrada em vigor das novas disposições, deve-se levar em conta o aspecto protetivo da legislação moderna pertinente à propriedade industrial.

Ora, se a nova lei (Lei nº 9.279/96) prevê em seu artigo 40 que as patentes tenham vigência por 20 (vinte) anos, o fato de se atribuir esse prazo às patentes cujos prazos de validade se encontram em curso, apenas confere uma maior proteção aos direitos de propriedade industrial. Se a nova lei beneficia o detentor da patente, cujo depósito foi feito com base em legislação anterior e menos favorável, ela deve ser aplicada.[894]

O mesmo espírito inspira Celio Borja em seu parecer de jurisconsulto no processo nº 97-21814-7 em curso perante a 9ª Vara Federal-RJ:[895]

"Ora, nenhum direito é infringido, quando o prazo de vigência de uma patente é estendido de quinze para vinte anos. A lei nova que aumenta ou amplia direito pessoal ou real não prejudica o titular do direito. Por isso, pode aplicar-se e incidir imediatamente, sem que se possa vislumbrar retroação proibida."

E nada diverso entendeu julgado da 2ª Turma do TRF2:[896]

Por sua vez, a Constituição não impede o efeito imediato da lei nova (retroatividade mínima). A lei nova que modifica o exercício do direito real, especialmente quando favorável a seu titular, não modifica direito adquirido, pelo que tem incidência imediata, não havendo vedação constitucional nem legal à incidência da lei nova sobre efeitos posteriores de relações jurídicas anteriormente constituídas. O que é proibido é a aplicação de norma legal posterior aos fatos e atos anteriores ou aos efeitos dos mesmos que já tenham passado a integrar o patrimônio do seu titular.

As ponderações dos juristas e advogados que postulam pela possibilidade de extensão a *bonis* de direitos em geral, para aplicar essa mesma conclusão à propriedade intelectual, deixam de considerar sempre o aspecto crucial da natureza de tais direitos.

Ou seja:

---

894   Agravo 2002.02.01.026704-2, 09 de novembro de 2004.

895   Celio Borja, Patente de Invenção – Acordo Internacional – Vigência. In Revista de Direito Administrativo nº 213. Rio de Janeiro, 1998.

896   Apelação Civel 299618 processo 2002.02.01.037551-3, 25 de maio de 2004, Castro Aguiar.

1. que qualquer dos direitos de propriedade intelectual (ou pelo menos o conteúdo patrimonial de todos eles) implica em uma restrição temporária da liberdade de todos, e em particular, dos concorrentes;
2. que essa restrição é constituída a prazo certo,
3. que, ao ser constituída, simultaneamente cria um interesse juridicamente tutelado – em sede constitucional – pela reconquista da liberdade restrita.

Ou seja, a restrição concorrencial constituída pela propriedade intelectual institui simultaneamente um direito exclusivo de explorar a criação, e um direito suscetível de aquisição, que é o da liberdade de usar livremente a criação ao fim do prazo. Esta criação única de um interesse imediato e um diferido, mas ambos de imediata aquisição, é a essência do equilíbrio constitucional na Propriedade Intelectual.

Celio Borja não considerou, como está claro, que em cada nova patente há dois titulares – o da exclusividade imediata, e o do direito ao uso livre, diferido. Para tomar emprestado suas palavras, a lei nova que aumenta ou amplia direito relativo à Propriedade Intelectual **prejudica** o titular do direito diferido de uso livre da mesma criação.

A aplicação direta do novo prazo da Lei 9.279/96

Não menos relevante é o entendimento de Gustavo Leonardos, escudando-se em sólidos autores. Aqui também, no entanto, abandona-se a noção poligonal do que é a patente, para apenas perquirir os efeitos de uma prorrogação *quanto ao titular*.

Segundo tal entendimento, verificar-se-ia aplicação direta do novo prazo, já não mais pela ação de TRIPs, mas da própria lei ordinária:[897]

O art. 40 da Lei nº 9.279/96, que entrou em vigor em 15 de maio de 1997, estabeleceu que a "patente de invenção vigorará pelo prazo de 20 anos". As patentes que em 15.5.97 vigiam pelo prazo de 15 anos tiveram então seus prazos de vigência modificados para 20 anos, nos termos do art. 6º da Lei de Introdução ao Código Civil, pois esta extensão de prazo não *prejudicou* qualquer direito adquirido ou ato jurídico perfeito (art. 5º, XXXVI, da Constituição): (...)

Logo, todas as patentes em vigor em 15.5.97 teriam, se isto já não tivesse se dado por força do art. 33 do **TRIPS**, seus prazos estendidos por força do art. 40 da Lei nº 9.279/96 ("A patente de invenção vigorará pelo prazo de 20 anos..."), não havendo qualquer necessidade de se invocar as disposições do Acordo **TRIPS** para se exigir esta extensão de prazo.

---

897   Gustavo Starling Leonardos, Dos prazos de validade das patentes em vista do acordo "Trips" e da nova Lei de Propriedade Industrial (Lei nº 9. 279/96), p. 51 Revista Forense – Vol. 345 Doutrina.

Como um exemplo importantíssimo da prorrogabilidade de direitos intelectuais, evoca o magistério de Clóvis Beviláqua quanto ao Artigo 649 do Código Civil:

"Para os livros publicados sob o império da lei nº 496, de 1º de agosto de 1898, e que ainda não havia caído em domínio comum, quando entrou em vigor o Código Civil, o prazo da garantia legal é o do Código Civil, porque o direito autoral, ainda subsistente, passou a ser regulado pela lei nova."

Note-se que a nova Lei dos Direitos Autorais (Lei 9.610, de 19.02.98) contém dispositivo de importe semelhante no seu Artigo 112:

Art. 112 – Se uma obra, em conseqüência de ter expirado o prazo de proteção que lhe era anteriormente reconhecido pelo § 2º do art. 42, da Lei nº 5.988, de 14 de dezembro de 1973, caiu no domínio público, não terá o prazo de proteção dos direitos patrimoniais ampliado por força do art. 41 desta Lei.

Assim, com o bom direito, a lei autoral não retira do domínio público o que lá já estava. Mas, como quer Gustavo Leonardos.[898]

Ora, o prazo de proteção que era estipulado no § 2º do Artigo 42, da anterior Lei nº 5.988/73, como disposto no Artigo 112, acima transcrito, não se estende às obras que já tenham caído em domínio público, ficando claro que as obras cujo prazo de proteção ainda estejam em vigor serão abrangidas pelo novo prazo do Artigo 41, isto é, os prazos de proteção passam de 60 para 70 anos, sem necessidade de nenhum dispositivo que trate diretamente da matéria.

Tal ilação, *a contrario senso*, conflita porém com o texto constitucional. Aliás, ainda que o relativo a prorrogação de prazos de direitos autorais fosse pertinente ao direito pátrio, não seria ele mecanicamente extensíveis às patentes, como recentemente enfatizou a Suprema Corte dos Estados Unidos.[899]

---

898 Gustavo Starling Leonardos, Dos Prazos de Validade das Patentes em Vista do Acordo "Trips" e da Nova Lei de Propriedade Industrial (Lei nº 9.279/96).

899 Cabe aqui analisar a posição da Suprema Corte dos Estados Unidos no caso Eldred v. Ashcroft (537 US 186 (2003)), a qual enfrentou a questão da constitucionalidade da prorrogação de direitos autorais ainda vigentes. A Corte denegou., por maioria, que houvesse jurisprudência constitucional vedando essa prorrogação, e também a de patentes. Diz o acórdão: "As early as McClurg v. Kingsland, 1 How. 202, the Court of Appeals recognized, this Court made it plain that the Copyright Clause permits Congress to amplify an existing patent's terms. (...) Moreover, because the Clause empowering Congress to con-fer copyrights also authorizes patents, the Court's inquiry is significantly informed by the fact that early Congresses extended the duration of numerous individual patents as well as copyrights. Lower courts saw no "limited Times" impediment to such extensions. (...) Sears, Roebuck & Co. v. Stiffel Co., 376 U. S. 25, 229, and Bonito Boats, Inc. v. Thunder Craft Boats, Inc., 489 U. S. 141, 146, both of which involved the federal patent regime, are not to the contrary, since neither concerned the extension of a patent's duration nor suggested that such an extension might be constitutionally infirm. Furthermore, given crucial distinc-

O ato jurídico perfeito

Outra série de decisões judiciais tem enfatizado a natureza do ato de concessão de patentes, na qual se fixa simultaneamente o termo final da exclusividade e o termo inicial do livre uso da tecnologia como um *ato jurídico perfeito.*

Assim preceitua decisão da Segunda Turma do TRF2, em acórdão também citado acima:[900]

> "Acresça-se a essa fundamentação o fato de que a concessão de uma patente, uma vez concluídos todos os trâmites legais, constitui ato jurídico perfeito e acabado, insusceptível de ser modificado por simples ato administrativo sem força de lei, como seria, no caso, uma decisão do INPI. Obviamente, sem previsão legal expressa não pode a autarquia, por ato interno, conceder a prorrogação de prazo."

E, igualmente, no voto vencido do Desembargador Fernando Marques, o que se lê em Acórdão da 4ª Turma do TRF2:[901]

> No outro aspecto, e aqui me valho do Parecer, da lavra do Doutor JOAQUIM BARBOSA GOMES – Procurador Regional da República –, Sua Excelência salienta uma questão de Direito Intertemporal não menos importante e que, na verdade, também não favorece o pleito do Impetrante, ora Apelante.

---

tions between patents and copyrights, one cannot extract from language in the Court's patent decisions— language not trained on a grant's duration—genuine support for petitioners' quid pro quo argument". No entanto, numa advertência crucial, indica que o balanceamento dos interesses constitucionais dos direitos autorais e das patentes, no tocante à duração, é essencialmente distinto: "Patents and copyrights do not entail the same exchange, since immediate disclosure is not the objective of, but is exacted from, the patentee, whereas disclosure is the desired objective of the author seeking copyright protection. Moreover, while copyright gives the holder no monopoly on any knowledge, fact, or idea, the grant of a patent prevents full use by others of the inventor's knowledge.". Continuando a mesma reflexão: "Further distinguishing the two kinds of intellectual property, copyright gives the holder no monopoly on any knowledge. A reader of an author's writing may make full use of any fact or idea she acquires from her reading. See §102(b). The grant of a patent, on the other hand, does prevent full use by others of the inventor's knowledge. See Brief for Respondent 22; Alfred Bell & Co. v. Catalda Fine Arts, 191 F. 2d 99, 103, n. 16 (CA2 1951) (The monopoly granted by a copyright "is not a monopoly of knowledge. The grant of a patent does prevent full use being made of knowledge, but the reader of a book is not by the copyright laws prevented from making full use of any information he may acquire from his reading." (quoting W. Copinger, Law of Copyright 2 (7th ed. 1936))". É bem verdade que, em seguida, a Corte complementa: "The fact that patent and copyright involve different exchanges does not, of course, mean that we may not be guided in our "limited Times" analysis by Congress' repeated extensions of existing patents. See supra, at 10–13. If patent's quid pro quo is more exacting than copy-right's, then Congress' repeated extensions of existing patents without constitutional objection suggests even more strongly that similar legislation with respect to copyrights is constitutionally permissible".

900 Agravo de Instrumento 122263/RJ, 2004.02.01.000246-8, decisão de 28 de setembro de 2004, relator Antônio Cruz Netto

901 Apelacao em Mandado de Segurança 2002.02.01.024411-0, decidida em 06 de maio de 2003, Relator Benedito Gonçalves.

Diz Sua Excelência: (Lê):

"É de todos sabido que o Tratado Internacional tem no Direito Brasileiro <u>status</u> normativo de Lei Ordinária. Assim, um Tratado que estabelece regramento distinto do contido em uma Lei Ordinária revoga as disposições dessa lei. **Porém, a nova normatização decorrente da vigência da Norma Internacional não pode atingir o ato jurídico perfeito, porque o ato jurídico perfeito se encontra protegido por cláusula constitucional inserida no rol dos Direitos e Garantias Individuais.**"

E é, precisamente, essa a situação dos autos, já que o ato concessivo da patente do Impetrante é um ato jurídico perfeito, que não foi atingido pelas novas disposições relativas a patentes trazidas pelo Acordo <u>TRIPS</u>. De modo que esses dois aspectos de natureza fundamentalmente processual de Direito Intertemporal são cruciais ao desate da lide, antes mesmo de saber se se tem que proteger a posição do autor ou da sociedade.

No entanto, sempre ancorado na visão patrimonialista, de uma patente de efeitos simplesmente dual, preceitua Lyard:[902]

O ato concessivo da patente é ato jurídico, porém não é perfeito, pois outorga ao seu titular direito de propriedade, de usar e fruir o respectivo invento com exclusividade, que somente termina, exaurindo seus efeitos, e tornando-se perfeito, com o termo do direito de uso exclusivo concedido ao seu titular. O exercício desse direito se prolonga no tempo, se extinguindo somente à data em que o invento cairá em domínio público, quando cessarão os seus efeitos e poderá ser utilizado por toda a sociedade.

[15] § 1.5. (E) Casos em que o titular da patente prorroganda moveu ação judicial

Por que terceiros poderiam ser impedidos de usar livremente da tecnologia da patente, mesmo após o prazo estipulado na Lei 5.772/71?

Porque certos titulares de patentes prorrogandas, sustentam em ação própria, que tiveram prorrogada sua patente, por força de um ato internacional, o Acordo TRIPs. Ou porque a Lei 9.279/96 passou a conferir às patentes concedidas sob sua vigência um prazo maio, muito embora não tivesse prorrogado as que já estavam em vigor (como o fez a Lei de Direitos Autorais, Lei 9.610/98).

---

902 *Op. cit.*

Em muitos casos, a patente prorranganda teria sido mantida, – temporariamente, até que se resolva a lide – por decisões judiciais. A concessão precaucional tem ocorrido freqüentemente em ação movida pelo titular da patente prorroganda contra o INPI, **que declara na hipótese que a patente estava em domínio público ao fim do prazo legal.**

Desta feita, nestes casos, a patente ainda não caiu em *domínio público*, tornando-se livre para uso de qualquer um. Em respeito a tais decisões, poder-se-ia argumentar que *em face de terceiros que não tivessem direito adquirido*, o privilégio continuaria em vigor provisória e temporariamente. Quem não teria ainda adquirido o direito ao uso livre da tecnologia, quando foi concedida a liminar? Por exemplo, indústrias que nunca tivessem concorrido com os titulares da patente nula.

Lógico que tal não se aplica ao concorrente do titular da patente prorroganda. Temporária ou definitivamente, qualquer prorrogação obtida pelo titular da patente prorroganda em outro pleito é *inoponível* ao concorrente do titular da patente prorroganda. Tal não se dá só por não estar ele vinculado à eventual *res judicata* em sua eficácia processual, como por ser impossível afrontar o direito adquirido, que o concorrente do titular da patente prorroganda, como **concorrente**, adquiriu já na data de concessão da patente.

Tentemos tornar ainda mais claro: não se pode prorrogar uma patente contra um direito já adquirido em substância, e cujo *termo de exercício* já se achava fixado desde o início. O direito foi adquirido quanto à substância e quanto ao prazo.

A ação judicial de que se fala, se concluir pela prorrogação do prazo da patente do titular da patente prorroganda, simplesmente será irrelevante perante o concorrente do titular da patente prorroganda. Mesmo se a decisão concluir pela prorrogação, esta prorrogação não afeta o concorrente do titular da patente prorroganda.

Nenhuma lei poderia atentar contra o direito adquirido do concorrente do titular da patente prorroganda

Nenhuma lei poderia afrontar o direito que o concorrente do titular da patente prorroganda tinha desde que a patente foi concedida. Certamente não o poderia fazer uma emenda constitucional. E, cristalinamente, não o poderia fazer um tratado internacional. Mesmo porque, se o fizesse, estaria afrontando outro texto internacional, que é a declaração universal dos direitos do homem.

Da inoponibilidade na propriedade intelectual

Note-se que é instituto corrente na Propriedade Industrial que uma patente deixe de se aplicar a certas pessoas, pela pré-existência de direitos adquiridos, mesmo quando se aplicada a todas as outras.

Diz o art. 45 da Lei 9.279/96 que "à pessoa de boa fé que, antes da data de depósito ou de prioridade de pedido de patente, explorava seu objeto no País, será assegurado o direito de continuar a exploração, sem ônus, na forma e condição anteriores". Em outras palavras, o direito resultante da patente exerce-se *erga omnes*, menos para o usuário anterior.[903]

Inspirado no *droit de possession personelle* do Direito Francês, a lei garante a inoponibilidade do privilégio ao usuário anterior.

Mesmo se se admitir a prorrogação da patente do titular da patente prorroganda, o que seria inconstitucional, e sem base em TRIPS, ainda assim o concorrente do titular da patente prorroganda teria direito de explorar a tecnologia, pois, como ocorre no caso do art. 45, o direito subjetivado e precedente tornaria o privilégio *inoponível* a ele.

Do respeito à aquisição subjetiva do direito a competir

Finalmente,
- ainda que se imaginasse que TRIPS fosse aplicável internamente,
- ainda que se imaginasse que a Lei 9.279/96 não tivesse revogado TRIPs, e
- ainda que se imaginasse que não houvesse direito constitucional insuperável que garantisse ao concorrente do titular da patente prorroganda, como competidor, o poder de fabricar o produto com a tecnologia patenteada,
- **ainda assim,** o direito garantiria ao concorrente do titular da patente prorroganda uma situação jurídica privilegiada, pela qual – por motivos de equidade – lhe fosse permitido continuar a fabricar.

Foi o que reconheceu a lei interna americana que, após TRIPs, mandou aplicar uma prorrogação de dezessete para vinte anos. Esta lei, embora estendendo a todos o novo prazo, deixou de fazê-lo no tocante aos concorrentes efetivos do titular da patente prorrogada. Tal lei garantiu o status especial dos concorrentes, cujo interesse jurídico não poderia deixar de ser respeitado.[904]

Assim é que *mesmo no caso em que a prorrogação foi determinada pela lei interna* (o que não aconteceu no Brasil), garantiu-se ao competidor imunidade contra todas

---

903   Posição similar tem o beneficiário de nulidade incidental em procedimento judicial: a patente continua a valer erga omnes, salvo para a parte que conseguiu determinar a nulidade da patente como matéria de defesa.

904   A Seção 154(c) do Título 35 do Código dos Estados Unidos, alterado pela Lei de Aplicação dos Acordos da OMC (URAA), assim dispõe: (c) CONTINUATION. — (1) DETERMINATION. — The term of a patent that is in force on or that results from an application filed before [June 8, 1995] shall be the greater of the 20-year term as provided in subsection (a), or 17 years from grant, subject to any terminal disclaimers.(2) REMEDIES. — The remedies of sections 283 [damages], 284 [injunction], and 285 [attorneys fees] of this title shall not apply to Acts which — (A) were commenced or for which substantial investment was made before [June 8, 1995]; and (B) became infringing by reason of paragraph (1). (3) REMUNERATION. — The acts referred to in paragraph (2) may be continued only upon the payment of an equitable remuneration to the patentee that is determined in an action brought under chapter 28 and chapter 29 (other than those provisions excluded by paragraph (2)) of this title.1.

constrições que o titular pudesse usar contra seus competidores reais e efetivos com base na prorrogação. O competidor do titular ganhou pela lei:

- imunidade contra qualquer liminar que viesse proibir sua fabricação,
- imunidade à sucumbência, e
- imunidade à indenização por perdas e danos.

Cabe somente ao titular apenas o direito a royalties razoáveis, determinados inclusive por intervenção do poder público.

Seria inaudito que a patente americana do titular da patente prorroganda desse mais direitos

Aliás imunidade similar, mas mais extensa, foi garantida no Brasil pela Lei 9.279/96, no caso do *pipeline.*

O *pipeline* é um dispositivo, de constitucionalidade questionável, que permitiu aos titulares de certos tipos de patentes, antes proibidos no Brasil mas concedidos no exterior, de fazer valer seus interesses no País a partir da vigência da lei nova de 1996.

Nos termos do art. 232 do CPU/96, a produção ou utilização por terceiros, nos termos da legislação anterior (ou seja, sem restrição), dos inventos sujeitos ao *pipeline* poderão continuar, nas mesmas condições anteriores à aprovação da norma de 1996. A lei enfatizava que não seria admitida qualquer cobrança retroativa ou futura, de qualquer valor, a qualquer título, relativa a produtos produzidos ou processos utilizados no Brasil em conformidade com a imunidade em questão. O mesmo se daria caso, no período anterior à entrada em vigência desta Lei, tenham sido realizados investimentos significativos para a exploração do invento em *pipeline.*

Assim, tanto na lei americana quanto na brasileira se reconheceu o status especial do competidor, que não poderiam ter seus interesses jurídicos violados pela prorrogação ou pela concessão de uma exclusividade que antes não existia.

Nos dois casos, se configurou uma *inoponibilidade* do direito de patentes.

É o que beneficia igualmente o concorrente do titular da patente prorroganda, com base no seu direito adquirido e subjetivado, por ser não só destinatário da liberdade geral de competir, mas *competidor real e efetivo do titular*

[15] § 2. Limites quanto ao território

Quanto ao *território*, a patente é limitada, em regra, ao país que a concede. Diz a CUP:

Art. 4º bis
(1) As patentes requeridas nos diferentes países da União por nacionais de países da União serão independentes das patentes obtidas para a mesma invenção nos outros países, membros ou não da União.

(2) Esta disposição deve entender-se de modo absoluto particularmente no sentido de que as patentes pedidas durante o prazo de prioridade são independentes, tanto do ponto de vista das causas de nulidade e de caducidade como do ponto de vista da duração normal.

Não existe, ainda por agora, uma patente internacional como tal, ainda que existam títulos comunitários e multinacionais, e métodos como o PCT (vide o capítulo sobre o direito internacional da Propriedade Intelectual); no entanto, aparentemente estaríamos nos aproximando do momento em que tal patente internacional passasse a existir.[905]

[15] § 3. Limites quanto ao exercício dos direitos

Quanto ao *exercício dos direitos*, como vimos na análise do conteúdo da exclusividade, o privilégio cobre algumas fases do processo de produção ou da circulação das mercadorias – a fabricação, a venda, etc. -, fazendo que só o titular a elas tenha acesso. Mas não há qualquer direito a manter a exclusividade naquelas etapas do processo produtivo não cobertas pela patente. Quanto a esse limite, que é estrito e sem possibilidade de interpretações extensivas, vide também o capítulo relativo aos fundamentos constitucionais da Propriedade Intelectual.

[15] § 4. Limites Legais Extrínsecos: Fair Usage

Em uma das mais interessantes inovações da Lei 9.729/96, o art. 43 introduz uma série de limites ao exercício dos direitos exclusivos determinados pelos Art. 42. Aparentemente, tais restrições ao pleno exercício dos direitos seriam limitações administrativas, definidas como "toda imposição geral, gratuita, unilateral, e de ordem pública, condicionadora do exercício de direitos ou atividades particulares às exigências do bem-estar social".[906]

Queremos crer, no entanto, que – ao contrário das clássicas limitações administrativas, como as restrições de zoneamento ou de gabarito, que representam a prevalência do bem estar social sobre a conveniência individual – as chamadas "limitações" da Lei 9.729/96 representam, na verdade, elementos constitutivos da atribuição do direito, ainda que de caráter negativo.[907] O dever do proprietário de permitir o aces-

---

905   Gustavo S. Leonardos, Tendencia a la Patente Internacional, Revista da ABPI, Nº 52 - Maio/Jun. de 2001, p. 27. Ivan B. Ahlert, A Internacionalização das Patentes: O PLT e as Novas Propostas Para o PCT, Revista da ABPI, Nº 51 - Mar./Abr. de 2001, p. 13. Ricardo Luiz Sichel, Da Evolução Para o Direito Internacional de Patentes na Europa, Revista da ABPI, Nº 43 - Nov. /Dez. 1999. Tal é, aliás, o escopo da iniciativa da WIPO denominada Patent Agenda, vide http://patentagenda.wipo.int/.

906   Hely Lopes Meirelles, Direito Administrativo Brasileiro, 1ª edição, 1988.

907   José de Oliveira Ascensão, Direito Autoral, Forense, 1980, p. 254.

1540

so à água potável inclusa pelos titulares de imóveis circundantes talvez seja exemplo mais próximo.

A lei de 1996 assim considera *fora da exclusividade* da patente uma série de atos que podem ser praticados sem a permissão do titular do privilégio. Da mesma forma que ocorre na Lei Autoral,[908] trata-se de um rol de limitações legais (daí, *involuntárias*), *objetivas* e *incondicionais* à exploração da patente.[909]

Tratando-se de restrições a uma norma excepcional, como é a das patentes, as limitações são interpretadas *extensamente*, ou melhor, com toda a dimensão necessária para implementar os interesses que pretendem tutelar.[910]

[15] § 4.1. Limitações como ponderação em abstrato de interesses

As limitações aos direitos exclusivos representam, no nosso sistema jurídico,[911] uma *ponderação de interesses constitucionais* incorporada ao direito normativado e não realizadas, caso a caso, *ad hoc*.[912] Preceitua o mestre de Lisboa, José de Oliveira Ascensão:[913]

(...) Mas na segunda metade do século XX extraiu-se da concepção como propriedade a ilação que o direito autoral não deveria teoricamente ter limites – porque era uma propriedade. Os limites passaram a ser designados excepções. E as excepções, justamente porque excepcionais, deveriam tendencialmente ser abolidas.[914]

---

908   Lei 9.610 de 1998, Art. 46 e seg.

909   A licença e a simples autorização têm caráter consensual e são concedidas em caráter subjetivo. A licença de direitos, ainda que tenha um cunho de oferta unilateral - policilicitatória -, não deixa de ser também consensual e subjetiva. A licença compulsória é condicionada, resultante que é do não atendimento de certas obrigações por parte do titular ou licenciado da patente.

910   Recomenda-se, sem necessariamente endossar, a leitura do longo e minucioso capítulo dedicado ao art. 43 do CPI/96 no livro de Danemann, Siemens, Biegler, Ipanema Moreira, Comentários à LPI, Renovar, 2001.

911   Ensina José Oliveira anscensão, O fair use no Direito Autoral, Revista Forense – Vol. 365, p. 73 e seg., "E, effectivamente, verificamos que neste domínio os sistemas jurídicos se separam. O sistema europeu, particularmente o continental, mostra a preferência por uma tipificação, tendencialmente exaustiva, das cláusulas admissíveis. O sistema norte-americano é dominado pela cláusula geral valorativa do fair use"

912   Essa característica não exclui a apreciação da própria limitação ao parâmetro constitucional, como se constata, por exemplo, da decisão da Corte Constitucional Alemã no caso Schulbuchprivileg (BverfGE 31, 229 de 07.07.1971) e no Caso Germania 3 - BVerfGE 825/98 from 29.06.2000, discutidos em nosso Uma Introdução à Propriedade Intelectual. Nem previnem a reponderação ad hoc, como nota Gustavo S. Leonardos, A Perspectiva dos Usuários dos Serviços do INPI em Relação ao Registro de Marcas sob a Lei 9.279/96. Revista da Associação Brasileira da Propriedade Intelectual - ABPI Anais do XVII Seminário Nacional de Propriedade Intelectual, 1997.

913   *Op. cit.*

914   O Prof anscensão se refere aqui a uma importante divergência mais conceitual do que terminológica. Narra SANTOS, Manoel J. Pereira dos, Objeto e Limites da Proteção Autoral de Programas de Computador, Ed. Lumen Juris, no prelo: "Eduardo Vieira Manso designa como "exceção" o gênero do qual as derrogações e limitações são as espécies (cf. Direito autoral: exceções impostas aos direitos autorais (derrogações e limitações), São Paulo: Bushatsky, 1980, p. 42/43), José de Oliveira Acensão entende que "os

Abriu então a época da "caça às exceções". Foram objecto duma redução drástica, que prossegue nos dias de hoje.

Tudo isto está errado:

– o direito autoral não é propriedade;
– os limites não são exceções.

No que respeita à segunda afirmação, basta recordar um princípio geral do Direito. Todo direito subjectivo é resultante de uma pluralidade de disposições, umas positivas outras negativas; de poderes e vinculações, digamos. Não há direitos absolutos. A vinculação não é excepção, é uma manifestação tão normal como a do poder. O direito subjectivo é a resultante daquele complexo de preceitos.

O direito de autor é um direito como qualquer outro. Por isso, como todo direito, tem limites.[915]

Os limites, como ocorrência comum, modelam a atribuição realizada. É normalmente através deles que se dá abertura a exigências de interesses públicos ou gerais, como os que têm por finalidade a promoção da cultura ou da educação; ou de interesses do público em geral, como o uso privado. Mas há sempre na base dum limite, como na base de qualquer preceito legal, uma motivação de interesse geral. Pode ser por exemplo a expansão dos instrumentos de comunicação, em termos de atingirem o maior número possível de pessoas.

Tais limitações podem ocorrer em todo caso que os interesses dos titulares de exclusivas colidem com interesses ou princípios constitucionais, em especial:

a) quando se colidem interesses privados do criador ou investidor e direitos fundamentais;
b) quando há que se conciliar tais interesses privados com interesses públicos;
c) quando outros interesses competitivos na economia também merecem proteção do Direito.[916]

---

limites não são exceções" porquanto não há direitos absolutos e os limites são apenas regras negativas (Direito Autoral, 2ª ed., ref. e ampl., Rio de Janeiro: Renovar, 1997, p. 256; "O fair use no Direito Autoral", in Anais do XXII Seminário Nacional da Propriedade Intelectual da ABPI – Associação Brasileira da Propriedade Intelectual, 2002, p. 94). Mas essas limitações aos direitos patrimonais de autor eram classificadas como exceções, entre outros, por Henri Desbois (Le Droit d'Auteur en France, 3e. ed., Paris: Dalloz, 1978, p. 312, 351)."

915 [Nota do original] Isto é particularmente sensível no Brasil, em que a Constituição Federal tão insistentemente sublinha, nomeadamente quando refere os direitos intelectuais, o princípio da função social. Cf. sobre esta matéria o nosso "Direito Intelectual, exclusivo e liberdade", Rev. Ordem Advogados, Lisboa, ano 61-III, dez./01, p. 1.195-1.217; e in Revista da ABPI nº 59, São Paulo, jul./ago.02, pp. 40-49.

916 Hugenholtz, Bernt. 'Fierce Creatures. Copyright Exemptions: Towards Extinction?', encontrado em http://www.ivir.nl/publications/hugenholtz/PBH-FierceCreatures.doc, visitado em 29/1/2008.

[15] § 4.2. Limitações e direito internacional

A questão das limitações aos direitos da Propriedade intelectual foi tratada com alguma extensão no Acordo TRIPs, constante do Tratado de Marraqueche, em vigor desde 1/1/1995 e – quanto a certos aspectos relativos a patentes – em *vacatio legis* no Brasil até 1/1/2000.

No tocante aos direitos autorais, por exemplo, TRIPs preceitua que os países podem estabelecer limitações ou exceções aos direitos exclusivos, condicionadas a casos especiais, que não conflitem com a exploração normal da obra e não prejudiquem injustificavelmente os interesses legítimos do titular do direito[917] O Acordo igualmente dispõe sobre limitações às marcas.

É no tocante às patentes, porém, a disposição que particularmente nos interessa: Art. 30- Os Membros poderão conceder exceções limitadas aos direitos exclusivos conferidos pela patente, desde que elas não conflitem de forma não razoável com sua exploração normal e não prejudiquem de forma não razoável os interesses legítimos de seu titular, levando em conta os interesses legítimos de terceiros.

Há que se considerar, assim, quatro aspectos:

a)   as limitações não serão amplas;
b)   não conflitarão irrazoavelmente com a exploração normal da patente[918]
c)   não prejudicarão irrarazoavelmente os interesses legítimos de seu titular
d)   e levarão em conta os interesses legítimos de terceiros.

---

917   TRIPs – ARTIGO 13 Limitações e Exceções - Os Membros restringirão as limitações ou exceções aos direitos exclusivos a determinados casos especiais, que não conflitem com a exploração normal da obra e não prejudiquem injustificavelmente os interesses legítimos do titular do direito. Quanto a tais limitações, vide o nosso BARBOSA, Denis Borges . Counting ten for TRIPs: Author rights and access to information a cockroach s view of encroachment, BARBOSA, Denis Borges, ADPIC, la primera década: Derechos de autor y acceso a la información. Una perspectiva latinoamericana. In: Bernard Remiche; Jorge Kors. (Org.). Propiedad intelectual y tecnología. El Acuerdo ADPIC diez años después: visiones europea y latinoamericana. Buenos Aires: Faculdad de Derecho de la Universidad de Buenos Aires, 2006, p. 371, também publicado em BARBOSA, Denis Borges ; KORS, J. ; REMICHE, B. . ADPIC, première décennie: droits d´auteur et accès à l´information.Perspective latino-americaine. L´Accord ADPIC: dix ans après. Belgica: LARCIER, 2007, p. 373-446; e, especialmente, Christophe Geiger, The Three-Step Test, a Threat to a Balanced Copyright Law?, IIC 2006 Heft 6, p. 683.

918   Nota Maria Edelvacy Pinto Marinho, O Regime de Propriedade Intelectual: a inserção das inovações biotecnológicas no sistema de patentes, dissertação de mestrado em Direito do Centro Universitário de Brasília, 2005: "A jurisprudência da OMC a entende como possibilidade de exclusão da concorrência de modo a possibilitar o retorno do investimento do inventor e garantir o seu lucro. Assim afirmou o painel: 'À prática normal da exploração pelos titulares de patentes, como por qualquer outro direito de propriedade intelectual, deve-se excluir toda forma de competição que pudesse diminuir significamente o retorno econômico antecipado pela concessão da patente com exclusividade de mercado. As formas específicas da exploração de uma patente não são estáticas, sem dúvida, para ser uma exploração efetiva deve se adaptar às formas de competição que mudam face ao desenvolvimento tecnológico e à evolução das práticas de mercado. A proteção de todas as práticas de exploração normal é um elemento-chave da política refletida em todas as leis de patentes'" (WT/114/R parágrafo 7.55).

Trata-se inequivocamente de um mandado de ponderação, com certas ressalvas em favor do titular quando em face aos *interesses legítimos* de terceiros, cláusula que pode abranger toda a extensão dos direitos fundamentais, interesse público, e tutela dos demais concorrentes.

Quanto ao primeiro aspecto – o da amplitude da exceção –, a jurisprudência da OMC ofereceu apenas uma interpretação literal e contida:

"A palavra 'exceção' denota por si mesma uma derrogação estrita, uma que não cerceia o corpo das normas de que é feito. Quando um tratado utiliza o termo 'exceção limitada, a palavra 'limitada' pode ter um significado separado da limitação implícita na própria palavra 'exceção'. **O termo 'exceção limitada' pode, portanto, ser lido como denotando uma exceção restrita – uma que faz somente uma pequena diminuição dos direitos em questão"** (WT/DS114/R §7.30, grifo nosso)[919]

Tal leitura não se configura com definitiva nem estável;[920] na verdade, como este autor teve oportunidade de indicar em estudo recente,[921] o alcance das limitações não pode deixar de levar em conta a leitura dos *princípios* constantes do preâmbulo, art. 7º e 8º de TRIPs, que dão vetor e foco ao mandado de ponderação do art. 30. Já nos *consideranda*:

(...) Reconhecendo os objetivos básicos de política pública dos sistemas nacionais para a proteção da propriedade intelectual, inclusive os objetivos de desenvolvimento e tecnologia;

Reconhecendo igualmente as necessidades especiais dos países de menor desenvolvimento relativo Membros no que se refere à implementação interna de leis e regulamentos com a máxima flexibilidade, de forma a habilitá-los a criar uma base tecnológica sólida e viável; (...)

Importante também é a fixação dos objetivos do Acordo (art. 7º): os de fazer com que a proteção e a aplicação de normas de proteção dos direitos de propriedade contribuam para a promoção da inovação tecnológica e para a transferência e difusão de

---

919   A tradução do trecho é igualmente de Maria Edelvacy Pinto Marinho,*op. cit.*

920   UNCTAD - ICTSD. Resource Book On Trips And Development. New York, Cambridge University: Cambridge University Press, 2005, p. "In adopting a narrow concept of "limited", the panel has focused on the extent of the curtailment and not on the extent of the economic implications thereof. Hence, an exception with little economic effects might be disallowed under this doctrine even if the patent owner is not negatively affected in practice. In the panel's view, the economic impact of the exception must be evaluated under the other conditions of Article 30. Given that panel reports do not create binding precedents (and the fact that this particular report was not subject to appeal), nothing would prevent future panels and the Appellate Body from adopting a broader concept in this matter, as suggested by Canada in its submission".

921   Borges Barbosa, Denis, Chon, Margaret and Moncayo von Hase, Andres, "Slouching Towards Development in International Intellectual Property". Michigan State Law Review, Vol. 2007, No. 1, 2008 Available at SSRN: http://ssrn.com/abstract=1081366.

tecnologia, em benefício mútuo de produtores e usuários de conhecimento tecnológico e de uma forma conducente ao bem-estar social e econômico e a um equilíbrio entre direitos e obrigações.

O balanceamento necessário à constitucionalidade dos direitos de Propriedade Intelectual na esfera interna também surge em TRIPs, evitando a exclusiva proteção dos interesses dos titulares.

E no importante teor do art, 8º.

Princípios
1 – Os Membros, ao formular ou emendar suas leis e regulamentos, podem adotar medidas necessárias para proteger a saúde e nutrição públicas e para promover o interesse público em setores de importância vital para seu desenvolvimento sócio-econômico e tecnológico, desde que estas medidas sejam compatíveis com o disposto neste Acordo.
2 – Desde que compatíveis com o disposto neste Acordo, poderão ser necessárias medidas apropriadas para evitar o abuso dos direitos de propriedade intelectual por seus titulares ou para evitar o recurso a práticas que limitem de maneira injustificável o comércio ou que afetem adversamente a transferência internacional de tecnologia.

Como se vê, concluindo os princípios gerais (art. 8º), o Acordo prevê que cada país pode legislar, mesmo após a vigência de TRIPs, de forma a proteger a saúde e nutrição públicas e para promover o interesse público em setores de importância vital para seu desenvolvimento sócio-econômico e tecnológico (nisso quase que repetindo o disposto no art. 5º XXIX, da Constituição de 1988). Mas conclui: desde que estas medidas sejam compatíveis com o disposto no Acordo.

TRIPs igualmente admite ("desde que compatíveis com o disposto neste Acordo") a instituição e aplicação de necessárias medidas apropriadas para evitar o abuso dos direitos de propriedade intelectual por seus titulares ou para evitar o recurso a práticas que limitem de maneira injustificável o comércio ou que afetem adversamente a transferência internacional de tecnologia.[922]

[15] § 4.3. Limites extrínsecos: Atos sem fim comercial

A primeira limitação é a de que o titular da patente deve aceitar os atos praticados por terceiros, de caráter privado e sem finalidade comercial, desde que não impliquem em prejuízo ao seu interesse econômico. É o caso do artesão doméstico que, em sua oficina, monta o artefato eletrônico patenteado por hobby.

---

[922] Para a real aplicação desses princípios na jurisprudência e ação coletiva dos Estados membros de TRIPs, vide o recente estudo de Barbosa, Chon e Moncayo, *op. cit.*

Neste caso também entra qualquer outro ato anterior ao esgotamento de direitos, de caráter privado e sem finalidade comercial, como o exemplificado; após ser posto o produto patenteado no mercado, já não é caso de aplicação do art.43, I. Exaurido o direito pela colocação do produto no mercado, fica dispensada a autorização mesmo para atos de caráter público, de finalidade comercial, e que impliquem em prejuízo ao interesse econômico do titular.

A limitação se refere à finalidade do ato, e não a sua dimensão – o ato com propósito comercial, mesmo diminuto, acha-se excluído da hipótese. O critério crucial será o da impossibilidade ou implausibilidade da lesão ao interesse econômico do titular da patente, e não o da dimensão do ato; e não se identifique a noção de "privado" com o de pessoa física. Uma instituição de ensino, uma organização cultural, um museu de arte moderna, podem utilizar-se do invento para suas finalidades sem lesão ao titular.

[15] § 4.4. Limites extrínsecos: Pesquisas e experimentos

A segunda limitação diz respeito à prática de estudos e pesquisas científicas e tecnológicas por terceiros não autorizados; a reprodução em laboratório de um processo químico patenteado é o exemplo clássico. Esta limitação é co-essencial ao sistema da propriedade intelectual e merece a mais irrestrita e abrangente interpretação. É exatamente para se conseguir o aumento de velocidade das pesquisas que se faculta a publicação do invento na fase inicial do procedimento de exame.

Note-se que, como declarou a Corte Constitucional Alemã no caso Klinik-Versuch (BverfG, 1 BvR 1864/95, de 10/5/2000), esta limitação tem sólidas raízes constitucionais:

Até onde se tem conhecimento não se discute na jurisprudência ou na literatura que o "privilégio de pesquisa" (Versuchsprivileg) previsto no § 11 Nr. 2 da Lei de Patentes (PatG) é, em conformidade com essas estipulações, uma parte necessária do conteúdo constitucional do Direito de Patente. A pesquisa e desenvolvimento da ciência e da técnica só são possíveis por meio de experiências que, por sua vez, são construídas a partir de novos resultados de pesquisas. Não há o que criticar frente a Constituição quando o legislador permite que os interesses do titular da patente recuem frente a esses interesses. (...)"

Não havia qualquer razão para acrescer um novo inciso ao art. 43 (o inciso VI), como se fez, para tornar claro que se podem realizar atos destinados exclusivamente à produção de informações, dados e resultados de testes, visando à obtenção do registro de comercialização do produto objeto da patente. Claramente tais atos têm a natureza de estudos tecnológicos, e, com base no inciso II, continuam plenamente facultados, inclusive para fins de obter registro de comercialização *antes do fim do prazo da patente*, por exemplo, para obter licença compulsória, para importar na forma do art. 68, § 4, ou para propor ação de nulidade.

Como já se enfatizou, tais limitações a uma norma excepcional como é a de patentes devem ser interpretadas extensivamente, até a proporção necessária para a plena realização de seus fins. No caso, a realização de estudos e pesquisas de todo jeito, os quais podem concluir, aliás, que o produto patenteado é insuscetível de registro sanitário inclusive pelo titular da patente. Obrigar que a comunidade esteja exposta a tal risco até perto do fim do prazo da patente é inteiramente irrazoável. Nunca poderia o titular da patente utilizar o seu direito para evitar que terceiros questionassem a toxidade de seu produto.

[15] § 4.5. Da limitação em favor dos clientes das farmácias de manipulação

Entre as limitações listadas no art. 43 da Lei 9.279/96 está a seguinte:

Art. 43 – O disposto no artigo anterior não se aplica:
(...) III – à preparação de medicamento de acordo com prescrição médica para casos individuais, executada por profissional habilitado, bem como ao medicamento assim preparado;

Em meu Uma Introdução à Propriedade Intelectual, 2ª edição, Lumen Juris 2003, assim tratei do dispositivo:

A preparação de medicamentos por métodos oficinais, assim como a venda subseqüente, está fora do alcance da patente.
Não se imagine que tal disposição seja de importância marginal. Na Inglaterra, em 1993, segundo a *Lancet*, cerca de 50% das receitas processadas pelo sistema de saúde local consistiram de fórmulas de manipulação, em lugar de produtos da indústria.
Quando o paciente requer medicações em dosagens ou associações específicas destinadas ao seu caso individual aparece a necessidade da farmácia de manipulação. As formulações industriais levam em conta as grandes médias do mercado, considerando padrões e dosagens concebidos originariamente para outros biótipos que não o brasileiro. Existe, assim, a necessidade da *personalização* do medicamento. E tal consideração não pode sofrer a limitação da patente.
Conforme a Resolução CDC nº 33, de 19 de abril de 2000,[923] entende-se como "preparação" o procedimento farmacotécnico para obtenção do produto manipu-

---

923 Tal normativo foi substituído agora pela Resolução RDC nº 67, de 08 de outubro de 2007, que assim define "Preparação: procedimento farmacotécnico para obtenção do produto manipulado, compreendendo a avaliação farmacêutica da prescrição, a manipulação, fracionamento de substâncias ou produtos industrializados, envase, rotulagem e conservação das preparações. Preparação magistral: é aquela preparada na farmácia, a partir de uma prescrição de profissional habilitado, destinada a um paciente individualizado, e que estabeleça em detalhes sua composição, forma farmacêutica, posologia e modo de usar. Preparação oficinal: é aquela preparada na farmácia, cuja fórmula esteja inscrita no Formulário Nacional ou em Formulários Internacionais reconhecidos pela ANVISA. Manipulação: conjunto de operações farmacotéc-

lado, compreendendo a avaliação farmacêutica da prescrição, a manipulação, a aditivação e/ou fracionamento de substâncias ou produtos industrializados, conservação e transporte das fórmulas magistrais e oficinais.

De outro lado, "preparação magistral" é aquela preparada na farmácia atendendo a uma prescrição médica, que estabelece sua composição, forma farmacêutica, posologia e modo de usar; já "preparação oficinal" é aquela preparada na farmácia atendendo a uma prescrição, cuja fórmula esteja inscrita nas Farmacopéias Brasileira ou Compêndios ou Formulários reconhecidos pelo Ministério da Saúde.

A "manipulação", que dá o nome às respectivas farmácias, é o conjunto de operações com a finalidade de elaborar formulações magistrais e oficinais, aditivar e fracionar produtos industrializados para uso humano e veterinário. Os médicos, cirurgiões dentistas e médicos veterinários são os profissionais responsáveis pela prescrição de formulações magistrais.

Não obstante as implicações inclusive econômicas (a formulação oficinal é freqüentemente mais barata) da limitação sob análise, não é possível resolver problemas crônicos ou emergenciais de saúde pública, como o caso da AIDs ou do antraz, através de formulação oficinal. O objetivo da exceção à patente, aqui, é a personalização e não o atendimento à coletividade. Esta, se surgir, deve ser atendida sob a patente, nos casos da lei, sob a licença compulsória pertinente.

Dizem os Comentários à Lei 9.279/96 da Dannemann:

De acordo com esta disposição, terceiros não autorizados podem *preparar* um medicamento em escala individual. Isto inclui a possibilidade de utilizar um processo patenteado para obter determinado medicamento e/ou um medicamento patenteado em si. As restrições são claras: (a) a *preparação* do medicamento é condicionada à prescrição médica; (b) ela deve ser limitada a casos individuais; e (c) a preparação deve ser feita por um profissional habilitado. Segundo (a) e (b), uma pessoa não autorizada não pode, *de uma só vez,* preparar uma grande quantidade de um medicamento patenteado e/ou usar o processo patenteado para obter uma grande quantidade do medicamento, visto que a própria *preparação* está condicionada à necessidade específica de cada pessoa estar de posse de uma receita médica. Em outras palavras, a pessoa não autorizada não pode manter um estoque do medicamento com vistas à sua venda para pessoas que portem uma receita ou prescrição médica. Isso claramente exclui a possibilidade de fabricar-se, sem autorização do titular, o medicamento patenteado em escala industrial, ainda que a comercialização final seja condicionada à apresentação de uma recei-

---

nicas, com a finalidade de elaborar preparações magistrais e oficinais e fracionar especialidades farmacêuticas para uso humano".

ta médica, uma vez que é a preparação, e não a comercialização, que deve estar condicionada à apresentação da receita. (...)

A terceira restrição (c) assegura o direito à exceção apenas aos profissionais habilitados; por exemplo, um farmacêutico, químico ou médico.

A referida exceção beneficia, em especial, as chamadas farmácias de manipulação, onde um determinado medicamento é preparado apenas mediante apresentação de uma receita médica e de acordo com a quantidade prescrita.

Um ponto apenas, constante dessa citação, merece nossa reflexão:

Da mesma forma, se um determinado composto necessário à preparação do medicamento é objeto de uma patente, a exceção relativa à preparação do medicamento não autoriza a prévia importação ou a manutenção em estoque desse composto sem consentimento do titular.

Voltaremos ao ponto abaixo.

[15] § 4.5. (A) A limitação no direito comparado

A mesma limitação surge em outros sistemas jurídicos, o que parece indicar sua conformidade aos parâmetros do direito internacional aplicável.

A norma estampada no artigo 43, III, da Lei 9.279/96 encontra guarida nas legislações estrangeiras, por ser diretriz com fundamento na saúde e interesse público. A título exemplificativo, vejamos o que diz a doutrina e a legislação italiana:

"O escopo da exclusividade é bem definido, no entanto, encontra algumas limitações. O art. 68 do CPI, prevê, de fato, três limitações ao direito de patentes. Precisamente, são legítimos: a) os atos de âmbito privado e sem finalidade comercial, b) atos por um período experimental c) a preparação extemporânea e por unidade de medicamentos em farmácias com prescrição médica" . (grifos nossos)

Ainda na análise da legislação européia, temos que o ordenamento jurídico britânico também possuí dispositivos que limitam a vasta tutela incidente sobre a proteção patentária.

"Um número de outras exceções à contrafação existem. A Seção 74(1)(a) expressamente prevê que a validade de uma patente pode ser questionada por via incidental na defesa de um procedimento de infração (...) A defesa é possível quando uma pessoa numa farmácia elabora uma mistura extemporânea de um medicamento, de acordo com uma prescrição médica".

Repetindo o conceito da Grã-Bretanha, as normas francesas concebem diversas limitações ao pleno exercício do titular do privilégio de invenção. "Dois mecanismos jurídicos principais vêm limitar diretamente o exercício do direito patentário: de uma parte o mecanismo da exaustão de direitos, e de outra, o direito do utente anterior. Ainda, o direito de patentes pode sucumbir diante do interesse geral".

Portanto, temos que a preparação manipulada e individualizada, mediante a apresentação de receita médica específica, coadunaria com o interesse público, sendo uma exceção ponderada da regra de exclusiva, também na legislação européia.

Ainda no estudo comparado das legislações estrangeiras, seguindo a tendência do velho continente, temos a legislação argentina que, em seu artigo 36, "b", da Lei de Patentes, prevê que a preparação de fármacos realizada em forma habitual, por profissionais habilitados e por unidade em execução de uma prescrição médica, não afrontam os direitos de uma patente.

Segundo Cabanellas,[924]

"dois motivos fundamentais convergem em favor desta exceção. Por uma parte, se considera admissível dar prevalência aos interesses imediatos da saúde sobre os direitos do titular da patente, tendo em vista a possibilidade de se outorgar privilégios sobre produtos farmacêuticos, Por outra, se considera que as condutas compreendidas na exceção são suficientemente exiladas de modo a não erodir substancialmente o conteúdo econômico do titular da patente".

"Uma vez preparado o medicamento, a exceção aqui considerada se estende aos outros atos relativos ao mesmo, ou seja, sua utilização, oferta para a venda e venda."[925]

Destarte, temos que o disposto no artigo 43, III, da LPI, coaduna com a tendência internacional de ponderar os direitos de propriedade intelectual para com a saúde pública.

[15] § 4.5. (B) Os interesses e princípios contrastantes nessa limitação

O art. 43, III atende um interesse específico relativo à saúde, que é o da biodiversidade pessoal; membros de uma mesma espécie, os seres humanos têm características singulares e mesmo idiossincráticas.

---

924 CABANELLAS. Guillermo. Derecho de lãs patentes de invención. Buenos Aires: Editorial Heliasta, 2º tomo, 2001, p. 341-343. Tradução livre de: "dos motivos fundamentales confluyen a favor de esta excepción. Por uma parte, se considera admisible dar prevalência a los intereses inmediatos de la salud sobre los del patentado, teniendo en cuenta la posibilidad de que se otorguen patentes sobre productos farmacêuticos. Por outra, se considera que lãs conductas comprendidas en la excepción son suficientemente aisladas como para no erosionar sustancialmente el contenido económico de los derechos del titular de la patente".

925 Tradução livre de: "Uma vez preparado el medicamento, la excepción aqui considerada se extiende a los restantes actos relativos al mismo, o sea su utilización, oferta para la venta y venta".

De outro lado, constrangidas pelo processo industrial, procedimento regulatório e os canais de comercialização a fabricarem medicamentos (ou produtos de aplicação similar) em padrões constantes de formulação e dosagem, as indústrias farmacêuticas visam a maximização do mercado. Não obstante a possibilidade de diversificação exista em tese (como a indústria automobilística o demonstra), os laboratórios farmacêuticos industriais fabricam remédios em massa e em aplicação indiferenciada.

Assim, parece razoável a assertiva constante da epígrafe deste estudo: "A maioria dos medicamentos vendidos sob receitas são hoje eficazes para menos da metade das pessoas que os ingerem – e os efeitos colaterais podem ser piores que as doenças".

As farmácias magistrais visam exatamente o atendimento às necessidades pessoais e idiossincráticas de saúde. Podem elas, ao abrigo da limitação, personalizar a dosagem, formulação, apresentação, cumulação de diferentes ativos numa só dose (tão frequente é o paciente ter de tomar múltiplos comprimidos ou soluções a cada momento, quando uma só drágea com ativos diversos numa formulação adequada poderia resumir a administração).

Enquanto uma prática minoritária e economicamente reduzida, a manipulação nas farmácias oficinais atende o requisito de restrição *limitada* ao direito dos titulares. De outro lado, ainda que constituam setor econômico próprio, tais farmácias oficinais são objeto dessa limitação às patentes em exclusiva atenção às necessidades de saúde que fundamentam o art. 43, III.

Assim é que, seguindo o critério de Hugenholtz mencionado infra nota 58 deste estudo, essa limitação visa conciliar o interesse patrimonial do titular da patente *primordialmente* em face do direito à saúde, direito esse categorizado pela *dignidade da pessoa humana* de se atender à biodiversidade individual do sujeito de direitos.

Assim, ainda praticando atividade econômica em regime de liberdade de iniciativa, ao manipularem suas preparações oficinais, caso a caso, e sob receita específica, as farmácias exercem função relativa a um direito fundamental; não podem elas renunciar ao exercício da limitação, sem prejuízo da satisfação desse direito fundamental à saúde específica de cada indivíduo.

[15] § 4.5. (C) Do direito fundamental à saúde

De tão incrustado na sensibilidade constitucional brasileira corrente, a menção ao direito fundamental à saúde poderia parecer desnecessária. Mas a afirmação do parágrafo anterior merece reflexão especial.

A Constituição Federal Brasileira considera o direito à saúde como aspecto social, sendo obrigação do Estado – em todos seus níveis – fazer cumprir e garantir tal direito, inclusive através de elaboração de normas:

Art. 6 São direitos sociais a educação, a saúde, o trabalho, a moradia, o lazer, a segurança, a previdência social, a proteção à maternidade e à infância, a assistência aos desamparados, na forma desta Constituição.

(...)

Art. 23. É competência comum da União, dos Estados, do Distrito Federal e dos Municípios:

II – cuidar da saúde e assistência pública, da proteção e garantia das pessoas portadoras de deficiência; (...)

Art. 24. Compete à União, aos Estados e ao Distrito Federal legislar concorrentemente sobre: (...)

XII – previdência social, proteção e defesa da saúde; (...)

Art. 30. Compete aos Municípios: (...)

VII – prestar, com a cooperação técnica e financeira da União e do Estado, serviços de atendimento à saúde da população; (...)

A importância é tanta, que a carta dedica uma seção exclusiva para a matéria:

Art. 196. A saúde é direito de todos e dever do Estado, garantido mediante políticas sociais e econômicas que visem à redução do risco de doença e de outros agravos e ao acesso universal e igualitário às ações e serviços para sua promoção, proteção e recuperação.

Art. 197. São de relevância pública as ações e serviços de saúde, cabendo ao Poder Público dispor, nos termos da lei, sobre sua regulamentação, fiscalização e controle, devendo sua execução ser feita diretamente ou através de terceiros e, também, por pessoa física ou jurídica de direito privado.

(...)

Art. 199. A assistência à saúde é livre à iniciativa privada.

§ 1º – As instituições privadas poderão participar de forma complementar do sistema único de saúde, segundo diretrizes deste, mediante contrato de direito público ou convênio, tendo preferência as entidades filantrópicas e as sem fins lucrativos.

§ 2º – É vedada a destinação de recursos públicos para auxílios ou subvenções às instituições privadas com fins lucrativos.

§ 3º – É vedada a participação direta ou indireta de empresas ou capitais estrangeiros na assistência à saúde no País, salvo nos casos previstos em lei.

(...) Art. 200. Ao sistema único de saúde compete, além de outras atribuições, nos termos da lei:

I – controlar e fiscalizar procedimentos, produtos e substâncias de interesse para a saúde e participar da produção de medicamentos, equipamentos, imunobiológicos, hemoderivados e outros insumos;

II – executar as ações de vigilância sanitária e epidemiológica, bem como as de saúde do trabalhador;
III – ordenar a formação de recursos humanos na área de saúde;
IV – participar da formulação da política e da execução das ações de saneamento básico;
V – incrementar em sua área de atuação o desenvolvimento científico e tecnológico;
VI – fiscalizar e inspecionar alimentos, compreendido o controle de seu teor nutricional, bem como bebidas e águas para consumo humano;
VII – participar do controle e fiscalização da produção, transporte, guarda e utilização de substâncias e produtos psicoativos, tóxicos e radioativos;
VIII – colaborar na proteção do meio ambiente, nele compreendido o do trabalho.

Em trabalho acadêmico sobre o tema, Luís Armando Viola[926] deixa claro que há reconhecido direito à saúde:

Tendo, portanto, a Constituição Federal de 1988, reconhecido o direito à saúde como direito fundamental, é possível afirmar que as normas que a garantem têm aplicação imediata, na forma do § 1º do art. 5º do próprio texto constitucional. Esse entendimento decorre da própria concepção de normatividade direta da Constituição, e aplica-se também no exame das normas programáticas que possuem densidade normativa suficiente para a sua fruição, como é o caso do direito a saúde.

E o reconhecem os tribunais:

Os direitos fundamentais à vida e à saúde são direitos subjetivos inalienáveis, constitucionalmente consagrados, cujo primado, em um Estado Democrático de Direito como o nosso, que reserva especial proteção à dignidade da pessoa humana, há de superar quaisquer espécies de restrições legais. (REsp 869843 / RS) RECURSO ESPECIAL 2006/0152570-3 Ministro Luiz Fux T1 STJ em 18/09/2007[927] - (...) 2 - (...). 3 – (...). 4 – Ademais, ainda que o medicamento pretendido não se encontre inserido nas recomendações do ministério da saúde, releva aduzir que um ato administrativo normativo não pode se sobrepor a uma norma constitucional, sobretudo diante da peculiaridade de cada caso e em face da sua urgên-

---

926   VIOLA, Luís Armando, O Direito Prestacional Saúde e sua Proteção Constitucional, Tese de Mestrado em Políticas Públicas e Processos da Faculdade de Direito de Campos – UNIFLU, 2006. Em www.fdc.br/Arquivos/Mestrado/Dissertacoes/Integra/LuisArmando.pdf - em 27.01.08, p. 71, e

927   http://www.stj.gov.br/SCON/jurisprudencia/doc.jsp?livre=direito+sa%FAde+constitucio-nal&&b=ACOR&p=true&t=&l=10&i=8 em 26.01.08).

cia, devendo ser afastada a delimitação no fornecimento de medicamentos constante na Lei nº 9.313/96. Precedente do STJ. 5 – <u>O direito público subjetivo à saúde representa prerrogativa jurídica indisponível assegurada à generalidade das pessoas pela própria Constituição da República (art. 196).</u> Traduz bem jurídico constitucionalmente tutelado, por cuja integridade deve velar, de maneira responsável, o poder público, a quem incumbe formular e implementar políticas sociais e econômicas idôneas que visem a garantir, aos cidadãos, inclusive àqueles portadores do vírus HIV, o acesso universal e igualitário à assistência farmacêutica e médico-hospitalar. Precedente do STF. 6 – Apelação e remessa necessária conhecidas, mas improvidas. (TRF 2ª R. – AC 2002.51.60.002243-8 – 8ª T. – Relator Juiz Fed. Conv. Guilherme Calmon Nogueira da Gama – DJU 25.11.2005 – p. 399. In: Juris Síntese IOB JSI59, Mai-Jun. 2006. CD-ROM)

(...) O direito à saúde – além de qualificar-se como direito fundamental que assiste a todas as pessoas – representa conseqüência constitucional indissociável do direito à vida. O Poder Público, qualquer que seja a esfera institucional de sua atuação no plano da organização federativa brasileira, não pode mostrar-se indiferente ao problema da saúde da população, sob pena de incidir, ainda que por censurável omissão, em grave comportamento inconstitucional. A INTERPRETAÇÃO DA NORMA PROGRAMÁTICA NÃO PODE TRANSFORMÁ-LA EM PROMESSA CONSTITUCIONAL INCONSEQÜENTE (...)*(RE-AgR 393175 / RS – RIO GRANDE DO SUL AG.REG.NO Relator(a): Min. CELSO DE MELLO Julgamento: 12/12/2006)*

Mas, a par do *direito igualitário à saúde*, existe na nossa teia constitucional o direito a ter sua assistência, ainda que – no atual estado do Direito – não provida por fontes de custeio públicas, o acesso às suas necessidades peculiares e individuais.

Com efeito, assim como existe o *direito social* à saúde, como um elemento de cunho e acesso igualitário, existe também a exigência, radicada no princípio fundacional da dignidade da pessoa humana, de se ter a *saúde própria a sua individualidade*:

(...) identidade pessoal envolve uma dimensão absoluta ou individual, que torna cada ser humano um ser único que, mesmo se encontrado em igualdade com todos os outros na sua condição humana e na inerente dignidade, é dotado de uma "irrepetibilidade natural: a identidade pessoa de cada pessoa humana, expressão da individualidade da sua própria e exclusiva personalidade física e psíquica, assente na inexistência presente ou futura de dois seres humanos totalmente iguais" (Otero, 1999).[928]

---

[928] Edna Raquel R. S. Hogemann, O respeito à pessoa humana e a polêmica da identidade pessoal e genética do ser clonado, Revista Bioética e Derecho, da Faculdade de Direito de Buenos Aires, encontrado em www.bioetica.org/bioetica/doctrina37.htm, visitado em 30/1/2008.

Todos são iguais em face das prestações do Estado para assegurar o direito fundamental à saúde; mas essa prestação coletivista não empana, e antes sublinha, o princípio da dignidade humana, que acorre a cada um em face da "irrepetibilidade natural: a identidade pessoa de cada pessoa humana, expressão da individualidade da sua própria e exclusiva personalidade física e psíquica, assente na inexistência presente ou futura de dois seres humanos totalmente iguais".

É essa condição irrenunciável de dignidade que se acha no substrato do art. 43, III do Código da Propriedade Industrial.

[15] § 4.6. Limitações à patente relativas à matéria viva

Duas limitações são pertinentes às patentes relacionadas com matéria viva: a permissão de que terceiros utilizem, sem finalidade econômica, o produto patenteado como fonte inicial de variação ou propagação para obter outros produtos; e que utilizem, ponham em circulação ou comercializem um produto patenteado que haja sido introduzido licitamente no comércio pelo detentor da patente ou por detentor de licença, desde que o produto patenteado não seja utilizado para multiplicação ou propagação comercial da matéria viva em causa.[929] Quanto a este último ponto, vide a seção sobre esgotamento de direitos.

[15] § 4.7. Limitação à patente: obtenção de registro sanitário

Por uma alteração recente, passam a ser lícitos os atos praticados por terceiros não autorizados, relacionados à invenção protegida por patente, destinados exclusivamente à produção de informações, dados e resultados de testes, visando à obtenção do registro de comercialização, no Brasil ou em outro país, para a exploração e comercialização do produto objeto da patente, após a expiração dos respectivos prazos.[930]

Assim, podem-se testar na prática a toxidade e outros requisitos necessários à obtenção de registro sanitário para comercialização de produtos cobertos por uma patente de terceiros, a qualquer tempo e em quaisquer condições – não se imaginando que a cláusula "após a expiração dos respectivos prazos" da patente limite o exercício dos testes aos últimos momentos de expiração do privilégio. O prazo de uma patente é de tantos anos (segundo o art. 40 do CPI/96), *salvo* se objeto de caducidade ou de nulidade, e – quanto à exclusividade absoluta de exploração – *salvo* se sujeita à

---

929   A extensão dos direitos sobre a variedade de plantas, no caso do padrão UPOV, compreende apenas a produção da variedade para comercialização, a oferta para venda e comercialização de sementes, etc.; no entanto o direito do titular, de acordo com a lei, pode ir até a restrição à exportação das sementes, etc., para países em que não haja proteção para a variedade - em divergência com a teoria do esgotamento dos direitos geralmente aplicáveis ao sistema da propriedade intelectual.

930   Inciso acrescentado pela Lei 10.196, de 14 de fevereiro de 2001, resultante da conversão da Medida Provisória 2.105.

licença compulsória ou às limitações do *fair usage*, ou ainda à importação paralela prevista no art. 68 do CPI/96.

Com efeito, o texto em si mesmo e os parâmetros constitucionais de interpretação nos levam a tal conclusão. Se a patente é nula, ou se faz caduca, se cabe importação paralela, ou se a exclusiva deve ser licenciada, o interesse público quer absolutamente – e o quer de acordo com os princípios fundamentais da Constituição – que os ensinamentos da patente sejam imediatamente utilizados. A ninguém aproveita – a não ser aos objetivos ilícitos do titular licenciante compulsório ou ex-titular -, que se espere o fim da patente (ou o início da licença) para iniciar tais testes, custosos e demorados.

Já se viu, ao analisar o disposto no art.43,II, que o presente inciso era rigorosamente inútil, a não ser para suscitar dúvidas leigas. Para o leitor familiar com o Direito, porém, e atento aos preceitos constitucionais, a interpretação extensiva das limitações legais à patente se impõe – e com ela a leitura que agora se faz.

Qual é mesma a questão básica que nos leva à limitação aqui discutida? Vide a seção específica desta obra sobre segredos de indústria.

Até a introdução deste limite às patentes, subsistiam dúvidas ainda que remotas sobre a possibilidade de um terceiro registrar ou até mesmo solicitar o registro de um produto para comercialização, quando ainda vigente da patente de terceiros sobre tal produto.

Vide também, a propósito, o capítulo abaixo relativo a registros sanitários e patentes.

[15] § 4.8. (A) Exceção Bolar

A limitação (não exceção) prevista nesta seção tem sido denominada "Exceção bolar":

> "some countries allow manufacturers of generic drugs to use the patented invention to obtain marketing approval — for example from public health authorities — without the patent owner's permission and before the patent protection expires. The generic producers can then market their versions as soon as the patent expires. This provision is sometimes called the "regulatory exception" or "Bolar" provision."[931]

Antonio Abrantes – A Exceção Bolar[932]

O uso experimental de um produto ou processo patenteado para ganhar autorização das autoridades de saúde regulatórias é permitido nos Estados Unidos em uma

---

931   http://www.wto.org/english/tratop_e/trips_e/factsheet_pharm02_e.htm. Vide Pfaff: „Bolar" Exemptions -
A Threat to the Research Tool Industry in the U.S. and the EU? IIC 2007 Heft 3 258.

932   Antonio Abrantes, pibrasil@yahoogrupos.com.br, 13/8/2009.

exceção conhecida como "Bolar Exception" prevista na Lei Americana de 1984 depois de uma decisão da Corte em uma disputa entre a Roche e a Bolar Pharmaceuticals que tentava aprovação de um remédio que constituía uma versão genérica de remédio patenteado pela Roche.

A Bolar Pharmaceutical desejava a aprovação de seu medicamento, valendo-se dos testes clínicos realizados pela Roche para seu produto, enquanto a patente da Roche ainda estava em vigor, de modo a acelerar a entrada no mercado de seu medicamento, logo que a patente da Roche expirasse. A Bolar alegou que estava utilizando a patente com finalidades experimentais. A Corte entendeu que a exceção de uso experimental prevista até então na lei não seria tão ampla a ponto de incluir as atividades comerciais no caso Bolar, e que então seria necessária uma modificação na lei prevendo tal situação, que passou então a ser conhecida como "Bolar exception". A norma faculta o uso dos dados e testes por terceiros após certo prazo de três ou cinco anos (lead time).[933]

Em 2009 as empresas norte-americanas tem discutido a possibilidade de estender este prazo para até 14 anos para o caso dos medicamentos biológicos, ou seja, aqueles baseados em proteínas ao invés de produtos químicos. Nos medicamentos biológicos sua produção envolve manipulação genética e culturas de organismo vivos em larga escala ao invés de síntese química. As diferenças de mercado e de regulações entre os dois medicamentos justificaria, segundo estas empresas inovadoras do setor, a extensão de prazo.[934]

Os titulares de patentes, no entanto, foram compensados com uma modificação na lei, conhecida como The 1984 Drug Price Competition and Patent Term Restoration Act, também conhecido como Hatch-Waxman Act, que permitiu a extensão da vigência de suas patentes, por conta do excessivo tempo necessário para autorização de seus medicamentos pelas autoridades de saúde.[935] As companhias de genéricos por sua vez, pela mesma lei, não teriam mais de submeter aos mesmos testes das empresas fabricantes dos mesmos remédios de marca, bastando estabelecer que o genéricos atendem aos testes de estabilidade e bioequivalência com os de marca.[936] Algumas companhias de marca, no entanto, pagam as indústrias de genéricos para retardarem o lançamento de seus medicamentos. Contra tal prática o FTC condenou a empresa Cephalon Inc. em 2008 por inibir a entrada em vigor de genéricos de seu medicamento contra desodens do sono, até 2012, pelo pagamento a quatro empresas concorrentes.[937]

---

933   [Nota do original] Uma Introdução à propriedade intelectual, Denis Barbosa, Rio de Janeiro:Lumen Juris, p. 691.

934   [Nota do original] http://www.ip-watch.org/weblog/2009/02/24/industry-pushes-for-biosimilars-approval-process-some-igos-take-notice/.

935   [Nota do original] Exceptions to patent rights in developing countries, Christopher Garrisson, ICTSD, Issue Paper No. 17, agosto 2006, UNCTAD, p. 13.

936   [Nota do original] Uma Introdução à propriedade intelectual, Denis Barbosa, Rio de Janeiro:Lumen Juris, p. 426.

937   [Nota do original] http://www.ftc.gov/os/caselist/0610182/080213complaint.pdf.

No caso Madey v. Duke University a CAFC em 2002 decidiu que a exceção com fins de utilização de uma tecnologia para propósitos experimentais não se aplica a universidades. A Corte entendeu que estas podem ser vistas como entidades comerciais que utilizam P&D como forma de competirem em busca de fundos e prestígio. Embora a decisão não possa inibir a utilização informal da tecnologia patenteada por professores individuais, ela de fato induz os administradores de universidades a terem uma ação mais agressiva na área de patentes.[938]

No Japão terceiros podem utilizar-se de tecnologia patenteada como ferramenta para desenvolvimento de novas invenções desde que o resultado final não seja comercializado antes da expiração da patente.[939] Na União Européia a exceção Bolar foi introduzida pelo Decreto 2004/27/EC emenda do Decreto 2001/83/EC em relação aos medicamentos para uso humano. Esta exceção fornece aos fabricantes de medicamentos genéricos uma isenção para o teste de pré-comércio, segundo o artigo 10(6) que prevê que os estudos e ensaios clínicos necessários e as consequentes exigências práticas não deverão ser consideradas como contrárias aos direitos de patente ou a certificados de proteção suplementar para medicamentos.[940] Segundo Kristof Roox o escopo da isenção, entretanto permanece incerto devido ao uso de terminologia ambígua.

[15] § 4.9. Outros limites à patente: uso anterior e trânsito de veículos

A Lei 9.729/96 ainda propõe que os direitos do titular da patente sejam inoponíveis a quem já venha explorando a mesma tecnologia no País antes do depósito do privilégio, podendo o usuário de boa fé persistir na sua produção, mediante o pagamento de regalias. Tal forma de licença automática, que encontra certa aceitação no acordo TRIPs, é matéria nova no Direito nacional.

Na CUP também se encontra um limite ao direito de patentes que, ainda que não incorporado ao CPI/96, tem aplicação interna direta:

Art. 5º ter
Em cada um dos países da União não serão considerados lesivos dos direitos do titular da patente:
(1) o emprego, a bordo dos navios dos outros países da União, dos meios que constituem o objeto da sua patente no corpo do navio, nas máquinas, mastreação aprestos e outros acessórios, quando esses navios penetrarem temporária ou aci-

---

938 [Nota do original] Intellectual Property Rights in Frontier Industries: software and biotechnology, Robert Hahn, Washington:AEI Brookings, 2005, p. 5.

939 [Nota do original] The enforcement of intellectual property rights: a case book, Louis Harms,WIPO, 2008, p. 257.

940 [Nota do original] Barreiras relacionadas à patente para entrada de medicamentos genéricos no mercado na União Européia: uma revisão das fraquezas no atual sistema de patente europeu e seu impacto no acesso de medicamentos genéricos no mercado, Kristof Roox, maio 2008, p. 23.

dentalmente em águas do país, sob reserva de que tais meios sejam empregados exclusivamente para as necessidades do navio;

2) O emprego dos meios que constituem o objeto da patente na construção ou no funcionamento de aeronaves ou veículos terrestres dos outros países da União, ou dos acessórios dessas aeronaves ou veículos terrestres quando estes penetrarem temporária ou acidentalmente no país.

[15] § 4.10. Limites do Direito: Fair Usage. Esgotamento dos direitos

O último, e mais relevante caso de *fair usage*, é a regra de que uma vez o produto patenteado ou fabricado com o processo patenteado tenha sido posto no mercado com a autorização do titular, termina o direito industrial. O titular da patente não mais pode praticar em face do objeto do privilégio nenhum dos atos que lhe são exclusivos.

Esta figura jurídica é expressa na chamada "teoria do esgotamento dos direitos". Pela sua importância, será objeto de uma seção própria logo adiante.

[15] § 4.11. Abuso de direitos

Vide, abaixo, a seção Licença de Patentes por Abuso de Direitos

[15] § 4.12. O problema dos padrões técnicos: a exceptio standardis

Muitas vezes, determinadas soluções técnicas protegidas por patentes se transformam em padrões técnicos de mercado. Algumas vezes, esse padrão resulta de um *pooling* de patentes, de um número determinado de titulares, que se licenciam mutuamente, criando uma perspectiva de exclusão de mercado. O exemplo corrente é o conjunto de patentes relativos ao padrão DVD, que, nos vários sistemas nacionais ou regionais de direito antitruste, foi apenas admitido pelos órgãos de defesa da concorrência após assegurarem uma licença geral remunerada, aberta a todos interessados.[941]

Tais questões têm sido objeto de ampla discussão doutrinária e econômica,[942] tanto no que toca à própria proteção autoral das normas e padrões técnicos, quanto da

---

[941] U.S. Departament of Justice, Antitrust Enforcement And Intellectual Property Rights: Promoting Innovation and Competition, encontrado em http://www.ftc.gov/reports/innovation/P040101 PromotingInnovationandCompetitionrpt0704.pdf, visitado em 1/9/2009. MILLER, Joseph Scott, "Standard Setting, Patents, and Access Lock-in: RAND Licensing and the Theory of the Firm" . Indiana Law Review, Vol. 40, 2006 Available at SSRN: http://ssrn.com/abstract=924883.

[942] CRIVELLI, Ivana Có Galdino; CARVALHO, Carlos Eduardo Neves de, A Inobservância de Proteção de Direito Autoral na Produção de Normas Técnicas Brasileiras - NBRs. Revista da ABPI, (84): 3-13, set./out. 2006.FRAIN, Tim, Patents in Standards & Interoperability, encontrado em http://wipo.int/-export/sites/www/meetings/en/2006/patent_colloquia/11/pdf/frain_presentation.pdf, visitado em 1/9/2009. Samuelson, Pamela,Questioning Copyright in Standards. Boston College Law Review, Vol. 48,

hipótese de se instituir uma limitação específica das patentes que permita a qualquer interessado aceder aos padrões técnicos de mercado:943

> But even if current law were capable of completely remedying the issue, one could argue that it may be preferable if IP rights are expressly configured so that they cannot result in true monopolies, either by excluding standards from protection, or by introducing an *exceptio standardis* in some form or another. Then, IP law could no longer be at odds with antitrust law which would improve the coherence of the system. Clearly, for an exemption to be effective, it would have to be inserted both in copyright and patent law, since standards may be protected under both these fields of law.

[15] § 4.13. Bibliografia: limitações à patente

ADOLFO, Luiz Gonzaga Silva, As Limitações do Direito do Autor na Legislação, Lumen Juris, 2005.

AVANCINI, Helenara Braga e MADRIGAL, Laura Sofía Gómez, Las Limitaciones al Derecho de Autor en el Ambito Universitario. Legislaciones de Brasil y México. Revista da ABPI, (66): 61-68, set.-out. 2003.

AVANCINI, Helenara Braga, Os Limites e Exceções dos Direitos Autorais na Sociedade da Informação, Revista da ABPI, (78): 40-49, set./out. 2005.

AZEVEDO, Rodrigo e HERMIDA, Nicolás, Private Copy: Getting the Balance Right a Suggested Approach to Brazilian and Argentinean Laws Addressing the Digital Dilemma, Revista da ABPI, (84): 53-70, set./out. 2006.

BARBOSA, Denis Borges, A imunidade das preparações das farmácias de manipulação às patentes, in BARBOSA, Denis Borges, A Propriedade Intelectual no Século XXI – Estudos de Direito. Rio de Janeiro: Lumen Juris, 2008, encontrado em http://denisbarbosa.addr.com/oficinais.pdf.

BERG, Thomas Charles, Intellectual Property and the Preferential Option for the Poor. Journal of Catholic Social Thought, Vol. 5, 2007; University of St. Thomas Legal Studies Research Paper No. 07-06. Available at SSRN: http://ssrn.com/abstract=966681.

BRUCH, Kelly Lissandra Bruch, Limites do Direito de Propriedade Industrial de Plantas, Dissertação de Mestrado apresentada ao Programa de Pós-Graduação em

---

2007; UC Berkeley Public Law Research Paper No. 925044. Available at SSRN: http://ssrn.com/abstract=925044, Baechtold, Philippe, IPRs and standards setting: some issues, encontrado em http://www.wipo.int/edocs/mdocs/sme/en/wipo_smes_ge_07/wipo_smes_ge_07_www_81604.ppt, visitado em 1/9/2009. Bauer, Joseph P.,Antitrust Implications of Aftermarkets. Antitrust Bulletin, Vol. 52; Notre Dame Legal Studies Paper No. 06-14. Available at SSRN: http://ssrn.com/abstract=919860.

943 Neste sentido, vide Koelman: An Exceptio Standardis: Do We Need an IP Exemption for Standards? IIC 2006 Heft 7 823.

Agronegócios da Universidade Federal do Rio Grande do Sul como requisito parcial para a obtenção do título de Mestre em Agronegócios.

CABRAL, Plínio, Limitações ao Direito Autoral na Lei nº 9.610, Revista da ABPI, (37): 3-8, nov.-dez. 1998.

COOK, Trevor, A European Perspective as to the Extent to which Experimental Use and Certain Other Defences to Patent Infringement Apply to Differing Types of Research, Journal of Intellectual Property Law & Practice Advance Access originally published online on August 31, 2007, Journal of Intellectual Property Law & Practice 2007 2(10):702-703; doi:10.1093/jiplp/jpm160.

Correa, C. (2007). Intellectual Property and Competition Law: Exploration of Some Issues of Relevance to Developing Countries, ICTSD IPRs and Sustainable Development Programme Issue Paper No. 21, International Centre for Trade and Sustainable Development, Geneva, Switzerland.

CROMER, Julie D., "Harry Potter and the Three-Second Crime: Are we Vanishing the De Minimis Doctrine from Copyright Law?" . New Mexico Law Review, Forthcoming http://ssrn.com/abstract=813386.

DOMINGUES, Renato Valladares, Patentes Farmacêtucas e acesso aos medicamentos: a aplicação do acordo TRIPS, Lex Editora/ Aduaneiras, 2005.

FOLEY, The Looming Crisis Over The Research Use Exception To Patent Infringement: What Madey Taught Duke University, em http://www.foley.com/ publications/pub_detail.aspx?pubid=1250, visitado em 2/9/2009.

HENCKELS, Caroline,The Ostensible Flexibilities in TRIPS: Can Essential Pharmaceuticals Be Excluded from Patentability in Public Health Crises?. Monash University Law Review, Vol. 32, 2006; U of Melbourne Legal Studies Research Paper No. 254. Available at SSRN: http://ssrn.com/abstract=1009373.

HOLZAPFEL, Henrik and SARNOFF, Joshua D.,A Cross-Atlantic Dialog on Experimental Use and Research Tools(August 5, 2007). American University, WCL Research Paper No. 2008-13. Available at SSRN: http://ssrn.com/abstract=1005269.

JUNDI, Maria Elaine Rise, Das Limitações Aos Direitos Autorais, Lumen Juris 2008

LEMLEY, Mark A., The Economics of Improvement in Intellectual Property Law(September 1, 2008). Stanford Law and Economics Olin Working Paper No. 365. Available at SSRN: http://ssrn.com/abstract=1274199.

LEONARDOS, Luiz e KUNISAWA, Viviane Yumy, O sistema de Propriedade Intelectual como Fomentador da Inovação Tecnológica, Revista da ABPI, (76): 16-21, mai./jun. 2005.

LILLA, Paulo Eduardo, Acesso a Medicamentos nos Países em Desenvolvimento e Proteção das Patentes Farmacêuticas no Contexto do Acordo Trips-Omc: Implicações Concorrenciais, http://www.socejur.com.br/artigos/IBRAC.doc.

LOPES, Cláudia Possi, Limitações aos Direitos de Autor e de Imagem. Utilização de Obras e Imagens em Produtos Multimídia, Revista da ABPI, (35): 27-35, jul.-ago. 1998.

MAEBIUS, Stephen B. e WEGNER, Harold C., Merck V. Integra: The Impact of a Broader "Safe Harbor" Exemption on Nanobiotechnology, em http://www.foley.com/files/tbl_s31Publications/FileUpload137/2903/viewcontent.pdf, visitado em 2/9/2009.

MARINHO, Maria Edelvacy Pinto, O Regime De Propriedade Intelectual: a inserção das inovações biotecnológicas no sistema de patentes, Dissertação apresentada como requisito parcial para conclusão do Curso de Mestrado em Direito do Centro Universitário de Brasília Orientador: Prof. Dr. Marcelo Dias Varella, 2005.

MONOTTI, Ann L., The experimental use exception: Limitations on the Scope of a Patentee's Exclusive Rights in the Context of Third Party Experimental Uses. The University of New South Wales Law Journal, Vol. 29, No. 2, pp. 63-87, 2006; Monash University Faculty of Law Legal Studies Research Paper No. 2006/42. Available at SSRN: http://ssrn.com/abstract=1091278.

MUELLER, Janice M.,The Evanescent Experimental Use Exemption from United States Patent Infringement Liability: Implications for University and Nonprofit Research and Development. Baylor Law Review, Vol. 56, p. 917, 2004. Available at SSRN: http://ssrn.com/abstract=691424.

MÜLLER, Ana Cristina Almeida e CARMINATTI, Antonella, Investimentos em Biotecnologia e o Cenário Brasileiro, Revista da ABPI, (62): 65-69, jan.-fev. 2003.

PARADISE, Jordan e JANSON, Christopher, Decoding the Research Exemption, Nature Reviews Genetics, Vol. 7, No. 2, pp. 148-154, 2006.

PEREIRA, Alexandre Libório Dias, Fair Use e Direitos de Autor (entre a Regra e a Excepção). Revista da ABPI, ,(94): 3-10, maio-jun. 2008.

PESTALOZZI, Deborah Frohriep, The Interpretation of Research Tools in European and U.S. Patent Law and Jurisprudence – an Exploration of the research exemption, em http://www.bepress.com/ndsip/papers/art30/, visitado em 2/9/2009.

RIMMER, Matthew, The Freedom to Tinker: Patent Law and Experimental Use, Expert Opinion on Therapeutic Patents, Vol. 15, No. 2, pp. 167-200, February 2005

RITCHIE DE LARENA, Lorelei, What Copyright Teaches Patent Law About Fair Use: And Why Universities are Ignoring the Lesson(August 1, 2005). Available at SSRN: http://ssrn.com/abstract=774984.

ROWE, Elizabeth A.,The Experimental Use Exception to Patent Infringement: Do Universities Deserve Special Treatment? (August 19, 2005). Available at SSRN: http://ssrn.com/abstract=831044.

RUESS, Peter, Accepting Exceptions?: A Comparative Approach To Experimental Use In U.S. And German Patent Law, em http://law.marquette.edu/ip/RuessArticle.pdf, visitado em 2/9/2009.

SANTOS, por Manoel J. Pereira dos, Principais Tópicos para uma Revisão da Lei de Direitos Autorais Brasileira,. Revista da ABPI, (100): 61-68, maio-jun. 2009.

SCHLEICHER, Rafael Tavares, A Propriedade Intelectual em Pesquisas Públicas Envolvendo Múltiplos Atores, Revista da ABPI, (66): 44-54, set.-out. 2003.

SOUTH CENTRE, Analytical Note, Accelerating Climate-Relevant Technology Innovation and Transfer to Developing Countries: Using TRIPS Flexibilities Under the UNFCCC, SC/IAKP/AN/ENV/1, SC/GGDP/AN/ENV/8, Mar. 2009.
WEGNER, Harold C., The Post-Madey Research Exemption, em http://www.foley.com/publications/pub_results.aspx?attorneyID=16325, visitado em 2/9/2009.
Vide também as observações sob os temas Importações Paralelas e Licenças Compulsórias.

Seção [16] Da doutrina dos Equivalentes em Direito de Patentes

A questão em análise é, claramente, o de interpretação da exclusividade de uma patente. Até que ponto a expressão verbal da exclusividade, colocada nos documentos da patente, deve ser aplicada literalmente, e até que ponto deve ser interpretada?

[16] § 0.1. Leitura substancial da exclusividade

Mas o alcance da reivindicação, necessariamente, não é formal e literal.[944] Como em quase todos os campos do Direito de Patentes, é obrigatório iniciar com o magistério de Gama Cerqueira:

> Os elementos característicos da invenção, porém, devem ser examinados e apreciados de acordo com a função que desempenham e não sob o seu aspecto material. Do contrário, ilusória seria a proteção legal, pois bastaria a simples modificação de um ou outro elemento, sem alteração substancial de sua função, ou a sua substituição por elemento equivalente, para isentar o infrator da responsabilidade pela infração. Este. princípio aplica se a todas as espécies de invenção e é particularmente importante quando se trata de invenções de processos.[945]

---

944 Graver Tank & Mfg. Co. v. Linde Air Products Co., 339 U.S. 605, 607 (1950). Vide Festo: Blessing To Patent Holders Or Thorn In Their Sides?, 2002 Duke L. & Tech. Rev. 0017: It recognizes that words may not always be able to aptly convey the basis of an invention. It also recognizes that "to permit imitation of a patented invention which does not copy every literal detail would be to convert the protection of the patent grant into a hollow and useless thing." . Note-se, porém, do que lembra Romuald Singer, Margarete Singer, Revised English edition by Raph Lunzer e John Beton, The European Patent Convention - A Commentary, Sweet & Maxwell 1995, 69.02: In Germany, certain circumstances can arise in which a court, dealing with the issue of infringement, may nonetheless interpret claims exactly in accordance with their wording, rather than permitting any extension to cover equivalents. This can occur if, in the course of an infringement action, the patent is wholly, or in a divisible area, identical with the prior art, but the defendant has not brought any action for nullity before the German patents court."

945 João da Gama Cerqueira, Tratado Da Propriedade Industrial, Volume II Tomo I, Parte Ii, Edição Revista Forense, Rio de Janeiro 1952, p. 320.

Como o quer o autor, o fim precípuo do instituto é evitar que a literalidade de uma reivindicação impeça que a patente seja utilizada adequadamente, promovendo o investimento em criação tecnológica. A introdução de variações irrelevantes ou cosméticas poderia tornar a exclusividade inoperante, se não houvesse aplicação substantiva – não formal – do privilégio.[946]

Além de resultar em injustiças em desfavor do titular da patente, a literalidade teria, a se acreditar de certas análises econômicas, um custo socialmente inaceitável.[947]

Mas o que é aplicação substantiva? O mesmo autor, em trecho muito citado, indica um caminho para resolver esse problema. A noção de que a patente protege a *idéia inventiva* e não a literalidade reivindicada é tradicional no nosso próprio direito a respeito *das patentes de invenção* (mas diferentemente no que toca aos modelos de utilidade):[948]

> "Dissemos, também, que, para verificar-se a infração, basta que tenha sido usurpada a idéia da invenção, objeto do privilégio. Qualquer modificação introduzida na forma, nas dimensões ou nas proporções do objeto, bem como a substituição de matéria, não excluem a contrafação. Estão no mesmo caso a substituição de peças ou órgãos de um maquinismo privilegiado por outro elemento equivalente, ou a sua modificação sem alteração das funções que desempenham, a substituição

---

946   Graver Tank & Mfg. Co. v. Linde Air Products Co., 339 U.S. 605, 607 (1950), "One who seeks to pirate an invention, like one who seeks to pirate a copyrighted book or play, may be expected to introduce minor variations to conceal and shelter the piracy. Outright and forthright duplication is a dull and very rare type of infringement. To prohibit no other would place the inventor at the mercy of verbalism and would be subordinating substance to form. It would deprive him of the benefit of his invention and would foster concealment rather than disclosure of inventions, which is one of the primary purposes of the patent system."

947   Douglas Lichtman, Substitutes for the Doctrine of Equivalents - A Response to Meurer and Nard, encontrado em The Chicago Working Paper Series Index: http://www.law.uchicago.edu/Lawecon/index.html, visitado em 20/7/05: "The doctrine of equivalents thus plays an important role in ensuring that patent protection is more than an empty gesture. It empowers courts to read between the lines of the patent document and protect inventions when for some reason the literal words have missed their mark. As a result, a malevolent copyist cannot escape the scope of protection simply by searching out a weakness in the patent language; and a patentee is still protected even against an infringer who innocently stumbles upon a hole in the patent's claims. A second virtue of the doctrine of equivalents is that it lowers the costs of claim drafting by obviating the need to write perfect claims. In certain instances, an applicant can perfectly articulate a comprehensive literal claim and would do so if that were the only way to achieve the desired scope of protection".

948   Ivan Alehrt, Interpretação de Reivindicações e Infração de Patentes na Lei Brasileira de Propriedade Industrial, manuscrito, "Não parece haver sentido em atribuir-se uma abrangência muito maior do que aquela determinada pelos termos literais da reivindicação quando se trata de um pequeno aperfeiçoamento de ordem prática. Em outras palavras, a abrangência de proteção assegurada pela patente deve ser tanto maior quanto maior for o mérito do inventor ou sua contribuição para o desenvolvimento tecnológico e vice-versa. Assim, em se tratando de uma patente de modelo de utilidade, todos os recursos para se expandir a abrangência de uma reivindicação para além de seu significado literal devem ser utilizados com reserva."

de substâncias de um produto químico por outro análogo. Toda a questão gira em torno deste ponto: saber se a idéia essencial da invenção foi usurpada.

"Se a modificação introduzida no produto privilegiado puder ser considerada como aperfeiçoamento privilegiável nos termos da lei, ainda assim haverá infração da patente, se o seu autor fabricar o produto sem licença do concessionário (...)."[949]

Utilizar, como fazia Gama Cerqueira a seu tempo, a noção de *idéia inventiva* como instrumento de aplicação substantiva da patente, porém, pode acarretar sérios problemas.[950]

Historicamente, a noção resulta de uma tradição do direito alemão (mas de aceitação em toda Europa, de desconsiderar o que foi efetivamente *exposto e reivindicado* em favor da idéia geral do invento, deduzido pelo tribunal, que até mesmo supria redação omissa ou imperfeita para atender os interesses do titular da patente.[951] Ora, como ponderaremos logo a seguir, essa tática parece comprometer irrrazoavelmente o equilíbrio constitucional de interesses relativo às patentes, ao prestigiar o titular

---

949 João da Gama Cerqueira, in "Tratado da Propriedade Industrial", 2ª ed., vol. 1, "Revista dos Tribunais", p. 546-547.

950 Compare-se com a dicção de Festo: a tarefa da doutrina dos equivalentes é ""to capture the essence of innovation", ou o que se lê em Vincenzo Di Cataldo, Le Invenzioni I Modelli, Seconda Edizione, Giuffrè Editore – 1993, *op. cit.*, p.117: "Anche quando gli elementi essenziali non sono identici, si ha contraffazione (e si parla di contraffazione per equivalenti) se l'idea inventiva, l'insegnamento fondamentale che sta alla base dell'invenzione brevettata, è presente anche nella realizzazione altrui". No entanto, observa Cabanellas, *op. cit.*, p. 202: Los autores se refieren aquí ala técnica interpretativa tradicionalmente utilizada en Alemania, basada en el llamada sistema central, que requería determinar el principio inventivo subyacente a la patente en su conjunto y a sus respectivas reivindicaciones". Quanto a esse ponto, vide Romuald Singer, Margarete Singer, Revised English edition by Raph Lunzer e John Beton, The European Patent Convention - A Commentary, Sweet & Maxwell 1995, 69.02, falando od artigo 69 da Convenção, que propõe a aplicação de uma leitura substantiva e não literal, da patente: "The Article, taken together with its protocol, is intended to have the effect of avoiding two extremes. At one extreme, it sought to prevent national courts from giving a broad interpretation to narrowly formulated claims, as if they covered some undefined general underlying inventive idea, which was regarded as being the hitherto existing German method of interpreting regarded by the court as being the substance of the invention, as it would be interpreted by an expert looking at the claims. For the purposes of that interpretation, reference was made to the description and drawings."

951 Romuald Singer, Margarete Singer, Revised English edition by Raph Lunzer e John Beton, The European Patent Convention - A Commentary, Sweet & Maxwell 1995, 69.02; "This view of German jurisprudence was based on a practice which existed between 1920 and 1910, when the German courts did afford the inventor rather wide protection, with the result that the interpretation of patents, and their claims, was unforeseeable. By the mid-1935, this trend was reversed, at least to the extent that it was required that a patentee who sought to rely on a general inventive principle should show that it was sufficiently disclosed in the description, and that the claims pointed in the direction of such a general principle. It also became clear that any such generalization, so as to cover what the patentee asserted was an inventive principle, required the court dealing with infringement to investigate whether such a broad principle was itself patentable. By seeking to find the "general inventive idea", the German courts in fact accepted that the scope of claims was capable of some degree of extension, to an extent which is accepted in accordance with the laws of other States, whether by reference to such terms as "non-direct equivalents", "individual elements", "sub-combinations", as well as "genuine sub-claims".

além dos limites daquilo que expôs ao público, e entregou, em benefício da sociedade, ao conhecimento de todos.

Por isso mesmo, uma outra análise foi-se afirmando, que enfatiza não a *idéia geral* imanente, mas uma perquirição funcional. A que serve o invento? Os *meios* descritos visam a que fim?[952] Esses meios são função de que fins?

Essa tática também terá um risco. Numa patente, para se evitar o monopólio, só se pode privilegiar o *meio de resolver um problema técnico*, através de processo ou produto, mas não o resultado, ele mesmo.[953] Assim, não se pode, a pretexto de proteger a função, vedar a criação de outras soluções técnicas para o mesmo problema.

Acompanhemos o que diz Pontes de Miranda:

Ao gênio de Josef Kohler[954] devem-se o conceito e a teoria dos equivalentes. O que importa é a função dos elementos que constituem a invenção, e não os elementos, razão por que, se alguém substitui o elemento a da invenção por outro elemento a', que é tecnicamente equivalente, porque pode ter a mesma função técnica, ofende o direito de quem fez a invenção com o elemento "a". Não se daria o mesmo se se tratasse de invenção de elemento b, que venha a ter a mesma função do elemento abcde. Em tudo isso fica evidente que o objeto do direito é o bem incorpóreo, não se podendo abstrair da equivalência dos elementos: o bem incorpóreo, o todo funcional, quer nas invenções de produtos, quer nas de processos, quer nas de combinações, quer nas de aplicações, é que determina o que é equivalente ou co-igual. Ainda devido a isso, cada elemento há de ser considerado conforme a função que exerce na invenção, e não em si mesmo: a função in con-

---

952 Paul Roubier, Le Droit De La Propriété Industrielle, Sirey, 1950 "dans l'industrie contemporaine, ce sont beaucoup moins les facteurs techniques qui comptent que les fonctions techniques, une fonction donnée pouvant être remplie par de nombreux facteurs entre lesquels l'industrie a aujourd'hui un choix abondant. Ce qui compterait par-dessus tout, ce ne serait plus l'analyse structurale. du mécanisme imaginé par l'inventeur, mais bien plutôt son analyse fonctionnelle". A análise de função e resultado continua clara na doutrina francesa: Fréderic Poliaud Dulian, Droit de La Proprieté Industrielle, Domat Droit Privé, "690-Équivalents. Même si deux moyens présentent une différence de forme, ils sont équivalents lorsqu'ils remplissent la même fonction en vue du même résultat. Substituer un moyen équivalent à un moyen couvert par le brevet constitue une contrefaçon (Cass. com., 26 octobre 1993, PIBD, 1994, nº 558.111.21, Annales, 1993, p. 102; Cass. com., 13 février 1990, PIBD, 1990, nº 478.111.319 Cass. com., 16 janvier 1996, PIBD, 1996, nº 608.111.175; Paris, 23 novembre 1993, PIBD, 1994, nº 561.111.102; Paris, 16 décembre 1993, PIBD, 1994, nº 563.111.173; Paris, 10 janvier 1991, Annales, 1991, p. 57.)"

953 Roubier, *op. cit.*, "Mais n'arriverait-on pas alors à un véritable brevet de. résultat, que les principes généraux de notre droit ont toujours condamné?» Romuald Singer, Margarete Singer, Revised English edition by Raph Lunzer e John Beton, The European Patent Convention - A Commentary, Sweet & Maxwell 1995, 69.02: "Thus, in deciding what is the problem solved by the invention the court is not limited solely to the wording of the claims but has also to pay due regard to the technical problem solved by the invention, which the skilled reader can recognise, and the solution proposed thereto. However, the "solution principle" is irrelevant except in as much as it helps the skilled person to realise what are the obvious alternatives."

954 [Nota do autor] J. Kohler, Handbuch des deutschen Patentrechts, 1900. A tradição americana, no entanto, fixa a data de sua vertente doutrinária cinquenta anos antes, através de jurisprudência da Suprema Corte.

Tratado da Propriedade Intelectual

creto é que diz se a' é equivalente a a; portanto, pode dar-se que a' não equivalha, in concreto, a a, e, in concreto, b equivale a a, ou a b, ou a c, ou a d, ou a e.[955]

[16] § 1. Doutrina dos equivalentes

O art. 186 do CPI/96 assim diz:

"Os crimes deste Capítulo caracterizam-se ainda que a violação não atinja todas as reivindicações da patente *ou se restrinja à utilização de meios equivalentes ao objeto da patente.*"

Assim, tanto a violação parcial quanto a de equivalência é criminalmente puní-vel (embora não exista uma disposição similar na definição do teor civil da patente).

Tal princípio teve sua definição mais precisa na decisão da Suprema Corte dos Estados Unidos no caso Winam v. Denmead, 56 US. (15 How) 330 (1953): "copiar o princípio ou modo de operação descrito é uma violação de patente, embora tal cópia seja diversa em forma ou em proporção". Em outras palavras, o que se patenteia é a função.

A Suprema Corte detalha esta matéria na decisão do caso Graver Tam & Mfg. Co. v. Linde Air Products. Co. 339 U. S. 605, (1950).

"Equivalência, do direito patentário, não é o prisioneiro de uma fórmula e não é um absoluto que deva ser considerado no vácuo. Não se exige identidade com-pleta para todo propósito e em todo caso. Ao determinar equivalentes, coisas que são iguais à mesma coisa podem não ser iguais entre si e, da mesma maneira, coi-sas que são diferentes para a maior parte dos objetivos, podem ser às vezes equi-valentes. Tem-se que dar atenção ao propósito para o qual cada ingrediente é usado numa patente, às qualidades que tal ingrediente tem quando combinado com outros ingredientes, e a função que ele deve desempenhar."

Neste caso, chegou-se a conclusão de que uma mistura contendo silicato de man-ganês era equivalente a uma mistura contendo silicato de magnésio, apesar de magné-sio e manganês terem propriedades diversas, porque a função desempenhada era a mesma à luz do estado-da-arte.

Num julgamento de 3 de março de 1997, a Suprema Corte americana descreveu tal questão de forma incisiva – a solução técnica funcionalmente equivalente àquela que foi reivindicada é, para o Direito de Patentes, *igual* ao reivindicado:

"[T]he substantial equivalent of a thing, in the sense of the patent law, is the same as the thing itself; so that if two devices do the same work in substantially

---

955   Pontes de Miranda, Tratado de Direito Privado, Parte Especial, Tomo XVI, 4ª ediçao 2ª Tiragem, Editora Revista dos Tribunais São Paulo – 1983, § 1.917. Bem incorpóreo e invenção.

1567

the same way, and accomplish substantially the same result, they are the same, even though they differ in name, form, or shape."[956]

Ou, no nosso STF:

> Supremo Tribunal Federal

AG 19621 Relator: Ministro Lafayette de Andrada. J.1958.06.10 Segunda turma. Publicações: Ementário do STF – vol. 8.01 p.25 RTJ – vol. 6.01 p. 01. Ementa: patente de invenção. As diferenças acidentais de forma não devem ser levadas em consideração para se considerar o novo modelo, nem excluem a contrafação.

[16] § 1.1. Literalidade e equivalência

Distinguem-se assim, com clareza, a interpretação literal e a aplicação substantiva das reivindicações e, entre as modalidades de interpretação substancial, a doutrina de equivalentes:

A prática mundial quanto ao escopo da proteção que se procura através de um pedido de patente é definido por suas reivindicações, ou seja, é o texto das reivindicações que determina os limites dos direitos assegurados pela patente. Como resultado, embora o escopo de proteção não seja limitado a uma interpretação literal das reivindicações, uma patente não confere proteção ao conceito inventivo básico ou conceito inventivo geral. Como regra geral para a determinação de uma infração, deve ser verificado se o produto ou processo acusado possui todas as características da ou de uma das reivindicações independentes de uma patente. (...)

Uma infração literal ocorre quando cada elemento do produto infrator coincide com a definição contida na reivindicação. Na infração literal pode haver necessidade de interpretar o significado ou a abrangência de determinada expressão na reivindicação, porém interpretada a expressão e estabelecida sua extensão a correspondência com o elemento do produto infrator é imediata.

A infração por equivalência, uma das formas de infração não literal, se apresenta quando o elemento do produto infrator não se enquadra diretamente na definição do elemento da reivindicação, no entanto, ele constitui um equivalente técnico funcional deste último. A admissão desse tipo de infração é importante para evitar uma injusta perda de proteção devida à redação inadequada das reivindicações de uma patente, assim como para evitar que terceiros não autorizados beneficiem-se indevidamente de tal patente.[957]

---

[956] Warner-Jenkinson Co., Inc. V. Hilton Davis Chemical Co. Certiorari to the United States Court of Appeals for the Federal Circuit No. 95728. Argued October 15, 1996 Decided March 3, 1997.

[957] Ana Cristina Almeida Müller, Nei Pereira Jr. e Adelaide Maria de Souza Antunes, Escopo das Reivindicações e sua Interpretação, encontrado em www.cbsg.com.br/pdf_publicacoes/ escopo_reivindicacoes.pdf, visitado em 2/8/05.

[16] § 1.2. A questão constitucional

Que não se iludam os crédulos em que uma patente é um instrumento meramente técnico, a doutrina dos equivalentes suscita uma relevantíssima questão constitucional. Como disse a Suprema Corte americana em 2002, a aplicação da doutrina não ocorre gratuitamente – ela representa um preço a se pagar pela eficácia do sistema de patentes – custa, e pesa. Tem de ser usada com prudência e economia.[958]

A manifestação da Corte claramente se referia ao principio da interpretação estrita das reivindicações de patentes, expressa como um requisito constitucional:

A concessão de uma patente é a concessão de um monopólio legal; certamente, a concessão das patentes em Inglaterra era uma exceção explícita à lei de James I que proibia monopólios. As patentes não são dadas como favores, como eram os monopólios dados pelos monarcas da dinastia Tudor, mas têm por propósito incentivar a invenção recompensando o inventor com o direito, limitado a um termo de anos previstos na patente, pelo qual ele exclua terceiros do uso de sua invenção. Durante esse período de tempo ninguém pode fazer, usar, ou vender o produto patenteado sem a autorização do titular da patente.

Mas, enquanto se recompensa a invenção útil, os "direitos e o bem-estar da comunidade devem razoavelmente ser considerados e eficazmente guardados". Para esses fins, os pré-requisitos de obtenção da patente têm de ser observados estritamente, e quando a patente é concedida, **as limitações ao seu exercício devem ser aplicadas também estritamen**te.

Para começar, a existência de uma "invenção genuína" (...) deve ser demonstrada "para que, na demanda constante por novos inventos, a mão pesada do tributo não seja imposta em cada mínimo avanço tecnológico" Uma vez a patente seja concedida:

a) deve-se interpretá-la estritamente" (...) [959]

---

958   Em Festo Corp. v. Shoketsu Kinzoku Kogyo Kabushiki Co., Ltd., 122 S. Ct. 1831, 1838 (2002), a Corte indica o problema que as incertezas decorrentes da aplicação da doutrina trazem ao público em geral e aos competidores, enfatizando, no entanto, que ela é "the price of ensuring the appropriate incentives for innovation")

959   Sears, Roebuck & Co. V. Stiffel Co., 376 1964, tendo o Sr. Ministro Black como relator. Texto original: "The grant of a patent is the grant of a statutory monopoly; indeed, the grant of patents in England was an explicit exception to the statute of James I prohibiting monopolies. Patents are not given as favors, as was the case of monopolies given by the Tudor monarchs, but are meant to encourage invention by rewarding the inventor with the right, limited to a term of years fixed by the patent, to exclude others from the use of his invention. During that period of time no one may make, use, or sell the patented product without the patentee's authority. But in rewarding useful invention, the "rights and welfare of the community must be fairly dealt with and effectually guarded. To that end the prerequisites to obtaining a patent are strictly observed, and when the patent has issued the limitations on its exercise are equally strictly enforced. To begin with, a genuine "invention" (...) must be demonstrated "lest in the constant demand for new appliances the heavy hand of tribute be laid on each slight technological advance in an art." Once the patent issues: (...) it is strictly construed, (...).

Assim se deve fazer, em atenção ao balanceamento de interesses entre o criador ou investidor em criação, de um lado, e a sociedade como um todo, que obtém, como uma contrapartida essencial ao privilégio concedido, a revelação de alguma solução técnica.

Em outra decisão[960] a Suprema Corte alongou-se nessa questão, enfatizando que os limites da patente devem ser conhecidos não só para a proteção de seu titular, mas também para o estímulo da inventividade de terceiros, e para assegurar que o conteúdo da patente, ao fim de seu termo, recaia efetivamente em domínio público. Não fosse assim, continua a decisão, haveria uma zona de imprecisão na qual a empresa concorrente ou o pesquisador só podem entrar sob alto risco – a imprecisão na verdade bloqueia a pesquisa e o investimento. Em resumo, diz o julgado, o público acaba sendo privado de seus direitos, sem ser avisado de que o foi.

Os valores em questão são, dessa maneira, de um lado, a necessidade de dar eficácia real à patente, e, de outro, a proteção de terceiros e do público, que precisam ter certeza da extensão da patente, pela leitura das reivindicações. Essa perspectiva é reconhecida em resolução da Associação Internacional para a Proteção da Propriedade Intelectual (AIPPI):

> 8. Where an alleged infringement achieves substantially the same result as that claimed in a patent by means that differ from the language of a claim, in deciding the issue of infringement a reasonable balance must be maintained between ensuring:
> a) Fair reward to the patentee; and
> b) Sufficient predictability for the public as to the scope of the claims.

For the purposes of paragraph 8, the scope of protection of the patent does not include an alleged infringement that is disclosed in the prior art or is obvious in the light thereof.[961]

Essa perspectiva, aliás, deve presidir até mesmo a construção das reivindicações durante o exame das patentes – uma reivindicação imprecisa e vasta fere os interesses do público.[962]

---

960 Markman v. Westview Instruments, Inc., 517 U.S. 370, 390 (1996) (quoting General Electric Co. v. Wabash Appliance Corp., 304 U.S. 364, 369 (1938), United Carbon Co. v. Binney & Smith Co., 317 U.S. 228, 236 (1942), and Merill v. Yeomans, 94 U.S. 568, 573 (1877)) (citations omitted and preceding language from General Electric Co. added). ["Patents, whether basic or for improvements, must comply accurately and precisely with the statutory requirement as to claims of invention or discovery. T]he limits of a patent must be known for the protection of the patentee, the encouragement of the inventive genius of others, and the assurance that the subject of the patent will be dedicated ultimately to the public."... Otherwise, a "zone of uncertainty which enterprise and experimentation may enter only at the risk of infringement claims would discourage invention only a little less than unequivocal foreclosure of the field," ... and "[t]he public [would] be deprived of rights supposed to belong to it, without being clearly told what it is that limits these rights."

961 QUESTION 142 Breadth of claims, support by disclosure and scope of protection of patents, Yearbook 1998/VIII, pages 403 - 404 Q142 37th Congress of Rio de Janeiro, May 24 - 29, 1998, Resolution.

962 Vide o manual de exame do Escritório Europeu de Patentes: 6.2 Extent of generalisation | Most claims are generalizations from one or more particular examples. The extent of generalization permissible is a mat

Vale aqui lembrar o que já dissemos anteriormente, quanto à natureza das normas de patentes:[963]

Dessas manifestações da regra de balanceamento de interesses se pode depreender que a lei de patentes ou de direitos autorais não é um estatuto de proteção ao investimento – e nem dos criadores e inventores; não é um mecanismo de internacionalização do nosso direito nem um lábaro nacionalista; é e deve ser lida como um instrumento de medida e ponderação, uma proposta de um justo meio e assim interpretado. E no que desmesurar deste equilíbrio tenso e cuidadoso, está inconstitucional.

Dois óbvios resultados derivam da aplicação do princípio da razoabilidade: o primeiro é que, na formulação da lei ordinária que realiza o equilíbrio de interesses, essa deve – sob pena de inconstitucionalidade ou lesão de princípio fundamental – realizar adequadamente o equilíbrio das tensões constitucionais; a segunda conseqüência é a de que a interpretação dos dispositivos que realizam os direitos de exclusiva deve balancear com igual perícia os interesses contrastantes.

Por exemplo, não se dará mais alcance ao conteúdo legal dos direitos de patente do que o estritamente imposto para cumprir a função do privilégio de estímulo ao investimento na mínima proporção para dar curso à satisfação de tais interesses. Vide o que diz a Suprema Corte dos Estados Unidos quanto à interpretação restritiva das reivindicações.

Não se dará também à leitura de cada reivindicação mais extensão do que a que resultar do relatório e dos desenhos não só por uma questão lógica mas por uma imposição constitucional; a aplicação da equivalência de fatores em tal contexto presume uma prudência extrema e um aguçado senso do que é indispensável para proteger sem excessos os interesses essenciais do titular da patente, sem ampliações desarrazoadas.

O mesmo cunho de contenção e prudência se aplica à interpretação das leis de propriedade intelectual. Quando se interpreta a norma ordinária singular há que se presumir que – salvo inconstitucionalidade – o texto legal já realizou o favorecimento que se deve ao investimento privado. Lex data, é momento de se interpretar a norma segundo os critérios próprios ao caso, razoável e equilibradamente.

Este equilíbrio surge à interpretação das normas segundo os critérios da proteção da liberdade de iniciativa em face da restrição imposta pela propriedade intelectual; e segundo o critério tradicional da interpretação contida da norma excepcional.

---

ter which the examiner must judge in each particular case in the light of the relevant prior art. Thus an invention which opens up a whole new field is entitled to more generality in the claims than one which is concerned with advances in a known technology. A fair statement of claim is one which is not so broad that it goes beyond the invention nor yet so narrow as to deprive the applicant of a just reward for the disclosure of his invention. The applicant should be allowed to cover all obvious modifications of, equivalents to and uses of that which he has described. In particular, if it is reasonable to predict that all the variants covered by the claims have the properties or uses the applicant ascribes to them in the description, he should be allowed to draw his claims accordingly.

963 Bases Constitucionais da Propriedade Intelectual, Publicado na Revista da ABPI de Agosto de 2002.

Diogo de Figueiredo, ao pronunciar-se sobre o tema, avalia que:

"os princípios que definem liberdades preferem aos que as condicionam ou restringem; e os que atribuem poderes ao Estado, cedem aos que reservam poderes aos indivíduos, e os que reforçam a ordem espontânea têm preferência sobre os que a excepcionam" (grifos da transcrição).

A liberdade, obviamente, é de iniciativa e de informação, coarctadas pelos privilégios e direitos de exclusiva. A ordem espontânea é o do fluxo livre das idéias e das criações, e da disseminação da tecnologia. O ato do Estado que cumpre estabelecer peias é o da concessão do direito excepcional da propriedade intelectual.

E, como ensina Carlos Maximiliano:

"O Código Civil [de 1916] explicitamente consolidou o preceito clássico Exceptiones sunt strictissimae interpretationis ("interpretam-se as exceções estritissimamente") no art. 6º da antiga Introdução, assim concebido: ` A lei que abre exceção a regras gerais, ou restringe direitos, só abrange os casos que especifica'", dispositivo hoje consagrado no art. 2º, § 2º, da vigente Lei de Introdução ao Código Civil [de 1916].

Continua o pensamento afirmando que igual orientação deve ser adotada para aquelas normas que visem à concessão de um privilégio a determinadas pessoas, pois:

"o monopólio deve ser plenamente provado, não se presume; e nos casos duvidosos, quando aplicados os processo de Hermenêutica, a verdade não ressalta nítida, interpreta-se o instrumento de outorga oficial contra o beneficiado e a favor do Governo e do público".

Há, assim, veemente crítica, radicada em direito público,[964] quando se estende desmesuradamente a interpretação da patente – como parece ter ocorrido na fase ampliativa da jurisprudência alemã relativa à *idéia geral do invento*, ou, como indicam certos autores americanos, pela evolução histórica da jurisprudência daquele país.[965]

Numa perspectiva de política pública, a adoção ilimitada do princípio da equivalência funcional, seja na interpretação do pedido, seja no caso de contrafação, dificulta o processo de criação de soluções alternativas, a que se dá normalmente a denominação de *patenting around*. O sistema patentário japonês é particularmente conheci-

---

964 Holland Furniture Co. v. Perkins Glue Co., 277 U.S. 245, 257 (1928). A claim so broad, if allowed, would operate to enable the inventor, who has discovered that a defined type of starch answers the required purpose, to exclude others from all other types of starch, and so foreclose efforts to discover other and better types. The patent monopoly would thus be extended beyond the discovery, and would discourage rather than promote invention.

965 William W. Fisher III, The Growth of Intellectual Property:A History of the Ownership of Ideas in the United States, encontrado em http://cyber.law.harvard.edu/property99/history.html, visitado em 12/08/2005.

do pela interpretação literal das reivindicações, permitindo assim que as empresas japonesas adquiram suas próprias patentes em variedades novas – mas não necessariamente surpreendentes – de soluções para um problema técnico determinado.

Pareceria assim adequado adotar um de referência legal de análise das reivindicações segundo o qual a equivalência funcional só seria suscitada no exame técnico se argüida pelo depositante ou, em oposição ou recurso, por terceiros. No caso de violação de patentes, a equivalência não se presume, mas tem de ser provada. Convém, assim, à maneira do Japão,[966] que o conceito de equivalência funcional seja aplicado com sabedoria, tanto na esfera administrativa quanto judicial.

[16] § 1.3. Um instituto de direito comum dos povos

Com exceção de três países (Colômbia, México and Paraguai), praticamente todos os membros da AIPPI garantem de alguma forma a aplicação de interpretação substancial das reivindicações de patentes.[967] Como – fora do que se pretendia incluir no Tratado de Harmonização da OMPI,[968] nunca concluído[969] – não há dispositivo coativo que o

---

966 Borrus, Macroeconomic Perspectives on the Use of Intellectual Property Rights in Japan's Economic Performance, in Intellectual Property Rights in Science, Technology, and Economic Performance, Ed. Rushing e Brown, Westview, 1990., p. 268: "The system discretionary effect was substantially enhanced by the limitation of patent application to single, narrowly construed claims, with equally limited scope of claim interpretation by the Japanese Patent Office". Karen M. Kuresky, International Patent harmonization through WIPO: an analysis of the U.S. Proposal to adopt a "firts-to-file" patent system, in 21 Law & Pol'y Int'l Bus. 300 (1989):" Countries such as Japan, which infrequently, if ever, apply a doctrine of equivalents, in effect condone what the United States (and many other countries) consider to be infringement (...)".

967 Questão Q175 da AIPPI – "The majority of countries provide for patent protection that is broader than the literal scope of the claims. Some Groups describe this as a doctrine of "equivalents" while others are clear that the broader protection is based on a concept of non-literal infringement which does not amount to such a doctrine. Three states were clear that they had no such rule at all - Colombia, Mexico and Paraguay. 15 states describe their rules as based on case law (Argentina, Australia, Canada, Denmark, Finland, France, Germany, Japan, Republic of Korea, Netherlands, Norway, Poland, Spain, United Kingdom and United States). Other countries describe the rule as being based mainly in statute (Brazil, Bulgaria, Hungary, Israel, Portugal and Russia)".

968 Doc. OMPI SCP/4/2, September 25, 2000: "The draft Patent Harmonization Treaty of 1991 included substantive as well as formal aspects of patent law. Some of its provisions, for instance those on patentable subject matter, rights conferred, term of protection and reversal of burden of proof for process patents, were incorporated into the Agreement on Trade-Related Aspects of Intellectual Property Rights (TRIPS Agreement), concluded in 1994. Nevertheless, a number of issues in respect of national and regional patent law have neither been addressed by the TRIPS Agreement, nor by any other worldwide international treaty on patent law, in particular not by the recently adopted PLT, which covers only patent formalities. For the sake of completeness, it should be added that important steps in respect of such harmonization have been achieved in the framework of certain regional systems, such as the European Patent Organisation (EPO), the Eurasian Patent Organization (EAPO), the African Regional Industrial Property Organization (ARIPO) and the Organisation africaine de la propriété intellectuelle (OAPI), as well as through the harmonization of national laws within certain regional systems, as for instance the Andean Pact.", encontrado em http://www.wipo.int/scp/en/documents/session_4/pdf/scp4_2.pdf, visitado em 13/8/05. Vide R. Carl Moy, The History of the Patent Harmonization Treaty: Economic Self-Interest as an Influence, 26 J. Marshall L. Rev. 457, 472-88 (1993).

969 O dispositivo pertinente do Tratado de Harmonizaçao (Documento PLT/DC/69 de 29 de janeiro de 1993.) era o seguinte:

1573

obrigue, verifica-se que é a necessidade objetiva do sistema, mais do que qualquer norma convencional, que impõe a existência dessa doutrina como prescrição de direito.

Nota a Dannemann:[970]

De acordo com a referida versão do Tratado de Harmonização da OMPI, um primeiro elemento de um produto de terceiros pode ser considerado como equivalente a outro expresso em uma reivindicação de patente se, no momento da alegada infração:[971]

o elemento equivalente realiza substancialmente a mesma função, substancialmente da mesma forma e produz substancialmente o mesmo resultado que o elemento expresso na reivindicação, ou

é óbvio para uma pessoa versada na técnica (técnico no assunto) que o mesmo resultado alcançado por meio do elemento como expresso na reivindicação pode ser alcançado por meio do elemento equivalente.

Numa análise de direito comparado,[972] vê-se que na maioria dos sistemas jurídicos o texto literal das reivindicações constitui a base da interpretação. Em determinados sistemas, a interpretação seguirá necessariamente um critério objetivo, igual ao princípio corrente da *mens legis*, uns tantos países levam em conta ó que o inventor pretendeu expressar, como na forma de nosso direito aplicável à interpretação dos negócios jurídicos.[973]

Article 21 - Extent of Protection and Interpretation of Claims I ...l (2) [Equivalents]

(a) Notwithstanding paragraph (I) (b), a claim shall Ix· considered to cover not only all the elements as expressed in the claim but also equivalents.

(b) An element ("the equivalent element") shall generally be considered as being equivalent to an element as expressed in a claim if, at the time of any alleged infringmem, either of the following condition is fulfilled in regard to the invention as claimed:

(i) the equivalent element performs substantially the same function in substantially the same way and produces substantially the same result as the element as expressed in the claim, or

(it) it is obvious to a person skilled in the an that the same result as achieved by means of the element as expressed in the claim can be achieved by means of the equivalent element.

(c) Any Contracting Party shall be free to determine whether an element is equivalent to an element as expressed in a claim by reference to only the condition referred to in subparagraph (b) (i) or to only the condition referred to in subparagraph (b) (ii), provided that, at the time of depositing its instrument of ratification of or accession to this Treaty, it so notifies the Director General

970   IDS-Instituto Dannemann Siemsen de Estudos de Propriedade Intelectual - Comentários À Lei Da Propriedade Industrial - Edição Revista e Atualizada, Ed. Renovar 2005.

971   [Nota do original] E importante observar que o momento que serve de referência no tempo para determinação de uma equivalência é o momento da infração, contrariamente a correntes que sustentam que uma eventual equivalência deveria ser avaliada tendo como referência o momento do depósito do pedido. Isto porque um dado equivalente técnico pode se tornar conhecido e usual, apenas anos após o depósito do pedido de patente e nem por isso deve deixar de ser considerado como um equivalente para fins de determinação de infração.

972   Segundo Doc. OMPI SCP/4/2, September 25, 2000.

973   Código Civil, Art. 112. Nas declarações de vontade se atenderá mais à intenção nelas consubstanciada do que ao sentido literal da linguagem.

[16] § 1.4. A doutrina americana

Não obstante o apego dos autores brasileiros e europeus ao magistério inicial de Koehler, fica clara a independência doutrinária dos sistema americano, como primeiro a construir a necessidade de uma interpretação substantiva das reivindicações. Tal se deu com o caso Winans v. Denmead, 15 How. 330 (1854);[974] na qual se concluiu que a reivindicação abrange todas as variáveis, que o requerente não tenha de alguma forma excluído.

Como operando correntemente,[975] a doutrina, partindo da interpretação literal, verifica-se a comparação entre o reivindicado e o que se imagina como infringente, para apurar o chamado teste da tripla identidade:

1. o de referência e o comparado desempenham substancialmente a mesma função?
2. a mesma função é desempenhada de uma maneira substancialmente igual?
3. o resultado obtido é substancialmente o mesmo nos dois casos?

Essa análise é uma questão de fato, e em geral, uma invenção pioneira terá interpretação mais ampla do que um simples aperfeiçoamento. No entanto, a doutrina não pode ser usada para *ampliar o escopo da patente*, nem muito menos para passar a cobrir algo que já estava no estado da técnica, ou é uma variação óbvia do estado da técnica.[976]

---

974 http://www.law.duke.edu/journals/dltr/articles/2002dltr0017.html, visitado em 20/7/2005. "The Supreme Court first adopted the doctrine in Winans v. Denmead in 1854 (Winans v. Denmead, 15 How. 330 (1854). In Winans, the patent at issue involved a new mode of operation for railroad cars. The accused device employed this same mode of operation; however, the geometrical form of the cars was different than that claimed by the patentee.The Court held that because "[t]he exclusive right to the thing patented is not secured, if the public are at liberty to make substantial copies of it, varying its form or proportions[,] ... the patentee, having described his invention, and shown its principles, and claimed it in that form which most perfectly embodies it, is, in contemplation of law, deemed to claim every form which his invention may be copied, unless he manifests an intention to disclaim some of those forms."

975 Vide, para uma preciação do papel da doutrina no sistema americano, Robert P. Merges & Richard R. Nelson, On the Complex Economics of Patent Scope, 90 Colum. L. Rev. 839, 853-68 (1990); Martin J. Adelman & Gary J. Francione, The Doctrine of Equivalents in Patent Law: Questions That Pennawalt Did Not Answer, 137 U. Pa. L. Rev. 673 (1989) e J.H. Reichman, Charting the Collapse of the Patent-Copyright Dichotomy: Premises for a Restructured International Intellectual Property System, 2 13 CARDOZO ARTS & ENT. L.J. 475 (1995).

976 Question q 175 da AIPPI (Associação internacional para a Proteção da Propriedade Intelectual, em http://www.aippi.org) One of the best-known expressions of doctrine of equivalents is that used in the United States. There, assessment of infringement begins with a comparison between the alleged infringement and the literal words of the claims. Equivalents are assessed after that. If the alleged infringement "performs substantially the same function in substantially the same way to obtain substantially the same result" as the invention claimed there is infringement (Graver Tank v. Linde Air Products). This is known as the "triple identity" test - substantially the same function, same way and same result. The task of assessing infringement is an issue of fact to be decided by a jury or the judge. Generally, "pioneer" inventions, which are early or principal inventions in a field, are given a special status and a wider scope of equiva-

Nos Estados Unidos, a doutrina, até 2000, era amplamente utilizada. Foi quando uma decisão do Tribunal Federal americano especializado em propriedade intelectual[977] estendeu significativa limitação ao seu uso, com o princípio da "prosecution estoppel" (semelhante a *venire contra factum proprium*) Esta figura processual do direito anglo-saxão proíbe uma parte de exercer posição jurídica em contradição com a anteriormente adotada e a criação de expectativas, importando na quebra de confiança. Foi a decisão conhecida como "Festo case".[978]

Tal decisão entendeu que as modificações feitas pelo requerente durante o exame da patente, seja para fugir ao já constante do estado da arte, seja por qualquer outra razão, prefiguram exclusões à doutrina dos equivalentes.[979] Assim, o terceiro poderia utilizar-se de todas as variações do invento que o requerente tivesse excluído do requerimento durante o procedimento de exame.

Em decisão posterior, no entanto, a Suprema Corte[980] entendeu que o princípio apenas obrigava o titular da patente a provar que, mesmo tendo feito as modificações em questão, ainda assim as variações estariam incluídas no âmbito da patente.

---

lents than mere improvement patents (Warner-Jenkinson). However, the doctrine of equivalents cannot be used to expand the scope of a patent to encompass a product of the prior art or an obvious variation of the prior art (Lemelson v.General Mills).

977 Festo Corp., v. Shoketsu Kinzoku Kogyo Kabushiki Co., (Fed. Cir. 2002)

978 Erik Swain, Court Decision Clarifies Use of IP Protection NEWSTRENDS, MDDI December 2003,encontrado em http://www.devicelink.com/mddi/archive/03/12/015.html, visitado em 20/07/2005: Before 2000, patent holders could use the doctrine of equivalence, which offered protection beyond the literal language in the patent. It allowed a patent holder to successfully claim infringement if the technology in question was insubstantially different from that in the patent, even if it wasn't an exact copy. But on November 29, 2000, in deciding the case of Festo Corp. v. Shoketsu Kinzoku Kogyo Kabushiki Co. Ltd., the federal circuit court decreed that the doctrine of equivalence is severely limited by the principle of prosecution history estoppel. That holds, essentially, that if a firm amends a claim during the prosecution of its patent application, it cannot later use what it gave up as part of any such amendment during a patent infringement case. The first exception allows patent holders to use the doctrine of equivalence if they can demonstrate equivalence was unforeseeable at the time of the patent-claim amendment. The latest decision from the federal circuit court allows patent holders to make their case with expert witnesses and other extrinsic evidence. The second exception comes into play if the rationale underlying the patent holder's argument bears only a tangential relation to the equivalent. The doctrine of equivalence can be used, but the court's decision restricts the evidence that can be presented. In this argument, evidence is strictly limited to the patent prosecution history. The third exception can take effect if there is any other reason the patentee "could not reasonably be expected to describe the insubstantial equivalent in question." The federal circuit court has narrowed that to showing reasons why the patentee was prevented from describing the alleged equivalent when the claim was narrowed.

979 Como narrou o caso da Suprema Corte: "Prosecution history estoppel requires that patent claims be interpreted in light of the proceedings before the Patent and Trademark Office (PTO). When the patentee originally claimed the subject matter alleged to infringe but then narrowed the claim in response to a rejection, he may not argue that the surrendered territory comprised an unforeseen equivalent. See Exhibit Supply Co. v. Ace Patents Corp., 315 U. S. 126, 136-137. The rejection indicates that the patent examiner does not believe the original claim could be patented. While the patentee has the right to appeal, his decision to forgo an appeal and submit an amended claim is taken as a concession that the invention as patented does not reach as far as the original claim. See, e.g., Goodyear Dental Vulcanite Co. v. Davis, 102 U. S. 222, 228. Were it otherwise, the inventor might avoid the PTO's gatekeeping role and seek to recapture in an infringement action the very subject matter surrendered as a condition of receiving the patent, p. 8-9."

980 http://laws.findlaw.com/us/000/00-1543.html.

[16] § 1.5. A vertente japonesa

Como já mencionamos, a tradição japonesa, por razões de política industrial, não era particularmente simpática ao alargamento da interpretação das reivindicações.[981] A partir, porém, de uma decisão da Suprema Corte em fevereiro de 1998[982] estabeleceu-se um critério bastante elaborado de aplicação da doutrina.

A porção da invenção reivindicada como de referência *que é diferente* da parte comparada com o produto que se alega ser infringente não é uma parte substancial da invenção padrão;

propósito da invenção é ainda satisfeito pelo produto acusado como infringente e este executa a mesma operação e tem o mesmo efeito;

A substituição que fez o produto acusado como infringente poderia ter sido facilmente ser concebida por uma pessoa versada na tecnologia em questão ao momento em que o produto acusado foi fabricado;

produto inquinado como infringente não era parte do estado da arte ao momento do depósito do pedido da patente padrão, nem poderia facilmente concebida por uma pessoa versada na tecnologia em questão ao momento do depósito do pedido da patente de referência com base nos conhecimentos do estado da técnica;

---

981   Ames Gross, Japanese Patent Law: An Introduction for Medical Companies, encontrado em http://www.pacificbridgemedical.com/publications/html/JapanJanuary98.htm, visitado em 20/7/05: While the equivalence doctrine exists in Japan, Japanese courts most often decline to apply it. In its place, the courts have adopted a more ad hoc process to determine the scope of a patent. Such a practice is consistent with the strong propensity of Japanese courts to limit the scope of technical patent claims. An extremely narrow reading of patent specifications is especially common in cases involving medical products. Some of the most common ways by which Japanese courts limit the scope of claims are: 1) Limiting the scope of the patent to the specific examples in the patent application "embodiments": Japanese courts usually limit the scope of a patent to the embodiments in the specifications. A court's interpretation is often based on specific examples in the patent specification. The courts generally assume that the inventor knows everything about the invention and therefore should know and protect against every potential infringement. 2) Engaging in an element-by-element analysis of the invention: Japanese courts limit the scope of claims according to the "particular nuances of the effects of the invention mentioned in one or more examples in the specification." Thus, where there are variations or modifications in the descriptions in different patent applications and/or patents, the courts usually find no infringement. 3) Referring to ideas expressed in the specification: Japanese courts will often look to the specific principles or ideas utilized by and expressed in a patent specification and limit the scope of the patent to those principles or ideas. Japanese courts often examine each component of the example(s) in the specification. If the reviewing court finds that there are differences between the ideas and principles in the patent and those in the alleged infringing product or procedure, the court will not find patent infringement. In the United States the courts look to the "overall object of the invention ... to interpret the disputed limitations." In short, U.S. courts use a broader and more protective standard for interpreting patents while Japanese courts focus on the narrow, specific language in the patent to interpret patents more narrowly."

982   Case 1994 (0) No 1083 Ball Spline Shaft.

Não há nenhuma circunstância especial pela qual o produto inquinado como infringente tenha sido deliberadamente excluído das reivindicações da patente de referência durante o procedimento de exame.983

[16] § 1.6. A posição Européia

Apesar de prefigurado no art. 69 da Convenção da Patente Européia, como interpretado por um protocolo específico,984 a doutrina não tem aplicação uniforme nos sistemas jurídicos dos países da Comunidade. Por sua elaboração e peso doutrinário, os precedentes dos tribunais alemães têm, no entanto, peso especial na construção do direito nesse campo.

É o que nota a Dannemann:985

O (...) critério [é óbvio para uma pessoa versada na técnica (técnico no assunto) que o mesmo resultado alcançado por meio do elemento como expresso na reivindicação pode ser alcançado por meio do elemento equivalente] está mais de acordo com o de referência de decisões dos tribunais alemães.986 987

---

983   AIPPI Q175 In Japan, there is a five-step test to infringement: "(1) The portion of the claimed invention that is different from the accused product is not a substantial part of the claimed invention; (2) The purpose of the invention is still performed by the accused product which replaces that portion by another thing or process, and the same operation and effect as those of the invention are attained by the accused product; (3) The above replacement could have been easily conceived by a person skilled in the art at the time of manufacture of the accused product; (4) The accused product was not part of any publicly known technology or knowledge at the time of the filing of the application, and could not have been easily conceived by a person skilled in the art based on existing knowledge of the art at the time of filing; and (5) There are no special circumstances such as where the accused product was intentionally excluded from the claim by the patentee during theprosecution of patent (file wrapper estoppel)."

984   Article 69 EPC: "The extent of the protection conferred by a European Patent or a European Patent application shall be determined by the terms of the claims. Nevertheless, the description and drawings shall be used to interpret the claims." The protocol on the interpretation of Article 69 of the convention provides that: "Article 69 should not be interpreted in the sense that the extent of the protection conferred by a European patent is to be understood as that defined by the strict, literal meaning of the wording used in the claims, the description and drawings being employed only for the purpose of resolving an ambiguity found in the claims. Neither should it be interpreted in the sense that the claims serve only as a guideline and that the actual protection conferred may extend to what, from a consideration of the description and drawings by a person skilled in the art, the patentee has contemplaed. On the contrary, it is to be interpreted as defining a position between these extremes which combines a fair protection for the patentee with a reasonable degree of certainty for third parties."

985   IDS-Instituto Dannemann Siemsen de Estudos de Propriedade Intelectual - Comentários À Lei Da Propriedade Industrial - Edição Revista e Atualizada, Ed. Renovar 2005.

986   [Nota do original] "Der Schutzbereich eines Patents isi nach §14 PatG 1981 tedenfalls nicht welter als der Schutzbereich eines Patents each dom vormaLs geltenden Rechi- fir erfasst keine kquivalenten Abwandlungen, die auf erfinderischer Tatigkeit beruhen " (O escopo de proteção de uma patente de acordo com §14 Pate 1981, de qualquer modo, não é mais amplo do que o escopo de proteção de uma patente de acordo com a legislação anterior. Ele não abrange quaisquer alterações equivalentes que resultem de atividades inventiva.)- BGH fences que resultem de atividade inventiva.) -BGH, Urt. v. 17. março de 1994 -X ZR 16/93 -Zerlegvorrichtung fur Baumstaume.

987   [Nota do original] "For the determination of the scope of protection l' ...I it is decisive whether the average person skilled in the art was able to determine the equally effective mean of the alledged infringe-

Tratado da Propriedade Intelectual

E essa tendência se expressa da seguinte forma: haverá infração por equivalência se houver identidade de resultado, e esse resultado não for obtido por um efeito surpreendente. Não há aqui o teste de tripla identidade americano.[988] Havendo o mesmo resultado, e tendo esse resultado sido conseguido de uma forma que uma pessoa familiarizada com a tecnologia consideraria óbvia (levando em conta entre os dados do estado da arte, a patente padrão), temos infração.[989]

As alterações recentemente introduzidas na Convenção da patente européia[990] explicitam com mais detalhe a aplicação da doutrina. Segundo tal critério, **não** se deve interpretar a patente segundo o sentido estrito e literal das palavras contidas nas reivindicações, empregando o relatório descritivo e os desenhos apenas para esclarecer ambigüidades.

De outro lado, também **não** se deve também entender que as reivindicações sejam indicações genéricas e a patente deve ser interpretada a partir do relatório e do

---

from the claims using the description and the drawings and based on his professional knowledge (...)." (Federal Supreme Court, DE, 1986) -IIC-vol. 18-n'6/1987-p. 799.

988 Heinz Bardehle, Doc. WIPOIIP/JU/CM/96/4 July 1996"Paragraph (2)(b) contains two different definitions for the presence of equivalence which is considered to be given if: i) The equivalent element performs substantially the same function in substantially the same way and produces substantially the same result as the element expressed in the claim - or - ii)It is obvious to a person skilled in the art that the same result as that achieved by means of the element expressed in the claim can be achieved by means of the equivalent element. The definition given under i) coincides with the "Doctrine of Equivalents" common in the USA. The definition given under ii) follows a more continental-European, in particular German, practice. Comparing the two definitions, we immediately see that for the fulfillment of the definition i) three conditions have to be met, namely: - same function - same way - same result, while in the case of definition ii), only one of these conditions has to be met, namely - same result -, however, in a way obvious to a person skilled in the art."

989 Paul Tauchner, The Principles of the Doctrine of Equivalence in Germany, encontrado em http://www.vossiusandpartner.com/eng/publication/doctrine_of_equivalence.html, visitado em 20/7/05: ""A patented invention is considered to be infringed if the person skilled in the art is able on account of his technical knowledge (available to him at the priority date of the patent) to identify the modified means employed in the challenged infringement form as being equally (equivalently) effective in the solution of the problem underlying the invention, said identification having to be based on the subject content of the patent claim, i.e. on the patented invention as described in the patent claims (see e.g. the Higher District Court of Düsseldorf in Epilady VIII - GRUR Int. 1993, 242 referring to BGH in GRUR 1988, 896, 899 - Ionenanalyse)."

990 Documento AIPPI wg_q175_E.pdf: Article 1 of the new Protocol differs from the current Protocol as follows: "Article1 - General Principles Article 69 should not be interpreted as meaning that the extent of the protection conferred by a European patent is to be understood as that defined by the strict, literal meaning of the words used in the claims, the description and drawings being used only for the purpose of resolving an ambiguity found in the claims. Nor should it be taken to mean that the claims only serve as a guideline and that the actual protection conferred may extend to what, from a consideration of the description and drawings by a person skilled in the art, the patent proprietor has contemplated. On the contrary, it is to be interpreted as defining a position between these extremes which combines a fair protection for the patent proprietor with a reasonable degree of legalcertainty for third parties." In addition, a new Article 2 was added:"Article 2 – Equivalents- For the purpose of determining the extent of protection conferred by a European patent, due account shall be taken of any element which is equivalent to an element specified in the claims."

1579

desenho de forma que se chegue ao que (aos olhos de uma pessoa familiarizada com a tecnologia) o requerente da invenção queria obter com a patente.

Ou seja, nem se usa a interpretação objetiva e literal, nem a construção completamente subjetiva, protegendo através desta última aquilo que o requerente da patente *queria* conseguir.

A análise – pelo contrário – deve ser de razoabilidade, definindo uma posição entre esses dois extremos de forma a combinar uma proteção justa para o titular da patente e um grau razoável de segurança jurídica – de clareza – para os terceiros afetados.

[16] § 1.7. A resolução 175 da AIPPI

Na inexistência de norma comum sobre doutrina de equivalentes (não obstante o parâmetro do Tratado de Harmonização, nunca concluído), toma especial relevância a Resolução da Associação Internacional para a Proteção da Propriedade Intelectual (AIPPI), sobre a questão.[991] Sem pretensões de ser uma entidade científica, a AIPPI reúne milhares de profissionais da área de cem países de todo o mundo, e vem desde 1897 expressando sua posição do que as leis de propriedade intelectual deveriam prescrever, para o melhor interesse dos titulares de direitos.

No caso em análise, como os interesses em jogo são, habitualmente, de empresas industriais igualmente no âmbito do interesse da AIPPI, a resolução se caracteriza pelo equilíbrio e precisão:

1) As reivindicações devem ser interpretadas de forma a assegurar justa proteção ao titular da patente ao mesmo tempo em que preserve certeza razoável em favor de terceiros

2) A proteção não deve ser limitada ao sentido literal das palavras, nem podem as reivindicações funcionar como uma referência genérica;

3) Ao determinar o escopo da proteção assegurada por uma reivindicação, deve-se levar em conta todos os elementos que sejam equivalentes aos elementos especificados em tal reivindicação.

4) Um elemento deve ser considerado equivalente a um elemento constante de uma reivindicação se, no contexto de tal reivindicação:

    a) o elemento em consideração executa substancialmente a mesma função para produzir substancialmente o mesmo resultado que o elemento reivindicado; e

    b) a diferença entre o elemento reivindicado e o elemento em análise não é substancial de acordo com a interpretação que uma pessoa versada na tecnologia daria à reivindicação na época em que houve a violação.

5) Embora um elemento seja considerado equivalente, o escopo da proteção assegurada por uma patente não incluirá o elemento equivalente se

---

991   Doc. AIPPI Q175_E.pdf.

Tratado da Propriedade Intelectual

a) uma pessoa versada na tecnologia pudesse entender, na data em que a patente foi requerida (ou na data da prioridade, quando essa tiver sido invocada) através da análise das reivindicações, do relatório descritivo e dos desenhos, que o elemento comparado estaria excluído do âmbito da proteção, ou

b) o resultado da reivindicação abrange o estado da arte, ou algo que decorreria obviamente do estado da arte, ou

c) o titular da patente excluiu expressa e inquestionavelmente o elemento do alcance de sua reivindicação durante o procedimento de concessão da patente para evitar objeções fundadas no estado da arte.[992]

Como se vê, a resolução tenta conciliar as duas tendências – americana e européia – embora, no tocante à exceção relativa ao processamento do pedido não alcance a amplidão do caso Festo – só exclui as modificações feitas pelo requerente da patente para contornar as objeções fundadas no estado da arte e não – como permite Festo – por quaisquer outras razões.

[16] § 1.8. A doutrina dos equivalentes no Brasil

Ainda são limitados os pronunciamentos judiciais a respeito da matéria no Brasil, além da decisão do STF acima citada. Em caso importante julgado no Tribunal de Justiça do Rio Grande do Sul, o acórdão cita este subscritor como doutrina, muito embora, acreditamos, em equívoco.[993]

Decisão do o TJESP[994] entendeu que "na reprodução não autorizada de elementos essenciais de invento patenteado, mesmo havendo diferenciações, estas não são levadas em conta, pois a usurpação da idéia é que caracteriza a contrafação, cabendo pedido de perdas e danos". O acórdão invoca o magistério de Gama Cerqueira:

---

992   1. Claims should be interpreted to give fair protection to the patentee while preserving reasonable certainty for third parties. 2. Protection should not be limited to the strict literal meaning of words used in the claims, nor should the claims serve only as a guideline. 3. In determining the scope of protection conferred by a patent claim, due account shall be taken of any element which is equivalent to an element specified in that claim. 4. An element shall be regarded as equivalent to an element in a claim, if, in the context of the claimed invention: a) the element under consideration performs substantially the same function to produce substantially the same result as the claimed element; and b) the difference between the claimed element and the element under consideration is not substantial according to the understanding of the claim by a person skilled in the art at the time of the infringement. 5. Notwithstanding that an element is regarded as an equivalent, the scope of protection conferred by a patent claim shall not cover the equivalent if: a) a person skilled in the art would at the filing date (or where applicable the priority date) have understood it, from the description, drawings and the claims, to be excluded from the scope of protection, or b) as a result the claim covers the prior art or that which is obvious over the prior art, or c) the patentee expressly and unambiguously excluded it from the claim during prosecution of that patent to overcome a prior art objection.

993   Vide parecer quanto a matéria, em http://denisbarbosa.addr.com/guerra2.doc.

994   TJESP, EI, n.43135-1 SP de 30.04.85 in RJTJSP/Lex-95/318-323.

1581

"o objeto do direito do inventor não é o produto material em que se concretiza a invenção, nem o processo ou os meios descritos pelo inventor. O produto obtido ou o processo criado não constitui senão uma forma de realização do invento. O que importa é a idéia da invenção, a idéia de solução, cuja usurpação caracteriza o delito".

Em outro julgado, o mesmo Tribunal volta a afirmar o magistério de Gama Cerqueira no tocante à idéia essencial do evento.[995]

Também o TJERS[996] afirma a concepção de Gama Cerqueira da proteção à idéia básica do invento, em acórdão cuja ementa diz "EMENTA PRIVILÉGIO DE INVENÇÃO. Infração. Constitui contrafação, no sentido de que infringe o privilégio, a fabricação de produto com aproveitamento da idéia inventiva básica protegida, ainda que sem completa e absoluta correspondência com a descrição patenteada, mercê de acréscimos e alterações que, àquela estranhos, todavia, não a desfiguram":

"constitui contrafação, no sentido que infringe o privilégio, a fabricação de produto com aproveitamento da idéia inventiva básica protegida, ainda que sem completa e absoluta correspondência com a descrição patenteada, mercê de acréscimos e alterações que, àquela estranhos, todavia não a desfiguram."

A doutrina brasileira, além dos autores clássicos anteriormente mencionados, inclui o excelente comentário da Dannemann ao art. 186 do CPI/96, de cujo texto tantas vezes emprestei neste parecer, mas ainda compreende manifestações de técnicos como a de Morais e Beaklini. Patentes: abrangência da proteção e interpretação de reivindicação. In: XVIII Seminário Nacional de Propriedade Intelectual. 1998, São Paulo. Anais, p. 28-38.) e a de Ivan Alehrt, em seu texto sobre interpretação de reivindicações e infração de patentes na lei brasileira de propriedade industrial.

O texto da lei 9.279/96, em sua brevidade, não deixa guia quanto à aplicação da doutrina. Como se aplicaria à tese da equivalência, então? No entender da Dannemann:

Uma vez que a Lei no 9279/96 não estabelece o critério a ser aplicado na determinação da equivalência, em princípio qualquer dos critérios anteriores deveria ser aceito pelos tribunais brasileiros, i.e., qualquer um que, nas circunstâncias, melhor se aplique para demonstrar que há de fato equivalência (...)

Uma sugestão para uma regra geral para a determinação de equivalência reside em, primeiramente, aplicar-se o segundo dos critérios citados [Nota: o cri-

---

995 Apelação Cível nº 35.422-4/1, da Comarca de Mauá, em que é Apelante Elter Engenharia e Equipamentos Térmicos Ltda., sendo apelada Coelma Construções Elétricas Ltda.

996 TJERS, AI nº588.026.484 – Caxias do Sul, de 28.06.88 in RJTJRS-133/188-190. Trata-se de procedimento promovido pela Taurus Blindagens contra Píer Luigi Nava, titular da patente PI804777, para um capacete esportivo. RJTJRGS, n. 131 (julg.: 17.05.1988).

tério europeu], investigando-se se o elemento alegado como sendo equivalente obviamente atinge o mesmo resultado que o elemento de uma reivindicação e, se o resultado for negativo, i.e., se a equivalência não é óbvia, então aplicar-se o teste tripartite (primeiro critério), que demanda uma investigação mais exaustiva.

[16] § 1.9. Tendências recente quanto à teoria

Note-se que certos autores têm propugnado pelo abandono da doutrina dos equivalentes, em favor de uma interpretação mais literal, em defesa dos interesses dos terceiros e do público,[997] enfatizando que o aumento histórico de aplicação da análise se faz em detrimento da função social da patente.. Tais autores indicam também, que há casos em que a razoabilidade propugna por uma interpretação estrita.[998]

De outro lado, a jurisprudência igualmente criou a chamada doutrina da equivalência reversa, pela qual, em certos casos, mesmo uma solução alternativa que seja literalmente descrita nas reivindicações pode ser considerada como não infringente à patente de referência.[999] Há dúvidas quanto à possibilidade de aplicação dessa tese no Brasil.[1000]

---

997 Mike Meurer e Craig Nard, Invention, Refinement, and Patent Claim Scope: A New Perspective on the Doctrine of Equivalents,x] GEO. L. J. [xxx] (2005) e o já citado William W. Fisher III, The Growth of Intellectual Property:A History of the Ownership of Ideas in the United States, encontrado em http://cyber.law.harvard.edu/property99/history.html, visiado em 12/08/2005.

998 "As a result it is not proposed to move back to a system of precise claims expanded upon by an effective doctrine of equivalency but instead to apply a restrictive interpretation of claim language wherever a "reasonable person skilled in the art" would intuitively do so. The doctrine of equivalence and the broad literal claim interpretation practiced in German patent law must be accompanied by an equally efficient system of reasonably eliminating items evidently not meant to be covered", em Michael Beurskens, Blasenfreie Gummibahn – Weite Patentansprüche und Auswahlerfindung (Restricting Broad Claims in Germany: The Federal Supreme Court's perspective) Heinrich-Heine-University Duesseldorf / Germany - Faculty of Law - Center for Business and Corporate Law Research Paper Series (CBC-RPS) http://www.cbc.uni-duesseldorf.de/ , encontrado em http://ssrn.com/abstract=646703.

999 Robert P. Merges & Richard R. Nelson, On the Complex Economics of Patent Scope, 90 Colum. L. Rev. 839, 853-68 (1990): " We turn now to a doctrine that can much more effectively mitigate the impact of literal infringement: the "reverse" doctrine of equivalents. Courts have long recognized that, "[c]arried to an extreme, the doctrine of equivalents could undermine the entire patent system." (Westinghouse v. Boyden Power Brake Co., 170 U.S. 537, 568 (1898) (citations omitted)).Scope could be enlarged so far beyond the literal language of claims that patents would take on unlimited power. To check the potentially destructive impact of the doctrine and to preserve symmetry in the rules on infringement, the Supreme Court long ago ruled that a charge of infringement is sometimes made out, though the letter of the claims is avoided. The converse is equally true. The patentee may bring the defendant within the letter of his claims, but if the latter has so far changed the principle of the device that the claims of the patent, literally construed, have ceased to represent his actual invention, he is as little subject to be adjudged an infringer as one who has violated the letter of a statute has to be convicted, when he has done nothing in conflict with its spirit and intent".

1000 Ivan Ahlert, op. cit., "Ao definir que os crimes se caracterizam ainda que a violação se restrinja ao uso de meios equivalentes ao objeto da patente, aparentemente o legislador restringiu-se à aplicação da equivalência direta, i.e., conforme comentado no item precedente, se uma concretização de um terceiro não se enquadra no significado literal das reivindicações de uma patente, ainda haverá infração se tal concretização se utiliza de elementos que possam ser considerados como equivalentes àqueles definidos nas reivindicações. Ou seja, a expressão "ainda" no artigo 186 denota a possibilidade de estender a abrangência de proteção e não o contrário".

[16] § 2. A análise da equivalência

Examinaremos, nesta seção, quais são os elementos relevantes na análise da equivalência de patentes.

[16] § 2.1. O limite do estado da arte

O primeiro limite que se impõe à interpretação substantiva das reivindicações é o do estado da arte. Dizem Merges e Nelson:[1001]

First, just as an applicant cannot claim anything in the prior art when applying for a patent, so are the courts limited by the prior art when "stretching" claim language under the doctrine of equivalents.[1002]

Ou seja, se a variante inquinada como violando a patente de referência está no âmbito do estado da arte [apurado à data de depósito ou prioridade da patente padrão), ou é uma variante óbvia do que nela está, não cabe entender que haja qualquer equivalência.[1003]

[16] § 2.2. Quando se verifica a equivalência

Em que momento se faz a comparação? A resposta aparentemente intuitiva seria - "na data da alegada infringência".

Mas a questão é mais complexa. Já se viu que, em qualquer das versões da doutrina dos equivalentes indicadas, o exame vai levar em conta o estado da arte da patente padrão, de forma que tudo o que era de conhecimento comum ao momento do pedido (ou da prioridade, se argüida) seja excluído do alcance do reivindicado. Assim, haverá também uma consideração do nível da tecnologia em fase muito anterior ao

---

1001 Robert P. Merges & Richard R. Nelson, On the Complex Economics of Patent Scope, 90 Colum. L. Rev. 839, 853-68 (1990).

1002 [Nota do original] See Loctite Corp. v. Ultraseal Ltd., 781 F.2d 861, 870, 228 U.S.P.Q. (BNA) 90, 96 (Fed. Cir. 1985) ("[T]he doctrine will not extend to an infringing device within the public domain, i.e., found in the prior art at the time the patent issued. . . .").

1003 Guillermo Cabanellas De Las Cuevas, Derecho De Las Patentes De Invención (Tomo II), Editorial Heliasta, p. 200 e seg., "Las reivindicaciones no pueden ser interpretadas, respecto de posibles infracciones a la patente, de modo que comprendan técnicas sin novedad o sin nivel inventivo frente al estado de la técnica relevante a los fines del patentamiento. Una patente, por intermedio de sus reivindicaciones, otorga un marco de protección que va más allá del contenido literal de tales reivindicaciones; sin embargo, ese marco de protección no puede ingresar en áreas técnicas que estaban ya en el dominio público al momento del patentamiento, sea por formar parte del estado de la técnica o por ser evidentes a la luz de ese estado. Puesto en otros términos, una conducta no constituye una infracción al contenido de una reivindicación, si esa conducta implica la aplicación de una regla técnica que no era patentable a la luz del estado de la técnica relevante para esa reivindicación".

momento da infringência, para eliminar das variantes protegidas, tudo aquilo que era do conhecimento público quando a patente de referência foi solicitada.

Igualmente esse momento é relevante para determinar *tudo aquilo que decorria obviamente do estado da arte* naquele momento, pois esse âmbito estará igualmente fora do alcance da patente padrão.

Um segundo momento de análise deve ser indicado. Aplicando-se qualquer dos parâmetros indicados (salvo, talvez, o americano), só haverá ilicitude se o elemento alegadamente infringente for igual ou *obviamente equivalente* ao padrão. Ou seja, a análise deverá levar em conta a patente de referência (depois de escoimada do estado da arte que lhe é anterior) como foi concedida. O exame se dá, assim, entre o reivindicado no momento de concessão da patente (embora possa vir a ser sujeito a eventuais modificações posteriores, por exemplo, por ação de nulidade parcial, renúncia, etc., o que modifica o conteúdo, mas não o tempo de análise) e o elemento tido por infringente, apurando se há diversidade ou obviedade, á luz deste momento de concessão.

[16] § 2.2. (A) A contrafação evolutiva

Há, no entanto, um terceiro fator. Imagine-se que, desde o momento do depósito da patente de referência ou desde o momento da concessão desta, surge nova tecnologia. Pela aplicação *óbvia* desta nova tecnologia, seria *óbvia* a variação em face da patente padrão. Ou seja, o parâmetro da acareação seria o reivindicado mais a tecnologia intercorrente. Essa tendência estaria ocorrendo no sistema americano, segundo o qual só se leva em consideração as alternativas concebidas posteriormente, fazendo a patente de referência ir crescendo durante sua vigência,[1004] naquilo que Cataldo chama de Contrafação Evolutiva.[1005]

Quero crer que essa leitura seja incompatível com nosso sistema constitucional. Não parece compatível com o equilíbrio de interesses imposto pela nossa Constituição Federal que se protejam alternativas não imaginadas ao momento do depósito do pedido, e que não foram reveladas ao público na publicação do relatório descritivo. Em suma, o titular da patente de referência não *pagou* ao públi-

---

1004 Documento AIPPI wg_q175_E.pdf: The question of when equivalents should be judged is also difficult. On the one hand, it may be argued that equivalence should be assessed at the date of infringement, so that a later devised equivalent (which the patentee was not in a position to claim at the date of filing) should be caught. Indeed, the US appears to be moving towards a position where only later devised equivalents can be claimed - for variants known at the date of the patent, the approach seems to be that what is not claimed is disclaimed. On the other hand, it may be argued that there should be some cut off date for assessing equivalents (such as the priority date, the publication date, the date of grant or something else) so that patents do not grow in width during their life.

1005 Cataldo. *Op. cit.,* p.118. "La contraffazione evolutiva. La contraffazione non e esclusa dal fatto che la soluzione adottata dal terzo presenti la stessa idea inventiva di una precedente soluzione brevettata, ma apporti ad essa delle modifiche che ne costituiscono un miglioramento, o un adattamento, o un perfezionamento. Si parla, in questi casi, di contraffazione evolutiva".

co o preço de seu privilégio ampliado, e não pode aproveitar-se, para aumentar o escopo de sua patente, da contribuição alheia, no que seria uma forma singular de parasitismo.

Malgrado a excelência do comentário da Dannemann sobre a questão, não posso deixar, assim, de discordar dela neste ponto:

Não obstante alguns autores tenham expressado opinião diferente, é importante para a justa aplicação do conceito de equivalência que ela seja determinada à luz da tecnologia disponível no momento da infração, visto que um dado equivalente pode tornar-se usual ou mesmo conhecido apenas vários anos após o depósito do pedido de patente.[1006] Por exemplo, se um pedido de patente depositado no início da década de 1980 reivindica um dispositivo usando um condutor elétrico metálico, com base na tecnologia então conhecida, um dispositivo semelhante produzido na década de 1990 utilizando a tecnologia de cerâmica supercondutora pode ser considerado como tecnicamente equivalente ao condutor reivindicado, ainda que condutores cerâmicos tratem de tecnologia que não estava disponível na data de depósito do pedido de patente em questão. A indagação deverá ser se, no momento da infração, a cerâmica supercondutora deve ser considerada como um equivalente técnico óbvio ao condutor metálico reivindicado, ou se preenche o teste de equivalência tripartite. Bardehle"[1007] refere-se ao exemplo clássico do transistor: quando o transistor foi criado e tornou-se um substituto técnico para a válvula amplificadora comum, diversas patentes para circuito elétricos reivindicavam válvulas amplificadoras entre seus componentes, uma vez que não havia qualquer outro componente amplificador à época dos respectivos depósitos. Se a noção de equivalência fosse restrita aos equivalentes técnicos existentes na data de depósito dos pedidos que resultaram posteriormente nas patentes sob análise, qualquer pessoa teria o direito de "copiar" as invenções patenteadas mediante mera substituição das válvulas amplificadoras por transistores, o que representaria uma situação injusta para com os titulares dessas patentes.

[16] § 2.3. O critério da comparação elemento-a-elemento

Uma questão crucial na aplicação da doutrina dos equivalentes é a de se a comparação entre o documento de referência e o alegado infrator se faz ponto a ponto, ou

---

1006 [Nota do original] "It is not required that those skilled in the art knew, at the time the patent application was filed, of the asserted equivalent means of performing the claimed invention; that equivalent is determined as of the time infringement takes place." (CAFC, November 19, 1986) - Texas Instrument, Inc. v. ITC - 231 USPQ - 1986 - p. 835. No mesmo sentido, vide Atlas Power Co. v. E.I. du Port de Nemours & Co. (CAFC, December 27, 1984) 224 US PQ - 1985 - p. 417; e American Hospìtal Supply Corp. v. Travenol Laboratories, Inc. (CAFC, September 26, 1984) - 223 USPQ - 1984 - p. 583.

1007 Heinz Bardehle - "Equivalents and International Patent Law Harmonization" - AIPLA Q.J. -vol. 20 -n° 2/1992.

suscitando a idéia inventiva básica. Verifica-se que a tendência jurisprudencial e doutrinária mais recente favorece a comparação detalhada.[1008]

Quanto ao tema, vale citar extensamente a excelente contribuição da Dannemann:[1009]

> Embora a equivalência seja geralmente aplicada na base de uma comparação elemento a elemento, que deveria constituir a regra geral para efeitos dessa Lei, o texto do art. 186, onde lê "meios equivalentes ao *objeto* da *patente*", parece também suportar uma consideração mais global sobre a equivalência, i.e., em teoria, não seria necessário que cada elemento de uma invenção reivindicada encontras-se um correspondente direto ou um correspondente equivalente no produto de terceiros, sendo suficiente que tal produto possa ser globalmente considerado como equivalente à invenção reivindicada, ou seja, ao objeto da patente- Embora existam, efetivamente, discussões sobre a possibilidade de aplicar a equivalência dessa forma, uma compactação elemento a elemento é bastante mais usual. Além disso, quanto à compactação elemento a elemento, observe-se que isso é enfatizado em oposição a uma comparação global entre a invenção pleiteada e o produto ou processo acusado, ou seja, uma investigação sobre equivalência não deve ter como ponto de partida a determinação do conceito inventivo básico subjacente à reivindicação em detrimento dos próprios termos específicos da reivindicação. (...)
>
> Por outro lado, a regra citada tampouco deve ser tomada de modo demasiadamente restrito: um único elemento no dispositivo acusado não precisa, necessariamente, corresponder a um único elemento da reivindicação de uma patente. Pode-se considerar que há equivalência mesmo se um único elemento do dispositivo acusado corresponde ou realiza a mesma função que dois ou mais elementos de uma reivindicação[1010] ou vice-versa. Além disso, pode-se determinar que há equivalência quando uma função, que é definida em uma reivindicação como sendo realizada por um certo elemento, não é encontrada nesse mesmo elemen-

---

1008 Festo: Blessing To Patent Holders Or Thorn In Their Sides?, 2002 Duke L. & Tech. Rev. 0017: The Court first held that an inquiry into equivalence of an invention should be performed on an "element-by-element basis" rather than as a comparison of the inventions as a whole. The essential inquiry is therefore, "[d]oes the accused product or process contain elements identical or equivalent to each claimed element in the patented invention[.]."

1009 IDS-Instituto Dannemann Siemsen de Estudos de Propriedade Intelectual – Comentários à Lei Da Propriedade Industrial - Edição Revista e Atualizada, Ed. Renovar 2005. Embora a obra coletiva não indique os contribuidores de cada trecho, o autor discerne na hipótese a possível posição de Ivan Alehrt.

1010 [Nota do original] "It was legal error to hold that the aligning and charging steps must be performed by separate elements in the apparatus. One to one correspondence of componems is not required and elements or steps may be combined without ipso facto loss of equivalency (...). An apparatus claim describing a combination does not require that the function of each be performed by a separate structure in the apparatus. The claimed and accused devices must be viewed and evaluated as a whole." CAFC, March 31, 1989) - Sun Studs Inc. v. ATA Equipment Leasing Inc. - 10 USPQ2d - 1989 - p. 1347.

1587

to no dispositivo acusado, mas é efetivamente realizada por algum outro elemento nesse dispositivo.[1011]

A comparação, além disso, não se perderá nas similaridades, pois elementos que entre si são parecidos, até idênticos, recebem sentido e função num conjunto distinto. Mesmo inventos de simples combinação presumem interação sistemática, ainda que pela junção de elementos afetados a um fim comum.[1012] Assim "a" da patente de referência pode ser o mesmo "a" da solução técnica de terceiro, mas integrado em outra estrutura, desempenhando outra função no conjunto total desta estrutura, ainda que a função isolada do elemento permaneça a mesma.

Para usar de noção de Althusser,[1013] há uma causalidade estrutural num conjunto em que os elementos interagem, de forma que a função de cada elemento – mesmo permanecendo a mesma se considerada isoladamente – adquire valor próprio, resultado diverso, efeito técnico distinto, pela sobredeterminação de sua individualidade ao propósito comum.

[16] § 2.4. O critério de substancialidade

Só serão levadas em consideração, para o cotejo da equivalência, os elementos que desempenhem *substancialmente* a mesma função.

1011 [Nota do original] Stephen M. Bodenheimer, Jr, e John Beton - "Infringement by equivalents in the United States and Europe: A comparative analysis" -Mitteilungen der deutschen Patentanwalte-Heft 4/93-p. 101.

1012 Vide a observação extremamente pertinente de Paul Roubier, Le Droit De La Propriété Industrielle, Sirey, 1950: "La règle que, l'appréciation de la contrefaçon se fait d'après les ressemblances et non les différences, ne doit pas être cependant exagérée: il est possible, en définitive que des produits, des procédés ou des dispositifs ne présentent entre eux que de légères différences apparentes, et cependant ils seront peut-être tout à fait dissemblables, par leur nature et leur but. Il y a là une appréciation technique très délicate, et qui donne lieu à de nombreux débats judiciaires ; il faut, avant tout, rechercher si le principe de l'invention est le même; le débat doit être placé assez haut pour que des détails secondaires s'effacent'; c'est là, d'ailleurs, on le sait, une question qui est de l'appréciation souveraine du juge du fait: c'est lui qui dira si les ressemblances sont suffisantes pour qu'il y ait contrefaçon, et sa décision échappe sur ce point au contrôle de la Cour de cassation".

1013 Althusser et allia Lire le Capital, Paris, PUF, 1996. Para explicar melhor essa questão, tão importante para a doutrina das equivalências, vale citar o resumo dessa criação, encontrado em Balibar, É. (1996). 'Structural Causality, Overdetermination, and Antagonism', in Callari, A. and Ruccio, D.F. (1996). Postmodern Materialism and the Future of Marxist Theory: Essays in the Althusserian Tradition, Hanover: Wesleyan University Press, 109-119: "The cause or structure is immanent in its effects because it is nothing outside of its effects. This cause is both immanent and absent, because to be immanent and present in its effects is also to be un-localizable. This cause cannot be present or empirically given at any one point, hence the other name that Althusser gives it: "metonymical causality". Althusser argues that Marx breaks decisively with the two dominant models of causality within the western philosophical tradition: "expressive causality" (Hegel), in which a single cause, or contradiction, expresses itself in various effects which are merely epiphenomena of this cause, and mechanical causality, in which causes and effect interact, all the while remaining completely independent of each other" .

A expressão em itálicos indica duas considerações: a) o aspecto qualitativo – só são levadas em conta as características centrais, deixando de lado as incidentais, irrelevantes, etc.; assim, mesmo se os itens comparados sejam dessemelhantes por um sem número de razões, se houver identidade no pertinente, haverá equivalência; b) em segundo lugar, o aspecto proporcional – a correspondência deve ser de elementos *significativos para a solução técnica* de cada um dos termos de comparação.[1014]

O mesmo se dirá da análise do resultado (só importa a comparação se o resultado em ambos os casos for *substancialmente* o mesmo). De outro lado, só se levarão em conta as *diferenças* entre os termos comparados se elas forem substantivas. O requisito tem assim tanto uma vertente positiva quanto negativa.[1015]

[16] § 2.4. (A) Substancialidade e foco de comparação

Importante notar que a questão de substancialidade só se torna importante após precisar microscopicamente a questão de fato em jogo.

Aqui, como em toda a discussão relativa a patentes, tem-se que considerar que só será relevante, para efeitos de substancialidade, aquilo que disser respeito à *solução técnica* a qual a patente se volta. Se a tecnologia resolve um problema de um excipiente de um medicamento – por exemplo, o de que a cápsula só pode ser conservada sob refrigeração – não terá qualquer pertinência a uma patente cujo problema técnico visado fosse a de curar a doença em si mesma.

Mais do que isso, a pertinência de *uma determinada solução* para resolver um mesmo problema (ainda uma vez mais, a refrigeração de uma cápsula) vai depender da forma em que essa solução foi *reivindicada*. Só após fixar com precisão esse foco que haverá questão de substancialidade.

[16] § 2.5. O requisito da certeza jurídica

A exigência de certeza jurídica, que preside e condiciona a aplicação da doutrina dos equivalentes, é de que só pode afetar terceiros a pretensão do inventor que for não só revelada ao público, mas também reivindicada.

1014 Guillermo Cabanellas De Las Cuevas, Derecho De Las Patentes De Invención (Tomo II), Editorial Heliasta, p. 200 e seg. "Debe tenerse en cuenta que las dificultades prácticas en la aplicación de la teoría de los equivalentes surgen cuando existen diferencias, aunque mínimas, en las funciones y resultados correspondientes al elemento descripto en la reivindicación y al elemento que se emplea en una conducta supuestamente infractora. ¿Qué magnitud pueden tener tales diferencias para que no se pueda ya hablar de "misma función" o de "resultado similar"? Se necesita un estándar adicional para poder contestar esa pregunta".

1015 Romuald Singer, Margarete Singer, Revised English edition by Raph Lunzer e John Beton, The European Patent Convention - A Commentary, Sweet & Maxwell 1995, 69.02 "For a court to find infringement, the allegedly infringing act must fall within the "scope of the claims", after making due allowance for the fact that what are regarded by the skilled reader as obvious equivalents may be included within their scope. Thus the alleged infringement must, to a significant extent, use the features of the invention which solve the problem confronted by the invention, and only insignificant constructional details can be disregarded. (Confirmed in T 497/89 (28.2.1991.)'

Os terceiros terão o benefício da segurança jurídica, que consiste em poder discernir o que é a área reservada pelo titular da patente como sua exclusividade, e qual é a tecnologia que está livre para usar. Assim, só o que está reivindicado será restrito, sem que as intenções, objetivos e estratégias do depositante sejam juridicamente relevantes.[1016]

De outro lado, para a interpretação que vai num meio caminho razoável entre a literalidade talmúdica e a completa subjetividade, a que se referem os parâmetros da Convenção Européia, da proposta do Tratado de Harmonização e a resolução 175 da AIPPI, os propósitos *da patente* (como distintos dos objetivos do titular) são levados em conta. Para isso se levará em consideração *o contexto da patente*, a natureza do estado da arte, e as peculiaridades de cada caso.[1017]

Como conseqüência do requisito de certeza jurídica, a interpretação alargada de uma reivindicação presume que uma pessoa familiarizada na tecnologia pudesse ler a reivindicação e ter noção de que um elemento é intercambiável com o outro, que se aponta como infrator. Se apenas o cientista ganhador de Nobel ou especialista consagrado poderiam discernir essa intercambialidade, a certeza jurídica exigiria que essa intercambialidade fosse expressa, e não implícita. Mesmo porque, implícita, ela não foi revelada ao público e assim pago o preço constitucionalmente imposto pelo privilégio.

A certeza jurídica ainda requer que as reivindicações expressem razoavelmente o alcance pretendido. Se o intuito é indicar uma classe de ingredientes, que se especifique o gênero, e não a espécie; se um exemplar é indicado como exemplo, tal condição deve ser expressa. A regra sempre é de que uma reivindicação deve ter interpretação estrita, em favor do público.[1018]

1016 Paul Tauchner, *op. cit.*: "An important limitation by the Federal Supreme Court of the range of equivalence is the requirement of legal certainty as emphasized in the decision "Heavy Metal Oxidation Catalyst" ("Schwermetalloxidations-katalysator"); GRUR 1989, 205, in particular page 208, bottom of right-hand column: "The extension of the scope of protection to a method which a person skilled in the art is able to find due to his technical expertise and on the basis of the patent description but which has not found expression in the claims, is not consistent with the requirement of legal certainty.""

1017 Graver Tank & Mfg. Co. V. Linde Air Products Co, "What constitutes equivalency must be determined against the context of the patent, the prior art, and the particular circumstances of the case. Equivalence, in the patent law, is not the prisoner of a formula and is not an absolute to be considered in a vacuum. It does not require complete identity for every purpose and in every respect. In determining equivalents, things equal to the same thing may not be equal to each other and, by the same token, things for most purposes different may sometimes be equivalents. Consideration must be given to the purpose for which an ingredient is used in a patent, the qualities it has when combined with the other ingredients, and the function which it is intended to perform. An important factor is whether persons reasonably skilled in the art would have known of the interchangeability of an ingredient not contained in the patent with one that was."

1018 P. Devant, R. Plasseraud, R. Gutmann, H. Jacquelin, M. Lemoine, Les Brevets D'invention, 4ª ed., Dalloz 1971, no. 50 "Tout d'abord, lorsque l'inventeur a spécifiquement envisagé la fonction et qu'il a précisé que le moyen ou des moyens particuliers qu'il a décrits ne constituent qu'un ou des modes de réalisation préférés de l'invention, en indiquant par exemple que l'invention est constituée par l'application nouvelle des acides ou des nitriles en vue d'obtenir tel produit industriel, en donnant quelques exemples d'acides ou de nitriles, ou par l'application d'un amplificateur ou d'un oscillateur à l'obtention de tel résultat industriel, en indiquant quelques types d'amplificateurs ou d'oscillateurs particulièrement appropriés à

Tratado da Propriedade Intelectual

[16] § 2.6. A questão dos subconjuntos e elementos

A questão em foco é o da equivalência nos casos em que o alegado contrafator apenas se utiliza parcela ou subconjuntos do reivindicado.[1019]

Um recente documento técnico[1020] assim expressa:

> Uma outra forma de infração não literal, que era comum, no passado, na Alemanha, dizia respeito à infração parcial ou sub-combinação, que existia quando o produto de um terceiro não possuía todos os elementos da reivindicação de uma patente, porém ainda representava basicamente uma exploração da invenção patenteada. Como a regra de todos os elementos (*all element rule*) não se aplicava, a omissão de um ou mais elementos da reivindicação no produto acusado não implicaria na descaracterização da infração (TAKENAKA, 1995). Atualmente, no

---

cette application. Dans ce cas, le brevet couvrira certainement l'application d'autres types d'acides, de nitrites, d'amplificateurs, d'oscillateurs, à condition toutefois, en ce qui concerne la chimie, que les différents composés de la classe soient effectivement équivalents pour l'objet de l'invention (cf. Cour de Paris, 27 fév. 1962, Ann. 1963, p. 378). Lorsque le brevet n'indique qu'un moyen particulier appliqué d'une manière nouvelle, le juge a-til le droit d'étendre sa portée à la mise en ceuvre d'autres moyens équivalents jouant la même fonction dans l'application nouvelle ? Parfois les tribunaux s'attachent à la lettre du brevet et, si le breveté n'a indiqué qu'un seul moyen sans suggérer aucune extension, ils limitent la portée du brevet à ce moyen précis, mais si le breveté a utilisé des phrases, telles que «ce moyen ou analogue s, q un moyen du type... e, laissant entendre que le moyen particulier n'a été donné qu'à titre d'exemple, les tribunaux assurent une protection étendue. Ils appliquent alors la théorie du «moyen général s dont le moyen spécifiquement indiqué dans le brevet constitue seulement un cas particulier."

1019 Cabanellas, p. 206: "Una cuestión debatida en el Derecho Comparado es la relativa a la interpretación de las reivindicaciones en relación con elementos específicos de las mismas o con subcombinaciones-o sea subconjuntos de elementos dentro del conjunto que compone la reivindicación-. Bajo el Derecho alemán, mediante la aplicación del sistema central de interpretación de las reivindicaciones, en su forma clásica, se consideraba que los elementos o subconjuntos de elementos, correspondientes a reivindicaciones protegidas, quedaban comprendidos en el marco de protección correspondiente a tales reivindicaciones, si incorporaban a la idea inventiva subyacente a la reivindicación; se requería que el elemento o subconjunto de elementos fuera suficientemente representativo de tal idea como para satisfacer los requisitos objetivos de patentabilidad. Bajo la teoría de los equivalentes, conforme se la aplica actualmente para la interpretación de las reivindicaciones correspondientes a patentes europeas, y conforme a los criterios de interpretación que en consecuencia son aplicables a las reivindicaciones incluidas en patentes concedidas bajo la LP, la remisión a la idea inventiva es insuficiente para determinar la extensión de las reivindicaciones a sus elementos o subconjuntos de elementos. Debe, por el contrario, determinarse en qué grado la conducta u objeto infractor comprende a los elementos expuestos en la reivindicación, y en caso de ausencia o diferencias respecto de uno o más de esos elementos, deberá determinarse en qué medida los elementos que los sustituyen son de uso evidente para un técnico en la materia, o bien pueden ser sustituidos o eliminados -a la luz de los conocimientos de tal técnico- sin afectar a la solución que la tecnología incluida en la reivindicación aporta al problema técnico que se dirige a resolver. Se trata así, como se ha expuesto precedentemente, de utilizar para la interpretación de las reivindicaciones cada uno de los elementos que la componen y el valor conjunto que tienen tales elementos en cuanto constituyen una regla técnica para la solución de un problema concreto".

1020 Ana Cristina Almeida Müller, Nei Pereira Jr. e Adelaide Maria de Souza Antunes, Escopo das Reivindicações e sua Interpretação, encontrado em www.cbsg.com.br/pdf_publicacoes/ escopo_reivindicacoes.pdf, visitado em 2/8/05.

1591

entanto, há casos, ainda, em que estudiosos chegam a sugerir que o escopo de proteção de acordo com o artigo 69 da Convenção Européia de Patentes deve estender-se a subcombinações, pelo menos no caso em que o elemento omitido não afeta o resultado da invenção ou o meio como a invenção funciona Entretanto, vale lembrar que muito poucos compartilham dessa posição. Ou seja, conforme menciona Gustavo Morais (MORAIS & BEAKLINI, 1998) se o produto ou processo alegadamente infrator deixar de incluir um elemento da reivindicação, não haverá infração sequer por equivalência, decidiu a Suprema Corte Norte-Americana no caso Warner Jenkinson Inc. v. Hilton Davis Chemical Co.

A questão perpassa igualmente os temas da substancialidade e da comparação elemento-a-elemento.[1021] A regra adequada, no caso, é a de que se o alegado infrator apenas tomou alguns pontos da patente padrão, desde que o efeito seja substancialmente o mesmo, os meios substancialmente iguais e as diferenças não seja substanciais haverá equivalência, ainda que o efeito seja mais fraco, ou realização menos eficaz.[1022]

Tudo isto dito, é preciso levar em conta sempre que cada reivindicação é uma unidade de avaliação, e não haverá violação de uma parcela de reivindicação, naquilo que não expresse o conjunto pertinente.[1023]

[1021] Danemann, *op. cit.* "Embora a equivalência seja geralmente aplicada na base de uma comparação elemento a elemento, que deveria constituir a regra geral para efeitos dessa Lei, o texto do art. 186, onde lê "meios equivalentes ao objeto da patente", parece também suportar uma consideração mais global sobre a equivalência, i.e., em teoria, não seria necessário que cada elemento de uma invenção reivindicada encontrasse um correspondente direto ou um correspondente equivalente no produto de terceiros, sendo suficiente que tal produto possa ser globalmente considerado como equivalente à invenção reivindicada, ou seja, ao objeto da patente- Embora existam, efetivamente, discussões sobre a possibilidade de aplicar a equivalência dessa forma, uma comparação elemento a elemento é bastante mais usual".

[1022] Paul Tauchner, *op. cit.*, The use of an embodiment which does not achieve the full effect (the complete result) of the patented teaching (the subject matter of the patent claim) is nevertheless considered a patent infringement when it achieves the essential advantages of the patented invention to a practically significant extent. This even applies when the contested embodiment does not achieve the same advantages of the patent but only an inferior effect, or if the infringer achieves the object of the patented teaching only in an incomplete manner (also called "incomplete working" or "inferior solution"); BGH in GRUR 1955, 29, 31 –Nobelt-Bund; GRUR 1985, 520, 522 – Konterhauben-Schrumpfsystem; GRUR 1987, 281, 281 – Befestigungsvorrichtung.

[1023] Guillermo Cabanellas De Las Cuevas, Derecho De Las Patentes De Invención, (Tomo II), Editorial Heliasta, p. 204, "Esta utilización de los elementos de las reivindicaciones permite dar valor a cada uno de esos componentes, con el auxilio de la teoría de los equivalentes. Sin embargo, como en cualquier otra utilización del lenguaje, el sentido de cada uno de esos elementos sólo se advierte al considerar a la reivindicación en su conjunto, y ese sentido global deberá ser tenido en cuenta a los fines de aplicar la teoría de los equivalentes (..)Así, p. ej., en el fallo del Tribunal Federal Alemán (Bundesgerichtshof), del 9/11/90, en Official journal of the European Patent Ofice, 1991, p. 503, se consideró que una máquina para el lavado de vehículos no implicaba una infracción respecto de una patente relativa a una máquina comparable, por cuanto un aspecto fundamental de la invención patentada era el movimiento de ciertas partes de la maquina mediante un sistema de pesas, mientras que la maquina supuestamente infractora utilizaba a tal fin un motor eléctrico. La importancia de las pesas y del motor eléctrico para la utilización de la maquinaria en cuestión sólo podía ser apreciada considerando ésta en su conjunto."

[16] § 2.7. Quando um aperfeiçoamento transcende a equivalência

Como já se viu, haverá equivalência quando seja óbvio para uma pessoa versada na técnica (técnico no assunto) que o mesmo resultado alcançado por meio do elemento como expresso na reivindicação pode ser alcançado por meio do elemento equivalente, existente no produto alegadamente infringente. Assim, quando o resultado alcançado *não seja óbvio*, a equivalência não é aplicável.

O parâmetro da obviedade, ou da *atividade inventiva*, é um instrumento bem conhecido em Direito de Patentes. Ao postular que a solução do alegado infrator não consiste em equivalência, se não for uma alternativa evidente daquilo que foi reivindicado, na ótica de uma pessoa versada na tecnologia, na verdade se indica que entre o de referência e a alternativa de terceiros há uma distância comparável a que existe entre a solução conhecida e uma nova solução patenteável.[1024]

Ou seja, em princípio a solução do terceiro representa um aperfeiçoamento em face da patente anterior.[1025] Mas não resulta disso que a solução do terceiro seja capaz de obter patente.

Isso se dá porque a comparação é feita entre a patente de referência e a do suposto infrator, e não entre esta e o estado da arte. O distanciamento entre o de referência e o suposto infrator pode ser maior do que entre este e o estado da arte, pois a tecnologia pode ter-se desenvolvido, e a alternativa do terceiro – que não é óbvia perante a patente de referência – poderá sê-lo em face da nova tecnologia.

1024 Dannemann, op. cit.: "Na decisão de "Molded Curbstone (Decisão pela Suprema Cone alemã (Bundesgerichtshof-DE): 11C-vol.18-n°6/1987 - p. 795 com comentários por B. Geissler; ver também 1991 R.P.C. - nº 24 -p. 597), a Suprema Corte alemã admitiu que dispor duas pedras adjacentes entre si para formar um canal entre ambas poderia, em princípio, ser considerado como uma solução equivalente à pedra reivindicada tendo um canal previsto através dela. Todavia, a equivalência não poderia estender-se à concretização do réu, se essa última for considerada como não representando uma invenção patenteável em relação ao estado da técnica (Como "estado da técnica" aqui se alude ao estado da técnica relativo à patente cuja infração se verifica. O conceito subjacente reside em que uma concretização que pode ser inferida de forma evidente do estado da técnica não é patenteável e, portanto, não poderia ser considerada como estando no escopo da patente, sob pena de a patente ser considerada nula), i.e., se ela puder ser considerada com resultando de forma óbvia da técnica anterior por uma pessoa versada na técnica. Essa defesa proporcionada pela Suprema Corte para o réu acusado de infração passou a ser referida como "defesa da infração óbvia, que representa um critério útil para determinar a extensão da equivalência: se uma concretização que se alega infringir uma reivindicação de patente resulta de forma óbvia do estado da técnica, essa concretização não deve ser considerada como estando no escopo de tal reivindicação. Por outro lado, se a referida concretização não for óbvia à luz do estado da técnica, pode-se considerar que há infração por equivalência se essa concretização deriva de forma óbvia dos ensinamentos da patente, contanto, é claro, que o escopo pretendido seja razoavelmente suportado pelos termos das reivindicações. A elaboração de tabelas comparativas, conforme já mencionado, pode ser uma ferramenta útil na determinação do grau de obviedade da concretização acusada com relação ao estado da técnica ou aos ensinamentos da patente"

1025 Em princípio, apenas, pois pode ocorrer que a distância entre a patente de referência e o alegado infrator seja significativa o suficiente para não ser obvia, mas resultar apenas de uma variação não reivindicada por estar no estado da arte. Lembre-se que a apreciação para equivalência é relativa, e não absoluta em face da tecnologia conhecida.

Indo mais além, mesmo se a solução do terceiro, inquinada de contrafação, tenha atividade inventiva em face do estado da arte, pode ocorrer que tal solução seja inexeqüível no mundo prático, eis que a realização do segundo invento presume a violação da patente anterior.[1026] Embora haja autonomia técnica entre as duas soluções, não há autonomia econômica.[1027]

Assim, na situação descrita por último, a segunda solução técnica, que não é equivalente ao reivindicado na primeira, é dependente desta. Para que se possa utilizar a segunda solução técnica, seria preciso licença do titular da patente anterior. Ou, como prevê o direito brasileiro, nos casos em que a solução dependente tenha especiais méritos, a licença pode ser concedida compulsoriamente pela União.

[16] § 2.8. A regra da extensão relativa ao pioneirismo

A prática jurisprudencial indica que o escopo da patente tende a ser maior, ou menor, para efeitos de se determinar a extensão das equivalências, conforme a importância inovadora da patente padrão. Uma patente inaugural, de grande significado para a tecnologia pertinente, terá suas reivindicações interpretadas de maneira a dar maior substância à proteção.

Reversamente, uma pequena invenção, sem dúvida patenteável mas corriqueira, terá suas reivindicações lidas estritamente, até mesmo literalmente. Tal ocorre sem haver qualquer política industrial judiciária, mas simplesmente porque, nos campos ainda não desbravados pela tecnologia, ainda não existe matéria em domínio público, ou no alcance de patentes alheias.[1028]

1026 Vincenzo Di Cataldo, Le Invenzioni I Modelli, Seconda Edizione, Giuffrè Editore – 1993: 'La contraffazione non è esclusa dalla possibilità di ravvisare nel perfezionamento o, in genere, nella modifica, un'invenzione brevettabile (e cioè, la soluzione originale di un ulteriore problema tecnico). Infatti, se alla base della seconda invenzione esiste pur sempre la precedente, la seconda deve essere considerata invenzione dipendente, ai sensi dell'art. 2587 c.c., e la sua attuazione costituisce contraffazione del primo brevetto. Va ricordato, tuttavia, che il titolare del secondo brevetto può ottenere una licenza obbligatoria sul primo (§ 17.7).

1027 Para uma análise minuciosa destas duas noções, vide Carla Eugenia Caldas Barros, Aperfeiçoamento e Dependência em Patentes, Lumen Juris, 2004.

1028 P. 295 Cabanellas, op. cit. "Una cuestión debatible es la de la incidencia del grado de avance de la técnica, implícito en una invención patentada, a efectos de interpretar las respectivas reivindicaciones. Suele afirmarse que en las invenciones "pioneras", o sea las que abren un nuevo campo de la técnica, la teoría de los equivalentes conduce a un mayor marco de protección que respecto de las invenciones que implican meramente innovaciones en un campo técnico ya plenamente desarrollado. No puede válidamente sostenerse, sin embargo, que corresponda en uno y otro caso la aplicación de distintas reglas de interpretación de las reivindicaciones. Lo que sucede, más bien, es que la aplicación de las reglas usuales en materia de interpretación de las reivindicaciones arroja un resultado más limitativo para los derechos del patentado en el caso de las invenciones correspondientes a sectores tecnológicamente desarrollados. En esos sectores, la presencia de amplios espectros tecnológicos que se encuentran en el dominio público o que están en el ámbito de protección de otras patentes, impiden aplicar la teoría de los equivalentes significativamente más allá del contenido literal de las reivindicaciones, pero ello por motivos vinculados con las reglas generales de interpretación de las reivindicaciones a la luz de la técnica preexistente, y no porque exista una regla de interpretación más generosa para las patentes relativas a invenciones "pioneras".

É o que testemunha Jerome Reichman[1029]

Studies suggest, for example, that courts and administrators provide pioneer inventions with a broader or "thicker" range of equivalents than patents in an already crowded field and that, at the limit, so-called blocking patents covering a broad set of claims may dominate a "subservient" patent that relies on narrower claims to some improved feature of the same invention.[1030]

E vão além Merges e Nelson:[1031]

Courts have determined how broadly they see "equivalents" based on the degree of advance over the art the original patent represents. When the patent is on a "mere improvement" the courts tend not to consider as "equivalent" a product or process that is even a modest distance beyond the literal terms of the claims. On the other hand, a patent representing a "pioneer invention" — which the Supreme Court has defined as "a patent covering a function never before performed, a wholly novel device, or one of such novelty and importance as to mark a distinct step in the progress of the art"[1032] — is "entitled to a broad range of equivalents.[1033] That is, when a pioneer patent is involved, a court will stretch

---

1029 J.H. Reichman, Charting the Collapse of the Patent-Copyright Dichotomy: Premises for a Restructured International Intellectual Property System, 2 13 CARDOZO ARTS & ENT. L.J. 475 (1995).

1030 [Nota do original] See, e.g., Westinghouse v. Boyden Power Brake Co., 170 U.S. 537, 561-62 (1898); 5 Chisum, supra note 71, 20.03[3]; Merges & Nelson, supra note 57, at 854 (who find that courts relate the range of equivalents to the degree of advance over the prior art, and in the case of a pioneer patent, "will stretch to find infringement even by a product whose characteristics lie considerably outside the boundaries of the literal claims.") Inventions falling between patentable improvements and pioneer inventions receive "an intermediate range of equivalents." Id. at 854 n.68 (citing authorities). "Two patents are said to block each other when one patentee has a broad patent on an invention and another has a narrower patent on some improved feature of that invention. The broad patent is said to "dominate' the narrower one." Id. at 860. In such cases, apportioned royalties or cross licensing appears to be the logical result. See, e.g., 5 Chisum, supra note 71, 20.03 [3].

1031 Robert P. Merges & Richard R. Nelson, On the Complex Economics of Patent Scope, 90 Colum. L. Rev. 839, 853-68 (1990).

1032 [Nota do original] Westinghouse v. Boyden Power Brake Co., 170 U.S. 537, 561-62 (1898). Another test of pioneer status is whether the patent led to a new branch of industry. See, e.g., Ludlum Steel Co. v. Terry, 37 F.2d 153, 160 (N.D.N.Y. 1928.

1033 [Nota do original] D. Chisum, supra note 45, § 18.04[2]. Inventions falling somewhere between the two extremes are given an intermediate range of equivalents. See Price v. Lake Sales Supply R.M., 510 F.2d 388, 394, 183 U.S.P.Q. (BNA) 519, 524 (10th Cir. 1974). In addition to the broad range of equivalents awarded a pioneer patent, the literal wording of its claims will likely be broad as well, since by definition there is little prior art. See Patent and Trademark Office, U.S. Dept. of Commerce, Manual of Patent Examining Procedure § 706.03(d) (5th ed. 1983 rev. 1989) ("The fact that a claim is broad does not necessarily justify a rejection on the ground that the claim is vague and indefinite or unpredictable. See id. at §§ 706.03(a), 706.0392); Levin, Broader than the Disclusire in Chemical Cases, 31 J. Pat. & Trademark Off. Soc'y, 5, 7 (1949).

to find infringement even by a product whose characteristics lie considerably outside the boundaries of the literal claims.[1034]

[16] § 2.9. A questão da história de processamento do pedido

Um aspecto que tem atraído a atenção dos tribunais de todo o mundo tem sido o da vinculação da patente, uma vez concedida, à análise e exame realizado no processamento do pedido pelo escritório de patentes. Em substância, tal tese presume que uma patente deve ser interpretada da mesma forma que o foi o pedido em seu processamento.[1035]

Vale aqui a citação extensa de recente trabalho técnico[1036]

Uma das situações onde faz-se possível limitar a aplicação da doutrina dos equivalentes está relacionada ao conceito da história do exame técnico (*"File-Wrapper" ou Prosecution History Estoppel*).

A história do exame técnico é também chamada de "arquivo envolto" (*"file wrapper "*) porque o seu efeito suspensório resulta das informações contidas em um arquivo que fica guardado na Repartição de Patentes e que contém toda a história do exame técnico do pedido de patente. A palavra *"estoppel"* sugere que a história do exame técnico é a base para um tipo especial de defesa segundo a qual os supostos infratores podem recorrer, em ações de violação de direitos de patente para escapar de acusações em cuja inocência podem provar na fase de primeira instância.. Nem todos os atos durante o processamento do pedido de patente (exame técnico) permitem que a história do exame técnico seja argüida como matéria de defesa. De uma maneira geral os competidores podem utilizar-se como base para a aplicação da história do exame técnico os seguintes atos do depositante: (i) sustentação de uma interpretação restrita das reivindicações patentárias como não abrangendo determinadas concretizações que tornariam o pedido inválido, inclusive com reformulações nos termos das reivindicações, (ii) cancelamento de reivindicações e (iii) argumentos usados para distinguir a invenção do estado da técnica. Quando o depositante adiciona uma limitação não necessária para distinguir sua invenção do estado da técnica, mesmo que o faça erroneamente, por tradição, as cortes consideram irreversível tal limitação. Porém, em casos

---

1034 [Nota do original] The patent in the International Nickel case was in this category. International Nickel Co. v. Ford Motor Co., 166 F. Supp. 551, 564, 119 U.S.P.Q. (BNA) 72, 82-83 (S.D.N.Y. 1958).

1035 Guillermo Cabanellas De Las Cuevas, Derecho De Las Patentes De Invención, (Tomo II), Editorial Heliasta, p. 200 e seg., "Las reivindicaciones deben ser interpretadas en forma simétrica en el procedimiento de patentamiento y una vez que la patente ha sido otorgada. La concesión de la patente requiere definir el con tenido de las reivindicaciones, para determinar si éstas cumplen con las condiciones objetivas de patentabilidad. Una vez hecha esa definición, no puede alterarse el sentido de las reivindicaciones a fin de darles. un contenido que no fue el contemplado para otorgar la patentes."

1036 Ana Cristina Almeida Müller, Nei Pereira Jr. e Adelaide Maria de Souza Antunes, Escopo das Reivindicações e sua Interpretação, encontrado em www.cbsg.com.br/pdf_publicacoes/ escopo_reivindicacoes.pdf, visitado em 2/8/05.

recentes, como o *W a r n e r -Jenkinson,* essa visão tradicional não predominou. Apesar do depositante ter introduzido uma limitação para a faixa inferior de pH (que não era necessária para distinguir a invenção do estado da técnica) a doutrina dos equivalentes foi aplicada para comprovar a violação da patente.

Um ponto particular que deve ser considerado quando da avaliação da relevância de afirmações feitas pelo depositante, durante o exame técnico de seu pedido, na determinação da abrangência das reivindicações reside em averiguar-se em que extensão essas afirmações foram determinantes na decisão de concessão da patente. Por exemplo, as afirmações que foram apresentadas para justificar a patenteabilidade de uma reivindicação mais restrita, reformulada em virtude de documentos do estado da técnica citado pelo examinador. Obviamente, se um argumento foi utilizado pelo depositante sem qualquer conexão direta com os documentos citados e não foi de todo relevante para a concessão, então, tal argumento pode ser considerado como de menor relevância na determinação do escopo das reivindicações da patente.

Sabe-se, por exemplo, que é comum que os examinadores façam exigências para que o depositante restrinja suas reivindicações, fundamentando a exigência na alegação de que as reivindicações estão demasiadamente vagas e deveriam definir mais objetivamente a invenção. Nesses casos, a limitação não se impõe por qualquer documento do estado da técnica, à luz do qual o escopo das reivindicações estaria demasiadamente amplo, mas sim por um julgamento do examinador, baseado em critérios subjetivos, que pode ser comprovado como inadequado, na medida em que situações práticas de infração venham a surgir com o tempo (AHLERT, no prelo).

Finalmente, o depositante deve ter em mente que reformulações feitas durante a tramitação, com o objetivo de superar uma rejeição relacionada à novidade, obviedade e/ou insuficiência descritiva pode impedir, por completo, a aplicação da doutrina dos equivalentes ao elemento da reivindicação reformulado.

Especificamente no caso dos Estados Unidos, uma decisão recente do Circuito Federal em Festo Corp. *V.* Shoketsu Kinzoku Kogyo Kabushiki Co. Ltd. et al (Fed. Cir. Nov. 29, 2000) limitou severamente a aplicação da Doutrina dos Equivalentes. Segundo a Corte, quando um depositante restringe seu escopo de proteção em virtude do exame técnico, ele deve ser capaz de mostrar que tal reformulação ocorreu por razões não relacionadas a patenteabilidade. Do contrário, a doutrina dos equivalentes não poderá ser utilizada para dito elemento reformulado.

[16] § 2.10. Equivalência e análise de atividade inventiva

Van der Haeghen, escrevendo em 1936,[1037] referia-se ao princípio da equivalência de fatores da seguinte forma:

1037 Georges Van der Haeghen, Le Droit Intellectuel, vol. I, no. 223, Bruxelles, Maison Ferdinand Larcier, 1936, Brevets d'Invention.

"Como regra, não há invenção privilegiável na substituição de um fator técnico por outro, quando desta substituição não resultar um efeito técnico imprevisto."

Na verdade, as noções de equivalência e de atividade inventiva tiveram processos históricos entrelaçados, especialmente sob a vigência da lei francesa de patentes de 1844.[1038] O mesmo princípio que, num eixo temporal, diferencia um invento patenteável – pois dotado de atividade inventiva – do estado da técnica, é aplicável no eixo da análise de infringência, para saber se uma variável é tão próxima que resulta em contrafação, ou distante o suficiente para constituir aperfeiçoamento – e assim tanto entende o direito francês,[1039] como o italiano,[1040] como – veremos logo a seguir, a prática americana.

Esta mesma noção já havia na lei anterior, como se comprova da observação de Douglas Daniel Domingues ao Código de 1971:[1041]

Daí a necessidade de se estabelecer um critério técnico, capaz de verificar se a inovação constitui invenção ou mera construção, o que se faz adotando o *princípio da equivalência dos fatores,* que, na lição de Georges Vander Haeghen,[1042] é

1038 Jean Foyer e Michel Vivant, Le Droit des Brevets, Presses Universitaires De France,p.162: "C'est sous l'empire de la loi de 1844 que triomphait la théorie des équivalents Doctrine et jurisprudence avaient élaboré, à partir de l'article 2 de la loi qui ne parlait pas de nouveauté en soi mais de produits ou de moyens nouveaux ou d'applications nouvelles, la notion de «nouveauté brevetable», nouveauté portant «sur l'élément inventif en tant qu'il est susceptible d'être breveté, c'est-à-dire dans la mesure où il est constitutif de l'une des inventions définies par la loi et dans la mesure où il procure un résultat industriel» (P. Mathély, p. 63), notion complexe donc qui mêlait plusieurs données. La considération du résultat y occupait une part majeure. Il était facile, dès lors, d'admettre que, si la technique connue offrait déjà le résultat qui était celui de l'invention pour laquelle un brevet était demandé, celle-ci n'avait pas le caractère de nouveauté attendu. Une invention n'était pas réputée nouvelle lorsqu'elle se trouvait dans une antériorité, même sous une forme différente, pourvu qu'elle fut équivalente, c'est-à-dire qu'elle remplit la même fonction en vue du même résultat (selon la formule consacrée). Voir notamment en ce sens Cass. com. 2 mai 1972, PIBD, 1972, 111, 233, RTD Coin 1972, 891, obs. Chavanne et Azéma; Cass. coin. 22 janvier 1973, API, 1973, 57; Com. 8 avril 1976, API, 1977, 170.(...) L'idée de base de la théorie des équivalents est, comme le relève Roubier, que «ce qui importe... ce n'est pas l'individualité des éléments ou des organes, mais leur fonction» (t. 2, p. 79).

1039 Joanna Schmidt-Szalewski, Jean-Luc Pierre, Droit De La Propriété Industrielle, 2a. ed., Libraire de la Cour de Cassation «L'analyse de l'équivalence est ainsi reportée dans l'appréciation de l'activité inventive. Si un moyen structurellement différent exerce la même fonction que celui connu de l'état de la technique, ce moyen est nouveau, mais manque probablement d'activité inventive».

1040 Vincenzo Di Cataldo, Le Invenzioni I Modelli, Seconda Edizione, Giuffrè Editore – 1993: "Il giudizio di equivalenza ha un nesso logico assai forte con il giudizio di non evidenza (si veda il § 6.10). Se, infatti, davanti ad un certo problema tecnico (che è comune alle due invenzioni), si considera la soluzione proposta dalla prima invenzione, e si valuta poi la originalità della soluzione proposta per seconda, si ha risposta sia al problema della non evidenza, sia a quello dell'equivalenza. Se la seconda soluzione è originale, essa è anche non equivalente alla prima, perché, costituendo oggetto di una autonoma invenzione, risulta estranea all'ambito di estensione del primo brevetto; se, viceversa, la seconda soluzione non è originale, essa e anche equivalente alla prima, e, rimanendo all'interno dell'ambito di estensione del primo brevetto, ne costituisce contraffazione (appunto, per equivalenti)".

1041 Douglas Gabriel Domingues, Direito Industrial Patentes, Ed. Forense, 1980, p. 49.

1042 [Nota do Original] Georges Vander Haeghen, Le Droit Intellectuel, vol. I, n.0 223, Bruxelles, Maison Ferdinand Larcier, 1936, Brevets d'Invention.

baseado na comparação dos efeitos produzidos em uma mesma máquina por fatores técnicos que exerçam a mesma função técnica, estabelecendo-se, como regra, que não há invenção privilegiável na substituição de um fator técnico por outro, quando dessa substituição não resultar um efeito técnico imprevisto".

A diretiva eleita pelo legislador nativo é exatamente neste sentido, seguindo portanto a orientação da melhor doutrina, conforme se vê na interpretação correta da alínea "e" do art. 9º do Cód. Prop. Ind.: as inovações constantes de justaposições de processos, meios ou órgãos conhecidos, a mudança de forma, proporções, dimensões ou materiais, desde que resultem no conjunto em *efeito técnico novo e diferente, serão privilegiáveis, respeitadas as demais proibições contidas nas alíneas do citado art. 9º.*

E igual observação fez Gustavo Barbosa:

Esta teoria é normalmente usada para verificar a contrafação de produtos patenteados, mas também pode ser aplicada com igual sucesso para verificar a inexistência de atividade inventiva.

(...) É de se notar a similaridade entre o conceito de equivalência e o introduzido pelo art. 9º, letra *e* da antiga lei, onde também se tem por escopo evitar que meras mudanças de forma, tamanho ou material, ou simples justaposições de elementos conhecidos sejam consideradas como invenções autônomas sem que seja constatado qualquer efeito técnico novo.[1043]

[16] § 2.10. (A) Requisitos da atividade inventiva

O que é atividade inventiva?

Repetindo em grande parte o que já disse em outras ocasiões,[1044] a definição se encontra no art. 13 da Lei 9.279/96:

Art. 13. A invenção é dotada de atividade inventiva sempre que, para um técnico no assunto, não decorra de maneira evidente ou óbvia do estado da técnica.

A questão da não obviedade importa na avaliação de questões de direito e de fato. Para tal determinação, se levam em conta quatro fatores: a) o conteúdo e alcance das anterioridades b) as diferenças entre tais anterioridades e o novo invento c) o nível de

---

1043 Gustavo José Ferreira Barbosa, A introdução no nosso ordenamento jurídico do requisito da atividade inventiva como condição legal para a concessão de uma patente de invenção, p. 85 Revista Forense – Vol. 339 Doutrina

1044 Uma Introdução à Propriedade Intelectual, 2ª ed., Lumen Juris, 2003.

complexidade do campo da técnica a qual pertence à invenção d) a ocorrência de certos índices abaixo indicados.[1045]

Alguns elementos para a apuração desta *não obviedade* são: a) o tempo decorrido desde a anterioridade em questão. b) o efeito inesperado ou surpreendente. C) a economia de tempo c) o resultado aperfeiçoado d) vantagens técnicas ou econômicas consideráveis. Quanto ao último elemento, que importa em avaliar o provável sucesso comercial do invento, divergem as jurisprudências nacionais.[1046]

A noção de decorrer de maneira *evidente* do estado da técnica indica que o de referência de avaliação é o homem especializado na matéria, mas não o maior expoente mundial do setor. Há um parâmetro usualmente utilizado para esta avaliação, que é do profissional graduado na especialidade, detentor dos conhecimentos acadêmicos comuns, e da experiência média de um engenheiro ou técnico, *operando no setor industrial pertinente*. Decididamente, o parâmetro não é do cientista exponencial, laureado com o prêmio Nobel.

A referência ao estado da técnica, de outro lado, representa a noção legal aplicável ao conceito de novidade (vide acima), mas tomada aí como base, e não como limite, a partir da qual se apurará o *quantum* de não obviedade. Assim, o parâmetro de avaliação é o do técnico na arte (definido como no parágrafo anterior) provido dos *conhecimentos gerais do estado da técnica*. Daí se apurará a obviedade ou não da invenção.[1047] Tem-se apontando como repositório do conhecimento geral do estado da técnica o constante dos manuais ou livros didáticos correntes para a formação do técnico.[1048]

[16] § 2.10. (B) Equivalência no exame de patenteabilidade

Em sua apuração, para efeitos do exame de patenteabilidade feito pelos escritórios de patentes, também se levam em conta aspectos de equivalência, em sentido

---

1045 T.G. Wiseman, "Biotechnology patent application examination", in Trends in Biotechnology and Chemical Patent Practice 1989, PLI, New York (1989). Maria Thereza Wolff, Matéria Óbvia e Suficiência Descritiva em Invenções de Biotecnologia, Revista da ABPI, Nº 26 - Jan. /Fev. 1997.

1046 Graham v. John Deere Co., 383 U.S. 1 (1966) "the scope and content of the prior art are to be determined; differences between the prior art and the claims at issue are to be ascertained; and the level of ordinary skill in the pertinent art resolved. Against this background, the obviousness or nonobviousness of the subject matter is determined. Such secondary considerations as commercial success, long felt but unsolved needs, failure of others, etc., might be utilized to give light to the circumstances surrounding the origin of the subject matter sought to be patented. As indicia of obviousness or nonobviousness, these inquiries may have relevancy".

1047 Notam os autores que há diferenças sensíveis na apuração do estado da arte para novidade e para atividade inventiva. Naquela, o estado da arte deve ser idêntico, e compreender também o que já foi objeto de depósito, mas não de publicação. Não assim no caso da atividade inventiva, para a apuração da qual se levam em consideração os conhecimentos agregados (não idênticos) e o que realmente estava à disposição do público antes da data do depósito. Betrand, *op. cit.*, p. 122. Vide também Maurício Lopes de Oliveira, Reflexão Sobre a Atividade Inventiva, Revista da ABPI, Nº 39 - Mar. /Abr. 1999.

1048 Singer, The European Patent Convention, Sweet and Maxwell, 1995, p. 179.

paralelo à análise de infração de patente já concedida. Assim que, seguindo a processualística do Manual de exame do escritório americano de patentes [1049]

1. A análise de atividade inventiva levará em conta se o elemento já conhecido no estado da arte desempenha função idêntica ao reivindicado, substancialmente da mesma maneira, e produz substancialmente o mesmo resultado do elemento correspondente.[1050]
2. A intercambialidade deve ser apurada segundo o critério da pessoa familiarizada com a arte.[1051]
3. As diferenças entre o estado da arte e o especificado no pedido não são significativas.[1052]
4. O elemento do estado da arte é um equivalente estrutural do elemento constante da especificação do pedido em análise.[1053]

1049 Manual de Exame de Patentes do USPTO, {2186 Relationship to the Doctrine of Equivalents}.

1050 Do Manual de Exame, The prior art element performs the identical function specified in the claim in substantially the same way, and produces substantially the same results as the corresponding element disclosed in the specification. Kemco Sales, Inc. v. Control Papers Co., 208 F.3d 1352, 54 USPQ2d 1308 (Fed. Cir. 2000) (An internal adhesive sealing the inner surfaces of an envelope pocket was not held to be equivalent to an adhesive on a flap which attached to the outside of the pocket. Both the claimed invention and the accused device performed the same function of closing the envelope. But the accused device performed it in a substantially different way (by an internal adhesive on the inside of the pocket) with a substantially different result (the adhesive attached the inner surfaces of both sides of the pocket)); Odetics Inc. v. Storage Tech. Corp., 185 F.3d 1259, 1267, 51 USPQ2d 1225, 1229-30 (Fed. Cir. 1999); Lockheed Aircraft Corp. v. United States, 193 USPQ 449, 461 (Ct. Cl. 1977). The concepts of equivalents as set forth in Graver Tank & Mfg. Co. v. Linde Air Products, 339 U.S. 605, 85 USPQ 328 (1950) are relevant to any "equivalents " determination. Polumbo v. Dón-Joy Co., 762 F.2d 969, 975 n.4, 226 USPQ 5, 8-9 n.4 (Fed. Cir. 1985).

1051 (B) a person of ordinary skill in the art would have recognized the interchangeability of the element shown in the prior art for the corresponding element disclosed in the specification. Caterpillar Inc. v. Deere & Co., 224 F.3d 1374, 56 USPQ2d 1305 (Fed. Cir. 2000); Al-Site Corp. v. VSI Int' l, Inc., 174 F.3d 1308, 1316, 50 USPQ2d 1161, 1165 (Fed. Cir. 1999); Chiuminatta Concrete Concepts, Inc. v. Cardinal Indus. Inc., 145 F.3d 1303, 1309, 46 USPQ2d 1752, 1757 (Fed. Cir. 1998); Lockheed Aircraft Corp. v. United States, 193 USPQ 449, 461 (Ct. Cl. 1977); Data Line Corp. v. Micro Technologies, Inc., 813 F.2d 1196, 1 USPQ2d 2052 (Fed. Cir. 1987).

1052 (C) there are insubstantial differences between the prior art element and the corresponding element disclosed in the specification. IMS Technology, Inc. v. Haas Automation, Inc., 206 F.3d 1422, 1436, 54 USPQ2d 1129, 1138 (Fed. Cir. 2000); Warner-Jenkinson Co. v. Hilton Davis Chemical Co., 117 S. Ct. 1040, 41 USPQ2d 1865, 1875 (1997); Valmont Industries, Inc. v. Reinke Mfg. Co., 983 F.2d 1039, 25 USPQ2d 1451 (Fed. Cir. 1993). See also Caterpillar Inc. v. Deere & Co., 224 F.3d 1374, 56 USPQ2d 1305 (Fed. Cir. 2000) (A structure lacking several components of the overall structure corresponding to the claimed function and also differing in the number and size of the parts may be insubstantially different from the disclosed structure. The limitation in a means-plus-function claim is the overall structure corresponding to the claimed function. The individual components of an overall structure that corresponds to the claimed function are not claim limitations. Also, potential advantages of a structure that do not relate to the claimed function should not be considered in an equivalents determination under 35 U.S.C. {112}, sixth paragraph).

1053 (D) the prior art element is a structural equivalent of the corresponding element disclosed in the specification. In re Bond, 910 F.2d 831, 15 USPQ2d 1566 (Fed. Cir. 1990). That is, the prior art element performs the function specified in the claim in substantially the same manner as the function is performed by the

[16] § 2.11. Casos particulares de patentes: combinações e patentes de uso

[16] § 2.11. (A) A questão da diferença de estrutura de combinação

Cabe aqui analisar o caso específico das patentes de composição – como definido pelo Manual de Exame do INPI – 2.5.1 uma composição é um agrupamento de ingredientes com um determinado propósito.[1054] Freqüentemente, o objeto de uma patente de composição tem a forma de uma mistura de ingredientes, cujo exemplo mais egrégio será, talvez, a junção de um medicamento ativo e excipientes, numa cápsula.

A questão da aplicação da doutrina de equivalentes às patentes de combinação foi a que primeiro atraiu a atenção do subscritor, num parecer exarado enquanto Procurador Geral do INPI:[1055]

O que é Mistura
15. Quando se tomam duas substâncias e se as põem em condições de interagir efetivamente, duas coisas podem ocorrer: ou a mútua ação implica em modifica-

---

corresponding element described in the specification. A showing of at least one of the above-noted factors by the examiner should be sufficient to support a conclusion that the prior art element is an equivalent. The examiner should then conclude that the claimed limitation is met by the prior art element. In addition to the conclusion that the prior art element is an equivalent, examiners should also demonstrate, where appropriate, why it would have been obvious to one of ordinary skill in the art at the time of the invention to substitute applicant's described structure, material, or acts for that described in the prior art reference. See In re Brown, 459 F.2d 531, 535, 173 USPQ 685, 688 (CCPA 1972). The burden then shifts to applicant to show that the element shown in the prior art is not an equivalent of the structure, material or acts disclosed in the application. In re Mulder, 716 F.2d 1542, 219 USPQ 189 (Fed. Cir. 1983). No further analysis of equivalents is required of the examiner until applicant disagrees with the examiner's conclusion, and provides reasons why the prior art element should not be considered an equivalent. See also, In re Walter, 618 F.2d 758, 768, 205 USPQ 397, 407-08 (CCPA 1980) (a case treating {35 U.S.C. 112}, sixth paragraph, in the context of a determination of statutory subject matter and noting "If the functionally-defined disclosed means and their equivalents are so broad that they encompass any and every means for performing the recited functions . . . the burden must be placed on the applicant to demonstrate that the claims are truly drawn to specific apparatus distinct from other apparatus capable of performing the identical functions"); In re Swinehart, 439 F.2d 210, 212-13, 169 USPQ 226, 229 (CCPA 1971) (a case in which the court treated as improper a rejection under {35 U.S.C. 112}, second paragraph, of functional language, but noted that "where the Patent Office has reason to believe that a functional limitation asserted to be critical for establishing novelty in the claimed subject matter may, in fact, be an inherent characteristic of the prior art, it possesses the authority to require the applicant to prove that the subject matter shown to be in the prior art does not possess the characteristics relied on"); and In re Fitzgerald, 619 F.2d 67, 205 USPQ 594 (CCPA 1980) (a case indicating that the burden of proof can be shifted to the applicant to show that the subject matter of the prior art does not possess the characteristic relied on whether the rejection is based on inherency under {35 U.S.C. 102} or obviousness under {35 U.S.C. 103}). See {MPEP § 2184} when determining whether the applicant has successfully met the burden of proving that the prior art element is not equivalent to the structure, material or acts described in the applicant's specification.

1054 Diretrizes para o exame de pedidos de patente nas áreas de biotecnologia e farmacêutica depositados após 31/12/1994, encontrado em http://denisbarbosa.addr.com/diretrizes1.doc.

1055 Vide o nosso Patentes e Problemas: cinco questões de Direito Patentário.(1988), Revista de Direito Mercantil no 76, dezembro de 1989, p. 32 e seg, encontrado em http://denisbarbosa.addr.com/177.doc .

ção estrutural, ao nível atômico (e se tem uma reação química) ou a mútua ação implica em atuação física, sem modificação no nível atômico.

16. Claro está que se pode ter também a hipótese de os componentes não interagirem, permanecendo como mera justaposição de ingredientes. Colocando-se num mesmo invólucro canela em pó e açúcar, o resultante será algo doce, com o aroma e sabor do cinamomo; mas nenhuma interação houve. Cada componente guardou suas qualidades intrínsecas específicas, que se manifestam na mistura, mas a mistura, ela mesma, ainda que tendo qualidades específicas – o de ser doce, com aroma a canela – não tem qualidades intrínsecas.

17. A definição do que seja "intrínseco", neste passo, merece ser lembrada: conforme diz De Plácido e Silva em seu *Dicionário Jurídico,* intrínseco, "do latim *intrínsecas* (por dentro, interiormente), quer exprimir o que vem ligado à coisa mostrando-se elemento que lhe é essencial, indispensável ou lhe é inerente. E deve vir *dentro ou contido* nela".

18. Assim é que à mistura de canela e açúcar carecem as qualidades intrínsecas, dela mesma: fora das qualidades dos componentes (doçura e aroma), nada mais há. Haveria algo de próprio, algo de intrínseco, se além de doce e aromática a mistura ainda fosse, por exemplo, explosiva – não o sendo nem o açúcar a canela.

19. Recapitulando, tem-se de um lado o composto químico, em que os componentes se interagem em nível atômico, e, de outro, a mistura, onde não há esta interação. Dentre as misturas, por sua vez, algumas há que não resultam de qualquer interação (os componentes são simplesmente justapostos) enquanto que outras sofrem uma interação de caráter físico, não químico, conseqüentemente não implicando em mutações ao nível atômico.

20. Isto, em tese. Porém, é de se indagar: será que existem mesmo tais misturas com interações físicas?

21. Sem precisar sequer se valer dos autores da ciência química e física, pode-se já dar pela afirmativa. Os especialistas em direito patentário indicam a existência de tais misturas como objeto próprio de patentes, e os exemplos já patenteados enfatizam a realidade da hipótese.

22. Peter Rosemberg, em seu *Patent Law Fundamentals,* 6-17, 1980, falando das várias "compositions" possíveis, diz: "o modo de combinação pode ser (1) químico, como no caso de compostos: ou (2) físico, como no caso de misturas (...) Assim como os componentes de uma máquina patenteável, os componentes ou ingredientes de uma composição de matéria patenteável têm de cooperar para um *resultado unitário ou* seja, têm de exibir, quando em associação, um conjunto de propriedades diferentes daqueles que têm os constituintes separadamente".

23. Um exemplo do que seria tal "ação unitária, própria da mistura e não de seus componentes, é dada pelo mesmo autor a fls. 9-37 de seu livro: "Um remédio para tratamento do alcoolismo que se caracterizaria pela mistura física de dois ingredientes. As peculiaridades físicas da mistura, no caso, conservariam cada

1603

ingrediente segregado no interior do vidro, aumentando desta forma a estabilidade e a vida útil do remédio; outras misturas de ingredientes de mesmo efeito não guardariam tal segregação, e seriam mais instáveis".

24. H. B. Roy, em um artigo especificamente sobre a matéria, publicado no vol. 10 do *Journal of The Patent Office Technical Society, pp.* 94-98, 1976, explica melhor a diferença entre as misturas sem efeito unitário e aquelas que os tem.

25. Conforme diz o Autor, não há efeitos unitários nas justaposições (ou, em inglês, *mixtures),* que são meras agregações das propriedades dos componentes: cada ingrediente age de maneira autônoma, sem levar em conta a presença dos demais. O exemplo, segundo o especialista, é o da mistura de um inseticida e um diluente.

26. Mas existem misturas por composição (ou, em inglês, *intermixtures),* em que a junção de dois ou mais ingredientes resulta "em uma propriedade adicional ou diferente, *que os componentes não têm em comum". Os* exemplos, segundo o Autor:

- a junção de um PVC, um estabilizador e um lubrificante;
- emulsões, suspensões e dispersões que resultam em atividade extra devido a uma "inordinately large surface area".

27. Uma das formas mais óbvias deste efeito unitário, intrínseco, que devem ter as misturas para serem objeto de patentes é o *sinergismo, ou,* como o define Rosemberg, pp. 9-35, a situação em que a ação combinada de dois ou mais agentes é maior do que a soma da ação de cada agente individualmente.

28. Assim é que Donald G. Datis, ao analisar a lei brasileira na Revista do *Max Planck Institute for Foreign and International Patent,* Copyright and Competion Law, de Munique – o periódico de maior reputação na área – diz o seguinte: "uma composição do tipo "composto X e um carregador inerte pode ter sérios problemas quanto ao disposto no art. 9º, "d" do CPI, salvo se apresentar uma faixa percentual específica e *prova de efeito sinergístico".*

d) Por que só as misturas de tipo composição são patenteáveis.

29. É de se perguntar, assim, por que só as misturas de tipo composição são patenteáveis.

30. A resposta parece ser simples: porque só nelas, onde existe um efeito próprio, intrínseco, pode se vislumbrar uma invenção. Em outras palavras, só nas misturas de tipo composição existe individualidade inventiva suficiente. Em misturas onde a novidade, a atividade inventiva ou a utilidade industrial estejam nos componentes, a patente, se possível, seria dada a esses e não à mistura.

31. Assim é que dizem Burst e Chavanne *(Droit de la Propriété Industrielle,* 1976, p. 28): "A simples reunião de dois produtos em um só, sem a cooperação de um com o outro para formar um resultado de conjunto não forma produto novo".

(...)

f) Quais as misturas patenteáveis

40. De tudo o que já se expôs, pode-se facilmente depreender as misturas patenteáveis. São aquelas que, cumulativamente:

a) sejam autênticas misturas, e não produtos obtidos processos químicos;

b) tenham uma propriedade adicional ou diferente, que não tenham em comum. Por exemplo, um efeito sinergístico;

c) sejam precisamente caracterizadas, seja pela sua composição qualitativa, definida quantitativamente, seja por tratamento especial.

41. E como se vai apurar a novidade, a utilidade industrial e atividade inventiva?

42. A novidade vai ser vista na mistura em si, e não em seus componentes. Isto quer dizer que os componentes podem ser novos ou conhecidos; o que se vai ver é a propriedade adicional ou diferente que há na mistura, e não há nos seus componentes somados.

43. Quando os componentes são conhecidos, aliás, cabe o preceito do art. 9º, "e", de que as "justaposições" (termo aí impropriamente utilizado) só são patenteáveis se tiverem um efeito técnico novo ou diferente.

44. Quando algum, ou todos os componentes são novos, pareceria, à primeira vista, que a mistura seria nova. Não é o que ocorre, porém.

45. Em primeiro lugar isto não ocorre porque a invenção patenteável é a resolução de um problema técnico de uma forma que não esteja no estado da técnica, ou dele não decorra obviamente. Como se resolve o problema técnico? Se é pela ação dos componentes, ou da soma deles, a invenção está nos componentes, e não na mistura. O que há de novo na mistura não é invenção patenteável.

46. Em segundo lugar, porque também vige quanto às invenções de misturas o princípio da equivalência dos fatores. Tal princípio teve sua definição mais precisa na decisão da Suprema Corte dos Estados Unidos no caso "Winam vs. Denmead", 56 US. (15 How) 330 (1953): "copiar o princípio ou modo de operação descrito é uma violação de patente, embora tal cópia seja diversa em forma ou em proporção". Em outras palavras, o que se patenteia é a função, e não os ingredientes.

47. A Suprema Corte havia já detalhado suas conclusões nesta matéria na decisão do caso "Graver Tam & Mfg. Co. vs. Linde Air Prodcts." 34 Co. 339 U. S. 605, (1950): "Equivalência, do direito patentário, não é o prisioneiro de uma fórmula e não é um absoluto que deva ser considerado no vácuo. Não se exige identidade completa para todo propósito e em todo caso. Ao determinar equivalentes, coisas que são iguais à mesma coisa podem não ser iguais entre si e, da mesma maneira, coisas que são diferentes para a maior parte dos objetivos, podem ser às vezes equivalentes. Tem-se que dar atenção ao propósito para o qual cada ingrediente é usado numa patente, às qualidades que tal ingrediente tem quando combinado com outros ingredientes, e a função que ele deve desempenhar".

48. Neste caso, chegou-se a conclusão de que uma mistura contendo silicato de manganês era equivalente a uma mistura contendo silicato de magnésio, apesar de magnésio e manganês terem propriedades diversas, porque a função desempenhada era a mesma à luz do estado-da-arte (Rosemberg ob. cit., pp. 17-38).

49. Vander Haeghen, em seu *Le Droit Intellectuel, v. 1,* n. 223, *1936* define o princípio da equivalência de fatores da seguinte forma: "Como regra, não há invenção privilegiável na substituição de um fator técnico por outro, quando desta substituição não resultar um efeito técnico imprevisto".

50. Como se vê, quer se faça a aplicação do princípio no que toca à violação de patentes, quer se o faça no que toca à apuração de patenteabilidade, o que se vai levar em conta é a função, ou, em outras palavras, a resolução do problema técnico específico. (...)

Observações complementares são as de que, quando a combinação é de objetos conhecidos, a patente apenas protege a *estrutura da combinação:* verificar-se-á a equivalência, ou não, entre essa patente e outra pela comparação dessas estruturas e não dos ingredientes tomados isoladamente.[1056] Se as duas estruturas têm substancialmente a mesma função, haverá, talvez, equivalência, aplicando-se ao caso os mesmos parâmetros dos demais casos.[1057]

[16] § 2.11. (B) Equivalência e reivindicações de uso

Também no caso de patentes de uso, haverá a possibilidade de aplicação da doutrina,[1058]

1056 Chisum e Jacobs, Understanding Intellectual Property Law, Matthew Bender, 1992, § 2r], "Each function in a claim is part of a combination, not a separate invention. In cases . . . in which all functions are performed but multiple means are changed, the equivalency of each changed means is appropriately determined in light of the other structural changes in the combination. As in all cases involving assertions of equivalency, wherein the patentee seeks to apply its claims to structures not disclosed by the patentee, the court is required to exercise judgment. In cases of complex inventions, the judgment must take account of situations where the components of the claimed combination are of varying importance or are changed to varying degrees. This is done by viewing the components in combination." (846 F.2d at 1371, 6 U.S.P.Q.2d at 1888-89)

1057 Fréderic Poliaud Dulian, Droit de La Proprieté Industrielle, Domat Droit Privé, 690- II n'en va autrement que lorsque la fonction d'une combinaison de moyens étant connue, le brevet ne protège que la combinaison dans sa structure: la différence de structure de l'objet critiqué écarte le grief de contrefaçon. (Cass. com., 4 décembre 1990, Annales, 1990, p. 233, obs. P MATHÉLY (rejet du pourvoi c Paris, 1 "décembre 1988, Annales, 1988, p. 297)." No entanto, vide Joanna Schmidt-Szalewski, Jean-Luc Pierre, Droit De La Propriété Industrielle, 2ª ed. , Librairie de la Cour de Cassation, "Le premier est celui de la contrefaçon par équivalence: la contrefaçon d'une invention de combinaison peut consister dans une combinaison équivalente, qui met en ouvre des moyens structurellement différents, mais assurant la même fonction technique".

1058 A questão da teoria dos equivalentes tem direta importância no caso de patentes de uso, como nota Moureaux, R. & Weismann C, Manuels Dalloz de Droit Usuel – Les Brevets D'Invention. Librairie Dalloz, Paris, quatrième édition, 1971, p. 50 a 61; 102 a 107; 111 et 112: "Dans le cadre de l'application nouvelle, la théorie des équivalents trouve deux applications. Tout d'abord, lorsque l'inventeur a spécifique-

[16] § 3. O procedimento de análise de equivalência

Como se apura a existência de equivalência? Não se pode deixar de citar a excelente proposta de Ivan Alehrt:[1059]

1. O dispositivo acusado pertence ao estado da técnica? (S) (+/-) (N)
2. O dispositivo acusado pode ser depreendido de maneira óbvia do estado da técnica? (S) (+/-) (N)
3. Após interpretação das reivindicações, há infração literal? (S) (+/-) (N)[1060]
4. Elementos ou características que não infringem literalmente representam equivalentes óbvios àqueles reivindicados? (S) (+/-) (N)
5. Teste tripartite de equivalência:[1061]
   - o elemento acusado realiza substancialmente a mesma função que o elemento da reivindicação? (S) (+/-) (N)
   - realiza a função substancialmente do mesmo modo que o elemento da reivindicação? (S) (+/-) (N)
   - produz substancialmente o mesmo resultado que o elemento da reivindicação? (S) (+/-) (N)
   Elementos que não infringem literalmente atendem ao teste tripartite? (S) (+/-) (N)

---

ment envisagé la fonction et qu'il a précisé que le moyen ou les moyens particuliers qu'il a décrits ne constituent qu'un ou des modes de réalisation préférés de l'invention (...) Lorsque le brevet n'indique qu'un moyen particulier appliqué d'une manière nouvelle, le juge a-t-il le droit d'étendre sa portée à la mise en oeuvre d'autres moyens équivalents jouant la même fonction dans l'application nouvelle ? Parfois les tribunaux s'attachent à la lettre du brevet et, si le breveté n'a indiqué qu'un seul moyen sans suggérer aucune extension, ils limitent la portée du brevet à ce moyen précis, mais si le breveté a utilisé des phrases, telles que «ce moyen ou analogue s, «un moyen du type...», laissant entendre que le moyen particulier n'a été donné qu'à titre d'exemple, les tribunaux assurent une protection étendue».

1059 Danemman, Comentários, op. cit.

1060 [Nota do autor] Na verdade, a leitura literal não é uma simples leitura das reivindicações, mas uma comparação. Vide Chisum e Jacobs, Understanding Intellectual Property Law, Matthew Bender, 1992, p. § 2r. (II) {d}. . . To determine whether a claim limitation is met literally, where expressed as a means for perfoming a stated function, the court must compare the accused structure with the disclosed structure, and must find equivalent structure as well as identity of claimed function for that structure." Identity of function is a straightforward claim interpretation and application exerse. Equivalency of means is more complicated. One must first examine the patent specification to determine what structure, material or acts are described that correspond to the "means" recited in the claim. One then must compare the described structure, material or act with the structure, material, or act that performs the recited function in the accused device or method (or the prior art if the issue is patentability). Claim will cover that device or method if, upon comparison, the structure, material act is equivalent to that disclosed in the specification of the patent, and if the other elements of the claim are also found in that device or method.

1061 [Nota do autor] Entendo, à despeito da prudente proposta de Alehrt, que não se deva cumular a análise de obviedade ao estilo europeu com a análise tripartite ao estilo americano. Como já se viu, na análise tripartite a análise de atividade inventiva também é feita, e a cumulação importaria em perda de clareza da análise. Assim, só se pode adotar a fase5 se a fase 4 se mostrar absolutamente inconclusiva.

6. O titular desistiu da proteção da concretização acusada durante o processamento? (S) (+/-) (N)
7. A patente se refere a uma invenção pioneira? (S) (+/-) (N)
8. O dispositivo acusado representa em si um aperfeiçoamento? (S) (+/-) (N)
9. O dispositivo acusado é em si uma outra invenção? (S) (+/-) (N)
10. O dispositivo acusado resulta da contribuição pessoal da outra parte? (S) (+/-) (N)
11. O dispositivo acusado resulta da mera combinação de meios conhecidos e dos ensinamentos da patente? (S) (+/-) (N)
12. O dispositivo acusado apresenta resultados inesperados? (S) (+/-) (N)

O autor ainda sugere:

Dentre as questões expostas, respostas conclusivas sobre as questões 1 a 6 podem ser determinantes quanto à situação de infração, enquanto as questões 7 a 12 são de caráter subsidiário. Em princípio, uma resposta afirmativa a qualquer questão de 1 a 5, nessa seqüência, torna desnecessária a continuação da investigação, seja por afastar a hipótese de infração (questões 1 e 2), seja por torná-la clara (questões 3 a 5).[1062] Respostas afirmativas às questões 7 e 11 e respostas negativas às questões 6, 8 a 10 e 12 afetam as investigações no sentido de conduzir a uma conclusão de infração por equivalência. Evidentemente, dependendo das circunstâncias, não será possível simplesmente responder "sim" ou "não" a algumas das questões, quando respostas incertas (+/-) terão que ser dadas. Além disso, algumas respostas, como à questão 6, demandam investigação exaustiva quanto ao efetivo escopo de proteção.

[16] § 3.1. Jurisprudência: equivalência de fatores

> Supremo Tribunal Federal
AG 19621 Relator: Ministro Lafayette de Andrada. J.1958.06.10 Segunda turma. Publicações: Ementário do STF – vol. 8.01 p. 25 RTJ – vol. 6.01 p. 01. Ementa: patente de invenção. As diferenças acidentais de forma não devem ser levadas em consideração para se considerar o novo modelo, nem excluem a contrafação.
> Suprema Corte dos Estados Unidos
(Julgamento de 3 de março de 1997) WARNER-JENKINSON CO., INC. v. HILTON DAVIS CHEMICAL CO. Certiorari to the United States Court of Appeals for the Federal Circuit No. 95-728. Argued October 15, 1996 Decided March 3, 1997. Nearly 50 years ago, this Court in Graver Tank & Mfg. Co. v. Linde Air Products Co., 339 U. S. 605 (1950), set out the modern contours of what is known in patent law as

---

1062 [Nota do original] Quanto à questão 3, podem haver exceções se a reinvidicação é considerada como sendo excessivamente ampla.

the "doctrine of equivalents." Under this doctrine, a product or process that does not literally infringe upon the express terms of a patent claim may nonetheless be found to infringe if there is "equivalence" between the elements of the accused product or process and the claimed elements of the patented invention". What constitutes equivalency must be determined against the context of the patent, the prior art, and the particular circumstances of the case. Equivalence, in the patent law, is not the prisoner of a formula and is not an absolute to be considered in a vacuum. It does not require complete identity for every purpose and in every respect. In determining equivalents, things equal to the same thing may not be equal to each other and, by the same token, things for most purposes different may sometimes be equivalents. Consideration must be given to the purpose for which an ingredient is used in a patent, the qualities it has when combined with the other ingredients, and the function which it is intended to perform. An important factor is whether persons reasonably skilled in the art would have known of the interchangeability of an ingredient not contained in the patent with one that was." Each element contained in a patent claim is deemed material to defining the scope of the patented invention, and thus the doctrine of equivalents must be applied to individual elements of the claim, not to the invention as a whole. It is important to ensure that the application of the doctrine, even as to an individual element, is not allowed such broad play as to effectively eliminate that element in its entirety." [T]he substantial equivalent of a thing, in the sense of the patent law, is the same as the thing itself; so that if two devices do the same work in substantially the same way, and accomplish substantially the same result, they are the same, even though they differ in name, form, or shape."

[16] § 4. Equivalência farmacêutica não é equivalência de patentes

[16] § 4.1. Mais uma falácia quanto ao direito de patentes

Não há uma só equivalência no mundo.

Nem equivalência de patentes é a mesma coisa em todos os campos do conhecimento. A Wikipédia dá essa outra acepção ao mesmo termo da arte, surpreendendo mesmo este parecerista:

(Verbete "equivalência de patentes[1063])

Portugal	Espanha	França	Holanda	Brasil
Grumete				
Segundo-marinheiro	Marinero	Matelot		
Primeiro-marinheiro	Marinero de primera	Matelot breveté		
Cabo	Cabo	Quartier-maître de 2ème classe		Cabo

1063 http://pt.wikipedia.org/wiki/Equivalência_patentes.

Assim, a equivalência das patentes militares não é equivalente à equivalência das patentes industriais.....

No entanto, mais de uma vez o subscritor encontra em ações de patentes farmacêuticas a confusão entre equivalência de patentes e equivalência farmacêutica. Como – parecer após parecer – cumpre-nos expor esse mesmo engano, surge aos poucos a impressão de que engano não seria, mas uma falácia a mais num contencioso que a experiência vai descobrindo ser muito mais retórico do que veraz.

[16] § 4.2. Equivalência farmacêutica não é equivalência de patentes de invenção

Como já cuidamos desse tema anteriormente, transcreveremos a seguir nossas ponderações sobre a questão.

[16] § 4.2. (A) Equivalência Farmacêutica

A questão da equivalência farmacêutica se ancora em contexto inteiramente diverso. Não se tem, como no caso da equivalência de patentes, um instrumento de leitura substantiva de reivindicações; na verdade, suscita-se equivalência farmacêutica sem qualquer relação necessária com uma patente.

Nesta seção, enunciaremos o que seja equivalência farmacêutica, desenharemos as relações e diferenças entre o domínio das patentes e dos registros na Anvisa, designaremos o que seja, na legislação e na prática registral relevante, os medicamentos similares e genéricos, e analisaremos as hipóteses em que possa coincidir a equivalência farmacêutica e a equivalência patentária.

[16] § 4.3. Noção de equivalência farmacêutica

Enfatiza-se, para se ganhar tempo: a intercessão entre a noção de equivalência farmacêutica e a idéia de uma patente é incidental, eventual e, na prática, rara.

Equivalência farmacêutica vem a ser, simplesmente, que num medicamento de referência e num medicamento comparado a esse há em comum a mesma quantidade do mesmo fármaco (mesma base, sal ou éster da mesma molécula terapeuticamente ativa), na mesma dosagem e forma farmacêutica.[1064] Como estabelece inequivocamente a Organização Mundial da Saúde, dois produtos podem ser equivalentes farma-

---

[1064] Sílvia Storpirtis, Raquel Marcolongo; Fernanda S. Gasparotto; Crisálida M. Vilanova, A Equivalência Farmacêutica no Contexto da Intercambialidade entre Medicamentos Genéricos e de Referência: Bases Técnicas e Científicas abril/04, encontrado em www.anvisa.gov.br/divulga/ artigos/genericos_referencia.pdf, visitado em 2/8/05: "A equivalência farmacêutica entre dois medicamentos relaciona-se à comprovação de que ambos contém o mesmo fármaco (mesma base, sal ou éster da mesma molécula terapeuticamente ativa), na mesma dosagem e forma farmacêutica, o que pode ser avaliado por meio de testes in vitro (Shargel & Yu, 1999; WHO, 1999). Portanto, pode ser considerada como um indicativo da bioequivalência entre os medicamentos em estudo, sem, contudo, garanti-la".

cêuticos sem terem a mesma eficácia como medicamento, pois diferenças de excipientes e de formas de fabricação não são levadas em conta na análise da equivalência farmacêutica.[1065]

Sem qualquer surpresa, é assim que dispõe nossa legislação em vigor. A equivalência farmacêutica, acrescida, quando for o caso, de biodisponibilidade relativa,[1066] é uma exigência para o registro de um medicamento *similar*, enquanto que a equivalência terapêutica é o grau necessário para que se declare que um medicamento é o *genérico* de outro.

[16] § 4.4. Diferenças entre o procedimento de patentes e o procedimento registral sanitário

Em importante requisito para a comercialização de produtos alimentares, farmacêuticos, agrotóxicos e outras substâncias, é necessário obter o registro nos órgãos oficiais de vigilância sanitária ou de proteção ao meio ambiente. A relação entre o sistema de patentes e tais registros é particularmente importante. Vide a seção deste capítulo que discorre sobre as diferenças entre patentes e registros sanitários.

[16] § 4.5. Outras espécies de analogia entre medicamentos

Note-se que outras hipóteses existem de medicamentos análogos, além da equivalência farmacêutica e da equivalência terapêutica:

a da Alternativa Farmacêutica, definida como "Medicamentos que possuem o mesmo princípio ativo, não necessariamente na mesma dosagem, forma farmacêutica, natureza química (éster, sal, base), porém, oferecem a mesma atividade terapêutica. Ex.: tetraciclina fosfato e tetraciclina cloridrato, equivalentes à 250mg de tetraciclina base".[1067]

Alternativa Terapêutica, definida como "Medicamentos que contêm diferentes princípios ativos, indicados para um mesmo objetivo terapêutico ou clínico, mesma indicação e, espera-se que tenha o mesmo efeito terapêutico"

1065 Glossário da Organização Mundial de Saúde, encontrado em http://www.who.int/medicines/library/qsm/manual-on-marketing/multisource-gloss.html, visitado em 20/7/05.
pharmaceutical equivalents
Products are pharmaceutical equivalents if they contain the same amount of the same active substance(s) in the same dosage form; if they meet the same or comparable standards; and if they are intended to be administered by the same route. Pharmaceutical equivalence does not necessarily imply therapeutic equivalence, as differences in the excipients and/or the manufacturing process can lead to differences in product performance.
1066 Após a Resolução RDC 133 de 2003, também o teste de biodisponiibilidade relativa.
1067 http://www.anvisa.gov.br/hotsite/genericos/profissionais/conceitos.htm.

a da equivalência farmacêutico-química, quando são medicamentos que apresentam mesmo princípio ativo ou fármacos, mesma natureza química (mesma base, mesmo sal, éster ou derivado químico), mesma forma farmacêutica, mesmas especificações farmacopéicas (identidade, pureza, potência, concentração, desintegração, dosagem e via de administração), mas podem diferir em excipientes, cor, sabor, forma, agentes de conservação, envase, tempo de vida útil dentro de certos limites. Em conseqüência, podem mostrar diferentes biodisponibilidades e, às vezes, é necessário comprovar suas propriedades in vitro.

Vejamos, então, em resumo, como um medicamento de referência e outro, em comparação, podem ser definidos em direito registral sanitário:

Equivalência Farmacêutica	Quando num medicamento de referência e num medicamento comparado a esse há o mesmo princípio ativo, ou seja, o sal ou éster da mesma molécula terapeuticamente ativa, na mesma quantidade e forma farmacêutica,[1068] podendo ou não conter excipientes idênticos.[1069] Devem cumprir com as mesmas especificações atualizadas da Farmacopéia Brasileira e, na ausência destas, com as de outros códigos autorizados pela legislação vigente ou, ainda, com outros padrões aplicáveis de qualidade, relacionados à identidade, dosagem, pureza, potência, uniformidade de conteúdo, tempo de desintegração e velocidade de dissolução, quando for o caso.[1070]

[1068] Segundo a Resolução RDC 133: FORMA FARMACÊUTICA - Estado final de apresentação que os princípios ativos farmacêuticos possuem após uma ou mais operações farmacêuticas executadas com a adição de excipientes apropriados ou sem a adição de excipientes, a fim de facilitar a sua utilização e obter o efeito terapêutico desejado, com características apropriadas a uma determinada via de administração. "Podemos definir FORMAS FARMAC UTICAS (ou preparações medicamentosas), como um medicamento disposto para seu uso imediato, e resultante da mistura de substâncias adequadas e convenientes para determinada finalidade terapêutica." definição encontrada em http://reginagorni.sites. uol.com.br/FORMAS farmac.htm, visitado em 16/8/05. Em suma: uma forma farmacêutica é uma cápsula, injetável, etc., mas no conceito não cabem as minúcias se a forma se realiza com um cápsula com tais e quais características específicas.

[1069] "EXCIPIENTE - é o veículo que unicamente tem uma ação passiva pois destina-se a dar forma, e a aumentar o volume da forma farmacêutica até lhe dar um valor manuseável", "VEÍCULO - O veículo é a parte da forma farmacêutica que lhe confere a forma e o volume, e que confere ao preparado uma maior estabilidade física. Não tem ação farmacológica"; definições encontradas em http://reginagorni.sites.uol.com.br/FORMASfarmac.htm, visitado em 16/8/05.

[1070] Note-se que, a partir de a Resolução RDC 133, de maio de 2003, a Anvisa passou a exigir dos medicamentos similares que comprovassem sua eficácia e segurança por meio de testes que, além da equivalência farmacêutica, evidenciassem que o similar satisfizesse o requisito de biodisponibilidade relativa. Este último teste tem por definição "BIODISPONIBILIDADE RELATIVA - Quociente da quantidade e velocidade de

Equivalência Terapêutica	É o grau necessário para que se declare que um medicamento é o *genérico* de outro, pois além de possuírem o mesmo ativo e forma de dosagem, os dois medicamentos em comparação ainda têm essencialmente o mesmo efeito (eficácia) e a mesma segurança
Alternativa Farmacêutica	Medicamentos que possuem o mesmo princípio ativo, não necessariamente na mesma dosagem, forma farmacêutica, natureza química (éster, sal, base), porém, oferecem a mesma atividade terapêutica
Alternativa Terapêutica	Medicamentos que contêm diferentes princípios ativos, indicados para um mesmo objetivo terapêutico ou clínico, mesma indicação e, espera-se que tenha o mesmo efeito terapêutico
Equivalência Farmacêutico-química	Medicamentos que apresentam mesmo princípio ativo ou fármacos, mesma natureza química (mesma base, mesmo sal, éster ou derivado químico), mesma forma farmacêutica, mesmas especificações farmacopéicas (identidade, pureza, potência, concentração, desintegração, dosagem e via de administração), mas podem diferir em excipientes, cor, sabor, forma, agentes de conservação, envase, tempo de vida útil dentro de certos limites

[16] § 4.6. Similares e equivalência farmacêutica

O Decreto nº 79.094, de 05 de janeiro de 1977, que regulamenta a Lei nº 6.360, de 23 de setembro de 1976, que Submete ao Sistema de Vigilância Sanitária os Medicamentos, Insumos Farmacêuticos, Drogas, Correlatos, Cosméticos, Produtos de Higiene, Saneantes e Outros é a legislação federal que primeiro disciplinou a expressão "equivalência farmacêutica". Foi alterado pelo Decreto nº 3961, de 10 de outubro de 2001, exatamente quanto aos muitos conceitos ali definidos. Dali temos que:

---

princípio ativo que chega à circulação sistêmica a partir da administração extravascular de um preparado e a quantidade e velocidade de princípio ativo que chega à circulação sistêmica a partir da administração extravascular de um produto de referência que contenha o mesmo princípio ativo. Conforme a Resolução - RE nº 896, de 29 de maio de 2003 é realizado em seres humanos, comprovando que os medicamentos são absorvidos pelo organismo com a mesma velocidade e na mesma extensão que os medicamentos de referência, sendo igualmente eficazes e seguros. A nova exigência, porém, deixou livre a variação, entre o medicamento de referência e o sob comparação, de tamanho e forma do produto, prazo de validade, embalagem, rotulagem, excipientes e veículos.

Art. 3º – Para os efeitos deste Regulamento são adotadas as seguintes definições:
XL – Medicamento Similar – aquele que contém o mesmo ou os mesmos princípios ativos, apresenta a mesma concentração, forma farmacêutica, via de administração, posologia e indicação terapêutica, e que é equivalente ao medicamento registrado no órgão federal responsável pela vigilância sanitária, podendo diferir somente em características relativas ao tamanho e forma do produto, prazo de validade, embalagem, rotulagem, excipientes e veículos, devendo sempre ser identificado por nome comercial ou marca;
E a ANVISA assim indica:[1071]

Equivalência

Relação estabelecida em termos de biodisponibilidade – resposta terapêutica entre diferentes medicamentos. Podem ser:
EQUIVAL NCIA FARMACÊUTICA
Medicamento que, em comparação ao de referência,[1072] apresenta quantidades idênticas de princípio ativo, forma farmacêutica, obedece aos mesmos padrões de qualidade, especificações atualizadas da Farmacopéia Brasileira, administração pela mesma via **e, não necessariamente, mesmos excipientes**. (grifamos). (...)

Mais recentemente, a definição de uso corrente na Anvisa de Medicamento Similar passou a ser:

Medicamento Similar

Contém o mesmo princípio ativo, apresenta a mesma concentração, forma farmacêutica, via de administração, posologia e indicação terapêutica do medicamento de referência, mas até a RDC 134 não precisava ser bioequivalente ao produto do qual é cópia. Pela resolução da Anvisa, todos os similares deverão apresentar até 2014 os testes para garantir que os efeitos são os mesmos dos medicamentos de referência nos quesitos quantidade absorvida e velocidade de absorção.[1073]

1071 http://www.anvisa.gov.br/hotsite/genericos/profissionais/conceitos.htm.
1072 Vide o documento Diretrizes Para Uma Política de Medicamentos Genéricos encaminhado ao Conselho Nacional de Saúde pelo Grupo de Relatoria da Oficina de Trabalho, realizada em 31/03/98. Medicamento de Referência: corresponde a um produto comercializado, com o qual outros produtos pretendem ser intercambiáveis na prática clínica. Geralmente corresponde ao produto farmacêutico inovador ou, na sua ausência, ao líder de vendas no mercado, para o qual se comprovam a eficácia, a segurança e a qualidade. Medicamento Similar: é aquele que contém os mesmos princípios ativos, as mesmas concentrações, as mesmas formas farmacêuticas, a mesma via de administração, a mesma indicação terapêutica, a mesma posologia e que é equivalente ao medicamento de referência, podendo diferir somente em características de tamanho, forma, prazo de validade, embalagem, rotulagem e excipientes. http://www.datasus.gov.br/conselho/DOCUMENTOS/gen2.htm, visitado em 20/7/05.
1073 Boletim no. 50 da Anvisa de dezembro de 2004, encontrado em http://www.anvisa.gov.br/divulga/-public/boletim/50_04.pdf, visitado em 16/8/05.

[16] § 4.7. Genéricos e equivalência terapêutica

Distingue-se, assim, dessa definição a de *equivalência terapêutica*, em que – além do mesmo ativo e forma de dosagem -, os dois medicamentos em comparação ainda tem essencialmente o mesmo efeito e a mesma segurança.[1074] Tal é a relação visada entre o medicamento de referência e seu genérico. Citando um texto absolutamente pertinente da ANVISA:

A intercambialidade entre o genérico e seu respectivo medicamento de referência baseia-se no conceito da equivalência terapêutica entre os mesmos, geralmente assegurada pela comprovação da equivalência farmacêutica, da bioequivalência e das boas práticas de fabricação e controle de qualidade.[1075]

Sem qualquer surpresa, é assim que dispõe nossa legislação em vigor. O Decreto nº 79.094/77, como alterado, assim dispõe:

Art. 3º – Para os efeitos deste Regulamento são adotadas as seguintes definições:
XLI – Equivalência – Produtos farmaceuticamente equivalentes que, depois de administrados na mesma dose, seus efeitos com respeito à eficácia e segurança são essencialmente os mesmos;
L – Medicamento Genérico -Medicamento similar a um produto de referência ou inovador, que se pretende ser com este intercambiável, geralmente produzido após a expiração ou renúncia da proteção patentária ou de outros direitos de exclusividade, comprovada a sua eficácia, segurança e qualidade, e designado pela DCB ou, na sua ausência, pela DCI;
LI – Medicamento de Referência – Produto inovador registrado no órgão federal responsável pela vigilância sanitária e comercializado no País, cuja eficácia, segurança e qualidade foram comprovadas cientificamente junto ao órgão federal competente, por ocasião do registro;[1076]

1074 Glossário da Organização Mundial de Saúde, encontrado em http://www.who.int/medicines/-library/qsm/manual-on-marketing/multisource-gloss.html, visitado em 20/7/05.
therapeutic equivalence
Two pharmaceutical products are therapeutically equivalent if they are pharmaceutically equivalent and, after administration in the same molar dose, their effects with respect to both efficacy and safety are essentially the same, as determined from appropriate bioequivalence, pharmacodynamic, clinical or in vitro studies.
1075 Sílvia Storpirtis, Raquel Marcolongo; Fernanda S. Gasparotto; Crisálida M. Vilanova, A Equivalência Farmacêutica no Contexto da Intercambialidade entre Medicamentos Genéricos e de Referência: Bases Técnicas e Científicas abril/04, encontrado em www.anvisa.gov.br/divulga/ artigos/genericos_referencia.pdf, visitado em 2/8/05.
1076 Note-se que a definiçao mais corrente é " o produto que teve sua eficácia, segurança e qualidade comprovadas cientificamente quando da obtenção do registro. Geralmente é o primeiro remédio que surgiu para determinado fim e sua marca é bastante conhecida." (Boletim Anvisa no. 50)

LII – Produto Farmacêutico Intercambiável – Equivalente terapêutico de um medicamento de referência, comprovados, essencialmente, os mesmos efeitos de eficácia e segurança;

LIII – Bioequivalência – Demonstração de equivalência farmacêutica entre produtos apresentados sob a mesma forma farmacêutica, contendo idêntica composição qualitativa e quantitativa de princípio ativo ou de princípios ativos, e que tenham comparável biodisponibilidade, quando estudados sob um mesmo desenho experimental;

LIV – Biodisponibilidade – Indica a velocidade e a extensão de absorção de um princípio ativo em uma forma de dosagem, a partir de sua curva concentração/tempo na circulação sistêmica ou sua excreção na urina." (NR)

[16] § 5. Equivalência farmacêutica e patentes

Pelo que se vê, há poucas incidências possíveis entre a equivalência de patentes e a equivalência farmacêutica. Vejamos.

Verifica-se a equivalência farmacêutica – foi visto – quando entre o medicamento de referência e o medicamento comparado existe em comum o mesmo princípio ativo, na mesma quantidade e forma farmacêutica, podendo ou não conter excipientes idênticos.[1077]

Certo é que os dois elementos de comparação podem ter igualmente em comum o tamanho e forma do produto, prazo de validade, embalagem, rotulagem, excipientes e veículos. Mas esses fatores são incidentais quanto à noção de equivalência farmacêutica, e a igualdade, analogia, ou dessemelhança, já que não se presumem da declaração de similaridade – devem ser provados caso a caso.

Além disso, à luz da Resolução Anvisa 133, os dois medicamentos em comparação podem – e devem – ser absorvidos pelo organismo com a mesma velocidade e na mesma extensão, sendo igualmente eficazes e seguros. Mas isso também não presume igualdade, analogia, ou dessemelhança, eis que a velocidade e extensão de absorção, e a mesma segurança, podem resultar de fatores diversos, de estilos de fabricação diferentes, de excipientes e veículos completamente distintos. O requisito de biodisponibilidade relativa[1078] exige igualdade substantiva de efeito, e não igualdade, ou equivalência, dos meios que levam a esse efeito.

1077 Na apuração de similaridade, se avaliaria, além do mesmo ativo, "a mesma concentração, forma farmacêutica, via de administração, posologia e indicação terapêutica", Decreto nº 79.094, de 5 de janeiro de 1977. Art 3º, XL, com a redação dada pelo Decreto nº 3.961, de 10.10.2001. No entanto, vide o Regulamento Técnico Para Medicamento Similar baixado pela Resolução - RDC nº 133, de 29 de maio de 2003.

1078 "A equivalência farmacêutica, realizada em laboratório, serve para comprovar se a cópia tem o mesmo princípio ativo, na mesma dosagem e forma farmacêutica (comprimido, cápsula, pomada, etc) que o medicamentos de referência. A biodisponibilidade relativa revela em qual quantidade e em quanto tempo um princípio ativo atinge a corrente sanguínea, depois de administrado, em comparação com um produto de referência. Rev. Saúde Pública vol. 37, nº 6, São Paulo. Dec. 2003.

Disto se depreende, com rigor lógico, que haverá coincidência de equivalência farmacêutica e equivalência patentária se uma patente referir-se a um ativo, e esse ativo for o comum entre medicamento de referência e medicamento comparado.

Ou então, na mais do que implausível hipótese de se patentear formas farmacêuticas diferentes, além das que correntemente se admitem desde Galeno, quando a patente se referir a tal forma.

É de se notar que, mesmo nessas hipóteses, abre-se apenas a perspectiva de um teste de equivalência de patentes; não se deve depreender, em todos os casos concebíveis, que haja necessariamente equivalência antes de se aplicarem os testes indicados mais acima.

Fora disso, em nenhuma circunstancia a equivalência farmacêutica presume equivalência patentária.

Obviamente, um medicamento sob comparação pode ser patentariamente equivalente ao de referência, *por exemplo*, pelo fato de algum dos elementos incidentais (excipiente, etc.) for o objeto da patente, e o produto comparável utilizar-se desse mesmo excipiente, ou algum que lhe seja substancialmente equivalente, para atingir substancialmente os mesmos efeitos – somado ainda à exigência de que essa equivalência seja óbvia para uma pessoa versada na tecnologia.[1079] Mas essa equivalência patentária não será nunca presumida, e, na verdade, nem é relevante na determinação de equivalência farmacêutica. Ao contrário, é completamente estranha à equivalência farmacêutica.

Vale observar, por fim, que o objeto da patente pode não se referir sequer ao excipiente, ou outro elemento relevante, dos medicamentos em comparação. Uma patente se singulariza pelo problema técnico, e pela solução técnica que propõe para resolvê-lo.

Desta forma, é concebível que o problema técnico seja o peso ou tamanho de uma cápsula, que dificultam sua deglutição, ou até mesmo sua cor ou forma repulsiva.[1080]

Assim, mesmo que, para os efeitos de cura de uma doença *o objeto da patente, e o produto comparável usem de um mesmo excipiente, ou algum que lhe seja substancialmente equivalente, para atingir substancialmente os mesmos efeitos – somado ainda a exigência de que essa equivalência seja óbvia para uma pessoa versada na tecnologia* – parâmetros que indicamos acima como aplicáveis, se o objeto da patente for o aumento de atratividade de uma cápsula repulsiva ou difícil de engolir, a equivalência patentária entre os dois medicamentos vai ser apurada neste eixo, e não pelos critérios profiláticos, curativos, paliativos ou de diagnóstico.

[16] § 5.1. Bibliografia quanto à doutrina dos equivalentes

Vermont, Samson, Taming the Doctrine of Equivalents in Light of 'Patent Failure'(August 25, 2008). George Mason Law & Economics Research Paper No. 08-54. Available at SSRN: http://ssrn.com/abstract=1255743.

1079 Levando-se em conta, ainda, todos os minuciosos excludentes e condições indicadas na seção anterior.
1080 Não simplesmente forma estérica.

Cianfrani, Joseph S., An Economic Analysis of the Doctrine of Equivalents, Va. J.L. & Tech. 1 (Spring 1997).

Sarnoff, Joshua D., "The Historic and Modern Doctrines of Equivalents and Claiming the Future: Part I (1790-1870)" . Journal of the Patent and Trademark Office Society, Fall 2004 Available at SSRN: http://ssrn.com/abstract=586122.

Angioni,Catherine, Doctrine of equivalents: a comparison between the US, the UK, the German, and the Japanese Approaches, http://www.bepress.com/ndsip/papers/art8.

Seção [17] Exaustão de Direitos de Patentes

Uma das hipóteses de limitação de patentes que merece atenção especial é a da exaustão ou esgotamento de direitos. É a doutrina segundo a qual uma vez que o titular tenha auferido o benefício econômico da exclusividade ("posto no comércio"), através, por exemplo, da venda do produto patenteado, cessam os direitos do titular da patente sobre ele. Resta-lhe, apenas, a exclusividade de reprodução.[1081]

Segundo F.Savignon,[1082] a teoria é

"la construction juridique selon laquelle le titulaire d'un brevet ne peut plus exercer le droit d'interdire après qu'il a mis l'objet de son brevet dans le commerce, dans le territoire ou le brevet exerce son effet: il a joui de son droit. Celui-ci est epuisé."

O propósito imediato desta doutrina é evitar que os direitos de propriedade intelectual sejam usados como meio de segregar mercados nacionais. Como explica com precisão o Sumário do Congresso de Melbourne de 2001 da AIPPI:[1083]

As a result of international trade it is common for products sold in one country to be purchased for re-sale in another. There are commonly price differentials between different markets. For example, the IPR owner may have different costs of bringing the goods to different markets and is also likely to seek the highest possible price in each market where the goods are sold. Price differentials may lead to parallel importation – the import of a product by a third party into one country from another country where it has been put on the market by the

---

1081 A rigor, não se deveria confundir a exaustão de direitos com a figura da importação paralela: nesta, o produto é oriundo de país onde o titular do direito não tenha patente, ou marca, e pode até ser fabricado por terceiro. Veja-se que, na exaustão, o produtor já terá recebido a remuneração por ele mesmo determinada quando da colocação inicial no mercado, o que significa dizer que a exaustão não lhe pode causar nenhum prejuízo direto; mas na importação paralela, a fabricação se fez sem remunerar o titular, e a introdução se faz em mercado protegido.

1082 Convention de Luxembourg, in La Propriété Industrielle, 1976, p. 103. Vide também "L'épuisement du droit du breveté", 1e 1er. Rencontre de Propriété Industrielle, Nice, 1970, Litrec, 1971.

1083 AIPPI Congress in Melbourne 2001, Summary Report, Question Q 156.

Tratado da Propriedade Intelectual

IPR owner or with his consent. This raises the question whether the IPR owner can use the IPR in the country of import to block such import.

Na Europa, a teoria do esgotamento dos direitos foi gerada na jurisprudência alemã,[1084] sendo adotada pela Corte de Justiça das Comunidades Européias[1085] e enfim incorporada ao Direito Francês em 1978, com a seguinte redação:

Art. 30 *bis* – Les droits conférés par le brevet ne s'étendent pas aux actes concernant le produit couvert par ce brevet, accomplis sur le territoire français, après que ce produit a été mis dans le commerce en France par le propriétaire du brevet ou avec son consentement exprès".

A construção é particularmente sólida no direito americano, onde o princípio é assente pelo menos desde 1873, como indicam Chisum e Jacobs:

"The first authorized sale of a patented product exhausts the patent owner's exclusive rights.[1086] The purchaser may thereafter use, repair and resell the product."[1087]

Note-se que nesse caso, a exaustão é do mercado interno, ou seja, o efeito do esgotamento sob um mesmo e exato título jurídico nacional.[1088] É um efeito direto e inevitável da tensão constitucional a que nos referíamos.

1084 Segundo a decisão do Rechtsgerichhof de 26 de março de 1902, "O titular que fabricou o produto e o pôs em circulação sob esta proteção que exclui a concorrência dos demais já teve os benefícios que a patente lhe confere e já, desta forma, consumiu seus direitos". Citada em Foyer e Vivant, *op. cit.*, p. 327.

1085 Com base em outros fundamentos, no caso Parke Davis de 29 de fevereiro de 1968, aff. 24/67, Rec. 1968, XIV-2 p. 82: não o do limites internos do direito, mas o da livre circulação de bens no interior da Comunidade.

1086 (Pé de pagina do original) Keeler v. Standard Folding-Bed Co., 175 U.S. 659 (1895); Adams v. Burke, 84 U.S. (17 Wall.) 453 (1873). See generally D. Chisum, "Patents" § 16.03[2].

1087 Op.cit. p. 2-229 § 2E 2E [3]. Para os que se espantam, perante a pacífica aceitação do princípio no Direito Americano, da rejeição que os Estados Unidos ofereceram à inclusão do instituto no TRIPs, vale lembrar que os mesmos autores explicam: "the rule is otherwise in the international situation in which patent rights in different countries are owned by or subject to exclusive rights of different persons". Como nota o AIPPI Congress in Melbourne 2001, Summary Report, Question Q 156: "Some countries which have a common law heritage (including Australia, Canada and the UK) noted English case law to the effect that a sale by a patentee without restriction allows the purchaser to re-sell patented goods in any country, by reason of an implied licence. In contrast, a licensee of a patent may only import into another country if permission is given in the licence".

1088 AIPPI Congress in Melbourne 2001, Summary Report, Question Q 156: International Exhaustion of Industrial Property Rights - The following states do not apply a rule of international exhaustion of patents: Australia, Belgium, Brazil, Bulgaria, Czech Republic, Denmark, Egypt, Finland, France, Germany, Hungary, Italy, Japan, Korea, Mexico, the Netherlands, Paraguay, Portugal, Republic of Korea, Romania, Spain, Sweden, the United Kingdom, United States and Yugoslavia. In contrast, Argentina, Canada, Singapore and Venezuela do apply a rule of international exhaustion to patents.

[17] § 0.1. Territorialidade e exaustão de direitos

Não obstante a aplicação geral do princípio da territorialidade,[1089] a prática internacional tem seguidamente se defrontado com a tensão deste com um outro princípio, denominado *exaustão de direitos.*

Um dos conceitos basilares da Propriedade Intelectual é o de que os efeitos da exclusividade das marcas, patentes, direitos autorais, etc. devam durar até, mas não além, o momento em que o investidor tenha oportunidade de recuperar a parcela de seu investimento alocável ao produto, livro, etc. Ir além seria conceder um monopólio sem utilidade social.[1090]

Assim, após ter a oportunidade de recuperar a proporção do seu investimento, alocável a cada unidade do produto ou serviço, gerado sob proteção de direito exclusivo de Propriedade Intelectual, a tutela do *corpus mysticum* se esvai ou esgota, remanescendo apenas os vínculos jurídicos relativos ao *corpus mechanicum*, pois o incentivo criado pelo direito para o investimento criativo perde sua razão de ser.

A tensão entre os dois princípios ocorre especialmente na chamada *exaustão internacional de direitos.* Tal se dá quando se esgota o direito imaterial sobre o *corpus mechanicum* numa operação ocorrida num território atinente a um sistema jurídico, e o *corpus mechanicum* é levado a outro território, onde vigora outro direito. Vende-se o produto marcado na Espanha, e importa-se o produto no Brasil.

Ora, o direito de exclusiva que recai na operação inicial sobre o único *corpus mechanicum* é distinto daquele que vige no país de importação. A que dar prestígio? Ao princípio da exaustão (que neutralizaria a exclusiva de PI, em todas as incidências), ou à independência dos direitos exclusivos?

O primeiro princípio zela pelo equilíbrio entre os interesses privados resultantes do direito de exclusiva atribuído ao titular, e os interesses gerais do livre comércio.[1091]

1089 Quanto aos limites e exceções desse princípio, vide o nosso Proteção das Marcas, *op. cit.*, § 7. Nenhum limite, senão as considerações aqui indicadas, é aplicável ao caso e estudo.

1090 A rigor, não se deveria confundir a exaustão de direitos com a figura da importação paralela: nesta, o produto é oriundo de país onde o titular do direito não tenha patente, ou marca, e pode até ser fabricado por terceiro. Veja-se que, na exaustão, o produtor já terá recebido a remuneração por ele mesmo determinada quando da colocação inicial no mercado, o que significa dizer que a exaustão não lhe pode causar nenhum prejuízo direto; mas na importação paralela, a fabricação se fez sem remunerar o titular, e a introdução se faz em mercado protegido. Vide As importações paralelas na Lei nº 9.279, de 14 de maio de 1996, e o Mercosul, por Henry K. Shernill. (25): 23-26, nov.-dez. 1996.

1091 Há argumentos no sentido que a rejeição à importação paralela, permitindo discriminação de preços, teria efeitos simultaneamente sociais e de eficiência econômica. Vide LILLA, Paulo Eduardo, Acesso a medicamentos nos países em desenvolvimento e proteção das patentes farmacêuticas no contexto do acordo TRIPS-OMC: implicações concorrenciais, encontrado em www.ffb.edu.br/_download/Dialogo_Juridico_n6_12.PDF, visitado em 19/4/2008. "Segundo Calixto Salomão Filho (SALOMÃO FILHO, Calixto. Direito Concorrencial: As Condutas. São Paulo: Malheiros, 2003, p. 136), a discriminação de preços permite que o produtor obtenha de cada consumidor exatamente aquilo que este pode dar, permitindo-lhe andar ao longo da curva da demanda, cobrando de cada consumidor um preço diferenciado (discriminação perfeita). Dessa forma, a ausência de regulamentação de importações paralelas desencoraja a prática de discriminação de preços de medicamentos, uma vez que nações mais desenvolvidas poderiam importar pro-

O segundo princípio garante que em cada país o direito seja autônomo em face dos demais direitos atribuídos à mesma marca.

Ora, se já se garantiu ao titular o retorno do investimento alocável ao produto, completando-se a função jurídica da marca, a prevalência do segundo princípio teria como resultado uma divisão dos mercados nacionais, através da marca: o titular, que já se pagou pelo investimento na imagem do produto, pode usar sua marca para impedir a entrada do *corpus mechanicum* no segundo país. Esse benefício, incidindo sobre o mesmo *corpus mechanicum*, não teria, nesse caso, nenhuma contrapartida social.

Dois aspectos estruturais são suscitados nesta tensão:

a) nenhum tratado internacional em vigor no Brasil tutela a regra de exaustão, que permanece inteiramente livre à vontade legislativa de cada país;

b) um tratado em particular – o acordo TRIPs -, no entanto, apesar de ostensivamente omitir-se sobre a questão da exaustão de direitos, indica que cabem medidas para prevenir "o recurso a práticas que limitem de maneira injustificável o comércio".[1092]

Quanto a este ponto, vale citar o que diz Maristela Basso:[1093]

Durante as negociações da Rodada do Uruguai pretendeu-se dar a este artigo uma redação mais explícita. Não obstante, parece claro que sua intenção é reconhecer ao legislador nacional a plena liberdade para prover ou excluir o esgotamento dos direitos de propriedade intelectual no seu corpo legislativo interno, respeitados os limites impostos pelo próprio Acordo TRIPS.

O princípio do esgotamento internacional já constava no GATT – 1947, parágrafos 1º e 4º do art. III (Tratamento Nacional no Tocante à Tributação e Regulamentação Internas). De acordo com esses dispositivos, os produtos do território de uma parte contratante não podem receber da lei nacional sobre propriedade intelectual tratamento menos favorável que o outorgado aos produtos similares de origem nacional, evitando uma proteção discriminatória do produto nacional. Se aos produtos nacionais se aplica o esgotamento nacional, ao pro-

---

dutos mais baratos de nações menos desenvolvidas, prejudicando os rendimentos lucrativos das empresas farmacêuticas titulares de patentes". Tal raciocínio presume racionalidade perfeita na estratégia empresarial. O que, historicamente, é uma lenda.

1092 TRIPs, art. 6º: ART. 6 - Para os propósitos de solução de controvérsias no marco deste Acordo, e sem prejuízo do disposto nos Artigos 3 e 4, nada neste Acordo será utilizado para tratar da questão da exaustão dos direitos de propriedade intelectual. O mesmo tratado, art. 8º. 2 - Desde que compatíveis com o disposto neste Acordo, poderão ser necessárias medidas apropriadas para evitar o abuso dos direitos de propriedade intelectual por seus titulares ou para evitar o recurso a práticas que limitem de maneira injustificável o comércio ou que afetem adversamente a transferência internacional de tecnologia

1093 BASSO, Maristela,Os fundamentos atuais do direito internacional da propriedade intelectual, encontrado em www.cjf.gov.br/revista/numero21/artigo3.pdf, visitado em 19/4/2008.

duto importado deve-se aplicar o princípio do esgotamento internacional, nas mesmas condições, desde que introduzidos no mercado da parte exportadora pelo titular do direito de propriedade intelectual, ou com o seu consentimento.

O art. 6º do TRIPS admite a possibilidade do esgotamento internacional dos direitos, isto é, a possibilidade de importar legalmente um produto protegido por direitos de propriedade intelectual, desde que tenha sido introduzido, no mercado de qualquer outro país, pelo seu titular, ou com o seu consentimento.

A possibilidade de "importações paralelas" faz parte da lógica do sistema da OMC. Como afirmou Tomás de las Heras Lorenzo, "*a exclusão do esgotamento internacional suporia uma distorção no sistema do GATT e um passo atrás na liberdade do comércio internacional*".[1094]

Afirma Correa que "*o reconhecimento do princípio do esgotamento internacional do Acordo TRIPS pode ser visto como um reflexo lógico da globalização da economia em nível nacional. Esta solução é conveniente para assegurar a competitividade das empresas locais, que podem estar em desvantagem se se vêem obrigadas a comprar exclusivamente de distribuidores que aplicam preços mais altos que os vigentes em outro país*".[1095]

[17] § 0.1. (A) Uma análise econômica das importações paralelas

A análise de Maristela Basso se completa com a visão de Antonio Luis Figueira Barbosa[1096]

"Esta salvaguarda quase que tão só restrita a promover a prática de melhores preços favorecendo aos consumidores, tem, também, outras limitações. De fato, embora a diferença de preços entre os mercados nacionais possa ocorrer em todos os ramos industriais, a aplicabilidade e a eficácia da importação paralela predomina em uns poucos ramos, e, nos demais, tem reduzida ou nenhuma incidência. Os ramos da indústria em que os bens são substitutos perfeitos, i. é, têm especificações e/ou usos semelhantes ou idênticos, competem nos mercados através da diferenciação dos produtos, buscando seduzir o consumidor reduzindo a sua capacidade de escolha ao alterar a sua estrutura de gosto e necessidades. Portanto, são aqueles ramos onde os gastos de publicidade são elevados para esconder do consumidor a substitubilidade das mercadorias, dada a semelhança de suas especificações e utilidades. Além disto, a competição através da diferenciação de produtos é mais acirrada quanto menor for a quantidade de produtores

---

1094 [Nota do original] El agotamiento del derecho de marca. Madrid, Editorial Montecorvo, 1994, p. 477.
1095 [Nota do original] Acuerdo TRIPS ...., p. 48-49.
1096 BARBOSA, A. L. Figueira Barbosa, Introdução à exaustão de direitos e importações paralelas, reflexões sobre o projeto Goldman, manuscrito, de julho de 2003.

em mercado. A esta forma de organização industrial se denomina de oligopólio diferenciado.

A maior parte dos ramos industriais, embora também usem da publicidade, tem neste instrumento uma força bastante limitada. Assim, por exemplo, quando o produto é uma máquina ou equipamento, uma matéria prima química, um circuito integrado, o "consumidor" do insumo é também o produtor, profundo conhecedor das especificações técnicas e das funções da mercadoria desejada. Portanto, nesses ramos da indústria, a publicidade tem um poder de sedução ínfimo, servindo tão só para informar da existência do produto. Os oligopólios diferenciados operam, exemplarmente, em cosméticos, alimentos, tabaco, refrigerantes e, óbvio e par excellence, em medicamentos. Em todos estes ramos a publicidade tem um papel fundamental para alcançar o domínio dos mercados, alcançando ser um custo expressivo na formação de preços e, no caso farmacêutico, oscila entre 30% a 40% em todos os países. Em resumo, quando se discute a importação paralela e a exaustão de direitos, está se referindo quase que tão só aos ramos de oligopólio diferenciado, onde as marcas se demonstram mais importante dos que as patentes. Assim, a importação paralela ocorre em sua quase totalidade no campo das marcas e no ramo farmacêutico.

[17] § 0.2. Esgotamento internacional e Intracomunitário

Com a decisão da Suprema Corte dos Estados Unidos no caso K-mart em 1988 (relativo a *marcas*, não a patentes[1097]) esclareceu-se que o mesmo titular de direitos que vendeu um produto no exterior não pode vedar sua importação com amparo em marcas:

> Since the 1988 Supreme Court decision in *K-mart Corp. v. Cartier, Inc.*, 486 U.S. 281(1988), U.S. trademark holders generally have not been able to use their marks to exclude gray market goods. The *K-Mart* Court blessed Customs Service regulations that allow the unauthorized importation into the U.S. of goods manufactured abroad by the U.S. trademark owner or an entity subject to "common control" therewith.[1098]

Como se verá abaixo, entendimento similar foi esposado pela Suprema corte no tocante a direitos autorais em *Quality King Distributors v. L'Anza Research Int'l*, 523 U.S. 135 (1998).

1097 A importação paralela de produtos patenteados continua, aparentemente, proibida segundo a decisão Boesch v. Graff, 133 U.S. 697 (1890).

1098 Janice Mueller and Jeffery Atik, New International Dimensions In The Gray Market Goods Debate1 JMLS Center for Intellectual Property L. News Source 6 (Summer 1999).

Com muito mais razão, a tutela do livre fluxo de bens num espaço comunitário impõe o esgotamento internacional, mas intracomunitário.[1099] Tal noção foi desenhada em sua feição final pela Corte da Comunidade Européia em *Terrapin (Overseas) Ltd v Terranova Industrie CA Kapferer & Co* [1976] 2 ECR 1039, 1061:

> "... the proprietor of an industrial or commercial property right protected by the law of a member state cannot rely on that law to prevent the importation of a product which has lawfully been marketed in another member state by the proprietor himself or with his consent."

Assim o reconhece também a própria Corte Européia em *Bristol-Myers Squibb v Paranova A/S* (Joined Cases C-427/93, C-429/93 and C-436/93) [1996] ECR 1-3457 and *Pharmacia & Upjohn v Paranova A/S* (Case C-379/97) [1999] All E R (EC) 880 e especialmente em *Glaxo Group Ltd v Dowelhurst Ltd* [2000] ETMR 415, no qual o juiz Laddie J diz o seguinte a fls. 453:

> "Free movement of goods is fundamental to the creation, operation and development of the Common Market. Derogations from it are only possible where justified under Community law. One such justification exists where the principle of free movement of goods would give protection to activities which undermine an intellectual property right by harming that right's specific subject matter or function. The derogation extends no further than the justification for it. As a consequence, activities which do not harm the specific subject matter of the rights do not fall outside, but are protected by, the principle of free movement of goods."

Coisa inteiramente diversa é a importação para *dentro da comunidade* de bens fabricados fora da comunidade ao abrigo de um direito de propriedade intelectual vigente no país exportador, mas sendo a importação feita com a oposição do titular dos direitos. Em *Silhouette International Schmied v. Hartlauer*, Case C-355/96, [1998] 2 CMLR 953, e Corte de Justiça da Europa entendeu que – até que haja uma norma comum comunitária sobre a questão – os países da CE não poderiam aceitar a importação paralela com base em suas leis nacionais.[1100]

Desta forma, o entendimento europeu e americano sobre a matéria estão no momento divergentes no tocante a marcas e – nos limites da decisão Quality King – direitos autorais. A Suprema Corte do Japão em *BBS Kraftfahrzeug Technik AG v. Kabushiki Kaisha Racimex Japan and Kabushiki Kaisha JapAuto Prods.*, Case No. Heisei 7(wo)1988 (1997) afiliou-se à regra dos que aceitam a exaustão internacional de direitos de *patentes*.

1099 Na Comunidade Européia, as regras em questão são as do livre fluxo de bens (Artigos 28 e 30) e as regras de competição (Artigos 81 e 82) do Tratado de Roma.

1100 Janice Mueller and Jeffery Atik, *op. cit.*

[17] § 0.3. Importação de componentes e exaustão

Mas a importação dos componentes, por si só, não configuraria ilícito? De forma alguma. Quem compra no mercado produtos objeto de patente, licitamente fabricados e vendidos com a licença, autorização ou não vedação do titular da patente, não incide em qualquer violação de privilégio. Já vimos que poderia a titular da patente, com base nos direitos que detém no país de origem, impedir a exportação dos componentes patenteados para o Brasil; não o fazendo, há que se presumir que a exportação foi autorizada, e não o será menos a importação.

Note-se, aliás, que a Justiça Federal americana, tratou precisamente da questão em análise, em matéria de interesse do fabricante dos principais componentes de microcomputadores:

> "PATENT EXHAUSTION: Selling licensed microprocessors having no use but in an infringing combination exhausts the patent rights so that late purchasers can use the microprocessors free of infringement."[1101]

Tal decisão americana adotou integralmente a posição de Pontes de Miranda, de Magalhães Noronha e do autor, ao entender que "a venda de microprocessadores fabricados sob licença, os quais não têm outro uso senão em uma combinação tida por violar uma patente, exaure os direitos da patente de tal forma que, daí em diante, os compradores podem usar livremente os microprocessadores livres de violação da tal patente".

[17] § 0.4. Exaustão de Direitos e OMC

Cabe aqui uma reflexão: não seria o direito exclusivo de importação, quando exercido contra produto regularmente fabricado no país de origem, contrário à regra básica do OMC 1994? A de assegurar o livre fluxo de bens através das fronteiras?

De outro lado, não se pode esquecer que o TRIPs em seu art. 6º[1102] praticamente exclui do âmbito do Acordo a questão de exaustão de direitos; a nota de pé de página do art. 27(1) de TRIPS, que cuida do direito exclusivo de importação que tem o titular da patente, enfatiza que se aplica quanto a este o dizer do art. 6º.

[17] § 0.5. Jurisprudência – Esgotamento Internacional nos EUA

U.S. Supreme Court – Syllabus – Quality King Distributors, Inc. V. L'anza Research International, Inc. - Certiorari To The United States Court Of Appeals

---

1101 Cyrix v. Intel 845 F. Supp. 552 (E.D. Texas, 1994).
1102 "For the purposes of dispute settlement under this Agreement, subject to the provisions of Articles 3 [National Treatment] and 4 [Most-Favoured-Nation Treatment] nothing in this Agreement shall be used to address the issue of the exhaustion of intellectual property rights."

For The Ninth Circuit – Nº 96-1470. -Argued December 8, 1997 – Decided March 9, 1998

Respondent L'anza, a California manufacturer, sells its hair care products in this country exclusively to distributors who have agreed to resell within limited geographic areas and only to authorized retailers. L'anza promotes its domestic sales with extensive advertising and special retailer training. In foreign markets, however, it does not engage in comparable advertising or promotion; its foreign prices are substantially lower than its domestic prices. It appears that after L'anza's United Kingdom distributor arranged for the sale of several tons of L'anza products, affixed with copyrighted labels, to a distributor in Malta, that distributor sold the goods to petitioner, which imported them back into this country without L'anza's permission and then resold them at discounted prices to unauthorized retailers. L'anza filed suit, alleging that petitioner's actions violated L'anza's exclusive rights under the Copyright Act of 1976 (Act), 17 U. S. C. §§106, 501, and 602, to reproduce and distribute the copyrighted material in the United States. The District Court rejected petitioner's "first sale" defense under §109(a) and entered summary judgment for L'anza. Concluding that §602(a), which gives copyright owners the right to prohibit the unauthorized importation of copies, would be "meaningless" if §109(a) provided a defense, the Ninth Circuit affirmed.

Held: The first sale doctrine endorsed in §109(a) is applicable to imported copies, p. 3-18.

[17] § 0.6. Jurisprudência: TRIPS é compatível com a exaustão de direitos

> Suprema Corte da Suíça

Kodak SA v. Jumbo-Markt AG, 4C.24/1999/rnd, December 7, 1999. "3 b) Pursuant to Art. 28 of the TRIPs Agreement, the patent holder has inter alia the right to prevent third parties selling patented objects and importing such for this purpose. This provision with its protection of imports merely lays down that the import of products that infringe the patent must be prohibited, without itself laying down a prohibition on parallel imports. This follows not only from Art. 6 of the TRIPs Agreement but is also clarified in a reference to Art. 6 in a footnote to Art. 28 of the Agreement (GATT Message 1, 1994 Federal Gazette IV, p. 301/2; cf. also Bollinger, Die Regelung der Parallelimporte im Recht der WTO, sic! 1998, p. 548; Alesch Staehelin, Das TRIPs-Abkommen, 2 nd ed., Bern 1999, p. 57 et seq. and 148/9; Cottier & Stucki, loc. cit., p. 52; Cohen Jehoram, International Exhaustion versus Importation Right: a Murky Area of Intellectual Property Law, 1996 GRUR Int., p. 284). The claim expressed occasionally in the literature that the substantive protection of importation practically requires national exhaustion through the TRIPs Agreement is not, on the other hand, convincing (argued by Straus, Bedeutung des TRIPs für das Patentrecht, 1996

GRUR Int., p. 193/4); for the attempt to derive the exclusive application of national exhaustion from this agreement ignores and misinterprets the objectives of the agreement to establish the World Trade Organisation dated April 15, 1994, one element of which is the TRIPs Agreement, namely to eliminate all kinds of trade restrictions. On the contrary, TRIPs is intended to balance two sets of interests, namely the demand for the freedom of trade on the one hand and an increased protection of intellectual property rights on the other hand (Bronckers, The Exhaustion of Patent Rights under WTO Law, Journal of World Trade 1998, p. 144). Exhaustion, and hence the question of whether in particular parallel imports can be prohibited by the party entitled to the patent, is not, however, regulated by Art. 28 of TRIPs, but expressly reserved to national law pursuant to Art. 6 of the Agreement (cf. also Kunz-Ballstein, Zur Frage der Parallelimporte im internationalen gewerblichen Rechtsschutz, 1998 GRUR, p. 269/70)."

[17] § 0.7. Jurisprudência: o comércio internacional exige exaustão de direitos

> Suprema Corte do Japão
BBS Kraftfahlzeugtechnik AG and BBS Japan, Inc., petitioner v. Rasimex Japan, Inc., et al, respondent, Supreme Court Heisei 7 (o) No. 1988 (July 1, 1997), J. of S. Ct., No. 1198 (July 15, 1997): Summary) The Judgment is in favor of the importer (Rasimex) of a patented product (aluminum wheels) rejecting an appeal made by the patent owner (BBS).[1103]
Now, considering the balance between the distribution of products in international trade and the right of a patentee, it is safely be said that, in light of the situation that international trade is progressing extremely widely and highly in modern society, the highest degree of respect to the freedom of distribution of products including importation is required, even where a Japanese trader imports into Japan the product [first] sold in another country and puts the same into distribution into the [Japanese] market. And whereas, even in the economic transactions in another country, a transaction is achieved on the basis that a seller generally transfers all of his rights on the merchandise to the purchaser and the purchaser acquires all of the rights owned by the seller, it is naturally expected that, where a patentee has sold a patented product in another country, the [first] purchaser or the third parties who purchased the same from the [first] purchaser may import into Japan, use or further sell to others as a business, in light of the above-mentioned situation of international trade in modern society.

1103 Traduzido do Japonês por Tadayoshi Homma, Trips And After — A Realist's View, Chiba University Law Journal, v. 13, n. 2 (October, 1998), p. 1-49.

Considering these points, the patentee is not permitted to enforce his patent right in Japan [1] against the [first] purchaser of the product except where the patentee has agreed with the [first] purchaser to exclude Japan from the territories for sale or use or [2] against the third parties or subsequent purchasers who purchased the product from the [first] purchaser except where the patentee has agreed with the [first] purchaser as above-mentioned and has explicitly indicated the same on the patented product. In other words, (1) in light of the above-mentioned fact that a patented product sold in another country is naturally expected to be imported into Japan subsequently, the sale of a product by the patentee in another country without any reservation should be interpreted as a grant of rights to the [first] and subsequent purchasers to control the product in Japan without any patent restriction. (2) Focusing upon the right of the patentee on the other hand, it should be permitted for a patentee to make a reservation of right, upon the sale of a patented product in another country, to enforce his patent right in Japan, and where the patentee has agreed with the [first] purchaser and has explicitly indicated the same on the patented product, the subsequent purchasers can recognize the attached restriction to that effect even if third parties have intervened during the distribution of the product and can decide at his free will whether or not to purchase the product in the face of such restriction. (3) And the sale of the patented product in another country by subsidiaries or affiliates who can be regarded as same as the patentee should be interpreted as the sale of the product by the patentee himself, and (4) the need to protect the belief in free trade of the purchaser of a patented product does not differ depending upon whether or not the patentee has a parallel patent right at the place of first sale of the patented product.

[17] § 0.8. Esgotamento de direitos no direito brasileiro

O inciso IV do art. 43 do CPI/96 prevê tal esgotamento de direitos no tocante ao *mercado interno*, ou seja, consideram-se exauridos os poderes do titular da patente que coloque no mercado *interno* o produto patenteado, ou fabricado com o processo patenteado.[1104]

Assim, o esgotamento ocorre com a colocação do produto no mercado a qualquer título: venda, locação, *leasing*, etc. Qualquer uso subsequente está fora do direito da propriedade intelectual; ao contrário do que ocorre em certas hipóteses no direito autoral (software, vídeo e fonograma) o titular da patente que loca seu produto tem com o locatário uma relação exclusiva de locação e não de licença. Relação de direito civil ou comercial ordinária, e não de propriedade intelectual.

1104 Vide Simeone H.C. Scholze, Fabricação Local, Licença Compulsória e Importação Paralela na Lei de Propriedade Industrial, Revista da ABPI, no. 54, set./out. 2001.

No tocante às patentes relacionadas com matéria viva, faculta-se que terceiros ponham em circulação ou comercializem um produto patenteado que haja sido introduzido licitamente no comércio (sem limitação que seja no mercado interno) pelo detentor da patente ou por detentor de licença, desde que o produto patenteado não seja utilizado para multiplicação ou propagação comercial da matéria viva em causa.

Vide, adiante, o que ocorre quanto à exaustão dos direitos e à tutela penal das patentes e desenhos industriais.

[17] § 0.9. Direito à importação paralela

Já o art. 68, § 4º, do CPI, o qual propõe-se a tratar de licença compulsória, prevê que no caso de importação para exploração de patente e no caso da importação prevista no parágrafo art. 68, § 3º (licença resultante de abuso de poder econômico), será igualmente admitida a importação por terceiros de produto fabricado de acordo com patente de processo ou de produto, desde que tenha sido colocado no mercado (*sem discriminar se interno ou externo*) diretamente pelo titular ou com o seu consentimento.[1105]

Quando se dá tal permissão geral? Quando se verifica a não exploração do objeto da patente no território brasileiro por falta de fabricação ou fabricação incompleta do produto, ou, ainda, a falta de uso integral do processo patenteado. É o que resulta do art. 68 *caput* e inciso I.

É de se entender que tal permissivo se dirige, especialmente, aos casos em que haja inviabilidade econômica de fabricação do produto no Brasil, mas essa é presumida pelo fato de que o próprio titular da patente não está efetuando tal fabricação, diretamente ou por licenciado.[1106] Não há qualquer necessidade de declaração por parte do INPI desta circunstância, eis que não houvesse inviabilidade econômica, objetiva ou subjetiva, certamente o titular estaria produzindo, não se podendo presumir que a não produção fosse intenção deliberada de lesionar a economia interna brasileira.

Em outras palavras, se o titular apenas importa seu produto, não o fabricando no Brasil, o terceiro interessado também pode importar, desde que de fonte externa autorizada ou não vedada pelo titular. A solução parece ser eqüitativa e equilibrada, realizando o preceito constitucional de balanceamento de interesses, e evidentemente não viola qualquer dispositivo do TRIPs, já pelo disposto no art. 6º deste.

Note-se, incidentalmente, que o caso de importação paralela internacional prevista no art. 68 do CPI/96 não é hipótese de licença compulsória.[1107] Dela não herda

---

1105 Vide As importações paralelas na Lei 9.279, de 14 de maio de 1996, e o Mercosul, de Henry K. Sherrill, Revista da ABPI no. 25 (1996) e Importação Paralela e Licença Compulsória, por Ivan B. Ahlert, Revista da ABPI 27 (1997).

1106 Henry Shiller, op.cit. Revista da ABPI no. 25 (1996), p. 24.

1107 Diz Ivan Ahlert, em seu artigo específico sobre a questão: "Na medida em que o § 4º, do artigo 68 dispõe sobre uma restrição aos direitos do titular na circunstância em que se aplica, ele eqüivale, portanto, a uma o procedimento de exame, as exceções, as defesas. Não obstante sua tópica – o art. 68, que vigora sob a noção de licenças não voluntárias – o que se tem no caso é uma limitação à patente exatamente como qualquer outra do art. 43.

Não se entenda, de outro lado, que a importação paralela esteja sujeita ao período de carência de licença compulsória. A lei não prevê qualquer limitação temporal ou termo para o início do exercício do direito de importação por terceiros. Se o titular iniciar sua exclusividade pela importação, neste mesmo dia terceiros podem fazer o mesmo.

Deve-se ler, aliás, o inciso IV do art. 43 do CPI/96 da seguinte forma:

(Não se aplica o art. 42...)
a produto fabricado de acordo com patente de processo ou de produto que tiver sido colocado no mercado diretamente pelo titular da patente (ou com seu consentimento):
I – no mercado interno; ou
II – se o titular não estiver a qualquer tempo usando o objeto da patente através da fabricação ou uso do processo no território nacional, também no mercado externo.

Quando o próprio titular ou se licenciado não fabricam ou usam o processo localmente, o terceiro interessado simplesmente pode importar, sem solicitar qualquer licença ao INPI. Aliás, tal licença para simples importação não está prevista na competência administrativa da autarquia.

[17] § 0.10. Exaustão de direitos e tutela penal

De outro lado, o art. 184, III, do CPI II, exclui de crime quem importa produto que seja objeto de patente de invenção ou de modelo de utilidade ou obtido por meio ou processo patenteado no País, para os fins previstos no inciso anterior, desde que tenha sido colocado *no mercado externo* diretamente pelo titular da patente ou com seu consentimento. Em outras palavras, mesmo fora do contexto da *inviabilidade econômica* prevista no art. 68 do CPI/96, o terceiro interessado pode importar de fonte autorizada pelo titular sem risco de infração à norma penal.

O mesmo ocorre, aliás, no tocante aos desenhos industriais.

Mesmo sem o receio de uma objurgação penal, na pragmática do advogado não pareceria despropositado assegurar por meio de produção antecipada de provas ou

---

sanção ou penalidade." Engana-se o autor; a importação paralela prevista no art. 68, § 4º, do CPI/96 é tanto uma sanção quanto o é uma servidão de prédio em enclave ou uma norma ambiental. É um elemento essencial da propriedade da patente, que conforma o poder do titular à sua função social.

ação declaratória que os pressupostos da importação paralela se acham satisfeitos: que a patente está em vigor e o titular ou autorizado meramente importam.

[17] § 0.11. Bibliografia sobre exaustão e importação paralela

ADIERS, Cláudia Marins, As Importações Paralelas À Luz Do Princípio De Exaustão Do Direito De Marca E Dos Aspectos Contratuais E Concorrenciais, in Barbosa, Denis Borges, Org, BARBOSA, Denis Borges, Aspectos Polêmicos da Propriedade Intelectual. Rio de Janeiro: Lumen Juris, 2004, v. 1. 202 p.

AHLERT, Ivan B.. Importação Paralela e Licença Compulsória. Rio de Janeiro: Revista da ABPI – nº 27, 1997, p. 39-42.

AMARAL, Rafael Lacaz, A importação paralela frente ao princípio da exaustão do direito marcário – uma análise à luz do atual posicionamento jurisprudencial brasileiro. Revista da ABPI (81): 42-58, mar./abr. 2006.

BARBOSA, A. L. Figueira Barbosa, Introdução à exaustão de direitos e importações paralelas, reflexões sobre o projeto Goldman, manuscrito, de julho de 2003.

BARBOSA, A.L.F., FONSECA, Antonio. Exaustão internacional de patentes e questões afins. Política de Patentes em Saúde Humana. São Paulo: Atlas, 2001, p. 192-252

BARBOSA, Denis Borges, A Propriedade Intelectual no Século XXI – Estudos de Direito. Rio de Janeiro: Lumen Juris, 2008.

BASSO, Maristela, A Importação Paralela e o Princípio da Exaustão. Especial Referência às Marcas, in Grau-Kuntz, Karin e Barbosa, Denis Borges, Ensaios Sobre O Direito Imaterial, Estudos Dedicados a Newton Silveira, Lumen Juris 2009.

BASSO, Maristela,, Os fundamentos atuais do direito internacional da propriedade intelectual, encontrado em www.cjf.gov.br/revista/numero21/artigo3.pdf, visitado em 19/4/2008.

BATTIOLI, E., "Agotamiento de derechos de propiedad intelectual e importaciones paralelas", (1991) in Revista de Derecho Industrial, Year 13, Nº 39, Ediciones Depalma, Buenos Aires.

Battioli, Emilio, Los derechos intelectuales y la importación de bienes a los Estados Unidos: la sección 337 de la Ley de Comercio, Revista del Derecho Industrial – año 10, Buenos Aires; Depalma, 1988, p. 497- 523.

DANNEMANN, Siemsen Bigler & Ipanema Moreira. Comentários à lei de propriedade industrial. Rio de Janeiro, São Paulo: Renovar, 2005, p. 93-96.

FEKETE, E. K. "Importações paralelas: a implementação do princípio da exaustão de direitos no Mercosul, diante do contexto da globalização". Anais do XVII Seminário Nacional da Propriedade Intelectual, 1997.

FORGIONI, Paula A., Importações Paralelas no Brasil: a Propriedade Industrial nos Quadrantes dos Princípios Constitucionais, in Grau-Kuntz, Karin e Barbosa, Denis

Borges, Ensaios Sobre O Direito Imaterial, Estudos Dedicados a Newton Silveira, Lumen Juris, 2009.

GAEDE, Helena Candida Lisboa, Importação Paralela e Concorrência Desleal. Revista da ABPI, (83): 43-51, jul./ago. 2006.

GRAU-KUNTZ, Karin e SILVEIRA, Newton, A Exaustão do Direito de Marcas na União Europeia e o Mercosul, revista da ABPI, (25): 6-22, nov.-dez. 1996.

GUISE, Mônica Steffen. Comércio Internacional e Propriedade Intelectual: Limites ao Desenvolvimento. Florianópolis: Fundação Boiteux, 2006, 52-56.

KUHN, Perla M.; Leonardos, Tomaz Henrique (tradutor), Acordo NAFTA: Aspectos de Propriedade Intelectual e Importações Paralelas. Revista da ABPI, (12): 28-41, jul.-out. 1994.

MEDEIROS, Lilea Pires de, Propriedade Industrial e Importação Paralela: Aspectos Legais e Jurisprudenciais, revista da ABPI, (86): 31-40, jan./fev. 2007.

PATROCÍNIO, Daniel Moreira do, Princípio da Exaustão dos Direitos de Propriedade Intelectual e a Importação Paralela. Revista da ABPI, (84): 47-52, set./out. 2006.

SCHOLZE, Simone H. C. Fabricação Local, Licença Compulsória e Importação Paralela na Lei de Propriedade Industrial. Rio de Janeiro: Revista da ABPI – nº 54, 2001, p. 9-12.

SHERRILL, Henry K., As Importações Paralelas na Lei nº 9.279, de 14 de Maio de 1996, e o Mercosul. Revista da ABPI, (25): 23-26, nov.-dez. 1996.

SILVA, Antonio Carlos Fonseca da, Importação paralela de medicamentos, Rev. Fund. Esc. Super. Minist. Público Dist. Fed. Territ., Brasília, Ano 10, Volume 19, p. 11–27, jan./jun. 2002.

TAKAMATSU, Kaoru; Scatamburlo, Emílio (tradutor), A Importação Paralela no Japão. Revista da ABPI, (2): 7-8, abril 1992.

Seção [18] Licenças voluntárias e cessão

Vide, quanto às licenças e cessões voluntárias de patentes, o capítulo específico desta obra.

[18] § 1. Oferta de licença

Em uma inovação interessante, a Lei 9.279/96 (art. 64) prevê a possibilidade de o titular de uma patente ofertar ao público a autorização para usar o invento, em preços e condições determinadas. Tal modalidade de oferta existe em outras legislações, com características ligeiramente diversas.[1108] É de se ponderar se a oferta elide a necessidade de uso efetivo, como consignado em versões anteriores do Projeto que

---

1108 Para os efeitos econômicos da oferta de licença, vide Edith Penrose, *op. cit.*

deu origem à lei. Acreditamos que tal vantagem, a par da diminuição de taxas de manutenção, seja excessiva em face dos benefícios eventuais do sistema.

Assim é que entendemos que a oferta de licença (por exemplo – se fixada em preço excessivo) não elimina a hipótese de licença compulsória, inclusive por falta de uso.

Segundo o texto legal, qualquer titular da patente poderá solicitar ao INPI que a coloque em oferta para fins de exploração. Aceita a oferta, e na falta de acordo entre o titular e o licenciado, as partes poderão requerer ao INPI o arbitramento da remuneração. O titular da patente poderá requerer o cancelamento da licença se o licenciado não der início à exploração efetiva dentro de um ano da concessão, interromper a exploração por prazo superior a 1 um) ano, ou, ainda, se não forem obedecidas as condições para a exploração. A patente em oferta terá sua anuidade reduzida à metade no período compreendido entre o oferecimento e a concessão da primeira licença a qualquer título.

Segundo o normativo do INPI,[1109] tal redução está sujeita às seguintes exigências: o titular solicitará ao INPI que promova a oferta para fins de exploração, indicando todas as condições contratuais inerentes, por ex. *royalties*, prazos, condições de pagamento, escala, disponibilidade de *know how*, assistência técnica. O INPI, após verificação da situação da patente e das cláusulas e condições impostas, promoverá a publicação da oferta, providenciando a redução das anuidades vincendas. Não estando a patente em condições de oferta, como por ex., sob licença voluntária exclusiva, sob argüição de validade ou gravada com ônus, o INPI notificará o titular a respeito.

Note-se que, ainda segundo o normativo do INPI, o Certificado de Adição de Invenção, sendo acessório da patente, acompanha a patente em oferta e não pode ser oferecido isoladamente.

Seção [19] Licenças Compulsórias

O que caracteriza a patente como uma forma de *uso social da propriedade* é o fato de que é um direito limitado por sua função: ele existe enquanto socialmente útil. Como um mecanismo de restrição à liberdade de concorrência, a patente deve ser usada de acordo com sua finalidade. O uso da exclusiva em desacordo com tal finalidade é contra direito.

Cabe aqui remontar ao que acima já se disse quanto ao desenho constitucional do sistema de patentes. Tem-se assim, um limite essencial para o *alcance* do privilégio, além do limite temporal: no tocante à oportunidade de mercado assegurada com exclusividade pela patente, o privilégio não poderá ser abusado, tendo como parâmetro de utilização compatível com o Direito o uso social da propriedade, e estará sujeito às limitações constitucionais à propriedade, *ainda que não haja qualquer abuso.*

Assim, a Constituição faz incidir duas limitações básicas ao uso da patente: o privilégio, como uma restrição excepcional à liberdade de concorrência (o que também

---

1109   AN INPI 127 de 1997, itens 8.1 e seguinte.

é regra constitucional) não pode ser abusado, e mais, ainda que utilizado de acordo com sua função social, estará sujeito aos imperativos do interesse coletivo.

A aplicação destes dispositivos sob o plano constitucional encontrou um parâmetro de extrema relevância no julgado da Corte Constitucional Alemã em acórdão de *5-XII-1995, X ZR 26/92*, discutindo a Lei Federal Alemã quanto aos requisitos da licença obrigatória:

> "Como el otorgamiento de una licencia obligatoria implica una gran injerencia en el derecho de exclusividad del titular de la patente, protegido por la ley y la Constitución... al sopesar los intereses ha de observase el principio de proporcionalidad. Por lo tanto no se puede otorgar una licencia obligatoria por un medicamento, cuando la demanda de interés público puede ser satisfecha con otros preparados supletorios, más o menos equivalentes".[1110]

Tais princípios, que também decorrem da cláusula do devido processo legal incluída na Constituição Brasileira, levam a que, no equilíbrio entre dois requisitos constitucionais – a proteção da propriedade e o do interesse social – aplique-se o princípio da proporcionalidade. Ou seja, só se faça prevalecer o interesse coletivo até a proporção exata, e não mais além, necessária para satisfazer tal interesse. No pertinente, isto significa que a licença compulsória, segundo os parâmetros constitucionais, não pode exceder a extensão, a duração e a forma indispensável para suprir o interesse público relevante, ou para reprimir o abuso da patente ou do poder econômico.

O mesmo princípio de proporcionalidade, ancorado no art. 5º da Constituição de 1988,[1111] tem recebido constante apoio da jurisprudência de nossa Suprema Corte. Assim, seguidamente o STF tem entendido que quaisquer coerções aos direitos de raiz constitucional devem ser moderadas por tal princípio, para assegurar que somente as limitações necessárias sejam impostas, e assim mesmo até o indispensável para atingir as finalidades legais.[1112]

Mesmo se inclinando ao magistério do julgado da Corte Constitucional Alemã, por vezes, o delicado equilíbrio entre todas as diretrizes constitucionais exige costura minuciosa. A proteção da propriedade, no tocante às patentes, já está em tensão com

---

1110 Apud Daniel R. Zuccherino/ Carlos O. Mitelman; Marcas y Patentes en el Gatt – Régimen Legal. Ed. Abeledo-Perrot.

1111 LIV - ninguém será privado da liberdade ou de seus bens sem o devido processo legal;

1112 Um exemplo curioso: HC-76060 / SC, Relator Ministro SEPULVEDA PERTENCE, 31/03/1998 - Primeira Turma. Ementa: DNA: submissão compulsória ao fornecimento de sangue para a pesquisa do DNA: estado da questão no direito comparado: precedente do STF que libera do constrangimento o réu em ação de investigação de paternidade (HC 71.373) e o dissenso dos votos vencidos: deferimento, não obstante, do HC na espécie, em que se cuida de situação atípica na qual se pretende — de resto, apenas para obter prova de reforço — submeter ao exame o pai presumido, em processo que tem por objeto a pretensão de terceiro de ver-se declarado o pai biológico da criança nascida na constância do casamento do paciente: hipótese na qual, à luz do princípio da proporcionalidade ou da razoabilidade, se impõe evitar a afronta à dignidade pessoal que, nas circunstâncias, a sua participação na perícia substantivaria.

1634

Tratado da Propriedade Intelectual

o dispositivo da mesma Constituição que tutela a liberdade de concorrência, na qual a patente esculpe conspicuamente uma exceção.[1113]

[19] § 1. Modalidades de licença compulsória

A legislação em vigor prevê uma série de licenças coativas:

- A licença por abuso de direitos
- A licença por abuso de poder econômico
- A licença de dependência
- A licença por interesse público
- A licença legal que o empregado, co-titular de patente, confere *ex legis* a seu empregador, conforme o art. 91, § 2º, do CPI/96.

Outra distinção absolutamente relevante é entre as licenças de interesse privado e as de interesse público; aquelas têm por pressuposto um interesse individual, subjetivado, cuja pretensão se exerce mediante requerimento ao ente público que examinará a legitimidade do requerente em face do pedido, e a satisfação das condições procedimentais e substantivas. As licenças de interesse público seguem processualística própria, e atendem pressupostos constitucionais inteiramente diversos.

Claro está que – de maior carga pública ou privada – o interesse em questão tem fundamentos no pressuposto constitucional do uso social do privilégio.

[19] § 1. Requisitos gerais para concessão de licenças compulsórias

[19] § 1.1. Requisitos do acordo TRIPs

Previstas genericamente, estas licenças estão porém sujeitas a uma série considerável de requisitos, à luz do Acordo TRIPs. No resumo que fazem Zuccherino e Mitelman ressalta a prevalência no texto internacional dos princípios da proporcionalidade e do devido processo legal:[1114]

- toda solicitud para obtener una licencia obligatoria será considerada en función de sus circunstancias propias;
- debe haberse solicitado previamente el otorgamiento de una licencia voluntaria en condiciones razonables;

1113 Gibson, Christopher S.,A Look at the Compulsory License in Investment Arbitration: The Case of Indirect Expropriation. American University International Law Review, Vol. 25; Suffolk University Law School Research Paper No. 09-32. Available at SSRN: http://ssrn.com/abstract=1428419.

1114 Daniel R. Zuccherino/ Carlos O Mitelman, Marcas y Patentes em el Gatt – Régimen Legal, Ed. Abeledo-Perrot, p. 171 e seguintes.

- el alcance y duración de la licencia obligatoria se limitará al objetivo para el cual la misma fue autorizada;
- la licencia obligatoria será de carácter no exclusivo, no transferible y
- Principalmente para el abastecimiento del mercado local del país Miembro que la autorice;
- La licencia obligatoria se retirará una vez que deje de existir la causa que llevó a su otorgamiento;
- El titular de la patente recibirá una remuneración adecuada teniendo en cuenta el valor económico del otorgamiento de la licencia en cuestión;

Reiteramos que la validez jurídica de toda decisión relativa a la autorización de esos usos sin autorización de titular de la patente se encuentra sujeta a revisión judicial o de una autoridad superior.

[19] § 1.2. Condições Gerais de todas licenças compulsórias no CPI/96

As licenças compulsórias serão sempre concedidas sem exclusividade, não se admitindo o sublicenciamento (art. 72). Não só a licença é uma modalidade de ato jurídico *intuitu personae*, quanto o seu propósito de mera correção de disfunções do sistema de patentes, sem ter qualquer propósito punitivo.[1115]

Salvo razões legítimas, o licenciado deverá iniciar a exploração do objeto da patente no prazo de um ano da concessão da licença, admitida a interrupção por igual prazo. O titular poderá requerer a cassação da licença quando não cumprido o dever de o licenciado iniciar e prosseguir a exploração. Ao contrário do que ocorre com as licenças voluntárias, o licenciado ficará *sempre* investido de todos os poderes para agir em defesa da patente (art. 74).

Após a concessão da licença compulsória, somente será admitida a sua cessão quando realizada conjuntamente com a cessão, alienação ou arrendamento da parte do empreendimento que a explore (art. 74, § 3º).[1116]

[19] § 1.3. Procedimento para pedido de licença compulsória de interesse privado

O pedido de licença compulsória deverá ser formulado mediante indicação das condições oferecidas ao titular da patente: preço, prazo, condições de pagamento, etc.. Apresentado o pedido de licença, o titular será intimado para manifestar-se no prazo

---

1115 É o que resulta do dispositivo de TRIPs que determina não ser mais renovada uma licença compulsória se os fatos que condicionaram sua concessão cessarem de ocorrer. Assim, expirado o prazo de cada licença, estipulado de acordo com sua própria economicidade e os objetivos a que se propõe, cabe reavaliar os pressupostos da concessão.

1116 Vide nossas observações a respeito da cessão do direito do usuário anterior.

de sessenta dias, findo o qual, sem manifestação do titular, será considerada aceita a proposta nas condições oferecidas (Art. 73, § 1º).

O requerente de licença que invocar abuso de direitos patentetários ou abuso de poder econômico (ou patente de dependência) deverá juntar documentação que o comprove. Ou seja, como teremos oportunidade de repetir na seção dedicada a essa modalidade de licença, o abuso será determinado como a *carga declaratória* do procedimento administrativo que visa à constituição da licença. Aplica-se aí o princípio geral *qui allegat probat.*

No caso de a licença compulsória ser requerida com fundamento na falta de exploração, caberá *ao titular da patente* comprovar a exploração. Aqui se atenta ao fato de ser inexigível ao autor da pretensão administrativa submeter prova negativa – a de que o titular da patente *não esteja usando* o objeto da patente.

Havendo contestação, o INPI poderá realizar as necessárias diligências, bem como designar comissão, que poderá incluir especialistas não integrantes dos quadros da autarquia, visando arbitrar a remuneração que será paga ao titular. Os órgãos e entidades da administração pública direta ou indireta, federal, estadual e municipal, prestarão ao INPI as informações solicitadas com o objetivo de subsidiar o arbitramento da remuneração. Nesta, serão consideradas as circunstâncias de cada caso, levando-se em conta, obrigatoriamente, o valor econômico da licença concedida. Instruído o processo, o INPI decidirá sobre a concessão e condições da licença compulsória no prazo de 60 (sessenta) dias, sendo que o respectivo recurso não terá efeito suspensivo.

Havendo contestação, o INPI poderá realizar as necessárias diligências, bem como designar comissão, que poderá incluir especialistas não integrantes dos quadros da autarquia, visando arbitrar a remuneração que será paga ao titular (art. 73, § 3º).

[19] § 2. Licença compulsória por abuso de direitos ou de poder econômico

Para que não se exceda o alcance dos pressupostos constitucionais acima indicados, é preciso finamente distinguir os motivos de *abuso de patente* e de *poder econômico*. Em cada uma delas, existe o elemento de retribuição, ou punição; o elemento de atendimento a um interesse publico ou coletivo; e alguma parcela de interesse particular, ainda que indireto ou difuso.

Parece claro que a necessidade de retribuição pode exceder em muito o simples atendimento ao interesse público de suprimento de bens e serviços, no caso de abuso de patente ou de poder econômico. Não menos claro é que a o abuso resultante do não uso da patente, que dá ensejo à licença requerida por particular, resultará não só numa pretensão pública indireta, mas numa estritamente privada, a qual não estará submetida à racionalidade da proporção de interesses.

Nestes casos, uma vez os requisitos de concessão da licença ingressem no patrimônio do requerente da licença, e desde que atendidos os requisitos legais (nos quais os pressupostos do devido processo legal e da proporcionalidade já estão inclusos), não cabe verificar se a utilização do instrumento legal satisfez a demanda, ou se o excedeu a seus propósitos. Em termos econômicos, o que a lei faz, nestes casos, é corrigir a falha de mercado resultante da criação de uma exclusividade abusada, introduzindo um agente de mercado – livre e atuante. E que o melhor vença.

Enganam-se os autores que entendem que a pretensão à licença deva seguir-se a uma prévia declaração de abuso;[1117] como ensina Pontes de Miranda em seu Teoria da Ação, a pretensão declaratória é apenas uma das cargas ínsitas à condenatória. Os especialistas que, de outro lado, pretendem que a licença compulsória só poderia decorrer da coisa julgada judicial, estão também defendendo a tese de que um patente só entra em vigor após a validade da patente estar soberanamente julgada – após a prescrição da ação rescisória da decisão final da declaração de validade do privilégio. A excelência em Propriedade Intelectual não prescinde de um módico de Processo Civil.

[19] § 2.1. Do direito internacional pertinente – da CUP

Assim como se encontra amparo constitucional para as licenças compulsórias por abuso de direitos e de poder econômico, assim também se distinguem fundamentos sólidos nos textos internacionais pertinentes.

A Convenção de Paris, em sua versão de Estocolmo, assim preceitua em seu art. 5º:

> 2) Cada país da União terá a faculdade de adotar medidas legislativas prevendo a concessão de licenças obrigatórias para prevenir os abusos que poderiam resultar do exercício do direito exclusivo conferido pela patente, como, por exemplo, a falta de exploração.

Assim, as licenças serão concedidas para coibir abusos – inclusive o que resulta da falta de exploração adequada da patente. Aqui também a preocupação do equilíbrio encontrado na esfera constitucional aparece, como notamos em obra anterior:

> "a questão do uso efetivo das patentes é o do equilíbrio dos interesses do titular do privilégio e do público em geral, que necessita que as novas tecnologias sejam usadas em benefício da produção nacional. A solução da CUP, quanto ao ponto, é verdadeiramente uma de equilíbrio entre os interesses divergentes:
> "The provisions under examination aim at striking a balance between the said considerations. It gives the member states the right to legislate against the *abuses* which might result from the exercise of the rights conferred by the patent, for example, failure to work, but on condition that the provisions of paragraph (3) and (4) of the Article are respected".[1118]

1117 Danemann, Comentários, *op. cit.*, p. 155.
1118 Idem, eadem.

Diz Bodenhausen:

"The provision concerning the abuses which might result from the exercise of exclusive rights conferred by the patent relates to a very important question of patent law. Although patents, even apart from their exploitation, are considered beneficial to the industry, as they publish inventions which may inspire other inventions, and fall into the public domain after the expiration of their term, it is believed in many countries that, in order to be fully justified, patents should also be *used* for *working the patented invention where the patent is granted*, and not merely as an exclusive right to prevent others from doing so or to control importation."

[19] § 2.2. O Direito Internacional Pertinente – Acordo TRIPs

Também o Acordo TRIPs, negociado no âmbito da Organização Mundial de Comércio, contempla a hipótese da repressão de abusos e de práticas anticoncorrenciais, no seu Art. 31, especialmente por aplicação do art. 8º:

Article 8
Principles
(...)
2. Appropriate measures, provided that they are consistent with the provisions of this Agreement, may be needed to prevent the abuse of intellectual property rights by right holders or the resort to practices which unreasonably restrain trade or adversely affect the international transfer of technology.

Importante notar que o TRIPs distingue o tema de abuso da propriedade intelectual do abuso do poder econômico, e menciona mesmo o embaraço à transferência de tecnologia.
Diz Carlos Maria Correa:[1119]

Prácticas anticompetitivas. La verificación de prácticas anticompetitivas es una de las causales principales para la concesión de licencias obligatorias.
En los Estados Unidos, por ejemplo, desde la década del cincuenta los Tribunal s han concedido numerosas licencias obligatorias por aplicación de la Sherman Act, con base en una antigua doctrina de la Suprema Corte según la cual "el progreso de las de las ciencias y las artes útiles es el propósito primario de la concesión de una patente, y la retribución al inventor es una consideración

---

1119 Acuerdo Trips – Régimen Internacional de La Propiedad Intelectual, Ediciones Ciudad Argentina, 1995.

secundaria, aunque importante"(Kendal V. Windsor, 62 US [21 How 322, 16 L. Ed. 165 1859]).

[19] § 2.3. Licenças compulsórias e TRIPS: requisitos especiais no caso de abuso

Obviamente, as exigências para concessão de licenças compulsórias, mencionadas acima, não são todas aplicáveis às licenças para repressão de abusos da patente ou de poder econômico (por exemplo, no caso de abuso de poder econômico, seja necessariamente sujeita a *royalties*). Já quanto à licença para reprimir o abuso de poder econômico, diz o seguinte:

> Members are not obliged to apply the conditions set forth in subparagraphs (b) and (f) where such use is permitted to remedy a practice determined after judicial or administrative process to be anti-competitive. The need to correct anti-competitive practices may be taken into account in determining the amount of remuneration in such cases. Competent authorities shall have the authority to refuse termination of authorization if and when the conditions which led to such authorization are likely to recur;

Em resumo, assim, no caso da licença por interesse público, o requisito de prévia solicitação de uma licença não é exigido, ainda que a notificação imediata o seja. No caso de licença para reprimir abuso de poder econômico, deixa de ser aplicável não só essa prévia solicitação, quanto requisito de exploração voltada ao mercado doméstico, a proporcionalidade da remuneração ao valor econômico da licença, e o requisito da limitação temporal – desde que a cessação da licença pudesse levar à vol. a do abuso.

[19] § 2.4. Licenças contra o abuso e a lei em vigor

O art. 68 da Lei 9.279/96 dispõe que o titular da patente ficará sujeito a tê-la licenciada *compulsoriamente* se exercer os direitos dela decorrentes de forma abusiva, ou por meio dela praticar abuso de poder econômico, comprovado nos termos da lei, por decisão administrativa ou judicial.

Como se percebe dos textos internacionais e da legislação nacional citada, enumeram-se entre os motivos de concessão de licenças compulsória o *abuso* seja de direitos, seja do poder econômico. Tais figuras, que têm em comum a noção do abuso, importam porém em distinções relevantes do ponto de vista substantivo e procedimental.

[19] § 3. Licença por abuso de direitos

[19] § 3.1. Noção geral de abuso de direitos

A doutrina do abuso de direitos de patente parte do princípio que a propriedade em geral, e especialmente a propriedade industrial, tem uma finalidade específica, que transcende o simples interesse egoístico do titular. À luz de tais distinções, identifica-se o abuso do sistema de patentes – quando o titular excede os limites de seu direito – do abuso do monopólio de patentes – quando o titular, sem exceder os limites legais, o opera em desvio de finalidade. De qualquer forma, em ambos casos há abuso.[1120]

O abuso pode-se dar no plano funcional, e atinge a finalidade da instituição do privilégio: concedido para estimular o investimento industrial, passa a assegurar somente a importação, reduzindo a industrialização interna. Pode ocorrer no plano temporal: através de inúmeros mecanismos (vinculação do produto a uma marca) se estende a ação material da patente para além de sua expiração. Dar-se-á, enfim, uma expansão da capacidade ofensiva, do poder econômico-jurídico próprio a um privilégio, através das práticas restritivas e dos cartéis de patentes – neste caso já na fronteira do abuso de poder econômico.

Um tipo especial de abuso não é tratado aqui – o que resulta do não uso do privilégio. Este é um alvo preferencial das sanções ou ações corretivas do excesso do monopólio, e é objeto de seção própria.

[19] § 3.2. Abuso por excesso de poder jurídico

Abusa de um direito quem o usa, para começar, além dos limites do poder jurídico. Se a patente dá exclusividade para um número de atos, e o titular tenta, ao abrigo do direito, impor a terceiros restrições a que não faz jus, tem-se o exemplo primário do direito. Em resumo, o titular que desempenha uma atividade que ostensivamente envolve uma patente, mas fora do escopo da concessão, está em abuso de patente.[1121]

Alguns exemplos clássicos de abuso de patentes seriam as licenças ou vendas casadas; a imposição de *royalties* além ou depois da expiração da patente; *royalties* discriminatórios, *royalties* excessivos, recusa de licença, imposição de preços dos produtos fabricados; açambarcamento de patentes; restrições territoriais ou quantitativas; *pooling* de patentes e abuso de poder de compra.[1122]

1120 Seguimos neste passo Aracama Zoraquin, Abusos de los Derechos del Patentado in Revista Mexicana de Propiedad Industrial, Edición Especial, 1974, p. 33 e ss.

1121 Nordhaus, Patente Antitrust Law § 29, 1981.

1122 David Bender, Patent Misuse, in PLI Patente Antitrust 1989, p. 147-194.

[19] § 3.3. Abuso por desvio teleológico

Abuso, além de excesso de poderes, é também desvio de finalidade. As finalidades da patente têm, em nosso direito, um desenho constitucional. Como já visto, a patente tem por fim imediato a retribuição do criador, e como fim imediato o interesse social e o desenvolvimento tecnológico e econômico do País. Cada uma dessas finalidades implica em uma análise de uso compatível com o direito, e a indicação do uso contrário ou além do mesmo direito.

A primeira faceta do abuso de direitos de patentes é a natureza da retribuição do criador. A Constituição não determina a recompensa monetária do inventor, como, outrora, na União Soviética, mas assegura a ele uma oportunidade exclusiva do uso de sua tecnologia para a produção econômica, ou seja, uma restrição à concorrência. Assim, o regime de patentes é uma exceção ao princípio de liberdade de mercado, determinada pelo art. 173 § 4º da Constituição, e radicada nos arts. 1º, inciso IV, e 170, IV.

Toda exceção a um princípio fundamental da Constituição importa em aplicação ponderada e restrita. Assim, a restrição resultante da patente se sujeita a parâmetros de uso que não excedam o estritamente necessário para sua finalidade imediata, qual seja, o estímulo eficaz, porém moderado e razoável ao inventor. Tudo que restringir a concorrência mais além do estritamente necessário para estimular a invenção, excede ao fim imediato da patente – é abuso.[1123]

De outro lado, no mesmo plano constitucional, haveria, assim, um abuso no uso da patente em desvio de finalidade, ou seja, contra ou em afastamento do interesse social e o desenvolvimento econômico e social do Brasil.

[19] § 3.4. Competência para a concessão de licença por abuso de direito

Entendo que a determinação do abuso de direitos (que não o abuso de poder econômico) e a concessão das respectivas licenças deveria ser uma província do Poder Judiciário. Não é esperado de nenhum órgão administrativo a capacitação para determinar a existência de tais abusos, assim como a conveniência de emitir as respectivas licenças, com a elaborada equação de direito e de fato que se impõe para tanto. Não é o que dispõe, porém, o art. 73 da Lei 9.279/96, que aparentemente dá ao INPI tal competência legal.

O abuso, com ser razão de licença compulsória no Direito Brasileiro, também será razão de defesa no caso de uma alegada violação de patentes.

[19] § 3.5. Abuso e *know how*

Incidentalmente, cabe mencionar a questão do abuso do direito em matéria de *know how*. Vide, quanto ao ponto, o capítulo pertinente deste livro.

1123 Note-se que esta análise de abuso não implica na apuração de poder econômico. Mesmo o titular sem posição dominante pode abusar de sua patente.

[19] § 4. Da licença por abuso do Poder econômico

Ainda dentro da regra geral de que a propriedade deve cumprir sua função social, a plena manutenção do direito de exclusiva sobre a tecnologia pressupõe que o titular não abuse de sua posição jurídica em desfavor da concorrência.

Diversamente do que ocorre com a doutrina do abuso de patente, a noção de abuso de poder econômico presume uma análise de uma situação de mercado e de poder de mercado.

Tais noções resultam no Direito Brasileiro do disposto na Lei 8.884/94:

Art. 20. Constituem infração da ordem econômica, independentemente de culpa, os atos sob qualquer forma manifestados, que tenham por objeto ou possam produzir os seguintes efeitos, ainda que não sejam alcançados:
I – limitar, falsear, ou de qualquer forma prejudicar a livre concorrência ou a livre iniciativa;
II – dominar mercado relevante de bens ou serviços;
III – aumentar arbitrariamente os lucros;
IV – exercer de forma abusiva posição dominante.
§ 1º. A conquista de mercado resultante de processo natural fundado na maior eficiência de agente econômico em relação a seus competidores não caracteriza o ilícito previsto no inciso II.
§ 2º. Ocorre posição dominante quando uma empresa ou grupo de empresas controla parcela substancial de mercado relevante, como fornecedor, intermediário, adquirente ou financiador de um produto, serviço ou tecnologia a ele relativa.
§ 3º. A posição dominante a que se refere o parágrafo anterior é presumida quando a empresa ou grupo de empresas controla 20% (vinte por cento) de mercado relevante, podendo este percentual ser alterado pelo CADE para setores específicos da economia.

Assim, para que se tenha uma situação de abuso de posição dominante, é preciso que se configure uma das situações configuradas no art. 20, IV e § 2º, na qual existe posição dominante a ser (ou não) abusada, com a possibilidade de presunção de tal posição dominante na forma do § 3º.

Não haverá abuso de poder econômico, assim, no caso de uma patente, ainda que abusada, cujo titular não controle "parcela substancial de mercado relevante, como fornecedor, intermediário, adquirente ou financiador de um produto, serviço ou tecnologia a ele relativa".

As leis de propriedade intelectual, de regulação do comércio de tecnologia e de repressão do abuso do poder *econômico* estabelecem normas limitando, condicionando ou até extinguindo o direito utilizado de forma abusiva. Tal mecanismo é adotado na legislação de muitos países, especialmente através da concessão de licenças compulsórias, pelo qual terceiros podem passar a explorar o privilégio mediante autorização direta do Estado.

[19] § 4.1. A licença compulsória como punição: art. 24 da Lei 8.484/94

A própria lei Antitruste (Lei 8.884/94) dispõe:

art. 24: Sem prejuízo das penas cominadas no artigo anterior, quando assim o exigir a gravidade dos fatos ou o interesse público geral, poderão ser impostas as seguintes penas, isoladas ou cumulativamente:
(...)
IV – a recomendação aos órgãos públicos competentes para que:
seja concedida *licença compulsória* de patentes de titularidade do infrator;[1124]

Veja-se que a licença prevista na lei antitruste tem o caráter *punitivo*, e não corretivo. As licenças do art. 68 do CPI/96 não são penalidades, mas conseqüências do uso adequado da propriedade: quem suporta o trânsito do vizinho encravado em sua propriedade não está sendo punido, mas apenas sujeito a uma condição específica do direito de que é titular. Esta licença do art. 24 da Lei 8.484/94 é pena, e não uma limitação ao direito, e à nossa leitura da lei, pode ser imposta apesar de o titular não ter abusado de nenhuma forma o direito, nem ter ocorrido a situação de dependência de patentes, etc.

Com efeito, não identificamos a licença compulsória do art. 24 da Lei 8.484/94 com a do art. 68 da Lei 9.279/96, como abaixo indicaremos.

Daquela modalidade de licença compulsória tratou o CADE em sua Consulta Prévia 31/99, submetida pelo Ministério de Saúde.[1125] Em tal ato, o Conselho entendeu que *deve* haver uma ligação causal entre a punição através da licença compulsória e o fato abusivo – o poder de mercado que permite o abuso deve resultar da patente licenciada.

Salvo melhor juízo, tal entendimento contradita a decisão do CADE no caso Colgate-Kolynos, no qual se impôs alternativamente a sanção de licenciamento de marcas sem tal apuração; é bem verdade que neste caso, tínhamos uma aquisição de empresas e não uma hipótese de prática restritiva.

Entendemos que a licença do art. 24 da Lei 8.484/93 é um instrumento genérico de punição; que não está adstrita a uma demanda específica de licenciamento por particulares; que visa à satisfação da política de concorrência. Já a licença do art. 68 da

---

1124 Pelo Projeto do Executivo de criação de uma Agência Nacional da Concorrência, a redação passaria a ser: Art. 24..... IV - a determinação aos órgãos públicos competentes para que, sob pena de responsabilidade: a) seja concedida licença compulsória de patentes de titularidade do infrator;

1125 Vide José Carlos Vaz e Dias, Licença Compulsória de Patentes e Direito Antitruste, em Revista da ABPI no. 84, Set./Out. de 2001 para uma análise de tal Consulta Prévia.

Lei 9.279/94 será requerida necessariamente na forma do art. 73 por um interessado legitimado ao uso do privilégio por essa via (vide o art. 68, § 2º, do CPI/96), e tem por fim o reequilíbrio dos direitos e obrigações dos patenteados e terceiros, e não essencialmente o resguardo da concorrência em si própria.

Assim, apesar do brilhante entendimento da Consulta Prévia 31/99, acredito essencial diferenciar as duas hipóteses: a licença-punição do art. 24 da Lei 8.484/94 e a licença de interesse particular prevista no art. 68 da Lei 9.279/96.

A doutrina não teve até agora tal entendimento. Diz Lucas Rocha Fortunato:[1126]

> O instrumento da licença compulsória passa, destarte, a desempenhar papel fundamental no equilíbrio do mercado. Essa função moderadora vai ao encontro dos princípios constitucionais da ordem econômica, que estabelecem a liberdade do mercado como regra, mas que, igualmente, determinam que a lei reprima o abuso de poder econômico que vise "à dominação dos mercados, à eliminação da concorrência e ao aumento arbitrário dos lucros" (art. 173, § 4º).
> O influxo do dispositivo constitucional supramencionado no sistema jurídico regedor da proteção patentária deve exigir do aplicador do direito grande esforço exegético. A repressão de poder econômico tem sido normalmente identificada com o princípio da livre concorrência: "*Deveras, não há oposição entre princípio da livre concorrência e aquele que se oculta sob a norma do art. 173, § 4º, do texto constitucional, princípio latente, que se expressa como princípio da repressão aos abusos do poder econômico e, em verdade – porque dele é fragmento –, compõe-se no primeiro.*"[1127]

Por outro lado, dizem Gabriel Di Blasi, Mario Soerensen Garcia e Paulo Parente M. Mendes:

> Segundo o Art. 68, o titular ficará sujeito a tal licença se exercer os direitos de sua patente de forma abusiva ou por meio dela praticar abuso de poder econômico. Constitui tal abuso, por exemplo, o desabastecimento do mercado ou a oferta reprimida pelo titular da patente.[1128]

[19] § 4.2. Modalidades de Práticas Anticoncorrenciais com patentes

A Lei 9.279/96 não indica quais são as modalidades de práticas anticoncorrenciais cuja correção poderá ser objeto de licença compulsória. Provavelmente o princi-

---

1126 Sistema de Propriedade Industrial no Direito Brasileiro - Comentários à Nova Legislação sobre Marcas e Patentes, Ed. Brasília Jurídica, 1996.

1127 GRAU, Eros Roberto. "A Ordem Econômica na Constituição de 1988" (Interpretação e Crítica), 2ª ed., São Paulo, Revista dos Tribunais, 1991, p. 230.

1128 Gabriel Di Blasi / Mario Soerensen Garcia / Paulo Parente M. Mendes. A Propriedade Industrial - Os Sistema de Marcas, Patentes e Desenhos Industrial Analisado a partir da Lei nº 9.279, de 14 de maio de 1996. Editora Forense.

pal exemplo de abuso reprimível por licença, porém encontra-se na própria Lei 8.884/94:

> Art. 21. As seguintes condutas, além de outras, na medida em que configurem hipótese prevista no art. 20 e seus incisos, caracterizam infração da ordem econômica:
> (...)
> XVI – açambarcar ou impedir a livre exploração de direitos de propriedade industrial ou intelectual ou de tecnologia;

Diz Fábio Ulhoa Coelho em comentários a esse dispositivo:[1129]

> "José Inácio Franceschini, em percuciente estudo referente ao abuso do poder econômico exercido através dos contratos de tecnologia (em Franceschini, 1985:609/620), aponta dois aspectos na questão respeitante à circulação dos bens imateriais: o *estático*, referente à não-utilização ou não exportação intencional, em detrimento do interesse coletivo, e o *dinâmico,* consistente na outorga de licença ou cessão de direito industrial em termos anticoncorrenciais.
> Ainda segundo a lição de Franceschini, o desuso de privilégio pode caracterizar abuso do poder econômico principalmente quando a empresa detentora de certa tecnologia e com presença proeminente no mercado em que é empregada, empenha-se em adquirir os demais privilégios exploráveis nesse mercado, alcançando *status* monopolístico por via oblíqua. É a hipótese de açambarque de direito industrial, mencionado pela lei.
> (...)
> Tanto os mecanismos estáticos como os dinâmicos de utilização anticoncorrencial de direitos industriais são puníveis como infração contra a ordem econômica pela atual legislação antitruste."

O direito comparado indica uma série de circunstâncias nas quais as patentes se tornam elementos de uma prática anticoncorrencial.[1130] Assim é que práticas como o *cross licensing*, e o *patent pooling*, quando instrumentos de ação concertada contra a concorrência; a falta de uso ou recusa de licenciamento,[1131] a imposição de *royalties*

1129 Direito Antitruste Brasileiro – Comentários à Lei nº 8.884/94, Ed. Saraiva.

1130 Acompanhamos aqui Thomas D. Dieterich, Inter-relationships between the Federal Antitrust Laws and Industrial Property, in Patent Antitrust, PLI, 1989. Veja-se também Intellectual Property Antitrust 2001, David Bender, Ed. Practising Law Institute.

1131 Não assim nos Estados Unidos, muito embora haja licenças compulsórias previstas em lei para o setor de energia atômica e de poluição (42 U.S.C. §§ 2181-90, 42 U.S.C.§§1857-h-6). No entanto, em certos casos, relativos a setores de saúde pública e segurança, os tribunais americanos têm concedido medidas judiciais equivalentes a licenças compulsórias (Dieterich, op. cit., p. 24).

sobre produtos não patenteados ou após a expiração da patente, vendas ou licenças casadas, limitações de preços em licenças múltiplas, compromissos de não suscitar a nulidade da patente, proibição de uso de produtos competitivos, etc.

Um aspecto particularmente importante a nossa análise é a hipótese do abuso do poder econômico que resulta da fixação de preços de produtos patenteados, em limites muito maiores do que os custos, o retorno do investimento em pesquisa, e que uma margem razoável de lucro poderia justificar.

Para tal hipótese, prevê mais uma vez o art. 21 da Lei 8.884/94:

(...)
XXIV – impor preços excessivos, ou aumentar sem justa causa o preço de bem ou serviço.
Parágrafo único – Na caracterização da imposição de preços excessivos ou do aumento injustificado de preços, além de outras circunstâncias econômicas e mercadológicas relevantes, considerar-se-á:
I – o preço do produto ou serviço, ou sua elevação, não justificados pelo comportamento do custo dos respectivos insumos, ou pela introdução de melhorias de qualidades;
II – o preço de produto anteriormente produzido, quando se tratar de sucedâneo resultante de alterações não substanciais;
III – o preço de produtos e serviços similares, ou sua evolução, em mercados competitivos comparáveis;
IV – a existência de ajuste ou acordo, sob qualquer forma, que resulte em majoração do preço de bem ou serviço ou dos respectivos custos.

[19] § 4.3. Processualística da Licença por Abuso de Poder Econômico

Como se obterá a licença compulsória de patente por abuso de poder econômico? Não há procedimento específico previsto na Lei 9.279/96, a não ser no desenho bem impreciso do art. 68: "comprovado nos termos da lei, por decisão administrativa ou judicial."

De outro lado, tem-se a processualística geral das licenças compulsórias:

Art. 73. O pedido de licença compulsória deverá ser formulado mediante indicação das condições oferecidas ao titular da patente.
§ 1º Apresentado o pedido de licença, o titular será intimado para manifestar-se no prazo de 60 (sessenta) dias, findo o qual, sem manifestação do titular, será considerada aceita a proposta nas condições oferecidas.
§ 2º O requerente de licença que invocar abuso de direitos patentários ou abuso de poder econômico deverá juntar documentação que o comprove.

1647

§ 3º No caso de a licença compulsória ser requerida com fundamento na falta de exploração, caberá ao titular da patente comprovar a exploração.

§ 4º Havendo contestação, o INPI poderá realizar as necessárias diligências, bem como designar comissão, que poderá incluir especialistas não integrantes dos quadros da autarquia, visando arbitrar a remuneração que será paga ao titular.

§ 5º Os órgãos e entidades da administração pública direta ou indireta, federal, estadual e municipal, prestarão ao INPI as informações solicitadas com o objetivo de subsidiar o arbitramento da remuneração.

§ 6º No arbitramento da remuneração, serão consideradas as circunstâncias de cada caso, levando-se em conta, obrigatoriamente, o valor econômico da licença concedida.

§ 7º Instruído o processo, o INPI decidirá sobre a concessão e condições da licença compulsória no prazo de 60 (sessenta) dias.

§ 8º O recurso da decisão que conceder a licença compulsória não terá efeito suspensivo.

Qual a autoridade competente para a decisão de tal procedimento? Na verdade, há que se discernir duas hipóteses:

- a do procedimento destinado a coibir, na esfera administrativa, um abuso de poder econômico em geral na forma do art. 24 da Lei 8.484/94, ou a moderar uma hipótese de concentração de poder econômico ainda que não abusado, cujo remédio fica ao prudente arbítrio do CADE, o qual pode – como já o fez no caso Colgate/Kolynos (Ato de Concentração 27/94, D.O.U de 22/9/96) – concluir pela restrição do exercício de direitos de Propriedade intelectual; ou
- a do pedido específico de uma licença compulsória por abuso de poder econômico requerida na forma do art. 73 da Lei. 9.279/96.

Entendemos porém que, em ambos os casos, o procedimento conducente à licença compulsória deva ser iniciado na forma do art. 30 da Lei 8.884/94 junto à Secretaria de Direito Econômico do Ministério da Justiça. A qual apreciará inicialmente o feito, antes de remetê-lo ao CADE. Uma vez apreciado e julgado o feito por aquele Conselho, caberá a execução da decisão seja *ex officio,* seja na forma do art. 73 da Lei 9.279/96. Vale lembrar aqui o disposto no Art. 24, IV, a) da Lei 8.884/94, segundo o qual o CADE *recomendaria* ao INPI a concessão da licença compulsória como parte das sanções pelo abuso.

Meu entendimento se baseia no disposto no próprio art. 73, § 2º, no que prescreve que o requerente de licença que invocar abuso de direitos patentários ou abuso de poder econômico deverá juntar *documentação que o comprove.* Cabendo à SDE e ao

CADE (e, secundariamente, ao judiciário), não ao INPI, a determinação do abuso de poder econômico, tal documentação será a da autoridade administrativa ou judicial mencionada no *caput* do art. 68. É de notar-se que, neste último, a menção à decisão da "autoridade administrativa" claramente aponta para outro órgão ou entidade, que não o INPI.

De Blasi *et alii* (*op. cit.*) assim entendem:

> O abuso será configurado através de requerimento solicitado, por interessado na licença, à instituição competente – que não será o INPI- como o Conselho Administrativo de Defesa Econômica (CADE). Somente munido desta decisão protocolada pelo conselho, o interessado poderá requerer licença compulsória no Instituto.

Idêntica opinião tem Lucas Rocha Fortunato (*op. cit*):

> Simples análise literal da norma permite concluir que o desabastecimento do mercado pode ensejar requerimento de patente, independentemente de qualquer manifestação de órgão administrativo ou judicial. Ainda que esse desabastecimento, nos termos da Lei nº 8.884/94, configure abuso de poder econômico e que, em conseqüência, submeta seu infrator às sanções administrativas impostas pelo CADE (Conselho Administrativo de Defesa Econômica), o requerimento de licença compulsória com base na falta de exploração ou exploração incompleta independerá dessa manifestação. Entretanto, o pronunciamento administrativo ou judicial deve ser necessariamente obtido se a licença for requerida com fundamento no *caput* do art. 68. Repise-se: não será o INPI que irá comprovar eventual prática abusiva relacionada ao objeto da patente; caso alguém manifeste interesse em obter licença compulsória com fundamento em abuso de poder econômico cometido pelo titular da patente, já deverá estar munido da necessária decisão administrativa prolatada pelo CADE ou de sentença judicial, condenando o titular da patente.

Importante aspecto das licenças compulsórias relativas ao abuso de poder econômico é que não se aplica em todos os casos a regra do art. 73 da Lei 9.279/96 que exige do requerente a proposta de condições, a serem aceitas pelo titular, ou então arbitradas pelo INPI. Nesses casos, a estipulação de *royalties* e condições pode ser parte dos mecanismos de correção dos abusos, segundo a determinação do CADE; note-se, neste contexto, a dicção do TRIPs:

> 'The need to correct anti-competitive practices may be taken into account in determining the amount of remuneration in such cases."

[19] § 4.4. Abuso de poder econômico na Lei 9.279/96

No caso de a licença compulsória ser concedida em razão de *abuso de poder econômico*, ao licenciado, que propõe fabricação local, será garantido um prazo de um ano (art. 74) para proceder à importação do objeto da licença, desde que tenha sido colocado no mercado (entenda-se, externo) diretamente pelo titular ou com o seu consentimento (art. 68, § 3º).

Durante tal prazo, será igualmente admitida a importação por terceiros (além do licenciado compulsório) de produto fabricado de acordo com patente de processo ou de produto, desde que tenha sido colocado no mercado diretamente pelo titular ou com o seu consentimento (art. 68, § 4º).

Tal se dá porque tanto no caso de importação pelo próprio titular para exploração de patente quanto na hipótese agora sob estudo – a art 68, § 3º (licença resultante de abuso de poder econômico) –, será igualmente admitida a importação por terceiros de produto fabricado de acordo com patente de processo ou de produto, desde que tenha sido colocado no mercado (*sem discriminar se interno ou externo*) diretamente pelo titular ou com o seu consentimento.

É de se entender que tal permissivo se dirige, especialmente, aos casos em que se alegue inviabilidade econômica de fabricação do produto no Brasil, presumida pelo fato de que o próprio titular da patente não está efetuando tal fabricação, diretamente ou por licenciado.[1132] Em outras palavras, se o titular apenas importa seu produto, o terceiro interessado também pode importar, desde que de fonte externa autorizada ou não vedada pelo titular.

Note-se que, não obstante estar tal previsão incluída num dispositivo que lista hipótese de licença compulsória, a permissão de importação não é licença compulsória de nenhuma espécie mas, como se lê no capítulo sobre exaustão de direitos – uma hipótese de limitação à patente.

Do ponto de vista lógico e prático, é extremamente coerente tal dispositivo. Se houver mercado interno para o produto em questão, a importação por terceiros (de fonte autorizada...) contribuirá eficazmente para evitar o preço abusivo, e o titular propenderá a fabricar internamente para maximar seu retorno. Se não houver, a permissão para importar é inócua.

De outro lado, o art. 184, III, do CPI II exclui de crime quem importa produto que seja objeto de patente de invenção ou de modelo de utilidade ou obtido por meio ou processo patenteado no País, para os fins previstos no inciso anterior, desde que tenha sido colocado *no mercado externo* diretamente pelo titular da patente ou com seu consentimento. Em outras palavras, mesmo fora do contexto da *inviabilidade econômica* prevista no art. 68 do CPI/96, o terceiro interessado pode importar de fonte autorizada pelo titular sem risco de infração à norma penal.

1132 Henry Shiller, Revista da ABPI no. 25 (1996), p. 24.

19] § 4.5. Jurisprudência – Licenças Compulsórias por Abuso de Poder Econômico

"[T]he aims and objectives of patent and antitrust laws may seem, at first glance, wholly at odds. However, the two bodies of law are actually complementary, as both are aimed at encouraging innovation, industry and competition." *Atari Games Corp. v. Nintendo of America, Inc.*, 897 F.2d 1572, 1576 (Fed. Cir. 1990). FTC File No. 951 0140 – FTC's Public Reference Branch, Room 130, 6th Street and Pennsylvania Avenue, N.W., Washington, D.CThe proposed consent agreement signed by the firms to settle these charges, announced today for public comment, would require the merged firm to *divest Pharmacia's 9-AC assets to a Commission-approved buyer to ensure that research and development will continue.* The National Cancer Institute must approve the buyer as well. The settlement would require the divestiture to be completed within 12 months. Further, if the divestiture is not completed within 12 months, the Commission would be permitted to appoint a trustee to divest the 9-AC assets, including an exclusive license to 9-AC in the United States as well as an exclusive or nonexclusive license to market 9-AC in the rest of the world. In addition, the consent agreement would require the merged firm to provide technical assistance and advice to the acquirer toward continuing the research and development of 9-AC.
The consent order requires the licensing of specified gene therapy technology and patent rights to Rhone- Poulenc Rorer, Inc., of Collegeville, Pennsylvania, to put Rhone-Poulenc in a position to compete against the combined firm. It also requires divestiture of the Sandoz U.S. and Canadian corn herbicide assets to BASF, a German firm, and its flea control business to Central Garden & Pet Company, of Lafayette, California, or another Commission – approved buyer.

A FTC interpôs medidas contra a Dell Computer Corporation em relação a tecnologia objeto da patente "VL-Bus". Conforme relatório da FTC,[1133] tal tecnologia foi tornada padrão para computadores pessoais pela VESA (Video Electronics Standards Association). No entanto, a Dell Computers obteve registro para esta tecnologia e começou a requerer judicialmente o pagamento de *royalties* de outros membros da VESA sobre tal tecnologia. Uma vez que foi um caso onde nitidamente a Dell Computers agiu com excesso de destreza. O FTC interviu em vista dos atos prejudiciais a concorrência e para solucionar pacificamente a questão a Dell Computers se comprometeu a não tentar fazer valer o seu direito patentário tal como se estivesse oferecendo licenças para tal patente onde não houvesse qualquer pagamento.

[1133] FTC's Public Reference Branch, FTC File Nº 931 0097

[19] § 5. Licença compulsória por falta de uso

O abuso consistente no não uso do privilégio é um alvo preferencial das sanções ou ações corretivas do excesso do monopólio. Tal se dá freqüentemente através da concessão de licenças compulsórias,[1134] pelo qual terceiros podem passar a explorar o privilégio mediante autorização direta do Estado.

[19] § 5.1. O dever de usar o privilégio

A essência da política industrial, aplicada ao sistema de patentes, é a obrigação de explorar o objeto do privilégio.[1135] Consiste na realização do direito, com vistas a obter dele um uso conforme ao interesse público.[1136]

A questão é: que tipo de uso deve ser este? A exploração através da fabricação do produto no país que concede a patente, ou do uso do processo? A comercialização do produto patenteado, ou a fruição de seus efeitos pelos consumidores bastam para satisfazer ao interesse público?

A doutrina liberal entende que para racionalizar a produção, instalando as unidades industriais onde melhor estariam, atendendo às vantagens comparativas, não seria exigível, absolutamente, a exploração industrial do privilégio em cada país que o concedesse; a rigor, nem sequer a comercialização seria imposta, sob pena de falsear o ciclo natural dos produtos, obrigando a uma inovação artificial, incompatível com a demanda dos mercados menos sofisticados.

Adotando a tese de que o investimento privado, deixado em plena liberdade, tomará o caminho mais eficiente não só para os objetivos do investidor (a maximização do retorno e velocidade de crescimento da empresa) como também – possivelmente a médio e longo prazo – para os da sociedade como um todo, não cabe exigir

---

1134 Um dos mais discutidos instrumentos de limitação da patente, tal sistema só pode ser realmente eficaz se o licenciado compulsório tiver capacidade técnica de explorar a patente. Como dissemos anteriormente, "O competidor econômico, que não seja competidor tecnológico, só tem, desta forma, uma maneira de conseguir esta informação: pagar ao detentor dos dados escassos, submetendo-se habitualmente a uma imposição de segredo." El Concepto de Know How, Revista de Derecho Industrial, março de 1980. Nos quase vinte anos de vigência do Código só foram concedidas duas licenças realmente eficazes, ambas a uma única empresa nacional: Nortox Agroquímica S.A., no tocante a patentes da Monsanto que cobriam a fabricação de um defensivo agrícola; no caso, a licenciada compulsória já detinha patentes alternativas, desenvolvidas por sua encomenda por centros de pesquisa estrangeiros, não necessitando assim de obter a tecnologia da titular da patente.

1135 Paul Roubier, Le droit de la Propriété Industrielle, (1952), "Si l'État accepte de donner à l'inventeur un monopole d'exploitation, c'est à la condition qu'il y ait effectivement une exploitation. Gonzales Junior, Astyr, A caducidade do privilégio de invenção na lei brasileira e na Convenção de Paris, Revista de Direito Mercantil Industrial Econômico e Financeiro, nova serie, vol. 24, n. 58, p. 61 a 69 abr./jun. 1985. Antônio Luís Figueira Barbosa, Importação, Trabalho Obrigatório, Caducidade e Licença Compulsória, Revista da ABPI no. 25 (1996).

1136 J.M. Mousseron, Le droit du Brevet d'invention, contribution à une analyse objective, Paris, 1961, p. 197.

qualquer uso adequado da patente. Talvez, apenas, que ela não seja usada para extinguir a concorrência em geral.

Presumindo-se, de outro lado, que os interesses da sociedade possam divergir dos do investidor, ou que o interesse de certos países não coincida com os propósitos de determinados investidores, surge então a necessidade de mecanismos de re-orientação do uso das patentes, por exemplo através das mencionada caducidade e das licenças compulsórias. Este é o caso dos países em desenvolvimento que já disponham de certa base industrial, a quem não interessa a eliminação de tal segmento econômico a curto prazo, em favor de uma racionalização em proveito alheio.

É bem verdade que nem todo desuso é abusivo, pois somente a utilização do monopólio para impedir a produção num mercado que a justificasse economicamente poderia ser considerada assim. O não uso da patente, se considerado abusivo, pode resultar – no Direito Comparado – seja na exploração forçada do privilégio, seja na perda definitiva do direito de exclusiva através da caducidade.

[19] § 5.2. A licença por desuso na lei em vigor

A Lei 9.279/96 endereça-se a essa questão, dispondo em seu art. 68 que haverá *também* licença compulsória nos casos de não exploração do objeto da patente *no território brasileiro*, por falta de fabricação ou fabricação incompleta do produto ou, ainda, a falta de uso integral do processo patenteado, ressalvados os casos de inviabilidade econômica, quando será admitida a importação;[1137] ou, ainda, no caso de comercialização que não satisfizer às necessidades do mercado.[1138]

Assim, desaparece qualquer consideração quanto à existência ou não de abuso; ainda que a CUP classifique o desuso como tal, para a lei brasileira a simples não exploração deflagra a pretensão do licenciamento.

A licença compulsória não será concedida se, à data do requerimento, o titular justificar o desuso "por razões legitimas" ou comprovar a realização de sérios e efetivos preparativos para a exploração; ou, ainda, justificar a falta de fabricação ou comercialização por obstáculo de ordem legal.

1137 Note-se, porém, o que dispõe o art. 68, § 4º: No caso de importação para exploração de patente e no caso da importação prevista no parágrafo anterior, será igualmente admitida a importação por terceiros de produto fabricado de acordo com patente de processo ou de produto, desde que tenha sido colocado no mercado diretamente pelo titular ou com o seu consentimento. Vale dizer, nestes casos, legitima-se a importação paralela. Quanto à questão da compatibilidade de tal dispositivo com o art. 27.1 de TRIPs vide a seção sobre esgotamento de direitos. Vide especialmente Carlos Correa, Acuerdo TRIPs, Ed. Ciudad Argentina, 1996, p. 145-146. Vide também Ivan B. Ahlert, Importação Paralela e Licença Compulsória, Revista da ABPI, Nº 27 - Mar. /Abr. 1997.

1138 Este modelo de licença compulsória é compatível com o Acordo TRIPs? Vide nosso "Licitações, Subsídios e Patentes", Ed. Lumen Juris, 1997, p. 114 e seguintes.

[19] § 5.3. Licença por falta de uso e CUP

Diz a Convenção de Paris, no pertinente:

Art. 5º
(2) Cada país da União terá a faculdade de adotar medidas legislativas prevendo a concessão de licenças obrigatórias para prevenir os abusos que poderiam resultar do exercício do direito exclusivo conferido pela patente, como, por exemplo, a falta de exploração. (...)
(4) Não poderá ser pedida licença obrigatória, com o fundamento de falta ou insuficiência de exploração, antes de expirar o prazo de quatro anos a contar da apresentação do patente, ou de três anos a contar da concessão da patente, devendo aplicar-se o prazo mais longo; a licença será recusada se o titular da patente justificar a sua inação por razões legítimas. Tal licença obrigatória será não-exclusiva só será transferível, mesmo sob a forma de concessão de sublicença, com a parte da empresa ou do estabelecimento comercial que a explore.
 (5) as disposições precedentes serão aplicáveis, com as modificações necessárias, aos modelos de utilidade.

[19] § 5.4. Licença por falta de uso e TRIPs

A questão da compatibilidade entre TRIPs e o instituto brasileiro da licença compulsória por falta de uso já nos foi objeto de uma extensa análise, publicada em nosso Licitações, Subsídios e Patentes, Ed. Lumen Juris, 1996. Remetendo o leitor a tal fonte, como também à seção, no terceiro capítulo deste trabalho, dedicada ao Acordo TRIPs, cumpre-nos apenas aqui citar nossas conclusões quanto à questão:

a)   Não se introduziu, com o TRIPs, nenhum novo requisito à regra de não discriminação da Convenção de Paris.
b)   TRIPs, fora da cláusula em exame, não revoga as disposições da CUP relativas ao uso efetivo das patentes.
c)   A interpretação sistemática do Acordo TRIPs determina que o Art. 27 regula exclusivamente os pressupostos para o exercício de uma patente que sejam incondicionais e intrínsecos à concessão, não se aplicando às regras relativas à manutenção do direito, uma vez concedido. Assim, a norma não afeta a exigência de uso efetivo.
d)   Não houvesse tal entendimento, ainda assim o Art. 27 não poderia ser entendido de forma a vedar a exigência de uso efetivo. Em primeiro lugar, porque continua em vigor a Convenção de Paris, que a assegura.

Tratado da Propriedade Intelectual

e) Em segundo lugar, porque no uso efetivo se leva em conta a exploração da patente: mesmo sem importar nada, ocorre falta de uso. Não há pois a discriminação mencionada na cláusula entre a importação e a fabricação local.

f) Outro seria o entendimento, se o TRIPs regulasse a noção de uso efetivo, ou proibisse discriminar entre território nacional e estrangeiro para apuração da exploração ou ainda tivesse disposto diretamente que importação também é uso. Mas não o fez.

g) Assim, não há qualquer discriminação, seja perante do Art. 27, seja perante o restante dos dispositivos do TRIPs, na eventual imposição pela lei nacional de um requisito de uso efetivo, desde que constituído em exata conformidade com os parâmetros do Art. 5º da CUP.

Em maio de 2000 os Estados Unidos suscitaram perante a OMC a desconformidade do dispositivo da lei nacional com o art. 27 do TRIPs. Em 25 de junho de 2001 o pleito se encerrou sem julgamento, havendo o compromisso de o Governo Brasileiro consultar o Americano em conversações prévias à concessão de qualquer licença contra pessoa americana. Permanecem assim válidos os argumentos acima indicados.

[19] § 5.5. Legitimidade para licenciamento compulsório por desuso

No dizer da lei, as licenças compulsórias do art. 73 só poderão ser requeridas por pessoa com *legítimo interesse* e que tenha capacidade técnica e econômica para realizar a exploração eficiente do objeto da patente, que – como já visto- deverá destinar-se, predominantemente, ao mercado interno.[1139]

Tal exigência presumirá o exame, pelo INPI, das condições de legitimidade, o que poderá ainda ser objeto de resistência por parte do licenciador obrigado à autorização.

Argúem alguns que a capacidade técnica implicaria em que o licenciante tivesse pleno domínio da tecnologia necessária, descabendo assim qualquer aporte por parte do inventor. Tal regra de legitimidade não impede, a nosso ver, o Poder Público de postular a licença para seu uso, ainda que tal outorga presuma o sublicenciamento a terceiros, mediante contratação direta ou licitação, para suprimento dos bens ou serviços licenciados compulsoriamente. O sentido da regra legal é que o licenciamento deva resultar num uso efetivo da patente de acordo com seus pressupostos legais. A capacidade técnica e econômica a que se refere a lei deve ser entendida, pelo menos em face ao Poder Público, como própria ou delegada.

1139 Não foi incorporado ao Direito Interno, e não é assim obrigatório no Brasil, o dispositivo de TRIPs (art. 31.b) que exige que as leis nacionais prevejam a prévia interpelação do titular da patente, solicitando licença voluntária, para que se possa requerer, ante a recusa, a licença compulsória. Mas tal providência sempre será de boa política, inclusive para confrontar à eventual alegação (descabida, como é óbvio) do dispositivo de TRIPs.

Não é, à luz do art. 68, § 1º, requisito de legitimação que o pretendente tenha antes solicitado licença voluntária, a qual tenha sido recusada nos termos oferecidos.[1140]

[19] § 5.6. Finalidade da licença compulsória

Como prescreve o art. 68, § 2º, a produção sob a licença deverá destinar-se, *predominantemente*, ao mercado interno. Vale dizer, sem exclusão de produção – desde que não seja predominante – para o mercado interno. Assim, caberá expedir licença compulsória se a parcela do mercado interno pretendido compreender até 51% da produção.

Note-se que, para os efeitos deste artigo, não se poderá considerar mercado *externo* as áreas de integração econômica, por exemplo, o Mercosul.

[19] § 5.7. Prazo para licença compulsória

A licença compulsória somente será requerida após decorridos 3 (três) anos da concessão da patente. Note-se que o art. 5º da CUP estabelece que tal prazo será quatro anos a contar da apresentação do pedido de patente, ou de três anos a contar da concessão da patente. No entanto, quase impossível, no regime brasileiro, que a hipótese da CUP venha a ser suscitada na prática.

[19] § 5.8. Defesa do titular

O titular pode alegar em defesa, além das questões relativas à legitimidade, o desuso por razões legítimas; ou comprovar a realização de sérios e efetivos preparativos para exploração; ou justificar a falta de fabricação ou comercialização por obstáculo de ordem legal (CPI/96, art. 69).

Quais serão as "razões legítimas", a que se refere a lei? A expressão, emprestada da Convenção de Paris, art. 5 A (4), é interpretada como significando "razões baseadas na existência de obstáculos econômicos, legais ou técnicos à exploração ou exploração mais intensiva da patente no país".[1141] Jurisprudência estrangeira indica que tais razões serão suficientemente graves para realmente impedir a exploração da patente.[1142]

Assim, tais fundamentos podem até exceder a simples força maior ou caso fortuito, mas conforme prevêem as Atas da Revisão de Bruxelas da CUP,[1143] deverão ser

---

1140 Não foi incorporado ao Direito Interno, e não é assim obrigatório no Brasil, o dispositivo de TRIPs (art. 31.b) que exige que as leis nacionais prevejam a prévia interpelação do titular da patente, solicitando licença voluntária, para que se possa requerer, ante a recusa, a licença compulsória. Mas tal providência sempre será de boa política, inclusive para confrontar à eventual alegação (descabida, como é óbvio) do dispositivo de TRIPs.

1141 Bodenhausen, Guide to the Paris Convention, BIRPI, 1968, p. 75.

1142 Julgamento do Tribunal de Grande Instância de Paris de 3 de maio de 1963, API, 1963, 295.

1143 P. 316/7, 322/3, 325/6 e 387/8.

determinados em sua extensão pelas autoridades de cada país. No Brasil, o foco de interpretação será o do texto constitucional, que submete a patente aos requisitos de uso efetivo, em favor da economia, do desenvolvimento e da tecnologia nacionais; na dúvida, o interesse da fabricação local prevalecerá.

Já se argumentou que, num contexto empresarial, só se deixaria de explorar uma patente por razões da lógica empresarial.[1144] Assim jamais seria deferida uma licença compulsória por desuso. Tal reflexão é cega, porém, à dimensão social da patente, que lhe provê os fundamentos constitucionais. Assim, se a razão for empresarialmente legítima – como a de restringir o mercado nacional a produtos de tecnologia ultrapassada – mas socialmente reprovável ou pelo menos *não legítima*, haverá fundamento para concessão da licença.

Que serão "sérios e efetivos preparativos para exploração"? À falta de precedentes nacionais, cabe suscitar a jurisprudência francesa sobre a questão, que determina serem tais o fato de se fazerem reais esforços para se implantar uma fábrica, constituindo uma sociedade no país para tal fim;[1145] ou o fato de serem entabuladas negociações sérias e repetidas com parceiros potenciais[1146] mas não o simples anúncio e oferta de licença.[1147]

Quanto aos obstáculos de ordem legal, tem-se que não constituem razões de escusa da obrigação constitucional de uso da patente a simples recusa de homologação ou licença de fabricação pela autoridade competente, caso o titular, sem prejuízo da matéria reivindicada, pudesse alterar o produto para satisfazer às especificações oficiais.[1148]

No caso de falta de fabricação ou fabricação incompleta do produto, ou, ainda, de falta de uso integral do processo patenteado, cabe ao titular alegar inviabilidade econômica da fabricação local, ainda que possível a satisfação *completa* do mercado através de importação. Tal argumento porém, encontrará a óbvia contradita do requerente, cujo fundamento fáctico do requerimento será exatamente a viabilidade econômica da fabricação local. Assim, a tese de inviabilidade sofre de uma fragilidade insuperável como defesa do titular da patente, ainda que possa ser levantada como questão de legitimação do requerente.

Note-se que não cabe alegar falta de inviabilidade econômica no caso de comercialização insuficiente tendo em vista o mercado nacional, eis que está clara a existência *objetiva* de demanda, ainda que razões subjetivas pudessem ser suscitadas.

[19] § 5.9. Da noção de uso efetivo

Como visto, o art. 68 da Lei 9.279/96 diz o seguinte:

1144 Por exemplo, em Danemann, *op. cit.,* p. 161.

1145 T.Civ. Seine 10 março de 1933, API, 1933, 287).

1146 Segundo Foyer e Vivant, Le Droit des Brevets, PUF, 1991, p. 383, haveria considerável jurisprudência em tal sentido, especialmente Lyon 29 de março de 1933, API, 1933, 254.

1147 Paris, 7 de fevereiro de 1925, API, 1925, 8.

1148 Tribunal de Grande Instância de Paris, 21 de junho de 1976, JCP, 1976, ed. CI, II, 12295.

(...)

§ 1º Ensejam, igualmente, licença compulsória:

I – a não exploração do objeto da patente no território brasileiro por falta de fabricação ou fabricação incompleta do produto, ou, ainda, a falta de uso integral do processo patenteado, ressalvados os casos de inviabilidade econômica, quando será admitida a importação; ou

II – a comercialização que não satisfizer às necessidades do mercado.

Assim, são causas que legitimam a licença compulsória:

a falta de fabricação do produto;

a fabricação incompleta do produto;

a *falta de uso integral* do processo patenteado;

a comercialização que não satisfizer às necessidades do mercado.

Tais fatos dispensam qualquer constatação suplementar de abuso de patentes ou de abuso de poder econômico. São fatos que, por si só, fixando abuso *juris et de jure*, constituem a situação jurídica que propicia o requerimento da licença compulsória pelo interessado que for legitimado para tanto.

Veremos, a seguir, a questão da fabricação *incompleta* do produto ou uso *não integral* do processo patenteado. Vale, no entanto, enfatizar que a comercialização que não satisfaça o mercado (note-se, não só o interno...) é causa autônoma de licenciamento compulsório. Assim, mesmo na hipótese em que a importação seja legítima (por inviabilidade econômica de fabricação local), o excesso de demanda não atendida legitimaria o licenciamento. Não há razão, de outro lado, para limitar a apuração da demanda reprimida aos níveis de preços praticados por importação; se a demanda, ao preço que se poderia praticar pela fabricação interna, não é atendida, abre-se também possibilidade da licença obrigatória.

Na lei brasileira, assim, superam-se as dúvidas quanto à noção de uso efetivo suscitadas em outros sistemas jurídicos: o uso se faz pela fabricação local, ainda que tal obrigação seja eximida nos casos previstos na legislação, sem que com isto se crie um uso efetivo por importação.[1149] Com efeito, o dispositivo do art. 68 § 4º, que faculta a importação paralela por terceiros quando também importe o titular, enfatiza que não há uso efetivo neste caso.

Quanto a essa importação paralela – que não é submetida a qualquer licença pública ou privada, mas consiste simples modalidade de exaustão de direitos -, vide o capítulo especifico deste livro sob o título Limitações à Patente, Exaustão de Direitos.

1149 Enganava-se, obviamente, o Relator da Comissão de Assuntos Econômicos do Senado quanto ao Projeto da Câmara no. 115/93, que veio a tornar-se a Lei 9.279/96, ao entender que "nos casos de inviabilidade econômica, a importação será admitida como forma de exploração". A inviabilidade é matéria de defesa do titular da patente, mas não exploração.

[19] § 5.10. Fabricação completa de produto; falta de uso integral do processo

A *fabricação completa* do produto ou uso integral do processo podem ser entendido de duas formas:

- como a fabricação que satisfaça *as reivindicações da patente*, em uma de suas formas alternativas.
- Como a fabricação que complete o produto ou perfaça o processo do ponto de vista econômico.

A segunda hipótese parte do princípio que o uso obrigatório da patente tem uma função social, que é o que a Constituição, em seu art. 5º, XXIX, define como "tendo em vista o interesse social e o desenvolvimento tecnológico e econômico do País". Tal perspectiva tem como conseqüência enfatizar o uso economicamente significativo da patente, o que levaria a entender a obrigação resultante do art. 68, § 1º, do CPI/96 como a fabricação que complete o produto ou perfaça o processo do ponto de vista econômico.

Na verdade, os dois requisitos são necessariamente cumulativos, o primeiro para satisfazer o alcance do privilégio, como concedido, ou seja, em sua essência jurídica, o segundo para satisfazer o requisito constitucional, que alcança, como visto, a dimensão econômica do direito.

Ponderemos, primeiramente, quanto à suficiência relativa às reivindicações da patente. Note-se que não se pode usar, para o propósito de apurar *uso efetivo*, o critério da contrafação. Para se verificar se um uso de uma tecnologia infringe uma patente, se levará em conta *qualquer* dos pontos reivindicados; para se determinar uso efetivo, no entanto, é preciso determinar se a solução técnica, como reivindicada, está sendo usada, em sua integralidade. Assim, se uma patente reivindica processo, produto e aparelho, a simples fabricação do produto não atende à obrigação de uso efetivo, muito embora o fizesse, se fosse esta a única matéria reivindicada.[1150] Já se apontou que, no caso de soluções alternativas, a utilização de apenas uma delas satisfará o requisito.

Já apreciando o uso do ponto de vista econômico, parece razoável admitir que tal seja igualmente *sério e efetivo*, como se impõe quanto aos preparativos para exploração das patentes. Quais parâmetros se tomariam para determinar tal uso sério e efetivo?

Note-se que o direito comparado aponta igualmente a necessidade de que a fabricação seja real e leal,[1151] ou seja, que tal não se configure como simplesmente simbó-

---

1150   Tal se dá por aplicação do conceito de unidade da patente; se a solução técnica é uma, o uso da patente tem de ser abrangente, cobrindo todas as reivindicações que a expressam.

1151   Conforme a jurisprudência francesa: Lyon, 29 de março de 1933, API, 1933, 251; Amiens, 26 de julho de 1938, API, 1939, 135; Dijon, 14 de junho de 1944, API 1940-1948, 111).

lica.[1152] Em especial, não se considera produção local o de um estabelecimento que apenas monte peças fabricadas no exterior.[1153] A partir de que nível se terá tal *fabricação completa?*

[19] § 6. Licença de interesse público

Imagine-se uma situação em que – por emergência ou interesse público – indique-se a necessidade pública de utilizar o teor de uma patente. Já de início, é de se notar que a nossa legislação de Propriedade Industrial prevê mecanismos para enfrentar tal situação: é caso frontal da aplicabilidade do art. 71 da Lei 9.279, de 14 de maio de 1996, o qual assim se lê:

> Art. 71. Nos casos de emergência nacional ou interesse público, declarados em ato do Poder Executivo Federal, desde que o titular da patente ou seu licenciado não atenda a essa necessidade, poderá ser concedida, de ofício, licença compulsória, temporária e não exclusiva, para a exploração da patente, sem prejuízo dos direitos do respectivo titular.
> Parágrafo único. O ato de concessão da licença estabelecerá seu prazo de vigência e a possibilidade de prorrogação.

Tal licença se distingue das analisadas anteriormente, no que o interesse a prevalecer não é o licenciado, mas o interesse público. No regime das legislações anteriores, verificou-se pelo menos uma hipótese em que tal licença foi concedida, para combate a uma epidemia de febre aftosa.

[19] § 6.1. Previsão no Acordo TRIPs

A licença por interesse público está especificamente sancionada no Art. 31 do TRIPs, especialmente por aplicação do art. 8º:

> Article 8
> Principles
> 1. Members may, in formulating or amending their laws and regulations, adopt measures necessary to protect public health and nutrition, and to promote the public interest in sectors of vital importance to their socio-economic and technological development, provided that such measures are consistent with the provisions of this Agreement.

1152   Ainda conforme a jurisprudência francesa: Bourges, 8 de novembro de 1932, API, 1933, 265; Paris, 16 de janeiro de 1934, API, 1934, 137.

1153   Carlos Maria Correa e Salvador D.Bergel Patentes y Competencia, Rubinzal-Culszoni Editores – Buenos Aires, 14 de Maio de 1996, p. 85.

Importante notar que TRIPs contempla as hipóteses de interesse público, especialmente no setor de saúde e alimentação, e que se refere à emergência pública no art. 31, o TRIPs.

Diz Carlos Maria Correa:[1154]

Salud Pública y nutrición y otras razones de interés público. El artículo 8 ("Principios") de Acuerdo TRIPs establece el derecho de los Miembros de "adoptar las medidas necesarias para proteger la salud pública y nutrición de la población, o para promover el interés en sectores de importancia vital para su desarrollo socioeconómico y tecnológico, siempre que esas medidas sean compatibles con lo dispuesto en el presente Acuerdo".

Con base en esta disposición, y sujetas a las condiciones establecidas por el artículo 31, las licencias obligatorias podrían concederse, por razones de "interés público" (como sucede en la legislación alemana) o para satisfacer objetivos de salud pública.

[19] § 6.2. Licença por interesse público no direito comparado[1155]

Tal mecanismo é bem conhecido em direito comparado. Como notam Chavanne e Burst:[1156]

"La licence d'office dans l'intérêt de la santé publique – Selon l'article L.613-16 – si l'intérêt public l'exige, les brevets délivrés pour des médicaments ou pour des procédés d'obtention de médicaments, pour des produits nécessaires à l'obtention de ces médicaments ou pour des procédés de fabrication de tels produits peuvent, au cas ou ces médicaments ne sont mis à la disposition du public qu'en quantité ou qualité insuffisantes, ou à des prix anormalement élevés, être soumis, par arrêté du ministre chargé de la propriété industrielle, sur la demande du ministre chargé de la santé publique au régime de la licence d'office..."

"A partir du jour de la publication du décret soumettant le brevet au régime de la licence d'office, toute personne qualifiée peut demander au ministre chargé de la propriété industrielle l'octroi d'une licence d'exploitation. Cette licence qui ne peut qu'être non exclusive est accordée aux conditions fixées par arrêté du ministre à l'exclusion de celles relatives aux redevances. Celles-ci, à défaut d'accord amiable, sont fixées par le tribunal de grande instance."

1154 Acuerdo TRIPS – Régimen Internacional de La Propiedad Intelectual, Ediciones Ciudad Argentina, 1995.

1155 Esta seção contou com a colaboração e pesquisa de Marcelo Rodrigues Neves e Sérgio Reis.

1156 Albert Chavanne / Jean-Jacques Burst, Droit de la propriété industrielle – 4ª édition – Actes Imposés – Licences à caractère administratif – p. 219 e 220.

O mesmo ocorre no direito italiano:[1157]

La legge sui brevetti per invenzioni prevede una generale possibilità di espropriazione del brevetto nell'interesse della difesa militare del Paese o per altre ragioni di pubblica utilità> Tale disciplina (espressa dagli artt.60-65 l.inv.) può dar luogo alla ablazione del brevetto, o alla autorizzazione all'uso del brevetto (quid una sorta di licenza obbligatoria) a favore della pubblica Amministrazione, dietro indennizzo.

De outro lado, diz a Seção 1498 do Capítulo 91, Parte IV, Título 28 do U.S. Code ("USC"):

28 USC 1498. Patent and copyright cases
(a) Whenever an invention described in and covered by a patent of the United States is used or manufactured by or for the United States without license of the owner thereof or lawful right to use or manufacture the same, the owner's remedy shall be by action against the United States in the United States Court of Federal Claims for the recovery of his reasonable and entire compensation for such use and manufacture. Reasonable and entire compensation shall include the owner's reasonable costs, including reasonable fees for expert witnesses and attorneys, in pursuing the action if the owner is an independent inventor, a nonprofit organization, or an entity that had no more than 500 employees at any time during the 5-year period preceding the use or manufacture of the patented invention by or for the United States. Notwithstanding, the preceding sentences, unless the action has been pending for more than 10 years from the time of filing to the time that the owner applies for such costs and fees, reasonable and entire compensation shall not include such costs and fees if the court finds that the position of the United States was substantially justified or that special circumstances make an award unjust.
For the purposes of this section, the use or manufacture of an invention described in and covered by a patent of the United States by a contractor, a subcontractor, or any person, firm, or corporation for the Government and with the authorization or consent of the Government, shall be construed as use or manufacture for the United States.
The court shall not award compensation under this section if the claim is based on the use or manufacture by or for the United States of any article owned, leased, used by, or in the possession of the United States prior to July 1, 1918.
A Government employee shall have the right to bring suit against the Government under this section except where he was in a position to order, influence, or induce use of the invention by the Government. This section shall

---

1157   Vicenzo Di Cataldo, Le Invenzioni I Modelli, p. 148, Giuffrè Editore – Milano.

not confer a right of action on any patentee or any assignee of such patentee with respect to any invention discovered or invented by a person while in the employment or service of the United States, where the invention was related to the official functions of the employee, in cases in which such functions included research and development, or in the making of which Government time, materials or facilities were used.

Assim, a lei americana permite o uso de qualquer patente concedida nos E.U.A., sem licença voluntária do titular, desde que o uso seja realizado pelo governo norte-americano, ou para os fins deste, ainda que por terceiros. Juridicamente, a cláusula preceitua que ao usar a patente sem autorização, o Estado não comete "tort".[1158] Também vale citar o teor da Executive Order 12889 de 28 de dezembro de 1993, que determina que os entes públicos federais deverão tentar obter uma licença do titular da patente dentro de condições comerciais consideradas normais antes de proceder ao uso forçado de tal invenção.

A lei americana também prevê licença compulsória de patentes cujo titular é uma pequena e média empresa, em caso de invenções realizadas com a assistência do governo federal, USC, Seção 203, do Capítulo 18, Parte II do Título 35:

Sec. 203. March-in rights
(1. [1] With respect to any subject invention in which a small business firm or nonprofit organization has acquired title under this chapter, the Federal agency under whose funding agreement the subject invention was made shall have the right, in accordance with such procedures as are provided in regulations promulgated hereunder to require the contractor, an assignee or exclusive licensee of a subject invention to grant a nonexclusive, partially exclusive, or exclusive license in any field of use to a responsible applicant or applicants, upon terms that are reasonable under the circumstances, and if the contractor, assignee, or exclusive licensee refuses such request, to grant such a license itself, if the Federal agency determines that such –
(a) action is necessary because the contractor or assignee has not taken, or is not expected to take within a reasonable time, effective steps to achieve practical application of the subject invention in such field of use;
(b) action is necessary to alleviate health or safety needs which are not reasonably satisfied by the contractor, assignee, or their licensees;
(c) action is necessary to meet requirements for public use specified by Federal regulations and such requirements are not reasonably satisfied by the contractor, assignee, or licensees; or

---

1158 O "tort" poderia ser comparável à responsabilidade aquiliana do Direito Romano.

(d) action is necessary because the agreement required by section 204 has not been obtained or waived or because a licensee of the exclusive right to use or sell any subject invention in the United States is in breach of its agreement obtained pursuant to section 204.

(2) A determination pursuant to this section or section 202(b) (4) shall not be subject to the Contract Disputes Act (41 U.S.C. Sec. 601 et seq.). An administrative appeals procedure shall be established by regulations promulgated in accordance with section 206. Additionally, any contractor, inventor, assignee, or exclusive licensee adversely affected by a determination under this section may, at any time within sixty days after the determination is issued, file a petition in the United States Court of Federal Claims, which shall have jurisdiction to determine the appeal on the record and to affirm, reverse, remand or modify, "as appropriate, the determination of the Federal agency". In cases described in paragraphs (a) and (c), the agency's determination shall be held in abeyance pending the exhaustion of appeals or petitions filed under the preceding sentence.

Em matéria de energia nuclear, o Capítulo 23 do Título 42 do U.S. Code assim prevê:

(a) Declaration of public interest
The Commission may, after giving the patent owner an opportunity for a hearing, declare any patent to be affected with the public interest if the invention or discovery covered by the patent is of primary importance in the production or utilization of special nuclear material or atomic energy; and the licensing of such invention or discovery under this section is of primary importance to effectuate the policies and purposes of this chapter.
(b) Action by Commission
Whenever any patent has been declared affected with the public interest, pursuant to subsection (a) of this section the Commission is licensed to use the invention or discovery covered by such patent in performing any of its powers under this chapter; and any person may apply to the Commission for a nonexclusive patent license to use the invention or discovery covered by such patent, and the Commission shall grant such patent license to the extent that it finds that the use of the invention or discovery is of primary importance to the conduct of an activity by such person authorized under this chapter.

Em relação à política de prevenção da poluição do ar norte americana, na Seção 7608, do Sub-capítulo III, Capítulo 85 está estabelecido o seguinte:

Sec. 7608. Mandatory licensing
Whenever the Attorney General determines, upon application of the Administrator –

Tratado da Propriedade Intelectual

(1) that –
(A) in the implementation of the requirements of section 7411, 7412, or 7521 of this title, a right under any United States letters patent, which is being used or intended for public or commercial use and not otherwise reasonably available, is necessary to enable any person required to comply with such limitation to so comply, and
(B) there are no reasonable alternative methods to accomplish such purpose, and
(2) that the unavailability of such right may result in a substantial lessening of competition or tendency to create a monopoly in any line of commerce in any section of the country, the Attorney General may so certify to a district court of the United States, which may issue an order requiring the person who owns such patent to license it on such reasonable terms and conditions as the court, after hearing, may determine. Such certification may be made to the district court for the district in which the person owning the patent resides does business, or is found.

Fora do campo patentário, mas dentro da Propriedade Intelectual, O Plant Variety Protection Act estabelece:

97.700 Public interest in wide usage.
(a) If the Secretary has reason to believe that a protected variety should be declared open to use by the public in accordance with section 44 of the Act, the Secretary shall give the owner of the variety appropriate notice and an opportunity to present views orally or in writing, with regard to the necessity for such action to be taken in the public interest.
(b) Upon the expiration of the period for the presentation of views by the owner, as provided in paragraph (a) of this section, the Secretary shall refer the matter to the Plant Variety Protection Board for advice, including advice on any limitations or rate of remuneration.

Upon receiving the advice of the Plant Variety Protection Board, the Secretary shall advise the owner of the variety, the members of the Plant Variety Protection Board, and the public, by issuance of a press release, of any decision based on the provisions of section 44 of the Act to declare a variety open to use by the public. Any decision not to declare a variety open to use by the public will be transmitted only to the owner of the variety and the members of the Plant Variety Protection Board.

[19] § 6.3. Natureza jurídica do instituto

Como se justifica tal limitação da propriedade pelo interesse do Estado? A proteção constitucional da propriedade, perante as imposições do interesse público, tem estatuto constitucional. Ao contrário do que acontece no caso de licenças por abuso de poder econômico, ou daquelas conseqüentes à falta de uso, neste caso se tem mera prevalência de uma necessidade ou utilidade pública sobre o interesse privado, e não uma correção de abuso, ou adequação à finalidade do direito.

Nestes dois últimos casos, como já repetido, a regra constitucional pertinente é a do uso social da propriedade, e em especial a da cláusula final do art. 5º, XXIX, da Constituição, que determina que a patente deve ser usada "tendo em vista o interesse social e o desenvolvimento tecnológico e econômico do País". Assim, nestes casos, a licença não é exercício de domínio eminente, mas elemento de correção de abuso.

O exercício do domínio eminente do Estado se faz em direito através da desapropriação, ou da requisição. No caso brasileiro, entendemos que a licença compulsória pertinente trata-se de caso específico de requisição.[1159] Veja-se, a propósito, Pontes de Miranda:[1160]

> "A requisição é instituto parecido com o da desapropriação. Não cabe, ainda quando expropriativa, no conceito de desapropriação. É o estado policial de necessidade, o *POLIZEILICHER NOTSTAND* (cf Karl Friedrichs, Polizeinotstand und Schadenersatz, Preussisches Verwaltungsblatt, 45, 2).
>
> Por outro lado, se não se retira ao dono, ou titular do direito, a propriedade do bem, se o ato estatal não produz a perda, não há pensar-se em desapropriação. Se é preciso destruir muro, ou parede, ou cais, ou tirar água ou usar o automóvel, ou servir-se da entrada privada, não há desapropriação: tudo se passa no terreno fáctico; daí ser preciso requisitar-se, se há tempo."

[19] § 6.4. "Emergência nacional ou interesse público"

Os fundamentos da licença são os expressos no art. 71 da Lei 9.279/96. Devem-se distinguir as questões de emergência nacional, que implica em um estado agravado de interesse público ou coletivo, qualificado pela urgência no atendimento das demandas, e as de simples interesse público. O critério constitucional de "iminente perigo público", próprio das requisições, não se identifica, porém, inteiramente e em todos os casos com o critério de 'emergência nacional ou interesse público".

Note-se que os dois qualificativos são distintos em seus pressupostos e efeitos. A emergência é *nacional*, e não local; ela pode suscitar seja interesse público, seja interesse coletivo ou mesmo difuso. No caso de interesse público, não se exige que seja *nacional*, nem mesmo federal. O interesse público de qualquer esfera do Poder Público justificará a pretensão.

É certo que o simples interesse público justifica, ao nosso entender, a concessão da licença compulsória, até à luz do amparo constitucional à desapropriação. A ques-

---

1159 Carta de 1988, art. 5º, XXV - no caso de iminente perigo público, a autoridade competente poderá usar de propriedade particular, assegurada ao proprietário indenização ulterior, se houver dano.

1160 Pontes de Miranda, Comentários à Constituição de 1967 – Tomo V (arts.150, § 2º-156), Revista dos Tribunais

tão então é da necessidade da *prévia* indenização, aplicável neste último caso, e dispensável nas requisições. Queremos crer, no entanto, que o pagamento de *royalties* na proporção do uso da patente atende, em substância, à garantia constitucional da indenização ao titular da propriedade de forma adequada e economicamente comparável.

O interesse público se concretiza, a nosso ver, em princípio, nas noções de utilidade pública, que derivam do desenho constitucional do domínio eminente. Assim é que se listam no Decreto-Lei 3.365 de 21 de junho de 1941:

ART. 5º Consideram-se casos de utilidade pública:
a) a segurança nacional;
b) a defesa do Estado;
c) o socorro público em caso de calamidade;
d) a salubridade pública;
e) a criação e melhoramento de centros de população, seu abastecimento regular de meios de subsistência;
f) o aproveitamento industrial das minas e das jazidas minerais, das águas e da energia hidráulica;
g) a assistência pública, as obras de higiene e decoração, casas de saúde, clínicas, estações de clima e fontes medicinais;
h) a exploração ou a conservação dos serviços públicos;
i) a abertura, conservação e melhoramento de vias ou logradouros públicos; a execução de planos de urbanização; o loteamento de terrenos edificados ou não para sua melhor utilização econômica, higiênica ou estética; a construção ou ampliação de distritos industriais;
j) o funcionamento dos meios de transporte coletivo;
k) a preservação e conservação dos monumentos históricos e artísticos, isolados ou integrados em conjuntos urbanos ou rurais, bem como as medidas necessárias a manter-lhes e realçar-lhes os aspectos mais valiosos ou característicos e, ainda, a proteção de paisagens e locais particularmente dotados pela natureza;
l) a preservação e a conservação adequada de arquivos, documentos e outros bens móveis de valor histórico ou artístico;
m) a construção de edifícios públicos, monumentos comemorativos e cemitérios;
n) a criação de estádios, aeródromos ou campos de pouso para aeronaves;
o) a reedição ou divulgação de obra ou invento de natureza científica, artística ou literária;
p) os demais casos previstos por leis especiais.

[19] § 6.5. "declarados em ato do Poder Executivo Federal"

A declaração de necessidade ou utilidade pública, ou de interesse social, para fins de desapropriação é tradicional em nosso Direito, e se executa mediante decreto do

Presidente da República, Governador ou Prefeito[1161] O art. 71 da Lei 9.279/96 toma a mesma diretriz, e determina que seja publicada uma declaração de interesse público ou emergência nacional em ato do Poder Executivo. À falta de competência especificada na lei para alguma autoridade, não se vê porque não seguir a tradição pátria, e emitir-se um decreto do Presidente da República. Tal prudência é importante, inclusive para responder a um eventual questionamento da constitucionalidade da concessão de uma licença.

Note-se que a Lei 9.279/96, ainda que determine a competência exclusiva da União para o processo declaratório, não restringe a licença ao atendimento da União: o Distrito Federal, os Estados e Municípios podem ser os titulares do interesse público a ser atendido. Outro entendimento violaria a cláusula federativa.

[19] § 6.6. "desde que o titular da patente ou seu licenciado não atenda a essa necessidade"

A condição em análise é substantiva e essencial. Não haverá a faculdade de Administração emitir de ofício a licença compulsória, se o titular ou licenciado se dispuserem ou estiverem em condições de atender à emergência ou ao interesse público.

Duas conseqüências diretas resultam desta cláusula. A primeira é a aplicação do *procedural due process of law* inserido no art. 5º LIV da Constituição de 1988, que impõe pleno direito de defesa. Lógico que a eventual emergência nacional prejudicará a exigência de uma defesa *prévia* do titular; mas, fora tal evento, o dispositivo da Lei do Processo Administrativo Federal (Lei nº 9.784, 29 de janeiro de 1999) deverá ser seguido:

> Art. 2º A Administração Pública obedecerá dentre outros, aos princípios da legalidade, finalidade, motivação, razoabilidade, proporcionalidade, moralidade, ampla defesa, contraditório, segurança jurídica, interesse público e eficiência.
> Parágrafo único. Nos processos administrativos serão observados, entre outros, os critérios de: (...)
> VIII – observância das formalidades essenciais à garantia dos direitos dos administrados;

Assim, essencial aplicar-se a este processo, para o qual, como veremos, *não é aplicável em sua integridade o art. 73 da Lei 9.279/96*, as regras da Lei nº 9.784, especialmente as relativas à defesa do titular da patente. Por exemplo, são particularmente relevantes:

1161 Decreto Lei 3.365/41, art. 6º A declaração de utilidade pública far-se-á por decreto do Presidente da República, Governador, Interventor ou Prefeito.

Art. 28. Devem ser objeto de intimação os atos do processo que resultem para o interessado em imposição de deveres, ônus, sanções ou restrição ao exercício de direitos e atividades e os atos de outra natureza, de seu interesse.

Art. 29. As atividades de instrução destinadas a averiguar e comprovar os dados necessários à tomada de decisão realizam-se de ofício ou mediante impulsão do órgão responsável pelo processo, sem prejuízo do direito dos interessados de propor atuações probatórias.

§ 1º O órgão competente para a instrução fará constar dos autos os dados necessários à decisão do processo.

§ 2º Os atos de instrução que exijam a atuação dos interessados devem realizar-se do modo menos oneroso para estes.

Art. 38. O interessado poderá, na fase instrutória e antes da tomada da decisão, juntar documentos e pareceres, requerer diligências e perícias, bem como aduzir alegações referentes à matéria objeto do processo.

§ 1º Os elementos probatórios deverão ser considerados na motivação do relatório e da decisão.

§ 2º Somente poderão ser recusadas, mediante decisão fundamentada, as provas propostas pelos interessados quando sejam ilícitas, impertinentes, desnecessárias ou protelatórias.

Art. 44. Encerrada a instrução, o interessado terá o direito de manifestar-se no prazo máximo de dez dias, salvo se outro prazo for legalmente fixado.

Art. 45. Em caso de risco iminente, a Administração Pública poderá motivadamente adotar providências acauteladoras sem a prévia manifestação do interessado.

Art. 46. Os interessados têm direito à vista do processo e a obter certidões ou cópias reprográficas dos dados e documentos que o integram, ressalvados os dados e documentos de terceiros protegidos por sigilo ou pelo direito à privacidade, à honra e à imagem.

A segunda conseqüência é a de que tanto a impossibilidade fáctica, quanto a recusa em atender à necessidade ou emergência consistem causas de licença compulsória. Provavelmente haverá uma conjugação de fatores. Se o titular ou licenciado não podem produzir a quantidade de vacinas necessárias numa epidemia, e se recusam a licenciar a terceiros, que podem efetuar a fabricação, temos então em sua limpidez o fato gerador da licença em análise.

O que acontecerá, porém, se a falta de atendimento resulta de preços excessivos? É de se notar que, na experiência do direito comparado, é essa a principal razão de tal tipo de licença.

Muito provavelmente, em tal situação, haverá uma lesão de caráter concorrencial, pois – se houvesse competidores para os produtos patenteados – o atendimento à necessidade se daria por outra fonte. Se tal for o caso, um remédio adequado (ainda que não o único) seria o da licença do art. 68 da Lei 9.279/96, e não a do art. 71.

Mas existindo, ou não, uma situação de lesão à concorrência, poderá haver os elementos do fato gerador da licença por interesse público quando o produto patenteado não for capaz de atender à necessidade pública ou a emergência *em razão do preço excessivo*. O art. 71 não faz exceção às razões da existência da necessidade ou emergência: falta de exploração, abuso de patentes ou abuso de poder econômico, ou mesmo simples falta de investimento industrial.

[19] § 6.7. "Poderá ser concedida, de oficio"

A licença compulsória do art. 71 não é resultado de requerimento de interessado, mesmo porque se destina a atender uma necessidade pública ou emergencial. Ela é outorgada *de ofício*. Isso leva a necessariamente a uma situação como a descrita no Direito Francês.

Ou seja: a não ser que se tenha a improvável hipótese de que a União tenha capacidade própria de explorar a patente, a licença de ofício será concedida *a quem se habilitar* segundo os parâmetros estipulados na respectiva oferta.

Uma vez que exista a demanda a ser atendida, duas situações ocorrem: ou a licença se destina à produção para o mercado em geral, ou é para compras governamentais. No primeiro caso, a União apenas institui *oportunidade de mercado* para o beneficiário da licença, sem demandar bens ou serviços. Na segunda hipótese, a licença é subsidiária a uma demanda estatal.

Qualquer das duas hipóteses está sujeita às exigências do *caput* do art. 37 da Constituição de 1988:

Art. 37 – A administração pública direta e indireta de qualquer dos Poderes da União, dos Estados, do Distrito Federal e dos Municípios obedecerá aos princípios de legalidade, impessoalidade, moralidade, publicidade e eficiência (...)

Assim, indispensável que a oferta de licença se faça de forma impessoal e mediante publicidade. O mecanismo pelo qual a licença é ofertada às empresas interessadas deve, em princípio, constar de edital publicado para que todos os interessados possam fazer uso da patente ou, se só algum deles deve ser beneficiário, para que todos possam se candidatar à oportunidade em igualdade de condições.

No caso específico de uma demanda da União, de produtos ou de serviços (por exemplo, o de fabricação sob encomenda), além do *caput* do art. 37 da Constituição, aplica-se também o disposto no inciso XXI do mesmo artigo:

XXI – ressalvados os casos especificados na legislação, as obras, serviços, compras e alienações serão contratados mediante processo de licitação pública que assegure igualdade de condições a todos os concorrentes, com cláusulas que estabeleçam obrigações de pagamento, mantidas as condições efetivas da proposta, nos termos da lei, o qual somente permitirá as exigências de qualificação técnica e econômica indispensáveis à garantia do cumprimento das obrigações.

Queremos crer que em *ambos* casos, haverá a aplicação das regras legais que dispensam ou tornam inexigível a licitação – e, no aplicável, a oferta pública de licença.

Vale, neste passo, lembrar quais as hipóteses de inaplicabilidade da licitação.[1162] A mais relevante delas é exatamente a emergência, que pode levar a uma contratação *limitada no tempo*. Tal é também uma óbvia causa de dispensa do procedimento de oferta pública de licença; entendo que se também limitada ao momento da emergência, e sob a estrita garantia da moralidade administrativa, nada haveria a objetar.

Assim conceitua a Lei 8.666/93 essa razão de dispensabilidade de licitação

IV – nos casos de emergência ou de calamidade pública, quando caracterizada urgência de atendimento de situação que possa ocasionar prejuízo ou comprometer a segurança de pessoas, obras, serviços, equipamentos e outros bens, públicos ou particulares, e somente para os bens necessários ao atendimento da situação emergencial ou calamitosa e para as parcelas de obras e serviços que possam ser concluídas no prazo máximo de 180 (cento e oitenta) dias consecutivos e ininterruptos, contados da ocorrência da emergência ou calamidade, vedada a prorrogação dos respectivos contratos;

Outras razões relevantes podem existir de contratação direta, seja por *dispensabilidade*, seja por *inexigibilidade*.

[19] § 6.8. Contratação direta optativa

Em certos casos, a contratação direta é uma opção da Administração. É possível em tese, a licitação, ainda que a lei permita que o Poder Público pese a conveniência da solução direta. Como é intuitivo, os casos em que isto ocorre são limitados em número e as normas pertinentes devem ser interpretadas estritamente. Alguns casos relevantes podem ser mencionados:

a) *Entidades da própria administração* Aquisição, por pessoa jurídica de direito público (e depois da Lei 9.648/98 também as sociedades de economia mista) de bens e serviços produzidos por órgão ou entidade da Administração Pública – inclusive centros de pesquisa (por exemplo, CEPEL) ou indústrias – que tenha sido criado com esta finalidade específica

---

1162 Transcrevemos, extensamente, do nosso "Licitações, Subsídios e Patentes", Ed. Lumen Juris, 1996.

antes de junho de 1994 (Lei 8.666/93, na redação da Lei 8.883/94; a Lei 9.648 exclui tal prazo para as sociedades de economia mista). O requisito legal é que o preço dos produtos ou serviços seja compatível com o mercado.

b) *Segurança Nacional* Quando a publicidade necessária à licitação, ou outra razão atinente à Segurança Nacional, impedir que se siga o caminho padrão (Lei 8.666/93, Art. 24, IX). Os requisitos são que a hipótese tenha sido autorizada em decreto pelo Presidente da República, ouvido o Conselho de Defesa Nacional.

c) *Instituição de Pesquisa sem fins lucrativos* A contratação direta é possível no caso de instituição brasileira incumbida regimental ou estatutariamente de pesquisa ou ensino, desde que sem fins lucrativos, dotada de inquestionável reputação ético-profissional (Lei 8.666/93, Art. 24, XIII). A instituição deverá ser *pessoa jurídica*, ter forma civil, vedada a mercantil, ser estabelecida e constituída no País, e ter como objeto a realização dos serviços de que trata a contratação.

d) *Aquisições sob Acordo Internacional* Em caso de acordo internacional específico[1163] *aprovado pelo Congresso Nacional*,[1164] poderá haver contratação direta de bens e serviços (não de obras), desde que se comprove que esta é *manifestamente vantajosa para o Poder Público* (Art. 24, XIV, da Lei 8.666/93, com a redação da Lei 8.883/94). Ou seja, deve mostrar-se o contrato com preço, rendimento, qualidade e garantia superiores aos encontráveis no mercado nacional.[1165]

[1163] A redação não aparenta contemplar os acordos genéricos (como o MERCOSUL) ou acordos que, embora específicos, não prevejam as aquisições em contratação direta.

[1164] Tradicionalmente, o Poder Executivo da União celebra acordos em forma simplificada, concluídos sem autorização expressa e específica do Legislativo, em certas categorias negociais. Os defensores desta prática entendem que estariam isentos da aprovação do Legislativo, entre outras categorias, os acordos sobre assuntos de importância restrita ou de interesse local. A necessidade de tais acordos parece ser demonstrada pela própria prática internacional, não só brasileira como de outros países federados, em particular os Estados Unidos. Mas a compatibilidade entre o costume internacional e o texto constitucional é imperativa, em especial quando entra em questão, como no caso, a moralidade administrativa. Num equilíbrio cuidadoso entre Constituição e as necessidades da prática internacional, concluiu o insigne internacionalista J.F.Rezek em seu Direito dos Tratados, Forense, 1984, p. 318, que tais acordos só serão constitucionais desde que, simultaneamente: na matéria, se restrinja à rotina diplomática; quanto à força vinculante, que seja plenamente reversível (isto é, não coativo); que não exija, para seu cumprimento, dotação orçamentária especial. É de se notar que os três requisitos apontam decisivamente para uma categoria de atos internacionais sejam unilaterais, sejam sem efeitos jurídicos (pois não obrigatórios), possivelmente similar a dos gentlemen's agreements. Assim, além do requisito genérico da Constituição, de que os Tratados sejam aprovados pelo Congresso como condição de validade interna (pondo entre parênteses o caso dos Acordos Executivos) existe aqui uma exigência específica, constante da lei ordinária, para dar efeitos aos Acordos no tocante à dispensabilidade das licitações: eles devem ser aprovados pelo Congresso Nacional..

[1165] Jessé Torres, *op. cit.*, p. 162. Figueiredo e Ferraz, *op. cit.*, edição de 1994, p. 59, notando que, havendo mais de uma fonte estrangeira nas mesmas condições, tem de haver licitação, dá também que tais condições vantajosas serão também as referentes aos prazos de pagamento e financiamento e a qualidade.

Tratado da Propriedade Intelectual

e) *Material Militar* As aquisições de materiais de uso das Forças Armadas (não serviços) quando houver necessidade de manter a padronização requerida pela estrutura de meios logísticos, mediante parecer de comissão instituída pelo Presidente da República (Art. 24, XIX, da Lei 8.666/93, com a redação da Lei 8.883/94). Excluem-se da permissão as aquisições de material administrativo ou de uso meramente pessoal.[1166]

f) *Preços excessivos no mercado* Particularmente relevante é o dispositivo da Lei 8.666/93, art. 24 VI que dispensa de licitação quando a União tiver que intervir no domínio econômico para regular preços ou normalizar o abastecimento. Neste caso, possivelmente estaria o da licença compulsória de que se trata nesta análise.

[19] § 6.9. Contratação Direta necessária

Segundo a definição do Art. 25 da Lei 8.666/93, não se faz a licitação (é inexigível...) quando a concorrência é impossível. Ao contrário do que acontece quando a contratação direta é optativa, as hipóteses de inexigibilidade de licitação estão em aberto: ocorrem quando por qualquer razão a competição é inviável.

Duas são as hipóteses mais óbvias: quando o objeto da oferta ou demanda estatal não for finito (por exemplo, quando todos os interessados podem obter a utilidade estatal, ou todos os suprimentos ofertados serão adquiridos), e quando o objeto da demanda ou a fonte da oferta forem únicas.

Vejamos os exemplos previstos em lei.

Fornecedor único Quando só haja uma fonte do produto (Art. 25, I) ou do serviço (Art. 7º, § 5º). Assim, se há um só titular de uma tecnologia, por razões de fato ou por exclusividade legal, a fonte é única.[1167] O importante neste contexto é que a análise da oferta única se faça quanto à utilidade oferecida, e não quanto às características técnicas: é preciso comprar manteiga, ou margarina serve? De outro lado, se o intuito não é a utilidade imediata, mas a capacitação ou a potencialidade de desenvolver novos produtos, é este fator que se levará em consideração.

No nosso caso em análise, poder-se-ia ter uma empresa especifica, dentre as que estariam em tese habilitadas a explorar a licença, que estivesse imediatamente capacitada do ponto de vista tecnológico a fazê-lo. Se assim fosse, em exclusão a todas as demais, haveria fundamento para a aplicação do art. 25 *caput* da Lei 8.666/93.

1166 Jessé Torres, *op. cit.*, p. 167, entende que o dispositivo só se aplica para manter a padronização, não para instituí-la. Não é esta, porém, a opinião deste autor: uma vez definido um padrão pela comissão a que se refere o inciso, a aquisição inicial, que pode ser com desenvolvimento do produto, pode dar-se a seu abrigo. Padronização não se confunde com homologação, esta sim presumindo a existência se um produto, e seu teste de conformidade com o padrão.

1167 No caso dos bens físicos, a lei impõe um requisito formal de certificação da exclusividade, que deve ser feita por entidades de classe.

b) *Serviços de notória especialização* Quando só haja uma só fonte do serviço; como os fatores que determinam esta unicidade são mais complexos, a lei é muito mais minuciosa na identificação deste caso de inexigibilidade.

Não são todos os serviços que podem ser objeto de notória especialização. Dentre as hipóteses que nos interessam neste caso, é inexigível a licitação para a contratação de serviços técnicos relativos a estudos técnicos, planejamentos e projetos básicos ou executivos, pareceres perícias e avaliações em geral, fiscalização, supervisão ou gerenciamento de obras ou serviços, treinamento e aperfeiçoamento de pessoal,[1168] desde que satisfeitos dois requisitos.

O primeiro, de que haja *natureza singular* nos serviços. Ou seja, que, intrinsecamente, a prestação que a Administração necessite seja de um tipo que se trate de produção intelectual, individual ou coletiva, sempre que o trabalho a ser produzido se caracterize pela marca pessoal ou coletiva expressa em características técnicas ou científicas. Ou seja, que o serviço seja determinado pelas condições subjetivas do prestador,[1169] Presume-se que, nos serviços acima indicados, tal ocorre naturalmente.

O segundo, de que haja *notória especialização*. Para tanto, é outra vez necessário verificar a satisfação de três condições.

Especialização – Há que haver especialização no tocante ao serviço demonstrável pelos índices relevantes, como acervo técnico, etc.[1170]

Reconhecimento – Tal especialização deve ser reconhecida no meio em que a atividade se exerce.[1171]

Pertinência – Além disto, é preciso demonstrar-se um vínculo de causalidade entre a capacitação pessoal do prestador e o atendimento à necessidade pública, ou seja que é aquele prestador que, por possuir as qualidades notórias, que é o melhor para atender os propósitos da Administração.[1172]

Atendidos tais pressupostos, poderá haver contratação direta, por exemplo, de um centro de pesquisas, mesmo sob forma empresarial, para o desenvolvimento de um projeto específico de interesse da Administração. Não deve o Poder Público deixar de exercer esta obrigação (pois que, se inexigível, não cabe licitar) por medo de utilizar

---

1168 Lei 8.666/93, Art. 13. Só foram indicados os casos pertinentes ao nosso tema.

1169 Diz a súmula 39 do TCU: "Notória especialização só tem lugar quando se trata de serviço inédito ou incomum, capaz de exigir na seleção do executor de confiança, um grau de subjetividade insuscetível de ser medido pelos critérios objetivos de qualificação inerentes ao processo de licitação".

1170 Art. 25, § 1º, da Lei 8.666/93: "desempenho anterior, estudos, experiências, publicação, organização, aparelhamento, equipe...".

1171 E não entre a Administração Pública.

1172 Celso Antônio Bandeira de Mello, Licitação, Ed. RT, 1985, p. 17. Segundo o Art. 25, § 1º, da Lei 8.666/93, o serviço deve ser "essencial e indiscutivelmente o mais adequado à plena satisfação do objeto do contrato".

os elementos complexos de avaliação mencionados, os quais, ainda que lidando com questões de subjetividade, não são eles mesmos subjetivos.

[19] § 6.10. Procedimento da outorga

Distinguem-se claramente seis fases no procedimento da licença compulsória por interesse público:

- A determinação da necessidade ou emergência, e da impossibilidade ou recusa
- do seu atendimento pelo titular da patente;
- da declaração do interesse público ou da emergência;
- da oferta pública ou licitação para a licença;
- da outorga da licença;
- da fixação ou arbitramento do valor do *royalty* na forma dos §§ 3º e 4º do art. 73 da lei 9.279/96
- do registro da licença compulsória

Os primeiros dois elementos do processo estão regulados, em seus princípios básicos, pela Lei 9.784/99. A declaração de interesse público ou emergência seguirá a processualística das declarações de necessidade ou utilidade pública para desapropriação. A oferta da licença também pode ser desenhada, em sua essência, das regras da Lei 8.666/93 quanto ao edital; e, sem dúvida, tal lei informará plenamente o eventual procedimento licitatório, de dispensa ou inexigibilidade, relativo às aquisições ou fornecimento de serviços aos quais o licenciamento estará vinculado.

As duas últimas fases são reguladas pelo disposto na Lei 9.279/96, nas disposições aplicáveis ao caso do art. 73. Entendemos que tal fase do procedimento deva preceder o da oferta de licença, da licitação ou contratação direta, pois o valor dos *royalties* é elemento essencial para promover a oferta, ou determinar os elementos da contratação com a Administração Pública.

[19] § 6.11. Competência para a outorga

A Lei 9.279/96 não restringe ao INPI a competência para a concessão da licença *ex officio* do art. 71. Por sua natureza de requisição administrativa, é de se entender que a apuração da necessidade pública ou da emergência seja da incumbência da autoridade à qual esteja vinculado o atendimento à necessidade pública pertinente. Por exemplo, se a emergência se vincula à atividade de saúde, será o Ministro da Saúde quem tem a competência para apurar se existe a necessidade e para determinar se o titular tem condições e consente em supri-la.

Já se viu acima que entendemos que a necessidade ou emergência deveria ser declarado em Decreto do Presidente da República.

Uma vez declarada a existência do interesse público ou da emergência quanto à patente específica, os procedimentos de oferta ou determinação de licenciamento caberiam, mais uma vez, ao órgão ou entidade incumbido de promover o procedimento licitatório ou promover o acesso público ao produto ou serviço.

Inevitavelmente, caberá ao INPI a fase de execução da decisão administrativa, tanto para aplicação dos §§ 3º e 4º do art. 73, como para o registro da licença compulsória.

[19] § 6.12. "Licença compulsória (...) para a exploração da patente"

O instrumento sob análise é efetivamente uma outorga pela União do direito de explorar uma patente, cuja titularidade é de um terceiro. No entanto, não deixa de ser uma licença, ou seja um negócio jurídico no qual o sujeito ativo da concessão – o titular da patente – tem sua vontade substituída pelo Estado. Como tal, tem natureza contratual, e não administrativa, não obstante o ato que a outorga ter ineludivelmente a natureza de ato administrativo.

Diz Pontes de Miranda:[1173]

6. Eficácia da Decisão Administrativa

A decisão, quer somente defira, conforme o acordo dos interessados, quer defira com o conteúdo negocial determinado por equidade (Decreto-lei nº 7.903, art. 56, parágrafo único, *in fine)*, é constitutiva, por que não se declara licenciamento, licencia-se, compulsoriamente: a constitutividade é maior se o Estado tem de dar o conteúdo negocial da licença, integrando as vontades manifestadas.

Sendo um contrato, o elemento essencial (além do consenso suprido pelo Estado quanto à própria concessão) é a formulação do *pretium*, ou seja, o valor dos *royalties*. A existência de remuneração é essencial ao desenho constitucional do instituto da requisição, mas ela é de natureza *indenizatória e não remuneratória*.[1174] Assim, ela pode ser definida na forma dos §§ 3º e 4º do Art. 73 da Lei 9.279/96, mas entendendo-se como "valor econômico da patente" o da indenização pelo uso da patente, calculado sobre o preço efetivamente praticado pelo licenciado compulsório, e não sobre o preço praticado pelo titular ou seu licenciado voluntário.

[19] § 6.13. "temporária e não exclusiva (...), sem prejuízo dos direitos do respectivo titular"

A licença será temporária, eis que destinada a atender à emergência ou ao interesse público *temporário*. Se se tratar de interesse público permanente, o remédio

---

1173 Tratado de Direito Privado – Parte especial – Tomo XVI, Ed.: Revista dos Tribunais, § 1955. Licença obrigatória.

1174 Basta ver que, no desenho constitucional, a requisição é remunerada apenas no caso de dano.

jurídico adequado é o da desapropriação.[1175] Não é demais lembrar que o Acordo TRIPs condiciona a duração da licença compulsória ao objetivo para o qual a mesma foi autorizada, sendo que deverá ser revogada uma vez que deixe de existir a causa que levou à sua outorga; tais dispositivos, que não foram incorporados à lei pátria, podem no entanto ser utilizados como critérios razoáveis na interpretação do que seja uma licença "temporária", como exige o art. 71.

Quanto à questão da não exclusividade, cumpre lembrar que, quanto à relação dos beneficiários e do titular, uma licença pode ser *exclusiva, única, ou não exclusiva*. A primeira exclui o próprio titular da exploração. Esta modalidade está visivelmente vedada pela Lei 9.279/96, e seria incompatível com o Acordo TRIPs.

Não entendemos que a lei vede a licença compulsória única (sujeita, porém, a eventuais limitações resultantes do art. 54 da lei 8.884/94), que no entanto não vedará o titular de conceder outras licenças voluntárias.

[19] § 6.14. O Decreto Regulamentador da Licença de Interesse Público

Em face de relevantes solicitações da área de saúde, o Governo Federal emitiu, em outubro de 1999, detalhada regulamentação sobre a concessão, de ofício, de licença compulsória nos casos de emergência nacional e de interesse público. Não obstante sua extrema relevância e o superior interesse público que pretende atender, o normativo incorre também em acessos, ilegalidades e inconstitucionalidades flagrantes.

Como elemento pregnante desse normativo, vê-se a reiterada afirmação de que a licença em questão se destina ao uso "não comercial". Tal precisão, que não encontra amparo na lei, obviamente cria uma autolimitação contrária ao interesse público. O decreto é assim ilegal.

Não se dirá que o decreto pretendeu repristinar o Acordo TRIPs, neste ponto revogado pela Lei 9.279, pois mesmo no Acordo redação diz "in the case of a national emergency or other circumstances of extreme urgency or in cases of public non-commercial use". Ou seja, o requisito — não assimilado na Lei interna — do uso não comercial se aplica segundo o Acordo em casos que não sejam emergenciais.

Como indicado em nossa análise acima, o pressuposto da concessão de ofício é a simples constatação de que o titular da patente ou seu licenciado não atende à emergência nacional ou interesse público. A natureza muitas vezes iminente da necessidade dispensa dilações probatórias minuciosas, sem prejuízo da eventual reparação do titular do direito licenciado.

Em exata afirmação da natureza constitucional dessa licença compulsória, o decreto define "por emergência nacional o iminente perigo público ainda que apenas em parte do território nacional".

Como apontamos acima, estamos diante de requisição.

1175 Já se viu que a lei de desapropriações prevê a expropriação para "divulgação de obra ou invento"

De outro lado, aproxima-se da noção de 'utilidade pública', acima indicada, a definição de interesse público do Decreto 3.201 como sendo "os fatos relacionados, dentre outros, 'a saúde pública, A nutrição, à defesa do meio ambiente, bem como aqueles de primordial importância para o desenvolvimento Tecnológico ou socioeconômico do país". A cláusula final, de caráter desenvolvimentista, resulta claramente da redação do artigo 5º, XXIX, da Constituição de 1988.

O decreto delegou ao ministro de Estado pertinente, em Portaria (que é seu ato próprio), a atribuição de declarar a emergência nacional ou o interesse público. O passo seguinte será a concessão de ofício da licença.

Curiosamente, embora sempre em beneficio da celeridade o decreto se refere à fixação liminar da remuneração oferecida pela União (aqui incorrendo em inconstitucionalidade, pois o interesse público não será só da União, ainda que o procedimento concessivo seja de sua competência). Assim, entendeu-se abolir o procedimento previsto no artigo 73 da Lei 9.279/96.

É bem verdade que o decreto prevê que "na determinação da remuneração cabível ao titular, serão consideradas as circunstâncias econômicas e mercadológicas, relevantes, o preço de produtos competente poderá requisitar informações necessárias para subsidiar a concessão da licença ou determinar a remuneração cabível ao titular da patente, assim como outras informações pertinentes, aos órgãos e às entidades da administração pública, direta e indireta, federal, estadual e municipal".

Entendo, porém que apenas o procedimento previsto no artigo 73 da Lei 9.279/96 poderá ser seguido, sem prejuízo do uso imediato do objeto da patente em caso de emergência (aliás, o que dispõe o artigo 7º do decreto). É claramente impróprio o decreto para instituir ou modificar procedimento que já identificamos (salvo o caso de perigo público) como de caráter expropriatório.

Assim, o que o Decreto 3.201 regula apenas a oferta da União (como já dissemos, inconstitucionalmente...) como prevê o caput do artigo 73 do CPI/96, e não a fixação do valor pertinente, que será necessariamente objeto de um procedimento sob as garantias do due process of law na forma do artigo 73, e 42 da Lei 9.279/96.

- O aparente bom senso, mas não a lei em vigor, dá amparo ao disposto no Decreto 3.201/96, segundo o qual existiria a obrigação de o titular, se preciso, transmitir as informações necessárias e suficientes à efetiva à reprodução do objeto protegido, a supervisão de montagem e os demais aspectos técnicos e Comerciais aplicáveis ao caso em espécie. Coisa similar constava da Lei 5.772/71 mas a falta de previsão explícita em lei dessa obrigação imposta ao titular da patente parece ferir o dispositivo de inconstitucionalidade.

Custa a entender-se o dizer do Decreto segundo o qual "se a autoridade competente tiver conhecimento, sem proceder à busca, de que há patente em vigor, o titular deverá ser prontamente informado desse uso". Urna licença sem mencionar a patente seria realmente curiosa. De outro lado, como já indicamos, a obrigação do artigo 31.b) de TRIPs, de imediata notificação do titular, não foi incorporada ao direito interno, o que leva, mais uma vez, o decreto a exceder a norma que regulamenta.

- O decreto abre, a nosso ver adequadamente, duas hipóteses de licença: a para produção local e a para importação, 'Nos casos em que não seja possível o atendimento às situações de emergência nacional ou interesse público com o produto colocado no mercado interno'. No entanto, enganadamente, indica que a autoridade licenciante só poderá realizar a importação do produto objeto da patente desde que tenha sido colocado no mercado diretamente pelo titular ou com seu consentimento. A conjugação do artigo 71 com o artigo 68, § 4º, é claramente contrária ao texto da lei em vigor; pois que, uma vez verificada a necessidade publica, a importação se fará de qualquer fonte.

Com efeito. O disposto no artigo 68, 3º tem outros propósitos, que não o atendimento emergencial, ou não, do interesse público *stricto sensu*. A licença do artigo 71 não ficará sujeita à regra importação de origem autorizada

Erra, também, e inexplicavelmente, o decreto ao dizer que "a contratação de terceiros para exploração da patente compulsoriamente licenciada será feita mediante licitação, cujo processo obedecerá aos princípios da Lei 8.666, de 2l de junho de 1993". Como já vimos, e extensamente, a contratação se fará com aplicação das normas *licitatórias,* mas não necessariamente através da licitação.

Os casos de dispensa e inexigibilidade, previstos em lei, serão inteiramente aplicáveis.

De outro lado, atendendo o disposto na lei interna e no tratado, o decreto determina que atendida a emergência nacional ou o interesse público, a autoridade competente extinguirá a licença compulsória, respeitados os termos do contrato firmado com o licenciado ", e — acrescente-se — aos do eventual contrato Firmado com terceiros para fabricação ou distribuição".

Em dispositivo final o decreto preceitua que a autoridade competente informará ao Instituto Nacional da Propriedade Industrial – INPI, para fins de anotação as licenças para uso público não comercial, concedidas sem fundamento no artigo 71 da Lei nº 9.279 de 1996, bem como alterações e extinção de tais licenças.

Claramente não se trata de anotação o ato do INPI.

Com todas as jaças apontadas, que serão, certamente, remediadas pelo Poder Executivo Federal, o Decreto 3.201/99 aponta para a importância capital da licença compulsória por emergência ou interesse público como parte d0 sistema internacional de patentes.

[19] § 7. Licença de dependência

A Lei 9.279/96, em seu art. 70, prevê a hipótese em que uma patente, para sua exploração, presuma a utilização de parcela, ou do todo, de uma área reivindicada por outra patente anterior, de terceiros.[1176] Neste caso, o titular da primeira patente poderá ser obrigado a permitir a exploração da segunda, mediante o pagamento de *royalties* a serem estipulados pela autoridade federal.[1177]

A licença será concedida quando, cumulativamente, ficar caracterizada situação de dependência de uma patente em relação à outra; o objeto da patente dependente constituir substancial progresso técnico em relação à patente anterior; e o titular não tiver entrado em acordo com o titular da patente dependente para exploração da patente anterior.

A dependência, no caso, se dá na proporção em que a execução do objeto privativo da segunda patente só se possa dar com violação da primeira; no dizer da lei "considera-se patente dependente aquela cuja exploração depende obrigatoriamente da utilização do objeto de patente anterior". A lei ainda explica que, no caso, uma patente de processo poderá ser considerada dependente de patente do produto respectivo, bem como uma patente de produto poderá ser dependente de patente de processo.

Como cabe no direito brasileiro licença e indenização por violação de objeto de pedido de patente, também será possível a licença de dependência nos casos em que o primeiro título for um pedido; e, *a fortiori*, quando o for também o segundo título. Não há nenhuma razão lógica ou constitucional para uma leitura talmúdica do art.70, I, do CPI/96 que o proibisse. Quem devesse aguardar a emissão da patente para pedir a licença de dependência estaria frustrando a função social do instituto na aceleração tecnológica.

A noção de "substancial progresso técnico" claramente não se reduz à atividade inventiva, o que seria simplesmente o indispensável para obter a patente dependente em primeiro lugar.

Nota Carla Eugenia Caldas Barros:

A lei não explicitou o que seria considerável, substancial avanço técnico, o que leva a concluir que a segunda invenção seria aplicável para o mesmo fim industrial da patente dominante.

L'exigence d'un progrès technique important a été critiquée. La doctrine lui reproche d'être une notion « éminemment fluctuante et subjective » « entièrement insaisissable », à tout le moins difficile à apprécier. Les praticiens critiquent également cette notion en ce qu'elle engendrerait des difficultés insurmontables, du fait que son appréciation est radicalement subjective.

1176 Conforme a lei, uma patente de processo poderá ser considerada dependente de patente do produto respectivo, bem como uma patente de produto poderá ser dependente de patente de processo.

1177 Vide BARROS, Carla Eugenia Caldas, Aperfeiçoamento e Dependência em patentes - Coleção Propriedade Intelectual - ,Editora Lumen Juris,2004 e ALEHRT, Ivan Bacellar, A Patente Dependente na Nova Legislação, Revista da ABPI, (9): 48-49, 1993; WALTER, Hans Peter, Compulsory Licences in Respect of Dependent Patents Under the Law of Switzerland and Other European States IIC 1990 Heft 4 532.

Les auters, qui critiquent cette notion, n'en indiquent cependant pas une autre capable de la remplacer. Leur condamnation est purement négative ; elle fait partie d'une critique générale de l'institution de la licence de perfectionnement. L'exemple des pays, qui connaissent la licence de dépendance, ne fournit pas d'autre solution. Les lois étrangères utilisent, en général, le critère adopte à l'article 36. Par exemple les articles 36 de la loi suisse, 54 de la loi italienne exigent un « progrès technique notable» ; l'article 37 de la loi anglaise est applicable lorsque la seconde invention brevetée « contribue essentiellement à l'art en cause ». Toutes ces lois retiennent l'importance de l'invention au point de vue technique, et non au point de vue économique.[1178]

Dentro de uma leitura constitucional dessa modalidade de licença compulsória, entendemos que *no nosso sistema constitucional*, tal diferença – a nosso ver – será apurada:

[a] no ducto da tecnologia, por alguma contribuição além da mera não-obviedade; e, simultaneamente,

[b] por um *modicum* de necessidade pública a ser atendida pela tecnologia dependente, o que não ocorreria senão pela licença.

Assim, objetivamente deverá haver a possibilidade de um benefício real para a sociedade na licença. A lei menciona que o progresso deva ser substancial, mas não impõe que seja excepcional ou revolucionário. Substancial é simplesmente o que não é sem substância, ou irrelevante.

Note-se que – ao contrário do que ocorre em outros casos de licença compulsória – na de dependência é requisito elementar ao direito que o titular da primeira patente tenha sido solicitado, e tenha se recusado a firmar licença voluntária nas condições ofertadas pelo titular da patente ou pedido dependente.

O titular da patente licenciada na forma deste artigo também terá direito a licença compulsória da patente dependente (licença cruzada) (art. 70, § 3º).

[19] § 7.1. Bibliografia específica: licenciamento compulsório

AHLERT, Ivan Bacellar, Patentes: falta de uso e abuso – hora de repensar, Revista da ABPI, . (5): 23-24, set.-out. 1992.

AHLERT, Ivan Bacellar, Patentes: Falta de Uso e Abuso. Hora de Repensar, (5): 23-24, set.-out. 1992.

1178 SABATIER, M. L'exploitation des brevets d'invention et l'intérêt général d'ordre économique. Paris: Librairies Techniques, 1976, p. 202-3.

AHLERT, Ivan Bacellar, Quadro Comparativo TRIPs x PL nº 115/93 x Lei nº 5.772/71, (17): 43-53, jul.-ago. 1995.

ALEHRT, Ivan Bacellar, Importação Paralela e Licença Compulsória, Revista da ABPI, (27): 39-42, mar.-abr. 1997.

ALEHRT, Ivan Bacellar, Quadro comparativo TRIPs x PL nº 115/93 x Lei nº 5.772/71, Revista da ABPI, (17): 43-53, jul.-ago. 1995.

AMARAL, Rafael Lacaz, A importação paralela frente ao princípio da exaustão do direito marcário – uma análise à luz do atual posicionamento jurisprudencial brasileiro, Revista da ABPI, (81): 42-58, mar./abr. 2006.

ARBIX, da niel do Amaral, Tratados Trips Plus e o Sistema Multilateral de Comércio, Dissertação apresentada para obtenção do título de Mestre. Orientador: Prof. Dr. Alberto do Amaral Júnior Universidade de São Paulo Faculdade de Direito São Paulo – 2009.

ARRUDA, Gustavo Fávaro, ZAITZ, Daniela, A Função Social da Propriedade Intelectual – Patentes e Know-How, Revista da ABPI, (96): 36-43, set.-out. 2008.

BARBOSA, Antonio Luis Figueira, Importação, trabalho obrigatório, caducidade e licença compulsória, Revista da ABPI, (25): 27-38, nov.-dez. 1996.

BARBOSA, Denis Borges, A Nova Regulamentação da Licença Compulsória por Interesse Público, Revista da ABPI,(67): 10-33, nov.-dez. 2003.

BARBOSA, Denis Borges, Licenças Compulsórias: Abuso, Emergência Nacional e Interesse Público, Revista da ABPI, (45): 3-22, mar.-abr. 2000.

BARBOSA, Denis Borges, Licitações, patentes e subsídios, Lumen Juris, 1997, p.99-133.

BARBOSA, Denis Borges, Nota sobre a Aplicação da Doutrina das Essential Facilities à Propriedade Intelectual, (77): 6-20, jul./ago. 2005.

BARBOSA, Pedro Marcos Nunes, A Proteção dos da dos de Testes Sigilosos Submetidos à Regulação Estatal, Revista Criação do IBPI, no. 2, Lumen Juris, 2009.

BARBOSA, Denis Borges, Licenças e Cessão,Revista da ABPI,(40): 29-39, maio-jun. 1999.

BARCELLOS, Milton Lucídio Leão, As Bases Jurídicas da Propriedade Industrial e A Sua Interpretação, Pontifícia Universidade Católica do Rio Grande do Sul? PUCRS Faculdade de Direito Programa de Pós-Graduação Em Direito Mestrado Em Instituições de Direito do Estado.

BARCELLOS, Milton Lucídio Leão, Licença Compulsória: Balanceamento de Interesses, Motivação e Controle dos Atos Administrativos, (79): 60-67, nov./dez. 2005.

BARGUEÑO, Fernando, As Funções Econômica e Social do Licenciamento Compulsório de Patentes, Faculdades Integradas Curitiba, Programa de Mestrado em Direito, Curitiba, 2007.

BENETTI, Daniela Vanila Nakalski, A regulação transnacional de patentes e o acesso à saúde na sociedade global: compatibilidade entre o direito à propriedade intelectual e o direito à saúde, UNISINOS/DIREITO, Doutorado, 2008, encontrado em http://bdtd.unisinos.br/tde_busca/arquivo.php?codArquivo=593, visitado em 2/9/2009.

BERTRAND, André, Marques et brevets dessins et modèles – La propriété intellectuelle – livre II, Ed Delmas – p. 186 – Paris, 1995.

BEZERRA, Francisco, Nova Lei de Propriedade Industrial – o parecer do senador Fernando Bezerra, Revista da ABPI, (21): 23-37, mar.-abr. 1996.

BIRD, Robert C., "Can Compulsory Licensing Improve Access to Essential Medicines?" (March 11, 2008). Available at SSRN: {http://ssrn.com/abstract=1124035}.

BRUNNER, Adriana Gomes, As Patentes Farmacêuticas e a Licença Compulsória: o Fim de uma Batalha entre os Estados Unidos e o Brasil, Revista da ABPI, (55): 26-30, nov.-dez. 2001.

CARVALHO, Nuno Pires de, Transferência de Tecnologia e Abuso do Poder Econômico. A Armadilha da Lei nº 8.158/91 que o A.N. n° 120/93, do INPI, Finalmente Revelou, (10): 21-29, jan.-fev. 1994.

CARVALHO, Nuno T.P. de, Abusos dos direitos de patente – um estudo do direito dos Estados Unidos com referências comparativas ao direito brasileiro, Revista da ABPI, (12) 44-105, jul.-out. 1994.

CERQUEIRA, João da Gama. Tratado da propriedade industrial. Rio de Janeiro: Forense, 1952, vol. II, Tomo I, p. 236.

CHAVES, Gabriela Costa. O Processo de Implementação do Acordo TRIPS da OMC em países da América Latina e Caribe: análise das legislações de propriedade industrial sob a ótica da saúde pública. 181 f. Dissertação (Mestrado em Saúde Pública) – Fundação Oswaldo Cruz, 2005.

COREA, Carlos, Acuerdo TRIPs- Régimen Internacional de la Propiedad Intelectual – p. 141 Ediciones Ciudad Argentina – Buenos Aires, 1996.

CORREA, Carlos Maria e BERGEL, Salvador D., Patentes Y Competencia Rubinzal-Culszoni Editores – Buenos Aires, 14 de Maio de 1996.

CORREA, Carlos Maria. Managing the provision of knowledge: the design of intellectual property laws, disponível em http://www.ingentaconnect.com/content/oso/576227/2003/00000001/00000001/art00021, acessado em 27.02.2008.

CRUZ, Adriana Alves dos Santos, A Licença Compulsória como Instrumento de Adequação da Patente à sua Função Social. Revista da ABPI, (80): 45-55, jan./fev. 2006.

DANNEMANN, Gert Egon, Lei disciplinadora dos direitos e obrigações relativos à propriedade industrial, Revista da ABPI, (7): 13-16, 1993.

DANNEMANN, Gert Egon, O contencioso AUA x Brasil em torno da legislação de propriedade industrial brasileira, Revista da ABPI, (10): 50-52, jan-fev. 1994.

DIAS, José Carlos Vaz e, Licença Compulsória de Patentes e o Direito Antitruste. Revista da ABPI, (54): 3-11, set.-out. 2001.

DOMINGUES, Renato Valladares. Patentes Farmacêuticas e Acesso a Medicamentos no Sistema da Organização Mundial do Comércio: a aplicação do acordo trips. São Paulo: Lex: Aduaneiras, 2005.

FARIA, Jacqueline Borges de, Licença Compulsória como Alternativa para a Garantia do Acesso Universal a Anti-retrovirais no Brasil. Revista da ABPI, (85): 26-37, nov./dez. 2006.

FEKETE, Elisabeth Kasznar Fekete e FALSETTI, Mauro Augusto, De Haia a Estocolmo: o que mudou na Convenção da União de Paris, Revista da ABPI, (5): 7-15, set.-out. 1992.

FERRAZ, Octavio Luiz Motta and VIEIRA, Fabiola Sulpino,The Right to Health, Public Policies and Inequalities in Brazil: Equity as the Fundamental Principle (May 2008). Available at SSRN: http://ssrn.com/abstract=1137872.

FURTADO, Lucas Rocha, Sistema de propriedade industrial no direito brasileiro – comentários à nova legislação sobre marcas e patentes lei nº 9.279, de 14 de maio de 1996, p. 63, Ed. Brasília Jurídica 1ª edição – 1996.

GONTIJO, Cícero. Acordo TRIPS: acordo sobre aspectos dos direitos de propriedade intelectual. Brasília: INESC, 2003.

GONZALES Junior, Astyr, A caducidade do privilegio de invenção na lei brasileira e na Convenção de Paris, RDM, nova serie, vol. 24 n 58 p 61 a 69 abr/jun 1985.

GRANDI, Joseph A. de, Aspects of a new legislation on industrial property, Revista da ABPI, (8): 40-41, 1993.

GUANDALINI JUNIOR, Walter, A Crise da Sociedade de Normalização e a Disputa Jurídica Pelo Biopoder – o licenciamento compulsório de patentes de anti-retrovirais. Dissertação apresentada como requisito parcial à obtenção do grau de Mestre em Direito ao Programa de Pós-Graduação em Direito – Mestrado da Faculdade de Direito, Setor de Ciências Jurídicas, Universidade Federal do Paraná, sob a orientação do Prof. Dr. Ricardo Marcelo Fonseca. Curitiba, 2006, encontrado em http://dspace.c3sl.ufpr.br/dspace/bitstream/1884/5702/1/A%20Crise%20da%20Sociedade%20de%20Normaliza%C3%A7%C3%A3o%20e%20a%20Disputa%20Pol%C3%ADtica%20pe.pdf, visitado em 2/9/2009.

GUIMARÃES, Eduardo Ribas de Biase, Direito À Saúde e Propriedade Intelectual de Medicamentos No Brasil. A Anuência Prévia da Agência Nacional de Vigilância Sanitária, Dissertação apresentada como requisito parcial para obtenção do grau de Mestre em Saúde Coletiva, Curso de Pós-graduação em Saúde Coletiva – área de concentração em Ciências Humanas e Saúde do Instituto de Medicina Social da Universidade do Estado do Rio de Janeiro.

GUISE, Mônica Steffen. Comércio Internacional, Patentes e Saúde Pública. Curitiba: Juruá, 2007.

HEY, Raul, Licença Obrigatória de Patentes – Entender Antes de Aplicar. Revista da ABPI, (66): 3-11, set.-out. 2003.

HO, Cynthia M., On Breaking Patents: Separating Strands Of Fact From Fiction Under Trips, http://works.bepress.com/cgi/viewcontent.cgi?article=1000&context=cynthia_ho.

HORGAN, J. Kevin, HICKS, Laurinda Lopes, A Lei de Patentes, Marcas Registradas e Direitos Autorais Nos Estados Unidos após a Rodada Uruguai, Revista da ABPI, (17): 18-22, jul.-ago. 1995.

JAIN, Tarun, Compulsory Licenses under Trips and its Obligations for Member Countries(February 6, 2009). The Icfai University Journal of Intellectual Property Rights, Vol. VIII, Nº 1, p. 27-50, February 2009. Available at SSRN: http://ssrn.com/abstract=1338685.

KHOR, Martin. Patents, compulsory license and access to medicines: some recent experiences. TWN-Third Word Netword, 2005.

KORS, Jorge; REMICHE; Bernard. Propiedad Intelectual y Tecnologia. El Acuedo ADPIC diez años después: visiones europea y latinoamericana (Seminario de la Asociación Internacional de Derecho Económico). Buenos Aires: La Ley, 2006.

KWEITEL, Juana, e REIS, Renata, A primeira licença compulsória de medicamento na América Latina, em http://ictsd.net/i/news/12456/, visitado em 2/9/2009.

LABRUNIE, Licença obrigatória e caducidade de patentes: as modificações geradas pelo texto de Estocolmo da Convenção de Paris, Revista da ABPI, (7): 17-18, 1993.

LEVIS, Mirta. O Cenário da Indústria Farmacêutica Pós-TRIPS. In: CHAMAS, Cláudia I.; OLIVEIRA, Marcos H. C. (Org.). Anais do II Seminário Internacional Patentes, Inovação e Desevolvimento (SIPID-2007). Rio de Janeiro: Scriptorio, 2007.

LEVY, Marcos e LICKS, Otto Banho, O Requisito De Fabricação Completa do Objeto de Uma Patente no Território Nacional, encontrado em http://www.interfarma.org.br/arquivos/publicacoes/requisito_fabricacao.pdf, visitado em 2/9/2009.

MACHLUP, Fritz; PENROSE, Edith. The Patent Controversy in the Nineteenth Century. In: MERGES, Robert P.; GINSBURG, Jane C. (Org.). Foundations of Intellectual Property. New York: Foundation Press, 2004.

MCBETH, Adam, "When Nobody Comes to the Party: Why Have No States Used the WTO Scheme for Compulsory Licensing of Essential Medicines?". The New Zealand Yearbook of International Law, Vol. 3, p. 69-100, 2006 Available at SSRN:http://ssrn.com/abstract=1076082.

MONTEIRO, Renata Pozzato Carneiro, A Função Social da Propriedade na Constituição da República de 1988 e a Propriedade Industrial, Revista da ABPI, (69): 23-30, mar./abr. 2004.

MUJALLI, Walter Brasil, A Propriedade Industrial – Nova Lei De Patentes – Lei nº 9.279, de 14 de Maio de 1996 – Principais Alterações Legislativas Introduzidas Pela Nova Lei de Propriedade Industrial, p. 58 Editora de Direito Ltda – Led – SP, 1997.

MUSUNGU, Sisule F.; OH, Cecília. Uso de las Flexibilidades del Acuerdo sobre los ADPIC por los países en desarrollo: ¿pueden las flexibilidades promover el acceso a los medicamentos? Genebra: South Centre, 2007.

PEREIRA, Paulo Afonso, Novas Tendências e Novas Legislações de Marcas, Patentes e Transferência de Tecnologia, Revista da ABPI, (3): 8-9, maio-jun. 1992.

PHELIP, Bruno, Some Aspects of Patent Law Harmonization when Creating a Common Market, Revista da ABPI, 8): 34-36, 1993.

POLIDO, Fabrício; RODRIGUES JR, Edson Beas. (Org.) Propriedade Intelectual: Novos Paradigmas Internacionais, Conflitos e Desafios. Rio de Janeiro; Elsevier, 2007.

REICHMAN, Jerome H. e HASENZAHL, Catherine, Non-voluntary Licensing of Patented Inventions -Historical Perspective, Legal Framework under TRIPS, and an Overview of the Practice in Canada and the USA, encontrado em http://ictsd.net/downloads/2008/06/cs_reichman_hasenzahl.pdf, visitado em 2/9/2009.

REICHMAN, Jerome H. e HASENZAHL, Catherine, Non-voluntary Licensing of Patented Inventions – Historical Perspective, Legal Framework under TRIPS, and an Overview of the Practice in Canada and the USA, encontrado em http://ictsd.net/downloads/2008/06/cs_reichman_hasenzahl.pdf, visitado em 2/9/2009.

REICHMAN, Jerome H., Comment: Compulsory Licensing of Patented Pharmaceutical Inventions: Evaluating the Options, THE JOURNAL OF LAW, MEDICINE & ETHICS, VOLUME 37:2 • summer 2009.

REICHMAN, Jerome H., Compulsory Licensing of Patented Inventions: Comparing United States Law and Practice with the Options under TRIPS, encomytrado em http://www.aals.org/documents/2006intprop/JeromeReichmanOutline.pdf, visitado em 2/9/2009.

REMICHE, Bernard, Le rôle du système des brevets dans le développement – le cas des pays andins Ed.: Librairies Techniques (litec) p. 213 – Paris.

RODRIGUES, Edson Beas Junior, Influência do TRIPs na Harmonização das Regras de Licenciamento Compulsório, p(73): 24-41, nov./dez. 2004.

RODRIGUES, Maria Lúcia de Barros, Do Regime Da Propriedade Intelectual e o Sistema De Patentes: As Licenças Compulsórias, em http://www.conpedi.org/-manaus/arquivos/anais/bh/maria_lucia_de_barros_rodrigues.pdf, visitado em 2/9/2009.

ROSENBERG, Bárbara. Patentes de Medicamentos e Comércio Internacional: Os parâmetros do Trips e do Direito Concorrencial para a outorga de licenças compulsórias. Tese de doutorado defendida FADUSP, em 2004.

SCHOLZE, Simone H. C., Fabricação Local, Licença Compulsória e Importação Paralela na Lei de Propriedade Industrial, Revista da ABPI (54): 9-12, set.-out. 2001.

SCUDELER, Marcelo Augusto, Licença Compulsória pela Ausência de Exploração Local, Promovida pelo Poder Público, por Marcelo Augusto Scudeler. (96): 3-10, set.-out. 2008.

SHABALALA, Lindyebo; CORREA, Carlos Maria. Salud Pública y Patentes Farmacéuticas: Segundos Usos. In: POLIDO, Fabrício; RODRIGUES JR., Edson Beas. (Org.) Propriedade Intelectual: Novos Paradigmas Internacionais, Conflitos e Desafios. Rio de Janeiro; Elsevier, 2007, p. 153-181.

SHANKER, Daya, "Korea, the Pharmaceutical Industry and Non-commercial use of Compulsory Licenses in TRIPS" . http://ssrn.com/abstract=438880.

SHERNILL, Henry K., As importações paralelas na Lei nº 9.279, de 14 de maio de 1996, e o Mercosul, Revista da ABPI, (25): 23-26, nov.-dez. 1996.

SILVA, Francisco Viegas Neves da, Os Tratados de Livre Comércio e O Acordo Trips: Uma Análise da Proteção Patentária Na Área Farmacêutica Universidade Federal de Santa Catarina – Ufsc Centro de Ciências Jurídicas – Ccj, Departamento de Direito – Dir Curso de Pós-Graduação Em Direito – Cpgd Programa de Mestrado, Florianópolis, Maio, 2009.

SILVA, Francisco Viegas Neves da. Patentes Farmacêuticas & Direitos Humanos: pela flexibilização do acordo TRIPS em face da Saúde Pública. Revista de Direito Privado (São Paulo), v. 31, p. 72-90, 2007.

SILVEIRA, João Marcos, Projeto de Nova Lei de Propriedade Industrial e o TRIPs, Revista da ABPI, . (17): 31-34, jul.-ago. 1995.

SOARES, José Carlos Tinoco, Lei de Patentes, Marcas e Direitos Conexos – Lei 9.279 – 14.05.1996. Ed.: Revista dos tribunais – p. 114-123, 1997.

SUASSUNA, Ney, O Projeto de Nova Lei de Propriedade Industrial, Revista da ABPI, (15): 3-16, mar.-abr. 1995.

WOLFF, Maria Thereza, Cultivares, Revista da ABPI (23): 42-46, jul.-ago. 1996.

WOLFF, Maria Thereza, Proteção do meio ambiente, Revista da ABPI, (16):30-33, maio-jun. 1995.

Vide, ainda, as notas de pé de página.

[19] § 8. Caducidade de Patentes na Lei. 9.279/96

A caducidade por falta de exploração efetiva continua prevista na Lei 9.279/96, ainda que em termos imensamente mais estritos do que na Lei 5.772/71. O deferimento de tal remédio supõe a prévia experiência de uma licença compulsória, que tivesse se mostrado incapaz de superar os abusos que lhe tivessem dado causa, pelo menos por dois anos desde a concessão de tal licença.

A lei indica a necessidade de demonstrar o interesse substantivo na caducidade, e atribui ao titular da patente a defesa de "motivos justificáveis". O que, não necessariamente, será o caso fortuito ou força maior da lei civil.

A patente será declarada caduca se não tiver sido iniciado seu uso no prazo de dois anos, com termo final no requerimento ou instauração *ex officio*, e deverá o INPI dar curso ao procedimento uma vez instaurado, muito embora ocorra a desistência do requerente. Após a manifestação do titular, o INPI deverá decidir em sessenta dias, retroagindo seus efeitos à data do requerimento ou instauração *ex officio*.

[19] § 8.1. Jurisprudência: caducidade parcial de patente

> Tribunal Regional Federal da 2ª Região
Apelação cível. Processo: 97.02.43308-8. TERCEIRA TURMA. Data da Decisão: 15/08/2000 DJU:19/12/2000. Relator- JUIZA TANIA HEINE. Decisão- A Turma, por unanimidade, negou provimento à apelação e ao recurso adesivo, nos termos do voto da Relatora. Ementa – Comercial e Administrativo – Patente – Caducidade – Declaração – Administrativa – INPI – Ação Anulatória. I – Comprovada a comercialização do produto com as referências especificadas através de notas fiscais, catálogos e declarações de empresas, não há porque declarar a caducidade da patente do mesmo. II – Ante a sua indivisibilidade, não se pode declarar a caducidade parcial da patente. Se uma das reivindicações já estivesse dentro do estado da técnica, seria caso de nulidade por ausência do requisito de novidade, não de caducidade

[19] § 9. Perecimento do ius persequendi por inação do titular

Inegavelmente, o *ius persequendi* é faculdade intrínseca ao direito de patentes, em relação aos fatos ocorridos enquanto vigente o termo de proteção. No entanto, os vários sistemas jurídicos prevêem mecanismos pelos quais são acolhidas as pretensões de terceiros em face do direito do titular de uma patente, com o efeito de defletir o impacto da exclusiva.

Em algumas hipóteses, interesses anteriores à constituição do direito de patente são preservados como exceções de direito material, sem prejuízo do exercício da exclusiva perante quaisquer terceiros. Em outros casos, é a inação do titular do direito que dá nascimento a pretensões de terceiros, seja vedando o exercício de ação após o prazo prescricional, seja extinguindo a própria pretensão após a decadência, seja por fim dando origem a um direito ao uso, igual e contrário, que impede a consecução do *ius persequendi*.

[19] § 9.1. Direito pessoal

Das várias facetas do direito do usuário ativo e socialmente útil da tecnologia contra o titular, o que recebeu maior prestígio em esfera internacional foi o do direito pessoal do pré-utente.[1179] Como mencionado, o art. 45 da Lei 9.279/96 garante ao

---

1179 Dannemann, Gert Egon: Do período de graça e do usuário anterior, dois novos princípios introduzidos no projeto do novo Código da Propriedade Industrial. Revista da ABPI, n. 13, p. 33-36, nov./dez, 1994. Lei

Tratado da Propriedade Intelectual

prévio usuário de boa fé da tecnologia, que não requerer patente, um direito de inoponibilidade quanto ao privilégio enfim obtido por terceiros, ressalvado porém a estes
o direito de cobrar as regalias cabíveis.

Longamente aplicado no Direito Francês, o *droit de possession personelle* se configura como uma exceção constituída em favor daquele que, ao momento do depósito
de um pedido de patente por terceiros, já vinham utilizando a tecnologia reivindicada, independentemente do titular do pedido.[1180] Desta feita, o direito de exclusiva não
se aplica quanto aos usuários anteriores, ainda que se vol. e a quaisquer terceiros.

A racionalidade desta exceção consiste em que a patente existe para promover a
pesquisa e generalizar o conhecimento da tecnologia; embora seja socialmente mais
produtiva a patente, no que importa na troca de uma exclusividade de fato (a do segredo da tecnologia) pela exclusividade temporária de direito, não existe uma obrigação
de patentear. O detentor da tecnologia que opte por não patentear renunciará à exclusividade temporária da patente, mas – ao que entendem alguns sistemas jurídicos – não
renunciará ao *uso da tecnologia* de que já dispõe, se terceiro demandar a patente.[1181]

Útil para nossas cogitações, o direito de posse do pré-utente consagra exatamente a posse do direito de uso, exercitável contra o titular da patente. Não em razão de
um pré-uso, mas por uso posterior, longo, manso e pacífico, parece-nos possível também a posse contra o dono da patente; é o que se verá a seguir.

[19] § 9.2. Inação: Falta de uso e falta de proibição

A inação do titular quanto à esfera positiva da patente – o poder de explorar seu
objeto – tem sido objeto há muito de normas internacionais e nacionais, com a finalidade de que o titular da propriedade efetivamente a explore em benefício do bem público, ao invés de deter simplesmente o monopólio com vistas a evitar a produção.[1182]

9.279/96, art. 56; lei alemã de patentes de 16 de dezembro de 1980, art. 12. Resolução anexa ao Acordo
em matéria doa patente comunitária de Luxemburgo de 15 de dezembro de 1989.

1180 Vide Foyer e Vivant, *op. cit.*, p. 318. Art. 31 da lei francesa: "Toute personne qui, de bonne foi, à la date
du dépôt ou de priorité d'un brevet, était, sur le territoire où la présente loi est applicable, en possession
de l'invention malgré l'existence du brevet. Le droit reconnu par le présent article ne peut être transmis
qu'avec l'entreprise à laquelle il est attaché".

1181 Vale lembrar que o fato de outra pessoa dispor da mesma tecnologia não elimina a novidade do invento;
esta é preservada, se o outro detentor da solução técnica reivindicada a tenha conservado em sigilo, de
forma que não tenha ingressado no estado da técnica.

1182 A própria essência da política industrial, aplicada ao sistema de patentes, é a obrigação de explorar o
objeto do privilégio. Vide Foyer e Vivant, p. 379, Chavanne e Burst, p. 68, Roubier, p. 164 e 277: "Si
l'Etat accepte de donner à l'invente sur un monopole d'exploitation, c'est à la condition qu'il y ait effectivement une exploitation". Consiste na realização do direito, com vistas a obter dele um uso conforme
ao interesse público. Vide J.M. Mousseron, "Le droit du Brevet d'invention, contribution à une analyse objective", Paris, 1961, p. 197. Quanto aos fundamentos teóricos do instituto, vide D. Barbosa e
Mauro Arruda, "Sobre a propriedade intelectual", op. cit.. Quanto à sobrevivência do instituto em face
da OMC, vide nosso artigo publicado no Panorama da Tecnologia, INPI dezembro de 1994. Vide PLC
115/93 art. 69-74 e 80.

1689

A questão adiante tratada, porém, é o da inação do titular em face de seu poder negativo – o *ius prohibere*, que consiste em excluir terceiros do objeto da patente.

[19] § 9.2. (A) Da presunção de consentimento ao dever de notificar

Essa regra se aplica em particular em todas as hipóteses em que o contexto, como por exemplo, o trato contínuo entre as partes, sem manifestação da pretensão de proibir o uso da tecnologia, ou outra atividade tornada exclusiva, seja manifestamente incompatível com a intenção de se valer do privilégio. Na dúvida, há que se entender que a falta de proibição – vedação ativa, eficaz e clara – é consentimento.

A questão se coloca em especial em face de uma característica do sistema de patentes brasileiro, que se acha expressa no art. 44 do CPI/96:

> Art. 44. Ao titular da patente é assegurado o direito de obter indenização pela exploração indevida de seu objeto, inclusive em relação à exploração ocorrida entre a data da publicação do pedido e a da concessão da patente.
> § 1º Se o infrator obteve, por qualquer meio, conhecimento do conteúdo do pedido depositado, anteriormente à publicação, contar-se-á o período da exploração indevida para efeito da indenização a partir da data de início da exploração.
> § 2º Quando o objeto do pedido de patente se referir a material biológico, depositado na forma do parágrafo único do art. 24, o direito à indenização será somente conferido quando o material biológico se tiver tornado acessível ao público.
> § 3º O direito de obter indenização por exploração indevida, inclusive com relação ao período anterior à concessão da patente, está limitado ao conteúdo do seu objeto, na forma do art. 41.

Assim, uma vez concedido o privilégio, a exclusiva se faz sentir em seus efeitos civis e penais daí por diante, mas – no tocante aos efeitos civis – há retroação a período anterior à concessão. Neste período, o eventual terceiro, usuário da tecnologia, inclusive e especialmente aquele de boa fé, estaria cometendo um ilícito *potencial*, em face de uma proibição futura.

Temos há muito sustentado, em nossa prática de ensino de Direito de Propriedade Intelectual, que a eficácia dessa retroação, salvo a prova de ciente má fé do terceiro usuário, depende de que o depositante da patente *notifique* o terceiro da existência do pedido, do seu juízo de que as reivindicações de sua pretensão de exclusiva cobrem a atividade do terceiro e de sua intenção de valer-se do *ius prohibendi* com efeitos retroativos.

O entendimento convencional é de que, no entanto, a *publicação* a que se refere à lei teria o efeito *erga omnes* capaz de retirar a boa fé de qualquer terceiro. De que haveria um *dever* de todo empresário de pôr-se a ciência, continua e incessantemente, das publicações do INPI.

Essa posição – de que existiria um dever de todo empresário de acompanhar minuciosamente todos os pedidos de exclusiva perante o INPI – encontra expressão judicial em relação às marcas.[1183] Mas tais conclusões, ainda que topicamente suscitadas por casos óbvios de má fé em matéria de signos distintivos, dificilmente conservam qualquer razoabilidade no tocante ao efeito retroativo previsto no art. 44 do CPI/96.[1184]

Com efeito, ao contrário do que se poderia afirmar quanto ao dever de cautela de cada pessoa, de investigar contínua e incessantemente a existência de patentes e de pedidos de patentes que impeçam ou venham eventualmente vedar – com efeito retroativo – o livre exercício da atividade econômica, o princípio central da economia competitiva é a liberdade de iniciativa e de exercício das indústrias.

Não se pode assimilar o privilégio instituído para fins privados, como a patente o é, com as normativas públicas que fruem – por ficção – da presunção *juris et de jure* de ciência geral. Nem se confunde a lei que os institui com os privilégios individuais que são concedidos pelo INPI após complexo procedimento.

1183 No entanto, julgados há que entendem que ignorar uma exclusiva seria ignorar a lei que a possibilitou, o que é um erro lógico: (...) Na tentativa de justificar tal procedimento, a ré limitou-se a dizer que seu representante agira de boa-fé, eis que lhe parecera que "Nomination" era apenas a designação comumente utilizada para indicar pulseiras de uma determinada espécie, podendo ser normalmente usada, assim como se usa a palavra "bombril" para significar palha de aço. A esse respeito, impõe-se a consideração de que, ainda que tenha o representante da requerida agido em virtude de tal impressão errônea, as alegações referidas apenas afastam a existência de dolo, mas não de culpa, pois demonstram, claramente, a negligência da ré. Evidentemente, esta não pode alegar o desconhecimento da Lei nº 9.279/96, nem de que, no Brasil, as marcas que gozam de proteção jurídica são registradas junto ao INPI. Assim, cabia-lhe, antes de se utilizar, indiscriminadamente da designação "Nomination", verificar, junto a tal órgão, se se tratava de marca registrada. Com essa simples providência, a ré teria evitado a prática do ilícito e a provocação de prejuízos à autora, única empresa que tinha o direito de explorar a marca no país. Evidenciada, pois, a falta de diligência da requerida, deve ser esta responsabilizada pelos danos morais sofridos pela requerente. Tribunal de Justiça de Minas Gerais, Número do Processo: 1.0145.03.069595-4/001(1)), Relator: Eduardo Mariné da Cunha, Data do Acórdão: 20/04/2006.

1184 É de se notar a aparente dissensão de Gama Cerqueira quanto a esse ponto. Diz ele: "A prova do dolo, porém, não é necessária, cabendo ao acusado provar a sua boa-fé, a fim de isentar-se da responsabilidade pela infração. O dolo está implícito na infração e o infrator presume-se de má-fé; a êle compete destruir a presunção. A escusa de boa-fé, em delitos desta natureza, dificilmente poderá ser provada. Quem falsifica produto privilegiado ou emprega processo garantido pela patente não pode invocar boa-fé, pois, em regra, o infrator age ciente e conscientemente de que está violando o privilégio de terceiro e infringindo a lei. A ignorância da existência da patente não pode ser utilmente invocada, pois o privilégio presume-se de todos conhecido e a mais rudimentar prudência aconselha a quem vai explorar um produto ou empregar processo industrial que prèviamente se certifique sobre a existência de algum privilégio. A ignorância. da lei ou a sua errada compreensão também não eximem de pena o infrator (Cód. Penal, art. 16). Como, pois, poderá infrator provar boa-fé quando, em geral, é a própria descrição da patente que lhe serve de guia para obter o produto ou empregar o processo privilegiado? Aos juízes e tribunais, entretanto, compete à soberana apreciação da escusa invocada, apreciação, aliás, que deve ser norteada por critério rigoroso, pois o infrator raramente descura de tomar as precauções necessárias e de preparar elementos para a sua defesa." CERQUEIRA, João da Gama. Tratado da Propriedade Industrial, Volume II, Tomo I, Parte II. Rio de Janeiro: Edição Revista Forense, 1952. No entanto, o autor fala do crime de violação de patentes, após sua concessão, e não do efeito retroativo.

Da publicação do conteúdo dos pedidos de patentes

Assim descrevemos a publicação do objeto dos pedidos de patentes:

Conforme a lei brasileira e de muitos países, com a publicação do pedido de patente, o conteúdo do invento cai em conhecimento público: a tecnologia, ainda que restrita pela proteção jurídica, passa a ser acessível a todos, satisfazendo um dos requisitos da função social da propriedade intelectual. Outros países diferem a publicação para o momento da concessão do pedido, após o exame.

Como esclarece o art. 30, § 2º, do CPI/96, a publicação na RPI constará de dados identificadores do pedido de patente, ficando cópia do relatório descritivo, das reivindicações do resumo e dos desenhos à disposição do público no INPI. Assim, a publicação consiste de uma notificação no órgão oficial da disponibilidade das cópias do pedido à análise do publico em geral; mas estas permanecem no INPI.[1185]

Assim, essa publicação não tem efeitos *erga omnes*, mas essencialmente *pro omnes*, na proporção em que tem por propósito e efeito lançar a tecnologia em conhecimento público. Sua função não é de *notificar a todos da existência da pretensão*. Mesmo porque só depois, e muito depois, da publicação, virá a exclusiva, que, nos lindes do pedido indicial, pode ser coisa completamente diversa do publicado.

[19] § 9.2. (B) Em que consiste a publicação do pedido

Vejamos o que ocorre com essa publicação:

Da publicação resultam importantes efeitos: inicia-se a fase multilateral do procedimento contencioso administrativo, com participação potencial de todos terceiros interessados. Começa a correr, igualmente, o prazo durante o qual o titular, após a concessão da patente, pode retroativamente haver perdas e danos pela violação de seu direito (com as exceções previstas no §§ do art. 44).

Após a publicação, também, inicia-se o prazo para deflagrar o exame técnico do pedido. O pedido de patente retirado ou abandonado será obrigatoriamente publicado (art. 29 do CPI/96).

(...)

O que se publica: o relatório descritivo.

Elemento crucial da funcionalidade do sistema de patentes, o relatório descritivo tem por finalidade expor a solução do problema técnico em que consiste o invento. Normalmente, o relatório inclui a descrição do problema, o estado da arte, ou seja,

---

1185 Uma Introdução, *op. cit.*, 2ª ed., 2003. Com a disponibilização do conteúdo das patentes, inclusive as brasileiras, na Internet, a última observação mudou de propósito. Mas isso se deu faz poucos anos, permanecendo ainda a massa de informações relativas às patentes - especialmente as brasileiras – em suporte físico.

as soluções até então conhecidas para resolvê-lo, e a nova forma de solução – indicando em que esta altera o estado da arte.

Os limites técnicos da patente, circunscritos pelas reivindicações, são os existentes no relatório descritivo. Assim, a propriedade intelectual pertinente está necessariamente contida no relatório, embora não tenha que ser tão ampla quanto este. O primeiro objetivo do relatório é, desta forma, a definição do espaço reivindicável.

A exigência de novidade faz com que seja necessária ampla divulgação dos inventos patenteados, geralmente impedindo a concessão de outras patentes sobre o mesmo objeto. A publicação do relatório descritivo satisfaz a este propósito, ao incorporar a informação ao estado da arte.

O relatório ainda preenche a finalidade de difusão tecnológica que justifica o sistema de patentes, dando acesso público ao conhecimento da tecnologia. Com a publicação, os documentos relativos ao invento tornam-se de livre acesso, possibilitando aos oponentes do pedido os meios de contestarem o privilégio ou a utilização dos conhecimentos em questão. Além disso, findo o prazo de proteção, o relatório deve servir para a exploração industrial do invento.

Como se vê, a publicação não *cria obrigações*, mas disponibiliza informações. Não gera sequer o dever de acompanhar o processamento do pedido.

Com efeito, esta publicação não corresponde a uma constituição de direito, que se afirma *erga omnes* independentemente da ciência das partes contra as quais o direito se institui. Ela simplesmente é divulgação como o é a notificação em Diário Oficial de que uma ação foi proposta quanto a terceiro, cujos detalhes (salvo segredo de justiça[1186]) estão livres ao acesso de todos terceiros.

[19] § 9.2. (C) O magistério da Súmula 375 do STJ

No entanto, essa modalidade de publicação não constitui presunção de má fé de terceiros, nem de que tais terceiros se achem *incondicionalmente e sem prévia notificação* expostos ao *jus persequendi* do titular do eventual e futuro direito de exclusiva.

Apóia-nos em nossa convicção a Sumula 375 do STJ, segundo a qual

"O reconhecimento da fraude de execução depende do registro da penhora do bem alienado ou da prova de má-fé do terceiro adquirente."

Com efeito, não basta em nosso sistema jurídico a simples publicidade de uma possibilidade futura de efeito *erga omnes* para constituir a má fé. É necessário, para haver constrição, a constituição efetiva e para o futuro do *jus persequendi*. Como o ilumina um dos acórdãos de base da Súmula 375:[1187]

1186 Incidentalmente, cabe lembrar que também há patentes que correm em segredo segundo a lei brasileira e várias normas estrangeiras: aquelas que digam respeito à defesa nacional.

1187 http://www.jusbrasil.com.br/busca?s=jurisprudencia&q=titulo:REsp 739388.

REsp 739388. Para a demonstração do 'consilium' 'fraudis' não basta o ajuizamento da ação. A demonstração de má-fé, pressupõe ato de efetiva citação ou de constrição judicial ou de atos repersecutórios vinculados a imóvel, para que as modificações na ordem patrimonial configurem a fraude. Validade da alienação a terceiro que adquiriu o bem sem conhecimento de constrição já que nenhum ônus foi dado à publicidade.Os precedentes desta Corte não consideram fraude de execução a alienação ocorrida antes da citação do executado alienante.

[19] § 9.2. (D) A autonomia do ius prohibendi em face da boa fé

O que se questiona aqui não é certamente o efeito *erga omnes* de uma patente, nem se postula que o usuário da tecnologia objeto do privilégio – mesmo se usuário de boa fé – não seja colhido pela proibição. Pelo contrário, assim dissemos em estudo recente:[1188]

A natureza desses direitos é o *monopólio*[1189] – ou uso privativo no mercado – e, assim, tal natureza se expressa num poder de proibir terceiros de usar o nome empresarial.

Esse poder de exclusão independe de qualquer dano, lesão, culpa, boa ou má fé,[1190] e se exerce contra todas pessoas sem exceção. Assim, o titular desses direitos tem direito, incondicionalmente, à prestação estatal que imponha coativamente a qualquer pessoa a obrigação de não-fazer (não usar o nome empresarial). No nosso sistema jurídico, isso implica em um comando judicial sob sanção de uma *astreinte*. Como ocorre com toda e qualquer obrigação de não fazer.[1191]

1188 BARBOSA, Denis Borges, Por uma visão imparcial das perdas e danos em Propriedade Industrial, in, Charlene Ávila, org., Novas perspectivas do desenvolvimento sustentável: Propriedade Intelectual, Inovação Tecnológica e Bioenergia no século XXI, Ed. UCG, 2009, no prelo, encontrado em http://denis-barbosa.addr.com/recomposicao.pdf.

1189 [Nota do Original] O conceito de monopólio pressupõe apenas um agente apto a desenvolver as atividades econômicas a ele correspondentes. Não se presta a explicitar características da propriedade, que é sempre exclusiva, sendo redundantes e desprovidas de significado as expressões "monopólio da propriedade" ou "monopólio do bem". 2. Os monopólios legais dividem-se em duas espécies. (I) os que visam a impelir o agente econômico ao investimento – a propriedade industrial, monopólio privado; e (II) os que instrumentam a atuação do Estado na economia. (STF; ADI 3.366-2; DF; Tribunal Pleno; Rel. Min. Eros Grau; Julg. 16/03/2005; DJU 16/03/2007; p. 18)

1190 [Nota do Original] "the "heart of [a patentee's] legal monopoly is the right to invoke the State's power to prevent others from utilizing his discovery without his consent". Zenith Radio Corp. v. Hazeltine Research, Inc., 395 U.S. 100, 135 (1969). "[E]xclusion may be said to have been of the very essence of the right conferred by the patent, as it is the privilege of any owner of property to use or not use it, without question of motive". Continental Paper Bag Co. v. Eastern Paper Bag Co., 210 U.S. 405, 429 (1908).

1191 [Nota do Original] A tutela ou decisão final que deferir uma cominação para evitar a continuação do ilícito, em matéria de propriedade intelectual, não pode usar parâmetros menos restritos do que os empregados para proteger os demais objetos de direito, como notou a Suprema Corte Americana, em eBay, Inc.

Sendo esse o remédio primeiro à violação de exclusiva, a recomposição patrimonial, são secundárias – e devem ser assim tratadas -, a reparação do eventual e excepcionalíssimo dano moral, assim como todas as outras formas de reparar os efeitos de uma infração da exclusiva.[1192]

O não exercício da tutela proibitória, quando o titular do direito tem ciência da infração, o sujeita ao princípio do dever de minorar o dano;[1193] especialmente quando o infrator se beneficia da sua própria boa fé, o não uso do interdito na primeira hipótese possível sujeita o titular aos efeitos da *supressio*.[1194] Essas são algumas das consequências da subsidiaridade da recomposição patrimonial ou ressarcimento em face da *astreinte*.

Em suma, o interesse jurídico essencial é o da abstenção de usar o nome empresarial (ou outra exclusiva industrial) do titular. Só quando não é efetivamente possível o interdito, ou já não o é mais, acorrem os remédios supletivos, dos quais a recomposição patrimonial é a mais evidente.[1195]

---

v. MercExchange, L.L.C., 126 S. Ct. 733 (2005) e o STJ no REsp 685560/RS. Vide, quanto ao efeito econômico da astreinte, Lemley, Mark A. and Weiser, Phil, "Should Property or Liability Rules Govern Information?" . Texas Law Review, Vol. 85, p. 783, 2007 disponível em SSRN: http://ssrn.com/abstract=977778.

1192 [Nota do Original] Concordando com a primazia do remédio dissuatório, vide a análise de ANDRIGHI, Ministra Fátima Nancy nos Anais do XXVI Seminário Nacional da Propriedade Intelectual, 2006, p. 86-87, ressaltando a importância do Art. 209 da Lei 9.279/98: "§ 1º. Poderá o juiz, nos autos da própria ação, para evitar dano irreparável ou de difícil reparação, determinar liminarmente a sustação da violação ou de ato que a enseje, antes da citação do réu, mediante, caso julgue necessário, caução em dinheiro ou garantia fidejussória". É o que confirma PEREIRA, Luis Fernando, Tutela Jurisdicional da Propriedade Industrial: aspectos processuais da Lei 9.279/96, RT, 2006, p. 24-28. Note-se que essa subsidiariedade é tanto lógica quanto real. Segundo SANTOS, Celso Araújo, Critérios para a fixação da indenização em caso de uso indevido de marca, Monografia de Graduação, Faculdade de Direito da USP, 2008, p. 34, em apenas um terço dos processos de infração de marcas em que se postula indenização, essas terminaram por ser fixadas.

1193 [Nota do Original] Este princípio geral de direito, que encontra sua expressão normativa no art. 620 do CPC, pode ser descrito como um dever geral de contenção de meios em face a fins. Como descreve ROSENVALD, Nelson. Direito das obrigações. 2. ed. Rio de Janeiro: Impetus. p. 13. "de maneira que o cumprimento se faça da maneira mais satisfatória ao credor e menos onerosa ao devedor".

1194 [Nota do Original] Apelação Cível Nº 70007665250, Vigésima Segunda Câmara Cível, Tribunal de Justiça do RS, Relator: Maria Isabel de Azevedo/ Julgado em 17/02/2004. EMENTA: ADMINISTRATIVO. SERVIÇO PÚBLICO DE FORNECIMENTO DE ENERGIA ELÉTRICA. CONTRATO DE MÚTUO FIRMADO PELO USUÁRIO E A CONCESSIONÁRIA. CORREÇÃO MONETÁRIA. CLÁUSULA CONTRATUAL. PRINCÍPIO DA BOA-FÉ. LIMITAÇÃO DO EXERCÍCIO DO DIREITO SUBJETIVO. SUPPRESSIO. JUROS. TERMO INICIAL. 1. A supressio constitui-se em limitação ao exercício de direito subjetivo que paralisa a pretensão em razão do princípio da boa-fé objetiva. Para sua configuração, exige-se (I) decurso de prazo sem exercício do direito com indícios objetivos de que o direito não mais seria exercido e (II) desequilíbrio, pela ação do tempo, entre o benefício do credor e o prejuízo do devedor. Lição de Menezes Cordeiro [...].

1195 [Nota do Original] Sobre a responsabilidade civil no âmbito da Propriedade Intelectual, vide geralmente ESPÍN, Pascual Martinez. El Daño Moral Contractual en la ley de propiedad intelectual. Madrid: Tecnos, 1996, p. 60. PIMENTA, Eduardo; PIMENTA, Rui Caldas. Dos crimes contra a propriedade intelectual. São Paulo: Editora Revista dos Tribunais, 2005, 2ª edição, p. 323. GOYANES, Marcelo. Tópicos em Propriedade Intelectual – Marcas, direitos autorais, designs e pirataria. A caracterização do dever de indenizar por violação à propriedade intelectual. Rio de Janeiro: Renovar, 2007, p. 77. RADER, Randall R. A

[19] § 9.2. (E) O caso do efeito retroativo

Essa ponderação se dirige, obviamente, àquelas hipóteses em que a exclusiva já se acha constituída. Mas consideremos agora o caso do efeito retroativo, resultante da concessão da exclusiva, pelo qual todos são alcançados pelo privilégio, na forma do CPI/96:

Nesta hipótese, o poder de haver indenização cobre momento dilatado – que não raro chega a uma década – em que *ainda* não há o poder de proibir. Até a concessão da patente não há a exclusiva, mas a concessão da exclusiva tem efeitos retroativos. Durante todo o tempo, um utilizador inocente de tecnologia objeto de pedido de patente de terceiros pode estar se afundando em uma exigibilidade que inexoravelmente inviabiliza sua atividade empresarial futura.

Com efeito, sem ser advertido da possível infração, o usuário inocente está às cegas. O titular do pedido de patente opta por não notificar da existência do pedido, e do prospecto da exclusiva, mesmo para criar para o usuário inocente uma situação de caos econômico insuperável. E, para minorar ou evitar tal efeito, seria necessário apenas notificar extrajudicialmente – ou por mera correspondência – o usuário da existência do pedido e da possibilidade de que ele venha a ser feito em exclusiva.

Ora, nesta hipótese em muito se justifica nossa observação anterior:[1196]

É contra a boa fé, e anti-econômica,[1197] vale dizer, anti-social, a escolha do meio mais vantajoso para o credor, ainda que em detrimento do devedor e da sociedade.

---

indenização por violação aos direitos de propriedade intelectual. Rio de Janeiro: Revista da ABPI, Anais de 2006, p. 83. ANDRADE, André Gustavo Corrêa de. Indenização Punitiva. Rio de Janeiro: Revista da ABPI nº 85, novembro e dezembro de 2006, p. 55. GOLDSCHEIDER, Robert. O emprego de royalties razoáveis como medida de indenização em arbitragem e outros procedimentos alternativos de resolução de disputas sobre propriedade intelectual. Rio de Janeiro: Revista da ABPI nº 24, setembro e outubro de 1996, p. 18. RESOLUÇÃO DA ABPI. Indenizações pelas infrações aos direitos de propriedade intelectual. Rio de Janeiro: Revista da ABPI nº 45, março e abril de 2003, p. 53. FEKETE, Elisabeth Kasznar. Reparação do dano moral causado por condutas lesivas a direitos de propriedade industrial: tipologia, fundamentos jurídicos e evolução. Rio de Janeiro: Revista da ABPI nº 35, julho e agosto de 1998, p. 3. FABBRI JUNIOR, Helio. Responsabilidade civil: dano moral oriundo das relações concorrenciais. Rio de Janeiro: Revista da ABPI nº 12, julho a outubro de 1994, p. 114. SANTOS, Celso Araújo, Critérios para a fixação da indenização em caso de uso indevido de marca, Monografia de Graduação, Faculdade de Direito da USP, 2008, SOUZA, Sylvio Capanema. A efetividade dos direitos de propriedade intelectual perante os tribunais: indenização em matéria de propriedade intelectual. Rio de Janeiro: Revista da ABPI, Anais de 2007, p. 18.

1196 Por uma visão imparcial... *op. cit.*

1197 A relação erga omnes que decorre de uma patente não é nunca simplesmente uma relação exclusivamente privada. Movendo a Justiça ou a repressão policial, excluindo atividades econômicas de eventual valor social, a exceção de uma pretensão baseada em direitos de exclusiva afeta a economia como um todo e tem importante sentido social. Vide, quanto à necessidade de um correto equilíbrio econômico na formulação

Detrimento esse que ocorre, por exemplo, na hipótese de o titular de um direito de exclusiva, sabendo de uma violação mesmo inocente por terceiro, deixar o dano crescer para aumentar a indenização, e levar o violador de boa fé à insolvência.

No Direito vigente, reduziu-se, quase à supressão, a noção de que a responsabilidade civil vise punir as culpas:

> Nesse quadro, importa ressaltar que a responsabilidade civil tem hoje, reconhecidamente, um propósito novo: deslocou-se o seu eixo da obrigação do ofensor de responder por suas culpas para o direito da vítima de ter reparadas suas perdas".[1198]
>
> Em particular, é preciso espungir da prática jurídica a idéia de que o Direito serve para proteger **exclusiva e energicamente** o titular dos direitos de exclusiva.[1199] Para tal tendência, todos os recursos possíveis e concebíveis em Direito deveriam ser assegurados em benefício dos titulares de exclusivas.[1200]

---

das normas que asseguram a repressão dessas violações Heald, Paul J.,Optimal Remedies for Patent Infringement: A Transactional Model(September 23, 2008). U of Chicago Law & Economics, Olin Working Paper No. 431 Available at SSRN: http://ssrn.com/abstract=1278062.

1198 MORAES, Maria Celina Bodin de, Danos à Pessoa Humana, Uma Leitura Civil-Constitucional dos Danos Morais, Renovar, 2007, p. 12.

1199 A reparação de danos à propriedade industrial não se diferencia em nada de qualquer outra situação de reequilíbrio patrimonial: uma nota promissória não paga ou uma patente infringida são ilícitos de igual peso jurídico. É certo que o inadimplemento de uma obrigação de dinheiro já foi objeto de enorme reprovabilidade moral, como documentam os textos de Jane Austen e Os Buddenbrooks de Thomas Mann: "Mein Sohn, sey mit Lust bey den Geschäften am Tage, aber mache nur solche, daß wir bey Nacht ruhig schlafen können." Idêntica reprovabilidade social vem sendo induzida, com mais ou menos sucesso, nas campanhas anti-pirataria, o que não torna porém a contrafação um ilícito juridicamente hediondo, como seria, por exemplo, a não satisfação de prestação alimentar a um filho menor, objeto até mesmo de prisão civil. Cabe aqui, igualmente diferenciar entre os remédios jurídicos próprios à pirataria (onde, de regra, não há patrimônio para sofrer astreinte ou indenizar, caso em que a destruição de produtos, repressão penal e outros meios não-patrimoniais são necessáros) e a simpes e corriqueira violação de direitos entre concorrentes, caso em que não cabe adotar remédios extremados e em desequilíbrio das partes. Quando há desequilíbrio ou hipossuficiência, haveria outro plano de discussão da questão, vide NUNES, Luiz Antonio Rizzatto, A Repetição Do Indébito Em Dobro no Caso de Cobrança Indevida de Dívida Oriunda de Relação de Consumo Como Hipótese de Aplicação dos Punitive Damages no Direito Brasileiro, Revista de Direito do Consumidor nº 54, 2005, Revista Dos Tribunais.

1200 Entre nós, por exemplo, FABBRI Jr.,Helio. Responsabilidade civil: dano moral oriundo das relações concorrenciais, Revista da ABPI nº 12, julho/outubro. Rio de Janeiro, 1994 p. 117; "É bom que fique desde logo consignado que também nos alinhamos ao entendimento segundo o qual as indenizações devidas por infrações aos institutos em tela têm verdadeiramente forte traço patrimonial, porém, nosso mote é o de lançar luz para a necessidade de elevar ao máximo, dentro das lindes impostas pelo direito, a reparação dos danos sofridos pelos leais concorrentes quando da disputa sadia pela clientela, em face da ação devastadora daquela pequena parcela do empresariado não tão afeita à contenda sem embustes. Neste quadro, permitimo-nos entender que o instituto da indenização aplicado com fulcro no dano à imagem empresarial se presta enormemente para o atingimento deste desiderato". Na esfera internacional, essa visão exclusivamente pró-titular, sem cuidados quanto aos demais interesses jurídicos envolvidos, encontrou seu cume na decisão Canadá – Patent Protection of Pharmaceutical Products, Report of the Panel, WT/DS114/R,17 March 2000 ("Canada–Generics"), entendimento posteriormente derrogado pela interpretação autêntica da Rodada Doha, que enfatizou a necessidade de uma leitura ponderada dos interesses contrastantes.

Tal concepção, que nega a missão básica do Direito de equilibrar interesses e conseguir a paz social, é claramente negada pelo direito corrente. Como diz a doutrina européia:

"De acordo com o Art. 17(2) da Constituição Européia De Direitos Humanos, a Propriedade Intelectual é digna de proteção. Isso, porém, não quer dizer que as instituições da Comunidade seja obrigadas a reservar todas as possibilidades de uso dos direitos aos seus titulares, e de impor todas penalidades para sua violação. Os direitos fundamentais não protegem os direitos de propriedade em uma forma abstrata e absoluta; ao contrário, o direito de propriedade é definido e limitado por sua função Social".[1201]

E, indicando que o mesmo se aplica na esfera internacional, especialmente em TRIPs:

Finalmente, uma proteção sem limites para a Propriedade Intelectual também conflitaria com as obrigações decorrentes do Acordo TRIPs que também são obrigatória perante a Comunidade. O preâmbulo deve assim mencionar a necessidade de respeitar os interesses públicos assim como os direitos fundamentais em conflito.

[19] § 9.2. (F) Da complexidade técnica do conteúdo da publicação

A pretensa obrigação, fundada na expectativa de diligência do empresário em consultar os bancos de dados do INPI, afronta o requisito geral de razoabilidade das obrigações legais. A publicação do conteúdo do privilégio importa em acesso a material de elevadíssima complexidade técnica, em milhares de pedidos de patentes cuja pertinência às atividades do terceiro é incerta e obscura.

[1201] "Pursuant to Art. 17(2) of the Charter, intellectual property enjoys protection. This does not mean, however, that Community institutions are obliged to reserve all possible use options to the proprietors of such rights, and to impose maximum penalties for infringements. The fundamental rights do not guarantee property rights in an abstract and absolute manner; instead, the right to property is defined and limited by its social purpose. The public interest, as well as the interests of those who have to respect the intellectual property of others, needs to be balanced against the proprietors´ interest in protection (see Art. 1, 1st additional protocol to ECHR, Art. 17(1) of the Charter). For instance, in terms of German constitutional law, it is prohibited to focus exclusively on the interests of beneficiaries when promulgating the rules for protection of property guaranteed under the Constitution. Finally, unlimited protection for intellectual property would also clash with the obligations following from the TRIPS Agreement that are also binding on the Community. The preamble should therefore make reference to the necessity of respect being paid to public interests as well as to conflicting fundamental rights". Hilty, Kur, Peukert: Statement of the Max Planck Institute for Intellectual Property, Competition and Tax Law on the Proposal for a Directive of the European Parliament and of the Council on Criminal Measures Aimed at Ensuring the Enforcement of Intellectual Property Rights, IIC 2006 Heft 8 970.

Não estamos aqui, no caso de publicações de patentes, no campo *relativamente* menos complexo das marcas, para o que existem e atuam profissionais especializados que acompanham as publicações do INPI e avisam seus clientes dos possíveis conflitos. Há recursos automatizados de busca que possibilitam que isso se faça em massa, a custo razoável. Para a mesma análise, no campo das patentes, pouquíssimas entidades e a altíssimo custo poderiam fazer tais serviços.

Como diz decisão judicial universalmente citada neste contexto:

> Não se deve esperar que cada patente seja compreensível a qualquer um, porque as patentes são dirigidas às pessoas que têm conhecimento nos campos tecnológicos em que cada patente é concedida – ou seja, são destinadas aos conhecedores da tecnologia em questão. A descrição da invenção tem o propósito de permitir esse homem, o conhecedor da tecnologia, de por a nova criação em prática. Somente daquele que é familiar no campo da tecnologia na pergunta pode esperar-se que as reivindicações sejam úteis.[1202]

Ao que se sabe apenas a Petrobras, entre todas as empresas brasileiras, mantém um sistema próprio de acompanhamento permanente dos depósitos de patentes de sua área de interesse, para isso dedicando um enorme corpo jurídico e técnico especializado. A lei, ao obrigar à publicação, *faculta* esse tipo de acompanhamento. Mas não é razoável esperar que tal obrigação se incorpore no campo da diligência natural de toda empresa, em particular das brasileiras. Tal pressuposto fere o sentido do razoável, como notado pelo STF:

> Refiro-me ao princípio da razoabilidade. Há de se presumir o ordinário, ou seja, o que ocorre no dia-a-dia, e não o excepcional, o extravagante.[1203]

A transposição, assim, da obrigação deduzida em certos julgados de verificar continuamente as publicações do INPI (cuja juridicidade já é bastante duvidosa) para o campo específico das patentes é simplesmente antijurídica. Por idênticas razões não se incorporam ao Direito as condições do tipo *si celum digito tetigeris*.

1202   Acórdão do caso canadense American Cyanamid Company v. Berk Pharmaceuticals relatado a p. 31 RPC 1976. O texto original é: "It is not to be expected that every patent will be comprehensible to anybody who happens to pick it up, for patents are directed to persons who have skills in the particular fields with which each patent is concerned - the so-called men skilled in the art. The description of the invention has only to be a description sufficient to enable the notional skilled man to put it into practice. Only those familiar in the field in question can be expected to make anything of the claims. "

1203   (JSTF - Volume 186 - Página 206) Agravo Regimental em Agravo de Instrumento Nº 151.351-0 - RS, Segunda Turma (DJ, 18.03.1994), Relator: O Sr. Ministro Marco Aurélio.

[19] § 9.3. Do comportamento incompatível com o ius prohibendi

Mesmo após a exclusiva ser deferida, há importante entendimento no sentido de que o longo e injustificado desuso da proibição importa em neutralização ou moderação do seu exercício. As mesmas causas poderiam ser alegadas, a *fortiori*, em relação ao período de retroação legal.

[19] § 9.3. (A) Da usucapião em matéria de patentes

Não é pacífica a possibilidade de prescrição aquisitiva de direitos de propriedade intelectual.[1204] A partir da teleologia do instituto, porém, nada parece obstar a sua aplicação às patentes:

"Todo bem, móvel ou imóvel, deve ter uma função social. Vale dizer, deve ser usado pelo proprietário, direta ou indiretamente, de modo a gerar utilidades. Se o dono abandona esse bem; se se descuida no tocante à sua utilização, deixando-o sem uma destinação e se comportando desinteressadamente como se não fosse proprietário, pode, com tal procedimento, proporcionar a outrem a oportunidade de se apossar da aludida coisa. Essa posse, mansa e pacífica, por determinado tempo previsto em lei, será hábil a gerar a aquisição da propriedade por quem seja seu exercitador, porque interessa à coletividade a transformação e a sedimentação de tal *situação* de fato em *situação* de direito. À paz social interessa a solidificação daquela situação de fato na pessoa do possuidor, convertendo-a em situação de direito, evitando-se assim, que a instabilidade do possuidor possa eternizar-se, gerando discórdias e conflitos que afetem perigosamente a harmonia da coletividade. Assim, o proprietário desidioso, que não cuida do que é seu, que deixa seu em estado de abandono ainda que não tenha a intenção de abandoná-lo, perde sua propriedade em favor daquele que, havendo se apossado da coisa, mansa e pacificamente, durante o tempo previsto em lei, da mesma cuidou e lhe deu destinação, utilizando-a como se sua fosse.
Esse o fundamento do usucapião."[1205]

O contexto jurídico-constitucional brasileiro, na propriedade industrial, parece, aliás, muito mais propício à aplicação do instituto do que no caso da propriedade tradicional. No tocante à propriedade resultante das patentes e demais direitos industriais, a Constituição aceita a restrição à concorrência, mas evitando que os poderes dela

---

1204 Vide Pontes de Miranda, Tratado de Direito Privado, parte especial, tomo XVI, § 1.852.3; § 1.898, 6, que, como Carnelutti (vide a seguir), não entende possível a usucapião do direito de exclusiva como um todo. Vide Chavanne e Burst, *op. cit.*, p. 464.. Cita-se, porém, a clássica decisão do Tribunal Comercial do Seine de 25 de julho de 1907, afirmada pelo Tribunal de Paris em 24 de outubro de 1908, Ann. 1910-1-134.

1205 José Carlos de Moraes Salles, "Usucapião de bens imóveis e móveis", Ed. Rev. dos Tribunais.

Tratado da Propriedade Intelectual

resultantes tenham caráter absoluto – o monopólio só existe *em atenção ao seu interesse social e para propiciar o* desenvolvimento *tecnológico e econômico do País*.[1206]

Estamos bem cientes da singularidade dos direitos de propriedade industrial, em particular da patente, em face dos institutos clássicos do direito. Com efeito, remontamos ao que já dissemos, no tocante ao condomínio de patentes.[1207]

Não nos é necessário, felizmente, determinar por nós mesmos os limites da aplicabilidade da usucapião no âmbito da propriedade industrial. Como no caso do condomínio, onde nos guiou o magistério ilustre de Clóvis Bevilacqua, temos aqui a iluminação de um grande jurista.

Em sua clássica discussão da usucapião na propriedade industrial,[1208] Carnelutti lembra que somente alguns direitos reais são suscetíveis de prescrição aquisitiva, basicamente a propriedade em si e as servidões prediais, contínuas e aparentes; analisando a prescrição – extintiva ou aquisitiva -, ele nota que o instituto jurídico sempre prestigia o uso ativo da propriedade, seja pelo *dominus* ou pelo *non dominus*. Assim, o crédito prescreve em favor do *dominus* devedor, contra o credor inerte; e o direito real em favor do *non dominus* ativo, contra o *non dominus* inerte.

Num aspecto particularmente importante para o nosso caso, o da tolerância como parte do direito de propriedade, Carnelutti diz:

"En otras palabras, ya que el derecho se ejercita no sólo prohibiendo, sino también tolerando, ¿cómo se distingue la tolerancia que es ejercicio del derecho, de la que no lo es? (...) Surge de nuevo, aún en este aspecto, la formidable energía del derecho de propiedad, el cual se ejercita no sólo gozando la cosa, sino también dejándola gozar, *siempre y cuando la tolerancia se refiera al goce de personas determinadas*".[1209] (Grifamos)

Para o jurista italiano, a prescrição aquisitiva nasce quando a tolerância permite, como no caso das servidões prediais contínuas e aparentes, que qualquer um (*quisquis*) tendo relação com o imóvel beneficiário exerça alguma das faculdades fracionárias do

---

1206 Como tivemos oportunidade de observar em "Software, Marjoram & Rosemary: A Brazilian Experience", WIPO's Regional Forum on the impact of Emerging Technologies, Montevideo, Dez. 1989. Doc. WIPO/FT/MVD/89/7 "As any undue expansion of the protection accorded to technology may impair rather than stimulate the progress of the industry, the new Constitution subject the enactment of any Industrial Creation right to the fulfilling of some requirements. The Law protecting abstract or other industrial creations must therefore take into consideration the social interests of the country and, furthermore, contribute to the technological and economic development of Brazil. Those requirements are, by the way, exactly those imposed on the exploitation of industrial property rights in Brazil by Art. 2º of Law 5.648/70; now they were granted Constitutional status in order to prevail over the ordinary Legislative process itself.

1207 "Patentes e Problemas...", *op. cit.*

1208 "Usucapión de la propiedad industrial", Ed. Porrua Mexico 1945.

1209 *Op. cit.*, p. 27-28.

1701

direito. Nunca se interpretaria como inércia a tolerância, no entanto, no bojo de uma relação *com pessoa determinada*, como nas relações de crédito, ou no uso e habitação.

Resistente, pela assimilação que faz dos direitos de propriedade industrial aos direitos de personalidade, a uma prescrição aquisitiva do conteúdo por inteiro da patente, como *ius in re propria*,[1210] Carnelutti porém admite usucapião de um *direito de uso* em face do titular, como *ius in re aliena*.[1211] Símile ao caso das servidões prediais aparentes e contínuas, segundo Carnelutti também na propriedade industrial poderia haver prescrição aquisitiva de elementos da exclusiva:

> "Ahora bien, si un concurrente imprime sobre el rótulo de su tienda o de su catálogo el signo distintivo de la hacienda ajena, el caso es idéntico al de quien deriva un hilo de agua de la fuente del vecino; no es necesario más para que el publico sea atraído hacia la hacienda y así, a manera del agua, la clientela ajena sea desviada hacia su tienda (...)."[1212]

Vale acrescentar, aliás, que é pacífica, hoje em dia, a possibilidade de usucapião de direitos de uso, como *bem móvel* [1213] que são, no Direito Brasileiro: os tribunais, e o STJ, em particular, já manifestaram o assentamento da tendência jurisprudencial, no tocante ao *direito de utilização de linha telefônica*:

> "Utilizando o autor a linha telefônica continuamente e sem oposição, como se dono fosse, por mais de dez anos, a qual fora transferida para seu nome, pela concessionária, temporariamente, adquiriu o usuário, pela usucapião, os direitos relativos ao uso, na forma dos artigos 618 e 619 do Código Civil [de 1916], porque o direito de uso também se perde pela prescrição."[1214]

A jurisprudência é particularmente significativa porque, em admirável paralelo com as patentes, o direito de uso é exercido como *ius in re aliena* em face da concessionária, a qual não fica porém excluída de sua concessão, como uma *vis absoluta* do mesmo caráter da propriedade (como nota Carnelutti quanto à impossibilidade de

---

1210 Carnelutti não parece admitir a usucapião da patente como um todo, por que, diz ele, o direito autoral ínsito nela permanece sempre com o inventor, como direito de personalidade, *op. cit.*, p. 89. Perante o atual Direito de Patentes, a ponderação parece descabida, embora nos pareça insuscetível de prescrição aquisitiva o direito de proibir terceiros ao uso da tecnologia. Não precisamos, porém, discutir aqui a matéria, pois não se coloca em questão a prescrição aquisitiva da exclusiva como um todo.

1211 Ou seja, precisamente a usucapião do uso em face do ius prohibere.

1212 *Op. cit.*, p. 94.

1213 Lei 9.279/96: Art. 5º Consideram-se bens móveis, para os efeitos legais, os direitos de propriedade industrial. Lei 9.610/98: Art. 3º Os direitos autorais reputam-se, para os efeitos legais, bens móveis.

1214 TA Civ. R.J. Ac. un. da 5ª Câmara, reg em 03-10-88, ap. 59.343 - rel. Juiz Geraldo Batista - Espólio de Joanina Paula de Oliveira v. Orlando de Lima.

usucapião da exclusiva como um todo). O usuário do telefone não adquire a concessão, ao usucapir seu direito de uso, nem o usuário da tecnologia adquire a patente.

Note-se, além disto, que há muito tem nosso direito admitido a proteção possessória dos direitos de propriedade industrial, não só em favor do proprietário, mas também do licenciado.[1215] Em casos relevantes, a jurisprudência tem admitido até mesmo a posse de marcas não registradas, cujo *status* jurídico deriva unicamente da proibição da concorrência desleal.

Pontes de Miranda, em particular, refere-se à posse da invenção, em termos extremamente pertinentes:

> "a chamada posse da invenção, *Erfindungsbesitz*, apenas consiste na prática de atos que entravam no suporte fáctico do ato-fato da invenção, portanto na situação fáctica de quem *ainda* não tem o direito de propriedade industrial. Não há óbices a tal concepção, como não os há acerca de posse do bem imóvel ou móvel ainda não usucapido, ou adquirido com reserva de domínio."[1216]

As mesmas razões que levam a nossa jurisprudência a admitir a posse *ad interdicta* no caso dos direitos de propriedade industrial induzem-nos a aceitar a posse *ad usucapionem* do direito ao uso em face do titular da patente.

[19] § 9.3. (B) Jurisprudência contrária: não cabe usucapião em PI

> Tribunal de Alçada Cível do RS
Ementa: propriedade industrial. Marca. Direito real de uso. Usucapião. O pedido de usucapião em relação à marca ou ao direito real de uso dela e juridicamente impossível porque esbarra no sistema consagrado no vigente código de propriedade industrial (lei 5772/71), que atribui ao registro no INPI o efeito de constituir o direito a propriedade da marca, e porque não se coaduna com a própria natureza do bem o não uso da marca pode acarretar apenas a caducidade do registro. Constitucionalidade da solução. Precedentes doutrinários e jurisprudenciais. Embargos infringentes acolhidos. Sentença de extinção do processo revigorada. (emi nº 193102621, quarto grupo cível, TAGRS, relator: des. Antônio Guilherme Tanger Jardim, julgado em 21/08/1995)

1215 Em favor: R.J.T.J.S.P. no. 17/66, 6ª Câmara cível, Ap. 193.058 de 4/6/71. RF 128/426 (STF, em matéria de direito autoral); Jur. Bras. no. 132, p. 121, Ap.Cível 139/83 do T.Alçada do Estado do Paraná. RT 480/87 T.J.S.P., Ap. Civ. 242.513 Jur. Bras., 132, p. 152, Ap. Civ. T.J.S.P.42.101-1 em 19/9/84; Jur. Bras. no. 132, p. 190, Ap. Civ 242.513 T.J.S.P. em 8/8/75; Revista de Direito Mercantil 68/66, Ap.Civ. 58.188, T.J.S.P. 8a. Câmara em 15/8/85; *op. cit.*, p. 191-192, Ap.Civ. 259.258 T.J.S.P. em 22/9/77. Em contrário: Jur. Bras. no. 132, p. 150, Ap.Civ. T.J.S.P. 39.887-1 em 11/6/85; STF, Dir. vol. XCIV, p. 364, *apud* Tito Fulgêncio, da Posse e das Ações Possessórias, 1978, vol. II., p. 281/2; Luís Guilherme Bittencourt Marinon, Da possibilidade de proteção possessória às marcas comerciais, in Jur. Bras., no. 132, p. 11; Jur. Bras., no. 132, p. 166-171, Ap.Civ. 66.446-1 T.J.S.P. em 2/9/85; Decisão do T.J.S.P. Ac.51.877-1, de 18/10/84, R.J.T.J.S.P. 92/176-177.

1216 *Op. cit.*, § 1.963.(VII). O autor se refere à posse pessoal como a descrita no item anterior, entendendo o instituto aplicável no Direito Brasileiro por via judicial.

[19] § 9.3. (C) Exceção de renúncia aparente

A jurisprudência americana recente, no país de origem das patentes em questão, ainda que não registrando casos de usucapião de direitos de propriedade industrial, tem elaborado, porém, sólida regra jurídica quanto a uma exceção de direito material[1217] que se constitui em favor do usuário de tecnologia patenteada, no caso de uma inação do titular, qualificada pela *aparência de renúncia*.[1218]

No direito americano, assim, será reconhecida a exceção contra o titular da patente quando existam os seguintes pressupostos:

a) que ocorra uma inação do titular em iniciar os procedimentos judiciais adequados contra o usuário da tecnologia patenteada, sem justificativas ou escusas razoáveis.

b) que o titular tenha praticado atos induzindo à convicção de que teria renunciado a fazer valer seus direitos de exclusiva contra o usuário da tecnologia patenteada.

c) que o usuário da tecnologia patenteada tenha confiado na renúncia.

d) que a demora implique em prejuízo para o usuário da tecnologia patenteada.[1219]

Os efeitos da exceção não só abrangem os *royalties* ou outra indenização pelos períodos passados, que não são devidos, mas também a utilização futura da tecnologia pelo mesmo usuário, que é livre.[1220]

Os parâmetros são aplicados com o rigor adequado à proteção de um direito tão importante quanto a patente. Não se admite a exceção na hipótese de simples silêncio do usuário, embora prolongado;[1221] nem se leva em conta exclusivamente as expectativas ou esperanças do usuário não autorizado de que não será importunado. É preciso haver uma situação de fato que efetivamente induza o usuário da tecnologia de que,

---

1217 A expressão jurídica utilizada é estoppel, que corresponde à nossa exceção; instituto análogo é o laches, também vinculado à inação do titular, mas sem a qualificação de aparência de renúncia, com efeito apenas de impedir a indenização pelo uso passado. Lê-se no "Black's": [Equitable Estoppel] "The doctrine by which a person may be precluded by his act or conduct, or silence when it is his duty to speak, from asserting a right which he otherwise would have had. The effect of voluntary conduct of a party whereby he is precluded from asserting rights against another who has justifiably relied upon such conduct and changed his position so that he will suffer injury if the former is allowed to repudiate the conduct."

1218 Chisum e Jacobs, "Understanding Intellectual Property Law", Matthew Bender 1992, p. 2-228.

1219 Seguimos aqui o dispositivo constante no acórdão do recurso julgado em 25/11/87 no Tribunal Regional Federal especializado em Propriedade Intelectual, Hottel Corp. (apelante) e Seaman Corp. (apelado), 833 D.2d 2d 1570, a p. 1573. O mesmo critério foi adotado num grande número de casos similares, especialmente MCV, Inc. v. King-Seeley Thermos Co. 870 F.2d 2d 1568 (Fed. Cir. 1989).

1220 Hottel Corp. v. Seamn Corp., p. 1573; "Laches bars only retrospective relief while estoppel entirely bars assertion of the patent claim". Quanto ao ponto, vide especialmente o leading case Aukerman v. Chaides, 960 F.2d 2d 1020 (1992).

1221 Studiengesellscahft Koehle, m.b. H. v. Dart Industries, Inc. 726 F.2d 2d 729.

pelo menos quanto a ele, o titular renunciou a fazer valer seus direitos; como exemplo, a jurisprudência freqüentemente cita a ameaça repetida de iniciar ação de contrafação, à qual nenhuma iniciativa se segue.[1222]

Para citar um clássico caso de exceção de renúncia aparente, cujas circunstâncias parecem ajustar-se particularmente ao nosso problema:

> "Appellants had full knowledge of appellee's infringements. They were under no handicap or disability – financial or otherwise – which prevented them from asserting or vindicating their rights under the patent. They have full opportunity to protest. They spoke, but voiced no protest against appellee's alleged infringement of this patent. Relying upon appellant's withdrawal of their charge of infringement of the Adams and Rice patent, appellee expended large sums of money in enlarging its plant."[1223]

A razão do reconhecimento jurisprudencial desta exceção é a preservação da atividade industrial, como interesse público. Assim como o instituto da usucapião se ancora no princípio da função social da propriedade, a exceção de renúncia aparente se justifica na preservação da atividade que cria e mantém emprego, desenvolve tecnologia, produz riquezas e paga impostos.

Porém a causa jurídica, neste caso, é diversa: não é a posse longa, mansa, pacífica e útil, mas a aparência, induzida pelo titular da patente, de que o investimento do concorrente não sofreria objeção, de que a exclusividade não seria exercida. A proteção oferecida pelo Direito Americano, aqui, não é de direito estrito, mas de equidade (*equitable*), contemplando a injustiça cometida contra o concorrente, que deve acreditar na lealdade concorrencial.

Note-se que, no Direito francês, admite-se o mesmo princípio, se não como defesa integral, como parâmetro de moderação da responsabilidade do usuário da tecnologia:

> "(...) les tribunaux pourront-ils réduire dans de grandes proportions les dommages intérêts au cas où le titulaire du droit aurait négligé d'exercer des poursuites pendant de longues années, et aurait ainsi créé un véritable piège pour l'industrie."[1224]

1222 Jensen v. Western Irr. and Mfg. Inc., 650 F.2d 2d 165 (1980).

1223 George J. Meyer Mfg. Co. v. Miller Mfg. Co., 24 F2d 2d. 505 (1928), citado em Continental Coatings Corp. v. Metco, Inc., 464 F.2d 2d 1375 (1972).

1224 Paul Roubier, op. cit. p. 326. Pé de página do original: "V. pour les brevets: Cass., 28 niv. an XI, S. 3.1.142; 27 déc. 1837, S.38.1.25; - pour les dessins ou modèles: Angers, 18 janv. 1904, Ann., 04.67 (v. toutefois Amiens, 30 déc. 1924, Ann., 31.94 contrefaçon non poursuivie pendant 40 ans); - pour les marques: Tr. comm. Seine, 8 mai 1878, D. 79.3.61; Alger, 8 uill. 1901, Ann., 03.280; Paris, 17 janv. 1924, Ann., 24.109: 7 nov. 1972, Ann., 29.219: 10 déc. 1929, Ann., 30.97; Rouen, 8 janv. 1930, Ann., 30.139: Tr. Strasbourg, 4 mai 1931, Ann., 32.52; Angers, 12 juill. 1933, Ann., 34.247; Tr. des Andelys, 21 juill. 1934, Ann., 34.281; Tr. Lille, 20 mai 1943, Ann., 40.48.192; Montpellier, 12 mai 1950, Ann., 50.95; Paris, 21 juin 1950, Ann., 50.273".

[19] § 9.3. (D) Da *supressio e da surrectio*

Mais recentemente,[1225] sob o influxo do CPI/96 Civil, voltamos ao tema das conseqüências da inação do titular, como resultado agora da obrigação genérica da boa fé:

8.5.1.4. Os efeitos da tolerância no direito nacional: *supressio*

O sentido da expressão *nemine potest venire contra factum proprium* também se assemelha ao *estoppel* e preceitua que uma parte não pode exercer posição jurídica em contradição com a anteriormente adotada.[1226] Esta figura é reconhecida pela jurisprudência pátria:

TIPO DE PROCESSO: Apelação Cível/ NÚMERO 70010136398/ RELATOR: Armínio José Abreu Lima da Rosa/ TRIBUNAL: Tribunal de Justiça do RS/ DATA DE JULGAMENTO: 24/11/2004/ ÓRGÃO JULGADOR:Vigésima Câmara Cível.
EMENTA: CONSTRIÇÃO DE BEM DE PESSOA JURÍDICA. CONFISSÃO DE DÍVIDA EM NOME DOS SEUS SÓCIOS, ENQUANTO PESSOAS NATURAIS. NOMEAÇÃO FEITA PELOS PRÓPRIOS DEVEDORES. MÁ-FÉ. DÉBITO CONTRAÍDO EM FUNÇÃO DA ATIVIDADE EMPRESARIAL. APELAÇÃO PROVIDA. Revela-se evidente a má-fé da embargante, ao pleitear a nulidade da constrição efetivada, quando o bem foi nomeado à penhora pelos seus próprios sócios, os quais, valendo-se do fato de que a personalidade da pessoa jurídica não se confunde com a deles, pretendem, por intermédio do ente ideal, venire contra factum proprium, em clara ofensa aos deveres decorrentes do princípio geral de boa-fé objetiva. (Apelação Cível Nº 70010136398, Vigésima Câmara Cível, Tribunal de Justiça do RS, Relator: Armínio José Abreu Lima da Rosa, Julgado em 24/11/2004). (Grifo nosso)

Sobre este tema Judith Hofmeister[1227] ensina que:

O que todas essas expressões refletem em suma é que a ninguém é lícito fazer valer um direito em contradição com a anterior conduta interpretada objetivamente segundo a lei, aos bons costumes e à boa-fé, ou quando o exercício anterior se choque com a lei, com os bons costumes ou com a boa-fé.

1225 BARBOSA, Denis Borges, Proteção das MARCAS Uma Perspectiva a Semiológica. Rio de Janeiro: Lumen Juris, 2007.
1226 BARBOSA, Ana Beatriz Nunes. O princípio da boa fé entre quotistas. Monografia de Pós-Graduação apresentada no IBMEC. Rio de Janeiro, 2006, p. 23.
1227 [Nota do Original] Id. Ibidem, *loc. cit.*

Igualmente reconhecida pela jurisprudência pátria, existe a supressio, figura jurídica que evita que a parte exerça direito após determinado período que continuamente não exerceu tal direito, criando válidas expectativas a terceiros de que o mesmo não seria exercido.[1228] Como prova do reconhecimento da supressio em nosso ordenamento temos a seguinte jurisprudência:

Apelação Cível Nº 70007665250, Vigésima Segunda Câmara Cível, Tribunal de Justiça do RS, Relator: Maria Isabel de Azevedo/ Julgado em 17/02/2004
EMENTA: ADMINISTRATIVO. SERVIÇO PÚBLICO DE FORNECIMENTO DE ENERGIA ELÉTRICA. CONTRATO DE MÚTUO FIRMADO PELO USUÁRIO E A CONCESSIONÁRIA. CORREÇÃO MONETÁRIA. CLÁUSULA CONTRATUAL. PRINCÍPIO DA BOA-FÉ. LIMITAÇÃO DO EXERCÍCIO DO DIREITO SUBJETIVO. SUPPRESSIO. JUROS. TERMO INICIAL. 1. A supressio constitui-se em limitação ao exercício de direito subjetivo que paralisa a pretensão em razão do princípio da boa-fé objetiva. Para sua configuração, exige-se (I) decurso de prazo sem exercício do direito com indícios objetivos de que o direito não mais seria exercido e (II) desequilíbrio, pela ação do tempo, entre o benefício do credor e o prejuízo do devedor. Lição de Menezes Cordeiro. 2. Não caracteriza conduta contrária à boa-fé o exercício do direito de exigir a restituição atualizada de quantia emprestada depois de transcorridos mais de quinze anos se tal não gera desvantagem desproporcional ao devedor em relação ao benefício do credor. Hipótese em que o mútuo não só permitiu a expansão da rede pública de concessionário de serviço público de energia elétrica como também a exploração econômica do serviço mediante a cobrança da tarifa, sendo que esta, a par da contraprestação, engloba a amortização dos bens reversíveis. Ausente, portanto, desequilíbrio entre o valor atualizado a ser restituído e o benefício fruído pelo Apelado durante todo este tempo, não há falar em paralisação do direito subjetivo. 3. Conquanto tenha o contrato de mútuo firmado entre o usuário e a concessionária do serviço público de energia elétrica para custeio das despesas a cargo desta de implantação do fornecimento estabelecido que a quantia seria restituída sem correção monetária, tem direito o usuário de receber o montante atualizado, pena de arcar com os encargos que devem ser suportados pela concessionária e para cuja prestação é remunerada na forma do contrato de concessão. 4. Os juros de mora têm como termo inicial a data da citação do Réu. Recurso da Ré desprovido. Recurso do Autor provido em parte. (Grifo nosso)

A par da *supressio*, em que a inação como que *suprime* a proibição, pela inativa tolerância do titular, a doutrina admite, sempre como resultado do princípio da boa

---

1228 [Nota do Original] Id. Ibidem, p. 24.

fé, a figura da *surrectio*, no qual o direito do terceiro surge como que de uma fonte subterrânea, em face do direito do titular inativo:

> Na pior das hipóteses, em se considerando, originariamente, a necessidade de inscrição formal perante o sindicato para angariar a filiação, acode os obreiros o instituto da *surrectio*, outra figura parcelar da boa-fé objetiva, definida pela doutrina como uma nova modalidade aquisitiva de direito subjetivo em virtude do exercício continuado de uma situação jurídica, ainda que não correspondente às normas que, ordinariamente, a regeriam. Consoante doutrinador supra mencionado, na mesma obra, a necessidade se manter um equilíbrio nas relações sociais faz surgir, materialmente, uma pretensão jurídica legítima naquele que agiu de boa-fé, pautado no princípio da confiança. Tribunal Superior do Trabalho, Feito: AIRR-1142/2006-145-03-41, Data de Publicação: 06/02/2009, Relator: Aloysio Corrêa da Veiga.
>
> É inegável que o não exercício do direito por certo lapso temporal pode gerar expectativa legítima na contraparte de que tal direito não mais venha a ser vindicado. In casu, a inércia do condomínio em promover a cobrança das cotas em face do demandado, deu indícios de que o direito não mais seria exercido, de modo que a cobrança efetuada de forma retardada acaba por lesar a confiança do apelante na inatividade do credor. - Urge fazer prevalecer na presente demanda o valor confiança, com base no instituto da *suppressio*, que consiste exatamente na supressão do exercício de um direito por deixar o seu titular de exercê-lo durante certo lapso temporal, quebrando a expectativa que havia surgido no outro sujeito quanto ao seu não exercício. Trata-se de reflexo do princípio da boa-fé objetiva, no que diz respeito a sua função limitativa do exercício de direitos subjetivos advindos do contrato.- Ao direito subjetivo do réu decorrente da tutela conferida a esta expectativa legítima de não ser acionado por débito condominial que nunca lhe foi cobrado dá-se o nome de *surrectio*, que equivale à outra face da *suppressio*, aquela relativa à parte cuja confiança se pretende proteger.- Tribunal de Justiça do Rio de Janeiro, Número do Processo: 2009.001.10795 – Apelação, Des. Carlos Santos de Oliveira, Data de Julgamento: 07/04/2009, Nona Câmara Cível.

[19] § 9.4. Das conclusões desta seção

Neste estudo, analisamos o poder de exclusão das patentes, que assegura o *jus prohibendi* que lhe é típico, do ponto de vista do *consentimento* do titular.

Em termos gerais, determinamos que, pelas características dos privilégios de exclusão, como são as patentes, sempre se interpreta o poder de exclusão *restritivamente*. Como é elemento essencial do poder de exclusão a *ausência de consentimento* do titular, a presença de consentimento é de ser entendida sempre que o titular não manifestar efetiva e eficazmente sua intenção de proibir. Há, assim, um *dever de manifestar recusa*, que – à falta de manifestação – presume aceitação, eis que a liberdade concorrencial é a regra, e a proibição, uma exceção.

Quanto ao caso especial em que os efeitos da patente concedida retroagem a período anterior ao da concessão, entendemos que o dever genérico de manifestar recusa se afirma ainda mais enfaticamente. Inexistindo direito *erga omnes* de exclusão, e a publicação anterior do objeto do pedido tendo efeitos informacionais, deles não se depreendendo *jus prohibendi*, exige-se do titular do pedido que relate ao terceiro do teor de sua pretensão como requisito de retroagir seu direito de pedir indenização.

Como se viu, no caso específico das patentes, não há razoabilidade em se presumir má fé daquele que – não notificado pelo titular do pedido – realizou atos que importariam, uma vez concedidas as patentes, em violação destas. Sendo mínimo o ônus do titular em notificar, e irrazoável a exigência de o empresário monitorar constante e continuamente os pedidos de patente publicados, cabe presumir consentimento se o titular se abstém de notificar, e, em qualquer caso, esta ação é incompatível com a pretensão retroativa.

Por fim, a seção lista as causas relativas à tolerância do titular, já discutidas em direito, que impediriam ou moderariam o *jus prohibendi*.

Seção [20] Manutenção e Extinção da Patente

[20] § 1. Manutenção

Concedida, a patente se mantém vigente pelo prazo que for concedida, independentemente de solicitação e sem possibilidade de renovações ou extensões de prazo – o que só ocorre com marcas e desenhos industriais, de duas formas diversas. Assim, o prazo de concessão se cumpre, salvo as interrupções resultantes de nulidade ou – raramente – caducidade. Desta hipótese, o caso mais freqüente é o da falta de pagamento de anuidades.

[20] § 1.1. Anotações

Elemento importante da vida dos direitos é a documentação das suas mutações objetivas e subjetivas. Assim é que cabe anotar à margem do registro de concessão de patentes (Art. 59.) a cessão, com a qualificação completa do cessionário; qualquer limitação (por exemplo – a nulidade parcial determinada judicialmente) ou ônus que recaia sobre o pedido ou a patente (como, por exemplo, a penhora); e as alterações de nome, sede ou endereço do depositante ou titular.

Segundo o art. 60, as anotações produzirão efeito em relação a terceiros a partir da data de sua publicação.

[20] § 1.2. Anuidades e Restauração

O depositante do pedido e o titular da patente estão sujeitos ao pagamento de retribuição anual, a partir do início do terceiro ano da data do depósito. A falta de pagamento da retribuição acarretará o arquivamento do pedido ou a extinção da patente. A lei em vigor não se refere literalmente à extinção automática, como fazia o CPI/71, mas não requer qualquer notificação do INPI ou de terceiro para que isso ocorra. A regra, pois, é a do *dies interpelat pro hominem* Não paga no dia a retribuição, a patente (ou pedido) faz-se nenhuma sem qualquer ato complementar.

No entanto, o pedido de patente e a patente poderão ser restaurados, se o depositante ou o titular assim o requerer, dentro de três meses, contados da notificação do arquivamento do pedido ou da extinção da patente, mediante pagamento de retribuição específica.

[20] § 2. Extinção

Prevê o Art. 78 da Lei 9.729/96 as causas de extinção do privilégio: são a expiração do prazo, a renúncia, a caducidade e o não pagamento das anuidades.

[20] § 2.1. Renúncia

No tocante à renúncia, a Lei 9.729/96 agora determina a proteção de direitos de terceiros, eventualmente lesados pelo ato unilateral do titular. Possivelmente explica-se a inovação, de resto muito conveniente, pelo ocorrido no único caso de licença compulsória efetivado no País, a indústria paranaense Nortox,[1229] a titular da patente – a sociedade americana Monsanto – tentou renunciar à parte da patente de que não se utilizava no Brasil (no caso, ao processo de fabricação de um defensivo agrícola, "Round up") para elidir a obrigação de uso e evitar, consequentemente, a licença.[1230]

No caso, o INPI entendeu que, não obstante direito potestativo do titular, a renúncia não poderia ser aceita, sob pena de cisão da unidade inventiva (*ad impossibilia nemo tenetur*: o pedido era tecnicamente impossível). Com o esclarecimento da Lei 9.729/96, muito possivelmente o pedido de licença em curso também, por si só, obstaria à renuncia.

Dizem as razões de apelado (fls. 359-368 dos autos), fundamentada em parecer da então assessora do presidente Nelida Jessen (fls. 107-113):

1229 Licença compulsória da patente PI7107076 obtida por Nortox Agro-Química S/A, através do despacho na RPI 710 de 29/05/84, página 86, processo DIRCO/1649/83.

1230 Apelação em mandado de segurança nº 106.155-RJ.

Tratado da Propriedade Intelectual

"Uma patente será sempre uma e indivisa, no sentido legal, sem que haja necessidade de unidade do processo produtivo (...) Se algumas vezes é possível – técnica e fisicamente – exploração parce lada de uma patente, não é nunca possível juridicamente sua exploração parcial, na proporção em que isso implica no uso injurídico do monopólio concedido (...) Aliás, como claramente estipulado no Código da Propriedade Industrial, uso parcial não é em nenhuma hipótese uso efetivo, nem para efeito de caducidade, nem para efeito de licença. O INPI agiu corretamente, como de Direito e de Lei, ao conceder a licença. O emérito Dr. Juiz a quo muito bem andou ao manter o ato da concessão...

Quanto a esdrúxula tese da concessão da licença obrigatória só para a parte em desuso, em nenhum momento as normas legais admitem tal hipótese."

[20] § 2.2. Caducidade por falta de exploração

A caducidade por falta de exploração efetiva continua prevista na Lei 9.729/96, ainda que em termos imensamente mais estritos do que na lei anterior. Para todos efeitos práticos, a redação vigente erradica tal figura do direito brasileiro.

Como já se viu, a Convenção de Paris admite que a duração normal da patente pode ser abreviada caso ocorram abusos do direito, por exemplo, o não uso ou exploração incompleta do privilégio no território, frustrando assim os interesses do desenvolvimento. Isto se faz através da caducidade do direito, que é acionada habitualmente em favor de um concorrente estabelecido no país que pretende usar da tecnologia não explorada pelo titular – incentivando assim a industrialização local.

Mas, com TRIPs, a antiga e eficiente caducidade recolher-se-á ao museu da Madame Tusseaud. Acontece que a Lei 9.729/96 impôs para o deferimento de tal remédio a prévia experiência de uma licença compulsória, que tivesse se mostrado incapaz de superar os abusos que lhe tivessem dado causa – como exigem as versões da Convenção de Paris após 1934.

Só pode se elogiar na nova redação a imposição de um prazo para a decisão da caducidade pelo INPI; e elogiável também é o dispositivo que faz os efeitos da caducidade retroagirem até a data do início do respectivo procedimento.[1231]

[20] § 2.3. Caducidade por falta de procurador

Já a manutenção de procurador no Brasil, exigência aliás encontrada em outros diplomas, como a Lei das Sociedades por Ações, é indispensável para evitar que, por seus custos ou pela resistência da Justiça estrangeira, torne-se impossível o início de uma ação de nulidade ou de abuso de direito de titular residente no exterior.

1231 Vide as observações sobre a caducidade que se lêem logo após a seção sobre licenças compulsórias por falta de uso.

[20] § 3. Nulidade da patente, modelo de utilidade ou certificado de adição

No dizer da Lei 9.279/96, é nula a patente, modelo de utilidade ou certificado de adição concedida contrariando as suas disposições. Assim, não lista as causas de nulidade: a concessão ferindo qualquer dos requisitos legais resulta em desfazimento da concessão. No entanto, a nulidade *administrativa* presume um número limitado de causas, como veremos abaixo.[1232]

Absoluta, a nulidade não será necessariamente total: a nulidade poderá incidir sobre algumas reivindicações, desde que as subsistentes consistam em matéria patenteável por si mesmas. Ou seja, que todos os requisitos da patente estejam satisfeitos quanto às reivindicações subsequentes, inclusive o de unidade de invenção (Art.47).

O efeito da nulidade, uma vez concedida, é obviamente *ex tunc*: produzirá efeitos partir data do depósito do pedido (art. 48).

Quando a nulidade é de caráter subjetivo – a patente foi deferida a quem não é o inventor ou titular – o verdadeiro titular terá a opção de propor a ação de adjudicação prevista no art. 49 do CPI/96, para haver para si a patente.

[20] § 3.1. Da presunção de validade das patentes

Emanada de um ato administrativo, o título outorgado goza da presunção *juris tantum* de sua validade, portanto *"a lei (...) atribuiu eficácia à patente nula até que seja desconstituída"*.[1233]

Gama Cerqueira[1234] bem aponta:

"enquanto a sua nulidade não for declarada por sentença proferida em ação própria, a patente produz todos os seus efeitos".

[20] § 3.2. Nulidade administrativa

No CPI/71, esta figura era denominada "cancelamento administrativo" – é a declaração administrativa de nulidade do ato do INPI que outorgou o privilégio. Os casos de nulidade administrativa do art. 50 são os seguintes:

1232 Vide MARINONI, Luiz Guilherme, e MITIDIERO, Daniel, Declaração de nulidade de carta-patente de forma incidental, p. 269 REVISTA FORENSE – VOL. 399 PARECERES, MALBURG, Maria Moura, Uma breve comparação dos processos administrativos de nulidade de patentes no Brasil, Estados Unidos e Europa, em http://www.dannemann.com.br/site.cfm?app=show&dsp=dsnews_200606_1&pos=5. 98&lng=pt, visitado em 2/9/2009. FERREIRA, Sergio de Andréa Ferreira, As duas espécies de ações de nulidade de registro marcário, Pág. 143 REVISTA FORENSE - VOL. 346 DOUTRINA

1233 MIRANDA, Pontes de. Tratado de direito privado. São Paulo: RT, 4ª edição, 2ª Tiragem, Tomo XVI, parte especial, 1983, p. 371.

1234 CERQUEIRA, João da Gama. Tratado da propriedade industrial. Rio de Janeiro: Forense, Volume II, tomo I, Parte II, 1952, p. 318.

a) falta de atendimento de qualquer dos requisitos legais;
b) não conformação do relatório e das reivindicações ao disposto nos arts. 24 e 25;[1235]
c) caso o objeto da patente se estenda além do conteúdo do pedido originalmente depositado; ou
d) caso, no processamento do pedido, tiver sido omitida qualquer das formalidades essenciais indispensáveis à concessão.

O INPI, *ex officio*, ou qualquer um com legítimo interesse pode iniciar o procedimento de nulidade, no prazo de 6 (seis) meses contados da concessão da patente.

A primeira razão de nulidade é um tanto vasta, e exige aplicação de uma *regra da razão*. A análise das causas de nulidade deve levar em conta antes de tudo a função social da patente – está ou não servindo à comunidade sem lesar os concorrentes? A falta ou inadequação do resumo, por exemplo, pelo qual a comunidade na prática se familiariza com o invento, é causa seríssima de nulidade por frustração do dever de divulgar a tecnologia.

Já não é de jeito nenhum causa de nulidade a omissão do nome do procurador numa publicação (o que recairia sob o Art. 50, IV), se por outros meios se pode identificar adequadamente a patente sem ofender o *due process of law*. Atualmente, os meios comumente utilizados de recuperação eletrônica de dados tornam irrelevante ou pelo menos não essencial tal formalidade no caso dos grandes escritórios de PI, que têm métodos de *double checking* nos programas de controle de processos. Aplica-se aí em sua plenitude a regra *pas de nulité sans grief* ; e o servidor que reconhecesse tal nulidade funcionalmente irrelevante arriscar-se-ia ao ilícito administrativo pertinente.

O critério do PLT art. 10 parece ser absolutamente irrelevante ao sistema constitucional e administrativo brasileiro – só seriam nulas as patentes concedidas sem o atendimento de requisitos *formais* se se comprovasse má fé. No nosso sistema, a apuração é do prejuízo (o *grief*) ao concorrente ou à sociedade – a existência de ma fé será caso à parte, a ser apurada e punida sem relação com o privilégio.

Como discutimos extensamente em outra seção deste capítulo, é nula a concessão de patente cujas reivindicações excedam de qualquer forma o inicialmente requerido. O art. 50, III, do CPI/96 reforça tal entendimento, ao entender nulo "o objeto da patente que se estenda além do conteúdo do pedido originalmente depositado". Ora, o conteúdo da pretensão de quem deposita o pedido da patente é demarcado pelas rei-

---

1235 Art. 24 - O relatório deverá descrever clara e suficientemente o objeto, de modo a possibilitar sua realização por técnico no assunto e indicar, quando for o caso, a melhor forma de execução. Parágrafo único. No caso de material biológico essencial à realização prática do objeto do pedido, que não possa ser descrito na forma deste artigo e que não estiver acessível ao público, o relatório será suplementado por depósito do material em instituição autorizada pelo INPI ou indicada em acordo internacional. Art. 25. As reivindicações deverão ser fundamentadas no relatório descritivo, caracterizando as particularidades do pedido e definindo, de modo claro e preciso, a matéria objeto da proteção.

vindicações – é essa sua natureza de pedido administrativo. Assim, é razoável entender pela manutenção – como máximo reivindicável – do conteúdo das reivindicações originalmente solicitadas.

Quanto ao procedimento da nulidade administrativa: iniciada a instância de ofício ou mediante requerimento, o titular será intimado para se manifestar no prazo de 60 (sessenta) dias; havendo ou não manifestação, o INPI emitirá então parecer, intimando o titular e o requerente para se manifestarem no prazo comum de 60 (sessenta) dias. Após esse prazo, mesmo que não apresentadas as manifestações, o processo será decidido pelo Presidente do INPI, encerrando-se a instância administrativa (arts. 51 a 55).

[20] § 3.3. Nulidade judicial

A ação de nulidade poderá ser proposta a qualquer tempo da vigência da patente, pelo INPI ou por qualquer pessoa com legítimo interesse (de direito material). A nulidade da patente poderá ser argüida, a qualquer tempo, como matéria de defesa – o que, ainda que reconhecida, não resulta em nulidade da patente como efeito *erga omnes*, mas apenas nos limites da coisa julgada.

Diz a lei, acrescendo a legislação processual comum, que o juiz poderá preventiva ou incidentalmente determinar a suspensão dos efeitos da patente, atendidos os requisitos processuais próprios; ou seja, sem precisar se valer da cautelar inominada. A ação de nulidade de patente será ajuizada no foro da Justiça Federal e o INPI, quando não for autor, intervirá no feito (art. 57). Inovando ao CPC, o prazo para resposta do réu titular da patente será, como para o INPI, de 60 (sessenta) dias. Transitada em julgado a decisão, o INPI publicará a respectiva anotação.

[20] § 3.4. Jurisprudência – Posição processual do INPI

TFR da 4ª Região
ACÓRDÃO No.: 99.04.13433-1 01/06/1999 JUIZ JOSÉ GERMANO DA SILVA, QUARTA TURMA
EMENTA: AGRAVO DE INSTRUMENTO. INSTITUTO NACIONAL DE PROPRIEDADE INDUSTRIAL. LEI DE PATENTES E MARCAS. ASSISTÊNCIA. COMPETÊNCIA. JUSTIÇA FEDERAL. 1. Nos processos que envolvem propriedade intelectual, houve uma ligeira mas significativa derrogação dos princípios relativos ao instituto da assistência processual; ela, que é facultativa, nos termos do artigo 50 do Código de Processo Civil, passou a ser obrigatória, em se tratando de envolvendo marcas e patentes. Além disso, o interesse jurídico é presumido, também por força da Lei nº 9.279/96. 2. No caso em exame, embora não se trate exatamente de ação nulidade do registro, como bem argumenta a agravante, tal fato não tem o condão de afastar a intervenção do INPI, porque há pedi-

Tratado da Propriedade Intelectual

do expresso de anotação de limitação do uso da marca (art. 136, Lei 9.279/96), de molde a influir, igualmente nas funções institucionais da autarquia. 3. A nova lei de Patentes e Marcas (art. 175, por exemplo), acolhendo o que já era tradição em nosso direito, estabeleceu expressamente que, não for parte, o INPI intervirá obrigatoriamente como assistente de uma das partes nas ações envolvendo registros e anotações de sua competência administrativa, cabendo-lhe a escolha sobre qual das partes prestará assistência. 4. Agravo de Instrumento improvido. Decisão: agravo de instrumento improvido. Unânime.

[20] § 3.5. Bibliografia: nulidade da patente

Schmidt, Lélio Denícoli, O Reconhecimento Incidental de Nulidade de Registro de Marca ou Privilégio de Patente, Revista da ABPI 22 (1996).

Schmidt, Lélio Denícoli, O INPI nas Ações de Nulidade de Marca ou Patente: Assitente, Litisconsorte ou Fiscal da Lei? Revista da ABPI 26 (1997).

[20] § 4. Domínio Público

Governor Thomas was so pleased with the construction of [the Franklin stove]...that he offered to give me a patent for the sole vending of them for a term of years; but I declined it from a principle which has ever weighed with me on such occasions, viz.: That, as we enjoy great advantages from the inventions of others, we should be glad of an opportunity to serve others by any invention of ours; and this we should do freely and generously. —Benjamin Franklin, Autobiography, in John Bigelow, Ed., 1 The Works of Benjamin Franklin, G. P. Putnam's Sons, 1904, p. 237-238.

Deixar a sua invenção aberta ao uso público, de forma que todos dela possam usar, é sempre uma opção do inventor; foi o que fizeram Benjamin Franklin e Alexander Fleming, o inventor da penicilina em 1928.[1236] Mas o domínio público é também uma consequência involuntária da extinção, por qualquer motivo, de um direito de exclusiva.

Extinta a patente, certificado, modelo ou desenho, por caducidade, expiração do seu prazo, ou nulidade, o seu respectivo objeto cai em domínio público (art. 78, parágrafo único). Vale dizer, deixam de ser subsistentes os poderes *erga omnes* previstos na lei como privativos do titular.

[1236] Esta renúncia à patente (que talvez resultasse do fato de Fleming ter chegado a um estado de purificação de produto comercialmente válido) não importou em falta de recompensa do inventor. Fleming recebeu por sua invenção 25 doutorados honorários, 26 medalhas, 18 prêmios, 13 condecorações, foi convidado a integrar 87 academias, foi nomeado cavaleiro em 1944, e em 1945 recebeu o prêmio Nobel.

Assim, a solução técnica cujo conhecimento já era disponível a todos desde – pelo menos – a publicação, passa a ser também industrialmente acessível a todos. Realiza-se no patrimônio de todos interessados o direito antes adquirido ao momento da concessão da patente, o de passar a explorar o objeto da patente sem oposição do titular.

Ressalvam-se os demais direitos ainda em vigor – como as patentes sobre aperfeiçoamentos, modelos de utilidade, desenhos industriais ou marcas subsistentes, que podem impedir a plena exploração econômica do produto ou do serviço *da mesma maneira que o titular anterior o fazia.*

A queda em domínio público retira todos os interessados da esfera de controle do titular da patente extinta, mas não os faculta por si só a iniciar a exploração imediatamente. No caso de produtos sob restrições e controles públicos – como remédios, alimentos, defensivos agrícolas, produtos de telecomunicação, etc. – é necessário que se obtenham (ou já se tenham obtido) os registros e certificações próprias.

O exemplo mais veemente do efeito da queda em domínio público da patente é o chamado *"genérico",* medicamento sem a marca do titular da patente expirada, fabricado a partir do momento em que já não mais vige a patente, seguindo parâmetros farmacêuticos que – sob as normas sanitárias pertinentes – assegurem equivalência funcional com o produto anteriormente patenteado.

Seção [21] Modelo de Utilidade

No direito brasileiro, como no da Argentina, Alemanha, Grécia, Itália, Espanha, França e do Japão, por exemplo, a par das patentes de invenção subsiste um tipo especial de proteção para os chamados *modelos de utilidade.*[1237]

Restringidos, via de regra, a aperfeiçoamentos ou melhoramentos em ferramentas, equipamentos ou peças, tais patentes menores protegem a criatividade do operário, do engenheiro na linha de produção, do pequeno inventor ou do artesão. Em tese, é a tutela dos aperfeiçoamentos resultando na maior eficácia ou comodidade num aparato físico qualquer. No dizer da Lei 9.279/96, modelo de utilidade é "o objeto de uso prático, ou parte deste, suscetível de aplicação industrial, que apresente nova forma ou disposição, envolvendo ato inventivo, que resulte em melhoria funcional no seu uso ou em sua fabricação".

[1237] Denominadas na Bélgica: Brevet de courte durée/Octrooi van korte duur, Dinamarca: Brugsmodel, Alemanha: Gebrauchsmuster, Espanha: Modelo de utilidad, França: Certificat d'utilité, Irlanda: Short-term patent, Itália: Brevetto per modelli di utilità, Países Baixos: Zesjarig octrooi, Áustria: Gebrauchsmuster, Portugal: Modelo de utilidade, Finlândia: Nyttighetsmodellagen. No momento, há modelos de utilidade na Austrália, Argentina, Armênia, Áustria, Bielorússia, Bélgica, Brasil, Bulgária, China, Colômbia, Costa Rica, República Checa, Dinamarca, Estônia, Etiópia, Finlândia, França, Geórgia, Alemanha, Grécia, Guatemala, Hungria, Irlanda, Itália, Japão, Cazaquistão, Quênia, Quirguistão, Malásia, México, Holanda, OAPI, Peru, Filipinas, Polônia, Portugal, Coréia do Sul, Moldava, Rússia, Eslováquia, Espanha, Tadjiquistão, Trinidad & Tobago, Turquia, Ucrânia, Uruguai and Uzbequistão.

Como critério básico, as leis nacionais exigem a satisfação de menores requisitos para conceder a patente, e garantem prazos menores, ou condições mais restritas, de proteção. Na França, por exemplo, dispensa-se o relatório de busca do estado da arte para a concessão dos certificados de utilidade – com menor custo para o inventor.

No Brasil, grande parte das patentes de autores nacionais é classificável como modelo de utilidade (ou MU). A noção de invento abriga claramente os modelos de utilidade.

[21] § 1. A diferença entre invenção e o invento que é só modelo de utilidade

Para as patentes de invenção, a par da novidade, cabe suscitar a chamada *atividade inventiva*. Sobre tal figura, veja-se o artigo anexado a este estudo.

Não cabe aplicar aos modelos de utilidade o mesmo requisito, mas o de *ato inventivo*.

Invenção	Modelo de utilidade
Art. 8º. É patenteável a invenção que atenda aos requisitos de novidade, atividade inventiva e aplicação industrial.	Art. 9º. É patenteável como modelo de utilidade o objeto de uso prático, ou parte deste, suscetível de aplicação industrial, que apresente nova forma ou disposição, envolvendo ato inventivo, que resulte em melhoria funcional no seu uso ou em sua fabricação.
Art. 13. A invenção é dotada de atividade inventiva sempre que, para um técnico no assunto, não decorra de maneira evidente ou óbvia do estado da técnica.	Art. 14. O modelo de utilidade é dotado de ato inventivo sempre que, para um técnico no assunto, não decorra de maneira comum ou vulgar do estado da técnica.

Dizem as Diretrizes de Exame do INPI:

1.9.2.3 Ato inventivo:

Considera-se que existe ato inventivo quando a modificação introduzida num objeto resulta em melhoria funcional de seu uso ou fabricação, facilitando a atividade humana, e/ou melhorando sua eficiência.

O ato inventivo é da mesma natureza que a atividade inventiva, **mas com menor grau de inventividade.**

O fato da modificação ser considerada óbvia não exclui a possibilidade de ser patenteada como modelo de utilidade. Possíveis exemplos de ato inventivo são:

(a) substituição de parafusos por encaixes de pressão,

(b) a modificação de forma e estrutura de um aparelho telefônico inicialmente utilizado, em que a modificação consistiu em integrar o transmissor e o receptor numa só peça, visando seu uso prático,

(c) combinação/conjunto de elementos conhecidos (kits, pré-moldados, etc.) ou até de uma disposição especifica de fibras, em se tratando de trama de urdidura e entrelaçamento de fio (tecidos e similares).

Por outro lado, quando um documento descreve um objeto tendo uma disposição diferente do modelo de utilidade reivindicado mas ambas apresentam as mesmas condições de aplicação ou uso prático pode-se alegar que o modelo de utilidade não apresenta ato inventivo.

É o caso também de pequenas modificações na forma do objeto que são óbvias e resultam em objetos tendo a mesma melhoria funcional de objetos conhecidos do estado da técnica, como mudança de forma redonda para quadrada.

[21] § 2. Requisitos de proteção

Os requisitos de concessão deste privilégio se alteraram na Lei 9.279/96, de forma que merece análise cuidadosa. Pela Lei 5.772/71 era exigível do Modelo de Utilidade tão simplesmente a novidade e a utilidade – ou aplicação industrial.

Curiosamente, a Lei 9.279/96 introduz para esta "patente menor" um requisito de atividade inventiva menor, nominalmente o "ato inventivo", definido como a forma ou disposição nova que não seja decorrência comum ou vulgar do estado da técnica. A simples novidade, entendida como o distanciamento do estado da técnica, parece não ser suficiente para a concessão da proteção.

No entanto, o que faz do modelo de utilidade um instrumento útil para os países como o Brasil é exatamente a inexistência do requisito de atividade inventiva: instrumento mais pedagógico, talvez, do que de mercado, esta patente reconhece avanços mínimos da produção industrial, dando-lhe proteção mais curta e menos vigorosa – exatamente por não exigir maior distância entre os níveis inventivos. Por assim dizer, o modelo de utilidade é a patente do operário, mormente os da indústria mecânica.

[21] § 2.1. Um invento de forma

A doutrina enfatiza que o modelo de utilidade não protege uma idéia, mas uma forma:

O modelo de utilidade possui em comum com a invenção o fato de ambos visarem a uma finalidade utilitária. Já os modelos de utilidade e os modelos e desenhos industriais são, ambos, criações de forma. Dessa maneira, o modelo de utilidade comunga da natureza das invenções e das criações de design.

É preciso considerar, entretanto, que, enquanto a invenção revela uma concepção original no que toca à obtenção de um novo efeito técnico, o modelo de utilidade corresponde a uma forma nova em produto conhecido que resulta em melhor utilização. Isso significa que, mesmo quando a invenção decorra da forma do produto, a ela não se reduz, abarcando possíveis variações dentro da mesma idéia inventiva (relação causa-efeito), ao passo que o modelo de utilidade não revela uma nova função, mas, apenas, melhor função, sendo sua proteção restrita à forma.[1238]

Gama Cerqueira, como se verá, igualmente define o invento próprio do modelo de utilidade como de forma – ainda que não estética, e sim utilitário.

[21] § 2.2. Inventos não suscetíveis de proteção por MU

Não se incluem no campo da MU os inventos de processo de qualquer espécie, e especialmente os que incidam sobre a matéria biológica ou sobre substâncias ou processos químicos ou farmacêuticos. É esse o teor do dispositivo que torna claro que o MU protege o objeto de uso prático, ou parte deste, suscetível de aplicação industrial, que apresente nova forma ou disposição, envolvendo ato inventivo, que resulte em melhoria funcional no seu uso ou em sua fabricação (art. 9º do CPI/96).

Também não seriam "objetos de uso prático", por exemplo, os alimentos.

[21] § 2.3. Melhoria funcional

O requisito de melhoria funcional não se resume em simples utilidade industrial, nem se identifica com o ato inventivo. Apesar de a proposta da Comunidade Européia de uma nova diretiva sobre os modelos não distinguir os dois elementos, a lei brasileira o faz.

Segundo o INPI,

Considera-se que a forma ou disposição obtida ou introduzida em objeto apresenta melhoria funcional sempre que venha a facilitar, dar maior comodidade, praticidade e/ou eficiência à sua utilização ou obtenção. Por sua vez, em se tratando de máquinas ou partes de máquinas o requisito estará também preenchido se as adaptações ou disposições forem introduzidas com o objetivo de conferir uma melhor condição de utilização per se, independentemente da melhoria ou desempenho ou eficiência do equipamento como um todo. A melhor utilização poderá também ocorrer de uma combinação/conjunto de elementos conhecidos (Kits, pré-moldados, etc.) ou até de uma disposição especifica de fibras, em se tratando de trama de urdidura e entrelaçamento de fio (tecidos e similares).[1239]

1238 Newton Silveira, Direito de Autor no Desenho Industrial, em < http://www.newmarc.com.br/pegue/nslivr2p.htm>, consultado em 23/06/02.

1239 < http://www.inpi.gov.br/patente/conteudo/p_prote2.htm#topico23>, consultado em 24/06/02.

[21] § 2.4. Ato inventivo ou ato confusório?

Como visto, é elemento essencial do modelo de utilidade o "ato inventivo".

Fica difícil, porém, de discernir a diferença entre a "decorrência evidente ou óbvia do estado da arte", própria das patentes de invenção, e a "decorrência comum ou vulgar do estado da técnica", própria dos modelos. Será o parâmetro subjetivo o relevante?

O técnico no assunto, juiz necessário da atividade inventiva, seria substituído por um leigo no caso do ato inventivo? Qual o tênue limite entre o invento que seja evidente ou óbvio e aquele que seja comum ou vulgar? Pois que é neste inconsútil limite que deverá existir o Modelo de Utilidade na sua nova versão.[1240]

Como enfatizado nas Diretrizes de Análise do INPI, no caso das patentes como a deste estudo, o fato da modificação ser considerada óbvia não exclui a possibilidade de ser patenteada como modelo de utilidade.

Assim, a contribuição de um modelo de utilidade pode ser **óbvia.** O requisito de ato inventivo é que ela não *decorra de maneira comum ou vulgar do estado da técnica.*

Como se lê da proposta de Diretiva da Comunidade Européia sobre UM,[1241] o ato inventivo seria o requisito de que, relativamente ao estado da técnica, o invento não for *muito evidente* para um perito na matéria. Esta formulação permite estabelecer que a proteção por modelo de utilidade requer um dado inventivo, e não só a novidade. No entanto, a gradação proposta na CE a que corresponde à introdução da palavra «muito» indicaria que este dado inventivo é inferior à da requerida para a patente.

Uma formulação deste tipo existe, aliás, em certas legislações nacionais em matéria de modelo de utilidade. Trata-se de uma vantagem prática ou técnica para a utilização ou o fabrico do produto ou do processo em causa, ou de outra vantagem para o utilizador, como por exemplo uma vantagem educativa ou um valor em termos de entretenimento.

Assim é que, na proposta da Comunidade, o ato inventivo seria assim definido:

Artigo 6º
Actividade inventiva
1. Para efeitos de aplicação da presente directiva, considera-se que uma invenção implica uma actividade inventiva se ela apresentar uma vantagem e, relativamente ao estado da técnica, não for muito evidente para um perito na matéria.
2. A vantagem referida no nº 1 consiste numa vantagem prática ou técnica para a utilização ou o fabrico do produto ou do processo em causa, ou noutra vanta-

---

1240 Tratando-se de um invento relativo aos objetos de uso prático, haverá invenção se a solução não for evidente ou óbvia para o técnico. Se o for, ela será objeto de modelo, desde que não seja comum ou vulgar. Resta a esta patente, pois, aquilo que seja óbvio, invulgar e incomum; ou aquilo que, sendo evidente, seja igualmente invulgar e incomum. Ou seja, as excentricidades.
1241 Bruxelas, 25.06.1999, Doc. COM (1999)309 final, 97/0356 (COD).

gem para o utilizador, como por exemplo uma vantagem educativa ou um valor em termos de entretenimento.

[21] § 2.4. (A) Jurisprudência: Ato Inventivo

> Tribunal Regional Federal da 2ª Região
"Desse modo, não foram atendidos os requisitos previstos no art. 9º da Lei nº 9.279/96, uma vez que, conforme demonstrado pelo laudo pericial, bem como reconhecido pelo INPI, na fl. 349, as características expostas na reivindicação 3 (à qual foi conferida a proteção), embora novas em relação ao modelo de utilidade MU7801901-0, são desprovidas de ato inventivo que possa gerar melhoria funcional no uso ou na fabricação de lajotas compostas de duas partes"Tribunal Regional Federal da 2ª Região, 1ª Turma Especializada, JC. Márcia Helena Nunes, AC 2003.51.01.500564-0, DJ 31.10.2008.
"No caso da análise de um objeto funcional, com o objetivo de que este ou parte deste seja considerado MODELO DE UTILIDADE, o referido objeto terá de possuir o requisito de ato inventivo, ou seja, atividade inventiva em menor grau de consistência". Tribunal Regional Federal da 2ª Região, 1ª Turma Especializada, JC. Aluísio Mendes, AC 1999.51.01.526157-0, DJ 30.09.2008.

[21] § 2.5. Unidade de invenção em modelo de utilidade

Ao dizer do art. 23. do CPI/96, o pedido de patente de modelo de utilidade terá de se referir a um único modelo principal, que poderá incluir uma pluralidade de elementos distintos, adicionais ou variantes construtivas ou configurativas desde que mantida a unidade técnico-funcional e corporal do objeto.

[21] § 3. Conteúdo da proteção

O modelo de utilidade tem, em princípio, idêntico conteúdo ao da patente de invenção, exceto pela proteção mais curta (15 anos, e não 20).

[21] § 3.1. Gama Cerqueira e a Contrafação em Modelos de Utilidade

"O conceito da contrafação dos modelos de utilidade é o mesmo já exposto em relação às invenções consistentes num produto industrial, devendo-se, porém, ter sempre em vista que o objeto da proteção legal, no caso dos modelos de utilidade é o próprio modelo, e não a idéia que o inspirou, como se dá no caso das invenções.
"Desse modo, para se apreciar a contrafação, deve-se considerar o modelo de modo objetivo, de acordo com a forma que o caracteriza, o que constitui a sua novidade.

Para que a contrafação se verifique não é necessário, entretanto, que o modelo patenteado seja reproduzido de modo integral ou copiado servilmente, considerando-se como infração do privilégio mesmo a reprodução parcial ou a imitação dos característicos do modelo, daquilo que ele tem de essencial e novo. Não importam as modificações acidentais, secundárias ou acessórias. As diferenças mais ou menos numerosas entre o modelo patenteado e o contrafeito destinam-se, muitas vezes, a disfarçar a contrafação praticada e a servir de base para a defesa do infrator.

"Convém, ainda, advertir que, nos casos de contrafação, não se cogita da possibilidade de confusão entre o modelo privilegiado e o contrafeito, critério que só tem aplicação no caso das marcas de fábrica e de comércio. O fato de não haver possibilidade de confusão entre os dois modelos não afasta, necessariamente, a contrafação, que pode existir, desde que os característicos do modelo privilegiado sejam reproduzidos ou imitados.

"Ressalvadas estas particularidades, aplicam-se às infrações das patentes de modelos de utilidade os mesmos princípios expostos a respeito das patentes de invenção (...)[1242]

[21] § 4. Modelo de utilidade e TRIPs

Não há nenhuma razão para que o sistema de incentivo à invenção dos países como o Brasil se restrinja às grandes e nobres patentes de invenção. Parece razoável que, como parte de um programa temporário, se institua um sistema oficial de retribuições às simples inovações, melhoramentos no processo produtivo concreto, sem que se questione a atividade inventiva, ou mesmo a novidade objetiva. Alternativamente, o programa poderia dar suporte consultivo ou encarregar-se da promoção das atividades incentivadoras a cargo da política interna de cada empresa.

Sendo notável a atual tendência do direito da propriedade intelectual de reduzir as exigências relativas à originalidade ou criatividade, a proteção das novas tecnologias passa a ser mais uma garantia do investimento feito do que de criatividade. Graças a tal tendência – e sem menor consideração pelos níveis mais restritos de inventividade dos países em desenvolvimento - as regras do TRIPs não obrigam os países a instituírem qualquer sistema de proteção aos inventos menores e melhoramentos, deixando tal decisão ao critério nacional.

[21] § 4.1. Jurisprudência: utilidade e forma artística

> Superior Tribunal de Justiça
Recurso Especial:0015424-SP dj:13.02.1995 p.:02242. Quarta turma. Relator. Ministro. Ruy. Rosado de. Aguiar decisão:06.12.1994Ementa: 1. Propriedade

---

1242 João da Gama Cerqueira, in "Tratado da Propriedade Industrial", 2ª ed., vol. 1, "Revista dos Tribunais", p. 632.

industrial. Modelo de utilidade. Mesa dobrável. 2. Direito autoral. Registro na escola de belas artes/rj. Cadeira dobrável. Leis 5.772.71 e 5.988.73. 1. A utilização de patente de modelo de utilidade, para a fabricação de mesas dobráveis, mediante novo sistema de articulação e travas, sem respeitar o direito e a propriedade e de uso exclusivo (art. 5º da lei 5.772.71), acarreta o dever de indenizar, na forma do artigo 23 e seu parágrafo único. 2. O registro do desenho de cadeira dobrável, na Escola de Belas Artes/RJ, por ser relativo a modelo de utilidade, não garante ao seu autor privilégio na sua fabricação. Recurso especial conhecido em parte, e nessa parte provido.

[Nota: concorrência desleal. Desvio de clientela. Ex-empregado da querelante que, munido de desenhos industriais de uso privativo da ex-empregadora, passa a reproduzir copias não autorizadas pelo fabricante original. Emprego de meio fraudulento. Ocorrência: o réu, ex-empregado da vitima, que munido de desenhos industriais de uso privativo da ex-empregadora, passa a reproduzir peças que ela já vinha fabricando há muito tempo, produzindo copias não autorizadas, depois vendidas aos clientes da ofendida que são levados a crer que estavam adquirindo produtos da fornecedora habitual, traz a confirmação do crime previsto no art. 178, inciso III, do Código da Propriedade Industrial. (Pires Neto - 1ª Cam.)]

VOTO - O EXMO. SR. MINISTRO RUY ROSADO DE AGUIAR (Relator): - 1. A Lei n. 5.988, de 14.12.73, que regula os direitos autorais, protege a criação das obras intelectuais enumeradas, exemplificativamente, no art. 6º, e garante ao seu autor contra reprodução ou divulgação fraudulenta, permitindo-lhe requerer a apreensão dos exemplares reproduzidos, a suspensão da divulgação ou da utilização da obra, além de indenização por perdas e danos (art. 123).

Essa legislação não se aplica à inovação introduzida pelo autor no desenho da cadeira dobrável, conforme muito bem ficou explicitado na v. sentença:

"Com efeito, anota Newton Silveira e com ele toda doutrina que constitui objeto do direito do autor "uma obra, entendida como produto da elaboração do intelecto" e destinada - acrescente-se - a produzir um sentimento puramente estético, isto é, desvinculado de qualquer cunho pragmático. Caso contrário, estar-se-á diante de um modelo de utilidade e, ainda, de um modelo ou desenho industrial. Bem por isso é que o mencionado jurista também observa: "A novidade de um modelo ou desenho pode consistir na composição do conjunto, mesmo que suas partes sejam conhecidas. Segundo Pouillet, tais criações quando não despertam nenhum sentimento estético, satisfazendo apenas ao gosto da moda, somente podem ser protegidas pela lei de desenhos e modelos, caso contrário entram no domínio da propriedade artística" ("Direito do Autor no Desenho Industrial", ed. 1982, p. 65 e 53, pela ordem).

Ora, as modificações introduzidas pelo autor na cadeira dobrável não podem na certa corresponder a uma obra puramente intelectual e dotada de sentido estético. Nem em modelo ou desenho industrial há de se falar, pois o que se fez, consoante observou o vistor judicial (2ª resposta de fl. 209), foi pura e simplesmente introduzir na cadeira um novo sistema de articulações e travas, para melhor - lícito que se infira - sua capacidade de utilização. Típico modelo de utilidade, pelo que se vê, assim entendido, de acordo com a definição legal, como uma disposição acrescentada em objeto conhecido para a obtenção de maior praticidade de uso (Código de Propriedade Industrial, art. 10)" (fl. 335).

Portanto, não prospera a inconformidade do recorrente ao pretender modificar o v. acórdão que manteve a sentença e reafirmou: "No que tange às cadeiras, por considerar-se típico modelo de utilidade, destinado a melhorar a capacidade de utilização do objeto, nenhum privilégio beneficia o autor na sua fabricação ou venda".

[21] § 4.2. Jurisprudência: modelo de utilidade

> Tribunal de Justiça de SP.
Apelação cível n. 175.449-1 - São Paulo - Apelante: Metalúrgica Rio S/A Indústria e Comércio - Apelada: Wilco Indústria Matalúrgica Ltda MUNHOZ SOARES - 6ª Câmara civil
EMENTA: COMINATORIA - Obrigação de não fazer - Abstenção da fabricação de modelo de utilidade relativo a filtro de água - Pretensão do titular e concessionário exclusivo da patente - alegação de contrafração e concorrência desleal - Inocorrência - Semelhança na forma mas diferença quanto à utilidade - Ação improcedente. Recurso não provido. Consideram-se modelos de utilidade, sendo como tais protegidos, os modelos de ferramentas, utensílios, vasilhames e demais objetos destinados a uso prático, que aumentem ou melhorem as condições de aproveitamento de tais objetos. Nestes modelos é protegida a forma específica e nova, que torna possível o aumento de sua utilidade ou melhoria de seu aproveitamento.

Seção [22] Registro sanitário e patentes

Em importante requisito para a comercialização de produtos alimentares, farmacêuticos, agrotóxicos e outras substâncias, é necessário obter o registro nos órgãos oficiais de vigilância sanitária ou de proteção ao meio ambiente. A relação entre o sistema de patentes e tais registros é particularmente importante.[1243]

1243 Em direta oposição ao exposto neste capítulo, vide o brilhante artigo de Otto Licks, Registro de Medicamentos Genéricos na Anvs e Infração de Patentes, Revista da ABPI, Nº 45 - Mar./Abr. de 2000.

Note-se que elemento relevante de tal relação é o disposto no art. 43, inciso VII, do CPI/96, introduzido por legislação de 2001, cuja análise já se viu na seção sobre limitações às patentes.

[22] § 1. Patentes dão exclusividade, o registro examina a toxidade

Não há patente senão para um invento *novo*, dotado de *atividade inventiva* e de aplicação industrial. São estes seus requisitos. Uma vez concedida, a patente *exclui terceiros* do uso da tecnologia patenteada.

Já os exames conducentes ao registro dizem respeito à *nocividade do produto* em face dos requisitos de saúde e de meio ambiente. Para constatá-lo, basta ver os elementos a serem considerados no pedido de registro segundo a legislação própria.

Assim, no pedido de registro se examina a toxidade comparativa, para admitir um produto no mercado. Nada se questiona quanto à novidade da tecnologia, quanto à atividade inventiva. As considerações são diversas, os efeitos são diversos.

Em nada - em absolutamente nada - se leva em conta o estatuto das patentes, existentes ou não, impertinentes ou não. Como veremos, não há sequer competência das autoridades sanitárias para perfazer tal exame.

[22] § 2. Registro sem patente, patente sem registro

Impossível fazer confusão entre o poder que têm as patentes, de um lado, e o alcance registro sanitário, de outro. A patente confere ao seu titular o direito de *impedir* terceiro, sem seu consentimento, de produzir, usar, colocar a venda, vender ou importar com estes propósitos, tanto o produto objeto de patente, quanto o processo, e até mesmo o produto obtido diretamente por processo patenteado (CPI/96, art. 42).

Já o efeito do registro sanitário é o de *autorizar* o uso de um produto, segundo pressupostos sanitários e de meio ambiente. Patente dá uma exclusividade de uso, mas não autoriza o uso. Os dois títulos são diversos em seu propósito, e diversos em seu efeito:

Mesmo com a patente, o titular de um produto *mais nocivo* pode não ser admitido ao registro.

De outro lado, mesmo sem patente, alguém pode ter um registro. Como se verá, a lei não exige, para o registro, nem a existência, nem a inexistência da patente.

Pode até acontecer que alguém, que detenha o registro, possa ser colhido pela exclusividade de terceiros, resultante da patente. Mas tal se dará por razões estranhas ao registro sanitário, e *fora do exame do registro*.

Como ocorre tão freqüentemente no campo da propriedade intelectual, o autor presume a prevalência das práticas e interesses internacionais sobre o sistema constitucional brasileiro. Não obstante o vigor das objeções de Otto Licks, a solução consagrada pela Lei 10.196, de 14 de fevereiro de 2001, resultante da conversão da Medida Provisória 2.105 foi no sentido geral propugnado neste livro.

De outro lado, não se deixa de levar em conta o disposto no Código de Propriedade Industrial (CPI/96):

Art. 42 - (...) § 1º Ao titular da patente e assegurado ainda o direito de impedir que terceiros contribuam para que outros pratiquem os atos referidos neste artigo. (...)

Acontece que - independente dos poderes da patente - muitas são as razões pelas quais *mesmo na existência de patentes,* será facultado o uso.

[22] § 3. Quando a patente não vale: a tecnologia é outra

Diz o art. 41 do CPI/96:

Art. 41. A extensão da proteção conferida pela patente será determinada pelo teor das reivindicações interpretado com base no relatório descritivo e nos desenhos. Em outras patentes, se o produto registrado - ainda que igual - foi feito com outra tecnologia, de nada vai valer a patente contra o registro.
Tal se dá por várias razões.
- Primeiro: a patente é de processo, e o produto registrado é feito por outro processo, distinto do reivindicado.
- Segunda hipótese: se a patente é de produto ativo, o produto ativo pode ser diferente do reivindicado.
- Ora, saber se um produto ativo colide com as reivindicações de uma patente, ou se está já em domínio público, requer extrema perícia técnica, minucioso exame de precedentes, complexa exegese lógica e científica. Para o que falta competência aos órgãos registrais.
- Terceira hipótese: se a patente é de formulação (ingrediente ativo mais inertes), a formulação pode ser outra.

[22] § 4. Produto igual para o registro não é produto igual para a patente

Note-se que, ao considerar um produto como "igual" a outro, em especial o Ministério da Agricultura examina outras coisas, que não o reivindicado na patente. O que ele examina é:

(Lei 7.802 de 11/07/1989): ART.3 -(...)
§ 5 - O registro para novo produto agrotóxico, seus componentes e afins, será concedido se a sua ação tóxica sobre o ser humano e o meio ambiente for comprovadamente igual ou menor do que a daqueles já registrados, para o mesmo fim, segundo os parâmetros fixados na regulamentação desta Lei.

Assim, se um produto tem a mesma toxidade do que outro, e tem o mesmo fim (no caso, soja...), ele é igual para o Ministério da Agricultura.

Vale enfatizar: um produto, levado a registro, pode ser competitivo com outro, já patenteado, mas ser fabricado segundo outro processo (se a patente é de disso); ou ter formulação diversa da patenteada (se o privilégio é disso). A prova de que uma patente é infringida por um produto levado a registro é extremamente complexa, difícil, e, no nosso sistema constitucional, tem de ser feita sob as regras do contraditório e do devido processo legal.

Ou seja, não é o fato de o produto ter a mesma aplicação, ou o mesmo mercado, que faz um registro ter intercessão com uma patente. Aliás, como os pressupostos da patente (novidade, atividade inventiva, utilidade) são diversos do registro (toxidade, meio ambiente), e os efeitos são diferentes, pode haver intercessão entre privilégio e registro, mas dificilmente colisão.

[22] § 5. Quando a patente não vale: acabou seu prazo

A duração jurídica do privilégio inclui tão somente o período em relação ao qual pode se exercer o direito de exclusiva; usualmente, a partir da concessão até um termo, contado da própria concessão ou da data de depósito. No regime do CPI/71, o prazo era de 15 anos; o novo CPI/96 prevê prazo de 20 anos para patentes de invenção (art. 40).

Além, disto, *a qualquer tempo*, pode haver caducidade, inclusive por falta de uso (art. 80), assim como *licença compulsória* (art. 68 e seg.). Também a patente pode ser declarada nula, a qualquer tempo de sua vigência, *inclusive como matéria de defesa* (art. 46 e art. 105).

Assim, o uso pode ser possível, *a qualquer tempo*, por efeito de várias limitações temporais, o que exige, para atender o imperativo de interesse público do uso dos produtos em prol do consumidor, que haja registro.

[22] § 6. Quando a patente não vale: os limites jurídicos do direito

Quanto ao *exercício dos direitos*, o privilégio cobre algumas fases do processo de produção ou da circulação das mercadorias - a fabricação, a venda, etc. -, fazendo que só o titular a elas tenha acesso. Mas não há qualquer direito a manter a exclusividade naquelas etapas do processo produtivo não cobertas pela patente.

Como vimos, o art. 42 do CPI/96 diz que "a patente confere ao seu titular o direito de impedir terceiro, sem o seu consentimento, de *produzir, usar, colocar à venda, vender* ou *importar* com estes propósitos. A lei não faculta ao titular o direito de impedir o registro. Como se sabe, os direitos reais são *numerus clausus*.

Além disso, sendo a patente uma *restrição à concorrência*, e sendo a liberdade de iniciativa um dos fundamentos da Constituição da República, os limites da exclusividade patentária devem ser lidos com a restrição que pressupõe uma excepcionalidade.

Qual o interesse público que preside o registro?

> Primeiro, é uma avaliação de um produto alternativo, que só será admitido se for *menos tóxico* ou pelo menos igual ao já registrado. Assim, Há interesse público em avaliar algo que seja menos tóxico do que um produto patenteado. O registro pode induzir a uma licença da patente, e a um maior benefício para a saúde e o meio ambiente.

> Segundo, que, no caso de falta de uso da patente, a existência de um registro alternativo possibilita ao consumidor e ao público o imediato suprimento do mercado - assim que concedida a licença compulsória ou a caducidade.

> Terceiro, porque há muitas hipóteses de uso permitido, mesmo quando exista patente, como veremos a seguir, todos esses usos sendo de interesse público.

Todas essas razões, que se somam ao máximo interesse público da liberdade de iniciativa, levaram ao legislador nacional a não incluir, entre os privilégios do dono da patente, o poder de impedir o registro de produtos alternativos.

[22] § 7. Quando a patente não vale: usos permitidos

Já vimos acima os limites ao direito oriundo da patente que resultam do Art. 43 do CPI/96, assim como das licenças compulsórias e do direito de importação paralela do art. 68.

Por todas estas razões, o registro é e tem de continuar a ser independente da patente. E mais, com a complexidade das circunstâncias em que uma patente tem intercessão com um registro, não se pode fazer o órgão de controle sanitário - o Ministério de Agricultura, o IBAMA, etc. - juiz das circunstâncias em que há efetiva colisão entre a autorização de uso e a exclusividade.

Com o novo inciso VII desse artigo 43 do CPI/96, resolvem-se em grande parte os problemas suscitados nesta seção: fica ainda mais claro que os testes de toxidade e os demais testes podem ser efetuados *ainda na vigência da patente* e a despeito da oposição do titular. Acima já se viu porque é possível usar desses testes para fazer o registro do produto.

[22] § 8. Da hipótese improcedente do linkage

Examina-se aqui a hipótese de que o artigo 42 da Lei 9.279/96 – o que desenhe o alcance da patente – impediria o registro sanitário de produto de terceiros, enquanto vigente ainda a patente que cobrisse alguma parcela do produto.

Tive ocasião de notar:

"A integração entre o sistema de vigilância sanitária e o de propriedade industrial tem sido repetidamente postulada pelos grandes investidores do setor químico e farmacêutico. A exclusividade de utilização dos dados e testes apresenta-se, em tal contexto, como elemento complementar ou suplementar às patentes, em especial para evitar a incursão de produtos genéricos, ou seja, não vinculados às marcas mais pregnantes dos grandes investidores da indústria".[1244]

Opor-se-ia a tal hipótese a chamada *Exceção Bolar:*

"A exceção (bolar), que resulta no "desenvolvimento antecipado", permite aos manufatores de produtos genéricos começarem, quando necessário, a buscar o registro sanitário antes da expiração da patente pertinente de terceiros, o que viabiliza a concorrência assim que a concorrência interdita cessar. Portanto, a eficiência estática é acrescida. Na ausência de tal exceção, a introdução dos produtos genéricos pode ser cerceada por meses ou anos, tempo durante o qual o titular da patente pode manter altos preços mesmo sem a exclusividade patentária".[1245]

A interpretação restrita que se deve ao art. 42 do CPI/96, como mencionado acima, impede que se confira à patente tal poder; não está entre as potestades da exclusiva prevenir o registro, como não está o de criticar a sua importância tecnológica. Simplesmente, a patente não veda o registro nem previne a crítica; para fazê-lo seria necessário acrescentar tais vedações ao teor do art. 42 da Lei.

Não há qualquer exigência em TRIPs ou outro ato internacional que a patente tenha tal efeito.[1246] Assim nota Carlos Correa sobre a questão exata da inexigência em direito internacional de que haja *linkage:*[1247]

1244 BARBOSA, Denis Borges. Do sigilo de testes para registro sanitário in Uma introdução à propriedade intelectual. Rio de Janeiro: Lumen Juris, 2002, p. 684.

1245 CORREA. Carlos Maria. Managing the provision of knowledge: the design of intellectual property laws: Tradução livre de: "The early working (Bolar) exception allows manufacturers of generic products to start, where necessary, seeking marketing approval before the expiration of another company's patent, and permits the introduction of competitive products as soon as the patent expires. Thus it increases static efficiency. In the absence of such an exception, the introduction of generic copies may be delayed for months or years, during which the patent owner might charge high prices despite the expiration of the patent".

1246 CORREA. Carlos Maria. Inexistencia de una obligacion internacional de vincular el registro de defensivos agricolas y patentes de invencion. Buenos Aires. Revista Criação do IBPI, no. 1: no prelo, 2006: "Não existe nenhuma disposição de caráter multilateral, de caráter vinculante ou de observancia volutária, adotada na sede da OMC, FAO ou outra organização internacional, que imponha aos Estados a obrigação de impedir ou retardar a aprovação de comercialização de um produto regulado (farmacêutico ou defensivo agrícola) sobre o fundamento de existir uma patente de terceiros. Contudo, um pequeño número de países aceitou tal vinculação no marco das TLC's, ou em sua legislação nacional, incluindo os países mas avançados, mas sem ser aplicada absolutamente (como na Europa)(...) para que o titular da patente, se o quiser, exerça seus directos ante a instancia judicial correspondente".

1247 Carlos María Correa, Inexistencia de una Obligacion Internacional de Vincular el Registro de Defensivos Agricolas y Patentes de Invencion, Revista Criação, Ed. Lumen Juris, 2009, p. 113.

Conclusiones

El hecho de que un producto determinado infrinja o no una patente es una cuestión legal distinta de los asuntos técnicos relativos a la seguridad, eficacia y calidad de de los fármacos y defensivos agrícolas.

La actuación ex oficio que implica la vinculación aprobación sanitaria-patente impone al Estado directa responsabilidad en el caso de que, sobre la base de una patente que no es infringida o que es inválida, se impida la comercialización de productos competitivos. Naturalmente, ello afecta además al competidor excluido y, especialmente, al público.

No existe ninguna disposición de carácter multilateral, de carácter vinculante u observancia voluntaria, adoptada en el marco de la OMC, FAO u otra organización internacional, que imponga a los Estados la obligación de impedir o demorar la aprobación de comercialización de un producto regulado (farmacéutico o defensivo agrícola) sobre la base de la existencia de una patente a favor de un tercero.

Si bien un pequeño número de países ha aceptado tal vinculación en el marco de TLCs, o en su legislación nacional, incluso en los países más avanzados ella no se aplica en absoluto (como en el caso europeo) o se limita a información brindada por parte de la autoridad sanitaria para que el titular de la patente que así lo decida ejerza sus derechos ante las instancias judiciales que correspondan.

Seção [23] Patentes farmacêuticas

[23] § 1. Do segundo uso farmacêutico

Superada a questão da legalidade e dos requisitos da patente de uso no Direito Brasileiro, vamos nos concentrar na especificidade do *segundo uso farmacêutico*.

O tema é de *uso* farmacêutico; o *segundo uso*, na verdade, é o *novo uso* de uma substância ou composto de que já se sabe o valor farmacêutico, e pode ser um terceiro, quarto, ou mais usos nesse setor. Já não teríamos o mesmo problema se o primeiro uso (na verdade, a reivindicação inicial do mesmo meio – substância ou composto) fosse não-farmacêutico.[1248]

Por que se teria uma situação especial neste caso? Os autores citam razões históricas e práticas, sendo a mais relevante dessas a dificuldade de estabelecer a novidade do novo uso – problema que não parece, no entanto, ser distinto daquele que ocorre com todos as reivindicações de uso.[1249]

1248 Pollaud-Dulian, Frédéric. Droit de la Propropriété Industrielle. Ed. Montchrestien, Paris, 1999, p.108 a 112. «En principe, com-me on vient de le voir, la nouvelle application d'un moyen connu est brevetable. Toutefois, traditionnellement, cette règle subit, en France comme dans la CBE, une exception controversée dans le domaine des médicaments. En effet, il est fréquent qu'une molécule connue pour le traitement d'une maladie donnée se révèle, ultérieurement, utile contre une autre maladie. Il suffit de songer à l'aspirine, dont on découvre régulièrement d'autres applications thérapeutiques que celle, traditionnelle, d'antalgique».

1249 Pollaud-Dulian, *op. cit.* «Le fondement et l'opportunité de cette exception à la brevetabilité de l'application nouvelle font l'objet de discussions. Ses partisans soutiennent qu'une deuxième application thérapeutique ne

[23] § 1.1. Um problema tipicamente francês

Poder-se-ia entender que o problema, neste instante, é tipicamente francês. Na verdade, a rejeição a esse segundo uso não tinha, senão na lei francesa,[1250] suporte legal explícito, e mesmo em tal regime legal, autores o classificam como "uma cicatriz" do sistema anterior à Lei de 1968,[1251] que vedava a patente farmacêutica em si mesma.[1252] No resto do Europa, a rejeição anteriormente ocorria com base nas práticas dos vários escritórios de patentes, basicamente como uma forma de afirmar a dificuldade de se discernir a novidade e atividade inventiva de tais inventos e na forma de se entender o alcance das reivindicações.[1253]

---

peut pas être nouvelle, car l'administration de médicament au premier titre a nécessairement dû aussi produire des effets thérapeutiques au second titre, M. Mathély y voit une autre raison, liée au secret de la prescription médicale: on ne peut pas savoir à quel titre le médecin prescrit le médicament, c'est-à-dire en vue de laquelle des deux applications distinctes. On a aussi avancé l'idée que la deuxième application thérapeutique serait davantage une méthode de traitement (non brevetable) qu'une application industrielle. Peut-être y a t-il aussi là un reste de l'hostilité antérieure au principe même du brevet de médicament. En réalité, cette prohibition ne se justifie que difficilement et «de lege ferenda», on pourrait envisager d'y mettre fin.

1250 No momento, o artigo L. 611-11 do Código francês da Propriedade Intelectual: «les dispositions des alinéas précédents n'excluent pas la brevetabilité, pour la mise en oeuvre d'une des méthodes visées à l'article L 611-16, d'une substance ou composition exposée dans l'état de la technique, à condition que son utilisation pour toute méthode visée audit article ne soit pas contenue dans l'état de la technique».

1251 A lei de 1968, no artigo 10o, dizia: «une invention portant sur un médicament ne peut être valablement brevetée que si elle a pour objet un produit, une substance ou une composition présentée pour la première fois comme constituant un médicament».

1252 Schmidt-Szalewski, Joanna & Pierre, Jean-Luc. Droit de la Propropriété Industrielle.Ed. Litec, deuxiéme édition, Paris, p. 47. "Le régime français de brevetabilité porte une «cicatrice» de l'état du droit antérieur, qui excluait la protection des médicaments. Bien que ceux-ci soient aujourd'hui brevetables, reste cependant exclue la protection de la seconde application thérapeutique d'une composition connue. Cette règle résulte d'une lecture a contrario de l'article L. 611-11, alinéa 4 du Code de la propriété intellectuelle, qui conduit à exclure de la brevetabilité f utilisation, à des fins thérapeutiques, d;une substance ou composition déjà connue pour son application thérapeutique ou de diagnostic. Ainsi, celui qui mettrait au point un nouvel effet thérapeutique d'un médicament connu, ne pourrait breveter son invention (p. ex. un effet anticancéreux de l'aspirine ne serait pas brevetable). «Morceau de bravoure» de notre droit des brevets (J. M. Mousseron, Rép. com. Dalloz, V° Brevet d'invention, 2° éd. 1994, n° 130.), la règle demeure sans fondement satisfaisant (M. Vivante, La brevetabilité de la seconde application thérapeutique, JCP, a 1989, 3382 et E. II, 15541. - A. Casalonga et G. Dossman, La protection par le brevet d'invention de l'application thérapeutique et du produit pharmaceutique, JCP, E 1987, II, 14898). On aurait pu s'attendre à ce qu'elle devienne caduque, sous l'influence de la jurisprudence des chambres de recours de l'Office européen des brevets qui, à plusieurs reprises, déclarèrent protégeable par brevet européen la seconde application thérapeutique d'un produit (Gde ch. rec., Déc. 5 d6c. 1984: PIBD 1985, 368,111,146; D. 1986, somm. 137, obs. Mousseron; RTD com. 1985, 298, obs. Chavanne et Azema. - Ch. rec. techn., Déc. T. 19186 JOOEB 1989, p. 24. -Déc. T. 290186: JOOEB 1992, p. 414. -Déc. T. 958/94. JOOEB 1997, p. 241.). La Cour de Cassation a, toutefois, maintenu la règle, en censurant un arrêt d'appel qui avait admis la validité d'une telle invention (Cass. Com. 26 oct. 1993: PIBD 1994, 557,111,1; Ann. propr. ind. 1993, 89, note P. Mathély).

1253 The European IP Bulletin. Issue 5, October 2003, encontrado em http://www.mwe.com/info/news/euroip1003-hottopics.htm, visitado em 14/9/2004: "Historically in Europe, patents for methods of treatment had been regarded as not being capable of industrial application and consequently not patentable. Only the first inventor of a new product suitable for use in medical treatment was entitled to a claim to the product".

A mudança de perspectiva no resto da Europa se deu com a decisão do caso Pharmuka,[1254] pelas Câmaras Reunidas de Recursos do Escritório Europeu de Patentes. A questão jurídica era o da interpretação do art. 52.4 da Convenção respectiva.[1255] A conclusão do julgado administrativo é que se poderia reivindicar um segundo uso farmacêutico desde que formulado como *aplicação de um composto ou substância conhecida para se obter um medicamento destinado a uma utilização terapêutica nova e dotada de atividade inventiva*.[1256] O mesmo uso seria, porém, recusado se formulado como "uso de X para tratar Y".

A essência do raciocínio do julgado é que não se distinguem razões nem da vontade do legislador convencional, nem da lógica, que impedissem a aceitação de um segundo uso de uma mesma substância ou composto, só pelo fato de esse segundo uso ser farmacêutico; mas não caberia, dentro do sistema da Convenção da EPO, reivindicar tal uso como sendo um *método de tratamento*, eis que, para isso (como aliás, no Direito Brasileiro) haveria a vedação do art. 52.4 daquele tratado.

Surge, desta forma, a questão da reivindicação sancionada pelo caso Pharmuka, que, pela própria menção do julgado à decisão anterior do Escritório de Patentes da Confederação Helvética,[1257] passou a chamar-se "reivindicação suíça".

Os tribunais europeus (com a egrégia exceção da Corte de Cassação francesa), notando a decisão no caso Pharmuka, aceitaram essa manifestação do órgão administrativo como uma declaração pertinente do direito aplicável – muito embora o

---

1254 G 0006/83 – EBA, cuja ementa é "I. A European Patent with claims directed to the use may not be granted for the use of a substance or composition for the treatment of the human or animal body by therapy. II. A European patent may be granted with claims directed to the use of a substance or composition for the manufacture of a medicament for a specified new and inventive therapeutic application".

1255 Article 52 - Patentable inventions (4) Methods for treatment of the human or animal body by surgery or therapy and diagnostic methods practised on the human or animal body shall not be regarded as inventions which are susceptible of industrial application within the meaning of paragraph 1. This provision shall not apply to products, in particular substances or compositions, for use in any of these methods

1256 Seguindo o resumo de Polluad-Dulian: "La Grande Chambre des recours affirme qu'elle «ne perçoit pas, dans la règle d'exception de l'article 54 (5) de la CBE, l'intention d'exclure de deuxième ou d'ultérieure applications médicales, autrement que par la prohibition de revendications de produits d protéger en fonction de leur utilisation spécifique (...) L'intention d'exclure, de manière générale, de la brevetabilité une deuxième indication médicale - ou des indications ultérieures - ne peut être déduite ni de la lettre de la CBE, ni du développement dans le contexte historique des articles d appliquer (...) La Grande Chambre estime justifié d'admettre des revendications ayant pour objet l'application d'une substance ou d'une composition pour obtenir un médicament destiné à une utilisation thérapeutique, ceci même lorsque le procédé de préparation lui-même en tant que tel ne se distingue pas d'un procédé connu mettant en œuvre la même substance active». Elle en conclut qu'un brevet européen ne peut être délivré «sur la base de revendications ayant pour l'objet l'application d'une substance ou d'une composition en vue du traitement thérapeutique du corps humain ou animal». Mais elle ajoute qu'un brevet peut être délivré «sur la base de revendications ayant pour objet l'application d'une substance ou d'une composition pour obtenir un médicament destiné à une utilisation thérapeutique déterminée nouvelle et comportant un caractère inventif»

1257 Caso G 0005/83 – EBA, parágrafo 19.

Judiciário não esteja vinculado a tal manifestação, nem a Convenção da EPO determine a maneira pela qual uma patente vá ser aplicada em cada país europeu.

Assim é que o Judiciário inglês acatou imediatamente a reivindicação suíça,[1258] assim como o holandês,[1259] o sueco e o alemão,[1260]

Outros tribunais fora da Europa se seguiram nesta aceitação da razoabilidade do entendimento da EPO em face de seus respectivos sistemas nacionais.[1261] Julgados posteriores vieram, no entanto, a enfatizar que a reivindicação suíça não isenta de análise, e talvez exija maior rigor, na avaliação de novidade e atividade inventiva.[1262]

O que se superou, nessa sucessão de decisões, é a noção de que um segundo uso farmacêutico careceria de utilidade industrial.[1263] Só isso.

[23] § 1.2. A vedação a métodos de tratamento em Direito Brasileiro

No Direito Brasileiro, inexiste disposição específica, como existe no Direito Francês, vedando uma segunda aplicação no domínio farmacêutico. Entre nós, temos apenas vedação de patenteamento de métodos de diagnóstico e tratamento, o que se acha está no artigo que se refere ao que *não é invento*:

VIII - técnicas e métodos operatórios ou cirúrgicos, bem como métodos terapêuticos ou de diagnóstico, para aplicação no corpo humano ou animal;

Note-se, assim, que a nossa lei distingue métodos ou técnicas operatórias ou cirúrgicas,[1264] para aplicação humana ou animal, assim como, para iguais finalidades,

---

1258 John Wyeth and Brothers Ltd's Application and Schering AG's Application (1985) RPC 545.

1259 Bristol-Myers Squibb v Yew Tree Pharmaceuticals [Netherlands] (2000) ENPR 26.

1260 Sweden (Hydropyridine [Sweden] (1988) 19 IIC 815) e (Hydropyridine [Germany] OJEPO 1984, 26)

1261 Por exemplo, o da Nova Zelândia no caso Pharmaceutical Management Agency v The Commissioner of Patents and Others (CA56/99).

1262 Por exemplo, nos casos ingleses Bristol-Myers Squibb Company v Baker Norton Pharmaceuticals Inc and Napro Biotherapeutics Inc ((2000) EWCA Civ 169) e Teva Pharmaceutical Industries Ltd v Merck and Others ((2003) EWHC 5). Neles, se entendeu que não caberia dar patentes para simples especificação de dosagem ou modalidades de aplicação de um medicamento.

1263 O famoso julgamento da Corte de Cassação francesa que se recusou a seguir as conclusões do caso Pharmuka indicou que, preliminarmente, na França, havia uma lei específica em contrário, e que cabia ao legislador revogá-la. Narra Pollaud-Dullian, op. Cit: "Quant à sa propre solution, la Cour de Cassation indique que l'application nouvelle d'un principe actif connu correspond à un résultat nouveau dépourvu d'activité inventive, car «l'invention du principe actif induit toutes les applications thérapeutiques qui seront faites par la suite et qui existent potentiellement dans l'invention» De cette façon, la Cour a voulu choisir une protection à un «haut niveau d'abstraction» et éviter les discussions épineuses sur le caractère effectivement nouveau ou non de la deuxième application». O caminho apontado pela Corte de Cassação põe em questão o tema dos "efeitos intrínsecos"da jurisprudência americana, deixando de lado o entendimento da EPO de que apenas os efeitos revelados seriam levados em conta na apuração da novidade.

1264 Diretrizes de Exame do INPI para o setor biotecnológico: Todo método que requeira uma etapa cirúrgica, ou seja, uma etapa invasiva do corpo humano ou animal (por exemplo implantação de embriões fertiliza

métodos terapêuticos[1265] ou de diagnóstico.[1266] Segundo as Diretrizes de Exame do INPI, aqueles inventos *reivindicados* como sendo métodos terapêuticos não serão patenteáveis.[1267]

[23] § 1.2. (A) Métodos de tratamento podem ou não ser inventos?

Tratando de uma situação análoga ao Direito Brasileiro, a doutrina argentina[1268] analisa o mesmo silêncio da lei quanto à existência de patente de novo uso, e a presença de um dispositivo que denega patente aos novos métodos de diagnóstico e tratamento. Diz Cabanellas de las Cuevas:

> A nuestro entender, las nuevas utilizaciones de productos farmacéuticos no constituyen métodos de tratamiento terapéutico, ni están comprendidos en la exclusión establecida por el artículo 6to., inciso e), de la LP. Un método implica un conjunto de pasos más complejo que la mera aplicación de las propiedades terapéuticas de un producto farmacéutico.[1269] No obstante ello, no puede desco-

---

dos artificialmente, cirurgia estética, cirurgia terapêutica, etc.), é considerado como método cirúrgico, incidindo naquilo que o Art. 10 (VIII) diz não ser invenção.

1265 Ainda as Diretrizes de Exame do INPI para o setor biotecnológico: 2.36.2 Métodos terapêuticos são aqueles que implicam na cura e/ou prevenção de uma doença ou mau funcionamento do corpo humano ou animal, ou alívio de sintomas de dor, sofrimento e desconforto, objetivando restabelecer ou manter suas condições normais de saúde.2.36.3 Métodos de tratamento não-terapêuticos são aqueles que têm como ponto de partida as condições normais de saúde do ser, e não objetivam qualquer profilaxia ou cura de doenças, nem alívio de sintomas de dor ou desconforto. Exemplos de tais métodos seriam os tratamentos de animais para promover seu crescimento, ou melhorar a qualidade/produção de carne ou lã e métodos cosméticos que objetivam resultados apenas estéticos. 2.36.5 Métodos não terapêuticos, desde que apresentem um caráter técnico, não sejam essencialmente biológicos (processos biológicos naturais) e não sejam de uso exclusivamente individual, são patenteáveis.

1266 2.37.1 Métodos de diagnóstico são aqueles que diretamente concluem quanto ao estado de saúde de um paciente como resultado da técnica utilizada, e não são patenteáveis de acordo com o Art. 10 (VIII) da LPI.

1267 2.36.5 Exemplos de reivindicações de método terapêutico: Método para tratar a doença X caracterizado por se administrar o composto Y a um paciente sofrendo da doença X. Uso do composto Y caracterizado por ser para tratar a doença X. Uso do composto Y caracterizado por ser no tratamento de um paciente sofrendo da doença X.

1268 Guillermo Cabanellas de las Cuevas, Derecho de las Patentes de Invención, Editorial Heliasta, 2001, p. 732, que por sua vez menciona a discussão pelos autores nacionais. Diz esse autor, por exemplo, citando Carlos Correa, Bergel e outros: "Berge1 (Requisitos y excepciones a la patentabilidad, cit., p. 32.), tras considerar que la exclusión del carácter de invención de los elementos incluidos en el artículo 6to., inciso e), de la LP responde más a consideraciones éticas que jurídicas, apoya la patentabilidad de los productos utilizados para los métodos descriptos en ese inciso, pero sin extender igual conclusión a las aplicaciones de tales productos.

1269 [Nota do original] Esta distinción es expresamente establecida por la legislación francesa, pues se distingue allí -art. 611-6, inc. 4, del Cód. de la Propiedad Intelectual- entre los métodos de tratamiento terapéutico y los productos, sustancias o composiciones utilizables para su aplicación. Estos productos, sustancias o composiciones dan lugar a utilizaciones patentables -a diferencia de los mencionados métodos-, si esas utilizaciones son novedosas, y ello aunque contribuyan al funcionamiento de métodos terapéuticos. La utilización del producto farmacéutico es así un medio para instrumentar el procedi nocer se que la aplicación práctica de la patentabilidad de tales nuevas utilizaciones presenta ciertas dificultades considerables.

A questão suscitada pelo autor é crucial. Pollaud-Dulian assim fixa o problema:

Vincular esta exclusão à questão de falta de aplicação industrial é discutível e realmente é discutida. Poder-se-ia ter uma exclusão especial quanto às raças animais e às variedades de planta, ou então uma exclusão geral quanto aos satisfeita dos métodos (1). Como o bom senso recusa a qualidade de invenção a determinadas realizações, a exigência da aplicação industrial relaciona-se indubitavelmente àquelas que cruzaram esta primeira seleção. Mas os métodos do tratamento ou do diagnóstico cirúrgico ou terapêutico não são, ao que nos parece, mais "invenções", como o definem o artigo L 611-10-2 do CPI ou 52-2 da Convenção da Patente Européia, do que os métodos no exercício de atividades mentais, de jogos de idéias de negócios. Entretanto, na decisão T116/85 12, um CRT emitiu opinião diferente, que entendemos discutível. De acordo com tal decisão, os métodos do tratamento terapêuticos estão, de fato, no campo das invenções apropriadas à aplicação industrial e é somente por uma ficção legal que essas criações não são consideradas como tal pelo artigo 52-4 da Convenção da Patente Européia.[1270]

A complexidade da matéria merece alongado tratamento, como o que lhe reserva o autor francês.

[23] § 1.2. (B) A opção pela imprivilegiabilidade mesmo se fosse invento

O certo é que se deve mesmo excluir o patenteamento de tais procedimentos, ainda que sejam inventos, como uma questão de interesse público, ou por razões

---

miento terapéutico, y no algo equivalente al procedimiento terapéutico en sí mismo. La misma distinción subyace a la Convención de la Patente Europea, pues su art. 54, inc. 5, opera como una excepción a la exclusión de patentabilidad derivada de su art. 52, inc. 4, referido este último a métodos terapéuticos.

1270 Pollaud-Dulian, La Brevetabilité des Inventions, LITEC, Paris, 1997, p. 61. «Le rattachement de cette exclusion au défaut d'application industrielle est contestable et contesté. On aurait pu poser une exclusion spéciale comme pour les races animales et les variétés végétales, ou se satisfaire de l'exclusion générale des méthodes (1). Comme la loi refuse la qualité d'invention à certaines réalisations, l'exigence d'application industrielle concerne sans doute celles qui ont franchi cette première sélection. Mais les méthodes de traitement chirurgical ou thérapeutique ou de diagnostic ne sont, nous semble-t-il, pas plus des inventions au sens de l'article L. 611-10-2 du CPI ou 52-2 de la CBE, que les méthodes dans l'exercice d'activités intellectuelles, en matière de jeu ou dans le domaine des activités économiques. Toutefois, dans la décision T116/85 12), une CRT a émis une opinion différente, à notre sens susceptible d'être discutée. Selon elle, les méthodes de traitement thérapeutique sont, en fait, des inventions susceptibles d'application industrielle et ce n'est que par une fiction juridique» qu'elles ne sont pas considérées comme telles par l'article 52-4 de la CBE».

Denis Borges Barbosa

morais, como o permite o art. 27 de TRIPs. A revisão da Convenção da EPO em 2000 seguiu esse entendimento.[1271] As conseqüências constrangedoras de patentes sobre métodos cirúrgicos ou de tratamento já se fizeram sentir mesmo nos EUA, onde existe plena liberdade de concessão de privilégios.[1272] criando uma espécie de licença compulsória não remunerada nesses casos.[1273]

Mas, salvo pela ficção jurídica de considerar patentes de uso como patentes de processo – o que se construiu especificamente para o sistema jurídico americano, por razões que não são tópicas ao Direito Brasileiro –, não há porque, no direito em vigor, fazer incidir a proibição ao caso de patentes de uso.

[23] § 1.2. (C) A interpretação do art 10, VIII, do CPI/96

Tenho sustentado que, sob a nossa Constituição, interpretam-se restritivamente as normas que atribuem patentes, levando-se porém em conta a razoabilidade e a prudência aplicável ao caso em análise:[1274]

O mesmo cunho de contenção e prudência se aplica à *interpretação das leis de propriedade intelectual*. Quando se interpreta a norma ordinária singular há que se presumir que – salvo inconstitucionalidade – o texto legal já realizou o favorecimento que se deve ao investimento privado. *Lex data*, é momento de se interpretar a norma segundo os critérios próprios ao caso, razoável e equilibradamente.

Este equilíbrio surge à interpretação das normas segundo os critérios da proteção da liberdade de iniciativa em face da restrição imposta pela propriedade intelectual; e segundo o critério tradicional da interpretação contida da norma excepcional.

Diogo de Figueiredo,[1275] ao pronunciar-se sobre o tema, avalia que:

"os princípios que definem liberdades preferem aos que as condicionam ou restringem; e os que atribuem poderes ao Estado, cedem aos que reservam poderes

---

1271 A Suprema Corte da Nova Zelândia apontou que essa é exatamente a razão possível para se rejeitar uma patente de métodos de tratamento, em Pharmaceutical Management Agency Limited v Commissioner of Patents and Others – Court of Appeal, CA 56/99; December 17 1999.

1272 Os Estados Unidos têm concedido tais patentes. Joseph M. Reisman, Physicians and surgeons as inventors: reconciling medical process patents and medical ethics, 10 Berkeley Technology Law Journal (1996), Silvy A. Miller, Should patenting of surgical procedures and other medical techniques by physicians be banned?, IDEA: The Journal of Law and Technology, 1996. A partir de setembro de 1996 uma alteração do 35 USC 287 fez com que uma patente relativa a um procedimento médico seja inoponível a um médico ou profissional de saúde, ou instituição médica.

1273 Uma solução curiosa foi a seguida por uma decisão neozelandesa sobre a questão: "Bearing in mind the rationale for the method of treatment exception permitted under TRIPS, Art 27:3, - that there should be no interference with the medical practitioner's diagnosis and treatment of patients - perhaps the logical approach would be to permit claims to extend to the method of treatment using the compound or composition, but to require from the patentee a disclaimer of any right to sue the practitioner". Pharmaceutical Management Agency Limited vs. The Commissioner of Patents and Others, CA56/99.

1274 Uma Introdução à Propriedade Intelectual, 2ª edição.

1275 in A Ordem Econômica na Constituição de 1988, artigo publicado na Revista da Procuradoria Geral do Estado/RJ nº 42, p. 59.

aos indivíduos, e os que reforçam a ordem espontânea têm preferência sobre os que a excepcionam." (grifos da transcrição)

A liberdade, obviamente, é de iniciativa e de informação, coarctadas pelos privilégios e direitos de exclusiva. A ordem espontânea é o do fluxo livre das idéias e das criações, e da disseminação da tecnologia. O ato do Estado que cumpre estabelecer peias é o da concessão do direito excepcional da propriedade intelectual.

E, como ensina Carlos Maximiliano,[1276]

"O Código Civil [de 1916] explicitamente consolidou o preceito clássico – *Exceptiones sunt strictissimae interpretationis* ("interpretam-se as exceções estritissimamente") – no art. 6º da antiga Introdução, assim concebido: 'A lei que abre exceção a regras gerais, ou restringe direitos, só abrange os casos que especifica'", dispositivo hoje consagrado no art. 2º, § 2º, da vigente Lei de Introdução ao Código Civil [de 1916].

Continua o pensamento afirmando que igual orientação deve ser adotada para aquelas normas que visem à concessão de um privilégio a determinadas pessoas, pois:
"o monopólio deve ser plenamente provado, não se presume; e nos casos duvidosos, quando aplicados os processo de Hermenêutica, a verdade não ressalta nítida, interpreta-se o instrumento de outorga oficial contra o beneficiado e a favor do Governo e do público".[1277]

No caso, porém, o exercício do equilíbrio pareceria fazer coincidir a interpretação do dispositivo que veda o patenteamento de métodos terapêuticos de forma a definir "método" como o conjunto de passos realizados *fora do contexto industrial*. Ou seja, por exemplo, o protocolo de condutas médicas realizadas na sala de operação, pelos profissionais de saúde.[1278]

Imaginemos que o método de operação ou de tratamento presuma a utilização de um elemento patenteável – equipamento, ou substância quimioterápica; esses itens serão administrados aos pacientes segundo uma estratégia determinada, um protocolo, um *método*, sob pena de renunciar-se na prática médica ao sistema e à razão. Ora, a imprivilegiabilidade deste método não impossibilitaria a vedação, a montante, da proteção aos produtos e equipamentos.[1279]

1276 Hermenêutica e Aplicação do Direito, Ed. Forense, 18ª ed., p. 225.
1277 Ob. cit., p. 232.
1278 Entendo desta forma pois a Lei 9.279/98 exclui a patenteabilidade nesses casos por falta de aplicabilidade industrial Outro seria meu entendimento se a lei brasileira tivesse escolhido considerar imprivilegiável o método de tratamento como uma questão de equilíbrio de interesses relativos à vida ou a saúde. Nesta hipótese, caberia prestigiar a escolha legal, dando adequada interpretação de forma a prestigiar a escolha do legislador.
1279 O que não significa que tais produtos e equipamentos devessem ser patenteados em si mesmo. O que é objeto de outra discussão.

Assim é que entendo adequado ao sistema brasileiro em vigor a interpretação que deu ao idêntico dispositivo da lei alemã a Corte Federal daquele país, como mencionado na decisão do Câmara de Recursos da EPO.[1280]

O Tribunal Federal de Justiça considerou que não. Interpretou que o disposto na lei nacional alemã equivalente ao Artigo 52 (4) EPC somente exclui a patentiabilidade do "método de tratamento do corpo humano pelas terapias que ocorrem completamente fora do setor industrial".[1281]

[23] § 1.2. (D) O produto usado em um método de tratamento

Examinemos aqui uma questão a mais. Tanto o art. L616-11 do Código Francês quanto o atual art. 52(4) (futuro art. 53(c)) da Convenção da EPO, excluem categoricamente da proibição das invenções de métodos de tratamento ou diagnóstico os produtos "em particular as substâncias e composições" necessários para por em prática esses métodos.[1282] A lei brasileira não prevê essa exclusão.

Poder-se-ia entender, então, que a vedação de patente na lei brasileira compreenderia igualmente a vedação de privilégio aos produtos necessários para implementar o método?

Não é esse o entendimento da doutrina.[1283] Também não parece compatível com a lógica que produtos que seriam, de per si, plenamente patenteáveis, sejam desprovidos dessa propriedade por se integrarem a um método terapêutico. Mas a questão se torna ligeiramente mais complexa se a *utilidade industrial* de um novo uso indicada é o método terapêutico, que a lei brasileira, por ficção, escolheu desprover de utilidade.[1284]

Assim, é prudente fixar a utilidade industrial em objeto próprio, distinto dos métodos de tratamento cuja proteção em Direito Brasileiro é denegada por operação legal. Claro está que esta eleição de *utilidade* não pode ser, ela mesma, ficcional. Passemos a examinar seus pressupostos.

1280 Caso G 0005/83 – EBA, de 5 de dezembro de 1984.

1281 The Federal Court of Justice considered that it did not. It thought that the provision of German national law equivalent to Article 52(4) EPC only excluded from patentability "methods of treatment of the human body by therapy which take place wholly outside the industrial sector" (Caso G 0005/83 – EBA, de 5 de dezembro de 1984.)

1282 EPC: (4)(...) . This provision shall not apply to products, in particular substances or compositions, for use in any of these methods. CPI L611-16 Cette disposition ne s'applique pas aux produits, notamment aux substances ou compositions, pour la mise en oeuvre d'une de ces méthodes.

1283 Dannemann, Comentários à Lei de Propriedade Industrial, Forense, p. 46.

1284 Diz a Proposta Básica do Secretariado da EPO para a mudança do dispositivo pertinente na mudança na Convenção em 2000: "The exclusion of methods of treatment and diagnostic methods currently referred to in Article 52(4) EPC has been added to the two exceptions to patentability which appear at present in Article 53(a) and (b) EPC. While these surgical or therapeutic methods constitute inventions, they have been excluded from patentability by the fiction of their lack of industrial applicability. It is undesirable to uphold this fiction since methods of treatment and diagnostic methods are excluded from patentability in the interests of public health. It is therefore preferable to include these inventions in the exceptions to patentability in order to group the three categories of exceptions to patentability together in Article 53(a), (b) and (c) EPC".

[23] § 1.3. A reivindicação suíça e o Direito Brasileiro

Superada aqui a questão de uma proibição formal, no nosso direito, de patentes de uso farmacêutico - que não existe -, cabe agora verificar a possibilidade de uma reivindicação ao estilo suíço em nosso sistema jurídico.

Não creio na mágica das reivindicações, de sorte que se possa transformar o impossível no consagrado só pela habilidade de reivindicar de uma ou outra maneira. No entanto, construir a exclusividade das patentes através das reivindicações pode, efetivamente, conformar ou não o pedido à lei brasileira, desde que, simultaneamente:

a)   a lei assegure tal efeito à reivindicação;

b)   o reivindicado satisfação aos pressupostos legais para o efeito pretendido.

Vejamos, assim, qual é a função das reivindicações no nosso direito vigente.

[23] § 1.4. A função e os limites das reivindicações no Direito Brasileiro

O papel usualmente reservado às reivindicações é o de estabelecer **a extensão técnica da exclusividade –** "objetivamente, o privilégio é limitado pelas reivindicações que integram o pedido: a exclusividade de uso da tecnologia circunscrita, e de nenhuma outra".[1285] Mas não é menos certo que ao demarcarem internamente o conteúdo técnico, as reivindicações igualmente indicam os limites externos da exclusividade, as lindes além das quais o competidor comete violação da patente.

Assim, tanto para limitação dos direitos (art. 41 da Lei 9.279/96) como para afirmação desses mesmos direitos perante terceiros, a reivindicação molda a exclusividade. Pode defini-la como uma exclusividade sobre a substância química (... para resolver um determinado problema técnico) ou sobre a mesma substância, aplicada à solução de outro problema técnico. E essa escolha da reivindicação, em cada caso, vai ensinar ao competidor o que ele pode fazer com a dita substância química, e no que ele comete ilícito.

As reivindicações deverão ser fundamentadas no relatório descritivo, caracterizando as particularidades do pedido e definindo, de modo claro e preciso, a matéria objeto da proteção.[1286] Objetivamente, o privilégio é limitado pelas reivindicações

---

1285   Do nosso Uma Introdução à Propriedade Intelectual, 2ª edição, Lumen Juris, 2003.

1286   Diz o Ato Normativo INPI 127: Reivindicações 15.1.3.1 Quantidade, numeração e categorias a) a quantidade de reivindicações independentes e dependentes deve ser suficiente para definir corretamente o objeto do pedido; b) as reivindicações devem ser numeradas consecutivamente, em algarismos arábicos; c) as reivindicações podem ser de uma ou várias categorias (tais como produto e processo, processo e aparelho, produto, processo e aparelho, etc.), desde que ligadas por um mesmo conceito inventivo, sendo arranjadas da maneira mais prática possível. 15.1.3.2 Formulação das reivindicações a) as reivindicações devem, preferencialmente, ser iniciadas pelo título ou parte do título correspondente à sua respectiva categoria e conter uma única expressão "caracterizado por"; b) cada reivindicação deve definir, clara e precisamente, que integram o pedido: a exclusividade de uso é da tecnologia circunscrita, e de nenhuma outra.

Muito acertadamente, o art. 41 da Lei 9.279/96 estabelece que os privilégios são circunscritos objetivamente pela tecnologia exposta no relatório, tal como reivindicada:

> "A extensão da proteção conferida pela patente será determinada pelo teor das reivindicações interpretado com base no relatório descritivo e nos desenhos."

Elemento crucial da funcionalidade do sistema de patentes, o relatório descritivo tem por finalidade expor a solução do problema técnico em que consiste o invento. Normalmente, o relatório inclui a descrição do problema, o estado da arte, ou seja, as soluções até então conhecidas para resolvê-lo, e a nova forma de solução - indicando em que esta altera o estado da arte.

Os limites técnicos da patente, circunscritos pelas reivindicações, são os existentes no relatório descritivo. Assim, a propriedade intelectual pertinente está necessariamente contida no relatório, embora não tenha que ser tão ampla quanto este. O primeiro objetivo do relatório é, desta forma, *a definição do espaço reivindicável.*

Uma reivindicação é redigida de maneira a identificar geralmente o escopo da solução oferecida (por exemplo, "máquina de fazer tal coisa"), seguida de uma fórmula convencional de indicar o início do reivindicado ('caracterizado por...") e, então, pela descrição mais exata possível do material reivindicado.

O quadro reivindicatório pode se referir a diversos elementos individuais de um mesmo conceito inventivo - um produto, o processo para se fabricar tal produto, o aparelho para fazer processar tal método de fabricação, etc. – em várias reivindicações independentes entre si;[1287] mas pode haver reivindicações que apenas particularizem ou

---

e de forma positiva, as características técnicas a serem protegidas pela mesma, evitando-se expressões que acarretem indefinição na reivindicação; c) as reivindicações devem estar totalmente fundamentadas no relatório descritivo; d) exceto quando absolutamente necessário, as reivindicações não podem conter, no que diz respeito às características da invenção, referências ao relatório descritivo ou aos desenhos, do tipo "como descrito na parte ... do relatório descritivo" ou "bem como representado pelos desenhos"; e) quando o pedido contiver desenhos, as características técnicas definidas nas reivindicações devem vir acompanhadas, entre parênteses, pelos respectivos sinais de referência constantes dos desenhos se for considerado necessário à compreensão do mesmo, entendendo-se que tais sinais de referência não são limitativos das reivindicações. f) cada reivindicação deve ser redigida sem interrupção por pontos. k) não serão aceitas em reivindicações trechos explicativos com relação ao funcionamento, vantagens, e simples uso do objeto.

1287 Diz o Ato Normativo INPI 127: 15.1.3.2.1 Reivindicações independentes a) São aquelas que, mantida a unidade de invenção, visam a proteção de características técnicas essenciais e específicas da invenção em seu conceito integral, cabendo a cada categoria de reivindicação pelo menos uma reivindicação independente. b) Cada reivindicação independente deve corresponder a um determinado conjunto de características essenciais à realização da invenção, sendo que somente será admitida mais de uma reivindicação independente da mesma categoria se tais reivindicações definirem diferentes conjuntos de características alternativas e essenciais à realização da invenção, ligadas pelo mesmo conceito inventivo; c) as reivindicações independentes de categorias diferentes, em que uma das categorias seja especialmente adaptada à outra, serão, de preferência, formuladas de modo a evidenciar sua interligação, empregando-se, na parte inicial da reivindicação, expressões, como por exemplo: "Aparelho para realização do processo definido na

Tratado da Propriedade Intelectual

aprofundem uma solução técnica já enunciada em uma outra reivindicação - da qual são dependentes.[1288] Quanto a estas, pertinente a regra *accessorium sequitur principale*.

O elemento mais sensível das reivindicações é a partícula que enuncia o que, nas patentes, é **exclusividade**, distinguindo dessa o que é simples informação tecnológica. Como preceitua a norma legal pertinente:

- as reivindicações independentes devem, quando necessário, conter, entre a sua parte inicial e a expressão "caracterizado por", um preâmbulo explicitando as características essenciais à definição da matéria reivindicada e já compreendidas pelo estado da técnica;
- após a expressão "caracterizado por" devem ser definidas as características técnicas essenciais e particulares que, em combinação com os aspectos explicitados no preâmbulo, se deseja proteger;

[23] § 1.4. (A) Equivalência e reivindicações de uso

O alcance da reivindicação não é, necessariamente, formal e literal. O que se protege, na verdade é a solução nova para o problema técnico pertinente; a questão que se coloca, assim, é: as outras maneiras de resolver o mesmo problema são ou não protegidas pela patente? A resposta é dada pela chamada teoria dos equivalentes.

O art. 186 do CPI/96 assim diz:

"Os crimes deste Capítulo caracterizam-se ainda que a violação não atinja todas as reivindicações da patente *ou se restrinja à utilização de meios equivalentes ao objeto da patente.*"

---

reivindicação...", "Processo para a obtenção do produto definido na reivindicação..." d) as reivindicações independentes devem, quando necessário, conter, entre a sua parte inicial e a expressão "caracterizado por", um preâmbulo explicitando as características essenciais à definição da matéria reivindicada e já compreendidas pelo estado da técnica; e) após a expressão "caracterizado por" devem ser definidas as características técnicas essenciais e particulares que, em combinação com os aspectos explicitados no preâmbulo, se deseja proteger; f) as reivindicações independentes podem servir de base a uma ou mais reivindicações dependentes, devendo, preferencialmente, ser agrupadas na ordem correspondente ao título do pedido.

1288 Diz o Ato Normativo INPI 127: 15.1.3.2.2 Reivindicações dependentes a) são aquelas que, mantida a unidade de invenção, incluem características de outra(s) indicação(ões) anterior(es) e definem detalhamentos dessas características e/ou características adicionais, contendo uma indicação de dependência a essa(s) reivindicação(ões) e, se necessário, a expressão "caracterizado por"; b) as reivindicações dependentes não devem exceder as limitações das características compreendidas na(s) reivindicação(ões) a que se referem; c) nas reivindicações dependentes devem ser definidas, precisa e compreensivelmente, as suas relações de dependência, não sendo admitidas formulações do tipo "de acordo com uma ou mais das reivindicações...", "de acordo com as reivindicações precedentes...", ou similares; d) qualquer reivindicação dependente que se referir a mais de uma reivindicação (reivindicação de dependência múltipla) deve se reportar a essas reivindicações na forma alternativa ou na forma cumulativa (formuladas aditivamente), sendo permitida somente uma das formulações, ou alternativa ou cumulativa, para todas as reivindicações de dependência múltipla; e) as reivindicações de dependência múltipla na forma alternativa podem servir de base a qualquer outra reivindicação de dependência múltipla, desde que as relações de dependência das reivindicações estejam estruturadas de maneira que permitam o imediato entendimento das possíveis combinações resultantes dessas dependências.

1741

Assim, tanto a violação parcial quanto a de fatores equivalentes é criminalmente punível (embora não exista uma disposição equivalente na definição do teor civil da patente).

Tal princípio teve sua definição mais precisa na decisão da Suprema Corte dos Estados Unidos no caso Winam v. Denmead, 56 US. (15 How) 330 (1953): "copiar o princípio ou modo de operação descrito é uma violação de patente, embora tal cópia seja diversa em forma ou em proporção". Em outras palavras, o que se patenteia é a função, e não os ingredientes.

A noção de que a patente protege a *idéia inventiva* e não a literalidade reivindicada é tradicional no nosso próprio direito. Dizia o clássico Gama Cerqueira a respeito das patentes de invenção:

"Dissemos, também, que, para verificar-se a infração, basta que tenha sido usurpada a idéia da invenção, objeto do privilégio. Qualquer modificação introduzida na forma, nas dimensões ou nas proporções do objeto, bem como a substituição de matéria, não excluem a contrafação. Estão no mesmo caso a substituição de peças ou órgãos de um maquinismo privilegiado por outro elemento equivalente, ou a sua modificação sem alteração das funções que desempenham, a substituição de substâncias de um produto químico por outro análogo. Toda a questão gira em torno deste ponto: saber se a **idéia essencial** da invenção foi usurpada".

"Se a modificação introduzida no produto privilegiado puder ser considerada como aperfeiçoamento privilegiável nos termos da lei, ainda assim haverá infração da patente, se o seu autor fabricar o produto sem licença do concessionário (...)"[1289] (grifamos)

A busca, assim, da *idéia essencial* presume o entendimento da reivindicação através de sua leitura *através do relatório* e, além desse, pela crítica do relatório através do *estado da arte*.[1290]

1289 João da Gama Cerqueira, in "Tratado da Propriedade Industrial", 2ª ed., vol. 1, "Revista dos Tribunais", p. 546-547.

1290 A questão da teoria dos equivalentes tem direta importância no caso de patentes de uso, como nota Moureaux, R. & Weismann C, Manuels Dalloz de Droit Usuel – Les Brevets D'Invention. Librairie Dalloz, Paris, quatrième édition, 1971, p. 50 a 61; 102 a 107; 111 et 112: "Dans le cadre de l'application nouvelle, la théorie des équivalents trouve deux applications. Tout d'abord, lorsque l'inventeur a spécifiquement envisagé la fonction et qu'il a précisé que le moyen ou les moyens particuliers qu'il a décrits ne constituent qu'un ou des modes de réalisation préférés de l'invention (...) Lorsque le brevet n'indique qu'un moyen particulier appliqué d'une manière nouvelle, le juge a-t-il le droit d'étendre sa portée à la mise en oeuvre d'autres moyens équivalents jouant la même fonction dans l'application nouvelle ? Parfois les tribunaux s'attachent à la lettre du brevet et, si le breveté n'a indiqué qu'un seul moyen sans suggérer aucune extension, ils limitent la portée du brevet à ce moyen précis, mais si le breveté a utilisé des phrases, telles que «ce moyen ou analogue s, «un moyen du type...», laissant entendre que le moyen particulier n'a été donné qu'à titre d'exemple, les tribunaux assurent une protection étendue».

Tratado da Propriedade Intelectual

[23] § 1.4. (B) A licitude de reivindicações de uso do tipo suíço no Direito Brasileiro

Assim, no nosso sistema, uma reivindicação só não faz verão. É preciso que a tecnologia revelada dê corpo ao reivindicado; que, dentre as soluções reveladas, a reivindicada não só se insira, mas lhe seja *natural*.

Atendidos tais pressupostos, não se vê porque não se possa reivindicar o "uso da substância farmacêutica X, já conhecida, na preparação de uma composição farmacêutica para o tratamento de (ou impedindo que aconteça) Y", desde que a tecnologia constante do relatório aponte a novidade e atividade inventiva dessa solução específica.

As Diretrizes de Exame do INPI[1291] admitem a reivindicação ao estilo suíço.[1292]

[23] § 1.5. Conclusões sobre as patentes de uso farmacêutico

No atual sistema legal, não existe vedação nenhuma a uma reivindicação de uso farmacêutico, primeiro ou undécimo, desde que se provada à saciedade e com toda atenção que merece a proteção à vida e a saúde, a novidade e atividade inventiva *do novo uso,* em face ao estado da técnica.

Tal reivindicação não colide necessariamente, ademais, com a vedação aos métodos de tratamento e diagnósticos, prevista no art. 10, VIII, da Lei. 9.279/96., desde que o relatório descritivo suporte uma reivindicação dirigida a um fim dotado de utilidade industrial.

[23] § 1.5. (A) Bibliografia: Patentes Farmacêuticas

ANGELL, Márcia, A Verdade sobre os laboratórios farmacêuticos - Como somos enganados e o que podemos fazer a respeito, Editora Record; 2007. 3ª edição.

BARBIERI, JC ; CHAMAS, C. I. O Acordo sobre Direitos de Propriedade Intelectual Relacionados ao Comércio (Trips) e as Políticas Públicas de Saúde e de Defesa da Biodiversidade. REAd. Revista Eletrônica de Administração, v. 14, p. 1-27, 2008.

1291   2.39.2.4 Reivindicações do tipo: i) Uso do produto X caracterizado por ser na preparação de um medicamento para tratar a doença Y. j) Uso do produto X caracterizado por ser na preparação de um medicamento para tratar a doença Y, tratamento este que consiste em tal e tal. são as conhecidas como de "fórmula suíça", e são quase que exclusivamente utilizadas em invenções de segundo uso médico. São privilegiáveis, observando-se quanto as considerações contidas no item 2.23 acima. No caso de reivindicações do tipo (j) se deve exigir a retirada do texto que descreve o tratamento, não porque se estaria protegendo o método terapêutico, mas, sim, porque seria inconsistente com o objeto da proteção.

1292   Embora por razões equivocadas Para se admitir a reivindicação descrita em 2.93.2.4 seria necessário – o que recusam as Diretrizes – a admitir reivindicações de uso; pois a expressão "preparação de um medicamento" não se resume a combinações.

BASSO, M.; SALOMÃO FILHO, Calixto; POLIDO, Fabrício B. P. Direitos de Propriedade Intelectual & Saúde Pública: O acesso universal aos medicamentos anti-retrovirais no Brasil. São Paulo: IDCID, 2007, v. 1. 176 p.

Basso, Maristela, Filho, Calixto Salomão, Polido, Fabrício, César, Direitos De
Propriedade Intelectual & Saúde Pública.

BRUNER, Adriana Gomes, As Patentes Farmacêuticas e a Licença Compulsória: o Fim
de uma Batalha entre os Estados Unidos e o Brasil, Revista da ABPI (55): 26-30,
nov.-dez. 2001.

CARVALHO, Patrícia Luciane de, PATENTES FARMACÊUTICAS E ACESSO A
MEDICAMENTOS, Atlas, 2007.

CARVALHO, Patrícia Luciane de, Prevenir é o melhor remédio: o que médicos e farmacêuticos precisam saber sobre patentes sobre formulações, encontrado em
http://www.migalhas.com.br/mostra_noticia_articuladas.aspx?cod=83932, visitado em 2/9/2009.

CHAMAS, C. I. . Licenças Compulsórias e Saúde Pública. In: Buss, PM; Carvalheiro,
JR; e Casas, CPR. (Org.). Medicamentos no Brasil: inovação e acesso. Rio de
Janeiro: Editora Fiocruz, 2008, v. , p. 399-426.

CORTES, Fabio Maia Côrtes., Questões de Propriedade Industrial no Âmbito da
Legislação Sanitária, Revista da ABPI (99): 21-28, mar.-abr. 2009.

FAUNCE, Thomas Alured, New Forms of Evergreening in Australia: Misleading
Advertising, Enantiomers and Data Exclusivity: Apotex vs. Servier and
Alphapharm vs. Lundbeck (May 15, 2008). Journal of Law Medicine, Vol. 12, No.
2, p. 220-32, October 2008 . Available at SSRN: http://ssrn.com/abstract=1405024.

FROTA, Maria Stela Pompeu Brasil. Proteção de patentes de produtos farmacêuticos: O caso brasileiro. Brasília: IPRI, 1993.

GUISE, Monica Steffen . Comercio internacional e propriedade intelectual: limites ao
desenvolvimento?. In: Welber Barral; Luiz Otavio Pimentel. (Org.). Propriedade
Intelectual e Desenvolvimento. 1 ed. Florianopolis: Fundação Boiteux, 2007, v. , p.
35-57.

GUISE, Monica Steffen. Comércio Internacional, Patentes e Saúde Pública. 1. ed.
Curitiba: Juruá, 2007. 160 p.

GUISE, Monica Steffen. O requisito de exploração local do objeto da patente: uma
análise da legislação no contexto internacional. In: Patricia Luciane de Carvalho.
(Org.). Propriedade Intelectual: estudos em homenagem à professora Maristela
Basso. Curitiba: Juruá, 2005, v. , p. 155-177.

GUISE, Monica Steffen . Propriedade intelectual e políticas de saúde pública no
Brasil. Revista Direito Empresarial (Curitiba), v. 6, p. 93-119, 2006.

GUISE, Monica Steffen; WANG, Daniel ; CAMPOS, Thana Cristina de. Access to
medicines: pharmaceutical patents and the right to health. In: Lea Shaver. (Org.).
Access to knowledge in Brazil: new research on intellectual property, innovation
and development. New Haven: Yale Law School, 2008, v. , p. 165-213.

JOHNSON, Hilary S. and JOHNSON, Daniel K. N.,An Ounce of Prevention or a Pound of Cure? Short- and Long-Run Effects of Pharmaceutical Patents on U.S. Health Care Expenditures (April 7, 2009). Available at SSRN: http://ssrn.com/abstract=1374631.

KUNISAWA, Viviane Yumy Mitsuuchi, Patenting Pharmaceutical Inventions on Second Medical Uses in Brazil The Journal of World Intellectual Property (2009) Vol. 12, no. 4, p. 297-316.

LEE, Peter, Toward a Distributive Commons in Patent Law (May 22, 2009). Wisconsin Law Review, Forthcoming; UC Davis Legal Studies Research Paper No. 177. Available at SSRN: http://ssrn.com/abstract=1408813.

LYARD, Maria Alice Paim., Patentes de Medicamentos: Questões AtuaisRevista da ABPI (82): 25-40, maio-jun. 2006.

MATTHEWS, Duncan N., Intellectual Property Rights, Human Rights and the Right to Health. Edward Elgar, INTELLECTUAL PROPERTY RIGHTS AND HUMAN RIGHTS: A PARADOX, W. Grosheide, ed., November 2009; Queen Mary School of Law Legal Studies Research Paper No. 24/2009. Available at SSRN: http://ssrn.com/abstract=1414900.

MEINERS, C. M. M. A. Patentes farmacêuticas e saúde pública: desafios à política brasileira de acesso ao tratamento anti-retroviral.. Cadernos de Saúde Pública (FIOCRUZ), v. 24, p. 1467-1478, 2008.

MEINERS, C. M. M. A. Patentes farmacêuticas: um entrave para o acesso a medicamentos?. Res Pvblica Revista de Politicas Publicas e Gestão Governamental, v. 5, p. 27-49, 2006.

MEINERS, Constance Marie Milward de Azevedo, Patentes farmacêuticas e acesso ao tratamento contra o HIV/AIDS: a experiência brasilera, Mestrado em Economia da Saúde . University of York, YORK, Inglaterra. 2006.

MEINERS, Constance Marie Milward de Azevedo, Patentes farmacêuticas: um instrumento para a conservação da biodiversidade?, Dissertação de Mestrado. Universidade de Brasília, UNB, Brasil. Ano de Obtenção: 2003. Orientador: Augusto Ferreira Mendonça.

NUNES, Ricardo Dutra, Estudo De Direito Estrangeiro: O Sistema Europeu De Patentes e as Reivindicações De Segundo Uso Terapêutico", Monografia de Graduação, Faculdade de Direito Universidade do Estado do Rio De Janeiro Centro de Ciências Sociais, 2008.

OUTTERSON, Kevin, Disease-Based Limitations on Compulsory Licenses Under Articles 31 and 31bis(May 20, 2009). RESEARCH HANDBOOK ON INTELLECTUAL PROPERTY LAW AND THE WTO, Carlos Correa, ed., Edward Elgar, 2009; Boston Univ. School of Law Working Paper No. 09-26. Available at SSRN: http://ssrn.com/abstract=1407522.

OUTTERSON, Kevin, Disease-Based Limitations on Compulsory Licenses Under Articles 31 and 31bis (May 20, 2009). RESEARCH HANDBOOK ON INTELLEC-

TUAL PROPERTY LAW AND THE WTO, Carlos Correa, ed., Edward Elgar, 2009; Boston Univ. School of Law Working Paper No. 09-26. Available at SSRN: http://ssrn.com/abstract=1407522.

PICARELLI, Márcia Flávia Santini; ARANHA, Márcio Iorio (Orgs.). Política de Patentes em. Saúde Humana. São Paulo: Atlas, 2001.

PIOVESAN, Flávia, Políticas para a implementação do direto ao acesso a medicamentos no Brasil, Pág. 63 REVISTA FORENSE – VOL. 398 DOUTRINAS.

POLIDO, Fabrício B. P.; BASSO, M. . Propriedade Intelectual e Preços Diferenciados de Medicamentos Essenciais: Políticas de Saúde Pública para Países em Desenvolvimento. Políticas Públicas, Rio de Janeiro, v. 4, n. 4, p. 9-37, 2005.

POLIDO, Fabrício B. P. ; BASSO, M.; SALOMAO FILHO, Calixto. Propriedade Intelectual e Preços Diferenciados de Medicamentos Essenciais: Políticas de Saúde Pública para Países em Desenvolvimento. Revista de Direito Público da Economia, Belo Horizonte, v. 11, p. 63-97, 2005.

POLIDO, Fabrício B. P. ; CÉSAR, Priscilla M D G. Proteção patentária de medicamentos na interface com o direito à saúde: Sustentabilidade do programa brasileiro de acesso unversal às terapias anti-retrovirais. In: BASSO, Maristela; SALOMÃO FILHO, Calixto; POLIDO, Fabrício; CÉSAR, Priscilla. (Org.). Direitos de Propriedade Intelectual & Saúde Pública: o acesso universal aos medicamentos anti-retrovirais no Brasil. São Paulo: IDCID, 2007, v. 1, p. 3-114.

PROVEDEL, Letícia, A Interferência da Anvisa nos Direitos de Propriedade Industrial da Indústria Farmacêutica - Comentários à Resolução nº 351. Revista da ABPI (82): 61-64, maio-jun. 2006.

WOLFF, Maria Thereza e ANTUNES, Paulo de Bessa, Patentes de Segundo Uso Médico. Revista da ABPI (74): 48-61, jan./fev. 2005.

[23] § 2. A proibição, pela ANVISA, de reivindicações de uso farmacêutico

Analisemos nesta seção o poder, aparentemente atribuído à ANVISA, de anuir ou recusar pedidos de patentes. Esta questão se imbrica na anterior, eis que, em comunicado ao público, datado de 25 de agosto último,[1293] assim se lê:

IV - Quanto a pedidos que tenham por reivindicação o *"novo uso"* de substâncias - A Diretoria Colegiada em reunião realizada dia 23 de novembro de 2003 manifestou-se no seguinte sentido: "A Diretoria Colegiada considerou que o instituto é lesivo à saúde pública, ao desenvolvimento científico e tecnológico do país, poden-

---

[1293] Encontrado em http://www.anvisa.gov.br/divulga/alertas/2004/250804.htm, visitado em 15/9/2004. Sobre a matéria aqui discutida, veja-se Vide Maristela Basso, Intervention of health authorities in patent examination: The Brazilian practice of the prior consent, Int. J. Intellectual Property Management, Vol. 1, Nºˢ. 1/2, 2006

do dificultar o acesso da população aos medicamentos. Neste sentido, decidiu pela não concessão da anuência prévia a casos de pedidos de patentes de segundo uso".

[23] § 2.1. Constitucionalidade do poder discricionário de anuir em conessão de patentes

O problema aqui é gerado por um novo dispositivo da Lei 9.279/96, que assim reza:

Art. 229-C. A concessão de patentes para produtos e processos farmacêuticos dependerá da prévia anuência da Agência Nacional de Vigilância Sanitária - ANVISA.

O ponto central desse dispositivo está na expressão "anuência", que os dicionários registram como:

• verbo
transitivo indireto e intransitivo
consentir (com gestos ou palavras); estar de acordo; aprovar, assentir
Ex.: <anuiu ao meu pedido> <a piscada de olhos era sinal de que anuíra> <a. com a cabeça> [1294]

No direito administrativo brasileiro, a expressão "anuência" implica exercício de juízo de conveniência e oportunidade, ou seja, de manifestação discricionária da vontade administrativa. Assim já se verificou tal manifestação na importação de lítio e outros minerais nucleares[1295] ou de armas e munições[1296] ou, em geral de exportação

---

1294 Etimologia, segundo o Dicionário Houaiss: "lat. annuo ou adnuo,is,ùi,útum,ère 'fazer sinal afirmativo com a cabeça, lançando-a para a frente', daí 'consentir, aprovar', de nuère que só se manifesta através de seus compostos abnuère 'voltar a cabeça de um lado para o outro em sinal de desaprovação, sinalizar com a cabeça para recusar, sinalizar que não com a cabeça' e renuère 'lançar a cabeça para trás em sinal de não consentimento'; f.hist. 1679 annuir

1295 A legislação da CNEN, no Art. 2º da Lei 7.781 de 27 de junho de 1989, que deu nova redação à Lei 6.189/74, estão expressas, no artigo 2º, assegurava as seguintes atribuições da autarquia:"Artigo 2º – Compete à CNEN: 'VIII – estabelecer normas e conceder licenças e autorizações para o comércio interno e externo: a) de minerais, minérios, materiais, equipamentos, projetos, e transferência de tecnologia de interesse para a energia nuclear; Em 5 de junho de 1989 recebeu aprovação presidencial uma Exposição de Motivos 20/89 da Secretaria de Assessoramento da Defesa Nacional - Saden, contendo as seguintes diretrizes para o desenvolvimento da produção nacional de lítio e seus derivados, no âmbito da Política Nacional de Energia Nuclear: "c. só seja autorizada a importação de minerais e sais de lítio mediante anuência prévia da CNEN, à semelhança do procedimento adotado para a exportação de derivados de sais de lítio." Por fim, a 13 de maio de 1991, foi expedida Portaria de no. 8 pelo então Diretor do Departamento de Comércio Exterior - Decex, determinando, em seu artigo 13, que as importações de minerais e de sais de lítio sejam sujeitas à anuência prévia da CNEN.

1296 Decreto nº 24.602, de 06 de julho de 1934, que impôs pela primeira vez na nação, e de forma rígida, o controle da fabricação e comercialização de material bélico. Vejamos o que estabelecem os primeiros três artigos deste diploma: "Art. 1º – Fica proibida a instalação, no País, de fábricas civis destinadas ao fabrico de armas e munições de guerra.Parágrafo Único – É entretanto facultativo ao Governo conceder autorização,

1747

de produtos sensíveis.[1297] Especificamente a ANVISA utiliza tal expressão para denotar o seu juízo de conveniência e oportunidade na importação de produtos sujeitos a sua licença[1298]

Em documentos oficiais da ANVISA, se verifica que a anuência em questão se trata efetivamente de exercício do juízo de conveniência e oportunidade.[1299] A competência para anuir ou rejeitar patentes foi inicialmente deferida à Coordenação de Propriedade Intelectual da entidade.[1300] Segundo noticia a imprensa especializada, a anuência tem sido negada em situações em que se teria, salvo a manifestação discricionária, concedido o privilégio.[1301]

O dispositivo em análise foi introduzido em reforma da Lei 9.279/96 – o Código de Propriedade Industrial de 1996 – através da lei de conversão nº 10.196, de 14.2.2001,[1302] a qual modificou os dispositivos do Código que tratavam do chamado *pipeline*, que é uma forma admissão de inventos protegidos sob legislações estrangeiras na ordem jurídica nacional. Assim como sempre mantive minha convicção de que tal mecanismo é radicalmente inconstitucional, não posso deixar de expressar também meu juízo de que o art. 229-C, como introduzido em 2001, é tão e igualmente contrário à Constituição em vigor.

---

sob as condições: a) de ser feita uma fiscalização permanente nas suas direções administrativas, técnica e industrial, por oficiais do exército, nomeados pelo Ministro do Exército, sem ônus para a fábrica; b) de submeter-se às restrições que o Governo Federal julgar conveniente determinar ao comércio de sua produção para o exterior e interior; c) de estabelecer preferência para o Governo Federal, na aquisição de seus produtos.

1297 Consolidação Das Portarias Secex (Exportação) Portaria SECEX nº 12, de 03.09.2003alterada até a Portaria SECEX nº 6, de 3.05.2004. Art. 27 Nas operações da espécie deverão ser observados os seguintes procedimentos: II – as normas e o tratamento administrativo que disciplinam a exportação do produto, no que se refere a sua proibição, suspensão e anuência prévia;

1298 Por exemplo, na Portaria nº 772, de 02 de outubro de 1998, como alterada.

1299 PATENTES - Os pedidos de patentes de produtos e processos farmacêuticos passaram a ter sua análise obrigatória pela Agência Nacional de Vigilância Sanitária desde 1999, através do instituto da anuência prévia. Ressalta-se que esta anuência é concedida ou negada após a avaliação do pedido, considerando além dos aspectos formais da análise (verificação técnica dos requisitos de patenteabilidade) e os aspectos próprios de saúde pública (acesso aos medicamentos e avaliação técnica dos compostos). Vale lembrar que, quando a patente é concedida, o seu detentor passa a ter direitos exclusivos de exploração do objeto protegido (produção, utilização, comercialização sem concorrência, venda ou importação) pelo período de 20 anos. Por isso, há a necessidade de uma análise criteriosa dos requisitos para a concessão de tal benefício, tendo sempre em conta que esta proteção pode se refletir diretamente no custo final do medicamento. (Política Vigente para a Regulamentação de Medicamentos no Brasil, encontrado em http://www.anvisa.gov.br/institucional/conselho/temas/politica_medicamentos.htm.

1300 PORTARIA Nº 593, DE 25 DE AGOSTO DE 2000, Art. 73-A. À Coordenação de Propriedade Intelectual, localizada no estado do Rio de Janeiro, compete: I – conceder ou negar anuência prévia mediante análise dos pedidos de patentes de produtos e processos farmacêuticos, depositados junto ao Instituto Nacional de Propriedade Industrial, vinculado ao Ministério do Desenvolvimento, Indústria e Comércio Exterior, na forma da Lei 10.196/2001, com assessoria da Gerência-Geral de Medicamentos;

1301 23/04/2004 - Valor Econômico.

1302 Da Medida Provisória nº 2.006/99.

A Propriedade Intelectual é um instituto inafastável de todo sistema jurídico contemporâneo. Como tive ocasião de dizer em meu Uma Introdução à Propriedade Intelectual, 2ª edição, Lumen Juris, 2003:

Dessas manifestações da regra de balanceamento de interesses se pode depreender que a lei de patentes ou de direitos autorais não é um estatuto de proteção ao investimento – e nem dos criadores e inventores;[1303] não é um mecanismo de internacionalização do nosso direito nem um lábaro nacionalista; é e deve ser lida como um instrumento de medida e ponderação, uma proposta de um justo meio e assim interpretado. E no que desmesurar deste equilíbrio tenso e cuidadoso, está inconstitucional.

É na tutela desse equilíbrio, e na crença inabalável que é a Constituição o campo próprio para a defesa dos interesses dos brasileiros, que tenho propugnado que se cumpra a Constituição de 1988, em predomínio mesmo aos instrumentos internacionais, ou, como no caso, como rejeição a um mecanismo administrativo pejado de boas intenções, mas não menos ilícito e odioso que as pretensas imposições internas do Acordo TRIPs da OMC.

Além de qualquer postura ideológica, o respeito à Constituição, como medida do estatuto da democracia brasileira, e expressão do nosso sistema político, é imposição da razão e do respeito que se deve aos brasileiros. Os excessos na Propriedade Intelectual, em desfavor do nosso povo, devem ser repelidos com a mesma energia, em qualquer naipe do *continuum* de *weltanshauung*.

Mais lamentável ainda é verificar que o dispositivo em questão tem sido motivo de desagregação e desavença entre órgãos do Governo Federal.[1304]

1303 Se houvesse uma tônica no estatuto jurídico da propriedade intelectual, seria a sua função social, não a proteção dos interesses pessoais. Vide a tradição constitucional da Suprema Corte dos Estados Unidos, que em uma sólida corrente de decisões insiste em que "this court has consistently held that the primary purpose of ou patent laws is not the creation of private fortunes for the owners of patents but is 'to promote the progress of science and useful arts (...)", Motion Picture Patents Co.v. Universal Film Mfg. Co., 243 U.S. 502, p. 511 (1917).

1304 SEMINÁRIO SOBRE 10 ANOS DA TRIPS TEVE EMBATE ENTRE INPI E ANVISA. Houve um desentendimento no Seminário "10 anos de TRIPS: Em busca da Democratização do Acesso à Saúde" entre o Instituto Nacional de Propriedade Intelectual, INPI, órgão do governo responsável pela regulamentação de patentes, e os organizadores do evento. A confusão aconteceu durante a mesa "Evolução das Agências Reguladoras no Âmbito do TRIPS e definição de Identidade", na qual participaram a dra. Maria Alice Calliari, do INPI e o dr. Paulo Santa Rosa, da ANVISA. A Dra. Maria Alice Calliari discursou sobre o papel do Instituto no processo de patentes e o dr. Paulo Santa Rosa explicou o que é a Agência Nacional de Vigilância Sanitária e sua posição frente ao tema. Na apresentação dos palestrantes ficou claro que o INPI tem uma postura que favorece a concessão de patentes aos laboratórios, dificultando assim o acesso universal a medicamentos, com base na lei de patentes do Brasil que data de 1996. Do outro a ANVISA, que não tem a competência de conceder ou não uma patente, mas dá a anuência prévia no que se refere a medicamentos, norteada pelo direito à saúde pública. Para entender melhor a posição de cada um dos órgãos governamentais, um bom exemplo é a legalidade da patente de segundo uso. Ela se refere a patente de uma molécula já patenteada, mas que será usada para outro fim. A ANVISA não considera essa patente pertinente, porque acredita que não tem nenhuma inovação. Logo, não tem porque conceder o monopólio por mais 20 anos (tempo de duração de uma patente) de determinada molécula. Já o INPI considera esse caso pertinente e dá direito de exclusividade da molécula já patenteada, só que usada para outra finalidade. Para Cristina D´Almeida, assessora da Cooperação Externa do Programa Nacional de DST/AIDS, o INPI não tem

A lei brasileira, aplicada em sua plenitude, é a única forma de prestigiar os valores da saúde pública, ou quaisquer outros do nosso povo. Sobral Pinto, e não Antonio Virgulino, é o parâmetro da brasilidade. Para aplicar-se com segurança jurídica os mecanismos legais, como os da licença compulsória por interesse público, com a deferência internacional devida aos países de estrita legalidade, é essencial que não se ignore a Constituição da República na mesma matéria.

Examinaremos neste Parecer apenas os aspectos constitucionais relevantes, eis que a eventual conformidade ou não com instrumentos internacionais de vigência anterior, face ao sistema constitucional brasileiro, é apenas uma questão que atine às relações internacionais do Brasil, sem pertinência à ordem jurídica interna. Trata-se, assim, de questão política ou retórica, mas sem eficácia jurídica numa análise constitucional, a não, ser, incidentalmente, para avaliação da aplicação de regra de proporcionalidade ou razoabilidade.

[23] § 2.2. De nosso pronunciamento prévio sobre a questão

Já me pronunciei sobre a questão à p.442 do meu Uma Introdução à Propriedade Intelectual, 2ª edição, Lumen Juris, 2003:

> Anuência prévia
> O art.229-C do CPI/96, introduzido pela Lei 10.196/01, assim como o disposto na norma legal sobre proteção aos conhecimentos tradicionais,[1305] estabelecem instâncias de anuência prévia ou intervenção da União para expedição de patentes. Assim reza o primeiro desses dispositivos:
> Art. 229-C. A concessão de patentes para produtos e processos farmacêuticos dependerá da prévia anuência da Agência Nacional de Vigilância Sanitária - ANVISA.

---

recursos humanos capacitados para dar um parecer sobre o tema de medicamentos. Os consultores do Instituto não são químicos, farmacêuticos; são de outras áreas. As pessoas gabaritadas sobre medicamentos estão na ANVISA. Para a professora Maristela Bassos, o Instituto Nacional de Propriedade Intelectual tem uma interpretação própria sobre a lei de patentes. Segundo ela, falta para o Instituto ouvir a sociedade civil para fazer uma interpretação de acordo com o direito à Saúde Pública. Após a discussão, os representantes do INPI se retiraram do evento e não participaram do segundo dia de seminário. O fato acabou enfraquecendo a discussão sobre a evolução das agências reguladoras no âmbito do TRIPS. Segundo a Professora Maristela Bassos, a academia é o lugar de discussão de idéias e a retirada do Instituto mostrou que eles não estão acostumados a esse tipo de embate. Quem perde com isso é a sociedade brasileira, lamentou Maristela. O Seminário "10 ANOS DE TRIPS: EM BUSCA DA DEMOCRATIZAÇÃO DO ACESSO À SAÚDE" foi organizado na última semana pela Associação Brasileira Interdisciplinas de AIDS, ABIA, Médicos Sem Fronteiras, MSF, Grupo de Incentivo à Vida, GIV e Instituto de Direito do Comércio Internacional e Desenvolvimento, IDCID. (encontrado em http://www.agenciaaids.com.br/noticias-resultado.asp?Codigo=629, visitado em 19/07/2004.)

1305 No momento em que se escreve, a Medida Provisória nº 2.186-16, de 23 de Agosto de 2001.

Como vimos, o direito de pedir patente (e de obtê-la, uma vez verificados os requisitos legais) tem fundamento constitucional; ele não pode ser afetado por qualquer norma que condicione a concessão do direito ao assentimento da União. O procedimento de concessão de patentes é vinculado, e não dá ensejo à manifestação volitiva da ANVISA ou de qualquer ente público. Verificada a existência de novidade, atividade inventiva e utilidade industrial, atendidos os demais requisitos da lei, cumprido o procedimento nela previsto, existe direito subjetivo constitucional na concessão.

No parâmetro brasileiro, o processo administrativo de outorga de licenças de construção, de autorização para prospecção minerária e de registro de marcas e concessão de patentes é plenamente vinculado: a autoridade, reconhecendo a existência dos requisitos fixados em lei, não tem liberdade para julgar se o pedido é conveniente ou oportuno; tem de fazer a outorga, seja favorável ou catastrófica a concessão face aos interesses governamentais do momento.[1306]

Se a ANVISA não anuísse, seria absolutamente cabível o remédio constitucional do mandado de segurança para haver a patente. Se o INPI condicionasse a concessão à anuência, retardando ou denegando o ato concessivo, igualmente caberia a afirmação dos direitos do depositante.[1307]

Os fundamentos de tal conclusão estão oferecidos pela extensão da totalidade do Capítulo II deste livro, focando-nos porém aqui no que se diz a respeito da radicação constitucional do direito de patentes, e da inafastabilidade da declaração do direito, uma vez exercida a pretensão de requerer a concessão da respectiva patente.

Deve-se também notar que a inconstitucionalidade do dispositivo foi suscitada pelas Resoluções n°s 2 e 16 da Associação Brasileira da Propriedade Intelectual, como se documenta em anexos.

[23] § 2.3. O pedido de privilégio será sujeito a exame substantivo de seus requisitos

A excepcionalidade da restrição à livre concorrência, através do privilégio, e o relevante interesse público envolvido, por força da cláusula final do inciso XXIX do art. 5º impõem que o direito exclusivo só seja constituído na presença dos requisitos legais e constitucionais, ou seja, como notou Paul Roubier, o procedimento da concessão da patente é sempre de direito público.

1306 A lei peruana de 1959 prevê a recusa de patentes que não atenderem ao interesse social. Diz Remiche (1982:179) que tal faculdade nunca foi utilizada.

1307 INPI é acusado de concessão ilegal. Gazeta Mercantil - p. A6 - 18/4. (...) A assessoria de Imprensa da Anvisa informa que, entre 1999 e 2001 a agência se manifestou em 154 casos nos quais o INPI solicitou anuência. Destes, 79 tiveram a anuência concedida, 3 foram negadas, 1 foi devolvida e outras 71 ainda estão sob análise.

Neste tema, veremos duas considerações centrais a nosso Parecer: a de que o procedimento de exame e concessão de patentes é plenamente vinculado, e de que se aplicam os princípios do devido processo legal a tal procedimento.

[23] § 2.3. (A) Procedimento administrativo plenamente vinculado na concessão de patentes

Nota Pontes de Miranda[1308] que a tutela constitucional recai sobre o direito público subjetivo resultante da criação, que é o *direito de pedir patente*. O privilégio, propriamente dito, é posterior, e regulado pelo Direito Comercial. De outro lado, presentes os requisitos fixados impessoalmente em lei para a concessão da patente, há direito público subjetivo, de cunho constitucional, na concessão.

Já não existe a opção das constituições anteriores, que deferia à União conceder patentes ou indenizar o titular da pretensão relativa ao invento. A única alternativa existente é a concessão, em procedimento constitucionalmente determinado como vinculado. Havendo interesse público no objeto da patente, abrem-se as alternativas constitucionais da desapropriação ou, então, de requisição – a qual se configura através do mecanismo de licença compulsória por interesse público.

Diz Pontes de Miranda a respeito dessa impossibilidade de discricionariedade na concessão da patente:

O privilégio não resulta do simples fato da criação intelectual – é direito posterior, *comercial*; o que resulta do fato da criação intelectual **é o direito público subjetivo, direito *constitucional* ao privilégio**. O privilégio vem da lei, denomina-se *patente de invenção*, denominação derivada do inglês *letters patentI*. Aliás, no Brasil, a expressão "carta-patente" é usada. **A patente é que contém o privilégio, que a Constituição prometeu, e assegurou pelo direito público subjetivo e pela pretensão a ele. Praticamente, em vez de definir invenção, a lei determina os pressupostos para a patenteabilidade.** É de notar-se, porém, que tal procedimento não pode contravir o texto, porque não se deixou à legislação ordinária adotar qualquer definição de *invenção industrial*. Desde que se trata de novo modo de fabricar produtos industriais, de máquina, ou de aparelho mecânico ou manual para a fabricação de tais produtos, ou de novo produto industrial, ou processo para se conseguirem melhores resultados, há invenção industrial. As leis e os tratados podem estender a proteção; não, porém, restringi-la.[1309]

1308 Idem, p. 565. Vide, quanto ao tema, Foyer e Vivant, *op. cit.*, p. 83; André Bertrand, La Proprieté Intellectuelle, Ed. Delmas, 1995, vol. II, p. 126; Mousseron, Le Droit au Brevet, Juris Classeur Brevets, fascículo 240; Singer (rev. Lunzer), The European Patent Convention, Sweeet and Maxwell, 1995, p. 218 e seg., Gama Cerqueira, Tratado, Vol. II, p. 192 e seg.

1309 Comentários....

Certamente os entes públicos podem ter atos discricionários, de opção pela conveniência e pela oportunidade, como o que ocorria com os contratos de tecnologia examinados pelo INPI à luz da legislação anterior; o poder discricionário da autarquia, no caso, tinha completo amparo constitucional, como determinou o STF no acórdão publicado em RTJ 106/1057-1066. Não assim no caso de patentes, em face da garantia constitucional do procedimento vinculado.

Pontes de Miranda o evidencia ainda mais claramente, ao indicar a mudança que ocorreu no texto constitucional pertinente com a Constituição de 1967:

O princípio do art. 153, § 24, 1ª parte, oriundo de 1824 e de 1891, tem duplo fito: reconhecer que os inventos industriais representam esforços, que merecem ser recompensados; **mas a Constituição de 1967 retirou a referência à salvaguarda do lado social da invenção, permitindo que o Estado a vulgarizasse, mediante paga de prêmio justo, isto é, de acordo com o valor do invento e dos gastos que forem de mister. Hoje, só a desapropriação pode caber. Só se fala de privilégio temporário, e não mais de prêmio, no caso, esse, de ser de conveniência que se publicasse o invento. Ao § 24, 1ª parte, mais se descobre o intuito de proteger o inventor que sofre a desapropriação. Se foi mencionado o caso de necessidade, ou utilidade pública, ou interesse social na vulgarização, há motivos suficientes para que se desaproprie o invento, _como qualquer outra propriedade_.**[1310]

[23] § 2.3. (B) Procedimento de patentes e o devido processo legal

Em um sem número de aspectos, o procedimento de exame de patentes se acha jungido às regras do _procedural due process of law_ inserido no art. 5º LIV da Constituição de 1988, que impõe pleno direito de defesa. Pertinente, assim, o dispositivo da Lei do Processo Administrativo Federal (Lei nº 9.784, 29 de janeiro de 1999):

Art. 2º A Administração Pública obedecerá dentre outros, aos princípios da legalidade, finalidade, motivação, razoabilidade, proporcionalidade, moralidade, ampla defesa, contraditório, segurança jurídica, interesse público e eficiência.
Parágrafo único. Nos processos administrativos serão observados, entre outros, os critérios de: (...)
VIII - observância das formalidades essenciais à garantia dos direitos dos administrados;

Como bem retratam Robert A. Choate e William Francis,[1311]

"A concessão do privilégio da patente pelo estado é um ato que tem uma tripla natureza. Por ser uma recompensa conferida ao inventor para sua invenção pas-

---

1310 Comentários...
1311 In ob. cit., p. 77.

sada, é um ato de justiça. Como um incentivo aos esforços futuros, é um ato da órbita da política pública.

Como uma concessão da proteção temporária no uso exclusivo de uma invenção particular, na condição de suas publicações imediatas e eventual entrega ao público, é um ato do acordo entre o inventor e o público no qual cede algo ao outro para que receba por aquilo que é concedido para ele."[1312]

Portanto, sabendo-se que a concessão de um monopólio implicará a restrição de liberdade de iniciativa de terceiros, o procedimento administrativo deverá obedecer aos princípios de publicidade dos atos administrativos, de ampla defesa e do contraditório, todos contidos no princípio maior do devido processo legal.

Ele se materializa, por exemplo, na medida em que o depósito do pedido de privilégio é publicado em revista oficial, a fim de que terceiros interessados possam a ele se opor ou apresentar subsídios ao exame do invento.

Aliás, não se pode olvidar que o princípio da publicidade tem guarida constitucional, tanto em matéria processual, quanto administrativa, haja vista o teor dos artigos 93, IX, e art. 137, *caput,* da Constituição Federal.

[23] § 2.4. O resumo dos direitos constitucionais relativos a uma patente

Num importante julgado, a Suprema Corte dos Estados Unidos, no caso (Sears, Roebuck & Co. V. Stiffel Co., 376 1964), tendo o Sr. Ministro Black como relator resumiu com precisão os requisitos constitucionais de uma patente:

A concessão de uma patente é a concessão de um monopólio legal; certamente, a concessão das patentes em Inglaterra era uma exceção explícita à lei de James I que proibia monopólios. As patentes não são dadas como favores, como eram os monopólios dados pelos monarcas da dinastia Tudor, mas têm por propósito incentivar a invenção recompensando o inventor com o direito, limitado a um termo de anos previstos na patente, pelo qual ele exclua terceiros do uso de sua invenção. Durante esse período de tempo ninguém podem fazer, usar, ou vender o produto patenteado sem a autorização do titular da patente.

Mas, enquanto se recompensa a invenção útil, os "direitos e o bem-estar da comunidade devem razoavelmente ser considerados e eficazmente guardados". Para esses fins, os pré-requisitos de obtenção da patente tem de ser observados

---

1312 Original: "The concession of the patent privilege by the state is an act having a threefold character. As a reward bestowed the inventor for his past invention, it is an act of justice. As an inducement to future efforts, it is an act of round public policy.

As a grant of temporary protection in the exclusive use of a particular invention, on condition of its immediate publication and eventual surrender to the people, it is an act of compromise between the inventor and the public, wherein which concedes something to the other in return for that which is conceded to itself."

estritamente, e quando a patente é concedida, as limitações ao seu exercício devem ser aplicadas também estritamente.

Para começar, a existência de uma "invenção genuína" (...) deve ser demonstrada "para que, na demanda constante por novos inventos, a mão pesada do tributo não seja imposta em cada mínimo avanço tecnológico". Uma vez a patente seja concedida:

a) deve-se interpretá-la estritamente;

b) não pode ela ser usada para se chegar a qualquer monopólio além daquele contido na patente;

c) o controle do titular da patente sobre o produto, a partir do momento em que esse quando deixa suas mãos, é estritamente;

d) o monopólio da patente não pode ser usado contra as leis antitruste.

Finalmente, (...) quando a patente expira o monopólio criado por ela expira também, e o direito de fabricar o artigo - inclusive o direito a fazer precisamente na forma em que foi patenteada - passa ao público.[1313]

[23] § 2.5. A questão da anuência em face da Constituição

Indicados os pressupostos constitucionais da concessão das patentes, vamos agora aplicá-los diretamente à questão da anuência da ANVISA prevista no art. 229-c do CPI/96.

[23] § 2.5. (A) O nosso argumento constitucional

Como vimos, de nossa análise e com os inestimáveis aportes de Pontes de Miranda, no inventor goza de um direito subjetivo de fundo constitucional, que é o

---

1313 Sears, Roebuck & Co. V. Stiffel Co., 376 U.S. 225 (1964) Mr. Justice Black delivered the opinion of the Court. The grant of a patent is the grant of a statutory monopoly; indeed, the grant of patents in England was an explicit exception to the statute of James I prohibiting monopolies. Patents are not given as favors, as was the case of monopolies given by the Tudor monarchs, but are meant to encourage invention by rewarding the inventor with the right, limited to a term of years fixed by the patent, to exclude others from the use of his invention. During that period of time no one may make, use, or sell the patented product without the patentee's authority. But in rewarding useful invention, the "rights and welfare of the community must be fairly dealt with and effectually guarded. To that end the prerequisites to obtaining a patent are strictly observed, and when the patent has issued the limitations on its exercise are equally strictly enforced. To begin with, a genuine "invention" (...) must be demonstrated "lest in the constant demand for new appliances the heavy hand of tribute be laid on each slight technological advance in an art."
Once the patent issues:
- it is strictly construed,
- it cannot be used to secure any monopoly beyond that contained in the patent,
- the patentee's control over the product when it leaves his hands is sharply limited, and
- the patent monopoly may not be used in disregard of the antitrust laws. Finally, (...),
- when the patent expires the monopoly created by it expires, too, and the right to make the article - including the right to make it in precisely the shape it carried when patented - passes to the public.

de pedir o exame dos pressupostos legais de concessão do privilégio e, uma vez declarados, obter o privilégio.

Tais pressupostos têm, todos, derivação constitucional, mas se corporificam na lei ordinária. Esta, no caso a Lei 9.279/96, estabelece as hipóteses impessoais de concessão do privilégio; cada um dos pressupostos da patente tem radicação constitucional, seja do texto do art. 5º, XXIX, da Constituição, seja da tessitura complexa dos direitos e interesses constitucionalmente assegurados. É possível que a lei ordinária efetue equações diversas de direitos e obrigações; mas, em qualquer das formulações, ela corporifica ("...a lei assegurará...) os elementos essenciais definidos da Constituição.

Assim, a Constituição ampara como incondicionado e assegurado o privilégio desenhado pelo texto fundamental, e especificado pela lei ordinária.

Repita-se: a situação jurídica do inventor nasce como um direito subjetivo constitucional. Não é compatível com a natureza desses direitos uma decisão discricionária da Administração, a qual, levando em conta seus interesses, e a conveniência e oportunidade do ente público, venha a conceder ou não, caso a caso, aquele privilégio que, no dizer de Pontes de Miranda, a Constituição prometeu.

Pode a lei – ancorando-se na presença de interesses constitucionais relevantes – denegar a todos, isonomicamente, certas categorias de privilégios industriais. Mas não há espaço para, integrando-se o direito subjetivo constitucional com a lei ordinária que o assegura, assegurar a uns e denegar a outros, por razões de momento ou de oportunidade, a promessa constitucional.

Assim, o sistema constitucional brasileiro em vigor, pelo menos desde a Constituição de 1967, não acolhe a manifestação discricionária da Administração, no procedimento de concessão de patentes.

[23] § 2.5. (B) O argumento constitucional contrário

Não obstante a solidez de nossa convicção, cabe apreciar nesse passo os respeitáveis argumentos contrários ao entendimento expresso acima. Exemplo de tal posição é a opinião expressa por Ana Paula Jucá da Silveira e Silva, Juliana Vieira Borges Vallini, como se lê abaixo:

> (...) os pedidos de patentes de produtos e processos farmacêuticos passaram a ter sua análise obrigatória pela Agência Nacional de Vigilância Sanitária (Anvisa) desde a Medida Provisória 2006, de 15/12/1999. Nesse instrumento legal foi criado o instituto da anuência prévia, consolidado pela Lei 10.196/01, no artigo 229-C. (...)
>
> O licenciamento compulsório é, inclusive, um instrumento legal de que o governo dispõe para, em caso de medicamentos patenteados e com altos custos, dar o acesso devido a sua população. Apesar de valioso, esse instrumento legal não é muito utilizado, uma vez que pressupõe a "desapropriação" de um direito

adquirido. De forma a diminuir a necessidade de uso dessa salvaguarda, a análise criteriosa dos requisitos legais dos processos de patentes é indispensável. A análise, que sempre deve respeitar o princípio da legalidade, evita a concessão imerecida de patentes e conseqüentemente o monopólio indevido.

Sendo assim, considera-se, de acordo com o artigo 2º da LPI/96, que a concessão indevida de uma patente pode significar, em última instância, prejuízo ao interesse social com possível risco à saúde pública e ao desenvolvimento tecnológico do país. Isso pode se refletir negativamente no bem-estar dos consumidores e na restrição dos benefícios advindos dos avanços tecnológicos já descritos no estado da técnica.

É importante ressaltar que, desde a Constituição de 1988, o conceito de saúde sofreu grande evolução, deixando de ter o seu foco principal voltado para a questão assistencial (tratamento de doenças) e passando a dar maior ênfase ao aspecto de prevenção e promoção. Essa evolução é claramente percebida no artigo 196 da CF/88.

A Constituição Federal de 1998 preceitua que a propriedade deve atender a sua função social (art. 5º, XXIII — CF/88) e que a ordem econômica deve obedecer ao princípio da função social da propriedade (art. 170, III — CF/88), como garantia dos ditames de justiça social. É o reconhecimento constitucional da supremacia do "bem comum" sobre o "direito individual a propriedade".

Pode-se falar em existência de direitos fundamentais, como bem caracteriza o professor Paulo Gustavo Gonet Castelo Branco em texto de sua autoria denominado Aspectos da Teoria Geral dos Direitos Fundamentais (*verbis*): "Os direitos fundamentais assumem posição de definitivo realce na sociedade quando se inverte a tradicional relação entre Estado e indivíduo e se reconhece que o indivíduo tem, primeiro, direitos, e, depois, deveres perante o Estado, e que este tem, em relação ao indivíduo, primeiro, deveres e, depois, direitos".

Ressalta-se a importância do papel da indústria no desenvolvimento tecnológico desse setor. Entretanto, diante desses bens específicos, a interveniência do órgão da saúde é muito importante. Essa atuação materializa o princípio que hoje serve de fundamento para o Direito Público e que vincula a administração em suas decisões, que é o de que o interesse público, tutelado pelo Estado, tem supremacia sobre o privado. Importante notar que, diante do cenário global, essa atividade não traz grandes impactos econômicos ao setor privado e beneficia sobremaneira a população.[1314]

Muito embora as autoras não propugnem literalmente o exercício discricionário da Administração, denegando patentes com base no interesse manifestado pela ANVI-

---

[1314] Ana Paula Jucá Da Silveira E Silva, Juliana Vieira Borges Vallini, Patentes farmacêuticas e a anuência prévia, Correio Braziliense, 15/03/2004

SA, fica claro do texto a indicação do art. 196 da Constituição como fundamento da ação da entidade federal no procedimento de concessão de patentes.

Diz tal disposição, e a que se lhe segue:

Art. 196. A saúde é direito de todos e dever do Estado, garantido mediante políticas sociais e econômicas que visem à redução do risco de doença e de outros agravos e ao acesso universal e igualitário às ações e serviços para sua promoção, proteção e recuperação.

Art. 197. São de relevância pública as ações e serviços de saúde, cabendo ao Poder Público dispor, nos termos da lei, sobre sua regulamentação, fiscalização e controle, devendo sua execução ser feita diretamente ou através de terceiros e, também, por pessoa física ou jurídica de direito privado.

Sem dúvida, é de extrema relevância a disposição constitucional; está clara a prevalência de tal interesse público, mesmo porque expressa o compromisso de ação estatal positiva para a tutela dos direitos à vida, inscritos no *caput* do art. 5º, da Constituição. Mas, em nenhuma hipótese, tal disposição aponta para a discricionariedade da Administração na concessão de patentes.

Tal se dá porque a os interesses propugnados podem se implementar sem a negativa frontal dos direitos constitucionais do titular do invento, por ação discricionária da Administração. A moderação do monopólio instrumental da patente, para prevalência do interesse público, pode se fazer sentir – por exemplo – pelo mecanismo da licença compulsória, ademais sancionado pelo consenso internacional.

A atuação da Constituição, através dos critérios de razoabilidade ou proporcionalidade, exige a contenção e moderação quando se coarctam direitos privados para prestígio dos interesses público. A aplicação de dispositivos como os citados sob o plano constitucional encontrou um parâmetro de extrema relevância no julgado da Corte Constitucional Alemã em acórdão de 5-XII-1995, X ZR 26/92, discutindo a Lei Federal Alemã quanto aos requisitos da licença obrigatória:

"Como el otorgamiento de una licencia obligatoria implica una gran injerencia en el derecho de exclusividad del titular de la patente, protegido por la ley y la Constitución... al sopesar los intereses ha de observase el principio de proporcionalidad. Por lo tanto no se puede otorgar una licencia obligatoria por un medicamento, cuando la demanda de interés público puede ser satisfecha con otros preparados supletorios, más o menos equivalentes."1315

Tais princípios, que também decorrem da cláusula do devido processo legal incluída na Constituição Brasileira, levam a que, no equilíbrio entre dois requisitos constitucionais – a proteção da propriedade e o do interesse social – aplique-se o prin-

---

1315 Apud Daniel R. Zuccherino/ Carlos O. Mitelman; Marcas y Patentes en el Gatt – Régimen Legal. Ed. Abeledo-Perrot.

cípio da proporcionalidade. Ou seja, só se faça prevalecer o interesse coletivo até a proporção exata, e não mais além, necessária para satisfazer tal interesse.

O mesmo princípio de proporcionalidade, ancorado no art. 5º da Constituição de 1988,[1316] tem recebido constante apoio da jurisprudência de nossa Suprema Corte. Assim, seguidamente o STF tem entendido que quaisquer coerções aos direitos de raiz constitucional devem ser moderadas por tal princípio, para assegurar que somente as limitações necessárias sejam impostas, e assim mesmo até o indispensável para atingir as finalidades legais.[1317]

Entenda-se bem que minha objeção se dirige precipuamente à ação discricionária da administração, caso a caso. Nesta tipo de atuação, não só se enfrenta, em nome do interesse público, a propriedade, mas também a isonomia. Dois objetos de intensa tutela no nosso sistema constitucional.

Sempre entendi, de outro lado, que sob o prisma constitucional, o balanceamento de interesses poderia levar, em sentido geral, a escolha de certos objetos como insuscetíveis de patenteamento. Por exemplo – o que é aceito geralmente, diretamente ou por via transversa- a inexistência de monopólio sobre procedimentos cirúrgicos da medicina humana. Mas não por ação discricionária.

Repita-se: o Direito Constitucional Brasileiro não se opõe à proteção de nenhum campo tecnológico, nem a obriga. A Constituição de 1988 não limita os campos da técnica onde se deve conceder patente pela norma ordinária, nem impõe que a proteção abranja todos os campos. Assim, é na Lei 9.279/96, e não na esfera constitucional, que se vai discutir a possibilidade e conveniência de patentear cada setor da tecnologia, obedecido sempre o balanceamento constitucional de interesses.

Quando se nega, geralmente, a patente, deixa-se de prestigiar completamente um campo de criação tecnológica, em favor de um interesse público. Mas se o faz em estrito respeito à isonomia. Não assim, o proposto – contra a Constituição de 1988 – pelo artigo 229-C da Lei 9.279/96.

[23] § 2.6. Conclusão quanto à constitucionalidade da anuência da ANVISA

O direito à obtenção da patente nasce, no sistema constitucional brasileiro, em sede constitucional, e cada um de seus requisitos se ancora na entretela da Constituição

---

1316 LIV - ninguém será privado da liberdade ou de seus bens sem o devido processo legal;

1317 Um exemplo recente: HC-76060 / SC, Relator Ministro SEPULVEDA PERTENCE, 31/03/1998 - Primeira Turma. Ementa: DNA: submissão compulsória ao fornecimento de sangue para a pesquisa do DNA: estado da questão no direito comparado: precedente do STF que libera do constrangimento o réu em ação de investigação de paternidade (HC 71.373) e o dissenso dos votos vencidos: deferimento, não obstante, do HC na espécie, em que se cuida de situação atípica na qual se pretende — de resto, apenas para obter prova de reforço — submeter ao exame o pai presumido, em processo que tem por objeto a pretensão de terceiro de ver-se declarado o pai biológico da criança nascida na constância do casamento do paciente: hipótese na qual, à luz do princípio da proporcionalidade ou da razoabilidade, se impõe evitar a afronta à dignidade pessoal que, nas circunstâncias, a sua participação na perícia substantivaria.

de 1988. A lei de patentes – 9.279/96, configura o modelo constitucional, devendo realizar o balanceamento dos interesses constitucionalmente protegidos. O procedimento administrativo de concessão do privilégio essencialmente declara a existência dos pressupostos desenhados na Constituição e corporificados na legislação ordinária.

Como tal, o procedimento é necessariamente vinculado, e nele não cabe qualquer medida de discricionariedade. Não pode o órgão público competente dar patentes onde – em sede constitucional – se veda tal concessão, como, por exemplo, no caso de criações abstratas, inclusive a de programas de computador em si mesmos, nem pode aplicar critérios de conveniência e oportunidade.

Assim é que repugna à Constituição em vigor o disposto no Art. 229-C da Lei 9.279/96, se entendida a *anuência* como manifestação discricionária do interesse da Administração.

[23] § 2.6. (A) Da leitura compatível com a Constituição

No entanto, deve-se sempre o máximo respeito ao instrumento legislativo votado pelo Poder Legislativo da União, especialmente numa proposta gerada pelo Poder Executivo. As intenções de aperfeiçoar o processo de análise de patentes pelo aporte técnico da ANVISA só podem ser prestigiadas – em nada desfavorece a Constituição da República, e em tudo a prestigia, a manifestação do juízo técnico de uma importante entidade pública, cujos técnicos são reconhecidamente do mais alto preparo, e da mais elogiável diligência.

Pois se distinguem cintilantemente o aporte técnico da ANVISA, precioso e irrenunciável, e manifestação discricionária da mesma entidade. Pode certamente a lei, sem descrédito da Constituição, e antes com avanço de seus princípios, vincular a concessão da patente farmacêutica ao *pronunciamento* da ANVISA. Entendo mesmo que a lei possa erigir em critério de validade da patente tal pronunciamento.

Cabe, assim, dar eficácia à norma em questão, entendendo "anuência" na sua acepção mais compatível com a Constituição da República,[1318] ou seja, de que se imponha o pronunciamento técnico. Como todos os interessados, a ANVISA *pode* se pronunciar quanto aos requisitos de patenteabilidade; mas, no caso dela, há um poder-dever. O art. 229-c *obriga* a que se manifesta, e compele ao INPI que solicite tal pronunciamento. E que os considere, sem estar por eles vinculado.

Em suma: há direito de ser ouvida, dever de falar por parte da ANVISA; dever de solicitar o pronunciamento, dever de considerar o aporte técnico, como a contribuição

---

1318 Clèmerson Merlin Clève, A Fiscalização Abstrata da Constitucionalidade no Direito Brasileiro, São Paulo, Ed. RT, 2000, 2ª ed., p. 263 e ss. Wilson Antônio Steinmetz, Colisão de direitos fundamentais e princípio da proporcionalidade, Porto Alegre, Livraria do Advogado, 2001, p. 100. Eduardo Fernando Appio, Interpretação conforme a Constituição, Curitiba, Juruá, 2002, p. 75 e ss. Lenio Luiz Sreck, Jurisdição Constitucional e Hermenêutica, Porto Alegre, Livraria do Advogado, 2002, p. 518).

de qualquer um, pelo INPI, mas apenas limitado, na decisão de conceder a patente pelo respeito intelectual a que se deve a especialistas de um outro órgão público.

Mas nem o INPI, nem a ANVISA podem recusar uma patente, se os requisitos legais, prefigurados na Constituição da República estão presentes.

Entendo que tal acepção não conflita com os parâmetros da *verfassungskonforme auslegung*,[1319] eis que a ação administrativa de colaboração técnica é um *minus* face ao querer legislativo impotente – e sua plenitude - perante a Constituição, mas de forma alguma contradita o querer legislativo. A colaboração entre as entidades federais pertinentes estava na *voluntas legis*, embora como *gradus* em face da ação discricionária; *qui potest majus potest minus*, e a razão aponta que os propósitos constitucionais e legais são valorizados pelo dispositivo interpretado de acordo com o teor da carta fundamental.

[23] § 2.6. (B) Os limites da apreciação de imprivilegiabilidadedo art. 18, I, do CPI/96

Embora não seja esse meu entendimento, há, no entanto, na mesma Resolução uma observação com que concordo inteiramente

4) Não devem ser considerados como atentatórios à saúde pública os pedidos de patente de invenção ou modelo de utilidade que possuam alguma finalidade benéfica, ainda que eventualmente tragam efeitos colaterais (a serem claramente informados ao consumidor, quando da comercialização do produto) ou efeitos nocivos advindos de seu mau uso. Exemplificando, o disparo indevido de uma arma de fogo não é impedimento para a patenteabilidade das inovações técnicas que nela se façam;

Expressa aqui a associação a mais uniformemente aceita interpretação deste tipo de imprivilegiabilidade.

Disse, anteriormente, quanto a esse dispositivo:[1320]

1319 "O principio da interpretação conforme a constituição (verfassungskonforme auslegung) é principio que se situa no âmbito do controle da constitucionalidade, e não apenas simples regra de interpretação. A aplicação desse principio sofre, porém, restrições, uma vez que, ao declarar a inconstitucionalidade de uma lei em tese, o STF - em sua função de corte constitucional - atua como legislador negativo, mas não tem o poder de agir como legislador positivo, para criar norma jurídica diversa da instituída pelo poder legislativo. por isso, se a única interpretação possível para compatibilizar a norma com a constituição contrariar o sentido inequívoco que o poder legislativo lhe pretendeu dar, não se pode aplicar o principio da interpretação conforme a constituição, que implicaria, em verdade, criação de norma jurídica, o que é privativo do legislador positivo. - em face da natureza e das restrições da interpretação conforme a constituição, tem-se que, ainda quando ela seja aplicável, o e dentro do âmbito da representação de inconstitucionalidade, não havendo que converter-se, para isso, essa representação em representação de interpretação, por serem instrumentos que tem finalidade diversa, procedimento diferente e eficácia distinta. - no caso, não se pode aplicar a interpretação conforme a constituição por não se coadunar essa com a finalidade inequivocamente colimada pelo legislador, expressa literalmente no dispositivo em causa, e que dele ressalta pelos elementos da interpretação lógica". Rp 1417 / DF - DISTRITO FEDERAL, Relator: Min. MOREIRA ALVES Julgamento:09/12/1987, TRIBUNAL PLENO, Publicação: DJ DATA-15-04-88 PG-08397 EMENT VOL-01497-01 PG-00072.

1320 Art. 18. Não são patenteáveis: I - o que for contrário à moral, aos bons costumes e à segurança, à ordem e à saúde públicas;

A lei 9.279/96 lista como não patenteáveis, apenas:

- os inventos contrários à moral, à segurança e à saúde pública;[1321] vale dizer, os que sejam essencialmente voltados a esses objetivos anti-sociais. Veja-se que a lei em vigor já não se fala, como na interior, em inventos "de finalidade" imoral, etc. Na história da Propriedade Industrial brasileira, tais casos são virtualmente inexistentes.

Não se fará, através desse dispositivo, política de preços ou de conveniência da política de saúde. Pode-se deixar de dar patente, com base no art. 18, I, da Lei 9.279/96, todas as vezes que o *objeto do pedido*, quando posto em prática, for contrário à saúde pública.[1322] Não para o que *a exclusividade da patente* puder resultar em ônus maior para o financiamento ou administração da saúde pelo poder público.

Lógico que os interesses de limitar o monopólio instrumental da patente em prol do interesse público são relevantíssimos. Há meio de fazê-lo, que aliás tem-se demonstrado eficazes, como a licença compulsória, o escrutínio da Lei de Defesa da Concorrência pelo CADE, e, de certa maneira, o controle de preços de medicamentos vendidos ao público. Não é por aplicação do art. 18, I, da Lei 9.279/96 que se pode fazer tal controle.

Note-se, além disso, que o critério do art. 18, I, do CPI/96 também não o mesmo que seria aplicável ao registro sanitário do produto para venda. Certo é que um produto *contrário à saúde pública* seria insuscetível de registro. Mas não é o fato de ainda não se ter, ou se ter negado o registro, que importará, por si só de aplicação da regra em questão.

Na verdade, diz o art. 4quater da Convenção de Paris[1323]

Art. 4º quater - Não poderá ser recusada a concessão de uma patente e não poderá ser uma patente invalidada em virtude de estar a venda o produto patenteado ou obtido por um processo patenteado sujeita a restrições ou limitações resultantes da legislação nacional.

Assim é que se a ANVISA entender que o objeto da patente, posto em prática, será *contrário a saúde pública*, deverá expressar tal opinião técnica, com os dados que suportem tal convicção, para apreciação do INPI. Mas a simples inexis-

---

1321 O CPI 1971 ainda mencionava os cultos religiosos e sentimentos dignos de respeito e veneração.

1322 Pollaud-Dulian, La Brevetabilité des Inventions, *op. cit.*, p. 175. O autor aponta o fato de que, nesses casos, a jurisprudência tem feito ponderação de interesses.

1323 Que é, ao contrário de TRIPs, norma cogente no país, sob as eventuais limitações constitucionais. TRIPs, por sua vez, mencionando o que cada estado pode prever em sua legislação nacional, assim diz: ART. 27 2 - Os Membros podem considerar como não patenteáveis invenções cuja exploração em seu território seja necessário evitar para proteger a ordem pública ou a moralidade, inclusive para proteger a vida ou a saúde humana, animal ou vegetal ou para evitar sérios prejuízos ao meio ambiente, desde que esta determinação não seja feita apenas por que a exploração é proibida por sua legislação.

tência ou mesmo negativa de registro sanitário não será relevante para se conceder ou não a patente.

[23] § 2.6. (C) Em resumo

Não se pode interpretar o art. 229-C da Lei 9.279/96, com a redação introduzida pela Lei 10.196, de 14.2.2001, como dando à ANVISA um poder discricionário de negar ou admitir patentes com base no juízo de conveniência e oportunidade da Administração; isso seria é incompatível com o teor do art. 5º, XXIX, da Constituição de 1988, o qual cria direito subjetivo constitucional ao exame dos pressupostos legais de patenteabilidade, em procedimento vinculado.

É compatível com a Constituição de 1988, e prestigia os dispositivos relativos à tutela da vida e da saúde, a interpretação do mesmo dispositivo que comete à ANVISA o poder-dever de pronunciar-se sobre a concessão de patentes para produtos e processos farmacêuticos, tanto no tocante aos pressupostos de patenteabilidade, quanto às condições pertinentes de imprivilegiabilidade, especialmente a ofensa à saúde pública.

Assim, todos os interessados têm o poder de manifestar-se perante um procedimento de patentes; mas a ANVISA, no tocante aos pedidos de patentes das áreas de sua competência, tem o *dever legal* de fazê-lo. E o INPI tem o *dever legal* de ouvir todos interessados, inclusive a ANVISA, para decidir sobre tais pedidos. E vai fazê-lo no exercício pleno de sua competência vinculada.

[23] § 2.7. A questão da negativa genérica de patente de uso farmacêutico

Seria simples dizer-se que, ao avisar ao público que não mais anuiria em patentes de segundo uso farmacêutico, a ANVISA estaria criando hipótese de negativa de patente, não prevista em lei.

Ora, a Constituição de 1988 diz que "a lei assegurará", seguindo-se a cláusula em que cria o direito subjetivo constitucional de se pedir patente. É clara hipótese de reserva legal, em particular depois de alongar-nos, na seção anterior, em demonstrar que tal cláusula terá realização necessária na lei ordinária, com as condicionantes que resultarem da presença de outros interesses constitucionalmente tutelados.

Ora, não sou daqueles que dizem que os órgãos do poder Executivo não podem criar normas. Ao contrário, em livro anterior.[1324] afirmei que um órgão administrativo *pode criar norma vinculante*. E um dos exemplos citados foi exatamente o Ato Normativo 15/1975 do INPI:

A nossa excelsa corte, em longo e minucioso acórdão relatado pelo Ministro Oscar Dias Correia,[1325] enfrentou exatamente a insurgência de impetrante con-

---

1324 A Eficácia do Decreto Autônomo, (Estudos de Direito Público), Lumen Juris, 2002,

1325 RTJ 106/1057, decisão de 5 de agosto de 1983

tra atos fundados no Ato Normativo em questão, alegando a violação dos limites do regulamento para fiel execução. No acórdão unânime, o Supremo identificou na norma legal de regência do controle de transferência de tecnologia uma inegável atribuição de poder discricionário, sem que a diretiva de autolimitação ficasse sujeita à pecha de incompatibilidade constitucional.

O que fez a Corte Suprema foi contratipar os elementos da diretiva em face dos propósitos da lei autorizativa, para sopesar a compatibilidade da expressão prescritiva e geral do poder discricionário com os fins gerais da norma do Poder Legislativo, concessiva de autorização. A razoabilidade da diretiva, em face do propósito da lei, e a óbvia mutabilidade dos critérios de atuação administrativa, insuscetíveis de regração em sede legal, são os claros motivos da decisão jurisprudencial.[1326]

Resulta deste importantíssimo aresto a confirmação de que o nosso Direito Administrativo aceita como plausível que, no exercício da discricionariedade o titular do respectivo poder determine regras de comportamento a seus subordinados, com base na potestade hierárquica.

Ocorre que, para legitimar essa ação normativa, o pressuposto é que, exatamente, *haja poder discricionário*:

Nem se pode postular - como na verdade ninguém o fez - que o atual texto constitucional vede o exercício do poder discricionário. Nem se firmou jamais que a manifestação do poder discricionário deva ser necessariamente subjetiva, pontual, expressa em cada caso por um ato condição. A oportunidade e conveniência, objeto da avaliação do agente público, não será tão fugaz, tão individualizada, tão subjetiva, que só comporte uma manifestação única, inaugural, irredutível a um parâmetro, ainda que tentativo.

Note-se, aliás, que mesmo no caso de regulamento para fiel execução, a possibilidade lógica de baixar tal regulamento presume alguma parcela de escolha discricionária entre as hipóteses do comando legal. É um truísmo a mais do Direito Administrativo.[1327]

[23] § 2.8. Conclusão quanto à possibilidade de a ANVISA proibir patentes de uso

Não pode a ANVISA denegar, em geral, patentes de uso farmacêutico. A vedação de patentes só pode ser feita em lei, pela reserva que faz o art. 5º, XXIX, da Constituição de 1988; e a lei ordinária, que poderia fazer tal exceção, não o faz.

1326 Odete Medauar, *op. cit.*, p. 44: 'O poder discricionário não pode ser exercido com irracionalidade: contradições entre motivos e consequências."

1327 Diz Luciano Ferreira Leite, *op. cit.*, p. 31: "Decorre a discricionariedade regulamentar, de autorização contida no comando das normas legais. Nessa hipótese, escolhem as autoridades administrativas uma ou mais, dentre uma pluralidade de soluções contempladas na lei" Idêntico entendimento tem Celso Antônio Bandeira de Mello: "A matéria do regulamento, seu objeto, é a disciplina das situações em que cabe discricionariedade administrativa no cumprimento da lei, da qual resultariam diferentes comportamentos administrativos possíveis", Ato Administrativo e direitos dos administrados, Ed. RT, 1981, p. 91.

De outro lado, não pode a ANVISA baixar norma, autolimitando-se na concessão de anuência previa a esse tipo de patentes, eis que não tem o poder discricionário de denegar tal concessão. O que não poderia fazer singularmente, está - *a fortiori* - impedida de fazer genericamente

Seção [24] Patente: um instrumento de política industrial

É importante relembrar que nos países em que predomina a economia de mercado, seja em estado puro seja em qualquer das suas variações possíveis, a proteção da tecnologia implica uma técnica de manipulação da concorrência.[1328] A patente torna-se eficaz exatamente porque restringe legalmente a concorrência em favor do detentor da nova tecnologia.[1329]

Aceitando-se como princípio que a proteção "natural" das tecnologias é o segredo,[1330] a criação de monopólio ou exclusividade legal para a exploração de tecnologia é um mecanismo artificial, resultante da intervenção do Estado, destinado a proteger o investimento e incentivar o desenvolvimento técnico - um instrumento de política industrial, enfim.

A tese da neutralidade das leis de patentes vem sendo, há muito tempo, enfaticamente rejeitada.[1331] Desde os anos 60', e até o predomínio das teses de globalização dos sistemas de Propriedade Intelectual, especialmente com os novos acordos da Organização Mundial de Comércio, o sistema de patentes foi utilizado, em muitos países em desenvolvimento, como um meio de retificar os padrões de concorrência em

---

1328 Vide LEONARDOS, por Gabriel Francisco, Comentários sobre as Políticas de Incentivo aos Medicamentos. (Informe da Propriedade Intelectual no Mundo), Revista da ABPI, (34): 52-54, mai.-jun. 1998; CARVALHO, por Nuno Pires de, As Origens do Sistema Brasileiro de Patentes – O Alvará de 28 de Abril de 1809 na Confluência de Políticas Públicas Divergentes, Revista da ABPI, Parte I (91): 3-28, nov.-dez. 2007 e parte II (92): 3-20, jan.-fev. 2008; ADEODATO, por Benedito Fonseca e Souza, Patentes e Política Industrial, Revista da ABPI, (16): 25-29, maio-jun. 1995 e, do mesmo autor, A Transferência de Tecnologia e o INPI, Revista da ABPI, (23): 40-41, jul.-ago. 1996.

1329 Como será visto adiante, a eficácia dos mecanismos de propriedade intelectual depende do montante de barreiras à entrada no mercado: se o Estado controla quem pode concorrer num certo mercado, a restrição (relativamente suave) proporcionada pela patente torna-se irrelevante.

1330 "Tal se dá porque a propriedade das informações não é natural - resulta de uma concessão do Estado que, por meio do sistema de patentes, objetiva conseguir a circulação das informações tecnológicas. (...) a doutrina e a jurisprudência dão à patente um valor constitutivo da propriedade industrial, e não somente probatória. Em outras palavras, a exclusividade de fato não se transforma em monopólio de direito, a não ser quando o detentor da informação solicita as vantagens, e sujeita-se às desvantagens do sistema de patentes" Antonio Luís Figueira Barbosa (FINEP, 1978).

1331 "O modelo de desenvolvimento brasileiro atual se caracteriza pela infringência das leis clássicas da economia, que se fiam no livre fluxo de bens e nas virtudes das vantagens comparativas. O sucesso do modelo de desenvolvimento infringente brasileiro resultou, em boa parte, da falta de normas jurídicas, coativas em escala internacional, quanto ao comércio de bens imateriais não-financeiros; de outra parte, aproveitou-se do espaço assegurado pelo GATT às indústrias nascentes e aos países em desenvolvimento em geral" (Barbosa, 1988a 8a). Quanto à noção de neutralidade, ver Plasseraud & Sauvignon (1986:18).

favor do desenvolvimento nacional, dando maior poder de barganha à empresa local, estimulando a produção local de tecnologia, etc.[1332]

Certas características impõem-se, necessariamente, a um país em desenvolvimento que pretenda utilizar a propriedade intelectual como instrumento de política industrial. A mais evidente delas é o cuidado a ser tomado com os fluxos de tecnologia e de investimento estrangeiro para o setor.

O estatuto da propriedade tende a ser um dos conjuntos mais estáveis de normas de um sistema legal, permitindo a formulação da política de longo prazo, aumentando a segurança dos investimentos e direcionando a evolução tecnológica para os objetivos que a comunidade elegeu como seus.[1333]

Segundo a Constituição Brasileira vigente, a propriedade resultante das patentes e demais direitos industriais não é absoluta - ela só existe em atenção ao seu interesse social e para propiciar o desenvolvimento tecnológico e econômico do país. Assim, não há espaço para um sistema neutro ou completamente internacionalizado de propriedade industrial no Brasil.

A neutralidade real - e não jurídica - parece ser, aliás, impossível. Mesmo o ambiente relativamente flexível da Convenção de Paris tende a operar, na prática, contra os interesses dos países em desenvolvimento. Historicamente, como bem assinalavam os esforços da "nova ordem econômica Internacional", o sistema de propriedade da tecnologia não tem operado, como regra, em favor dos países em desenvolvimento. Os dados disponíveis no início da última revisão da Convenção de Paris mostravam que cerca de 95% das patentes concedidas a estrangeiros em países em desenvolvimento não eram usadas para a produção local.[1334]

Tais patentes eram (e possivelmente ainda são) empregadas não apenas para bloquear o desenvolvimento de indústrias nacionais, mas também para assegurar o mercado de importação, impedindo o acesso de concorrentes também oriundos de países

---

1332 Por outro lado, há países que, renunciando inteiramente a imprimir um cunho nacional no seu sistema de propriedade industrial, concedem as chamadas "patentes de importação" ou de confirmação, o que resulta em reconhecer como nacionais privilégios outorgados segundo legislações estrangeiras. Tal tipo de patente é considerado, mesmo pela Associação Internacional dos Agentes da Propriedade Industrial, ineficaz para promover o desenvolvimento tecnológico. Ver Remiche (1982:185).

1333 "Nonetheless, Japan's system of intellectual property protection for technology is significantly different from other industrialized countries. The differences can be traced at least in part to Japan's interpretation of the contribution of social value accorded imitation versus innovation. Until recently, intellectual property has been considered more as a common good to be shared and used than as a right of exclusive possession accorded to the creator. Thus, for example, trade secret protection is weak, trademark protection is slow with no interim penalties for infringement, and copyright law has stringently high notions of creativity and severe limitations on what can be protected. Similarly, Japanese patent law can operate effectively to force licensing for wide for widespread use, to encourage cosmetic differentiation as a way around blocking patents, and to discourage enforcement of existing rights by failing to force disclosure of prior art or to punish infringement" (Borrus, 1990).

1334 Doc. TD/B/AC11/19/Rev.1., documento traduzido para o português sob o título "O papel do Sistema de Patentes na Transferência de Tecnologia aos Países em Desenvolvimento". Tradução e adaptação de João Augusto de Lima Lustosa, Forense Universitária, 1979.

desenvolvidos de economia de mercado, solidificando, com esteio jurídico, o arranjo pragmático da concorrência entre eles.

Apesar disso, o sistema de patentes é o melhor método de proteção à tecnologia. É bem verdade que dados relativos à tecnologia já terão sido revelados quando da primeira patente: após obter os documentos do privilégio estrangeiro que precedeu o nacional, a concessão da patente nacional pouco agregará ao empresário local que concorre com o titular do monopólio.

Mas, considerando-se que em um sistema econômico de trocas algum tipo de propriedade da tecnologia é inevitável, a patente oferece a melhor relação custo/benefício social. Com efeito, ao obter a patente, o titular identifica sua tecnologia e tem que revelar, em termos tecnológicos e mesmo empresariais, algo de seu conteúdo ou das suas fronteiras. Como a patente é limitada no tempo, algum ganho sempre haverá para a sociedade, acelerando o progresso tecnológico.[1335]

Até a vigência do Acordo TRIPs, o sistema internacional da propriedade intelectual sempre aceitou um grau elevado de diversidade nacional e, consequentemente, de exercício de política industrial.[1336] Como foi visto, quando foi negociada a Convenção da União de Paris para a Propriedade Industrial em 1882, prevaleceu o entendimento de que não cabia a padronização das normas substantivas relativas a marcas e patentes das varias legislações nacionais.

Ao contrário, optou-se por estabelecer um mecanismo de compatibilização entre tais legislações, permitindo a diversidade nacional sem prejuízo do exercício do interesse privado na esfera internacional. Assim, cada país ficou livre para estabelecer seu sistema e sua política (que poderia, inclusive, resultar na negativa de direitos da pro-

---

1335 Parodiando Churchil, a patente é a pior opção, excetuadas todas as todas. Levin et alii (1987:794-795), apud Correa (1988:12), notam que, numa avaliação de 130 atividades industriais, as patentes só são consideradas modo eficiente de manutenção das vantagens comparativas no setor químico, especialmente o farmacêutico. Tal noção é confirmada pelo relatório de 1988 da US International Trade Commission acerca de direitos de propriedade intelectual, USTIC Publ. 2065, Washington. Em todos os demais segmentos da indústria, a tendência dominante era favorecer o trade secret como instrumento de garantia das vantagens concorrenciais - ou seja, das vantagens dos países industrializados. A pequena importância das patentes para grande número de indústrias também foi comprovada por Mansfield (1986): 65% dos produtos farmacêuticos, 30% dos químicos, 18% dos petroquímicos, 15% dos de máquinas e equipamentos, 12% dos metais elaborados não teriam sido introduzidos no comércio, a não ser pelas patentes; mas, nos demais ramos, a importância das patentes passa a ser nula - inclusive na informática

1336 "Nonetheless, Japan's system of intellectual property protection for technology is significantly different from other industrialized countries. The differences can be traced at least in part to Japan's interpretation of the contribution of social value accorded imitation versus innovation. Until recently, intellectual property has been considered more as a common good to be shared and used than as a right of exclusive possession accorded to the creator. Thus, for example, trade secret protection is weak, trademark protection is slow with no interim penalties for infringement, and copyright law has stringently high notions of creativity and severe limitations on what can be protected. Similarly, Japanese patent law can operate effectively to force licensing for wide for widespread use, to encourage cosmetic differentiation as a way around blocking patents, and to discourage enforcement of existing rights by failing to force disclosure of prior art or to punish infringement" (Borrus, 1990).

priedade industrial no todo ou em parte), desde que não houvesse discriminação entre nacionais e estrangeiros.

A aceitação de um número de regras substantivas como padrão geral das legislações nacionais, que se deu ao longo do tempo, não chegou a abalar o princípio da diversidade nacional. Neste contexto, foi possível à Suíça não dar quaisquer patentes por anos a fio; ao Reino Unido conceder, retirar e voltar a conceder privilégios no setor farmacêutico; ao Brasil estabelecer regras favoráveis à tecnologia nacional. Com o estabelecimento do conteúdo mínimo das leis nacionais, com o Acordo TRIPs, tal flexibilidade foi em boa parte eliminada.

A utilização do sistema de patentes com vistas à política industrial implica graduar algum ou vários dos requisitos essenciais do privilégio, de forma a atender os objetivos propostos - sem favorecer formalmente os nacionais do país em questão[1337] Assim, o prazo do direito, no regime antes dos Acordos TRIPs, podia ser encurtado ou estendido sem os limites mínimos agora prescritos; pode-se ainda exigir ou dispensar grau maior de novidade, de atividade inventiva, de utilidade industrial, etc. para a concessão do privilégio.

É importante definir os objetivos políticos, não só no tocante ao desenvolvimento industrial em geral, mas especificamente aqueles relativos à tecnologia nacional. Por exemplo, a opção entre aumentar a capacidade nacional de criação ou a capacidade de uso da tecnologia é um problema para o qual a sensibilidade brasileira ainda não acordou de todo.[1338]

[24] § 1. O valor social da patente[1339]

Era março/abril de 1986, estávamos, no Governo Sarney, discutindo o futuro das patentes. A discussão não era acadêmica, mas extremamente densa em conteúdo e resultados a longo prazo. Estávamos numa reunião no Itamarati em que de um lado sentavam-se os representantes do USTR, United States Trade Representative, que estavam conduzindo as negociações bilaterais naquele tempo, e, do outro lado, nós, o MCT, o INPI, o Ministério do Desenvolvimento, Indústria e Comércio Exterior, no

---

1337 Para atender, desta forma, o requisito da Convenção de Paris de que os estrangeiros tenham, pelo menos, os mesmos direitos que os nacionais quanto à propriedade industrial.

1338 "At least since the Second World War, during Japan's rapid postwar reconstruction, the balance appears to have been drawn in ways that favor technological diffusion over innovation. Rather than favoring and rewarding creativity in development, Japan's system of intellectual property protection encourages and rewards creativity in use. The user who improves (in terms of functionality, cost, or quality), adapts, or otherwise takes creative advantage of a less restricted flow of technological ideas is seen as creating as much as or more social value than the originators of technology" (Borrus, 1990).

1339 O texto a seguir é de uma palestra In Anais do III Encontro de Propriedade Intelectual e Comercialização de Tecnologia, Rio de Janeiro, 24, 25 e 26 de julho de 2000, Rede de Tecnologia do Rio de Janeiro, Associação Brasileira das Instituições, de Pesquisa Tecnológica - ABIPTI, Instituto Nacional da Propriedade Industrial – INPI, e foi transcrito diretamente da gravação, com as peculiaridades de um improviso oral.

qual eu era assessor do Ministro. O tema era precisamente o que discutimos agora: o valor das patentes.

A representação do USTR era extremamente competente, como em geral é. E eu tinha a sorte de, do lado do USTR, estarem dois colegas meus de faculdade da Columbia University. Então o entendimento pessoal era muito bom. Mas, evidentemente, a substância de interesses em jogo era tal que era difícil chegar a qualquer tipo de compatibilidade. Não se exigia, àquela época, que houvesse uma compatibilidade. O que se queria era ganhar tempo. Estávamos ganhando tempo em todas as frentes, tempo da negociação da futura OMC, tempo na negociação bilateral. Todos sabendo que era um pleito do "Exército de Brancaleone" retardar o máximo possível o tempo para as nossas indústrias, o tempo em que nossas indústrias, certos setores em particular, ganhariam livremente nesse mecanismo de falha de mercado, que vem a ser a propriedade intelectual.

O argumento mais candente e, na esperança do outro lado, mais sólido, do USTR era o valor que as patentes, se concedidas, teriam para a tecnologia da indústria brasileira. Diria eu, um pouco perfidamente, que haveria um argumento suplementar: o valor que as patentes, se concedidas, teriam para o consumidor brasileiro.

Foi exatamente em relação a esse argumento final que as nossas ponderações se dirigiram. Dizia a representante norte-americana que a concessão de patentes nas áreas em que, no momento, se lhes delegavam – seria exatamente a área farmacêutica, em primeiro lugar, de produtos químicos, em segundo, e de produtos e processos alimentares, em terceiro – contribuiria para assegurar a continuidade e a dilatação da pesquisa exatamente nas áreas de maior interesse para o Brasil.

Nosso argumento, na época, foi o de que a idéia de que a patente era um instrumento de desenvolvimento da pesquisa científica e da pesquisa tecnológica específica para os interesses do país que as concedia tinha uma prova muito curiosa. Àquela época, como hoje, os países africanos, praticamente todos ou pelo menos da África negra, não tinham limites sensíveis à concessão de patentes. Em todos eles haveria patentes de produtos farmacêuticos. Em todos eles, haveria patentes de produtos alimentares.

No entanto, singularmente, são exatamente as afecções, doenças, propriedades e os males desses países onde a patente é restrita que menos se vê entre os detentores de patentes.

O teste que nos estava sendo proposto como o caminho para o benefício do consumidor brasileiro – que era conceder patentes para que aqui e para os nossos propósitos e fins específicos fosse ampliada a pesquisa – mostrava-se exatamente um sofisma total se aplicado nos países africanos. Lá não existia, quero crer que não mudou a situação, um fluxo de pesquisa dedicado às afecções locais, às endemias específicas, às necessidades alimentares idiomáticas do povo africano.

O argumento da verdade aponta para o real valor das patentes, ou, antes, para o ambiente em que cabe analisar o valor das patentes.

A esse propósito, lembro de uma das piadas da minha sensibilidade, uma dessas piadas que me valem mais do que um livro de Filosofia. Como se põem cinco elefantes dentro de um fusca? A resposta é simples: dois na frente e três atrás. Ou seja, não é a eficácia social da lógica que é relevante, mas a coerência interna. E é dentro desse pressuposto de deixar de lado a eficácia social, os doentes da África ou do Brasil, mas, levando em conta os pressupostos do problema, a problemática tal como ela é posta pelo momento histórico, que vamos colocar os dois elefantes na frente e os três atrás.

Quando, em 1989, a Universidade de Campinas encomendou-nos uma pesquisa sobre propriedade intelectual, tivemos que começar dizendo que valor de patente se apura de um jeito num contexto competitivo e de outro num país de economia planificada. Sabem todos os senhores que, na lei antiga das Repúblicas Socialistas Soviéticas, a exclusividade dos inventos revertia primordialmente ao Estado e tinha o inventor uma série de benefícios, entre os quais o mais relevante era um quarto a mais na casa para prosseguir suas pesquisas. Evidentemente que a forma de incentivo à pesquisa não era a mesma de um esquema competitivo.

Assim é que, àquela altura, tínhamos que diferenciar entre o valor num regime de competição e o de um regime de economia planificada.

Hoje em dia, temos efetivamente que colocar nossos elefantes dentro do nosso Fusca, o regime de competição.

No regime de competição, a análise de um valor de uma patente pouco passa pelo doente africano. Ela deve, para ser eficaz, para ser lógica, partir de um contexto de competição e resumir-se nesse contexto de competição. Mesmo assim, dentro dos cânones da economia, a análise deve ser dividida entre a eficácia macroeconômica das patentes e a eficácia microeconômica das patentes.

A eficácia microeconômica das patentes é que escolho agora. Não só porque é mais gostosa de falar e tenho mais exemplos, mas também porque dá um caminho muito mais claro do que é o valor das patentes no regime competitivo.

Ainda hoje pela manhã eu estava fazendo uma operação em que dez empresas entram com participação de bens no capital de uma nova empresa. Estava vendo a avaliação dos bens e lá estava um bem específico, que era uma marca. A marca estava avaliada, conforme outra vez os cânones da economia.

O valor da marca é dado classicamente da seguinte forma. Imagina-se qual é o valor da empresa tendo em vista o mercado, sem levar em conta o ativo a ser avaliado, ou seja, de quanto é a receita futura esperada dessa empresa sem o ativo marca.

A reditibilidade de uma empresa usualmente é apurada projetando-se a receita da empresa num período qualquer – cinco anos no passado – para o futuro, levando em conta uma curva qualquer de crescimento ou decréscimo de rentabilidade a valores constantes, levando isso a um tempo qualquer, cinco anos ou dez, e trazendo outra vez a valor presente pela técnica tradicional do cálculo financeiro de valor presente. Ou seja, o resultado significa quanto essa empresa está rendendo, tendo de receita dos últimos tempos, e quanto essa empresa pode ter de receita no futuro conservando a mesma curva de crescimento, a mesma estabilidade ou o mesmo decréscimo. E, projetando esse valor para um prazo determinado, trazendo para o valor presente, é o valor da empresa.

Nos últimos doze meses, participei de 16 aquisições de empresas, sendo 14 da área de Internet. Em todas elas, o parâmetro é o mesmo: pegar o último trimestre de arrecadação da empresa, projetar para um ano inteiro, multiplicar isso por dois anos, dois anos e meio, três anos e trazer a valor presente; é isso o que se paga para a empresa.

A marca é avaliada exatamente do mesmo jeito. Quando a marca é o cerne da empresa, fica muito difícil distinguir a receita da empresa atribuindo aquele ativo individual. Quando a empresa tem vários produtos ou marcas fica mais clara a distinção entre o que é um ativo genérico, que é a capacidade de competição da empresa, e o valor daquele ativo específico que vem a ser a marca.

Ora, tudo o que falei de marca estende-se perfeitamente a outros ativos da propriedade intelectual, sejam patentes, seja um *software*, seja um nome de domínio. Por maior que seja o desgosto dos nossos colegas engenheiros, não há nenhuma natureza excelsa numa patente, não há nenhum valor tecnológico numa patente, não há nenhum valor social numa patente, dentro de um regime estritamente competitivo, diferente de um valor de uma marca. São ativos de competição. São ativos que criam uma diferença na competição, diferença essa que resulta em maior rentabilidade. O contexto social, o contexto tecnológico, o doente da África, tudo isso é absolutamente irrelevante para atribuição do valor da propriedade intelectual. Aí está o nosso Fusca e aí estão os nossos elefantes.

Todo o valor que o engenheiro procura dar à sua criação, à sua invenção, toda a excelência da solução técnica que ele propõe e realiza é cortada à guilhotina para entrar no Fusca da competição. O valor da patente é a capacidade de aumento, aquisição de mercado ou manutenção no mercado dado por aquele ativo da propriedade intelectual.

E é neste contexto que se vai falar do valor de uma patente. A patente não tem o valor neste contexto em que estamos. É o valor da sua solução técnica. Ela não tem o valor do seu conhecimento em face do conhecimento preexistente. Não é a comparação entre a atividade inventiva em si que determina o valor da patente, a não ser indiretamente, mas, sim, a capacidade primária de adquirir um mercado para o usuário da patente, de manter-se no mercado em face de uma competição aguerrida ou evitar com que se perca o mercado.

Assim é que a análise que faremos agora, do ponto de vista microeconômico, deve levar em conta esse contexto; esse fato de que é, de um lado, a capacidade de produzir receita para a empresa e, de outro, a importância social da patente que será analisado. A importância social da patente só adquire sentido a partir do nosso propósito de colocar os elefantes dentro do Fusca.

Quando tive a honra de estar no INPI, durante período bastante longo, foi-nos dada a oportunidade de redigir o texto constitucional que temos, art. 5º, inciso 29, da

Constituição vigente. Segundo o nosso sistema legal, o nosso sistema constitucional, a propriedade intelectual tem um fim. Ela não é um valor em si próprio. Ela não está protegida simplesmente como uma propriedade. Ela é uma propriedade que serve para um fim determinado. E o fim que lá está indicado é o de propiciar o desenvolvimento social, tecnológico e econômico do país, do Brasil, não da humanidade, nem da comunidade dos povos e, seguramente, não dos titulares das patentes.

Não é uma coisa singular esse dispositivo constitucional. Toda propriedade em nosso sistema constitucional é uma função social. Ela serve para alguma coisa. Dentro do nosso sistema constitucional, seria impossível ao país ter uma patente em si sem a obrigação de usá-la e sem o dever de explorá-la. O conceito de uma propriedade sem uma finalidade social, sem uma finalidade que extrapole a simples reditibilidade é inconstitucional e resultaria na inconstitucionalidade de qualquer patente.

Essa é a estrutura legal. Como vêem, o nosso contexto legal é bem maior do que um Fusca. Talvez não dê para os cinco elefantes, mas, seguramente, é algo como um ônibus. Infelizmente, o Fusca tem motor e o nosso ônibus tem que ser empurrado. O nosso sistema legal existe como um elemento vazio, como uma forma que tem que ser levada à realidade à força de ações judiciais, à força de vontade política, à força de insurgência coletiva. Deixando a insurgência coletiva suar um pouquinho, as imagens do MSTI e coisas semelhantes, vejamos como se coloca em face do nosso sistema jurídico e em face da questão do valor das patentes.

Voltemos ao nosso Fusca, à racionalidade interna do sistema competitivo. Não é, com certeza, a ênfase nos direitos e interesses do titular das patentes que dá maior eficácia ao sistema de propriedade intelectual, muito embora a crítica do sistema de patentes seja um privilégio dos doutrinadores, dos economistas do Terceiro Mundo, entre os quais não posso deixar de citar o Dr. Carlos Correia, da Universidade de Buenos Aires, provavelmente um dos maiores teóricos da propriedade intelectual do momento, à luz dos países em desenvolvimento. Recomendo a todos, em particular suas obras sobre o Acordo de TRIPs e a Convenção de Paris. Não posso esquecer também o meu tutor e quem me trouxe à propriedade intelectual, Dr. Antônio Luiz Siqueira Barbosa.

Mas, a análise da racionalidade econômica passa, também, para os teóricos, doutrinadores e economistas do Primeiro Mundo. Um exemplo fundamental dessa cogitação sobre o valor das patentes, na verdade, sobre o valor da propriedade intelectual como um todo, pode ser encontrado no volume 94, caderno 8 da Columbia Law Review, que dedicou um número inteiro da revista ao valor da propriedade intelectual no contexto de competição.

A análise que se faz – chegamos agora ao cerne da nossa conversa – é de, assumindo os pressupostos da competição, assumindo os pressupostos do regime da livre iniciativa, que é o constante no art. 1o da nossa Constituição, a propriedade industrial, a propriedade intelectual, a patente – tema dessa palestra – são eficazes ou não?

Vamos nos concentrar outra vez na patente. A patente funciona numa estrutura de competição, num contexto em que existe a patente e o seu reverso, o seu fantasma, que é o segredo, o conservar a tecnologia sem o benefício da tutela jurídica de exclusividade.

Qual é o valor econômico jurídico de qualquer propriedade intelectual, com exceção talvez da marca? É o conferir ao seu titular um tempo de vantagem na concorrência. Tempo esse que, no caso das patentes, é limitado à utilização de uma tecnologia específica, de uma tecnologia determinada, que não se confunde com o mercado onde essa tecnologia é exercida.

Dado esse valor, proteger e incentivar a pesquisa num contexto de competição, os vários métodos alternativos de fazer isso devem ser constantemente avaliados em face da sua eficiência. Qual é a eficiência? A eficiência social de conseguir mais pesquisa, mais desenvolvimento. Não é, na visão do nosso Fusca, necessariamente a capacidade de atender à doença africana. Não é, necessariamente, a capacidade de atender à necessidade do consumidor brasileiro. Por quê? A razão pela qual não se tem pesquisa na África, não obstante a total cobertura das patentes na África, é porque não existe mercado para essa pesquisa. Não dá retorno o resultado da pesquisa, porque não há reditibilidade nessa patente. É óbvio, que isso estava implícito desde o início, mas vale a pena nesse contexto lembrá-lo para continuar em nosso caminho.

Então a eficácia de que falo não é a social, porque essa já colocamos fora há muito tempo, em 1986, na constituição da estrutura jurídica. Está fora do nosso contexto. O nosso contexto ainda é e sempre será o Fusca da competição.

Assim, o valor da patente, entre outros métodos de conseguir a vantagem competitiva, é incentivo à dinâmica, à velocidade e à diversidade da pesquisa.

O que os pesquisadores, em particular J. H. Reichmann, grande teórico da propriedade intelectual nos países centrais, colocam é que privilegiar a patente, privilegiar os direitos do titular na modalidade jurídica que estamos fazendo, a partir do contexto com a OMC, pode ser um erro para o capitalismo. A estrutura jurídica que está sendo oferecida como padrão − e vem a palavra pela terceira vez − do Ocidente pode ser ineficaz ou está se mostrando ineficaz para a própria evolução do capitalismo.

Por que isso se dá? A explicação é que, num regime econômico ideal, as forças de mercado atuariam livremente e, pela eterna e onipotente mão do mercado, haveria a distribuição natural dos recursos e proveitos.

No entanto, existe um problema: a natureza dos bens imateriais, que fazem com que, em grande parte das hipóteses, um bem imaterial, uma vez colocado no mercado, seja suscetível de imediata dispersão. Colocar o conhecimento em si numa revista científica, se não houver nenhuma restrição de ordem jurídica, transforma-se em domínio comum, ou seja, ele se torna absorvível, assimilável e utilizável por qualquer um. Na proporção em que esse conhecimento tenha uma projeção econômica, ele serve apenas de nivelamento da competição. Ou, se não houver nivelamento, favorecerá aqueles titulares de empresas que mais estiverem aptos na competição a aproveitar dessa margem acumulativa de conhecimento.

Mas a desvantagem dessa dispersão do conhecimento é que não há retorno na atividade econômica da pesquisa. Consequentemente, é preciso resolver o que os economistas chamam de falha de mercado, que é a tendência à dispersão dos bens imateriais, principalmente aqueles que pressupõem conhecimento, através de um mecanismo jurídico que crie uma segunda falha de mercado, que vem a ser a restrição de direitos. O direito torna-se indisponível, reservado, fechado o que naturalmente tenderia à dispersão.

O que se coloca então na análise de Reichmann é que a criação dessa segunda falha de mercado, que é a construção de um modelo jurídico de restrição à dispersão de conhecimento, não é necessariamente a mais eficaz no modelo de patentes.

Entre alguns exemplos que Reichmann traz está a utilização do direito autoral como uma forma de restrição absoluta para incentivar a produção de *softwares*. Se, em vez da restrição absoluta que resulta do direito autoral, houvesse uma diminuição da entrada de concorrentes no mercado por outros meios, não por prazo, mas por tipos de *softwares*, por mercados específicos, por outro tipo de controle, outro tipo de acesso de cópia, seria muito mais vantajoso para a competição e a produção de conhecimento.

Estou, em particular, envolvido numa questão muito curiosa. Nada tem a ver com patente. É o uso da música na Internet. Hoje em dia, pela legislação de alguns países, os Estados Unidos em particular, inclusive de um tratado específico negociado em 1996 da OMPI, tem-se não só a proteção do direito autoral, mas uma proteção que é muito mais um glacê jurídico numa questão tecnológica que vem a ser a proteção dos meios físicos ou tecnológicos de proteção às criações. Ou seja, há leis, como as norte-americanas, e tratados, como os da OMPI, que levam à criminalização da engenharia reversa da quebra de mecanismos de proteção tecnológica e coisas afins.

O que existe aí é, na verdade, uma superafetação, como dizem os advogados, ou seja, como um segundo glacê sobre o mesmo bolo, a proteção jurídica dos meios técnicos que tendem a duplicar a proteção jurídica. Tem-se o direito autoral que impede de copiar uma MP3 e tem-se um mecanismo que, colocado num CD, impede que se retire do formato de CD para o MP3.

E aí vem o segundo glacê, que vem a ser a lei que diz que, se você romper tecnologicamente, por qualquer meio, inclusive patenteado, essa segunda forma de proteção, a tecnológica, está cometendo um crime.

Reichmann diz que deve-se examinar a cada momento se a proteção mínima ou a proteção adequada ou a proteção razoável não atendem mais eficazmente aos interesses da competição. O valor da patente, ou o valor do *software*, deve ser avaliado não em função do atendimento das utilidades finais, mas, sim, em função da capacidade de aumento da competitividade que a propriedade intelectual tem. O valor da patente, neste universo em que estamos, não é o atendimento ao doente africano. O valor da patente, ou o valor comparativo dos vários sistemas da propriedade intelectual, é a capacidade que a patente tem de propiciar maior competição no mercado. Dentro dos pressupostos de que a mão do mercado a tudo apalpa e a tudo acaricia e que dela resultam todas as benesses da humanidade, a patente, o direito autoral, o MP3, todos esses novos, e sempre novos, sistemas de proteção e de uso da tecnologia devem ser avaliados em sua capacidade de aumentar a competição.

O propósito dessa palestra é tentar extrair de vocês a percepção de que a propriedade industrial tem algum propósito de beneficiar o consumidor. É extrair de vocês a idéia de que a propriedade industrial tem alguma finalidade de atendimento às necessidades básicas da humanidade. A propriedade industrial tem, nesse Fusca em que fomos colocados pelo contexto histórico, uma única finalidade: melhorar a competição dentro do próprio sistema capitalista. E, se ela não servir, se estiver, pelo contrário, criando monopólios dentro desse Fusca, essa patente está sendo usada contra o seu valor intrínseco que é aumentar a competição.

Dr. Pontes de Miranda, um jurista clássico, famoso, antigo, enciclopédico e nunca lido, ao tratar de propriedade intelectual diz exatamente isso. E diz com todas as letras: "A propriedade intelectual não é feita para regular ou beneficiar o público, é feita para regular a competição". E é essa a mensagem que passo sobre o valor da patente.

[24] § 2. Patente como modelo de aperfeiçoamento em inovação

A idéia por trás do sistema de patentes é de incentivar o investimento em inovação; como vimos acima, ao discutir a atividade inventiva, a análise econômica do direito de patentes aponta para um tipo específico de inovação para a qual o sistema de patentes é dedicado, que é a inovação que presume *risco técnico*.

[24] § 2.1. Risco como fundamento da proteção

A análise do risco como fundamento da proteção de patentes é um tema dos mais interessantes neste capítulo da análise econômica do direito. Certos autores enfatizam o sistema de patentes como uma indução a *seguir na mesma rota*, ou seja, como um direito a prospectar.[1340]

Edmundo W. Kitch é o autor da teoria da patente como direito de prospecção,[1341] que atraiu particularmente minha atenção durante as pesquisas da dissertação do meu primeiro mestrado.

1340 "A patent creates a tangible asset from invention. If an investor feels assured that a patent would confer a lucrative commercial right, that is, that the envisioned patented product would be successful, this adds incentive to initiate the invention process. Successful invention in an area leads to further innovations in the same area, allowing greater scope for claims, and enhanced protection. The prospect theory emphasizes the point of early disclosure to stake a claim. A first-to-file patent system meshes with the prospect theory - as with gold prospecting, stake claims as early as possible", encontrado em http://www.patenthawk.com/blog/2005/04/patent_economics_part_5_theori.html,vistado em 31/8/2009.

1341 Edmundo W. Kitch, The Nature and Function of the Patent System, 20 J.L. & Econ. 265 (1977); AEI Reprint No. 87, April 1978, e Patent, Prospects and Economic supply: A Reply, 23 J. Law & Econ. 205 (1980). Encontrado em http://www.jstor.org/pss/725294.

Como descreve um estudo contemporâneo:[1342]

The concept of a technology prospect was first proposed by Edmund Kitch in 1977. (...) The prospect theory addresses the situation where "an initial discovery or invention is seen as opening up a whole range of follow-on developments or inventions." If we consider inventions such as antibiotics, semiconductors, or speech recognition technologies, they are different in degree than safety razors or ballpoint pens. They are technological prospects of the greatest importance to society and so broad that they could not be fully exploited by a single inventor or even by a single firm.
Adherents of the prospect theory believe that the patent system "permits the development of the full range of possibilities to proceed in an orderly fashion." In explaining the prospect theory, Kitch appealed to an analogy with the mineral claim system developed in the American West in the second half of the nineteenth century. This system enabled a person who discovered mineralization on public land to file a claim which gave him exclusive mining rights.
Thus, in the words of Kitch, the claim system created "incentives for prospectors to pack their burros and walk off into the desert in search of mineralization." Kitch noted that, far from restricting output, the claim system "tended to generate the socially optimum level of investment in prospecting." Kitch urged students of the patent system to see it as a form of claim system for an invention prospect, rather than as a monopoly conferred on an individual inventor that restricted output.

Na verdade, a doutrina de Kitch responde a um sistema de patentes como o americano, que o permite funcionar como um direito a prospectar uma jazida, aquela criada pela invenção que é objeto da sua patente. Em tal sistema inexistem as limitações que permitem terceiros usar do objeto da patente como base de pesquisa que possam levar adiante o progresso técnico, como também não têm a licença compulsória de dependência que faculta ao que pesquisa não só obter uma patente dependente como também explorá-la mesmo sem autorização do titular da patente de base.

[24] § 2.1. (A) A distinção entre risco técnico e incerteza

Já indicamos que a raiz do sistema de inovação, do qual o de patentes é integrante, seria a publicização do risco técnico. Só se justificaria a intervenção estatal, seja assumindo uma parte do encargo da pesquisa através de parcerias, seja provendo

---

1342 Campbell-Kelly, Martin and Valduriez, Patrick,An Empirical Study of the Patent Prospect Theory: An Evaluation of Antispam Patents(September 1, 2005). Available at SSRN: http://ssrn.com/abstract=796289.

financiamento beneficiado, seja ainda provendo subvenção, como assunção pública de um risco técnico:

O que é risco técnico? Essa noção - risco técnico - é um dado muito importante em Propriedade Intelectual. Risco técnico aparece, por exemplo, quando se define que know how é a superação do risco técnico.

No sistema de patente mesmo a noção de risco técnico é essencial. Coloquemo-nos na postura do empresário que precisa da inovação; tem ele duas hipóteses possíveis: ou desenvolver a inovação técnica (pois é dessa, a inovação técnica a de que falamos nesta intervenção) ou comprar. Comprar presume que haja oferta dos conhecimentos relativos a essa inovação no mercado, e isso é um dos problemas que levam à inovação no sentido subjetivo. Um dos motivos de inovar no senso subjetivo, através do desenvolvimento próprio, é simplesmente porque não há disponível no mercado, ofertas de material inovativo. Se alguém quer comprar inovação, vai economizar o tempo, o risco técnico desaparece em grande parte, e – se você se enquadra dentro dos parâmetros legais –, pode reduzir integralmente os valores expedidos do seu lucro tributário; se enquadrar dentro dos parâmetros técnicos legais, por exemplo, os 5% da Portaria 436.

Se o pagamento for contratado na base de percentual de receita, produção/lucro, o empresário ainda conserva o capital de giro que seria imobilizado em investimento tecnológico, pois só paga quando auferir receita. Esta forma de pagamento também dá uma garantia da qualidade de mercado de inovação, pois o fornecedor só recebe se o produto final fabricado no Brasil for passível de colocação o mercado.

Quando se compra uma inovação, principalmente se vai pagar essa inovação por um *running royalties*, tem-se uma certa garantia de que o produto – cuja tecnologia não se conhece – tem alguma confiabilidade, porque aquele que lhe vende (a não ser que esteja com intuito de sabotador) só vai ter proveito na proporção em que a inovação for inovação no sentido próprio, ou seja, entrar no mercado. Se for não só uma invenção, não só um conhecimento, não só uma pesquisa, mas se inovação no sentido próprio do termo.

Um elemento central da inovação, assim, é a assunção do risco técnico do investimento. Dedicar um valor ao desenvolvimento de um instrumento de mercado – uma marca – sempre fica sujeito ao risco de mercado. Mas aplicar dinheiro em inovação, especialmente uma inovação não-incremental, acrescenta a este risco de mercado mais a incerteza dos resultados do processo inovador.

Na verdade, como indica Marcus Lessa,[1343] a questão básica a que o sistema tem de se voltar é a da *incerteza*, e não do risco técnico:

1343 Lessa, Marcus,Contracting Innovation (June 18, 2009). Available at SSRN: http://ssrn.com/abstract=1431469.

Por isso, a inovação é consequência da experimentação constante, num processo colaborativo duradouro: não se trata apenas da determinação de especificações para a produção industrial, mas sim do desenvolvimento de produto, processo produtivo e, geralmente, mercado. Como as interações repetidas condicionam as possibilidades, o resultado é que "relacionamentos criam produtos, e não o contrário".[1344] Nessas situações, as experiências anteriores não servem como peça de confronto ou litmus para medir o sucesso das decisões tomadas no decorrer da colaboração. Nem os motivos que levaram as partes a inovar cumpre esse papel, porque é o seu próprio comportamento que causa a incerteza:

> [i]n other words, [parties] face uncertainty that is endogenous to their cooperation—their own behavior creates the uncertainty and, thus, cannot be used as a tool with which to interpret the uncertain situation. This is to be contrasted with uncertainty exogenous to the party: in such situations, where the source of the uncertainty is external to the actor, the actor can use the activity that she was going to perform had the contingency not occurred as a baseline against which to judge the new situation. (...) Under endogenous uncertainty, however, the party can judge new developments only against the vaguely-conceived goal that motivated the innovation in the first place.[1345]

Jennejohn reinterpreta os conceitos de incerteza enunciados por Frank Knight e por Kahneman, Daniel e Tversky, para destacar o papel do comportamento inovador como sua causa.[1346] É por essa razão que os mecanismos contratuais tradicionais tornam-se ineficazes diante da incerteza: eles foram construídos para outro fim, alinhar os interesses das partes através da alocação de risco.[1347] Para Knight, apud Jennejohn, risco e incerteza não se confundem: aquele é mensurável, esta não.[1348] No risco, sabemos o resultado – só não sabemos a probabilidade de ele ocorrer. Na incerteza, não sabemos nem os resultados possíveis.

A doutrina econômica ensina que a confiabilidade das estimativas probabilísticas de resultados aumenta se a base de amostras de eventos similares for substancial.[1349] No entanto, Jennejohn nos chama a atenção para a ressalva de Langlois e

---

1344   [Nota do original] JENNEJOHN, Matthew C. Collaboration, Innovation, and Contract Design. Columbia Law and Economics Working Paper Series, no. 319, junho de 2007. Disponível no SSRN: http://papers.ssrn.com/paper.taf?abstract_id=1014420, acessado em 13/01/2009.

1345   [Nota do original] Idem, ibid.

1346   [Nota do original] KNIGHT, Frank. Risk, uncertainty and profit, 1921; e, KAHNEMAN, DANIEL e TVERSKY. Variants of Uncertainty, in: 11 COGNITION, 1982, p. 143, ambos APUD JENNEJOHN. Op. cit, p. 49.

1347   [Nota do original] Cf. nota infra.

1348   Idem, ibid. GILSON, SABEL e SCOTT também usam o conceito de incerteza de Frank Knight. Op. cit.

1349   [Nota do original] JENNEJOHN. Op. cit., nota, p. 50.

Cosgel: ela depende, também, da capacidade prévia de classificar os resultados possíveis.[1350] Quando esse classificação é impossível – e, no caso da inovação, ela o é, porque os resultados não existem, e provavelmente não existirão até muito após a celebração do contrato – qualquer tentativa soará tão plausível quanto o vaticínio saído de um biscoito chinês. Isso porque *the creative process, as it introduces heterogeneity into a class of heretofore similar experiences, challenges parties' ability to draw even the simplest conclusions about the characteristics of future outcomes.*"[1351] (grifo nosso)

A incerteza é pertinente ao mercado (i.e. tecnologias de ruptura nem sempre são adotadas, por mais superiores que sejam face às prevalentes); e/ou à P,D&I. A incerteza "de que determinados meios produzam o resultado esperado num contexto técnico"[1352] é a definição do risco técnico. Este se soma ao risco de mercado na caracterização do maior desafio à inovação. Na sua superação, o Estado lança mão de diversos incentivos, que reúnem monopólios legais, compras públicas, subvenções, incentivos fiscais e arranjos públicos privados.[1353]

[24] § 2.2. A doutrina jurídica do aperfeiçoamento

"A patente protege a invenção que apresente, em relação ao estado da técnica, uma novidade absoluta, em outras palavras, a invenção deve ser diferente de TUDO o que, até aquele momento, era de conhecimento do público. Determinadas situações apresentam problemas técnicos que o inventor procura solucionar com sua invenção, em nítida relação de causa e efeito. Assim, a invenção é, cada vez mais, um novo meio ou uma nova aplicação de meios já conhecidos, com o fim de melhorar a invenção dos outros". Tribunal Regional Federal da 2ª Região, 2ª Turma Especializada, Des. Liliane Roriz, AC 2002.51.01.523996-8, DJ 08.07.2008.

A par da análise econômica, a questão do *ictus* do aperfeiçoamento tem sua vertente estritamente jurídica, objeto de uma tese de doutorado em PI:[1354]

O aperfeiçoamento deve, portanto, juntar-se estritamente à invenção de base, que não deixa de ser uma tendência restritiva tomada pelas Cortes de Paris, na década de 50.[1355] À época, não se considerou o conceito de aperfeiçoamento como o

---

1350 [Nota do original] LANGLOIS, Richard N. e COSGEN, Metin M. Frank Knight on Risk, Uncertainty, and the Firm: A New Interpretation. 31 ECONOMIC INQUIRY 456, 458, 1993, apud JENNEJOHN. *Op. cit.*, nota, p. 50.
1351 [Nota do original] JENNEJOHN. *Op. cit.*, nota, p. 50.
1352 [Nota do original] BARBOSA. *Op. cit.*, nota.
1353 BARBOSA. *Op. cit.*, nota.
1354 BARROS, Carla Eugenia Caldas, Aperfeiçoamento e Dependência em patentes - Coleção Propriedade Intelectual,Editora Lumen Juris, 2004.
1355 [Nota do original] "Selon la Cour, il n'est pas possible de considérer comme un perfectionnement une invention qui ne reprend pas l'élément fondamental de la première invention: 'il ne s'agit là ni d'une mise au point,

de uma invenção que não tivesse como base ou referência o elemento fundamental da primeira invenção. A noção de aperfeiçoamento estava, assim, intimamente ligada àquela de acréscimo e também de vínculo técnico à uma invenção anterior. Segundo Boriana KAMBUROVA,[1356] a doutrina francesa contestou veementemente essa decisão, pois sendo o conceito de aperfeiçoamento somente técnico, e não legal, a Corte não poderia dar uma definição tão restritiva.

Em 1959, em 04 de fevereiro, a Corte de Paris confirmou sua primeira análise, ordenando que um expert examinasse se os elementos da nova invenção estavam em sintonia com os precedentes meios e combinações utilizados nas patentes originárias. Como um divisor de águas, esta decisão deu feição jurídica a uma definição não legal, já que o aspecto técnico, nesse caso, fora o único tomado como referência pelos juízes.

A doutrina francesa não aceitava este julgamento restrito somente a aspectos técnicos, já que excluía da faceta do julgamento o elemento econômico das relações contratuais.

Uma das decisões mais veementes, mais significativas sobre esse ponto em questão foi o julgamento do Tribunal de Grande Instance d' Avesne – sur- Helpe, de 02 de fevereiro de 1961.[1357] Nesse julgamento, os juízes declararam que o licenciado tem direito aos aperfeiçoamentos da patente, sobre a qual existe um contrato de licença, e que os aperfeiçoamentos a completam. O que eles levaram em consideração foi o fato de que o patenteador não concorria com o licenciador, a ponto de fazer desaparecer a licença concedida.

A título de complementação teórica acerca dos elementos de aperfeiçoamento, lembre-se do que afirmou o grande mestre PAUL MATHÉLY:

"dans le droit des brevets, la notion de perfectionnement est plus precise. La notion de perfectionnement comprend donc deux elements:
[a] d'abord, une invention première, valablement protégée para un brevet en vigueur;
[b] ensuite, une invention seconde, se rattachant à l'invention première."[1358]

O autor ainda nos contempla com seus ensinamentos acerca do julgamento mencionado ao dizer:

---

ni d'une amelioration ni d'un perfectionnement des brevets de 1938, mais d'un stylographe nouveau'." KAMBUROVA, B. Perfectionnements et dependence. Paris: INPI, 1998-1999, Mémoire, p. 8. Muitos dos dados históricos apresentados neste capítulo tiveram como contribuição o trabalho desta autora.

1356 [Nota do original] Idem, ibidem.

1357 [Nota do original] "Le juges declarent que le licencie a droit aux perfectionnements 'axés' sur lê brevet dont il a licence et qui le complètent. Leur raisonnement a été justifié par le souci que: 'les inventions qui ne sont pas les perfectionnements d'um brevet concede, mais qui se rapportent à une même branche d'industrie, peuvent revêtir um caractere des plus importants, lorsqu'elles viennent, par um procede jusqu'alors inconnu, transformer toutes les normes d'une fabrication'". Idem, ibidem, p. 9-10.

1358 [Nota do original] MATHÉLY, Paul. Le droit français des brevets d'invention. Paris: Litec, 1991, p. 355

Tratado da Propriedade Intelectual

"il est juste que le licencé qui peut avoir realisé des investissements et des efforts pour lancer une invention, ne soit pas depossédé des résultats pour lancer une invention sans doute distincte de vue du droit, mais remplaçant la première dans le choix de la clientèle."[1359]

Já BURST adota uma visão mais ampla do critério, pois na noção de aperfeiçoamento inclui o aspecto técnico que está ligado à invenção de base e não a uma nova invenção. Portanto, são dois os aspectos constitutivos do conceito de aperfeiçoamento:

[a]   técnico – no qual a invenção nova é considerada um aperfeiçoamento;[1360]

[b]   econômico – no qual a invenção nova é também um aperfeiçoamento, desde que sua aplicação seja suscetível de fazer concorrência à invenção originária.

A visão de Mathély corresponde ao modelo legal brasileiro. O que propugna tal autor é a rejeição da famosa cláusula grant-back (traduzida usual mas erroneamente por retrocessão), pela qual todos os aperfeiçoamentos que faça o licenciado no objeto pertencem ao licenciador.

Tal disposição é vedada no art. 63 do CPI/96, ao dizer que "o aperfeiçoamento introduzido em patente licenciada pertence a quem o fizer, sendo assegurado à outra parte contratante o direito de preferência para seu licenciamento".

Igualmente TRIPs aponta como recusável a cláusula "de retrocessão exclusiva, ou sejam, as que obrigam ao licenciado transferir exclusivamente ao titular da patente as melhoras feitas na tecnologia licenciada".

[24] § 2.3. Incerteza, risco e o modelo constitucional brasileiro

Assim, o titular de uma patente – num modelo como o americano, ganha não só exclusividade estática como exclusividade dinâmica. No nosso sistema constitucional como no alemão, essa função da patente para apropriar-se das potencialidades futuras da tecnologia seria incompatível com os direitos constitucionais:

Tribunal Constitucional alemão, acórdão no caso "Klinik-Versuch" (BVerfG, 1 BvR 1864/95, de 10.5.2000) Até onde se tem conhecimento não se discute na jurisprudência ou na literatura que o "privilégio de pesquisa" (Versuchsprivileg) previsto no § 11 Nr. 2 da Lei de Patentes (PatG) é, em conformidade com essas estipulações, uma parte necessária do conteúdo constitucional do Direito de

---

1359   [Nota do original] Apud. KAMBUROVA, B. *Ibid.*, p. 10.

1360   [Nota do original] "non seulement lorqu'elle se rapporte à l'objet de l'invention de base, mais encore lorqu'elle a trait l'objet s'applique cette invention de base." *Apud* KAMBUROVA, B. Ibid., p. 51.

1781

Patente. A pesquisa e desenvolvimento da ciência e da técnica só são possíveis por meio de experiências que, por sua vez, são construídas a partir de novos resultados de pesquisas. Não há o que criticar frente a Constituição quando o legislador permite que os interesses do titular da patente recuem frente a esses interesses. (...)".[1361]

Na verdade, pela doutrina do Kitch, se assegura ao titular da patente não só uma forma de se superar o risco técnico, como também uma maneira de se lidar com a *incerteza*. E isso é garantia demasiada para o sistema de patentes.

[24] § 2.4. Bibliografia: inverteza, risco e inovação sequencial

BARBOSA, Denis Borges, Lei de inovação: entrosamento (ou falta de) entre universidade e empresa. In: XXVIII SEMINÁRIO NACIONAL DA PROPRIEDADE INTELECTUAL, 2008, São Paulo. Anais do Congresso da ABPI, São Paulo, 2008. Disponível em http://denisbarbosa.addr.com/risco.pdf, acessado em 11/05/2009.

BARROS, Carla Eugenia Caldas, Aperfeiçoamento e Dependência em patentes - Coleção Propriedade Intelectual –,Editora Lumen Juris, 2004.

CAMPBELL-KELLY, Martin and VALDURIEZ, Patrick, An Empirical Study of the Patent Prospect Theory: An Evaluation of Antispam Patents (September 1, 2005). Available at SSRN: http://ssrn.com/abstract=796289.

DAL POZ, Maria Ester; BARBOSA, Denis Borges. Incertezas e riscos no patenteamento de Biotecnologias: a situação brasileira corrente. In: IACOMINI, Vanessa, Propriedade Intelectual e Biotecnologia. Curitiba: Juruá, 2007.

KITCH, Edmundo W., Patent, Prospects and Economic supply: A Reply, 23 J. Law & Econ. 205 (1980). Encontrado em http://www.jstor.org/pss/725294.

KITCH, Edmundo W., The Nature and Function of the Patent System, 20 J.L. & Econ. 265 (1977); AEI Reprint No. 87, April 1978.

LEMLEY, Mark A., The Economics of Improvement in Intellectual Property Law (September 1, 2008). Stanford Law and Economics Olin Working Paper No. 365. Available at SSRN: http://ssrn.com/abstract=1274199.

LESSA, Marcus, Contracting Innovation (June 18, 2009). Available at SSRN: http://ssrn.com/abstract=1431469.

LLANES, Gaston and TRENTO, Stefano, Anticommons and Optimal Patent Policy in a Model of Sequential Innovation(June 24, 2009). Harvard Business School Entrepreneurial Management Working Paper No. 09-148. Available at SSRN: http://ssrn.com/abstract=1424498.

LLANES, Gaston and TRENTO, Stefano, Patent Policy, Patent Pools, and the Accumulation of Claims in Sequential Innovation(July 24, 2009). Harvard

---

1361 BARBOSA, Denis Borges; BARBOSA, Ana Beatriz Nunes; KARIN Grau-Kuntz. A Propriedade Intelectual na Construção dos Tribunais Constitucionais. Rio de Janeiro: Lumen Juris, 2009, v. I. 134 p.

Business School Entrepreneurial Management Working Paper No. 10-005. Available at SSRN: http://ssrn.com/abstract=1439752.
ZHOU, Wen (2009) "Innovation, Imitation and Competition", The B.E. Journal of Economic Analysis & Policy: Vol. 9: Iss. 1 (Topics), Article 27, disponível em: http://www.bepress.com/bejeap/vol9/iss1/art27.

Seção [25] O pipeline

O CPI/96 introduziu um instituto temporário, destinado a corrigir, em parte, a falta de patentes para produtos químicos, e processos e produtos de fins farmacêuticos e alimentares na legislação anterior (arts. 230 e 231 da Lei 9.279/96). Tal instituto, denominado pipeline,[1362] visava trazer diretamente ao sistema jurídico brasileiro as patentes solicitadas no exterior ou no Brasil, que aqui não poderiam ser deferidas em face da proibição da lei anterior.[1363]

Assim define o instituto um dos mais experientes especialistas:

O termo pipeline-cuja tradução para o português seria tubulação-refere-se, no sentido figurado, aos produtos em fase de desenvolvimento e, portanto, ainda na tubulação que liga a bancada de pesquisa ao comércio. Ou seja, tais produtos e processos não chegaram ao mercado consumidor e, por isso, ainda poderão ser protegidos. O pipeline também pode ser chamado de patente de revalidação.[1364]

O texto é o seguinte:

"Art. 230. Poderá ser depositado pedido de patente relativo às substâncias, matérias ou produtos obtidos por meios ou processos químicos e as substâncias, matérias, misturas ou produtos alimentícios, químico-farmacêuticos e medicamentos

---

1362 Como nota a decisão do tribunal da Comunidade Andina, na Decisão No. 1-AI-96 de 30 de outubro de 1996 "... el pipeline es un mecanismo de transición para conceder protección a productos que no eran patentables, en países que están modificando su normativa sobre patentes (Industry Functional Advisory Committee for Trade in Intellectual Property Rights, "Report of the Industry Functional Advisory Committee for Trade in intellectual Property Rights (IFAC-3) on the North American Free Trade Agreement", septiembre de 1992)..."

1363 Sobre a questão, vide MUJALLI, Walter Brasil. A Propriedade Industrial – Nova lei de patentes. São Paulo: De Direito, 1992, p. 46; DI BLASI, GARCIA & MENDES. A Propriedade Industrial. Rio de Janeiro: Forense, 2000, p. 159; CLÉVE, Clémerson Merlin & RECK, Melina Brekenfeld . A repercussão, no regime da patente de pipeline, da declaração de nulidade do privilégio originário. Revista da ABPI, São Paulo: Prêmio Editorial, n. 66, set/out. 2003, p. 24; Bastos, Aurélio Wander, Dicionário Brasileiro de Propriedade Industrial e Assunta Conexos, Rio de Janeiro. Lumeo Juris, 1997, p. 216; Correa, Carlos, El Acuerdo TRIPs, Buenm Aires, Ciudad Animem, 1996; DANNEMAN, Siemensen Bigler & Ipanema Moreira. Comentários à lei de propriedade industrial e correlatos. Rio de Janeiro, São Paulo: Renovar, 2001, p. 494, Márcia Flávia Santini Picarelli e Márcio Iório Aranha., org Política de Patentes em Saúde Humana. São Paulo, Ed. Atlas, 2001.

1364 DI BLASI, GARCIA & MENDES. A Propriedade Industrial. Rio de Janeiro: Forense, 2000, p. 159.

de qualquer espécie, bem como os respectivos processos de obtenção ou modificação, por quem tenha proteção garantida em tratado ou convenção em vigor no Brasil, ficando assegurada a data do primeiro depósito no exterior, desde que seu objeto não tenha sido colocado em qualquer mercado, por iniciativa direta do titular ou por terceiro com seu consentimento, nem tenham sido realizados, por terceiros, no País, sérios e efetivos preparativos para a exploração do objeto do pedido ou da patente.

§ 1º O depósito deverá ser feito dentro do prazo de 1 (um) ano contado da publicação desta Lei, e deverá indicar a data do primeiro depósito no exterior.

§ 2º O pedido de patente depositado com base neste artigo será automaticamente publicado, sendo facultado a qualquer interessado manifestar-se, no prazo de 90 (noventa) dias, quanto ao atendimento do disposto no caput deste artigo.

§ 3º Respeitados os arts. 10[1365] e 18[1366] desta Lei, e uma vez atendidas as condições estabelecidas neste artigo e comprovada a concessão da patente no país onde foi depositado o primeiro pedido, **será concedida a patente no Brasil, tal como concedida no país de origem.**

§ 4º Fica assegurado à patente concedida com base neste artigo o prazo remanescente de proteção no país onde foi depositado o primeiro pedido, contado da data do depósito no Brasil e limitado ao prazo previsto no art. 40, não se aplicando o disposto no seu parágrafo único.

§ 5º O depositante que tiver pedido de patente em andamento, relativo às substâncias, matérias ou produtos obtidos por meios ou processos químicos e as substâncias, matérias, misturas ou produtos alimentícios, químico-farmacêuticos e medicamentos de qualquer espécie, bem como os respectivos processos de obtenção ou modificação, poderá apresentar novo pedido, no prazo e condições estabelecidos neste artigo, juntando prova de desistência do pedido em andamento.

1365 Art. 10. Não se considera invenção nem modelo de utilidade: I - descobertas, teorias científicas e métodos matemáticos; II - concepções puramente abstratas; III - esquemas planos, princípios ou métodos comerciais, contábeis, financeiros, educativos, publicitários, de sorteio e de fiscalização; V - as obras literárias, arquitetônicas, artísticas e científicas ou qualquer criação estética; V - programas de computador em si; VI - apresentação de informações; VII - regras de jogo; VIII - técnicas e métodos operatórios ou cirúrgicos, bem como métodos terapêuticos ou de diagnóstico, para aplicação no corpo humano ou animal; e IX - o todo ou parte de seres vivos naturais e materiais biológicos encontrados na natureza, ou ainda que dela isolados inclusive o genoma ou germoplasma de qualquer ser vivo natural e os processos biológicos naturais.

1366 Art. 18. Não são patenteáveis:I - o que for contrário à moral, aos bons costumes e à segurança, à ordem e à saúde públicas; II - as substâncias, matérias, misturas, elementos ou produtos de qualquer espécie, bem como a modificação de suas propriedades físico-químicas e os respectivos processos de obtenção ou modificação, quando resultantes de transformação do núcleo atômico; e III - o todo ou parte dos seres vivos, exceto os microorganismos transgênicos que atendam aos três requisitos de patenteabilidade - novidade, atividade inventiva e aplicação industrial - previstos no art. 8º e que não sejam mera descoberta. Parágrafo único. Para os fins desta Lei, microorganismos transgênicos são organismos, exceto o todo ou parte de plantas ou de animais, que expressem, mediante intervenção humana direta em sua composição genética, uma característica normalmente não alcançável pela espécie em condições naturais.

§ 6º Aplicam-se as disposições desta Lei, no que couber, ao pedido depositado e à patente concedida com base neste artigo."

Segundo Eduardo Assumpção:

Pouco mais de 1170 pedidos dessa modalidade foram depositados, dos quais cerca de 19% são relativos a invenções do campo da biotecnologia.[1367] (...)Os pedidos provenientes de universidades e instituições públicas somam 30, ou 13,4% do total, dos quais sete de origem brasileira, sendo três da Fiocruz, dois da Embrapa, um da UFRJ e um da Universidade de Caxias do Sul.

Tal instituto, que foi proposto durante o trâmite legislativo, tem sido definido como uma modalidade de patente de importação, ou de revalidação, de confirmação, ou equivalentes.[1368]

Não obstante a relevância aparente da medida, que não era prefigurada no TRIPs, importantes questões de inconstitucionalidade podem ser antepostas à sua aplicação, do que cumpre oferecer um apanhado.[1369]

Relevantes razões de prudência aconselhavam contra a concessão do pipeline; muito em breve, a própria política pública do Governo Federal se viu contradita pelos efeitos do instituto.[1370]

1367 Nota sobre Patentes e Biotecnologia, INPI, 2000 [Nota do Original] " A fonte de dados utilizada é o Sistema Informatizado do INPI - SINPI. A relação completa dos pedidos pipeline de biotecnologia, com dados bibliográficos básicos, consta do Anexo III. " O Estudo de Bermudez et allii para a ENS registra 1182 pedidos de pipeline.

1368 José Carlos Tinoco Soares, Tratado da Propriedade Industrial, Ed. Jurídica Brasileira, 1998.

1369 Note-se que o instituto do pipeline já foi declarado incompatível com o requisito constitucional da novidade, como narra Carlos Correa, Implementing TRIPs in Developing Countries, manuscrito: "Thus, the US government and the pharmaceutical industry have attempted to obtain a retroative recognition of protection for pharmaceuticals that are already patented (the so-called "pipeline" protection). The Andrean Court of Justice (established by the Cartagena Agreement) declared in a decision (Process No. 1-AI-96) on 30 October 1996, that the "pipeline" formula was inherently contradictory with the novelty requirement under patent law, and thus rejected the retroactive registration of patents in the subregion." A decisão é encontrável em http://www.comunidadandina.org/normativa/sent/1-AI-96.HTM, visitado em 4/2/2006.

1370 Marcio Aith, Patentes, a burrice estratégica brasileira, Folha de S. Paulo, 12/03/2001. "As concessões, todas espontâneas, foram: antecipar em três anos, em 1996, a adoção, no Brasil, do acordo internacional de propriedade intelectual (o "Trips"); adotar o "pipeline", mecanismo adicional e voluntário que permitiu patentes anteriores mesmo à 1996, desde que os remédios não tivessem sido lançados no mercado; permitir, por meio de pareceres gentis e de um excesso de generosidade, que o INPI aceitasse patentes de remédios antigos, travestidos de novos, e estendesse sua validade por períodos maiores que os necessários. As patentes dos medicamentos Efavirenz e Nelfinavir, que Serra pretende quebrar, conseguiram ser depositadas no Brasil justamente por causa destas concessões e gentilezas. A patente do Nelfinavir foi depositada nos EUA em 1993, antes do Trips entrar em vigor no Brasil. No entanto, a companhia Agouron, associada à Roche, usou o mecanismo do pipeline para "voar" no tempo e garantir a patente do medicamento em sete de março de 1997."

O pipeline foi regulado na esfera administrativa pelo Ato Normativo INPI 126 o qual, entre outros dispositivos, determinou que os pedidos depositados nos termos da Lei nº 5.772/71, cujo processo de outorga já se houver encerrado administrativamente, não poderiam ser objeto de novo depósito para a proteção prevista no artigo 229, na forma do art. 230 e 231. Para o normativo, incluíam-se nesta proibição as matérias constantes de tais pedidos cuja proteção tenha sido denegada, ainda que outras questões incluídas no mesmo pedido tenham sido protegidas pela concessão de patente.[1371]

[25] § 1. O teor do pipeline

[25] § 1.1. Quem pôde usar do pipeline: pessoa não residente

O dispositivo se dirige àqueles que não chegaram, à luz da lei anterior, a depositar pedidos de patentes em certas áreas consideradas imprivilegiáveis pelo CPI/71. Os que o fizeram, poderiam converter seu pedido em pipeline.

Aliás, mesmo aqueles que, não obstante a norma do CPI/71, efetivamente fizeram depósito, mas optaram por não se valer da conversão ao pipeline, poderiam usar da alternativa prevista pelo CPI/96, tal como modificado em 2001, como se viu acima, ao tratarmos do procedimento de patentes.

Como se verá a seguir, também poderia ter outra forma do benefício o nacional ou pessoa domiciliada no País.

[25] § 1.2. Objeto do benefício

O CPI/96, no pipeline, determina que os interessados, beneficiários de atos internacionais, podem passar a depositar pedidos de patente relativos às matérias que eram imprivilegiáveis segundo o CPI/71.

Para esses depósitos, seriam tomadas como termo inicial de prazos de proteção as datas do primeiro depósito para o mesmo invento no exterior. Não poderiam, no entanto, se valer do benefício os titulares de inventos já colocados em qualquer mercado, por iniciativa direta do titular ou por terceiro com seu consentimento; nem poderiam utilizar-se da benesse os titulares de invento quanto ao qual terceiros tives-

---

[1371] ABPI, Comissão de Patentes, Ata da Reunião de 09.07.1996. Comentários aos itens 18 e 18.1 do AN INPI 126: "o grupo considera insustentável a manutenção desses itens, sugerindo sua eliminação, visto que extrapolam, de forma ilegal, os requisitos previstos nos artigos 230 e 231. Na citada reunião com representantes da ABPI e ABAPI em 09.05.1996, a Dra. Maria Margarida Mittelbach atribuiu a restrição a que se referem os itens 18 e 18.1 a "princípios básicos do direito", porém sem identificá-los. Conforme já levantado em reunião da Comissão de Patentes, os únicos requisitos para a concessão de uma patente "PIPELINE" são, basicamente: · que a invenção não tenha sido colocada em qualquer mercado etc., que o pedido seja depositado dentro de um ano da data de publicação da lei que o pedido indique a data do primeiro pedido depositado no exterior (estrangeiro) ou da primeira divulgação no brasil (nacional), sendo ilegal a imposição de qualquer requisito adicional" .

Tratado da Propriedade Intelectual

sem realizado, no País, sérios e efetivos preparativos para a exploração do objeto do pedido ou da patente.

Assim, erigiu em critério de patenteabilidade a não colocação no mercado, e estabeleceu uma exceção de pré-uso em favor de qualquer pessoa que já tivesse confiado no domínio público como fundamento da fabricação do objeto.

O benefício era limitado ao prazo até 15 de maio de 1997. O pedido de patente depositado seria automaticamente publicado, sendo facultado a qualquer interessado manifestar-se, no prazo de noventa dias, quanto ao atendimento dos requisitos para concessão do benefício (não da patente).

[25] § 1.3. Pressupostos e prazo do benefício

Feito o pedido segundo o procedimento do pipeline, desde que o INPI entendesse que o pedido era um invento (como prevê o art. 1º do CPI/96) e que não estava vedado pelas proibições do art. 18, deveria ser concedida a patente no Brasil tal como concedida no país de origem. O único requisito a mais comprovar a concessão da patente no país onde foi depositado o primeiro pedido.

Assim, a concessão não importaria em exame pelo INPI dos requisitos gerais de patenteabilidade:

Art. 8º. É patenteável a invenção que atenda aos requisitos de novidade, atividade inventiva e aplicação industrial

A patente de pipeline vigeria pelo prazo iniciando na data do depósito no Brasil, até o fim do prazo remanescente de proteção no país onde foi depositado o primeiro pedido. O limite desse prazo, no entanto, são os vinte anos da patente nacional regular.

[25] § 1.4. Conversão em pipeline

Também o depositante que já tinha pedido de patente em andamento, relativo às mesmas substâncias e processos, poderia apresentar novo pedido, nos mesmos prazos do depositante original de pipeline, juntando prova de desistência do pedido em andamento. Os parâmetros de concessão e duração dos direitos seriam idênticos.

[25] § 1.5. Pipeline nacional

Benefício similar seria concedido a nacional ou pessoa domiciliada no País, contando a apuração da novidade à data de divulgação do invento, desde que seu objeto não tivesse sido colocado em qualquer mercado, por iniciativa direta do titular ou por terceiro com seu consentimento, nem tivessem sido realizados, por terceiros, no País, sérios e efetivos preparativos para a exploração do objeto do pedido.

O pedido deveria ter sido feito antes de 15 de maio de 1997 e o prazo da patente, se concedida, iniciaria a partir do depósito no Brasil e duraria por vinte anos contados da data da divulgação do invento. Assim, como ocorreu com o depositante não-residente, era possível fazer conversão, juntando prova de desistência do pedido em andamento.

[25] § 1.6. Imunidade do usuário anterior

Nos termos do art. 232 do CPU/96, a produção ou utilização, de acordo com a legislação anterior, dos inventos sujeitos ao pipeline poderão continuar, nas mesmas condições anteriores à aprovação da norma de 1996. A lei enfatizava que não seria admitida qualquer cobrança retroativa ou futura, de qualquer valor, a qualquer título, relativa a produtos produzidos ou processos utilizados no Brasil em conformidade com a imunidade em questão. O mesmo se daria caso, no período anterior à entrada em vigência desta Lei, tivessem realizado investimentos significativos para a exploração do invento em pipeline.

[25] § 2. Pipeline e direito internacional

Ao contrário do que se poderia pensar, o sistema do art. 230 da Lei 9.279/96 não encontra suporte no Direito Internacional vigente. Não se tem aqui, nem de longe, um conflito entre Direito Internacional e Direito Constitucional, simplesmente, um caso de violação da Constituição de 1988.

Muito embora se tenha registros históricos de que o pipeline resultou de pressões de interesse estrangeiro, disso não se pode depreender que tais interesses fossem compatíveis com o Direito Constitucional brasileiro, nem muito menos o Direito Internacional relevante.

Documento de relevância historiográfica é o parecer do Senador Ney Suassuna[1372] na votação do projeto que deu origem à Lei 9.279/96:

Não há qualquer razão que justifique a adoção desse instituto nos termos colocados no PLC 115/93. A proteção excepcional a essas invenções mediante o uso do "pipeline" só pode ser considerada como uma concessão adicional às empresas que as desenvolveram, e não atende a qualquer interesse da economia nacional.

É importante acentuar que o Grupo Técnico Interministerial, criado pelo Poder Executivo para elaboração e avaliação do projeto de patentes, manifestou-se contrário à adoção do "pipeline".

Nessas condições, optamos por eliminar o que se acordou denominar "pipeline", previsto no PLC 115/93, nos arts. 228 e 229, por atentar contra o princípio maior da novidade.

1372 Revista da ABPI no. 13.

Segundo o testemunho do jurista argentino Carlos Correa, consultor dos órgãos da ONU e citado até em decisões importantes do STF, o pipeline resultou de pressões unilaterais dos Estados Unidos e da indústria farmacêutica.[1373]

Assim é que cumpre examinar:
-   o Acordo TRIPs da OMC exige o pipeline do art. 230?
-   o pipeline do art. 230 é compatível com o a Convenção de Paris?
-   o pipeline do art. 230 é compatível com o sistema do PCT?

[25] § 2.1. Pipeline não é uma exigência de TRIPs

Disse José Serra, então Ministro da Saúde:[1374]

"A incorporação do mecanismo do pipeline à lei de patentes foi uma concessão desnecessária feita pelo Brasil, dado que não era uma exigência do Acordo TRIPS, sendo alvo de críticas até hoje."

Carlos Correa, em El Acuerdo TRIPs, Ed. Ciudad Argentina, 1996, confirma tal declaração:

"El acuerdo adoptó una posición negativa a dicho reconocimiento, rechazando soluciones tipo "pipeline". Los articulos 70.1 y 70.3 disponen al respecto que el Acuerdo no genera obligaciones relativas a actos realizados antes de la fecha de aplicación del Acuerdo para Miembro (art. 70.1) y no obliga a reestablecer la protección de la materia que en esa fecha haya pasado al dominio público (art. 70.3)."[1375]

1373   Carlos Correa, - Implementing TRIPs in developing countries, encontradoi em http://www.twnside.org.sg/title/ment-cn.htm, visitado em 8/2/06. "Thus, the US government and the pharmaceutical industry have attempted to obtain a retroative recognition of protection for pharmaceuticals that are already patented (the so-called "pipeline" protection). The Andrean Court of Justice (established by the Cartagena Agreement) declared in a decision (Process No. 1-AI-96) on 30 October 1996, that the "pipeline" formula was inherently contradictory with the novelly requirement under patent law, and thus rejected the retroactive registration of patents in the subregion".

1374   José Serra, Direitos privados versus interesses sociais, encontrado em http://www.inpi.gov.br/noticias/Panorama/setembro2001/mat_5.htm, visitado em 7/2/06.

1375   O que TRIPs exige é a constituição de Direitos Exclusivos de Comercialização, que é outra coisa. Vide J.H. eichmann, Intellectual property protection, The International Lawyer, Volume 29, Number 2 (1995): "Nevertheless, a pipeline provision, clarified at the last minute, safeguards existing pharmaceutical and agrochemical patents, which, if otherwise eligible, must obtain at least five years of exclusive marketing rights even in those developing countries that did not previously grant patents in these fields". De novo Carlos Correa, Implementing TRIPs in Developing Countries, manuscrito: "The situation of the pharmaceutical sector is further complicated by the uncertainty that exists with regard to the concept of the "exclusive marketing rights" to be granted according to Article 70.9 of the Agreement. In the single decision on IPRs taken under the WTO dispute settlement rules, India was deemed to be in violatin of its obligation to provide for a mechanism of deposit for pharmaceutical patent applications, as stipulated in Article 70.8. The decision held that India had to adopt positive legislation in order to implement the so-called "mail box" provision, but the dispute panel refused to define the scope of "exclusive marketing

[25] § 2.2. A Pipeline não é compatível com a CUP

A idéia de um privilégio de importação surge na Convenção de Paris como uma modalidade de patente,[1376] mas, como nota o comentador oficial da revisão de Estocolmo, uma modalidade *anormal*,[1377] no que deixa de considerar a novidade e o princípio da independência das patentes.[1378]

Tal princípio tem sua previsão legal no artigo 4 bis da Convenção de Paris:

Art. 4 bis

(1) As patentes requeridas nos diferentes países da União por nacionais de países da União serão independentes das patentes obtidas para a mesma invenção nos outros países, membros ou não da União.

(2) **Esta disposição deve entender-se de modo absoluto** particularmente no sentido de que as patentes pedidas durante o prazo de prioridade são independentes, tanto do ponto de vista das causas de nulidade e de caducidade como do ponto de vista da duração normal. (...)

(5) As patentes obtidas com o benefício da prioridade gozarão, nos diferentes países da União, de duração igual àquela de que gozariam se fossem pedidas ou concedidas sem o benefício da prioridade.

---

rights" (EMRs), since this was not an issue under dispute. An important point is whether EMRs would be deemed to have similar effects as a patent, and the extent to which they may be subject to compulsory licenses and other exceptions. It seems logical to think that EMRs may not be equivalent or stronger than patents, since this would nullify, in practice, the transitional periods. EMRs may, therefore, be conceived as an exclusive right to obtain a remuneration from those that use the invention, until the patent is granted and full use is conferred."

1376 Art. 1º(4) Entre as patentes de invenção compreendem-se as diversas espácies de patentes industriais admitidas nas legislações dos países da união, tais como patentes de importação, patentes de aperfeiçoamento, patentes e certificados de adição, etc.

1377 BODENHAUSEN, em seu Guide to the application of the Paris Convention for the protection of industrial property.Geneva: BIRPI, 1968, nota que os exemplos de patentes de importação são, em sua maioria, do séc. XIX: "Cf., for example, the legislations of the member States: Argentina (Patents Law No. 111, 1864), Belgium (Patents Law of 24/5/1854), Iran (Act of 23/6/1931), Spain (Industrial Property Statute of 26/7/1929, as amended), Uruguay (Patent Act No. 10,089 of 12/12/1941). Furthermore, a certain number of British and former British colonies have a system of confirmation or registration of British patents". Desses todos, o caso mais documentado é o argentino, como se ver mais adiante.

1378 BODENHAUSEN. p. 61-63 (b) A distinction must be made between, on the one hand, "normal" patents, which will include patents of improvement and patents or certificates of addition, and, on the other hand, patents which are " abnormal" in so far as they are only granted on the basis of an existing foreign patent. Such patents (see, above, observation (c) on Article 1, paragraph (4)) are called "patents of importation," introduction", "confirmation" or "revalidation" These patents are granted. In the countries which make them available, for inventions which have lost their novelty at the time of the patent application and can therefore no longer be patented normally. They are granted, nevertheless, on the basis of an existing foreign patent and m anticipation of the exploitation of the invention in the country in which the patent of importation is granted. In such cases, the duration of the patent of importation may be made dependent on the duration of a foreign patent which is the basis of the grant of the patent of importation.

Desta feita – de modo absoluto - as patentes obtidas em um país são independentes das patentes obtidas em outros países. Por exemplo, (e só um exemplo, pois a regra tem a natureza absoluta), o fato de uma patente ter sido negada, cancelada, ou tornada extinta em seu país de origem não implica que, em outro país, receba o mesmo tratamento.[1379]

O princípio da independência das patentes constitui um dos componentes básicos da convenção de Paris. O principio da independência determina que cada país membro desta convenção julgará a validade das patentes outorgadas por ela conforme as suas regras, de acordo com as regras que este país utiliza para examinar as patentes, sem alterar seu critério de exame em função de critérios de exames utilizados por outros países para examinar as patentes.

Por essa razão, o grande jurista argentino Cabanellas[1380] assim leciona:

El principio de independencia de las patentes es una lógica consecuencia de la estructura de concesión de esos derechos de propiedad industrial bajo el Convenio de París. Como cada país estable ce su propia legislación en materia de patentes, con requisitos propios en materia de novedad, nivel inventivo, materias excluidas del marco de patentabilidad, procedimiento de concesión de patentes, etc., resultaría contradictorio utilizar el status de una invención bajo cierto sistema jurídico nacional para ampliar o limitar los efectos de las patentes concedidas bajo otro sistema nacional. El principio de independencia tiende así a evitar la extensión internacional automática de las causales de nulidad, caducidad o extensión de las patentes, según se desprende del párrafo 2 del artículo 4 bis del Convenio de París. Ese principio no impide, sin embargo, que ciertos países utilicen determinados aspectos de las patentes otorgadas en el extranjero para otorgar a su vez sus propias patentes. Así, por ejemplo, el Convenio de París no impediría que una búsqueda de anterioridades efectuada en un país extranjero para la concesión de una patente en ese país sea empleada como antecedente para determinar la novedad de la invención, sería, sin embargo, inadmisible que el sólo hecho de que la patente otorgada por ese país extranjero fuera invalidada o no concedida afectara la validez de la patente otorgada por el país donde se ha ampliado la búsqueda de anterioridades extranjeras.

O Princípio da Independência das patentes também se aplica com relação as patentes de revalidação. As patentes de revalidação estendem a um novo país os efeitos da patente concedida anteriormente em outro país. Cabanellas[1381] entende que

---

1379 DI BLASI, GARCIA & MENDES. A Propriedade Industrial. Rio de Janeiro: Forense, 2000, p. 41, POLLAUD-DULIAN, Frédéric. Droit de la propropriété industrielle. Paris: Montchrestien, 1999, p. 773-774

1380 CUEVAS.Guillermo Cabanellas de las. Derecho de las patentes de invención – Tomo II. Editorial Heliasta. Argentina, p. 208-210.

1381 CUEVAS.Guillermo Cabanellas de las, *op. cit.*, Argentina, pg. 211-213.

autorizar a vinculação entre a patente de revalidação e a patente original vulneraria o princípio da independência das patentes e assim discorre:

Otra cuestión que se plantea bajo el principio de independencia recogido por la Convención de París es la de su aplicabilidad a las patentes de revália o confirmación. Estas patentes implican básicamente extender a un nuevo país los efectos de una patente concedida previamente en otro país, y ello a través de la concesión de una patente llamada de revália o confirmación. Es común en estos casos que las patentes de revália se extingan simultáneamente con la patente original. Ladas entiende que tal vinculación es válida. Disentimos con tal posición. Autorizar esa vinculación entre la patente original y de la revália implicaría permitir vulnerar el principio de independencia de las patentes mediante el simple expediente de canalizar la concesión de patentes respecto de invenciones ya patentadas en el extranjero a través de patentes de revália o conformación. Por otra parte, el artículo 4 bis del Convenio de París no introduce distinciones entre diferentes tipos de patentes, a efectos de dar aplicación al principio de independencia de las patentes.

[25] § 2.2. (A) A Corte Suprema Argentina declara o pipeline proibido por TRIPs e a CUP

A idéia de uma patente de importação ou revalidação, adotando uma novidade diversa do modelo brasileiro, foi tida como aceitável em outros sistemas jurídicos, como o argentino.

No entanto, assim entendeu a Suprema Corte Argentina em recente acórdão:

"o conceito de novidade relativa que subjaz ao instituto das patentes de revalidação e a proteção organizada pela lei 111, que distinguia patentes independentes e revalidadas, não é compatível com o conceito de novidade nem com os alcances do princípio de prioridade, tal como resultam do sistema de proteção do Acordo TRIPs, nem com as normas substantivas do Convênio de Paris – Ata de Estocolmo de 1967, que tal acordo deve claramente cumprir'... "Não se trata de admitir a coexistência de uma legislação nacional que oferece ao inventor uma proteção simplesmente mas ampla do que os padrões previstos em tratados internacionais; a validação de patentes estrangeiras é uma instituição estranha ao funcionamento global da prioridade no sistema, que infringe seus princípios.[1382] (tradução nossa).[1383]

1382 Voto da Corte Suprema de Justiça da Argentina – caso: "Unilever NVc Instituto Nacional de La Propriedad Intelectual s/denegatória de Patentes", CS, octubre 24, 2000. In KORS Jorge. Patentes de Invención Diez anos de jurisprudência – Comentários e fallos.Buenos Aires: La Ley, 2004, p. 13.

1383 El concepto de novedad relativa que subyace en el instituto de las patentes de revália y la protección organizada por la ley 111, que distinguía patentes independientes y revalidadas, no es compatible con el concepto de novedad ni con los alcances del principio de prioridad, tal como resultan del sistema de protección de la Acuerdo TRIPs, así como de las normas sustantivas del Convenio de Paris - Acta de Estocolmo de 1967, que dicho acuerdo ordena claramente cumplir'... "No se trata de admitiria coexistência de una legislación nacional que brinda ai inventor una protección simplemente más amplia que los

[25] § 2.3. O Pipeline não é compatível com o PCT

O terceiro tratado a considerar perante o *pipeline* é o Tratado de Cooperação em Matéria de Patentes (PCT). Para este Tratado, igualmente, presume-se a definição canônica da novidade cognoscitiva e absoluta, assim sendo processados todos seus pedidos:

O conceito de novidade está direitamente ligado ao conhecimento das anterioridades que se relacionam com a invenção ou modelo de utilidade, e que estão publicadas à época do depósito do pedido de patente. Contudo, cremos ser completa a definição externada pelo Tratado de Cooperação em Matérias de Patente, quando diz que uma invenção é considerada nova se, à data do correspondente depósito do pedido de patente, não se encontrar compreendida pelo estado da técnica. Este por sua vez deve ser admitido como tudo o que foi tornado acessível em todos os cantos do mundo - antes da data do depósito do pedido de patente -, por divulgação escrita ou oral que seja capaz de auxiliar a decidir se a invenção ou o modelo de utilidade é novo ou não.[1384]

[25] § 3. Como interpretar o art. 230 do CPI/96

Expusemos, acima, as razões pelas quais se poderia inquinar de inconstitucional o art. 230 do CPI/96, se se o interpretássemos como abolindo o exame de novidade, atividade inventiva e utilidade industrial. Cumpre-nos, agora, verificar se é essa a interpretação juridicamente adequada de tal dispositivo.

Para tanto, cabe analisar, brevemente, quais são os parâmetros de interpretação pertinentes à Propriedade Intelectual, especialmente quanto às patentes, passando pelo caso especialíssimo do *pipeline*.

[25] § 3.1. A interpretação das normas de propriedade intelectual

Tem-se, no caso em estudo, essencialmente uma questão de interpretação de uma norma de propriedade intelectual, a que institui o chamado *pipeline*, a teor do art. 230 do CPI/96.

Assim é que cabe suscitar neste passo quais os critérios de interpretação a seguir. São eles, simultaneamente:

1) a interpretação do sistema da Propriedade Intelectual, a partir dos princípios que os regem, no plano constitucional; e
2) a interpretação das regras singelas, em particular a do art. 230 do CPI/96.

---

estándares previstos en los tratados internacionales; Ia revalidación de patentes extranjeras es una institución extrana al funcionamiento global de la prioridad en el sistema, que infringe sus princípios."

1384 DI BLASI, GARCIA & MENDES. A Propriedade Industrial. Rio de Janeiro: Forense, 2000, p. 124.

[25] § 3.2. A interpretação segundo os princípios

Conforme destacado, o Art. 5º, XXIX, e demais direitos e interesses estipulados na Constituição Federal de 1988[1385] determinam o teor da lei ordinária de propriedade intelectual, estipulando as condições básicas para a concessão de patentes industriais, marcas e outros direitos, incluindo alguns dos requisitos a serem observados no procedimento administrativo pertinente.

A inobservância de tais condições e, especialmente, dos princípios, reverte a presunção, que é *juris tantum*, de constitucionalidade e legalidade dos atos do poder público.[1386] Para tanto, no caso em questão, deve-se confrontar a norma e o procedimento administrativo com a Constituição, o que resulta na necessidade de interpretação.

O objeto da interpretação constitucional é a determinação dos significados das normas que integram a Constituição formal e material do Estado", que, no caso em questão, assume a forma "de uma operação de controle de constitucionalidade em que se verifica a compatibilidade de uma norma infraconstitucional com a Constituição.[1387]

Avançando no tema, a "norma interpretada não existe isoladamente, pois faz parte de um sistema de normas integradas, denominado ordenamento jurídico, o intérprete deverá confrontar o resultado obtido com a interpretação lógica com as demais normas do sistema (...)".[1388] Temos "um sistema de preceitos coordenados ou subordinados, que convivem harmonicamente. A interpretação sistemática é fruto da idéia de unidade do ordenamento jurídico".[1389]

Seguindo tal hermenêutica e a observância aos princípios da supremacia da Constituição,[1390] da interpretação conforme a Constituição Magna[1391] e da unidade desta, tal interpretação deve considerar, <u>sempre</u>, a norma suprema em sua integridade.

Como destacamos, a interpretação parte da Constituição e, principalmente, de seus princípios. Nesse sentido, destaca Barroso:

1385 Barroso destaca que a interpretação constitucional deve se valer do conceito de construção, não devendo ser limitada a exploração do texto legal, mas "tirar conclusões a respeito de matérias que estão fora e além das expressões contidas no texto e dos fatores nele considerados. São as conclusões que se colhem no espírito, embora não na letra da norma." Luis Roberto Barroso in Interpretação e Aplicação da Constituição, p. 97/98.

1386 Elival da Silva Ramos in A Inconstitucionalidade das Leis – Vício e Sanção, p. 204.

1387 Luis Roberto Barroso in Interpretação e Aplicação da Constituição, p. 100.

1388 Paulo Dourado de Gusmão in Introdução à Ciência do Direito, p. 271.

1389 Luis Roberto Barroso in Interpretação e Aplicação da Constituição, p. 127.

1390 "A lei deve ser compreendida em função do sentido que se empresta à Lei Maior." Elival da Silva Ramos in A Inconstitucionalidade das Leis – Vício e Sanção, p. 203.

1391 Tal princípio resulta na necessidade de escolha de uma interpretação condizente com a carta constitucional. Todavia, deve-se "buscar uma interpretação que não seja a que decorre da leitura mais óbvia do dispositivo", o que nos leva ao conceito de construção anteriormente destacado. Luis Roberto Barroso in Interpretação e Aplicação da Constituição, p. 175.
"A Constituição deve ser interpretada segundo seus valores básicos, e a norma infraconstitucional deve ser compreendida a partir da Constituição". Glauco Barreira Magalhães Filho in Hermenêutica e Unidade Axiológica da Constituição. 2ª ed., Belo Horizonte: Mandamentos, 2002, p. 80.

O ponto de partida do intérprete há que ser sempre os princípios constitucionais, que são o conjunto de normas que espelham a ideologia da Constituição, seus postulados básicos e seus fins. Dito de forma sumária, os princípios constitucionais são as normas eleitas pelo constituinte como fundamentos ou qualificações essenciais da ordem jurídica que institui".[1392] (...) "Os princípios constitucionais consubstanciam as premissas básicas de uma dada ordem jurídica, irradiando-se por todo o sistema.[1393]

No mesmo sentido, dispõe Celso Antonio Bandeira de Mello, que ainda ressalta a gravidade de se violar um princípio:

> Princípio é por definição, mandamento nuclear de um sistema, verdadeiro alicerce dele, disposição fundamental que se irradia sobre diferentes normas compondo-lhes o espírito e servindo de critério para sua exata compreensão e inteligência, exatamente por definir a lógica e a racionalidade do sistema normativo, no que lhe confere a tônica e lhe dá sentido harmônico (...)
> Violar um princípio é muito mais grave do que transgredir uma norma. A desatenção ao princípio implica ofensa não apenas a um específico mandamento obrigatório, mas a todo o sistema de comandos. É a mais grave forma de ilegalidade ou inconstitucionalidade, conforme o escalão do princípio atingido, porque representa insurgência contra todo o sistema, subversão de seus valores fundamentais (...).[1394]

Em face do exposto, conclui-se com facilidade que a análise das normas de patentes deve observar todos os princípios constitucionais pertinentes e a seguir destacados, não podendo qualquer norma infraconstitucional suprimi-los, sob pena de inconstitucionalidade.

[25] § 3.3. A interpretação das regras em si mesmas

O que se visa, em cada caso material, é obter a homoestase dos princípios, segundo sua pertinência no sistema. Este equilíbrio surge à interpretação das normas segundo os critérios da proteção da liberdade de iniciativa em face da restrição imposta pela propriedade intelectual; e segundo o critério tradicional da interpretação contida da norma excepcional.

1392 Luis Roberto Barroso in Interpretação e Aplicação da Constituição, p. 141.
1393 Luis Roberto Barroso in Interpretação e Aplicação da Constituição, p. 143.
1394 Celso Antonio Bandeira de Mello in Elementos de direito administrativo, 1986, p. 230.

Diogo de Figueiredo,[1395] ao pronunciar-se sobre o tema, avalia que:

"os princípios que definem liberdades preferem aos que as condicionam ou restringem; e os que atribuem poderes ao Estado, cedem aos que reservam poderes aos indivíduos, e os que reforçam a ordem espontânea têm preferência sobre os que a excepcionam" (grifos da transcrição).

A liberdade, obviamente, é de iniciativa e de informação, coarctadas pelos privilégios e direitos de exclusiva. A ordem espontânea é o do fluxo livre das idéias e das criações, e da disseminação da tecnologia. O ato do Estado que cumpre estabelecer peias é o da concessão do direito excepcional da propriedade intelectual.

E, como ensina Carlos Maximiliano,[1396]

"O Código Civil [de 1916] explicitamente consolidou o preceito clássico – Exceptiones sunt strictissimae interpretationis ("interpretam-se as exceções estritissimamente") – no art. 6º da antiga Introdução, assim concebido: 'A lei que abre exceção a regras gerais, ou restringe direitos, só abrange os casos que especifica'", dispositivo hoje consagrado no art. 2º, § 2º, da vigente Lei de Introdução ao Código Civil [de 1916].

Continua o pensamento afirmando que igual orientação deve ser adotada para aquelas normas que visem à concessão de um privilégio a determinadas pessoas, pois:

"o monopólio deve ser plenamente provado, não se presume; e nos casos duvidosos, quando aplicados os processo de Hermenêutica, a verdade não ressalta nítida, interpreta-se o instrumento de outorga oficial contra o beneficiado e a favor do Governo e do público."[1397]

Parece, na verdade, unânime e pacífico entendimento de que "as exceções e privilégios devem ser interpretados com critério restritivo".[1398]

Mais uma vez, cabe aqui citar Luis Roberto Barroso, numa seção do parecer antes citado, sob o título "O privilégio patentário deve ser interpretado estritamente, pois restringe a livre iniciativa e a concorrência":

[1395] In A Ordem Econômica na Constituição de 1988, artigo publicado na Revista da Procuradoria Geral do Estado/RJ nº 42, p. 59.

[1396] Hermenêutica e Aplicação do Direito, Ed. Forense, 18ª ed., p. 225

[1397] Ob. cit., p. 232.

[1398] Wolgran Junqueira Ferreira in Comentários à Constituição de 1988, p. 36, destacando os critérios de interpretação de LINARES QUINTANA.

Nesse contexto, não há dúvida de que o monopólio concedido ao titular da patente é um privilégio atribuído pela ordem jurídica, que excepciona os princípios fundamentais da ordem econômica previstos pela Constituição. Desse modo, sua interpretação deve ser estrita, não extensiva.[1399] Repita-se: o regime monopolístico que caracteriza o privilégio patentário justifica-se por um conjunto de razões, que serão apreciadas a seguir, mas, em qualquer caso, configura um regime excepcional e, portanto, só admite interpretação estrita.[1400]

[25] § 3.4. A interpretação específica do pipeline

Complementa-se apenas observando que, de todas as normas relativas a patentes, a do art. 230 será indubitavelmente a mais excepcional, a mais restritiva, a mais infundada e a mais assistemática. A interpretação adequada de tal norma será mais do que restrita, colante, constritiva. Ávara.[1401]

Levando em conta os critérios recém-enunciados, o *pipeline* deve ser lido de acordo com os princípios constitucionais que regem a Propriedade Intelectual e o subsistema de patentes, e da forma mais restrita compatível com o Direito.

Isso importa que tais normas devem ser lidas considerando o ordenamento como um todo, devendo a interpretação dar-se sistemicamente, *concedendo-se ao intérprete o mínimo distanciamento possível* em face do sistema brasileiro de Propriedade Intelectual. Se for possível ultrapassar a conclusão de que o dispositivo é irremissivelmente inconstitucional, o efeito que se lhe puder emprestar deve adequar-se aos parâmetros da patente normal.

Já o disse o TRF da 2ª Região, tratando exatamente do *pipeline*:

5. A previsão constante no artigo 230, da Lei nº 9.279/96, permitindo a concessão de patente conhecida como *pipeline*, deve ser considerada especial forma de proteção patentária e, exatamente por força de determinadas circunstâncias, foi condicionada a critérios e regras específicas. Os bens e processos mencionados no dispositivo não eram patenteáveis de acordo com a sistemática anterior ao advento da recente Lei de Propriedade Industrial, daí a disciplina específica dada à matéria na nova legislação. Como ressaltou a autoridade impetrada às fls.

1399   [Nota do original] Carlos Maximiliano, Hermenêutica e Aplicação do Direito, 1980, p. 227 e 234-237.

1400   [Nota do original] A interpretação estrita de normas de exceção é tema pacífico na jurisprudência do Supremo Tribunal Federal: "(...) A exceção prevista no § 5º do art. 29 do ADCT ao disposto no inciso IX do art. 129 da parte permanente da Constituição Federal diz respeito apenas ao exercício da advocacia nos casos ali especificados, e, por ser norma de direito excepcional, só admite interpretação estrita, não sendo aplicável por analogia e, portanto, não indo além dos casos nela expressos, nem se estendendo para abarcar as consequências lógicas desses mesmos casos, (...)." (STF, ADIn. nº 41/DF, Rel. Min. Moreira Alves, DJ 28.6.91)

1401   Recurso Especial nº 445.712 - RJ, (2002/0083310-8) Voto-Vista Ministra Nancy Andrighi: "O pipeline foi uma proteção excepcional concedida graciosamente pela legislação nacional, portanto, deve ser interpretada com restrições em virtude da excepcionalidade, inclusive temporal (art. 230, § 1º, da LPI)."

100/101, *"a proteção patentária usualmente denominada pipeline é uma proteção, por assim dizer, extravagante, condicionada a critérios e regras de processamento próprios, visando a proteger matéria que, pelos requisitos usuais de proteção, como, e.g., a novidade, não mais seria passível de patenteamento, e criando requisitos próprios, como, igualmente a título exemplificativo, a não comercialização anterior ou a inexistência de preparativos anteriores para exploração no País." (...)*

9. A interpretação das regras aplicáveis à matéria deve necessariamente estar em consonância com os princípios e valores tutelados pela Lei nº 9.279/96 e, assim, ainda que o prazo de validade da patente no exterior ultrapasse o estatuído no artigo 40 c.c. artigo 230, § 1º, deve prevalecer a regra limitadora.[1402]

[25] § 4. Categorias jurídicas pertinentes ao pipeline

Como mencionado, o chamado *pipeline* do Direito Brasileiro de patentes não se confunde com qualquer noção análoga do regime de TRIPs.[1403] Pelo contrário, o *pipeline* corresponde a uma proposta americana durante a negociação, mas que foi rejeitada pelo restante dos membros votantes.[1404]

Tal como configurado no direito pátrio, o art. 230 incorpora a idéia da patente de importação, de confirmação ou de revalidação tradicional na história da Propriedade Intelectual, mas abandonada em todos países desenvolvidos a partir da entrada em vigor da Convenção de Paris em 1884.[1405] Como se verá, o Direito de

---

1402 Apelação em Mandado de Segurança, 99.02.26238-4, Quinta Turma do Tribunal Regional Federal da 2ª Região, 28 de setembro de 2004.

1403 No entanto, vide Luiz Otavio Pimentel, Las Funciones del Derecho Mundial de Patentes, Advocatus, Córdoba, 2000, p. 278, onde o autor asimila a denominação pipeline ao que a prática e jurisprudência internacional denomina mailbox. Conforme UNCTAD-ICTSD,Resource Book on TRIPS and Development, Cambridge Press, 2005, p. 712. "In brief, the mailbox rule obliges Members benefiting from a transition period to register incoming patent applications for later examination, thus preserving priority and novelty of the relevant inventions. An exclusive marketing right (EMR) has to be granted in lieu of a patent during the transition period, provided that certain important preconditions are met. Note that the obligation to provide EMRs does not apply to LDCs, see below, Section 6.2.

1404 Como nota a mais importante obra sobre TRIPs, UNCTAD-ICTSD,Resource Book on TRIPS and Development, Cambridge Press, 2005 "As late as the Brussels meeting in December 1990, the Chairman of the TRIPS Negotiating Group circulated a report stating that there were differences in sustance, among other things, in the transition period to be provided for developing countries and LDCs. Developing countries were interested in a transition period of at least 10 years. The USA, on the other hand, favoured the idea of "pipeline protection" which went in the opposite direction." "Pipeline protection" refers to a method of protection that would deny any transition periods by obligating countries to protect foreign patents from the date they were granted in the country of origin.

1405 Vide o Art. 2º da lei nº 3.129, de 14 de outubro de 1882 - Os inventores privilegiados em outras nações poderão obter a confirmação de seus direitos no Império, contanto que preencham as formalidades e condições desta Lei e observem as mais disposições em vigor aplicáveis ao caso. A confirmação dará os mesmos direitos que a patente concedida no Império.

Tratado da Propriedade Intelectual

outros países têm concluído que haveria incompatibilidade entre esse sistema e a Convenção, ou mesmo com TRIPs.

[25] § 4.0. (A) Parâmetros de análise do Art. 230

Como se verá mais adiante, o instituto do *pipeline* exige interpretação estritíssima; aplicando-se à análise que se faz abaixo os seguintes parâmetros:

1) O pipeline foi uma proteção excepcional concedida graciosamente pela legislação nacional, portanto, deve ser interpretada com restrições em virtude da excepcionalidade;
2) tais normas devem ser lidas considerando o ordenamento como um todo, devendo a interpretação dar-se sistemicamente, concedendo-se ao intérprete o mínimo distanciamento possível em face do sistema brasileiro de Propriedade Intelectual;
3) o pipeline deve ser lido de acordo com os princípios constitucionais que regem a Propriedade Intelectual e o subsistema de patentes, e da forma mais restrita compatível com o Direito.

Além disso, o art. 230 exige – ao remeter a fenômenos ocorridos sob império de lei estrangeira – a elaboração cuidadosa do Direito Internacional Privado pertinente, o que será objeto de seção própria.

[25] § 4.1. Art. 230 como revalidação de patente estrangeira

O art. 230 da Lei 9.279/96 estabelece efetivamente um sistema de revalidação de patentes estrangeiras. Vejamos.

[25] § 4.1. (A) Legitimidade ad adquirendum da patente pipeline

A condição subjetiva de requerimento da proteção expressa no *caput* do art. 230 é que o requerente tenha *proteção garantida em tratado ou convenção em vigor no Brasil*.

Certo é que nenhum tratado dá guarida ao *pipeline*; não é essa a proteção a que se refere a lei. Na verdade, a expressão completa é: *Poderá ser depositado pedido de patente (...) por quem* tenha *proteção garantida em tratado ou convenção em vigor no Brasil*. A proteção não será para obter *pipeline*.[1406]

1406 Nenhum tratado em vigor no País assegura, expressamente, o depósito no Brasil de patente de revalidação. Pelo contrário, há veementes argumentos, de que damos notícia adiante, da incompatibilidade desse tipo de patente pelo menos com a CUP. Igualmente não se encontra guarida no PCT ou em TRIPs para

1799

Também não se pode entender que *o depósito no Brasil* estivesse entre os atos contemplados pelo tratado ou convenção.[1407]

Note-se que lei nacional dá um direito genérico de requerer patente ao nacional e ao estrangeiro residente no País (CF, art. 5º, *caput*, c/c XXIX)[1408] assim como aos estrangeiros ao abrigo de tratados e convenções – e mesmo sem esse amparo, desde que, neste último caso, se verifique reciprocidade (Lei 9.279/96, art. 4º.) Quanto aos estrangeiros não residentes de países sem reciprocidade,[1409] a lei brasileira nega patente, o que poderia sempre fazer à luz da regra de isonomia do art. 5º, *caput*, da CF.

A norma excepcionalíssima do art. 230 escolhe só atribuir titularidade de *pipeline* a um número limitado de beneficiários: a *estrangeiros beneficiários de tratados*. Essa legitimidade é reservada, pois, àqueles subjetivamente eleitos como beneficiários desses tratados. Por isso se escolhe a expressão *por quem* - indicando uma titularidade meramente subjetiva, mas não objetiva (que seria, por exemplo, por *quem* tenha direito *a essa proteção...*).[1410]

No entanto, a norma do art. 230 exige que o ato internacional esteja *em vigor no País*. Vale dizer, não contempla depósito com amparo em tratados de que o Brasil não seja parte ou que ainda não tenha entrado em vigência no território nacional. O estrangeiro beneficiado pelo tratado da Organização Africana da Propriedade

---

esse tipo específico de patente. De outro lado, os tratados em vigor com o Brasil adotam a regra do tratamento nacional; o regra do art. 230, no entanto, não segue esse princípio, eis que trata objetiva e subjetivamente distitos o nacional (ou residente) e o estrangeiro, para favorecer este.

1407 O PCT permite a extensão dos efeitos de um depósito internacional ao Brasil; assim, uma vez satisfeito seus pressupostos, tal tratado cria um direito subjetivo ao depósito brasileiro. Mas não deste tipo de depósito, inadmissível sob suas regras. A CUP garante um direito de equivalência entre nacional e estrangeiro, mas não esse direito subjetivo a esse depósito, que os nacionais e residentes no Brasil não têm (estes terão direito ao benefício do art. 231, que tem outra natureza). Também não parece haver qualquer direito ao subjetivo a esse depósito com base em TRIPs, já que o art. 70.3 desse Acordo diz que Não haverá obrigação de restabelecer proteção da matéria, que, na data de aplicação deste Acordo para o Membro em questão, tenha caído no domínio público. Com efeito, diz o Resource Book, *op. cit.*, p. 759: "For example, an invention that has been disclosed to the public and therefore is no longer novel is not patentable subject matter in the sense of meeting the criteria for patentability recognized by Article 27.1. So TRIPS does not retroactively protect subject matter that may have been protectable at some stage but was no longer protectable.

1408 Diz Haroldo Valadão: "Mas segundo jurisprudência corrente e justa do Supremo Tribunal Federal (vd. H. valladão, DIP, I4, 1974, Cap. XXXV), o princípio se estende, também, aos estrangeiros não residentes, salvo proibição expressa, quanto a eles, constante ãe lei. O Código Civil proclamou tal regra gene rica, art. 2". O novo Código Civil tem regra equivalente, e mias ampla, no seu art. 1º: "Art. 1º Toda pessoa é capaz de direitos e deveres na ordem civil.". A versão anterior era: "Art. 2º Todo homem é capaz de direitos e obrigações na ordem civil."

1409 Quanto ao conceito de reciprocidade, neste contexto, vide nosso Uma Introdução..., 2ª Ed. Lumen Juris, 2003.

1410 Assim, a aplicação literal desta cláusula parece impossível, nem qualquer aplicação, a não ser através da noção geral de que os tratados referidos dão proteção – subjetivamente – aos nacionais e domiciliados nos países membros, muito embora o conteúdo do disposto nesses tratados não se aplique. Para não esvaziar a cláusula de qualquer sentido, deve-se lê-la: por uma das pessoas que seja beneficiária de um ato internacional em vigor no Brasil, relativo à patentes.

Intelectual ou da Convenção Européia não terá, por isso, legitimidade ao direito instituído no art. 230 do CPI/96. Excluiu-se, igualmente, o benefício sob reciprocidade.

[25] § 4.1. (B) Pertinência do primeiro depósito

Segundo ainda o *caput* do art. 230, o depósito no Brasil será facultado em correspondência *ao primeiro depósito no exterior*.

A noção jurídica de um *primeiro depósito* é corrente em Direito da Propriedade Intelectual; assim, o art. 4º da CUP assim preceitua:

(3) Deve entender-se por pedido nacional regular qualquer pedido efetuado em condições de estabelecer a data em que o mesmo foi apresentado no país em causa, independentemente do resultado ulterior do pedido.

(4) **deve ser considerado como primeiro pedido**, cuja data de apresentação marcará o início do prazo de prioridade, pedido ulterior que tenha o mesmo objeto de um primeiro pedido anterior, nos termos do parágrafo (2), apresentado no mesmo país da União, desde que na data do pedido posterior, o pedido anterior tenha sido retirado, abandonado ou recusado, sem ter sido submetido à inspeção pública e sem deixar subsistir direitos e que não tenham ainda servido de base para reivindicação do direito de prioridade. O pedido anterior então não poderá mais servir de base para reivindicação do direito de prioridade.

Art. 4ºB. - em consequência, o pedido apresentado ulteriormente num dos outros países da União, antes de expirados estes prazos não poderá ser invalidado por fatos verificados nesse intervalo, como por exemplo outro pedido, publicação da invenção ou sua exploração, oferecimento à venda de exemplares do desenho ou do modelo ou uso da marca, e esses fatos não poderão fundamentar qualquer direito de terceiros ou posse pessoal. Os direitos adquiridos por terceiros **antes do dia do primeiro pedido que serve de base ao direito de prioridade** são ressalvados nos termos da legislação interna de cada país da União.

Art. 4º, C(2) Estes prazos correm a partir da data **da apresentação do primeiro pedido**; o dia da apresentação não é contado.

O art. 8.2 do PCT reporta-se diretamente, incorporando, às normas citadas. De outro lado, o art. 2º do mesmo tratado assim determina:

XI) entende-se por "data de prioridade", para fins do cálculo dos prazos:

a) sempre que o pedido internacional comportar uma reivindicação de prioridade, de acordo com o artigo 8, a data do depósito do pedido cuja prioridade for assim reivindicada;[1411]

1411 Explica o WIPO Handbook, 5.32, p. 245. "Frequently after a first filing further improvements and additions to the invention are the subject of further applications in the country of origin. In such cases, it is

b) sempre que o pedido internacional comportar várias reivindicações de prioridade, de acordo com o artigo 8, **a data do depósito do pedido mais antigo cuja
prioridade for assim reivindicada**;

c) sempre que o pedido internacional não comportar qualquer reivindicação de
prioridade, de acordo com o artigo 8, a data do depósito internacional desse
pedido;

Igualmente, para a aplicação do art. 70.8 de TRIPs, leva-se em conta o primeiro
depósito.[1412]

Qual é o significado do *primeiro depósito*? Simplesmente, é a presunção que essa
é a data mais próxima da efetiva invenção.[1413] Em decisão de 14 de dezembro de 1981,
o CADE também indicou o primeiro depósito como o relevante para determinação
dos efeitos de uma patente estrangeira sobre a patente nacional, para fins da lei antitruste.[1414]

---

very practical to be able to combine these various earlier applications into one later application, when
filing before the end of the priority year in another member country. This combination is even possible
if the multiple priorities come from different member countries".

[1412] Resource Book, p. 770 "Article 70.8 provides that the Member will apply the criteria of patentability "as
if those criteria were being applied on the date of filing in that Member or, where priority is available
and claimed, the priority date of the application". When a patent application is first filed in a member
country of the Paris Union (as made applicable also under TRIPS), the applicant thereby secures a priority date. From this priority date, a one-year period is counted during which that applicant may file in
other countries of the Paris Union (Article 4, Paris Convention), and such applications "shall not be inva-
lidated by any acts accomplished in the interval, in particular, another filing, the publication or exploitation of the invention, . . . and such acts cannot give rise to any third party right or any right of perso-
nal possession."

[1413] STI Working Paper 2003/13, p. 13 "Patents can be compared using different date measures. The priority
date corresponds to the first filing worldwide and therefore closest to the invention date: to measure
inventive activity a patent should be counted according to the priority date (in the case of patent fami-
lies, the priority date corresponds to the earliest priority among the set of patents.)", OECD Directorate
for Science, Technology and Industry.

[1414] De que 'nação' está falando a Lei do CADE? 'Da Mãe-Pátria do primeiro titular da patente, isto é, da nação
onde se fez o depósito do primeiro pedido de privilégio de patente de invenção'? Ou se refere, indistinta-
mente, a qualquer país-membro da 'União para a Propriedade Industrial'? .... O Prof. Alexandre
Gnocchi foi um deles. Em seu esplêndido livro sobre Licenças e Royalties no Brasil, Mestre Gnocchi,
ao tratar do problema da prioridade unionista, declarou que, no seu entender: '... Não é suficiente (...) a apresentação da patente estrangeira. Há países que não adotam o exame prévio, como a França, a Itália, a
Espanha, Portugal e a quase totalidade dos países sul-americanos. Impõe, venha de onde vier o pedido de
patente, mormente quando relacionado com licenças no Brasil, um exame rigoroso, exigindo-se, antes de
mais nada, a apresentação da patente expedida 'no país de origem', notadamente quando procedente de
países organizados, em matéria de pesquisa' (Gnocchi, ob. cit., p. 193). E mais: '... Esta (a prioridade unionista) se adquire, legalmente com o primeiro depósito... perdida essa prioridade, o invento, em relação ao
Brasil, é domínio público' (idem, p. 188). Portanto, na linha de raciocínio de Gnocchi, e que nos parece a
certa e digna de ser acolhida por este E. Conselho, 'a nação de que nos fala a Lei n. 4.137/62 é a Pátria-
Mãe do primeiro titular da patente; é o país onde se fez o depósito do primeiro pedido de patente'. Voto
no Processo de Averiguações Preliminares n. 112, de 14 de dezembro de 1981. Representante: Bombril
S/A Indústria e Comércio; Representadas: Colgate Palmolive Ltda. e Colgate Palmolive Co. DOU de 24 de
dezembro de 1981, Seção I, p. 24.765 e ss.

O primeiro depósito também tem relevantíssimo efeito econômico, pois é o marco da eventual exclusividade perante a concorrência:

> Os efeitos potenciais do privilégio, em especial os econômicos, têm duração bem maior. Em primeiro lugar, contam-se do *primeiro depósito* do pedido, ainda que efetuado no exterior, pois o eventual concorrente levará em consideração a hipótese futura da concessão da exclusiva.[1415]
> O § 1º do art. 230 precisa que é condição objetiva de aquisição do direito que, no depósito nacional, o solicitante deverá indicar *a data do primeiro depósito no exterior*, obviamente da mesma invenção.[1416]
> É esse, e não qualquer outro depósito, o que dará ensejo ao processo de revalidação.
> *Quid*, se dois depósitos nacionais são simultâneos? A hipótese é difícil eis que o depósito se conta hora a hora, minuto e segundo.

[25] § 4.1. (C) Local do primeiro depósito

O depósito a que se refere o dispositivo é aquele feito *em país* – não em organismo internacional.[1417] Assim determina o § 3º ao indicar que *comprovada a concessão da patente no país onde foi depositado o primeiro pedido, será concedida a patente no Brasil, tal como concedida no país de origem.*

Vê-se aqui que não só há referência ao *país do primeiro depósito* mas também à expressão *país de origem.*

[25] § 4.1. (D) Revalidação de patente nacional estrangeira

O mesmo § 3º, que indica a natureza de depósito nacional (e não internacional) do primeiro depósito, enfatiza que a patente nacional corresponderá exatamente à patente *concedida no país de origem*. No mesmo país onde houve o depósito.

A revalidação será tanto mais exata quanto, para que se conceda a patente brasileira, haverá que se comprovar a concessão da patente no país onde foi depositado o

---

1415 Denis Borges Barbosa e Mauro Arruda, Sobre a propriedade intelectual. Campinas: UNICAMP, 1990 (Projeto "Desenvolvimento Tecnológico da Indústria e a Constituição de um Sistema Nacional de Inovação no Brasil"), encontrado em http://denisbarbosa.addr.com/47.DOC.

1416 Caso G 0002/98 de 31/5/2001 da divisão de recursos da EPO "The requirement for claiming priority of "the same invention", referred to in Article 87(1) EPC, means that priority of a previous application in respect of a claim in a European patent application in accordance with Article 88 EPC is to be acknowledged only if the skilled person can derive the subject-matter of the claim directly and unambiguously, using common general knowledge, from the previous application as a whole".

1417 A leitura atende às regras de interpretação estritíssima pertinente ao pipeline. Os legisladores estavam plenamente concientes da existência de convenções internacionais ou comunitárias e de depósitos internacionais, como o do PCT; a escolha foi, claramente, a do depósito nacional.

primeiro pedido. Se lá não houver concessão, mas em outro país, ou houver concessão internacional sem efeitos nacionais não há, em princípio, revalidação.[1418] A lei não se refere a *patente com o mesmo objeto*, mas concessão *da patente*, vale dizer, daquela mesma e exata patente que, *segundo a lei nacional*, for a resultante do *primeiro depósito nacional*.[1419]

Relação do primeiro depósito e da primeira concessão

O primeiro depósito deve, em primeiro lugar, corresponder *substantivamente* à patente concedida, nos parâmetros do já citado caso G 0002/98 de 31/5/2001 da divisão de recursos da EPO. Ou seja, a correspondência deve ser reconhecida somente se uma pessoa experiente na tecnologia em questão possa derivar o objeto da reivindicação diretamente e sem ambigüidades, usando o conhecimento geral comum, do depósito precedente como um todo. Ao que se poderia acrescentar: *exclusivamente* do depósito original, eis que cabe aí interpretação estrita.[1420]

Há casos em que a lei nacional aceita correspondência de um depósito apenas para efeitos de apuração de estado da técnica, mas não para efeitos de identidade, como a hipótese da continuação parcial de uma patente americana, a qual assim já descrevi:[1421]

Um caso específico de prioridade que merece cuidados especialíssimos é o que resulta de um pedido americano do qual se fez a chamada continuation in part (CIP). Uma continuação em parte no Direito Americano é um novo pedido repetindo em parte, ou o todo, de um pedido anterior, mas revelando material inven-

---

1418   A não ser se a lei nacional do país de origem assim determinasse.
1419   Ou de uma patente que, segundo a lei nacional do país de origem, seja equivalente ao primeiro depósito. Pode, assim, ocorrer que a patente nacional corresponda a mais de uma prioridade, inclusive a que constituiu o depósito inaugural: a lei nacional do país de origem qualificará essa patente como equivalente ou não, vedado o reenvio (art. 16 da LICC).
1420   Como se lê no parágrafo 6 da decisao da EPO: "5. In fact, a narrow or strict interpretation of the concept of "the same invention" referred to in Article 87(1) EPC, equating it with the concept of "the same subjectmatter" referred to in Article 87(4) EPC (cf. point 2 supra), is perfectly consistent with Articles 4F and 4H of the Paris Convention, which are provisions representing substantive law. Furthermore, the requirement of "the same subject-matter" does not contravene Article 4A(1) of the Paris Convention although this provision makes no mention of the subject-matter of the subsequent application. It is, however, generally held that the subsequent filing must concern the same subject-matter as the first filing on which the right of priority is based (cf. Wieczorek, Die Unionspriorität im Patentrecht, Köln, Berlin, Bonn, München, 1975, p. 149). This follows from the very aim and object of the right of priority: the protection from novelty destroying disclosures during a period of twelve months from the date of filing of the first application is necessary only in case of the filing of a subsequent application relating to the same invention. Finally, such a narrow or strict interpretation is also consistent with Article 4C(4) of the Paris Convention, which provides that a subsequent application concerning the same subject as a previous first application shall be considered the first application if, at the time of filing the subsequent application, the previous first application satisfies certain requirements; there is no reason why in this particular situation the concept of "the same invention" should be interpreted differently".
1421   "Uma Introdução", 2ª ed.

tivo novo, ou outras adições e modificações. Em seguida, o pedido inicial é habitualmente abandonado.

O objetivo normal de tal continuação é superar a rejeição do pedido por parte do Escritório Americano de Patentes.[1422] Quando o pedido do qual se reivindica prioridade foi objeto de CIP, aconteceu, via de regra,[1423] que o pedido a juízo do depositante, não tinha condições de prosseguimento como reivindicado. Assim, a prioridade brasileira resultou de um pedido que o próprio titular entendeu como sendo incapaz de obter a patente que desejava.

A nosso entender, há no caso pelo menos uma *presumptio juris tantum* de que o pedido brasileiro resultante dessa prioridade (no que aproveite desta) será insuficiente para atender os requisitos do patenteamento. Eminentes juristas brasileiros entendem que esta presunção seria *juris et de jure*. Este entendimento encontra respaldo no próprio direito americano,[1424] que, embora enfatize uma presunção de validade das patentes, ao mesmo tempo presume que o depositante, ao solicitar uma CIP, *após uma rejeição pelo USPTO*, aceita que o pedido inicial é inviável. Neste contexto, vale aliás lembrar que pelo art. 87.4 da Convenção da EPO, um pedido que foi depois abandonado e substituído não teria direito à prioridade na primeira data, mas só na segunda.

Em tais casos, não haverá correspondência substantiva entre o primeiro depósito e a concessão da patente. Faltando tal correspondência, o *pipeline* não prosperará, eis que as duas condições – depósito e concessão – são cumulativos, e a correspondência entre os dois uma exigência lógica.

Note-se que a cumulação dos dois requisitos (e seu vínculo) escapa da aplicação da lei estrangeira; é o art. 230 que o prescreve. Embora, individualmente, cada exigência será satisfeita segundo a lei do país estrangeiro, a soma dos dois existe na lei brasi-

---

1422 "A continuation-in-part is an application filed during the lifetime of an earlier nonprovisional application, repeating some substantial portion or all of the earlier nonprovisional application and adding matter not disclosed in the said earlier nonprovisional application. (In re Klein, 1930 C.D. 2, 393 O.G. 519 (Comm'r Pat. 1930))". Como se lê no parecer de Randall B. Bateman, Thorpe, North & Western, L.L.P., em http://www.dcs1.com/del/delpg5/inpart97.html (visitado em 29/8/02) "If, for example, an applicant is unable to obtain claims, or does not obtain claims with the desired breadth in the original or "parent" application, he or she may file a "continuation application" under the provisions of 35 U.S.C § 120". Outra fonte confirma o mesmo fato, Patent Law Basics: The Nature of an Invention, University of Utah's Technology Transfer Office (http://www.tto.utah.edu/ResearchersorInventors/patent5.htm), "7. Continuation-in-Part Application: The applicant may file a Continuation-in-Part, or "CIP", application. This is essentially a new application, giving the applicant an opportunity to restructure the application, to redefine the invention, to bring in new data or claims, and generally to make a fresh attempt to make an invention which would overcome the Examiner's rejections".

1423 Embora, para contrapor-se à presunção de invalidade do pedido brasileiro, o depositante pode sempre demonstrar que o CIP foi depositado no país de origem para contemplar aperfeiçoamentos (como no caso de nosso certificado de adição) ou para superar rejeições meramente formais. Mas, entendo, este ônus da prova cabe ao depositante.

1424 Pennwalt Corp. v. Akzona Inc., 740 F.2d 1573, 1578-79 (Fed. Cir. 1984). Vide Chisum e Jacobs, *op. cit.*, § 2(D)[4][b].

leira, e sua correlação necessária igualmente – essa resultante do critério (que é do direito brasileiro) de uma interpretação estritíssima da excepcionalidade.

Embora estritíssima a interpretação, o critério tem de ser sempre razoável, daí porque a indicação do parâmetro da jurisprudência de EPO, que se remete diretamente ao art. 4º da CUP, como um exemplo pertinente de correspondência entre depósito e concessão.

Efeito de um depósito nacional sobre uma patente comunitária

Desde que assim previsto e regulado pela lei nacional, e atendido o critério de vínculo necessário entre depósito e concessão, não é impossível que a concessão ocorra no país de origem como designação de uma patente comunitária ou equivalente. O primeiro depósito levaria à patente comunitária (mantida a correspondência acima citada) e essa teria efeito nacional.

Assim, na hipótese de a lei do país onde se fez o primeiro depósito indicar que uma concessão internacional com efeitos de depósito nacional resultou daquele primeiro depósito nacional, essa concessão internacional, no que tiver efeito nacional, poderá vir a preencher a hipótese de incidência do art. 230, desde que esse seja a *primeira* concessão da patente sobre o mesmo objeto inicialmente depositado.

[25] § 4.1. (E) Efeito da patente do país de origem sobre a patente pipeline brasileira

A patente brasileira será para o titular do depósito no Brasil, assim, no dizer de nossa lei de 1882, a *confirmação* de seus direitos aqui, como desenhados na patente do país de origem.

[25] § 4.1. (F) A duração da patente

Como ocorria normalmente nos séc. XVIII e XIX, antes da Convenção de Paris, a patente brasileira terá seu prazo limitado ao prazo da patente estrangeira:

§ 4º Fica assegurado à patente concedida com base neste artigo o prazo remanescente de proteção no país onde foi depositado o primeiro pedido

Notam Beltran e Chaveau,[1425] falando da primeira metade do séc. XIX:

Selon la même logique, la majorité des lois nationales limitait la durée du brevet national délivré à un étranger à celle du brevet étranger correspondant; il semblait

---

1425 Alain Beltran e Sophie Chaveau, Une histoire de la proprieté industrielle, WTO, 2001.

en effet logique de cesser d'accorder dês droits exclusifs sur le territoire national à une personne qui n'avait plus de droits équivalents dans son pays d'origine.

A redação da lei é instrutiva: levar-se-á em conta, para precisar o termo final da patente *pipeline*, **o prazo remanescente de proteção no país onde foi depositado o primeiro pedido.** Não se trata do prazo legal da lei estrangeira, i*n abstracto*; se o fosse, a redação seria outra, por exemplo, "o prazo previsto na lei do país de origem para duração da patente". Aqui, leva-se em conta o efetivo tempo de proteção, sujeito às vissicitudes da patente *a quo*.

Assim, se a patente estrangeira durar *efetivamente* cinco anos, contados de seu depósito no país de origem, sua duração no Brasil disto não ultrapassará.

Efeito das Vissicitudes do prazo estrangeiro

As vissicitudes incluem tanto as que diminuem ou eliminam o prazo das patentes no país de origem (por nulidade, cancelamento, etc.), quanto aquelas que ampliam o prazo inicial *da patente.*[1426]

1426 Quanto à noção de patente para efeitos do art. 230 da Lei 9.279/96, tive ocasião de dizer em http://denisbarbosa.blogspot.com/2004_12_19_denisbarbosa_archive.html "Uma aluna me indagou, e socializo um pouco minha resposta para a reflexão e eventual refutação dos colegas. Não creio que seja possível medir o tamanho da patente pipeline pela equação (patente original+SPC). Por que? Comecemos olhando o Art. 230. do CPI/96. Lá se diz que (§ 4º.) "Fica assegurado à patente concedida com base neste artigo o prazo remanescente de proteção no país onde foi depositado o primeiro pedido, contado da data do depósito no Brasil e limitado ao prazo previsto no art. 40, não se aplicando o disposto no seu parágrafo único." Acontece que esse período se refere à patente como definida nos tratados e convenções em vigor no país; o que diz o caput do art. 230 do CPI/96 é o direito é exercido "por quem tenha proteção garantida em tratado ou convenção em vigor no Brasil". Assim, é preciso então precisar o SPC é uma patente nos termos dessas convençoes e acordos. Não me parece que sejam. Em primeiro lugar, como diz o Council Regulation (EEC) No 1768/92 of 18 June 1992 concerning the creation of a supplementary protection certificate for medicinal products, encontrada em (http://europa.eu.int/smartapi/cgi/sga_doc?smartapi!celexpi!prod!CELEXnumdoc&lg=EN&numdoc=31992R1768&model=guichett) em seu art. 4º, a proteção não é idêntica à da patente, mas cobre apenas um segmento da proteção anterior - "the protection conferred by a certificate shall extend only to the product covered by the authorization to place the corresponding medicinal product on the market and for any use of the product as a medicinal product that has been authorized before the expiry of the certificate". A proteção é assim um monopólio do produto registrado na vigilância sanitária. Por que isso? Pela aplicação do princípio do balanceamento constitucional dos interesses em jogo:. Dizem os consideranda do Regulamento 1768/92: Whereas all the interests at stake, including those of public health, in a sector as complex and sensitive as the pharmaceutical sector must nevertheless be taken into account; whereas, for this purpose, the certificate cannot be granted for a period exceeding five years; whereas the protection granted should furthermore be strictly confined to the product which obtained authorization to be placed on the market as a medicinal product; Assim, a patente cobre a exclusividade da tecnologia reivindicada; o SPC do produto registrado. Como o produto é registrado lá, só lá, com efeitos exclusivamente circunscritos ao território pertinente, não há objeto possível em face de uma patente emitida aqui. Em segundo lugar, a proteção suplementar (a legislação comunitária e nacional evita com ênfase chamara proteção de "patente") é eventual, e resulta em cada caso de razões completamente independentes da concessão da patente. Só há SPC se o registro sanitário demorar. Assim, a natureza desse Certificado é indenizatório, compensação de uma mora da Administração absolu-

Esta vinculação entre a patente estrangeira e sua revalidação nacional constituía uma das principais razões para a crítica de tal sistema antes que entrasse em vigor a CUP:

Limitação do termo final pela aplicação do art. 40

Além de ser limitado à duração efetiva da patente revalidada, a patente *pipeline* terá um segunda limitação: o art. 230, § 3º, determina que tal duração *também* será limitada *ao prazo previsto no art. 40, não se aplicando o disposto no seu parágrafo único.*[1427]

Assim, ainda que a duração da patente estrangeira excedesse vinte anos, vinte anos no máximo duraria a patente *pipeline*.

Vinte anos contados de que prazo? A jurisprudência dominante, embora não uniforme, aplica o limite vintenário contado do depósito brasileiro:

No que se verifica do teor do parágrafo quarto do indigitado dispositivo, o prazo deve ser contado do depósito do requerimento de revalidação, descontado o prazo já vigente no exterior. Por isso a lei utiliza o vocábulo de sentido unívoco "remanescente". Remanescente significa: "deve ser descontado o prazo no qual a patente já tinha vigência em território estrangeiro". Logo, o termo a quo, é a data do depósito no exterior, limitado ao número máximo de 20 (vinte) anos, na forma do art. 40 do Código de Propriedade Industrial. Limitado, contudo, não é sinônimo de coincidente. Não se pode deferir a patente por 20 anos a contar do

---

tamente diversa da concessão patentária, e não consequência da simples revelação da tecnologia ao público. O motivo da concessão do SPC é distinto da concessão da patente. Ou seja, SPC não é patente. Em terceiro lugar, a prorrogação da patente pipeline em razão do SPC europeu importaria em fazer o público e o governo brasileiro indenizar uma desídia de uma administraçào estrangeira o que, por mais entusiasticos que possamos ser quanto à colaboração internacional, é uma doidura. Em quarto lugar, a economia do art. 230 é voltada exatamente às hipóteses em que "o objeto [da patente] não tenha sido colocado em qualquer mercado, por iniciativa direta do titular ou por terceiro com seu consentimento". Pode acontecer que esse retardo seja meramente voluntário; mas essa hipótese acadêmica empalidece quanto à probabilidade realísitica quer o diferimento resulte de retardo no registro sanitário. Assim, eventual barreira à entrada no mercado a quo é exatamente compensada aqui pela pipeline. Acrescer as farras do pipeline com mais acréscimos, a pretexto exatamente da mesma barreira à entrada é criar uma patente-marajá. Finalmente, vamos dar uma olhada no artigo 5º da Regulamento: Article 5 Effects of the certificate Subject to the provisions of Article 4, the certificate shall confer the same rights as conferred by the basic patent and shall be subject to the same limitations and the same obligations. Poderiam suscitar esse artigo como argumento que o SPC é, sim, patente. Mas é exatamente o que desmente o texto acima. O SPC corresponde aos teor da patente, Subject to the provisions of Article 4". Ou seja, no tocante ao produto registrado. E só nele."

[1427] Art. 40. A patente de invenção vigorará pelo prazo de 20 (vinte) anos e a de modelo de utilidade pelo prazo 15 (quinze) anos contados da data de depósito. Parágrafo único. O prazo de vigência não será inferior a 10 (dez) anos para a patente de invenção e a 7 (sete) anos para a patente de modelo de utilidade, a contar da data de concessão, ressalvada a hipótese de o INPI estar impedido de proceder ao exame de mérito do pedido, por pendência judicial comprovada ou por motivo de força maior.

depósito no exterior. Deve-se verificar qual o prazo vigente lá, contá-lo in totum e limitá-lo a vinte anos do depósito da revalidação no Brasil.[1428]

Deve ficar claríssima a natureza de revalidação, eis que, como esclarece o mesmo acórdão:

O que se deve asseverar, contudo, é que o limite máximo de 20 (vinte) anos é contado da data do depósito do requerimento de revalidação, mas nada impede que este prazo seja menor. (...) Mas se a patente já estava perto da expiração no estrangeiro, não deve a lei brasileira lhe ampliar a vigência, o que ocorreria se não contasse apenas o prazo remanescente.

[25] § 4.2. A questão de Direito Internacional Privado

Em um número de fatores, o art. 230 da Lei 9.279/96 aponta para a lei estrangeira pertinente. Tal lei, apontada como pertinente, se aplicará da seguinte forma:

1. Prescrevendo qual é a data do primeiro depósito no exterior.
2. Prescrevendo o que é um depósito válido segundo seu Direito.
3. Qualificando o que é patente segundo o direito próprio.
4. Prescrevendo as condições de concessão da patente revalidanda.
5. Prescrevendo o conteúdo dessa patente revalidanda, que será idêntico ao *pipeline* brasileiro.
6. Determinando qual é o prazo remanescente da patente revalidanda.

[25] § 4.2. (A) Técnicas de aplicação do direito estrangeiro em matéria de patentes

Os pressupostos da qualificação, validação e aplicação dessa lei estrangeira são determinados pelo direito internacional privado brasileiro.

A primeira regra é que na determinação da lei estranha ou estrangeira declarada competente, o princípio básico é a observância do que dispõe tal lei a respeito.[1429]

E, mais ainda:

A interpretação, inclusive a qualificação, da lei estrangeira se fará, sem dúvida, de acordo com as regras de hermenêutica do direito estrangeiro.

1428 MAS, apelado Hoeschst Aktiengesellshaft<. Rel. Des. André Fontes, no mesmo sentido (AMS 41640, Rel. Des. Fed. Sérgio Schwaitzer, DJ 17 - 03 - 2004) e (STJ, RESP 445712, Rel. Min. Castro Filho, DJ 28-06-2004).

1429 VALLADÃO, Haroldo. Direito Internacional Privado - Introdução e parte geral vol. I. Rio de Janeiro: Freitas Bastos, 1980, p. 465 a 467.

Assim, o juiz do foro acatará, inicialmente, a interpretação ali a sente pelos respectivos tribunais, em geral pela Corte Suprema. Estando problema em aberto, optará segundo os critérios de exegese lá estabelecidos

Disse, com exatidão, a Corte Permanente de Justiça Internacional da Haia que: "não seria aplicar um direito interno, aplicá-lo de maneira diferente daquela pela qual é ele aplicado no país onde está em vigor.[1430]

No tocante a direitos de patente, tem-se – segundo o direito brasileiro pertinente – é a lei do país onde a patente é concedida que regula seu estatuto, tanto para qualificar quanto para prescrever.[1431] Tal ocorre o art. 8º da LICC diz que *para qualificar os bens e regular as relações a eles concernentes, aplicar-se-á a lei do país em que estiverem situados.*

O Código Bustamante (Dec. 18.871 de 13/08/1929), por sua vez, assim dispõe:

Art. 108. A propriedade industrial e intellectual e os demais direitos analogos, de natureza economica, que autorizam o exercicio de certas actividades concedidas pela lei, consideram-se situados onde se tiverem registrado officialmente.

Nota Haroldo Valadão também que a própria CUP tem norma de DIP, apontando para a aplicação da lei do lugar onde é concedida a proteção:

Dos três problemas clássicos do DIP (II. Valladão, DIP, I4, Cap. IV), do primeiro, dos conflitos *no gozo dos direitos* (condição dos estrangeiros ou estranhos), do segundo, conflitos no *exercício* dos direitos (aplicação direta da *lex fori* ou da lei estrangeira ou estranha, conflitos de leis *stricto sensii)* e do terceiro, dos conflitos no *reconhecimento dos direitos* (adquiridos no exterior, aplicação indireta da lei alienígena) — a Convenção preferiu, e bem o fez, se concentrar no primeiro, *admitindo o estrangeiro à igualdade com os nacionais* em matéria de propriedade industrial, das vantagens concedidas pelas leis de cada Estado (art. 2º, § 19) atualmentc e no futuro, sem prejuízo dos direitos especialmente previstos na Convenção, e, no terceiro, no *reconhecimento dos direitos adquiridos* noutro Estado, direito de prioridade (art. 4º).

Mas aditou, embora indiretamente, também um *princípio de conflito de leis,* o da aplicação da lei do lugar de proteção, consequente à independência dos direitos (arts. 29, 4 *bis,* 6 *bis* e *quater,* etc.). (Grifei)

O mesmo autor completa:

1430 Idem, eadem.

1431 Vide Maristela Basso, Direito Internacional Privado e a lei aplicável ao regime jurídico dos direitos patentários, Estudos em honra ao Professor Jacob Dolinger, Renovar 2006, p. 639 e seg.

Acerca dos conflitos de leis em matéria de propriedade industrial, *stricto sensu*, no exercício dos direitos, o direito brasileiro adota o <u>princípio da lei do lugar do país da proteção</u>.[1432]

Assim, para responder cada uma daquelas questões, prescritivas ou qualificativas, se utilizará a *lei do país que conceder a patente*.

Depósito nacional e patente comunitária

Há casos, como o que ocorre sob a Convenção da Patente Européia, em que um depósito nacional dará origem a uma patente comunitária; expedida, após exame, essa patente *poderá* ter efeitos no próprio país onde foi depositado o pedido, não como título nacional, mas como derivado do tratado.

Acompanhemos, aqui, a excelente análise de Maristela Basso:[1433]

Os países europeus, além de poderem faz parte do sistema PCT, celebraram a Convenção de Munique,[1434] que disciplina o sistema de obtenção da "patente europeia", cujo art. 64, § 1º, estabelece: "A patente europeia confere a seu titular, a contar do dia da publicação da menção da sua concessão e em cada um dos Estados contratantes em relação aos quais foi concedida, os mesmos direitos que lhe conferiria uma patente nacional concedida nesse Estado".[1435]

Este dispositivo completa o artigo 2º, § 2º, da mencionada Convenção de Munique, o qual prevê:

"Artigo 2º Patente europeia. (1) As patentes concedidas em virtude da presente Convenção são denominadas patentes europeias, (2) Em cada um dos Estados

---

1432 Valadão ainda nota: "Corresponde à melhor doutrina, Plaisant, Trat. Dr. Conv. Internac, concernant la Prop. Ind., 1949, p. 81-82; wolff, *op. cit.*, p. 547; e Walter J. Deremberg, in XX Cent. Comp. Law... in honnour of yntema, 1961, p. 419-420; no Brasil Gama Cerqueira, II, 1956, p. 421.

1433 Maristela Basso, Direito Internacional Privado e lei aplicável ao regime jurídico dos direitos patentários,in Carmen Tibúrcio e Luis Roberto Barroso, org., O Direito Internacional Contemporâneo, Estudos em homenagem ao Professor Jacob Dolinger, Ed. Renovar 2006.

1434 [Nota do original] De acordo com Y. Marcellim, Le droit français de la propriété intellectuelle, 1 999, p. 424: "La Connvention de Mumch, signée par seize Etats européens le 5 octobre 1973 institue un brevet européen qui, aux termes d'une procédure de délivrance unique avec examen préalable, délivre un brevet européen qui se divise ensuite en brevets nationaux ayant effet dans chacun des Etats designes dans la demande de brevet européen par lê demandeur." (A Convenção de Munique, assinada por dezesseis Estados europeus em 5 de outubro de 1973 instituiu uma patente europeia que, conforme um procedimento de expedição único com exame prévio, expede uma patente europeia a qual, em seguida, divide-se em patentes nacionais gerando efeitos em cada um dos Estados designados pelo solicitante no pedido de patente europeia —tradução livre).

1435 [Nota do original] Article 64 (1) J: "A European patent shall, subject to the provisions of paragraph 2, confer on its proprietor from the date of publication of the mention oj its grant in each contrating State in respect of whirh is granted the same rights as would be conferred by a national patenl granted in that State".

1811

contratantes para os quais é concedida, a patente europeia tem os mesmos efeitos e é submetida ao mesmo regime que uma patente nacional concedida nesse Estado, a não ser que a presente Convenção disponha de outra forma.[1436]

Como se vê, no direito convencional regional europeu, a patente europeia, após a sua concessão, tem efeito de patente nacional em cada um dos Estados contratantes para os quais ela foi designada, e é submetida à lei interna de cada um desses países.

Com efeito, após a concessão da "patente europeia", ela dá lugar a um conjunto de patentes nacionais, então independentes.

Paul Mathély, ao comentar citado artigo 2º da Convenção de Munique, assevera:

"Assim, para a proteção acordada, a patente europeia é assimilada à patente nacional em cada um dos Estados onde ela se aplica. A patente europeia se beneficia, portanto, em cada Estado, de direitos exclusivos de exploração da invenção protegida, que a lei desse Estado acorda às patentes nacionais." (tradução livre).[1437]
Da mesma forma, vale a pena referir A. Chavanne e J. Burst, quando afirmam que "no momento da concessão da patente europeia, aparecem tantas patentes nacionais quantos os Estados que o depositante designou em seu depósito. Aqui se manifesta a originalidade do sistema iniciado pela Convenção de Munique. A patente europeia encontra-se submetida a um duplo regime jurídico. Tudo que diz respeito à sua validade, ao seu alcance e à sua propriedade é de competência da lei europeia. Para todas as outras regras, devem-se seguir as diferentes leis nacionais" (tradução livre).[1438]

Como sustenta J. C. Galloux "não se trata verdadeiramente de uma patente europeia, mas de patentes nacionais de origem européia".[1439] Entende-se, por conseguinte, que ainda que o procedimento de obtenção faça o percurso do sistema internacional PCT para o gional europeu, a "patente europeia" se nacionaliza em cada país desig-

---

1436 [Nota do original] Article 2º: "(1) Patents granted by virtue of this Convention shall be called European patents (2) The European patent shall, in each of the Contracting States for which it is granted, have the effect and be subject to the same conditions as a national patent granted by that State, unless otherwise provided in this Convention"

1437 [Nota do original] Paul Mathély, Lê Droit Européen dês Brevet dInvention, Journal des notaires et des avocats, 1978, p. 385: "ainsi, pour la protection qu'il accorde, le brevet européen est assimile au brevet national dans chacun des Etats ou il s'applique. Le brevet européen beneficie donc, dans chaque Eta, des droits exclusifs d'exploitation de Invention protégée que la loi de cet Etat accorde aux brevetés nationaux".

1438 [Nota do original] A Chavanne e J. Burst, Droit de la propriété industrielle, 1998, p. 31 3-4: "Dês lors que lê brevet européen est délivré, il éclate. en autant de brevets natinnaux que lê demandeur a designe d'Etats dans sa demande C'est ici que se manifeste l' originalité du système mis en uvre par la Convention de Munich. Lê brevet européen se trouve soumis à un double regime juridique. Tout ce qui a trait à sa validité, à sã portée à sãa propriété est du ressort de la loi eurupéenne. Pour toutes lês autres règles, il est du ressort des, diferentes lois nationales.

1439 [Nota do original] Droit de la propriété industrielle, 2000, p. 58: "En réalité, il ne s'agit pás vérita blement d'un brevet européen mais de brevet nationaux d'origine européenne."

nado no qual se busca a proteção, e tem efeitos territoriais em cada um deles. Como se vê, não há "efeitos supranacionais" ou "comunitários" da patente, já que não existe a "patente comunitária".[1440]

Efeitos da patente européia no direito nacional

A remissão evidente ao *país onde foi depositado* não inclui, necessariamente, nem exclui, necessariamente, hipóteses como os efeitos posteriores de designação de uma patente comunitária, obtida com base nesse depósito. A inclusão ou exclusão da hipótese vai depender da lei do país onde foi feito o primeiro depósito, que dará os efeitos locais.

Isso se dá, *em primeiro lugar*, pelo princípio da independência das patentes, aplicável igualmente a esse tipo de patentes. De novo, Maristela Basso:

No que diz respeito às ações de nulidade das patentes européias faz-se mister observar o disposto no artigo 138, § 1º, da Convenção de Munique:

"Artigo 138. Causas de nulidade. (1) Sob reserva das disposições artigo 139, a patente europeia só pode ser declarada nula, em conseqüência da legislação de um Estado contratante, com efeito sobre o território deste Estado (...)."[1441]

A redação do artigo reflete as disposições dos artigos 2º, § 2º, e 64, § 1º, da Convenção, anteriormente mencionados, e deixa claros os princípios da independência e territorialidade das patentes.

Oportunas são as palavras de Paul Mathély a este respeito:

"Como previsto no artigo 138, a anulação, pronunciada em virtude da legislação de um Estado contratante, produz efeito sobre o território deste Estado. A nulidade somente afeta a patente europeia dentro do Estado considerado', ela não atinge a patente europeia nos outros Estados nos quais ela foi concedida. É a consequência necessária do sistema segundo o qual a patente europeia acordada transforma-se em á patentesnacionais em cada um dos Estados designados" (tradução livre).[1442]

1440 [Nota do original] Não podemos confundir a "patente europeia" com a "marca comunitária". Esta foi adotada a partir do Regulamento CF. de 20.dez.1993

1441 [Nota do original] Article 138 (1): "Subject to the provisions of Article 139, a European patent may only be revoked under lhe law of a Contracting State., with effect for its territory (...)."

1442 [Nota do original] Paul Mathély, Le droit européen dês brevet d'invention, Journal dês notaires et dês avocats, 1978, p. 412: "(...) comme lê dit l'article 138, l'annulation, prononcée en vertu de la. législation d'un Etat contractant, produit effet sur le territoire de cet Etat'. La nullité n´affecte donc lê brevet européen que dans l'État considere, elle ne touche pás lê brevet européen dans les autres Etats pour lesquels il est délivré. C'est la conséquence nécessaire du système, selon leque! lê brevet européen accordé éclate en brevets nationaux dam chacun dês Etats designes".

No mesmo sentido se manifesta Frédéric Pollaud-Dulian:

"A anulação pronunciada por uma jurisdição nacional somente possui efeito sobre o território desse Estado (artigo 138) e não afeta em nada o destino da patente europeia nos outros Estados designados" (tradução livre)[1443]

Em segundo lugar, e exatamente devido a esse princípio, é a lei nacional que cabe perquerir; é ela que vai dar os efeitos da patente europèia em seu próprio território. Certo é que, não sendo o Brasil parte na Convenção Européia, apenas o vínculo com o país *parte de tratado ou convenção em vigor no Brasil*, como prevê o próprio art. 230 aponta a lei pertinente ao *pipeline*.

Essa é uma imposição de Direito Constitucional. Dar efeitos em território nacional ao tratado – não aplicável ao Brasil – não só negaria vigência à LICC que aponta a lei *do país onde a patente tem efeito* como relevante,[1444] mas também o princípio que só a aprovação pelo Poder Legislativo e a promulgação pelo Poder Executivo dão vigência a texto internacional em território nacional.

Os efeitos do tratado, assim, só podem ser lidos através da lei de um *país*. Qual país? O texto do art. 230 particulariza como norma específica em face das regras gerais de DIP: aquele país *onde foi feito o primeiro depósito* e – simultaneamente – *onde a patente foi concedida*. Assim, o tratado será lido *sob a ótica desse Direito Nacional*, que dirá, assim se uma eventual patente nacional concedida sob as leis nacionais e pelo INPI local é englobada, substituída, ou repelida, ou não, por uma eventual patente européia.[1445]

[25] § 4.2. (B) Limites de aplicação da lei estrangeira

Majoração de prazo estrangeiro sem correspondência no direito nacional

No entanto, tais vicissitudes não podem incluir certas circunstâncias idiomáticas ao sistema jurídico do país de origem, por exemplo, qualquer prorrogação que

---

1443 [Nota do original] Frédéric Pollaud-Dulian, Droit de Ia propriété industrielle, 1999, p. 825 "(...) l'annulation prononcée par une. juridiction nationale n`a d'effet que sur le territoire de cet Etat (article 138) et n`affecte donc en rien lê sort du brevet européen dans les autres Etats designes".

1444 Segundo o art. 16 da LICC, vedado o reenvio.

1445 Cabe assim reparo à conclusão do Acórdão do caso Hoescht segundo o qual "Vale dizer, a concessão do privilégio perante o Escritório Europeu de Patentes, que é procedimento, englobou aquele iniciado junto à Repartição Alemã de Patentes nos idos de 1992 (a lei defere um prazo de até 12 meses para o exercício do direito de prioridade), fazendo com que a proteção deferida em 1993, em relação à Alemanha, equivalesse à uma patente nacional, cujo prazo de vigência, pelo que consta dos autos, é 14.09.2013 (fl. 78)." A noção de se a patente européia (que, sem dúvida, tem efeitos de patente nacional nos países apontados segundo a respectiva Convenção) engloba ou não emgloba a patente nacional eventualmente concedida no primeiro país onde foi concedida a patente será algo que a lei nacional deste primeiro país dirá. Com efeito, se o Brasil não é membro da Convenção, os efeitos deste primeiro depósito, inclusive em face da patente européia, é dado – segundo o Direito Internacional Privado brasileiro, pela lei desse primeiro país de depósito. Se assim não fosse, o Brasil estaria dando efeito direto a Convenção de que não é parte, o que seria contrário à Constituição Brasileira.

Tratado da Propriedade Intelectual

resulte de retardo ou inadimplemento de atos governamentais estranhos ao sistema de patentes.

Em alguns países, assegura-se, seja por meio de prorrogação do prazo da patente, seja por outros meios (que serão ou não qualificados pela lei nacional como patente; se não o forem, descabe revalidação simplesmente pela doutrina das qualificações) um aumento do prazo dos direitos do titular da patente, por exemplo, pelo fato de o órgão registral sanitário ter alongado o exame dos testes de toxicologia, meio ambiente, etc.

A revalidação não alcança, porém, esse atos – mesmo de prorrogação da *patente* –, quando tenham eles a natureza compensatória ou retributiva de ações do Estado local que tenham retardado a comercialização dos produtos resultantes da patente sem em nada afetar o direito de exclusão, essencial ao privilégio. Coisa diversa se entenderia se tais atos eliminassem *pro tempore* o *direito exclusivo*, como por exemplo, a suspensão da patente enquanto se apura a nulidade, com plena liberdade de os concorrentes usarem do objeto para a qual se pediu o privilégio.

Trata-se aqui da execução de dois dos princípios que excluem a norma de aplicação da lei estrangeira. O primeiro é que tal prorrogação *não encontra correspondência* no direito brasileiro.

Não se aplica, também, a lei estrangeira, por razões paralelas à da ordem pública, quando o instituto não tiver correspondência no direito nacional.[1446]

O segundo é que, ao fazer o competidor nacional ter retardado seu livre acesso ao mercado nacional, pelo fato de o titular da patente demorar a ter acesso a mercado estrangeiro por razões da Administração Pública (não patentária) desse país estrangeira, faria o nacional pagar o preço pela mora de outro Estado. Há um óbvio desequilíbrio entre os direitos e obrigações do titular da patente em face do Direito Nacional. O que vai claramente contra a ordem pública:

Tal como no mecanismo imunológico dos organismos vivos, opera a Ordem Pública pela rejeição dos corpos estranhos que possam afetar o equilíbrio do sistema em causa.

Trata-se, à evidência, de um mecanismo defensivo, e é essa a sua finalidade. Que a Ordem Pública visa defender? É questão que só comporta uma resposta, de ordem geral: a coerência do sistema jurídico. Essa coerência decorre de uma situação social que o sistema incorpora e tenta reger, deve reger, operando, nas palavras do Prof. Dollinger, como "reserva mais aguerrida no sentido do isolamento jurídico de cada sistema nacional".[1447]

[25] § 5. Da inconstitucionalidade do pipeline do art. 230

Nesta seção, demonstraremos que, se o art. 230 da Lei 9.279/96 for entendido como eliminando para as patentes sob *pipeline* o atendimento ao exame dos requisi-

---

1446 Luiz Olavo Baptista, O direito estrangeiro nos tribunais brasileiros, Revista Forense – Vol. 355 Doutrina, p. 98.
1447 Idem, p. 96.

tos do art. 8º da mesma lei, novidade, atividade inventiva e utilidade industrial, tal artigo é inconstitucional.

[25] § 5.1. A proposta do art. 230

A proposta de uma patente de importação, anormal e contrária tanto ao princípio constitucional da inderrogabilidade do domínio público quanto aos padrões e ao Direito Internacional desnuda e obscena pareceu, mesmo aos propositores do regime, algo um pouco excessivo.

No contexto da Lei 9.279/96, é preciso que se lembre, a proposta visava retirar da tumba do tempo tecnologias já publicadas, de conhecimento geral e, já que não patenteáveis no Brasil e num sem-número de outros países, também em domínio público.

Não se chegou, desta feita, à proposta de uma patente de importação pura e simples, que afrontasse o domínio público de forma a retirar a liberdade de iniciativa àqueles empresários que já tivessem utilizando a tecnologia de uso livre.

O texto legal, como promulgado, assim se desenha:

1) assegura-se patente mesmo às tecnologias já de conhecimento de todos, por já publicadas ou divulgadas em meios técnicos e científicos, ou seja, a tecnologias que já estivessem no estado da técnica no momento da Lei 9.279/96.[1448]

2) excluem-se, no entanto, as tecnologias já postas no mercado, em qualquer lugar do mundo no momento da Lei 9.279/96.

3) excluem-se, ademais, as tecnologias já utilizadas por competidores, no Brasil, já no mercado, ou sob sérios e reais preparativos para fazê-lo no momento da Lei 9.279/96.

4) a patente seria deferida no Brasil quando deferida a patente estrangeira correspondente.

5) o prazo dessa patente seria a da patente estrangeira segundo sua lei de regência, limitada aos 20 anos previstos na Lei 9.279/96.[1449]

1448 Cabe aqui um importante reparo: o art. 230 ao impedir o INPI de verificar a novidade dos pedidos, impede que seja declarado que o invento está no estado da técnica no momento em que a Lei 9.279/96 entrou em vigor, mas também impede que se constate a falta de novidade mesmo na data do depósito estrangeiro!

1449 Há que entender-se: de depósito da primeira patente estrangeira. No entanto, há jurisprudência divergente. "O prazo de vigência da patente concedida no âmbito do pipeline é o prazo estabelecido pela legislação que primeiro concedeu a patente, limitado a 20 anos da data de depósito no Brasil. (2ª Turma Especializada TRF/ RJ Des. André Fontes MS 9900609760). Acórdãos em mesmo sentido: STJ, RESP 445712, Rel. Min. Castro Filho, DJ 28-06-2004 e AMS 41640, Rel. Des. Fed. Sérgio Schwaitzer, DJ 17 – 03 – 2004 6ª Turma TRF/RJ".

Nota-se, assim, certo decoro na proposta. Já que o atendimento ao parâmetro legal e constitucional brasileiro – de novidade cognoscitiva e absoluta – era contraditório com o interesse perseguido, ajeitou-se uma noção de novidade no mercado.

Além disso, também se introduziu a preservação de um direito de usuário anterior – o nacional que, seja por esforço próprio, seja por conhecimento da tecnologia em domínio comum, tenha entrado no mercado, ou esteja em vias de fazê-lo.[1450] Aqui, a proposta segue, no pertinente, a lei americana que ressalvou da extensão de patentes, resultante da aplicação de TRIPs, os competidores já no mercado ou aprestados a fazê-lo.[1451]

O decoro também surge no que o art. 230 admite exame de certos requisitos pelo INPI. Além do exame da novidade de mercado e do direito do usuário anterior, o art. 230 permite à autarquia o exame dos requisitos de existência de invento (art. 10), e de inexistência de imprivilegiabilidade (art. 18).

Assim, o INPI poderia rejeitar um pedido de pipeline se o objeto da patente fosse, por exemplo, uma sugestão abstrata, que não solvesse nenhum problema técnico (ou seja, se não houvesse invento); e poderia rejeitar (uma vez mais, como exemplo) um pedido de pipeline que importasse em patentear uma nova ave comestível (privilégio de seres vivos superiores, proibido pelo art. 18).

O que fica vedado ao INPI, pelo art. 230, é o exame técnico do art. 8º da Lei 9.279/96, de novidade, atividade inventiva e utilidade industrial.[1452]

1450 CLÉVE, Clémerson Merlin & RECK, Melina Brekenfeld . A repercussão, no regime da patente de pipeline, da declaração de nulidade do privilégio originário. Revista da ABPI, São Paulo: Prêmio Editorial, n. 66, set/out. 2003, p. 24. " O regime do pipeline, porque transitório e excepcional, confere proteção patentária singular, eis que mantida, expressamente, pela lei a imunidade do usuário anterior. Assim, nos termos do artigo 232 da Lei de Propriedade Industrial, a produção ou utilização, nos termos da legislação anterior, de substâncias, matérias ou produtos obtidos por meios ou processos químicos e as substâncias, matérias, misturas ou produtos alimentícios, químico-farmacêuticos e medicamentos de qualquer espécie, bem como os respectivos processos de obtenção ou modificação, mesmo que protegidos por patente de produto ou pro¬cesso em outro país, de conformidade com tratado ou convenção em vigor no Brasil, poderão continuar, nas mesmas condições anteriores à aprovação da lei. Razão pela qual não será admitida qualquer cobrança retroativa ou futura, de qualquer valor, a qualquer título, relativa a produtos produzidos ou processos utilizados no Brasil em conformidade com a previsão do artigo 232. A imunidade alcança também aqueles que, no período anterior à vigência da nova lei, tenham realizado investimentos significativos para a exploração de produto ou de processo referidos no mesmo artigo 232."

1451 A Seção 154(c) do Título 35 do Código dos Estados Unidos, alterado pela Lei de Aplicação dos Acordos da OMC (URAA), assim dispõe: (c) CONTINUATION. — (1) DETERMINATION. — The term of a patent that is in force on or that results from an application filed before [June 8, 1995] shall be the greater of the 20-year term as provided in subsection (a), or 17 years from grant, subject to any terminal disclaimers.(2) REMEDIES. — The remedies of sections 283 [damages], 284 [injunction], and 285 [attorneys fees] of this title shall not apply to Acts which — (A) were commenced or for which substantial investment was made before [June 8, 1995]; and (B) became infringing by reason of paragraph (1). (3) REMUNERATION. — The acts referred to in paragraph (2) may be continued only upon the payment of an equitable remuneration to the patentee that is determined in an action brought under chapter 28 and chapter 29 (other than those provisions excluded by paragraph (2)) of this title.1

1452 DANNEMANN, Siemsen Bigler & Ipanema Moreira. Comentários à lei de propriedade industrial e correlatos. Rio de Janeiro, São Paulo:Renovar, 2001, p. 495 "De acordo com o § 3º, fica estabelecido que para

[25] § 5.2. A retórica de ponderação do art. 230

O equilíbrio de interesses expresso pelo art. 230 tem, dessa feita, seu encanto. Retira-se do domínio comum tecnologias de conhecimento geral, mas, numa ação entre amigos, poupam-se os empresários que já entraram no mercado, ou estão quase lá.

O encanto aqui é o de impedir a contestação do sistema pelos que já estão no mercado. Melhor seria o monopólio, mas se o oligopólio é inevitável, adotemos o cartel com doçura. A patente sai, e o empresário beneficiado dividirá com o titular um mercado protegido, contra novos competidores.

O fato de que o domínio comum é de interesse da sociedade em geral é descartado. Só a livre entrada no mercado assegura o preço socialmente justo. O acesso futuro da tecnologia por laboratórios públicos ou outros agentes sociais foi excluído.

Mas a exclusão não teve contrapartida; o monopólio ou oligopólio é conferido, retirando do acesso comum a tecnologia, sem a contrapartida constitucional da revelação da tecnologia. Tudo já foi revelado. Há decoro e prudência, mas não constitucionalidade. A falta de moralidade pública não deixa de afrontar o art. 37 da Constituição, só por ser discreta e sisuda.

Viola-se assim, o subprincípio constitucional da exclusividade sobre o novo.

[25] § 5.3. A novidade de mercado do art. 230 não é constitucional para as patentes de invenção

Sondemos, no entanto, os outros adereços do art. 230. Há novidade, mas não cognoscitiva. Há novidade de mercado. Tal tipo de novidade realmente existe no sistema jurídico, na história e no momento.

D. João VI, ao criar nossa primeira patente, exigia apenas novidade de mercado e relativa: no mercado brasileiro; mas era vedada a patente de estrangeiros, e o privilégio visava à industrialização da economia local. O equilíbrio de interesses configurado pela cláusula finalística do art. 5º, XXIX, da atual Constituição (o sistema de patentes deve contribuir para o desenvolvimento econômico, social e tecnológico do País) estaria integralmente prestigiada pelo Alvará de 1809.

Essa novidade de mercado assegurava nova indústria, empregos, experiência e provavelmente preços ao País. O pipeline resulta de interesses diversos, possivelmente contrários.

Também é admitida a novidade de mercado para a proteção de cultivares. Como indicado em seção própria, a descrição e publicação de uma variedade de planta pode até enriquecer a literatura pátria, como o faz Euclides da Cunha n'Os Sertões. Mas em nada contribui para a solução dos problemas concretos da economia e da sociedade. A

---

a concessão das patentes requeridas de acordo com art. 230 não será realizado exame técnico no que diz respeito aos requisitos de novidade, atividade inventiva e aplicação industrial".

Tratado da Propriedade Intelectual

planta tem de estar disponível para uso ou replantio. A novidade de mercado corresponde assim à modalidade adequada às variedades de plantas, atendendo, quanto a esse tipo de criação tecnológica, o Princípio da Inderrogabilidade do Domínio Público.

A proteção de cultivares, porém, não está adstrita à cláusula de patentes; a Constituição de 1988 reservou cláusula diversa a sua prefiguração constitucional:[1453]

Além dos inventos industriais, protegidos desde a Constituição de 1824, a atual Constituição dispõe:

a lei assegurará (...) proteção às criações industriais (...), tendo em vista o interesse social e o desenvolvimento tecnológico e econômico do País.

Quanto a tais criações, não se prevê a nível constitucional privilégio, isto é, direito exclusivo, nem temporariedade; não se designa autoria, nem se vincula o direito aos inventos. Desta forma, além dos inventos industriais, o texto constitucional prevê a possibilidade de proteção, sempre dentro dos parâmetros do interesse social e o desenvolvimento tecnológico e econômico do País, de criações industriais. Quais serão tais criações?

Serão elas criações. Aqui, como na hipótese anterior, não se trata de proteção a descobertas. E serão elas industriais, ou seja, práticas, numa acepção econômica. A Constituição não vincula tal proteção à utilização do próprio invento, como também não dá o privilégio da utilização exclusiva. A temporariedade, que é limite do direito, mas também é garantia de sua perenidade, enquanto dure, não se acha expressa no texto constitucional: a proteção durará enquanto o exigir o interesse público, ou enquanto persistir o fato que lhe dá causa (por exemplo, o segredo subjacente). (...)

Abrangeria tal cláusula constitucional outras criações industriais, que não as relativas aos programas de computador? Certamente, sob os limites e condicionantes do interesse social e do desenvolvimento tecnológico e econômico nacional, a lei poderia prever outras hipóteses; aventou-se, por exemplo, a proteção dos segredos de indústria, ou do know how, dos semicondutores, e certamente as variedades de plantas.

Se o faz, é para vincular aos requisitos constitucionais de uso social, independentemente de conferir a tais direitos o estatuto de propriedade ou exclusividade.

A novidade própria às patentes de invenção, e adotada no sistema jurídico brasileiro, é o da cognoscitiva e absoluta. Configura-se o privilégio na presença de uma tecnologia desconhecida e para o propósito de revelá-la. Se a patente é concedida depois que o público conheceu a tecnologia e teve a liberdade de usá-la economicamente, ocorre um monopólio sem contrapartida que já afrontaria os tribunais do séc. XVII.

Assim, a novidade de mercado adotada pelo art. 230 do CPI/96 não atende os pressupostos constitucionais da proteção das criações intelectuais.

1453 Deste autor, Bases Constitucionais da Propriedade Intelectual, na Revista da ABPI de Agosto de 2002, incuído em Uma Introdução à Propriedade Intelectual, 2ª edição, Ed. Lumen Juris, 2003.

[25] § 5.4. A hipótese de que o exame seja delegado à autoridade estrangeira

Uma outra hipótese deve ser suscitada, antes de entender que o art. 230 seja inconstitucional por desrespeito ao Princípio da Inderrogabilidade do Domínio Público. Nessa tese, no caso não se teria abolido o exame de novidade, atividade inventiva e utilidade industrial. Apenas, por medida de racionalidade, o art. 230 deferiria à autoridade estrangeira que já examinou a patente importada tal exame. Tanto seria assim que só se concede a patente nacional após a concessão estrangeira.

Aqui também grassa a retórica da constitucionalidade aparente. Inicialmente, note-se que o fato de a patente ter sido outorgada em outro país não significa que houve o exame exigido pela legislação brasileira. Tanto é que na França – e em vários outros países – foi adotado o sistema de conceder as patentes requeridas, analisando somente questões de forma, sem que se faça jamais exame técnico. Tal revisão é feita exclusiva e integralmente durante o procedimento de anulação judiciária. Vejamos:

> "Exame completo ou outorga automática? O papel atribuído à Administração no processo de concessão de patentes pode variar entre dois extremos. Podemos conceber um exame puramente formal com a concessão automática, ou, contrariamente, uma concessão após o exame de forma e mérito completo permitindo a verificação da patenteabilidade do objeto do depósito. O direito francês há muito optou por uma concessão de patentes sem o exame necessário do mérito, a patente constitui uma pretensão, a verificação da patenteabilidade da invenção será efetuada no judiciário. Este sistema se considera muito liberal, muito rápido e extremamente simples. Mas é questionado por conceder patentes pouco sólidas e pouco críveis."[1454]

Note-se que há países – como o Luxemburgo – em que uma patente é solicitada e concedida, de selo, estampa e fita colorida – no espaço de uma semana. Não é caso, lá, de patente de revalidação. Trata-se de simples carimbo.

Ainda que se faça exame substantivo no país de onde se importa a patente, esse exame não prevenirá a nulidade; novidade, como afirma Ivan Ahlert em seu primoroso trabalho que já citamos, é questão de fato. O minucioso exame alemão não levará em conta, por exemplo, as patentes brasileiras anteriores. Não se conceberá como

---

[1454] Frédéric Poullaud-Dulian, L´Obtention du Titre de Propriété Industrielle, p. 189. "Examen complet ou délivrance automatique? Le rôle attribué à l'Administration dans le processus de délivrance des brevets peut varier entre deux pôles. On peut concevoir un examen de pure forme avec délivrance automatique ou, à l'inverse, une délivrance après un examen de forme et de fond complet permettant de vérifie la brevetabilité de l'objet de la demande. Le droit français a longtemps a opté pour un brevet délivré sans examen préalable suir le fond, le brevet constatant une prétention, la vérification de la brevetabilité de l'invention revenant aux tribunaux. Ce système avait, pour lui, d'être très libéral, très rapide et fort simple. On lui reprochat cependant de délivrer des brevets peu solides et peu credible (...)."

Tratado da Propriedade Intelectual

constitucional um modelo que não permita suscitar, inquinando-a de nulidade, tal hipótese.

Note-se aqui que o procedimento internacional realizado sob o tratado do PCT (hoje representando mais de três quartos dos procedimentos internacionais de patentes), embora efetuando com grande proficiência, a pesquisa e exame de novidade, atividade inventiva e utilidade industrial, reserva a concessão, denegação e nulidade às esferas nacionais. Mesmo porque, sob as peculiaridades dos sistemas constitucionais e legais de cada país, segundo a jurisprudência rica e divergente de seus tribunais, e levando em conta diversas bases de dados, cada patente é rigorosamente independente de todas demais.[1455]

Esse vem a ser, aliás, um preceito crucial do Direito Internacional, como se verá.

O que, enfim, essa hipótese nos revela quanto à constitucionalidade do art. 230?

Como sucedâneo do exame substantivo de patentes, a concessão estrangeira não é razoável. Em muitos países, tal concessão não presume exame; e o art. 230 não distingue neste ponto. Em quase todos os países, os inventos brasileiros são desconsiderados. Como o prova a prudência do PCT, em todos os países vige, ainda, a diversidade de exame e concessão de patentes. De forma alguma, assim, a concessão estrangeira supre o exame nacional.

[25] § 5.5. A desponderação inerente ao art. 230

Toda a análise intentada nesta seção leva em conta que possa haver razões significativas que compensassem o desatendimento ao princípio constitucional de que só se pode conceder uma exclusiva sem que haja invasão do domínio público previamente constituído. Ou que, ao menos, moderassem tal atentado.

Não se encontram tais valores de redenção. Ou, pelo menos, não no plano constitucional. A conveniência política de se deferir tal medida, mesmo concedendo que seja de política pública, é desusada, eis que, mesmo num dos raros países em que se alvitrou a medida, como nos da comunidade andina, a lei respectiva foi excluída - por decisão judicial - do sistema comunitário, por incompatível com o Direito pertinente.

Narra-se do contexto histórico em que o dispositivo foi votado:

No Congresso, aqueles "que defendiam sua inclusão observavam que, desta forma, o país tranqüilizaria empresas estrangeiras - especialmente os laboratórios farmacêuticos - que estariam temerosas de investir no Brasil, alegando fragilidade de proteção à propriedade intelectual. Os contrários ao pipeline justificavam

---

1455 Note-se que a redação do art. 230, § 3º, é incompatível com o sistema jurídico nacional. A patente pode ter sido concedida com um sistema de reivindicações absolutamente incompatível com a lei nacional, por exemplo, contendo mais de um objeto de patente, ferindo o princípio da unidade de patente, ou reunindo reivindicações de natureza diferente (desenho industrial e patente de invenção).

1821

seu posicionamento pelo receio de que os laboratórios nacionais tivessem de pagar royalties sobre produtos lançados há sete ou oito anos".[1456]

[25] § 5.5. (A) O pipeline como reparação de pecados

Há doutos entendimentos no sentido de que o *pipeline* repararia uma injustiça, ou desconformidade da lei anterior em face do Direito Internacional. Tal visão se expressa, por exemplo, no enunciado de Aurélio Wander Bastos, explicando o instituto:

Na prática, é uma reação protecionista contra a reprodução não autorizada de fármacos que teria proliferado durante o período que sucedeu a 1971, quando se proibia, no Brasil, a concessão de patentes de fármacos e alimentos".[1457]

Ou na hipótese de que o regime anterior, de proibição de patentes farmacêuticas e alimentares, violaria o texto constitucional:

Com efeito, a mera proibição de patenteabilidade de produtos farmacêuticos e químicos, adotada pela lei de 1971, importava o sacrifício total do direito do inventor, da indústria, bem como da promoção da pesquisa cientifica e técnica, não realizando um adequado balanceamento dos bens e afrontando, assim, o disposto no artigo 5º, XXIX, daí sua incompatibilidade com a Constituição de 1988.[1458]

Muito pelo contrário, a constitucionalidade da exclusão foi afirmada pelo acórdão da 1a. Turma do STF de 13.4.82, no RE 94.468-1-RJ, em face a uma Constituição (a de 1969) em que a ênfase nos valores sociais da propriedade e a clausula finalística não tinha, nem de longe igual proeminência; e igual conclusão se alcançou à luz da Constituição de 1988.[1459]

Em verdade, as duas sensações confrontam os fatos da real história da patente farmacêutica. Fora os Estados Unidos, em cada país se questionou acerbamente tal patenteamento, e por repetidas instâncias, este foi rejeitado. A concessão de patentes para remédios e fármacos é fenômeno recente entre os países centrais de economia de mercado, e (tomando apenas alguns exemplos) data de 1969, na Alemanha, da década

---

1456 Di Blasii, Gabriel, *et alii, op. cit.*, p. 12. Os autores traçam um exato e minucioso histórico da votação desse dispositivo, com todos os impasses e conflitos entre as tendências favoráveis ao interesse singular da indústria e outros intersses de caráter nacional.

1457 Bastos, Aurélio Wander, Dicionário Brasileiro de Propriedade Industrial e Assuntos Conexos, Rio de Janeiro. Lumen Juris, 1997, p. 216.

1458 Cléve e Reck, *op. cit.*

1459 TRF da 2ª Região, AC nº 89.02.02442-3, sendo Relator o Desembargador Silvério Cabral, publicado no DJU 28-02-1991. "Argüição de inconstitucionalidade do art. 9, da letra c, da Lei nº 5772/71: - não constitui afronta a preceito constitucional, legislação ordinária que define o que não e patenteável, seguindo critérios técnicos. - A carta de 88, acentuando a finalidade social do privilégio, explicitou aquilo que já estava implícito na constituição anterior e que vinha orientando o intérprete. - Argüição de inconstitucionalidade que se rejeita."

de 70' no Japão e na Itália, e da década de 90', na Espanha. Em nenhum desses países se concedeu *pipeline* para reparar os pecados do passado.

Na verdade, a escolha de dar ou não patente é uma prerrogativa nacional, consagrada pelo Direito Internacional, ou o foi até a entrada em vigor do Acordo TRIPs.

O balanceamento constitucional adequado quanto ao ponto é ilustrado pelo interessantíssimo acórdão da Corte Constitucional Italiana que, em 1978, declarou, após 130 de vigência da proibição de tais patentes, que os tempos tinham mudado, e o que antes era impositivo, agora era desaconselhado, como *inconstitucionalidade superveniente*:

Na realidade, nos últimos anos a tomada de consciência da ausência superveniente de todo fundamento racional da exceção cresceu concomitantemente com a afirmação do valor da pesquisa técnico-científica e do dever da República para promovê-la; com a mais elevada capacidade da indústria farmacêutica italiana em organizar a pesquisa, também em relação às condições de competitividade com os outros países; e finalmente com as mais intensas relações com os mercados estrangeiros, particularmente no âmbito dos estados pertencentes à organização do Conselho da Europa e aqueles da Comunidade Econômica Européia (como resta provado pelas convenções estipuladas pelo governo italiano, todas orientadas a restringir ou a eliminar radicalmente a possibilidade de vedar a concessão da patente em setores específicos).[1460]

O crucial dessa decisão é que não se toma como determinante de constitucionalidade a proteção do inventor individual, mas o papel do desenvolvimento econômico, social e tecnológico da Itália, exatamente como o determina a cláusula finalística de nosso texto brasileiro. Em 1957, quando a Itália do pós-guerra ainda se retratava em Vitorio de Siccca e no constrangimento duma sociedade onde grassavam os personagens do Ladrão de Bicicletas,[1461] a mesma Corte havia enfaticamente declarado a constitucionalidade do mesmo dispositivo.[1462]

[25] § 5.5. (B) As duas instâncias de novidade

Note-se que na hipótese de *pipeline* têm-se duas instâncias possíveis de apuração de novidade e atividade inventiva:

1460 (Corte Constitucional da Itália, 1978, Sentenza 20/1978) In realta', negli ultimi anni la presa di coscienza della sopravvenuta mancanza di ogni fondamento razionale della deroga e' cresciuta di pari passo con l'affermarsi del valore della ricerca scientifico-tecnica e del dovere della Repubblica di promuoverla; con la piu' elevata capacita' dell'industria farmaceutica italiana di organizzare la ricerca, anche in rapporto alle condizioni di competitivita' con quella degli altri paesi; ed infine con le piu' intense relazioni con i mercati esteri, particolarmente nell'ambito degli stati appartenenti alla organizzazione del Consiglio d'Europa ed a quella della Comunita' economica europea (come e' attestato dalle convenzioni stipulate dal governo italiano, tutte orientate a restringere o a eliminare radicalmente la possibilita' di vietare la brevettazione in singoli settori).

1461 Vittorio de Sica, Ladri di biciclette (1948), vide http://imdb.com/title/tt0040522/, consultado em 10/02/06.

1462 Em 1957, a Carlo Erba discutiu na Corte Constitucional Italiana a constitucionalidade da rejeição de patentes de processo farmacêutico. Em Acórdão de 24 de janeiro de 1957, a Corte declarou a constitucionalidade da exclusão.

- o do estado da técnica apurado na data da vigência da Lei 9.279/96, ou do depósito no Brasil.
- o do estado da técnica como existente na data do primeiro depósito no exterior;

O primeiro caso é o que, ostensivamente, o pipeline visa evitar. A tese dos que propugnaram pelo instituto é que se protegeriam as invenções de "produtos e processos [que] não chegaram ao mercado consumidor e, por isso, ainda poderão ser protegidos". Conhecidos, mas virgens de mercado.

Toda a construção constitucional que se demonstra acima vedaria essa patente no Direito Brasileiro. Retirar do domínio público um conhecimento ou obra que lá se encontra afronta a Constituição da República.

Mas a segunda hipótese é, se possível, ainda mais inconcebível. Supor que o art. 230 impediria que a autoridade administrativa ou judiciária declarasse que tecnologia era conhecida *antes da data do primeiro depósito estrangeir*o viola mais do que a Constituição. É esse um daqueles casos que a prática do Processo Civil brasileiro denomina teratológicos. O bom senso medular de qualquer cidadão rejeitaria essa patente anencefálica.

[25] § 5.6. O caráter inconstitucional do art. 230 do CPI/96

Afrontando o princípio constitucional central da Propriedade Intelectual – de que se concedem direitos exclusivos para promover a criação em todos os setores, não para suprimir da sociedade algo que já era acessível a todos – o art. 230 afronta, com decoro, mas despudor, a regra textual do art. 5º, XXIX, da Constituição, ao dar patente para o que não é invento. Para o que foi, mas não é mais.

Ao fazê-lo, perfaz exatamente a perversão que o Estatuto dos Monopólios de 1621, o primeiro texto constitucional sobre a questão, vedava como um atentado à sociedade.

Mais ainda, como será visto em seguida, o *pipeline* não é exigido pelos tratados, é incompatível com os padrões jurídicos prevalentes, e mesmo, a julgar por douto e rico acórdão da Suprema Corte da Argentina, é vedado pelo sistema internacional em vigor.

Assim, sem amparo contextual no sistema jurídico e na História contemporânea, e sem qualquer valor social que o redima (exceto o respeito que se deve aos interesses privados dos titulares das patentes resultantes), parece descabido entender que o art. 230 seja compatível com o sistema constitucional brasileiro.

No entanto, com a prudência e respeito que se deve a todo texto legal, fruto de discussão democrática, deve-se procurar dar sentido ao dispositivo, compatível com a Constituição. É o que se intentará.

[25] § 5.6. (A) Outras causas de desconformidade

Em ocasiões anteriores[1463] tive oportunidade de listar outras causas de desconformidade entre o art. 230 e a Constituição da República, além do atentado ao domínio público.

Trata-se especialmente da desigualdade de tratamento oferecida aos titulares de patentes estrangeiras e o de patentes nacionais, sem que haja razoabilidade na desigualdade. Vejamos:

A desigualdade fica evidente, ao se perceber que:

> ao nacional podem ser opostas todas objeções, quanto à satisfação dos requisitos do artigo 230, a qualquer tempo durante o processamento, vale dizer, em todas as instâncias oposicionais e recursais, ordinárias e extraordinárias; para o estrangeiro existe um prazo preclusivo de apenas noventa dias, que impede inclusive a difícil prova de lançamento no mercado no exterior.
>
> a patente do nacional é processada de acordo com a lei nacional, e concedida segundo seus pressupostos, enquanto a patente do estrangeiro vai vigorar tal como concedida no país de origem, ainda que sem atender os critérios de novidade, atividade inventiva, utilidade industrial, unidade de invenção, full disclosure e de melhor método de aplicação, estipulados na lei nacional segundo os critérios determinados pelo art. 5º, XXIX, da Constituição. Verifica-se assim aplicação extraterritorial de lei estrangeira, em atentado contra a soberania nacional, sem que o prescreva tratado internacional em vigor no País, eis que a lei nacional aplicar-se-á, resguardado os direitos da patente tal como concedida no exterior, apenas "no que couber, ao pedido depositado e à patente concedida com base neste artigo" (art. 2, § 5º.)
>
> Assim, o art. 230 constitui-se em frontal atentado aos princípios da igualdade jurídica, do art. 5º, *caput* e da soberania nacional, art. 1º, I, ambos da Constituição de 1988.

Além disso, ao conceder aos beneficiários de tratados e convenções internacionais direitos não previstos nos respectivos instrumentos aprovados pelo Congresso Nacional, sem a pertinente reciprocidade ou contrapartida, sem a comutatividade [1464] exigida no art. 4º, inciso V, da Constituição, viola as regras básicas das relações internacionais prescritas na Constituição.

1463 Por exemplo, em ambas edições de meu Uma Introdução à Propriedade Intelectual, 1ª ed. Vol. I (1996), 2ª ed. (2003), ambas sob o selo da Lumen Juris.

1464 Comutativas são as relações jurídicas, caracterizadas pela igualdade jurídica entre as partes.

A aplicação do art. 230 introduz seriíssima, insuperável mesmo, dificuldade para o industrial nacional opor-se ao depositante estrangeiro com base no princípio do lançamento no mercado e na pluralidade das patentes sobre o mesmo objeto. Assim, o art. 230 é inconstitucional não só pelo tratamento juridicamente iníquo e atentatório à soberania nacional, mas também pelo desfavorecimento objetivo da indústria, da tecnologia e do desenvolvimento nacional.

O art. 230, ao propiciar o depósito no Brasil de patentes já depositadas no exterior, deixa de aplicar o princípio básico da novidade, que assegura a constitucionalidade das patentes. As patentes de estrangeiros serão concedidas no Brasil mesmo se já publicadas no exterior à data do depósito, ou seja, já lançadas em domínio público, e além do prazo de prioridade. Com efeito, a aplicabilidade do art. 230 só se faz sentir quando o prazo de prioridade já se expirou.

[25] § 6. Bibliografia: Pipeline

AHLERT; Ivan Bacellar e ANTUNES; Paulo de Bessa. *Pipeline* e Constituição: De que Inconstitucionalidade Falamos?, Revista ABPI (87): 45-68, mar./abr. 2007.

AHLERT; Ivan Bacellar, Quadro Comparativo TRIPs *x* PL nº 115/93 *x* Lei nº 5.772/71, Revista ABPI (17): 43-53, jul.-ago. 1995.

BARBOSA, Denis Borges, Direitos Exclusivos de Comercialização: Um Instituto Inexistente no Direito Brasileiro - Revista da ABPI, I. (94): 49-67, mai.-jun. 2008. - II. (95): 23-39, jul.-ago. 2008.

BARBOSA, Denis Borges, O rentismo e o progresso: escolhas nacionais na política de propriedade intelectual, http://denisbarbosa.addr.com/iisipid.pdf.

BARBOSA, Denis Borges e BARBOSA; Pedro Marcos Nunes, Algumas Notas à Intercessão do SPC e da Patente *Pipeline*, Revista ABPI (93): 35-44, mar.-abr. 2008.

BARBOSA; Denis Borges, Inconstitucionalidade das Patentes Pipeline, Revista ABPI (83): 3-39, jul./ago. 2006.

BASSO, Maristela, Intervention of health authorities in patent examination: The Brazilian practice of the prior consent, Int. J. Intellectual Property Management, Vol. 1, nºs 1/2, 2006.

BEZERRA; Fernando, Nova Lei de Propriedade Industrial. O Parecer do Senador Fernando Bezerra. (Documento), Revista ABPI (21): 23-37, mar.-abr. 1996.

CANOTILHO,J. J. Gomes; Machado, Jónatas; A Questão da Constitucionalidade das Patentes Pipeline, Almedina 2008.

CLÈVE; Clèmerson Merlin e RECK; Melina Breckenfeld, A Repercussão, no Regime da Patente Pipeline, da Declaração de Nulidade do Privilégio Originário, Revista ABPI (66): 12-36, set.-out. 2003.

DANNEMANN; Gert Egon, O Contencioso EUA x Brasil em Torno da Legislação de Propriedade Industrial Brasileira, Revista ABPI (10): 50-52, jan.-fev. 1994.

GUIMARÃES, Eduardo Ribas De Biase, Direito à Saúde e Propriedade Intelectual de Medicamentos no Brasil. A Anuência Prévia da Agência Nacional de Vigilância Sanitária, Dissertação apresentada como requisito parcial para obtenção do grau de Mestre em Saúde Coletiva, Curso de Pós-graduação em Saúde Coletiva – área de concentração em Ciências Humanas e Saúde do Instituto de Medicina Social da Universidade do Estado do Rio de Janeiro. Orientador: Marilena Cordeiro Dias Villela Corrêa, 2008.

INPI - Diretoria de Patentes. Aplicação do Artigo 70 do Acordo TRIPs com Relação às Invenções Não Passíveis de Proteção Segundo as Alíneas B e C do Artigo 9 do CPI e Extensão do Prazo de Vigência das Patentes. (Documento). Revista ABPI (25): 3-5, nov.-dez. 1996.

LICKS; Otto B. e LEONARDOS; Luiz, A Exegese do Artigo 229-C da Lei de Propriedade Industrial após a Edição das Medidas Provisórias 2.006, de 15/12/99, e 2.014, de 21/12/2000, e a Promulgação da Lei nº 10.196, de 14/2/2001, Revista ABPI (61): 57-68, nov.-dez. 2002.

PAZOS; Carlos Rodrigues, Patentes – a Nova Legislação de Propriedade Industrial Vista pelo INPI e o Novo Regime de Proteção de Desenhos Industriais, Revista ABPI (8): 62-65, 1993.

Propostas para Emendas ao Ato Normativo INPI nº 126/96. (Documento). Revista ABPI(22): 53-54, maio-jun. 1996.

SICHEL, Ricardo Luiz, Patentes de revalidação: renovação discutível, edição nº 1263 (16.12.2006) – elaborado 11.2006, http://jus2.uol.com.br/doutrina/texto.asp?id= 9282.

SILVA, Helen Miranda, Avaliação da análise dos pedidos de patentes farmacêuticas feita pela Anvisa no cumprimento do mandato legal da anuência prévia, Dissertação de Mestrado, Fundação Oswaldo Cruz, Orientadora: Maria Auxiliadora Oliveira, Maio, 2008.

SILVA, Caroline Medeiros e Silva, Patentes Farmacêuticas e Controle De Mercados, Cadernos Temáticos, Propriedade Industrial, Encarte da Revista da EMARF: Publicação de Monografias apresentadas no Curso de Extensão em Propriedade Industrial em Convênio com a Pontifícia Universidade Católica do Rio de Janeiro (PUC-RJ). Tribunal Regional Federal da 2ª Região 2ª Edição - Ampliada Fevereiro de 2007, p. 251.

SILVEIRA; João Marcos, O Projeto da Nova Lei de Propriedade Industrial e o TRIPs, Revista ABPI (17): 31-34, jul.-ago. 1995.

SOARES; José Carlos Tinoco, *Pipeline* - a Grande Conquista dos Últimos Tempos, Revista ABPI (9): 52-53, 1993.

SUASSUNA; Ney, O Projeto de Nova Lei de Propriedade Industrial. (Documento), Revista ABPI (15): 3-16, mar.-abr. 1995.

TIBURCIO; Carmen, Patente de Revalidação (*Pipeline*). Extensão do Prazo de Proteção da Patente Originária no Exterior. Efeitos sobre a Patente *Pipeline* Nacional, Revista ABPI (92): 44-60, jan.-fev. 2008.

UNCTAD - ICTSD. Resource Book On Trips And Development. New York, Cambridge University: Cambridge University Press, 2005, p. 755.

WOLFF; Maria Thereza, Cultivares, Revista ABPI (23): 42-46, jul.-ago. 1996.

Seção [26] Bibliografia Complementar: Patentes

ABPI, Seminário Nacional de Propriedade Industrial (1.: São Paulo) 1981: Anais do I Seminário Nacional de Propriedade Industrial, 30 e 31 de marco de 1981, São Paulo. - [S.l.]: Associação Brasileira da Propriedade Industrial, [1981].

ABPI, Seminário Nacional de Propriedade Industrial (2.: Rio de Janeiro) 1982: Anais do II Seminário Nacional de Propriedade Industrial, Rio de Janeiro 9 e 10 de agosto de 1982. - [S.l.]: Associação Brasileira da Propriedade Industrial, 1982.

ABPI, Seminário Nacional de Propriedade Industrial (4: São Paulo) 1984: Anais do IV Seminário Nacional de Propriedade Industrial. - [S.l]: Associação Brasileira da Propriedade Industrial, 1984.

ABPI, Seminário Nacional de Propriedade Industrial (5.: Belo Horizonte) 1985: Anais do V Seminário Nacional de Propriedade Industrial, Belo Horizonte 7 e 8 de outubro de 1985. - [S.l.]: Associação Brasileira da Propriedade Industrial, 1985.

ABPI,, Seminário Nacional de Propriedade Industrial 3.: Porto Alegre) 1983: Anais do III Seminário Nacional de Propriedade Industrial, Porto Alegre 29 e 30 de agosto de 1983. - [S.l.]: Associação Brasileira da Propriedade Industrial, 1983.

ALLART, Henri, De La Propriété Des Brevets D'invention, Arthur Rousseau, 1887.

ANGELL, Marcia. A Verdade Sobre Os Laboratórios Farmacêuticos. Record. 2007.

ANTUNES, Adelaide Maria de Souza Patenteamento & Prospecção Tecnológica no Setor Interciência. 2008.

ARESTI, Pilar Martín La Licencia Contratual de Patente Aranzadi. 1997.

BADU, Geraldo Peltier, Patentes de invenção nulas e domínio de mercados. São Paulo: Resenha Tributaria, 1983.

BAILLY, G. A., Protection Des Inventions Au Brésil, Escriptorio de Informações do Brazil, 1915.

BANNER, Donald W. A Importância e Utilidade do Sistema de Patentes e INPI. 1981

BARBOSA, Antonio Luiz Figueira. Patentes: Crítica À Racionalidade, Em Busca da Fiocruz. 2005.

BARBOSA, Denis Borges. Estudo sobre Requisitos de Uso das Patentes. Impressão Privada, 1998.

BARBOSA, Denis Borges Nulidade de Reivindicações Independentes. Efeitos. Impressão Privada, 1982.

BARBOSA, Denis Borges. Pedido de Patente Depositado no Brasil Subseqüente. Impressão Privada, 2006.

BARBOSA, Denis Borges. Propriedade Intelectual. Direito Administrativo. Impressão Privada, 2007.

BARBOSA, Denis Borges. (seleção, compilação e notas), Legislação da propriedade industrial e do comercio de tecnologia / Rio de Janeiro: Brasília: Forense; Instituto Nacional da Propriedade Industrial, 1982.

BARBOSA, Denis Borges. Abuso de Direitos na Propriedade Intelectual . Lumen Juris. 2005.

BARBOSA, Denis Borges, Tributação da propriedade industrial e do comercio de tecnologia / São Paulo: R. dos Tribunais: INPI, 1984.

BARBOSA, Ruy. Os Privilégios Exclusivos Na Jurisprudência. Empresa Photo-Mechanica do Brasil. 1911.

BARCELLOS, Milton Lucídio Leão. O Sistema Internacional de Patentes. IOB Thomson. 2004.

BARDEHLE, H. Técnicos de Patente Para A Empresa Industrial INPI. 1981.

BARROS, Alamiro Bica Buys De, Direito Industrial e Legislação do Trabalho, A. Coelho Branco Fº, 1940.

BARROS, Carla Eugenia Caldas. O Aperfeiçoamento, A Dependência, a Licença e a Propriedade nas Patentes. Tese de Doutorado, PUC-SP, 2002.

BARROS, Carla Eugenia Caldas. Aperfeiçoamento e Dependência em Patentes. Lumen Juris, 2004.

BASSO, Maristela; FILHO, Calixto Salomão; POLIDO, Fabrício. Direitos de Propriedade Intelectual & Saúde Pública. IDCID 2007.

BASTOS, Aurélio Wander, Transferencia de tecnologia: jurisprudência judicial e administrativa / coordenador:. Rio de Janeiro: Brasília: Fundação Casa de Rui Barbosa; CNPq, 1981.

BATALHA, Priscila Ferreira Questões Controvertidas sobre a Atuação do INPI Na Defesa dos Direitos Difusos e o Processo de Nulidade de Patente. 2007.

BEN AMI, Paulina, Manual de propriedade industrial / - 1ª ed. - São Paulo: Dep. de Ciência e Tecnologia: Companhia de Promoção Cientifica e Tecnológica de São Paulo, 1983.

BERCOVITZ, Alberto. Notas Sobre Las Licencias Obligatorias de Patentes. Almedina 2002.

BERCOVITZ, Alberto; CORREA, Carlos M.; WHITE, Eduardo. Patentes Farmacêuticas. Depalma 1990.

BERGEL, Salvador Darío. Caducidade de Las Patentes Por Falta de Explotación: Una Importante Corriente. Depalma 1979.

BES, Miguel Vidal-Quadras Trias de (Organizador); Patentes e Indústria Farmacêutica. JB Bosh Editor 2006.

BESSEN, James; MEURER, Michael J. Patent Failure. Princeton University Press 2008.

BIFANI, Paolo. Patentes Biotecnológicas: Limetes Éticos e Jurídicos INPI, 2000.

BIONDI, Corrado. Su Di Una Importante Questione In Tema Di Brevettibilitá, 1909.

BIONDI, Corrado. Su Di Una Importante Questione In Tema Di Brevettibilitá, 1909.

BIRPI Groupe D'étude Sur Le Certificat D'auteur. BIRPI 1964.

BIRPI Model Law For Developing Countries On Inventions. B.R.I.P.I. 1965.

BLASI, Gabriel Di; GARCIA, Mario Soerensen; MENDES, Paulo Parente M. A Propriedade Industrial. Forense 2000.

BOOKER, Richard; BOYSEN, Earl. Nanotechnlogy For Dummies. Booker Boysen 2005.

BOSIO, Edoardo, Le Privative Industriali Nel Diritto Italiano, Torino, 1891.

BOSOTTI, Luciano; JACOBACCI, Guido. I Brevetti. Etaslibri 1993.

BRAGA, Luiz Armando Lippel. A Função Social e Econômica Das Patentes. ASPI 1984.

BREMI, Tobias. The European Patent Convention. Carl Heymanns Verlag Kg 2008.

CABANELLAS, Guillermo. Derecho de Las Patentes de Invención. Heliasta 2001.

CALAIS-AULOY, Jean; MOUSSERON, Jean-Marc. Les Biens de L'entreprise. Libraries Techniques 0197.

Câmara dos Deputados Seminário sobre Código de Propriedade Industrial no Mercosul Brasília, DF) (1992: Seminário sobre Código de Propriedade Industrial no Mercosul. – Brasília, 1992.

Câmara dos Deputados, A Lei das patentes e a soberania nacional: seminário realizado sob a coordenação do deputado federal Aldo Rebelo, em São Paulo, no dia 17-2-92. - Brasília: 1992.

CAMERON, Edwin; BERGER, Jonathan. Patentes And Public Health: Principle, Politics And Paradox. Revista British Academy Law Lecture 2004.

CANOTILHO, J. J. Gomes; MACHADO, Jónatas. Questão da Constitucionalidade Das Patentes "Pipeline" À Luz da Constituição Federal Brasileira de 1988. Almedina 2008.

CARVALHO, Nuno Pires. 200 Anos do Sistema Brasileiro de Patentes: O Alvará de 28 de Abril de 1809 – Comércio, Técnica e Vida. Lumen Juris, 2009.

CARVALHO, Nuno Tomaz Pires de, Anotações ao código da propriedade industrial; artigos 1 a 58 (patentes), Revista de Informação Legislativa, vol. 21, n. 82, p. 245 a 332, abr./jun. 1984.

CARVALHO, Nuno Tomaz Pires de, O sistema brasileiro de patentes: o mito e a realidade, RDM, nova série, vol. 22, n. 52, p. 34 a 43, out./dez 1983.

CARVALHO, Patrícia Luciane. de Patentes Farmacêuticas e Acesso a Medicamentos. Atlas 2007.

CASALONGA, Alain. Brevets D'invention Marques Et Modèles .Librairie Générale de Droit Et de 1970.

CASTRO, Carlos Osório. Os Efeitos da Nulidade da Patente Sobre O Contrato de Licença de Invenção Patenteada. Universidade Católica Portuguesa 1994.

CASTRO, Jorge Azevedo. Invento e Inovação Tecnológica: Produtos e Patentes Na Construção. Annablume 1999.

CATALDO, Vincenzo. Di Le Invenzioni I Modelli. Giuffrê 1993.

CEPALUNI, Gabriel. Regime de Patentes. Aduaneiras 2006.

CETEC, Seminário sobre Propriedade Industrial Belo Horizonte) (1985: Seminário sobre Propriedade Industrial: anais do seminário / promovido e organizado pela Fundação Centro Tecnológico de Minas Gerais, com apoio do Instituto Nacional da Propriedade Industrial de Usinas Siderúrgicas de Minas Gerais. Belo Horizonte: CETEC, 1986.

CHISUM, Donald S. Patent Law Digest. Lexis Nexis 2004.

CHISUM, Donald S.; NARD, Craig Allen; SCHWARTZ, Herbert F; NEWMAN, Pauline; KIEFF, F. Scott Principles Of Patent Law. Foundation 2002.

CHOATE, Robert A.; FRANCIS, William H. Patent Law. American Casebook Series 1980.

CLAVIER, Jean Pierre. Les Catégories de La Propriété Intellectuelle À L'Epreuve Des Créatinos Génétiques. L'Harmattan 1998.

COARACY, Gastão Roberto. Documentação de Patente Para A Indústria: O Banco de Patentes do INPI. 1981.

COARACY, Gastão Roberto. Utilidades do Banco de Patentes (Painel Sobre Patentes) ABPI 1983.

Commerce, U. S. Department Of General Information Concerning Patents. U.S. Government 1982.

Commerce, U. S. Department Of; Office, Patent Patent Laws. U.S. Government 1976.

Commerce, U. S. Department Of; Office, Patent Patent Laws.U.S. Government 1976.

CORREA, Carlos (Coordenador); Bergel, Salvador Derecho de Patentes Ciudad Argentina 1999 C.

CORREA, Carlos M. (Coordenador); Cassagne, Juan; KORS, Jorge Alberto; MONCA-YO, Guillermo R.; HASE, Andrés Moncayo Von; NEGRO, Sandrra Cecilia; VERA, Paula de Medidas Cautelares En El Régimen de Patentes Lexis Nexis 2006.

CORREA, Carlos M.; BERCOVITZ, Alberto; Bergel, Salvador D.; SOLEIRO, José L.; ARRIAGA, Elena; BARBOSA,A. L. Fgueira; WOODLEY, John H. Biotecnología Y Patentes Depalma 1990.

CORREA, Carlos M.; BERGEL, Salvador D.; KORS, Jorge; HASE, Andrés Moncayo Von; GENOVESI, Luis M.; ALVAREZ, Alicia. Derecho de Patentes Ciudad Argentina 1996.

CORREA, Carlos N.; ZALDUENDO, Susana Czar De; MIRANDA, Rafael Pérez; BER-GEL, Salvador Darío; BATTIOLI, Emilio L.; NOGUÉS, Julio Nogués; CHALLÚ, Pablo M. Challú Patentes de Invención. Depalma 1991.

COUTO, João Gonçalves Do, Patentes de Invenção, Ed. Jacinto Ribeiro dos Santos 1923.

CRUCIBLE GROUP. Gente, Plantas y Patentes. CIID & Nordan Comunidad 1994.

CRUZ FILHO, Murillo F., MACULAN, Anne-Marie, Propriedade industrial e trans-ferencia de tecnologia: alguns efeitos da legislação para a empresa nacional/ Brasília: CNPq, Coordenação Editorial, 1981.

CRUZ FILHO,, Murillo. A Norma do Novo. CM 1996.

CURTIS, George Ticknor. A Treatise On The Law Of Patents For Useful. The Lawbook Exchange 2005.

DANIEL, Denis Allan. Patents In Brazil. Daniel & Cia 1984.

DI BLASI, Clesio Gabriel, A propriedade industrial / Rio de Janeiro: Guanabara Dois, 1982.

DIAFÉRIA, Adriana. Clonagem, Aspectos Jurídicos e Bioéticos. Edipro 1999.

DIAFÉRIA, Adriana. Patenteamento de Genes Humanos e A Tutela Dos Interesses Difusos. Tese de Doutorado à USP. 2005.

DIAFÉRIA, Adriana. Patente de Genes Humanos e A Tutela Dos Interesses Difusos. Lumen Juris 2007.

DÍEZ, Pedro Portellano. La Defensa Del Derecho de Patente. Civitas 2003.

DOMINGUES, Douglas Gabriel, Direito industrial: patentes. Rio de Janeiro, Forense, 1980.

DOMINGUES, Douglas Gabriel, Primeiras patentes de invenção de animal superior e a proteção legal de embriões / Douglas Gabriel Domingues. – Rio de Janeiro: Forense, 1989.

DOMINGUES, Douglas Gabriel. Primeiras Patentes de Invenção de Animal Superior e A Proteção Legal de Embriões. Forense 1989.

DOMINGUES, Douglas Gabriel. Privilégios de Invenção, Engenharia Genética e Biotecnologia. Forense 1989.

DOMINGUES, Douglas Gabriel. Direito Industrial - Patentes Forense 1980.

DOMÍNGUEZ, J. M.; Cuenca, Saánches Legislación Sobre Patentes. Tecnos 1998

DUTRA, Delamar José Volpato. Razão e Consenso Em Habermas. UFSC 2005.

ERNST, Reinhard. A Importância e Utilidade do Sistema de Patentes e Sua Aplicação Prática Por Uma Empresa Industrial. INPI. 1981.

FABER, Robert C. Landis On Mechanics Of Patent Claim Drafting. Practising Law Institute 2006.

FABIANI, Mario, Onere Di Attuazione Dell'invenzione e Abuso Del Brevetto, Dott. A. Giuffrè Editore, 1969

FERNANDES, Adaucto, Direito Industrial Brasileiro (6ª edição, Definitiva, Aumentada E Refundida - 2 Volumes), A. Coelho Branco Fo., 1952.

FERRAZ, Maria Cristina. Comunian Patentes Universidade Federal de São Carlos 2006.

FERRI, Giuseppe, Creazioni Intellettuali E Beni Immateriali (Studi In Memoria Di Tullio Ascarelli - Vol. I), Dott. A. Giuffrè Editore, 1969.

FESSENDEN, Thomas G., An Essay On The Law Of Patents (1809), The Lawbook Exchange, 2003.

FIGUEIREDO, Luciano Lima. A Função Social Das Patentes de Medicamentos: 2008

FOYER, Jean; VIVANT, Michel. Le Droit Des Brevets. Universitaires de France 1991

FRANCO, Luigi Di, Trattato Della Proprietá Industriale, Società Editrice Libraria, 1933.

FROTA, Maria Stela Pompeu Brasil. Proteção de Patentes de Produtos Farmacêuticos: O FUNAG / IPRI 1993.

FURTADO, Lucas Rocha. Sistema de Propriedade Industrial no Direito. Brasília Jurídica 1996.

GAMA CERQUEIRA, João da, Tratado da propriedade industrial / – 2ª ed. / rev. e atualizada por Luiz Gonzaga do Rio Verde, João Casimiro Costa Neto. - São Paulo: R. dos Tribunais, 1982.

GAMA CERQUEIRA, João Da. Patentes e Marcas. Cruzeiro do Sul Patentes e Marcas 1934.

GAMA CERQUEIRA, João Da. Privilegios de Invenção e Marcas de Fabrica e de Comércio. Saraiva 1931.

GANDER, Eugen S.; MARCELLINO, Lucilia H; ZUMSTEIN, Pidi. Biotecnologia Para Pedestres. Embrapa Comunicação P/ 2000.

GARCIA, Balmes Veja. Contrafação de Patentes. LTR 2004.

GARCIA, Selemara Berckembrock Ferreira. A Proteção Jurídica Das Cultivares no Brasil. Juruá 2004.

GERMANY, Federal Republic of Patent Law and European Patent Convention. Inter Nationes 1991.

GHIRON, Mario, Corso Di Diritto Industriale, Società Editrice Del Foro Italiano, 1935.

GIAMBROCONO, Armando Il Modello Di Utilita'. Milano - Dott. A. Giuffrè Editore 1951.

GLAZIER, Stephen C. Patent Strategies For Business. Law & Business Institute 2001.

GNOCCHI, Alexandre, Patentes de invenção / – São Paulo: Inventa, 1981.

GNOCCHI, Alexandre, A Propriedade Industrial e o Ideal Pan-Americano, Internacional Propriedade Industrial, 1961.

GNOCCHI, Alexandre, Propriedade industrial: marcas: de industria, de comercio, de serviço, de exportação / São Paulo: Inventa, 1981.

GNOCCHI, Alexandre. Patentes de Invenção. Inventa 1981.

GÓMEZ, Francisco Astudillo; BERGEL, Salvador; ZAZZALI, Jorge Caillaux; DURANTE, Martha Ofelia; ALCÁZAR, José Esquinas. Biotecnologia Y Derecho Ciudad Argentina 1997 G.

GONÇALVES, Luís M. Couto Manual de Direito Industrial Almedina, 2008.

GONÇALVES, Sérgio, A utilização do sistema de propriedade industrial no Brasil: estudo de casos / São José dos Campos, SP: INPE, 1987.

GONTIJO, Cícero. As Transformações do Sistema de Patentes da Convenção ao Acordo TRIPS. Fundação Heinrich Böll 2007.

GONZÁLEZ, Inmaculada. La Proteccíon Jurídica de las Invenciones Menores en la Unión Europea. Tirant Lo Blanch 2005.

GRISSOM, Fred; PRESSMAN, Attorney David. The Inventor's Notebook. Nolo's Inventor's Essentials 2008.

GRUBB, Philip W. Patentes For Chemicals, Pharmaceuticals And Biotechnology. University Oxford 2004.

GUELLEC, Dominique; POTTERIE, Bruno Van, The Economics Of The European Patent System .University Oxford 2007.

GUGLIELMETTI, Giannantonio, Conflitto Tra Piú Inventori Pervenuti Indipendentemente Alla Medesima Invenzione, Dott. A. Giuffrè Editore, 1969.

GUISE, Mônica Steffen. Comércio Internacional, Patentes e Saúde Pública. Juruá 2007.

HAEGHEN, G. Vander, Brevets D'invention Marques Et Modéles, Ferdinand Larcier, 1928.

HERINGER, Astrid. Patentes Farmacêuticas. Juruá 2001.

HERMITTE, Marie-Angèle. Le Droit Du Genie Genetique Vegetal. Librairies Techniques, 1987.

HESTERMEYER, Holger. Human Rights And The WTO. Oxford, 2007.

HIANCE, Martine; PLASSERAUD, Yves. Brevets Et Sous-Développement, Librairies Techniques 1972.

HITCHCOCK, David. Patent Searching Made Easy. Popular Mechanics 2007.

HODGSON, Edmund J. Sease And Robert A. Plants Are Properly Patentable. Drake Journal Of Agricultural Law 2006.

HUBER, Gérard. Patrimoine Génétique Et Droits de L'Humanité. Osiris 1990.

HUNT, David; NGUYEN, Long; RODGERS, Matthew. Patent Searching: Tools & Techniques. Wiley 2007.

INOUYE, Shoichi. A Importãncia e Utilidade do Sistema de Patentes e Sua Aplicação Prática Por Uma Empresa Industrial. INPI 1981.

INPI Curso de Treinamento de Técnicos Sobre Preparo e INPI.

INPI Patentes História e Futuro INPI.

IRPI (Paris, 16/03/1984) La Commission Nationale Des Inventions de Salariés. Librairies Techniques 1984.

JONES, J. Reginal. Terrell's Law And Practice Relating To Letters Patent For Inventions. Sweet & Maxwell 1934.

JUNIOR, Benjamim do Carmo Braga. Pequeno Tratado Prático Das Patentes de Invenção. Carmo Braga e Carmo Braga 1941.

KHAN, B. Zorina. The Democratization Of Invention. Cambridge 2005.

KOHLER, Guseppe, Manuele Delle Privative Industriali, Società Editrice Libraria, 1914.

KOHLER, Josef, Deutches Patentrecht, Scientia Verlag Aalen, 1984.

KOHLER, Josef. Deutches Patentrecht. Scientia Verlag Aalen 1984.

KORS, Jorge A. Patentes de Invención, Facultad de Derecho UBA - La Ley 2004

LABRUNIE, Jacques. Direito de Patentes. Manole 2006.

LAURENT, R. M. Sadones. A Organização de Departamento de Patentes Na Empresa Industrial. INPI 1981.

LEITH, Philip. Software And Patentes In Europe. University Cambridge 2007.

LIMA, Luiz Carlos de Oliveira Cunha. O Papel do INPI no Campo de Patentes Em Geral. INPI 1981.

LIMA, Luiz Carlos de Oliveira Cunha. O Desenvolvimento Industrial Com O Uso de Um Sistema de Patentes. ABPI 1984.

LIMA, Luiz Carlos O. da Cunha. Patente da Industria Petroquímica (Painel Sobre Patentes). ABPI 1983.

LIPPERT, Nels T. Trends In Biotechnology And Chemical Patent Practice 1989. Practising Law Institute 1989.

LIPSCOMB III, Ernest Bainbridge Walker On Patents - Vol 3 The Lawyers Co-Operative Publishing 1985.

LIPSCOMB III, Ernest Bainbridge Walker On Patents - Vol. 1 The Lawyers Co-Operative Publishing 1984.

LIPSCOMB III, Ernest Bainbridge Walker On Patents - Vol. 2 The Lawyers Co-Operative Publishing 1985.

LIPSCOMB III, Ernest Bainbridge Walker On Patents - Vol. 4 The Lawyers Co-Operative Publishing 1986.

LIPSCOMB III, Ernest Bainbridge Walker On Patents - Vol. 5 The Lawyers Co-Operative Publishing 1986.

LIPSCOMB III, Ernest Bainbridge Walker On Patents - Vol. 6 The Lawyers Co-Operative Publishing 1987.

LIPSCOMB III, Ernest Bainbridge Walker On Patents - Vol. 7 The Lawyers Co-Operative Publishing 1988.

LIPSCOMB III, Ernest Bainbridge Walker On Patents - Vol. 8 The Lawyers Co-Operative Publishing 1989.

LIPSCOMB III, Ernest Bainbridge Walker On Patents - Vol. 9 The Lawyers Co-Operative Publishing 1990.

LIPSCOMB III, Ernest Bainbridge Walker On Patents (11 volumes), The Lawyers Co-Operative Publishing 1991.

LIPSCOMB III, Ernest Bainbridge, Manual Of Patent Examining Procedure West Thomson 2007.

LIPSCOMB III, Ernest Bainbridge. Manual Of Patent Examining Procedure - Vol. 1 West Thomson 2007.

KAYE SCHOLER. Pharmaceutical And Biotech Patent Law. Practising Law Institute 2008.

LUCHESI, Celso Umberto; FERNANDES, Gabriela. de Proteção de Cultivares Aspectos Jurídicos. Zaclis e Luchesi Advogados 2002.

LUNDGREN, Andrew Auchincloss. Legal Research Guides. William S; Hein & Co., Inc. 2004.

LUNZER, Raph. The European Patent Convention. Sweet & Maxwell 1995.

LUSTOSA, João Augusto. O Papel do Sistema de Patentes Na Transferência de Tecnologia Aos Países Em Desenvolvimento. Forense-Universitária 1975.

LUZZATTO, Enrico, Trattato Generale Delle Privative Industriali, Pilade Rocco, 1924.

LUZZATTO, Enrico, La Proprietá Industriale, Ulrico Hoepli 1930.

LUZZATTO, Enrico, Trattato Generale Delle Privative Industriali (Vol. I), Pilade Rocco, 1914.

LUZZATTO, Enrico, Trattato Generale Delle Privative Industriali (Vol. III), Pilade Rocco, 1925.

LUZZATTO, Ettore. Il Consulente Tecnico In Materia Di Brevetti. Malfasi.

LYARD, Maria Alice Paim. Patentes de Medicamentos: Questões Atuais. EMARF 2007.

MACEDO, Maria Fernanda Gonçalves; BARBOSA, A. Patentes, Pesquisa e Desenvolvimento. Fiocruz 2000.

MACHADO, José Mauro Decoussau. Aspectos da Antecipação da Tutela Na Propriedade Industrial. Revista Dos Tribunais 2007.

MAIOR, Rodrigo de Azevedo Souto. As Possibilidades da Atividade Inventiva no Brasil: Uma Busca no Direito Comparado Pelos Modos de Aferição Objetiva do Critério de Patenteabilidade UERJ 2009.

MALAGRICI, Marcos. O Desenvolvimento do Sistema Comtemporâneo de Patentes Brasileiro e A Evolução do Patenteamento no País no Período de 1970 A 2004. INPI 2009.

MARINHO, Maria Edelvacy Pinto. O Regime de Propriedade Intelectual: A Inserção das Inovações Biotecnológicas no Sistema de Patentes. 2005.

MARQUES, J. P. Medicamentos Versus Patentes. Coimbra Editora 2008.

MARQUES, J. P. Remédio, Patentes. Patentes Biotecnológicas e Direitos de Obtentor de Variedades Vegetais – Diferenças de Regime e Pistas para a Respectiva Articulação. Almedina 2002.

MARQUES, J. P. Remédio. Patentes de Genes Humanos. Almedina 2003.

MARQUES, J.P. Remédio. Patentes de Genes Humanos. Coimbra Editora 2001.

MARTIN, Jean Paul. Droit Des Inventions de Salariés. Litec 2002.

MATHÉLY, Paul. Le Droit Français Des Brevets D'invention. Journal Des Notaires Et Des Avocats 1974.

MATSUURA, Jeffrey H. Jefferson Vs. The Patent Trolls. University Of Virginia Press 2008.

MEINERS, Constance Marie Milward de Azevedo. Patentes Farmacêuticas: Um Instrumento Para A Conservação da Biodiversidade. 2003.

MELO, Renato Dolabella. Os Instrumentos Legais de Repressão ao Abuso Praticado Pormeio de Patentes e Desenhos Industriais. INPI 2008.

MERGES, Robert Patrick. Patent Law And Policy. The Michie 1992.

MERGES, Robert Patrick. Patent Law And Policy. The Michie 1993.

MOUSSERON, Jean Marc. Traite Des Brevets. Librairies Techniques 1984.

MUJALLI, Walter Brasil. A Propriedade Industrial - Nova Lei de Patentes. Editora de Direito 1997.

NAKANE, Fukio. The Patent Law & The Enforcement Law Thereof. Eibun-Horeisha 1966.

NELSON, Jon O. International Patent Treaties. Oxford University 2007.

NERO, Patrícia Aurélia Del. Propriedade Intelectual. Revista dos Tribunais 1998.

NERO, Patrícia Aurélia Del. Biotecnologia. Revista Dos Tribunais 2008.

NUNES, Ricardo Dutra. Estudo de Direito Estrangeiro: O Sistema Europeu de Patentes e As Reivindicações de Segundo Uso Terapêutico 2008.

OLIVEIRA, Marcos H. C. (Organizador); Chamas, II Seminário Internacional Patentes, Inovação e Desenvolvimento SIPID 2007. Scriptorio 2008.

OLIVEIRA, Ubirajara Mach. S A Proteção Jurídica das Invenções de Medicamentos e de Gêneros Alimentício. Síntese 2000.

OMPI, Rapport Mondial Sur Les Brevets, OMPI, Genebra, 2008.

ONU, O papel do sistema de patentes na transferencia de tecnologia aos países em desenvolvimento: relatório / preparado pelo Departamento das Nações Unidas para Assuntos Econômicos e Sociais, pelo Secretariado da Conferencia das Nações Unidas sobre Comercio e Desenvolvimento (CNUCED) e pelo Escritório Internacional da Organização Mundial de Propriedade Intelectual; [tradução, adaptação e organização de João Augusto Lustosa]. – Rio de Janeiro: Forense Universitária, [1984].

OPPO, Giorgio, Creazione Ed Esclusiva Nel Diritto Industriale (Studi In Memoria Di Tullio Ascarelli - Volume III), Dott. A. Giuffrè Editore, 1969.

ORGANIZATION, World Intellectual Propery Patente Cooperation Treaty World Intellectual Property 1981.

PAES, R. Tavares, Ação de contrafação na propriedade industrial / São Paulo: Saraiva, 1986.

PAES, P. R. Tavares, Propriedade industrial / P. R. Tavares Paes. - 2ª ed., rev. e ampl. - São Paulo: Saraiva, 1987.

PENROSE, Edith T. La Economia Del Sistema Internacional de Patentes. Siglo Veintiuno 1974.

PEREIRA, Alexandre Dias. Patentes de Software - Sobre A Patenteabilidade Dos Programas de Computador. Almedina 2001.

PEREIRA, Ana Cristina Paulo. A Proteção Patentária Interna e Internacional. Lumen Juris, 2009.

PERRET, F.; GUTMANN, E.; BRENEISEN, A. Le Génie Génétique - Biotechnology And Patent Law. Cedidac 1996.

PHELIP, Bruno. Droit Et Pratique Des Brevets D' Invention. J. Delmas 1977

PHILIPP, Fernando Eid. Patente de Invenção. Juarez de Oliveira 2006

PICARELLI, Márcia Flávia Santini; ARANHA, Márcio. Política de Patentes Em Saúde Humana. Atlas 2001.

PIMENTEL, Luiz Otávio. Direito Industrial – As Funções do Direito de Patentes. Síntese 1999.

PIMENTEL, Luiz Otávio. Las Funciones Del Derecho Mundial de Patentes. Advocatus 1200.

PLAISANT, Marcel; Fernand-Jacq, Le Nouveau Régime Internacional de la Propriété Industrielle, Socièté Anonyme, 1927.

PLAISANT, Robert. Le Nouveau Régime Des Brevets D' Invention. Dalloz 1968.

PLASSERAUD, Yves; SAVIGNON, François. L'Étatet L'Invention. La Documentation Française 1986.

POLITIQUES, Académie Des Sciences Morales et Droits, Revue Française de Théorie Juridique. Presses Universitaires de France 1991.

POLLAUD-DULIAN, Frédéric, La Brevetabilité Des Inventions. Litec 1997.

PONTES DE MIRANDA, Tratado de Direito Privado (Parte Especial – Tomo XVII, Revista Dos Tribunais, 1983.

POUILLET, Eugéne, Traité Théorique Et Pratique Des Brevets D'invention Et De La Contrefaçon, Librairie De La Cour De Cassation, 1899.

PRICE, William Hyde. The English Patents of Monopoly. The Lawbook Exchanger 2006.

PRONER, Carol. Propriedade Intelectual e Direitos Humanos. Sergio Antonio Fabris 2007.

PROVEDEL, Letícia. A Regra da Retroatividade e os Efeitos da Declaração de Nulidade das Patentes nos Contratos em Vigor. 2008.

RACLOT, H. Brevets D'invention. Imprimerie des Travaux Publics 1897.

RAMELLA, Agostino, Trattato Della Proprietá Industriale, Torino, 1927.

RAPELA, Miguel Angel. Derechos de Propiedad Intelectual en Vegetales Superiores. Ciudad Argentina 2000.

RAYSMAN, Richard; BROWN, Peter; BANDON III, Emerging Technologies And the Law Law. Journal Press 2008.

RAYSMAN, Richard; BROWN, Peter; NEUBURGER, Emerging Technologies And the Law Law. Journal Press 2008.

REMICHE, Bernard. Le Rôle Du Systéme Des Brevets Dans Le Développement. Litec 1982.

RICCIARDELLI, Juliana. Os Genes Humanos no Alvo das Patentes. LCTE 2009.

RJ/FASE, Sindicato Dos Químicos e Engenheiros Reconhecimento de Patentes: Remédios Mais Caros. Sindicato dos Químicos e Engenheiros 1991.

ROBIN, Marie-Monique Le Monde Selon Monsanto. La Découverte 2008.

ROBINSON, William C. The Law Of Patentes Little, (Vol. I) Brown And Company 1890.

ROBINSON, William C. The Law of Patentes Little, (Vol. II) Brown And Company 1890.

ROBINSON, William C. The Law of Patentes Little, (Vol. III) Brown And Company 1890.

ROBINSON, William C., The Law of Patentes (For Useful Inventions - Vol. I, II e III), Little, Brown And Company. 1890.

ROFFE, Pedro; TANSEY, Geoff; VIVAS-EUGUI, David. Negotiating Health. Earthscan 2006.

ROSENBERG, Barbara. Patentes de Medicamentos e Comércio Internacional: Os Parâmetros do TRIPS e do Direito Concorrencial Para A Outorga de Licenças Compulsórias. 2004.

ROTONDI, Mario, Studi De Diritto Industriale, Dott. Antonio Milani

ROUBIER, Paul, Le Droit De La Propriété Industrielle (parte 1), Recueil Sirey, 1954.

ROUBIER, Paul, Le Droit De La Propriété Industrielle (parte 2), Recueil Sirey, 1952.

SABATIER, Marc.L'Exploitation Des Brevets D'Invention. Librairies Techniques 1976.

SÁBATO, Jorge A. (Coordenador); KATZ, Jorge M. Homenaje. Homenaje A La Ley 111. Patentes de Invención Y El Desarrollo Industrial Argentino. Depalma 1980.

SANTOS, Ozéias J. Marcas e Patentes Propriedade Industrial. Interlex Informações Jurídicas 2001.

SANTOS, Ozéias J. Marcas e Patentes Propriedade Industrial. Interlex Informações Jurídicas 2000.

SCHECHTER, Roger E.; THOMAS, John R., Intellectual Property the Law of Copyrights, Patentes and Trademarks. West Publishing Company 2003.

SCHIFF, Eric. Industrialization Without National Patents. Princeton University Press 1971.

SCHOLZE, Simone Henriqueta Cossetin. Patentes, Transgênicos e Clonagem. Universidade de Brasília 2002.

SCHRICKER, Gerhard; SCHALATTER, Sibylle. Derecho de Patentes. Depalma 2003.

SENA, Giuseppe, Brevetto E Monopoli, Dott. A. Giuffrè Editore, 1969.

SÍCHEL, Debora Lacs. Direito Patentário no Brasil. Lumen Juris 2008.

SICHEl, Ricardo, O Direito Europeu de Patentes e Outros Estudos de Propriedade Intelectual. Lumen Juris 2004.

SILVA, Agustinho Fernandes Dias da, Patentes e marcas na justiça federal / Rio de Janeiro: Freitas Bastos, 1992.

SILVA, Agustinho Fernandes Dias. Da Patentes e Marcas na Justiça Federal. Freitas Bastos Editora 1992.

SILVA, Caroline Medeiros. Patentes Farmacêuticas e Controle de Mercados .EMARF 2007.

SILVEIRA, José Maria F. J. Da; POZ, Maria Ester Dal; Biotecnologia e Recursos Genéticos. Instituto de Economia FINEP 2004.

SILVEIRA, Newton, Curso de propriedade industrial / Newton Silveira. - 2ª ed. - São Paulo: R. dos Tribunais, 1987.

SLUSKY, Ronald D. Invention Analysis And Claiming. American Bar Association 2007.

SOARES, José Carlos Tinoco, Comentários ao Código da propriedade industrial / - São Paulo: Resenha Universitária, 1981.

SOARES, José Carlos Tinoco. Regime das Patentes e Royalties. Revista dos Tribunais 1972.

SOARES, José Carlos Tinoco. Tratado da Propriedade Industrial. Jurídica Brasileira 1998.

SOARES, José Carlos Tinoco. Lei de Patentes, Marcas e Direitos Conexos. Revista Dos Tribunais 1997.

STEFANIS, Pietro De, Novità Inventiva e Novità Intuitiva, Società Editrice Toscana, 1932.

UEXKÜLL, J. Detlev German. Patent Law Utility Model Law And Trade. Carl Heymanns Verlag Kg 1968.

UNCTAD-ICRTSD. Resource Book On TRIPS An Development. UNCTAD-ICTSD 2005.

VARELLA, Marcelo Dias, Propriedade Intelectual de setores emergentes, Atlas, 1996

VAUGHAN, Floyd L. The United States Patent System .Greenwood 1977.

VERYARD, K. J. Importância do Departamento de Patentes na Estratégia de Planejamento da Atividade Industrial da Empresa. INPI 1981.

VIARO, Mario. La Tutela Del Principio Scientifico Nel Diritto D'Invenzione. Giuffrê 1970.

WANDSCHEER, Clarissa Bueno. Patentes & Conhecimento Tradicional. Juruá 2004

ZUCCHERINO, Daniel R.; MITELMAN, Carlos O. Marcas Y Patentes En El GATT. Abeledo-Perrot 1997.